Das Temeswarer Banat

Das Temeswarer Banat

Eine europäische Regionalgeschichte

Herausgegeben von
Victor Neumann

Übersetzung und Übertragung aus
dem Rumänischen und Englischen von
Armin Heinen

DE GRUYTER
OLDENBOURG

ISBN 978-3-11-100771-7
e-ISBN (PDF) 978-3-11-101096-0
e-ISBN (EPUB) 978-3-11-101216-2
DOI https://doi.org/10.1515/9783111010960

Library of Congress Control Number: 2022945595

Bibliografische Information der Deutschen Nationalbibliothek
Die Deutsche Nationalbibliothek verzeichnet diese Publikation in der Deutschen Nationalbibliografie; detaillierte bibliografische Daten sind im Internet über http://dnb.dnb.de abrufbar.

Satz: Datagroup-Int SRL, Timişoara
Druck und Bindung: CPI books GmbH, Leck
Coverabbildung: David Ionut/iStock/Getty Images

www.degruyter.com

Inhaltsverzeichnis

Armin Heinen

Vorwort 1
Von den methodischen Herausforderungen einer europäischen Regionalgeschichte des Banats – eine geschichtswissenschaftliche Reflexion

Geschichtswissenschaft handelt von Menschen, ihrem Agieren und Leiden, ihren Hoffnungen und Enttäuschungen, ihren Idealen und Abgründen, auch von den Weltwahrnehmungen zu einem bestimmten Zeitpunkt. Die Perzeption und Gestaltung der natürlichen Umwelt durch die Menschen sind Thema von Geschichtswissenschaft, ebenso die Formen des menschlichen Zusammenlebens. Geschichte – darauf ist zu bestehen – wird von Menschen gemacht und täglich kommunikativ und praktisch hergestellt, mal explizit, zumeist jedoch implizit. Handlungstheoretisch entsteht daraus Kultur oder Gesellschaft, Politik oder Religion. Viele Geschichtsdarstellungen stellen diese und andere Aggregatgrößen in den Mittelpunkt, berichten von Nationen oder Gesellschaften, Religionsgemeinschaften oder politischen Gruppen, so, als ob der einzelne Mensch nur Glied eines Größeren sei und die Aggregatgrößen das eigentlich Wichtige darstellten. Tatsächlich sind die Aggregatgrößen ja im Unterschied zum vergänglichen Menschen tendenziell „unsterblich" oder doch zumindest langlebig.

Der vorliegende Band geht freilich exakt den umgekehrten Weg, stellt die Menschen und deren Vielfalt in den Mittelpunkt, fragt nach den Grundlagen fruchtbaren Zusammenlebens, trotz sprachlicher, religiöser, sozialer Differenzen – und handelt sich hierdurch eine Reihe methodischer Herausforderungen ein. Denn durch die Option für die konkrete Vielfalt interessiert nicht mehr das tendenziell Gleichartige, sondern die Diversität der Menschen, das historische Gewordensein und damit die Andersartigkeit im Zeitverlauf. Geschichtswissenschaft, so konzipiert, steht für Komplexität statt für Vereinfachung, für Widersprüchlichkeit statt für Stringenz. Geschichtswissenschaftliche Narrationen dieser Art berichten von vielfachen Anfängen, Scheitern und Brüchen. Menschen sind keine Helden, sondern handeln in der Zeit, wandeln ihre Identität, verändern ihre Weltsicht. Identität ist nichts Vorgegebenes, sondern momentanes Ergebnis komplexer äußerer Gegebenheiten und beharrlicher Eigenanstrengungen.

Wenn Geschichtswissenschaft so konzipiert wird, verzichtet sie notwendigerweise auf Meistererzählungen und erzählt stattdessen einerseits vom Ringen der Menschen mit ihrer eigenen Welt, jener Welt, welche von Menschen hergestellt wird, andererseits erzählt sie von der äußeren, der natürlichen Welt, welche die Menschen nur begrenzt beeinflussen können.

Geschichtswissenschaft, das meint zuallererst methodisch gehärtete Annäherung an die Vergangenheit durch kritische Quellenanalyse, steht für perspektivisch ausgerichtete Rekonstruktion vergangener „Realität" und ist Wissenschaft dadurch, dass sie über ihr Tun Rechenschaft führt, sich immer des Vorläufigen und Schrittweisen bewusst ist. Jörn Rüsen hat in diesem Zusammenhang von einer sich im Zeitverlauf erhärtenden Begründungsobjektivität gesprochen, von Konstruktionsobjektivität und Konsensobjektivität.[1] Eine solche Geschichtswissenschaft wird die Komplexität und Widersprüchlichkeit menschlichen Daseins akzeptieren und widerspiegeln. Alles andere endet in Ideologie.

Die Notwendigkeit einer solchermaßen offenen Forschungshaltung erweist sich gerade mit Blick auf die Geschichte des Banats. Denn das Gebiet im Osten Mitteleuropas, im Westen Osteuropas und im Norden des Balkans war seit dem Mittelalter ein europäischer Raum zwischen den Kulturen. Als Neusiedlungszone spiegelte das Banat die ganze Vielfalt europäischer Sprachen, Kulturen, Religionen, Lebensweisen wider. Für die Historikerin oder den Historiker meint dies methodische Herausforderung, denn ohne Kenntnis vieler Sprachen lässt sich die Geschichte des Banats kaum angemessen erfassen. Dasselbe gilt für die Religionen oder besser die institutionalisierten Glaubensgemeinschaften, weil es davon im Banat viele gab und sie die Lebenswirklichkeit der Menschen stark prägten. Und während die klassische Nationalgeschichtsschreibung nur die internationalen Beziehungen auf der einen Seite und die Nationen auf der anderen Seite kennt, erfordert die Regionalgeschichte ein Spielen auf allen Tasten des Klaviers: die große Globalgeschichte und die internationalen Beziehungen sind ebenso einzubeziehen wie die europäische Geschichte, die „Nationalgeschichten", die Regionalgeschichten der benachbarten Räume, die Geschichte des Banats selbst, aber eben auch die einzelner Städte, Gruppen und Personen. Regionalgeschichte in diesem Sinne thematisiert soziales Handeln in unterschiedlichen Raumbezügen. Für den Historiker oder die Historikerin meint dies, sich auf die vielfältigen Handlungsbezüge einlassen zu müssen: auf europäische Geschichte, aber ebenso auf deutsche Geschichte, auf österreichische, ungarische, serbische und rumänische, auf die Geschichte Temesvars und die Arads, aber auch auf die Geschichte von Lugoj oder Caransebeș. Klassische Epochengrenzen, für die es ja methodisch gute Gründe gibt (Frühe Neuzeit, Neuere Geschichte, Neueste Geschichte, Gegenwartsgeschichte), sind in der Regionalgeschichte zugunsten eines gesamtheitlichen Blickes aufgebrochen. Für den Regionalhistoriker ist es daher selbstverständlich, sowohl handschriftliche Quellen auszuwerten als auch Tageszeitungen oder die Lyriken moderner Rockgruppen.

---

[1] Jörn Rüsen, *Historische Vernunft. Grundzüge einer Historik I: Die Grundlagen der Geschichtswissenschaft* (Göttingen 1983), pp. 116–136. Begründungsobjektivität steht für das wissenschaftliche Handwerk, für methodisch eruierte und im wissenschaftlichen Wettstreit gefestigte Tatsachenbehauptung ebenso wie für eine nachvollziehbare, durch Theoriebezug unterfütterte Argumentation; Konsensobjektivität handelt von der Fähigkeit geschichtswissenschaftlicher Erzählungen, unterschiedliche Interessen und differierende Standpunkte zusammenführen zu können; Konstruktionsobjektivität steht für die Fähigkeit geschichtswissenschaftlicher Analysen, die „Identitätsbildung ihrer Adressaten in das Medium einer argumentativen Kommunikation" zu überführen.

Hinzu tritt die Notwendigkeit, die klassischen Schranken zwischen Politikge-schichte, Kulturgeschichte, Kunstgeschichte, Wirtschaftsgeschichte, Religionsgeschichte und Sozialgeschichte aufzugeben, sie niederzureißen, denn das soziale Handeln im Raum interessiert ja, nicht das Agieren in gesellschaftlichen Teilfeldern. Regional-geschichte in diesem Sinne ist von Beginn an interdisziplinär angelegt. Gerade weil sie den Totalitätsanspruch des Nationalstaates bestreitet, richtet sie ihren Blick auf die Totalität menschlichen Zusammenlebens und setzt der Idee der beruhigenden nationa-len Einheit die Idee der aufregenden regionalen Vielheit entgegen.

Allerdings handelt sich der Regionalhistoriker eine Reihe von Nachteilen ein, wenn er den Blick auf den engeren Raum menschlichen Zusammenlebens in seiner Vielfalt richtet. Der homogenisierende Nationalstaat erleichtert die Arbeit des Historikers, indem er ihm eine ganze Reihe höchst nützlicher Hilfsmittel zur Verfügung stellt: Biblio-grafien und Handbücher, Enzyklopädien und Lexika, nicht zuletzt Quellensammlun-gen. Der Regionalhistoriker ist dagegen ein einsamer Bettler ohne festen Wohnsitz, dem vergleichsweise wenig Aufmerksamkeit zukommt und der sich seine Nahrung selbst zusammensuchen muss. Im Fall des Banats meint dies: Archiv- und Bibliotheksstudien in Wien, in Budapest, in Novi Sad, Temeswar oder Arad, aber natürlich auch in Bukarest.

Zudem kann europäische Regionalgeschichte nicht durch einen einzelnen Histo-riker oder eine einzelne Historikerin geschrieben werden, erfordert sie doch unter-schiedliche Perspektiven auf den Gegenstand, die Gegenüberstellung unterschied-licher Sichtweisen, das dialogische Eingehen auf differierende Forschungspositionen. Deshalb finden wir im vorliegenden Band Beiträge von rumänischen, ungarischen und serbischen Autoren, von Historiker*innen und Kunstgeschichtlern, von Stadtplanern und von Kirchenhistorikern. Der Band vermittelt kein klassisches Handbuchwissen, bietet nicht die konsensuelle Summe gefestigten Forschungswissens und strittiger Forschungsfragen, wie dies für Handbücher üblich ist. Vielmehr lädt er ein zu einer historischen Erkundung des Raumes, organisiert von unterschiedlichen Reiseführern, die jeweils ihre eigene Sicht auf den Raum reflektieren. Wissenschaftlich ist gerade diese Herangehensweise, weil dort, wo es Neues zu erkunden gibt, der methodisch reflektierte Zugriff wichtiger ist als die pure Aufbereitung des vorhandenen Wissens. In diesem Sinne ist das vorliegende Werk nicht wissenschaftliches Handbuch, das der eigentlichen Forschung entweder nachgelagert oder vorgelagert ist, sondern selbst innovative, monografische Erhellung des Forschungsgegenstandes durch Kooperation von Spezialisten. Selbst derjenige, der die Geschichte des Banats kennt, wird immer wieder Neues finden, neue Sichtweisen kennenlernen.

Man könnte meinen, dass die Übersetzung des ursprünglich auf Rumänisch, dann in erweiterter Fassung auf Englisch erschienen Werkes kaum schwerfallen dürfte, umso mehr, da im Banat zeitweise Deutsch weit verbreitet war. Aber das Gegenteil ist richtig. Seinen Grund hat das sicherlich zum Teil in der unterschiedlichen Sprach-struktur des stark lateinisch-sprachig geprägten Rumänischen und des doch viel kurz-atmigeren Deutschen. Die rumänische Wissenschaftssprache der Gegenwart lässt viel mehr Emotionalität zu als die deutsche Gelehrtensprache. Und wo für den rumänischen

Leser Andeutungen genügen, bedarf es für den deutsch-sprachigen expliziter Erläuterungen. Wer die rumänische Fassung, die englische Ausgabe und die deutsche Version nebeneinanderlegt, wird den Eindruck gewinnen, zwar weitgehend dieselben Inhalte vorgeführt zu erhalten (die deutsche Publikation enthält zusätzliche Kapitel), aber doch einer ganz unterschiedlichen Tonalität zu begegnen. Wo das rumänische Original den Leser in eleganten langen Sätzen mit zahlreichen Partizipialkonstruktionen zum Mitentdecker der Vergangenheit macht, wirkt die deutsche Übersetzung (die ich verantworte) mit ihrer Deutlichkeit und Plastizität manchmal geradezu überwältigend. Indes, allein der Kenner kann seinen Weg in der Heimat selbst erkunden, während der Fremde der Explikation des kundigen Reiseführers bedarf. Auch darin erweist sich europäische Regionalgeschichte als Herausforderung für Geschichtswissenschaft, bleibt sie doch immer kulturgebunden, trotz oder gerade wegen der Übersetzung in einen anderen Sprachraum. Gleichzeitig ermöglicht das Aufeinandertreffen verschiedener sprachlicher Repräsentationen für unterschiedliche Öffentlichkeiten eine Distanzierung und Objektivierung der geschichtswissenschaftlichen Narration, die den eigenen Kulturkreis transzendiert und gerade dadurch sichtbar und erfahrbar macht.

Nicht zufällig verdanken wir den vorliegenden Band der Initiative Victor Neumanns. Gerade weil der Band methodisch höchst voraussetzungsvoll ist, bedarf es eines Forschers als Herausgeber, der viele Fähigkeiten auf sich vereint. Victor Neumann, das ist der erste Punkt, spricht Rumänisch, Ungarisch, Deutsch, Englisch, Französisch, Italienisch. Er ist zweitens Frühneuzeitler, aber auch Zeithistoriker. Er hat drittens zur Sozial- und Religionsgeschichte ebenso publiziert wie zur Geistes- und Begriffsgeschichte. Er kennt aufgrund seiner wissenschaftlichen Biografie, viertens, den Banater Raum und dessen wissenschaftliche Institutionen bestens. Und er ist fünftens ein Mann mit zahlreichen Sozialkontakten innerhalb Rumäniens, aber auch nach Serbien hin, Ungarn, Österreich, Deutschland, England oder die USA, um nur einige zu nennen. Schließlich, sechstens, interessieren Victor Neumann Fragen der Geschichtstheorie, also jene Formen systematischen Nachdenkens darüber, wie Geschichte im Zeitverlauf nicht nur immer anders geschrieben wird, sondern auch besser. Die Antwort darauf verweist auf Begriffe wie: Multiperspektivität, systematische Ausweitung des Quellenkanons, Kenntnisnahme und Reflexion des Forschungsstandes, Theorieoffenheit, nachvollziehbare Argumentation, Geschichtswissenschaft als systematische Erkundung statt als autoritative Erzählung.

Geschichtswissenschaftliche Aufklärung, das ist der nächste Punkt, richtet sich gegen die „selbstverschuldete Unmündigkeit" des Menschen (Kant) – gegen „Ideologie" also. Das ist, was Victor Neumann an der Geschichtswissenschaft fasziniert und gleichzeitig der Aufklärung zuschreibt. Nicht zufällig brachte die Aufklärung die Akzeptanz der Vielfalt in Europa: Vielfalt der Religionen, Vielfalt der Sprachen, Vielfalt der eigenen Gedanken. Mit dem Fokus auf die Region, auf das Banat insbesondere, ist es offensichtlich möglich, die Menschen selbst in den Blick zu nehmen, ihre Verschiedenheit, ihre Versuche, gleichwohl Wege des Miteinanders zu finden. Regionalgeschichte als Geschichte von der Totalität menschlichen Seins findet ihre narrative Kraft in der

Betonung von Differenz und Soziabilität, in der Erkundung der Vielfalt des Menschseins und des menschlichen Miteinanders. Dass Victor Neumann und die anderen Autoren des Bandes die methodischen und geschichtstheoretischen Herausforderungen einer europäischen Regionalgeschichte des Banats angenommen haben, ist ein großes Glück – für unsere Kenntnis über das Banat und für eine fruchtbare europäische Selbstverständigung.

Armin Heinen, RWTH Aachen

Răzvan Theodorescu

Vorwort 2
Zu den Einsichten einer europäischen Regionalgeschichte des Banats – eine Würdigung

Ich muss zugeben, auf dieses Buch habe ich lange Zeit gewartet! Das Banat als zivilisatorischer Raum hat mich in meiner Jugend mit seiner ausfächernden Kultur, die drei Grenzen überschreitet, tief berührt. Sichtbar, unmittelbar erfahrbar wurde für mich die Grenzlage, wenn ich von der Kathedrale in Cenad hinunterschaute und das Zusammentreffen der rumänischen, ungarischen und serbischen Gebietsteile erahnte.

Victor Neumann kenne ich schon lange. Dessen vielfach gelesenes und häufig zitiertes Buch „The Temptation of Homo Europeaeus" ging aus seiner Dissertation hervor. Und an sie erinnere ich mich mit großer intellektueller Freude. Victor Neumann hat in vorliegendem Werk zahlreiche Autoren versammelt: aus Temeswar, aus Caransebeş, aus Novi Sad, Vršac, Szeged und Belgrad. So liegt vor uns ein Band, der vielfältige Perspektiven vereint, bewusst multikulturell und multinational angelegt ist. Den Autoren gelingt es, einen europäisch erweiterten Blick auf die Geschichte des Raumes vom 18. Jahrhundert bis Ende des zwanzigsten Jahrhunderts zu werfen und dabei gleichermaßen ins Detail zu gehen wie auch die großen Linien herauszuarbeiten.

Der Band greift die Traditionen der Landesgeschichte auf, welche sich um 1800 herausgebildet hat, und erweitert sie um jene Neuansätze, die sich seit den 1980er-Jahren als ertragreich erwiesen haben: Eine Geschichte von Regionen mit ihren sich ändernden Grenzverläufen, den nur historisch zu erklärenden Beziehungsgeflechten. Ein besonderer Fokus liegt auf Grenzraumstrukturen, die gleichermaßen für erzwungene Trennung und partielle Grenzüberschreitung stehen. Hieran knüpfen Überlegungen und Begriffe an wie: „transnationale Region", „Euregio" oder „Grenzraum". Und tatsächlich sind Grenzregionen ein bevorzugtes Objekt der Studien von Geografen, Historikern und Geopolitikern geworden.[1] Der vorliegende Band beschreibt ein Banat, in dem schon in mittelalterlicher Zeit neben Rumänen Mönche aus Venetien lebten oder Benediktiner aus dem ganzen Balkanraum im Kloster Morisena zusammentrafen. Es gab Händler, die aus dem slawischen oder orientalischen Raum ins Banat kamen, ungarische Magnaten, osmanische Befehlshaber und österreichische Architekten, welche die Ideen von Johann Bernhard Fischer von Erlach aufgriffen. Das Banat war zu verschiedenen Zeiten ein altrumänisches Herzogtum, ein angevinisches Einflussgebiet (Plantagenêt), ein osmanisches Paschalik, eine vom

---

1 M. Foucher, *Fronts et frontières: Un tour du monde géopolitique* (Paris, 1988); J. Labasse, *L'Europe des régions* (Paris, 1991); E. Niemi, 'Regions and Regionalisation', in *Proceedings of the 19th International Congress of Historical Sciences, Oslo, 6–13. August 2000* (Oslo, 2000).

https://doi.org/10.1515/9783111010960-002

ungarischen Reichstag verwaltete Habsburger Provinz und schließlich ein zwischen Rumänien, Ungarn und dem heutigen Jugoslawien aufgeteilter Raum. Heute ist das Banat ein Ort, der sowohl geografisch als auch geistig eine kulturelle Brücke darstellt, ein Verbindungsraum.

Und in der Tat, das Banat vereint den europäischen Südosten, zu dem es gehört, einerseits mit Mitteleuropa (man denke an das Konzept Friedrich Naumanns vor 100 Jahren), andererseits mit Ostmitteleuropa, das die Mentalität des Banats entscheidend mitgeprägt hat. Das Banat spiegelt eine Welt, in welcher wir die habsburgische Geistesaristokratie wiederfinden, die Welt eines Franz Kafka, Stefan Zweig, Max Brod, Robert Musil, Czesław Miłosz und Milan Kundera. Meiner Meinung nach gehört diese Welt zu einer kreativen und aktiven Peripherie des Westens. Jenö Szücs hat diesen Raum als ein eigenständiges „drittes Europa" bezeichnet.[2]

Die Themenauswahl in diesem Band ist bereit angelegt und doch sinnvoll zusammengestellt: Die Aufklärung mit ihrem Beginn in der Zeit Brukenthals bis hin zu Teleki wird ausführlich gewürdigt. Die Epoche Maria Theresias und Josephs II. ist Gegenstand. Das war eine Zeit bewusster Politik der Neuansiedlung von Kolonisten durch den Wiener Hof, sodass das Banat ein Raum für Menschen aus ganz Europa wurde; „Schwaben", „Italiener", „Spanier", „Tschechen", „Slowaken". Das Freimaurertum erlebte im Raum zwischen Marosch und Theiß eine Blüte. Francesco Griselini gehörte zu den Freimaurern und legte eine der bekanntesten Landeskunden des Banats vor. Das Banat erwies sich als attraktiv für das Bürgertum aus Prag, Bratislava und Zagreb, ganz abgesehen für stadtbürgerliche Familien aus den Ländern des deutsch-sprachigen Raumes. Im Banat konnte die rumänische und serbische Orthodoxie ihren Einfluss geltend machen und so auf Siebenbürgen ausstrahlen und die dortigen orthodoxen Gläubigen unterstützen. Im Banat lebten auch Juden unterschiedlicher Herkunft, sie öffneten sich dem Multikulturalismus des Raumes und trugen damit zur Stärkung der Kultur bei. Die schulische Erziehung im Banat bot zahlreiche verschiedene Zugangsmöglichkeiten, sprachliche und inhaltliche. Die Druckmedien feierten großartige Erfolge, vor allem in Zentren mit starker südslawischer Bevölkerung. Es gab eine aktive Stadtpolitik, und damit verbunden eine hochinteressante barocke Kunst, gefördert vom Militär, von zivil-administrativer und stadt-bürgerlicher Seite, auch vonseiten der Kirchen. Hierfür stehen etwa die Zitadelle von Arad, die wir – man kann es kaum verstehen – heute kaum noch wertschätzen – und die katholischen Kathedralen in Temeswar und Lenauheim. Ebenso erwähnen möchte ich die serbische Bischofskirche in Temeswar und die rumänische in Lugoj. Die Aufzählung endet noch lange nicht mit den Hinweisen auf die Statuen des Heiligen Nepomuk, den Freskos im Brâncoveanu-Stil am Kloster Săraca oder den neo-gothischen Gebäuden bzw. jenen im Stil der Sezession, wie wir sie in

---

2 Răzvan Theodorescu, 'The Two Europes', in *Revue: Association internationale d'études du Sud-Est Européen, nos. 40–44, 2010–2014* (2. Aufl., Bukarest, 2015), pp. 72–77; J. Szücs, *Les Trois Europes* (Paris, 1985).

Temeswar finden. All diese Kulturzeugnisse sind Ausdruck des synkretistischen kulturellen Klimas des Banats, das so vergleichbar nur an wenigen anderen Orten Europas zu finden ist.

Der Fokus meiner Wertschätzung für das vorliegende Buch lag bisher auf dem kulturellen Bereich. Aber auch die Geschichte der politischen Zivilisation des modernen Banats wird angemessen thematisiert. Dabei liegt die Perspektive auf den Gründen für die „Passivität des Banats" in den Jahren des Ringens um nationale, politische und kulturelle Rechte für die Rumänen in Siebenbürgen (um 1900) und vor allem auf der Zeit der „Banater Republik", 1918/1919. Dass es eine „Banater Republik" gab, ist wenig bekannt. Doch die Hinwendung zum Denken so herausragender Intellektueller wie Vasile Maniu, Alxandru Mocsonyi, Vincențiu Babeș, Constantin Diaconovici-Loga, Vasile Goldiș oder Eftimie Murgu gibt Einblick in die verschiedenen Konzeptionen für das Banat, geografisch, historisch, anthropologisch.

Viele Gelehrte haben an dem vorliegenden Band mitgewirkt. Ihnen allen möchte ich meine Hochachtung und meinen Dank aussprechen. Ihre Ausführungen haben mich bereichert.

Răzvan Theodorescu, Vizepräsident der rumänischen Akademie

Victor Neumann

Vorwort 3
Über die Entstehungsgeschichte des Werkes –
eine Hinführung

Der vorliegende Band „*Das Temeswarer Banat. Eine europäische Regionalgeschichte*"
zielt darauf, die Grenzen traditioneller Geschichtsschreibung zu durchbrechen, um
dadurch dem Gegenstand besser als zuvor gerecht zu werden. Als Region weist das
Banat zahlreiche Eigenheiten auf, Resultat seiner spezifischen geografischen Lage, der
multi- und interkulturellen Prägung seiner Struktur, ebenso der kulturellen Vielfalt
seiner Menschen. Ohne intensive Archiv- und Bibliotheksstudien in vielen der für das
Banat wichtigen Länder – in Rumänien, Österreich, Serbien, Ungarn, Deutschland, um
die wichtigsten zu nennen – wäre ein solcher Neuansatz kaum möglich gewesen.

Freimachen wollten wir uns von sprachlichen, religiösen, ethnischen oder nationalen Verengungen. Deshalb reflektieren die Autoren unterschiedliche Perspektiven.
Wir stellen das soziopolitische, religiöse und kulturelle Leben der Menschen in der
Region vor, gehen aber auch auf wichtige Ereignisse ein und thematisieren Entscheidungen, die durch Einwirkung von außerhalb getroffen wurden. Dabei durchstreifen
wir drei Jahrhunderte, ausgehend vom achtzehnten Jahrhundert und endend an der
Wende zum 20./21. Jahrhundert. Das Buch lädt den Leser ein, sich mit den Eigenheiten
der lokalen und regionalen Verwaltung im Banat vertraut zu machen, legt einen Fokus
auf die Herausbildung der spezifischen Kultur des Banats, thematisiert das Einwirken
von Ideologien, stellt einzelne Persönlichkeiten heraus und analysiert wichtige Gemein-
schaftsinstitutionen.

Hervorgegangen ist das Werk aus einer kollektiven, die nationalen Grenzen über-
schreitenden Anstrengung, wobei der Blick nicht einzelnen ethnischen Gruppen galt,
sondern den gemeinsamen Erfahrungen, welche das Leben der Menschen beeinflussten.
Immer wieder reflektieren die Analysen das Denken einflussreicher Persönlichkeiten,
deren Weltwahrnehmung und Gestaltungswillen. Bewusst haben wir einen interdisziplinären Zugriff gewählt, denn uns ging es nicht um eine Abfolge von Ereignissen oder
eine Aufzählung von Fakten, vielmehr wollten wir das breite Leben vorstellen und analysieren: Religion und Bildung, Kunst und Architektur, Medien und politischen Ideen,
welche allesamt ihre Spuren in der Region hinterlassen haben.

Im Mittelpunkt unserer Darlegung steht die Geschichte der Region. Uns interessieren die Antworten auf Herausforderungen, denen sich die Menschen im Banater
Raum gegenübergestellt sahen. Wir betonen zwar die Vielfalt der gesellschaftlichen,
ethnischen und religiösen Gruppen, aber unser historisches Schürfen gilt nicht den
Sozialgruppen in ihren jeweiligen Eigendynamiken, sondern den Experimenten eines
fruchtbaren, gelegentlich auch konfliktreichen Zusammenlebens. Kurz, uns ging es
nicht um Segregation, sondern um das, was die Region in vielen Jahrzehnten ihrem

Selbstverständnis nach ausmachte, um das zivilbürgerliche Miteinander und die interkulturelle Offenheit.[1]

Das wichtigste Ziel der Autoren und des Herausgebers war es, die Bewohner des
Banats selbst sichtbar werden zu lassen, ihre historischen Erfahrungen zu reflektieren,
ihre Mentalitäten zu beschreiben und den Wandel der Einstellungsmuster im Zeitverlauf herauszuarbeiten. Miloš Crnjanski, der serbisch-sprachige Schriftsteller, in Temeswar groß geworden, bezieht sich auf das Banat als Wunschraum, realistische Traum-
landschaft, gerade wegen des kulturellen Codes, des Zusammentreffens eines ganz
unterschiedlichen kulturellen Erbes.

Was wir versucht haben, ist nicht allein eine historische Darstellung, sondern eine
multiperspektivische Sicht auf eine Region, die nach 1918 zwischen Ungarn, Serbien
und Rumänien aufgeteilt wurde. Deshalb auch haben wir unsere Quellengrundlage
bewusst breit gehalten, österreichische, rumänische, serbische und ungarische Archive
ausgewertet. Was wir über die Rolle des Hauses Habsburg ausführen, beruht also auf
einer multiperspektivischen Sichtweise. Nur so konnte der Beitrag der Habsburger
Verwaltung und der österreichisch-ungarischen Monarchie zur Entwicklung des Banats
angemessen beleuchtet werden.

In gewisser Weise ist „Das Temeswarer Banat. Eine europäische Regionalgeschichte"
komparativ angelegt, auch wenn es natürlich den Hauptfokus auf einen einzelnen
Gebietsteil der multi- und interkulturellen Welt des Habsburger Reiches legt. Zu den
Stärken des Bandes gehören nach unserer Ansicht die unterschiedlichen Herangehensweisen, differierenden Schreibstile und sich ergänzenden Interpretationen, denn
genau diese Vielfalt macht Geschichtswissenschaft aus. Gerade dadurch bereichern wir
unser Wissen über das Banat, fassen es in neuer Form zusammen, erweitern es. Dazu
passt, dass wir den üblichen Aufbau klassischer Geschichtshandbücher verlassen, nicht
streng der Chronologie folgen, nicht einzelne Ereignisse in den Mittelpunkt stellen.
Stattdessen bieten wir Einzelstudien zur Regionalgeschichte des Banats, die nach dem
Weg in die Moderne fragen und das Geschehen im Banat in einen größeren Kontext
stellen.

Der vorliegende Band geht dabei nicht von einem normativen Modernisierungs-
begriff aus, sondern thematisiert gleichermaßen die positiven und negativen Aspekte
des konkreten historischen Weges des Banats in die Moderne. Von den konfliktreichen
Auswirkungen des Ethnonationalismus ist die Rede, von Weltkriegen und diskrimini-
render Gesetzgebung. Wenn heute viele Juden oder deutsch-sprechende Bewohner des
Banats den Raum verlassen haben, dann ist auch dieser Aspekt Teil unserer geschichtswissenschaftlichen Darlegung. Darüber hinaus zeigen unsere Analysen, wie es den
Menschen im Banat gelang, die unterschiedlichen Kulturen miteinander in Beziehung
zu bringen, West und Ost miteinander zu verbinden. Immer wieder findet der Leser Hinweise auf die Existenz eines multiplen kulturellen Codes, der die Region auszeichnete,

---

1 Victor Neumann, *The Interculturality of the Banat Region* (3. Aufl., Iaşi, 2015).

ihre Identität ausmachte, gleichzeitig aber die kulturelle Vielfalt Mittel- und Südosteuropas repräsentierte. Die menschlichen Tragödien, die der Erste Weltkrieg verursachte, beendeten die erste Phase der Modernisierung. Die sich daraus ergebenden historischen Kontinuitäten und Brüche sind das Thema der abschließenden Kapitel des vorliegenden Werkes.

Alle Autoren des Bandes haben sich der Herausforderung gestellt, innovative Fragen aufzugreifen, sich auf die Unsicherheiten vollkommen neuer Forschungsansätze einzulassen, ihre Funde gründlich zu belegen und ihre Thesen systematisch zu durchdenken. Als Herausgeber bin ich mir sicher, dass das Europa von heute aus der Geschichte des Banats, so wie wir sie erzählen, viel zu lernen hat. Das gilt insbesondere auch für jene Staaten Europas, die das Banater Erbe durch die Teilung des Raumes 1920 in den eigenen Kulturhaushalt übernommen haben.

Victor Neumann, Professor für Neuere Geschichte an der
Universitatea de Vest, Timişoara

Victor Neumann

Das Banat und sein kulturelles Erbe

Zwischen orthodoxem Byzanz und katholischem Europa

Historisch-zeitliche Überlagerungen und kulturelle Interferenzen kennzeichnen das
Banat: Hier treffen rumänische und mitteleuropäische Traditionen aufeinander. Orthodoxer und römischer Glauben prägen das Gebiet gleichermaßen. Die Sprachenvielfalt
der lokalen Bewohner spiegelt nicht nur jene benachbarter Kulturen, sondern Europas
insgesamt. Es ist eine Region, die einen umfassenden kulturellen Austausch akzeptiert,
ja, gefördert hat. Gelegentlich sind die Bewohner des Banats auf die engen Beziehungen
zwischen Christen, Juden und Muslimen sogar stolz gewesen. Es ist ein Raum, in dem
während der Neuzeit Byzanz und Mitteleuropa aufeinandertrafen und in dem dadurch
eine einzigartige kulturelle Geografie entstanden ist: offen gegenüber der Welt und
Wiege einer faszinierenden Geschichte. Aus sozialer, wirtschaftlicher und politischer
Perspektive war das Banat ein Gebiet fruchtbarer Experimente, sozialer und liberaler
Initiativen, menschenfreundlicher Aktivitäten und des Wunsches nach materiellem
Wohlstand. Zu manchen Zeiten lebten hier Individuen und Gruppen, die sich den autoritären und totalitären Regimen verweigert haben. Die Kenntnis und das Vergewissern
der Vergangenheit sind Voraussetzung für eine selbstgestaltete Zukunft. Das gilt auch
für das Banat. Noch anders: Eine Gesellschaft wie das Banat hat nur dann Zukunft,
wenn sie ihre Vergangenheit kritisch reflektiert und dadurch begründet in Anspruch
nimmt.

Aus gegenwärtiger Sicht ist es nur zu natürlich, die Frage zu stellen, ob die einst so
prosperierende Region zu früherer Blüte zurückkehren kann. Das hängt insbesondere
von deren Bevölkerung ab, den heutigen Bewohnern des Banats und den zukünftigen,
von ihren Werten, ihrer Solidarität untereinander und dem Vertrauen in ihre Gestal-
tungsfähigkeit, die ihnen das kulturelle und soziale Leben vermittelt. Man könnte das
Banat als Teil der Donau-Region bezeichnen, denn durch den Theiß-Bega-Kanal ist der
Raum mit dem größten europäischen Fluss verbunden. Historisch und geografisch hat
das Banat also eine ererbte Identität, lässt sich seine Zukunft aus dem Blick auf die
Vergangenheit erahnen. Kommt hinzu, dass nach unserer Ansicht die westlichen Werte
wieder in den Wertehaushalt unserer Familien, Schulen und der öffentlichen Meinung
eindringen sollten.

Die Entwicklung der Menschheit war in der Vergangenheit erfolgreich, wenn es
gelang, eine verantwortlich denkende und pragmatisch agierende Mittelschicht herauszubilden. Sie formulierte dann höchste Ansprüche an sich selbst, nahm ihre Umgebung
bewusst wahr und setzte sich für die Gemeinschaftsbelange ein. Genauso wichtig
war die Herausbildung professioneller Eliten. Und in der Tat, es gibt ein bedeutendes menschliches Potenzial im Banat – sowohl in Timişoara als auch in der ganzen

Region –, das diesen Anforderungen genügt. Ob dieses Potenzial wirklich gehoben werden kann, hängt von den Investitionen öffentlicher und privater Institutionen ab, von der Unterstützung kreativer Geister und erfolgreichem Wirtschaften. Die Ermutigung dieses Teils der Banater Gesellschaft, der Jungen und Talentierten, ist vor allem auch für die Zukunftsbranchen wichtig (Computerwissenschaften, Automatisierung, Elektronik und Telekommunikation). Dann wird es auch möglich sein, Zugang zu europäischen Finanzfonds zu erhalten und die Entwicklung von Unternehmen in anderen Bereichen wie Landwirtschaft, Handel und Dienstleistungen zu fördern. Am Beispiel der Banater Agrarwirtschaft mag das Gesagte verdeutlicht werden: Die Region verfügt über hervorragende Böden, auf denen nicht nur verschiedene Getreidesorten wachsen – Weizen, Korn und Hafer –, sondern auch industrielle Früchte wie Baumwolle, Flachs, Hanf, Hopfen, Raps und Zuckerrüben. In früheren Jahrhunderten war die Landwirtschaft dieser Region der wichtigste Wirtschaftsbereich, ja, sie trug zur Ernährung Europas bei und eröffnete der lokalen Bevölkerung einen hohen Lebensstandard. Wenn es gelingt, diesen Wirtschaftsbereich zu modernisieren und zu diversifizieren, dann kann das Banat am europäischen Markt erfolgreich teilnehmen, und zwar wettbewerbsfähig.

In der Geschichte des Banats gab es Zeiten der Prosperität, aber auch dunkle Phasen. Talentierte Menschen und Gruppen wanderten in das Banat ein wie in andere Regionen Europas und der Welt, um sich frei von Armut und Unterdrückung beweisen zu können. So erwarb das Banat einen Ruf als Land für Tatkräftige und gewann Anerkennung, weil seine Einwohner innovative Ideen entwickelten. In der Zeit um 1800 befand sich Timişoara bereits auf einer Entwicklungs- und Wachstumsstufe mit anderen Regionen im österreichischen Kaiserreich. Von 1880 bis 1914 erlebte die Stadt einen geradezu bemerkenswerten wirtschaftlichen Aufstieg und wurde zum wichtigsten industriellen, kommerziellen, finanziellen und kulturellen Zentrum der gesamten Region. Timişoara war eine Stadt, die man für ihre multi- und interkulturelle Zusammenarbeit bewunderte, für die Vielsprachigkeit und Zivilisiertheit ihrer Bürger, für ihre musikalischen, literarischen und künstlerischen Kreationen und für viele wissenschaftliche und technische Innovationen.

Ihre Wurzeln hatte die Prosperität des 19. Jahrhunderts bereits in der Zeit davor. Schon damals beuteten die Menschen die Naturressourcen rational aus, hierin angeleitet von aufgeklärten Erneuerern. Der Bega-Kanal wurde gebaut. Die ersten Fabriken öffneten ihre Tore. In der Folge blühten Industrie und Handel auf. Diese Blüte beschleunigte sich in der ersten Hälfte des neunzehnten Jahrhunderts, nach dem Bau des ersten Eisenbahnnetzes. In den Zeiträumen 1718–1779, 1804–1840, 1849–1860 und 1880–1914 wuchs das Banat zu einem prosperierenden Gebiet heran, gerade weil die Region sich ihrer Identität bewusst war. Das Banat verstand sich nicht als ethnisch geprägter Lebensraum, sondern als eine Region von Interferenzen und kultureller Vielfalt, religiös, sprachlich, kulturell. Das Miteinander mehrerer Sprach-, Religions- und Kulturgemeinschaften förderte die intellektuelle Emanzipation und begünstigte eine Vielzahl von handwerklich-technischen und künstlerischen Experimenten.

Nach dem Ersten Weltkrieg wurde das Banat zwischen Rumänen, Serbien und Ungarn aufgeteilt, wobei der größte Gebietsteil an Rumänien fiel. In der Folge verlor die Region einige ihrer administrativen und wirtschaftlichen Vorteile, die Wien mit seiner merkantilistischen Politik im achtzehnten und neunzehnten Jahrhundert der Region sichergestellt hatte. Und doch, auch in den Jahren 1918 bis 1938 waren Städte wie Reşiţa, Arad, Lugoj und Timişoara Sitz von Handel, Bergbau und Fahrzeugkonstruktion. Die Industrie des rumänischen Banats exportierte nicht allein Textilprodukte wie Schuhe, Lederwaren oder Hüte, sondern auch Chemikalien, Stahl, Beschichtungen, Motoren und Elektrogeneratoren, Werkzeuge und Anlagen für die Petroleumindustrie, Dampflokomotiven, Eisenbahnschienen und Brückenkomponenten. Dazu kam, dass die Region großes Ansehen genoss wegen der Vielfalt und der Qualität ihrer Agrarprodukte.

Die Aufteilung des Banats in drei Teile, einen serbischen, einen ungarischen und einen rumänischen Teil, in den Jahren 1919/1920, blieb nicht ohne negative Folgen, administrativ, wirtschaftlich und soziokulturell. Auch politisch waren nun andere Töne zu hören, wenn etwa immer wieder Begriffe wie „national" und „nationalistisch" im öffentlichen Diskurs auftauchten. Trotz all dieser Veränderungen hat die Idee einer regionalen Identität überlebt – vor allen in den rumänischen und serbischen Gebieten. Die urbane Kultur des Banats, seine Schulen, seine Künstler, die Qualität seines Handwerks, die Offenheit seiner Bewohner, festigten auch jetzt noch das Prestige der Region. Die historisch zu erklärenden Eigenheiten, die das Banat auszeichneten, das imperiale Erbe des achtzehnten und neunzehnten Jahrhunderts, prägten die Lebenswelt der Banater auch in der Zwischenweltkriegszeit. Viele Menschen in Rumänien bewunderten die Region und ihre Einwohner für ihre Individualität, ihre zivilen Werte, vor allem auch für die gelungene Aneignung mittel- bzw. westeuropäischer Verhaltensweisen. Timişoara und das Banat wurden respektiert wegen ihrer Menschen, deren Kreativität und Leistungskraft.

Während des Zweiten Weltkriegs und danach erfuhr die Region die Kehrseite ihrer Weltoffenheit. Sie wurde ebenso Opfer nationalistischer Vorurteile als auch kommunistischer Gleichmacherei. Das eine wie das andere diktatoriale Regime hoben alle Verwaltungsselbstständigkeit auf, zentralisierten alle Entscheidungen. Antisemitisch motivierte Gesetze verfügten u. a. die Beschlagnahmung jüdischen Eigentums und die Errichtung von Arbeitslagern für Juden. Nach 1944 kam es zur Deportation „bürgerlicher" Familien in den südlichen Teil Rumäniens (dem Bărăgan). Davor schützte auch die ethnische Herkunft nicht, denn erfasst wurden alle ethnischen Bevölkerungsgruppen des Banats: Rumänen, Serben, Deutsche. In gewisser Hinsicht erreichte die Maßnahme ihr Ziel, denn einige der Sonderheiten des Banats gingen in den Folgejahren verloren: Teile des ökonomischen Potenzials, der bürgerliche Esprit und die multi- und interkulturelle Selbstverständlichkeit. Darüber hinaus verlor die Region ihre einstige Dynamik, weil große gesellschaftliche Gruppen aus Verbitterung emigrierten, Gruppen, die zum Funktionieren der gesellschaftlichen Institutionen und zur Ausbildung tüchtiger Handwerker und Fachkräfte beigetragen hatten. Von 1950 bis 1989 verlor das Banat so einen bedeutenden Teil seiner Eliten, jene Führungskräfte, die die sozio-kulturelle

Einzigartigkeit entscheidend mitgeprägt hatten. Nach 1989 verstärkte sich der Exodus noch einmal, allerdings diesmal ohne Regimebeteiligung. Gleichwohl entstand eine schmerzhafte Lücke.

Schon zu Beginn der Modernisierung suchten das Banat und seine Städte einen eigenen Weg jenseits ethnischer, rassischer oder religiöser Verengungen. Dieser Weg beruhte auf der Zusammenarbeit der Mittelschichten und der Bereitschaft zur inter-kulturellen Kommunikation zwischen den Bürgern. Jene Teile des Banats, die 1918 an Rumänien und Serbien fielen, waren weder nationalistisch geprägt noch dezidiert antinationalistisch. Sie verstanden sich als kosmopolitisch und hatten deshalb große Schwierigkeiten, die politischen Positionen jener zu verstehen, die nichts als ethni-sche Reinheit wollten. Timişoara zeichnete sich noch immer aus durch den bürgerli-chen Geist seiner Einwohner, der auf den Ideen der europäischen Aufklärung und des Wiener Josephismus beruhte und den die Bewohner immer wieder an die Gegenwart anpassten. (Siehe mein Kapitel 4 in diesem Band).

Autoritäre und totalitäre Regime schaffen ganz generell eine „homogene" Kultur. Sie missbilligen regionale Unterschiede und schleifen diese ab. In der langfristigen Folge vergessen die Bewohner der Provinzen „ihre eigene" Geschichte. Eine solcher-maßen politisch nivellierte Gesellschaft reagiert auf kulturelle Differenzen mit Ableh-nung, mit bewusster Abwehr, ja mit Aggression. Übrigens sind es dieselben politischen Akteure und Ideologen von rechts und links, dieselben Mythenproduzenten, die in ihren Lehrbüchern, in der Presse und in der Literatur die nationale Einzigartigkeit und die ethnische Besonderheit ihrer Nation so stark hervorheben. Für die Bürger Rumä-niens bedeutet dies in der Gegenwart eine schwierige Zeit des Lernens, bis sie schließ-lich gewohnt sind, die Vielfalt der Lebensweisen und das Recht auf Unterschiedlichkeit zu akzeptieren. Es wird viel Zeit brauchen, bis die Menschen lernen, ihre Identität als Summe multipler Teilidentitäten zu deuten: Dies mag die Mitgliedschaft in einem Klub sein (Rotary, Lions), der Beruf (Computerwissenschaftler, Chemiker, Physiker, Histori-ker, Koch, Bauarbeiter, Architekt), die Zugehörigkeit zu einer Stadt oder zu einer Region, schließlich zu einem Nationalstaat oder zu einem Kontinent. Dennoch ermöglicht diese Art von kompositorischer Selbstbeschreibung, immer nur Teilaspekte einer hochkom-plexen Gesamtidentität aufzuzählen.

Was für Identitätskonstruktionen allgemein gilt, gilt auch für den Regionalismus. Der Regionalismus darf nicht an die Stelle des Nationalismus treten. Er darf keine neue eindeutige Identität propagieren. Wenn wir also die Einwohner des Banats mit den Ein-wohnern aus dem alten rumänischen Königreich vergleichen, dann erfordert dies eine offene Analyse, die wissenschaftlichen Fähigkeiten des Historikers und ein Verständnis für jene kulturellen Codes, die sich im Verlaufe der Jahrhunderte entwickelt haben. Für den vorliegenden Fall meint dies, von Rumänien als einem Staat zu sprechen, der nach Auflösung der drei großen südosteuropäischen Imperien entstand (Habsburger Reich, Osmanisches Reich, Russisches Reich): Rumänien umfasst daher Regionen mit vielen verschiedenen Sprachen, Kulturen, Gewohnheiten und mentalen Eigenheiten: Slawische und russische Elemente gehören dazu, türkische und osmanische, byzantinische und griechische, deutsch-österreichische, ungarische und serbische. Wir sprechen daher von einem herausgehobenen Raum von Interferenzen. Kulturelle Unterschiede, Aneignungen und Übernahmen finden sich überall. Aus regionalhistorischem Blickwinkel betrachtet, gleicht Rumänien der Struktur Europas, steht also für einen Raum der Einheit in der Vielfalt. Wie Europa als Ganzes können wir Rumänien als Hort vieler ethnischer Gemeinschaften beschreiben, vieler Sprachen, vieler Religionen und Kirchen. Rumäniens Regionen spiegeln nicht zuletzt die unterschiedlichen Einflüsse wider, die vor Ausbildung der modernen Nationalstaaten von den dominanten imperialen Kulturen ausgingen. Folglich werden die Bürger Rumäniens auch durch ihre regionale Identität definiert: als Einwohner des Banats, der Bukowina, Siebenbürgens, Moldaus, der Walachei oder der Dobrudscha.

Es gab eine Zeit, da war es möglich, Timișoara und Wien unmittelbar miteinander in Verbindung zu setzen, ebenso das Banat mit Österreich. Man sprach von ähnlichen Kulturen, die sich gegenseitig akzeptierten und förderten. Es stimmt auch, dass Wien eine intelligente und kreative Administration ins Banat entsandte: Wien interessierte sich für die Menschen der Region, suchte deren Charakteristika zu ergründen. Fachleute erkundeten die geografischen und historischen Gegebenheiten und beobachteten das Kulturleben. Wien verstand es, die Region für die eigenen Zwecke zu mobilisieren. Aber gleichzeitig offerierte es die Möglichkeit, sich von den feudalen Beschränkungen zu befreien. Jene kaiserlichen „Beamten", die Wien mit der Landesbeschreibung beauftragte, waren Wissenschaftler und Forscher mit bemerkenswerter Erfahrung bei der politisch-sozialen Kartierung der Welt. Dafür stehen die Schriften von J. J. Ehrler und Francesco Griselini, alle aus dem 18. Jahrhundert. Sie sind unbestreitbares Zeugnis für die Art und Weise, in der das Haus Habsburg sich der Region zwischen Donau, Theiß und Marosch näherte und sie in das Imperium integrierte.

Wie aber sieht die Zukunft des Banats aus historischer Perspektive aus? Die Antwort darauf gibt ein Begriff, den Reinhart Koselleck in einem berühmten Buch[1] geprägt hat: „vergangene Zukunft", ein Hinweis darauf, dass wir mit verschiedenen Zeiterfahrungen und in verschiedenen Zeitschichten zugleich leben und mit unserem Sprechen selbst Verantwortung gegenüber der Zukunft tragen. Noch anders: Die Lösungen der Zukunft werden in den Idealen und Werten zu finden sein, die wir von unseren Vorfahren geerbt haben, und in der Fähigkeit, uns der Dynamik des Lebens anzupassen. Sobald die Dezentralisierung der Verwaltung zu einer neuen Realität in den ost- und mitteleuropäischen Staaten werden wird und regionale Zentren das Entscheidungsrecht über Finanzen, Strategien und Investitionen erhalten, kann das kulturelle und städtebauliche Erbe gezielt gefördert werden, können die Bildungsinstitutionen an die regionalen Bedürfnisse angepasst werden. Dann gibt es Hoffnung auf ein Wiedererstarken. Das gilt auch für das Banat, das zu Rumänien, Serbien und Ungarn gehört, aber eben auch sich

---

[1] Reinhart Koselleck, *Vergangene Zukunft: Zur Semantik geschichtlicher Zeiten* (3. Aufl., Frankfurt am Main, 1995).

selbst. Die Überwindung der zahlreichen Krisen der Gegenwart – wirtschaftlich, sozial, politisch, kulturell – hängt von den heutigen und zukünftigen Einwohnern ab, vom Glauben an deren menschliches Potenzial und von der Erfüllung der alten und neuen Hoffnungen auf eine Integration nach Europa. Dass Timișoara zur Europäischen Kulturhauptstadt 2021/2023 gewählt wurde, wird vermutlich dem gesamten Banat nützen. Es ist eine Chance, um die Region zu erneuern. Die Autoren dieses Band hoffen, zu der notwendigen Erneuerung beitragen zu können, indem sie bekannte, vielfach aber auch weniger bekannte Aspekte der Geschichte des Banats vorstellen.

Heute ist es möglich, ja notwendig, die Geschichte des Banats aus multiperspektivischer Sicht zu schreiben, aus rumänischer, serbischer, ungarischer, deutsch-österreichischer und europäischer Sicht gleichermaßen. Auf den Seiten dieses Buches werden daher Interessierte viele neue Informationen finden. Sie werden bekannte und unbekannte Persönlichkeiten entdecken, Orte und Themen. So werden die Ereignisse und Tatsachen verstehen lernen, Fragen und Probleme erörtern können, die sich nicht nur auf das Verhältnis von Vergangenheit und Gegenwart beziehen, sondern auch alternative Zukünfte einschließen. Viele Historiker verfolgen einen vergleichbaren Ansatz. Er ist erforderlich, nicht nur, um die Tatsachen und Ereignisse angemessen zu würdigen, sondern vor allem, um lebensweltliche Orientierung zu leisten. Nur so werden bei allen Ähnlichkeiten auch die Unterschiede zwischen dem Banat und Siebenbürgen deutlich, obwohl beide Regionen oft miteinander gleichgesetzt werden. Indem rumänische, ungarische und serbische Historiker gemeinsam eine Geschichte des Banats vorlegen, soll etwas Neues entstehen, eine gut dokumentierte Synthese, eine kritisch historische Erkundung auf hohem Reflexionsniveau, vor allem aber auch eine Darlegung, die sich von den ideologisch motivierten Geschichtserzählungen der Vergangenheit absetzt.

Mehrere Fragen möchte ich einleitend stellen und beantworten:

1. Wie vertrug sich der aufgeklärte Despotismus der Habsburger mit den Idealen der Aufklärung?
2. Welche Langzeitwirkung hatte die von Maria Theresia und Joseph II. angestoßene wirtschaftliche Entwicklung für die Einwohner des Banats und Siebenbürgens?
3. Gelang der intendierte Transfer eines österreichischen kulturellen Codes, sodass die Einwohner fest zu Europa gehörten?
4. Können wir unter diesen Umständen von einer eigenständigen Identität des Banats sprechen? Auch von einer spezifischen Identität Siebenbürgens? Beides Resultat differierender Politiken des habsburgischen Reiches?

Versuchen wir eine strukturierte Antwort:

1. Im Mittelalter bereits war das Banat ein multikultureller Raum, und zwar seit es Teil des Königreichs von Ungarn und des Osmanischen Kaiserreiches war. Hier lebten orthodoxe Gläubige, die rumänisch oder serbisch sprachen, türkischsprechende Muslime, Armenier, sephardische Juden und Roma. Die osmanische Herrschaft von 1552 bis 1716 sorgte dafür, dass der Adel des Banats seine rechtliche und wirtschaftliche Stellung verlor. Ebenso verschwanden die mitteleuropäischen

Verwaltungsstrukturen. Auch die konfessionellen Ordensgemeinschaften, die sonst überall ein Element der Kontinuität darstellten, verloren ihren Einfluss. Die Osmanen errichteten in Timișoara eine Festung. Hier herrschte eine militärische Elite. Aber sie kümmerten sich nicht um die Organisation und Verwaltung der weiteren Umgebung. Als Habsburg dann die Macht in Timișoara und dem Banat übernahm, Anfang des 18. Jahrhunderts, konnte Habsburg seine eigenen, von imperialen Interessen geprägten und von aufklärerischem Denken beeinflussten Strukturen schaffen, ohne auf eine örtliche Opposition zu treffen. Obwohl Wien weitgehend zentralistisch agierte, keine regionalen Sonderheiten erlaubte, machte die Region in der Folgezeit bemerkenswerte Fortschritte in Technik, Handwerk, Landwirtschaft, Kunst, Musik und Literatur.[2] Kurz, Herrschaftswille und Aufklärung bedeuten im Fall Temeswars und seiner Umgebung keinen Gegensatz.

2. Die Einwohner des Banats waren mit Beginn der österreichischen Herrschaft gezwungen, sich der wirtschaftlichen Konkurrenz des Großraums zu stellen. Die aufgeklärtem Denken geschuldeten Reformen des 18. Jahrhunderts bewirkten, dass viele Banater sich dem Handwerk, dem Handel und dem Vertrieb zuwandten. Sie eröffneten Manufakturen und Handwerksbetriebe, wandten sich der Rohstoffgewinnung zu (Eisenerz und Kohle im Südbanat), der Metallerzeugung und Metallbearbeitung. Dörfer entstanden und Ansiedlungen für die Kolonisten, die aus ganz Europa kamen. Sie modernisierten die Landwirtschaft, spezialisierten sich auf den Anbau von Mais, Reis, Baumwolle, Hanf, Flachs und Tabak. Im 19. Jahrhundert gründeten sie landwirtschaftliche Vereine, Handwerks- und Industrieverbände. Schon früh nahm das Banat am Industrialisierungsprozess teil, früher als andere mittel-osteuropäische Regionen. Das Banat wurde Ort technischer Innovationen: die elektrische Straßenbeleuchtung gehört dazu, das erste habsburgische Eisenbahnnetz, die Pferdebahn, die elektrische Straßenbahn. Das Banat erhielt eigene Banken, Textilfabriken. Hier wurden Schuhe hergestellt, Pelze verarbeitet, Hüte produziert und Bier gebraut. Möglich wurde all dies, weil im Banat die Reformen des aufgeklärten Absolutismus schneller griffen als in anderen Teilen des Reiches. Hier hatte der Sultan große Reichtümer an sich gezogen. Diese fielen nun dem habsburgischen „Staatsvermögen" zu. Joseph II. bot sie zum Verkauf an, so wie dies das revolutionäre Frankreich mit der Nationalgüterveräußerung machte. Hier wie dort erwarben die Reichen und Privilegierten das Staatsgut, das waren Einheimische, aber auch Zugewanderte und manche der habsburgischen Verwaltungsfachleute. In dem Banater Ansiedlungsgebiet lebten Rumänen, Serben, aber auch katholische Siedler aus den deutschen Fürstentümern friedlich zusammen, ebenso ehemalige Bewohner italienischer Städte, Spanier und Franzosen, aber auch die von Wien für

---

2 Ausführlicher s.: Victor Neumann, *The Temptation of Homo Europaeus. An Intellectual History of Central and Southeastern Europe*. 2. veränderte und erweiterte Aufl., London (Scala Publishers), 2020, pp. 235–258 und pp. 259–283.

das Banat erlaubten Juden. Sie verinnerlichten schon früh die Mechanismen des kapitalistischen Wirtschaftssystems, investierten in Technik, Produktion, Handel und Geldwesen. Das Banater Bürgertum erwies sich als höchst aufgeschlossen gegenüber den Reforminitiativen des aufgeklärten Absolutismus. Die Geschwindigkeit und die Breite des Mentalitätswandels in Richtung der neuen Wirtschaftsgesinnung übertraf alle anderen Regionen Mitteleuropas im 18. und 19. Jahrhundert.

3. Über Jahrhunderte belebten Menschen das Banat, die mehrere Sprachen beherrschten. Und die Administration der Habsburger betrachtete dies als einen durchaus natürlichen Sachverhalt. Anfangs, 1718, lautete die Bezeichnung für die Region „Temeswarer Banat". In den Jahren bis 1779 regierte Wien durch lokale Gouverneure, die die gewünschten wirtschaftlichen und kulturellen Reformen durchsetzten. Wie gesagt, sie trafen auf keinerlei Opposition. Die gezielten Ansiedlungen, die klaren Vorgaben für die neuen Gemeinden, die Einbindung katholischer und orthodoxer Gruppen sorgten dafür, dass eine Zusammenarbeit auf vielen Gebieten möglich wurde: sprachlich, kulturell, sozial, religiös. Das Banat wurde zu einem kulturellen Schmelztiegel, darin nur mit Amerika vergleichbar. Tatsächlich gab es ja, wie wir gesehen haben, eine noch viel längere Tradition des multikulturellen Zusammenlebens, und zwar seit dem Mittelalter. Seit dem 18. Jahrhundert kam die Kolonisierung mit ihrer Zuwanderung aus ganz Europa hinzu. Dies entsprach der Logik Habsburger Politik, die auf eine unmittelbare kaiserlich-bürgerliche Untertanenschaft setzte, nicht auf ethnisch mediatisierte Gruppen. Und dementsprechend finden wir multikulturelle Strukturen im ganzen osteuropäischen Habsburger Reich. Genannt seien: Ofen (Pest), Pressburg (Bratislava), Leibach (Ljubljana) Neusatz (Novi-Sad), Fünfkirchen (Pecs), Großwardei (Oradea).

4. Wien versuchte im 18. Jahrhundert, alle Regionen gleichermaßen zu fördern, entsprechend den Konzepten des aufgeklärten Absolutismus. Freilich waren die Voraussetzungen unterschiedlich. Als kaiserliches Kronland, ohne provinziellen Landtag und ohne überlieferte Verwaltungsinstitutionen, die zwischen kaiserlicher Administration und lokalen Ständen vermittelten, unterschied sich das Banat politisch, wirtschaftlich und sozial deutlich von Siebenbürgen und Ungarn. Im Banat gab es tatsächlich infolge der vorherigen osmanischen Herrschaft (1552–1716) keine privilegierten Stände.

So viel dürfte also deutlich geworden sein, das Banat entstand als administratives Projekt. Eine irgendwie funktionierende, eigenständige Verwaltung gab es nach dem Sieg Habsburgs über das Osmanische Reich nicht. So entstand eine ganz eigene, von der Umgebung separierte administrative Einheit, die unmittelbar Wien unterstand und von einem durch den Kaiser ernannten Gouverneur verwaltet wurde. Das staatlich-gesellschaftliche Experiment, der vollkommene Neuanfang im 18. Jahrhundert, die Nutzung der Stunde Null erweisen sich bis heute als höchst fruchtbar und anregend. Im 18. Jahrhundert gewann das Banat eine ganz eigene Identität: Da war erstens die staatlich-kulturelle Zwischenlage zwischen dem Osmanischen und Habsburgischen Reich, zwischen christlicher und muslimischer Welt, zwischen mitteleuropäischem Katholizismus und balkanischer Orthodoxie. Zweitens lebten hier Menschen ganz unterschiedlicher Kulturen, Sprachen und Religionen, die aufeinander angewiesen waren und ein einzigartiges Neben- und Miteinander entstehen ließen. Im 19. und 20. Jahrhundert führte all dies allerdings zu Spannungen und Krisen, weil Gemeinschaft nun als ethno-nationale Einheit imaginiert wurde. Darauf wird gleich zurückzukommen sein.

Im Unterschied zum Banat überlebten in Siebenbürgen die feudalen Gesellschaftsstrukturen. Dies erklärt die grundsätzliche Differenz zwischen beiden Regionen während der Phase der Modernisierung. Siebenbürgen gehörte als Woiwodschaft im Mittelalter dem ungarischen Königreich zu, wurde aber im 16. und 17. Jahrhundert ein selbstständiges Fürstentum. Der Adel konnte unter diesen Umständen seine Privilegien erhalten. In der Zeit Maria Theresias und Josephs II. widersetzte er sich den Reformen und vertrat eine radikal konservative Position. Die Aristokratie, die feudalen Strukturen erhielten sich lange und bestimmten das wirtschaftlich-soziale und politische Leben. Bis zur Emanzipation der bäuerlichen Mehrheit dauerte es noch viele Jahrzehnte. Die sozialen Spannungen wurden sichtbar im Aufstand der (leibeigenen) Bauern unter Horea, Cloșca und Crișan, 1784. Mitte des 19. Jahrhunderts erfassten die Spannungen auch das Miteinander der Ungarn und Rumänen. Die Revolution von 1848 sah beide Gruppen in gegensätzliche Lager geteilt und wurde zur Ursache des rumänisch-ungarischen Bürgerkrieges 1848/1849. International galt der Konflikt als klassisches Beispiel für einen ethnisch motivierten Gewaltausbruch.

Die geschichtswissenschaftlichen Darstellungen des neunzehnten und zwanzigsten Jahrhunderts haben die frühneuzeitliche Geschichte des Banats kaum thematisiert. Zwar gibt es durchaus beeindruckende Quellenforschungen und aufschlussreiche Quellensammlungen. Aber die großen Linien waren doch durch ideologische Festlegungen vorgegeben. Das geschichtswissenschaftliche Frageraster schied von vornherein alles aus, was den weltanschaulichen Vorgaben widersprach. Im Ergebnis fehlen differenzierte Darstellungen, nuancierte Erzählungen, wie es sie für andere europäische Regionen gibt, auf die man heute noch in größerer Zahl zurückgreifen kann.

Dabei hat das Banat, anders als die Nationalgeschichtsschreibung es suggeriert, auch in der Folgezeit, im 19. und 20. Jahrhundert, seinen spezifischen Charakter bewahrt. Es hat seine eigenen Institutionen ausgebildet, seine eigenen Kirchenhierarchien entwickelt. Da seine Einwohner vielen Glaubensrichtungen anhingen und sie unterschiedliche Sprachen sprachen, erhielt es seine Identität weder durch gemeinsamen Glauben noch durch gemeinsame Sprache. Die Kohabitation katholischer und orthodoxer Bischöfe gehörte zur historischen Sonderheit des Banats. Das unterscheidet die Region von vielen anderen Gebieten Mittel- und Ostmitteleuropas. Die orthodoxe Erzdiözese von Karlowitz (Sremski-Karlovci) prägte das orthodoxe Leben im Banat. Das Bistum hatte eine ruhmreiche Geschichte und eine starke Autonomie. Diese war das Ergebnis zahlreicher Vereinbarungen mit der kaiserlichen Administration in Wien, aber auch mit den Landtagen in Pressburg (Pozsonyi/Bratislava) und Buda.

Der historische Alltag, das zeigen die überlieferten Dokumente, war multikulturell und multikonfessionell, interkulturell und grenzspezifisch. Alte Verwaltungsrichtlinien belegen, dass Timișoara mehr als zweihundert Jahre dem von Wien vorgegebenen Pfad folgte und dass der Status der Stadt als unmittelbares königliches Verwaltungszentrum eine Besonderheit blieb, während gleichzeitig seine Autonomie von der Wiener Zentrale anerkannt wurde.

Als das Banat entstand, befasste sich die Regierung nicht nur mit dessen Besiedlung, sondern auch mit dem Lebensstandard der Bevölkerung vor Ort. Die einheitliche Organisation der Region galt als Idealziel, nicht die Bewahrung sozialer Differenzen. Die kaiserliche Zentralverwaltung folgte dabei einem aufgeklärten Programm, teilte die Bezirke so ein, dass sie in geografischer Größe und Wirtschaftskraft einander glichen. Besondere Aufmerksamkeit galt dem Bildungssystem, hier vor allem der Gründung von Schulen. Ähnliche Regeln, ähnliche Strukturen sollten die gesellschaftliche Durchdringung sicherstellen und in allen sozialen Gruppen einen gemeinsamen, habsburgischen kulturellen Code verankern. Letztlich lief dies auf die Emanzipation und Teilhabebefähigung aller sozialen Klassen hinaus, die in den Regionen unter habsburgischer Herrschaft lebten. Das „Erziehungsprojekt" sah zwei Arten von Bildung vor: der eine Bildungsstrang „für den (zugewanderten) Adel", der andere „für die normalen Leute". Beide erstrebten einen tief sitzenden Respekt für die Verhaltensnormen und die Arbeitsleistung aller Bürger des Kaiserreichs an. (Siehe Kapitel 5 und 6 von László Marjanucz in diesem Band).

Ohne Kenntnis dieser Aspekte mitteleuropäischer Geschichte ist es schwierig, die Entwicklung des habsburgischen Kaiserreichs zu verstehen, und ebenso unmöglich ist es, die kulturelle Geografie des Banats angemessen zu erfassen. Nur durch Kenntnis der Geschichte des Banats verstehen wir, warum das Banat im Verlaufe seiner Entwicklung ganz verschiedenen administrativen Zentren zugeordnet war: Wien, Pressburg/Pozsonyi, Ofen/Buda und Karlowitz/Sremski-Karlovci im 18. und 19. Jahrhundert. Heute sind Bukarest, Belgrad und Budapest die hauptstädtischen Zentralorte.

Diese kulturelle Dominanz der unitaristischen Nationalstaaten der Neuzeit bis in die Gegenwart hinein bedeutet, dass die Regionalforschung mit einem ganzen Bündel vorgefertigter Deutungsansätze zu kämpfen hat und wenig Anerkennung findet, trotz all ihrer Quellennähe. Für sie ist es schwierig, das eigene, gut begründete Bild verständlich zu machen. Aber es ist die sprachliche und religiöse Vielfalt und der wirtschaftsfördernde Ansatz des habsburgischen Imperiums gewesen, die dem Banat und Timișoara einen eigenen Platz und eine eigene Identität im Europa des achtzehnten Jahrhunderts sicherten. Diejenigen, die das kaiserliche Banat aufgebaut und verwaltet haben, taten dies, indem sie die Vielsprachigkeit und die religiöse Multikonfessionalität akzeptierten und indem sie spezifische regionale Verhaltensregeln förderten, die wir zum Teil noch heute im Banat vorfinden.

Wie eng das Banat in diesen Jahren Mitteleuropa zugehörte, zeigt sich auch an der Verbreitung des Barocks. Er wurde im achtzehnten Jahrhundert überall gefördert und nahm eine Schlüsselrolle in der städtebaulichen und kulturellen Identität der Region ein. Der für das Banat typische barocke Stil griff Ideen der Aufklärung auf, stellte sich in Gegensatz zu mittelalterlichen Vorurteilen und betonte die Möglichkeit zur Erneuerung der Gesellschaft. Er war offen gegenüber Neuansätzen des politischen Denkens und er propagierte eine umfassende wirtschaftliche Entfaltung. Diese Art der Kunst steht für die Denkkultur und Denkweise ganz Mitteleuropas im 18. Jahrhundert.

Erleben lässt sich die lokale Ausprägung des Barocks sowohl in katholischen als auch in orthodoxen Kirchen der Zeit. Die barocke Kunst erforderte lokale Anpassungen, die im wohlbekannten *Sensus allegoricus* (der allegorischen Versinnbildlichung) zum Ausdruck kamen. Ein genauer Blick auf die Kunstwerke der Region ist in dieser Hinsicht aufschlussreich.

Wie gesagt war es Ziel der kaiserlichen Behörden, die Integration des Banats in die mitteleuropäische Zivilisation sicherzustellen. Das erforderte aus Wiener Sicht das Zurückdrängen des orientalischen Erscheinungsbildes der Region – und damit des osmanischen Erbes insgesamt. Konsequenterweise entwickelte die Verwaltung ein Interesse für Kunst und Architektur und nahm sich hierfür die urbanen Zentren Habsburgs zum Vorbild (siehe Kapitel 9 von Mihaela Vlăsceanu in diesem Band). Malerwerkstätten analysierten die byzantinische Kirchenkunst und verbanden sie mit barocken Modellen Mittel- und Westeuropas. So tauchen in barocken Darstellungen Figuren und Kleidungen, Landschaften und Darstellungen traditionell orthodoxer Ikonografien auf. Gleichzeitig erfolgte eine Rezeption westlicher Kunst, denn schon immer verstand sich die orthodoxe Kirche des Banats als Mittlerin zwischen Byzanz und dem katholischen Europa. Ein vergleichbares Phänomen ist überall in den Grenzräumen zwischen Ost und West, zwischen Mittel- und Südosteuropa erkennbar, in jenen Räumen also, die von beiden Kulturen und zivilisatorischen Entwicklungssträngen beeinflusst wurden (siehe Kapitel 10 von Adrian Negru in diesem Band).

Nicht nur der Barock und dessen Kirchenkunst interessiert, auch ein Blick auf die Entwicklung der Architektur ist höchst aufschlussreich. So verfügt das Banat über zahlreiche Gebäude und Denkmäler, die Aufschluss geben über die vergangene Lebenswirklichkeit der Region. Die Lektüre architektur- und kunstwissenschaftlicher Studien weckt ein Verständnis für die Konstruktion der Häuser, Paläste, Kirchen, Straßen und Denkmäler. Städtische Architektur war immer Ausdruck moderner Kultur – und ist es immer noch. Im Banat steht sie für das Selbstverständnis der Region als Teil der europäischen Kultur. Nicht zufällig erinnert die Ikonografie an die großen Gebäude des habsburgischen Kaiserreichs, an die herrschaftlichen Zeugnisse der Macht und aufgeklärt-absolutistischen Gebäudedenkmale. Später, im 19. Jahrhundert, glich die Gebäudegestaltung den Bauten vieler anderer Großstädte des österreichisch-ungarischen Imperiums. Die Banater Architekturgeschichte folgte damit den großen Epochenabschnitten der mitteleuropäischen Architekturentwicklung. Auch im Banat finden wir also den Umbruch von einem beeindruckenden provinziell geprägten Barock, der über lange Zeit bestimmend blieb, hin zum Eklektizismus. Wer die Bauten der beiden wichtigsten Städte der Region – Timişoara und Arad – zu lesen weiß, erkennt eine Einheitlichkeit der Architektur und zugleich einen stilistischen Pluralismus, wie er auch in anderen mitteleuropäischen Großstädten zu finden ist (siehe Kapitel 7, verfasst von Gabriel Szekely, in diesem Band).

Während der dörfliche Barockstil, ergänzt um die erwähnten eklektischen Einflüsse, in den ländlichen Regionen des Banater Raumes fortbestand, öffneten sich die Städte mit ihren Gebäuden nach 1900 den Ideen der modernen Kunst. Für viele Bauherrn und Architekten bedeutete dies eine Hinwendung zur „nationalen Architektur". Die ikonisch-spontane Architektur der Zeit der Monarchie bestand zwar fort, aber in den Jahren 1918–1944 traten daneben Gebäudearchitekturen, welche Elemente nationaler Kunst und der Folklore aufgriffen. Manche Historiker sprechen für diese Zeit von „einem Spannungsfeld zwischen der mitteleuropäischen Kultur, charakterisiert durch einen dezidiert ikonischen Stil, und einem südosteuropäischen, folklorehaften nationalen Stil" (siehe Kapitel 9, verfasst von Mihaela Vlǎsceanu, in diesem Band). Ich möchte indes nicht ganz so weit gehen. Der Prozess verlief sehr langsam. Und viele Menschen waren daran beteiligt. So gelang es, eine lokale Identität und eine integrierende gemeinsame Kultur aufzubauen.

Auch der Geschichte des ländlichen Raumes wenden wir uns im vorliegenden Band zu, der Kolonialisierung, der Bevölkerungspolitik Habsburgs im 18. und 19. Jahrhundert, den Aufbauplänen. So sollen die Leser einen Einblick in die sozialen und kulturellen Realitäten des Raumes gewinnen, in die ganz unterschiedlichen Typen ländlicher Siedlungen. Sie sind das Resultat der Überlagerung differierender Zeitschichten, beginnend in den Jahrhunderten vor der habsburgischen Kolonisation, aber auch Folge der multikulturellen Realität, die die Region seit dem Mittelalter auszeichnet. Eine Beschreibung der Dorfarchitektur macht das Amalgam dieser unterschiedlichen Traditionen deutlich. Wie im Fall der Städte entwickelte sich so eine eigene Identität, ein eigenständiger kulturellen Code. Aus der Sicht der „longue durée" entstand durch das Zusammenleben der Menschen eine eigenständige „Komplexität und Vielfalt". Teodor Octavian Gheorghiu (siehe Kapitel 8 in diesem Band) arbeitet heraus, wie wenig die ländlichen Regionen des Banats als Einheit beschrieben werden können. Vielmehr sind sie geprägt von zahlreichen Einflüssen, die während der Moderne aufgegriffen wurden, von ländlichen Führungskräften und dörflichen Intellektuellen vor allem.

Das Schulsystem im Banat hat seine Wurzeln im serbisch-sprechenden Schulwesen des Habsburger Reiches im 18. Jahrhundert. Zwischen 1790 und 1810 finden wir vorwiegend kirchlich geprägt Schulen. Das änderte sich zwischen 1810 und 1848. Jetzt dominierten die weltlich ausgerichteten Schulen (siehe Kapitel 12 von Grozdanka Gojkov in diesem Band). Verständlich wird der Sachverhalt, wenn wir uns vor Augen führen, dass im Einklang mit dem romantischen Denken der Zeit die serbischen Führungskräfte ihre Aufmerksamkeit seit etwa 1800 auf die Ausbildung von Lehrern und Professoren legten. Diese Berufsgruppen waren für das Selbstbewusstsein als Sprach-Nation besonders wichtig. Später stand der Erwerb einer breiten allgemeinen Kultur im Vordergrund. Die Pädagogische Schule von Sombor hat in diesem Zusammenhang den größten Bekanntheitsgrad erreicht, aber sie ist nur ein Beispiel von vielen serbischen Bildungszentren, die in den Jahrzehnten vor und nach der Revolution von 1848 entstanden. In dem Maße, wie kaiserliche Beamte und Intellektuelle Einfluss gewannen, sorgten sie für eine Annäherung an die anderen Kulturen des Banats. Die habsburgische Administration förderte so ein breites Schulwesen, u. a. auch den Aufbau deutsch-sprachiger Schulen. Das erklärt, warum das Banat früher als die benachbarten Regionen ein differenziertes Bildungssystem vorwies. Zugleich zeugt der Sachverhalt von einem verbreiteten Interesse an Bildung und Kultur, an bürgerlicher Selbstverfeinerung und sozioökonomischer Modernisierung. Auch das politische Denken stimmte mit den zeitgenössischen Trends Europas überein.

Es gibt eine umfangreiche Literatur zur Bildungsgeschichte der österreichisch-ungarischen Monarchie seit 1867, also seit der Zeit des „Ausgleichs". Zahlreiche Quellen dokumentieren das Geschehen, darunter: ungarische Verwaltungsdokumente, aber auch Gesetze, Statistiken und Lehrpläne. Das Bildungssystem im zweiten Drittel des 19. Jahrhunderts zählte zu den Vorzeigeinstitutionen des modernen Staates. Und dementsprechend umfangreich ist die Überlieferung zur Geschichte der Grundschulen und Gymnasien, zu deren Lehrern und Schülern. In diesem Zeitraum wurden, wie gesagt, die Fundamente des modernen Bildungssystems gelegt. Im Banat entstanden ganze Schulnetzwerke, die eine Ausbildung in vielen verschiedenen Sprachen anboten: Ungarisch, Deutsch, Serbisch, Rumänisch dienten als Unterrichtssprache. Ende des 19. Jahrhunderts wandelte sich allerdings das Klima im Habsburger Reich, meinte kaiserliche Politik, auf die nationalen Aspirationen einzugehen. Die alte multikulturelle Symbiose galt nicht mehr als Leitbild. Dennoch überlebte sie an vielen Stellen. Doch die Behörden in Budapest konnten mit der multikulturellen Vielfalt des Banats wenig anfangen, stellten sich auch praktisch dagegen.

Beliebt bei den Schülern der Mittelschicht waren die Sekundarschulen, weil sie berufliche und intellektuelle Chancen eröffneten. Viele Schüler entschieden sich dabei für eine Ausbildung in ungarischer Sprache und verzichteten damit freiwillig auf ihre Muttersprache. Letztlich hätte sich der Besuch „eines anderen Schultypus negativ auf die zukünftige Karriere der Absolventen ausgewirkt. Das flüssige Beherrschen des Ungarischen gehörte zu den unabdingbaren Voraussetzungen für die spätere Bewerbung an eine Universität". In den Jahren 1867–1914 fand, unterstützt von der Regierung in Budapest, eine rasche Modernisierung des Banater Schulsystems statt. Die wirtschaftliche Entwicklung erforderte eine stetige Steigerung des Bildungsniveaus, denn nur so war eine Professionalisierung vieler Tätigkeiten in Wirtschaft und Dienstleistung zu erreichen. „Mit Ausnahme des Universitätsstudiums verfügte das Banat über ein vollständiges Bildungssystem, das alle regionalen Erfordernisse erfüllte, von der Grundschulbildung für Bauernkinder bis hin zu den Anforderungen zukünftiger Intellektueller. Eine Analyse der Lehrpläne zeigt, dass die Schüler nicht nur auf ihre zukünftigen Berufe vorbereitet wurden, sondern auch auf die gesellschaftlichen Belange der Zeit." (Zitate aus Kapitel 16 von Aron Kovács in diesem Band).

Während die Ausbildung in den Sachfächern allen Ansprüchen genügte, trat die multikulturelle Dimension des Banater Unterrichtswesens nach 1867 zurück. Das ungarische Bildungssystem setzte auf ein national-ungarisches Programm. Doch im östlichen

Teil der Monarchie gab es ein vielsprachiges Zusammenleben, für das die Verengung auf das Ungarische einen Verlust sozialen Miteinanders und beruflicher Chancen bedeutete. Budapest unterschätzte jene Herausforderungen und jene Vorteile, die sich aus der vielsprachigen gesellschaftlichen Realität der Doppel-Monarchie ergaben. József Eötvös, der fortschrittlichste ungarische Politiker und Intellektuelle seiner Zeit, verwies auf die Bedeutung der Nationalitäten innerhalb des Kaiserreichs und entwickelte wegweisende Ideen, wie die kulturelle Vielfalt nutzbar gemacht werden könne. Er wurde als Person genauso ignoriert wie seine differenzierten Argumente und Vorschläge (siehe mein Kapitel 14 in diesem Band).

Zeitungen und insbesondere Zeitschriften prägten das Banater Kulturleben sehr stark. Sie spiegelten die lebendige öffentliche Diskussion wider und reflektierten die so typische Verbindung von regionalen Werten mit europäischen und universalen. Redaktionell nahm sich die Banater Presse das deutsche Zeitungs- und Zeitschriftenwesen zum Vorbild. Deren Lektüre ermöglicht daher Einblick in all das, was die Banater beschäftigte. Damit reflektierte die regionale Presse auch die Herausbildung ethnonationaler Ideen, die Entstehung revolutionärer Bewegungen. Ausführlich berichtete sie über jenen Wirren, die die Ereignisse von 1848/1849 in einen regionalen Bürgerkrieg ausarten ließen. Eine kritische Lektüre der Banater Presse zeigt zudem, wie die sich neu formierenden Eliten ihre Eigeninteressen als die Interessen des „serbischen", „ungarischen" oder „rumänischen Volkes" ausgaben. Immer ging es um Identität, immer wurden soziale, sprachliche und religiöse Unterschiede hervorgehoben. Das „nationale Erwachen" interessiert dabei nicht nur aus historischer Sicht, sondern macht auch deutlich, wie „Ethnizität" in den Folgejahren zu einer Quelle der Spaltung und der politischen Propaganda wurde. Die Emanzipation der Südslawen, die Zusammenarbeit von Serben und Kroaten und die hieraus entstehenden kulturellen und politischen Programme, verdichtet in der illyrischen Bewegung, sind in den Zeitungen und Zeitschriften des Banats vor 1848 ausführlich gewürdigt worden (siehe mein Kapitel 14 in diesem Band). Das „romantische Erwachen" beruhte freilich bei allen Gruppen auf der Vorstellung kollektiver Identität, auf der Idee eines spezifischen Bündels von Sprache, Herkunft und Geschichte. Hin und wieder verbanden die Intellektuellen damit indes auch die Vorstellung von einem spezifischen Weg in die Moderne.

1848 brachte für das Banat einen tiefen Einschnitt, wie der vorliegende Band zeigt. Die Region erhielt eine vollkommen neue Struktur. Dabei berücksichtigten die Wiener Autoritäten die Forderungen der serbischen Führung während der Versammlung von Karlowitz. „Das kaiserliche Patent über die Gründung der Woiwodschaft von Serbien und dem Banat von Timișoara" wurde am 18. November 1849 veröffentlicht. Das neue regionale Gebilde unterstand nicht mehr Ungarn, sondern unmittelbar dem Innenministerium in Wien. In der kaiserlichen Verfassung vom 4. März 1849 heißt es: „Die Woiwodschaft von Serbien und dem Temeswarer Banat wird so verwaltet werden, dass die Kirchen und die Nationalitäten Schutz erhalten, entsprechend ihrer alten Privilegien und den kaiserlichen Verfügungen." Die räumliche Aufteilung sah mehrere städtische Zentren vor: Bodrog, Torontal, Timiș, Caraș, Ruma und Ilok (Bezirk Srem).

Die Präfekturen Timişoara, Lugoj, Torontal, Sombor und Novi Sad wurden noch einmal in „Prätorien" und Kommunen unterteilt. Mit dieser Neuordnung kehrte das Banat zu seinem Status zurück, den es bereits im achtzehnten Jahrhundert hatte, als die Region Wien direkt unterstellt war und damit unabhängig von Budapest. Die neue Regionalverwaltung hatte ihren Hauptort in Timişoara, und General Ferdinand Mayerhofer wurde zu ihrem Gouverneur ernannt, während Feldmarschallleutnant Johann Coronini den militärischen Oberbefehl ausübte. Die multikulturelle Zusammensetzung der Bevölkerung blieb weiterhin ein prägendes Element der Region: „Rumänen", deutschsprechende Bewohner, „Serben", „Ungarn", „Kroaten", „Slowaken", „Bulgaren" und „Juden" lebten hier. Mitte des neunzehnten Jahrhunderts hatten diese Gruppen alle ähnliche Ideale, richteten sie ihr Hoffen auf die gesellschaftliche Emanzipation.

Die kaiserliche Verwaltung versuchte in dieser Situation, zwischen der kosmopolitisch-geprägten, multikulturellen, vielsprachigen Kultur der „Vergangenheit" und dem modernen Denken der „Gegenwart" zu vermitteln. Dieses verwies als zentrales Kriterium für Kulturfähigkeit, Gemeinschaft und Modernität auf Herkunft, Sprache und Religion. Kein Wunder, dass auch im Banat der ideologische Disput auflebte. Unter den Intellektuellen gab es erhitzte Diskussionen, während die Politiker es mit einfacher Propaganda versuchten. Gleichzeitig benutzten sie alle den Rechtsrahmen und die Möglichkeiten des österreichisch-ungarischen Kaiserreiches, um ihre Forderungen zu formulieren. Immer hatten diese Forderungen eine nationalistische Grundmelodie, wenn auch die Tonalität differierte. Vor allem die „Aktivisten" und die „Passivisten" verfolgten unterschiedliche Konzepte. Die einen setzten auf Parlamentsmitarbeit in Budapest, die anderen auf „außerparlamentarische Opposition". In dieser Hinsicht engagierten sich vor allem die Politiker des rumänischen Bevölkerungsteils. Genannt seien Andrei und Alexander Mocsonyi. Deren Denken und Wirken bewies ihre Fähigkeit, den rumänischen Ethnokulturalismus und Ethnonationalismus den Bedingungen des Banats anzupassen und administrative Reformen durchzusetzen.

Auch die Juden profitierten vom Emanzipationsstreben. Früh bereits beteiligten sie sich am Kampf um Bürgerrechte. (Ebenso wie die Glaubensgenossen anderer Regionen Mittelosteuropas.) Bürgerrechte waren für die Juden durchaus nicht selbstverständlich, weil für sie im 18./19. Jahrhundert ein anderes Recht galt als für die sonstige Bevölkerung des Habsburger Reiches. (Dies wird an entsprechender Stelle noch ausführlich zu erörtern sein.) Der Ruf nach Reformen wurde bereits Ende des 18. Jahrhunderts laut, jüdischerseits vor allem vorgetragen von Aron Chorin (1766–1844), dem Rabbi von Timişoara und Arad. Intellektuelle, Juden und Nichtjuden, beteiligten sich an der Debatte. Das erleichterte die Umsetzung der späteren rechtlichen Gleichstellung in der Region sehr. Tatsächlich erfolgte die staatsbürgerliche Emanzipation 1867/1868 im Zuge des Ausgleichs. Infolgedessen konnte das Banater Judentum einen viel selbstbewussteren Weg in die Moderne verfolgen als die jüdische Bevölkerung in der Walachei und in der Moldau, wo eine rechtliche Gleichstellung lange verwehrt blieb (siehe mein Kapitel 4 in diesem Band).

Die Pariser Friedensverträge von 1919/1920 entschieden auch über die Aufteilung des Banats. Dahinter stand die Idee, die Grenzen so zu ziehen, dass möglichst homogene Nationalstaaten entstanden und nationale Konflikte in der Zukunft verhindert wurden. Dementsprechend zählten sprachliche, geografische, aber auch strategische Kriterien als Leitlinien für die Grenzziehung. Das alte imperiale Miteinander, die ethnische gruppenübergreifende Verwaltung und die regionale Identität galten als unzeitgemäß. Die von Woodrow Wilson formulierten Prinzipien, das vermeintliche Recht der Völker auf „nationale" Selbstbestimmung, die jeweiligen territorialen Aspirationen Rumäniens, Serbiens und Ungarns wurden zur Ursache scharfer Auseinandersetzungen während der Pariser Friedensvertragsverhandlungen. Sie endeten im vorliegenden Falle mit der Aufteilung des Banats. Allerdings hatten die Militäroperationen zu Kriegsende schon vorab die ganze Sprengkraft des nationalen Denkens bewiesen. So verwundert nicht, dass die klassische Nationalgeschichtsschreibung aller beteiligten Staaten, also Serbiens, Ungarns und Rumäniens, die Regionalgeschichte dieser Zeit nur aus nationaler Sicht geschildert haben und damit den Spezifika der Banater Geschichte gerade nicht gerecht werden konnten. Die Historiografie vermag ihre Aufgabe nur zu erfüllen, wenn sie sich von ideologischen Vorgaben freimacht und „ein möglichst vollständiges und plausibles Bild von der Vergangenheit der Region" entwickelt (siehe Kapitel 18 in diesem Band, verfasst von Slobodan Bjelica). Möglich wird dies nur bei wechselseitigem Verständnis und vorurteilsloser Zurkenntnisnahme von Beiträgen aller drei Historiografien, ganz abgesehen von der Berücksichtigung geschichtswissenschaftlicher Darstellungen, die außerhalb des engeren Raums entstanden. Nicht mehr die alten Ideologien dürfen unser Forschen leiten, sondern allein die Bereitschaft zu rigoroser Wissenschaft und kritischer Selbstbeobachtung (siehe Kapitel 18 und 19).

Fassen wir zusammen: Das Banat als Raum interkulturellen Transfers und multikulturellen Zusammenlebens spiegelt die Gegebenheiten einer Region wider, die im Schnittpunkt von Mittel- und Südosteuropa liegt. Hier kam es zu einem Aufeinandertreffen differierender Kulturen und Zivilisationen. Als Grenzraum zweier früherer Kaiserreiche und dreier zeitgenössischer Nationalstaaten ist das Banat ein Amalgam vieler Einflüsse. Die Historiografie kann einer solchen Region nur dann gerecht werden, wenn sie das Vergangene aus vielen verschiedenen Perspektiven zugleich beobachtet. Nur so kann Geschichtswissenschaft lebensweltliche Orientierung leisten, Vorurteile überwinden und jeder Fiktion von kultureller, sprachlicher oder religiöser Einzigartigkeit die viel überzeugendere Erzählung von der Vielfalt menschlichen Lebens entgegenstellen.

Victor Neumann

Prinz Eugen von Savoyen und seine Bedeutung für Temeswar

Eine Biografie und eine Stadtgeschichte

Am Anfang war Eugen von Savoyen! So oder so ähnlich könnte man mit Rückgriff auf die berühmte „Deutsche Geschichte" Thomas Nipperdeys die vorliegende Geschichte des Banats einleiten. Der Prinz eroberte mit seinem Heer das Banat, überwand die Temeswarer Zitadelle. Doch nicht nur Savoyens Tugenden als Militär interessieren. Noch viel mehr bewirkte er als bedeutender Denker und aufgeklärter Reformer, der im gesamten Habsburgerreich großen Einfluss besaß und die Geschicke der Stadt Temeswar für Jahrzehnte mitbestimmen sollte.[1]

Für den vorliegenden Aufsatz konnten Bücher und Dokumente zahlreicher Wiener Bibliotheken und Museen ausgewertet werden, und zwar nicht nur in Hinblick auf die engere Biografie des Prinzen, sondern vor allem mit Blick auf das notwendige größere Gesamtbild. Das muss nämlich die Kunst- und Architekturgeschichte ebenfalls einbeziehen, die Buchgeschichte einschließen, ja, die Geschichte einer ganzen Generation von Intellektuellen berücksichtigen, die in Auseinandersetzung mit dem Banat sich dem Horizont modernen Wissens öffnete. Fast alle Dokumente stammen aus dem 18. Jahrhundert, dem Jahrhundert des aufgeklärten Absolutismus, der rational begründeten monarchischen Herrschaft, im vorliegenden Falle Habsburger Prägung. Dies war eine Zeit der Vernunft, der entstehenden modernen Verwaltung, der Herausbildung repräsentativer Öffentlichkeit. Viel weniger war das 18. Jahrhundert eine Zeit des „Despotismus", mit dem das Zeitalter des aufgeklärten „Absolutismus" häufig fälschlicherweise gleichgesetzt wird. „Aufgeklärter Absolutismus", das bezieht sich allein auf das Zurückdrängen der Stände, auf die Ausschaltung der Landtage, nicht auf verantwortungsloses Regieren, meint nicht Willkür – ganz im Gegenteil. Wir haben

---

1 Karl Gutkas, *Prinz Eugen und das barocke Österreich* (Wien, 1986); Wolfgang Oppenheimer, *Prinz Eugen von Savoyen: Feldherr, Staatsmann und Mäzen 1663–1736* (München, 1979); Max Braubach, *Prinz Eugen von Savoyen: Eine Biographie*, 5 Bde. (Wien, 1963–1965); Franz Herre, *Prinz Eugen: Europas heimlicher Herrscher* (Stuttgart, 1997); Hanne Egghardt, *Prinz Eugen: Der Philosoph in Kriegsrüstung* (Wien, 2007); id., *Auf den Spuren Prinz Eugens: Barocke Pracht in und um Wien* (Wien, 2008); Agnes Husslein-Arco und Marie Luise von Plessen (Hg.), *Prinz Eugen: Feldherr und Philosoph* (Wien, 2010); id. (Hg.), *Prince Eugene: General-Philosopher and Art Lover* (Wien, 2010); Stephan Peter, *Das Obere Belvedere in Wien: Ikonographie und architektonisches Konzept: Das Schloss des Prinzen Eugene als Ausdruck seines Selbstverständnisses* (Wien, 2010).

uns dabei nicht nur auf die einschlägigen Texte konzentriert, sondern auch die Kunst und Denkmale der Zeit gewürdigt. Erst der neugierige Blick auf Paläste und Bibliotheken, Gemäldesammlungen, Möbelstücke, Skulpturen und Karten ermöglicht, eine angemessene Vorstellung von der Lebenswirklichkeit des Prinzen zu gewinnen. Nur so kann es gelingen, ein umfassenderes Bild Savoyens in seiner Zeit zu zeichnen, seine Ideen in den Kontext zu stellen, das Zeitspezifische herauszuarbeiten. In den Jahren nach 1700 erfolgte in ganz Mittel- und Osteuropa der Übergang vom mittelalterlichen Gesellschaftsmodell zur modernen ausdifferenzierten Ordnung der Moderne. Zu deren Anfang beobachten wir das Entstehen einer administrativen Praxis und die Herausbildung eines kulturellen Codes, die beide Timişoara zu einer echten „freien Königsstadt" machten.

Zahlreiche Chroniken und Monografien haben die Geschichte der Stadt Temeswar und des Banater Landes thematisiert. Es gibt ausführliche Studien und Bücher. Selbst in jüngster Zeit sind noch einschlägige Werke erschienen.[2] Doch überraschenderweise wird die herausragende Rolle des Staatsmannes Prinz Eugen von Savoyen für die politische und künstlerische Ausgestaltung der Stadt kaum erwähnt. Stattdessen gilt alle Aufmerksamkeit dessen Belagerung der Zitadelle sowie deren Eroberung. Das ist zweifellos wichtig gewesen, aber andere Sachverhalte waren langfristig von noch größerer Bedeutung. Zu den vernachlässigten Gesichtspunkten gehören: der Wiederaufbau der Zitadelle, der maßgeblich von Savoyen selbst zusammen mit Gouverneur Claude Florimond de Mercy vorangebracht wurde; die spezifisch wienerisch barocke Prägung der Stadt, nicht nur künstlerisch, sondern auch politisch; die Herausbildung des kulturellen Codes der Stadt; und die Akkulturation ihrer Einwohner entsprechend den damaligen Verhaltens- und Zivilisationsnormen Europas.[3] Ausgehend von den frühesten

---

2 Genannt seien: August Treboniu Laurian, *Temisiana sau scurtă istorie a Banatului temişan* (*Temesiana or a Short History of the Banat of Temesvar*) (Bukarest, 1848); Johann Heinrich Schwicker, *Geschichte des Temeser Banats* (Becicherecul Mare, 1861); Jenő Szentkláray, *Mercy kormányzata a Temesi Bánságban* (*Mercy's Government in the Banat*) (Budapest, 1909); id., 'Temesvár története' ('History of Temesvar'), in Samu Borovszky (Hg.), *Magyarország vármegyéi és városai* (*Hungary's Cities and Counties*) (Budapest, s. d.); Armin Barát, *Die königliche Freistadt Temeswar: Eine monographische Skizze* (Temeswar, 1902); Leo Hoffmann, *Kurze Geschichte der Banater Deutschen: Von 1717 bis 1848* (Temeswar, 1925); A. Cucu, *Cetatea şi harta cetăţii Timişoara* (*The City and the Map of Timişoara*) (Lugoj, 1931); Iosif Kinezy, *Istoricul cetăţii Timişoara* (*The History of the City of Timişoara*) (Timişoara, 1921); Anton Peter Petri, *Die Festung Temeschwar im 18. Jahrhundert. Beiträge zur Erinnerung an die Befreiung der Banater Hauptstadt vor 250 Jahren* (München, 1966); Vasile V. Muntean, *Contribuţii la istoria Banatului* (*Contributions to the History of the Banat*) (Timişoara, 1990); Ioan und Rodica Munteanu, *Timişoara: Monografie* (*Timişoara: Monograph*) (Timişoara, 2002).
3 Höchst aufschlussreich wäre eine historische Analyse der Geschichtsschreibung über die Stadt Temeswar und das Banat. Sie böte Aufschluss über die sich wandelnden Perspektiven, die ideologischen Trends und zeitgenössischen Urteile einer Periode. Weiterhin diente sie der kritischen Bewertung der vorhandenen Literatur.

Landesbeschreibungen,[4] bietet unsere Studie ein neues Bild der ostmitteleuropäischen Welt des achtzehnten Jahrhunderts. Verwaltung, Stadtentwicklung, auch die Mentalität der Menschen ermöglichten einen Übergang Timișoaras in Richtung Moderne, ließen die Stadt Teil Europas werden. Dies alles, so unsere These, lässt sich verdeutlichen an Eugen von Savoyen als Mann des Militärs, als Unterstützer von Aufklärungsideen und als politisch-kulturell Verantwortlicher für die Stadt am Ufer der Bega. Diese neue Sichtweise nimmt das ernst, was Marc Bloch[5] 1940 eingefordert hat: Geschichtswissenschaft als eine „Begegnung mit Menschen", als Reflexion der „Erfahrung menschlicher Vielfalt". „Wir urteilen viel zu viel" und verstehen zu wenig, so der französische Historiker. Deshalb sollte sich Geschichtswissenschaft zuallererst um Verstehen bemühen. Wir müssen Distanz herstellen, das Fremde erkennen lernen, die kulturellen, ökonomischen und soziopolitischen Gegebenheiten in den Blick nehmen. Bei meiner Recherche zu Timișoara und Eugen von Savoyen habe ich versucht, jene Umstände zu ermitteln, unter denen Savoyen als Mann des Militärs und Politiker der europäischen Aufklärung heranwuchs. In den Chroniken und Geschichtsbüchern mitgeteilt werden seine militärischen Leistungen, aber mich interessierten vor allem seine intellektuelle Bildung, die Verwaltungsreformen und kulturellen Errungenschaften, die auf ihn zurückgehen, jene Initiativen, die unmittelbar Auswirkung auf die Erneuerung von Timișoara hatten und den Wandel der Stadt von einem türkisch-orientalischen Grenzort zu einer Stadt mit allen Merkmalen der ersten europäischen Moderne zur Folge hatten. Prinz Eugen von Savoyen besaß den Charme eines großen Aristokraten und stach damit unter den Vertretern des Militärs hervor; er war einer der Gelehrten unter den Gründern des österreichischen Barocks. Er wurde für jene Menschen ein Symbol, die nach den Friedensverträgen von Karlowitz und Passarowitz der Habsburger Monarchie angehörten.

---

4 Francesco Griselini, *Versuch einer politischen und natürlichen Geschichte des Temeswarer Banats in Briefen an Standespersonen und Gelehrte*, vols. i–ii, ins Deutsche übers. von Ignaz von Born (Wien, 1780). Die Darstellung Griselinis erschien ursprünglich in Italienisch, *Lettere odeporiche: Ove suoi viaggi e le di lui osservazioni spettanti all storia naturale ai costumi di vari popoli e sopra piu altri interesanti oggetti si descrivono* (Mailand, 1780). Vgl. auch die rumänische Version *Încercare de istorie politică și naturală a Banatului Timișoarei*, übers. aus dem Deutschen und mit Anm. von Costin Feneșan (Timișoara, 2006). Eine vergleichende Studie bietet Tamara Farcaș, 'Banatul dintr-o perspectivă venețiană: Călătoriile, corespondența și descrierile lui Francesco Griselini' ('The Banat from a Venetian Perspective: Francesco Griselini's Travels, Writings and Descriptions'), Diss. (Universitatea de Vest, Timișoara, 2011), p. 81. Einige der italienischen Quellen zur Biografie und zum Werk von Griselini hat Tamara Farcaș erstmals ausgewertet. Weitere Hinweise zu Griselini und zum intellektuellen und politischen Kontext der Zeit finden sich in meinen Ausführungen zum Josephinismus. In diesem Band.
5 Marc Bloch, *Apologie pour l'histoire ou métier d'historien* (1949), p. 119.

Temeswar: eine Stadt zwischen Zeiten und Welten

Timișoaras Wurzeln lassen sich bis ins Hochmittelalter zurückverfolgen. Das ist für eine Stadt, die im heutigen Rumänien liegt, durchaus bemerkenswert. Dementsprechend spiegelt das Weichbild der Stadt ganz unterschiedliche Zeitschichten wider, vom Mittelalter bis zur Moderne. Zudem lag Timișoara immer an der Grenze, an der Grenze des früheren Königreichs Ungarn, später an der Grenze des osmanischen und des habsburgischen Kaiserreichs, heute an der Grenze von Rumänien, Serbien und Ungarn. In Temeswar trafen die drei großen monotheistischen Religionen (Christentum, Islam und Judentum) aufeinander. Unterschiedliche ethnische Gruppen und Sprachkulturen bereicherten das Leben der Stadt. Gehört dies ganz allgemein zu den Eigenheiten mittel-südosteuropäischer Städte, so stach Temeswar noch einmal hervor: durch seinen besonders ausgeprägten Multikulturalismus und Interkulturalismus, durch seine selbstverständliche Vielsprachigkeit, durch den Geist des Wettbewerbs und der Innovation.

Das Banat[6], also das sich an Temeswar anschließende Land, hat die Geschichte Mittel- und Südosteuropas entscheidend mitgeprägt. Temeswar war dessen ökonomisches, politisches, administratives, militärisches, industrielles, kulturelles und kommerzielles Zentrum. Unter dem Namen „Banat von Timișoara"[7] wurde der Raum erst im achtzehnten Jahrhundert bekannt, also nach dessen Integration ins Habsburgerreich. Maßgeblichen Anteil daran hatten die aufschlussreichen Landesbeschreibungen der „staatlichen" Forschungsreisenden, aufgeklärten „Geografen" und „Historiker".[8]

Die Zitadelle und später die Stadt waren ab dem Mittelalter Zeugen großer europäischer Ereignisse: der Kriege gegen die Ottomanen; der Kreuzzüge des Spätmittelalters; des Aufstiegs von Ungarn; des Zusammenbruchs des osmanischen Kaiserreichs; der Expansion des Habsburgerreichs; auch des Verschwindens der österreichisch-ungarischen Monarchie; schließlich wurden Temeswar und das Banat Zeugnis der Herausbildung von Nationalstaaten (Rumänien, Serbien und Ungarn). In jedem Jahrhundert

---

6 Der Name Banat lässt sich zurückführen auf den Begriff «Ban». In den Quellen finden wir ihn erstmals erwähnt 1146, als Bezeichnung für die Vertreter der ungarischen Krone in Kroatien und dem neu eroberten Dalmatien. Der «Ban» war der administrative Verwalter einer Region, die damals das südslawische Territorium umfasste. Gleichwohl muss festgehalten werden, dass es keine unmittelbare Verbindung zwischen mittelalterlichem und modernem Banat gibt. Während der türkisch-österreichischen Friedensverhandlungen in Karlowitz wurde das Banat, der Raum zwischen Theiß, Marosch und Donau sowie dem Karpatengebirge, als unabhängige Region definiert und 1718 zu einer eigenständigen Verwaltungsregion erklärt (Vertrag von Passarowitz). Vgl. Holm Sundhausen und Konrad Clewing (Hg.), *Lexikon zur Geschichte Südosteuropas* (Wien, 2016), p. 126. Vgl. auch Marjanucz, Kapitel 5 in diesem Band.
7 Das Banat ist die Region zwischen Theiß, Marosch und Donau und dem Karpatengebirge. Vgl. auch den Artikel „Banat" in Sundhausen und Clewing (Hg.), *Lexikon zur Geschichte Südosteuropas*, pp. 127–128.
8 Vgl. hierzu meine Ausführungen im ersten Kapitel dieses Bandes.

wandelte sich Timişoara – dargestellt in schriftlichen Zeugnissen seiner politischen, militärischen und kulturellen Führung. Die unterschiedlichen königlichen, kaiserlichen und nationalstaatlichen Verwaltungen, die im Verlauf von siebeneinhalb Jahrhunderten aufeinander folgten, schufen eine urbane Identität, sichtbar in verschiedenen äußeren Schichten der Kultur und Zivilisation, vor allem aber einverwoben in die multiplen Identitäten der Bewohner Temeswars. Diese kulturelle Vielfalt der Stadt hat ihre Wurzeln bereits im vierzehnten Jahrhundert, als die ungarischen Könige aus der Anjou-Dynastie eine Zitadelle am Ort einer antiken Siedlung errichteten. Während der Regentschaft von Charles Robert, als dieser König von Ungarn mit Sitz in Temeswar war, entwickelte sich die Stadt rasch, wurde „belebt und reich, gut geeignet als Gastgeber der königlichen Familie".[9] Charles Robert holte Familien aus ganz verschiedenen Teilen Europas in die Region und siedelte die Neuankömmlinge an, ein Experiment, das von den Habsburgern im achtzehnten Jahrhundert wiederholt werden sollte.

Von 1552 bis 1716 waren die Stadt Timişoara und deren Umgebung von den Türken besetzt. Sowohl militärisch als auch wirtschaftlich gewann die Stadt für das Osmanische Reich eine gewisse Zentralfunktion. In Timişoara wurden Moscheen, Häuser, Bäder und Basare gebaut, Zeichen religiöser Orientierung, aber auch von Wohnkultur und von Wettbewerbsdenken. Die türkischen Bäder – eines davon ist perfekt erhalten und wurde erst kürzlich im Stadtzentrum bei archäologischen Ausgrabungen freigelegt – beruhten auf einem Hygienekonzept, das sogar der skandinavischen Sauna überlegen war und mit dem modernen Wellnessbad konkurrieren könnte.[10] Der Basar förderte Transparenz zwischen Käufern und Verkäufern und war ein Ort, an dem die Akkumulation von Kapital schon im sechzehnten Jahrhundert stattfand. Wiederum prägte Timişoara ein multikultureller und interkultureller Lebensstil, der nun allerdings vom Osmanischen Reich bestimmt war. Selbst Anzeichen der Moderne ließen sich beobachten, zumindest aus heutiger Sicht. Freilich äußerte sich Francesco Griselini später – und viele pflichteten ihm danach bei –, dass die Türken sich ganz allein auf Temeswar konzentriert hätten, jedoch nicht planten, das Banat zu modernisieren.[11] Deshalb entwickelten sich Timişoara und die anderen Städte der Region wie Lipova, Lugoj und Ineu auseinander. In der zweiten Hälfte des 17. Jahrhunderts endete die Blütezeit des Osmanischen Reiches und erlebte der Raum einen ersten Niedergang. Kaum verwunderlich,

---

9 Griselini, *Încercare*, p. 37.
10 Ich danke Professor Marin Marian-Bălaşa für die fruchtbare Diskussion zu Fragen der Modernität im westlichen und östlichen Europa.
11 Die Forschungen des venezianischen Aufklärungshistorikers stellen die Ereignisse und das Leben der Menschen in direkte Beziehung zu deren Umgebung. Deshalb legte Griselini so viel Wert auf Geografie und Geschichte der Orte, auf die demografischen Gegebenheiten, auf den Lebensstil der alten und neuen Bewohner der Region, auch auf die kulturellen und ökonomischen Unterschiede zwischen West- und Osteuropa und auf die Veränderungen, welche die Habsburger zwischen 1719 und 1779 einleiteten. Vgl. Victor Neumann, *The Temptation of Homo Europaeus* (Boulder, Colorado, 1993), pp. 125–148, pp. 149–210; pp. 211–239. Für Details s. meine Ausführungen in Kapitel 4 des vorliegenden Bandes.

dass die Habsburger als deren Nachfolger vor allem die Unzulänglichkeiten der regionalen Infrastruktur und des früheren Regimes hervorhoben.

Die Stadt Timișoara und deren Einwohner zogen das Interesse der Ottomanen auf sich, weil Ost und West in der Geografie des Ortes und in der Mentalität seiner Einwohner zusammentrafen. Für die Türken symbolisierte Europa in diesen Jahren einen Raum, der exotische Züge trug, anziehend und interessant war.[12] Und indem sie lernten, die Stadt Timișoara mit ihren Einwohnern zu verstehen, wussten sie immer mehr von der diplomatischen Kultur, der Architektur und dem Alltagsleben des Kontinents. Fast 150 Jahre unterstand Buda (der rechtsliegende Teil des heutigen Budapest) der osmanischen Herrschaft. In dieser Zeit machten sich die Osmanen bereits mit europäischen Gewohnheiten und Kulturen vertraut. Aus Sicht mancher Historiker war es gerade dieser direkte Kontakt, das Zusammenleben in den Städten Mittel- und Ostmitteleuropas, wodurch die Osmanen sich Elemente europäischer Lebensweise aneigneten. Umgekehrt gilt allerdings dasselbe. Neueste archäologische Entdeckungen aus den Jahren 2013–2015 im zentralen Ring von Timișoara (Freiheitsplatz, St. George, Vereinigungsplatz) belegen die Existenz kleiner Siedlungskerne, mit türkisch-orientalischen Elementen, aber auch barock-okzidentale Einflüsse. Ein Blick auf den Barock und das Rokoko-Dekor, so typisch für die mitteleuropäischen Städte – zeigt eine höchst originelle Verbindung von säkular-aristokratischen mit populär-muslimische Elementen.[13] Johann Bernhard Fischer von Erlach, der weithin bekannte Architekt des Hauses Habsburg, prägte mit seinem Stil nicht allein die mitteleuropäische Architektur, sondern auch diejenige Südosteuropas. Verständlich wird dies, wenn wir uns deutlich machen, dass selbst während des österreichisch-türkischen Krieges von 1683–1716 sein Stil für bedeutende Gebäude Konstantinopels übernommen wurde, so etwa für die Nurosmaniye-Moschee oder die Ragib-Pasha-Bibliothek. Europa selbst zog aus dem Kontakt mit dem Osmanischen Reich ebenfalls Nutzen. Im achtzehnten Jahrhundert nahmen Menschen, denen es vergönnt war, ein türkisches Bad, etwa in Frankreich, in den deutschen Fürstentümern, im Königreich Polen oder in Mitteleuropa. Der europäische Adel adaptierte sogar den türkischen Turban und begeisterte sich für die türkische Kochkunst.[14]

Die Macht der Imperien beruht auf Militär und Diplomatie. Das gilt auch für das Habsburger Reich und das osmanische Herrschaftssystem. In der Konsequenz blieb die Macht der Herrschenden als einer kleinen Gruppe begrenzt, ebenso der Einfluss der führenden Geistlichkeit. Die Wirklichkeit war durchaus komplexer, als es ein ausschließlich auf das Politische gerichteter Blick zu erfassen vermag. Daher ist es vernünftig, anzunehmen, dass ökonomische, religiöse und kulturelle Veränderungen sich nicht auf einen bestimmten engen Zeitraum eingrenzen lassen. Für uns bedeutet dies, dass

---

12 Ilber Ortayli, 'Prince Eugene and the Ottomans: Cultural Exchange in War and Victory Encampments from 1683 to 1717', in Husslein-Arco und von Plessen (Hg.), *Prince Eugene*, pp. 49–114, hier: pp. 52–53.
13 Ich danke Marin Marian-Bălașa für die Diskussionen zu diesem Thema.
14 Ortayli, 'Prince Eugene and the Ottomans', p. 52.

trotz der erwähnten administrativen, ökonomischen und kulturellen Vorrangstellung der Osmanen im 16. und 17. Jahrhundert die Menschen in den Städten Mittel- und Südosteuropas gegenüber dem von Wien ausgehenden Wandel empfindlich blieben. Häufig richteten sich die Dinge von selbst, weil neue Ideen und neue Konzepte Ergebnis großer intellektueller Bewegungen und kultureller Austauschprozesse waren.

Kommen wir zu Temeswar zurück. Die Stadt wurde infolge der österreichisch-türkischen Kriegshandlungen im Banater Raum vollkommen zerstört. Und was danach entstand, war das Werk der von Wien eingesetzten, zwischen 1719 und 1779 wirkenden Militär- und Zivilverwaltung. Temeswar gehörte als Stadt jetzt unmittelbar zum Habsburger Reich. Eine vielsprachige Administration kümmerte sich um die Belange der Festung. Neue Gebäude erlaubten die Unterbringung der vielen Militärs. Aus ganz Europa wurden Menschengruppen angesiedelt. Die Stadt sollte auf diesem Wege zu ökonomischer Blüte geführt werden. Dazu war man auch zu gesellschaftlichen Experimenten bereit. Timișoara erhielt auf diese Weise eine ganz eigene Gestalt und ähnelte doch zugleich vielen anderen Städten Europas.

Im Zeitraum 1719–1779 unterstand Timișoara politisch, wirtschaftlich und kulturelle unmittelbar westlichem Einfluss. Rumänische Historiker wie August Treboniu Laurian beobachteten schon früh im 19. Jahrhundert, dass die Stadt und die Region, sobald sie zum Hause Hausburg gehörten, sich einer ganz neuen Welt öffneten.[15] Die österreichische Verwaltung veränderte die Stadt und reformierte das Land. Das von den Habsburgern hochgehaltene Ideal der Aufklärung veranlasste nicht nur eine Restaurierung der alten Siedlungen im Banat, sondern auch die Gründung ganz neuer Ortschaften. Gouverneur Claude Florimond de Mercy gründete Dörfer und bevölkerte sie mit Deutschen, Italienern und Spaniern. Unter seiner Verwaltung wurden zahlreiche Orte gegründet. Genannt seien: Sînpetru, Zădărlac, Berșenova Nouă, Peciul Nou, Deta, Kudrić, Pișchia, Guttenbrunn, Biserica Albă, Mercydorf, Aradul Nou und Giarmata.[16] Mit der Besiedlung verfolgte Mercy mehrere Ziele auf einmal: die Nutzung der fruchtbaren Temeswarer Ebene, die Förderung neuer landwirtschaftlicher Produkte, die

---

15 Laurians Darstellung ist beeinflusst von dessen nationalrumänischer Sichtweise (Abkunft von den Römern, geschichtliche Kontinuität, zukünftige Einheit der Rumänen in einem Nationalstaat). Obwohl er belesen war, die Literatur kannte und die Analysen seiner deutschsprachigen Historikerkollegen aufgriff, dominierte in seiner Darstellung doch ein romantischer Ton. Gleichwohl, auch er hob heraus, dass die Eroberung des Raumes durch Eugen von Savoyen das politische Klima der Region vollkommen verändert habe und das Banat seither mitteleuropäischem Einfluss unterlag: „Mit der Eroberung erhielt der Raum eine neue Ordnung. Bis zu Joseph II. kam es nur zu kleineren Scharmützeln, die das Gedächtnis an diese großartige Zeit nicht eintrüben. Jeder Versuch ausländischer Kontrolle wurde abgewehrt. Was den Banat und Siebenbürgen durch den vollständigen Übergang an die österreichische Krone zukunftsfähig machte, ging der Walachei und der Moldau durch die Einführung der Phanariotenherrschaft in dieser Zeit verloren." Treboniu Laurean, *Temisiana sau scurtă istorie a Banatului temișan*, 2.
16 Griselini, *Încercare*, pp. 122, 138–146.

Stärkung des Handwerks und das Anbahnen von Geschäftsbeziehungen mit ganz Europa. Um diese Pläne umzusetzen, rief „er erfahrene Landwirte und befähigte Handwerker ins Banat, speziell Italiener, und" unterstützte „diese großzügig".[17] Einige dieser Initiativen sollten in der Zukunft die lokale Handarbeit fördern und später sogar die Industrialisierung in Timișoara vorantreiben.

In der Stadt selbst lebten unterschiedliche Glaubensgemeinschaften und Sprachgruppen miteinander. Sie schufen eine eigene Realität. Sie befruchteten sich gegenseitig, tauschten sich aus, und entwickelten so eine offene Weltwahrnehmung.[18] Die Wiener Politik hatte daran ihren Anteil, aber auch die Menschen, die entschieden, sich in Timișoara und im Banat niederzulassen. Auch sie strebten nicht nach Segregation entlang enger, auf die Eigengruppe bezogener Kriterien, sondern waren bereit zu interkonfessionellem und interkulturellem Austausch. Statusübergreifend akzeptierten sie das neue Normensystem; und alle Einwohnergruppen verhielten sich so: jene, die wenig besaßen; jene, die ein Handwerk ausübten und hofften, ihren Lebensunterhalt selbstständig sicherzustellen; schließlich auch die Bessergestellten, die den neuartigen Wettbewerb als Existenzgrundlage akzeptierten. Aus mentalitätsgeschichtlicher Sicht öffneten sich die Bewohner Timișoaras und des Banats den kulturellen und zivilisatorischen Werthorizonten des achtzehnten Jahrhunderts. Sie leitete der Wunsch nach dem absolut Guten. Vieles von dem, was in diesen Jahren in Temeswar geschah, entsprang den Ideen Eugen von Savoyens, während Claude Florimond de Mercy sie in die Praxis umsetzte.[19] Savoyen stand für ein beeindruckendes Beispiel westlicher Aufklärung, insbesondere in seiner österreichischen Variante. Und er war es, der die Entwicklung der Verwaltung des „Banater Landes" im 18. Jahrhundert maßgeblich bestimmte.[20]

---

17 *Ibid.*, p. 123.

18 Victor Neumann, *Interculturalitatea Banatului* (*The Interculturality of the Banat*) (Iași, 2015). Vgl. auch die deutsche Ausgabe, *Die Interkulturalität des Banats* (Berlin, 2015).

19 Jenő Szentkláray, *Mercy kormányzata a Temesi Bánságban* (*Mercy's Government in the Banat*) (Budapest, 1909). Dieses 400 Seiten umfassende Werk thematisiert die Lage der Bevölkerung zur Zeit der Eroberung durch Savoyen. Ebenso spricht es die militärische Situation an, die Kolonisationen, die Ernennung der Gouverneure, die Rolle der Jesuiten für das Stadtleben. Jenseits zeitbedingter Verengungen sind Szentklárays Studien solide recherchiert. Ihm geht es um Fakten, Ereignisse, besondere Menschen und Schlüsselinstitutionen. Szentkláray beschreibt die Charaktere des Prinzen von Savoyen und des Grafen Florimond de Mercy, vergleicht sie miteinander und arbeitet die Ähnlichkeiten im Denken und politischen Handeln heraus. Wer das Werk liest, versteht, warum die beiden Habsburger „Funktionäre" als Gründer des neuen Timișoara und des modernen Banats gelten.

20 Vgl. Nicolae Ilieșiu, *Timișoara – monografie istorică* (*Timișoara – Historical Monograph*) (Timișoara, 2003). Das Kapitel über Eugen von Savoyen greift auf die Darstellungen von Griselini und Szenkláray zurück. Im Blickpunkt stehen: die Herkunft der Verantwortlichen, die Beziehungen zu Wien und die systematische Neugestaltung Temeswars.

Eugen von Savoyen: zwischen militärischer Disziplin und gelehrter Kultur

Der Wiederaufbau von Timişoara und die frühe Modernisierung der Stadt lassen sich besser darlegen und verstehen, wenn wir die Persönlichkeit des Prinzen in Augenschein nehmen. Hierzu betrachten wir einige biografische Sachverhalte und entwickeln eine Idee von dessen militärischen Fähigkeiten und politischer Klugheit, indem wir sein Wirken in den Kontext des 18. Jahrhunderts stellen.

Bekannt wurde der Prinz unter vielen Namen – Francois Eugene de Savoy, Eugenio di Savoya Carignano, Eugen von Savoyen. Er selbst unterschrieb mit Eugenio von Savoy. Und damit kombinierte er Elemente aus drei verschiedenen Sprachen. Das entsprach der multikulturellen und interkulturellen Orientierung seiner Familie. Geboren wurde er am 18. Oktober 1663 in Paris, als Sohn von Maurice, Prinz von Savoyen und Graf von Dreux. Seine Mutter, Olimpia Mancini, war die Nichte von Kardinal Mazarin. 1683 entschloss sich Eugen, eine militärische Laufbahn einzuschlagen, und bat seinen Onkel, König Ludwig XIV. von Frankreich, um den Befehl über ein Regiment. Die Ablehnung des Königs – aufgrund seiner kleinen Statur sei er für eine Militärkarriere ungeeignet – veranlasste den jungen Prinzen, sein Glück bei anderen europäischen Höfen zu versuchen. Kurz darauf ging er nach Wien, wo sein Bruder Louis Julius als Offizier in der kaiserlichen Armee diente.

Nachdem Eugen von Savoyen sich als eine beeindruckende Persönlichkeit erwiesen hatte, änderte Ludwig XIV. seine Meinung vollkommen und urteilte: „Der Prinz ist ein unvergleichliches Vorbild für alle Regierenden und Staatsmänner. Ich kann seine eherne Loyalität und Ergebenheit gegenüber seinem Herrscher, seine reinen patriotischen Gefühle und seine starke Hingabe an die Erfüllung seiner Aufgaben gar nicht genug loben. Und ich kann den Verlust, den Frankreich seit seinem Weggang erlitten hat, überhaupt nicht in Worte fassen".[21] Tatsächlich erwies sich der Prinz gegenüber dem kaiserlichen österreichischen Hof als äußerst loyal. Der Hof hatte ihn aufgenommen und ihm die Möglichkeit eröffnet, sein außergewöhnliches militärisches Talent zu beweisen, seine Großzügigkeit vorzuführen und seinen starken Ehrgeiz zu entfalten.

Seine Hinwendung zu Wien war nicht zufällig. Eugen von Savoyen hatte familiäre Bindungen zu den Habsburgern. Sein Großvater, Thomas Francis, Gründer des Savoy-Carignan-Zweiges des Hauses von Savoyen, war der Sohn von Catherine Michelle, Tochter des spanischen Königs Philip II. Eugen zeichnete sich 1683 in der Schlacht vor Wien aus, als die Osmanen die Stadt belagerten. Er ersuchte Kaiser Leopold I. um das Recht, an den Kämpfen der kaiserlichen Armee teilzunehmen, und nachdem er die Zustimmung des Kaisers erhalten hatte, zog er in die Schlacht. Die Truppen selbst führte der Herzog von Lothringen an, der wiederum Unterstützung durch die

---

21 Aussage Ludwigs XIV., Madame de Maintenon an Herzog Richelieu. Zitiert in Husslein-Arco u. von Plessen (Hg.), *Prince Eugene*, p. 23.

polnische Armee von Johann III. Sobieskis erhielt. So begann die beeindruckende militärische Laufbahn des Prinzen.

Schritt für Schritt wurde Eugen von Savoyen befördert: vom Generalmajor (1685) zum Generalleutnant (1687); er wurde General der Kavallerie (1690) und schließlich Feldmarschall (1693). 1697 erfolgte die Ernennung zum Oberkommandierenden, als ihm der Präsident des kaiserlichen Kriegsrats, Graf Max Stahrenberg, die Funktion des obersten Befehlshabers der kaiserlichen Truppen übertrug. Als militärischer Führer verordnete er der Armee grundlegende Reformen und erzielte dadurch große Erfolge. Als Kaiser Leopold I. ihn aufforderte, den Angriff von Sultan Mustapha II. auf Siebenbürgen zu stoppen, attackierte Eugen die osmanische Armee bei Zenta, wo der Sultan den Fluss Theiß gerade überquerte. Der habsburgische Sieg in der Schlacht vom 11. September 1697[22] machte Eugen von Savoyen zu einer europaweit bekannten Persönlichkeit – auch deshalb, weil sein politisches Programm die Einigung Europas unter einem einzigen Monarchen vorsah. Er gehörte zu den allerersten, der ein solches Ziel in moderner Zeit entwarf. Wie Napoleon und manche anderen politischen Abenteurer aus jüngerer Zeit revoltierte er gegen das historische Vermächtnis. Doch gleichzeitig glaubte er an eine neue Moral und an eine bessere Politik. Beeinflusst waren seine utopischen Projekte dabei ganz offensichtlich von jenen Philosophen und Schriftstellern, die der Aufklärung nahestanden.

Historiker der Romantik oder Neoromantik haben Eugen als eine Persönlichkeit mit großer Organisationsgabe bezeichnet, als Anhänger einer strikten soldatischen Disziplin, doch auch als einen Mann von Ehrlichkeit, ohne jegliche niedrigen Gefühle wie Hass, Eifersucht oder Bosheit.[23] Am stärksten beeindruckten allerdings seine militärischen Fähigkeiten. Viele dieser Aussagen sind nicht frei von Übertreibungen. Sie dürfen uns nicht in die Irre führen. Denn, welcher Krieger könnte frei von Hass sein? Manchmal überrascht die Naivität einzelner Historiker durchaus, ebenso deren Bestreben, die alten Legenden fortzuführen. 1716, auf dem Höhepunkt seiner Karriere, wurde dem Prinzen die Hauptrolle im österreichisch-türkischen Krieg anvertraut, dessen Ziel unter anderem darin bestand, Timişoara und das Banat zu erobern und in das Habsburger Kaiserreich zu integrieren. Neben seiner außergewöhnlichen militärischen Karriere faszinierte Eugen von Savoyen damals schon als Kunstkenner und Liebhaber von Wissenschaft, Architektur und Philosophie. Er unterhielt Briefkontakte mit den großen Aufklärungsphilosophen wie Montesquieu, Voltaire, Rousseau oder Leibniz. Und immer wieder erstand er Manuskripte und Bücher von ihnen.

---

22 Vgl. *Memoirs of Prince Eugene, of Savoy. Written by himself. Translated from the French by William Mudford and containing all those omissions which have been detected in the recent Parisian editions (1648–1715)* (London, 1811), p. 50. Vgl. auch die Zusatzbemerkung: „Geschrieben nicht von Prinz Eugen, sondern von Prinz Charles Joseph de Ligne".

23 Leopold Auer, 'Prince Eugene and the Ideal of „Honnête Homme": Behavioral Norms of the Elites under the Ancien Régime', in Husslein-Arco and von Plessen (Hg.), *Prince Eugene*, pp. 41–48, p. 41.

Höchst aufschlussreich ist ein Blick auf das Wiener Schloss Belvedere, das Eugen von Savoyen erbauen ließ. Als barockes Ensemble beeindruckt es durch seine Kraft und Transparenz. Sein Interesse an Kunst und Philosophie führte zum Aufbau großer Sammlungen. Sie offenbaren noch heute seine Bildung und seinen exquisiten Geschmack, die er als Mitglied eines der angesehensten europäischen Adelshäuser erwarb, ein Fürstenhaus, das Macht und großen Reichtum besaß. Es gibt nicht viele Persönlichkeiten in der Geschichte, die wie Eugen von Savoyen militärisches Genie mit dem Interesse an Büchern verbanden, ja, den Dialog mit berühmten Schriftstellern und Philosophen suchten und diese förderten und unterstützten. Auch in dieser Hinsicht repräsentierte er die Elite der Aufklärung. Seine systematisch zusammengestellte Bibliothek zeigt Savoyens Interesse an der menschlichen Kultur. Hier finden wir viele der wegweisenden künstlerischen, literarischen, philosophischen und theologischen Werke. Unterstützt von einem kundigen, durch ihn bezahlten Bibliothekar erwarb der Prinz zahlreiche seltene Bücher und gründete die sogenannte *Bibliotheca Eugeniana*. Zur selben Zeit, 1723–1726, ließ der Kaiser selbst eine der schönsten Bibliotheken der Welt errichten, die Kaiserliche Bibliothek von Wien. Sie entstand nach den Plänen des Architekten Bernhard Fischer von Erlach, während der Bau von Joseph Emmanuel Fischer von Erlach besorgt wurde. Als Eugen von Savoyen starb, kaufte 1738 Kaiser Karl VI. die *Bibliotheca Eugeniana* im Umfang von 15.000 Bänden. Sie wurde fester Bestandteil der Kaiserlichen Bibliothek, die 200.000 Bände umfasste und heute eine weltweit hochgeschätzte historische Sammlung innerhalb der *Österreichischen National-bibliothek* ist.[24]

Warum erwähnen wir diese baulich und inhaltlich so beeindruckende Hof-Bibliothek? Weil ihre Architektur und ihre Kunst ein Bild vom kaiserlichen Barock vermittelt. Es strahlte unmittelbar auf ganz Mitteleuropa aus und inspirierte auch den Barock in Timişoara und im Banat. In ihm trafen die heterogenen Vorlieben einer Elite zusammen, die den künstlerischen Stil und die Kultur einer ganzen Epoche definierten. Das Innere der Bibliothek, die Balkone, die Türen, die Fenster, die Möbel, auch die Fresken wurden speziell für die Bibliothek entworfen und hergestellt. Entstanden ist ein Ort, an dem die Aufmerksamkeit nicht allein auf die Symbole und den Kult des Kaisers gelenkt wird, sondern vor allem auf den Dialog zwischen großen Theologen, Wissenschaftlern und Philosophen. Beim Betrachten der Gemälde und Bücher, die der Prinz und die mit ihm Gleichgesinnten (Adlige, Priester, Architekten, Militärs, Geografen, Beamte) gesammelt haben, wird die Botschaft eines neuen Europa erkennbar. Nicht zufällig stehen die Bücher Eugen von Savoyens in einem der großzügigsten Räume in dieser wahren *Bibliotheca Europea*, nämlich unterhalb des 30 Meter hohen Gewölbes, das mit Daniel Grans Fresken geschmückt ist. Letztlich repräsentiert die Bibliothek eine Denkweise, eine konzeptionelle Zusammenschau von idealistischen Vorstellungen, wie wir sie so

---

24 Vgl. Marie Louise von Plessen, 'Prince Eugene – General Philosopher and Art Lover: The Noble Knight as Hero of the Arts', in Husslein-Arco und von Plessen (Hg.), *Prince Eugen*, pp. 17–21, p. 21.

nur im achtzehnten Jahrhundert beobachten können. Wir sprechen an dieser Stelle nicht über die unmittelbaren intellektuellen Beiträge des Prinzen, sondern über die allgemeinen Ideen jener Zeit, in der er lebte. Es geht um die Akzeptanz eines kulturellen und zivilisatorischen Codes, der Europa während der Aufklärung auszeichnete und heraushob. Schon bald können wir die entsprechenden Verhaltensnormen auch in den von den Habsburgern eroberten Territorien beobachten. Vergleichen lässt sich der Sachverhalt mit dem frühen 19. Jahrhundert, als infolge der napoleonischen Kriege die organisatorischen, rechtlichen und ökonomischen Reformen des postrevolutionären Frankreichs in vielen Ländern Europas Anklang fanden.

Bei allem, was Eugen von Savoyen in seinem Leben vollendet hat, auch beim Blick auf sein Erbe, ist eine dramatische Spannung zu erkennen, ein Kampf höchst widersprüchlicher Aspekte des menschlichen Lebens miteinander, eine eng verbundene Dialektik zwischen militärischer Disziplin und intellektueller Kultur. Wir müssen uns allerdings klarmachen, dass eine solch enge Verbindung von materiellem Denken und geistiger Kultur in jeder Hinsicht barockem Denken entsprach. Eugen von Savoyen lebte in einer Zeit großer europäischer Kultur, geprägt von einem monumentalen, feierlichen Pathos, exzessiver Ornamentierung und einer ausdrucksstarken künstlerischen Kraft.[25] Sie verband Realität und Illusion miteinander, thematisierte Bewegung, handelte von Suche und Wandel. In einem solchermaßen den Aufbruch symbolisierenden Zeitalter wurde Timișoara von den Habsburgern durch Eugen von Savoyen belagert, erobert und in den europäischen Wertehorizont integriert. Es war der Beginn eines Jahrhunderts, in dem die Gelehrten den europäischen Osten und Südosten bewusst wahrnahmen und entdeckten, zum ersten Mal. Sie zeichneten ganz neue geografische Karten. Damals entstand auch die erste topografische Karte des Temeswarer Banats.

Die österreichisch-türkischen Kriege: die Eroberung von Temeswar

Obwohl Krieg immer Gewalt und Leiden bedeutet und die Stadt Timișoara durch Krieg erobert wurde, glauben viele europäische Historiker, dass das Jahr 1716 einen „glücklichen Moment" für die Lokalgeschichte darstellt, brachte er doch die Einbeziehung in das Habsburger Reich und damit eine Neuverortung von Stadt und Region innerhalb des christlichen Europas. Diese Historiker nehmen zweifelsohne die Perspektive des Eroberers ein. Andererseits verweisen sie zu Recht auf die Veränderungen, die das Banat von Timișoara unter Wiener Einfluss, und damit auch europäischem Einfluss nahm.

---

25 H. Wölfflin, *Principles of Art History: The Problem of the Development of Style in Later Art*, übersetzt nach der 7. deutschen Auflage 1929 ins Englische, von M. D. Hottinger (New York, 1932 u. a.)

Doch sehen wir uns die Fakten im Einzelnen an: Nach dem Sieg von Petrovaradin[26] traf Eugen die Entscheidung, auch noch die Stadt Timișoara zu erobern und verlängerte deshalb seinen Feldzug. Sein Marsch auf Timișoara begann am 14. August 1716. Sein Beraterstab inspizierte die Festung genau und ermittelte all jene Schwierigkeiten, auf die die Soldaten während ihres Kampfes stoßen konnten. Viele komplizierte Manöver waren für die Kaiserliche Armee erforderlich, wenn sie erfolgreich sein wollte. Der Prinz gab die notwendigen klaren Anweisungen. Ein Zeugenbericht schildert das so:

> Nachdem er und die Truppen einige Tage am Ufer der Donau gelagert hatten ..., entschloss sich Prinz Eugen weiterzuziehen. Weil die Hitze die Infanterie daran hinderte, täglich lange Märsche zu unternehmen, zog Eugen mit seiner Kavallerie voran, bis die Infanterie eintraf. Schließlich kamen am 25. August der Prinz mit seinem Dragonerregiment und das vom Prinzen von Württemberg angeführte Regiment am Lager vor Timișoara an. Am nächsten Tag gesellte sich die gesamte Armee zu ihnen. Sobald sie vollzählig waren, verteilten sich die Truppen auf die zugewiesenen Positionen. Um die Kommunikation zwischen den verschiedenen Kommandostellen zu verbessern, errichteten sie über die Sümpfe Brücken.[27]

Dabei war die Festung zu Beginn des achtzehnten Jahrhunderts aufgrund ihrer geografischen Lage im Vorteil. Und was ihr zum Nachteil war, bedrohte andererseits auch die Belagerer: „Ansteckende Ausdünstungen stiegen aus vielen stinkenden und modrigen Gewässern auf". „Alle Arten von ansteckendem Fieber" gehörten freilich zu den kleineren Problemen, „die von den Einwohnern des Banats ertragen werden mussten".[28] Die Eroberung von Timișoara erforderte deshalb sehr gutes militärisches Management und Wissen über die Zitadelle, die Burg, die Festungen, die Wassergräben und Verteidigungsmauern. Timișoara hatte eine wichtige strategische Position, die niemand übersehen konnte. Laut Johann Nepomuk Preyer bestand die Stärke der Stadt nicht so sehr in ihren Festungen, sondern „größtenteils in ihrer natürlichen Lage, dem Schutz durch die Sümpfe der Flüsse Bega und Timiș".[29]

Von den vielen Generälen der kaiserlichen Armee, die an der Belagerung von Timișoara teilnahmen, waren nicht wenige bedeutende politische Persönlichkeiten.

---

26 Heute Novi Sad. Koloman Juhász vermutet, dass Petrovaradins Sieg die Befreiung der Diözese Cenas von osmanischer Herrschaft bewirkte. Vgl. Koloman Juhász, „Jesuiten im Banat (1718–1773) ... Ein Beitrag zur Kulturgeschichte des Temeswarer Banats", *Mitteilungen des Österreichischen Staatsarchivs*, vol. 11 (1958), pp. 154–220, p. 157.

27 Griselini, *Încercare*, p. 108. Eine ähnliche Beschreibung bietet Johann N. Preyer, *Monographie der Königlichen Freistadt Temeswar / Monografia orașului liber regesc Timișoara* (Temeswar, 1853). „Mit diesem Ziel [Timișoara zu erobern] marschierten 16 Kavallerieregimenter unter Graf Palfy und 10 Infanteriebataillone unter dem Herzog von Württemberg los, um diesen Ort anzugreifen, vorläufig, bis er [Prinz Eugen] selbst mit der großen Armee eintreffen würde. Palfy belagerte Timișoara, so gut er konnte, aber da die Garnison 18.000 Leute umfasste, hatte er nicht genug Truppen für die Einnahme des Landes."

28 Griselini, *Încercare*, p. 118.

29 Preyer, *Mongraphie*, p. 182.

Genannt seien: Graf Claude Florimond de Mercy, der Graf von Stahrenberg, Prinz Alexander von Württemberg, Graf Franz Paul von Wallis, Graf Janos Palffy, Prinz von Bevern. Auch der portugiesische Prinz Emanuel zählte zu den Verantwortlichen, ebenso Prinz Albert von Braunschweig.[30] Alle waren in die kaiserlichen Eroberungspläne einbezogen und folgten den Befehlen Eugen von Savoyens. Die Schlacht um Timișoara führte große Kontingente beider Seiten gegeneinander. Da waren türkischerseits die mehrere Hunderte Männer umfassenden Elite-Janitscharen, die innerhalb der Stadt lagen. Hinzu kamen weitere Truppen, sodass die Türken eine große Armee zur Verfügung hatten, um die Festung gegen die Österreicher zu verteidigen. Viele Tausend Soldaten umfasste am Schluss das türkische Heer, vorwiegend türkischer und tatarischer Herkunft. Sie repräsentierten „den allerbesten Teil der Janitscharen-Truppen des Sultans".[31]

Die Kämpfe begannen am 28. August 1716 und endeten mit einem Sieg der kaiserlichen Armee am 12. Oktober desselben Jahres. Bereits der erste Angriff richtete sich auf das „Ferienhaus" des Paschas, in einem der Vororte von Timișoara. Bevor die türkischen Truppen es den kaiserlichen Einheiten überließen, brannten sie das Haus nieder, ebenso den gesamten Vorort.[32] Am folgenden Tag, dem 29. August, befahl Eugen einen Angriff auf eine Moschee bei Palanca. Da sie nicht verteidigt wurde, war auch sie schnell erobert. Kurz, gleich zu Beginn erzielte Eugen von Savoyen wichtige symbolische Siege.

Als die wirkliche Schlacht anfing, am 20. September 1716, vereinte Eugen unter sich: zwei Bataillone des Virmont-Regiments, ein Bataillon des Regiments Ottokar Stahrenberg, drei Grenadierbataillone, die gepanzerten Regimente von Stainville und Neipperg, Palffys Husaren sowie an den folgenden Tagen (23. und 24. September) die Truppen des Grafen Max Stahrenberg, bestehend aus 11 Bataillonen und 24 Kanonen,[33] schließlich die Einheiten von Alexander von Württemberg mit 3.000 Grenadieren, unterstützt von 30 Bataillonen und 2.700 Pionieren.[34] Kurz, die wichtigsten österreichischen Truppen waren zu dieser Zeit in der Region stationiert. Eugen von Savoyens Plan zielte auf einen koordinierten Angriff auf die Stadttore, und dafür verlangte er, dass Gräben ausgehoben wurden, die Soldaten entsprechende Angriffspositionen einnahmen, Schutzanlagen für die eigenen Großwaffen gebaut würden. Brücken sollten helfen, die Sümpfe zu überwinden. Ganze Kanonenbatterien mussten richtig platziert werden usw.[35]

> Aus unbekannten Quellen über die Absichten der Osmanen informiert, kam Prinz Eugen in der Abenddämmerung an Palffys Standort an. Er gab Marschbefehl für die Brigade von Graf Max Stahrenberg ... Eine halbe Stunde später griffen die Türken die Position mit lautem Schreien an,

---

30 Ilieșiu, *Timișoara*, p. 67.
31 Griselini, *Încercare*, p. 110.
32 *Ibid.*, p. 108.
33 *Ibid.*, pp. 109–110.
34 *Ibid.*, p. 111.
35 *Ibid.*, pp. 108–109.

wie sie es gewohnt waren. Die kaiserliche Kavallerie, entlang der Festung platziert, widerstand dem ersten Schlag mit außergewöhnlicher Kraft, sodass sich die Türken zurückzogen. Aber sie waren nicht entmutigt. Sie wiederholten den Angriff noch zweimal und wurden jedes Mal abgewehrt ... Aus der Zahl der Toten auf dem Schlachtfeld konnte man folgern, dass die Verluste der Türken sehr schwer waren.[36]

Die Schlachten vom 25. September, vom 4., 6. und 12. Oktober waren die blutigsten der Auseinandersetzung. Die von Eugen von Savoyen befehligte Armee zeigte bei der Konfrontation mit den beeindruckenden osmanischen Kräften eine außergewöhnliche Tapferkeit.

„Der Beschuss begann am 11. Oktober" und er erzielte seine Wirkung ... „Die Gegenantwort der Türken blieb" anfangs „kraftlos, denn ihre Batterien waren zerstört worden. Am 12. Oktober schafften sie es freilich, ihre Batterien zu reparieren, und ihre Kanonen feuerten furchteinflößend, begleitet von dem sehr intensiven Schießen ihrer Flinten, bis hin zur Abenddämmerung. Die Österreicher fürchteten bereits das Scheitern der gesamten Aktion, egal, wie wachsam Prinz Eugen war und wie gut seine Entscheidungen ausfielen. Die Soldaten blieben einsatzbereit, aber das Wetter hatte sich geändert und der anhaltende Regen drohte die Gräben zu überfluten, sodass sich die Belagerer hätten zurückziehen müssen. Prinz Eugen verlor bereits seinen Mut, als am 13. Oktober, dem achtundvierzigsten Tag der Belagerung, auf einem der Schutzwälle die weiße Fahne gehisst wurde. Der Prinz von Württemberg, der Wache hielt, informierte Eugen sofort. Erfreut erfuhr der Prinz, dass der Pascha einige seiner Offiziere zum kaiserlichen Lager schicken wollte".[37] Griselini hat dargelegt, dass für den erfolgreichen Abschluss des Feldzuges eine umfassende Mobilisierung von Offizieren und Soldaten der kaiserlichen Armee notwendig war. Der Grund sei das große Geschick der Muslime beim Einsatz des Schwerts gewesen, zudem ihr Prinzip, keinen Ort zu verlassen, an dem sie eine Moschee gebaut hatten.[38] Sie verloren 3.000 der 18.000 Männer, die sie zu Beginn der Belagerung gehabt hatten, während Eugen von Savoyen knapp 2.000 seiner Leute verlor.[39] Der türkische Kommandant kapitulierte am 13. Oktober, dem Tag, als auf der Festung der Stadt die weiße Fahne gehisst wurde.[40] Prinz Eugen von Savoyen

---

36 *Ibid.*, p. 110.

37 *Ibid.*, p. 112.

38 *Ibid.* Vgl. eine fast identische Beschreibung in Treboniu Laurian, *Temisiana sau scurtă istorie a Banatului Temișan*, pp. 135–142.

39 Juhász, „Jesuiten im Banat (1718–1773)", p. 156.

40 *Ibid.* Hier finden sich auch zentrale Hinweise zu einzelnen Phasen der Eroberung des Temeswarer Raumes seitens der kaiserlichen Armeen. Verantwortlich hierfür war Savoyen. Juhászs gründet seine Argumentation auf neuen Quellen aus Archiven in Timișoara, Budapest und Wien. Das religiöse Leben interessiert ihn, ebenso wie das politische und kulturelle Geschehen. U. a. verweist der Autor auf zwei Manuskripte, die er im Archiv der römisch-katholischen Diözese Timișoaras fand. Leider fehlt jeglicher Vergleich mit den anderen Religions- und Sprachgemeinschaften Temeswars. In dieser Hinsicht bleibt Juhász streng bei seinem Thema.

betrat die Stadt fünf Tage später. „Ahmed Aga, Kommandeur der Stadt, und Ali Effendi kamen zu Eugens Hauptquartier. Er selbst schickte Graf Wallis und Graf Filippi in die Stadt. Sie sollten dort bleiben, bis die Kapitulation am Kommandositz von Prinz Eugen geregelt war."[41]

Im darauffolgenden Jahr (1717) eroberte Eugen auch die Stadt Belgrad. Ein allgemeiner Frieden im Jahr 1718 (der Vertrag von Passarowitz[42]) bestätigte den Anschluss weiterer Regionen im Norden und Süden der Donau an das Haus Habsburg. Dazu zählte die Eroberung des Banats, aber auch kurzfristig die Besetzung Olteniens (der Kleinen Walachei). In diesen Jahren erreichten die Habsburger die größte Ausdehnung ihres Reichs. Die Bedingungen der Kapitulation wurden von Vertretern der Kriegsparteien festgelegt und sicherten, dass die Türken Timișoara mit ihren Familien einschließlich der Kinder, ihres Eigentums und tausend Karren verlassen konnten. Die Soldaten durften ihre Waffen und Flaggen behalten; sie wurden nach Belgrad begleitet. Entlang des Wegs gesellten sich die muslimischen Garnisonen und Einwohner anderer Städte und Dörfer des Banats. Die Türken mussten als Gegenleistung Geiseln in Timișoara zurücklassen, zusammen mit der Artillerie, der Munition und den Vorräten, bis zur sicheren Rückkehr der Eskorte. Auf ihrem Weg von Timișoara nach Belgrad durch die österreichischen Begleittruppen geschützt, profitierten sie von den niedrigen Lebensmittelpreisen auf den Dörfern. Der ganze Kapitulationsprozess verlief im gegenseitigen Einvernehmen, sodass der Rückzug wie geplant verlief.[43] Christen, die zum Islam übergewechselt waren, wurden nicht am Fortgang gehindert, ausgenommen jene, die während der Belagerung desertiert waren. Die Serben, Armenier, Juden und anderen Einwohner, die die Österreicher in der Stadt vorgefunden hatten, besaßen das Recht, in Timișoara zu bleiben oder zu gehen.

Der Vertrag war als bedingte Kapitulation konzipiert. Deshalb enthielt er auch die Vorschläge der Osmanen. Glauben wir den Aussagen von Franz Paolo von Wallis – dem ersten Militärkommandeur der Stadt direkt nach der Eroberung durch Eugen von Savoyen[44] – gehörten zur Bevölkerung Temeswars mit der Kapitulation: 466 Serben, 35 Armenier und 144 Juden.[45] In der Stadt wohnte zudem eine unbekannte Anzahl von Rumänen, Griechen, Türken und Roma.[46] Einige von ihnen hatten die Festung während

---

41 Griselini, *Încercare*, p. 112.
42 Požarevac ist eine Siedlung südlich von Belgrad.
43 Juhász, *Jesuiten im Banat (1718–1773)*, p. 159.
44 Griselini, *Încercare*, p. 120.
45 *Történelmi adattár (Historical Archive)* (Temesvár, 1871), pp. 379–380; vgl. auch *Izvoare și mărturii privind istoria evreilor din România (Sources and Testimonies Regarding the Jews from Romania)*, hg. Mihai Spielmann (Bukarest, 1988), Dok. 39, p. 28, Fußnote 2. Vgl. auch Victor Neumann, *Istoria evreilor din Banat: O mărturie a multi- și interculturalității Europei Central-Orientale* (Bukarest, 1999), p. 11. (Vgl. die englische Version, *The End of a History: The Jews of Banat from the Beginning to Nowadays* (Bukarest, 2006).
46 Griselini, *Încercare*.

der Belagerung an der Seite der Osmanen verteidigt. Sie durften, wenn sie es wollten, die Stadt verlassen und entsprechend den Kapitulationsregelungen ihre Güter verkaufen.

Wie sah Timişoara und seiner Umgebung nach dem österreichischen Sieg aus? Was fanden Eugen von Savoyen und seine Armeen vor? Sie schauten auf eine zerstörte Stadt, die dringend wieder aufgebaut werden musste: Die Verwaltungseinrichtungen waren wiederherzustellen. Die Kirchen (die katholischen und die orthodoxen) mussten repariert,[47] die Häuser wieder bewohnbar gemacht werden. Auch die Trinkwasserversorgung bedurfte dringender Investitionen. In der Umgebung allerdings sah die Lage besser aus. Da waren vor allem die Naturressourcen: fruchtbares Land, unberührte Wälder, große Weideflächen, zwar „überall überwachsen mit Gehölz und Ried", aber sie repräsentierten Wohlstand. Die Repräsentanten des Kaisers faszinierte das enorme landwirtschaftliche Potenzial der Region. Tatsächlich schien Timişoara in der Lage, durch Verarbeitung, Verfeinerung und Verkauf seiner Naturressourcen eine rasche Entwicklung nehmen zu können. Aus Sicht der neuen Administration gab es jedoch ein Problem: Die Menschen der Region dachten damals noch nicht über Produktivität nach. Die bäuerliche Wirtschaft war noch weitgehend subsistenzlandwirtschaftlich ausgerichtet: „Die Leute bauten nur das an, was für ihre Familien notwendig war". Der Verkauf von Agrarprodukten war ihnen fremd.[48] Die neuen Verantwortlichen erkannten, dass Wissenschaft, Technik und Handwerk, die es in Europa längst gab, die Stadt noch nicht erreicht hatten. Anfangs schien es den Fachleuten des Kaisers, als ob der Wiederaufbau von Timişoara und des Banats viele Jahrhunderte dauern würde. Tatsächlich aber war der Fortschritt unter der Regentschaft von Karl VI., Maria Theresia und Joseph II. enorm, sodass innerhalb von sechzig Jahren Timişoara und das Banat den anderen europäischen Städten und Regionen jener Zeit glichen, jenen Zentren also, die den Wandel zur Moderne früher gestartet hatten.[49]

Bevor er Timişoara verließ und nach Wien ging, um Kaiser Karl VI. zu informieren und von der Notwendigkeit einer Integration und angemessenen Verwaltung des Banats zu überzeugen, übertrug Prinz Eugen das Kommando über die Stadt Franz Paolo von Wallis. Graf Claude Florimond de Mercy übernahm die Verantwortung für die Region.[50] Während der Belagerung von Timişoara hatten die Jesuiten die österreichische Armee in vielfacher Hinsicht unterstützt und damit das Vertrauen des Prinzen gewonnen. Deshalb übertrug er den Missionaren die Neuorganisation und Koordinierung des religiösen Lebens. Weil ein Diözesan-Seminar fehlte und es auch keinen etablierten Klerus gab, übernahmen anfangs die Deutsch sprechenden Jesuiten die Diözese von Timişoara in ihre Verantwortung. Es folgten „richtige" Bischöfe: Ladislau Nadasdy (von 1724 ab in Temeswar), Adalbert Freiherr von Falkenstein (1730–1739), Nicolas Stanislawich (1739–1750)

---

47 Juhász, *Jesuiten im Banat (1718–1773)*, p. 159.
48 Griselini, *Încercare*, pp. 118–119.
49 *Ibid.*, p. 120.
50 *Ibid.*, p. 113.

und Franz Anton Engel von Wagrein (1750–1777).[51] Da das Banat unmittelbar Wien unterstellt war, agierte die katholische Kirche Timișoaras auf der Basis einer von Ungarn unabhängigen Verwaltung. Die daraus entstehenden konfessionellen Friktionen waren durchaus nichts Besonderes; andere katholische Einrichtungen und die reformierte Kirche hatten ähnliche Probleme. Sie spiegelten die Konflikte zwischen adligen Familien und dem Kaiserhaus, zwischen Ungarn und Österreich – und gelegentlich wirkten sich diese Streitigkeiten auch aus auf die Verwaltung des Banats von Timișoara.

Die orthodoxe Kirche als Vertreterin des byzantinischen Christentums akzeptierte die Einordnung in das Wiener Kaiserreich. Für die Habsburger war die Orthodoxie ein Symbol geistigen Lebens, das für die ursprünglichen Einwohner der Stadt und für die Mehrheit der Bewohner in der Region stand. Neuer Bezugsort für die orthodoxen Gläubigen während des gesamten achtzehnten Jahrhunderts war die metropolitane Kirche von Karlowitz, eine starke Institution der Orthodoxie. Von Wien war sie anerkannt und verantwortlich für die serbischen und rumänischen Gläubigen. Ihre Rolle glich der eines römisch-katholischen Bistums. Sie förderte die Dynamik des gesellschaftlichen Lebens, unterstützte Kultur- und Bildungsreformen, gründete Schulen und ermöglichte so die Emanzipation der Menschen. Die doppelte Anbindung der orthodoxen Kirche des „Banats von Timișoara" an Wien und an St. Petersburg sicherte der Bevölkerung einen besonderen Status. Die dadurch ganz unterschiedliche Gesichtspunkte spiegelnden Reformen eröffneten zahlreiche Möglichkeiten, die Identität der Menschen in Timișoara und im Banat neu zu bestimmen.[52]

Die kulturellen Transfers des achtzehnten Jahrhunderts bewirkten, dass Stadt und die Region von ganz verschiedenen Kulturen durchdrungen wurden, sowohl byzantinisch-orthodox als auch mittel- und westeuropäisch barock. Aufklärungsideen brachten die Belagerer mit, aber auch die Belagerten vertraten entsprechende Vorstellungen.[53] Viele von denen, die in der türkischen Stadt gelebt hatten, entschieden sich nach der Eroberung der Festung, in der Stadt zu bleiben. Sie alle, auch die Siedler, hatten ihren Anteil an den Reformen Timișoaras und des Banats. Oder noch anders: Die Modernisierung des Gebiets, die 1716 begann, war nur durch Zusammenarbeit vieler zu erreichen. Genannt seien: Eugen von Savoyen, Claudius Florimund Mercy, die Bewohner der Stadt selbst, die katholischen Siedler, schließlich die orthodoxe Mehrheit des Banats. Die Wiener Projektideen Eugen von Savoyens waren ebenso erforderlich, wie das Streben seiner Nachfolger und das Wirken der katholischen Kirche und der orthodoxen Geistlichkeit.

51 Juhász, *Jesuiten im Banat (1718–1773)*, pp. 158–159.
52 Ich danke Miodrag Milin für die Diskussionen während der Erstellung dieser Studie.
53 Neumann, *The Temptation of Homo Europaeus*, pp. 125–148.

Der Wiederaufbau Temeswars

Die Festung Timişoara war während des österreichisch-türkischen Krieges in großen Teilen zerstört worden. Für die Bevölkerung meinte dies in der Folge ein entbehrungsreiches Leben. So äußerte sie sich höchst unzufrieden mit den wirtschaftlichen und infrastrukturellen Gegebenheiten. Die zeitgenössische Geschichtsschreibung hat die Türken für den Zustand in der Region verantwortlich gemacht und auf die ineffektive Verwaltung von Stadt und Region hingewiesen. Die Türken seien auch für den Bevölkerungsrückgang verantwortlich, mit Verschwinden vieler Siedlungen. Die wirtschaftliche Unterentwicklung sei ihnen zuzuschreiben. Auch hätten sie zahllosen Sümpfe entstehen lassen, die sich während der 164 Jahre ottomanischer Herrschaft weit ausdehnten, sodass die Region insgesamt einen desolaten Anblick bot.[54] Die Städte des Banats hatten keinerlei Infrastruktur, die mit den anderen Territorien des Kaiserreichs vergleichbar war. Daher mussten sie zumindest teilweise rekonstruiert oder gar vollständig neu aufgebaut werden. Für Eugen war diese Lage Grund genug vorzuschlagen, man möge die Verwaltungsgegebenheiten und -vorschriften des Kaiserreichs eins zu eins übertragen. Er empfahl, dass ein militärischer und ein ziviler Gouverneur Wien direkt unterstellt werde. Der zentrale Amtssitz der Region sollte in Timişoara eingerichtet werden. Am wichtigsten war die Festlegung für den Militärsitz, denn nur das Militär mit seiner Mannstärke und Ausrüstung konnte die großen und kleinen Unzulänglichkeiten vor Ort überwinden.

Zu den vorrangigen Zielen der ersten Regierungszeit gehörten nicht zufällig die Planung und der Bau des Bega-Kanals.[55] Denn damit erhielten Timişoara und die benachbarten Gebiete der Stadt die Möglichkeit zur manufakturellen und kommerziellen Entwicklung. Die erste Phase der Trockenlegung der Sümpfe und der Abwässer des Flusses Bega wurde 1730 abgeschlossen, wodurch Trinkwasser für die Menschen in Timişoara zur Verfügung stand. Auch begann schon früh der Flusstransport für Güter, die im Banat produziert wurden. Den wichtigsten Beitrag zum Wiederaufbau der Zitadelle und für die Zukunft der Stadt leistete Graf Claude Florimond de Mercy. Griselini schrieb damals, dass „er all jene Eigenschaften besaß, die es benötigte, um

---

54 Griselini, *Încercare*, p. 117. Die Chronisten vor Griselini ließen sich ausführlich über die sumpfigen Flächen von Timişoara und dem Banat aus. Das gilt auch für die dokumentarischen Quellen aus der zweiten Hälfte des achtzehnten Jahrhunderts, zum Beispiel für die „Geografische und wirtschaftliche Beschreibung des Bezirks Timişoara, mit speziellen Beobachtungen der Stadt und der Vororte von Timişoara", von Leutnant Philipp Elmpt – zukünftiger Generalmajor und Stabschef – der 1768 die Kartierung des Banats abschloss und die Karte Kaiser Franz Joseph II. während dessen Reise nach Siebenbürgen präsentierte. Vgl. Ileana Bozac und Teodor Pavel, *Călătoria împăratului Iosif al II-lea în Transilvania la 1773 / Die Reise Kaiser Josephs II. durch Siebenbürgen im Jahre 1773*, vol. i (2. Aufl., Cluj-Napoca, 2007), Dok. 39, pp. 419–422. Eine biografische Notiz zu Philipp Elmpt, *Ibid.*, p. 423.
55 Vgl. auch die Beiträge zum Thema in Marlen Negrescu und Dan Pura, *Navigaţia pe Bega: Secvenţe istorice (Navigation on the Bega: Historical Sequences)* (Timişoara, 2006).

den großen Plan [für den Wiederaufbau der Stadt] zu entwickeln und umzusetzen. Bei ihm kamen militärische Tugenden mit umfassendem politischem Wissen zusammen, ergänzt durch seinen eigenen Erfahrungsschatz. Kurz gesagt, Mercy war ein großer Geist und ein Freund des Volkes, der es verdiente, im Dienst der besten Monarchen zu stehen".[56]

Wie Prinz Eugen von Savoyen wurde Claude Florimond de Mercy in Frankreich geboren und trat als Freiwilliger in die österreichische Armee ein. Nachdem er das Offiziersdiplom erhalten hatte, kämpfte er während der ottomanischen Belagerung in Wien. Im Zuge der anti-osmanischen Kampagne in Ungarn errang er den Rang eines Hauptmanns der Kavallerie. Später stieg er gar zum Feldmarschall auf. Die Menschen im „Banat von Timișoara" schätzten ihn ebenso wie der Wiener Hof. Und dabei verwiesen sie gleichermaßen auf seine Taten im militärischen, administrativen und ökonomischen Bereich. Mercys erster Einsatz erfolgte noch unter Eugen von Savoyens Leitung. Ihm ablag die konkrete Aufstellung der Verteidigungslinie durch Kavallerie und Artillerie, insbesondere im Gebiet der Donau, wo sich die Grenze zum Osmanischen Reich befand.[57] Als Gouverneur (mit vergleichsweise langer Amtszeit – er behielt den Posten bis 1734) verdiente Mercy sich Dank für die verschiedenen Projekte zum Aufbau Timișoaras und des Banats. Einige von ihnen erwiesen sich als unerwartet fruchtbar.

Die Region wurde in zwölf Distrikte unterteilt: Timișoara, Becicherecul Mare, Cenad oder Sânnicolau, Ciacova, Lugoj, Vârșeț, Lipova, Făget, Caransebeș, Orșova oder Mehadia, Panciova und Palanca Nouă. Alle diese Distrikte waren militärisch und administrativ unmittelbar der Banater Zentralverwaltung zugeordnet, die Mercy als General und Präsident der Landesadministration leitete. Auf Basis dieser festen politischen Aufgabenverteilung entstanden die Ideen von Gouverneur Mercy. Er berief Handwerker aus italienischen Städten nach Timișoara: Silberschmiede, Felgenmacher, Hufschmiede, Schuhmacher, Schneider, Hutmacher, Tuchmacher. Er eröffnete eine Papiermühle, eine Seilzugmanufaktur für Eisendraht, eine in den Niederlanden gebaute Pressanlage für die Gewinnung von Speiseöl; er gründete eine Tuchfabrik, kaufte Öfen für die Seidenherstellung, ebenso Anlagen zur Baumwollverarbeitung usw.[58] Schließlich investierte er in den Bau von Gebäuden und lud zugleich die Bürger ein, ihre eigenen Wohnhäuser innerhalb und außerhalb der Stadt zu errichten. Weiterhin widmete er sich den fruchtbaren Ländereien, die um Umfeld der Stadt zu finden waren,[59] denn der erfolgreiche Anbau von Weizen, Mais und Weintrauben diente der Versorgung des Reiches.

Derselbe Claude Florimond de Mercy war demnach auch für die Ansiedlung von Menschen aus ganz Europa verantwortlich, die in drei Schüben (1717–1724, 1724–1727

---

56 Griselini, *Încercare*, p. 120.
57 *Ibid.*
58 *Ibid.*, p. 124.
59 Vgl. Marjanucz, Kapitel 5 in diesem Band.

und 1727–1734) ins Banat kamen.[60] Das Kolonialisierungsprogramm beruhte auf einer Idee des Hauses Habsburg, um katholische Bevölkerungsgruppen ins Banat zu leiten. Die Prinzipien des Programms entwarf eine Kommission für die neu erworbenen Territorien (*Neoacquisita Comissio*). Später war dafür das *Einrichtungswerk des Königreichs Ungarn* verantwortlich. Die meisten Siedler waren Schwaben und sprachen dementsprechend deutsch.[61] Andere Gruppen kamen hinzu, Menschen, die Französisch, Italienisch, Spanisch, Tschechisch, Slowakisch, Ungarisch oder Bulgarisch zur Muttersprache hatten. Aber zu dieser Zeit war das entscheidende Element der Identitätskonstruktion die Religion, weniger die Sprache, Herkunft oder Geschichte. Da das Haus Habsburg römisch-katholisch war, war der Hauptgrund für die Akzeptanz der Siedler ihre Konfession. Eine der ersten Ansiedlungsmaßnahmen bestand darin, geeignete Orte für den Gottesdienst bereitzustellen. Das war keine leichte Aufgabe, denn als die Festung erobert wurde, gab es in der Stadt nur Moscheen. Sie wurden in christliche Kirchen umgewandelt, wobei „die geräumigste Moschee zur jesuitischen Kirche wurde, die auch dem Bischof von Cenad, Ladislau von Graf Nádasdys, diente".[62] Sie erhielt den Rang eines bischöflichen Doms, wo der Bischof seine Messe zelebrierte.[63] Francesco Griselini erwähnt zudem eine zweite Moschee, welche Mönchen des Franziskanerordens überlassen wurde, die aus Bosnien gekommen waren. „Sie stand in der Nähe des Arad-Tors, das heute [1780] Prinz-Eugen-Tor heißt, denn durch dieses Tor war der Held in die Stadt eingedrungen. Den Mönchen wurde zudem ein Stück Land vor dem Lugoj-Tor gewährt, innerhalb des Quartiers Palanca Mică. Von dort aus organisierten sie neue Missionen in Lugoj und Panciova und entsandten, auf Wunsch ihrer Ordensbrüder aus der bulgarischen Provinz, Abordnungen nach Caransebeş, um die Mission dort zu leiten".[64]

---

60 Jenő Szentkláray, *Mercy kormányzata a Temesi bánságban* (*Mercy's Government in the Banat of Temes*) (Budapest, 1909), pp. 17–31.

61 See Marjanucz, Kapitel 5 in diesem Band.

62 Griselini, *Încercare*, p. 121.

63 Die archäologischen Ausgrabungen in Timişoara, die anlässlich der Arbeiten am historischen Zentrum Temeswars durchgeführt wurden (2014–2015), bestätigen die Darstellungen von Francesco Griselini. Der Archäologe Florin Draşovean, der die Ausgrabungen am St.-Georgs-Platz leitete, entdeckte u. a. Spuren einer Moschee und eines muslimischen Friedhofs – dieselbe große Moschee, über die Griselini schrieb und die nach Savoyens Eroberung von Timişoara in eine christliche Kirche verwandelt wurde. Koloman Juhász, der Lokal- und Regionalhistoriker der katholischen Kirche, hat aufgrund von Unterlagen im Diözesanarchiv die Umwidmung der Moschee auf das Jahr 1718 festgelegt. – Bedanken möchte ich mich an dieser Stelle noch einmal für die instruktive Führung durch Herrn Draşovean, der mir die Funde ausführlich gezeigt und erklärt hat und dadurch mein Wissen über diesen Zeitraum bereicherte. Seine Entdeckungen bestätigen die These einer multikulturellen Prägung von Stadt und Region. Dazu ausführlicher: Victor Neumann, *Interculturalitatea Banatului* (*The Interculturality of the Banat*) (3. Aufl., Iaşi, 2015); id. (Hg.), *Identitate şi Cultură: Studii privind istoria Banatului* (*Identity and Culture: Studies regarding the History of the Banat*) (Bukarest, 2009). Zur Kontextualisierung s. id., *The Temptation of Homo Europaeus*.

64 Griselini, *Încercare*. Vgl. auch Juhász, „Jesuiten im Banat (1718–1773)".

All diese Informationen belegen die wichtige Rolle, die die römisch-katholische Kirche für die Wiener Politik hatte, für die Verwaltung und Reorganisation der Stadt sowie für die Besiedlungsmaßnahmen während des achtzehnten Jahrhunderts.

Es versteht sich, dass die urbane Ausgestaltung von Timişoara eine ganz neue Perspektive auf die Lokal- und Regionalgeschichte ermöglicht. Eine Analyse von Architektur, Infrastruktur und Denkmalen erlaubt dem Historiker ein viel tieferes Verständnis der Stadt, ihrer sozialen und kulturellen Werte.[65] In jenen Jahrzehnten, in denen das „Temeswarer Banat" ein eigenes Gebiet darstellte, unmittelbar der Krone zugeordnet war (*Landesadministration*), erlebten Stadt und Region einen raschen Wandel. In Landwirtschaft, Manufaktur und Handel kam es zu bemerkenswerten Fortschritten. Das Banat wurde zu einem der größten Getreideproduzenten im Kaiserreich, und das noch während die Wiederaufbaupläne für Timişoara erstellt wurden. Die Festung zog Ingenieure, Projektentwickler, Architekten, Männer des Militärs und Handwerker aus nahen und fernen Regionen des Reiches an. Sie alle trugen zum Wiederaufbau der Festung bei. Genannt sei die „Siebenbürgische Kaserne", 483 Meter lang, ein auch für Europa beeindruckendes Gebäude.[66] In denselben Jahrzehnten, als die Modernisierung von Timişoara und der Region begann, wurde das Bega-Kanalnetz entworfen und gebaut, das Timişoara und seiner näheren Umgebung eine rasche Entwicklung von Industrie und Handel ermöglichte. Der Wiederaufbau des Stadtzentrums, mit Verteidigungsmauern, geraden Straßen und vielen Kreuzungen,[67] wurde nach Wiener Ideen und unter Einfluss Eugens von Savoyen geplant. Timişoaras Architektur und Stadtgestalt zeigen deshalb Eigenschaften, die nicht mit denen der Nachbarstädte verglichen werden können: Arad, Lugoj, Vârşeţ oder Szeged. Diese urbanen Zentren behielten mittelalterliche Elemente bei, während Timişoara vollkommen zerstört und anschließend neu erfunden wurde – nach kaiserlichen Vorgaben und entsprechend den Anforderungen der Zeit, wobei man sich am mitteleuropäischen Barockmodell orientierte.

Die kaiserlichen Projekte verwandelten Timişoara in eine Militärstadt, jedoch auch in eine sozioökonomisch und politisch freie Stadt, die anderen Zentren im Habsburgerreich ähnelte. Die Vorhaben zielten auf vollständigen (Wieder-)Aufbau und Inte-

---

65 Vgl. Mihai Opriş, *Timişoara: Monografie urbanistică* (*Timişoara: Urban Monograph*) (Timişoara, 2007). Es ist das Verdienst dieses Autors, zahlreiche Irrtümer aufgedeckt zu haben, die sich durch Übernahme aus älteren Darstellungen, zweifelhaften Quellen und fehlerhaften Übersetzungen ergeben. Nur der Rekurs auf die Ursprungsquellen hilft, solche Fehler zu vermeiden. Hinzu kommt, dass zahlreiche Lokalhistoriker die Geschichte der Stadt sehr einseitig dargestellt haben und damit der Komplexität der Stadt mit ihrer religiösen, sozialen, kulturellen und institutionellen Vielfalt kaum gerecht werden konnten. Notwendig sind ein dezidiert interdisziplinärer Ansatz und die Bereitschaft, sich auf die Vielfalt des Raumes einzulassen. Der Architekturforscher Mihai Opriş, der heute in Soest (Deutschland) lebt, hat genau diese Bereitschaft aufgebracht.
66 S. Szekely, Kapitel 7 in diesem Band.
67 *Ibid.*

gration in die mitteleuropäische Kultur und Zivilisation. Letztere wiederum ahmte das westeuropäische Modell nach. Darüber hinaus müssen wir bedenken, dass Timișoaras Geografie dieselbe blieb und dass die lokale Entwicklung durch die kaiserlichen Ideen ebenso beeinflusst wurde wie durch deren Ablehnung.

Der Plan zum Wiederaufbau der Innenstadt von Timișoara stand endgültig 1725 fest.[68] Die Festungsanlagen entsprachen dem Konzept Vaubans. Timișoaras Neuanfang begann als Garnisonsstadt. Alles war angelegt auf die Interoperationalität zwischen den verschiedenen Temeswarer Kasernen. Die waren nicht nur für die Verteidigung der Stadt selbst wichtig, sondern auch, weil sie militärische Einrichtungen beherbergten, die die südöstliche Grenze des Reiches insgesamt schützten.[69]

Eine große Innovation des Barocks war aus städteplanerischer Sicht die Schaffung des *Korsos*, eines Raumes für öffentliches Leben, Spaziergänge und Kontakte. Der *Korso* machte die österreichischen Barockstädte einzigartig. Und auch Temeswar profitierte enorm von der Schaffung dieser breiten, begrünten Straßenanlage. Sie förderte das Selbstbewusstsein der Menschen und machte die Vielfalt des sozialen Zusammenlebens sichtbar; sie zwang zu gegenseitiger Rücksichtnahme und beförderte eine europäische Verhaltenskultur. Die Menschen profitierten von den vielen Treffen mit anderen Menschen, die der barocke Korso ermöglichte. Ihr Denken wurde freier, sie waren besser informiert, und sie erwiesen sich im Vergleich zu jenen Menschen, die in geschlossenen Städten lebten, als durchaus offener. Zu diesem Bild passt, dass Juden – die vielleicht am stärksten unterdrückte Bevölkerungsgruppe des mittelalterlichen Europas – in Timișoara die Möglichkeit erhielten, auch in der Innenstadt selbst zu wohnen, nicht nur in den Vororten. Als Gegenleistung für bestimmte Steuern und ein ärztliches Attest erhielten jüdische Handwerker, Kaufleute und Händler das Recht, sich in unmittelbarer Nähe des *Korsos* niederzulassen. Auf einer der Parallelstraßen zum Domplatz, wo die Architektur durch die katholische und die orthodoxe Kirche geprägt war, auch der Gouverneurspalast lag, wurde die erste Synagoge für die Gläubigen der sephardischen und aschkenasischen Gemeinden errichtet.[70] Dies resultierte aus einer Gefälligkeit des Kaisers, die Baron Diego d'Aguilar (Mozes Lopez Perera) erbeten hatte. Er war Verwalter und Generalintendant des österreichischen

---

68 Mihai Opriș, *Timișoara: Mică monografie urbanistică (Timișoara: Small Urban Monograph)* (Bukarest, 1987), p. 42. Id., *Timișoara: Monografie urbanistică* schildert die Geschichte zahlreicher repräsentativer Häuser und Paläste der Stadt und diskutiert Timișoaras Entwicklung im achtzehnten Jahrhundert. Hingewiesen sei auf einige weitere interessante Studien, so von Valeriu Leu, Nicolae Bocșan und Costin Feneșan. Vgl. Nicolae Bocșan, *Contribuții la istoria iluminismului românesc (Contribution to the History of the Romanian Enlightenment)* (Timișoara, 1986); Valeriu Leu, *Memorie, Memorabil, Istorie în Banat (Memory, Memorabilia, History in the Banat)* (Timișoara, 2006); Costin Feneșan, *Administrație și fiscalitate în Banatul Timișoarei (Administration and Fiscality in the Banat of Timișoara, 1717–1778)* (Timișoara, 1997).
69 Vgl. Szekely, Kapitel 7 in diesem Band.
70 Neumann, *End of a History*, pp. 37–38.

Tabakmonopols und wirkte als Beschützer und Mäzen der sephardischen Juden von Temeswar.[71]

Die Gestaltung wichtiger Teile der Stadt oblag Ingenieuren, die direkt von Wien entsandt waren. Sie verhinderten ein Wiederanknüpfen an mittelalterliche Strukturen. Im Stadtinneren entstanden zwei Plätze, der Paradeplatz (heute Libertăţii) und der Domplatz (heute Unirii). Der eine diente den Militärparaden, der zweite, dort, wo die katholische, die orthodoxe Bischofskirche und der Gouverneurspalast lagen, diente dem *Korso*. Als wichtige Gebäude Temeswars im 18. Jahrhundert sind zu nennen: der römisch-katholische Dom, die orthodoxe Bistumskirche und der Gouverneurspalast (der *barocke Palast*) an der Piaţa Unirii; hinzu kamen das Rathaus und der Sitz des Generalstabs an der heutigen Piaţa Libertăţii.

In der Nähe der Piaţa Libertăţii befanden sich auch „die Jesuiten- und die Franziskanerkirche" sowie die bereits erwähnte „Siebenbürgen-Kaserne". Jedes der drei Bauwerke „hatte einen barock dekorierten Turm, der die Nachbargebäude überragte".[72] Größe und Stil der Häuser und Plätze, ihre Ästhetik, demonstrierten die Bedeutung, die Wien dem neuen regionalen Zentrum im Banat beimaß. Und es war nicht zufällig, dass die beiden Kirchen am Dom-Platz (Unirii) einander gegenüberstanden, die eine katholisch, die andere orthodox. Sie luden zu einem friedlichen Zusammenleben der beiden Konfessionen ein. Die Messen im katholischen Dom wurden auf Latein und auf Deutsch gehalten. Die Gottesdienste am anderen Ende des Platzes waren auf Serbisch. Die gegenseitige religiöse Toleranz galt als ein Zeichen der Brüderlichkeit. Sie beförderte die Verbreitung von Aufklärungsideen. Und sie stand am Anfang dessen, was wir als spezifische Geisteshaltung Timişoaras bezeichnet haben. Der mentale Neubeginn, der damals einsetzte, hatte seine Basis in der gegenseitigen Nähe der beiden Kirchen zueinander, gestärkt durch wechselseitiges Gespräch und Verständnisbereitschaft. Diese Akzeptanz ging weit über Verwaltung und Politik hinaus. Sie entsprach barockem Denken, der *Concordia discordans* (der disharmonischen Harmonie), wie sie mit ihrer gelebten Realität in anderen europäischen Regionen nur schwer vorstellbar war.

Timişoara wurde zur Zitadelle und später zur freien Königsstadt. Die aufgeklärten Monarchen Österreichs, Karl VI., Maria Theresia und Joseph II., brachten ihre Ideen ein. Als taktgebend zeigte sich auch der von Eugen selbst noch ernannte Gouverneur. Vor allem aber spiegelte die Stadtentwicklung die Wünsche und das Streben der Einwohner wider. Timişoara im achtzehnten Jahrhundert war katholisch und orthodox, christlich und jüdisch, und es trug den Stempel einer Geografie, die den Ort in seine Umgebung

---

71 *Ibid.*, p. 37.
72 Vgl. Szekely, Kapitel 7 in diesem Band. Neben der räumlichen Planung für die Innenstadt interessierte die Verantwortlichen eine mögliche Expansion der zukünftigen königlich-freien Stadt in die Vororte hinein: Fabric, Josefin und Mehala. – Im Gegensatz zu anderen Regionen nahm Temeswar den mitteleuropäischen Barock vollständig auf. Zu erklären ist der Sachverhalt durch die Osmanenherrschaft (1552 bis 1716) und den dadurch erzwungenen Bruch mit dem Mittelalter. Größe und Stil der Häuser und Paläste sowie ihre Ästhetik belegen die Bedeutung, die Wien dem neuen Regionalzentrum zuwies.

einbettete. Es war eine Stadt und eine lokale Welt, die in den Rhythmen der Zeit lebte, östliche und westliche Werte bzw. Verhaltensweisen miteinander verband.

Nicht alle Wiederaufbaupläne konnten wie konzipiert verwirklicht werden. Doch sechs Jahrzehnte nach der Befreiung Timişoaras und des Banats, sechs Jahrzehnte, nachdem Wien die Vormundschaft für die Stadt übernommen hatte, war deutlich, dass sich der Raum von den alten religiösen, kulturellen und politischen Einengungen und Unterordnungen befreit hatte. Stadt und Region waren jetzt in Europa bekannt, nicht zuletzt dank des Wirkens und der vielen Publikationen von Männern aus dem inneren Zirkel um Eugen von Savoyen. Genannt seien: Claude Florimond de Mercy, der das Gesicht Timişoaras und der Region veränderte; Francesco Griselini und Johann Jakob Ehrler, welche die Region schon früh erforschten und die ersten wissenschaftlich trag-fähigen historischen und kulturgeografischen Werke verfassten; Mathäus Heimerl, der 1771 die erste Zeitung Ostmitteleuropas veröffentlichte, die *Temeswarer Nach-richten* – in ihnen fanden die Zeitgenossen Berichte über die Wiener Politik, über lokale und regionale Ereignisse, aber auch Diskussionen der Anhänger von Goethe und Schiller, Würdigungen der zweisprachigen Schulbücher und Erkundungen zur Herkunft der rumänischen Bevölkerung des Banats[73] Stefan Stratimirović – auch er wurde selbstverständlich in den *Temeswarer Nachrichten* gewürdigt – war der ortho-doxe Bischof von Karlowitz.[74] Seine österreichisch-deutsch-russische Orientierung machte ihn zu einem tatsächlich europäischen Geistlichen. Und so erklärt sich wohl auch die Offenheit, mit der er über die Beziehungen zwischen Orthodoxen, Katholi-ken und Protestanten, also über das interkulturelle Leben im „Banat von Timişoara", berichtete. Zwei Jahrzehnte später spiegelten die historischen und philologischen Schriften der rumänischen Intellektuellen Nicolae Stoica von Haţeg, Paul Iorgovici, Constantin Diaconovici-Loga und Nicolae Tincu-Velea immer noch die Ideen Eugen von Savoyens und Josephs II. wider.

Fazit: von Eugen von Savoyen zu Joseph II

Wie kann man den Erfolg des Prinzen Eugen von Savoyen erklären, wie die Nachhal-tigkeit der vielen Projekte seiner Mitarbeiter angemessen deuten? Welchen Anteil hatte die kaiserliche Wiener Administration am Aufbau von Timişoara bzw. an der Heraus-bildung von dessen neuer Identität? Welchen Anteil hatte die lokale Administration an

---

73 Victor Neumann, 'Cultura din Banat la începutul evului modern: Primul ziar local: *Temeswarer Nach-richten*' ('Culture in Banat at the Beginning of the Modern Age: The First Local Newspaper: *Temeswarer Nachrichten*'), in id. (Hg.), *Identitate şi Cultură*, pp. 25–37.
74 Id., 'Principii luministe şi diferenţialism etnocultural: Opera cărturarului Ştefan Stratimirović, mitropolit al ortodocşilor din Imperiul habsburgic' ('Enlightenment Principles and Ethno-cultural Differentialism: The Work of the Scholar Ştefan Stratimirović, Bishop of the Orthodox Church in the Habsburg Empire'), in id. (Hg.), *Identitate şi Cultură*, pp. 38–47.

der Entwicklung einer urbanen Gemeinschaft, geprägt von emanzipierten Individuen? War es die Aufklärung selbst, die die Reformen, die gesellschaftliche Modernisierung und die Integration dieses von uns betrachteten ostmitteleuropäischen Raumes vorantrieb? Oder blieb doch der Einfluss der kaiserlichen Herrscher bzw. Herrscherinnen entscheidend?

Zweifelsohne trug Eugen von Savoyen ganz stark dazu bei, dass das Habsburger Reich zu einer der großen europäischen Mächte emporstieg. Seine militärische Strategie erwies sich als überlegen, ihm gelang es, die verschiedenen Armeen zusammenzuführen, und sein Verständnis der Menschen sicherte ihm Überzeugungsfähigkeit. Aus der Sicht Österreichs, aber auch aus europäischer Perspektive wurde er schon zeitlebens eine Legende. Gleichzeitig beeindruckte er als Kunstkenner und Mäzen, indem er Renaissance- und Postrenaissance-Gemälde suchte, kenntnisreich bewertete und sammelte.[75] Die italienische Barockkunst bildete dabei den Kern seiner Sammlung. Die Vielfalt der Barock-Kunst des achtzehnten Jahrhunderts prägten Wien und die Städte in seinem Einflussbereich auf unverwechselbare Art und Weise.

Obwohl er eigentlich doch ein von Österreich angestellter „ausländischer Mitarbeiter" war[76], besaß er großen Einfluss und überzeugte die Monarchie, eine neue Sicht auf die Welt einzunehmen und den Übergang zur Moderne zu wagen. Seine Weltsicht beeinflusste nicht nur Leopold I., Joseph I. und Karl I., denen er unmittelbar diente, sondern auch die späteren Throninhaber, Maria Theresia und Joseph II. Wie erwähnt, gehörte die Eroberung von Timişoara zu den wichtigen Vorhaben Eugen von Savoyens. Damit wollte er den Herrschaftsraum der Habsburger vergrößern und ihnen Macht sicherstellen. Weil das österreichische Kaiserreich im 18. Jahrhundert zu einer der führenden europäischen Staatsverbände aufstieg, bedeutete jede Ausdehnung zugleich eine Ausweitung europäischer Kultur und Zivilisation. Vergessen wir nicht, dass zusätzlich zu den Eroberungsgewinnen Schulen neu gegründet wurden und eine Basis für die Ausbreitung westlicher Kultur und Künste entstand. Oder noch anders, Timişoara und das Banat waren nicht allein Räume, in denen die eine militärische Vormacht durch eine andere ersetzt wurden, sondern eine „neue" Stadt und eine „neue" Region entstanden, die am fortgeschrittenen kulturellen Leben Europas unmittelbar teilnahmen und bereits früh die Konzepte der Moderne übernahmen.

Im Unterschied zu anderen Städten widersetzten sich die Einwohner Timişoaras nicht den städtebaulichen Neugestaltungsplänen, die Wien vorlegte und die von den Gouverneuren zwischen 1719 und 1779 realisiert wurden. Im Gegenteil, sie sahen die

---

75 Dank Eugen von Savoyens Leidenschaft für Kunst wurde während der ersten Hälfte des achtzehnten Jahrhunderts eine beeindruckende Zahl von barocken Werken gesammelt, die den Kern der im neunzehnten Jahrhundert in Wien gegründeten Museen bildeten. – Für die Entwicklung der Belvedere Kunstsammlung und den Vergleich mit anderen Sammlungen s. Michael Krapf, 'Die Ausstellung der „Sammlung Barock": Eine Neupositionierung im Oberen Belvedere', in Agnes Husslein-Arco (Hg.), *Barock: Meisterwerke im Belvedere: Katalog* (Wien, 2008), p. 18.
76 Ernst Trost, *Prinz Eugen: Mit zahlreichen Abbildungen* (Wien, 2013), p. 336.

Pläne als Chance für einen positiven Wandel, als wertvolle Impulse zur Überwindung der Rückständigkeit der Region. Wien und Prag galten im achtzehnten Jahrhundert als die beiden herausragenden Städte des Kaiserreiches, als unübertroffene Symbole städtischer Blüte. Für jene Ortschaften allerdings, die einen Wiederaufbau vom Punkt Null anstreben mussten, stand Wien als Vorbild ganz im Vordergrund. Dies genau war die Situation von Timişoara.

Welch langen Einfluss die Reformideen Eugen von Savoyens hatten und auf welche Weise sie in die Praxis umgesetzt wurden, zeigen die *Politischen Tagträume (Rêveries politiques)* Josephs II. Das Folgende schrieb der zukünftige Kaiser 1765:

> Ich glaube, wir müssen die Provinzen dahin gewinnen, anzuerkennen, wie nützlich für sie ein begrenzter Absolutismus ist, den ich ihnen vorschlage. Zu diesem Zweck würde ich eine Vereinbarung mit den Provinzen treffen und sie bitten, mir für zehn Jahre die volle Macht zu übertragen, damit ich, ohne sie zu konsultieren, all das tun kann, was zu ihrem eigenen Wohl gereicht. [...] Einzelne werden damit sicherlich sehr unzufrieden sein, aber der große Teil des Volkes sollte immer Vorrang vor den Teilinteressen haben.[77]

Dieser Standpunkt widersprach den Ansichten und Interessen des Adels. Ein solches Ansinnen förderte die Emanzipation der großen Mehrheit der Bevölkerung, es setzte auf die Befreiung von der feudalen Knechtschaft und unterstützte die Ausbildung einer bürgerlichen Mittelschicht. Während Serben und Deutsche im „Temeswarer Banat" politisch und sozial relativ gut dastanden, galt dies nicht für die Rumänen. Sie öffneten sich konsequenterweise am meisten für die neuen Ideen. Der Josephinismus leitete den Wandel ein: durch die Gründung von Schulen, welche in vielen Sprachen unterrichteten und alle Konfessionen einschlossen, durch den Aufbau von rumänischen, deutschen und serbischen Grenzregimentern und durch die Förderung von Mentalitäten, die der modernen Ökonomie entgegenkamen. In der Region gab es, wie bereits erwähnt, keinen Adel. Deshalb blieb der Widerstand gegenüber dem Neuen gering, und die Menschen in Timişoara und im Banat akzeptierten die Ideen des Josephinismus und der europäischen Zivilisation in relativ kurzer Zeit.

1768, 1770 und 1773 besuchte Joseph II. das Banat und Siebenbürgen. In dieser Zeit entstand der Mythos vom guten Kaiser. Tatsächlich propagierten die „Medien" das Bild einer Persönlichkeit, der das Wohlergehen der Menschen ebenso am Herzen lag wie das funktionierende Staatswesen. Der Kaiser stand für eine Obrigkeit, welche die individuellen Freiheitsrechte gefördert sehen wollte und gleichzeitig das gemeine Wohl.[78] Angeregt durch Eugen von Savoyen[79] trieb Joseph II. die aufgeklärten Reformen voran. Welche das sein sollten, darüber gab er sich in seinen *Politischen Tagträumen (Rêveries*

---

77 *Reveries*, zitiert in Derek Beales, *Enlightenment and Reform in Eighteenth Century Europe* (New York, 2011), pp. 169–170.

78 Bozac und Pavel, *Călătoria împăratului Iosif al II-lea*, p. 50.

79 Beide waren beliebt, der eine bei seinen Soldaten, der andere beim einfachen Volk.

politiques) Aufschluss. Die Ideen und das Wirken des Prinzen Eugen von Savoyen, von
Claude Florimond de Mercy ebenso wie die Ideale Josephs II. veränderten das Leben
der rumänischen und serbischen Bevölkerung, auch der deutschen, italienischen, spanischen, ungarischen, slowakischen und bulgarischen Siedler, die sich im Banat niedergelassen hatten oder niederlassen sollten.[80] Wenn Eugen von Savoyen den (Wieder-)
Aufbau von Timișoara auf den Weg brachte, dann hat Joseph II. damit zugleich zur
Integration des Raumes in das aufgeklärte Europa beigetragen.[81]

---

80 Vgl. mein Kapitel 4 in diesem Band.
81 Bozac und Pavel, *Călătoria împăratului Iosif al II-lea.*

Victor Neumann

Die Aufklärung und die politischen Ziele des Habsburger Reiches

Fallstudien zu Siebenbürgen und dem Banat

Das Konzept der „Aufklärung" basiert auf Bildung, Wissen, Fortschritt, gesellschaftlicher Emanzipation und nicht zuletzt auf der Befreiung des Menschen von der Knechtschaft durch die Natur. Damit zielt die Aufklärung auf das gleichberechtigte Miteinander von Natur und Mensch, auf dessen Selbstbewusstsein gegenüber der Außenwelt. Vergleichbar zu den Anfängen der Geschichtswissenschaft, die früh begann, überlieferte Legenden infrage zu stellen, beobachten wir im geistigen Bereich ganz allgemein eine Trennung von Mythos und Philosophie. Letztere machte das analytische Denken und die Vernunft zur Grundlage von Wissenschaft und trug damit entscheidend zur Entwicklung jenes kulturellen Codes bei, der die moderne Welt seither prägt.

Mehr als zweihundert Jahre sind seit dem Zeitalter der Aufklärung vergangen, in denen sich die Welt in vieler Hinsicht radikal verändert hat. So gilt es, den historischen Kontext möglichst genau herauszuarbeiten, die Erklärungsansätze der Philosophen verstehen zu lernen und deren Gesellschaftsvorstellungen nachzuvollziehen. Die Aufklärung überschätzte wissenschaftliche Fakten keinesfalls, und der Utilitarismus und Konsumismus unserer Zeit liegt ihr ebenfalls fern. Max Horkheimer und Theodor W. Adorno haben die Aufklärung unmittelbar nach dem Zweiten Weltkrieg mit den Ideen des totalitären Denkens in Verbindung gebracht (1947). Sie argumentierten, dass „Aufklärung" auch „über die liberalistische Periode stets mit sozialen Zwang sympathisiert" habe und dass sie „so totalitär wie nur irgendein System" sei. Ihre Fehlwahrnehmung liegt nicht darin, was die romantischen Gegner der Aufklärung ihr immer vorgeworfen haben – in der analytischen Methode der Aufklärung, in deren Versuch, alles auf wenige Elemente zu reduzieren, in ihrer kritisch-destruktiven Reflexion – sondern in der Tatsache, dass für Adorno und Horkheimer der Geschichtsprozess von vorneherein determiniert ist und somit sich die negativen Seiten aufgeklärten Denkens in der Gegenwart entfaltet hätten.[1]

Sogar da, wo sie anstreben, die Konzepte der Aufklärung selbst zu diskutieren, haben Horkheimer und Adorno keinen wirklich angemessenen Zugriff gefunden. Statt-

---

[1] Theodor W. Adorno und Max Horkheimer (Stanford, CA, 2002), pp. 7, 18.

Anmerkung: Eine erste Version dieses Kapitels erschien in Laura Stanciu und Cosmin Popa-Gorjanu (Hg.), *Transylvania in the Eighteenth Century: Aspects of Regional Identity* (Cluj-Napoca, 2013).

dessen verweisen sie auf Unzulänglichkeiten, die ältere Wurzeln haben oder erst in späteren Zeiten zu beobachten sind. Sie argumentieren, dass die Aufklärung mithilfe von Mathematik, Mechanik und Organisation das Denken geopfert habe: „Mit der Preisgabe des Denkens, das in seiner verdinglichten Gestalt als Mathematik, Maschine, Organisation an den seiner vergessenden Menschen sich rächt, hat Aufklärung ihrer eigenen Verwirklichung entsagt."[2] Selbst die Kritik und das kritische Denken, welche die Aufklärung einforderte, haben für Horkheimer und Adorno keinerlei Bestand, weil beide gedanklichen Operationen, so Horkheimer und Adorno, auf reine Abstraktion, auf Konformität im Denken und Handeln angelegt waren. Die aufklärerische Sprache sei reduziert worden zum Apparat einer instrumentellen Logik [...]. Und so geht die Argumentation weiter. Dennoch, das bleibt festzuhalten, selbst wenn das kritische Denken zur Aufklärung dazugehört, war es nicht deren wichtigster Antrieb für den Übergang vom Mittelalter zur Moderne bzw. für die Reformen, die Gesellschaft und Politik auf eine neue Grundlage stellten.

Wenn wir also genauer hinsehen, die Zeitepoche analysieren, dann beobachten wir in der Aufklärung kritisch-rationales und spekulatives Denken als zentrale Herangehensweisen. Durchgängig betont die Aufklärung die Autonomie und die Erneuerung des Denkens. Ihr Ziel ist die Befreiung von jeder Art von Herrschaft. Und dementsprechend plädiert sie auch für Toleranz. Sozial führte die Aufklärung Intellektuelle aus vielen Sozialschichten zusammen. Ihre Republik der Gelehrten strebte nicht allein gesellschaftlichen und politischen Wandel an, sondern auch die Erweiterung des Geistes, nicht allein durch Vernunft, sonder auch durch das Mysterium, die Magie und das Unbegreifbare. „Die Dialektik der Aufklärung" der beiden Philosophen aus der Frankfurter Schule, Horkheimer und Adorno, geht auf diese Aspekte der Aufklärung nicht ein. Noch anders: Das Menschenbild der Aufklärung ist viel komplexer, als Adorno und Horkheimer es zeichnen. Die Aufklärung berücksichtigt das menschliche Wesen mit seinen alten und neuen kulturellen und religiösen Glaubenssätzen, und sie stritt für neue Werte, um in der Zukunft eine klügere Weltwahrnehmung zu ermöglichen. Jede historische Epoche und jede Region hat ihre Eigenheiten, lassen sich nicht abstrakt erfassen, sondern bedürfen umfassender quellenbasierter Zeitanalyse. Erinnern und Verstehen müssen immer den zeitlichen und räumlichen Kontext berücksichtigen, sich auf das vergangene Fremde einlassen.

Reinhart Koselleck zählt weltweit sicherlich zu den wichtigsten Aufklärungshistorikern. Aber auch er neigte dazu, aus Einzelfällen zu extrapolieren, Entwicklungen in Deutschland oder Frankreich als für Europa allgemeingültig zu erachten. Wie Horkheimer und Adorno stützte er seine Analyse auf historische und philosophische Texte des achtzehnten Jahrhunderts und entwickelte, von hier ausgehend, Thesen zu den gesellschaftlichen, institutionellen und politischen Veränderungen in der Übergangszeit von der traditionellen zur modernen Gesellschaft. Dabei nahm er richtigerweise auch die

---

2 *Ibid.*, p. 57.

Akteure und ihre sozialen Einbindungen in den Blick, die Glaubensgemeinschaften, die Lesegesellschaften. Mit Horkheimer und Adorno stimmte er freilich überein, dass die kritischen Helden der Aufklärungszeit die Bedeutung von Begriffen wie Offenbarung, Glauben, Kirche, Autorität, Säkularisierung grundlegend verändert hätten.

Aus Sicht Kosellecks, und dies hat er ausführlich dargelegt, war der Mensch während der Aufklärung einer politischen Herrschaft unterworfen, die, anders als zuvor, keiner strikten religiösen und moralischen Bindung unterlag. Als Ursache erkannte er die Verweltlichung der Moral und sah den Rückgang der Religiosität als das zentrale Thema des achtzehnten Jahrhunderts. „Die Neutralisierung des Gewissens durch die Politik leistet[e]" in der Aufklärung „der Verweltlichung der Moral Vorschub. Die Mediatisierung der kirchlichen Gegensätze, die mit der Ausprägung des absolutistischen Staates einherging, macht[e] die schrittweise Ausweitung der auf Natur und Vernunft gegründeten moralischen Weltsicht möglich".[3]

Folgen wir dem heutigen Forschungsstand, so gilt es, das Europa des achtzehnten Jahrhunderts in seiner erstaunlichen Vielfalt zu erfassen: Es gab eine aus heutiger Sicht regional kaum mehr nachvollziehbare Uneinheitlichkeit und eine höchst komplexe Überlagerung staatlicher Institutionen; wir beobachten ganz unterschiedliche Geschwindigkeiten beim Wandel der Gesellschaft; und wir sehen Glaubensgemeinschaften, die jeweils eine eigene Entwicklung vollzogen. Die Aufklärung lässt sich nicht auf einen einzigen Strang, auf eine einzige Perspektive reduzieren. Es gab viele verschiedene Ausprägungen der Aufklärung, abhängig vom historischen Erbe und der lokalen und regionalen Kultur. Es ist höchst einseitig, wenn manche Forscher allein auf die wissenschaftlichen Entdeckungen hinweisen, auf die Betonung der Idee der Vernunft oder die Entstehung modernen geschichtswissenschaftlichen Denkens. Die Staaten und Gesellschaften des achtzehnten Jahrhunderts ließen nämlich nicht von der Religion und den moralischen Werten der Kirchen ab. Das Habsburger Kaiserreich arbeitete eng mit den verfassten Religionen zusammen. Es benutze deren Kontakte und kulturellen Errungenschaften, als es darin ging, die österreichische Herrschaft nach den Kriegen gegen die Türken in Mittel- und Südosteuropa zu konsolidieren. Die dörflichen Neuansiedlungen des achtzehnten Jahrhunderts erfolgten durch Anwerben einer katholischen Bevölkerung, die auf der Basis ihres Glaubens zusammenfinden sollte. Darin spiegelten sich gleichermaßen habsburgische Moralvorstellungen wie die Ideale der Kirche. Und dass es funktionierte, bewies die Region zwischen den Flüssen Marosch, Theiß und Donau, die bald als Banat bekannt wurde. Die Habsburger planten und errichteten neue Kirchen, um die Bevölkerungen der eroberten Territorien den eigenen Interessen und Vorstellungen einzufügen. Auch die griechisch-katholische (unierte Kirche) entsprang solchem Denken. Sie war dem Vatikan untergeordnet, hielt aber am orthodoxen Ritus fest. Unierte gab es übrigens entlang des ganzen

---

3 Reinhart Koselleck, *Kritik und Krise: Ein Beitrag zur Pathogenese der bürgerlichen Welt* (Frankfurt am Main, 1973), p. 31.

Karpatenbogens: in der Ukraine, in Siebenbürgen, aber eben auch im Banat. Die Gründung der unierten Kirche zeigt neuerlich die enge Kooperation zwischen Kirche und Staat. Gleichzeitig setzten sich die Habsburger für die Ideen der Aufklärung ein, nicht als autonome Intellektuellenbewegung, sondern als gesteuerte Erneuerung von oben nach unten, sodass die Regierenden die Auswirkungen ihrer Entscheidungen kontrollieren konnten. Der Kaiser war kein Willkürherrscher, sondern an frühere rechtliche Regelungen, an das Naturrecht und an religiöse Moralvorstellungen gebunden. Wäre dies nicht der Fall gewesen, wären also die alten Rechtsnormen, religiösen Organisationsstrukturen und sozialen Hierarchien nicht anerkannt worden, dann hätten die lutherischen und calvinistischen Religionsgemeinschaften im achtzehnten Jahrhundert kaum überlebt. Mit anderen Worten, es gab Regionen in Europa, in denen die durch Aufklärungsideen geförderte Erneuerung keinesfalls zu unmittelbaren Brüchen führte, sondern viel eher zu einer Mischung aus Altem und Neuem, zu einer Verbindung von traditionaler Gesellschaft und Moderne.

In einer Studie zum Konzept der Aufklärung und deren Interpretation bei Koselleck hat Hans Erich Bödeker aufgezeigt, wie schwer sich viele Historiker mit einer angemessenen Interpretation des absolutistischen Staates getan haben.[4]

Eine zutreffende Bewertung ist tatsächlich ohne genauen Blick auf die spezifischen politischen, sozialen und kulturellen Hintergründe kaum möglich. Es gab viele unterschiedliche Ausprägungen der Aufklärung, abhängig von der Zeit, der Region, der Staatszugehörigkeit. Koselleck hat jedoch seine Erkenntnisse und sein Wissen über Deutschland und Frankreich extrapoliert und eins zu eins auf andere Regionen übertragen. Und dies, obwohl sich die Sachverhalte hier ganz anders darstellten. Für das achtzehnte Jahrhundert war denn auch nicht die Dialektik von Moral und Politik kennzeichnend, sondern das Spannungsverhältnis von Tradition und Erneuerung, etwa im Bereich der Alphabetisierung, der Individualisierung oder der gesellschaftlichen Reformen.

Auch für die staatlichen Institutionen gilt das Gesagte. Nicht in allen europäischen Regionen ist jene klare Trennung zwischen traditionaler und moderner Herrschaft zu erkennen, wie Koselleck sie in den Mittelpunkt seiner Ausführungen gestellt hat. Oft initiierten staatliche Stellen selbst Reformen. Und ebenso wenig lässt sich behaupten, dass überall auf dem alten Kontinent radikale und revolutionäre Maßnahmen gefordert worden wären. Doch einen Wunsch nach Modernisierung gab es in vielen Teilen der Gesellschaft. Wirklichkeit konnte der angestrebte Wandel nur werden, wenn eine organisierende Macht das Ziel teilte. Infolgedessen arbeiteten absolutistischer Staat und Intellektuelle häufig zusammen, initiierten gemeinsam Reformprogramme: Reformen im Bereich von Justiz, Ökonomie und Politik. Selbst der Merkantilismus, das

---

4 Hans Erich Bödeker, 'Aufklärung über Aufklärung? Reinhart Kosellecks Interpretation der Aufklärung', in Carsten Dutt und Reinhard Laube (Hg.), *Zwischen Sprache und Geschichte: Zum Werk Reinhart Kosellecks* (Göttingen, 2013), pp. 128–174.

ureigene Feld königlicher und kaiserlicher Wirtschafts- und Finanzpolitik, spiegelte Aufklärungsdenken wider, obwohl doch das neue Denken als gefährlich erachtet wurde. Nicht nur die französischen Monarchen des achtzehnten Jahrhunderts öffneten sich den Aufklärungsideen, sondern auch die Herrscher Preußens und Österreichs. Sie alle strebten Reformen an, um Revolutionen zu verhindern. Das genau entsprach aufgeklärtem Denken. Wenn die Revolution mit ihrer Gewalt allein Frankreich erfasste, dann, weil Berlin und Wien rechtzeitig Reformmaßnahmen ergriffen. Es gab also Unterschiede im Denken und Handeln. Und doch kennzeichnete den alten Kontinent ganz allgemein die Erwartung auf Erneuerung. Diese Zukunftshaltung wurde von Menschen bei ihren Reisen und von den Druck-Erzeugnissen bei deren Versand weitergetragen. Sie folgten den immer besser ausgebauten Wegen, welche die alten Imperien zusammenhielten und auf denen Beamte, Kaufleute, Intellektuelle reisten und dadurch den Dialog zwischen West- und Osteuropa ermöglichten.[5] Fassen wir zusammen: Der Blick des Historikers muss immer den historischen Kontext berücksichtigen, in dem sich die Intellektuellen bewegten und miteinander austauschten. Nur so lässt sich eine unzulässige Verallgemeinerung verhindern.

Die Zeit des Übergangs von der traditionellen Gesellschaft zur modernen Lebensweise war geprägt durch die Erforschung des Unbekannten, aber auch durch Gedankenspiele, welche offenbartes Wissen und Vernunft miteinander verbanden. Die Historiker haben diese Scharnierzeit als Zeit der Aufklärung bezeichnet. Sie kann aus ganz verschiedenen Blickwinkeln betrachtet werden: aus der Perspektive der Geistesgeschichte, mit Blick auf die politischen Gegebenheiten und durch Betrachten der gesellschaftlichen Strukturen. Die intellektuellen Eliten des achtzehnten Jahrhunderts begründeten die modernen Wissenschaften, aber sie blieben ebenso der Religion verhaftet. Fest waren sie davon überzeugt, dass, indem sie Gottes Welt erkundeten, ihre Erkenntnisse die religiösen Ideen und Glaubenssätze bestätigten, nicht erschütterten. Die Aufklärung war nicht antireligiös. Was sie einforderte, war religiöse Toleranz. Reinhart Kosellecks Beobachtungen abwandelnd, meinte aufklärerische Kritik, den Machtmissbrauch der Kirchen und Sekten anzuprangern und sie auf ihre eigentliche, auf ihre seelsorgerische Aufgabe zu verweisen. Die Aufklärung war ein Zeitalter allgemeiner Religiosität. Die alten Glaubenssätze blieben die neuen: die Vorstellung von der Allmacht Gottes, das Hoffen auf die Unsterblichkeit der Seele, die Betonung der Freiheit des Menschen zu moralischem und unmoralischem Handeln. Koselleck unterstellte freilich, dass die Vertreter der Aufklärung selbst nicht bereit waren, jene Toleranz zu praktizieren, die sie von der Kirche einforderten. Deshalb seine Kritik an der Tendenz zu totalitärem Denken. Indes, religiöse Toleranz war aus Sicht der Aufklärung erforderlich, weil die Religionen keine eindeutigen Antworten geben konnten und die Menschheitskonflikte im historischen Zeitverlauf immer wieder in veränderter Form zum Vorschein kamen. Auch der neue, aufklärerische Ansatz änderte nichts an dem Widerspruch zwischen

---

5 Victor Neumann, *The Temptation of Homo Europaeus* (New York, 1993), pp. 149–211.

den Vorstellungen der Kirche und den gesellschaftlichen Realitäten. Allerdings war die Aufklärung unter diesen Voraussetzungen bereit, Jenseits und Diesseits, Religion und Staat zu trennen. So entwickelte sie Gesellschaftsvorstellungen, die mit Koselleck bis in die Gegenwart hineinwirken, indes auch einen bedeutenden Strang hin zu totalitärem Denken enthielten.[6]

Die österreichisch-preußische Aufklärung und ihre Auswirkungen auf die Kultur Mitteleuropas

Nach meiner Wahrnehmung überzeichnet Koselleck den Sachverhalt. Selbst wo Kontinuitätslinien sichtbar sind, müssen Ursache-Wirkungs-Beziehungen genau beschrieben, die Kontinuitätslinien aus mehreren Winkeln betrachtet werden. Fortschritt als zentrales Konzept der Aufklärung darf nicht allein aus dem Blickwinkel der Modernekritik betrachtet werden. Das 18. Jahrhundert steht für mehr als den Bruch mit der Vergangenheit. Ein rein geistesgeschichtlicher Zugang greift zu kurz, denn die Gedanken der Intellektuellen standen in Verbindung mit viel breiteren Mentalitätsstrukturen der Zeit, mit Denkansätzen weiter sozialer Schichten, die keinen Zugang zur Elitekultur hatten, indes die Mehrheit der Menschen im 18. Jahrhundert repräsentierten. Sie beeinflussten auf ganz verschiedene Weise die Erneuerung des Denkens. Doch das wird nicht deutlich, wenn man nur die intellektuellen Zeugnisse auswertet oder die Zuspitzungen durch spätere, geschichtlich argumentierende Philosophen als Maßstab heranzieht.

Ohne die Rolle der großen Gelehrten, Philosophen und Denker für den Wandel des 18. Jahrhunderts verringern zu wollen, müssen wir doch auch einen Blick auf die Politik werfen, auch die sozialen Beziehungen der Intellektuellen untereinander analysieren, Religion, Kirche, Individuum und Gemeinschaft betrachten. Koselleck hat sie in seiner Interpretation der Aufklärung weitgehend ausgespart. Der Begriff Aufklärung muss konkretisiert werden, ist als raum-zeitliches Phänomen zu fassen – das haben wir bereits hervorgehoben. Ohne Rückgriff auf die jeweiligen kulturellen Gegebenheiten, die sozialen Existenzformen, die Kommunikation der Menschen untereinander, ohne Analyse ihrer Mentalitäten, ihres religiösen Lebens bleibt das Bild von der Aufklärung unvollständig und einseitig. An einem dezidiert geistesgeschichtlichen Beispiel möchte ich zeigen, was Aufklärungsdenken ausmachte. Dazu werde ich den Dialog zwischen Christen und Juden untersuchen und das für das Aufklärungsdenken so charakteristische Überschreiten der Religionsgrenzen beschreiben. Wir werden schließlich fragen, welche Folgen der Dialog zwischen den

---

6 Reinhart Koselleck, *Begriffgeschichten: Studien zur Semantik und Pragmatik der politischen und sozialen Sprache* (Frankfurt am Main, 2006), p. 344; vgl. bes. *'Aufklärung und die Grenzen ihrer Toleranz'*, pp. 340–362. Vgl. auch Victor Neumanns Einleitung zu Reinhart Koselleck, *Conceptul de istorie (The Concept of History)*, rumän. Übersetzung v. Victor Neumann und Patrick Lavrits (Iaşi, 2005).

Religionen für die Geschichte der Aufklärung selbst hatte. Dabei sind die Antworten komplizierter als gemeinhin angenommen.

Es ist hilfreich und erleichtert das Verstehen, wenn wir für das 18. Jahrhundert nicht von einem Bruch in der geistesgeschichtlichen Entwicklung ausgehen, sondern das Uneindeutige betonen, das Nebeneinander von Altem und Neuen. So lässt sich für den deutschen Aufklärungsbegriff sein Ursprung in der Theologie nachweisen. Erstmals finden wir das Konzept bei Moses Mendelssohn in dessen Schrift *Bestimmung des Menschen*. Er thematisiert die Ambivalenz des Aufklärungsbegriffes und dessen Verhältnis zur Vernunft durch Bezugnahme auf die *Mischna*, den verschriftlichten Ursprungstext des Talmuds. Insbesondere untersucht er das Phänomen der Unreinheit. Mendelssohn wandte sich diesen Fragen durch seinen Kontakt mit den Intellektuellen in Berlin zu. Angeregt wurde er durch die Vielfalt der geäußerten Ideen und das Raffinement des Denkens. In den damaligen Berliner Intellektuellenzirkeln fand Spinoza neuerliche Aufmerksamkeit, interessierten sich die Diskursbeteiligten für die hinter einem System prästabilisierter Harmonie[7] steckende Wahrheit. Der Zirkel um die *Berlinischen Monatsschrift* wollte zusammen mit der jüdischen Tageszeitung *Ha Meassef* beweisen, dass das Judentum mit der modernen Welt verträglich sei. Die deutsche Judenemanzipation ist insofern ohne den Beitrag von Moses Mendelssohn kaum zu denken. Dominique Bourel, einer der ausgewiesenen Kenner der Werke Mendelssohns, urteilte über den jüdischen Gelehrten, er sei eine exzeptionelle Persönlichkeit gewesen, die im doppelten Sinne loyal gehandelt habe, loyal gegenüber der deutschen Kultur und loyal zum jüdischen Geisteserbe. Er habe die Prinzipien der Haskala tief durchdrungen und weitergedacht und damit deren Komptabilität mit der preußischen Aufklärung aufgezeigt.[8]

Mendelssohn war zweifellos einer der führenden Vertreter des religiösen und philosophischen Denkens des achtzehnten Jahrhunderts. Er kann als einer der „Gründungsväter" der Berliner Aufklärungsgesellschaft bezeichnet werden. Ihr gehörten Aristokraten, Bänker, Industrielle, Anwälte, Beamte, Politiker, Professoren, Theologen, ja, ein berühmter Komponist an. Mendelssohn schaltete sich in die Bestimmung des Begriffs „Aufklärung" ein und entwickelte eine spezifisch aufgeklärte Interpretation. Beim Vergleich seines Denkens mit den Ideen vieler Gleichgesinnter entdecken wir seine spezifisch religiösen, kulturellen und moralischen Ansätze, die sich aus der

---

7 Dominique Bourel, «*Moses Mendelssohn et l'Aufklärung*», *Dix-Huitième Siècle: Qu'est ce que les Lumières?*, vol. 10 (1978), p. 13.

8 Dominique Bourel, *Moses Mendelssohn: La Naissance du judaïsme moderne* (Paris, 2004), p. 460. Bourels Buch ist das Ergebnis einer überzeugend angelegten Untersuchung. Er wertet die Quellen umfassend aus und berücksichtigt zugleich die einschlägige Literatur. Einleuchtend analysiert der Autor das Werk Mendelssohns und trägt so zu einem tieferen Verständnis der Aufklärung insgesamt bei. Vgl. auch die detaillierte Analyse von Simon Schwarzfuchs in seiner Rezension «Dominique Bourel, *Moses Mendelssohn: La Naissance du judaïsme moderne*», *Revue de l'histoire des religions*, vol. 4 (2006), pp. 498–501.

Überlagerung von jüdischem und christlichem Denken ergaben. Betrachten wir die Aufklärungsbewegung im dreifachen Kontext von preußischer Geistesgeschichte, europäischem Horizont und jüdischer Haskala, so erleichtern die Beiträge Moses Mendelssohns die angemessene Interpretation der Aufklärungsbestrebungen aus der Sicht der Zeitgenossen. Er selbst hat darauf hingewiesen, dass sein Werk im Kontext der intellektuellen Entwicklung seines Landes, Preußen also, betrachtet werden müsse und der Bezug zum Judentum allein nicht ausreiche. Er selbst lädt uns in seinen Schriften ein, die Aufklärung mit der Haskala zu vergleichen. Dies war eine Bewegung, die der Aufklärung ähnelte, und für ihn eine terminologische Möglichkeit, den Begriff der Aufklärung adäquat ins Hebräische zu übersetzen.[9] Mendelssohn war fest davon überzeugt, dass es möglich sei, Glauben und Vernunft in Einklang zu bringen. Damit gab es für ihn auch keinen Widerspruch zwischen Glauben und Philosophie. Er unterstrich die Idee einer universellen menschlichen Brüderlichkeit und stellte sie in Gegensatz zur physischen und geistigen Existenz des Gettos. In der Folge wurde er zur Leitfigur der deutsch-jüdischen Symbiose, zum Symbol für ein Ideal, das im neunzehnten Jahrhundert bis nach dem Ende des Ersten Weltkriegs wirkmächtig wurde[10]

Fragen wir nochmals, warum es sich lohnt, für eine Diskussion des Aufklärungsbegriffes auf Moses Mendelssohn zurückzugreifen. In jedem Fall fasziniert seine begriffliche Präzision. In seinem berühmten Aufsatz „Über die Frage: Was heißt aufklären?"[11] diskutiert er drei Schlüsselbegriffe der deutschen Sprache: „Aufklärung", „Bildung" und „Kultur". Wörtlich schreibt er dazu: „Die Worte Aufklärung, Kultur, Bildung sind in unserer Sprache noch neue Ankömmlinge. Sie gehören von der Hand bloß zur Büchersprache. Der gemeine Haufe verstehet sie kaum." „Aufklärung" ist für ihn ein Begriff, der Anfang des 18. Jahrhunderts aufkam, „Kultur" ein aus dem Lateinischen entliehener Terminus und „Bildung" habe seinen Ursprung im alten deutschen Verb „bilden". Wir könnten argumentieren, dass Bildung und Kultur spezifisch deutsche Begriffe seien und einen semantischen Sonderweg bezeichneten. In der Interpretation Mendelssohns stehen die drei Begriffe jedoch für „Modifikationen des geselligen Lebens; Wirkungen des Fleißes und der Bemühungen der Menschen, ihren geselligen Zustand zu verbessern." Folglich zerfällt Bildung „in Kultur und Aufklärung". Der Mensch müsse „Maß und Ziel aller unserer Bestrebungen und Bemühungen" sein, „als einen Punkt, worauf wir unsere Augen richten müssen, wenn wir uns nicht verlieren wollen." „Aufklärung verhält sich zur Kultur wie überhaupt Theorie zur Praxis; wie Erkenntnis zur Sittlichkeit; wie Kritik zur Virtuosität." Grundlegend ist, dass die Aufklärung universell gedacht

---

9 Vgl. Bourel, *Moses Mendelssohn*, p. 458.

10 In Bezug auf die preußische Aufklärung stellt er Ähnlichkeiten, aber auch Unterschiede zu den französischen Aufklärungsbestrebungen fest. Im Kern richtete sich die Aufklärung gegen die Ideologie des Ethnonationalismus, während die Bewegung des Sturm-und-Drang sich solchen Vorstellungen öffnete. Die Folge für Deutschland war ein komplexes Nebeneinander unterschiedlicher Konzeptionen.

11 Vgl. Moses Mendelssohn, *Gesammelte Schriften*, vol. iii (Leipzig, 1843), p. 400.

wird, denn sie fokussiert auf das menschliche Wesen, so, wie es ist, ohne Bedingungen, während der konkrete Mensch der Aufklärung, der Staatsbürger, sich von seinem Nächsten durch Beruf oder soziale Stellung unterscheidet. Mendelssohn bewies übrigens wenig Interesse an der Bildung der Menschen, ganz im Gegensatz zu Lessing. Ihn beschäftigte die Konzeptualisierung der historischen Entwicklung. So fragte er nach dem Zusammenhang von kultureller und politischer Identität und gab auf dieses im 18. Jahrhundert sich in neuer Form stellende Problem sehr reflektierte Antworten.[12] In seinen Schriften „Phädon oder über die Unsterblichkeit der Seele in drey Gesprechen", „Morgenstunden oder Vorlesungen über das Daseyn Gottes", „Jerusalem oder über Religiöse Macht und Judenthum" diskutierte er die rationalen Grundlagen der Offenbarung, die Unsterblichkeit der Seele, die Einzigartigkeit des Judentums. Auch kritisierte er Atheismus und Aberglauben und nahm damit Stellung zu wichtigen Debatten seiner Zeit. Dasselbe gilt auch für seinen Aufsatz. „Was heißt aufklären?" (1784) Er erschien im selben Jahr wie Immanuel Kants „Was ist Aufklärung?", bot aber eine stärker sprachphilosophische Interpretation. Mendelssohns Originalität bestand darin, dass er die Notwendigkeit und Möglichkeit kulturellen Austausches und gegenseitigen Lernens betonte. Er verstand Aufklärung nicht allein als Resultat des historisch bedingten „Ausgangs des Menschen aus seiner selbst verschuldeten Unmündigkeit" (Kant), sondern als Ergebnis gegenseitiger kultureller Befruchtung. Eine Analyse der Aufklärung wird daher immer auch auf Mendelssohn verweisen müssen, und zwar einerseits, um das Konzept der Aufklärung selbst besser zu verstehen, andererseits, um die Breite und Tiefe des Denkens im 18. Jahrhundert angemessen zu erfassen.[13]

Aufgeklärter Absolutismus: Fallstudien zu Siebenbürgen und dem Banat

Wie andere Regionen auch müssen Siebenbürgen und das Banat im Kontext der europäischen Geschichte betrachtet werden. Das meint für uns zu fragen: Was bedeutete „Aufklärung" unter der Herrschaft des Hauses Habsburg und auf dem Gebiet des österreichischen Kaiserreichs? Dürfen wir den aufgeklärten Absolutismus der Habsburger als Ideengebäude mit dem Fortschrittsdenken der westlichen Aufklärung gleichsetzen? Welche gesellschaftlichen Gruppen sprach die merkantile Wirtschaftspolitik Wiens an? Wie wirkte sich die Politik der Stärkung von Industrie- und Handel aus, die die Kanzler unter Maria Theresia und Joseph II. verfolgten. Wie änderte sich im 18. Jahrhundert das

---

12 Vgl. Mendelssohns kurze Beschreibung des Wortes 'Aufklärung', in Otto Brunner, Werner Conze und Reinhart Koselleck (Hg., *Geschichtliche Grundbegriffe: Historisches Lexikon zur politisch-sozialen Sprache in Deutschland* (Stuttgart, 2004), vol. i, pp. 272–274.
13 Vgl. auch das Fazit der gründlichen Analyse von Mendelssohns Werk in Bourel, *Moses Mendelssohn*, pp. 450–462.

Leben der Einwohner in Siebenbürgen und im Banat? Ist es richtig, von einer Übertragung des österreichischen kulturellen Codes zu sprechen, geprägt durch die römisch-katholische Kirche, oder beobachten wir nicht eher eine Europäisierung der Region mit der Übernahme von literarischen Vorbildern, wissenschaftlichen Einsichten, Freiheitsvorstellungen, Menschenrechtsidealen, auch Praktiken, wie sie etwa die Handwerker anwendeten? Zu fragen ist zudem, ob man für Siebenbürgen und das Banat tatsächlich von zwei verschiedenen historischen Regionen sprechen sollte oder nicht doch besser von einem einzigen Geschichtsraum. Die Einwohner beider Gebiete waren ja schließlich aufgefordert, dem österreichischen Kaiserreich gegenüber Loyalität zu beweisen. Und eine letzte Frage: Wie viel geschichtliche „Wahrheit" und wie viel „Mythos" finden wir in jenen älteren und neueren historischen Darstellungen, die so sehr die lokalen, regionalen, ethnischen und ethnonationalen Eigenheiten herausstellen?

Trotz der zahlreichen, zum Teil gut dokumentierten historiografischen Studien zu Siebenbürgen fehlen in der geschichtswissenschaftlichen Literatur zu Transsilvanien bislang Analysen, welche die Geschichte der Provinz in angemessener Weise kontextualisieren würden. Der gesellschaftliche Wandel und die mentalitätsgeschichtlichen Veränderungen sind bisher noch kaum in den Fokus geraten. Die Historiker greifen zwar auf Primärquellen zurück, aber ohne ausreichende Quellenkritik, ohne Empfänger und Adressaten der Schriftstücke historisch zu verorten. Damit wird jedoch der Kern des Gedankenaustauschs in den Dokumenten zugedeckt: der Dialog zwischen Ost und West. Die zentralen Begriffe und Gedanken, die wir in den Quellen finden, sind bis heute von Bedeutung, aber sie wurden in der breiten Öffentlichkeit kaum reflektiert, mit Folgen für die heutige politische Kultur.[14] Schließlich hat die Regionalgeschichtsschreibung die zentralen Begriffe und Konzepte der Aufklärung nur selten auf ihre zeit-örtliche Bedeutung hin befragt. Das Philosophische, das Allgemeingültige, das Ortlose dominiert. Dabei muss Geschichtswissenschaft Sprache als soziales, raum-zeit-bezogenes Handeln thematisieren. In der Folge fehlt eine Untersuchung der zentralen Aufklärungsbegriffe in Hinblick auf die spezifisch lokalen Sinnzuweisungen und auf die nur aus dem regionalen Kontext zu verstehenden Umdeutungen. Eine solche Herangehensweise wäre aber wichtig, gerade für die von uns betrachteten Regionen, in denen zwei oder mehr Kulturen zusammentrafen. Kurz, das Verhältnis vom Allgemeinen zum Besonderen ist in der Geschichtswissenschaft bis heute noch kaum thematisiert worden. Ebenso die Asymmetrie zwischen Zentrum und Peripherie. Das Aufklärungsdenken erlaubte, Eigenes und Fremdes neu zu definieren. Doch wie dies geschah, darüber wissen wir bislang wenig.

Die rumänische Geschichtsschreibung der letzten Jahrzehnte hat für Siebenbürgen ihr Augenmerk auf das 18. Jahrhundert geworfen als eine Zeit der vollen Entfaltung des aufgeklärten Denkens. Als Beispiel dafür dient der Verweis auf die unierte

---

14 Vgl. die Beiträge in Victor Neumann und Armin Heinen (Hg.), *Istoria României prin concepte* (*The History of Romania through Concepts*) (Iași, 2010).

(griechisch-katholische) Kirche. Sie habe die Absicht Wiens widergespiegelt, die Mehrheit der siebenbürgischen Bevölkerung mit ihrem orthodoxen Glauben an die kulturellen und religiösen Werte Mitteleuropas heranzuführen, oder noch anders: an die Kultur der römisch-katholischen Kirche.[15] Für eine angemessene Interpretation des Sachverhaltes, ist freilich eine genaue Analyse erforderlich. Sie muss die Politikstile der Zeit berücksichtigen, die Konflikte zwischen den Habsburgern und dem Osmanischen Reich, die religiösen Brüche zwischen Christen und Muslimen sowie die dogmatischen Differenzen zwischen der katholischen Westkirche und der orthodoxen Ostkirche. Die Zusammenstöße zwischen Habsburger Reich und Osmanischem Reich an ihren geteilten Grenzen und die Vielfalt der dortigen Kulturen machen eine genaue Beschreibung der zonalen und regionalen Besonderheiten erforderlich. Wir müssen uns interessieren für die kulturellen Ursprünge der Aufklärungsideen, welche in Siebenbürgen und im Banater Raum während des achtzehnten Jahrhunderts aufgegriffen und vor Ort gelebt wurden: Von Einfluss waren die Auffassungen des Kaiserhofes, die Positionen der Kirchen; die Bereitschaft der politischen und religiösen Führer, miteinander zu diskutieren und gemeinsam Lösungen zu finden. Welche Vorstellung von Inklusion oder Exklusion hatten dann aber die Verantwortlichen? Inwieweit waren sie bereit, auf die unterschiedlichen Sprachgruppen und religiösen Gemeinschaften zuzugehen? Noch anders formuliert, handelten die Aufklärungseliten wirklich im Sinne der Toleranz, welche die Kultur der anderen akzeptierte, sahen sie eventuell sogar eine Möglichkeit gegenseitiger Befruchtung, oder betonten sie die kulturellen Differenzen zwischen den verschiedenen Gruppen?

Mit Beginn des achtzehnten Jahrhunderts galt der römisch-katholische Glauben in Siebenbürgen und im Banat als Staatsreligion.[16] Folglich suchte die Kirche überall ihre

---

15 Als wichtigstes Werk der rumänischen Historiografie sei genannt: David Prodan, *Supplex Libellus Valachorum: Din istoria formării naţiunii române* (*Supplex Libellus Valachorum: The Formation of the Romanian Nation*) (3. Aufl. Bukarest, 1984). Das Werk bietet einen aufschlussreichen Einblick in die politische Kultur Siebenbürgens und verweist auf deren grenzüberschreitenden Entstehungskontext. Das thematische Spektrum von Prodan war ungewöhnlich breit. So untersuchte er die Entwicklung des Konzepts der „Nation" bei den Rumänen Siebenbürgens, das gesellschaftliche und politische Leben während der Habsburger Regentschaft, die Rolle der griechisch-katholischen Kirche ebenso die Auswirkungen der Französischen Revolution auf Ost- und Mitteleuropa. Weiterhin thematisierte Prodan die sozialen und administrativen Strukturen der Provinz, die mittelalterliche und prämoderne Politik, die Entwicklung der intellektuellen Schichten sowie andere kulturpolitische Aspekte des achtzehnten Jahrhunderts. Quellengrundlage für das Buch waren die in den *Monumenta Comitialia Regni Transilvanie* publizierten Dokumente, die Reproduktionen im *Archiv des Vereins für siebenbürgische Landeskunde*, die *Documente istorice translivane* (*Historical Transylvanian Documents*), hg. v. Ioan Lupaş. Hinzu kam eine stupende Literaturkenntnis mit Werken in Französisch, Deutsch, Rumänisch und Ungarisch.
16 Die katholischen Habsburger stärkten die Stellung der katholischen Religion in Transsilvanien aus wohlverstandenem Eigeninteresse. Vgl. Olga Lukács und András Magyari, „Biserică şi stat la maghiari" ('Church and State at Hungary'), in Ioan Aurel Pop, Thomas Nagler and András Magyari (Hg.), *Istoria Transilvaniei: De la 1711 la 1918* (*The History of Transylvania, 1711–1918*), vol. iii (Cluj-Napoca, 2008), pp. 105–106.

Vertreter an die Spitze einflussreicher Positionen zu bringen. Die traditionellen siebenbürgischen Eliten reagierten irritiert, kündigten Widerstand an, weil das Vorhaben der Idee proportionaler Vertretung aller Religionsgemeinschaften widersprach, so, wie es zuvor im unabhängigen Fürstentum praktiziert worden war. Unmittelbar mit der Einbindung Siebenbürgens und des Banats in das habsburgische Kaiserreich (um 1700) erschütterte Siebenbürgen eine allgemeine Unruhe. Im Mittelpunkt stand die Frage konfessioneller Zugehörigkeit und Identität. Das „Cuius regio, eius religio" des Augsburger Religionsfriedens meinte, wenn man es auf die Habsburger übertrug, dass jeder Machtwechsel auch einen Religionswechsel für die Bevölkerung bedeutet hätte. Dies erklärt die hohe Aufmerksamkeit, die die Reorganisation des römisch-katholischen Episkopats Siebenbürgens und des römisch-katholischen Bistums von Cenad/Timișoara (Banat) hervorrief. Immer wieder stand die Kirchenorganisation Siebenbürgens als Thema an: (1.) während der Regentschaft Kaiser Leopolds I.; (2.) zur Zeit der antihabsburgischen Erhebung unter der Francis Rakoczi II.; (3.) angesichts der Ernennung neuer Gubernatoren für die Region etc.[17] Die Situation in Siebenbürgen unterschied sich dabei deutlich von der Ausgangslage im Banat. Im Raum um Temeswar entstanden ja ganz neue lokale und regionale Institutionen. Zudem war die Provinz nach der Niederlage und dem Rückzug der Osmanen unmittelbar Wien zugeordnet. Insofern finden wir Konflikte zwischen Katholiken, Calvinisten, Lutheranern und Unitariern (einer siebenbürgischen Abspaltung des Protestantismus) nur in Transsilvanien. Hier ging es nicht um religiöse Differenzen und religiöse Freiheiten, sondern um politische Macht. Am Ende ließ die kaiserliche Herrschaft die religiöse Vielfalt Siebenbürgens bestehen. Allerdings wechselte die „Oberhoheit" von den calvinistischen Protestanten zum römischen Katholizismus der Habsburger. Die siebenbürgische Identität blieb erhalten, die Loyalität sollte dem Kaiserhaus gelten, und den Katholiken kam hierfür eine Vermittlerrolle zu. Aber es wäre eine Übertreibung, von einem österreichisch-provinziellen Bewusstsein in Siebenbürgen zu sprechen. Viel eher verstanden die Bewohner Siebenbürgens ihre neue kulturelle Orientierung als Aneignung der kulturellen und bürgerlichen Werteordnung Mitteleuropas. Dieser Prozess der bewussten Adaption westlicher Normen erfolgte im gesamten achtzehnten Jahrhundert langsam und schrittweise. Erneuerung und Stabilität bildeten keinen Widerspruch, und so konnte die Verwaltung wirtschaftliche, soziale und politische Reformen anstoßen.

Als offizielle Sprache von Kirche und kaiserlicher Reichskanzlei diente das Lateinische über viele Jahrzehnte. Erst in der zweiten Hälfte des 18. Jahrhunderts drang das Deutsche vor, um die Kommunikation mit der breiten Bevölkerung des Kaiserreichs zu erleichtern. Eine irgendwie geartete nationale Idee stand nicht dahinter. Das ethnonationalistische Konzept beobachten wir in Siebenbürgen und dem Banat wie im übrigen Europa erst mit den romantisch geprägten literarischen und historischen Schriften der Zeit. Die regionalen Intellektuellen passten das Konzept an die lokalen

---

17 *Ibid.*, p. 105.

Gegebenheiten an. Doch der aufgeklärte Habsburger Absolutismus des achtzehnten Jahrhunderts war von solchen Vorstellungen frei. Ihn interessierten Individuen und Gruppen unter dem Gesichtspunkt von Religion und sozialem Stand. Der rumänische Historiker David Prodan bemerkte zu Recht, dass das Habsburger Imperium auf dem Zusammenspiel von Dynastie, Verwaltung und Armee beruht habe. Aber seine weitere Schlussfolgerung war dann doch falsch, wenn er vermutete, dass diese Konstellation das Fehlen nationaler Einheit als Basis für die kaiserliche Herrschaft ersetzen sollte.

Auch bei der Förderung der griechisch-katholischen (mit Rom unierten) Kirche ging es nicht um eine negative Nationalitätenpolitik den Rumänen gegenüber, sondern um eine kirchlich-kulturelle Integration. Sprachlich repräsentierte die Orthodoxie mit den Rumänen die bei Weitem größte Gruppe Siebenbürgens und des Banats. Doch für Wien ging es nicht darum, die rumänische Bevölkerung zu spalten, sondern zuallererst um Kirchenpolitik, um Minderung konfessioneller Differenz. Mit wenigen Ausnahmen waren die Gouverneure Transsilvaniens im 18. Jahrhundert Katholiken.[18] Dasselbe gilt für das Banat. Welche ethnische Herkunft ein Gouverneur hatte, war für die Verwaltungstätigkeit gleichgültig, sei es eine deutsche, ungarische, rumänische oder serbische Abstammung. Die konfessionelle Identität zählte im achtzehnten Jahrhundert, nicht die ethnische Herkunft. Und Konfession stand für etwas vollkommen anderes als die Begriffe „Nation" oder „Volk", so, wie sie Herder, Fichte oder Hegel imaginierten.

Deshalb lohnt es, genau hinzuschauen, wenn in Siebenbürgen und dem Banat die Aufklärungsideen gleichzeitig mit den Ideen der Romantik Eingang in die lokale Kultur fanden. Im Südosten Europas entstanden durch die Überlagerung ganz neue Konnotationen, die im westlichen Denken keine Entsprechung fanden, ja, ihm geradezu widersprachen. Das so entstehende kulturelle Amalgam, wie wir es in Ost- und Mitteleuropa beobachten können, beruhte auf der schnellen Ausbreitung der deutschen Kultur Ende des achtzehnten Jahrhunderts und, damit verbunden, einer Rezeption des Denkens in Kategorien von Eigenem und Fremdem, das sprachliche Differenzen hervorhob.

Der aufgeklärte Absolutismus selbst hatte mit nationalem Denken wenig zu tun. Seine Weltwahrnehmung beruhte auf ganz anderer Grundlage. Für ihn war der Zugang zur Buchkultur wichtig. Er förderte die Wissenschaften und er unterstütze Künstler, gleich welcher Sprache und nationalen Herkunft. Die beiden großen Kanzler, Friedrich Wilhelm von Haugwitz und Wenzel Anton von Kaunitz, folgten in ihrer Politik den Idealen aufgeklärten Denkens und stießen zahlreiche Reformen an. Wie sie ihre aufgeklärten Konzepte in konkrete Politik umsetzten, war im gesamten Kaiserreich sichtbar, ohne dass lokale Besonderheiten nivelliert worden wären. In Siebenbürgen eröffneten die Zugehörigkeit zum Adel, der Besuch von Schulen und die Aneignung europäischer Kultur den Weg zur Elite.[19] Die solchermaßen herangebildeten Intellektuellen waren vertraut mit den wissenschaftlichen und ideologischen Debatten der deutsch-sprachigen

---

18 *Ibid.*, p. 106.
19 Prodan, *Supplex Libellus Valachorum*, p. 191.

Kultur, häufig indes auch mit den Errungenschaften des französischen Geisteslebens. Einige von ihnen erwiesen sich als herausragende Vertreter des Kulturschaffens, und das ermöglichte ihnen, Positionen öffentlichkeitswirksam zu besetzen. So konnten sie Artikel, Bücher und Dokumente veröffentlichen und gelangten zu Anerkennung und Ruhm. Vielleicht mehr noch als im übrigen Europa prägte der Adel die siebenbürgische Aufklärungsgesellschaft. Er besaß die Bildung, um zu schreiben, die Mittel, um Gemälde zu sammeln, und er konnte die kaiserliche Zensur umgehen, die weitgehend wirkungslos blieb, selbst in Bezug auf Schriften, welche die Ideen der Französischen Revolution verbreiteten. Samuel von Brukenthal, Ignác Batthyány und Sámuel Teleki stehen als Provinzialkanzler bzw. Bischöfe für das intellektuelle und politische Leben Siebenbürgens. Sie alle entstammten der Welt des Adels oder der Geistlichkeit. Sie fühlten sich während der Französischen Revolution nicht der Nationsidee verbunden, auch nicht dem Charisma Napoleons, vielmehr faszinierte sie der gesellschaftliche Weltfortschritt. Ihr Ideal war ein *Homo novus* des westlichen Typus, Ergebnis systematischer Reformen, die das politische System nicht umstülpen sollten. Aus ihrer Sicht waren gesellschaftliche Transformationen nur von oben nach unten zu realisieren, mithilfe eines aufgeklärten Absolutismus, der Rationalität und Durchsetzungsfähigkeit miteinander verband.[20] Siebenbürgen sollte in diesem Kontext seine eigenen Ideen zur Modernisierung entwickeln, angeleitet von den intellektuellen Eliten vor Ort. Dazu gehörten die Stadtbewohner jedoch ausdrücklich nicht. Sie verharrten noch in einem Zwischenzustand, befanden sich erst auf dem Wege zur modernen Bürgergesellschaft. Die sozialen Brüche in der Region waren allen offensichtlich. Sie verhinderten bis zur zweiten Hälfte des neunzehnten Jahrhunderts die Ausbildung eines eigenständigen Bürgertums.

Das Beispiel des Freiherrn von Brukenthal ist in dieser Hinsicht höchst aufschlussreich. Er versammelte in Sibiu (Hermannstadt) eine Gruppe von Fachleuten um sich, schwor sie auf das Leistungsprinzip ein und war damit so erfolgreich, dass viele ihm gratulierten und ihm Unterstützung zusagten: der siebenbürgische Kanzler Sámuel Teleki aus Târgu Mureș gehörte ebenso zu seinen Bewunderern wie die Kirche, der Adel, auch die Intellektuellen. Unter seinem Schutz entstand eine eigenständige siebenbürgisch-historiografische Schule, für die die Werke von Johann Filtsch, Daniel Filtsch, Johann Michael von Soerius Sachsenheim, Georg Hirling und Michael Conrad von Heydendorff stehen. Sie alle faszinierte die Vielfalt der Menschen und Kulturen in der Region. Berühmte siebenbürgische Gelehrte wie Jozsef Benkö dankten Brukenthal ausdrücklich für die großzügige Hilfestellung, die sie für ihre Forschungen erhalten hatten.[21] Eine beachtliche Anzahl von

---

20 Zur Weltwahrnehmung und den sozialen Gewohnheiten des intellektuellen Adels s. auch Victor Neumann, 'Cultural Channels in East-Central Europe: Books and Libraries in Transylvania, Banat, Hungary and Serbia', in id., *The Temptation of Homo Europaeus*, pp. 149–211.
21 Vgl. 1778. *Praefatio ad lectorem* in *Transsilvania sive magnus Transsilvaniae Principatus olim Dacia Mediterranea doctus orbi nondum satis cognitus*. Vindobonae. Vgl. Neumann, 'Cultural Channels', p. 163.

Werken in der Sammlung Brukenthal zeigen dessen Interesse an Geschichte.[22] Die Bücher zur Theologie haben bis heute ihren Wert erhalten. Daneben finden wir Werke über Geometrie, Geologie, Medizin, Geografie, Astronomie, Technik und Optik. Der Aufbau einer solch großartigen Bibliothek war möglich, weil die von den Jesuiten initiierte Zensur aufgehoben worden war und die Politik die Säkularisierung des Lebens förderte, vor allem in der Zeit Josephs II. Freilich, um Missverständnisse zu vermeiden, sei betont, dass das Denken Brukenthals, welches die Provinzeigenarten heraushob und wertschätzte (damit auch die Vielfalt der sozialen Gruppen und Hierarchien), nur in Teilen mit dem österreichischen Aufklärungsabsolutismus übereinstimmte.

Das geistige Klima im Umfeld von Brukenthal darf nicht gleichgesetzt werden mit der allgemeinen Stimmung in der siebenbürgisch-sächsischen Gemeinschaft und dem Fundus Regius. Die lokale Adelsgesellschaft hatte ihre Schwierigkeiten mit den vom Westen übernommenen Aufklärungsideen des siebenbürgischen Freiherrns Samuel von Brukenthal. Nur ein kleiner Kreis von Menschen profitierte von Brukenthals privaten Sammlungen. Die Reisenden aus dem Westen aber, die seine Bibliothek sahen, waren tief beeindruckt: vom Geschick der Zusammenstellung, von der intellektuellen Raffinesse, der Selbstverständlichkeit, mit der die Hausherren ihre europäische Kleidung trugen. Die von dem Wiener Künstler Martin von Meytens angefertigten Gemälde geben einen Eindruck von dieser europäischen Gleichzeitigkeit.[23] Doch der allergrößte Teil der Siebenbürger Sachsen lebte noch in einer anderen Welt, verstand nicht, was passierte, und nahm gerade nicht an dem von Brukenthal vorgeschlagenen europäischen Kulturbemühen teil. Sogar die musikalischen und literarischen Soirees lehnte das lokale Stadtbürgertum ab. „Nur die Sammlungen mit einer klaren Orientierung an den siebenbürgisch-sächsischen Traditionen fanden im städtischen Leben Hermannstadts größere Aufmerksamkeit".[24] Es musste noch ein weiteres Jahrhundert vergehen, bis Brukenthals Denken und sein Werk wirklich verstanden wurden.

Wie wir in den folgenden Kapiteln dieses Buches noch sehen werden, verlief die Entwicklung im Banat, verglichen mit Siebenbürgen, durchaus eigenständig. Gründe dafür waren das Fehlen einer traditionellen Adelsschicht, eine starke Mittelklasse, auch der Wettstreit der Intellektuellen untereinander. Das förderte die Erfindung technischer und wissenschaftlicher Neuerungen, machte den Weg frei für industrielle Innovationen und kulturelle Experimente. Die alteingesessene lokale Bevölkerung verstand es, zusammen mit den neu Hinzugezogenen, in kurzer Zeit ihren Lebensstandard zu erhöhen (übrigens schneller als in Siebenbürgen). Gleichzeitig strebte

---

22 S. Bibliothek des Nationalen Brukenthal Museums, *The Catalogue of Transilvanicelor*, vol. ii *Eighteenth Century*, hg. v. Doina Nagler. Sibiu (1982), Foto Nr. 385, p. 113. S. a. Fotos Nr. 405–406, pp. 118–119; Nr. 209, p. 65; Nr. 257, p. 78; Nr. 211, p. 66.

23 Die Gemälde, mit den Abbildungen von Brukenthal und seiner Frau befinden sich in der Kunstsammlung des Nationalen Brukenthal Museums.

24 Vgl. Adolf Armbruster, „The Cultural Works of Samuel von Brukenthal in Sibiu", *History Magazine*, vol. 4 (1978), p. 670.

sie einen gesellschaftlichen Ausgleich zwischen den kulturell-sprachlich und religiös so unterschiedlichen Gruppen an. Die Banater Intellektuellen – Lehrer, Professoren, Priester, Philologen, Historiker, Schauspieler –, die den Weg gesellschaftlicher Emanzipation bahnten, verstanden die Notwendigkeit zum gesellschaftlichen Zusammenhalt sehr gut. Sie traten ein für ein einzigartiges Experiment, geografisch positioniert an den „Eingangstoren" des mitteleuropäischen Kaiserreichs –, ein Experiment, das auch in der Zukunft erfolgreich sein sollte, trotz der Versuche mancher, die regionale Gemeinschaft zu spalten.

Eine frühzeitige Verbindung von Aufklärung und Romantik

Die rumänisch-sprechende Bevölkerung Siebenbürgens und des Banats stach im 18. Jahrhundert aus der Sicht Wiens heraus: durch ihre Zugehörigkeit zur Orthodoxie und durch ihren „undefinierten" gesellschaftlichen Status. Anders als der „ungarische Adel", die „Szekler" oder die „Sachsen" hatte die rumänisch-sprechende Mehrheit nämlich keine politische Vertretung im Landtag. Das Kaiserreich wünschte dagegen eine Assimilation der orthodoxen Bevölkerung und förderte den Anpassungsprozess vor allem dort, wo die Kirche nur schwache Institutionen ausgebildet hatte. Dieses Bemühen sollte nicht als einfacher Versuch bewertet werden, die Basis für den Katholizismus zu erweitern, sondern auch als ein Mittel, um die Mehrheit der orthodoxen Bevölkerung an die sozioökonomischen und kulturellen Normen des Kaiserreichs heranzuführen. Tatsächlich akzeptierte die Mehrheit der orthodoxen Gläubigen aus Siebenbürgen die griechisch-katholische Kirche mit dem Papst als neuem Zentrum. Wir haben bereits dargelegt, dass das Habsburger Kaiserhaus die unierte Kirche als ein geeignetes Instrument betrachtete, welches den Weg zu europäischen Werten wies und ein nennenswertes Gegengewicht darstellte zu den alten und einflussreichen Glaubensinstitutionen in der Region: der Evangelisch Lutherischen Kirche, dem Calvinismus und dem Unitarismus. Die Wiener Politik des achtzehnten Jahrhunderts wollte nicht nur ihre Macht in den neuen Territorien konsolidieren, jenem Raum also, den sie mit den Kriegen gegen das Osmanische Reich erworben hatte, sondern eine Lösung für die Besonderheit der Region entwickeln, die mehr als andere durch unterschiedliche Sprachen und Religionen geprägt war. Da galt es, dauerhaft den inneren Frieden sicherzustellen. Dort, wo es bereits gut organisierte religiöse Institutionen gab, auch wenn sie nicht der römisch-katholischen Kirche zugehörten, hat Wien deren Fortleben unterstützt. Ein Beispiel dafür ist die serbisch-slawische Kirche mit der Metropole in Karlowitz. Sie wurde vom Kaiserreich als Repräsentantin des orthodoxen Christentums anerkannt, auch weil sie deren weithin bekannten Persönlichkeiten schätzte – u. a. die orthodoxen Kirchenführer Stefan Stratimirović und Moise Putnik. Die Karlowitzer Orthodoxie verstand sich als Vertreterin der lokalen Gläubigen, und sie unterstützte das Prinzip friedlichen Zusammenlebens in einer multikonfessionellen und vielsprachigen Region, wie es das Banat war. Das galt auch für das Verhältnis zum Judentum. Denn obgleich die christlichen Religionen dem Judentum kritisch, ja, vielleicht sogar feindlich, gegenüberstanden, tolerierten sie zu dieser Zeit den jüdischen Glauben und seine Anhänger. Sowohl sephardische als auch aschkenasische Gottesdienste sind für das siebzehnte Jahrhundert in Alba-Iulia nachzuweisen, zu einer Zeit also, als Siebenbürgen noch ein autonomes Fürstentum war. Doch auch im folgenden Jahrhundert, als Siebenbürgen unter habsburgischen Einfluss geriet, finden wir beide Richtungen des Judentums.[25] In der Region Banat akzeptierte die Temeswarer Verwaltung beide Herkunftsgemeinden. So konnten sie sich lange Zeit frei entfalten. Trotz des Wiener Zentralismus und trotz des Vorrangs für den „eigenen Katholizismus" akzeptierte das Habsburgerreich als imperiale Großmacht die multikonfessionelle Ausrichtung seiner Regionen. Siebenbürgen und das Banat machten da keine Ausnahmen.[26]

Die von dem griechisch-katholischen Bischof Inocenţiu Micu-Klein (Blaj) formulierten Forderungen, die er als Zusammenfassung von Eingaben der rumänisch sprechenden Bevölkerung Mitte des achtzehnten Jahrhunderts bezeichnete, wurden zum Beginn einer regionalen intellektuellen Bewegung, die in der Folgezeit unter dem Begriff „siebenbürgische Schule" bekannt wurde. Getragen wurde sie von einer Gruppe mit einem ähnlichen kulturellen Hintergrund im Bereich der Theologie, Literatur, Geschichte und Politik. Sie hatten die katholischen und protestantischen Hochschulen Siebenbürgens besucht, die auf Latein, Deutsch oder Ungarisch unterrichteten, aber auch Lehrstätten anderer Regionen Mittel- und Westeuropas. Gheorghe Şincai, Ion Budai-Deleanu, Petru Maior, Samuil Micu, Ignatius Darabant und Ioan Piuariu Molnar gelten als die vielleicht bekanntesten Repräsentanten der siebenbürgischen Schule. Sie standen Ende des 18. Jahrhunderts für zwei intellektuelle Bewegungen gleichzeitig, für Aufklärung und Romantik, denn im Südosten Europas waren beide Strömungen eng miteinander verwoben. Die griechisch-katholische Kirche bot den Rahmen für den neuen politischen Diskurs und ermöglichte eine politisch-soziale Repräsentation der rumänisch sprechenden Einwohner, die vorher gefehlt hatte. Die neuen „rumänischen" Intellektuellen kamen aus den Reihen des Adels, der Lehrer, der Militärs, der Geistlichkeit und der Beamten. Eine Verankerung im Bauerntum

---

25 S. Victor Neumann, *Istoria evreilor din România: Studii documentare şi teoretice* (*The History of Jews in Romania: Documentary and Theoretical Studies*) (Timişoara, 1996), p. 31.

26 *Ibid.*, pp. 31, 69–93. Die Situation in Siebenbürgen war für die Juden nicht ganz so günstig, wenngleich auch dort die Prinzen während des 18. Jahrhunderts vorteilhafte Regelungen erließen, so etwa Gabriel Bethlen – oder George Rákoczi und Mihai Apaffi zugunsten der Juden in Alba Iulia. Gleichwohl, viele Einschränkungen in Hinblick auf den Wohnort und das Recht zum Handel blieben bestehen. Die kaiserliche Verwaltung führte „Toleranzgebühren" ein, im Tausch gegen das Recht zur Siedlung in der Region. Im Allgemeinen beruhten die Einschränkungen jüdischer Siedlung in Siebenbürgen auf dem Konservatismus des Adels, dem Fortleben mittelalterlicher Mentalitäten und der Angst vor Wettbewerb und Innovation. Andererseits zeigten protestantische Intellektuellenkreise Siebenbürgens ein beständiges Interesse an der jüdischen Kultur. Dies ist etwa an Büchersammlungen zu erkennen.

fehlte, und deshalb blieb ihre Referenz auf das Bauerntum stark ideologisch gefärbt, wussten sie auch wenig über dessen sozialen Belange auszusagen.[27] Die siebenbürgischen Bauern, unabhängig davon, welche Sprache sie sprachen, ob Rumänisch, Deutsch oder Ungarisch, blieben von dem romantischen Denken der Intellektuellen unberührt. So muss die Frage neu gestellt werden: In wessen Interesse sprach die siebenbürgische Schule?

Vielleicht hilft ein Blick auf den Horea-Aufstand (eine Erhebung leibeigener, meist rumänischer Bauern in Siebenbürgen, Ende 1784. Ihr Anführer war Vasile Ursu Nicola, genannt Horea.) Das Aufbegehren der Bauern unter Horea hatte soziale Ursachen, zielte auf deren soziale Emanzipation, nicht auf nationale. Das bestätigt noch einmal die Durchsicht des *Supplex Libellus Valachorum* (1791). Dort werden nationale Forderungen gestellt, keine sozialen. Einen Dialog zwischen Bauern und Elite gab es nicht, ebenso wenig wie jeglicher Hinweis darauf fehlt, dass die Verfasser der Petition im Auftrag von Bauern formuliert hätten.

Der Klausenburger Historiker David Prodan hat einen Zusammenhang hergestellt zwischen den Ideen Rousseaus oder Voltaires, insbesondere der Vorstellung vom Gesellschaftsvertrag, und den Gedankengebäuden der siebenbürgischen Elite. Aber diese Herleitung übersieht die strukturelle Differenz zwischen Ost- und Westeuropa in dieser Zeit. Stattdessen lohnt ein Blick auf die historischen, demografischen, soziokulturellen, administrativen und politischen Besonderheiten Siebenbürgens, auf die Unterschiede zu Westeuropa. Trotz ihrer Verweise auf gesellschaftliche Missstände agierten die rumänischen Intellektuellen vor allem als Vertreter ihrer eigenen Ansprüche. Sie wollten die gesellschaftlichen Verhältnisse keinesfalls umstoßen. Sie hatten kein Interesse daran, die Macht des Adels zu brechen, wie es in Frankreich geschah, oder die Führungsrolle Wiens zu beschädigen. Nicht allein aufgeklärtes Denken leitete die Bewegung, und sie war längst nicht so revolutionär ausgerichtet wie die französische 1789. Die rumänischen Intellektuellen wollten sich nicht zu weit von der gegebenen staatlichen Ordnung entfernen, das Rechtssystem keinesfalls umstülpen, ihre herausgehobene Stellung bewahren, welche ihnen das Kaiserreich verliehen hatte. Ein Fragment aus dem *Supplex* macht den Sachverhalt deutlich: „Natürlich ... ist es nicht die Absicht der Verfasser, für das Volk mehr zu verlangen, als es verdient".[28] Diese Gruppe sah sich selbst als Teil des Adels, vom „Volk" sozial distanziert, doch zugleich dessen Interessen vertretend. Natürlich hatten sie dafür kein explizites Mandat, aber das war in der Vorstellung der Zeit selbstverständlich. Die Alphabetisierung der Bevölkerung war noch kaum in Gang gekommen, und dementsprechend fehlte ein Bürgerbewusstsein, wie es dies schon im Westen gab. Selbst bei einem Vergleich mit den

---

27 Die These Prodans über „enge" soziale Beziehungen zwischen Intellektuellen und Bauernschaft ist sicherlich überzogen.

28 Zitiert in Prodan, *Supplex Libellus Valachorum*, p. 477.

Nachbargebieten, der Bukowina und dem Banat, stand Siebenbürgen hintan. Daher die Idee einer Entwicklung bürgerschaftlicher Zivilgesellschaft von oben nach unten.

Die Denkschrift des *Supplex Libellus Valachorum Transsilvaniae* brachte kulturell-sprachliche Argumente vor und enthielt Ausführungen zur Geschichte, welche die politischen Augenblicksinteressen widerspiegelten. Damit ließ der *Supplex* die Sicht der kaiserlichen Verwaltung außer Acht. Sie nämlich strebte ein Gleichgewicht zwischen den ständischen Gruppen Siebenbürgens an. Eine Trennung einzelner Einwohnergruppen nach Sprache, Kultur, Geschichte oder Herkunft lehnte die kaiserliche Administration ab. Demgegenüber akzeptierte sie alle Forderungen des *Supplex*, die unmittelbar dem aufgeklärten Denken entsprangen und universellen Charakter hatten. Revolutionäre Ideen jedoch, genauer jene, die auf sprachliche Identität und Ethnonationalismus abhoben, widersprachen der Politik des Hauses Habsburg, zudem hatten sie keinerlei Grundlage im Aufklärungsdenken. Den Berichten seiner Mitarbeiter an Kaiser Joseph II. entnehmen wir, dass seine Verwaltung ganz andere Schwerpunkte verfolgte: Gründung von Schulen, Steuereintreibung und Finanzausgaben, Funktionieren des Postdienstes, Gesundheitskontrolle, mögliche Steuerleistungen des Adels, Einführung eines leistungsfähigen, alle sozialen Schichten gleichermaßen erfassenden Rechts- und Justizsystems, Befriedung von Konflikten zwischen einzelnen Gruppen und der Regierung, angemessene Stellung für die Orthodoxie im Habsburgerreich, Lösung von Disputen zwischen der katholischen und protestantischen Kirche, Vorgabe neuer Bauordnungen usw. All diese Vorlagen spiegelten unmittelbar aufgeklärtes Denken wider.[29] Sie waren Grundlage für die vielen Reformen, die der aufgeklärte Absolutismus auf den Weg brachte. Die Neugestaltung erfolgte von oben nach unten, denn ohne Initiative der Zentralregierung waren Veränderungen kaum möglich.

Dagegen reflektierten die Werke der Intellektuellen aus der siebenbürgischen Provinz – seien es rumänische, siebenbürgisch-sächsische oder ungarische Gelehrte – ein romantisches Denken und ein ethnonationalistisches Gefühl von Herausgehobenheit, das sich schnell ausbreiten sollte. In dieser Hinsicht stand Siebenbürgen nicht allein, denn Vergleichbares finden wir in vielen Regionen Ost- und Mitteleuropas. Ein traditioneller gelehrter Patriotismus, organizistisches Denken und nationalistisches Aufbegehren vermischten sich überall zu einer brisanten Mischung. Der siebenbürgische *Supplex* von 1791 ist deshalb in Hinblick auf romantische Modernitätsvorbehalte und nationalistisches Denken zu diskutieren, nicht als Teil der Aufklärungsbewegung. Was als gesellschaftliche Ausdifferenzierung beschrieben wird, war nicht einfach das Werk von Gelehrten oder Ausdruck ästhetischen Empfindens, sondern das Ergebnis

---

29 Ileana Bozac und Pavel Teodor (Hg.), *The Journeys of Emperor Joseph the Second in Transylvania in 1773*, vol. i, (2. Aufl., Cluj-Napoca, 2007); 25. März 1772. *Auersperg's Report concerning the Situation in Transylvania and the Improvements Adopted during his Rule (1. Mai 1771–April 1773)*, Sibiu. pp. 142–143.

einer harten Ideologie voller romantischer Mystik, die ihre Wirkung im politischen Denken der Folgezeit zeitigen sollte.[30]

Die Habsburger hinderten die Einwohner ihrer Provinzen keinesfalls daran, sich nach Standeszugehörigkeit, Wohlstand oder Religion zusammengehörig zu empfinden; Adel oder Klerus standen an der Spitze der jeweiligen Sozialverbände. Doch mit Johann Gottfried Herders Überlegungen zur Rolle von Sprache und Bräuchen für die Kultur erhielt das Denken über die Grundlagen menschlichen Zusammenlebens eine neue Wende. Die Betonung der Differenz zwischen den menschlichen Kulturen, trotz ihrer Ähnlichkeiten und Annäherungen, war das Ergebnis intellektueller Suche nach Einzigartigkeit. Der enge Kontakt zu deutsch-sprachigen Bildungseinrichtungen, der Austausch mit Führungskräften des norddeutschen Protestantismus, die Diskussion mit deutsch-sprachigen Schriftstellern und Wissenschaftlern – dies alles beeinflusste die ideologische Gedankenwelt der siebenbürgischen und Banater Eliten entscheidend. Es war die deutsche Sprache, nicht die französische, die das Denken in den Kategorien von Volk und Nation beförderte. Gemeinschaftsgefühle und Gemeinschaftsinstinkte sprach die neue Bewegung an, während die Aufklärung immer an den einzelnen Menschen und die Vernunft appelliert hatte. Herders Überlegungen fanden bereitwillige Aufnahme. Sein Einfluss wurde immer größer. Dabei halfen Übersetzungen ausgewählter Werke, die in hohen Druckauflagen verfügbar wurden, vor allem aber auch Berichte und Rezensionen über das Werk Herders, eine Vorstellung davon zu erhalten, welche Grundgedanken der deutsche Philosoph verfolgte: Alle Völker hätten das Recht, ihre eigene Kultur zu entwickeln und die Besonderheiten ihrer Sprache und Dialekte zu betonen. Gemeinsame Herkunft, geteilte Geschichte, die Bräuche einer Region und das lange Zusammenleben auf dem Gebiet desselben Territoriums schüfen etwas kulturell Besonderes, seien die Basis jeglicher Kreativität im Denken. Die neuen regionalen Eliten entdeckten und verbreiteten den kulturellen Ethnonationalismus, das Gefühl der Überlegenheit gegenüber anderen Völkern (insbesondere den benachbarten Völkern) und identifizierten sich mit der Idee der Nation. Daraus entstanden ideologische und politische Konflikte. Das friedliche Zusammenleben unterschiedlicher Gruppen in derselben Region wurde auf einmal infrage gestellt. Vor allem in Siebenbürgen beobachten wir in der ersten Hälfte des neunzehnten Jahrhunderts eine zunehmende nationale Spannung zwischen Rumänen, Ungarn und Sachsen.

Wenn die Differenzen zwischen den Sprachen, Gebräuchen, Riten ebenso wie die Unterschiede in Geografie und Geschichte von den Intellektuellen in der Zeit der Romantik hervorgehoben wurden, dann steht dies im Kontrast zu unseren heutigen Erkenntnissen: Sprachen enthalten zahlreiche Entlehnungen und Übernahmen aus anderen, vielfach benachbarten Sprachsystemen. Innerhalb desselben geografischen

---

30 Vgl. Victor Neumann, „Peculiarities of the Translation and Adaptation of the Concept of Nation in Eastern Central Europe: The Hungarian and Romanian Cases in the Nineteenth Century", *Contributions to the History of Concepts*, vol. 7, Nr. 1 (Summer, 2012), pp. 71–102.

Raumes haben die „Völker" eng wirtschaftlich, sozial und kulturell miteinander inter-
agiert. (Strikte Grenzen sind vornehmlich ein Phänomen der (späten) Moderne.) Es
gab und gibt eine gemeinsame regionale Geschichte und Kultur, unabhängig von der
„Volkszugehörigkeit" der Einzelnen. In vielen Fällen ist die Religionszugehörigkeit zur
Basis ethnonationalistischer Ideologie und Politik gemacht worden, will sagen: Nicht
das Religiöse wirkte trennend, sondern der politische Wille. Eine solchermaßen her-
vorgehobene und absolut gesetzte Vorstellung von nationaler Eigenständigkeit hat
den Entwicklungsabstand und die Distanz Osteuropas zu Westeuropa nur verstärkt.
Die Betonung des Konzepts der Nation ging zulasten der Idee allgemeiner Staatsbürgerschaft. Ethnische Zugehörigkeit ersetzte die Idee demokratischer Teilhabe, und
wenn man so will, die Idee der demokratisch fundierten Staatsbürger-Nation (Nation
im französischen Sinne). Die Alternative zum national-identitären Denken des
19. Jahrhunderts finden wir in den Konzepten der Habsburger Monarchie: kosmopolitisch, tolerant, die Kulturentwicklung fördernd, und – wenn Ideen der Aufklärung
aufgegriffen wurden, dann so, dass sich lokale Eigenheiten und universelle Werte
ergänzend entfalten konnten.

Victor Neumann

Josephinismus – oder – die Revolution von oben

Lange bevor die Habsburger 1718 ihre Herrschaft auf das Banater Gebiet ausdehnten, war die Region bereits multikulturell geprägt. Die Mehrheit stellte die christlich-orthodoxe Bevölkerung, die entweder Rumänisch oder Serbisch sprach, dazu kamen türkische Muslime, Armenier, sephardische Juden, welche Ladino (Spanisch) sprachen, auch Roma. Anfang des achtzehnten Jahrhunderts gab es in der Region weder einen Adel noch solide Verwaltungsstrukturen, ganz anders als es zeitgleich in Siebenbürgen der Fall war, das dank der Autonomie des Fürstentums im sechzehnten und siebzehnten Jahrhundert seine feudale Struktur bewahrt hatte. Der Adel des Banats war durch die osmanische Herrschaft verdrängt worden, und die Ländereien der Region gingen in das Eigentum des Sultans über. Die religiösen Orden wurden aufgelöst, und eine lokale Verwaltung gab es nur im Süden der Region (Lugoj und Caransebeş), weil dieser Landstrich für kurze Zeit zum Fürstentum Siebenbürgen gehörte. Die Osmanen beherrschten mit Timişoara eine wichtige Zitadelle. Sie bauten ein starkes Verteidigungssystem auf, und ihre militärischen Eliten prägten die Stadt. Aber sie interessierten sich nicht für die Verwaltung der Region. Als Timişoara Anfang des 18. Jahrhunderts an die Habsburger fiel, war das Banat daher „Brachland", musste (und konnte) vollkommen neu administrativ geordnet werden. Dabei setzten sich die Vorstellungen der kaiserlichen Regierung ungeschmälert durch, weil es keinerlei lokale Opposition gab.

Der Josephinismus im Banat – die Herausbildung der Modernen Gesellschaft in Temeswar

Joseph II. verfasste als Zweiundzwanzigjähriger um 1763 einen vertraulichen Aufsatz, in dem er seine Vorstellungen von der zukünftigen Entwicklung des Habsburger Reiches festhielt. Die später als „politische Tagträume" bekannt gewordenen Überlegungen stehen für die Anfänge einer Ideologie, die als *Josephinismus* bekannt wurde und auch nach der Regentschaft Josephs II. bis etwa 1849 die Geschichte des österreichischen Großreiches bestimmt hat. In dieser Zeit schlossen sich erste Freimaurerlogen in Timişoara, dem Banat und in Siebenbürgen zusammen. Sie standen für Freiheit,

Anmerkungen: In diesem Kapitel benutzt der Autor den Begriff „Josephismus", um auf die in den *Rêveries Josephs II.* (Träumereien, 1763) beschriebenen Ideen zu verweisen. „Josephinismus" meint dagegen jene Veränderungen, die unter Joseph II. eingeleitet wurden, administrativ, sozial und ökonomisch. In der Wirkung führten sie zu einer gesellschaftspolitischen Emanzipation der Völker des Habsburger Reiches.

Das vorliegende Kapitel entstand mit finanzieller Hilfe der rumänischen Forschungsgemeinschaft, CNCS – UEFISCDI, Projektcode PN-II-ID-PCE-2011-3-1042, Nummer 457.10.2011.

Gleichheit, Brüderlichkeit und Humanität, erstrebten aber vor allem Selbsterkenntnis. Dies also war das Klima, das in der zweiten Hälfte des 18. Jahrhunderts herrschte. Ein Abschnitt aus den „politischen Tagträumen" verdeutlicht, welche Reformen die Habsburger selbst anstrebten:

> Ich glaube nicht, dass es angemessen ist, wenn es kleine Könige und Adelige gibt, die frei von Aufgaben sind und sich kaum um den Staat kümmern. Mit scheint es dagegen angezeigt, die Privilegien und das Vermögen der Aristokratie zu reduzieren. Weiterhin halte ich es für richtig, dass jeder Mensch Aufgaben für den Staat übernimmt, der ihn unterstützt, ihn schützt und seine Rechte sichert, [...]. Ich erachte es als ein Prinzip, dass zur Lenkung der großen Maschine ein einziger Kopf, selbst ein mittelmäßiger, besser ist als zehn ausgezeichnete, wenn es zwischen ihnen über alle Maßnahmen zu einer Verständigung kommen muss. ... Ich glaube, dass man versuchen muss, die Länder zu überzeugen und ihnen verständlich zu machen, in welchem Maße ihnen die eingeschränkte Monarchie, wie ich sie vorschlage, nützlich ist. Deshalb würde ich vorsehen, mit den Ländern ein Abkommen auszuhandeln, indem ich sie auf zehn Jahre um die uneingeschränkte Macht bäte, alles für ihr Wohl tun zu können, ohne ihre Zustimmung einzuholen. Das zu erreichen wird große Mühe kosten, aber ich halte den Moment zu dieser Stunde für günstig, und die Erfahrung wird ihnen die Nützlichkeit zeigen. Viele Einzelpersonen werden darüber nicht froh sein, aber die Mehrheit der Nation ist dieser Gruppe vorzuziehen.[1]

Um die provinziellen Interessen im Kaiserreich für eine solche Politik zu gewinnen, versuchte Joseph, alle sozialen, religiösen und kulturellen Gruppen an den Kaiserthron heranzuziehen. In diesem Sinne sollte die Verwaltung mit ihren zivilen und militärischen Institutionen integrierend wirken, genauso wie die römisch-katholische und die orthodoxe Kirche. Unter diesen Voraussetzungen richtete sich das Interesse des Kaisers sogar auf die Freimaurer, deren Reformziele dem Staat nützlich schienen. Freilich, der alte Adel lehnte – wenig verwunderlich – die Erneuerung ab. So musste sein Widerstand durch ein geeignetes Modernisierungsprogramm überwunden werden. Freimaurerlogen waren in diesen Jahren überall in den großen Städten Mitteleuropas entstanden. Sie wurden toleriert, ja, heimlich durch die kaiserliche Zentrale ermutigt. In Timişoara war die Loge *Zu den Drei Weißen Lilien* ein Beweis für die Ausbildung dieser neuartigen Zivilstrukturen, reformorientiert, mit den Vorhaben des Josephinismus übereinstimmend und nicht zuletzt Ausdruck der starken Aufklärungsbewegung in Europa.

Wer gehörte zu den Mitgliedern der Temeswarer Loge? Welche Berufe hatten deren Mitglieder und wo waren sie beschäftigt? Wie stand die Loge zur damaligen administrativen, politischen und ökonomischen Führung Timişoaras? Ein zeitgenössisches Dokument zeigt, dass zwischen 1776 und 1783 die Freimaurer der *Weißen Lilien* aus vielen verschiedenen Berufsbereichen kamen: aus der Medizin, Pharmazie, Chirurgie, Verwaltung, Militär, Buchhaltung, Justiz, auch aus der Unternehmerschaft, aber

---

1 *Rêveries*, zitiert in Derek Beales, *Enlightenment and Reform in Eighteenth Century Europe* (New York, 2011), pp. 169–170.

ebenso aus dem Ingenieurwesen, dem Archivwesen, dem Buchdruck und dem Handel.[2] Oft nannte das Dokument neben dem Beruf auch die Institution, in der der Freimaurer tätig war, und zeigte so eine unmittelbare Verbindung zu lokalen Verwaltungseinrichtungen an, manchmal auch zu Wiener Stellen. Der Generalsekretär des Komitats Temeswar gehörte zu den Freimaurern, ebenso dessen Leitender Staatsanwalt. Wir finden mehrere Finanzverantwortliche, den kaiserlichen Vertreter der Lebensmittelverwaltung, den Verantwortlichen für die Getreidereserven von Ciacova, ebenso den von Mănăştiur, dazu viele andere.[3]

Die realen Namen verwiesen mehrheitlich auf eine deutsch-sprachige Herkunft, doch finden wir auch slawische, französische, italienische und ungarische Namensursprünge. Die Liste mit den realen Personennamen stand für den Bezug zur städtischen Wirklichkeit, die bewusst gewählten Pseudonyme für bildungsbürgerliche Idealvorstellungen. Auch eine Liste mit den Pseudonymen ist überliefert. In ihr finden wir alle Größen der europäischen Geistesgeschichte: Horaz, Scipio, Livius, Plutarch, Sokrates, Platon, Seneca, Demokrit, Cicero, Spinoza oder Diderot. Nur wenige Freimaurer stammten aus dem Adel, die allergrößte Mehrheit kam aus dem Bürgertum, das während des achtzehnten Jahrhunderts nach Timişoara gezogen war, aus: Wien, Prag, Brünn, Bratislava, Buda, Krakau, Zagreb oder auch Szeged. Zudem gab es in Timişoara eine starke Militärgarnison, war doch die Zitadelle bis 1779 wiederaufgebaut worden. So erklärt sich der gleichwohl nennenswerte Anteil von Militärs und Geodäten in der Loge *Zu den Drei Weißen Lilien*.

Wien übertrug der neu eingerichteten Regionalverwaltung (Landesadministration) die Verantwortung für den Wiederaufbau und die Vergrößerung der Zitadelle, für den Bau von Kirchen, für die Gründung kommerzieller Unternehmen, Druckereien und Schulen. Schon kurz nach der Befreiung von der osmanischen Herrschaft wurde Timişoara in das kaiserliche System großer Festungen integriert und erlebte in der Folge einen vollkommnen Neubeginn. Parallel zu den Festungsbauten begannen auch die Planungen und der Bau des Bega-Kanals. Produktion und Handel florierten.

Gleichzeitig mit Temeswar profitierte das ganze Banat von der neuen Militärgrenze. So gründete Wien neue Grenzregimenter, welche die zivilisatorische Anbindung der Region an Mitteleuropa vorantrieben. Das rumänisch-sprachige Regiment in Caransebeş zum Beispiel stärkte nicht nur die militärische Kraft des Kaiserreichs dort, sondern trug auch zur Emanzipation, Modernisierung und Inklusion der rumänischen Bevölkerung im Banat bei. Dasselbe gilt für jene Regimenter, deren Soldaten sich aus

---

2 Vgl. Cziprián Kovács Loránd, *Începuturile masoneriei la Timişoara* (*The Beginnings of Freemasonry in Timişoara*), Webseite der Alatus-Loge des Heiligen George, 12. März 2012. Der Autor zitiert in rumänischer Übersetzung eine wichtige Quelle. Sie informiert über die Existenz der Loge *Drei-Weiße-Lilien* in Timişoara, allerdings fehlt eine exakte Quellenangabe. Dennoch scheint der Hinweis glaubwürdig, da die genannten Namen, das Jahr, auch die Berufsangaben sich in den Kontext einfügen.
3 Loránd, *Începuturile masoneriei la Timişoara*. 6 Vol., hier vol. i (Milan, 1780).

Banat-schwäbischen und serbisch-sprechenden Gemeinden rekrutierten. Der militärisch-zivile Aufbruch im Banat erforderte Militärs, Beamte, Kartografen, Ärzte, Priester, Professoren. Sie alle schlossen sich in gesellschaftlichen Organisationen zusammen. Eine davon war die Loge *Zu den Drei Weißen Lilien*. Sie operierte mit Zustimmung des Kaiserhauses. Tatsächlich ist ihr Wirken nur dann zu verstehen, wenn man eine Verbindung zur kaiserlichen Wirtschaftspolitik herstellt. Zweifelsohne erleichterte die Loge die enge gesellschaftliche Rückbindung an Wien, zudem förderte sie die Durchsetzung von Josephs Reformen. Sie hatte ihren Anteil am Wandel der Mentalitäten, und sie trug bei zur Verbreitung des habsburgischen Barocks – in Timișoara und im Banat insgesamt. Die Zahl der Logenbrüder bei den *Drei Weißen Lilien* stieg auf 38. Das war eine durchaus beachtliche Zahl, bedenkt man, wie anspruchsvoll die Kriterien für eine Aufnahme waren. Ein wichtiger Grund für den Anstieg war die Versetzung einer Abteilung von „Vermessungsingenieuren" der kaiserlichen Armee, welche die Aufgabe hatten, das Banat zu kartografieren.

Francesco Griselini und Ignaz von Born – oder – eine erste umfassende Darstellung zur Geschichte des Banats und Temeswars

Im selben Zeitraum, da sich die Freimaurer in Timișoara erstmals regelmäßig trafen, begann der venezianische Gelehrte Francesco Griselini (1717–1787) eine lange – und wie sich zeigen sollte – fruchtbare Reise durch das Banat (1774–1777). Anschließend konzipierte er eine Geschichte der Region. Der Titel des auf Italienisch verfassten Buches lautete: *Lettere odeporiche. Ove suoi viaggi e le di lui osservazioni spettanti all'istoria naturale, ai costumi di vari popoli e sopra più altri interesanti oggetti si descrivono.*[4] Das Buch wurde in Historikerkreisen aufgrund der deutschen Übersetzung durch den Mineralogen Ignaz von Born[5] (1742–1791) bekannt. Der deutsche Titel lautete: *„Versuch einer politischen und natürlichen Geschichte des temeswarer Banats in Briefen an Standespersonen und Gelehrte".*[6] Viele Jahre bevor Griselini seine Monografie beenden sollte, hatte er Born über die Einzelheiten seiner Reise informiert und ihm von der Absicht gesprochen, seine Forschungsergebnisse zu veröffentlichen.[7] Bei dieser

---

4 Vol., hier vol. i (Milan, 1780).
5 Ignaz von Born war ein bekannter Wissenschaftler der Royal Society, London, der Königlichen Akademie von Turin und der Akademien von Petersburg, Toulouse und Danzig. Er war Präsident des Monetarischen und Bergbaubüros von Prag, Konservator des Kaiserlichen Naturwissenschaftlichen Kabinetts von Wien sowie Berater der Hofkammer für Bergbau.
6 Francesco Griselini, Übers. Ignaz von Born, Versuch einer politischen und natürlichen Geschichte des temeswarer Banats: in Briefen an Standespersonen und Gelehrte, Vols. i–ii (Wien, 1780).
7 Gemäß *Giornale d'Italia* (1775), p. 194; zitiert in Tamara Farcaş, 'Banatul dintr-o perspectivă venețiană: *Călătoriile, corespondența și descrierile lui Francesco Griselini*' ('The Banat from a Venetian Perspective: *Francesco Griselini's Journeys, Letters and Descriptions*'), Diss., Universitatea de Vest (Timișoara, 2011), p. 81.

Gelegenheit einigten sie sich darauf, das Werk zu übersetzen. In einer Fußnote der deutschen Ausgabe erläutert Griselini, dass sie mit Unterstützung des klugen Ehrenmannes und Gelehrten, Rat Ignaz von Born, erstellt worden sei. Die später erschienenen rumänischen Ausgaben nahmen die deutsche Version zur Grundlage, veröffentlichten sie entweder auszugsweise oder sogar vollständig. Auf Rumänisch lautete der Titel „Încercare de istorie politică și naturală a Banatului Timișoarei".[8]

Die beiden Gelehrten Francesco Griselini und Ignaz von Born stammten aus zwei der führenden europäischen Städte in ihrer Zeit, Venedig bzw. Wien. Sie gehörten zu den prominenten Intellektuellen Europas. Ihre Studien und Schriften wurden von den gelehrten Akademien und wissenschaftlichen Gesellschaften Europas im 18. Jahrhundert hoch geschätzt. Sie standen für eine Botschaft menschlicher Brüderlichkeit. Und so verwundert nicht, dass man sie bei den Freimaurern wiederfindet, in Wien etwa bei der Loge *Zur wahren Eintracht*. (Dort agierte Ignaz von Born sogar als Meister vom Stuhl.) Im Alltagsleben beschäftigte sie die Einbindung der neu eroberten habsburgischen Regionen in den europäischen Wertehorizont. Eine Lektüre ihrer Briefe macht ihre Zielvorstellungen deutlich: durch wissenschaftliche Zusammenarbeit dazu beizutragen, dass lokale und universelle Entwicklungen miteinander korrespondierten.

Bereits zwei Jahrzehnte bevor er daran ging, die erste umfassende Geschichte des Banats zu schreiben, offenbarte Francesco Griselini seine Sympathien für die Ideale der Freimaurer. In seiner Komödie „I liberi muratori" (Die Freimaurer – 1754) verteidigte er deren Zielvorstellungen. Oft verglichen mit Carlo Goldonis „Le donne curiose" (1753), zeigt die Komödie Griselinis dessen Verständnis und Sympathie für die Entstehung der

---

Die italienischen Quellen zu Griselinis Biografie sind für ein angemessenes Verständnis seines Werkes unerlässlich und werden in der Doktorarbeit von Farcaș systematisch beleuchtet.

8 Costin Feneșan hat eine vollständige rumänische Übersetzung aus dem Deutschen vorgelegt, Sie erschien in einer ersten Auflage 1984 in Timișoara, in einer zweiten Auflage 2006. Für viele rumänische Leser erwies sich die Übersetzung als ausgesprochen hilfreich. Auch viele Forscher profitierten von der rumänischsprachigen Ausgabe. Dabei hatten schon die früheren, eher fragmentarischen Übertragungen die Geschichtswissenschaft vorangebracht. Freilich, das italienische Original hat bis heute fast niemand herangezogen. Und die Übersetzung von Feneșan reflektiert doch erkennbar die Ideen des Protochronismus, der auch auf die Zeit nach 1989 ausstrahlte. Eine Neuübersetzung von Griselinis Standardwerk, welche die italienische Urfassung berücksichtigen müsste und eine entsprechende kontextualisierende Einführung enthalten sollte, scheint mir deshalb dringend angezeigt. Eine kritische Edition würde nicht nur das Denken und den Schreibprozess Griselinis in den historischen Kontext einordnen, vielmehr dadurch erst eine quellenkritisch geschärfte Betrachtung seiner Ausführungen ermöglichen. Wir würden, genauer als zuvor, einen Eindruck gewinnen von den multikulturellen Lebensformen im Banat, von der Wirtschaft der Provinz und vielem anderen noch. Diese erste ausführliche Geschichte des Banats, die Griselini vorgelegt hat, kann, kritisch gelesen, einen Eindruck vom Lebensstil der Menschen vermitteln, von der kaiserlichen Reformpolitik, aber auch von den geistigen Strömungen der Zeit. Diese durchzogen ganz Europa. Und die Berichte über die einzelnen Regionen des Kontinents zeugen von einem lebendigen, vielfältigen Europa. Vgl. Victor Neumann, *Tentația lui Homo Europaeus: Geneza ideilor moderne în Europa Centrală și de Sud-Est* (*Temptation of Homo Europaeus: The Genesis of Modern Ideas in Central and South-Eastern Europe*) (rev. 3. Auflage, Iași, 2006).

Freimaurer und deren Bestrebungen. Die Forschung hat später herausgearbeitet, dass es im 18. Jahrhundert Freimaurerlogen in fast allen wichtigen Städten Italiens gab.[9] Obwohl sich die katholische Kirche und die Päpste Mitte des achtzehnten Jahrhunderts gegen das Freimaurertum stellten – zu nennen sind hier Clemens XII. (1730–1740) und Benedikt XIV. (1740–1758) – und obwohl päpstliche Bullen deren Bestrebungen verdammten (zum Beispiel „In eminenti apostolatus specula", 1738), tolerierten die italienischen Stadtgesellschaften die Freimaurer und ihre Logen, ja mehr noch, sie akzeptierten sie ganz offen.

Francesco Griselini charakterisiert die freimaurerische Geheimorganisation in seinen Schriften als durchaus zurückhaltend, eher amüsant als gefährlich. Aus diesem Grunde unterstützte er selbst die Freimaurer. Mit seinem berühmteren, zugegebenermaßen auch talentierteren Freund, dem Dramatiker Carlo Goldini, diskutierte er Wesen und Auftreten der Freimaurerei immer wieder. Beide Schriftsteller versuchten, die Ziele der Organisation und deren hierarchische Struktur zu ergründen, und übertrugen das Ergebnis ihres Nachdenkens in ihre Theaterstücke.[10] An einer Stelle der „I liberi muratori" schildert Griselini den Aufnahmeritus der Freimaurer, wobei er die einzelnen Symbole und Rituale vorführt. Zudem beschreibt er die Hierarchie der Loge, die vom ehrwürdigen *Meister vom Stuhl* angeführt wird (wörtliche Übersetzung von englisch „chairman"), gefolgt von den *Beamten*. Ebenso fasziniert ihn das geheimnisvolle Miteinander in den Logen. Zweifellos war er mit den Normen der Freimaurerei vertraut, den Gelöbnissen und den Prinzipien, die die Brüderschaft ausmachten. Da war die Notwendigkeit, die Rituale einzuhalten; die Brüder mit ihren Zeichen und Gesten anzuerkennen; den Mitgliedsbeitrag regelmäßig zu zahlen; den strengen Verhaltenskodex in und außerhalb der Loge zu befolgen. Frauen durften an der Freimaureraktivität nicht teilnehmen. Griselini konzipierte sein Theaterstück um die faszinierende Aufnahmezeremonie herum. Eine Illustration auf der Rückseite des veröffentlichten Textes zeigt die beiden „Kandidaten", Dorante und Sganarello, mit verbundenen Augen und den Schwertern, die auf ihre Brust gerichtet waren. Auf der Titelseite selbst gibt Francesco Griselini sich als Mitglied der Freimaurer unmittelbar zu erkennen.[11]

Den Freimaurern zuzugehören, das meinte, die Idee totaler Freiheit zu vertreten, sich unabhängig zu machen von allen beruflichen, familiären und religiösen Bindungen. Gleichzeitig kannte die Freiheit klare, selbstgesetzte Grenzen, bestimmt durch das von allen Logenmitgliedern erwartete uneingeschränkte staatsbürgerliche Verantwortungsbewusstsein. An dieser Stelle erkennen wir die Nähe zu den Ideen der

---

9 Kenneth McKenzie, „Francesco Griselini and His Relation to Goldoni and Molière", *Modern Philology*, vol. 14 (1. Juli 1916), pp. 17–27. Zu Goldonis Beziehungen zur Freimaurerei vgl. Pietro del Negro, *Carlo Goldoni and Venetian Freemasonry*, www.thefreelibrary.com/Carlo+Goldoni+and+Venetian+Freemasonry.
10 McKenzie, 'Griselini'.
11 Griselini, *I liberi muratori: Commedia* (Schio, 2000), p. 47.

Aufklärung, insbesondere zu deren Reform- und Modernisierungsanstrengungen.[12] Wir haben uns mit den Freimaurern deshalb beschäftigt, weil Griselinis freimaurerische Grundüberzeugung ihn wohl auch dann noch leitete, als er begann, das Temeswarer Banat zu erforschen. Jedenfalls trugen freimaurerische Ideen entscheidend zum wissenschaftlichen und kulturellen Aufbruch des 18. Jahrhunderts bei. Und die Kontakte mit Wien, die Reise zu den östlichen Regionen des Kaiserreichs, der briefliche Austausch mit zeitgenössischen Gelehrten, die Freundschaft mit Ignaz von Born verstärkten nur noch die auf Erneuerung setzende Erwartung. Zu diesem Bild passt, dass der Kontakt Griselinis zu den Mitarbeitern des Kaiserhofes von der Wiener Loge *Zur wahren Eintracht* hergestellt worden war. Ihr gehörte, wie erwähnt, auch Born an.[13]

Griselinis Werk „Lettere odeporiche" resultierte aus einem offiziellen Auftrag des Hauses Habsburg. Mit direkter Unterstützung durch Wien erfüllte er seine Mission. Zugleich nahm er die Anregungen der Wiener Freimaurerschaft auf.[14] Führen wir uns vor Auge, unter welchen Voraussetzungen und zu welchem Zeitpunkt der wissenschaftlichen Erkenntnis Griselini sein Werk verfasst hat, so handelt es sich um eine ganz außergewöhnlich detaillierte Darstellung von Geografie, Geschichte, Wirtschaft und Bevölkerung der Region. In der Folgezeit ist sein Werk sowohl für die italienische Kultur als auch für die rumänische Fachliteratur höchst aufschlussreich geworden. Erstmals schilderte hier ein Autor die Lebensumstände im Banat, von der Antike bis in die Frühe Neuzeit. Griselini beschrieb auch die Denkmäler und Kunstwerke, die er vorfand. Ihn faszinierte die Herausbildung des modernen Handwerks, die Mentalität der Bevölkerung im Allgemeinen und ihre Kenntnisse und vielfach auch ihr mangelndes Wissen in Hinblick auf ein erfolgreiches Wirtschaften in Handel und Landwirtschaft.[15] Noch in anderer Hinsicht gehört Griselinis Buch zu den Standardwerken über das Banat, thematisiert er doch auch die besonderen geografischen Gegebenheiten, das natürliche Ressourcenvorkommen und das Entwicklungspotenzial der Region. Griselinis Herangehensweise war interdisziplinär und enzyklopädisch – durchaus typisch für das achtzehnte Jahrhundert –, und sein Werk stach vor allem deshalb heraus, weil er nicht nur eine Vielzahl von Informationen zusammentrug, sondern sie auch systematisch überprüfte.[16] Nachdem der Autor einige Jahre im Banat gelebt hatte (1774–1777), informierte er die europäische Gelehrtenwelt über seine Erkenntnisse. Deutlich wird dies

---

12 Vgl. Giuseppe Giarrizzo, *Masoneria e illuminismo nell'Europa del Settecento* (Venice, 1994).

13 *Dizionario biografico degli italiani*, Instituto della Enciclopedia italiana, vol. 59 (Rome, 2002), p. 691.

14 An anderer Stelle habe ich Griselinis Beitrag zu unserem heutigen Wissen über das Banat untersucht und den intellektuellen Zeitkontext herausgearbeitet. Dazu zählen: Die Kultur der Aufklärung, die kaiserliche Politik zur Integration des multikulturellen mitteleuropäischen Raumes, aber auch Giambattista Vicos Ansätze eines neuen geschichtswissenschaftlichen Denkens.

15 Griselini, *Lettere odeporiche*, p. iii; vgl. auch Farcaş, „Banatul dintr-o perspectivă veneţiană", pp. 81–134.

16 Griselini, *Lettere odeporiche*; vgl. Farcaş, „Banatul dintr-o perspectivă veneţiană", pp. 86–87.

an den Namen der Forscher und Akademien, an die sich jedes einzelne seiner Kapitel wandte. Im Briefstil informierte er die Leser über seine Erfahrungen und Erkenntnisse und über die vielen Sachverhalte, die nach heutigem Maßstab immer zugleich die Kenntnis mehrerer Disziplinen erforderten.

Die Motive und Leistungen Griselinis verstehen wir besser, wenn wir uns vor Augen führen, dass Regionen wie Dalmatien, Kroatien, Siebenbürgen, aber eben auch das Banat in der zweiten Hälfte des achtzehnten Jahrhunderts vielen Europäern kaum bekannt waren. Liest man seine Ausführungen, so wird deutlich, dass er die zivilisatorische Leistung der Großreiche im 18. Jahrhundert hoch schätzte. Gleichzeitig erkannte er keinen Widerspruch zwischen den Interessen Venedigs und dem Expansionsdrang der Habsburger. Seine Mitgliedschaft in einer der wichtigen Logen Venedigs erleichterte ihm den Kontakt mit den herausragenden Intellektuellen seiner Zeit, den Schriftstellern, Historikern, Naturforschern, Ärzten, auch Journalisten. Einige seiner freimaurerischen Mitbrüder engagierten sich für das *Giornale d'Italia*, das Griselini zwischen 1765 und 1776 selbst herausgab. Die Zeitschrift erreichte in jenen Jahren Aufmerksamkeit, weil sie auch neueste wissenschaftliche Erkenntnisse aus ganz verschiedenen Teilbereichen veröffentlichte.

Griselinis Aufzeichnungen über Mittel- und Osteuropa, seine Beobachtungen während der Reise entlang der Donau veranlassten ihn, nach der Herkunft der rumänischen Bevölkerung aus der westlich-römischen Zivilisation zu fragen. Nicht zufällig verglich er die rumänische Sprache mit der italienischen. Schließlich konzentrierte er sich nicht allein auf die Beschreibung von Geografie und Kultur einzelner Orte, die er gesehen hatte. Vielmehr legte er eine Historiografie des Banats vor, welche Historiker und Ethnografen noch viel später inspirieren sollte, weil Griselini bereits das multikulturelle und interkulturelle Zusammenleben in der Region beschrieb.

Die italienische Ausgabe des Werkes von Griselini ist im Vergleich zur deutschen Publikation um fünf zusätzliche Kapitel erweitert. Sie sind für ein Verständnis des Banats allerdings wichtig, denn sie behandeln Geschichte, Bevölkerungsentwicklung, religiöse Verhältnisse, Mentalitäten, Geografie, Ethnografie sowie allgemeinere Aspekte der Region. Das Vorwort der italienischen Ausgabe war so geschrieben, dass der Leser „eine Vorstellung über die physische Geografie der Region" erhielt, aber auch eine Idee von der Abfolge der Ereignisse[17] Konkret zielte Griselini darauf, dass der Leser einen Eindruck von den Entwicklungen im achtzehnten Jahrhundert gewann, jenen Ereignissen, die sich in Timișoara und im Banat ereignet hatten und die der Autor selbst gut kannte.[18] Seine Ausführungen sollten zudem beweisen, wie nah sich die westliche und

---

17 Griselini, *Lettere odeporiche*, p. iv: 'volendo ch'egli rimango similmente informato delle vicende cui soggiacque rapporto al civile per ciò soggiungo l'epitome al somma ristreta di un'opera da me intrapresa e compiutta, ciò appunto della civile storia che ne lo riguarda'. Zitiert in Farcaș, 'Banatul dintr-o perspectivă venețiană', p. 85.

18 *Ibid.* See Farcaș, 'Banatul dintr-o perspectivă venețiană', p. 86.

östliche Latinität standen und wie sehr die Sprachen und Kulturen „Rumäniens" und Italiens einander ähnelten.[19] Griselini wollte seinen Lesern damit eine klare Botschaft vermitteln, nämlich, dass auch die bisher kaum bekannten Regionen im Osten des Kontinents zu Europa gehörten. So symbolisierten Timişoara und das Banat wichtige kulturräumliche Gegebenheiten, und zwar nicht nur aus Sicht des kaiserlichen Großreiches, sondern auch aus gesamteuropäischer Perspektive. Temeswar und das Banat standen für wirtschaftliche Knotenpunkte, waren Orte sprachlicher und religiöser Vielfalt, symbolisierten das friedliche multikulturelle Zusammenleben vieler und repräsentierten gleichzeitig die Grenzzone zwischen dem Osmanischen Raum und dem Habsburger Kaiserreich. Das Wiener Imperium änderte übrigens 1804 infolge der Napoleonischen Kriege und nach Auflösung seiner engen Verbindung mit dem Deutschen Reich seinen Namen zu *Kaisertum Österreich*.

Es ist also wichtig, die Unterschiede zwischen der italienischen Ausgabe des Werkes von Griselini und der deutschen Fassung herauszuarbeiten. Beide stehen für anspruchsvolle wissenschaftliche Ausarbeitungen in Form von Briefen. Während die deutsche Ausgabe einundzwanzig Briefe an acht Empfänger enthielt, bestand die italienische aus sechsundzwanzig Briefen an fünfzehn Adressaten. Nur sechs der Empfänger waren in beiden Ausgaben identisch. Für uns wichtig ist, dass die meisten Kapitel wissenschaftlichen Inhalt hatten, von Analysen berichteten, von Experimenten erzählten oder ganz einfach Argumente vorführten und dabei viele verschiedene Gegenstandbereiche ansprachen: Physik, Mineralogie, Agrarwissenschaft, Kartografie, Geschichte, auch Linguistik. Zweifelsohne, die italienische Ausgabe war dichter und hatte einen höheren Informationswert als die deutsch-sprachige. Sie enthielt mehr Fakten, sie musste gleichzeitig weniger Rücksicht auf politische Vorgaben gegenüber den Habsburgern als Auftraggeber nehmen. – Und nicht zufällig finden wir dort Überlegungen zu den Wurzeln der rumänisch-sprachigen Bevölkerung im antiken römischen Reich sowie einen Hinweis auf die enge Verwandtschaft der rumänischen und der lateinischen Sprache. All diese klugen Beobachtungen waren Resultat der intellektuellen Sensibilität eines enzyklopädisch interessierten aufgeklärten Autors.

Der geistige Wert von Francesco Griselinis Werk resultiert einerseits aus dessen methodischem Vorgehen, das für eine moderne Geschichtsschreibung steht, andererseits aus seinem Gespür für die Spezifika der Region: die Existenz von rumänisch und serbisch sprechenden Gruppen in derselben Region; die Ansiedlung von Kolonisten ganz unterschiedlicher Sprache – Deutsch, Italienisch, Französisch –, welche die

---

19 Für eine Analyse von Griselinis vergleichender Sprachforschung vgl. Eugen Coşeriu, *Limba română în faţa Occidentului. Contribuţii la istoria cunoaşterii limbii române în Europa occidentală* (*The Romanian Language Facing the Occident: Contributions to the History of Understanding the Romanian Language in Western Europe*) (Cluj-Napoca, 1994), insbes. das Kapitel 'Griselini, româna şi latina vulgară' ('Griselini, Romanian and Vulgar Latin'), pp. 72–87.

kaiserliche Verwaltung mit ihren Versprechen einer substanziellen Besserstellung zur Umsiedlung aus West- und Mitteleuropa in die Region veranlasst hatte. Griselini schildert auch die Siedlungen, die das Haus Habsburg für die Neuankömmlinge plante. Ihn faszinierte das Zusammenleben zahlreicher Bevölkerungsgruppen, die verschiedenen Glaubensrichtungen angehörten – christlich-orthodox, römisch-katholisch, auch jüdisch. Doch alles lief letztlich darauf hinaus, dass er den Raum und dessen Bevölkerung als zutiefst europäisch geprägt herausstellte. In wirtschaftspolitischer Hinsicht beschrieb Griselini aufmerksam den Beginn der industriellen Revolution im Banat und unterstrich damit den Erfolg der kaiserlichen Reformpolitik. Gleichzeitig diskutierte er, wie der Neuanfang durch die Alphabetisierung der Bevölkerung weiter vertieft werden konnte. Griselini gelang so eine enge Verbindung zwischen den theoretischen Prinzipien der Freimaurer und den pragmatisch-aufgeklärten und merkantilen Sichtweisen des österreichischen Aufklärungsabsolutismus. Das, was er beobachtete, blieb zudem nicht folgenlos, denn natürlich sprach er auch mit der lokalen Banater Verwaltung. Wie wir gesehen haben, gehörten einige der Spitzenbeamten zur ersten Temeswarer Freimaurerloge (*Zu den Drei Weißen Lilien*). Selbstbewusst verfolgte die Banater Administration große Reformvorhaben, welche Griselinis Ausführungen widerspiegelten und mit dessen Zielen übereinstimmten: Mobilisierung der Bevölkerung, Stärkung des interregionalen Austauschs, wirtschaftlicher Fortschritt, Modernisierung von Landwirtschaft und Gewerbe.

Es ist wissenschaftlich geradezu aufregend, zu beobachten, wie eng das Beziehungsgefüge zwischen den Freimaurern und der Wiener Reformpolitik war und wie beide Kulturträger des 18. Jahrhunderts anspruchsvolle Monografien zu den europäischen Randgebieten anregten. Die Gelehrten- und Freimaurergesellschaften wirkten dabei nicht nur auf die kaiserliche Politik ein, sondern sie selbst schufen jenen „kulturellen Korridor", der erst einen engen Kontakt zwischen West- und Osteuropa ermöglichte. Das Banat des achtzehnten Jahrhunderts faszinierte als Grenzregion zwischen osmanischem und habsburgischem Kaiserreich, es beeindruckte als ein Raum mit einer außerordentlich reichen Geschichte und es stand für ein Gebiet multikulturellen Zusammenlebens, das aus einer höchst komplexen Vergangenheit resultierte. Wer von außen das Banat erstmals besuchte, der war offensichtlich beeindruckt. Dies wird auch in jedem einzelnen der Briefe deutlich, die Griselini veröffentlicht hat. Seine Texte überzeugen durch die Reichhaltigkeit und Genauigkeiten der Beobachtungen, durch die Modernität ihrer Fragestellungen und durch die Originalität ihrer Erzählweise. Bis dahin nämlich hatte noch niemand nach der Herkunft der eingesessenen Bevölkerung gefragt. Griselini, der venezianische Wissenschaftler, beschrieb daher zum ersten Mal die antiken römischen Wurzeln der rumänischen Bevölkerung. Wie ein Volkskundler untersuchte er die Ähnlichkeiten der rumänisch-sprachigen Kultur mit dem italienischen Volksleben. Gleichzeitig verglich er die rumänischen Lebensweisen mit jenen der benachbarten slawischen Bevölkerungsgruppen.

Wenn wir diesen Abschnitt zusammenfassen wollten, so müssten wir vor allem auf die entscheidende Rolle der Freimaurer für die Veränderungsprozesse im 18. Jahrhundert hinweisen. Erst durch sie kam es zu einem engen Austausch zwischen Mittel- und Osteuropa. Ihre Verankerung in ganz unterschiedlichen städtischen Segmenten der Gesellschaft ermöglichte ein vollkommen neues Sprechen und förderte eine soziokulturelle und institutionelle Modernisierung. Die Freimaurer wirkten als gesellschaftlich verbindende Kraft, nämlich durch ihre Fähigkeit zur Kommunikation und ihren Willen zum sozialen Miteinander. Ihr Thema war nicht die Revolution, sondern ganz pragmatische Reform, sowohl auf politischem Gebiet als auch auf wirtschaftlichem. Sie standen für ein neues Verhältnis zwischen Zivilgesellschaft und Religion, gerade im 18. Jahrhundert, und es waren vielfach Freimaurer, welche die Reformen der europäischen Königs- und Kaiserhäuser in die Praxis umsetzten. Die Freimaurer standen zudem für eine enge Verbindung von literarischer und akademischer Kultur. Beispiele dafür sind etwa Francesco Griselini, Carlo Goldoni, Ignaz von Born und deren Mitstreiter. Vielsprachigkeit war für sie ebenso selbstverständlich wie das Zusammenfügen von Gedankenexperimenten und wissenschaftlicher Forschung zu einem neuen Raum universeller Orientierung. Viele dieser Elemente finden sich denn auch in der ersten Temeswarer Freimaurerloge wieder: Die Betonung der Notwendigkeit einer Emanzipation von Individuum und Gesellschaft; der Verweis auf die Notwendigkeit neuer ziviler, akademischer und ökonomischer Institutionen, welche die Emanzipation fördern sollten; schließlich ein Denken in Prozessen und der Hinweis darauf, dass jegliche Hinwendung zur Moderne konkrete Verhaltensänderungen durch den einzelnen Menschen erforderte.

Die Städte Temeswar und Lugoj – oder – über den Beginn Stadtbürgerlicher Kultur im Banat

Als neueroberte Provinz erhielt das Banat im 18. Jahrhundert eine eigenständige Rechtsstellung. Schon 1716 wurde für die Region eine gesonderte Verwaltungsautorität geschaffen, die sich in ihren Kompetenzen, vor allem im wirtschaftlich-sozialen Bereich, von anderen Regionen des Habsburger Reiches deutlich unterschied. Die Administration mit ihrer unmittelbaren Berichtspflicht an Wien hatte ein Gebiet zu verwalten, das der Wiener Zentrale weitgehend fremd war. Wie sich da die lokalen Gemeinden und ihre Eliten organisierten, darüber wusste man fast nichts. Manchmal gab es sogar überhaupt keine nachvollziehbaren formalen Strukturen. Hinzu kam, dass die Nähe zur Grenze des Osmanischen Reiches eine dauerhafte Gefahr bedeutete und deshalb eine genaue Kenntnis der Lage vor Ort und eine erfolgreiche Verwaltung notwendig schienen.

Was unter diesen Umständen nach Wien berichtet werden konnte, war durchaus erfreulich: Die Felder erwiesen sich als außerordentlich fruchtbar und ermöglichten den umfangreichen Anbau von Weizen, Getreide und Wein. Die Städte prosperierten, denn sie profitierten vom Absatz der landwirtschaftlichen Güter. Im Zwischenraum zwischen den Flüssen Marosch, Theiß und Donau gelegen, profitierte das Banat von einer günstigen Verkehrslage.[20] Der ungarische Historiker László Marjanucz hat versucht, die historische Landschaftseinteilung des Banats zu bestimmen. Dazu studierte er alte Chroniken, nutzte aber auch die Karten heutiger Geografen. Im Ergebnis sieht er das Banat als eine weitgehend ebene Fläche von etwa 100.000 Quadratkilometern. Unterteilt ist sie noch einmal in drei Teilgebiete: dem historischen Raum zwischen Donau und Theiß, Bacska genannt; einem zweiten Teilraum, jenseits der Theiß gelegen und bekannt geworden als Banat von Timişoara, und dem dritten Teilgebiet, Srem genannt (Szeremseg).[21]

Im Ergebnis der administrativen Bemühungen erwies sich das Banat als eine Provinz, in der die Modernisierung leichter angestoßen werden konnte und Reformen einfacher durchzusetzen waren als in anderen historischen Räumen, weil dort sich die alten Strukturen erhalten hatten. Ohne traditionelle Rechtsformen wie Landtage, Zünfte oder stark hierarchisch strukturierte Stadtverfassungen wurde das Banat zu einem Ort des Neuanfangs und sozialer Experimente in allen Bereichen: politisch, industriell, landwirtschaftlich, demografisch und kulturell. Aus Sicht der kaiserlichen Verwaltung ging es darum, die erste „Erbprovinz" im Osten des Habsburger Reichs aufzubauen.[22] Innerhalb weniger Jahrzehnte wurde die Region durch ihre wirtschaftliche Dynamik zu etwas, das auffiel, weil so viele Bereiche der Wirtschaft prosperierten: die Landwirtschaft, der Bergbau auch das frühneuzeitliche Gewerbe. Möglich wurde dies, weil es keinen erblichen Adel gab und gesellschaftliche Umbrüche ausblieben, so, wie sie Siebenbürgen kennzeichneten. Die Wiener Administration, jedoch auch die Temeswarer Verwaltung unterstützten technische Innovationen, förderten einen offenen Wettbewerb zwischen den Wirtschaftssubjekten der Region. So profitierte das Banat im achtzehnten Jahrhundert von einem Entwicklungsprojekt, das es den Menschen erlaubte, eine eigene Regionalkultur und eine eigene Identität zu entwickeln, die es in dieser Form zuvor nicht gegeben hatte.[23]

Administrativ wurde das Banat unterteilt in die Bezirke Caraş-Severin, Timiş, Torontal und Arad. Diese Aufteilung erfolgte keinesfalls willkürlich, sondern berücksichtigte einerseits die kulturellen und sprachlichen Traditionen der Region, wie es sie schon vor der Integration in das Kaiserreich gegeben hatte, andererseits auch den Zuzug vieler Siedler, sodass im Verlaufe der Zeit das Banat ein kultureller Schmelztiegel wurde, gelegen an der Grenze zwischen Habsburger und Osmanischem Reich. Den Zusammenhalt zwischen den unterschiedlichen Gruppen sicherten die römisch-katholische und die griechisch-orthodoxe Kirche.[24] Und weil es, wie erwähnt, reichhaltige,

---

20 Béla Bulla und Tibor Mendöl, *A Kárpát-medence földrajza* (*The Geography of the Carpatian Basin*) (Budapest, 1995), p. 170, zitiert von Lászlo Marjanucz, Kapitel 5, in diesem Band.
21 *Ibid.*
22 Jenő Szentkláray, 'Temes vármegye története' ('The History of Timiş County'), in Samu Borovszky (Hg.), *Magyarország vármegyéi és városai* (Budapest, 1897), p. 369.
23 Vgl. Marjanucz, Kapitel 5 in diesem Band.
24 Victor Neumann, 'Preliminarii la o sinteză a istoriei Banatului' ('Preliminaries to a Synthesis of the

fruchtbare Böden gab, war das Land dicht besiedelt. Auf beides, religiöse Bindung und enge gesellschaftliche Kontakte der Menschen untereinander, galt es für Wien zu achten, als es daran ging, die Region nach eigenen Vorstellungen zu ordnen.

Für das achtzehnte und neunzehnte Jahrhundert lässt sich ein regionaler Struktur-plan erkennen, der ein deutlich verändertes Siedlungsnetz gegenüber der Vergangen-heit aufweist. Es war dieses veränderte sozialräumliche Beziehungsgefüge zwischen den städtischen Zentren, das eine gesellschaftspolitische und wirtschaftliche Emanzi-pation der Bürger förderte. In Form eines Quadrats, begrenzt von den Flüssen Donau, Theiß und Marosch sowie dem Karpatengebirge (als Abgrenzung zu Siebenbürgen), profitierte das Banat vom urbanen Wettbewerb zwischen Timişoara, Arad und Szeged. Die Spannungen zwischen Timişoara und Arad erwiesen sich schon bald als dauer-haft, und doch schafften es beide Städte, Großkonflikte zu vermeiden. Arad, am Fluss Marosch gelegen, spielte seine Rolle als offenes Tor in Richtung Siebenbürgen. Eine ähn-liche Rivalität gab es zwischen Timişoara und Szeged.[25] Doch in diesem Fall überwogen die gemeinsamen Interessen im Bereich von Kultur, Handel und Industrie. Lugoj, ein durchaus bedeutendes Gebietszentrum, schlug sich in den Verhandlungen um regio-nalpolitischen Einfluss auf die Seite von Temeswar. So waren die Beziehungen zumeist kooperativ. Umgekehrt ignorierte die Regionalverwaltung von Temeswar keinesfalls die Interessen von Lugoj bzw. des Bezirks Caraş-Severin. Die Zusammenarbeit zwischen Timişoara und Lugoj erwies sich in der Folgezeit als für beide Seiten höchst nützlich.

Das Banat des achtzehnten Jahrhunderts, zu dem auch Lugoj gehörte, wurde direkt von Wien aus regiert, durch eine Verwaltungseinrichtung, an deren Spitze ein mili-tärischer oder ziviler Gouverneur bzw. Präsident stand. Als Gouverneure agierten: Claude Florimond de Mercy d'Argenteau (1716–1734), Johann Andreas von Hamilton (1734–1738), Wilhelm Reinhard von Neipperg (1738–1739), August Jakob Heinrich von Succow (1739–1740) und Franz Anton Leopold von Engelshofen (1740–1751). Präsiden-ten der Banater Verwaltung waren: Franz Anton Leopold von Engelshofen (1751–1753), Don Francesco Ramon de Vilanta Perlas (1753–1768), Karl Ignaz von Clary-Altringen (1769–1774), Joseph Brigido von Bressowitz (1774–1777) und Pompeo Brigido von Bressowitz (1778–1779).[26]

History of the Banat'), in *Identitate şi Cultură: Studii privind istoria Banatului* (*Identity and Culture: Studies Regarding the History of Banat*), vol. i (Bukarest, 2009), pp. 9–17. Id., 'Multiculturality and Inter-culturality: The Case of Timişoara', in id., *Essays on Romanian Intellectual History* (Timişoara, 2013), pp. 147–167. Id., *Istoria evreilor din Banat: O mărturie a multi- şi interculturalităţii Europei Central-Orientale* (*The History of the Jews from Banat: A Witness of the Central-East European Multi- and Inter-culturality*) (Bukarest, 1999).
25 Mihály Niámessny, *Szeged és a Délvidék* (*Szeged and the Southern Land*) (Szeged, 1937), p. 14; vgl. Marjanucz, Kapitel 5 in diesem Band.
26 *Istoria Românilor* (*The History of Romanians*), vol. vi. *Românii între Europa clasică şi Europa luminilor (1711–1821)* (*Romanians between Classic and Enlightened Europe 1711–1821*), hg. v. Paul Cernovodeanu und Nicolae Edroiu (Bukarest, 2002), p. 981.

Freilich blieb die direkte Administration des Banats durch Wien nicht unumstritten. Der ungarische Adel erhob Einwände und formulierte Ansprüche. Nur zögerlich und teilweise erst nach bewaffneten Kämpfen hatte er sich in der Vergangenheit der Bindung an das Haus Habsburg unterworfen. Zudem hatte er Bedingungen genannt, dass nämlich der Kaiser auch den Titel eines Königs von Ungarn tragen solle und dass Ungarn Ländereien zugewiesen werde, die während des mittelalterlichen Königtums ursprünglich dessen Adel gehört hatten. Schrittweise erfüllte Wien die Zusagen. So änderte sich der Status des Banats von einer Domäne der kaiserlichen Krone zwischen 1750 und 1779 zu einer vom ungarischen Staatsrat verwalteten Region. Vor Ort traf das Vorhaben auf Widerstand, weil die rumänisch-sprachigen und serbisch-sprachigen Bevölkerungsgruppen sich mit ihren lokalen Traditionen identifizierten und deshalb die unmittelbare Anbindung an Wien bevorzugten. Dazu kam, dass die Siedlungspolitik des Habsburger Reiches zu einer neuen demografischen Struktur in der Region geführt hatte. Nicht nur „Rumänen" und „Serben" lebten hier in der zweiten Hälfte des 18. Jahrhunderts, sondern auch „Banater Schwaben", „Franzosen", "Italiener", „Spanier", „Tschechen", „Slowaken", „Bulgaren", „Roma", „Ungarn" und „Juden". Sie machten die Region zu einem ethnisch höchst heterogenen Gebiet. Und es war diese Heterogenität, die dem Raum eine besondere Identität gab und die Zugehörigkeit der Region zu Mitteleuropa für mehr als drei Jahrhunderte signalisierte.

Die strukturelle Vielfalt des Banats erschwerte denn auch jeden Versuch, der Provinz eine einheitliche Gestalt aufzuzwingen, sei es im Bereich der Religion, der Sprache, der ethnischen Struktur oder der Politik. Dies war auch der Grund dafür, dass eine Veränderung des regionalen Status durch Wien und Ungarn auf Widerstand traf. Nachdem die Wiener Verwaltung erfolgreich den komplexen Neuaufbau initiiert hatte, sahen die Einwohner keinerlei Notwendigkeit zu einer Veränderung. Die Idee einer durch Wien garantierten Verwaltungsautonomie entsprach exakt ihren Vorstellungen. Dasselbe galt für die religiöse Anbindung. Die orthodoxe Kirche hatte ihr Zentrum in Karlowitz, die römische-katholische Kirche ihre bischöflichen Sitze in Timișoara und Vršac. Daran sollte nichts verändert werden. In der zweiten Hälfte des achtzehnten Jahrhunderts kamen noch die griechisch-katholische Kirche und die jüdischen Gemeinden hinzu. Und auch sie beharrten auf ihre angestammten Strukturen.

Administrative Neuordnung der Region 1777–1779

Und dennoch stimmte 1777 Kaiserin Maria Theresia der verwaltungsmäßigen Neustrukturierung des Banats zu. Wie erwähnt erfolgte diese Entscheidung erst nach einem langen politischen Tauziehen. Bis dahin nämlich hatten die Wiener Hofkammer (die Finanzbehörde) und der kaiserliche Kriegsrat die Region verwaltet. Der ungarisch-sprachige Historiker Frigyes Pesty (1832–1889) versuchte bereits im 19. Jahrhundert, die Gründe für die administrativ-territoriale Neuorganisation zu ermitteln: U. a. verwies er auf die veränderte außenpolitische Lage des Kaiserreichs am Ende des

18. Jahrhunderts, auf den materiellen Nutzen, der aus der territorialen Neuorganisation des Banats zu erwarten war, auch auf den Eid, den Maria Theresia infolge ihrer Krönung als Königin von Ungarn geleistet hatte. Schon Karl VI. (1711–1740) habe in seiner Krönungsurkunde den ungarischen Anspruch auf das Banat bestätigt; dazu kam ein Gesetz des ungarischen Landtages von 1741, das die Integration des Banats in die ungarische Administration bestimmte. Überzeugen kann die Argumentation heute nicht mehr. Frigyes Pesty betrachtete das Problem aus dem national-ungarischen Blickwinkel seiner Zeit. (Er war in Temeswar geboren, engagierte sich für die ungarischen Belange und wurde später auch Politiker, u. a. Reichsratsabgeordneter von Arad.) Weder erwähnt er die zeitweise direkte Zuordnung des Banats zur Wiener Verwaltung noch die spezifisch geografische Lage der Region. Auch die Vielfalt der Religionen, Sprachen und Kulturen finden bei ihm keine Würdigung. Selbst der Schutz der Grenze durch das kaiserliche Militär und damit der Schutz der Grenzbewohner verfehlt seine auf nationale Ansprüche abhebende Argumentation. Aber erst, wenn man dies alles berücksichtigt, die Offenheit Wiens gegenüber der kulturellen Lebendigkeit des Banats würdigt, auch den wirtschaftlichen und gesellschaftlichen Aufbruch, den Wien initiiert hatte, wird verständlich, warum die lokalen Verwaltungseliten offen gegen die Schwächung der Anbindung an das Kaiserhaus protestierten.

Dem ungarischen Adel ging es vor allem darum, mehr Macht im Verhältnis zum Habsburger Kaiserhaus zu gewinnen. Insofern war die 1779 abgeschlossene Reorganisation für ihn ein Erfolg.[27] Und tatsächlich brauchte Maria Theresia dringend die Unterstützung des ungarischen Adels für die außenpolitischen Konflikte, in denen das Kaiserreich verstrickt war. Die kaiserliche Kanzlei achtete bei den Verhandlungen aber auf eine gleichmäßige Förderung aller Arbeitskräfte im Banat und auf die Schaffung von Komitaten mit ähnlicher Größe und ähnlichem Status. „Besondere Aufmerksamkeit" sollten dem Wunsch der Kaiserin gemäß die Schulen genießen. Dabei wurde zwischen zwei Arten von Schulen unterschieden: Die eine Schulart richtete sich an die „höherrangigen Herrn", die andere an das „gemeine Volk". Ziel war hier die Erziehung der breiten Bevölkerung zum Respekt gegenüber den Regeln der Arbeit und der Arbeitsethik. Die besondere Lage Timișoaras sowie seiner Umgebung als Region an

---

27 Marjanucz, Kapitel 5 in diesem Band. Im Gegensatz zu den Historikern des 19. Jahrhunderts scheint es mir wichtig, die Eigenständigkeit der Entwicklung des Banats hervorzuheben und die Unterschiede zu Siebenbürgen kenntlich zu machen. In dieser Hinsicht unterscheide ich mich auch von den Überlegungen Marjanuczs, der als ungarischer Zeithistoriker eine andere Perspektive einnimmt. Die folgenden Argumente scheinen mir dabei wichtig: Das Banat wurde 165 Jahre lang vom Osmanischen Reich regiert. Danach übernahmen die Habsburger die unmittelbare Regentschaft. Während des 18. Jahrhunderts stellten sie die Landesverwaltung, kolonisierten die Provinz, stießen eine Reorganisation der Religionsgemeinschaften an und modernisierten die Wirtschaft. Selbst als die Region 1779 vom ungarischen Landtag in Pressburg verwaltet wurde, besaß sie einen besonderen Status. Nichts änderte sich an der heterogenen Kultur, in der Rumänisch, Serbisch und Deutsch nebeneinander gesprochen wurde. Auch äußerten die Vertreter des Banats immer wieder den Wunsch nach Autonomie.

der Grenze zum Osmanischen Reich und als Ort des Aufeinandertreffens der beiden großen christlichen Religionen (Katholizismus, Orthodoxie) veranlasste die Wiener Verantwortlichen, Timișoara zu einer königlichen Freistadt zu erklären (1781). Maria Theresia und Joseph II. setzten insofern ein neuartiges Konzept für das Banat durch, das sich deutlich von der gängigen ungarischen Praxis unterschied. So blieb es dabei, dass Menschen und Religionsgemeinschaften unterschiedlicher Glaubensrichtungen sich im Banat niederlassen konnten, sofern sie über eine entsprechende Berufsqualifikation in Landwirtschaft, Industrie, Handwerk bzw. Handel verfügten. Noch anders, aufgrund der neuen Regelungen war die Kaiserin nicht länger gezwungen, eine unmittelbare Anbindung des Banats an Wien sicherzustellen. Als ein Gebiet, in dem die Aristokratie keine direkten Eigentumstitel besaß, sondern der Immobilienbesitz weitgehend in der Hand des Kaiserreichs lag, blieb das Banat offen für unterschiedliche Besiedlungsaktivitäten.

Als das Banat 1778 in die ungarische Verwaltungsstruktur eingegliedert wurde, reagierte die Bevölkerung enttäuscht.[28] Der römisch-katholische Bischof von Timișoara, Imre Christovich, und der orthodoxe Bischof, Moise Putnik, hatten die Aufgabe, die Bevölkerung über die neue Ordnung aufzuklären. Am 6. Juni 1778 präsentierte der ungarischstämmige Kristof Niczky als kommender Verantwortlicher in Temeswar das kaiserlich-königliche Dekret. Die Übergabe der Verordnung fand im Amtssitz des Gouverneurs statt, dem Mercy-Palast, der später als Präfektur für den Bezirk Timiș dienen sollte.[29] Auch wenn das Banat eine neue Verwaltungsstruktur erhielt, so gingen doch die Erfahrungen, die unter der Wiener Verwaltung gemacht worden waren, nicht verloren; zu prägend waren die in der Zwischenzeit getätigten Investitionen, die festen Marktstrukturen, das bunte Bevölkerungsgefüge, das Zusammenleben der verschiedenen „konfessionellen Nationen" – orthodox, römisch-katholisch, griechisch-katholisch, evangelisch-lutherisch, reformiert-calvinistisch, jüdisch und muslimisch. Und so zeitigten die Initiativen Wiens aus den Jahren 1718 bis 1778 noch lange nach der verordneten Neugestaltung ihre Wirkung.[30]

Die administrative Reorganisation brachte keine totale Unterordnung des Banats unter den ungarischen Staatsrat. Als Grenzregion unterstanden die hier stationierten Truppenkontingente immer noch dem Wiener Kriegsrat. Darüber hinaus machte sich die Neuordnung allerdings bemerkbar: Das Banat war jetzt anstelle der früheren vier in drei Gebietsteile gegliedert: Timiș, Torontal und Caraș. Mit Ausnahme der an der Grenze

---

28 *Wienerisches Diarium*, 24. Juni 1778, zitiert in Jenő Szentkláray, *Száz év Dél-Magyarország újabb történetéből* (*A Hundred Years of the Newer History of South Hungary*), vol. i (Timișoara, 1880), p. 314.
29 I. e. der Barockpalast am Domplatz (heute Piața Unirii). Seit 2006 beherbergt er die Kollektion des Kunstmuseums Timișoara.
30 Victor Neumann, 'Reformele modernizatoare ale Iosif al II-lea și începuturile francmasoneriei în Banatul Timișoarei' ('Joseph II's Modernising Reforms and the Beginnings of Freemasonry in the Banat of Timișoara') in *Identitate și Cultură: Studii privind istoria Banatului* (*Identity and Culture: Studies Regarding the History of Banat*), vol. ii (Timișoara, im Erscheinen).

gelegenen Kreise agierten die Bezirke als freie Verwaltungskörperschaften. Becichere-cul Mare (Nagybecskerek, Zrenjanin) war der Amtssitz des Bezirks Torontal, Timişoara der von Timiş, und in Lugoj saß die Bezirksregierung für Caraş. Dokumente im ungarischen Kameralarchiv geben Auskunft über die jeweiligen Verwaltungssitze: Für Torontal befand sich die Bezirksregierung im Rentamt von Becicherecul Mare, in Timişoara diente das Verwaltungsgebäude der Region demselben Zweck, und in Lugoj saß die Administration im Gebäude der früheren Regionalvertretung. An der Spitze der Verwaltung standen Präfekten und Sub-Präfekten. Sie wurden von der ungarischen Hofkanzlei eingesetzt. Diese ernannte András Semsey zum Sub-Präfekten des Bezirks Torontal, Kristof Niczky zum Präfekten von Timiş und Zsigmond Lovasz zu dessen Sub-Präfekten. Als Präfekt von Caraş wirkte Graf Jozsef Haller, während Ignac Madarasz als Sub-Präfekt agierte. Alle genannten Offiziellen sprachen Ungarisch und Deutsch und kamen entweder aus dem Banat oder aus Ungarn.[31] Die veränderte Verwaltungsstruktur von 1779 brachte keinen dramatischen Wandel der Bevölkerungszusammensetzung. Im Kern handelte es sich um einen Austausch von Spitzenbeamten, die jetzt anderen adligen Familien entstammten und aus den Bezirken des ungarischen Königreiches rekrutiert wurden.

Die Stadt Lugoj im 18. Jahrhundert

Um zu verstehen, was die Neustrukturierung im Banat außerhalb von Temeswar bedeutete, lohnt ein Blick auf Lugoj. Die Stadt war, das haben wir bereits gesehen, der Verwaltungssitz des neuen Bezirks Caraş-Severin. Ein Dokument aus jenen Jahren, erschienen um 1800, erlaubt einen Einblick in Geschichte und Struktur der Stadt. Die Publikation der schwarzen Franziskaner (Minoriten) *Ephemerides sive Diarium Venerab. Conventus Logosiensis ordinis Minorum I. Francisci Conventualium* erlaubt einen aufschlussreichen Blick darauf, wie die Stadt regiert wurde, wie die Verwaltung agierte, welche Berufe die Menschen hatten und welchen Einfluss die lokalen Kirchen ausübten.[32] Aufschlussreich ist der Blick in die Chronik auch deshalb, weil manche Historiker später behauptet haben, dass der ungarische Adel die Entscheidungen des kaiserlichen Hofes konterkariert und das Banat damit seine zugesagte Stellung als eigenständige Region verloren habe.

---

31 Vgl. Marjanucz, Kapitel 5 in diesem Band.
32 *Ephemerides sive Diarium* war der Titel einer Zeitschrift des Minoritenordens Lugoj, teilweise übersetzt und reproduziert durch Ioan Boroş, später gedruckt unter dem Titel *Repertoriul istoric despre oraşul Lugoj şi districtul sau judeţul/comitatul Caraş (vechi), începând cu 1332–1800* (*The Historical Repertoire of the City of Lugoj and the Caraş District/County, 1332–1800*). Der Text blieb als Manuskript erhalten, später wurde er teilweise von Valeriu Leu, einem Historiker, bearbeitet und herausgegeben. Vgl. Leu, *Memorie, Memorabil, Istorie în Banat* (*Memory, the Memorable, and History in the Banat*) (Timişoara, 2006), pp. 137–150. Der Autor rekonstruiert die historische Herangehensweise des früheren episkopalen Sekretärs Ioan Boroş.

Lugoj lag und liegt an einem wichtigen Kreuzungspunkt zwischen Wien und Konstantinopel, zwischen Karlowitz, Vršac und Caransebeş, zwischen dem Banat und der Walachei und zwischen dem Banat und Siebenbürgen. Daher kamen viele Menschen nach Lugoj und suchten hier Unterkunft, darunter der Kaiser, die Bischöfe von Cenad-Timişoara und Karlowitz, aber auch viele wichtige Funktionsträger, Diplomaten und Militärs aus Wien, Bratislava oder Buda. Regelmäßig besuchten die römisch-katholischen und griechisch-orthodoxen Bischöfe die Stadt. Für die Menschen von Lugoj war das wichtig, weil die beiden Glaubensfürsten das ganze Leben repräsentierten, die soziale Ordnung, die Legitimation der Verwaltungsstrukturen und natürlich den Aufbau der Kirchengemeinden. Das gesellschaftliche Leben und die Stadtkultur Lugojs konnten also durch die Einbindung der Bischöfe nur gewinnen, wie auch durch das Engagement der Verwaltung und die Aktivität der auf Erneuerung ausgerichteten Bevölkerungsgruppen: der Händler, der Handwerker, der Priester und Lehrer.

Die Tatsache, dass die Unternehmer und Intellektuellen der Stadt ihr Gepräge gaben, beweist, dass Lugoj im achtzehnten Jahrhundert quasi den Rang einer Großstadt einnahm: Es gab eine ertragreiche städtische Wirtschaft, Schulen, Kirchen und Klöster. Lugoj war Amtssitz des Bezirks Caraş, sodass eine nennenswerte administrative und politische Elite die Stadt bevölkerte, welche zudem mit den kaiserlichen Repräsentanten in Timişoara und Wien eng verbunden war. Lugoj bot Gelegenheit zu einem vielfältigen religiösen Leben, erkennbar an den erwähnten regelmäßigen Besuchen durch die orthodoxen und katholischen Bischöfe. Das orthodoxe Kirchengebäude der rumänisch-sprechenden Bevölkerung stach dabei heraus, denn es zeugte von der Wirtschaftskraft, dem Glaubenseifer und dem Identitätsbewusstsein dieses bedeutenden Teils der Stadtbewohnerschaft. Wie übrigens die orthodoxe Kathedrale von Karlowitz auch, war die Architektur der orthodoxen Stadtkirche vom mitteleuropäischen Barock inspiriert. Auch darin bewies sich der kulturelle Einfluss des Wiener Kaiserhofes, der sein kulturelles Programm auf die ganze Donauregion ausweitete, einschließlich des Banats. Seinen Ausgang nahm der Barock im Rom des 16. Jahrhunderts. Er mündete ein in einen breiten Strom kultureller, künstlerischer und literarischer Ideen, welche ganz Europa erfassten, ja, deren Ausläufer wir bis weit ins zwanzigste Jahrhundert finden. Die barocke Gestaltung der orthodoxen Kirche von Lugoj beeindruckt bis heute, so frei und großzügig ist sie, und schon zeitgenössisch haben die Bürger der Stadt sich mit ihr identifiziert. Übrigens unterschieden sich die römisch-katholische Kirche und das orthodoxe Gotteshaus architektonisch kaum voneinander, waren doch beide im Barockstil erbaut. Die Anfänge der orthodoxen Kirche gehen auf das Jahr 1759 zurück. Damals schloss die Kirchengemeinde einen Vertrag mit dem Architekten Johannes Bränter ab. Er stammte aus Timişoara und war ein Freimaurer. Das Dokument ist vor allem deshalb interessant, weil es uns mitteilt, dass der Bau der Kirche von 46 Bürgern aus Lugoj finanziell unterstützt wurde.[33] 1766 war der Bau der Kirche

---

[33] *Ephemerides sive Diarium*, zitiert in Leu, *Memorie*, p. 138.

„Mariae Himmelfahrt" abgeschlossen. Die Einwohner Lugojs bezeichneten den Ort damals als die „Kirche mit den zwei Türmen".

Für Mitteleuropa heißt es, die dort lebenden Deutschen hätte im 19. Jahrhundert die „Vereinsleidenschaft" gepackt. In Lugoj war es kaum anders. Es gab zahlreiche soziale Zusammenschlüsse, wirtschaftlich, sozial, politisch. Die „Vereine" trieben die bürgerliche Emanzipation voran, und das erklärt den späteren Aufstieg der engagierten Vereinsmitglieder im sozialen Leben. Die städtische Bevölkerung strebte nach Bildung, nach Berufen mit Zukunft, interessierte sich für neue Ideen, strebte einen Austausch zwischen den Religions- und Sprachgemeinschaften an. Die Bevölkerung Lugojs war stolz auf ihre lokale und regionale Identität. Sie entwickelte ein eigenständiges städtisches Selbstbewusstsein. Politische und religiöse Konflikte moderierten die Priester und Bischöfe ebenso wie die kosmopolitisch denkenden Intellektuellen. Im Banat gab es eine Vielzahl von Gelehrten, die nicht nur mehrere Sprachen beherrschten, sondern an der sich herausbildenden modernen Kultur bewusst teilhaben wollten. Paul Iorgovici (1764–1808, rumänischer Schriftsteller und Grammatiker) und Constantin Diaconovici-Loga (1770–1850, Kantor, Pädagoge und Schriftsteller) standen in dieser Hinsicht nicht allein. Vielmehr zeigt sich in ihren Biografien die für das Banat so typische frühe Aneignung westlicher Werte, viel früher und ausgeprägter als in anderen ostmitteleuropäischen Regionen. Das Schulsystem trieb den Bildungsprozess voran. Die katholischen Bistümer von Vršac und Timişoara-Cenad veranlassten die Gründung zahlreicher neuer Schulen und wirkten auch auf die Inhalte der kaiserlichen Schulerlasse ein. Im erwähnten Journal des Minoriten-Ordens ist nebenbei vermerkt, dass um 1800 die Vertreter der Sprach- und Religionsgemeinschaften sich auf dem Bürgermeisterposten abwechselten. Wir finden daher Bürgermeister mit einem deutsch-katholischen Hintergrund, einem rumänisch-orthodoxen oder einem griechisch-katholischen. Ein Rumäne leitete die Stadt Lugoj über vier Jahre lang.[34]

Adel gab es, wie erwähnt, im Banat nicht mehr. Aber er zog im Laufe der Zeit von außen hinzu, ließ sich dort nieder. So auch in Lugoj. Schnell passte er sich dem städtischen Leben an. Ein Beispiel dafür ist Graf Soro, der der Gemeinde der römisch-katholischen Kirche 150 Gulden schenkte, um eine Darstellung des Heiligen Nepomuk anfertigen zu lassen. Das Journal des Minoriten-Ordens berichtet darüber, es seien Bilder des Heiligen Nepomuk und des Heiligen Antonius aus Wien transportiert und auf die beiden Seitenaltare der Kirche gestellt worden.[35] Die größte Ehre, welche der Stadt zuteil wurde, war der Besuch von Kaiser Joseph II: Während eines Konflikts zwischen dem Habsburger und dem Osmanischen Reich, 1788, machte der Kaiser in Lugoj Station und wohnte im dortigen Gebäude der Bezirksregierung.[36] Zu jener Zeit, als der Raum südlich der Karpaten, aber auch weite Teile Siebenbürgens Schauplatz sozialer

---

34 Leu, *Memorie.*, p. 148.
35 *Ibid.*, p. 142
36 *Ibid.*, p. 143.

Unruhen wurde, profitierte Lugoj als bevorzugter Ort für den zeitweisen Rückzug der betroffenen Eliten: Priester, Militärs, auch Verwaltungsfachleute. U. a. suchte der römisch-katholische Bischof von Alba-Iulia, Ignác Batthyáni, während der Revolte des Horea in Lugoj für kurze Zeit Schutz.[37]

Lugoj war keine unbedeutende Stadt, weder für das Habsburger Reich noch für Europa. Militärs, Diplomaten und Bischöfe kamen immer wieder hierher. Es gab namhafte Intellektuelle, Händler und Verwaltungsfachleute. So war Lugoj ein Ort ohne Minderwertigkeitskomplexe.[38] Direkte Beziehungen zu den großen Metropolen stärkten die Stellung der Stadt, ohne dass die Einwohner selbst initiativ geworden wären. Als Vorbild für die Stadtgestalt diente die Wiener Kunst und Architektur. Ebenso übernahmen die Einwohner von dort Anregungen für die klassische Musik und den Gesang. Die römisch-katholische Kirche erwarb 1790 eine große Orgel, deren Herstellung und Wartung sie einem Orgelbauer aus Timișoara übertrug.[39] In ihrem Journal urteilten die Minoriten, dass die Bürger von Lugoj sich leidenschaftlich für Musik und Theater interessierten und dass es keine Feier in der Stadt gäbe ohne eine musikalische Begleitgruppe. Der Kulturhistoriker Valeriu Leu (1952–2009) stellte erst vor Kurzem fest, dass die Menschen von Lugoj „Schönheit und Raffinesse hochgeschätzt" hätten und dass nicht wenige „vor Rührung" geweint hätten, „wenn sie vor einem neuen Altar standen". Guter Geschmack zeichnete also die Bewohner von Lugoj aus. Sie wussten Gemälde und Skulpturen zu würdigen, welche die Kirchen und Wohnhäuser schmückten.[40]

Auch gab es immer wieder feierliche Anlässe – vor allem während der Ferien –, zu denen die Stadtoberen beschlossen, die Straßen zu beleuchten. Gleichzeitig offerierte dann das Theater seine Kunst. Es fand breite Aufmerksamkeit, weil die Bildungsreformen den städtebürgerlichen Geist gefördert hatten und immer mehr Menschen intellektuelle Ansprache und Teilhabe einforderten. Zwischen 1790 und 1820 wählten Kirchenoffizielle Lugoj zu ihrem Treffpunkt, den die Verantwortlichen prächtig herrichteten. Händler und Militärs bevorzugten Lugoj als Zwischenstation, wenn sie von Südosteuropa nach Westeuropa reisten bzw. umgekehrt. Lugoj beherbergte auch österreichische und französische Diplomaten, die nach Konstantinopel fuhren oder von dort zurückkamen. Sicherlich, von Zeit zu Zeit nutzten auch Banditen und Kriminelle die herausgehobene geografische Lage von Lugoj. Fluten und Erdbeben erschütterte die am Temesch gelegene Stadt. Es gab Armut und soziale Randgruppen. Die Bezirksverwaltung traf gelegentlich ungerechte Entscheidungen und griff dann auch auf physische Gewalt zurück. Alles zusammengenommen war Lugoj Ende des achtzehnten Jahrhunderts ein Ort kultureller Verschmelzung, gelegen an der Grenze von Orient und Okzident, mit Verhaltensmustern und Gewohnheiten, die aus beiden Welten stammten.

---

37 *Ibid.*
38 *Ibid.*, p. 131.
39 *Ephemerides sive Diarium*, zitiert in Leu, *Memorie*, p. 149.
40 Leu, *Memorie*, pp. 131–132.

Unter dem Einfluss des Wiener Kaisertums tendierte die Stadt im 18. Jahrhundert indes dazu, die mittel- und westeuropäischen Normen und Gewohnheiten stärker zu integrieren. Die Politik zeigte sich immer offener gegenüber den Bedürfnissen der großen Bevölkerungsmehrheit. Der Adel, neu hinzugewandert, sollte sich nicht als eine neue herrschende Schicht etablieren. Im Gegenteil, zwischen 1760 und 1800 entstand eine frühe stadtbürgerliche Schicht, die Neues anstrebte und sich dem modernen Denken verpflichtet fühlte. Noch gab es keine nationale Bewegung. Der soziale Zusammenhalt folgte den traditionellen religiösen Bindungen. Religion und Nation fielen weiterhin zusammen, und die Religion war dabei das Wichtigere. Der Plurilinguismus stand für stadtbürgerliche Einheit in der Vielfalt. Lugoj gegen Ende des achtzehnten Jahrhunderts zeigte sich offen gegenüber Europa, strebte danach, sich zu europäisieren. Die Stadtbewohner folgten ihren Führungskräften im Streben nach Modernisierung. Wie selbstverständlich gehörten die Bewohner Lugojs verschiedenen Glaubensgemeinschaften zu. Und ihre intellektuellen Horizonte verschmolzen ebenso mit der Idee der Moderne wie es bei den anderen Menschen im Banat der Fall war.

László Marjanucz

Verwaltung, Kolonisation und Kultur bis Mitte des 19. Jahrhunderts

Offiziell gegründet wurde das Temeswarer Banat durch ein Reichshof-Reskript vom November 1717, das haben wir bereits gesehen. Zwischen 1718 und 1779 verwaltete Wien das Banat direkt aus dem Habsburger Zentrum. Und zuständig war die *Kaiserliche Banater Landes Administration*, eine Bezeichnung, die sich in einem Erlass von Gouverneur Mercy am 23. September 1718 findet. Das Banat war daher eine eigenständige Region, deren sozioökonomische Einbindung in das Habsburger Reich sich deutlich von den Gegebenheiten in anderen peripheren Teilen des Habsburger Reiches unterschied.[1] Unter diesen Umständen profitierte das Banat von einer auf die Region bezogenen Wirtschaftspolitik. Wien zeigte sich bereit zu politischen und wirtschaftlichen Experimenten, mit der Absicht, die erste „Erbprovinz" im östlich gelegenen Teil des Kaiserreichs als Modellregion zu entwickeln.[2] Die Region verfügte über eine vielfältige und dynamische Ökonomie, mit Landwirtschaft, Bergbau und Manufaktur. Der fruchtbare Boden sicherte die extensive Kultivierung von Weizen, Korn und Weintrauben, während die besondere geografische Lage die handwerklich-industrielle Entwicklung Timișoaras begünstigte.

Die Geografen haben das umfassende Donau-Karpaten-Becken in sechs größere landschaftliche Subräume unterteilt. Ein solcher Subraum ist die 100.000 km² umfassende Donau-Theiß-Ebene, die wiederum in zwei Unterräume zerfällt: in den Donau-Theiß-Raum und in den sogenannten Raum „jenseits der Theiß". Die Bácska (Batschka, Бачка) gehört zum Donau-Theiß-Raum, das Banat von Temesch zum Raum „jenseits des Theiß". Schließlich umfasst dieselbe Ebenenfläche noch ein drittes Gebiet mit dem Namen Srem (Szerémség, Срем).[3] Administrativ war das Banat in Habsburger Zeit wiederum in vier Bezirke eingeteilt: Caraș-Severin, Timiș, Torontal und Arad. Diese Einteilung hatte ihren Grund in Überlegungen dazu, wie das vielsprachige, multikulturelle Experiment am besten zum Erfolg geführt werden könnte. Zusammengehalten wurden die verschiedenen Sozialgruppen vor allem durch die kirchlichen Strukturen, römisch-

---

1 Vgl. C. Feneșan, *Administrație și fiscalitate în Banatul Imperial 1716–1776* (*Administration and Fiscality in the Imperial Banat 1716–1776*) (Timișoara, 1997).

2 Jenő Szentkláray, 'Temes vármegye története' ('The History of Timiș County'), in *Magyarország vármegyéi és városai* (*Counties and Towns of Hungary*): *Temes vármegye* (*Timiș County*) (Budapest, s. d.), p. 369.

3 Béla Bulla und Tibor Mendöl, *A Kárpát-medence földrajza* (*The Geography of the Carpathian Basin*) (Budapest, 1995), p. 170.

katholisch[4] einerseits und griechisch-orthodox[5] andererseits. Das Banat zeichnete sich aus durch den Anbau und die erfolgreiche Verarbeitung von Lebensmitteln. Es hatte einen fruchtbaren Boden und infolgedessen war es – sobald die Phase kriegerischer Auseinandersetzungen mit ihren Folgewirkungen überwunden war – dicht besiedelt. Nach der Herrschaft der Osmanen bedurfte es einer Abkehr von der Subsistenzökonomie und eines systematischen wirtschaftlichen Aufbaus. Wie der Neubeginn erfolgte, darüber bestimmte die kaiserliche Administration. Im achtzehnten und neunzehnten Jahrhundert entwickelte die Region ein Netzwerk von Siedlungen, das sich von der vorherigen Struktur vollkommen unterschied und gute Bedingungen schuf für den gesellschaftspolitischen und wirtschaftlichen Aufbruch. Verteilt auf einen in etwa quadratischen Raum, begrenzt von der Donau, der Theiß (Tisa, Tisza), dem Marosch (Mureş, Maros) und dem Karpatengebirge (das es von Siebenbürgen abgrenzte), erlebte das Banat von 1718 bis 1918, wie bereits an anderer Stelle ausgeführt, einen Wettbewerb um die städtische Führung, zwischen den Städten Timişoara, Arad und Szeged.

Sofort nach dem Abzug der Türken behauptete sich Timişoara als bedeutendes regionales Zentrum. Die anfänglichen Spannungen mit Szeged und Arad legten sich schon bald, und an deren Stelle traten enge Austauschbeziehungen im Bereich von Kultur, Handel und Handwerk.[6] Die Habsburger investierten in Temeswar und trugen zu dessen rascher Verstädterung bei.[7] Auch Arad, am Fluss Marosch gelegen, gewann gebührende Aufmerksamkeit und galt als ein wichtiges Tor in Richtung Siebenbürgen.

Die habsburgischen Kolonisationen

Schon lange vor der Eroberung durch die Habsburger lebten rumänisch-, serbisch- und ungarisch-sprechende Bevölkerungsgruppen auf dem Banater Territorium zusammen. Bunt und vielschichtig war der Raum also bereits vor 1717.

Die von den Habsburgern initiierten Ansiedlungen sorgten für eine weitere Ausdifferenzierung. Der Bevölkerungstransfer katholischer Siedler aus ganz verschiedenen Regionen Europas erhöhte zusätzlich die religiöse und ethnische Vielfalt. Es kamen:

---

4 Pál Balogh, *A népfajok Magyarországon* (*The Population in Hungary*) (Budapest, 1902), p. 803.

5 Victor Neumann, 'Preliminarii la o sinteză a istoriei Banatului', in id. (Hg.), *Identitate şi Cultură: Studii privind istoria Banatului* ('Preliminaries to a Synthesis of the History of the Banat', in *Identity and Culture: Studies on the History of the Banat*) (Bukarest, 2009), pp. 9–17. Id., 'Multi-Culturality and Interculturality: The Case of Timişoara', in id., *Essays on Romanian Intellectual History* (Timişoara, 2013), pp. 147–167. Id., *Istoria evreilor din Banat: O mărturie a multi- şi interculturalităţii Europei Central-Orientale* (*The History of the Jews from the Banat: A Testimony on the Multi- and Interculturality of Central-Eastern Europe*) (Bukarest, 1999).

6 Mihály Niamessny, *Szeged és a Délvidék* (*Szeged and the South*) (Szeged, 1937), p. 14.

7 László Kósa, *A magyar nép történeti táji tagolódása* (*The Historical Lands of the Hungarian People*) (Budapest, 1985), p. 63.

Deutsche, Franzosen, Spanier, Italiener, ehemalige Bewohner Böhmens und Ungarns.[8] Das Ansiedlungskonzept wurde durch den Wiener Hof konzipiert. Die Unterlagen dazu finden sich bei der Kommission für erworbene Territorien (*Neoaquitica Comissio*), aber ebenso im *Einrichtungswerk des Königreichs Ungarn*.

Als die kaiserlichen Truppen 1717 die türkische Armee zurückgedrängt hatten, besetzten sie ein Territorium von 28.000 km² mit 663 Orten und 21.289 Häusern. Die Einwohner der neu integrierten Region sprachen Serbisch und Rumänisch und betrieben auf den sumpfigen Böden eine Agrarwirtschaft mittelalterlichen Typus. Die Region, dies war den Verantwortlichen schnell klar, musste wirtschaftlich und kulturell rasch nach vorne gebracht werden.[9] Dem Vorhaben widmete das Haus Habsburg denn auch während des achtzehnten Jahrhunderts hohe Aufmerksamkeit. Der sogenannte Mercy-Plan (benannt nach dem ersten kaiserlichen Gouverneur des Banats, Claude Florimond de Mercy) schlug die Neuansiedlung deutscher Kolonisten vor. Bereits 1722 fand der sogenannte erste *Schwabenzug* ins Banat statt. 15.000 Menschen, angeworben durch die kaiserliche Verwaltung, trafen im Banat ein und siedelten sich hier an. Der *zweite Schwabenzug* folgte von 1764 bis 1771, als etwa 20.000 Menschen eine neue Heimstatt fanden. Gemäß den öffentlichen Vorgaben besaß ein Eigentümer 22 Morgen anbaufähiges Land und 3 Morgen Weideland. Später, nach Anfertigung des *Ubariums*, wurde die nutzbare Fläche noch erweitert.[10] Als rechtliche Grundlage für die Zuwanderung diente Artikel 103 aus dem Jahr 1723, der zusätzlich eine gute öffentliche Infrastruktur für die Neuankömmlinge sicherstellte. Wie wir gesehen haben, beendete Kaiserin Maria Theresia 1773 das staatlich geförderte Ansiedlungsprogramm aus finanziellen Gründen. Allerdings wurde es von Kaiser Joseph II. 1782 schon wieder fortgesetzt, auf der Basis des sogenannten *Impopulacios patens*. Unter diesen neuen Rahmenbedingungen fand der *dritte Schwabenzug* statt. Zwischen 1782-und 1787 ließen sich 6.000 Familien im Banat nieder, 1.600 in Ungarn. Die Neusiedler erhielten von der kaiserlichen Verwaltung substanzielle Unterstützungsleistungen: Land, ein Haus, zwei Ochsen, zwei Pferde, eine Kuh, eine Kutsche, einen Pflug, eine Egge usw.

Kehren wir zurück an den Anfang des Siedlungsgeschehens. Wer sich in den Banat aufmachte, hatte es trotz aller Unterstützung nicht leicht. Anfangs starben viele Siedler an Infektionskrankheiten. Schlechte Ernten und Unterernährung erschwerten das Leben zusätzlich. In den sumpfigen Ländereien des Banats wütete das Typhusfieber.[11] Wenn am Anfang die Mehrheit der Siedler tatsächlich aus dem deutsch-sprachigen

---

8 Die deutschsprachige Migration aus der Donauregion hatte zwei Migrationsrichtungen: (a) in Richtung Nordamerika, (b) in Richtung des Banats von Timișoara.

9 Annamária Jankó, 'A második katonai fölmérés' ('The Second Military Census'), *Hadtörténeti Közlemények* (*Military History Publications*), vol. 114 (Budapest, 2001), pp. 103–109.

10 Márta Fata, 'Einwanderung und Ansiedlung der Deutschen 1686–1790', in Günther Schödl (Hg.), *Land an der Donau* (Berlin, 1995), p. 171.

11 Ilja Mieck (Hg.), *Handbuch der europäischen Wirtschafts- und Sozialgeschichte*, vol. iv (Stuttgart, 1993), p. 933.

Raum stammte, so kamen doch auch schon früh, in den Jahren zwischen 1720 und 1740, andere Sprachen sprechende Gruppen hinzu: „Spanier", „Italiener" und „Franzosen". Die meisten von ihnen eigneten sich das Deutsche als Verkehrssprache an und verloren damit ihr sprachliches Distinktionsmerkmal. Während der zweiten Hälfte des achtzehnten Jahrhunderts wanderten dann noch slowakische Interessenten ein und siedelten sich im südlichen Teil der Bezirke Timiş und Torontal an. Die allermeisten Siedler, die im achtzehnten Jahrhundert ins Banat kamen, waren Katholiken. Und das war von Wien auch so gewollt. Ein Jahrhundert später, als die Eisenbahn die österreichisch-ungarische Monarchie durchzog, kamen Siedler aus Böhmen ins Banat und ließen sich im Bezirk Caraş nieder. Die tschechischen Niederlassungen entwickelten sich rasch zu industriellen Zentren und erinnerten an slowakische Ortschaften.

In den sich entwickelnden Städten des Banats, Timişoara, Becskerek und Werschetz (Вршац, Vršac, Versec) kam es nach der Zuordnung des Banats zum ungarischen Königreich auch zu gezielten Ansiedlungen ungarisch-sprechender Bevölkerungsgruppen. 1785 siedelten Familien aus dem Bezirk Heves nach Medja um (Pardany, Pardan, heute Vojvodina). In den 1780er Jahren entstand Tormac (Vegvar) als ganz neue Ortschaft, die eine kleine Anzahl von reformiert-calvinistischen Siedlern aufnahm. Diejenigen ungarisch-sprechenden Gruppen, die aus den Bezirken Szeged, Csongrad und Cenad kamen, siedelten sich vorwiegend in den folgenden Ortschaften an: Sajan (Szajan, 1804), Gataia (Gatalja 1823) und Urmenis (Urmenyhaza, 1840). Ihr Auskommen suchten sie vorwiegend als Tabakbauern.[12]

Der Aufbau von Grenzsicherungsregimentern erweiterte das Kolonisationsgeschehen bis ins 19. Jahrhundert hinein, hier vor allem in den Raum Caraş. Dort war die Grenzsicherung außerordentlich schwierig, weil die Geografie die Kontrolle des Raumes erschwerte. Sechsundsiebzig Prozent des Gebiets waren gebirgig, während die landwirtschaftliche Fläche sich nur an den Ufern der Flüsse befand, die in die Donau mündeten. Zuzüge von Neusiedlern erfolgten bis in die erste Hälfte des 19. Jahrhunderts hinein, wobei manche Siedler aus dem Raum Bratislava kamen, hier aus den kleinen Dörfern der Bezirke Trencsen und Turoc. Sie gehörten ursprünglich ganz verschiedenen sozialen Gruppen an, waren Leibeigene, selbstständige Bauern, Handwerker oder niederer Adel. Damit bildeten sie die gesellschaftliche Struktur ihrer Herkunftsregion ab. Im selben Zeitraum migrierten auch etwa 1.000 Personen aus dem nördlichen Ungarn nach Caraş, ungarisch- und slowakisch-sprechende Familien.[13] Die Forschungen zur Herkunft der Bevölkerung des Banats hat ergänzend gezeigt, dass etwa die Hälfte der ungarisch-sprechenden Bevölkerung der Stadt Timişoara und ein

---

12 József Oberding, *A bánsági magyarság* (*The Hungarians of the Banat*) (Budapest, 1937), p. 40. Einige der erwähnten Orte können in den Dokumenten aus dem 14. und 15. Jahrhundert verifiziert werden, wie z. B. Gătaia oder Urmeniş/Armeniş (1428).

13 Veronika Novák, 'Kivándorlás Mátyusföldről Krassó megyébe' ('Emigration from Mátyusföld to Caraş County'), *Fórum*, vol. 1 (2010).

Drittel des Komitats Timişoara aus dem Raum Szeged stammten. Sie siedelten in die nähere Nachbarschaft um – wegen der deutlich fruchtbareren Ländereien des Banats und hofften auf ein leichteres und besseres Leben.[14]

Die meisten der Siedler waren Freiwillige. Doch in einigen Fällen gab es auch Zwang. Dazu zählten etwa die zwischen 1734 und 1757 von Oberösterreich nach Siebenbürgen und ins Banat umgesiedelten Lutheraner. Sie wurden Opfer des Wiener Bemühens um religiöse Homogenität in den eigenen Erblanden. Ebenso traf das Verdikt einer Zwangsumsiedlung einzelne „Rädelsführer", die gegen die Gesetze verstoßen hatten. Das etwa geschah 1752 und 1768 bei der sogenannten „Deportation nach Timişoara über Wasser".[15] Als dritte Gruppe von Zwangsexilierten zu nennen sind die preußischen Kriegsgefangenen nach dem Frieden von Hubertusburg 1763, zusammen mit den Invaliden und Veteranen der kaiserlichen Armee.

Unter Maria Theresia kamen weniger Siedler ins Banat als während der Herrschaft ihres Sohnes, Joseph II. Aus der Sicht Maria Theresias ging es um Wirtschaftspolitik, genauer um merkantilistische Peuplierungspolitik. Kostspielig war das Ansinnen, und deshalb wurde gespart, wo es nur ging. Viele der Neusiedler erhielten unbewohnbare Heimstätten, und auch die Gesamtsituation für die Neuankömmlinge blieb unerfreulich. Joseph II. war entsetzt, sah die Gefahren, und als er den Thron erbte, veränderte er die gesetzlichen Grundlagen für die Kolonisten. Er verdoppelte die Investitionssummen, um die Voraussetzungen für Ansiedlungen zu verbessern und zugleich die Zahl der Interessenten zu erhöhen. Für den Zeitraum 1743 bis 1771 nennen die Unterlagen eine Zahl von 42.000 Personen, die in die Region Timişoara umsiedelten. Die meisten von ihnen kamen über Wien. In der Region Bácska trafen noch einmal 10.000 Menschen ein. Als das Siedlungsprogramm auf bessere Grundlage gestellt war, erhöhte sich seit 1763 auch die Zahl der Zuwanderer deutlich. Allein zwischen 1782 und 1788 siedelten sich etwa 12.000 Personen im Banat an und trugen damit zur raschen Entwicklung vieler Orte bei. Genannt seien: Niţchidorf (Nitzkydorf), Tormac (Rittberg) Măureni (Moritzfeld). Alle drei Ortschaften lagen im Südosten von Timişoara. Zwischen 1784 und 1787 entstanden schließlich Jamu Mare (Freudental), Aluniş (Traunau) und Orţişoara (Orczyfálva, Orczydorf).[16]

---

14 Sándor Bálint, 'A „szögedi nemzet" I. kötet' ('The Nation of Szöged, Part I'), in Ottó Trogmayer (Hg.), *Móra Ferenc Múzeum Évkönyve (Yearbook of the Ferenc Móra Museum)* (Szeged, 1979), p. 135.

15 Mieck (Hg.), *Handbuch der europäischen Wirtschafts- und Sozialgeschichte*, vol. iv, p. 892.

16 *Anmerkung des Herausgebers*: Die Gesamtzahl der Siedler in Ungarn im 18. Jahrhundert lag bei etwa 1 Million, Ilja Mieck (Hg.), *Handbuch der europäischen Wirtschafts- und Sozialgeschichte*, vol. iv, p. 893. Die erste dokumentierte Erwähnung von Siedlern finden wir für Jamu Mare, 1343. Die Kolonisation des 18. Jahrhunderts veränderte die demografische Struktur des Ortes, was sich auch in dessen Namen niederschlug. Hinweise zu Ansiedlungen in Orţişoara finden wir ebenfalls bereits für das 14. Jahrhundert. Auch diese Gemeinde erfuhr im 18. Jahrhundert einen radikalen Wandel. Ursächlich hierfür waren Neuansiedlungen ebenso wie Verwaltungsreformen. Im Banat waren solch scharfe Einschnitte möglich, weil ein lokaler Adel fehlte und damit eine wirkmächtige Opposition. Die dörfliche und die urbane Verwaltung widersetzten sich dagegen den kaiserlichen Reformen nicht und passten sich bereitwillig an.

Selbst nach dem Tod Josephs II. blieb die Kolonisation ein zentrales Mittel zur wirtschaftlichen Entwicklung des Banats. Bis weit ins 19. Jahrhundert zeigten sich die positiven Folgen dieser Anstrengung. Vom südlichen Ungarn bis ins Banat hinein galt es, die Auswirkungen der osmanischen Besatzung und die Zerstörungen des Krieges auszugleichen. Das 18. Jahrhundert war deshalb für die ganze Region eine Zeit der Ansiedlung. 1781 stand das Banat endgültig unter ungarischer Verwaltung. Die Politik für das Banat koordinierte der ungarische Staatsrat.[17] Damit wurde die Kolonisation zu dessen Hauptaufgabe. Er beschäftigte sich mit der Ankunft der Siedler, den Reisekosten, der medizinischen Betreuung und der finanziellen Unterstützung für den Neuanfang. Die Siedler erhielten Land, Saatgut, Tiere, Werkzeuge und Gerätschaften. Für zehn Jahre waren sie von allen staatlichen Verpflichtungen befreit. Viele Regelungen sahen statt dessen Arbeitsdienstpflichten vor. Fachleute des ungarischen Staatsrates entwarfen Baupläne für die Gebäude, Schulen und Kirchen, die in den neu zu besiedelnden Dörfern gebaut wurden.

Auffälligerweise ging die Zahl der deutschen Kolonisten nach 1788 zurück, sodass es während der Regentschaft Franz I. notwendig wurde, auf das einheimische Bevölkerungswachstum selbst zu setzen. Brachland wurde kultiviert, der Neuadel zu Investitionen angestachelt und die Warenproduktion deutlich erhöht. Für die einheimische Bevölkerung entstand aus all dem die Notwendigkeit zu einer größeren Mobilität. Die privaten Ansiedlungsbemühungen unterschieden sich deutlich von den regierungsamtlichen, denn der Adel setzte auf Diversifizierung der Beschäftigungsstruktur und vervielfachte die Zahl der Handwerker und der erfahrenen Landwirte auf seinen Ländereien.

Nach 1800, im Kontext der napoleonischen Kriege, mussten die Habsburger reagieren und ihre Wirtschaftspolitik intensivieren. Der demografische Übergang ließ die Einwohnerzahl steigen. Die militärischen Verpflichtungen nahmen zu. Und so brauchte der Staat immer mehr Geld. Jetzt erst entschloss er sich zu einer direkten Besteuerung der Bevölkerung, was zusätzliche Einkommen sicherstellte. Überall in Europa war die Diskrepanz zwischen Bevölkerungswachstum und Lebensmittelversorgung zu spüren, und überall stiegen die Anforderungen an den Staat. Deshalb auch verminderte das österreichische Kaiserreich in der ersten Hälfte des 19. Jahrhunderts seine Siedlungsaktivitäten. Allein das Banat machte da eine Ausnahme, nahm weiterhin Siedler aus Österreich, Tirol, Baden, Württemberg und Böhmen auf. Anders als zuvor wurden die Neuansiedler auf jene Dörfer verteilt, die bereits von deutsch-sprachigen Familien bewohnt wurden. 1829 entschied der ungarische Staatsrat, die Kolonisation noch entschiedener in die Hand zu nehmen als zuvor. Von jetzt ab musste jede Familie, die sich im Banat niederlassen wollte, ein Mindestvermögen von 300 Gulden vorweisen. Im Gegenzug erhielt sie eine Steuerbefreiung über drei Jahre, eine Zeit, die ausreichen

---

17 Vgl. Ferenc Maksay, *A Magyar Kamara Archívuma* (*The Archives of the Hungarian Chamber*), hg. v. János Buzási (Budapest, 1992), p. 236.

sollte, um das Wohnhaus zu bauen und den (land-)wirtschaftlichen Betrieb in Gang zu bringen. Die meisten Neuankömmlinge siedelten sich in den Komitaten Caraş und Torontal an, während ein kleinerer Teil in das Komitat Timiş zog.[18]

Reorganisation des Banats: die Schaffung ungarischer Verwaltungseinheiten (Komitate)

Wir haben bereits gesehen, dass Maria Theresia 1777 dem ungarischen Verlangen einer Reorganisation des Banats zugestimmt hat. Dem entsprechenden Dekret ging ein langer politischer Entscheidungsprozess voraus. Der Adel forderte im Landtag die Wiederherstellung der territorialen Einheit. Verbunden war damit die Frage des Zollgebiets und der Stellung des Banats. Die Provinz wurde bis dahin direkt von der kaiserlichen Hofkammer und dem Hofkriegsrat in Wien verwaltet und war von Ungarn durch einen Zollposten getrennt. Wien akzeptierte den Wunsch, das Banat in das ungarische Königreich einzugliedern, forderte allerdings gewisse Gegenleistungen. Schließlich überzeugten die ungarischen Berater die Kaiserin, das Problem rasch anzugehen. Letztlich waren es keine tiefgreifenden Verfassungsüberlegungen, die den Schritt veranlassten, sondern konkrete innenpolitische und außenpolitische Umstände, die zu diesem Schritt führten.

In einem seiner Bücher hat der ungarische katholische Priester und Historiker Jenő Szentkláray (1843–1925) das Banat als Teil Südungarns beschrieben. Später griffen andere ungarisch-sprachige Autoren diese Position auf und traten dafür ein, das Banat unmittelbar ungarischem Recht zu unterstellen. Doch tatsächlich hatte das Banat, auch wenn es durch den ungarischen Staatsrat verwaltet wurde, einen eigenen Rechtsstatus, der wiederum die spezifische Gesellschaftsstruktur des Banats widerspiegelte (sprachliche Vielfalt, ethnische Diversität, religiöse Mannigfaltigkeit). Mit den Gegebenheiten in Ungarn selbst hatte dies nichts zu tun. Wir wissen nicht, welche Gründe Maria Theresia veranlassten, der territorialen Neuorganisation zugunsten Ungarns zuzustimmen. Als mögliche Gründe sind aber zu nennen: (1) die außenpolitische Lage Habsburgs in dieser Zeit; (2) die materiellen Vorteile, die sich aus der territorialen Reorganisation des Banats ergaben; (3) der Eid, den Maria Theresia bei ihrer Krönung zur Königin von Ungarn abgelegt hatte; (4) die Krönungsurkunde Karls VI. sowie Artikel 18 jenes Gesetzes, das 1741 vom ungarischen Landtag angenommen wurde. (Es sah die Integration des Banats in die ungarische Verwaltung verpflichtend vor). Auf der anderen Seite ist höchst wahrscheinlich, dass der ungarische Adel durch die Neuordnung hoffte, einen Machtvorteil gegenüber dem Hause Habsburg zu gewinnen.

Richtig ist jedenfalls, dass die Habsburger sich während des Siebenjährigen-Krieges (1756–1763, auch: Dritter Schlesischer Krieg) gegenüber dem ungarischen Adel

---

18 Szentkláray, *Temes vármegye története*, p. 377.

in hohem Maße verschuldeten. Aufgrund des russisch-türkischen Krieges (1768–1774) sowie der in dieser Zeit erfolgten territorialen Ausdehnung von Russland und Preußen musste das Kaiserreich seine Armee verstärken. Wiens Großmachtinteressen waren derart ausgeprägt, dass es entschied, sogar die Kosten für die Teilung Polens zu finanzieren. Außerdem brauchte es finanzielle Mittel für die Besetzung der Bukowina, eine Belastung, die die Schatzkanzlei nicht aus eigenen Mitteln aufbringen konnte. Im Banat, wo Maria Theresia eigentlich die Steuern hätte erhöhen können, standen die Modernisierungsanstrengungen gegen eine solche Maßnahme. Zugleich war der Wiener Verwaltungsapparat außerordentlich kostspielig, sodass die Steuereinnahmen schon jahrzehntelang nicht ausreichten, um die Kosten zu decken. All dies führte zur dringenden Notwendigkeit, die staatlichen Einkünfte zu erhöhen. Immerhin, 1776 füllten Sondereinnahmen durch Abtretung Fiumes die Staatskasse.

Freilich, die Einnahmesituation blieb schwierig. So sandte Maria Theresia 1777 einen Brief an den Gouverneur des Banats, in dem sie ihm vorhielt, die ausstehenden Steuern nur ungenügend einzutreiben und auch die Ertragskraft der Bergwerke und Wälder nicht wirklich auszuschöpfen. Im selben Zeitraum verbündeten sich Hofkammer, die königlich-ungarische Kanzlei und der ungarische Landtag miteinander und forderten die Integration des Banats in die ungarische Verwaltung. Aus Wiener Sicht hoffte man offenbar, dadurch Ausgaben mindern und die Einkünfte steigern zu können.

1778 drohte neuerlich ein österreichisch-preußischer Krieg, diesmal wegen habsburgischer Ansprüche auf Bayern. Und doch gab es eine verbreitete Stimmung am Wiener Hof gegen die Abtretung des Banats an die ungarische Verwaltung. Vor allem die deutsch-sprachigen Vertreter stellten sich gegen die territorialen Expansionsansprüche Ungarns. Andererseits brauchte Maria Theresia die Unterstützung des ungarischen Königreiches bei den äußeren Konflikten. Das Banat selbst nahm sich als eine dezidiert österreichische Provinz wahr, geprägt durch seine geografische Lage, durch seine wirtschaftliche Struktur, durch die konfessionellen Gegebenheiten und die ethnische Vielfalt. Die offizielle Sprache war (das Wiener) Deutsch. Dies war der Grund, warum die Beamten massiv gegen die Abschaffung der Direktverwaltung durch Wien protestierten.

Als die neue ungarische Komitatsstruktur eingeführt wurde, schaltete sich die Habsburger Verwaltung ein, drängte auf eine territoriale Gliederung, die die Lebensbedingungen der Bevölkerung berücksichtigte. Eine regionale Spaltung sollte vermieden werden. Die kaiserliche Kanzlei achtete auf Gebietskörperschaften mit ähnlicher Größe und vergleichbarem Status. Nach Auffassung Maria Theresias sollte den Schulen „besondere Aufmerksamkeit" gewidmet werden. Dabei galt es, die bestehenden Standards im Königreich Ungarn einzuhalten. Zwei Arten von Schulen waren daher vorgesehen, eine für „die Herren" (im Banat der neue Adel, der seine Titel nach 1780 käuflich erwarb), die andere für „die einfachen Leute", denen der Respekt vor den Regeln der Arbeit und eine entsprechende Arbeitsethik vermittelt werden sollte.

Die besondere Bedeutung Timişoaras veranlasste die Habsburger, den Ort zur königlichen Freistadt zu deklarieren. Becicherecul Mare, das selbst den Rang einer

königlichen Freistadt anstrebte, unterstand Graf Kristóf Niczky. Die anderen privilegierten Orte des Banats wie Kikinda Mare (Nagykikinda) und Vinga verfolgten ebenfalls eine Statuserhöhung. Maria Theresia schaltete sich ein, erließ Verordnungen, die
für das Banat ganz andere Regelungen vorsahen, als sie der üblichen Praxis in Ungarn
entsprachen. So sicherte sie, dass auch in Zukunft im Banat die Ansiedlung religiös
unterschiedlich orientierter Personengruppen möglich sein würde, sofern sie besondere berufliche Fähigkeiten mitbrachten, etwa in der Landwirtschaft, doch auch in
Handwerk, Handel oder Industrie. Mit anderen Worten, die Kaiserin war nicht länger
gezwungen, die alten Verwaltungsstrukturen aufrechtzuerhalten, weil sie auf anderem
Wege Einfluss nehmen konnte. Als eine Provinz, die nicht in den Besitz des Adels über-
ging, sondern größtenteils im Grundbesitz der Kaiserin verblieb, trotz der verwaltungsmäßigen Zuordnung zum ungarischen Königreich, blieb das Banat auch in Zukunft
kolonisierbares Territorium.[19]

Die Region Banat unterlag seit dem 8. April 1778 der ungarischen Administration.
Präsident der für die Eingliederung verantwortlichen Kommission war Graf Kristóf
Niczky, dabei assistiert von Graf Ferenc Zichy, Rat der kaiserlichen Hofkammer, Antal
Vörös, Vizeregent, Adam Trajcsik, Sekretär der kaiserlichen Hofkammer sowie Zsig-
mond Lovasz, Subpräfekt für Arad. Am 31. Mai 1778 traf das Komitee in Timișoara ein.
Das *Wienerische Diarium* berichtete von wenig Enthusiasmus in der Bevölkerung bei
Ankunft der Kommission, ausgenommen einige Dörfer, die ungarisch-sprachig waren.[20]
Es oblag den Bischöfen von Timișoara, Imre Christovich, seitens der römisch-katholi-
schen Kirche, und Moise Putnik, vonseiten der orthodoxen Kirche, die Bevölkerung
über den Sachstand zu informieren.

Am 6. Juni 1778 präsentierte Kristóf Niczky, Präsident der Kommission, das kaiserlich-königliche Reskript zur Verwaltungsneugliederung des Banats und der Stadt
Timișoara der „Bevölkerung". Das Ereignis fand im Gouverneurspalast statt (Mercy-
Palast, später Präfektur des Bezirks Timiș). Das Reskript war von der tschechisch-
österreichischen Kanzlei entworfen worden, die bis dahin die zentrale Verwaltung im
Banat ausgeübt hatte. In Vertretung der Region nahm der Verwaltungsrepräsentant
des Banats, Graf Sauer Venczel, die Entscheidung zur Kenntnis. Kristóf Niczky erklärte,
er übernehme die gesamte Region von der alten Administration und übergebe sie an
Antal Vörös als dem Vertreter Ungarns. Auf diesem Wege wurde der rechtliche Vorgang
formell vollzogen, sodass der Generalkommissar mitzuteilen vermochte, das Banat sei
in das ungarische Königreich eingegliedert worden. In der Tat jedoch bestand die alte

---

19 Tatsächlich hatte der Adel des Banats im Verlauf des 16. Jahrhunderts, also während der osmanischen Besatzung, seine Stellung verloren oder war vielfach ausgewandert. Daher war das Banat im
18. Jahrhundert ein Gebiet ohne eigenen Adel. Das ändert sich erst nach 1780 durch Kauf entsprechender Grundtitel.
20 *Wienerisches Diarium*, 24. Juli 1778, zitiert in Szentkláray, *Száz év Dél-Magyarország újabb
történetéből*, p. 314.

regionale Administration zum großen Teil immer noch, führte sie das von Wien initiierte sozialpolitische Experiment fort. Das meinte: Investitionen in Technik, wirtschaftliche Entwicklung, Zuwanderung von außen, Zusammenleben verschiedener „konfessioneller Nationen" – seien sie orthodox, römisch-katholisch, griechisch-katholisch, evangelisch-lutherisch, reformiert-calvinistisch, jüdisch oder muslimisch geprägt. Die Erfahrungen, die das Banat in der Zeit der direkten Verwaltung durch Wien gemacht hatte, können daher gar nicht unterschätzt werden, prägten sie doch das Leben im Banat weiterhin. Während des neunzehnten Jahrhunderts wurde erst klar, wie wichtig die von den Habsburgern im Banat zwischen 1718 und 1778 eingeleiteten Reformen waren.

Die veränderte administrative Zuordnung brachte tatsächlich keine totale Unterordnung des Banats unter den ungarischen Staatsrat, und zwar schon deshalb, weil die Grenzkontrolle weiterhin dem Wiener Hofkriegsrat unterstand und damit auch den von dort koordinierten Truppenteilen.[21] Schon im Juli 1778 nahmen 800 Freiwillige aus dem Bezirk Timiş am Kampf gegen Preußen während des Bayerischen Erbfolgekrieges teil und demonstrierten das enge Zugehörigkeitsgefühl zu Wien. Die Einkünfte des Banats stiegen nicht unmittelbar, aber die Fortschritte waren erkennbar, Folge des veränderten Steuersystems, des Verkaufs von Grundstücken aus Staatsbesitz und Resultat einer steigenden Einwohnerzahl mit der Fähigkeit, Steuern zu bezahlen. Aus finanzieller Perspektive bestand einer der Vorteile der Neugliederung in dem deutlichen Rückgang der Zahl der Beamten. Zudem hatte der Verkauf von Grundstücken aus der Staatskasse einen doppelten Effekt: Einerseits steigerte der Staat so seine Einkünfte unmittelbar. Andererseits bildete sich eine neue leistungsfähige soziale Schicht: der Neu-Banater Adel.

Aufgeteilt wurde das Banat in drei Komitate: Timiş, Torontal und Caraş. Geografisch lag die Region – wie bereits erwähnt – zwischen den Flüssen Theiß, Marosch und der Donau, während die Grenze im Osten durch die Linie zu Siebenbürgen und Oltenien (Kleine Walachei) markiert war. Mit Ausnahme der Grenzregionen repräsentierten die Bezirke eigenständige Verwaltungseinheiten. Becicherecul Mare (Nagybecskerek, Zrenjanin) war der Amtssitz des Bezirks Torontal, Timişoara von Timiş und Lugoj von Caraş. Der Verwaltungsapparat des Bezirks Torontal wurde in Becicherecul Mare eingerichtet, im Gebäude der Staatskasse (Rentamt), der von Timişoara im Verwaltungsgebäude der Region und der von Lugoj in einem entsprechenden Gebäude. Die Präfekten und Subpräfekten bildeten die Verwaltungsspitze. Ernannt wurden sie von der ungarischen Hofkanzlei. András Semsey erhielt die Berufung zum Subpräfekten von Torontal, Kristóf Niczky die zum Präfekten von Timiş mit Zsigmond Lovász als Subpräfekten. Im Bezirk Caraş wurde József Haller Präfekt und Ignác Madarász Subpräfekt. Alle Beamten sprachen sowohl Ungarisch als auch Deutsch und kamen entweder aus dem Banat selbst oder aus Ungarn.

---

21 Frigyes Pesty, *A Szörényi Bánság története* (*The History of the Banat of Severin*), vol. i (Budapest, 1877), p. 184.

Die „Wiedergeburt des Adels" im Banat begann mit der Rekrutierung von Beamten. Als beispielsweise Kristóf Niczky zum Präfekten ernannt wurde, erhielt er durch die kaiserlich-königlichen Behörden den Titel „Graf von Timiş". Alle diese Änderungen bedeuteten nicht, dass nun eine große Zahl von Bewohnern „Ungarns" das Banat besiedelt hätten. Vielmehr übernahm eine neue Adelsgruppe die Verwaltung.

Kommen wir noch einmal zur Verwaltungsneugliederung zurück: Durch das am 23. April 1779 ausgegebene Diplom bestätigte Maria Theresia die neue Komitatsstruktur. Am 22. Juni wurde das Komitat Timiş ins Leben gerufen, am 13. Juli Torontal und am 5. August Caraş.[22]

Eine der ersten Entscheidungen von Kristóf Niczky richtete sich an die serbisch-sprechende Bevölkerung. Ihr versprach er den Erhalt der alten gesellschaftlichen Regelungen. Und das entsprach einer weitverbreiteten Einstellung. Freilich, es gab auch anderer Stimmen, die zwar das Alte bewahren, doch eben dadurch zugleich Fortschritt anstreben wollten. 1777 empfahl der Hofkanzleirat Jozsef Hajnoczy für das Banat umfassende gesellschaftliche Reformanstrengungen mit dem Ziel einer Abschaffung der Leibeigenschaft und der Zuteilung von Land. Während Kristóf Niczky die demografische Konstellation im Banat nicht verändern wollte, wünschte Jozsef Hajnoczy eine Weiterentwicklung des gesellschaftlichen und sozialen Lebens. Kristóf Niczky, der geadelte Bürokrat, betrachtete Gesellschaft hierarchisch und hielt an der aristokratischen Idee eines natürlichen Unterschiedes zwischen den Menschen fest, während Kristóf Hajnoczy die eher abgeschliffenen Sozialbeziehungen des Banats erhalten und fortentwickeln wollte. Angesichts der territorialen Gegebenheiten und der Herausbildung neuer Eliten erwartete Hajnoczy dennoch, dass selbst der neue Adel seine Orientierung stärker nach Wien ausrichten würde als nach Budapest. Kristóf Niczky war dagegen eng mit der ungarischen Politik seiner Zeit verwoben und setzte darauf, dass der ungarische Adel die Führung im Banat übernehmen werde und somit die alteingesessenen Beamten verdränge, die ihren Blick immer noch allzu sehr auf Wien richteten. Mit anderen Worten, Hajnoczy setzte auf soziale Erneuerung in der Tradition des Banats, Niczky auf die Wirkungsmacht der neuen staatliche Ordnung und die Reorganisation des Banats.

Der Verkauf von Staatsland

Nachdem die erste Phase der Verwaltung des Banats noch der Neuorganisation eines als menschenleer konzipierten Raumes gegolten hatte, galt die letzte Phase der Kolonisation der finanziellen Sanierung Habsburgs. In der Folge wurden Besitzstrukturen geschaffen, die bis 1918 Gültigkeit behalten sollten. Um Einnahmen für die klamme Staatskasse zu generieren, sollte der staatliche Immobilienbesitz (Kameralgüter) zumin-

---

22 S. Stojakovics, *Über die staatsrechtlichen Verhältnisse der Serben*, zitiert in Szentkláray, *Száz év Dél-Magyarország újabb történetéből*, p. 332.

dest teilweise veräußert werden. Es war Kristóf Niczky, der die sich bietende Chance erkannte, die Veräußerung von staatlichem Immobilienbesitz zum Prinzip erhob und die Grundlagen dafür festlegte.[23] Nicht verkauft werden sollten die Bergwerke und die Ländereien entlang des Flusses Marosch. Auch die Veräußerung von Reisfeldern schied aus (zum Beispiel jene von Omor, Gătaia (Gattaja), Opatica (Opaticza) und Sfântu Gheorghe). Die Ländereien Timișoaras als königliche Freistadt blieben unverfügbar. Die Distrikte Chichinda Mare und Becicherecul Mare entschieden, keine Ländereien an den Neu-Adel zu verkaufen, und nahmen damit ihre zukünftige Entwicklung und den Aufstieg der Großgemeinden zu freien Königsstädten vorweg. Die übrigen Staatsländereien wurden in vier verschiedene Kategorien eingeteilt: Die erste Kategorie umfasste das Land mit einem Wert von 300.000 bis 400.000 Gulden, die zweite variierte zwischen 150.000 bis 300.000 Gulden, wovon zwölf für den Verkauf vorgesehen waren, die dritte Kategorie lag bei einem Wert von weniger als 150.000 Gulden und zur letzten, vierten, Kategorie gehörte Land, das billiger war und das sich auch der zahlreiche niedere (ungarische) Adel leisten konnte. Der Verkauf setzte Regelungen voraus, wie die Transaktionen erfolgen sollten, aber es bedurfte auch einer Sichtung des Marktumfeldes, wer als Käufer infrage kam. Wichtigster Gesichtspunkt bei der Verkaufsaktion war das angemessene Verhältnis von altem zu neuem Eigentum, weil Wien darauf setzte, dass die Neuadligen die Komitatsverfassung mit Leben ausfüllten.

Maria Theresia rechnete damit, dass Besitzansprüche eingeklagt werden könnten, begründet in historischen Rechten, die bis ins Mittelalter zurückreichen mochten. Das ungarische Recht offerierte solche Deutungsmöglichkeiten. Die früheren adligen Besitzerfamilien hätten dann argumentieren können, dass ihre Ländereien zu kaiserlichen Gütern geworden seien, indes die ursprünglichen Eigentümer ihre Rechte nicht verloren hätten.[24] Tatsächlich protestierte der ungarische Adel in vielen Fällen, in denen die alten Eigentümer nicht in den Besitz ihrer „alten" Ländereien gekommen waren bzw. für sie nicht entschädigt wurden. Gegenüber Maria Theresia verwiesen sie auf die Rechtslage für Ungarn. Doch die Kaiserin hatte ganz andere Vorstellungen, in gewisser Weise modernere. Sie verwies darauf, dass das von den Türken „neu" erworbene Land herrschaftsloses Gebiet sei und daher der Krone zufalle. Wer auch immer das Land kaufte, würde dessen unangefochtener Eigentümer werden. Nachdem das Dekret erlassen worden war, waren de facto die Würfel gefallen und eine Rückforderung nach dem Prinzip des „alten Rechts" und des legitimen Erbes über viele hundert Jahren hinweg nicht mehr möglich. Somit gingen die alten Besitzansprüche endgültig verloren.[25] Ende

---

23 *Ibid.*, p. 342.

24 Dr Gusztáv Wenczel, *Az 1848. előtti magyar magánjog* (*Private Hungarian Law before 1848*) (Budapest, 1885), pp. 255, 305.

25 Während des Mittelalters war das Banat Teil des Königreichs von Ungarn. Es folgten, wie an anderer Stelle bereits dargelegt, Jahrzehnte osmanischer Herrschaft, schließlich die Einbindung in das Habsburger Reich. Insofern ist das Banat geprägt durch eine starke historische Diskontinuität.

des Jahres 1779 waren die Besitztümer des ehemaligen ungarischen Adels, die Landgüter (Praedia), die Siedlungen, die Ländereien, Wiesen und Wälder zwischen Adel und Bauern aufgeteilt, separiert hieß das in der zeitgenössischen Begrifflichkeit. Großgüter im Sinne von Latifundien gab es gleichwohl. Mit dem Kauf dieser großen Landflächen erhielten die Neubesitzer zugleich den Adelstitel.

Die neuen Eigentümer sahen den Erwerb der Güter vielfach als Zwischenschritt, verkauften die Grundstücke in einzelnen Landparzellen weiter und machten damit Gewinn, oder sie teilten die Ländereien unter ihren Kindern auf. Einschränkungen hinsichtlich der neuadligen Kaufinteressenten gab es nicht, auch die religiöse Zugehörigkeit spielte keine Rolle. Die entscheidende Auflage bestand darin, dass die Ländereien für Landwirtschaft, Viehzucht oder sonstige produktive Zwecke verwendet werden mussten. Kaiser Joseph II. setzte nach wie vor auf die Entwicklung von Landwirtschaft und Industrie und blieb damit bei der merkantilistischen Wirtschaftspolitik der zweiten Hälfte des 18. Jahrhunderts.[26] Am 1. August 1781 fand die erste Auktion für den Landverkauf in Wien und Timișoara statt. Unter den Flächen, die in Wien verkauft werden sollten (ihr Durchschnittswert betrug 42.000 Gulden), waren Sânnicolau Mare (Nagyszentmiklos, Großsanktnikolaus), Periam (Perjamos, Perjamosch), Sanad (Szanád, Sanad), Novi Kneževac (Törökkanizsa, Torontáljózseffalva, Neu-Kanischa) und Čoka (Csóka) usw. Der Wert der Ländereien, die in Timișoara zum Verkauf anstanden, lag meist unter 30.000 Gulden: Checheș (Lippakékes, Kékes), Sinersig (Szinérszeg), Hodoș, Brestovăț (Bresztovác) und Petrovaselo (Petroverszelo) usw.

Ein Paschia Medve Hagzsi beispielsweise erwarb ein Grundstück im Wert von 42.000 Gulden. Ein Herr Specht aus Bratislava (Prozsony, Pressburg), Bierbrauer, erstand Ländereien in Frumușeni (Schöndorf) zu einem Preis von 43.000 Gulden. Landerer Füstkút, ein Drucker aus Bratislava, zahlte 42.000 Gulden. Auf der Auktion in Timișoara kaufte Ádám Trejcsik Flächen der Gemeinde Nadăș (Duboki-Nadas) für 31.000 Gulden. József Scolonics erwarb Hodoș (Hódos) für 33.000 Gulden, Károly Rajkovics war für Checheș (Lippakékes, Kékes) mit 17.500 Gulden dabei. Der Gerichtsagent Kereszturi brachte 33.000 Gulden für Sinersig (Szinerszeg) auf.

Die zweite Auktion in Timișoara fand am 15. September 1781 statt, mit folgenden Transaktionen: Ege Köszegi erwarb Remetea Mare (Temesremete, Großremete) für 94.000 Gulden, István Kyriák kaufte Moșnița (Mosniczá, Moschnitz) für 70.000 Gulden. Bazil Damjanovics zahlte für Zădăreni (Zádorlak, Saderlach) 59.000 Gulden, Șandor Mihai aus Bratislava erwarb Giarmata (Gyarmatha) für 90.000 Gulden. Bei der zweiten Auktion in Wien, am 10. Dezember 1781, trat der Subpräfekt des Bezirks Timiș als Interessent auf (Eötvenesi Zsigmond Lovasz) und übergab dem Fiskus für Aradul Nou 157.000 Gulden.

---

26 Henrik Marczali, *Magyarország története II. József korában* (*The History of Hungary in the Time of Joseph II*) (Budapest, 1885), pp. 99, 107.

Die dritte Auktion in Timişoara wurde am 10. April 1782 durchgeführt und richtete sich mit ihren eher kleineren Flächen auch an die weniger wohlhabenden Interessenten: István Balas, Subpräfekt des Bezirks Timiş, erwarb Eigentum in Altringen (Kisrekas). Ferenc Szabó, Richter des Komitats Timiş, kaufte die Herrschaft Sintar (Bukhegy, Buchberg) für 82.000 Gulden. György Konszky, der Sekretär von Baron Orczy, erwarb die Siedlung Vizma für 23.950 Gulden. Jenseits dieser offiziellen Auktionen erhielten die griechisch-orthodoxen Nonnenklöster von Meszics, Sfântu Gheorghe (Szentgyörgy) und Bezdin ebenfalls einige Grundstücke.

Von denen, die im Komitat Timiş Land erhielten, erwarb Janos Osztoics Şemlacu Mare (Nagyszemlak) sowie Şemlacu Mic (Kisszemlak), Pál Jankovics ersteigerte Lukarecz, Graf Saurau entschied sich für Carani (Mercyfalva, Mercydorf), Staatsrat Izdenczy erhielt Mănăştiur (Bégamonostor, Monostor), Sebő Vukovics bekam Beregsău Mare (Berekszo), die Grafen József Bernyákovics und Antal erwarben Boldur (Boldor).[27] Wer den in Wien oder Timişoara geforderten oder den aus der Auktion resultierenden Auktionspreis am Ende doch nicht bezahlen konnte, musste den Besitz zugunsten der Staatskasse wieder aufgeben. Durch die öffentlichen Versteigerungen wurde der zu staatlichem Eigentum umgewandelter Domänenbesitz privatisiert, wobei de facto nur Reiche (Adelige oder Bürger) die Ländereien erwerben konnten. Was in Westeuropa erst nach 1789/1790 erfolgte, geschah im Banat demnach schon einige Jahre früher. Die neuen (nobilitierten) Eigentümer hatten ganz unterschiedliche religiöse und ethnische Herkünfte. Darauf deuten schon deren Namen hin: serbisch (Vukovics), ungarisch (Marczibányi, Dezewfy), jüdisch (Specht, Ürmenyi, Ronai), mazedonisch-rumänisch (Sina, Nacu-Nako) oder auch türkisch (Hadzsi Paschia).[28]

Die Einführung des Urbariums (Katasters)

Erst nachdem die Grenzen für die Komitate festgelegt worden waren, war es möglich, formelle Kataster zu erstellen. Eine genaue, mathematischen Regeln genügende Landvermessung bildete später die Voraussetzung für den Übergang von feudalem zu modernem, kapitalistischen Eigentum. Doch noch war es nicht so weit. Zunächst einmal verschlechterte sich sogar die Lage der Bauern, weil sie in ein formales Abhängigkeitsverhältnis zu den neuen nobilitierten Herren gerieten, zu Hörigen von Grundherrschaften absanken, mit Arbeitsverpflichtungen und Patrimonialgerichtsbarkeit, anstelle des direkten Kontaktes mit dem Staat. Immerhin, der bäuerlich genutzte Landbesitz wurde genau vermessen, kartiert und damit für die Bauernschaft reserviert. Das schützte die Bauern. Das Kataster (Urbarium) diente als Landregister seit 1780, sodass ein gerichtsfester

---

27 Szentkláray, 'Temes vármegye története', p. 367. Der Preis für das Altringen-Grundstück ist im Dokument leider nicht angeführt.
28 Maksay, *A Magyar Kamara Archívuma*, p. 170.

Eigentumsnachweis für Immobilien in allen drei Komitaten des Banats verfügbar wurde. 29.000 Ländereien führte das Urbarium an. Berechnet wurden die Flächen in Morgen (Pogoane), die je nach Region unterschiedliche Größen bezeichnen konnten. Ein Banater Morgen war beispielsweise viel größer als der Morgen in Ungarn. Viele Teile des Landes waren steuerpflichtig. Doch wie? Dazu entwarf Kristóf Niczky einen Abgabeplan, der unter dem Namen *Clavis Niczkyana* bekannt wurde.[29] Die meisten Grundstücke im Komitat Timiş waren groß und gehörten ausgesprochen wohlhabenden Eigentümern. Die Zahl der Gebäude im Komitat Timiş übertraf die Zahl der Bauwerke in den anderen Komitaten, ebenso der Umfang der auf den Ländereien lebenden Bevölkerung. An zweiter Stelle hinsichtlich der neuadligen Flächen lag der Bezirk Torontal, an dritter der Bezirk Caraş. Anders als in Ungarn gehörten zu den Dorfgemarkungen auch Weiden für das Vieh. Sie waren damit für die Nutzung durch die Bauern reserviert.

Die mit den Ländereien verbundenen Bewirtschaftungsregelungen hatten ganz unterschiedliche Gründe. Im Vergleich zu den Nachbarregionen gab es im Banat keine Tradition der Viehzucht. Das schlug sich beispielsweise in den erwähnten Anordnungen für die Weide nieder. Bereits zu Beginn der Kolonisation hatte das Schatzamt auf die Ausweisung von „Industrieflächen" gedrungen, um die Verarbeitung von Gütern anzuregen. Aus demselben Grunde hatte Wien immer wieder die Bearbeitung aller landwirtschaftlich nutzbaren Flächen angeregt, unabhängig von den Eigentumsverhältnissen. Das galt sogar für die eigenen staatlichen Ländereien. Selbst nach der Verteilung des Landes an Kolonisten galt die Regelung fort, wenn die Neuansiedler mit der Bearbeitung nicht nachkamen. Nicht zuletzt stimulierten die Behörden den Anbau von Industriepflanzen, auch weil dies die Trockenlegung der Sumpfflächen im nördlichen Teil des Banats voranbrachte.[30]

Die Steuerlast auf Grundeigentum variierte je nach Eigentumsstruktur. Für die Dorfbewohner war sie vergleichsweise niedrig. Nur so ließen sich Siedler aus ganz Europa für das Banat gewinnen. Die Ländereien der Großgrundbesitzer fanden sich vielfach nicht im Urbarium und waren dadurch von der Besteuerung ausgenommen. Schrotmühlen für Malz sowie Produktion und Verkauf alkoholischer Getränke waren auf den großgrundherrlichen Ländereien möglich und üblich. Doch das bedeutete nicht, dass sie den Markt hätten abdecken können. Die Situation änderte sich am Ende des achtzehnten und zu Beginn des neunzehnten Jahrhunderts, als die landwirtschaftliche Güterproduktion in Gang kam. Die zunehmende Anzahl der kapitalistisch wirtschaftenden Pächter und die landwirtschaftliche Aktivität der Freibauern, die immer größere Landflächen bearbeiteten, trugen zu einer Verbesserung der Lebensqualität im Banat bei.[31]

---

29 Szentkláray, *Száz év Dél-Magyarország újabb történetéből*, p. 331.
30 János Varga, *A jobbágyi földbirtoklás típusai 1767–1848* (*Types of Peasant Tenements 1767–1848*) (Budapest, 1967), p. 58.
31 *The Hungarian State Council archives*, 1992, p. 249.

Landwirtschaft und manufakturelle Produktion

Welche Pflanzen angebaut werden sollten, darüber bestimmten die Behörden. Zu den wichtigsten Anbaupflanzen zählten Reis und Tabak. Reis wurde vor allem im Bezirk Timiş angebaut, wo spezialisierte Arbeitskräfte eine umfangreiche Produktion aufbauten. Diesen Zweig landwirtschaftlicher Erzeugung suchte Wien selbst zu kontrollieren, um die Ernährungsbasis besser garantieren zu können. Die Tabakplantagen von Sânandrei, Denta und Covaci waren vergleichsweise ausgedehnt.[32] Verarbeitet wurden die Tabakblätter in „Fabriken" in Timişoara, Szeged und Debrecen. Auch die Seidenraupenzucht konnte deutlich ausgedehnt werden. Darüber hinaus bemühte man sich um die Akklimatisierung verschiedener Industriepflanzen wie Flachs, Hanf, Hopfen, Raps, Zuckerrüben und Baumwolle – mit unterschiedlichem Erfolg. Bei der Baumwolle gelang insgesamt keine ausreichende Produktion, so musste sie teilweise importiert werden, um die lokale und regionale Nachfrage auszugleichen. Immerhin, bereits Ende des achtzehnten Jahrhunderts gelang es, Baumwolle in sehr guter Qualität anzubauen, hier auf den Ländereien von Kristóf Nákó in Sânnicolau Mare. Bis nach Wien reichte der Absatz. Letztlich musste der Anbau dennoch wegen des ungünstigen Klimas aufgegeben werden.[33] Zu den Nutzpflanzen, die den Anbaubedingungen im Banat gut entsprachen, gehörten: Weizen, Mais und Hafer. Der Anbau von Klee erfolgte insbesondere in Gebieten, wo eine erfolgreiche Viehzucht aufgebaut worden war. Das Züchten und Halten von Bienen steigerte die Honigproduktion. Ein weiterer Modernisierungsschub lässt sich nach 1840 beobachten, als viele Landwirte zur Fruchtwechselwirtschaft übergingen, was die landwirtschaftliche Produktivität nochmals steigerte. Das Banat stand jetzt für ein lebensfreundliches Gebiet.[34] Die gesamte Agrarfläche der Banater Ebene betrug 100.000 km², ergänzt um 12.000 km² Weideflächen.[35]

Eine moderne Manufaktur entstand auf staatlichem Boden innerhalb der Städte. Seide und Stoffe erzeugten die Banater Fachkräfte, aber auch Holzkohle. Viele Arbeiter verdingten sich in der Holzwirtschaft, betrieben Goldwäsche, waren als Töpfer beschäftigt oder verdienten ihren Unterhalt im Bergbau. Die Erzgewinnung und die Eisenverarbeitung erlebten im Bezirk Caraş einen bemerkenswerten Aufschwung. Neue Kohlegruben entstanden in Gârlişte, Doman und Agadici.[36] Die Verfügbarkeit von Energie und Erzen im Komitat Caraş unterstützte zweifellos die industrielle Entwicklung des Banats. Andererseits gab es im Banat auch zahlreiche Wälder, die dank moderner

---

32 Ernő Deák, *Ausgewählte Materialien zum Stadtwesen der Länder der ungarischen Krone (1780–1918)* (Wien, 1979–1989), vol. ii. *Teil: Königliche Freistädte-Munizipialstädte,* p. 380.

33 Mihály Horváth, *Magyarország történelme (The History of Hungary),* vol. viii (Budapest, 1873), p. 237.

34 István Nagy und F. Kiss Erzsébet, *A Magyar Kamara és egyéb kincstári szervek (The Hungarian Chamber and other Treasury Institutions)* (Budapest, 1995), Protocolla Banatica 1790–1848, p. 281.

35 Bulla und Mendöl, *A Kárpát-medence földrajza,* p. 168.

36 Nagy und Erzsébet, *A Magyar Kamara,* p. 283.

Arbeitsgeräte (mechanische Säge) vielfältig nutzbar gemacht wurden.[37] Die am stärksten industrialisierten Gebiete waren Panciova, Timișoara, Becicherecul Mare, Arad und Szeged. Hervorzuheben sind die Seidenspinnereien und die Anlagen zur Baumwollverarbeitung, die Ölpressen, Textil-, Draht-, Medizinalalkohol-, Bier- und Hutmanufakturen, die Papiermühlen und Druckereien.[38] Schon 1779–1849 stach die Stadt Timișoara als Erzeugungs- und Handelszentrum für manufakturelle Produkte heraus. Timișoara lag im Schnittpunkt mehrerer Land- und Wasserwege. Ja, früher als andere Orte im Kaiserreich erhielt es in den 1850er Jahren einen Eisenbahnanschluss. Darauf reagierte Szeged irritiert mit dem Vorschlag, einen Donau-Theiß-Kanal zu bauen, sodass sich das Zentrum des Banats von Timișoara nach Szeged verschoben hätte. Die Folge war ein heftiger Konkurrenzkampf zwischen beiden Städten um die wirtschaftliche und administrative Vorrangstellung in der Region.

Eigentum und Bevölkerung

Mit der Neuordnung 1780 gehörten die Komitate des Banats dem „Distrikt jenseits der Theiß" zu. In der Wirkung unterstanden die Banater Komitate dem Appellationsgericht von Debrecen.[39] Weil Rechtsangelegenheiten von jetzt ab der Komitatsgerichtsbarkeit unterlagen, bedurfte es auch einer neuen Berufungsinstanz. Joseph II. brachte die Justizreform auf den Weg, löste die Autonomie der Distrikte auf und unterstellte die großen Distrikte unmittelbar einem königlichen Kommissar. Unter den zehn neu geschaffenen Distrikten war der Distrikt Timișoara der sechste und umfasste neben Timișoara die Komitate Caraș, Torontal und Bács. Die Kameraladministration des Banats, deren Struktur auf Joseph II. zurückging, befasste sich mit der Verwaltung der öffentlichen Güter. Ganze zehn Verwaltungskammern waren hier zuständig, Ausdruck der Aufgabenfülle, die die Kameraladministration zu erledigen hatte. Erwähnt seien: die Betreuung der Ansiedlungen, die Regulierung der Wasserversorgung und die komplexen Verpachtungsfragen, schließlich die Verwaltung des Staatslandes sowie des anderen öffentlichen Besitzes. Nach dem Tod Josephs II. wurden allerdings acht der zehn Verwaltungskammern aufgelöst. Nur die von Timișoara und Zombor blieben bestehen.

Zu den Gründen für den Fortbestand der Kammerverwaltungen in Timișoara und Zombor zählten: (1) die Notwendigkeit, Territorien zu administrieren, die weit weg vom Regierungszentrum lagen; (2) die Größe des Staatsbesitzes vor Ort; (3) die

---

37 *Ibid.*, p. 249.

38 Ernő Deák, *Ausgewählte Materialien*, vol. ii, p. 296. Antal Szántay, *Regionalpolitik im alten Europa: Die Verwaltungsreformen Josephs II in Ungarn, in Lombardei und in den österreichischen Niederlanden 1785–1790 (The Regional Policy in the Old Europe: Joseph II's Administrative Reforms in Hungary, Lombardy and the Austrian Low Countries)* (Budapest, 2005), p. 255.

39 'Justiz-Verwaltungsbezirke um 1780 in dem Temescher Banat', in Szántay, *Regionalpolitik im alten Europa*, p. 97.

besondere Konstellation des Banats mit einer weiterhin sich fortsetzenden Besiedlung sowie die veränderte gesellschaftliche und religiöse Ausgangssituation im Vergleich zur Habsburger Direktherrschaft vor 1777. Die Bedeutung des Banater Gouverneurs für das Verwaltungsgeschehen nahm ab. Doch bis die lokalen Kammerverwaltungen ihre Aufgaben voll übernehmen konnten, oblag ihm noch die Verantwortung für den Staatsbesitz. Erst nach 1790 wurde auch diese Aufgabe der ungarischen Kammerverwaltung unterstellt.

Basierend auf dem Zensus von 1786 gab es im Banat die folgende Siedlungsstruktur:

Tabelle 5.1: Zahl und Typ der Siedlungen

Bezeichnung		Anzahl			
Komitat	Kreis	Freie Königsstädte	Städte	Dörfer	Sonstige Land-flächen (Praedium)
Caraş	Bulci (Bulcs)	–	–	41	–
	Capâlnas (Kápolnás)	–	1	54	–
	Caransebeş (Karánsyebes)	–	2	39	–
	Lugoj (Lugos)	–	1	45	–
	Oraviţa (Oravica)	–	3	45	–
	Gesamt	–	7	224	–
Timiş	Timişoara	1	–	48	–
	Sânandrei (Szentandrás)	–	2	40	–
	Lipova (Lippa)	–	1	45	–
	Vârşeţ (Versec)	–	2	46	–
	Gesamt	1	5	179	–
Torontal	Sânnicolau Mare (Nagyszentmiklós)	–	1	24	2
	Canicea (Kanjiža, Kanizsa)	–	2	33	5
	Peciu Nou (Ujpécs)	–	–	33	2
	Becicherecul Mare (Zrenjanin, Nagybecskerek)	–	1	21	5
	Gesamt	–	4	111	14

Quelle: Dezsö Danyi (Hg.), *Törteneti Statisztikai Tanulmanyok 2* (*Geschichtliche und statistische Studien 2*), Veröffentlichung aus Anlass des ersten ungarischen Zensus (Budapest, 1975), p. 4.

Die einzige königliche Freistadt der Region, und damit dem Einfluss der „Landesherren" entzogen und mit besonderen Selbstverwaltungsrechten ausgestattet, war Timişoara. Dagegen existierten in der Region 16 Städte und Marktorte, unter ihnen Caransebeş und Becicherecul Mare, die als administrative und wirtschaftliche Zentren herausragten. Viele ländliche Siedlungen gab es in der Region, insgesamt 514 Dörfer, wobei die Siedlungen der Kolonisten eingeschlossen sind. Das einzige Komitat mit Wüstungen war Torontal, weil die Hauptaktivität seiner Einwohner die Viehzucht darstellte. Die finanziell am höchsten taxierten Ländereien lagen im Bezirk Timiş, wo auf Staatsland industrielle Nutzpflanzen angebaut wurden. Das am stärksten „urban-geprägte" Komitat war Timiş, obgleich in Caraş mehr Städte gezählt wurden.

Die Komitate und die königlichen Freistädte erlangten den Status von eigenständigen Rechtspersönlichkeiten, was die Herausbildung einer gewissen Form von Selbstregierung möglich machte. Tabelle 5.2 zeigt die Flächen an, die in den Jahren 1806 bis 1861 dem Banater Justizsystem unterstanden.

Tabelle 5.2: Wirtschaftlich nutzbare Fläche, die der juristischen Autorität des Banats untergeordnet war

Komitate	Fläche (Quadratmeilen)	
	1806	1861
Caraş	108,9	95
Timiş	116,5	107,67
Torontal	132,1	214,66

Quelle: „Szamok es törtenelem" („Numbers and History"), in Benda Gyula, *Statisztikai adatok a magyar mezögazdasag törtenetehez 1767–1867 (Statistische Kennzahlen für die ungarische Agrargeschichte, 1767–1867)* (Budapest, 1983), p. 58–59.

1849 umfassten die Vojvodina und das Temeswarer Banat zusammen eine Fläche von 29.988 Quadratkilometern.[40] Das Komitat Torontal stellte die größte wirtschaftlich nutzbare Fläche bereit, mit zahlreichen Äckern und Weiden. In Caraş, das eine gebirgige Topografie hatte, war die landwirtschaftliche Fläche eher begrenzt und dementsprechend unterlagen weniger Ländereien der lokalen Gerichtsbarkeit. Größere Dörfer entwickelten sich in den Ebenen, kleinere in den hügeligen oder bergigen Regionen. Die Dörfer in der Temeswarer Ebene waren von Ingenieuren geplant worden, häufig in Schachbrettform. Sie hatten ihr eigenes Statut, unabhängig von der Rechtsstellung der Städte und Marktorte.[41]

Die reichen Agrarflächen des Banats und der Batschka (ungarisch Bácska, serbisch/kroatisch Bačka, serbisch-kyrillisch Бачка) förderten die Herausbildung weiterer Städte. Das galt etwa für Senta (Zenta), Sombor (Zombor), Becicherecul Mare (Nagybecskerek, Zrenjanin) oder auch für Panicova (Pancsova). Seit 1781 war Timişoara, wie wir bereits

---

40 'Számok és történelem' ('Numbers and History'), in Benda Gyula, *Statisztikai adatok a magyar mezőgazdaság történetéhez 1767–1867 (Statistical Data in the History of Hungarian Agriculture 1767–1867)*, (Budapest, 1983), p. 57.

41 István Rácz, *A török világ hagyatéka Magyarországon (The Legacy of the Turkish World in Hungary)*, (Debrecen, 1995), pp. 133–135.

gesehen haben, königliche Freistadt (lateinisch: libera regia civis bzw. ungarisch: szabad királyi város), und ab 1876 erwarb die Stadt sogar die volle Rechtspersönlichkeit. Dieser Status bot die Chance für eine schnelle und umfassende Entwicklung, sodass man Ende des 19. Jahrhunderts Timişoara kaum wiederzuerkennen vermochte.[42]

Die Gebiete im Umfeld der Flüsse Marosch (Mureş, Maros) und Kreisch (Criş, Körös) sowie die Ebenen von Batschka und Timişoara entwickelten sich, sobald die Ansiedlungen begonnen hatten. Die Forschungen des ungarischen Ethnografen und Historikers Sándor Bálint (1904–1980) haben gezeigt, dass die ungarische Bevölkerung des Komitats Timiş aus der Gegend um Szeged stammte und vor allem Tabakanbau betrieb. Diese Bevölkerungsgruppe wurde in der ersten Hälfte des neunzehnten Jahrhunderts angesiedelt und erwarb den Status von freien Bauern. Mit den Landbesitzern schlossen sie Pachtverträge ab. Anders als in vielen anderen östlichen Regionen erfolgte im Banat ganz generell keine Wiedereinführung der Leibeigenschaft.[43] Zur wichtigsten Stadt im Banat stieg, wie wir bereits gesehen haben, Temeswar empor. Dabei profitierte die Stadt von der Inbetriebnahme des Bega-Kanals, seinem ertragreichen Agrarumland und der beginnenden Industrialisierung. Rechnet man noch die Rolle als Verwaltungs- und Militärzentrum hinzu, so wird deutlich, warum Timişoara zur Referenzstadt im Banat aufstieg, auf die sich alle Komitate hin ausrichteten.

Timişoara war schon im achtzehnten, vor allem, jedoch im 19. Jahrhundert in der Lage, alle wichtigen zentralörtlichen Funktionen auszufüllen, und zwar so, dass auch die spezifischen Problemlagen der Region angemessen berücksichtigt wurden. Die Lebensmittelversorgung für die Stadtbewohner war gesichert. Vor 1848 spiegelte sich das hohe Niveau der städtischen Entwicklung in den zahlreichen administrativen Einrichtungen und kulturellen Angeboten wider. Dazu zählten: Präfektur, Postamt, Sparkasse, Lebensmittelläden, Schulen, Gymnasien, theologische Seminare usw.[44]

Die habsburgische Politik seit 1717 zielte auf eine Steigerung der Bevölkerungszahl. Aus zeitgenössischer Sicht erhöhte die Peuplierung entvölkerter Gebiete den Reichtum einer Provinz und damit auch die möglichen Steuereinnahmen in der Zukunft. Wie wir bereits mehrfach festgestellt haben, war bei der Neuansiedlung nicht die ethnische Herkunft entscheidend, sondern die Religionszugehörigkeit. Um Vertrauen ging es gegenüber den Neuankömmlingen, und das war noch wichtiger als das merkantile Interesse.[45] So steigerten die Ansiedlungen die multikulturelle Vielfalt des Banats und die Zahl der dort gesprochenen Sprachen noch einmal.

---

42 István Petrovics, 'Módszertani problémák a középkori várostörténetünk kutatása kapcsán' ('Methodological Problems in the Research of Medieval History of Cities'), in József Vonyó (Hg.), *Várostörténet-helytörténet* (*City History, Local History*) (Pécs, 2003), p. 151. Der Autor betont die Kontinuität beider Perioden. Gleichwohl weist das 18. Jahrhundert mehr Brüche als Kontinuitäten im Vergleich zum Mittelalter auf. Dementsprechend habe ich die Neuerungen herausgehoben.

43 Sándor Bálint, *A „szögedi nemzet" I. kötet.*

44 Deák, *Ausgewählte Materialien*, vol. ii, p. 314.

45 Vgl. Victor Neumann, 'Scurtă istorie a populaţiilor din Banat şi Trăsăturile melting pot-ului bănăţean'

Das Komitat Timiş hatte die höchste Bevölkerungsdichte. Dort auch nahmen die Agrarproduktion und die Verarbeitung der landwirtschaftlichen Produktion nach 1800 deutlich zu. Das Wohlergehen der Bevölkerung beruhte auf einer breiten Entwicklung des Handels, des Baus von Straßen und Kanälen, der Trockenlegung der Sümpfe und des Bergbaus. Alles das schien für Siedler attraktiv, die sich auf staatlichen Ländereien niederlassen wollten. Zwischen 1720 und 1820 blieb das Bevölkerungswachstum mäßig, danach stieg es deutlich: von 1821 bis 1830 um 0,74 Prozent jährlich auf 1841 bis 1850 1,25 Prozent. Die höchste Wachstumsrate verzeichnete im neunzehnten Jahrhundert das Gebiet um Timişoara, wobei der Schwerpunkt Mitte des 19. Jahrhunderts lag. Über die genauen Bevölkerungszahlen sind wir durch ganz unterschiedliche Quellen informiert: Für die Jahre nach 1717 zeichnete Wien verantwortlich, für die Jahre 1786 bis 1828 sind wir auf lokale Bevölkerungsregister angewiesen. Seit 1869 führte Ungarn eigene Bevölkerungszählungen durch.[46]

Die aus heutiger Sicht interessanteste Volkszählung unter kaiserlicher Herrschaft initiierte Joseph II. Die hier erhobenen Daten spiegeln die soziale Lage nach Angliederung des Banats an Ungarn wider. Die folgenden Zahlen (Tabelle 5.3) sind für die drei Banater Komitate überliefert (Familienvorstände).[47]

Tabelle 5.3

Soziale Stellung	Komitat	Anzahl
Adel	Caraş	108
	Timiş	200
	Torontal	129
Beamte	Caraş	99
	Timiş	210
	Torontal	62
Bauern	Caraş	25.414
	Timiş	28.029
	Torontal	16.043
Kleinbauern,	Caraş	14.833
Landarbeiter	Timiş	19.056
	Torontal	15.610

Quelle: Dezső Dányi (Hg.), *Történeti Statisztikai Tanulmányok* (Budapest, 1975), p. 5.

('A Short History of the Populations from the Banat and Features of the Banatian Melting Pot'), in id., *Interculturalitatea Banatului* (*The Interculturality of the Banat*) (Timişoara und Iaşi, 2012), pp. 15–29, 33–42. Vgl. id, 'Cultura din Banat la începutul evului modern: Primul ziar local – *Temeswarer Nachrichten*' ('The Culture in the Banat at the Beginning of the Modern Age: The First Local Newspaper – *Temeswarer Nachrichten*'), in id. (Hg.), *Identitate şi cultură*, pp. 25–37.

46 Mieck (Hg.), *Handbuch der europäischen Wirtschafts- und Sozialgeschichte*, vol. iv, p. 890.

47 Dezső Dányi (Hg.), *Történeti Statisztikai Tanulmányok 2* (*Historical and Statistical Studies 2*), (Budapest, 1975), p. 5. Die Publikation erschien anlässlich des ersten ungarischen Zensus.

Die erwähnte Volkszählung unterstreicht die besondere soziale Struktur des Banats (keine Leibeigenen z. B.). Allein die wirtschaftlichen Interessen Wiens zählten. Eine Untergliederung nach Religion oder ethnischer Herkunft unterblieb. Die kaiserliche Politik stand hierin im Einklang mit dem aufgeklärten, kosmopolitischen Denken und dem verbreiteten Merkantilismus, wie sie so typisch für das achtzehnte Jahrhundert waren. Gleichzeitig misstraute sie jeder auf Großgruppen bezogenen Eitelkeit.[48]

Kultur

Aufgrund eines Dekrets von Maria Theresia (*Ratio Educationis*) unterschieden sich die Grundschulen nach der verwendeten Sprache. Institutionell angebunden waren sie an die Kirchen, während ihr Lehrplan jener Ordnung entsprach, die für das ganze Habsburgerreich gültig war. Die Unterhaltung der Schulen oblag den Grundherren. Sie waren für die Schulgebäude und für die Instandhaltung von Schulen und Kirchen verantwortlich. Häufig waren sie auch zuständig für die Ernennung der Lehrer und Priester, die Unterstützung der Mönche, ebenso für die Schulaufsicht. Das galt jedenfalls für die katholischen Schulen. Ein entsprechendes kirchenherrschaftliches Regiment gab es für die protestantischen und orthodoxen Dörfer nicht, weil deren Gemeinschaftsleben auf der Autonomie der religiösen Institutionen beruhte. So unterstanden im achtzehnten Jahrhundert bzw. in der ersten Hälfte des neunzehnten Jahrhunderts die orthodoxen Volksschulen des Banats der Oberhoheit der Metropolitankirche von Karlowitz (Sremski-Karlowci). Gleichzeitig waren sie noch einmal nach Sprachgemeinschaft geschieden, in einen slawisch-serbischen Zweig und einen rumänischen. Die im orthodoxen Bistum Timişoara verwendeten Schulbücher, die einen serbokroatisch, die anderen rumänisch, wurden in Wien herausgegeben, wo auch die Lehrer ausgebildet wurden. Vor allem der serbo-kroatische Zweig erwies sich auf der Höhe der Zeit. Teodor Jankovic-Mirijevski, einer der aktivsten Intellektuellen im Banat, brillierte als Förderer neuer Lehrmethoden, die in der zweiten Hälfte des achtzehnten Jahrhunderts im ganzen Kaiserreich Anwendung fanden. 1785 gab es im orthodoxen Bistum von Timişoara 262 Pfarrgemeinden, im Bistum Caransebeş 144. Die „Episcopien" gründeten Volksschulen und unterhielten sie. Einige von ihnen boten eine hochklassige Bildung an, zum Beispiel in Bezdin, Sângeorge (Szentgyörgy), Voilovitza und Hodoş (Hodos).[49]

---

[48] In der Statistik der Zeit wurde die Nationalität nicht erhoben, weil sie aus kaiserlicher oder identitätskultureller Sicht des 18. Jahrhunderts keine Bedeutung hatte. Dominante Merkmale waren sozialer Status (Adel z. B.) und Konfession. Vgl. Victor Neumann, *Conceptul de naţiune la români şi unguri: Un studiu despre identităţile politice* (*The Concept of Nation for Romanians and Hungarians: A Study on Political Identities*) (Iaşi, 2013).

[49] Jenő Darkó, 'A karlócai érsekség egyházszervezete és görögkeleti népessége a XVIII. Században az összeírások tükrében' ('The Organization of the Archbishopric of Karlowitz and the Orthodox Popu-

Die ersten weltlichen Schulen des Banats wurden 1850 gegründet: Panciova, Vršac (Vârșeț, Versec, Werschetz), Chichinda Mare. 1837 öffnete das Gymnasium in Lugoj seine Tore, gefolgt von den Gymnasien in Timișoara, Zrenjanin und Arad 1859. Alle Gymnasien boten ihren Unterricht zunächst in Deutsch an. So unterrichtete auch das Gymnasium der Piaristen in Timișoara bis 1861 in Deutsch und wechselte dann auf das Ungarische. Auch alle anderen Gymnasien änderten entsprechend den politischen Rahmenbedingungen ihre Unterrichtssprache. So wurden die Gymnasien im Laufe des neunzehnten Jahrhunderts zu ungarisch-sprachigen Institutionen.[50] Das Schulleben in Timișoara stand dabei in Konkurrenz zu den Schulen in Szeged. Viele junge Menschen aus dem Banat entschieden sich für eine Ausbildung weiter westlich, sei es im Gymnasium (Verbindung von geistiger und körperlicher Ertüchtigung), im Lyzeum (Latein- bzw. Gelehrtenschule) oder in anderen Bereichen der Elitebildung. Allerdings, jenseits der Schulausbildung blieb es in Timișoara bei einem vorwiegend deutsch-sprachig geprägten Alltag.[51]

Es waren die Kirchen mit ihren unterschiedlich-sprachigen Gläubigen, die das multikulturelle Miteinander prägten und aufrechterhielten. Die zentrale Lage Timișoaras wirkte in dieser Hinsicht noch einmal verstärkend. Im 18. Jahrhundert entstanden der bischöfliche Palast, das piaristische Kloster und die Kirche, das orthodoxe Bistum und die Synagoge. Sie alle prägten sich dem Weichbild Timișoaras auf und trugen zur Entwicklung geteilter Werte und Praktiken bei.

Aber auch die Institutionen der Zivilgesellschaft verliehen Temesvar ein spezifisch multikulturelles Gepräge: die Krankenhäuser, die Apotheken, Theater und Restaurants. Die Ausdifferenzierung der Gesellschaft sorgte nicht nur für eine Verbreitung des Vernunftdenkens und der Wissenschaften, sondern auch für die Steigerung der Lebensqualität, nachweisbar etwa in der Zahl der Neubauten oder dem Umfang der kommunalen Einrichtungen. Das Trinkwasser in Timișoara genügte in den 1850er-Jahren allen hygienischen Anforderungen und wurde durch 197 öffentliche Brunnen sichergestellt. Schon 1857 gab es ein Gasunternehmen und 1887 ein Elektrizitätswerk. Seit 1893 verfügte die Stadt über eines der modernsten Stromnetze, das die ganze Gemeinde versorgte. Eine elektrische Straßenbahn sicherte einen leistungsfähigen öffentlichen Nahverkehr. Im letzten Jahrzehnt des neunzehnten Jahrhunderts erhielt Timișoara zudem ein kanalisiertes Abwassersystem und stand dadurch mit an der Spitze kommunaler Leistungsversorgung in Europa.[52]

---

lation in the Eighteenth Century as Seen in the Censuses'), in István Zombori (Hg.), *A szerbek Magyarországon* (*The Serbians of Hungary*) (Szeged, 1991), p. 116.
50 Friedrich Gottas, 'Die Deutschen in den Ländern der ungarischen Krone (1790–1867)', in Schödl (Hg.), *Land an der Donau*, p. 266.
51 Niamessny, *Szeged és a Délvidék*, p. 6.
52 Deák, *Ausgewählte Materialien*, vol. ii, pp. 306–309.

Was Timișoara als Ort kulturellen Miteinanders betraf, so gab es bereits um 1848 Stimmen, welche die Vielfalt der Muttersprachen als Gewinn bewerteten und für das Erlernen mehrer Regionalsprachen eintraten. Tobias Gottfried Schröder, ein Lehrer am evangelischen Gymnasium, widersetzte sich offen den nationalistischen Tendenzen und stellte sich gegen die Vorstellung, die vielen Herkunftssprachen im Banat zugunsten des Ungarischen zu vernachlässigen.

Die stadtbürgerliche Kultur im Banat spiegelte das zeitgenössische zivilgesellschaftliche Denken. Seit 1776 gab es ein deutsch-sprachiges Theater. Zudem besuchten viele Ensembles aus Europa die Stadt, ebenso berühmte Komponisten und Instrumentalisten. Die Musikkultur Temeswars stach deutlich heraus, hatte europäisches Niveau. Der erste Chor in Timișoara wurde 1845 gegründet, in Lugoj 1841 und in Oravița 1863. Ein besonderes Moment brachte 1871 die Gründung der Philharmonischen Gesellschaft. Aber auch auf literarischer Ebene zeigte sich das spezifische Anspruchsniveau Temeswars. Für die Geschichtsschreibung ragten etwa die Werke von Johann Nepomuk Preyer hervor (*Monografie der Königlichen Freistadt Temesvar*, 1853), ebenso von Johann Heinrich Schwicker (*Geschichte des Temescher Banats*, 1861) und Karl Wilhelm Martini (*Pflanzen und Schlacht. Bilder und Gestalten aus dem Banate*, 1854). Alle Siedlungen des Banats, die kaiserlich-königlicher Verwaltung unterstanden, zeigten ein infrastrukturelles Ensemble mit Kirchen, Schulen, Straßen, Poststellen. Positiv bemerkbar machte sich auch, dass die rechtlichen, sozialen und sonstigen Probleme der ländlichen und städtischen Gemeinden von derselben Verwaltung bearbeitet wurden.[53]

Fazit

Das Banat des achtzehnten und neunzehnten Jahrhunderts stand für kulturellen und religiösen Pluralismus infolge der großen europäischen Migration des achtzehnten Jahrhunderts. Als imperiale Macht setzten die Habsburger auf die Peuplierung des neu eroberten Gebiets, das anfangs zu Teilen aus Wüstungen bestand. In der Folge übernahm das Banat den modernen europäischen Geist, was sich letztlich als noch wichtiger erwies als die pure Vielfalt der Sprachen, Religionen und ethnischen Gruppen. Wien setzte auf wirtschaftliche Entwicklung und Freisetzung gesellschaftlicher Kräfte und begründete damit auch die Kolonisation. In wenigen Jahrzehnten stach das Banat nicht nur durch seine Verwaltung heraus, sondern auch dadurch, dass es eine eigene Identität entwickelt hatte. Die spezifisch multi- und interkulturelle Charakteristik trug zur Europäisierung einer Region bei, die am Außenrand des osmanischen Reiches lag.

---

53 Josef Vollmar Senz, *Geschichte der Donauschwaben* (München, 1987), p. 75.

Um 1780 variierten die Größen der Sprachgruppen wie folgt (Tabelle 5.4)[54]

Tabelle 5.4

„Muttersprache"	Anzahl	%
Rumänisch	181.639	57,5
Serbisch	78.780	24,5
Deutsch, Italienisch, Spanisch	43.201	13,6
Bulgarisch	8.683	2,7
Romani	5.272	1,6
Jüdisch	353	0,1
Gesamt	317.928	100

Quelle: Franz Griselini, *Versuch einer politischen und natürlichen Geschichte des temeswarer Banats in Briefen an Standespersonen und Gelehrte* (Wien, 1780), pp. 195–196. Griselini betont selbst, dass die Daten unsicher sind. Die Bevölkerung des 11. Distrikts (zu dem auch Temeswar gehörte) betrug 317.928 Personen, von denen 181.636 Rumänen waren, 78.780 Serben, 8.683 Bulgaren, 5.272 Roma, 43.201 deutsch-, italienisch- und spanischsprechende Siedler und 353 Juden.

Obige Aufstellung gibt ein recht grobes Bild von der ethnischen Struktur des Banats um 1780. Immerhin, so viel wird deutlich, die rumänisch-sprechende Bevölkerung stellte mit 57,7 Prozent die Mehrheit, gefolgt von der serbisch-sprachigen Bevölkerung mit 24,5 Prozent.

Die religiöse Gliederung der Banater Bevölkerung zeigt Tabelle 5.5. Sie basiert auf dem Zensus von 1784–1785.

Tabelle 5.5

Komitat/ Stadt	Römisch- katholisch	Evangelisch- lutherisch	Reformiert- calvinistisch	Griechisch- orthodox	Jüdisch	Gesamt
Caraș	15.076	50	30	173.000	44	188.200
Timiș	40.227	2.000	1.200	172.000	118	215.545
Torontal	46.019	1.500	1.500	103.000	64	153.083
Timișoara	4.476	60	20	4.300	386	9.242
Gesamt	105.798	3.610	2.750	452.300	612	566.070

Quelle: Danyi Dezsö/David Zoltan, *Az elsö magyarorszagi nepszamlalas 1774–1784 (Der erste Zensus in Ungarn, 1784–1787)* (Budapest, 1960).

---

54 Neumann, *Conceptul de națiune la români și unguri*, pp. 16–24, 54–58.

Für die kaiserliche Verwaltung in der Zeit Josephs II. war die Religionszugehörigkeit wichtiger als die Muttersprache, und das spiegelte auch der Zensus von 1785 wider. Begriffe wie „Nationalität" oder „Ethnie" erhielten in Mittel- und Osteuropa erst ab der ersten Hälfte des neunzehnten Jahrhunderts Relevanz.[55] Das gilt auch für das Banat. Erst seither lässt sich beobachten, wie religiöse Gruppen sich zugleich als ethnisch-kulturelle Einheiten wahrnahmen und für ihre Anerkennung kämpften. Das gilt insbesondere für die rumänisch-orthodoxen und die serbisch-orthodoxen Gruppen, die immerhin 80 Prozent der Bevölkerung in den drei Banater Komitaten stellten. Die kleinste orthodoxe Gruppe lebte im Bezirk Torontal: 67,3 Prozent. Seinen Grund hatte das in der Verwaltungsneuordnung von 1779, als ungarisch-sprachige Familien, römisch-katholisch die einen, reformiert-calvinistisch die anderen, von Nordungarn in den Süden umgesiedelt wurden. Timişoara stellte auch in dieser Hinsicht eine Besonderheit dar, erkennbar an den vorgelegten Zahlen. Von den insgesamt 9.242 Einwohnern der Stadt um 1785 waren 4.476 römisch-katholisch, 4.300 orthodox und der Rest jüdisch, evangelisch-lutherisch oder reformiert-calvinistisch. Dieses Zahlenverhältnis zeigt erneut die spezifisch plurale Struktur Timişoaras und macht deutlich, wie attraktiv die Stadt war, gerade auch für Menschen unterschiedlichen Glaubens.

Die späteren Volkszählungen erlauben einen Überblick über die sich ändernden sprachlichen Konstellationen. Im Jahr 1840 beispielsweise, als der ungarische Adel die Führungsrolle im Land ausübte, initiierte der ungarische Staatsrat einen Zensus auf Bezirksebene. Einen zweiten Zensus veranlasste das österreichisch-neoabsolutistische Regime 1851, als die Region unter der Bezeichnung *Woiwodschaft Temeser Banat und serbische Vojvodina* autonom wurde. Die zahlenmäßige Größe der verschiedenen sprachlich-kulturell geschiedenen Gruppen im Banat des neunzehnten Jahrhunderts listet Tabelle 5.6 auf.

Die vorliegende Statistik macht den gestiegenen Anteil der ungarisch-sprechenden Bevölkerung deutlich, und doch blieb dieser im Vergleich mit der rumänisch-sprechenden immer noch gering. Die serbisch-sprechende Bevölkerung nahm von 1775 bis 1840 zugleich immer mehr ab, ihr Anteil lag 1840 nur noch bei 18,7 Prozent. In dieser Zahl sind auch die vielen Soldaten enthalten, die 28,03 Prozent der gesamten Bevölkerung ausmachten. Die meisten von ihnen mussten ihren Militärdienst bei den Grenzregimentern des Kaiserreichs leisten (250.485). Die Serben galten als militärisch versiert und zuverlässig, was ihnen gewisse Privilegien sicherstellte. Die Zahl der rumänisch-sprechenden Dienstpflichtigen bei den Grenzregimentern betrug 145.106 (was 58 Prozent entsprach), während die Zahl der deutsch-sprechenden Grenzschützer 26.155 ausmachte (10,5 Prozent).

---

55 So Victor Neumann, 'Trăsăturile melting pot-ului bănăţean şi Timişoara interbelică: între „etnicitatea fictive" şi societatea deschisă' ('The Features of the Banatian Melting Pot and Interwar Timişoara: Between „Fictional Ethnicity" and Open Society'), in id., *Interculturalitatea Banatului* (3. Aufl., Iaşi, 2015), pp. 33–42, 45–67.

Tabelle 5.6

Sprach-gemeinschaft „Muttersprache"	Komitate					
	Caraş	Timiş	Torontal	Militär-grenzraum	Gesamt (Anzahl)	Gesamt (%)
Deutsch	15.252	85.449	80.864	26.155	207.720	19,2
Rumänisch	191.158	183.228	46.738	145.106	566.230	52,3
Ungarisch	1.200	4.560	50.332	3.250	59.347	5,5
Serbisch	–	18.320	113.660	70.230	202.210	18,7
Slowakisch	–	2.954	2.500	5.386	10.840	1,0
Kroatisch	7.714	1.698	700	–	10.112	1,0
Bulgarisch	–	3.000	9.000	–	12.000	1,1
Montenegrinisch	–	2.830	–	–	2.830	0,28
Griechisch	–	400	200	200	800	0,04
Französisch	–	150	6.000	–	6.150	0,6
Jüdisch	308	1.898	2.252	158	4.316	0,4
Gesamt	215.632	304.187	312.246	250.485	1.082.550	100

Quelle: Elek Fenyes (Hg.), *Magyarorszag geographiai szotara* (*Geograhhie-Lexikon Ungarn*) (Pest, 1851), pp. 194–195.

Alle anderen Sprachgruppen repräsentieren 4,4 Prozent der Bevölkerung. Doch nicht ihre pure Zahl war wichtig, sondern deren Beitrag zur wirtschaftlichen Entwicklung, zum kulturellen Aufblühen und zur Verankerung zivilgesellschaftlicher Werte in der Gesamtbevölkerung des Banats.

Die demografische Struktur des Banats im Jahr 1851 zeigt Tabelle 5.7.

Tabelle 5.7

„Muttersprache"	Bevölkerung	
	Anzahl	%
Ungarisch	56.329	7,6
Deutsch	148.740	20,1
Rumänisch	380.926	51,4
Serbisch	123.687	16,7
Slowakisch	3.177	0,4
Bulgarisch	7.256	1,1
Kroatisch	9.743	1,3
Französisch	5.992	0,8
Jüdisch	3.066	0,4
Montenegrinisch	762	0,1
Romani	152	0,02
Gesamt	740.485	100

Quelle: Elek Fenyes, *Magyarorszag leirasa* (*Die Beschreibung Ungarns*), Teil 1 (Pesta, 1851), pp. 332–333.

Tabelle 5.8 erlaubt einen Blick auf die Veränderung der Bevölkerungsstruktur Temeswars zwischen 1840 und 1910.

Tabelle 5.8

Jahr	Unga-risch	Deutsch	Rumä-nisch	Serbisch	Ruthe-nisch	Slowa-kisch	Kroa-tisch	Andere
1840 (%)	11	26	17	24	–	–	–	22
1880 (Anzahl)	7.289	18.539	3.279	1.719	28	397	–	1.510
1880 (%)	21,63	55,02	9,73	5,10	–	1,18	–	–
1910 (Anzahl)	28.552	31.644	7.566	3.482	4	341	148	818
1910 (%)	39,35	43,64	10,43	4,80	–	–	-	–

Quelle: Deak, *Ausgewählte Materialien*, Bd. 2, p. 313.

Was in der Tabelle als „Andere" bezeichnet wird, steht für das Zusammenwachsen der Bevölkerung im Banat. Gemeint sind gemischtsprachige Familien, in denen sich die Herausbildung einer eigenen regionalen, plurilinguistischen Identität zeigt. Victor Neumann hat diesen Sachverhalt mit dem Begriff des „Schmelztiegels" Banat charakterisiert.

László Marjanucz

Die Politikgestaltung des Hauses Habsburg 1770–1772 – ein Quellenbericht

In den ersten Jahrzehnten nach der Eingliederung des Banats 1718 in das Habsburger Reich hatte das Temeswarer Banat den Status einer österreichischen Militärprovinz (peculium austriacum). Die Verwaltung erfolgte durch Vertreter mehrerer Behörden (Militär, Zivilverwaltung, Wirtschaft und Finanzen). Dabei hatte das Militär anfangs das Sagen, weil die Absicherung der Grenze im Vordergrund stand. Einen neuen Verwaltungszuschnitt erhielt das Banat in der Zeit Maria Theresias, als die Region ausschließlich noch durch die Zivilbehörden administriert wurde.[1]

Am Wiener Hof koordinierte der Staatsrat die Regierungsarbeit, obwohl er als reines Beratungsorgan galt. Für das Banat waren in dieser Zeit viele Wiener Regierungsstellen zuständig. Die Verbindung zwischen ihnen stellte der Hofrat her. Welche Institutionen trugen Verantwortung für das Banat? Zu den wichtigen zählten: die *Hofkammer*, die *Hofdeputation in Banaticis* (die kaiserliche Deputation des Banats). Schließlich auch das *Hofkammer-Departement in Banaticis und Domänen-Wesen*.[2] Der Kaiserliche Rat Clary verfertigte viele der wichtigen Entscheidungsvorlagen, weil er als Experte für die Angelegenheiten des Banats galt. Auch Graf Hatzfeld, der Präsident der Hofkammer, legte Memoranden vor. Weitere Berichte und Stellungnahmen verantworteten die Mitarbeiter des Hofkriegsrats und der Hofkanzlei. Die endgültigen Berichte legte dann der Staatsrat der Kaiserin Maria Theresia vor, ergänzt um Stellungnahmen und Entscheidungsvorschläge.

Die vorliegende Studie benutzt die Unterlagen des Staatsrates als zentrale Quelle. Einsehbar sind sie im Wiener Hof- und Staatsarchiv. In diesen Dokumenten wird das Banat nur indirekt angesprochen, im Rahmen umfassenderer Fragestellungen. Und auch die Entscheidungen der Kaiserin wurden nicht explizit protokolliert, sondern sind nur aus den Reden der Räte zu ermitteln. Höchst professionell agierte die Wiener Verwaltung, das zeigen die konsultierten Quellen. Dazu gehörte auch 1745 die Gründung einer Unterkommission mit dem aussagekräftigen Namen: *Hofkommission in Banaticis, Transylvanicis und Illyricis*.[3] Weiterhin offenbart die Lektüre der Staatsratsunterlagen (der Berichte, der Aufzeichnungen (Notae) und Stellungnahmen (Vota) die Vielfalt der Themen, die der Herrscherin vorgelegt wurden. Aus rechtlichen und

---

1 Szabó Pál Csaba, *A magyar állam története 1711–2006* (*The History of the Hungarian State*) (Szeged, 2010).

2 Die Quellenbasis beruht auf Forschungen im Haus-, Hof-und Staatsarchiv, Staatsrat-Protokolle, Wien, zitiert als: HHStA Str. Prot.

3 Eckhart Ferenc, *A Bécsi Udvari Kamrai Levéltár* (*The Viennese Court Chamber Archive*) (Budapest, n. d.), p. 60.

politischen Gründen erfolgten die Rückmeldungen der Kaiserin in unterschiedlicher Form: als Beschluss, als Mitteilung, als Warnung oder in Form eines geheimen Briefes an eine Vertrauensperson. Für die Jahre 1770 bis 1772 habe ich die Staatsratsunterlagen systematisch ausgewertet, um so die zentralen Themenfelder in Bezug auf das Banat zu ermitteln. Im Zentrum der Diskussion standen: die Wirtschaftspolitik, Fragen der Kirchenpolitik sowie die Siedlungspolitik.

Der Kameralismus – Merkantilische Wirtschaftspolitik und das Banat

Als „kaiserliche Region" stellte das Banat ein gesondertes Wirtschaftsgebiet dar, das durch eine formelle Zollgrenze vom Königreich Ungarn und von Siebenbürgen abgetrennt war. Weil die Zoll- und Steuereinnahmen so unmittelbar Wien zugutekamen, war der Kaiserhof an einer florierenden Wirtschaft stark interessiert.

Für die Wiener Finanzpolitik bot der Kameralismus den handlungsleitenden wirtschaftspolitischen Rahmen. Die Kameralistik als ökonomische Doktrin war die deutsche Variante des Merkantilismus. Sie erwies sich als höchst einflussreich, bestimmte die Herangehensweise in vielen deutschen Staaten und beeinflusste auch die Wiener Reformvorhaben unter Leopold I. und Maria Theresia. Der Kameralismus stieg zu einer selbstständigen Wissenschaft auf und behandelte alle Fragen, die mit dem Staatshaushalt zu tun hatten. Wiener Professoren lehrten das kameralistische Denken, behandelten Finanz-, Wirtschafts- und Verwaltungswissenschaften. Die Kameralistik errang so den Status einer Staatswissenschaft, wurde handlungsbestimmend, sowohl für die Monarchen als auch für jene Gebildeten, die eine Karriere im Staatsdienst anstrebten. Somit wurde die Kameralistik zur Leitwissenschaft für die Verwaltungspraxis.[4]

Im Fall des Temeswarer Banats bestimmte u. a. die Grenzlage zum Osmanischen Reich die Wiener Politik. Grenzsicherung spielte eine wichtige Rolle für die Zentrale, aber genauso wichtig war die Zollgrenze als Einnahmequelle. Über Banater Grenzstellen erfolgte der Import vieler Verbrauchsgüter aus dem Orient. Türkischer oder indischer Kaffee erreichte viele Regionen des Habsburger Kaiserreichs über das Banat. Zucker nahm andere Wege, erzielte aber ebenfalls hohe Zolleinnahmen. Doch gab es eine Importbegrenzung, weil zunächst die heimische Produktion angeregt werden sollte, sodass Importe nur zulässige waren, wenn die Nachfrage nicht befriedigt werden konnte.[5] Dies war die Sachlage, als die Hofkanzlei 1770 die Frage des Zuckerhandels thematisierte. Gemäß der dortigen Entscheidung sollte Zucker über Triest und Nikolsburg (Mikulov, Südmähren) importiert werden. Das Einfuhrgut war beim Zoll entsprechend

---

4 Gáll Beatrix Takaróné und Károly Tamás (Hg.), *A közgazdasági elméletek története* (*The History of Economic Theory*) (Budapest, Biblioteca TÉBE, nr. 94), p. 23, o. D.
5 HHStA Str. Prot. 2201/1771, Vortrag der Hofkammer in Banaticis, 20. Juni.

dem Nettogewicht zu deklarieren. Die Kaiserin veranlasste eine genaue Kontrolle und eine strenge Nachverfolgung der Auslieferung, weil Händler versucht hatten, den Zoll von Nikolsburg zu umgehen. Im Regelfall erfolgte der Transport von Nikolsburg aus als Transitgut, und so kam der Zucker dann auch ins Banat und nach Siebenbürgen. Wie gesagt, der Handel mit auswärtigem Zucker war nur erlaubt, wenn das einheimische Angebot nicht ausreichte. Im Ergebnis tangierte die Entscheidung der Hofkanzlei auch den Zuckerverkauf im Banat.[6] Erstes Gebot war es, die lokale Produktion zu maximieren, um damit die Unabhängigkeit vom Ausland zu erreichen. Nur wenn die heimische Produktion nicht ausreichte, sollten Importe möglich sein. Das Banat selbst war Zuckerrübenanbaugebiet. Insofern war es auch direkt betroffen. Die Debatten im Hofrat – um an dieser Stelle ein erstes Fazit zu ziehen – unterstrichen die Wichtigkeit der Grenzen zum Osmanischen Reich, aus militärischer Sicht, aber auch in Hinblick auf die Zolleinnahmen.

In einem Wirtschaftssystem, das auf Monopole setzte, Genehmigungen verlangte, Verbote aussprach und Importe begrenzte, bedeutete jede Zollabgabe eine Preissteigerung für Importgüter. Letztlich bezahlten also die Konsumenten den Preis für den Protektionismus. Doch für die Staatskasse meinte all dies ein erfreuliches Einnahmeplus, ergänzt um die erwünschte Stimulation der „nationalen" Produktion. Der Staat der Frühen Neuzeit tat sich mit der Steuererhebung schwer, während die Grenzkontrolle zu seinen genuinen Aufgaben gehörte. Insofern gab es eine Übereinstimmung von Zollregelungen und kameralistischem Denken. Monopolstellung besaßen vor allem Bergbau und Salzgewinnung. Und die hatten für das Banat große Bedeutung. Deshalb richtete die Hofkammer immer wieder ihren Blick auf diese beiden Wirtschaftszweige, mit dem Ziel, den Verkaufsgewinn zu steigern. Für den Salzverkauf war im Banat das Lippauer Haupt-Salz-Amt[7] zuständig. Maria Theresia war davon überzeugt, dass die Einnahmen aus dem Salzverkauf gesteigert werden könnten, wenn der Salzabbau erweitert würde. So schlug sie vor, dass die regionale Verwaltung „ab sofort ... die Ausbeutung der Salzlagerlagerstätten ausdehnen solle, ohne vorherige Konsultation". Hinsichtlich der Investitionskosten wünschte die Kaiserin zugleich „die hervorragendste Ökonomie"[8]. Die Salzmonopolbehörde überwachte den Abbau und die hygienischen Bedingungen der Lagerstätten genau, sodass der Handel auf sichere Belieferung setzen konnte. Jener Mitarbeiter, der das Salz abwog, erstellte einen Bericht über die Auslieferungsmenge, basierend auf den „Kupon-Rechnungen" des Betriebspersonals, und errechnete dann die voraussichtlichen Einnahmen durch den Verkauf. Zudem sandte die Temeswarer Finanzbuchhaltung monatlich Berichte, die Wien über die Gewinne aus dem

---

6 HHStA, Str. Prot. 1300/1770, Vortrag der Hofkammer in Banaticis, 6. April.
7 Lippauer Haupt-Salz-Amt.
8 HHStA Str. Prot. 2561/1771, Vortrag der Hofkammer, 20. Juli, A Temesvári Tartományi Adminisztráció július 9-én kelt fölvetése alapján, Über die Verbesserung des bannatischen Salzwesens.

Salzverkauf aufklärten. Umgekehrt schrieb die regionale Verwaltung in Timișoara auch Rechnungen, um die eigenen Verwaltungsausgaben erstattet zu erhalten.[9]

Regelmäßig informierte die Kammer die Kaiserin über die Entwicklung der Zolleinnahmen, die Wirtschaftsleistung und die Verwendung aller Einkünfte. Dementsprechend enthielten die Bilanzen immer auch Rubriken zum Banat, wobei die Verwaltung in Timișoara die Zahlen monatlich lieferte. Die Rechnungslegungen über die Einnahmen aus dem Banat wurden der Kaiserin vorgelegt, die schließlich entschied, wie das überschüssige Geld der Staatskasse zu verwenden sei. Ihre Beschlussfassungen endeten häufig mit dem Zusatz: Bis zur Entscheidung über die Verwendung der Gelder müssten alle Zolleinnahmen so gekennzeichnet werden, dass sie erst nach formeller Zustimmung verausgabt werden dürften.

Diese Weisungen der Kaiserin galten für alle Regionen, mit einer Ausnahme – den Grenzgebieten – die aufgrund ihrer geografischen Lage ein El Dorado für den Schmuggel darstellten. Auch das Banat war ein solches Grenzgebiet. Die Kaiserin wies die Behörden deshalb zusätzlich an, alle Aufmerksamkeit darauf zu richten, dass keine geschmuggelten „Konsumgüter" (Kaffee, Zigaretten oder Gewürze aus dem Orient) den Zoll umgingen, was leicht möglich war aufgrund ihrer spezifischen Eigenschaften (Haltbarkeit). Auch für die langlebigen Konsumgüter sei darauf zu achten, dass sie gemäß den Vorschriften verzollt würden. Selbst die Grenzwachen mussten Zollgebühren entrichten, damit sie ihre Sonderstellung nicht missbrauchten.[10]

Die Kaiserin setzte für die Wirtschafts- und Finanzpolitik auf Protektionismus und hohe Zolleinnahmen. Die indirekte Besteuerung generierte vergleichsweise wenig Einnahmen und sollte auch den Binnenmarkt nicht belasten. Wie in solchen Fällen immer, suchten die Grenzbewohner die Regelung zu umgehen, denn das versprach ihnen erheblichen Profit. Für fast alle Regionen des Reiches war der Schmuggel ein ernsthaftes Problem. In Ungarn florierte vor allem der Verkauf geschmuggelter Waren, die über Böhmen, Mähren und Schlesien „eingeführt" worden waren. Die Wiener Zentrale hielt sich nicht lange mit den finanziellen Folgen des ausgeprägten Schmuggels auf, sondern beklagte vor allem das besorgniserregende Phänomen mangelnder Grenzsicherheit. Als besonders anfällig für Schmuggelware im ungarischen Großraum galt das Temeswarer Banat. Hier schien der Schwarzmarkt besonders zu florieren, und entsprechend intensiv sollte die Grenzkontrolle erfolgen.[11]

Noch viele weitere Maßnahmen dienten der Steigerung staatlicher Einkünfte. Um die Kosten zu decken, war auch staatliches Eigentum nicht tabu. So empfahl zum Beispiel die Hofkammer, die Brauerei Rheinfels zu verkaufen. Der angebotene Preis

9 HHStA Str. Prot. 2561/1771, Vortrag der Hofkammer.

10 HHStA. Str. Prot. 2201/1771, Nota der Hofkammer, 20. Juni.

11 HHStA Str. Prot. 2019/1771, Vortrag der Banco-Deputation in Banaticis, 1. Juni.

von 750 Gulden versprach ein wirklich gutes Geschäft. Und die Kaiserin akzeptierte den Vorschlag, stimmte der Transaktion zu.[12]

Wien setzte im Banat die kameralistischen Ideen um und konnte dabei auf entsprechend geschulte lokale Mitarbeiter zurückgreifen. Höchst sorgfältig wählte Wien seine Staatsbeamten aus und, um deren Loyalität sicherzustellen, versetzte es das spezialisierte Personal regelmäßig von einem Dienstort zu einem anderen. Viele der für die Finanzangelegenheiten im Banat zuständigen Beamten waren übrigens Tschechen. Der Grund dafür war einfach: Im Banat erhielten sie eine bessere Vergütung und freuten sich auch anderer geldwerter Vorteile. Ein spezieller Haushaltstitel machte die imperiale Personalpolitik möglich. So erhielten Beamte auch Unterstützung bei Umzügen.

Selbst die Wiener Hofkammerverwaltung war nicht attraktiv genug, um den Wunsch einer Versetzung in das Banat auszuschließen.[13] 1770 bat ein erst kürzlich ernannter Landessteuerinspektor der regionalen Steuerkammer um finanzielle Unterstützung für seine Versetzung in das Banat. Die Kaiserin akzeptiert den Wunsch, weil der Posten im Banat so wichtig war. Gleichwohl, die Verwaltung blieb auf Sparsamkeit bedacht, auch in der Personalpolitik. Dies war schon deshalb erforderlich, weil alle finanziell wirksamen Personalausgaben (Gehälter, Zulagen, sonstige Vorteile) vom Handelsrat mitgeprüft werden mussten. Die Frage nach den finanziellen Auswirkungen begrenzte da schnell große Hoffnungen.[14] Ein Beispiel dafür ist die Bewerbung eines ehemaligen Oberleutnants auf die Stelle eines stellvertretenden Direktors der Banater Verwaltung. Sie wurde von der *Ministerial-Banco-Deputation* abgelehnt, die damals die Hauptverantwortung für die Finanzen im Banat trug. Grund für die Ablehnung, hieß es, sei das fehlende Fachwissen für eine solch anspruchsvolle Bürotätigkeit, bedingt durch die vorhergehende Armeezugehörigkeit. Hinzu kam, dass die Verantwortlichen ernsthafte Zweifel hegten, dass sich die vorgesehene Stelle überhaupt rechnete, angesichts der geschätzten Personalkosten, die sie mit den zu erzielenden Mehreinnahmen verglichen.[15]

Ein besonderes Augenmerk der merkantilistisch ausgerichteten Politik galt dem Lebensstandard der Untertanen und hier der Landwirtschaft. Die Quellen zum Banat zeigen, wie die Behörden die Agrarproduktion regulierten und versuchten, Arbeitsverpflichtungen der Landbevölkerung durchzusetzen. Wien unterstützte die Neusiedler mit staatlichen Mitteln, wobei die Garantie einer ausreichenden Saatgutversorgung als die effektivste Methode galt. Dennoch musste die Hofkammer immer wieder lokale Berichte über unzureichende Getreidebestände zur Kenntnis nehmen. Das Problem lag nicht in Marktunvollkommenheiten, sondern in der verfehlten politischen Steuerung.

---

12 HHStA Str. Prot. 86/1771, Vortrag der Hofkammer.
13 HHStA Str. Prot. 78/1770, Vortrag der Hofkammer in Banaticis und Domänenwesen.
14 HHStA Str. Prot. 19/1770, Protocollum Extract des Commerzien Rathes, fo. 543.
15 HHStA Str. Prot. 19/1770, Vortrag der Ministro-Banko-Deputation über eine Banathische Unter-Verwalterssstelle.

Wien betrachtete das Banat als seine Domäne, als sein Eigengut, und stachelte die Verwaltung immer wieder zu planwirtschaftlichen Interventionen an, was dem kameralistischen Denken der Zeit durchaus entsprach. Dabei finden wir immer wieder zwei Anweisungen: Der Pflanzenanbau solle auf Kosten der Viehwirtschaft ausgeweitet werden, um so die Lebensmittelgrundlagen zu verbessern und die Staatseinnahmen zu vermehren. Hinzu kamen Aufforderungen an die lokale Verwaltung, sie möge die potenziellen Hindernisse beseitigen. Allzu hilfreich war dies nicht.

Höchst aufschlussreich in dieser Hinsicht ist das Bemühen der Wiener Stellen, den Anbau von Rüben und Kohl im Banat anzuregen. Eine auf allerhöchste Anweisung hin angefertigte Aufstellung des Hofrates von 1771 bestand u. a. aus einer Preisliste für den Kauf von Rüben-, Kohl- und ölhaltigen Pflanzensamen. Die Kaiserin ordnete den sofortigen Ankauf an, „falls möglich".[16]

Aber was hieß „falls möglich"? Die Verwaltung berechnete die Kosten, die durch den Ankauf entstehen würden, und ermittelte die Chancen für eine auf Pflanzen basierende „industrielle" Ölgewinnung. Aber so wichtig die Diversifikation der landwirtschaftlichen Produktion war, so richtete sich das Hauptaugenmerk doch auf den Getreideanbau, als die zentrale Ernährungsgrundlage der Bevölkerung. Eine Aufzeichnung der Hofkammer vom 9. Januar 1770 zeigt, wie wichtig das Thema genommen wurde. Eine Verteilung von „Samen an die bedürftigen" Bauern sei dringend erforderlich, hieß es. Und am 24. Januar 1770 begründete Graf Hatzfeld gegenüber der Kaiserin die Maßnahme mit der außergewöhnlichen Lage, in der die Landwirtschaft im Kaiserreich sich derzeit befinde.[17]

Die Kaiserin erkannte die Bedeutung des Vorschlags für die Wirtschaft, aber auch für die Finanzen des Kaiserreichs: „Ich erwarte von Ihnen", erklärte sie, dass Sie gemäß meiner Entscheidung, „Ihr Bestes tun, damit die Bauern mit den notwendigen Mitteln für die Sommerernte [im Jahr 1770] ausgestattet werden." Und sie fügte an: Das verbessere in der Folge auch die Steuereinnahmen. Die Behörden mussten also darauf achten, dass die Untertanen ausreichend Saatgut und genügend Brot erhielten, um zukünftige Steuerleistungen sicherzustellen. Angesichts der Ausführungen von Graf Hatzfeld, der in einem sogenannten Begleitungs-Vortrag auf die ungenügenden Lagervorräte im Banat hinwies, entschied die Kaiserin weiterhin, die Getreidelager im Banat zu erweitern.[18]. Zudem appellierte Maria Theresia nochmals an die Verantwortung, für ein ausreichendes Angebot von Samen und Brot zu sorgen. Harte Sanktionen drohte sie jenen Beamten an, die der Aufgabe zu wenig nachkämen. Die Kaiserin erachtete das Wohlbefinden der Bevölkerung als eine der zentralen Aufgaben des Staates und damit

---

16 HHSta Str. Prot. 1771/2593, Vortrag der Hofkammer, Az Uradalmi Bizottmány július 10-én kelt beadványa alapján, Über Rüb- und Kohlsamen-Anbau.
17 HHStA Str. Prot. 321/1770, Vortrag der Hofkammer, 24. Januar.
18 HHStA Str. Prot. 321/1770, Begleitungs-Vortrag des Grafen Hatzfeld zu Protocoll der Hofkammer in Banaticis und Domänenwesen, 28. Februar.

auch von dessen Beamten, und so verfügte sie: Den Untertanen auf Domänenboden (unmittelbare Ländereien des Staates) müsse unbedingt die notwendige Aussaat und ausreichend Brot zur Verfügung gestellt werden, und zwar „ohne Verzögerung und mit größter Sorgfalt".

Tatsächlich war die mangelnde Getreideversorgung Ergebnis einer Hungersnot, die 1769 vor allem Böhmen erfasst hatte. Die Reserven waren angebrochen worden, und jetzt galt es Vorsorge zu treffen. Das Banat war ein Hauptanbaugebiet für Getreide, wichtig für die gesamte Bevölkerung des Kaiserreichs, und so geriet auch das Gebiet im Südosten des Reiches in den Blickpunkt. Während Böhmen 1769 nur geringe Getreideerträge vorzuweisen hatte, hatte das Banat seine Erzeugung im selben Jahr weitgehend aufrechterhalten können, und doch war es auch hier zu Problemen gekommen. In einem Brief an Hofrat Raab wird der für das Banat zuständige Verwaltungsfachmann unterrichtet, dass „Ihre Majestät Getreide aus dem Banat kaufen wolle". Der Hofrat bestätigte, dass die landwirtschaftliche Produktivität der Region hoch sei, wandte allerdings ein, dass der schlechte Zustand der Wasserstraßen einer stärkeren Zentralisierung von Lagerhaltung und Getreideabsatz entgegenstünde.[19]

Aus Sicht der Kaiserin war es angesichts der schwierigen Lage notwendig, die Verantwortlichen an ihre Aufgabe zu erinnern: „Die für die Bewältigung der Aufgabe wichtigsten Ämter existieren bereits. Sie haben geschworen, zum Nutzen des Landes und für das Wohlbefinden seiner Untertanen zu arbeiten. Dazu hat der Souverän unter den gegebenen Umständen alle Ämter mit den notwendigen Handlungsvollmachten ausgestattet. Der Schlüssel zur Bewältigung der aktuellen Schwierigkeiten besteht allein darin, geeignete Lösungen für jedes der einzelnen Probleme zu finden".[20]

1771 schaute die mit dem Banat betraute Unterabteilung auf ihr Gebiet mit demselben Blick wie die Hofkammer auf andere Kronregionen. Tatsächlich ähnelten die Probleme einander, obwohl doch das Banat deutlich jünger war. Zahlreiche Dokumente betrafen Böhmen, andere thematisierten Österreich. Nur von Ungarn als eigenständiges Königtum war nicht die Rede. Bezeichnend für die Arbeitsweise der Hofkammer war, dass ein Problem in Pardubitz (Böhmen) von einem Angestellten aus Timișoara bearbeitet werden musste.[21] Tatsächlich kennzeichnete eine starke Aufgabenverteilung und Mobilität die Praxis der Verwaltungsarbeit in der Kaiserlichen Administration. Spezialisten aus dem Banat wurden nach Wien versetzt, wie umgekehrt Wiener Spezialisten ins Banat abgeordnet wurden.

Ganz ähnlich wie im Fall der Hungerkrise von 1769/1770 reagierte das Kaiserreich auch auf das Problem der Viehseuchen, die 1771 im Reich ausbrachen. Neuerlich wurde eine Gesamtstrategie entwickelt, obwohl vor allem Mähren und Ungarn betroffen

---

19 HHStA Str. Prot. 1771/3113, Schreiben an Hofrath Raab, 6. September.
20 HHStA Str. Prot. 172/1771, Vortrag der Hofkammer.
21 HHStA Str. Prot. 1256/1771, Vortrag der Hofkammer.

waren. Konsequenterweise galten dieselben Grundsätze der Seuchenprävention auch für das Temeswarer Banat.[22]

Wie erwähnt, die (Fron-)Arbeitsverpflichtungen der Landbewohner waren Gegenstand der Hofkammerberatungen. Sie resultierten aus einer rechtlichen Grauzone. Wenn Landflächen aufgeteilt wurden und kleinere Parzellen entstanden, dann beharrte der (Staat als) Grundherr auf derselben Arbeitsleistung wie zuvor. Im Kern stand damit die für die feudale Ordnung entscheidende Frage an: Waren die Arbeitsleistungen an den Boden gebunden oder an die Person? Hofrat Hoyer erläuterte für die Hofkammer das Problem, und Maria Theresia nahm eindeutig Stellung: Demnach war die Arbeitsleistung an den Boden gebunden, bedeutete eine Verringerung der Fläche auch eine Verringerung der zu leistenden Arbeit.[23] Dies war ein wichtiger Schritt in Richtung einer monetarisierten Ablösung der Fronleistungen, aber in den Quellen ist davon noch nicht die Rede.

Anders sah es bei der Umwandlung der Zehnten aus. Die Hofkammer schätzte, dass zwischen 1770 und 1772 die Naturalabgaben in nennenswerter Weise durch geldliche Ersatzzahlungen abgelöst worden seien, mit der Wirkung, dass anstelle von Naturalien im Jahr 1772 85.737 Gulden in der Staatskasse landeten. Maria Theresia stimmte dieser Praxis zu und forderte deren Fortsetzung.[24]

Das religiöse Leben

Für Wien war die Sicherstellung des religiösen Lebens auf dem Fundament lebendiger und vertrauenswürdiger Kirchenstrukturen ein wichtiges Ziel. Für das Banat meinte dies zweierlei. Erstens: Die Garantie religiösen Lebens der römisch-katholischen, zumeist Deutsch sprechenden Siedler, indem katholische Priester und Lehrer in das Banat abgeordnet wurden. Zweitens: Die Akzeptanz des orthodoxen Glaubens all jener Menschen, die schon lange im Banat lebten. Auch sie sollten administrative Unterstützung erhalten. Politisch bestand über diese Vorgehensweise Konsens. Probleme entstanden immer dann, wenn sich schwierige Finanzfragen stellten. Das war insbesondere der Fall bei der Finanzierung von Kirchenbauten. Wien entschied sich in dieser Situation, dass es für die kirchlichen und schulischen Belange des katholischen Bevölkerungsteils zuständige sei und die entsprechenden Aufgaben aus Staatsmitteln zu finanzieren seien. Die Einnahmen kamen z. T. aus der Glücksspielsteuer (Loto di Geneva), die 1770 aufgelegt wurde, und dienten u. a. dem Bau von Kirchen und Schulen, aber auch den Gehältern von Priestern und Lehrern.

---

22 HHStA Str. Prot. 3077/1771, Vortrag der Hofkanzley, 3. September, zu Protocolle der Sanitaet-Deputation, 31. August über die Vieh-Seuche.
23 HHStA Str. Prot. 1857/1771, Protocoll der Hofkammer in Banaticis, 20. Mai.
24 HHStA Str. Prot. 1456/1771, Vortrag der Hofkammer, 19. April.

Nach einem von Graf Hatzfeld vorgelegten Bericht gab es trotz gesicherter Finanzierung erhebliche Probleme, Pfarrgeistliche zu finden. Maria Theresia wünschte eine Klärung der Situation und eine Ermittlung der Ursachen für die unerfreuliche Sachlage. Unter den gegebenen Umständen erwarte sie, heißt es, dass „in Österreich ordinierte Priester ins Banat versetzt würden". Ordenspriester sollten dann die Aufgaben für Österreich selbst übernehmen.[25]

Auch die orthodoxe Kirche profitierte von der staatlichen Unterstützung als privilegierte Glaubensgemeinschaft. Damit sie ihre finanzielle Selbstständigkeit behielt, genehmigte Wien eine Steuerabgabe durch die Gläubigen, die Festsetzung von Gebühren und das Recht der Kirche, den Besitz von verstorbenen Mitgliedern anzunehmen, welche keine Nachkommen hatten. Orthodoxe Bischöfe besaßen kein Recht auf den Zehnten, durften aber gewöhnliche Steuern von ihren Gläubigen einnehmen. Die Höhe der Steuern wurde von der Kirche selbst festgelegt. Aber wie die Steuer einzutreiben sei, darüber entschied die lokale Verwaltung. In der Grenzregion zogen serbische Beamte und Unteroffiziere die Steuer ein. Im Temeswarer Banat erhoben lokale Beamte die Steuer. Für Ungarn akzeptierte die Kaiserin die sogenannte Györ-Methode, nach der die Gemeinderäte für die Steuereintreibung verantwortlich waren.[26] Die Dorfpriester lebten von den für kirchliche Dienstleistungen anfallenden Gebühren und von der Selbstversorgung.

Joann Tonsu, der orthodoxe Priester von Sânnicolau Mare (Nagyszentmiklos), „lehnte es ab," seinen ihm zugewiesenen Posten zu übernehmen, weil die ihm zugesprochenen Grundstücke nicht ausreichten, um ein normales Einkommen zu erzielen. Die Mitglieder der Gemeinde selbst, so weiter, verfügten nicht über ausreichend Tiere und Werkzeuge, um den Priester mit ihrer Arbeit angemessen zu unterstützen. Damit die Finanzierung der Kirche sichergestellt war, schlug die Hofkammer vor, den frondienstpflichtigen orthodoxen Bauern ein Handgeld zu gewähren, sodass sie das Land bearbeiten konnten. Gemäß einer Entscheidung von Maria Theresia „wurde der Kredit mit demselben Zins ausgegeben wie im Fall der Neusiedler".[27] Für Wien, so lässt sich schlussfolgern, war die geografische Herkunft seiner Untertanen gleichgültig. Für die ansässigen Bewohner galten dieselben Regelungen wie für die Kolonisten. Weder Vorteile wollte Wien gewähren, noch Benachteiligungen schaffen.

Die Durchsicht der Hofkammerakten zeigt indes auch, dass die katholische Kirche sehr wohl Privilegien genoss, gerade in finanzieller Hinsicht. Hierfür aufschlussreich ist das folgende Beispiel: Die zentrale Finanzbehörde für das Kaiserreich akzeptierte

---

25 HHStA Str. Prot. 771/1973, Vortrag des Grafen Hatzfeld, 24. August zu Protocolla der Hofkammer in Banaticis, 14. August, Weltpriestern für den Banat.

26 HHStA Str. Prot. 3594/1771, Vortrag der Hofkammer, 23. Oktober zu Protocolla der Illyrischen Hofdeputation, 17. Oktober.

27 HHStA Str. Prot. 3605/1771, Vortrag der Hofkammer, 23. Oktober, zu Protocoll der Hofdeputation in Banaticis, 16. Oktober.

den Betrag von 839 Gulden aus einem privaten Nachlass und wollte dafür die staatlichen Zulagen für den Bau der Kirche von Becicherecul Mare (Nagybecserek; heute Zrenjanin) streichen. Die Kaiserin lehnte dies ab. Sie hielt daran fest, dass der Bau der Kirche aus Staatsmitteln finanziert werden müsse.[28] Und so geschah es.

Die geschichtswissenschaftliche Literatur hat ihren Blick vor allem auf das Verhältnis von Staat und katholischer Kirche gerichtet, nicht zuletzt, weil der Schutz der katholischen Religion im Mittelpunkt der Wiener Politik stand. Zudem galt die größte Aufmerksamkeit Wiens den Neuansiedlern und deren Belange, nicht den ehemaligen Untertanen des Sultans, die schon lange im Banat lebten. Die Quellen thematisieren deshalb vor allem die Religionspolitik gegenüber den Katholiken. Vergleichsweise wenig wissen wir unter diesen Umständen über das religiöse Leben der orthodoxen Gläubigen und deren Belange in der zweiten Hälfte des achtzehnten Jahrhunderts.

Immerhin, so viel lässt sich sagen: Die orthodoxe Kirche fand Freiraum, wurde toleriert, und das war schon deshalb notwendig, weil ihr so viele Gläubige angehörten. Ein anderer Gesichtspunkt kam noch hinzu. Russland entdeckte sein politisches Interesse an den orthodoxen Glaubensgenossen, sah sich als Schutzmacht. Da galt es vorzubeugen. So verbot Wien die Verwendung religiöser Schriften, die aus den rumänischen Fürstentümern ins Banat und nach Siebenbürgen geschmuggelt wurden.[29] Nur Bücher mit kaiserlichem Impressum durften legal eingesetzt werden. Mit Unterstützung des bekannten Druckers Kurzböck eröffnete Wien in Blaj (Blasendorf) eine Druckerei, die die orthodoxe Kirche und ihre Gläubigen mit den notwendigen Texten versorgte. Das Ziel bestand darin, die kulturellen Kontakte zur Moldau und zur Walachei zu verringern. Darum auch regte die kaiserliche Verwaltung die Einrichtung leistungsfähiger Vertriebskanäle an, die sicherstellen sollten, dass die griechisch-katholischen Gläubigen ausreichend mit den Büchern aus Blaj versorgt waren.[30] Obwohl mit Blasendorf die Druckerei im Zentrum der unierten Kirche angesiedelt war (deren Kathedrale stand in Blaj), diente sie doch auch den alt-orthodoxen Gläubigen, deren Metropolitankirche in Sremski-Karlovici (Karlowitz) lag.

Mehrfach änderten sich die Wiener Zuständigkeiten für die orthodoxen Gläubigen des Banats. Gegen Ende der Zeit als unmittelbares „Kronlande" regelte die „illyrische Vertretung" alle Fragen, die mit der orthodoxen Kirche in Zusammenhang standen. Zweifelsohne stärkte diese Verwaltungsstruktur die Stellung der orthodoxen Kirchen, wobei Wien die Belange der Unierten in diesem Gremium ebenso thematisierte wie die Anliegen der alt-orthodoxen Gläubigen. Wien, so lässt sich festhalten, behandelte die Rumänen als ein und dieselbe kulturell-sprachliche Gruppe, unabhängig von deren Unterschieden im Glauben.[31]

---

28 HHStA Str. Prot. 78/1771, Vortrag der Hofkammer in Banaticis und Domänen-Wesen.
29 MOL F36 7r–9v, 13. Gróf Auersperg notája 1771, 8. November.
30 HHStA Str. Prot. 3425/1770, Schreiben an Grafen Breuner.
31 Kovács Kálmán, 'A bécsi udvar erdélyi valláspolitikája az Államtanács iratai alapján' ('The Religious

Die gesonderte Existenz der orthodoxen Religionsautorität ist auffallend. Es gab ja viele andere Gremien am Wiener Hof, die sich mit dem Banat beschäftigten, dazu noch einmal zahlreiche Behörden im Banat selbst. Warum also eine gesonderte Verwaltung für die unierten und alt-orthodoxen Kirchenbelange? Offensichtlich glaubte Wien, durch die zentrale Koordination besser informiert zu sein, leichter den gesellschaftlichen Frieden bewahren zu können.

Herausgefordert fühlte sich Wien beispielsweise dadurch, dass eine ganze Reihe von orthodoxen Geistlichen nicht aus dem eigenen Herrschaftsbereich stammte, sondern aus den immer noch osmanisch kontrollierten Gebieten jenseits der Karpaten. Immer wieder kam das Thema in der *Illyrischen Deputation* auf. Vor allem in Siebenbürgen, hieß es, „stammten viele Untertanen noch aus der ‚Türkei'" (i. e. Walachei oder Moldau). In dieser Situation forderte Maria Theresia, „dass die Verwaltung sich besonders um die" angesprochenen Rumänen „kümmern möge" und hier insbesondere mit Blick auf die kirchlichen Fragen.[32] Aufschlussreich an dieser Stelle waren die Ausführungen des Gouverneurs Auersperg. In einem Bericht an die Kaiserin führt er aus, dass in Brașov (Kronstadt) und Sibiu (Hermannstadt) ganze Gruppen sich nicht der siebenbürgischen Orthodoxie zugehörig fühlten, sondern ihre geistlichen Führer aus der Walachei bzw. Moldau rekrutierten. Obwohl die Ernennung eines orthodoxen Metropoliten für Siebenbürgen anstand, folgten viele Gläubige ihren früheren Gewohnheiten und wünschten eine enge geistige Verbindung zu den Donau-Fürstentümern.

Was für Kronstadt und Hermannstadt beobachtet wurde, stellte durchaus keinen Einzelfall dar. Vielerorts verkündeten Geistliche, die aus der Walachei stammten, ihre Glaubensbotschaft, und die rumänischen Gläubigen folgten ihnen. Daher forderte die Kaiserin in einem geheimen Schreiben an den siebenbürgischen Gouverneur Brukenthal: „Dieser ordnungswidrige Zustand" müsse „sofort beendet" werden. Gleichzeitig empfahl sie eine „moderate" Herangehensweise, entsprechend jenen Regelungen, wie sie auch für das Banat gültig seien. Für das Temeswarer Banat hatte die Kaiserin entschieden, dass dort „ausländische Geistliche keine religiösen Dienste" leisten sollten und orthodoxe Geistliche insgesamt sich allenfalls mit ihrer expliziten Zustimmung niederlassen dürften. Jede Zuwiderhandlung habe die direkte Ausweisung zur Folge.[33]

Die Anweisung Maria Theresias galt sogar für die gewünschte Niederlassung in einer anderen habsburgischen Provinz. So wurde ein Geistlicher aus dem Banat, der in Siebenbürgen praktizierte, wieder nach Hause zurückgeschickt. Dies geschah etwa Ioan Pepa, einem orthodoxen Priester, der im Banat geboren war, aber eine Zeit lang in Siebenbürgen tätig war und schließlich wieder nach Hause zurückkehren musste. Die Kaiserin ordnete zwar an, ihm solle „ein komplettes Stück Land übertragen werden",

Policy of the Viennese Court based on the State Council Archives'), Dissertation Universität Miskolc (1999), p. 10.

32 HHStA Str. Prot. 1426/1770, Protocolla der Sanität-Deputation, 24. April.

33 HHStA Str. Prot. 2892/1771, Vortrag des Grafen Auersperg, 7. August.

gleichzeitig verfügte sie, er möge in Zukunft „strikt beobachtet werden".[34] Dies war ein
eindeutiges Zeichen von Misstrauen gegenüber einem Vertreter südosteuropäischer
Religiosität, die sich vom Katholizismus deutlich unterschied. Aus noch einem vollkommen anderen Grund wandte sich die Kaiserin gegen das Wirken des orthodoxen
Bischofs von Arad. Das illyrische Komitee hatte sie in einem Bericht von 1770 auf das
zunehmende räumliche Ausgreifen des Bischofs hingewiesen, der seine geistlichen
Aktivitäten auf Siebenbürgen und Teile des Königreichs Ungarn ausgedehnt habe. Als
Reaktion darauf verbat die Kaiserin dem Bischof, in Siebenbürgen tätig zu werden, und
gab den Hinweis, dass Transsilvanien bald einen Bischof erhalten werde. Der Bischof
von Arad habe keinerlei Rechte, die seine „Eparhie" überschritten.[35]

1770 ernannte Maria Theresia Sofronie Chirilovici zum orthodoxen Bischof Siebenbürgens. Chirilovici stammte aus den Donau-Fürstentümern und wurde in Karlowitz[36]
zum Bischof geweiht. Bemerkenswert war der Sachverhalt aus zwei Gründen: Einerseits weil es bis dahin im Banat und in Siebenbürgen zuvor noch keinen rumänisch-
sprachigen Bischof gegeben hatte. Andererseits weil die Weihe nicht in den rumänischen Fürstentümern stattfand, sondern in Karlowitz. Dadurch unterstand der neue
Kirchenfürst der serbischen Kirchenhierarchie, die Wien schon zuvor für zuständig
erklärt hatte.

Die erwähnten Eingriffe des Staates in das religiöse Leben der orthodoxen Bevölkerung Siebenbürgens und des Banats werfen die Frage nach dem Verhältnis von
Religion und Sprachgemeinschaft auf. Schon die Adjektive „illyrisch", „rumänisch" und
„serbisch" sind aufschlussreich, denn sie wurden auch benutzt, um religionspolitisch
handlungsfähig zu sein. Wie erwähnt, gründete Wien das „illyrische Verlagshaus" in
Blaj, um den religiösen Belangen aller orthodoxen Gläubigen im Kaiserreich zu genügen.
Angesichts der bevorstehenden Ernennung eines griechisch-katholisch-unierten und
eines orthodoxen Verlagslektors unterstrich Maria Theresia, dass beide Kandidaten
nicht nur Illyrisch (Südslawisch) beherrschen müssten, sondern auch „Walachisch und
Griechisch".[37] Die für die alt-orthodoxe Verlagsarbeit vorgesehene Person verstand
nur Südslawisch, sodass eine andere Fachkraft gesucht werden musste, die alle drei
Sprachen beherrschte. Doch noch aus einem anderen Grund ist die zitierte Textstelle
aufschlussreich. Es lässt sich nämlich schlussfolgern, dass Illyrisch für Serbisch stand
und Walachisch für Rumänisch, während die religiöse Zugehörigkeit mit den Begriffen
„unitus" (griechisch-katholisch) bzw. „orthodox" erfasst wurde.

Eine Aufzeichnung des Grafen Auersberg von 1771 über jene Bücher, die vom Verlagshaus in Blaj geprüft und herausgegeben werden sollten, lässt die politische Ziel-
richtung der Verlagstätigkeit erkennen: Das spezifisch „Walachisch-Politische", so die

---

34 HHStA Str. Prot. 1290/1771, Billet an Bruckenthal, 5. April.
35 HHStA Str. Prot. 37/1770, Vortrag der Illyrischen Deputatio 7. Januar.
36 HHStA Str. Prot. 2667/1770, Vortrag der Sanität-Deputation.
37 HHStA Str. Prot. 3684/1770, Vortrag der Illyrischen Deputation 11. Oktober.

Quelle, erfordere die Kenntnis der walachischen Sprache, denn allein so sei eine Kontrolle möglich.

Mehrsprachenfähigkeit und religiöse Vielfalt hatten ihre Auswirkungen auch auf die Rekrutierung des Personals für die Verwaltung. Im Banat galt das eherne Prinzip, wonach nur römisch-katholische Mitarbeiter eingestellt werden konnten. Vielen Rumänen und Serben blieb deshalb eine Anstellung in der öffentlichen Administration verwehrt. Doch bedingt durch Personalengpässe (an einigen Orten gab es zu wenige bzw. gar keine passenden Bewerber) verstieß die Regionalverwaltung gegen die Regel. Graf Hatzfeld etwa sandte der Kaiserin eine Anfrage zu, die eine Beschäftigung von Orthodoxen in Postämtern befürwortete. Auch wenn die Einstellung von Katholiken in der öffentlichen Verwaltung der Regelfall blieb, so fanden doch im Einzelfall auch Orthodoxe Aufnahme. Als Beispiel hierfür lässt sich das Postamt in Nagykikinda (Chichinda Mare, Großkikinda) anführen.[38]

Das Temeswarer Gericht verhandelte viele Fälle, bei denen u. a. Serbischkenntnisse erforderlich waren. Die Oberste Justizstelle in Wien genehmigte daraufhin die Einstellung eines Dolmetschers, sodass das richtige Funktionieren des Rechtswesens im Banat gewährleistet war. Überliefert ist die Ernennungsurkunde für Demetrio Paulovich als Dolmetscher für das Gericht von Timișoara. Jedoch gibt es bislang keine Quellenbelege dafür, dass es auch rumänische Dolmetscher gegeben hat, was freilich nichts heißen muss.[39] Aus den zahlreich überlieferten Quellen geht nämlich deutlich hervor, dass das Temeswarer Gericht regelmäßig neue Dolmetscher angefordert hat. Die Verhandlungen allein auf Deutsch zu führen, wurde der Sachlage kaum gerecht, weil die Mehrheit der Bevölkerung in der Region Rumänisch oder Serbisch sprach. Das Wiener Oberste Gericht unterstütze jedenfalls die Einstellung von Dolmetschern, und die Kaiserin genehmigte die Geldausgabe ebenso wie die Schaffung anderer Stellen am Temeswarer Gerichtshof.[40]

In Siebenbürgen erfolgte die Personalrekrutierung noch einmal anders: Die Einstellung in Justiz und Verwaltung erfolgte dort nämlich nach dem Grundsatz der Parität, und das meinte eine gleichgewichtige Stellenvergabe für Katholiken und Unierte. Von den Stipendiaten der kaiserlichen Stiftungen und Kirchen, die im Westen ausgebildet wurden, erwartete man, dass sie fließend Deutsch sprachen.[41] Im Banat jedoch gab es für die Unierten keine Chancengleichheit. Nur wenn ausreichend qualifiziertes katholisches Personal fehlte, konnten Andersgläubige auf eine Anstellung hoffen. Insofern öffneten sich Anstellungschancen im Einzelfall auch für qualifizierte Persönlichkeiten des orthodoxen Glaubens.

---

38 HHStA Str. Prot. 213. /1771, Vortrag des Grafen Hatzfeld 11. Januar.
39 HHStA Str. Prot. 2372/1771, Vortrag der Obersten Justizstelle 2. Juli.
40 HHStA Str. Prot. 1771/2749, Vortrag der Obersten Justizstelle 6. August.
41 HHStA Str. Prot. 1052/1765, Vortrag der Hofkammer 16. April.

Noch etwas Bemerkenswertes findet sich in den Quellen für 1771. In diesem Jahr übertrug die Kaiserin/Königin allen orthodoxen Gläubigen des ungarischen Herrschaftsbereichs den Staatsbürgerstatus und schmälerte damit die Macht der Kirche. Ergänzt wurde das Dokument durch ein *Momento*, gegen das die ungarische Reichskanzlei Einspruch erhob.[42] Die erläuternde Darlegung war in Lateinisch und in Serbisch verfasst und sollte an alle interessierten Parteien weitergeleitet werden. Beschrieben wurden die Folgen der Anordnung für die Stellung der orthodoxen Kirche, und de facto war damit auch die orthodoxe Kirche im Banat gemeint. Ausdrücklich war es der Wille der Kaiserin, dass auch in Zukunft alle mit Religionsfragen befassten Departements ihre Dokumente „in denselben Sprachen veröffentlichten wie bisher." Die Kaiserin/Königin strebte eine politische Statusveränderung für ihre Untertanen an, aber keine religiöse und ethnische Gleichschaltung innerhalb des Kaiserreichs. Für das Banat meinte die Anordnung, dass die entsprechenden Dokumente auch in Rumänisch veröffentlicht werden sollten.

Die Kolonisation

Das Grundprinzip des österreichischen Kameralismus lautete: „Ein gedeckter Tisch wohlgenährter Menschen ist der größte Schatz des Landes".[43] Deshalb setzte Wien auf wirtschaftliche Entwicklung und zunehmenden Wohlstand seiner Bevölkerung. Für das Banat meinte die Losung, den Bevölkerungsverlust während der osmanischen Besetzung des Banats auszugleichen. Erreicht wurde das Ziel durch die systematische Besiedlung des Landes, die bis zum Beginn des neunzehnten Jahrhunderts anhielt, obwohl sie die Staatskasse erheblich belastete. Später änderte Wien die Regelungen, verlangte Eigenbeiträge der Siedler. Doch auch jetzt noch sahen sich jene bevorteilt, die aus dem Deutschen Reich auswanderten, um sich im Banat niederzulassen. Freilich, ganz so großzügig wie früher war die Hilfeleistung nicht mehr.[44]

Immigranten, die auf eigene Kosten sich im Banat ansiedeln wollten, waren dem Kaiserreich hochwillkommen. Gleichwohl gab es auch in diesem Fall Ausnahmen. Aus den Dokumenten erfahren wir für die 1770er Jahre, dass der Staatsrat einer Umsiedlung aus den Erbprovinzen kritisch gegenüberstand und sie nicht als im Interesse Österreichs erachtete. Der regionale Wirtschaftskommissar für die Steiermark lehnte eine Besiedlung des Banats ab und sprach von einer ineffizienten, teuren und unnötigen Ausgabe.[45] Eine vergleichbare Stellungnahme der Verwaltungsstelle für Oberösterreich

---

42 HHStA Str. Prot. 578/1771, Vortrag der Illyrischen Deputation, 12. Februar, zu Protocolla des Hofkriegsrathes und der Hungarischen Kanzley.
43 Takaróné und Tamás (Hg.), *A közgazdsasági elméletek története*, p. 32.
44 HHStA Str. Prot. 157/1771, Vortrag der Hofkammer Deputation in Monetariis et Montaniticis.
45 HHStA Str. Prot. 19/1771, Vortrag der Hofkammer.

verwies auf die spezielle „Natur" jener, die ins Banat auswandern wollten. Was damit konkret gemeint war, wird nicht deutlich, aber vermutlich verwies die Bemerkung auf wenig geeignete Interessenten. Auf jeden Fall schätzte man den Bevölkerungstransfer von einer österreichischen Region in eine andere als eher nachteilig ein. Die Kaiserin erinnerte unter diesen Voraussetzungen an ihre Entscheidung vom 8. September 1769, wonach ihre Untertanen davon überzeugt werden sollten, auf eine Umsiedlung zu verzichten, und vor Ort bleiben mögen.[46]

Für die Besiedlung des Banats verwendeten die offiziellen Hofdokumente einen uns heute merkwürdig anmutenden Begriff: „Impopulations-Geschäft".[47] Doch damit war keine klassische Finanzangelegenheit gemeint, kein unternehmerisches Handeln im modernen Sinne, sondern eine berufliche Mission im Interesse des Staates. Für einen langfristigen Erfolg der Eroberung des Banats war die Ansiedlung von Kolonisten absolut notwendig. Darin stimmte auch die Staatskasse überein, aber sie meinte gleichzeitig, dass aus finanzieller Sicht doch günstigere Regelungen zu finden sein müssten. Andererseits, ohne Investitionen ging es auch nicht. Deshalb sollten Spezialisten von Wien aus ins Banat entsandt werden, die die Reichtümer der Provinz in Besitz nehmen und für die Staatskasse gewinnbringend verwalten sollten. Die Hofkammer griff unter diesen Umständen den Vorschlag der Regionalverwaltung des Banats auf und empfahl die Einrichtung spezieller Posten für eine Reihe von Verwaltungsbeamten. Allerdings sollte allein die Kaiserin über Umfang und Finanzierung der neuen Verwaltungseinheiten bestimmen.

In der Folgezeit musste das Ansiedlungsprogramm immer drei Parameter gleichzeitig berücksichtigen: die wirtschaftlichen Belange der Region, die natürliche Ressourcenausstattung und die Handlungsmöglichkeiten des Staates. Ohne Stärkung des Verwaltungsapparates ging gar nichts, weil nur so ausreichende Humanressourcen für die Steuerung des „Impopulations-Geschäfts" im Banat zur Verfügung standen. Es war die Aufgabe des Staates, den Siedlern ausreichend Arbeitsmöglichkeiten zu sichern. Den Beamten oblag es, die neuen Kräfte produktiv einzusetzen (in Landwirtschaft, Industrie und Handel), nicht dem anonymen Markt (den erst Adam Smith für diese Aufgabe entdeckte). Aus allen Teilen des Reichs kamen die Beamten ins Banat, Fachleute für ganz unterschiedliche Aufgaben, um durch angemessene Verwaltungsmaßnahmen die Wirtschaft in Schwung zu bringen: im Bereich des Bergbaus, der Holzwirtschaft, der Saatgutproduktion, des Salzabbaus usw.[48]

Vorrang hatte allerdings die Landvermessung, weil nur so ein zuverlässiges Liegenschaftskataster als Grundlage für die Ansiedelungen erstellt werden konnte. Joseph Liesganig, Jesuit, Astronom und Landvermesser, überzeugte Maria Theresia dahin, den geodätischen Nachwuchs mit den neuesten Verfahren mathematischer Vermessungs-

---

46 HHStA Str. Prot. 1569/1772, Vortrag der Böhm-Österreichischen Kanzley.
47 HHStA Str. Prot. 4107/1771, Vortrag der Hofkammer in Banaticis, 27. November.
48 HHStA Str. Prot. 1771/2906, Vortrag der Hofkammer in Banaticis, 10. August.

technik vertraut zu machen. Daraufhin verfasste die Kaiserin eine vertrauliche Mitteilung an den Grafen Lacy, den Präsidenten des Hofkriegsrats. Zu dieser Zeit nämlich oblag die Landvermessung dem Militär. Der Hofkriegsrat reagierte auf den Wunsch der Kaiserin und ersuchte Oberleutnant d'Avrauge, den Leiter der Ingenieurschule, „die talentiertesten Kandidaten auszusuchen. Sie sollten mit größtem Fleiß Theorie und Praxis der Geometrie und Trigonometrie erlernen". Weil die Kaiserin ein schnelles Ergebnis anstrebte, bat sie den Hofkriegsrat zusätzlich „anzuzeigen, ob es unter den Angestellten nicht Ingenieure gäbe, die während der Ausbildung helfen könnten, den Rückstand aufzuholen.[49]

Die geschlossene Ankunft der Siedler und deren Ansiedlung verursachten eine ganze Reihe praktischer Probleme. Um informiert zu sein, erstellte die Hofkammer monatliche Berichte über die Neuankömmlinge, die sich im Temeswarer Banat niedergelassen hatten. Zunächst wurden nur Überblickstabellen angefertigt, doch beharrte der Staatsrat auf der Anfertigung detaillierter Aufstellungen mit Namensangaben. Für die Monate September bis Dezember 1770 sind diese detaillierten Aufstellungen überliefert. Die Kaiserin selbst erhielt die monatlichen Listen, weil sie ihr zur Genehmigung vorgelegt wurden. Wir erfahren, wer im Dezember 1770 zu den Neusiedlern gehörte[50], später aber auch weitere Informationen über die individuelle Lage der Menschen, die in der ersten Hälfte des Folgejahres sich im Banat niederließen.[51]

In einigen Fällen wurde den Aufstellungen der Temeswarer Regionalverwaltung über die Neuankömmlinge auch erläuternde Berichte der kaiserlichen Beamten angefügt. Der für das „Impopulations-Geschäft" verantwortliche Administrator Neumann von Bucholt sandte einen ausführlichen Kommentar zu den Zahlen für 1771. Durch Zufall wissen wir, wie Neumann von Bucholt zu seiner Funktion gekommen war. Die Hofkammer war bei der Kaiserin vorstellig geworden und hatte Maria Therese vorgeschlagen, den früheren Präsidenten der Commercien Compagnie mit der Aufgabe zu betrauen. Maria Theresia akzeptierte den Vorschlag.[52] Die Quellen zeigen, dass er regelmäßig und sachkundig über den Stand der Siedlungsaktivitäten im Jahr 1771 berichtet hat.[53]

Zu den durch die Hofkammer bearbeiteten Einzelfällen gehörten jene Neuankömmlinge, deren Leben vor der Umsiedlung negativ aktenkundig geworden war. So musste die Kaiserin entscheiden, ob Menschen, die aus dem österreichischen oder deutschen Reich ausgewiesen worden waren, sich im Banat niederlassen durften. Einer dieser aus Österreich Ausgewiesenen war Bender Mallenovith. Die Hofkammer gab für ihn eine positive Prognose ab: „Da ihm vergeben und verziehen wurde, hat er das Recht auf ein

---

49 HHStA Str. Prot. 1771/2766, Vortrag der Hofkammer in Banaticis, 31. Juli.
50 HHStA Str. Prot. 172/1771, Vortrag der Hofkammer in Banaticis, 5. Januar.
51 HHStA Str. Prot. 2442/1771, Vortrag der Hofkammer in Banaticis, 3. Juli.
52 HHStA Str. Prot. 1850/1771, Vortrag der Hofkammer in Banaticis, 11. Mai.
53 HHStA Str. Prot. 4213/1771, Vortrag der Hofkammer in Banaticis, 7. Dezember.

Leben im Banat und kann dann ehrlich für seine Frau und seine Kinder sorgen". Maria Theresia folgte dem Vorschlag, erwartete aber von den lokalen Behörden, aufmerksam zu bleiben und auch die kleinste Verfehlung anzuzeigen.

Häufig wird berichtet, das Banat sei am Ende des achtzehnten Jahrhunderts ein Zufluchtsort für Gesetzesbrecher gewesen. Die Quellen bestätigen eine solche Aussage keinesfalls. Nicht ein Hinweis findet sich in den überlieferten Unterlagen auf das Banat als regulärer Verbannungsort. Und doch erhält sich die Mär von den Oppositionellen im deutschen Reich und den österreichischen Erblanden, die auf dem Wasserweg ins Banat abgeschoben worden seien. Richtig ist, dass einige Personen zur Strafe aus Österreich ausgewiesen wurden, aber das waren keine „Kriminellen" im eigentlichen Sinne. Als Beispiel angeführt sei die Anfrage der Obersten Justizstelle an die Kaiserin, ob sie mit einer Abschiebung einverstanden sei. Acht Widerspenstige, „Haupt-Radlführer" aus Geföll, würde die Regierung von Unter-Österreich gerne in das Banat abschieben. Die Anfrage war der Kaiserin noch zu milde. Sie ordnete eine Haftstrafe mit anschließender Ausweisung ins Banat an.[54] Im weiteren Verlauf erfahren wir, dass Graf Seilern die Kaiserin um Milde gegenüber den Hauptverantwortlichen aus Geföll gebeten hat und auch den anderen Delinquenten vergeben werden möge. Die Kaiserin entschied daraufhin „die sofortige Abreise" der Haupt-Radlführer „ins Banat", zusammen mit ihren Familien.[55]

Wien erachtete die Ansiedlerfrage für so wichtig, dass es über alle Einzelheiten informiert sein wollte, die genauen Angaben zu den Siedlerfamilien eingeschlossen. Eine Beratschlagung an höchster Stelle schien erforderlich, ja, eine formelle Genehmigung, gekoppelt an konkrete Vorschläge, wie zu verfahren sei. Die Empfehlungen galten etwa dem Ort, an dem die Kolonisten anzusiedeln seien, und dabei nahmen die Verantwortlichen zahlreiche Analysen und Vorschläge auf und wogen sie gegeneinander ab. Marie Theresia erläuterte: „Wir müssen darauf achten, dass neue Dörfer in der Wildnis entstehen. Es geht nicht darum, vorhandene Ortschaften um mehr als 100 Häuser zu erweitern". Die Kaiserin präferierte eine Vielzahl kleinerer Dörfer als neue Siedlungskerne und sprach sich gegen eine Niederlassung in größeren Gemeinden aus, die schon dicht besiedelt waren. Das widersprach übrigens der früheren Praxis von Neuansiedlungen. Damit die Kolonisten problemlos in ihrer neuen Heimat unterkamen, ersuchte die Kaiserin die Deputation für den Banat, das Thema energischer anzupacken.[56]

Graf Carl Friedrich Hatzfeld zu Gleichen, der Präsident der Hofkammer, und der kaiserliche Umsiedlungsverantwortliche Neumann von Bucholt hatten mit ihren jeweiligen Verwaltungen den größten Einfluss auf das Siedlungsgeschehen. Am 5. Januar 1771 legte die Deputation für das Banat einen ausführlichen Bericht vor, ergänzt um

---

54 HHStA Str. Prot. 2999/1771, Vortrag der Obersten Justizstelle, 27. August, über die Radlführer in das Banat.
55 HHStA Str. Prot. 3471/1771, Nota des Grafen Seilern, 9. Oktober.
56 HHStA Str. Prot. 887/1771, Vortrag der Hofkammer in Banaticis, 27.Februar.

einen *Begleitungs-Vortrag*, den Graf Hatzfeld verfasst hatte. Beide Berichte lagen der Kaiserin vor und nannten die Gründe, die es notwendig machten, die Kolonisation zu unterbrechen.

Die Kaiserin akzeptierte die Begründung, die Hatzfeld vortrug: „Es" sei „keine Willkürbeurteilung, sondern ein öffentliches Erfordernis, jene Gründe zu benennen, welche ein Ende der Besiedlung notwendig machten". In diesem Zusammenhang erwartete die Kaiserin eine Zusammenfassung des Informationsberichts, den die Bergbau-Deputation (*Hofdeputation in Montis et Montanus*) vorgelegt hatte, und wies an, dass die Hofkammer mehrere Exemplare versenden solle, damit sie fürderhin als Leitlinie dienten. Der Verweis auf die *Hofdeputation in Montis et Montanus* hatte seinen Grund darin, dass für den Abbau der Ressourcen im Banat es notwendig war, geeignetes Personal zu finden. Und die Personalanwerbung oblag der erwähnten Spezialverwaltung. Besondere Anstrengungen galten bei der Arbeitskräftegewinnung der Mine Hechengartisch, die unmittelbar der Staatskasse unterstand und deren Einnahme dem Staate zugutekamen. Ein ausführlicher Bericht der Bergbau-Deputation klärte über die Situation in der Mine auf.[57]

Die regionalen Verwaltungsbehörden hatten freilich eine andere Sicht auf die erzwungene Unterbrechung der Ansiedlungen. Die für das Banat zuständige Deputation stellte die Gründe für die Entscheidung in Zweifel und fragte ergänzend, warum die Anordnung auch „auf jene ausgedehnt worden" sei, „die sich dort [im Banat] ohne Unterstützung oder besondere Zuwendung ansiedeln wollten".[58] Die Antwort von Hofrat Welsperg lautete: Die Verfügung bleibe bestehen, aber für Zuwanderer, die auf eigene Kosten Arbeitsmöglichkeiten suchten, sei es erlaubt, „nach einer angemessenen Taxierung ein passendes Grundstück mit zugehörigem Haus zu erwerben". An späterer Stelle erfahren wir, dass „jene, die über eigene Ressourcen verfügen, übergangsweise auch Lebensmittelunterstützung erhalten könnten". Wer jedoch vom Staat mit Kapital ausgestattet worden sei, dem solle auf jeden Fall die notwendigen Immobilien (Grundstück für den Hausbau und entsprechendes Flurland für die Bewirtschaftung) zugewiesen werden. Diese vom Staat „zugeteilten Ressourcen" würden als Basis für den eigenen Lebensunterhalt dienen. Die gewährte Ausstattung sowie die mitgeführten Eigenmittel der Bewerber sollten schließlich den Kolonisten ermöglichen, dass „sie auf dem zugeteilten Grundstück und mit den zur Verfügung gestellten Werkzeugen ihr Haus bauen könnten". Diese neue Anordnung macht deutlich, wie sich die Rahmenbedingungen für Neusiedler um 1771 verschlechterten (geförderte Kolonisation versus private Kolonisation).

Durch die dominante Rolle des Staates entstanden im Banat Gebäude, die sich einander stark ähnelten: auf einer ähnlich angelegten Grundstruktur finden wir vergleichbare Dachkonstruktionen. Nach 1770 nahm allerdings die Zahl jener Häuser

---

57 HHStA Str. Prot. 1449/1771, Vortrag des Grafen Hatzfeld, 15. April.
58 HHStA Str. Prot. 1194/1771, Vortrag der Hofkammer in Banaticis, 20. März.

zu, die von den Eigentümern selbst geplant und mit eigenen Geld errichtet wurden. Sie unterschieden sich deutlich von jenen in der Zeit vor 1770. Deren Grundriss hatte Baron Kempelen vorgegeben und damit vorgeschrieben, wie die Gehöfte, Scheunen, Ställe und Dächer der Kolonisten angelegt werden sollten. Die Neukolonisten wollten dagegen ihren eigenen Weg gehen. Sie glaubten, wenn „ein Individuum sein Haus mit eigenem Geld baut, dann" habe es auch „die Freiheit, das Dach so zu gestalten, wie es ihm gefällt". Die Behörden akzeptierten diese Sichtweise. Jene Familien, die mit ihren eigenen Mitteln den Hausbau finanzierten, erhielten eine Sondergenehmigung, abweichend von den allgemeinen Bauvorschriften.[59] Die Besiedlung des Banats war 1772 also nicht gänzlich gestoppt, sondern erfolgte selektiv.

Graf Hatzfeld und Neumann von Bucholt hatten, wie gesehen, vorgeschlagen, die Besiedlung des Banats gänzlich zu beenden. Doch Maria Theresia entschied sich für eine vorsichtige Fortsetzung der Aktion. Die Kolonisten sollten von jetzt ab über die finanziellen Anforderungen genau aufgeklärt werden. Dies war Aufgabe für die Kammerbeamten Sartori und Ried. So wurden die Interessenten, die sich im Banat ansiedeln wollten, darüber informiert, dass sie die Reisekosten und die erforderliche Ausrüstung zur Bewirtschaftung ihres neuen Landes selbst aufbringen mussten. Siedler aus dem deutschen Reich etwa mussten auch für ihre Reise bis Wien selbst zahlen. Die Statistiken für 1771 zeigen, dass die allermeisten Siedler tatsächlich ihre Ansiedlung selbst finanzierten. Dabei übernahmen sie sowohl die Kosten für ihre Reise, als auch die Aufwendungen für die Ansiedlung. Leider sind die Daten nicht sehr genau. Wir erfahren nur die Anzahl der Ankommenden, nichts über ihre Herkunft. Mit anderen Worten, wie viele der Kolonisten aus den Erbprovinzen stammten und wie viele aus dem deutschen Kaiserreich, ist nicht zu ermitteln.[60] Immerhin wird so viel deutlich, dass die allermeisten jener, die ihr Lebenszentrum veränderten, dies mithilfe eigener Mittel realisierten.

Auskünfte über das Folgejahr 1772 erhalten wir aus einer anderen Quelle. Gemäß den Unterlagen der österreichisch-tschechischen Kanzlei vom 1. April 1772 trafen zwischen dem 1. Januar und dem 31. März im Banat 313 Familien zwecks Ansiedlung ein.[61] Doch leider fehlen Daten zu späteren Umsiedlungsaktionen, sodass ein Vergleich nicht möglich ist.

Das Habsburger Kaiserreich erachtete die Kolonisation des Banats als Teil eines umfassenden Wiederbevölkerungsprogramms für die ehemals von den Osmanen besetzten und weitgehend unterbevölkerten Gebiete. Zahlreiche Dokumente zu Siebenbürgen betreffen daher direkt oder indirekt auch das Banat. Die Probleme der Ansiedlung in Transsilvanien und dem Banat glichen einander. Die Behörden analysierten die Situation unter dem Schlagwort „Emigranten des Kaiserreichs" (Reichsemigranten)

---

59 HHStA Str. Prot. 811/1771, 932/1771, Vorträge des Siebenbürger-Coons, 6. März.
60 HHStA Str. Prot. 2805/1771, Vortrag der Hofkammer in Banaticis, 3. August.
61 HHStA Str. Prot. 862/1772, Vortrag der Böhm-Österreichischen Kanzley, 7. April.

und meinten damit deutsche Siedler, die sie gerne angeworben hätten, was sich aber als äußerst schwierig erwiesen habe.[62]

Maria Theresia drängte die Administration für Siebenbürgen und die Hofkammer, die für die Ansiedlung der Kolonisten notwendigen Maßnahmen und finanziellen Unterstützungsleistungen sicherzustellen. Gleichzeitig fürchtete die Kaiserin, die Situation im Banat könne sich wiederholen. Und so warnte sie die Behörden, dass ein Überschreiten der Zielzahlen nicht zu untragbaren Kosten führen dürfe. Die Kolonisten aus Siebenbürgen siedelten sich vor allem auf Königsland an, wobei die Einzelheiten ein von ihnen selbst etabliertes Komitee regelte.

Als besonders schwierig erwiesen sich die Fälle jener Siedler, deren finanzielle Leistungskraft überfordert war. Viele der früher angesiedelten Kolonisten konnten den Vorschuss, den sie für den Neuanfang erhalten hatten, nicht zurückzahlen. 1771 stellte die Hofkammer bedauernd fest, dass bislang keine aufschlussreichen Dokumente über die Vorschusszahlungen und deren Rückzahlung vorlägen. Folglich drängte der Staatsrat zum Anfertigen eines entsprechend sorgfältig erstellten Berichts, der die Rückzahlungen an die Staatskasse auflistete.[63] Die Hofkammer wollte zusätzlich Informationen darüber abgeben, „welche Gründe zum Fehlen der Rückzahlungsdokumente" geführt hätten, aber ein Ergebnis konnte sie nicht vermelden. Die Kaiserin warnte: „Ich erwarte in angemessener Zeit einen ehrlichen Bericht", wie es um die materielle Förderung der Kolonisten und deren finanzielle Ausgleichung steht, genauer: wie viel von den Krediten zurückgezahlt wurden. Außerdem vermerkte sie im Anhang zum Protokoll, das sie von Hatzfeld übermittelt bekommen hatte und das von Staatsrat Stupan vorgelegt worden war: „Dann müssen Sie mir erklären, welchen Vorschlag Sie für ein besseres und klügeres Angebot an die Kolonisten entwickelt haben, was das in der Praxis bedeutet und warum die Regelung nicht früher durch die Regionalverwaltung implementiert wurde".[64] Für die Verwaltung der Schulden war die lokale Banater Administration zuständig, auch für die rationale Verwendung der Rückzahlungen, wie die Kaiserin betonte. Das galt gleichermaßen für die Zentralmittel wie für die lokalen Mittel.

Dasselbe Problem behandelte das Hofratsprotokoll vom 30. Oktober 1771. Wir kennen es bereits durch die Stellungnahme des Staatsrats Stupan.[65] Maria Theresia nahm den Bericht zur Kenntnis und erachtete die Überschuldung mancher Siedler ebenfalls als zentrales Problem. Sie sah eine Möglichkeit, dass unter den gegebenen Bedingungen der allgemeinen Wirtschaft und der Einkommen der Siedler man in der Schuldenfrage nachgeben könne. Doch in der Zukunft müsse jede Verschuldung

---

62 HHStA Str. Prot. 536/1771, Billet an Bruckenthal.
63 HHStA Str. Prot. 1811/1771, Vortrag der Hofkammer in Banaticis 7. Mai.
64 HHStA Str. Prot. 2820/1771, Das Einrathen Stupans zu Protocolla der Hofkammer in Banaticis, 12. August.
65 HHStA Str. Prot. 3782/1771, Protocolla der Hofkammer, 9. November.

unbedingt verhindert werden. Vom konkreten Fall abgesehen, müsse die Regionalverwaltung „versuchen, die Guthaben der Staatskasse kontinuierlich einzutreiben".

Die Überforderung mancher Siedler schuf noch ganz andere Probleme. So waren beispielsweise 56 Familien aus Guttenbrunn nach ihrer Ansiedlung in Armut verfallen. Angezeigt wurde der Sachverhalt durch den lokalen Priester. Der drohte damit, seine religiösen Gemeindeaufgaben zu verweigern, weil er nicht die dafür üblichen Gebührenzahlungen der Gläubigen erhalten hatte. Der Siedlungsbeauftragte Neuman von Bucholt riet unter diesen Umständen, die Regierung möge den bedürftigen Familien helfen. Maria Theresia akzeptierte den Vorschlag und gab persönlich Anweisung, die Familien in Naturalien zu unterstützen. Bedingung sei, dass die Siedler „sofort mit ihrer eigentlichen Arbeit beginnen sollten", um auf diesem Weg selbst Einkünfte zu generieren. Die Anweisung enthielt auch die Aufforderung, dass der dienstverweigernde Priester „bestraft werden sollte" und dass der Bischof alle notwendigen Maßnahmen ergreife, damit „den Siedlern es nicht an geistlicher Hilfe und religiösem Beistand" fehle. Die Entscheidung der Kaiserin macht den Kern der Kirchenpolitik während der Aufklärung deutlich.[66] Der Staat bestimmte über die lokale Abordnung von Priestern, weil er die Ressourcen dafür bereitstellte. Gleichzeitig erhielt die Kirche Anweisung, wie dem geistigen Leben gemäß den staatlichen Vorschriften genüge zu leisten sei.

In mancher Hinsicht ähnelt die Kolonisation des Banats den Ansiedlungen in Nordamerika. Beide Gebiete nahmen Menschen aus ganz unterschiedlichen Nationen auf. Allerdings, im Banat war Deutsch als Sprache der österreichischen Verwaltung die offiziell verbindliche Sprache. Alle beherrschten sie oder suchten sie zu beherrschen. Regionalpolitisch stellte das Banat im achtzehnten Jahrhundert etwas Besonderes dar, wirkte wie ein Schmelztiegel, der die regionale Identität verstärkte.[67] Die ethnische Heterogenität, die Vielfalt der Glaubensgemeinschaften, die merkantilistische Politik Wiens, sie alle ließen das Banat zu einer lebendigen Region werden, abgegrenzt von den sonstigen Gegebenheiten in Südosteuropa, ein mehrsprachiges Pioniergebiet, dessen regionale Eigenheiten sich bis heute erhalten haben.[68]

---

66 Zu weiteren Details vgl. Kapitel 3 dieses Bandes.
67 Vgl. Victor Neumann, *Interculturalitatea Banatului* (*The Interculturality of Banat*) (3. Aufl, Iași, 2015).
68 *Idem.*, 'Zwischen Osmanen und Österreichern. Temeswarer Banat – ein europäisches Experiment des 18. Jahrhunderts' in A. Fickers, R. Haude, S. Krebs, W. Tschacher (Hg.), *Jeux sans frontières. Grenzgänge der Geschichtswissenschaft* (Bielefeld, 2017), pp. 87–97.

Gabriel Szekely

Die Architektur der königlichen Freistädte Temeswar und Arad

Die Errungenschaften der Aufklärung erreichten das Banat spät und im Vergleich zum Westen mit anderen Akzenten. Als Ursachen hierfür zu nennen sind: die ganz anderen gesellschaftlichen und historischen Hintergründe der Region, die periphere Lage des Banats und die Art und Weise, wie das europäische Kulturschaffen von den Menschen im Banat interpretiert und angeeignet wurde. In Bezug auf die Architektur ist festzuhalten, dass fast alle europäischen Strömungen, die die Region erreichten, ihre wesentlichen Stilelemente beibehielten, sogar dann, wenn die Vorlagen selbst schon verschwunden waren.

Die städtischen Siedlungen im Banat waren – wie wir noch sehen werden – Ergebnis bewusster Planung. Alles wurde neu angelegt, auch jene Straßen und Gebäude, die die osmanische Herrschaft und den Krieg überstanden hatten. Auch sie wurden systematisch niedergerissen, vollkommen zerstört, um den Verkehrsfluss zu fördern oder um den Wohnhäusern ein neues Aussehen zu geben. Schließlich sprachen auch strategische Überlegungen für die vollkommene Schleifung des alten Stadtraums. Im Unterschied zu den Banater Großgemeinden erhielten die siebenbürgischen Städte dagegen ihre traditionelle Gestalt. Das Erbe aus dem Mittelalter ist deshalb dort noch heute gut zu erkennen.

Die Architektur der Städte Temeswar und Arad in den Jahren 1700–1780

Mit der Eroberung der Städte Arad (1699) und Timişoara (1716) durch die Truppen Eugen von Savoyens begann der Wiederaufbau der beiden städtischen Zentren. Timişoaras Weichbild war geprägt von sternförmigen Verteidigungswällen, wobei das eigentliche Zentrum innerhalb der Wälle lag. Arad umgrenzte und schützte nach allen Seiten hin der Fluss Marosch. Als die Stadt 1750 nach Norden hin erweitert wurde, erhielt sie große Wassergräben.

Die inneren Stadtbereiche von Timişoara und Arad hatten im 18. Jahrhundert eine ganz unterschiedliche Gestalt. Timişoara entstand auf dem Reißbrett und verband moderne Stadtarchitektur mit militärischen Erfordernissen. Das bedeutete: umfangreiche Verteidigungsanlagen, einfache Straßenlinien, welche die Stadt zugänglich machten, sowie klare Abgrenzung zwischen den Stadtteilen. Für Arad gab es keinen entsprechenden Stadtplan, weil Stadt und Festung als jeweils verschiedene architektonische Einheiten betrachtet wurden. So profitierte Arad nicht vom aufgeklärten Interventionsgeist. Das Phänomen ist durchaus typisch für die mitteleuropäischen Städte der damaligen Zeit. Einige, wie Timişoara, wurden teilweise oder vollständig von österreichischen Ingenieuren geplant, während andere, wie Arad, ihre mittelalterliche Struktur zunächst beibehielten.

Wenn es finanziell machbar war, entschieden sich die Verantwortlichen für eine stark durchstrukturierte Stadt. Manche Städte, bei denen die notwendigen Investitionsmittel zunächst fehlten, erhielten später eine moderne Gestalt. Auch für Arad war unter Maria Theresia an eine grundlegende Neuordnung gedacht. Tatsächlich bot die Stadt bis dahin ein chaotisches Bild. Es fehlten gerade Straßen, selbst um die Festung herum gab es keine ausreichenden Verteidigungsräume. Josef II. entschied sich dann freilich für eine ganz andere Lösung und ordnete an, die Festung auf die gegenüberliegende Seite des Flusses Marosch zu verlegen.

Der große Wiederaufbauplan für die Innenstadt Timişoaras stammt von 1725.[1] Er sah die komplette Zerstörung der Altstadt vor, ausgenommen des Hunyadi-Schlosses und einiger Kirchen. Später hat der Architekt Georg Bleyer, der auch eine Monografie über die Stadtgestalt Timişoaras geschrieben hat, dargelegt, dass das Modell für die Temeswarer Festung die Zitadelle von Neuf-Brisach gewesen sei. Damit hätte der berühmte französische Festungsbaumeister Sébastien Le Prestre de Vaubaun die Anregung für den Bau der Zitadelle gegeben. Städte des Vauban-Typus gründeten auf den Ideen für eine ideale Stadt, welche die Architekten seit der Renaissance zum Leitmaßstab erhoben.

Die Stadt Timişoara des achtzehnten Jahrhunderts war zuallererst Garnisonsstadt. Viele ihrer Gebäude dienten militärischen Zwecken.[2] Der durch die Geometrie bestimmte Zugriff auf den Raum und die geraden Straßen bildeten wichtige Merkmale vieler Städte, die in der Barockzeit auf dem Reißbrett konzipiert wurden. Das Straßengerüst war so angelegt, dass die wichtigen Straßen den Transport und die Kommunikation zwischen den Kasernen so effizient wie möglich gestalteten und der Zugang zu den Bastionen leicht fiel. Als Garnisonsstadt war Timişoara zugleich ein wichtiges Symbol kaiserlicher Macht. Sie zeigte sich u. a. in den Militärparaden, die in der Zeit sehr populär waren. Auf den geraden Straßen wirkten sie besonders eindrucksvoll.

Eine andere städtische Neuerung in der Zeit des Barocks war aus sozialgeschichtlicher Sicht der *Korso*. (Wir kennen den Begriff noch heute vom Autokorso.) Dabei ging es darum zu sehen und gesehen zu werden. Der *Korso* fand sich in allen barocken Städten und entsprach dem Wunsch des distinguierten Bürgertums, sich öffentlich zu zeigen. In Timişoara gab es damals zwei Hauptplätze. Heute heißen sie Piaţa Unirii (Platz der Vereinigung, ursprünglich Domplatz) und Piaţa Libertăţii (Freiheitsplatz, ursprünglich Paradeplatz). Letzterer war selbstverständlich für Paraden reserviert, den zweiten

---

1 Mihai Opriş, *Timişoara mică monografie urbanistică* (*Timişoara, Short Urban Monograph*) (Bukarest, 1987), p. 42.
2 Lewis Mumford, *The Culture of Cities* (New York, 1938), p. 88.

umgrenzten die serbisch-orthodoxe und die katholische Kathedrale sowie der Gouverneurspalast. Dieser sogenannte Domplatz diente dem *Korso*.

Obwohl als Stadt am Rande des europäischen Barocks gelegen, blieb das Weichbild Timişoaras den urbanen Prinzipien der anderen Barockstädte Europas verpflichtet. Sowohl die Geschwindigkeit der städtischen Neugestaltung als auch die Größe der Stadt, ihre innere Vielfalt und die Schönheit der Gebäude beweisen, für wie wichtig die Wiener Verwaltung Timişoara erachtete.

Im barocken Timişoara hatte auch der unbebaute öffentliche Raum Bedeutung. Wie in allen Städten dieser Zeit diente er der Darstellung absoluter Macht, zielte er auf deren Materialisation im städtischen Weichbild. Obwohl äußerlich eher zurückhaltend dekoriert, repräsentierten die Gebäudefassaden aus dem achtzehnten Jahrhundert nicht den äußeren Umfang der Gebäude, sondern grenzten diese deutlich gegenüber dem unbebauten öffentlichen Raum ab, der dadurch eine ganzen eigene Bedeutung erhielt.[3]

Im Kontrast zur übrigen Innenstadt waren die zentralen Plätze Timişoaras großzügig angelegt. Einer der Gründe hierfür bestand in der Vielzahl bedeutender Bauwerke, die sich um die zwei zentralen Plätze der Stadt herum konzentrierten. Der dritte Platz, der St. Georgs-Platz, diente als Standort des Jesuitenseminars und war eher ein Raum, der aus der zentralen Perspektive auf eine Kirche entstand. Wenn der Piaţa Unirii im Vergleich mit seinem Aussehen im achtzehnten Jahrhundert nur geringfügig verändert wurde, so hat der Piaţa Libertăţii (Parade-Platz) sehr unter der Zerstörung einiger angrenzender Gebäude gelitten. Zu erwähnen sind hier die Jesuitenkirche und die Kirche der Franziskaner sowie die siebenbürgischen Kasernen, die entscheidend den Platzeindruck geprägt haben. Jedes dieser drei Bauwerke besaß einen barock dekorierten Turm, der sich über die Nachbargebäude erhob. Als weitere wichtige Gebäude zu erwähnen sind auf jeden Fall noch die Kathedrale und der Gouverneurspalast am Vereinigungsplatz (Piaţa Unirii, früher Domplatz) sowie das Rathaus und das Generalsgebäude am Freiheits-Platz (Piaţa Libertăţii). Sie alle stammen aus dem achtzehnten Jahrhundert.

Die Straßen von Timişoara waren breit und hell angelegt. Der Zugang vom öffentlichen zum privaten Raum erfolgte durch Eingangsbögen, normalerweise im mittleren Bereich eines Hauses gelegen. Die kontinuierliche Front der Gebäude bildete eine klare Demarkationslinie zwischen dem öffentlichen und dem privaten Raum. Aufgrund der geringen Größe der Grundstücke in der Stadt waren die Innenhöfe im achtzehnten Jahrhundert eher eng. Gewöhnlich waren sie gepflastert und öffneten den Blick auf Balkone und Terrassen. Die einheitliche Frontlinie der Häuser mit ihren Innenhöfen war durchaus typisch für die Straßen barocker Städte im achtzehnten Jahrhundert.

---

3 Carlo Giulio Argan, *Arte barocca* (Rome, 1989), p. 231. Vgl. Hanna Derer, *Sibiu: Arhitectura în epoca barocă* (*Sibiu: Architecture in the Baroque Age*) (Bukarest, 2003), p. 37.

Aber sie prägten das urbane Bild auch im Folgejahrhundert, wenn auch die Fassadengestaltung sich veränderte.

Wegen des begrenzten Raumes, den die befestigten Städte im 18, Jahrhundert boten, entstanden überall Vororte. In Temeswar waren dies: Fabric, Iosefin, Mehala. Im Zentrum des serbisch geprägten Zentrums von Fabric sowie in Mehala plante man einen großen viereckigen Platz, dominiert von einer orthodoxen Kirche. Folgen wir Mihai Opriş, dann „hatte die deutsche Vorstadt von Fabric anfänglich weder einen zentralen Platz noch eine Kirche. Das Fehlen einer Kirche mag dadurch erklärbar sein, dass die schon gebauten katholischen Kirchen in der Festung selbst als mehr denn ausreichend erachtet wurden. Aber das Fehlen eines Platzes scheint doch unerklärlich".[4] Die Plätze der Vorstädte ähnelten in der Größe der Piaţa Unirii (dem Domplatz), aber die dort errichteten Gebäude besaßen bei Weitem nicht die ästhetische Wertigkeit der dortigen Bauten. Im Allgemeinen waren es ein- oder zweistöckige Häuser, einige mit Geschäftsräumen im Erdgeschoss. Die rechteckige Gestaltung der Straßen in den Vororten erinnert an die Geometrie der Dörfer im Banat, die im selben Zeitraum gebaut wurden.

Für Arad verfügen wir über einige aufschlussreiche Karten aus dem 18. Jahrhundert, so diejenige des Ingenieurs De Sully, die eines anonymen Kartografen (beide von 1752) sowie die Karte von Imre Ruttkay (1755). Darauf sind deutlich drei voneinander geschiedene Stadtteile zu erkennen. Der erste ist bestimmt durch den Flussverlauf des Marosch. Hier befand sich die Zitadelle mit ihren vier Bastionen und dem davorliegenden, strategisch bedingten, offenen Raum. Die zweite städtische Zone, südlich des heute verschwundenen Arms des Mureşul Mic, umfasste den mittelalterlich geprägten Stadtteil für die serbischen Grenztruppen (Reitzen Stadt). Diese verteidigten den Graben und die äußeren Befestigungen. Am äußeren Rand des Viertels, auf dem Grundstück des Hauptmannes Tököly, wurde eine serbische Kirche errichtet, wie die Karten ausweisen. Bis heute hat dieser Stadtteil seinen Charakter bewahrt: kleine Häuser, mittelalterliche Handwerksbetriebe mit hohen Dächern. Die alte Hauptstraße dieses ersten Zentrums von Arad trägt den Namen Tribunul Axente. Die dritte auf den erwähnten Karten sichtbare Zone war das deutsche Viertel, ein Bezirk nördlich des verschwundenen Flussarms. Hier war der Startpunkt des großen Boulevards, der heute die zentrale Achse der Stadt bildet. Auf der einen wie auf der anderen Seite des deutschen Viertels gab es zwei kleine rumänische Viertel: eines zum Flussufer hin, konstruiert um die frühere orthodoxe Bischofskirche herum, während das andere sich nach Westen hin ausstreckte.

1763 begann der Bau einer neuen Zitadelle. Konzeptionell folgte sie den Ideen von Vauban. Die neue Festung lag im Bereich einer natürlichen Biegung des Marosch, allerdings auf dem gegenüberliegenden Ufer. Die alte Zitadelle wurde drei Jahre später vollständig geschliffen, sodass das serbische Viertel sich in den früheren Bereich der Festung ausdehnen konnte. Das Zentrum dieses neuen Ortsteils entstand nach 1752.

---

4 Opriş, *Timişoara mică monografie urbanistică*, p. 74.

Man nannte es „alter Platz" oder „Fischmarkt". Seine heutige Gestalt erhielt der Platz um 1865.

Eine genaue Analyse der Ruttkayschen Karte lässt erkennen, dass Arad im Jahr 1755 aus 32 Straßen und sechs Plätzen bestand. Etwa dreißig Jahre später erwähnt ein Straßenverzeichnis für Arad die Zahl von 84 Straßen. Die Ausdehnung der Stadt erfolgte vor allem nach Norden und Westen hin, entlang der heutigen Hauptstraßen, indes auch Richtung Süden, in jenen Bereich hinein, der durch die Zerstörung der alten Zitadelle freigeworden war. Der deutsch geprägte Stadtteil erstreckte sich nach Westen und umfasste ein Gebiet, das auch den rumänischen Friedhof einschloss. Ein kaiserliches Dekret von 1781 ordnete die Zerstörung des Friedhofs an, weil Friedhöfe aus Hygienegründen außerhalb der Städte liegen sollten. Zwischen 1725 und 1783 expandierte der deutsche Stadtteil Richtung Norden, ausgehend vom Rathaus bis zum heutigen Podgoria (Weinberg)-Platz, und markierte so den zweiten großen Teil der Hauptstraße. Zu dieser Zeit befand sich das Salzbüro der Stadt auf dem Grundstück des Gerichtshofs, während auf dem Avram-Iancu-Platz das alte Rathaus des deutschen Viertels stand, das später zerstört wurde.[5]

Der von „Serben" bewohnte Stadtteil behielt weitgehend das Äußere einer ländlichen Siedlung bei, mit überwiegend einstöckigen Häusern. Offensichtlich wurden die meisten Häuser in Reihe gebaut und ermöglichten so seit dem achtzehnten Jahrhundert eine kontinuierliche Straßenfront. Diesem Teil der Stadt fehlten Expansionsmöglichkeiten, weil er direkt am Fluss Marosch lag und nach Norden hin an den deutschen Distrikt angrenzte. Das einzige wirklich bemerkenswerte Gebäude in einem solchen Umfeld war die orthodoxe Kirche, die zwischen 1698 und 1702 gebaut wurde. Sie kann als paradigmatisch für die vielen kleinen barocken Kirchen betrachtet werden, die um 1700 im Habsburger Kaiserreich entstanden.

Im Kontrast zum serbisch geprägten Stadtteil waren die Gebäude im deutschen Viertel bereits im achtzehnten Jahrhundert vielfach zweistöckig angelegt. Obwohl die Straßenflucht administrativ nicht vorgegeben war, folgten die Gebäude den strengen urbanen Regeln mitteleuropäischer Städte um 1700. Die ein- und zweigeschossigen Bauten hatten daher eine kontinuierliche Fassadenstruktur. Nicht erlaubt war der Bau alleinstehender Gebäude.

Besonders auffallende Bauwerke mit repräsentativem Charakter gab es nur wenige. Immerhin, die Minoritenkirche gehörte dazu mit ihrem Eckturm (sie befand sich dort, wo heute die katholische Kirche steht) und das alte Rathaus. Letzteres war ein eher kleines, einstöckiges Gebäude, hatte aber eine Fassade mit barockem Dekor, einen

---

5 Hinweise zur räumlichen Entwicklung von Arad finden sich in Emil Anghel, 'Die Anordnung der Marktplätze von Arad', *Historia Urbana*, vol. 1 (1993), p. 60; id., 'Distrugeri și reconstrucții la Arad' ('Destruction and Reconstruction in Arad'), *Historia Urbana*, vol. 2 (1996), p. 42. Vgl. Horia Medeleanu, 'Aradul în secolul al XVIII-lea pe baza conscripțiilor strázilor din anul 1783' ('Eighteenth-Century Arad According to the Street Signs of 1783'), *Revue of Historical Monuments*, vol. 1 (1982), p. 52.

zentralen Bogen und einen kleinen Turm über dem Eingang. Der einzige städtische rechteckig angelegte Platz mit einem geordneten Erscheinungsbild war der heutige Avram-Iancu-Platz (ursprünglich Rathausplatz). Im Norden ging er in die heutige Hauptstraße über. Alle anderen Plätze waren eher klein, entstanden aus größeren Kreuzungen oder waren ganz einfach gebäudefreie Flächen.

Ganz allgemein sind die mitteleuropäischen Stadtbauten des achtzehnten Jahrhunderts durch die Einheit und den Rhythmus ihrer Fassaden charakterisiert. Tatsächlich erinnern die Arader Bauwerke dieser Epoche stark an jene, die auch in Timișoara errichtet wurden. Die einheitliche Frontfassade finden wir ebenso wieder. Und doch wirkte der urbane Raum Arads auf den Besucher ganz anders als der in Timișoara. Hier fehlten nämlich die geradlinigen, geometrischen Straßenverläufe, die rechteckigen Kreuzungen. Arads scheinbar zufällig entstandenes Straßensystem vermittelte einen ganz anderen Eindruck als die Fluchtlinien der Nachbarstadt. Das Fehlen eines Stadtbauplans und der Mangel an repräsentativen öffentlichen Gebäuden lässt schon rein optisch erkennen, dass die Habsburger dem Wiederaufbau Arads weniger Aufmerksamkeit schenkten als der Neugestaltung Temeswars.

Fassadengestaltungen, Ausschmückungen, Denkmale

In der Zeit des Barocks durchdrang die Kunst breite Teile der Gesellschaft. Die Künstler dekorierten jetzt durchgängig auch die Innenräume, sodass kein Detail mehr zufällig seinen Platz hatte. Höchst komplex waren die künstlerischen Darstellungen, und die Kunstschaffenden selbst waren sich ihrer Rolle in der Gesellschaft und ihres Wertes als Künstler und Kunsthandwerker bewusst. Seinen Aufstieg erfuhr der Barock während des Dreißigjährigen Krieges (1618–1648) als geistige Anstrengung umfassender Sinngebung aus katholischer Sicht. Letztlich bestand das Ziel darin, den „freudlosen" Protestantismus aus Mitteleuropa zu verbannen. Der frühe mitteleuropäische Barock blühte gleichzeitig in Österreich, Böhmen und Westungarn auf, dort, wo die Habsburger herrschten. Allerdings bestanden enge kulturelle Verbindungen zu Süddeutschland und zu Norditalien. Im siebzehnten und achtzehnten Jahrhundert entwickelte sich so der Barock zu einem staatenübergreifenden Phänomen. Die Künstler und Handwerker konnten sich auf dem Territorium des Habsburger Reiches frei bewegen. Aber es waren doch die lokalen Gegebenheiten, die die konkrete Ausformung der Bauwerke und Denkmale beeinflussten. Im slowakischen Raum, auch in Siebenbürgen vermischte sich der lokale, als traditionell wahrgenommene Renaissancestil mit den importierten barocken Neuerungen, während in Gebieten wie dem Banat, die keine eigenständige künstlerische Tradition hatten, der mitteleuropäische Barock ungebrochen als ein neuer Stil rezipiert wurde. Bei der Verbreitung des Barocks spielten die italienischen Kunsthandwerker und ihre Familien eine wichtige Rolle. Sie bevölkerten ganz Mitteleuropa seit etwa 1600. Die auftraggebenden Adligen stellten sie als Ingenieure, Maler oder Architekten an, oder sie arbeiteten in verschiedenen Städten als „Baumeister".

Familien wie die del Biancos oder die Spazzos wirkten als Künstler und Bauchfachleute von Generation zu Generation in Wien, Prag bzw. in den ungarischen Städten.

Die Gebäudefassaden in Timișoara und Arad folgten dem späten Barock deutscher Architekten. Wir finden Renaissanceelemente, aber auch solche aus dem italienischen Barock, wiederum modifiziert durch den örtlichen Zeitgeist und die im Banat verfügbaren Baumaterialien. Der Betrachter sieht Säulen mit korinthischen oder ionischen Kapitellen, Pseudosäulen, Pflasterprägungen, auch spezifische Fensterverkleidungen, die allesamt Teil der Dekorationen darstellten.

Die gewöhnlichen Wohngebäude hatten eine eher schlichte Verkleidung, mit runden Fenstern und gelegentlich Gipsprägungen. Manchmal waren die Eingänge mit Verkleidungen, Pseudosäulen usw. ausgestattet. Dagegen stachen die Paläste mit ihrer prunkvollen Verkleidung heraus. Während im neunzehnten Jahrhundert unterschiedslos alle Gebäude reichlich geschmückt waren, gab es im achtzehnten Jahrhundert eine klare Unterscheidung zwischen der aufwendigen Außengestaltung der wichtigen Bauten und der eher bescheidenen Außendarstellung der gewöhnlichen Gebäude. Der Bezirkspalast am Vereinigungsplatz (Piața Unirii) in Timișoara, 1754 vollendet, hat eine üppige barocke Ausgestaltung, mit architektonischen Elementen wie skulpturverzierten Gesimsen, falschen Fensterstürzen oder Schmuckflächen in Giebeldreiecken. Dieses beeindruckende Gebäude kann jedem Vergleich mit westeuropäischen Administrationsbauten aus der Zeit standhalten. Der zweigeschossige Bischofspalast ist ebenfalls typisch für den Barock Mitteleuropas im achtzehnten Jahrhundert. Er hat zwei Frontbereiche zu zwei verschiedenen Straßen hin. Das Dach ist untergliedert durch ein großes Fensterelement mit zwei kleineren „Türmen". Die erste Etage prägen die Verzierungen, die oberhalb der aufwendig gestalteten Fenster sichtbar sind, und der Balkon. Der Eingangsbereich wird bestimmt von einem schönen Steinportal, dekoriert mit geometrischen und floristischen Motiven. Insgesamt sind die Fassaden der Temeswarer Paläste im achtzehnten Jahrhundert gekennzeichnet durch Harmonie, Gleichgewicht und einen begrenzten, wenig auffallenden Fassadenschmuck. Zusammen mit den bekannten Giebelfenstern, Prägungen und Verkleidungen finden sich auf den Fassaden geometrische oder florale Motive, gelegentlich auch Skulpturen (hier insbesondere Köpfe). Viele Fenster, vor allem im Erdgeschoss, werden mit Halbkreisen oder fragmentierten Bögen abgeschlossen. Gitter aus Eisenguss gehören ebenfalls zum stilistischen Ensemble, auch wenn sie nicht die Fülle jener Verzierungen erreichen, die im folgenden Jahrhundert verwendet wurden.

Die am stärksten verzierten Gebäude waren die Kirchen. Im Gegensatz zu den anderen Bauten bestanden ihre Hauptfronten aus Kurven und durchbrochenen Linien, die einen charakteristischen Fluss hin zur barocken Architektur ergaben. Die meisten Kirchen waren relativ klein und hatten nur einen Turm über dem Eingang. Sie waren normalerweise von den Nachbargebäuden abgesetzt, was sich im nächsten Jahrhundert ändern sollte. Die Türme blieben schlank und endeten in einem spitzen Dach. Sie offerierten ein kompliziertes Design, im Unterschied zu den sonstigen Dächern der Zeit. Die Kirchenfassaden waren reich mit barocken Motiven geschmückt. Der katholische

Dom in Timişoara ist dafür ein gutes Beispiel, mit seiner beeindruckenden Vorderseite und den reichen Verzierungen. Und doch unterscheidet er sich von den anderen barocken Kirchen der Zeit: Der Dom nämlich hatte zwei Türme.

Anzumerken ist, dass die katholischen und die orthodoxen Kirchen aus der damaligen Zeit auf ähnliche Art und Weise verziert waren. Seinen Grund findet dies darin, dass es immer dieselben Architekten und Ingenieure waren, die den Bau verantworteten. In Arad stand die größte Kirche innerhalb der neuen Zitadelle. Noch heute existiert sie. Tatsächlich diente sie als Kristallisationspunkt für alle anderen Gebäude der Festung, zu der allerdings Zivilisten keinen Zutritt hatten.

Die Kasernen selbst waren gewöhnlich äußerlich recht einfach gehalten. Ausgenommen waren nur das „Generalalthaus" und das Kommandeurshaus am heutigen Temeswarer Piaţa Libertăţii. In diesem Zusammenhang könnte man noch die siebenbürgischen Kasernen erwähnen, die es heute nicht mehr gibt. Sie hatten einen großen, barock gestalteten Turm und ein monumentales Portal. Das vielleicht auffallendste Gebäude am heutigen Freiheitsplatz (Piaţa Libertăţii), bekannt unter dem Namen Militärkasino, entstand im achtzehnten Jahrhundert im Stil des Rokokos. Bemerkenswerterweise ist es das einzige Rokokogebäude in der Festung Temeswar geblieben, obwohl sich Fragmente dieses Stils auch an anderen Gebäuden beobachten lassen. In einigen Fällen hatten die Kasernen übrigens gar keine Dekoration. Das untermauert die Beobachtung von Hans Sedlmayr, wonach in den 1700er Jahren im Habsburger Kaiserreich viele Gebäude allein nach funktionalen Gesichtspunkten konzipiert wurden und deshalb keine besonderen Ausschmückungen aufwiesen.[6] Diese großen Gebäude prägten die Temeswarer Innenstadt und gaben vielen Straßen ein eher monotones Aussehen. Zeitgenössisch gab es allerdings im 18. Jahrhundert einen legitimen Unterschied zwischen Kasernen, Häusern und Palästen. Erst mit dem Aufkommen des Historismus im neunzehnten Jahrhundert wandelte sich die Bedeutung der Fassadengestaltung, stand sie nicht mehr für die unbestrittene, hierarchische Gliederung der tradierten Adelsgesellschaft.

Die großen Denkmäler und Statuen im öffentlichen Raum der europäischen Städte thematisierten während des achtzehnten Jahrhunderts fast ausschließlich religiöse Sachverhalte. Ein Beispiel hierfür ist die Statue des Heiligen Nepomuks in Arad. Sie stand 1729 dort, wo heute das Rathaus zu finden ist. 1870 erhielt sie auf einem kleinen Platz der Batthyány-Straße einen neuen Standort. Diese typisch barocke Statue, die einen Heiligen mit einer aufwendig gestalteten Kleidung darstellte, wurde in Wien von einem unbekannten Meister geschaffen. Neben Statuen für Heilige gab es auch noch Statuen, welche die Jungfrau Maria oder die Heilige Dreieinigkeit darstellten. Schließlich gab es noch ganz besondere Monumente, gestiftet aus Dankbarkeit für das Ende der Pestepidemien, die zu jener Zeit sehr verbreitet waren. In Timişoara haben sich einige der religiösen Denkmäler aus dieser Periode im öffentlichen Raum erhalten.

---

6 Hans Sedlmayr, *Pierderea măsurii* (*Losing the Measure*) (Bukarest, 2001), p. 42.

Die Statue des Heiligen Johann Nepomuk, von einem unbekannten Künstler angefertigt, befindet sich auf dem Dragalina Boulevard Nr. 13. Das Denkmal der Heiligen Dreieinigkeit (das „Pestdenkmal"), um 1740 ebenfalls in Wien angefertigt, findet sich an der Piața Unirii. Das Heilige-Jungfrau-und-St.-Nepomuk-Denkmal, ein Werk der Wiener Künstler Blim und Wasserburger, stammt von 1756 und steht am Freiheits-Platz.

Die meisten Denkmäler befanden sich auf städtischen Plätzen, die im Zentrum der Städte lagen. Doch der eigentliche Ort für die Statuen war der unmittelbare Raum vor den Kirchen. Der Standort für die Statuen im städtischen Ensemble machte die starke Unterstützung deutlich, welche die Habsburger der katholischen Kirche zukommen ließen, auch die Bedeutung des Katholizismus im kulturellen Leben der Zeit. Diese Statuen vervollständigten das Bild einer Gemeinschaft, die ihre Wurzeln in der Tradition des achtzehnten Jahrhunderts hatte und daran in den folgenden Jahrzehnten festhielt, unabhängig von technischem Fortschritt und gesellschaftlichen Veränderungen. So symbolisieren sie bis heute den spezifischen Zeitgeist.[7] Und tatsächlich: Die öffentlichen Statuen des achtzehnten Jahrhunderts sind höchst suggestiv und dynamisch gestaltet. Sie passen perfekt zu den barocken Kirchenfassaden. Unter dem Gesichtspunkt der Stilistik folgen die Statuen dem Ausdrucksmuster bekannter österreichischer und mitteleuropäischer Werkstätten, die zu dieser Zeit der barocken Kunst ihr eigenes Gepräge gaben.

Ein neuer adelig-stadtbürgerlicher Kontext (1780–1900)

Im Gegensatz zur verbreiteten Idee, dass im neunzehnten Jahrhundert die Stadtzentren eine immer monotonere Wirkung entfaltet hätten, der es an jeglicher Individualität mangelte, besaßen die Städte des Banats ein vielfältiges, eklektisches Aussehen. Dies ist umso erstaunlicher, als Timișoara und Arad im 18. Jahrhundert neu aufgebaut wurden. Die kurze Zeitspanne des Barock im Banat (von 1700 bis 1780) wurde unter diesen Voraussetzungen prägend, sodass der Barock die Stadtgestalt entscheidend beeinflusste. Paläste, Kasernen, Kirchen und Rathäuser wurden von der Regierung in Auftrag gegeben und von versierten Fachleuten gebaut. Häuser, die in Temeswar von Bürgern gebaut wurden, gab es anfangs nur wenige, und sie fielen eher einfach aus. Erst im neunzehnten Jahrhundert waren die lokale Bourgeoisie und der örtliche Adel imstande, auf eigene Initiative hin größere und beeindruckende Gebäude zu errichten. So gestalteten sie die Bauten entsprechend ihren eigenen Vorstellungen, und das gilt auch für das Äußere der Gebäude und damit die Stadtgestalt. Nach Jahrhunderten der kriegerischen Auseinandersetzung schien nun endlich die Zeit gekommen, um sich

---

7 Marcela Oprescu, 'Considerații asupra monumentelor de for public din mediul rural' ('Considerations upon the Public Monuments in the Rural Area'), *Studii și comunicări* (*Studies and Presentations*), vol. 7 (Arad Museum) (2001–2002), pp. 288–297.

mit dem europäischen Raum gleichzuschalten und die westlichen Modelle zu übernehmen. Anders als in Italien wirkten die dezidiert eklektischen Häuser im Banat nicht
wie Imitationen italienischer „Renaissancehäuser", auch wenn manche als Grundlage
dienten: Es waren Gebäude mit individueller Identität. Durch den Bau dieser Gebäude
demonstrierte die herrschende Klasse des habsburgischen Kaiserreichs ihre Begeisterung für die europäische Ästhetik und die Wertvorstellungen des Westens. Der Aufbruch beruhte dabei auf der Hinwendung zur privaten Initiative und war Ergebnis der
Reformen Ende des achtzehnten Jahrhunderts. Zu dieser Zeit fand die Idee des Privat-
eigentums Eingang in die Gesetzgebung. Ein gutes Beispiel hierfür war die Erstellung
des Katasters. Aber das haben wir bereits an anderer Stelle besprochen.[8]

Die Neuerungen des 19. Jahrhunderts, wie wir sie für Timişoara und Arad beobachten können, waren jetzt nicht mehr das Resultat systematischer Verwaltungs-
initiativen, sondern spiegelten das Engagement von Stadtbürgertum und eines Teils
des Adels, die beide in das Bauwesen investierten. Während in Westeuropa Schriftsteller wie Balzac, Hugo und Dickens die moderne Stadt verurteilten und sich für
die konfuse und geheimnisvolle traditionelle Stadt begeisterten, die trotz allem eine
kohärente Erscheinung gewesen sei, sahen dies die mitteleuropäischen Intellektuellen ganz anders. Sie befürworteten den Aufbau neuer Städte auf dem Boden der
vielfach zerstörten Ortschaften und sahen darin eine Möglichkeit, den Fortschritt
voranzutreiben und wichtige Elemente der mittel- und westeuropäischen Kultur in
den eigenen Lebensraum zu integrieren.

Die Ausdehnung des urbanen Raums während des neunzehnten Jahrhunderts in Temeswar und Arad

Im neunzehnten Jahrhundert wuchsen Timişoara und Arad über ihre traditionelle
Gemarkung hinaus. Da Timişoara durch die Verteidigungswälle keine natürliche
Ausdehnungsfläche besaß, erfolgte die räumliche Expansion durch Erweiterung und
Ergänzung des Systems von Vororten. Die Entwicklung nutzte dabei die vorhande-
nen Straßenlinien, welche die Bebauung anzogen. Außerhalb des Zentrums, das, wie
ausgeführt, durch die Zitadelle definiert war, entwickelten sich daher im neunzehnten Jahrhundert drei große Vorortbereiche: da war erstens der vormals selbstständige
Ortsteil Fabric (Fabrikstadt, Gyárváros), zweitens, gegenüberliegend, das Viertel Iosefin
(Josefstadt; Józsefváros) und drittens Elisabetin (Elisabethstadt, Erzsébetváros). Die
drei äußeren Stadtviertel waren durch Freiflächen, die der Landwirtschaft dienten,
voneinander getrennt. Fabric und Josefin hatten gerade Straßen, und ihre Ausdehnung erfolgte durch stadtplanerischen Eingriff. Allerdings verhinderte in Fabric lange
ein Nebenarm der Bega eine angemessene Erweiterung. Erst nach Trockenlegung des

---

8 Leonardo Benevolo, *Oraşul în istoria Europei* (*The City in the History of Europe*) (Iaşi, 2003), p. 162.

kleinen Kanals wurde die Straßenflucht vervollständigt. Anfangs regelten die Behörden die Raumnutzung in allen drei Vorort-Stadtteilen. Später erfolgte die Erweiterung ohne Einschränkungen, allerdings war eine Annäherung in Richtung Zentrum untersagt, weil der Raum vor den Verteidigungswällen aus strategischen Gründen freibleiben musste.

Arad machte seit 1780 eine ähnliche Entwicklung mit. Die Wassergräben und Kanäle, welche halfen, die Stadt zu verteidigten, wurden trockengelegt. Indes, die Entwicklung nach Süden und Westen blieb weiterhin durch den Fluss Marosch blockiert. Der zentrale Platz erweiterte sich entsprechend Richtung Norden, bis er jenen Boulevard bildete, der heute als Hauptdurchgangsstraße der Stadt dient (Bulevardul Revoluției). Diese Straße hat im Lauf der Zeit für eine vergleichsweise kleine Stadt eine ungewöhnliche Bedeutung gewonnen. Doch seine Breite und Länge rechtfertigen tatsächlich die Bezeichnung „Boulevard". Nach der Revolution von 1848, als die Stadt zum Teil wiederaufgebaut werden musste, galt die Regel, dass alle neuen Straßen parallel zum Boulevard verlaufen oder im rechten Winkel dazu stehen sollten. Obwohl es unmöglich war, einen orthogonalen Plan auf die traditionell wenig geordnete, spontan entstandene Straßenanordnung anzuwenden, wurden ab Mitte des neunzehnten Jahrhunderts zumindest die Kreuzungen im rechten Winkel angelegt und die Straßen so lange wie möglich gerade fortgesetzt.

Sowohl in Timișoara als auch in Arad legten die Behörden großen Wert auf die Einhaltung der Straßenbegrenzungen und auf die kontinuierliche Aneinanderreihung der Fassaden, sodass stimmige Linien entstanden. Allerdings hatte das Ganze auch Nachteile, weil Ende des neunzehnten Jahrhunderts in beiden Städten nur wenige Grünflächen zwischen den Häusern lagen.

Straßen und Plätze

Gebäude relativ geringer Höhe charakterisierten den städtischen Lebensraum Arads und Temeswars im 19. Jahrhundert. Vor 1880 gab es nur wenige dreigeschossige und noch weniger viergeschossige Gebäude. Für Temeswar und Arad ist vielleicht von zehn solcher Bauten auszugehen. In Arad waren die meisten mehrstöckigen Gebäude am Boulevard selbst platziert, während sie in Timișoara entlang der bedeutenderen Straßen der beiden Vororte Josefin- und Fabric zu finden waren. In Josefin befanden sich die wichtigsten Bauwerke entlang der zwei Hauptachsen, die heute *Bulevardul Regele Carol I* (zuvor: *Tinereții*) und *Bulevardul 16 Decembrie 1989* heißen. Die Präferenz der Investoren für kostspielige Bauaufträge für die Hauptstraßen hatte gute Gründe, denn diese Straßen entwickelten sich rasch zu zentralen Verkehrsachsen. Innerhalb der Stadt Timișoara war, wie gesehen, der Raum begrenzt, und das blieb auch 1848 so, als die Stadt belagert und einige Häuser zerstört wurden. Die so entstandenen Flächen waren schnell wieder zugebaut. Nach 1880 wurden einige der älteren Gebäude bewusst abgerissen, um auf dem dadurch frei werdenden Gelände höhere Bauwerke zu errichten. Für alle Städte des Kaiserreichs gab es übrigens genaue Vorschriften, wo höhere

Gebäude errichtet werden durften, wobei die Straßenbreite ebenso eine Rolle spielte wie die unmittelbare Nachbarschaft.[9] Zudem gab es seit Mitte des neunzehnten Jahrhunderts gesonderte Kommissionen, die von der städtischen Verwaltung koordiniert wurden, mit der Aufgabe, die Außenansichten der neuen Gebäude zu begutachten und zu genehmigen. Im Allgemeinen war es so, dass seit 1860 die Gebäude in den Innenstädten aus Ziegeln oder Stein errichtet sein mussten und auch die Einhaltung der Frontlinien genau vorgeschrieben war.

Zu einem lebendigen Straßenerlebnis trugen die Geschäfte im Erdgeschoss der Gebäude bei. Sie befanden sich in den Wirtschaftszonen der Städte, entlang der Plätze und großen Geschäftsstraßen, die vielfach zwei zentrale Wahrzeichen der Stadt miteinander verbanden. In Arad beispielsweise befanden sich die meisten Geschäfte entlang des großen Boulevards. Die einzige weitere Straße mit einer größeren Zahl von Ladenlokalen war die heutige Strada Meţianu, welche zwei wichtige Plätze der Stadt miteinander verband und auch heute noch verbindet (Piaţa Catedralei, Piaţa Libertăţii). Die genannten Beispiele lassen das stadtplanerische Denken der zeitgenössischen Verwaltungen erkennen. Sie unterschieden den öffentlichen Raum nach rationalen Kriterien und wiesen ihm unterschiedliche Funktionen zu. Daraus ergaben sich eine klare Ordnung und Kohärenz, die bis heute typisch sind für die mitteleuropäischen Städte des neunzehnten Jahrhunderts.

Die Innenhöfe gehörten auch zu den architektonischen Elementen, die zur Gestaltung des städtischen Raums beitrugen. Einige von ihnen wurden zu Verbindungsgängen zwischen zwei Straßen, andere beherbergten Werkstätten, Lager oder Ähnliches. Dadurch, dass die Innenhöfe tagsüber zur Straßenseite hin geöffnet waren, blieben sie mit dem öffentlichen Leben verbunden, und die Straßen und Plätze verloren so etwas von ihrer Stränge.

Das historische Zentrum Arads ist erst im neunzehnten Jahrhundert entstanden. Der Platz mit dem heutigen Namen *Parcul reconcilierii româno-maghiare* (Rumänisch-ungarischer Versöhnungspark) sowie der Boulevard sind für mitteleuropäische Städte typische Räume. Bestimmt durch aufeinander abgestimmte, reich dekorierte Häuserfassaden sind sie bemerkenswert einheitlich gestaltet. Die Gebäude entlang der wichtigsten Straßen und bedeutendsten Plätzen haben, wie wir bereits erwähnt haben, im Erdgeschoss Ladenlokale, im Unterschied zu den kleineren Straßen, wo nur selten Läden zu finden sind. Die Plätze und Boulevards sind für eine Provinzstadt aus jener Zeit ziemlich groß geraten. Manche Plätze, wie etwa der Fischmarkt in Arad, entstanden aus dem Schnittpunkt mehrerer Straßen, die bereits im achtzehnten Jahrhundert angelegt worden waren, erhielten aber ihre heutige Gestalt im neunzehnten Jahrhundert. Für Timişoara ist als vergleichbares Beispiel die Kreuzung des *Bulevardul Regele Carol I* mit dem *Bulevardul 16 Decembrie 1989* zu nennen (*Piaţa Alexandru Mocioni*). Zusammenfassend: Im neunzehnten Jahrhundert waren die städtischen Räume durch

---

9 Antal Palóczi, *A városok rendezése* (*Urban Rules*) (Budapest, 1903).

Symmetrie gekennzeichnet, durch Ordnung und einen spezifischen Rhythmus, den die Gestaltung der Gebäude vorgab.

Vom Barock und Rokoko zur Romantik

Während der Barock einen künstlerischen Stil darstellte, der in den neu eroberten Gebieten Österreichs die Habsburger Herrschaft repräsentieren sollte, entwickelte sich der künstlerische Eklektizismus des neunzehnten Jahrhunderts eher spontan, durch die Initiative von Künstlern und deren Auftraggebern. Bis Ende der Regentschaft Josephs II. (1790) währte der Barockstil im Banat, und die Habsburger Verwaltung förderte einen einfachen Baustil, frei von besonders auffälligen Außengestaltungen, jedoch passend zu dem Zweck, für den gebaut wurde.[10]

Der Temeswarer Architekt Gheorghe Bleyer (1907–1971) hat in einem Manuskripte das Eindringen des Zopfstils in Timișoara beobachtet und hierfür den Zeitraum zwischen 1780 und 1790 ausgemacht. Überraschenderweise blieb es bei einem eher nüchternen Stil, der freilich vom Rokoko abgeleitet war.[11] Zudem hat Bleyer auf Elemente des Klassizismus verwiesen, wie man sie bei den von Anton Schmidt in den 1810er Jahren gestalteten Palästen wiederfindet. Nikolaus Pevsner, um chronologisch fortzufahren, sprach für die Zeit nach 1830 von einer dramatischen Verachtung der eigenen Zeit. Die „Architekten und deren Auftraggeber glaubten, dass alles, was in den vorindustriellen Jahrhunderten geschaffen worden war, besser sei als die Architektur, welche versuchte, der Gegenwart gerecht zu werden."[12] Die Auftraggeber liebten in dieser Zeit Repliken aus ganz anderen Zeitepochen und wiesen ihnen unterschiedliche Bedeutungen zu. Gheorghe Bleyer wiederum zeigt, dass in der Zeit der Revolution von 1848 viele Gebäude ihre ursprüngliche Außendekorationen verloren und im Geist der Zeit neu gestaltet wurden. Zwischen 1848 und 1867 kamen tatsächlich viele Wiener Architekten nach Timișoara und Arad. Sie brachten einen nüchternen, neoklassizistischen Stil mit in die Region.

Die Bauten der Romantik zeichneten sich in Timișoara durch dezente Volumina, nur wenige äußere Verzierungen, einfache Linien und schwach geneigte Ziegeldächer aus. Einzelne Dekorationselemente wurden manchmal auf den Geschossen eingesetzt, und zwar in absteigender Folge, sodass mehrere Stile aufeinander folgten: romanisch, gotisch und schließlich Renaissance. Meistens hatten die Fenster im obersten Geschoss eine halbrunde Form, während die im Erdgeschoss ein eher rund gestaltetes Element im oberen Teil aufwiesen. Das Hauptgesims wurde von vielen Konsolen (tragenden

---

10 Nikolaus Pevsner, *An Outline of European Architecture* (London, 1966), p. 371.

11 Gheorghe Bleyer (Manuscript), 'Timișoara, The Banat Museum', cited in Pevsner, *Outline of European Architecture*.

12 Nikolaus Pevsner, *An Outline of European Architecture* (London, 2009), p. 187.

Vorsprüngen) gehalten. Die Fassaden hatten Dekorationen aus stein-ähnelndem Material.[13] Aus Sicht des Architekten und Temeswar-Kenners Gheorghe Bleyer prägte die Architektur Temeswars im neunzehnten Jahrhundert ein eher provinzieller Baustil, obwohl viele Wiener Architekten in der Stadt tätig waren.

In einigen Fällen berücksichtigte die Außengestaltung der Gebäude die bereits existierenden Gebäude der Umgebung. Wurden mehrere Bauten gleichzeitig errichtet, so gab es Debatten um die Harmonisierung des äußeren Eindruckes. Daher überrascht nicht, dass in den Städten des Banats die Fassaden bemerkenswert einheitlich ausfallen. Man könnte sagen, dass die eklektischen Fassaden eine vereinheitlichende Funktion hatten, sowohl für die Gestaltung der Straßenfront als auch aus gesellschaftlicher Perspektive, indem sie berücksichtigten, dass sowohl Adlige als auch das Stadtbürgertum in diesen Gebäuden wohnten. Die Fassaden der größeren Wohnblöcke wiederum versuchten, durch massive Neo-Renaissance-Elemente sich voneinander abzuheben. Doch gerade diese rustikalen Elemente und die gemeinsame Linie und Größe der Fenster vereinheitlichten die äußeren Fronten, sodass ein homogenes Straßenbild aufschien und eine Sichtlinie entstand, die die Perspektive in die gewünschte Richtung leitete.

Der Wiener Ring und die neuen Strömungen in der Architektur

Nach den Zerstörungen, welche die Revolution von 1848 in Timișoara und Arad hinterlassen hatte, prägte der Historismus das künstlerische Denken. Dessen architektonisches Ideal richtete sich auf die Bauten der Renaissance und des Barock. Mehr als in den vorherigen Epochen verfolgte die Architektur der Zeit eine ideologische Ausdruckssprache, politisch und künstlerisch. Die Verehrung für vergangene Zeiten, für die griechische und römische Kultur, finden wir sowohl bei den Künstlern als auch bei deren Auftraggebern wieder. Zahlreiche Kunstschaffende machten Reisen nach Italien, um dort die historischen Baustile zu studieren. Als Beispiel nennt Gheorghe Bleyer den Temeswarer Baumeister Anton Schmidt, der sehr erfolgreich war und es sich im Alter leisten konnte, die kostspieligen Reisen nach Italien zu organisieren. Dort studierte er vor allem die Renaissancedenkmäler. Anders als zuvor, als die Künstler mit katalogisierten Zeichnungen arbeiten mussten, hatten die kreativen Kräfte jetzt also einen engen kulturellen, erlebnisgeprägten Kontakt zu Italien. Eines der Hauptanliegen der Künstler während des Historismus war die Genauigkeit der Nachahmung. Für den Renaissancestil diente der Palast als Vorbild urbanen Wohnens, so, wie man es für die italienischen Städte des vierzehnten und fünfzehnten Jahrhunderts beobachten konnte. Die entsprechenden Bauten waren im neunzehnten Jahrhundert alle wohlbekannt. So richtete sich das eigentliche Interesse auf die dahinterliegenden architektonischen Ideen und Prinzipien. Freilich, die weitverbreitete Nachahmung historischer

---

13 Bleyer (Manuscript), p. 80.

Baustile fand auch Kritiker. Sie verurteilten insbesondere die auffallende Diskrepanz zwischen Stil und Funktion.

Die Gebäude des 19. Jahrhunderts folgten in Timișoara und Arad den Vorlagen der beiden habsburgischen Hauptstädte, Wien und Bukarest, und zwar in einer möglichst originalgetreuen Weise – sofern es die Finanzen erlaubten. Den Investoren in Timișoara und Arad stand allerdings deutlich weniger Geld zur Verfügung als den Stadtentwicklern in Budapest und Wien. Und gleichwohl stieg nach 1870 die Zahl der drei- und viergeschossigen Gebäude deutlich an. Für die Investoren aus Aristokratie und Bürgertum in der Zeit des Historismus war die kulturelle Selbstprojektion erkennbar wichtiger als die unmittelbare Funktionserfüllung. Der für die Entwicklung der Städte am häufigsten verwendete Begriff lautete *Verschönerung des Stadtbildes*. Die Stadtgestalt sollte das Tableau einer idealen Gemeinschaft widerspiegeln. Vorbildgebend wirkte die aristokratische Kultur mit ihrer repräsentativen Öffentlichkeit, und so wurde das städtische Ensemble zu einer Quelle des Stolzes. Gleichzeitig brachte die neue Stadtarchitektur im östlichen Teil der Doppelmonarchie noch Weiteres zum Ausdruck. In einer Zeit ethnonationalen Kompensationsstrebens zeigte das Stadtbild, dass nach den Jahren osmanischer Herrschaft der eigene Raum sich vollständig als Teil der westlich Kultur und Zivilisation darstellte.

Überhaupt wandelte sich das kulturelle Klima. Nach 1860 [*Oktoberdiplom*, 1861 *Februarpatent*] triumphierte der konstitutionelle Geist über die kaiserliche Macht und die laizistische Kultur über den religiösen Glauben. Das war in Wien so, doch ebenso in den Provinzstädten. „Nicht Paläste, Garnisonen oder Kirchen, sondern die Zentren der [verfassungsmäßig eingehegten] Macht und die Kulturgebäude dominieren jetzt den Ring" (eine kreisförmig angelegte Prachtstraße um Wien mit zahlreichen Bauten des Historismus). Für die Hauptstraßen von Timișoara und Arad lässt sich Ähnliches beobachten.[14] Im Gegensatz zur barocken Zentrumskonzeption, welche die Perspektive auf einen einzigen Punkt hin konzentrierte, wurde der zentrale Bereich der Stadt im neunzehnten Jahrhundert zu einem komplexen Ensemble, zu einer Straßenflucht mit kontinuierlichen Fassadenfronten. Innerhalb dieser Front waren die wichtigen öffentlichen Gebäude eingeschlossen, ohne dass die Symmetrie zu einem integrierten Ganzen angestrebt worden wäre. Der Sieg bürgerlichen Denkens demokratisierte das Konzept der Stadtgestaltung und hob es von dem vorherigen Zeitalter ab. Und doch, anders als für die Zweckbauten der Zeit, die eher nüchtern gehalten waren, erforderte der Zeitgeist, dass Fassaden der innerstädtischen Gebäude an die Vergangenheit erinnerten.

Die Auswahl des richtigen Stils für ein zentrales Gebäude der Stadt war damals für viele eine wichtige Frage. Die Kirchenbauten in Timișoara nahmen eher die Romanik und Gotik zum Vorbild als die Neorenaissance oder den Barock. Die beiden großen katholischen Kirchen, die um 1900 in Timișoara gebaut wurden, stellten für sich den Anspruch, Basiliken zu sein, und waren dementsprechend auffallend. Die eine Kirche

---

14 Karl E. Schorske, *Vienna fin-de-siècle* (*Fin-de-Siècle Vienna*) (Iași, 1998), p. 30.

folgte den Prinzipien der Neogotik, die andere der Neoromanik. In Arad stand die luthe-rische Kirche für neogotische Einflüsse, während die katholische im Barockstil deko-riert war, ergänzt um neoklassizistische Elemente. Gotik und Romanik als Vorbild für die Kirchenbauten waren im neunzehnten Jahrhundert in Deutschland ebenso verbrei-tet wie in England. Bei den Synagogen stand dagegen der „maurische Stil" im Vorder-grund. Die Synagoge von Temeswar, die zwischen 1863 und 1865 gebaut wurde, entwarf der Wiener Architekt Karl Schumann. Deren Einweihung war so wichtig, dass Kaiser Franz-Joseph persönlich erschien.[15] Die Synagogen der Zeit sind übrigens fast alle im maurischen Stil errichtet. Die Architekturgeschichte erklärt dies mit dem weitverbrei-teten historisch orientierten Geschmacksempfinden.

Im Unterschied zum Wiener Rathaus, das dem Betrachter neogotisch entgegentritt, war das neue Rathaus in Arad von 1877 in einem flämischen Neorenaissancestil gestal-tet. Für das Jungengymnasium in Arad und für die Wirtschaftsschule wurden ebenfalls Renaissanceelemente verwendet. In Timișoara entstand das Jungengymnasium (heute Constantin Diaconovici Loga) im Neobarockstil, das Mädchengymnasium im neogoti-schen Stil. Die Wiener Universität drückte ihre Bildungsfunktion durch einen Neore-naissancestil aus.

Ein anderes symbolträchtiges Gebäude in den Städten des neunzehnten Jahrhun-derts war das Theater. Fast alle Theater Mitteleuropas, auch das von Timișoara, wurden damals von den beiden bekannten Architekten Helmer und Fellner gebaut. Ein großes Theater — das meinte für eine Stadt im 19. Jahrhundert, dass sie Teil der europäischen Kultur war. Die Theater wurden an besonderen Plätzen errichtet und erhielten massive finanzielle Unterstützung. Für das Theater in Timișoara wurde ein Neorenaissancestil gewählt, während man in Arad den Neoklassizismus bevorzugte. Das Arader Theater stand mitten auf einem Platz des Boulevards. In Timișoara entstand das Theater auf Freiflächen in der Innenstadt (also im privilegiertesten Stadtbereich), und nachdem die Wälle beseitigt worden waren, zeigte es mit seiner Fassade zur Hauptallee hin (heutige Piața Victoriei). Die herausragende Bedeutung der Kulturgebäude und die hohen Finanzaufwendungen für sie waren, so lässt sich zusammenfassen, ganz typisch für das Österreich-Ungarn nach 1867 mit seinem liberal-bürgerlichen Geist.

Ein anderes wichtiges, ja, stadtbildendes Element der Siedlungsstruktur repräsen-tierten seit 1848 die Bahnhöfe. Sowohl in Timișoara als auch in Arad entstanden sie am Außenrand der Stadt, entlang eines großen Boulevards und wurden so zum Anlass, die Stadtentwicklung in Richtung der Bahnhöfe voranzutreiben.

---

15 Vgl. die Ausführungen Victor Neumanns. Er behandelt den Bau der Synagoge, deren Architekten, die Erbauer des Gotteshauses, die Eröffnungszeremonie und den historischen Kontext, in id., *Istoria evreilor din Banat: O mărturie a multi- și interculturalității Europei Central-Orientale (The History of Jews in the Banat: A Testimony of Central-Eastern European Multi- and Inter-culturalism)* (Bukarest, 1999), pp. 102–103.

Für den Wohnungsbau der zweiten Hälfte des neunzehnten Jahrhunderts diente die italienische Renaissance als Vorbild. Wandpfeiler, Simse, Fenster mit Bögen und Ausschmückungen dienten der äußeren „Verschönerung". Neogotische oder neobarocke Elemente erschienen an den Fassaden nur gelegentlich. Gleichwohl, an manchen Renaissancestil-Außenwänden mochten auch Motive aus dem Barock oder der französischen oder flämischen Renaissance auftauchen. Der Grund für eine so weitreichende Verbreitung unterschiedlicher Baustile resultiert möglicherweise aus dem großen Respekt für die klassische Kultur jener Zeit. In einer Gesellschaft, die die Werte der Antike als Vorbild ansah, Lateinisch als die überlegene Sprache für Kultur und Wissenschaft erachtete, in einer Gesellschaft, die römisches Recht hochhielt und die Helden der antiken Autoren bewunderte, war es kein Wunder, dass man für die Fassaden der Gebäude eine Sprache wählte, die die klassische Antike zum Maßstab nahm.

Auch öffentliche Skulpturen prägten der urbanen Landschaft ihren Stempel auf. Neben den religiösen Denkmälern, deren Tradition aus dem vorherigen Jahrhundert datierte (zum Beispiel das Denkmal der Heiligen Dreieinigkeit vor der katholischen Kirche in Arad oder das Denkmal der Jungfrau Maria in Timișoara), entstanden in dieser Zeit neue Statuen zu ganz anderen Themen. In Arad, auf dem Platz der Hinrichtung der ungarischen Offiziere von 1848, wurden zwei Denkmäler errichtet. Die Freiheitsstatue stand am damaligen Freiheits-Platz (heute Piața Avram Iancu). Die Statue in Andenken an Lajos Kossuth, natürlich auch ein zutiefst patriotisches Thema, erhielt ihren Platz in der Mitte des Boulevards, nahe dem Rathaus. Doch gab es weitere Skulpturen mit politischen Themen, so etwa die Büste Kaiser Franz Josephs I. Dagegen fanden sich in Timișoara während des neunzehnten Jahrhunderts nur religiöse Statuen, so wie schon im 18. Jahrhundert. Durch ihre Optik und durch ihre konkrete lokale Inszenierung wirkten die Denkmäler auf den städtischen Raum in Timișoara und Arad ein, waren sichtbare Zeugen des Geschichtsbewusstseins in beiden Städten. Sie ergänzten die eklektischen Fassaden der Gebäude, erweiterten sie zu einem Ganzen. Deutlich wird dies am Beispiel des österreichischen Militärdenkmals, das 1853 von dem Bildhauer Joseph Max und dem Architekten Josef Kranner geschaffen wurde. Heute steht es auf dem Heldenfriedhof (Cimitirul Eroilor) an der Calea Sever Bocu (ehemals: Calea Lipovei).

Obwohl die Eingriffsmöglichkeiten der „Stadtbauämter" bei der Gestaltung des urbanen Raums eingeschränkt wurden (reguliert wurden nur noch die maximale Höhe der Fassaden und manchmal die Größe der Grundstücke), erzielte die Banater Stadtlandschaft den Eindruck einer beachtlichen Einheitlichkeit. Der Wunsch der Architekten und ihrer Auftraggeber, sich an die allgemeinen Kulturwerte der Zeit zu halten, erscheint aus heutiger Sicht offensichtlich. Diese Stimmung erhielt sich bis etwa 1900. Danach zeigten sich in Europa neue künstlerische Trends und eine andere Einstellung zur Vergangenheit.

Architektur in den Jahren 1900–1914

Für Arad brachte der Zeitraum zwischen 1900 und 1914, also die Zeit vor dem Ersten Weltkrieg, keine wesentlichen Veränderungen hinsichtlich der Stadtstruktur. Die beiden neuen Viertel, Gai und Pârneava, die um 1900 entstanden, wurden fast ausschließlich von Arbeitern bewohnt. Sie hatten eine regelmäßige Flur, mit geraden und parallelen Straßen. Noch immer konzentrierten sich die zweigeschossigen Gebäude auf das historische Stadtzentrum, auf Parzellen, die noch ungenutzt oder die durch Zerstörung älterer Gebäude freigeworden waren.

Dagegen änderte sich die Stadtgestalt Timișoaras zwischen 1900 und 1914 dramatisch. Nachdem die Festungsmauern geschleift worden waren, expandierte die Stadt seit 1900 in den großen Bereich zwischen Zitadelle und den äußeren Bezirken, ein Raum, der bis dahin hatte nicht benutzt werden dürfen. Die wichtigsten städtebaulichen Neuerungen dieser Zeit sind der zentrale Platz (die heutige Piața Victoriei) und die Boulevards, die die Innenstadt mit den äußeren Stadtvierteln Fabric und Josefin verbinden. Das Baufieber entlang der großen Straßen machte sich überall bemerkbar, sowohl in der Innenstadt als auch in den Außenbezirken. Überlegt man, wie wenig der Bau noch rationalisiert und mechanisiert war, ging die Entwicklung außerordentlich schnell voran. Aus der Provinzstadt Temeswar wurde in wenigen Jahren eine Großstadt, mit breiten Alleen. Boulevards für Fußgänger, Kutschen und ersten Kraftwagen. Diese geschäftigen Großstraßen veränderten die Stadtgestalt Timișoaras, hoben den Ort auf ein ganz anderes großstädtisch-europäisches Niveau als zuvor.

Jene Gebäude, die während der ersten Jahre des 20. Jahrhunderts im neuen innerstädtischen Bereich Temeswars entstanden, unterschieden sich von den vorhandenen Bauwerken allein schon durch ihre schiere Größe. Niedriger als drei oder vier Geschosse durfte keiner der Neubauten sein. Die Fassaden waren im Wiener Secessionsstil gehalten (einer Variante des Jugendstils) und passten kaum zur Tradition der Neorenaissance-Vorderansichten der Jahre zuvor. Aber die Regel der kontinuierlichen Fassadengestaltung, die Temeswar seit dem achtzehnten Jahrhundert prägte, bestand fort und sicherte so der Stadt eine erstaunliche Einheitlichkeit.

Die Größe der neuen Gebäude an den Boulevards war nicht ganz so einheitlich wie in den vorherigen Perioden. Zusätzlich überraschten die Bauten durch ihre Ecktürme, Erkerfenster und Balkone, die sich zu einem komplexen Ganzen verbanden. Große Kirchen, wie die in den Bezirken Fabric oder Elisabetin, prägten als lokalen Zentren die urbane Landschaft. Mindestens fünf große Kirchen wurden um 1900 in Timișoara gebaut, die fünf verschiedenen Konfessionen zugehörten.

Erstmals prägten jetzt auch Industriegebäude der Stadt ihren Stempel auf. Die roten Backsteinmauern der Industriehallen waren in vielen Teilen der Stadt zu sehen und gehörten zum normalen Anblick. Viele der Industriegebäude verfügten straßenseitig über Außenmauern, die mit Elementen des Secessionsstils dekoriert waren. Allegorische Figuren fanden sich dort, die, der damaligen Mode entsprechend, das Handwerk symbolisierten. Flachreliefs mit figürlichen Darstellungen von Männern und Frauen mit ihren Werkzeugen schmückten die Fassaden von Fabriken, Bahnhöfen usw.

Der Bega-Kanal diente als strukturbildendes Element der städtischen Landschaft. Eingebettet war er in ein Ensemble neuer Parkanlagen und Brücken. Zu dieser Zeit gab es einen Konsens, wie die Stadt sich entwickeln sollte. Verantwortlich dafür war László Székely als Leitender Architekt der Stadt. Er entwarf ganze Stadtkomplexe wie die piaristische Kirche und die sich anschließenden Gebäude im zentralen Bereich der Stadt, aber auch Parkanlagen, Brücken und schließlich mehrere Gebäudeensembles am heutigen Bulevardul 3. August 1919 (eine der Hauptstraßen des Vororts Fabric). Solche komplexen Kompositionen formten die Stadt um, ergänzten das Stadtbild um neue Raumkonzepte im Sinne des *Secessionismus*. Timişoara 1900–1914, das war eine höchst lebendige Stadt, mit einer vielfältigen Außengestaltung seiner Gebäude, mit erkennbarer Wertschätzung des öffentlichen Raumes, mit neuen Verkehrslösungen und einem fruchtbaren Nachdenken über die Funktion und Rolle des Zentrums. 15 Jahre machten aus Timişoara eine moderne Stadt.

Die Geschäftszentren, die Banken und Büros fanden sich am neuen zentralen Platz der Stadt oder in bestimmten Zonen der Boulevards. So wurden die neuen städtischen Räume der Zeit nach 1900 zu den Hauptattraktionen und lockten den Fußgängerverkehr ebenso an wie Fahrzeuge. Der zentrale Platz (heutige Piaţa Victoriei) war anfänglich als große Esplanade geplant, die sich in einem Boulevard verlängerte, der in das Stadtviertel Josefin hineinführte. Die Schließung der Esplanade durch die orthodoxe Kirche erfolgte erst später, nach dem Zweiten Weltkrieg. Die Gebäude des neuen Stadtzentrums boten einmaliges Zeugnis sezessionistischer Architektur und waren in dieser Weise in Europa beinahe einmalig. Die zahlreichen, reich dekorierten Häuser wurden zum optischen Bezugspunkt der Straßen und Plätze, zu denen sie hinwiesen. An die Stelle der Einheitlichkeit, welche die Straßen Timişoaras zuvor dominiert hatten, trat jetzt ein starker Individualismus, der in jedem einzelnen Fall, durch jedes einzelne Gebäude Aufmerksamkeit erregen wollte. Die breiten, belebten Verkehrsrouten, die neuen Brücken, die vielen Grünflächen und der große öffentliche Raum mitten im Zentrum, veränderten das Bild von Timişoara zu Beginn des zwanzigsten Jahrhunderts entscheidend.

Von den wichtigen öffentlichen Bauten, die in Timişoara zu dieser Zeit entstanden, muss auf jeden Fall noch die Kapelle der Jungfrau-Maria auf der Piaţa Sfânta Maria erwähnt werden. Gestaltet wurde sie 1906 von László Székely. Er ließ dazu Marmor aus Carrara heranführen. Für die Skulpturen zeichnete György Kiss verantwortlich.

Die Secession in Temeswar und Arad

Der *Jugendstil*, daher auch die Wiener *Secession*, zielte auf einen ästhetischen Neuanfang in allen Bereichen der visuellen Kunst. Sein geografischer Ursprung lässt sich nicht genau bestimmen, aber sein Erfolg resultierte aus dem verbreiteten gesellschaftlichen Empfinden, dass ein kultureller Aufbruch erforderlich sei. Schon die Namen für die

Künstlerbewegung verwiesen auf den Neuanfang: *„Jugend"* stand für die Abkehr vom rückwärtsgewandten Historismus, *„Secession"* für den Bruch mit der Vergangenheit. Der Wunsch nach Veränderung richtete sich nicht gegen den Eklektizismus, denn der wurde fortgesetzt, sondern gegen die akademische Sprache der Kunst, welche zur Bevorzugung historisierender Stile führte, vor allem aus der Antike. Das Bürgertum emanzipierte sich, die Selbstdarstellung durch Kopieren des adeligen Habitus verlor nach 1890 an Bedeutung. In der Gesellschaft insgesamt war das Bedürfnis spürbar, die vergangenheitsorientierten Denkweisen hinter sich zu lassen. Das gesellschaftliche Ideal bestand nicht mehr darin, in den Adel aufzusteigen, sondern den demokratischen Ideen zum Durchbruch zu verhelfen, die in der europäischen Kultur seit dem achtzehnten Jahrhundert virulent waren. Die vollkommene Zerstörung obsoleter Dogmen stand im Zentrum. Die Alternative einer Anpassung der überlieferten Normen schien dagegen wenig aussichtsreich, zu langsam und zu wenig radikal. Insofern ging es um einen vollkommenen Bruch mit dem Alten, um *„Secession".* Die Kunstrichtung der Jahre nach 1890 zielte auf neue Ausdrucksformen, auf neue Kunst, auf *„Art Nouveau".* Es ist daher kein Zufall, dass der neue Stil mit der Jugend in Verbindung gebracht wurde und mit dem Wunsch nach einem Leben in Freiheit.

Auch in Timişoara ist die Kunst der *Secession* nach 1900 zu beobachten, etwa in der Architektur, in der plastischen und dekorativen Kunst. Schon ein Blick auf die Fassaden der Gebäude genügt, um den neuen Stil zu erkennen. Er symbolisiert die Aufgabe fester Dogmen, die Negation des akademischen Kunstbetriebs. Stattdessen finden wir: Monumentalismus, Formenverliebtheit, Ironie, spielerische Bilder, reiche Motive, zahlreiche Themen, u. a. Erotik und Sinnlichkeit, Detailverliebtheit, historische Verweise als pure Zitate. Optimistisch ist die Kunst um 1900. Die Suche nach Licht und Helligkeit zeichnet sie aus, Gedankentiefe und der Wille zur Synthese; aber auch: Suche nach Wahrheit in der Kunst, Bemühen um ein international verankertes Kunstverständnis, Aufwertung des Lebens der Arbeiter, Verwendung historischer und mythologischer Motive und eine besondere Verbindung mit dem Sakralen und dem Mystischen.

Das erste, was die Secession nach Timişoara und ganz allgemein in den östlichen Teil des Kaiserreichs brachte, waren wirklich große Gebäude. Sie lagen an den wichtigen Verkehrsadern oder auf den zentralen Plätzen. Die Auftraggeber waren reiche Leute, nicht nur aus Timişoara, und sie investierten in die Stadt, um vom Immobilienboom der Zeit zu profitieren. Die Ausführenden waren bekannte Architekten. Sie besaßen Abschlüsse der großen Universitäten in Budapest und Wien. Viele von ihnen waren Schüler von Lechner Ödön oder Otto Wagner. Auch die Bauherren wollten auf der Höhe der Zeit sein und verlangten von ihren Architekten, den neuen Stil umzusetzen, also die *Secession.* Aus dieser Zusammenarbeit ging eine Temeswarer Architektur hervor, die zum Kult werden sollte, entwickelt von bekannten Architekten mit einem breiten künstlerischen Hintergrund.

Für die kleineren Gebäude stellte sich die Situation anders dar. Hier fand der Art Nouveau nur wenig Aufmerksamkeit, der eklektische Stil blieb vorherrschend. Ein interessantes Beispiel hierfür sind die eingeschossigen Häuser entlang des Badea Cârțan

Platzes, die zwischen 1909 und 1912 entstanden. Von den acht Häusern ist nur eins im Secessionsstil gestaltet. Die anderen folgten der Tradition eklektischer Fassadenausführung. Für solche Gebäude galten nach wie vor die Neorenaissance-Ausschmückungen der Frontseiten der Häuser als angemessen, wie in den Jahren zuvor.

Noch anders war die Lage in Arad. Hier gab es Bauten im *Secessionsstil* am Rande der Stadt, und zwar als Außengestaltung durchaus einfacher Häuser.[16] Schon vor 1900 deutete sich diese Entwicklung an, und sie ist umso spannender, als die *Secession* nur an einigen Punkten der Stadt vordrang. Anders als in Temeswar entstanden keine zusammenhängenden Ensembles im neuen Stil. Und doch: Die Ablehnung des Akademismus, den innovativen Geist, die Ausnutzung größerer Volumina, auch die Faszination für dekorative Elemente, sie finden wir zwischen 1900 und 1914 auch in Arad. Einige der erhaltenen Außenwände zeugen immer noch von der Vielfalt der Formensprache der früheren Epochen. Die innere Einteilung der Wohnungen änderte sich nicht. Die Appartements erreichte man über den Hausflur. Sie selbst wiederum erhielten ihre Fluchtlinie durch die Konzentration auf den Innenhof. Insofern blieb es beim traditionellen Wohnungsbau, den wir so in allen Städten des Kaiserreichs seit dem Barock wiederfinden.

Die Gebäude des beginnenden zwanzigsten Jahrhunderts haben vielfach keine flachen Fassaden mehr, die in der Vergangenheit nur durch ihre Verzierungen aufgelockert wurden. Stattdessen finden wir große Erkerfenster, die die Monotonie der Fassaden aufbrechen. Die vertikale Silhouette dieser Elemente bewirkte, dass die neuen Gebäude schlanker erschienen, vor allem auch dann, wenn sie durch hohe Dächer und Türme die Streckung unterstrichen. Abgesehen vom rein äußeren Eindruck vergrößerten die Erkerfenster auch die Grundfläche der Etagen, was ein weiteres Motiv für ihren häufigen Einsatz war. Zwischen den verschiedenen Elementen der Gebäude gab es keine Höhenunterschiede. Manchmal versuchte man, den Betrachter zu täuschen, etwa durch hohe Dachböden. Die Dimension der neuen Gebäude war auffallend groß, manchmal steigerte sie sich ins Monumentale. Darin spiegelte sich vermutlich das Selbstbewusstsein der Auftraggeber wider, die viel Geld in ihre Gebäude investierten. Besonders auffallend waren die Gebäude im sogenannten Lebkuchenstil, denn sie hatten alle gerundete Ecken.

Die Dächer der neuen Gebäude ragten in der Regel hoch hinaus, um die vertikale Linie der Fassade fortzusetzen und zu betonen. In einigen Fällen hatten sie mehrfarbige Ziegel, die so ein erweitertes dekoratives Spiel erlaubten. Jene Gebäude, die architektonisch der *ungarischen* Secession zugehörten, zeigten sich gerade in den oberen Teilen der Bauten spielerisch. Dort schmückten Keramikelemente den Dachabschluss, wobei sie ganz unterschiedliche Formen aufgriffen: dreieckig, halbrund oder wellig. Damit zeigten sie eine Formensprache, die in den Werken Lechners und seiner Schüler immer

---

16 Gheorghe Lanevschi, 'Rolul arhivei în elucidarea Art Nouveau-ului arădean' ('The Role of the Archive in Clarification of Arad's Art Nouveau'), *Studii și comunicări* (*Studies and Presentations*), vols. 4–5 (Arad Museum) (1999), p. 247.

wieder vorkamen. Die Dachfenster mit ihren spezifischen Kompositionen krönten die Fassadenkomposition. Eingerahmt wurden sie an den Ecken von vertikalen Elementen, die als zusätzliche visuelle Zeichen dienten.

Die Fenster der Jugendstilgebäude hatten gewöhnlich eine länglich-rechteckige Form, wie schon bei den älteren Bauten. Das dürfte auch mit der Höhe der Räume zusammenhängen. Die Außenrahmen der Türen und Fenster waren dementsprechend geometrisch angelegt. Zuweilen imitierten sie allerdings auch die gestalterische Anordnung traditioneller Häuser. Wenn der ästhetische Ausdruck es erforderte, endeten die Fenster am oberen Teil in einem Bogen. Aus demselben Grund wurden große Fenster bisweilen durch eine Vielzahl schmaler vertikaler Ausblicke ersetzt. Im Vergleich zur vorherigen, historistisch-geprägten Phase gab es für die äußeren Ausschmückungen der Gebäude eine große Freiheit. Man sah neogotische und neoromanische Elemente, die in Arad und Timișoara zuvor kaum benutzt worden waren. Sie wurden wiederum mit anderen Stilelementen kombiniert. Alle diese figürlichen Hinweise waren keine Eins-zu-eins-Kopien, sondern wirkten leicht verändert, um sie in die Gebäudekompositionen einzufügen und das jeweilige Bauwerk individuell zu gestalten. Wir finden Pseudosäulen, Kapitälchen und Schmuckflächen in den Giebeldreiecken in vielfältigen Varianten. Oft sind die Kapitälchen stilisiert und werden als Gestaltungselemente in größeren geometrischen Kompositionen verwendet. Historische Referenzen werden eingesetzt, allerdings mit der Absicht, dem Äußeren der Gebäude einen romantischen Ton zu verleihen. Zuweilen finden wir Elemente der Neorenaissance, doch wiederum nur, um hierdurch einen Kontrast zu den sonstigen Fassadenelementen herzustellen, weil sie eine andere Ästhetik reflektieren.

Die Blumenmotive des Art Nouveau finden wir in Timișoara und Arad eher selten. Hier und dort kann man sie gleichwohl auf einzelnen Außenwänden erkennen, manchmal kombiniert mit Folkloremotiven. Doch anders als in Oradea oder Târgu-Mureș bildeten die für die *ungarische Sezession* so typischen Folklore- und Blumenmotive in Timișoara und Arad Ausnahmen. Viel stärker verbreitet waren historische oder geometrische Kompositionen. Allerdings, wenn ein Budapester Architekt eingeladen wurde, den Bauplan anzufertigen, dann bestimmten sehr wohl florale Elemente das Äußere. Und eine weitere Ausnahme gab es: Durch Übernahme von Elementen aus der Volkskultur besaßen viele kleinerer Häuser blumenverzierte Straßenfronten.

Die Baukünstler um 1900 zeigten ihr Handwerk durch Anfertigen von Masken, Büsten, Statuen und eher flach gearbeitete Reliefs. Dabei gab es keinerlei Beschränkungen bei der Fassadengestaltung. Die ästhetische Wirkung allein zählte. Die zuweilen zahlreichen Zierelemente gruppierten sich um ein Zentrum, das aus ganz unterschiedlichen Inhalten bestehen konnte, geometrischen Konturen, (stilisierten) Masken oder menschlichen Figuren. Frauenköpfe, menschliche Silhouetten oder mittelalterliche Monsterdarstellungen waren stets Schlüsselelemente der Komposition. Durch die Verwendung dieser Symbole zeigten die Künstler ihre Zugehörigkeit zur *Secessionsbewegung*, die die Schönheit des menschlichen Körpers in idealisierter Form feierte. Menschenkörper und Frauenköpfe fanden sich immer an privilegierten Sichtstellen der Fassade, sodass die Elemente um sie herum in den Hintergrund traten. Durch ihre Grazie und Perfektion boten diese besonders aufwendig gestalteten Verzierungen einen Eindruck von Harmonie, Stabilität und Optimismus. Und diesen Eindruck vermittelten auch die neuen Wiener Bauten in den letzten Jahren des österreichisch-ungarischen Kaiserreichs. Nicht nur Wohlstand und Optimismus sollten die Fassaden dieser Häuser des wohlhabenden städtischen Bürgertums ausdrücken, sondern auch das Kunstverständnis ihrer Besitzer beweisen und damit aufzeigen, dass ihre Eigentümer und Bewohner zur „guten Gesellschaft" gehörten. Mit ihrer Ästhetik und den leicht erotischen Tendenzen bewiesen die Secessionskünstler ihren Sinn für Maß und Mitte. Die Flachreliefs wurden gewöhnlich eingesetzt, um die Aufmerksamkeit des Betrachters auf die Funktion des Gebäudes zu lenken. Oft hielten die dargestellten Personen das typische Werkzeug einer Branche in der Hand oder das Abbild eines der Schutzgötter des jeweiligen Handwerks.

Die Schmiedekunst setzte die mitteleuropäische Tradition fort. Häuser mit höherwertigem Anspruch hatten vielfach handwerklich schön gestaltete Beschläge. Feste Normen gab es nicht. Manche ähnelten in ihren Gestaltungsformen den vorherigen Phasen, andere setzten bewusst auf Vereinfachung und entsprachen den Ideen neuerer Handwerkskunst. Größte Aufmerksamkeit galt den Geländern der Terrassen und Balkone, aber wir finden auch Fenster und Türen mit aufwendig gestalteten Beschlägen. Nach 1912, das sollten wir unbedingt noch erwähnen, lässt sich in Timișoara eine neue Sachlichkeit beobachten. Die Fassadenausschmückungen sind jetzt vielfach bewusst einfach gestaltet, Reflex der Ideen von Adolf Loos, einem erfolgreichen Wiener Künstler, der gegen die Ästhetik seiner Zeit opponierte; manchmal zeigten sich darin auch die Vorboten der modernen Architektur aus Budapest.

Die Varianten des Secessionsstils

Der Bauboom der Jahre 1900 bis 1914 war für Timișoara so wichtig, dass die in dieser Zeit erbauten großen Gebäude nach der künstlerischen Gestaltung ihrer Fassaden kategorisiert werden können. Der Übergang vom historistisch orientierten Eklektizismus zu den Secessionsfassaden erfolgte nicht abrupt. Tatsächlich trugen die meisten Gebäude aus dieser Zeit Merkmale beider Stile an sich, nur eben mehr oder weniger. Der Sachverhalt ist leicht zu erklären. Während ihres Studiums lernten die Architekten den akademischen Stil kennen, um nach ihrem Abschluss sich dem *Art Nouveau* zuzuwenden, entweder aus persönlicher Überzeugung oder gemäß den Wünschen der Bauherren. Tatsächlich war es so, dass die meisten akademisch ausgebildeten Architekten, die nach 1900 in Mitteleuropa arbeiteten, jeden gewünschten Stil der Bauherrn realisierten. László Székely ist ein interessantes Beispiel für diesen Sachverhalt. Im Verlaufe seiner Karriere hat er alle nur möglichen Stile ausprobiert, unabhängig von der Funktion der Bauten, seien es Schulen, Häuser oder Industrieanlagen. Die Zugehörigkeit dieser Gebäude zur *Secession*, ergänzt um Elemente des Historismus, lässt eine eindeutige

Zuordnung der Bauten von Székely kaum zu. Gemeinsam war all diesen Projekten: deren Größe, das Bewusstsein um die Mitgestaltung des öffentlichen Raumes und die Aufteilung des Inneren von der Straße zum Innenhof hin. Für die Künstler meinte die Zugehörigkeit zur *Secession* große Freiheit, sodass einzelne Elemente ausreichten, um die eigene Stilrichtung sichtbar zu machen.

Bei den Wohnhäusern ist die Nähe zum neuen Stil der Jahre 1890–1914 leicht erkennbar. Wenn öffentliche Gebäude errichtet wurden, Schulen, Verwaltungsbauten, Kirchen, dann trafen öffentliche Behörden die Entscheidung. Sie bevorzugten aus identitätspolitischen Gründen nach wie vor den historistischen Stil. Das Jungengymnasium in Timișoara (heute Liceul C. D. Loga) baute der Architekt Alpar Ignác 1910 in einem neobarocken Stil, während der Architekt Baumhorn Lipót die Fassade des Mädchengymnasiums in neogotischem Stil gestaltete. Etwa zur selben Zeit, um 1900, entstanden in Timișoara zwei große katholische Kirchen, die eine – davon war schon die Rede – in einem neogotischen, die andere in einem neoromanischen Stil. Das neoromanische Kirchengebäude auf der Piața Romanilor im Stadtviertel Fabric war das Werk des Architekten Lajos Ybl. Er setzte auf eine Komposition, welche Elemente von originalgetreu erhaltenen romanischen Kirchen aufgriff. Das neue Postamt, das Alpar Ignác (1911–1913), ein Architekt aus Budapest, für Timișoara entwarf, haben manche Betrachter der *Secession* zugeordnet. Doch alle Fassadenelemente und sonstigen Ausschmückungen entstammen den Ideen des Historismus, etwa abgrenzende Reliefs zur ersten Etage hin oder die strenge Ordnung, die den Eingang markiert.

1909–1910 wurde ein Vorzeigegebäude (Casa Municipiului/Palatul Tótisz) in wirklich großen Dimensionen errichtet, basierend auf Entwürfen von László Székely. Die Fronten des Baues führten zum Trajans-Platz und zur Piața Romanilor hin. Gebaut wurde es mit Geldern, die von der Pensionsbehörde bereitgestellt wurden. Das Gebäude ist zweifellos großvolumig, aber durch die großen, herausragenden Ecktürme erscheint es doch geschmeidig. Der Architekt verwandte Symbole des Mittelalters; Bären und Affen finden wir; und in der Dachecke sehen wir eine lebensgroße menschliche Figur, die einen Krieger repräsentiert, mit Kettenpanzerrüstung und Helm. Dann aber gibt es auch weibliche Maskarons (Fratzenköpfe), die in den Vorbauten eingelassen sind – typisch für die *Secession* – sowie kleine Keramikplatten, welche an Schachbretter erinnern, mit gelben und blauen Quadraten. Die Komposition ist sehr frei gestaltet, und der Architekt verwandte offensichtlich unterschiedliche stilistische Elemente, um die gewünschte Botschaft zu vermitteln. Als einzige Regel für die Auswahl der Symbole und deren Komposition zueinander galt die notwendige Harmonie und die Vorstellungskraft des Künstlers.

Dies sehen wir auch an einer weiteren Gruppe großer Gebäude in Timișoara, entstanden um dieselbe Zeit an der *Strada 9 Mai*, also unmittelbar in der Nähe des Freiheitsplatzes (Piața Libertății). Die dort befindlichen Gebäude beherbergten sowohl Büros als auch Wohnungen. Als dominanter Stil ist die Neorenaissance zu erkennen. Das zeigen sowohl die grob behauenen Quaderwerke auf der Ebene des Erdgeschosses als auch die Tympana (Schmuckflächen) über den Fenstern und die Rundbögen. Sie alle sind typisch für die florentinische Renaissance. In diesem Fall ist es auch schwierig, eine unmittelbare Beziehung zum Art Nouveau herauszuarbeiten. Ein anderes Beispiel, in dem deutliche historische Referenzen aufscheinen, ist ein Gebäude, dessen Fronten sich der Piața Unirii und der Strada Florimund Mercy zuwenden: das Haus Brück (1910–1912). Dieses viergeschossige Gebäude zeigt auf der ersten Etage Motive aus der deutschen, romanisch-mittelalterlichen Architektur, gebaut im Jugendstil, während Székely auf den oberen Ebenen starke, einfache Formen entwarf, untermauert durch Erkerfenster und einen wellenförmigen Sims, der offensichtlich Einflüsse von Ödön Lechner aufnahm. Diese Kombination von Folkloreelementen mit anderen Verzierungen ist durchaus nicht auf Timișoara begrenzt, sondern wurde ähnlich auch in anderen mitteleuropäischen Städten verwendet. Székely benutzte diese Kombination auch für den Temeswarer Schlachthof (1904–1905) und den serbischen Bischofspalast, an dem er die Fassaden erneuerte.

Ein nach 1910 gebautes Gebäude, das auch von Székely entworfen wurde, hat zwei Fronten, die eine zum Freiheitsplatz hin, die andere zur Ungureanu-Straße. Die Verzierungen referieren noch die vorherigen Perioden: Wir finden Bossen, also grob behauene Steine, im Erdgeschoss sowie auf der ersten Etage, Pseudopfeiler mit ionischen Kapitälchen und hohe, schmale Fenster. Doch der hohe Eckturm und dessen Rahmen, der im Stile von Lechner gehalten war, mit einer Wellenform des Simses über dem Eingang – das alles gehört zur *Secession*. Hierzu zählen auch die flach gearbeiteten Reliefs auf der ersten Etage. Sie zeigen athletisch ausgebildete, männliche Figuren mit Werkzeugen aus verschiedenen Handwerken. Für das beeindruckende, auch monumental wirkende Piaristengymnasium (1907–1911) griff László Székely auf folkloristische und romanische Elemente zurück. Das für den Dachbereich verwendete Motiv des Architekten finden wir auch an der Außengestaltung des Folea-Schlosses wieder, ebenso wie bei einigen kleineren Gebäuden. Obwohl Elemente der Romanik aufscheinen, strebt der Bau keinerlei Selbstbescheidung an, und auch der Rückgriff auf die Folklore bleibt dezent. Alles wirkt intellektualisiert, ist Székelys eigenen Ideen untergeordnet. Der 1912 in Arad durch den Architekten Lajos Szántay projektierte Palatul Bohus öffnet seine Fassade zur Hauptstraße hin. Er ragt durch seine Größe hervor, im Kontrast zu den viel kleineren Gebäuden der Umgebung. Die Ecke des viergeschossigen Gebäudes wird durch einen Turm und von Pfeilern gestützte Balkone markiert. Die dekorativen Elemente des Gebäudes sind miteinander vermischt: geometrische Figuren, klassische Kapitälchen, dazu Schmiedekunstwerke.

Folkloreelemente im *ungarischen Secessionsstil* findet man in Timișoara und Arad eher selten. Sofern sie auftauchen, zeichnen Architekten aus Budapest dafür verantwortlich, die dort zu Beginn des zwanzigsten Jahrhunderts gearbeitet haben. Das vielleicht interessanteste Beispiel hierfür ist das Bankgebäude an der Ecke der Strada Gheorghe Lazăr/Vasile Alecsandri, direkt an der Piața Unirii. Zwischen 1906 und 1908 errichtet, lag die Verantwortung bei den Architekten Komor Marcell und Jakab Dezső, die auch das Rathaus und das Haus der Kultur in Târgu-Mureș und den Komplex „Schwarzer Adler" in Oradea gestalteten. Der Lebkuchenstil mit gerundeten Ecken gibt dem

Gebäude ein spezielles Flair. Die Keramikelemente, hergestellt von der Firma Zsolnay in Pécs, und die gemeißelten Türrahmen reproduzierten Themen aus der ungarischen Folklore. Die Einfachheit der Formen und die genauen Details schufen einen harmonischen Kontrast. Ein anderes Gebäude im Lebkuchenstil mit auffallenden dekorativen Elementen ist der Merbl-Palast (Palatul Merbl) an der Piața Victoriei in Timișoara. Das architektonische Repertoire ähnelt dem oben beschriebenen Bankgebäude: gerundete Ecken, Speicher im Stil der ungarischen *Secession* mit wellenförmigen Simsen und massiven Erkerfenstern. Der Unterschied liegt im Fehlen von keramischen Elementen und schmiedeeisernen Beschlägen. Der Architekt Arnold Merbl war der Herausgeber einer Zeitschrift, die den Secessionsstil förderte, und ein Spezialist dieser neuen Strömung.[17] Das Nachbargebäude, der Neuhaus-Palast (1910–1912, rumänisch: Palatul Neuhausz) wurde zu Beginn des Jahrhunderts errichtet, nach Entwürfen von Lázsló Székely. Die relativ einfachen Außenflächen werden von einem großen Erkerfenster bestimmt, das im Zentrum der obersten Etage platziert ist. Darüber befindet sich ein monumentaler Dachspeicher, der die ganze Komposition ins Gleichgewicht bringt. Die feinen Dekorationen sind dem Ganzen untergeordnet und vom Art-Nouveau inspiriert, erinnern aber auch an Folkloreelemente. Die piaristische Kapelle des Gymnasiums in Timișoara, die ebenfalls von Székely entworfen wurde und 1914 fertiggestellt war, ist Teil der allgemeinen Komposition und gewinnt ihre Form durch einen schlanken Turm, sodass die Wucht der anderen Fassaden ausgeglichen wird. Elemente des romanischen Stils finden sich sowohl am großen Turm als auch an den beiden kleineren, die ihn zurückliegend einrahmen.[18] Zugleich erinnert der deutlich geformte wellenförmige Sims an die traditionelle Holzarchitektur von Siebenbürgen, ein Motiv, das gelegentlich von anderen Architekten dieser Zeit aufgegriffen wurde und auch in dem vom selben Architekten gestalteten Palastgebäude in Timișoara (1911–1912) vorkommt.

Gebäude im Secessionsstil mit stark geometrisch konzipierten Außenelementen finden wir in Timișoara vor allem an jenen Fassaden, die von Lipót Baumhorn entworfen wurden, einem Architekten aus Budapest, der im Großraum von Donau, Marosch und Theiß arbeitete. Ein ausgeprägter Eklektizismus zeichnet seine Pläne aus, die er für den Neubau von Schulen und Synagogen entwarf. Für die Synagogen setzte er den maurischen Stil ein, für Schulen bevorzugte er die Neugotik. Nach 1900 wählte Baumhorn Elemente des *Art Nouveau* für Bürogebäude. Sein geometrischer Stil war damals originell und einzigartig. In seinen Kreationen kombinierte er Formen der *Wiener Secession*

---

17 Arnold Merbl war zugleich Besitzer eines Bauunternehmens in Timișoara. Er realisierte denn auch zahlreiche Großbauten. Vgl. Bleyer (Manuscript), p. 17.

18 Ileana Pintilie, 'Evoluții stilistice în creația arhitectului timișorean László Székely' ('Stylistic Evolution in the Creations of Architect László Székely of Timișoara'), *Studii și comunicări* (*Studies and Presentations*), vols. 4–5 (Arad Museum) (1999), p. 213.

mit ganz eigenen geometrischen Kompositionen.[19] In Szeged entwarf Baumhorn eine der schönsten Synagogen Europas sowie einige beeindruckende Häuser.

In Timişoara entstanden drei große Paläste nach den Entwürfen Baumhorns. Das erste Gebäude, der „Wasserpalast", steht am Bulevardul 16 Decembrie 1989 in der Nähe des Bega-Ufers. Gebaut wurde der Palast zwischen 1900 und 1902 für die Timiş-Bega-Gesellschaft. An der Fassade finden wir Secessionelemente, verbunden mit Elementen aus der Zeit des Historismus. Die ionischen Pfeiler etwa, die den Eingang markieren, sind ganz dem Historismus zuzuordnen. Der zweite große Palast, das Gebäude der jüdischen Gemeinde, datiert aus den Jahren 1905–1907. Hier verzichtete Baumhorn zugunsten einer durchgehenden Gestaltung im Stile der *Secession* auf eklektische Elemente. Das Gebäude hat klar geformte Oberflächen, mit Erkerfenstern, Speichern und Türmen, die den Eingang und die Ecken markieren. Die typische Baumhorndekoration ist einfach gehalten, geprägt von stilisierten geometrische Kapitälchen und Maskaronen (Fratzengesichtern). Als drittes Bauwerk genannt sei der sogenannte Lloyd-Palast am zentralen Platz der Stadt (Piaţa Victoriei), entstanden zwischen 1910 und 1912. Er war zu dieser Zeit eines der beeindruckendsten Gebäude überhaupt. Die von Baumhorn entworfene Fassade bot ein wirkliches Kaleidoskop einfach gehaltener geometrischer Formen, zurückhaltend gewählt und doch interessant und vielfältig. Die Komposition demonstrierte das große Wissen des Architekten über die Sprache des *Art Nouveau*. Konzipiert ist sie für eine Gebäudeoberfläche, die nach oben hin immer stärker verziert ist. Sie kulminiert im monumentalen Speicher, der höher aufragt als eine einzelne Etage. Hier finden wir Kapitälchen, Säulen und Fensterblenden als abstrakte Elemente in geometrischen Formen. Die wenigen gemeißelten menschlichen Köpfe bildeten Schlüsselelemente der Fassade und stehen in einem interessanten Kontrast zu den anderen Verzierungen. Der an der Gebäudegestalt zu beobachtende Wunsch nach Abstraktion und die Suche nach rein geometrischen Anordnungen findet in der Architektur Timişoaras keinen weiteren Vergleich. Er lässt sich als einen ersten Schritt zur totalen Abstraktion lesen, die sich in Timişoara erst in den Folgejahren durchsetzt.

Eine Besonderheit stellen jene Gebäude dar, die in einem blumigen Secessionsstil dekoriert sind. Gheorghe Lanevschi hat beobachtet, dass in Arad, anders als in anderen Städten, der *Art Nouveau* sein Debüt an kleineren Gebäuden gab, sogar vor 1900. An den beiden Ecken der Cloşca-Straße mit der Hauptstraße entstanden zwischen 1903 und 1907 zwei einstöckige Gebäude, jedes dekoriert mit künstlerisch-floralen Ornamenten. Sie stechen durch ihre elegante Einfachheit hervor, durch die Schönheit der

---

19 Lipót Baumhorn wurde 1860 in Kisber/Ungarn geboren, studierte in Wien und arbeitete 12 Jahre in Lechner Ödöns Werkstatt in Budapest. Vgl. Ileana Pintilie, 'Interferenţe regionale în arhitectura de stil 1900 reflectată în opera lui Lipót Baumhorn' ('Regional Influences on the Architecture of 1900 as Reflected in Lipót Baumhorn's Work'), *Studii şi comunicări* (*Studies and Presentations*), vol. 7 (Arad Museum) (2001–2002).

Dekorationen und die Harmonie der Fassaden. Der direkte Einfluss des *Wiener Secessionsstils* ist klar zu erkennen.

Ein anderes Gebäude, das durch seine schönen floralen Außengestaltungen auffällt, wurde 1899 von Emil Tabakovits an der Ecke der Eminescu-Straße gebaut.[20] Die floralen Dekorationen sind sorgfältig ausgeführt und die eisernen Prägungen zeugen von Raffinesse. Anthropomorphe Elemente finden sich auf der gesamten Fassade verteilt. Die Ecke des Gebäudes markiert ein Turm mit einem ausdrucksstarken Dach. Zwei weitere Gebäude, die in den ersten Jahren des zwanzigsten Jahrhunderts entstanden und mit floralen Art-Nouveau-Dekorationen versehen sind, stehen in Arad am Avram-Iancu-Platz. In Timișoara sind florale Secessionsfassaden dagegen eher selten. Ein Beispiel findet man an einem Appartementhaus vor dem Denkmal von Gheorghe Doja. Forscher ordnen das um 1910 entstandene dreistöckige Gebäude dem Architekten Martin Gemeinhardt zu. Er ist auch der Architekt des sogenannten „Pfauenhauses", eines Gebäudes, das 1905 am Plevna-Platz gebaut wurde. Auf der Fassade finden wir mehrere Pfauenschwanzmotive, ergänzt um andere geometrisch-kurvenförmige Elemente.

In Arad ist der florale Secessionsstil auch am Haus des Kaffeehausbesitzers Arthur Kovács zu erkennen, wenn man die Gebäudefront von der General Milea Straße und Nicolae Iorga Straße aus anschaut. Das Bauwerk stammt von dem Architekten István Babócs und wurde unter der Aufsicht von Lajos Szántay gebaut. Die Komposition der Fassade ist in horizontale Register eingeteilt. Die Dynamik erzeugen Erkerfenster, ein Eckturm und ein geradezu spektakulärer Speicher. Die Spitzen der Pfeiler sind mit symbolischen vegetativen Elementen dekoriert, mit Maskaronen und von Blättern und schlängelnden Zweigen umgeben. Die Einfassungen der Fensterrahmen sind auf jeder Etage anders gestaltet. Ein konischer Turm ist an einer der Dachecken platziert, reich dekoriert und flankiert von zwei Speichern, die selbst reichhaltig ausgeschmückt sind.[21]

Gebäude mit anthropomorphen und skulpturartigen Dekorationen ähneln in ihrer Konzeption jenen mit floralen Ausschmückungen. Doch sie gehören einer anderen Kategorie zu. Ein beeindruckendes Beispiel hierfür sind eine Reihe von dreigeschossigen Häusern auf dem Boulevard *3 August 1919*, der die Temeswarer Stadtmitte mit dem Fabric-Viertel verbindet. Diese Gebäude haben einfache Fassaden, dekoriert im Sinne der *Wiener Secession*. Nur wenige Motive scheinen auf, aber sie sind mit großer Raffinesse ausgewählt. Die Front der Häuser weist vom Trajan-Platz zum Fluss Bega hin. Auf der anderen Seite der Straße liegt der Coronini-Park (zeitweise Parcul Poporului, heute Parcul Regina Maria). Er wurde in derselben Zeit von László Székely erdacht. Park, Bega-Brücke und die umliegenden Häuser hat er als Ganzes konzipiert, teilweise auch unmittelbar geplant. Das Gebäude Nr. 7 empfängt den Betrachter reich

---

20 Peter Puskel, *Emléklapok a régi Aradrol* (*Postcards from Old Arad*) (Arad, 2005), p. 107.
21 Gheorghe Lanevschi, 'Palatul Kovács Artur, un frumos edificiu secession din Arad' ('The Palace of Arthur Kovács, A Beautiful Secession Building in Arad'), *Analele Banatului* (*Annals of Banat*), vol. 3 (1997), p. 61.

dekoriert und mit einem floralen Stil. Im Erdgeschoss erinnern die Mauerwerke aus roh behauenen Quadern (Bossen) an die italienische Renaissance. Die Dekoration auf dem Obergeschoss besteht aus Blumenmotiven. Die großen Giebel an der Ecke des Gebäudes und über dem Haupteingang haben jeweils in der Mitte eine Art Schiffsbug, der aus der Fassade hervorsteht. Einige der Giebel sind von Karyatiden (Frauenskulpturen, die ein Dach tragen) gestützt, andere zeigen zwei Sitzende und ruhen auf massiven Löwenköpfen. Das Gebäude, das der Geschäftsmann Miksa Steiner finanziert hat, erinnert an den Palast der ungarischen Flussverwaltung in Budapest an der Apaczai-Csere-Janos-Straße 11, konzipiert von den Architekten Karman und Ullmann, und fertiggestellt zwischen 1910 und 1911.[22] Die Komposition erzeugt Symmetrie und Harmonie, während die floralen Ausschmückungen stärker als an anderen Gebäuden hervortreten. Das nächste Haus, Nr. 5, hat einen Fries mit „geflügelten Musen". Die femininen Silhouetten bilden zusammen mit dem floralen Fensterrahmen eine Komposition voller Raffinesse und Grazie. Das Steiner-Haus hat eine wohlbegrenzte Oberfläche, herausgearbeitet durch starke Wandpfeiler, die die Vertikalität der Fassaden und die massiven Mauerwerkbalkone unterstreichen. Die Dekoration besteht aus geflochtenen Bändern und femininen Maskaronen, anstelle von Kapitälchen. So weist die Komposition der Fassade viel Vitalität auf, aber auch Raffinesse.

Als ein weiteres Gebäude mit menschenähnlichen und floralen Dekorationen ist die frühere Industrie- und Handelskammer in Arad zu nennen. Das auffallende Bauwerk liegt an der Kreuzung von Strada Gheorghe-Lazăr und Bulevardul General Dragalina. Die Bauausführung ist das Ergebnis des Umbaus eines älteren Gebäudes mit einem stark eklektischen Stil. 1918 erhielt es seine jetzige Form. Die Pläne stammen von Rudolf Szömörkény und die Flachreliefs von dem Bildhauer Géza Rubletzky aus Arad. Das Gebäude hat massive, aber einfache Formen, die an die zeitgenössische Architektur von Adolf Loos erinnern. Gleichwohl, als Kompromiss mit dem Zeitgeschmack teilen dekorative vertikale Streifen die Fenster voneinander ab. Abgesehen davon sind die Flachreliefs, die sechs allegorische, athletisch gestaltete, männliche Figuren zeigen, die einzigen großen Ausschmückungen. Sie stehen jeweils für einen Wirtschaftszweig, der in der Industrie- und Handelskammer vertreten war. Die Fassade aus hellfarbigem Stein ist plastisch und zugleich ausdrucksstark. Die sechs Flachrelief-Figuren scheinen zu sitzen, immer zu zweit, auf einem Podest in dunkleren Farben. Das Gebäude steht für den Übergang vom Art Nouveau zum Modernismus. Fassaden dieser Art sind aussagekräftiger als die gewöhnlichen Secessionsfronten der Häuser in Timișoara und Arad und scheinen von feinsten Kreationen der Wiener oder Budapester Art Nouveau-Künstler inspiriert zu sein. Die Nähe zum Secessionsstil, der zu dieser Zeit in den anderen

---

22 Ileana Pintilie, 'Viena, Budapesta și Timișoara: Raportul dintre centru și periferie în anii întemeierii, premisă a răspândirii stilului 1900' ('Vienna, Budapest and Timișoara: The Relationship between Centre and Periphery in the Years of Foundation, Premise for Dispersion of the 1900 Style'), *Analele Banatului* (*Annals of Banat*), vol. 3 (1997), p. 38.

Künsten stark nach vorne kam und sich vor allem in der Malerei und Bildhauerei durchsetzte, ist klar zu erkennen.

Die Silhouette des Gebäudes der ehemaligen Industrie- und Handelskammer wirkt durch das hohe Dach, die Ecktürme und großen Balkone (offen oder geschlossen) gestreckt. Sie brechen dadurch die Monotonie der Fassade auf. Die eher zurückhaltende Frontgestaltung hat nur noch wenig mit dem eklektischen Stil des neunzehnten Jahrhunderts oder der *Secession* zu tun. Die Ausschmückungen beschränken sich auf Fensterrahmen, Gipsplatten, verschiedene geometrische Formen, stilisierte Balustraden, Flachreliefs, anthropomorphe oder zoomorphe Skizzen, stilisierte Kapitälchen, Statuen, die – wie ausgeführt – unterschiedliche Berufszweige widerspiegelten. Das Repertoire an dekorativen Elementen ist groß und die daraus resultierenden Kompositionen lassen sich nicht einem bestimmten Stil zuordnen. Viele der von Székely in Timișoara gestalteten Gebäude sind ähnlich angelegt, so etwa: der Hilt-Palast, die Paläste Széchényi, Weiss und Löffler am Opernplatz, auch der Neptun-Palast in der Strada 3. August 1919; zu erwähnen sind des Weiteren: der kleine Palast am Ufer des Flusses Bega (Tudor-Vladimirescu-Straße), die Häuser in der Straße des 9. Mai. Die ausdrucksstärksten Elemente an diesen Fassaden sind die Flachreliefs, die Statuen und die gemeißelten weiblichen Köpfe.

Nachdem wir die aufwendige Außengestaltung vieler Bauwerke ausführlich untersucht haben, müssen wir auch jene Temeswarer Gebäude in Augenschein nehmen, die zeitgenössisch ohne Ausschmückungen auskamen. Am auffallendsten sind dabei jene Gebäude, die zwischen 1911 und 1914 von László Székely auf einem Flächendreieck gebaut wurden, das heute vom Splaiul Nistrului, der Strada Dionisie-Linția sowie dem Bulevardul 3. August 1919 begrenzt wird. Mit Ausnahme des Neptunbades (Baia Publică Neptun, Hungaria fürdővel) sind alle anderen frei von Dekorationen, obwohl die Fensterform derjenigen anderer Häuser der Zeit ähnelt. Die Einfachheit der Fassaden kündigt den Modernismus an. Ihre Gestaltung stammt von einem Architekten aus der Familie von Adolf Loos in Wien. Die Dachgeschosse sind die einzigen Elemente, die die Monotonie der Fassaden durchbrechen, aber auch sie hatten keine Ausschmückungen.

Weitere Häuser ohne Fassadenschmuck stehen in der Strada Mihail Kogălniceanu des Temeswarer Vorortes Fabric. Diese drei- oder vierstöckigen Gebäude entstanden in den letzten Jahren vor dem Ersten Weltkrieg. Es ist möglich, dass das Fehlen der Dekorationen finanzielle Ursachen hatte, aber wahrscheinlicher ist doch, dass es sich um eine bewusste Hinwendung zum neuen Stil handelte, der sich gerade in Westeuropa herausbildete.

Fassen wir zusammen: Der Secessionsstil setzte sich in Timișoara und Arad nach 1900 weitgehend durch. Erste Anfänge finden wir sogar schon vor 1900, und zwar in Arad, hier vor allem durch dekorative Elemente auf den Fassaden einiger eher kleiner Gebäude. Später wurde die *Secession* ein typisches Merkmal für alle Bauten, die in beiden Städten nach 1900 errichtet wurden. Anfangs finden wir vor allem florale und geometrische Figuren (etwa bei Baumhorn). Auch die wenigen Gebäude, die auf den Fassaden Folkloreelemente aufgriffen, stammen aus dieser Zeit (1900–1907). Der florale Stil wurde sowohl von lokalen Architekten (Martin Gemeinhardt in Temeswar, Emil Tabakovits in Arad) als auch von Architekten aus Budapest verwendet, die im Banat tätig waren. Obwohl die einzelnen Phasen der *Secession* im Banat nur schwer zu bestimmen sind, können wir doch feststellen, dass nach 1908 rein florale und geometrische Elemente kaum noch vorkamen. Ab diesem Zeitpunkt bis zum Beginn des Ersten Weltkriegs 1914 bevorzugten die Architekten eine eher eklektische Fassadengestaltung. Im Übrigen zeigten sich im Banat immer schon Elemente aus verschiedenen Stilen (Secession, Historismus). Als etwas Neues finden wir nach 1911 auch Fassaden ohne besondere künstlerische Ausschmückungen – in Vorwegnahme des Modernismus.

Die aus verschiedenen Perioden stammenden Außengestaltungen sind schwer zu analysieren und lassen sich nur begrenzt einer bestimmten Kategorie zuordnen. Mit der Zeit verlieren sie an Bedeutung, und es werden die Gebäudegrundrisse selbst wichtiger. Sie variieren immer mehr, werden immer komplexer und versuchen die Gefahr der Einheitlichkeit zu durchbrechen, die die städtischen Regelungen zur Gestaltung der Straßenflucht mit sich bringen. Die während der betrachteten Epoche anzutreffenden, bewusst einfach gehaltenen Fassadenausschmückungen erscheinen durchaus raffiniert und haben einen hohen künstlerischen Wert. Die 1918 gebaute alte Industrie- und Handelskammer in Arad ist vielleicht das letzte Gebäude, das im Secessionsstil errichtet wurde. Zugleich zeigt es die gewandelten Präferenzen jener Zeit. Einerseits werden die Formen einfacher, reiner, näher zum Modernismus hin, andererseits finden wir ausdrucksstarke Skulpturen wie die sechs männlichen Figuren im Flachrelief. Aber nicht nur Wohn- und Bürogebäude boten Zeugnis für den Secessionsstil. Es gab auch interessante Industriebauten mit aufwendigen Secessionsfassaden. Zu den bemerkenswertesten gehören jene, die László Székely gestaltet hat: das Schlachthofgebäude in Timișoara und das Wasserkraftwerk. Die Art-Nouveau-Gebäude in Timișoara gehören heute zu den repräsentativsten Bauten der Stadt. Ihre Fassaden besitzen große künstlerische Ausdruckskraft und prägen in erheblichem Maße den Eindruck, den die Besucher und Einwohner von der Stadt erhalten.

Fazit

Die Architektur des Banats von 1700 bis 1918 folgte weitgehend jenen kulturellen Ideen, die im westlichen Teil der Habsburger Monarchie zirkulierten. Anfangs übernahmen die Verantwortlichen die Vorlagen ohne Änderung. Allenfalls leichte Anpassungen an die regionalen Gegebenheiten sind zu erkennen. Nach einigen Jahrzehnten änderte sich der Aneignungsmodus, erfolgte die Übernahme der europäischen Vorlagen nur noch selektiv. Der Übergang vom österreichischen Barock in seiner provinziellen Ausprägung zur eklektischen Architektur des Historismus, der in seinen Formen und Ausdrucksweisen weitaus vielfältiger war, begünstigte sicherlich den Wandel.

Die stilistische Vielfalt, der man auf den Straßen in Timișoara und den anderen Städten des Raumes begegnet, war gleichzeitig durch eine erstaunliche Harmonie gekennzeichnet. Zwei Gründe lassen sich dafür anführen: Erstens entstammen alle Ausschmückungen auf den Häuserfronten, sei es aus der Renaissance, dem Barock oder dem Rokoko, einem gemeinsamen kulturellen Ursprung. Zweitens sorgten die strikt befolgten städtischen Bauvorgaben dafür, dass die Straßenflucht durchgängig eingehalten wurde.

Für die öffentlichen Gebäude in Timișoara und Arad, die in den Jahren um 1900 entstanden, blieb ein eher traditioneller Stil wegweisend. Er galt als der Funktion angemessen und nahm bewusste Anleihen an den Klassizismus. Der Stil der *Secession* schien für öffentliche Gebäude ungeeignet. Auffallend ist die große Ähnlichkeit des architektonischen Ausdrucks für die öffentlichen Gebäude auf dem gesamten vom Habsburger Reich geprägten Gebiet. Das gilt sowohl für das achtzehnte als auch das neunzehnte Jahrhundert. Und es gilt auch für den ländlichen Raum und die städtischen Außenbezirke. Dort folgte dem Barock und dem Historismus der Weg in einen spontanen klassischen Stil, der von lokalen Künstlern geschaffen wurde, indem sie die Außenflächen öffentlicher Gebäude kopierten. In den 1920er Jahren setzte sich diese Herangehensweise fort, nur dass jetzt die Neoromanik als Leitbild für öffentliche Gebäude galt.

Die *Secession* brachte dagegen einen bewussten Bruch mit der Vergangenheit, strebte neue Ausdrucksformen an, insbesondere in der Architektur. Wir finden auf den Außenwänden florale und geometrische Muster, aber auch Elemente aus der Volkskultur, die wiederum ihre Entsprechung in einem Architekturstil hatten, der an populäre, z. T. auch mittelalterliche Ausdrucksformen erinnert.

Während der ländliche Barock, erweitert um historische Elemente, in den ländlichen Regionen und an der Peripherie der Städte fortbestand, folgten die Architekten bei den städtischen Bauten nach 1900 immer stärker den Ideen der zeitgenössischen Kunst. Dabei ging es darum, eine „nationale" Architektur zu schaffen. Interessanterweise nahm die religiöse Kunst einen anderen Weg. Sie blieb einer spontanen Kunst verhaftet, die bis in den Zweiten Weltkrieg fortdauerte. Dagegen versuchten die Architekten für ihre weltlichen Bauten eine „nationale Kunst" zu schaffen, indem sie sich von der Folklore und der traditionellen Bauweise inspirieren ließen. So entstand seit 1900 ein Konflikt zwischen jener Kunst, die dem mitteleuropäischen Denken verbunden blieb (dem habsburgischen Kulturraum), und jenen nationalen Tendenzen, die den Denkmustern des mittel- und osteuropäischen Bürgertums entsprachen. Dieser Gegensatz blieb bestehen. Ab 1930 dominierte allerdings der Modernismus die Architektur, in Rumänien ebenso wie im Banat. Er verdrängte gleitend alle anderen Stile.

Der Art Nouveau der 1900er Jahre bewahrte die spezifischen Ausdrucksweisen der mitteleuropäischen Städte und trat mit Neorenaissance und Neobarock in einen schöpferischen Dialog. Was im Banat im Umfeld der städtischen Architektur des achtzehnten und neunzehnten Jahrhunderts entstand, vermittelt ein eindringliches Bild von der Banater Gesellschaft in jener Zeit, von den Hoffnungen der Menschen und ihrer Art, die Gegenwartskultur zu deuten. Der multikulturelle, vielsprachige und multikonfessionelle Charakter der Region und die Verschiedenheit ihrer sozialen Gruppen schufen einen besonderen ästhetischen Raum, eine lokale Identität der Vielfalt, die doch zugleich ganz typisch für die mitteleuropäische Kultur war. Jenseits von sozialen Statusunterschieden und kulturellen Zugehörigkeiten geben die Gebäude, Möbel und Kunstgegenstände aus dem 18. und 19. Jahrhundert noch heute Ausdruck von einer materialisierten städtischen Kultur, die die spirituelle Einheit der Menschen in dieser europäischen Region erkennen lässt.

Teodor Octavian Gheorghiu

Der ländliche Lebensraum und die Habsburger Administration

In der Zeit vor dem 18. Jahrhundert entwickelten sich die Siedlungen des Banats so wie fast überall: spontan und organisch, bestimmt durch die jeweilige Umwelt und entsprechend den kulturellen Gepflogenheiten der Bevölkerung. Die Zugehörigkeit des Banats zum Habsburger Reich seit Anfang des 18. Jahrhunderts änderte daran alles. Wien setzte auf Besiedlung und Raumplanung und organisierte die Lebensräume nach neuen Prinzipien. Das bestehende Siedlungsnetz erhielt eine veränderte Struktur. Manche der Ortschaften wurden neu geplant, andere aufgegeben. So entstanden durchkonstruierte Siedlungsräume, die gelegentlich den geografischen Gegebenheiten und den kulturellen Charakteristika der Bevölkerung widersprachen.

Aus der Perspektive der Verwaltung galt es, die Niederlassung der Kolonisten sowie die Anlage neuer Siedlungen mit der Restrukturierung älterer Ortschaften zu verbinden. Dabei lassen sich die folgenden Vorgehensweisen beobachten: das Zusammenfügen von Siedlungen (der meist rumänisch-sprechenden Bewohner) zu einer einzigen Ortschaft auf der Grundlage eines geometrischen Modells; die „Neuanordnung" älterer, kleiner Siedlungen entsprechend regulären Mustern; der Wiederaufbau einzelner Siedlungen auf den alten Fluren, was zu unregelmäßigen Strukturen führte; die Gründung von neuen Siedlungen im Rahmen eines geometrischen Plans (meistens rechteckig). Tatsächlich gab es auch zahlreiche Fälle, in denen die Prinzipien miteinander vermischt wurden.[1]

Die erste Phase der Besiedlung des Banats wird auf die Jahre 1718–1740 datiert. Als Militärgouverneur war Feldmarschall Claudius Florimond de Mercy bis 1733 für die Region verantwortlich. Er teilte sich seine Zeit auf zwischen der Administration des Gebiets und seinen militärischen Verpflichtungen bei Feldzügen. Die erste ausführliche Karte der Region, die 1728 in Wien veröffentlicht wurde, zeigt, dass Mercys Aufgabe darin bestand, vorhandene Dörfer zu konsolidieren und neue zu errichten. Francesco Griselini, der die Errungenschaften dieser Zeit würdigte,[2] berichtet von schwäbischen, italienischen und spanischen Siedlern und von den neuen Dörfern Sânpetru (1724),

1 Teodor O. Gheorghiu, 'A Historical Perspective on the Process of Merging, Planning and Densification of Rural Settlements in the Banat and Crişana Regions', *Buletinul Ştiinţific al Universităţii „Politehnica" din Timişoara*, Seria Construcţii şi Arhitectură (*Science Bulletin of Timişoara Politehnica University, Constructions and Architecture series*), vol. 54 Nr. 68 (2009), pp. 5–11.
2 Francesco Griselini, *Încercare de istorie politică şi naturală a Banatului Timişoarei (An Attempt at a Political and Natural History of the Banat of Timişoara)* (Timişoara, 1984), pp. 123–142.

Zădărlac, Beşenova Nouă, Peciu Nou, Deta, Kudrić, Pişchia und Guttenbrunn (heute Zăbrani).[3]

Die Gründung zweier neuer serbischer Siedlungen (Nermet und Vodnik) im Raum von Caraşova 1723 war gewiss ungewöhnlich, erklärt sich aber durch die große Zahl serbischer und kroatischer Dörfer in der näheren Umgebung. Im selben Jahr begann die oberste Bergbaubehörde des Banats, den Bergbau wieder in Gang zu bringen und damit die Eisengewinnung. Bergwerke wurden eingerichtet, Gießereien installiert sowie weitere Anlagen zur Eisenverarbeitung aufgebaut. Dazu kamen Anstrengungen im administrativen Bereich und eine angepasste Gesetzgebung. 1727 galt für das Banat das maximilianische Bergbaugesetz. Weil Fachkenntnisse gefordert waren, holte man Spezialisten aus dem ganzen Habsburgerreich in das Banat.[4]

Struktur und Gestalt der Siedlungen im achtzehnten Jahrhundert

Die alten Banater Ortschaften, die die Habsburger Verwaltung bei Einmarsch der Truppen vorfanden, existierten anfangs ohne größere Veränderungen fort. Anders war dies nur in solchen Gegenden, die als neue Siedlungsgebiete dienten und Kolonisten aufnahmen. So veränderten sich denn auch die Ausgangsvoraussetzungen für Ciacova, Aradul Nou, Giarmata usw. Es waren demnach die Siedlungsmaßnahmen, die eine Veränderung der Raumstruktur zur Folge hatten. In dieser ersten Phase blieb der Modus Operandi der Habsburger Verwaltung tastend, auch weil die Wissensgrundlagen fehlten. Die älteren Geschichtswerke haben hervorgehoben, dass die in dieser Periode neu gegründeten Dörfer keine klaren Siedlungsprinzipien aufwiesen.[5] Erst nach 1760, während der Regentschaft Maria Theresias, fänden sich genaue Vorgaben, worauf bei der Errichtung der Höfe und Häuser zu achten sei. Freilich ist nicht ausgeschlossen, dass für die früheren Jahre die Siedlungsgrundsätze einfach nicht überliefert sind und deshalb auch nicht zu rekonstruieren.

Immerhin, der relativ spontane, wenig gesteuerte Charakter mancher frühen Kolonistenansiedlungen ist in einigen Fällen offensichtlich. (Als Beispiele hierfür ließen sich

---

3 Die „neuen Dörfer" entstanden dort, wo auch schon die alten Dörfer existiert hatten. Sânpetru Mare, beispielsweise, gab es seit 1333, Beşenova/Dudeşti seit dem 14. Jahrhundert, Peciu Nou seit 1333; Deta seit 1360 und Pişchia seit 1333. Die kaiserlichen Reformen des 18. Jahrhunderts veränderten die Gestalt der Orte durch die Besiedlung mit einer vorwiegend katholischen Bevölkerung. Diese rekrutierte sich aus ganz Europa. Auch ihre kulturelle und zivile Identität erneuerte sich im Sinne der Habsburger. Deshalb bezeichneten die Dokumente des 18. Jahrhunderts sie auch als „neugegründete" Dörfer.

4 G. Hromadka, *Scurtă cronică a Banatului Montan* (*Short Chronicle of the Banat Mountains*) (Bonn, n. d.), pp. 21, 33–34.

5 J. Szentkláray, *Száz év Démagyarorzag ujabb történetéböl* (*A Hundred Years of Southern Hungary's Recent History*) (Timişoara, 1878), pp. 249–254, discussed in N. Săcară, *Valori ale arhitecturii populare româneşti* (*Values of Romanian Folk Architecture*) (Timişoara, 1987), p. 23.

die deutschen Dörfer Guttenbrunn und Sânpetru anführen).[6] Es gibt jedoch auch zahl-reiche Gegenbeispiele mit einer exakten Geometrie der Straßenanordnung und Plätze. Die von den deutschen Siedlern zwischen 1722 und 1734 in Ciacova genutzten Bebau-ungsflächen, aber auch einige der von Griselini erwähnte Dörfer haben ein rechtecki-ges oder ein einfaches lineares Straßenraster (zum Beispiel Deta, Peciu Nou, Beşenova und Giarmata).

Ein im Jahr 1726 das Banat bereisender „Geograf"[7] berichtete, dass die deutschen Kolonisten „in der Region eintrafen, nachdem die Türken vertrieben worden waren. Sie lebten in 30 mehr oder weniger großen Kolonien. Ihre Zweizimmerhäuser hatten einen Wohnraum und eine Küche. Der Eingang befand sich zur Straße hin, und der Über-hang des Satteldachs war zur Front hin vergrößert, sodass es als Schutzdach für Gegen-stände und Werkzeuge genutzt werden konnte. Die Wände bestanden aus geflochtenen Zweigen, Ästen und Hanfstöcken, die mit Lehm verklebt waren."

Hier erkennen wir eine Bauweise, die auch die einheimische Bevölkerung ver-wandte. Dass die ersten Häuser die Bautechnik der Banater Umgebung aufgriffen, ist erwiesen. Die Kolonisten, so der Chronist, „waren nicht glücklich damit, ihre eigenen Häuser bauen zu müssen, oft darauf beschränkt, neben den Rumänen zu arbeiten, die in der Lehmbauweise viel routinierter waren".[8] Diese Technik finden wir überall in den Siedlungsdörfern, die in der Ebene lagen und von deutsch- und französisch-spre-chenden Kolonisten bewohnt wurden. Zudem ist möglich, dass dort, wo Lehm fehlte oder ganz einfach andere Voraussetzungen vorlagen, die Kolonisten zeitweilig in Reet-dachhäusern oder in einfachen Hütten beheimatet waren (so in der Banater Ebene, zwischen Donau und Marosch).[9] Dies gilt bis in die 1870er-Jahre und findet sich etwa in der Ansiedlung Lenauheim (Csatad) 1767 wieder.[10]

Die zweite Kolonisierungsphase begann 1744 und endete 1772. Das ist zugleich die Zeit der Regentschaft Maria Theresias. Die früheren Anstrengungen wurden zwar fort-gesetzt. Aber das Augenmerk galt jetzt doch vor allem dem Ausbau der Städte und Fes-tungen. Zugleich wurde der Rhythmus der Durchdringung des breiten Landes mithilfe neuer Dörfer noch einmal beschleunigt. Die Habsburger entdeckten wichtige Eisen-, Messing-, Blei- und Silbererzlager in den Bergregionen des Banats. Vier Bergbauäm-ter wurden eingerichtet, die auch die Anwerbung und Ansiedlung von Fachleuten und

---

6 Für Guttenbrunn, siehe Teodor O. Gheorghiu, *Locuire și neașezare* (*Habitation and Unsettlement*) (Bukarest, 2002), pp. 57–58, 211 (mit einigen notwendigen Korrekturen aufgrund der Vertiefung der Studie); für Sanpetrul, vgl. Teodor O. Gheorghiu, 'Structura așezărilor din zona Banat-Arad și arhitectura vernaculară' ('The Structure of Settlements from the Banat-Arad Region and Vernacular Architecture'), *Transsylvania Nostra*, vol. 2 (2009), pp. 13–20.
7 M. Bel, *Compendium Hungariae geograficum* (posthumous, Cassoviae, 1799).
8 E. Schimscha, *Technik und Methoden der Theresianischen Besiedlung des Banat* (Baden, 1939), p. 93, diskutiert in Săcară, *Valori*, pp. 47–49.
9 Lammert und Gehl, 'Tipologia', pp. 154–155.
10 F. Milleker, *Geschichte der Gemeinde Cetad, Csatad, Lenauheim im Banat 1415–1925* (Wrschatz, 1925).

bergerprobten Arbeitskräften übernahmen. Noch in anderer Hinsicht änderte sich die Verwaltungsgliederung. Das Banat erhielt 1751 eine Zivilverwaltung, neben der Militäradministration, die nur noch für die Grenzgebiete zuständig war. Zehn Distrikte unterstanden der Zivilverwaltung. Lediglich die Grenzkreise (Panciova, Palanca Nouă, Mehadia, ein Teil von Caransebeş und Becicherecul Mare) gehörten weiterhin der Militärverwaltung zu. Der erste Gouverneur der neuen zivilen kaiserlichen Verwaltung war Graf Perlas (Franz Paul Raimund Graf Villana-Perlas de Rialpo). Er leitete die regionale Administration bis 1768. Weil die Region nach den Kriegen mit dem Osmanischen Reich in der ersten Jahrhunderthälfte weitgehend entvölkert worden war, auch die Pest zwischen 1738 und 1741 zugeschlagen hatte, erstrebte die zweite Ansiedlungsinitiative Wiens die neuerliche Wiederbevölkerung der Region an. Freilich waren dazu größere Anstrengungen erforderlich. Seit 1763 kamen in größerer Zahl Schwaben, Serben, Italiener, „Franzosen" (aus Lothringen), Bulgaren und Rumänen als neue Kolonisten in das Banat.

Für die Ansiedlungsfragen waren nur wenige hohe Beamte zuständig (Knoll, Laff, Hildebrand und Neumann). Sie kümmerten sich um die Konsolidierung und Erweiterung der vorhandenen Siedlungen (Sânpetru, Pişchia, Giarmata, Recaş, Cenad, Periam, Sânnicolau, Zăbrani, Aradul Nou und andere). Auch waren sie zuständig für den Aufbau ganz neuer Dörfer (wie zum Beispiel Biled, Săcălaz, Jimbolia, Iecea Mare,[11] Lenauheim, Neudorf, Frumuşeni und Fântânele). Vinga (Theresianopol oder Theresienstadt, in der Schreibweise der Wiener kaiserlichen Kanzlei) erhielt 1740 das Stadtrecht. Die Anzahl der Familien, die in den neu gegründeten Dörfern lebten, lag zwischen 40 und 200. 1768, als Graf Clary (Karl Ignaz Graf von Clary und Aldringen) zum Gouverneur der Regionalverwaltung ernannt wurde, erfuhr die Erweiterung der bestehenden Dörfer sowie die Errichtung der neuen Ansiedlungen eine deutliche Beschleunigung. 1770–1771 allein wurden 20 Dörfer gegründet.[12] Gleichzeitig fand das Gesetz zur Landzuteilung Anwendung, wonach das Land entsprechend der Anzahl der angesiedelten Familien aufzuteilen war, ganz unabhängig von der ethnischen Zugehörigkeit. Um dieses Ziel zu erreichen, entstand auch die erste minutiöse Landkarte des Banats, entworfen von Oberstleutnant Elmpt.

Die dritte Phase der Kolonisation des Banats und des Wiederaufbaus ländlicher Siedlungen begann nach der Übernahme der Regentschaft durch Joseph II. im Jahr 1782 mit der Gründung von sechs neuen Dörfern und endete 1787. Glauben wir dem von Joseph II. für den Zeitraum 1784–1787 angeordneten Zensus, hatte das Banat 565.000 Einwohner. In der zweiten Hälfte des achtzehnten Jahrhunderts wurden die von staatlicher Seite organisierten Ansiedlungen immer wichtiger. Für die Siedlungsstruktur

---

11 Die Dörfer Săcălaz, Jimbolia und Iecea Mare wurden im 14. Jahrhundert erstmals erwähnt, sie wurden also faktisch von der kaiserlichen Verwaltung wiederaufgebaut und neuorganisiert. Mein Dank gilt Fr. Prof. Vasile V. Muntean für die Gründungsdaten einiger Dörfer im Banat.
12 Griselini, *Încercare*, pp. 149–151.

bedeutete dies Hinwendung zu einer klaren, standardisierten Geometrie. Dass der Staat selbst viel mehr als zuvor direkt eingriff, um die Bevölkerungslücke auszugleichen, stand seit 1762 auf der Tagesordnung. Seit 1764 gab es eine wirksame Kontrolle darüber, wie die neuen Gehöfte und Wohnhäuser anzulegen seien. Sowohl der ungarische Hofkammerrat Anton von Cothmann als auch der Kaiserlich Königliche Commissarius Wolfgang von Kempelen setzten einen Bauplan durch, der später Geschichte machte: Anordnung des Hauses in Beziehung zu Grundstück und Straße, geschützter Zugang zum Haus usw.[13] Das Dekret von 1764 gab vor, dass das Haus am Rande des Hofgrundstückes[14] liegen sollte, senkrecht zur Straße, ähnlich dem fränkischen Modell, das man in Siebenbürgen antreffen konnte.

Die meisten Haus- und Grundstücksanlagen in der Region folgten dem beschriebenen Modell, unabhängig vom Beruf oder der ethnischen Zugehörigkeit der Bewohner. Eine beachtliche Scheune trennte den Vorder- und den Hinterhof voneinander, flankiert von Ställen. Im Laufe der Zeit bauten die Bewohner häufig ein zweites Haus („neues Haus"), parallel zum ersten („alten Haus", Vorbehalthaus (dem Haus für die alten Eltern)),[15] eine Konzeption, die wir ähnlich bei vielen Serben und vor allem Rumänen wiederfinden. Die kaiserlichen Anordnungen, die seit 1766[16] die Anlage von neuen Kolonien regelten, setzte Carl Samuel Neumann (Edler von Buchholt) seit 1770 um. Die neuen Dörfer hatten eine rechteckige Form und stellten genau so viel Land zur Verfügung wie schon zuvor. Francesco Griselini hat wichtige Details zu den Grundrissen der Dörfer beschrieben. Normalerweise waren sie rechteckig (in einigen Fällen sogar quadratisch). Doch es gab eine Ausnahme, nämlich Charlottenburg, das als Runddorf angelegt war. Im Zentrum befanden sich Kirche, Dorfgaststätte usw. Die Anwesen selbst verfügten über Gärten, Nebengebäude, Ställe und Scheunen. Die Häuser hatten drei Wohnräume, was unter heutigen Gesichtspunkten nicht viel scheint, aber zeitgenössisch als angemessen galt. Die Mauern bestanden aus einer Verbindung von Pflanzengeflechten und Lehm, das als Kleber und Gips diente.[17]

Die Initiative der Habsburger Verwaltung galt allerdings nicht nur den neuen Siedlungen, sondern auch der Neustrukturierung vorhandener Ortschaften (vor allem nach 1770). Innerhalb der Grenzregionen wurden Dörfer zusammengelegt und für militärische Zwecke in eine standardisierte geometrische Form gebracht. Freilich gab es auch Regionen wie das Gebiet um Fäget, Lugoj, Podgoria Aradului, den Marosch-Korridor, das Zărand-Basin und den Crişul-Alb-Korridor, wo die planerischen Eingriffe bis zum

---

13 Erich Lammert und Hans Gehl, 'Tipologia şi evoluţia casei şvăbeşti din Banat' ('Typology and Evolution of the Swabian House from the Banat'), *Tibiscus* – Ethnography, vol. 3 (1976–1978), p. 156.
14 *Ibid.*; vgl. Stela Clepea, 'Consideraţii asupra gospodăriei şi locuinţei şvabilor din Banat' ('Considerations upon the Swabian Households'), in *Banat Annals*, vol. ii. *Ethnography-Art* (Timişoara, 1984), p. 195.
15 Stela Clepea, '*Consideraţii*', p. 197.
16 Vgl. Săcară, *Valori*, p. 23 mit Bezug auf A. Bodor, *Délmagyarorszag telepitések története* (*The Historical Colonisation of Southern Hungary*) (Budapest, 1914), pp. 15–17.
17 Griselini, *Încercare*, pp. 150–151, 154–155, 327–328.

neunzehnten Jahrhundert hinausgeschoben oder nur teilweise in die Praxis umgesetzt wurden. Tatsächlich fanden die neuen Regeln nur sehr langsam Anwendung, denn die *Josephinische Landesaufnahme* von 1769–1772 berichtet von vielen Dörfern, die sich weitgehend ungeplant entwickelten.

Der ländliche Lebensraum des Banats 1800–1914

Die vierte Siedlungsphase erstreckte sich über das ganze neunzehnte Jahrhundert und war durch die Gleichzeitigkeit von staatlich initiierter Besiedlung und zahlreichen Eigeninitiativen gekennzeichnet. Zwischen 1823 und 1828 trafen größere Gruppen aus Deutschland, Böhmen und der Slowakei ein, nahmen den Weg in das Banater Gebirge und arbeiteten dort im Bergbau, in der Erzverarbeitung und in der Holzgewinnung. Die erste Ansiedlung tschechischer Waldarbeiter ging auf die Initiative des Holzhändlers János Magyarly zurück, der 1823–1825 die Dörfer St. Elisabeth und St. Helena begründete. 1847 zogen die Einwohner von St. Elisabeth wegen des Wassermangels nach St. Helena um und ließen das alte Dorf verfallen. Als später weitere Siedler aus Böhmen eintrafen, entstanden in den ebenen Regionen des Banats die Dörfer: Bigăr (Schnellersruhe), Eibenthal, Ravensca, Şumiţa, Ogradena Nouă und Clopodia. Die Agrarreform von 1854 brachte keine größeren Veränderungen. Doch im späteren neunzehnten Jahrhundert siedelten weitere Tschechen an, etwa in: Moldova Nouă, Berzasca, Orşova, Caransebeş, Bocşa und Anina sowie in den größeren Städten der Region.[18]

Zu den von Deutschen begründeten Siedlungen in der ersten Hälfte des 19. Jahrhunderts gehören: Gărâna, Brebu Nou, Lindenfeld und später Sadova, südlich von Caransebeş gelegen, im Flusstal des Temesch.[19] Ende des achtzehnten Jahrhunderts begann auch die Ansiedlung ungarischer Kolonisten. Die erste ungarische Kolonie war Tormac, 1791; es folgten Dorobanţi und Mailat, 1819, nördlich des Flusses Marosch gelegen. Im 19. Jahrhundert, vor allem Ende des Jahrhunderts, intensivierte sich die ungarische Zuwanderung noch einmal. Ziel waren die bereits bestehenden Siedlungen wie: Babşa, Bodo, Balinţ, Târgovişte, Iosifalău, Ţipari, Stanciova, Dumbrăviţa, Fibiş, Dumbrava, Făgat. Hier entstanden durchgängig ungarisch geprägte Distrikte.[20] Erwähnt seien zudem die neuen Dörfer Sânleani (1852) und Satu Mic (1866) im Norden des Marosch.[21]

---

18 Zur tschechischen Kolonisation im 18. Jahrhundert vgl. P. Rozkos, '*Contribuţie la istoria colonizării pemilor în Banat*' ('Contribution to the History of Pems Colonisation in the Banat'), in *Banat Annals*, vol. iv. *History* (Timişoara, 1996), pp. 48–49.

19 Hromadka, *Scurtă cronică*, p. 49.

20 N. V. Cica Săcară, 'Gospodăria maghiară din Babşa de la Muzeul Banatului' ('The Hungarian Household from Babşa at the Banat Museum', *Tibiscus* – Ethnography, vol. 3 (1976–1978), pp. 167–169.

21 A. K. Géza Roz, *Dicţionarul istoric al localităţilor din judeţul Arad* (*The Historical Dictionary of Arad County's Localities*) (Arad, 1997), p. 11.

Slowakischen Kolonisten kamen erst spät ins Banat und dort in den Norden der Provinz: 1803 nach Nădlac, 1813 nach Butin.[22] Andere slowakische Zuwanderer bevorzugten die Ebene östlich von Timişoara (Vucova, Stanciova, Buziaş).[23] Unmittelbar vor dem Ersten Weltkrieg entstanden einige neue slowakische Dörfer in Fortführung der früheren Siedlungsbewegung. Genannt seien: Călugăreni (Ujvinga) und Variaşu Mic (Kisvarjas) aus dem Jahr 1910.

Die Straßenführung in und zwischen den Dörfern folgte immer noch der Logik geometrischer Einfachheit, zumindest dort, wo die Ortschaften im Bereich der Ebenen und Hügel lagen. Aber es gab auch neue Konzepte. Es stellte sich nämlich heraus, dass die einfache Geometrie den Erfordernissen komplizierter Terrains widersprach. So wurde zu Beginn des neunzehnten Jahrhunderts die Topografie der neuen Siedlungen ihrer Umgebung angepasst. Im Banater Gebirge zeigten etwa die Neusiedlungen Gărâna, vor allem aber Ravensca, wie die Dorfstruktur an das Umgebungsrelief angepasst werden konnte.[24]

Auf der anderen Seite, wo die Landschaft keine Kompromisse erforderlich machte, wo der Mensch ohne große Kosten sein Denken der Natur aufprägen konnte, blieb es bei den rechteckigen und regulären Anordnungen der Straßen. Als Beispiele genannt seien: Brebu Nou, Vucova und Tormac. Als allerdings 1872 die Militärgrenze aufgegeben wurde und der Staatsapparat die Siedlungsstruktur nicht mehr so streng kontrollierte, kam das Leben in die Siedlungsentwicklung zurück, auch der Zufall und die individuellen Interessen. Und so entstanden wieder unregelmäßige, spontane Formen der Siedlungstopografie.

Zwischen 1800 und 1900 beruhte der Wohnungsbau auf den traditionellen Grundsätzen mittelalterlicher Baukultur und Habsburger Rationalität. Wir finden kompakte Gehöfte mit einer Reihe von Wohnhäusern und Nebengebäuden, die einen Innenraum einschlossen und überwiegend oder ganz geschlossen wirkten. In dieser Form baute man in bestimmten Zonen auch noch zu Anfang des zwanzigsten Jahrhunderts. Wir können gar von einem Normal-Haushaltstyp sprechen, der im achtzehnten Jahrhundert entstand. Typisch war der rechteckige oder fast quadratisch angelegte Hof (der nur bei definierten Umständen modifiziert wurde) und etwa 400 Quadratmeter umfasste. Was dagegen variierte, waren die Gebäudegröße und das verwendete Baumaterial.

Wie der ländliche Lebensraum im Banat nach 1850 aussah, geht aus der zweiten militärischen Landerhebung[25] hervor und der militärisch motivierten topografischen

---

22 *Atlasul culturii populare a slovacilor din România* (*Atlas of the Popular Culture of the Romanian Slovaks*) (Nădlac, 1998), pp. 104–117.

23 Săcară, *Valori*, p. 165.

24 Teodor O. Gheorghiu, 'Bánsági telepitett falvak-tipológiai megközelités' ('Colonist Villages from Banat – Typological Aspects'), in Balassa M. Iván und Cseri Miclos (Hg.), *Népi epitészet erdélyben* (Szentendre, 1999), pp. 45–46.

25 *A Masodik katonai felmérés: A Magyar kiralysag és a Temesi bansag Negyfelbontasu, szines térképei, 1819–1869* (*The Second Military Topographical Survey: The Colour Sections of the Maps of Hungarian Kingdom and Timiş*), DVD, Budapest, Arcanum, 2005.

Erfassung um 1880.[26] In ihnen sind alle Siedlungen verzeichnet, die staatlich reorganisiert worden waren oder reorganisiert werden sollten, und zwar für den gesamten Zeitraum von der *Josephinischen Landesaufnahme* bis ins 20. Jahrhundert hinein. Aus der Analyse des Kartenmaterials können wir folgern, dass die Grundideen dörflichen Zusammenlebens ihre Gültigkeit über 200 Jahre hinweg behielten und erst die Kollektivierung und Industrialisierung mit Abwanderung großer Teile der ländlichen Bevölkerung in die Städte einen Wandel in der Dorftopografie zur Folge hatten.

Ganz generell lässt sich die Siedlungsstruktur des Banats für den Zeitraum vom 18. Jahrhundert bis Mitte des 20. Jahrhunderts wie folgt charakterisieren: Der traditionelle ländliche Lebensraum war das Ergebnis einer Kombination von älteren, mittelalterlichen Prinzipien mit neueren, aufgeklärten Herangehensweisen des 18. Jahrhunderts. Diese spezifische Verbindung von Altem und Neuem lässt sich insbesondere auf der Ebene der Siedlungstopografie erkennen, weniger in Hinblick auf die individuellen Anwesen, die moderner waren, Modelle übernahmen, die von der Habsburger Verwaltung im achtzehnten und neunzehnten Jahrhundert vorgeschlagen oder gar auferlegt worden waren. Das regulär gestaltete Erscheinungsbild der Anwesen, selbst wo irreguläre Linien zu erkennen sind, unterstützt diese These; ebenso der Vergleich mit den älteren Gehöfttypen, die archäologisch analysiert wurden oder von denen die ersten österreichischen Topografen berichtet haben.

Neue Architekturstile fanden nur selten im dörflichen Alltag Aufnahme. Gleichwohl müssen wir unterschiedliche Lebensräume differenzieren, die bis weit ins 20. Jahrhundert hinein die Gestalt der Ortschaften bestimmten. Jene Neusiedlungen, die geometrische Topologien mit rechteckigen Straßennetzen bevorzugten, erweisen sich insgesamt als vergleichsweise modern, nutzten neue Baumaterialien, schlossen die Innenhöfe räumlich ab und richteten die Häuser zur Straße hin aus. Solche planerischen Muster finden wir vielfach bei Ortschaften, die in der Ebene lagen oder auf hügeligem Gelände. In den bergigen Gebieten, in denen ein Großteil der rumänisch-sprechenden Bevölkerung wohnte, gab es diese geschlossenen, um einen Innenhof gruppierten Anwesen schon sehr viel früher. Wichtig ist festzuhalten, dass diese traditionelle Organisation des ländlichen Lebensraums bis zum Zweiten Weltkrieg fortbestand, ja, teilweise bis in die 1970er-Jahre.

Der ländliche Lebensraum im Banat als ein staatlich gestalteter Raum

Mit dem achtzehnten Jahrhundert, das haben wir bereits gezeigt, hing die Gestaltung des ländlichen Lebensraumes nicht mehr nur von den Präferenzen der Landbewohner ab, sondern auch von den Vorgaben der Verwaltung. Die kaiserlichen Ingenieure entwickelten ihre Pläne auf viel größerem Maßstab als die traditionellen Siedlergruppen,

---

26 Staatsarchiv Timișoara, Fundus 104–1884.

aber sie arbeiteten auch zonal, differenzierten ihre Konzepte und vermochten so den Grundprinzipien empirisch unterfütterter, rationaler Planung zu entsprechen. Insofern passte sich auch ihr Siedlungsnetz weitgehend dem Terrain an. Andere Flächen, die man vorher nicht hatte nutzen können, machten die Ingenieure zugänglich, indem sie Sümpfe trockenlegten oder ausgedörrte Flächen bewässerten. So etwa im westlichen, flachen Bereich des Banats. In den Bergen erlaubte die gewerbliche Tätigkeit neue Lebenschancen, so etwa im Bereich der Holzindustrie, des Bergbaus oder der Metallgewinnung und -verarbeitung. Im Banat unterschieden sich die Neusiedlungen je nach Flächenmorphologie: die einen Niederlassungen lagen im Bereich der weiten Ebenen, die anderen in Tälern, wieder andere an Hängen und Bergrücken.

Die meisten Ortschaften finden wir auf den Ebenen des Banats und im Umfeld von Arad (Marosch). Zu den Neusiedlungsgebieten zählten beispielsweise die Niederungen um Lugoj, Lipova, indes auch die Siedlungsflächen um das Marosch-Flussbett herum. Im Bereich Câmpia de Vest (Theißebene) entstand aus den Orten und Neusiedlungen ein relativ einheitliches ländliches Siedlungsnetz, das maßgebend durch den österreichischen Kolonisationsprozess bestimmt wurde. Den älteren Ansiedlungen wie Cenad, Ciacova, Recaş und Şag wurde von den Habsburgern neues Leben eingehaucht und ihre Siedlungsstruktur modernisiert. In der eher flachen Landschaft nördlich von Timişoara wählte man für die Ansiedlung kleinere Erhöhungen aus, selbst wenn sie sich von ihrer Umgebung nur wenige zehn Meter abhoben.

Die Dörfer, die in hügeligen und bergigen Gegenden des Banats lagen, waren auf eine komplexe Art und Weise mit ihrer Umgebung verbunden. In den Tälern verliefen die Straßen entlang des Wassers oder auf Höhenlinien in einer gewissen Distanz zur Tallinie. Die Siedlungen entlang der Hänge waren nach Niveaukurven aneinandergereiht, während jene, die auf dem Bergrücken lagen, entweder regelmäßige Flächen hatten (linear, orthogonal oder ringförmig), oder das Relief der Umgebung aufnahmen. Manchmal findet man auch Formen komplexer Anlagerung, die ich in Anlehnung an die Biologie „agglutiniert" (verklumpt, zusammengeballt) genannt habe.

Ein Teil der Forschung[27] hat argumentiert, dass die alten rumänischen Dörfer sich durch ständiges Wachstum entwickelt hätten. Danach stand am Anfang das familiäre Zentrum (der Herd- oder die Feuerstelle), dem sich zum Dorfrand hin einzelne weitere Stellen anlagerten. So entwickelte sich die Siedlung aus einer Vielzahl konzentrischer Kreise, die von landwirtschaftlich geprägten Haushalten bestimmt waren, bis am Ende eine Hülle erkennbar war, welche die Dorfgrenze definierte. Dieses Modell „unvollkommener" Siedlungsbildung ist von Lucian Blaga als „utopografisch" bezeichnet worden und vermag gut zu erklären, warum den rumänischen Dörfern ein definiertes Zentrum

---

27 A. Oişteanu, 'Antropologia locuirii tradiţionale' ('The Anthropology of Traditional Habitation'), paper, Bukarest, 1988; id., *Mythos & Logos* (Bukarest, 1997), pp. 157–158. Die Genese und Entwicklung altrumänischer Siedlungen hat die Agrarsoziologie seit der Zwischenkriegszeit thematisiert (Dimitrie Gusti, Traian Herseni, Henri Stahl etc.).

fehlt. Die einzelnen Höfe lagen häufig verstreut, gespreizt, hatten keinen klaren Fokus. Das unterscheidet sie von den antiken, griechischen, römischen oder auch mittelalterlich-westlichen Dörfern, in denen wir klare Raumstrukturen vorfinden: den Gemeinde-Platz, die Kirche, den Dorfanger usw.

Ein anderes sozial-anthropologisches Deutungsmodell thematisiert die Siedlung als Ganzes, definiert sie als um den „heiligen Herd" herum gruppiert: „Das Leben der Gemeinschaft entwickelte sich um die zentrale Feuerstelle der Siedlung herum als Versammlungsort. – Hier war der vorbestimmte Platz für Treffen, Rituale und religiöse Zeremonien".[28] Erst durch Verweis auf solche gemeinschaftsstiftende Plätze lässt sich die offensichtliche Diskrepanz zwischen familiärer Abgeschlossenheit einerseits und gemeinsamer Ansiedlung andererseits überwinden. Tatsächlich oszillierten die Lebensformen wohl zwischen beiden Zuständen, ja überlagerten sie sich in vielfältiger Form.

Die systematisch geplante Raumgestalt folgt noch einem anderen Modell. Die Vorlagen für die topografische Struktur konnten dabei aus der unmittelbaren Nachbarschaft stammen, aber auch aus weiterer Entfernung transferiert werden. Für das europäische Mittelalter (das in einzelnen Gebieten zeitlich bis ins 19. Jahrhundert hineinreichte) gilt, dass es klare, wenn auch vielfältige Modellvorstellungen gab.[29] Verdoppelt wurde dieser traditionelle Kultureinfluss im Raum des Banats und der Kreisch durch Planungsaktivitäten der Habsburger Verwaltung, die Modelle entwickelt hatte, die der Region fremd waren. Selten passten sich die Neusiedlungen der Landschaftsform oder anderen natürlichen Gegebenheiten an. In der Regel war die Einhaltung der Modellvorgaben wichtiger.

Im Banat finden wir ganz unterschiedliche Dorfabgrenzungen. Die Dörfer in den Ebenen stellten in der Regel kompakte Siedlungen dar, deren Struktur geplant war und die deshalb auch klar definierte Grenzen hatten, die sie bis heute prägen. Die Dörfer im hügeligen oder bergigen Gebiet wuchsen langsam, schrittweise, manchmal auch ausschwärmend, jedenfalls organisch, und entsprechend lässt sich nur von einem diffusen Grenzverlauf sprechen. In den bergigen Gebieten waren manche Siedlungen so ungeordnet, dass das Innere und Äußere des Dorfes kaum zu bestimmten war. Der innere Allmende-Bereich dieser Dörfer wurde häufig mit seiner Grenze in eins gesetzt, aber das stimmt so nicht. Die scheinbare „Ungeordnetheit" zeigt sich besonders ausgeprägt in Gebieten mit aufgelockerter Wirtschaftsstruktur (Landwirtschaft, Rinderzucht, Dorfhandwerk usw.). Hier finden wir eine große Vielfalt unterschiedlicher Gebäude, die die Landschaft prägen: kleine Bauernhöfe, Hütten, Unterstände, Gehege, Mühlen, Schafställe usw. Sie ermöglichten, das gesamte Flächenareal differenziert zu bespielen,

28 Fl. Biciuşcă, *Centrul lumii locuite (The Centre of the Habitable World)* (Bukarest, 2000), pp. 81–82.
29 Zu den städtischen Siedlungen im frühen Mittelalter s. Teodor O. Gheorghiu, *Aşezări umane: Istoria aşezărilor umane de la origini până la Renaştere (Human Settlements: The History of Human Settlements from their Origins to the Renaissance)* (Timişoara, 1997), pp. 161–174.

und erlaubten dadurch neben der Agrarwirtschaft und der Viehzucht auch einfache Formen manufaktureller Produktion.

Wir wollen unsere topgrafische Erkundung auf die Frage der Herausbildung der wirtschaftlich-kulturellen Zentren in den Dörfern hinlenken, auf den Zusammenhang von Versammlungsort und Siedlungsfläche. Im Zentrum konzentrierten sich alle gemeinschaftlichen Raumstrukturen, während alle anderen Funktionen sich auf den Höfen und Wirtschaftsbetrieben selbst wiederfanden. In dieser Hinsicht unterscheidet sich das Dorf sehr deutlich von der Stadt. In der Stadt sind die Funktionen räumlich geschieden nach: Wirtschaft, Kultur, Soziales, Sport usw. Für das Banat müssen wir auch hinsichtlich der Frage nach dem dörflichen Zentrum und den sonstigen Lebensbereichen verschiedene Dorftypen unterscheiden. Für die Dörfer in der Ebene gab die Habsburger Verwaltung Ende des achtzehnten Jahrhunderts die Strukturen vor. Sie knüpften an mittelalterliche Raumvorstellungen an. Auf dem Marktplatz (der variable Formen einnehmen konnte) oder an der erweiterten Verkehrsachse finden wir die Gemeinschaftsbauten: die Kirche, das Rathaus, die Schule. Manchmal gab es auch nur große Straßenkreuzungen (fast immer im geometrisch zu bestimmenden Zentrum der Siedlung), flankiert von großen Grundstücken, auf denen bedeutsamere Gebäude standen. Im ersten Fall zeugte das Zentrum von sozialer Kohäsion, während im zweiten Fall die Siedlung sozial noch nicht gefestigt war und noch keine „Gemeinschaft" gebildet hatte.

In den auf Hügeln und Bergen gelegenen Dörfern variierte die Zentrumsbildung je nach staatlichem Eingriff. Die einen, die staatlich geplanten Siedlungen, waren in der Regel geometrisch angeordnet, die anderen entwickelten sich frei und regellos. Manche hatten eine geometrische Mitte, andere gewannen ihr Zentrum durch Straßenkreuzungen, wieder andere durch die Kirche, durch den Anger (grasbewachsenen Dorfplatz) usw. Die von „Rumänen" bewohnten Siedlungen kannten häufig keine besonderen Regeln in Hinblick auf das Zentrum. Dieses war vielfach nur der Raum rund um die Kirche, wo immer sie stand, oder eine große Straßenkreuzung. Vielfach griff die Habsburger Verwaltung deshalb ein und ordnete eine neue Straßenführung an, mit dezidierter Zentrumsbildung, mit Rathaus, Schule, Kirche. Es bedarf daher ebenso der Geschichtskenntnisse wie des Wissens um den geografischen Raum, um die konkrete Ausgestaltung der Siedlungen angemessen erklären zu können.

Auf einer allgemeinen Ebene können die Dörfer des Banats für das 18. Jahrhundert in zwei Typen eingeteilt werden. Das haben wir bereits gesehen. Die einen Dörfer waren stark zerstreut, die anderen verfügten über klare Strukturen. Die von „Rumänen" bewohnten Siedlungen, die häufig in den Bergen anzutreffen waren, wiesen eine diskontinuierliche, verstreute Struktur auf. Darüber berichten die zeitgenössischen Reisenden ebenso wie die topografischen Karten und detaillierten Landesaufnahmen aus der Zeit. In einzelnen Fällen waren auch stärker gruppierte Ansiedlungen anzutreffen, die freilich am Rande immer zu einer ungeordneten Verteilung hin ausfransten. Demgegenüber wirkten die Siedlungen der deutsch- und ungarisch-sprechenden Landbewohner stark strukturiert und auch recht kompakt.

Ab dem späten achtzehnten Jahrhundert nahm die Zahl der verstreut die Landschaft bespielenden Dörfer deutlich ab, sodass heute kaum noch Beispiele dieser topografischen Siedlungsbildung vorzufinden sind. Allein Fragmente gibt es noch, vor allem in Dörfern der Berggegend (Bulza, Luncanii de Jos, Sicheviţa (in der Donauschlucht), außerdem Cornişorul und Preveciorul im Raum Bistra, Cornereva usw.). Alle sonstigen dörflichen Siedlungen weisen eine kontinuierliche, kompakte Raumstruktur auf (sei sie linear angeordnet, um ein Zentrum gruppiert oder tentakelförmig angelegt). Hinsichtlich der geplanten Dorfmodelle sind wiederum zwei Konzepte zu unterscheiden: 1. das mittelalterliche Siedlungsmodell (in sich vielfach differenziert) und 2. das modernere, österreichische Raummodell. Das mittelalterliche Modell lässt sich kaum auf ein Grundprinzip reduzieren, aber eine Idee gewinnt man, wenn man Siedlungen wie Cenad oder Ciacova betrachtet (mit linearen oder rechteckig-kompakten Zentren). Das zweite, zeitlich jüngere Raummodell stammt aus dem mitteleuropäischen siebzehnten und achtzehnten Jahrhundert. Freilich, auch hier gab es ganz verschiedene Ausprägungen.

Schauen wir uns das mitteleuropäische Modell genauer an. Das erste und am weitesten verbreitete Konzept lässt sich als Ergebnis eines kartesischen Koordinatensystems beschreiben: man findet es schon in der zweiten Hälfte des achtzehnten Jahrhunderts. Dazu hat Francesco Griselini[30] ausgeführt: „Man darf den geschickten Grundriss für die beiden Dörfer [Voiteni und Moraviţa] nicht gering schätzen, weil er nicht allein im Banat als Modell funktioniert, sondern für jedes andere Land ebenso als Vorbild dienen kann". Ein zweites Modell, das eine kreisförmige Dorfanlage vorsah, ist im Banat nur einmal verwirklicht worden, in Charlottenburg. Ein drittes Modell hatte seine Bedeutung für einige kleinere Siedlungen mit einer linearen, geraden Ausrichtung der Dörfer. Das letzte Konzept lässt sich als linsenförmiges Zentrumsmodell charakterisieren. Es hat verschiedene Varianten (Aradul Nou, Reşiţa Germană, Bocşa) und entstand durch Überlagerung älterer, z. T. mittelalterlicher Überbleibsel mit Konzepten der österreichischen Siedlungsplanung.

Viele Dörfer hatten gemischte Topografien – etwa, weil sie komplexe Reliefs besaßen (mal hügelig, mal eben) oder zu unterschiedlichen Zeiten ihre Erweiterung erfuhren, sodass die einen Siedlungsbereiche klare geometrischen Strukturen aufwiesen, die anderen freie Anpassungen an die Landschaft andeuteten. Dasselbe Resultat ergab sich, wenn einige Teile der Siedlungen im achtzehnten oder neunzehnten Jahrhundert umgestaltet wurden, während andere Siedlungsteile ihre ursprüngliche Gestalt behielten. Solche Differenzen ergaben sich vor allem dann, wenn der eine Teil des Dorfes der Hauptstraße folgte und die anderen Dorfbereiche die Struktur der Hangflächen aufgriffen.

Im Banat, so können wir zusammenfassen, finden wir nur wenige Siedlungen mit einer eindeutigen topologischen Struktur. Die meisten weisen vielfältige Raumanordnungen auf, Folge der unterschiedlichen ethnisch-kulturellen Traditionen im Banat,

---

30 Griselini, *Încercare*, p. 154.

des landschaftlichen Reichtums der Provinz, auch der immer wieder anderen historischen Einflüsse. Insgesamt lassen sich sechs oder sieben Grundvarianten ausmachen, wobei vielleicht vier oder fünf häufiger zu beobachten sind. Eine große Abwechslung zeigt sich insbesondere in den Vorgebirgsregionen und in den gebirgigen Gegenden, weil die Siedlungen hier einer komplexen natürlichen Morphologie folgen mussten. Wer möchte, kann versuchen, eine mathematische Formel zu entwickeln, um dadurch die Zahl der Grundmodelle auf drei oder vier zu reduzieren. Übrig bleibt dennoch eine beeindruckende Zahl von möglichen Kombinationen. Dieselbe Vielfalt brächte eine Studie zutage, die die Anordnung der Grundstücke oder die ländlichen Haushaltstypen untersuchte. Auch in diesem Fall würde die Komplexität und Vielfalt der ländlichen Lebensweisen im Banat faszinieren.

Mihaela Vlăsceanu

Die Barockkunst des Banats

Der Barock als kunstgeschichtliche Strömung war sicherlich eine der herausragenden kulturellen Bewegungen Europas. Etwa 200 Jahre lang, vom Ende des 16. Jahrhunderts bis zum Ende des 18. Jahrhunderts, prägte er die kulturelle Landschaft. Mit seiner Sinnesfreude reagierte er auf die tief greifenden Veränderungen während der vorausgegangenen Zeitepoche. Diese hatte die Welt zutiefst erschüttert. Genannt seien: die Entdeckungen, die Reformation, die wissenschaftlichen Neuerungen, aber auch der Dreißigjährigen Krieg. Erst das Zeitalter des Barocks brachte da Beruhigung. Im achtzehnten Jahrhundert war die Erschütterung lange vorbei, beobachten wir den Mut zum Experiment und eine Vielzahl barocker Stile und Ausdrucksformen. Gegen Ende der Epoche kam es dann zu einer ersten Überlagerung von Barock und Neoklassik, von Realismus und akademischem Kunstverständnis. Es entstand ein künstlerisches Universum, in dem die kollektive Vorstellungskraft als Leitmotiv galt. Die visuellen und formalen Ausdrucksformen des Barocks, die Verwendung traditioneller Elemente aus Mythologie, Porträtkunst und kirchlicher Kunst, verbunden mit naturalistischen Darstellungen, die diese Kunst heraushoben, ließen vollkommen neue Kunstwerke entstehen. Der Barock sprach die Sinne und Gefühle unmittelbar an, zielte auf religiöse Erhebung, aber auch auf die Anerkennung der göttlichen Macht und der Unberechenbarkeit der göttlichen Weisheit. Das *Carpe Diem* (Nutze den Tag, genieße den richtigen Augenblick!) und das *Memento Mori* (Sei dir deiner Sterblichkeit bewusst!), also das Gefühl des Hineingeworfenseins in die Welt, gleichzeitig auch der Verantwortlichkeit des Menschen in und vor der Welt, waren zentrale Themen des Barocks. Jean-Baptiste Dubos hat erläutert, dass die Kunst ein Mittel der gesellschaftlichen Kommunikation und der Überredung geworden sei, denn „von all den Talenten, die es uns ermöglichen, andere zu beeinflussen, sind nicht Verstand oder Wissen die bedeutendsten, sondern die Fähigkeit und das Vermögen, die Menschen gefühlsmäßig so anzusprechen, wie wir es wünschen".[1]

Jan Białostocki[2], der vielleicht berühmteste polnische Kunsthistoriker der vergangenen Jahrzehnte, hat den Barock nicht als spezifisch europäisches Phänomen gedeutet, vielmehr präge der Barock das gesamte achtzehnte Jahrhundert weltweit. Das konnte der Barock, weil er verschiedene Stile zuließ, Kunst und Architektur umfasste und

---

[1] Jean-Baptiste Dubos, *Cugetări critice despre poezie şi pictură* (*Critical Thoughts upon Poetry and Painting*) (Bukarest, 1983), pp. 306–307.
[2] Jan Bialostocki, *O istorie a teoriilor despre artă* (*A History of Art Theories*) (Bukarest, 1977).

Anmerkung: Dieses Kapitel wurde durch einen Zuschuss der Rumänischen Nationalbehörde für Wissenschaftliche Forschung, CNCS–UEFISCDI, gefördert, Projektnummer PN-II-ID-PCE-2011-3-1042.

dadurch viele verschiedene Felder der Kreativität zu bespielen vermochte. Tatsächlich überwand der Barock seine räumlichen und zeitlichen Ursprünge.[3] John Rupert Martin hat den Sachverhalt mit der Fähigkeit des Barocks erklärt, ganz unterschiedliche Elemente zu integrieren: „Richtig ist, dass es einen spezifisch barocken Stil gar nicht gibt. Im Gegenteil, man ist fast versucht, von der großen Vielfalt der Stile als einem kennzeichnenden Merkmal zu sprechen".[4] Es seien spezifische Perspektiven des Barocks auf die Welt, die ihn bei allen stilistischen Unterschieden zu einer „historischen Konstante" machten, so Jean-Philippe Minguet,[5] oder, wie Alois Riegl dargelegt hat: Der Barock hat Europa in einer ersten, modern anmutende Sensibilität vereint.[6] Als künstlerischer Ausdruck, der zwei Jahrhunderte umfasste, steht der Barock für eine Zeitspanne, in der es um die Befreiung des Denkens und Handelns[7] von ideologisch-religiösen Verengungen ging. Die barocke Kunst zielte auf die Seele der Gläubigen, indem sie deren Religiosität aufgriff und ansprach. Im Kern war der Barock damit eine Reaktion auf die Säkularisierung der Kunst in der Zeit der Renaissance.

Die Geschichtsschreibung hat den Barock sowohl positiv als auch negativ bewertet, wie manche andere Stilrichtungen auch, die aus einer negativen Abgrenzung hervorgingen, so etwa die Gotik oder der Manierismus. Heinrich Wölfflin hat demgegenüber die positiven Aspekte des Barocks herausgehoben (1888). Damit war er der erste, der eine eigenständige Position dem Barock gegenüber entwickelte.[8] Zuvor hatte Jacob Burckhardt[9] den Ton angegeben. Er bestritt den künstlerischen Wert des Barocks im achtzehnten Jahrhundert und betrachtete ihn als eine „wilde Renaissance". Die barocke Architektur brächte gegenüber der Renaissance nichts wirklich Neues, allenfalls einen verwilderten Dialekt.[10]

Wie bei der Renaissance und ihren lokalen Varianten müssen wir im Fall des Barocks einerseits die generelle Kunstrichtung in den Blick nehmen, andererseits die vielen regionalen Ausprägungen berücksichtigen. Als eine Kunst der Gegenreformation und des aufgeklärten Absolutismus konnte der Barock schon von den Voraussetzungen her gar nicht einheitlich sein, weil Katholizismus und aufgeklärte Monarchie unterschiedliche Ausprägungen in Europa hatten und in manche Regionen gar nicht vordrangen. Schließlich müssen wir zwei Stilrichtungen unterscheiden: (a) den opulenten Barock, der den Triumph der römisch-katholischen Kirche über den Protes-

---

3 *Ibid.*, p. 350.

4 John Rupert Martin, 'The Baroque from the Point of View of the Art Historian', *Journal of Aesthetics and Art Criticism*, vol. 14, Nr. 2 (1955), pp. 164–170.

5 Jean-Philippe Minguet, *Estetica rococoului* (*The Aesthetics of the Rococo*) (Bukarest, 1973), p. 52.

6 Alois Riegl, *Istoria artei ca istorie a stilurilor* (*Art History as Style History*) (Bukarest, 1998), p. 23.

7 Henri Focillon, *Viața formelor* (*The Life of Forms*) (Bukarest, 1995), p. 25.

8 Bialostocki, *O istorie a teoriilor despre artă*, p. 327.

9 Jacob Burckhardt, *Cicerone* (Stuttgart, 1855), p. 161.

10 *Ibid.*, p. 348.

tantismus feierte und (b) den Spätbarock,[11] der den Übergang zum Neoklassizismus repräsentierte. Alois Riegl hat den italienischen Barock noch einmal in unterschiedliche regionale und lokale Ausprägungen differenziert und zählt den Wiener Barock zum italienischen Ursprungsphänomen. Allerdings deutet er ihn als lokalen und durchaus originellen Zweig der italienischen Barockkunst.[12] Als eine Untervariante des Wiener Barocks lässt sich wiederum der Banater Barock deuten, der seinen Aufstieg Anfang des achtzehnten Jahrhunderts begann, Resultat des veränderten Machtgleichgewichts in Osteuropa und der Ausdehnung des Habsburger Reiches in Richtung Südosteuropa.

Kulturelle Verflechtungsgeschichte und die barocke Kunst des Banats

Răzvan Theodorescu hat das Konzept zweier „kultureller Korridore" schon vor längerer Zeit für Südosteuropa entwickelt (1974).[13] Demnach vermittle Rumänien zwischen zwei kulturellen Einflusszonen, einerseits dem Einfluss, der von der Adria her komme, andererseits den kulturellen Strömungen, die aus dem Schwarzmeerraum ausstrahlten. Dieses Konzept eines Raumes kulturellen Austausches und damit auch der Kreativität hat später Victor Neumann aufgegriffen und für den mitteleuropäischen Raum angepasst.[14] Erst auf dieser Basis ist ein Verständnis für die komplexe Kulturgeschichte des Banats möglich, beginnend im Mittelalter bis hin zur Schwelle der Moderne. In der Definition von Victor Neumann gehört das Banat zum „okzidentalen kulturellen Korridor", in dem Ideen und Sachverhalte auf keinen strukturellen Widerstand trafen und leicht adaptiert wurden, zunächst aus Richtung der byzantinisch-balkanischen Zentren, später aus Richtung Mitteleuropas. Hinzu kam der interregionale Kulturaustausch.

---

11 Ein von Hans Rose 1921 eingeführter Begriff, um die Kunst der Jahre 1660 bis 1760 zu kennzeichnen. Die stark klassizistische Basis ist offensichtlich und bezieht sich vor allem auf Frankreich und jene Regionen, die unter französischem Kultureinfluss standen.

12 Alois Riegl, *Die Entstehung der Barockkunst in Rom* (2. Aufl., Wien, 1923), p. 3.

13 Răzvan Theodorescu, 'Cuvânt înainte' ('Foreword') in Victor Neumann, *Convergenţe spirituale (Spiritual Convergences)* (Bukarest, 1986), p. 8.

14 Victor Neumann, „Coridoare culturale" în Europa Est-Centrală: *Cărţi şi biblioteci în mediile aulice din Transilvania, Banat, Ungaria şi Serbia'* („Cultural Corridors" in East-Central Europe: Books and Libraries in Aulic Environments of Transylvania, the Banat, Hungary and Serbia'), in id., *Tentaţia lui Homo Europaeus: Geneza ideilor moderne în Europa Centrală şi de Sud-Est (The Temptation of Homo Europaeus: The Birth of Modern Ideas in Central and South-Eastern Europe)* (3. Aufl., Iaşi, 2006), pp. 161–229. Der Band thematisiert die engen geistigen Kontakte zwischen den Intellektuellen Südosteuropas und den westeuropäischen Kulturzentren. Auch wird deutlich, wie und warum die Rezeption von Büchern bekannter Autoren möglich war, obwohl sie ihre Werke ursprünglich in Paris, Amsterdam, London, Leipzig, Halle, Bern und Wien veröffentlicht hatten. Weiterhin gibt der Band Einblick in Leben und Werk ausgewählter europäischer Persönlichkeiten. Im Mittelpunkt stehen freilich deren Ideen, die auf dem Kontinent im 17. und 18. Jahrhundert zirkulierten und immer mehr Fuß fassten.

Zu nennen sind hier die engen Beziehungen des Banats zu Böhmen, Dalmatien, Siebenbürgen, dem Partium, der Bukowina und der Walachei. So erklärt sich, warum das Banat eine wahre „Synthese der Zivilisation"[15] darstellte. Unterschiedliche kulturelle Codes trafen hier aufeinander und wurden doch zur Deckung gebracht. Die barocke Kunst des Banats, als Konglomerat verschiedener Formen und Inhalte, entwickelte gleichwohl mit der Zeit eine stimmige Sprache gemeinsamen Erlebens und emanzipierte sich dadurch von den früheren künstlerischen Dogmen.

Im achtzehnten Jahrhundert bestanden erhebliche Entwicklungsunterschiede zwischen Zentrum und Peripherie. Um mehr Durchgriffsrechte zu gewinnen und zugleich den Wohlstand der Bevölkerung und die Macht des Staates zu steigern, setzte das Habsburger Reich auf eine Angleichung des Zivilisationsniveaus in den verschiedenen Provinzen. Diese Strategie passte zu den Ideen des französischen Absolutismus, der den meisten europäischen Monarchien als Leitbild diente.[16] Das Banat wurde 1718 Teil des österreichischen Staates. Völkerrechtlich legte dies der Vertrag von Passarowitz (1718) fest. Das Banat gelangte in kaiserlichen Besitz, erhielt eine autonome Rechtsstellung (Kronland), und die Hauptstadt war Timișoara. Diese Rechtskonstruktion unterschied das Banat von Siebenbürgen und Ungarn. Es gab hier keinen Adel, keine Privilegien, kein nobilitiertes Landeigentum. So konnten die Habsburger die Provinz vollkommen neu aufbauen.

Die Barockkunst erreichte den Banat erst im dritten Jahrzehnt des achtzehnten Jahrhunderts. Für den Banat bedeutete dies eine Konfrontation mit dem Spätbarock und mit ersten klassizistischen Elementen. Der Barock, so wie er im Banat rezipiert wurde, war Ausdruck der Aufklärung, nicht der Gegenreformation, wie der frühe Barock. Den Spätbarock trug die Stimmung einer allgemeinen Erneuerung, die Gegnerschaft zu den alten Dogmen, die Ablehnung von Aberglauben und von Vorurteilen, welche für das Mittelalter noch so typisch gewesen waren. Die Vernunft hatte Vorrang. Sie leitete auch die Verwaltung der Provinz bei ihrem Ziel, ein gesellschaftliches, politisches, ökonomisches und kulturelles System aufzubauen, das mitteleuropäischen Kriterien entsprach. Die barocke Kunst wandelte sich, betonte den *sensus allegoricus*, setzte ganz auf das visuelle Erlebnis. Es war dieses spätbarocke Kunstkonzept, das mit der Transformation der Provinz zu einem Kronland im Banat Einzug hielt. Die Bauwut prägte bald das Erscheinungsbild der Region. Als Vorbild galt die kaiserliche Hauptstadt Wien. Die architektonischen Programme sorgten dafür, dass die Bautätigkeit keinesfalls zufällig erfolgte.

---

15 Victor Neumann, *Interculturalitatea Banatului* (*Banatian Interculturality*) (2. Aufl., Iași, 2013), pp. 15–29, 33–42. Id., 'Preliminarii la o sinteză a istoriei Banatului' ('Preliminaries towards a Synthesis of Banatian History'), in id. (Hg.), *Identitate și cultură: Studii privind istoria Banatului* (*Identity and Culture: Studies upon the History of the Banat*) (Bukarest, 2009), pp. 9–18.

16 Dorina Sabina Pârvulescu, *Pictura bisericilor ortodoxe din Banat* (*The Painting of Orthodox Churches in the Banat*) (Timișoara, 1997), p. 5.

Mit der Eroberung durch die Habsburger kamen katholische Orden in die neue Provinz des Kaisers. Für sie galt es, die Verwaltungsmitarbeiter seelsorgerisch zu betreuen, auch die Siedler aus dem Westen zu begleiten, schließlich neue Gläubige zu gewinnen. Jesuiten, bosnische Franziskaner, Piaristen und Barmherzige Brüder gründeten neue Klöster und Schulen. Dabei benutzten sie die Baukonzepte ihrer Heimat, nur eben angepasst an das Banat. Ihnen oblag ebenso, das geistige Leben den katholischen Vorstellungen einzufügen. Politisch und ökonomisch materialisierte sich das zivilisatorische Programm der neuen „Krondomäne" mit ihrer Hauptstadt Temeswar in einem ganzen Konglomerat von Militär- und Kirchenbauten, von Bildhauerei und Malerei.

Die ersten Neubauten nach der Eroberung des Banats durch die Habsburger zielten auf die Wiederherstellung Temeswars als Festung. Dementsprechend verfügten die Militärs als erste über Gebäude mit barocken Elementen. 1719 bereits begann der Bau der siebenbürgischen Kasernen auf dem Gelände der alten Festung aus der Zeit von Matthias Corvinus.[17] 1723 begannen die Arbeiten an einer erforderlichen Ausdehnung der Zitadelle,[18] im Einklang mit den Prinzipien europäischer Festungsarchitektur. Die neue, nach Konzepten Vaubans geplante Stadt[19] sollte den militärtechnischen Anforderungen des 18. Jahrhunderts standhalten können, insbesondere den Angriffen der Artillerie. Gleichzeitig allerdings galt es, die Stadt gegenüber dem Umland zu öffnen. So erhielt sie vier Tore. Das Wiener Tor war mit Plastiken geschmückt, die an den römischen Triumphbogen erinnerten. Die Tore waren jeweils im Abstand von drei Basteien eingefügt, wobei die Zitadelle insgesamt aus neun Bollwerken bestand.[20] Wie unter militärischen Gesichtspunkten zu bauen sei, beschrieb der Jesuit Anton Höller 1733[21] ausführlich als fünftes Kapitel unter der Überschrift *Aedificia Belica* in der von Johann Peter von Ghelen herausgegebenen *Augusta Carolinae virtutis monumenta seu aedificia a Carolo VI. Imp. Max P(ater) P(atriae): Per orbem Austriacum publico bono posita.* Innerhalb der Zitadelle traten die Elemente des Barocks als Teil der rechteckigen Straßenanordnung hervor, vor allem als gestaltendes Element offener Räume, denen bestimmte

---

17 Nicolae Ilieșiu, *Timişoara: Monografie istorică* (*Timişoara: Historical Monograph*), vol. i (Timişoara, 1943), p. 86.

18 *Ibid.* Der Eckpfeiler für die Zitadelle wurde am 25. April 1723 gesetzt und enthielt die Aufschrift: 'Imperator Carolo VI. Duce Eugenio Sabaudiae. Principe per cladem Petro – Varadini MDCCXVI a Turcis recuperata Provincia, sub praesidio Claudii Comitis a Mercy anno a partu Virginis MDCCXXIII die XXV mensis Aprilis Temesvarini moenia fondabatur.'

19 Provinzgouverneur Graf Claude Florimond de Mercy war für die Ausrichtung an den Grundkonzepten Vaubans verantwortlich. 1728 unterbreitete er dem Kriegsrat ein Bauhandbuch für Timişoara, das während des 18. Jahrhunderts noch weiter fortgeschrieben wurde. Zu Einzelheiten s. Mihai Opriş, *Timişoara: Mică monografie urbanistică* (*Timişoara: Small Urban Monograph*) (Bukarest, 1987), p. 48.

20 *Ibid.*, p. 53; zu Einzelheiten über die Stadttore s. Johann Nepomuk Preyer, *Monografia orașului liber crăiesc Timişoara* (*Monograph on the Royal Free Town of Timişoara*) (Timişoara, 1995), p. 188.

21 Nicolae Sabău, *Metamorfoze ale barocului transilvan: Sculptura* (*Metamorphoses of the Transylvanian Baroque: Sculpture*), vol. i (Cluj-Napoca, 2002), p. 100.

Funktionen zugewiesen waren. Der Jesuiten-Platz wurde zum intellektuellen Zentrum der Stadt. Er lag vor der ältesten Kirche der Innenstadt, die dem Heiligen Georg gewidmet war. Während der osmanischen Besatzung hatte die Kirche als Moschee gedient. Nach der Eroberung war das Gebäude dem Jesuitenorden überlassen worden. Der zweite Platz, der seine Begrenzung durch das Generalshaus erhielt, war der Parade-Platz (1848: Szabadság/Freiheitsplatz, 1849–1867: Prinz-Eugen-Platz; 1867–1918 Jenő Herceg tér (ungarische Bezeichnung für Prinz-Eugen-Platz), seit 1918: Piața Libertății). Der dritte und größte Platz erhielt die Bezeichnung Hauptplatz (18. und 19. Jahrhundert auch: Domplatz, von 1867–1918: Losonczy-tér, seit 1918: Piața Unirii). Nach dem Bau des Doms wurde der Sitz des Bistums 1731 von Cenad nach Timișoara verlegt und der Dom war nun religiöses Zentrum der Stadt. Ganz bewusst stellte die barocke Stadt den großen Platz in den Mittelpunkt ihrer Anordnung, sodass sich das alltägliche Leben auf ihn hin ausrichten konnte.

Abgesehen von der weltlichen Stadtgestalt zeigte sich die barocke Kunst auch in der religiösen Architektur. Es waren die katholischen Orden, die nach der Habsburger Eroberung schon früh in die Provinz kamen, die mit ihrem Bau- und Kunstprogramm das barocke Bild Temeswars prägten. Die Jesuiten waren die ersten, die eintrafen. Sie veränderten die St.-Georg-Kirche und erneuerten deren Fassade. Verantwortlich hierfür war der Baumeister Anton Platel.[22] Bosnische Franziskaner ließen zwischen 1733 und 1736 eine Kirche und ein Kloster erbauen, wobei das Kloster 1788 den Piaristen überlassen wurde, welche von Sântana (Judez Arad) nach Timișoara umgezogen waren.[23] Andere Franziskaner-Mönche bauten ihre Kirche und ihr Kloster 1754–1755,[24] während die Minoriten, die auch dem Franziskaner-Orden angehörten, 1732 eine weitere Kirche erbauen ließen. Sie war dem Heiligen Nepomuk gewidmet, der seit 1726 als Schutzheiliger des Banats galt. Der Bruderschaft des Heiligen Nepomuk verdanken wir auch die Errichtung des Krankenhauses der Armen Brüder sowie den Bau der von ihnen genutzten Kirche,[25] 1748 bis 1753.

Die katholischen Mönchsorden verbreiteten sich im gesamten Banat: In Lugoj bauten die Minoriten 1733–1735 eine eigene Kirche. In Caransebeș errichtete der Franziskanerorden zwischen 1725 und 1730 die Kirche der Heiligen Jungfrau Maria.[26] Als Zentren des Bergbaus und der Schwerindustrie erhielten ebenso Oravița, Bocșa und Reșița katholische Kirchen. Der barocke Stil dieser Bauten war vielleicht nicht so prunkvoll wie jener in Mitteleuropa. Auf exzessive Ausschmückungen verzichtete er.

---

22 Adriana Buzilă und Rodica Vârtaciu, *Barocul în Banat: Catalog de expoziție (Baroque in the Banat: Exhibition Catalogue)* (Timișoara, 1995), p. 6. Die Kirche diente als Kathedrale für den Bischof von Cenad, s. Ilieșiu, *Timișoara*, p. 85.
23 Preyer, *Monografia*, p. 194; Buzilă und Vârtaciu, *Barocul în Banat*, pp. 6–7.
24 Preyer, *Monografia*, p. 192.
25 Beide Gebäude wurden durch das Feuer vom 6./7. Juli 1849 zerstört. Der Wiederaufbau erfolgte 1851. Franz Binder, *Alt-Temeswar* (Timișoara, 1934), p. 110.
26 Buzilă und Vârtaciu, *Barocul în Banat*, p. 7.

Aber gerade dadurch erhielten die Bauten einen ganze eigenen, intensiven Ausdruck. Die während des achtzehnten Jahrhunderts überall im Banat von den katholischen Orden errichteten Gotteshäuser waren durchgängig monumentale Bauwerke, die dem von Franz Anton Pilgram (1699–1761, österreichischer Architekt) geschaffenen Vorbild folgten. Charakteristisch war die Idee einer Basilika mit zwei Türmen an der Fassade, einem großen Chor und einem grandiosen Innenraum. Haupt- und Nebenaltäre gehörten zu den Pflichtelementen dieser barocken Szenerie. Die Kirche der bosnischen Franziskaner in Timişoara, welche dem Heiligen Nepomuk gewidmet war, aber auch die Kirche der Minderbrüder, St. Katharina, die Theodor Kostka mit einem sich aus der Fassade heraushebenden Turm gestaltete, wurden zu Modellbauten, die den Kirchenbau in vielen ländlichen Gebieten inspirierten, und zwar sowohl den orthodoxen Kirchenbau als auch den katholischen.

Papst Sixtus V. inspirierte die barocke Vorstellung von der Kirche als Herz der Stadt und damit „der Gemeindekirche als Mitte der städtischen Begegnung und als Zentrum der Kommunikation zwischen den Stadtbewohnern und den Repräsentanten der göttlichen Macht"[27]. So wundert nicht, dass der römisch-katholische Dom in Timişoara auf dem auch heute noch zentral gelegenen Piaţa Unirii (Vereinigungsplatz) liegt.[28] Der Bau der Kirche begann 1736 und wurde 1774 abgeschlossen. Architektonisch folgte er den offiziellen Vorstellungen der Zeit.[29] Die ursprünglichen Baupläne sind in den Wiener Staatsarchiven erhalten und zeigen, wie komplex und reich die äußeren Dekorationen geplant waren, welche aber später aus wirtschaftlichen Gründen aufgegeben werden mussten. Das Gebäude[30] ist in seiner Detaillierung dem großen Architekten Johann Fischer von Erlach zugeschrieben worden. Als Grundlage diente ein Entwurf des Wiener Hofbauamts, den er, ähnlich anderen Bauwerken, konkret durchplante. Emanuel Bernhardt Fischer von Erlach[31] trat in die Fußstapfen seines Vaters und beteiligte sich ebenfalls am Plan für die Kathedrale. 1723 war der Plan fertiggestellt und galt

---

27 Giulio Carlo Argan, *De la Bramante la Canova* (*From Bramante to Canova*) (Bukarest, 1974), pp. 174–175.
28 Die Bauphasen sowie einzelne Details der Kirche sind beschrieben in *Die Domkirche in Temeswar* (München, 1972), p. 90 *passim*; A. Buzilă, 'Catedrala romano-catolică din Timişoara' ('The Roman Catholic Cathedral of Timişoara'), *Tibiscus* (History), vol. 5 (1978), pp. 237–250.
29 Die ausführlichste Studie zur Entwicklung der Banater Barockarchitektur bietet Adriana Buzilă, 'Biserici baroce din Banat' ('Baroque Churches in the Banat'), Diss., (Cluj-Napoca, 1998).
30 Hans Diplich, *Die Domkirche in Temeswar* (München, 1972), p. 52. Es gibt durchaus verschiedene Ansichten darüber, wer für das Bauprojekt verantwortlich war, s. V. V. Muntean u. a., *Monuments*, p. 136 n. 8.
31 Formale und stilistische Analogien lassen sich an manchen Kirchen beobachten, die Joseph Emanuel Fischer von Erlach verantwortete, so in Greuze, wo er eine Kirche für die Pauliner baute, oder in Sasvar, wo er zusammen mit Jean Joseph Charmant einen Palast für Maria Theresia errichtete. Die künstlerische Entwicklung des jüngeren Fischer von Erlachs schildert Pál Voit, *Der Barock in Ungarn* (Budapest, 1971), p. 48.

als geradezu genialer Entwurf.[32] Der Bau der Kirche begann 1736, ein Jahrzehnt nach dem Tod des Architekten.[33] Als Aedificator Operis (Baumeister) musste Johann Theodor Kostka allerdings noch einmal eingreifen und das Konzept vereinfachen. So verzichtete er auf die plastische Ausgestaltung der Fassade, etwa auf die Büste des Heiligen Georg und auf die Seitenpodeste. Grund für den Eingriff waren Sparmaßnahmen, da die wirtschaftliche Lage des Banats unter Maria Theresia sich als durchaus schwierig erwiesen hatte. Die Außenfassade heute und die Innendekoration spiegeln daher nur ein vereinfachtes Bild im Vergleich zu den ursprünglichen Ideen wider.

Die katholische Kirche in Lenauheim (Tschatad, Csatád) steht für einen weiteren Bau[34], der unter dem Einfluss der Habsburger Verwaltung entstand und von zwei Meistern der Architektur geplant wurde, Tobias Gruber (Franziskaner, zwischen 1774 und 1778 Bau- und Navigationsdirektor im Banat) und Johann Georg Müller. Der Plan der Kirche wurde von Carl Alexander Steinlein (Ingenieur und Baumeister) gezeichnet, der auch andere Kirchen des Banats verwirklicht hat, so etwa in Iecea Mare und in Săcălaz, Bezirk Timiş, indes auch in Neudorf sowie Sefdin/Frumuşeni, Bezirk Arad. Die anfänglich noch elliptische Kuppel der Lenauheimer Kirche fiel 1823 zusammen und wurde durch eine Decke ersetzt. Der Temeswarer Dom sowie die Kirche in Lenauheim waren staatlich geförderte Gebäude, die allein schon dadurch Normen für die barocke Architektur des Banats setzten. Aus wirtschaftlichen Gründen wurden in beiden Fällen die Pläne nicht vollkommen umgesetzt, sondern ein vereinfachtes Modell realisiert, das den Realitäten im Banat besser entsprach. Das war auch in anderen Provinzen der Habsburger Monarchie üblich. Als späte Variante des Barocks nahm der Banater Spätbarock klassische Elemente in sich auf, experimentierte mit verschiedenen Formen und passte sich den spezifischen Normen und den äußeren Rahmenbedingungen seiner Umgebung an.

Als herausragendes stilistisches Merkmal des Banater Barocks kann sicherlich die Betonung eines zentralen Motivs gelten. Wir finden es herausgearbeitet in einem starken Vorsprung (Risalit) oder einem kleinen separaten Bauwerk (Ädikula) unmittelbar vor der Gebäudefassade (z. B. am Dom, 1736–1774); andernorts sehen wir ein von Pfeilern gestütztes Vordach (etwa an der serbischen Bistumskirche in Timişoara). Doch es gab auch andere dekorative Elemente, die wir am Oberteil eines Portals entdecken können, an den Pfeilerspitzen, oder die sich abwechseln und der Fassade ihren Rhythmus verleihen. Auch die Fensterrahmen boten Gelegenheit, das Motiv zu entwickeln.

---

32 *Plana proiectaque aedificii Viennae confecta sunt per aulicum caesare reg. celeberrimus architectum Emanuelem Fischer von Erlach.* Es gibt freilich verschiedene Ansichten zum Architekturkonzept. Einzelheiten thematisiert Robert Born, Die Domkirche in Timişoara. Eine kunstgeschichtliche Interpretation. *In Beiträge zur Kunstgeschichte Ostmitteleuropas* (Marburg, 2001), pp. 233, 234, 242.
33 Voit, *Der Barock in Ungarn.*
34 A. Buzilă, 'Tehnicieni constructori în Banatul secolului al XVIII-lea' ('Construction Technicians in the Eighteenth-Century Banat'), *Analele Banatului*, vol. 3 (1998), pp. 75–84.

Die Gebäude dieser Zeit blieben in ihren Ausmaßen begrenzt, waren ausbalanciert, nutzten den Raum gut – sieht man einmal von jenen Bauwerken ab, deren Statik den Anforderungen nicht genügten und die deshalb zusammenbrachen. Diese architektonischen Meisterwerke bewahrten die Authentizität des späten Barocks, korrespondierten mit der Aufklärungsideologie, mit dem rationalen und zugleich zutiefst gottbezogenen Geist der Zeit.

Die Banater Architektur des achtzehnten Jahrhunderts spiegelte eine Vielzahl von Denkweisen wider. Ganz unterschiedliche kulturelle Traditionen[35] trafen in einem Prozess der Europäisierung aufeinander. Je mehr Siedler aus unterschiedlichen Teilen Europas in das Banat kamen, umso mehr setzte sich das Kulturverständnis der offiziellen Stellen durch, passten sich diese wiederum den lokalen Verhältnissen an. Als Beispiel hierfür mag die Hallenkirche der orthodoxen Bevölkerung erwähnt werden, mit ihrer klar artikulierten Höhenbetonung, der traditionellen Ausrichtung nach Osten hin, der Abschottung des Altars, dem einheitlichen Innenraum, der eine Dachgestaltung ermöglichte, die viel Platz für das ikonografische Programm bot. Unter den monumentalen Werken des Barocks ist auch das Portal des (serbischen) Bischofspalasts in Timişoara zu nennen, der eine Kombination aus phytomorphen (pflanzähnlichen) und anthropomorphen (menschenähnlichen) Dekorationselementen aufweist, analog dem Salzburger Bischofspalast.[36] (Ein Flachrelief zeigt beispielsweise eine Figur, deren physiognomische Merkmale durch stilisierte Reben und Ohrmuschelmotive unterstrichen werden).

Im Banat entwickelte sich der Barock zu einem Phänomen europäischer Kultur und Zivilisation, das ergänzend Impulse durch Elemente erhielt, die schon vor der osmanischen Besatzung existierten. Die Kunst des Barocks hatte eine missionarische Aufgabe. Sie zeugte vom Triumph des Christentums und von der geistigen und materiellen Kultur des Westens. Die Bildhauerei des Banats vermittelte ein Gefühl von Macht in einer Zeit, die als besonders ausdrucksreich galt und als gefühlsstark. Wie die barocke Kunst des achtzehnten Jahrhunderts sich im Zeitverlauf zu einer stimmigen Kunstform verwandelte, lässt sich an den Skulpturen beobachten, die religiöse Themen behandeln. Die Bildhauerei erschuf ein ikonografisches Repertoire, das zweifelsohne barockes Denken widerspiegelte und in allen Provinzen des Habsburger Kaiserreichs wiederzufinden war. Herausgehoben wurden wenige, als heilig geltende Protagonisten, die durch die Stärke ihres Glaubens und ihr Märtyrertum, durch ihre Gesten und ihr vorbildliches Tun zu Mediatoren des Göttlichen wurden.

Etwas Festliches durchzieht den Geist der barocken Kunst. Sie erzog ihre Betrachter mithilfe großer Gesten. Der Vergleich mit dem Theater ist in der Tat angemessen. Im

---

35 Id., 'Arhitectura-oglindă a diferitelor mentalităţi bănăţene din sec. al XVIII-lea' ('Architectural Mirror of Different Banatian Mentalities in the Eighteenth Century'), in *Ars Transsilvaniae* (Bukarest, 1991), pp. 75–84.

36 Vgl. Franz Wagner, 'Die Salzburger Residenz als Gegenstand kunstgeschichtlicher Forschung', *Barockberichte*, vols. 5–6 (1992), p. 201.

Barock als Stadtkunst geht es um ein Wetteifern der Künstler miteinander, um totale Kunst: Die Architektur gibt sich bildhauerisch, die Bildhauerei architektonisch. Wenn große staatliche oder religiöse Denkmale auf den städtischen Plätzen stehen, dann zeigt sich darin der politische Vorrang einer bestimmten religiösen Glaubensrichtung (im Banat des habsburgischen Katholizismus), doch zugleich sind diese Plätze allgemeine Treffpunkte und Orte der Ausbildung eines religionsübergreifenden Gemeinschaftsgeistes. Viele der Denkmale thematisieren die Grundfragen der menschlichen Existenz: der Tod wird als Schauspiel für das Leben verstanden und das Leben als *Memento mori*, als Erinnerung an den Tod.[37] Der Barock thematisiert die Formenvielfalt der unmittelbaren Lebensumwelt und lädt eben diese Formen mit politischer, gesellschaftlicher und kultureller Bedeutung auf. Die Formen entstammen dem Alltagsleben und erwecken eine für den Barock spezifische Sensibilität. Der barocke Mensch wird „eingeladen", am religiösen Schauspiel teilzunehmen, dessen visuelles Szenario die Denkmale der Bildhauer und Architekten vorgeben.

Die orthodoxe Barockarchitektur des Banats

An den Kirchentypen lässt sich die Entwicklung des Barocks im Banat während des achtzehnten Jahrhunderts verfolgen. Für die Gotteshäuser gab es so etwas wie einen Standard, geprägt durch eine Längsausrichtung des Kirchenschiffes und einen Glockenturm an der Vorderseite. Zwei Türme hatten nur die großen Bischofskirchen, im orthodoxen Glaubensbereich nur die Kirchen von Sremski Karlovci (Karlowitz, 1758–1762) und die serbische Metropolie in Timișoara (1744–1748), schließlich die Himmelfahrtskirche in Lugoj (1759–1766).

Obwohl durch den Kirchengrundriss, die Gewölbeform und das ikonografische Programm klare Regeln den Kirchenbau bestimmten, interpretierte die orthodoxe Architektur des Barocks ihre Aufgabe progressiv. Die Osmanen hatten vorgegeben, dass keine haltbaren Materialien für den Kirchenbau verwendet werden dürften (z. B. nur Holz anstelle von Stein). Aber nachdem die orthodoxe Kirche und die serbisch-orthodoxen Gläubigen im Zuge der Habsburger „Türkenkriege" Privilegien erhalten hatten, die später auch für die rumänisch-orthodoxe Bevölkerung des Banats Bedeutung erhielten, galten die Beschränkungen nicht mehr. Die sogenannten illyrischen Privilegien, die von Leopold I. am 21. August 1690 den Serben im gemeinsamen Kampf gegen die Türken gewährt wurden, sicherten der orthodoxen Kirche eine gewisse Autonomie. Sie ermöglichten eine Stärkung der geistigen Autorität über die orthodoxen Gläubigen im Kaiserreich.[38] Unter dem Schutz der Privilegien übernahm die slawisch-serbische

37 Rosario Assunto, *Universul ca spectacol* (*The Universe as Performance*) (Bukarest, 1983), p. 159.
38 Silviu Anuichi, *Relațiile bisericești româno-sârbe în secolul al XVII-lea și al XVIII-lea* (*Romanian-Serbian Church Relations in the Seventeenth and Eighteenth Centuries*) (Bukarest, 1980).

Metropolitankirche die religiöse Führerschaft in der Region, wobei die Kirchen, die im 18. Jahrhundert gebaut wurden, oft von serbischen und rumänischen Gläubigen gleichzeitig genutzt wurden. Durch ihre Zugehörigkeit zur serbischen Kirche unter der Treuhandschaft des Patriarchen von Sremski Karlovci war die orthodoxe Kirche im Banat bis zur zweiten Hälfte des neunzehnten Jahrhunderts herausgehoben, was sich auch in der Architektur widerspiegelte. Die stilistischen Neuerungen, die der Barock für die Banater Orthodoxie bereithielt, lassen sich schon am Flächengrundriss erkennen: Der Bau bestand nur aus einem einzigen Schiff, in Längsrichtung, mit einem Glockenturm an der Fassade. Das Innere war gemäß dem östlichen Ritus strukturiert, d. h. mit Bema (Altarraum einschließlich Ikonostase, der ikonengeschmückten Abtrennung gegenüber dem Gemeinderaum), Naos (Kirchenschiff, Gemeinderaum) und Narthex (Vorhalle). Die Einhaltung dieser Vorgaben wurde bis 1751 staatlicherseits von einer sowohl für die zivilen als auch die militärischen Bauvorhaben zuständigen Stelle überwacht. Später gab es dafür zwei getrennte Abteilungen. Die für die späteren Jahre, also nach 1751, überlieferten Anordnungen bestimmten, dass die orthodoxen Gemeinden ihre Bauprojekte und Finanzunterlagen den staatlichen Behörden vorlegen mussten und erst nach offizieller Zustimmung bauen durften.[39] Kirchen, die nach diesen Vorgaben auf ungarischem Territorium entstanden, sind etwa die Kirchen in Szentendre (1741), Csobánka[40] (1746), Budakalász (1752), Beremend (1755) und Arad (1764). Hier gab es große serbische Gemeinden, die dem Siedlungsaufruf der Habsburger gefolgt waren. Die Architekten, Bauingenieure und Baumeister, die für die neuen Kirchen verantwortlich zeichneten, hatten ihre Ausbildung überwiegend in Mitteleuropa abgeschlossen, während für die Innenmalerei und die Dekorationen zumeist serbisch-orthodoxe Spezialisten verantwortlich waren.[41]

Auch im Banat, wie in anderen Teilen des Habsburger Reiches, erhielten viele orthodoxe Kirchen eine neue Gestalt nach westeuropäischem Vorbild. Die Klöster Mesič und Hodoş-Bodrog erhielten ihr barockes Aussehen etwa durch einen Turm an der Vorderfassade. Das Kloster Krušedol lud die Kirchgänger mit seinem barocken Eingangsportal in den Gebetsraum ein, das Kloster Fruška Gora überzeugte durch eine Ornamentierung im Barockstil (Fruška-Gora-Kloster). Die meisten der im achtzehnten Jahrhundert gebauten Barockkirchen übernahmen das kreuzartige Konzept einer Aufstellung des

---

39 Dorina Sabina Pârvulescu, 'Coordonate ale creaţiei artistice ortodoxe din Banat în pragul epocii moderne' ('Coordinates of Orthodox Artistic Creations in the Banat at the Dawn of the Modern Age'), *AB* (Art), vol. 4, (2002), p. 138.

40 Die Geschichte der serbisch-orthodoxen Kirchen in Ungarn thematisieren Dujmov Milan und Szalai-Nagy Marta, *Magyarországi Ortodox Templomok* (*Orthodox Churches in Hungary*) (Budapest, 2010), pp. 108–109.

41 Martha Nagy, 'National Self-Preservation in Eighteenth-Century Serbian Church Architecture in Hungary', *Centropa: A Journal of Central European Architecture and Related Arts*, vol. 8, Nr. 2 (May 2008), p. 136.

Volkes in Längsrichtung, im Gegensatz zur stärker mittig-zentrierten Vereinigung des Volkes während der Renaissance.[42]

Das Toleranzedikt, das Joseph II. 1781 erließ, zielte nicht unmittelbar auf die orthodoxe Kirchenarchitektur, enthielt aber Kriterien für den Kirchenbau: Demnach sollten die Front-Fassaden der Kirchen nicht zur Hauptstraße hin zeigen. Für die äußere Dekoration galt das Prinzip angemessener Bescheidenheit, auch sollte das Gebäude nicht höher sein als die benachbarten Bauten. Die Gottesdienstbesucher sollten in Längsrichtung stehen, die äußere Gestalt insgesamt ausgeglichen wirken, und das Dach und der Turm das äußere Erscheinungsbild prägen. Diese Imagination einer idealen Kirche wurde tatsächlich Leitbild für das Banat, vor allem auch im ländlichen Gebiet, und zwar sowohl für die Katholiken als auch für die Orthodoxen. Die viel aufwendigeren Baukonzepte der kaiserlichen Stiftungen (zum Beispiel für den katholischen Dom in Timișoara, errichtet von Karl VI. 1736, und für die Kirche in Lenauheim, 1777) wurden nicht zu Modellen, denen gefolgt wurde – vor allem aus finanziellen Gründen. Die Baustruktur war äußerst komplex und die reiche Fassadengestaltung aufwendig.

Die Forschungen zeigen, dass viele der Techniker und Baumeister, die für den Kirchenbau im Banat Verantwortung trugen, ihre praktische Ausbildung in Mitteleuropa erhalten hatten. Zu nennen sind: Carl Alexander Steinlein, Theodor Kostka, Kaspar Dissl, Johann Lechner, Johann Georg Herle und Frederick Cadusch. Für die Innengestaltung der orthodoxen Gebäude gab es allerdings nur wenige ausgewiesene Meister, die mit der stilistischen Ausgestaltung orthodoxer Kirchenbauten vertraut waren. Die meisten von ihnen waren ins Banat umgesiedelte Kunsthandwerker.

Noch einen anderen Fall beobachten wir, wenn wir die orthodoxe Kirche in Lugoj betrachten („Mariä-Himmelfahrt-Kirche"). An deren Erstellung war unter anderem Johannes Breutter aus Temeswar beteiligt. Er charakterisierte den orthodoxen Kirchenbau seit dem Mittelalter als eine Hallenkirche mit einer Dreier-Apsis, die an den traditionellen trikonischen Stil erinnere.[43] Die Fassade mit den zwei Türmen war von den Plänen der katholischen Kathedrale in Timișoara inspiriert. Dokumente erwähnen, dass die Initiative für den Bau der Kirche in Lugoj, für das wichtigste orthodoxe Bauwerk des Banats im achtzehnten Jahrhundert also, von den lokalen Landbesitzern und Landverwaltern Gavril Guran, Alisandru Petrașcu und Mihail Faur ausging, „zusammen mit der ganzen Stadt", wie es in einem Dokument heißt.[44]

Die orthodoxe religiöse Kunst im Banat konnte ihre Bedeutung im Vergleich mit der katholischen Kunst zunehmend ausbauen. Der Prozess der Erneuerung begann schon früh und richtete sich anfangs auf die Restauration der ländlichen Holzkirchen. Die aufwendigeren, steinernen Kirchengebäude bedurften der Zustimmung durch den

---

42 Vernon Hyde Minor, *Baroque and Rococo: Art and Culture* (London, 1999), p. 77.
43 Buzilă, 'Tehnicieni constructori în Banatul', p. 40.
44 *Ibid.*

Reichshofrat. Ihm oblag es, die Baupläne zu genehmigen.[45] Das stand in einer Richtlinie, die der Bischof von Timişoara am 12. August 1785 herausgab. In ihr unterrichtete er die Priester auf dem Lande, dass die „Kirchenbauten eine Genehmigung der Behörden brauchten und zur Genehmigung die Pläne beizufügen" seien.[46] Die kaiserliche Verwaltung drängte darauf, dass die Neubauten dem barocken Grundmodell folgten, damit die ländlichen Siedlungen einen mitteleuropäischen Anstrich erhielten. Dies galt so nicht nur für das Banat, sondern überall. Gleichzeitig war die barocke orthodoxe Kirche auf diesem Wege in den barocken Siedlungsplan eingebunden, gerade auch in Hinblick auf die dörflichen Neusiedlungen.[47]

Religiöse Themen in der plastischen Kunst

In der plastischen Kunst des Barocks finden wir vor allem zwei Arten von Symbolen. Die eine Symbolgruppe verweist auf das Christentum als Konstante europäischer Kultur, die andere thematisiert die Pest als europäischen Schicksalsschlag und verweist auf Hilfe durch die Pest-Heiligen (den Heiligen Sebastian, den Heiligen Rochus und den Heiligen Karl Borromäus). Jeder der Heiligen habe sein Märtyrertum im Namen des Glaubens ertragen und sich, gestärkt durch den Glauben, der Pest entgegengestellt und den Kranken geholfen. In dieser Sicht wurden sie zu symbolischen Mittlern zwischen Leben und Tod, versprachen Hoffnung und Fürsprache auch in schwierigen Zeiten. Die sogenannten Pestsäulen vermittelten diese Botschaft in beeindruckender Form.

Die Säule als strukturelles bildhauerisches Element stand im Barock für Kraft und Hilfestellung, welche von unten erfleht und von oben zuteilwurden. Gerade in bewegten Zeiten entwickelte diese figürliche Anordnung Überzeugungskraft. Die Idee eines pyramidenartigen Monuments, das über die Wolken hinausragte und einen großen Raum einnahm, hatte Berninis Werk in Rom an der Piazza Navona und dem Petersdom zum Ursprung. Ludovico Burnacini entwickelte die Idee, ein ähnliches Monument in Wien zu errichten, auf einem freien Platz (Graben), sodass es von Fußgängern leicht zu sehen war. Der Wiener Prototyp der Pestsäule wurde auf Anordnung von Leopold I. von 1682 bis 1693 erbaut, als eine Votivdarstellung nach der Pestepidemie von 1679.[48] Entworfen von Mathias Rauchmiller wurde das Monument nach seinem Tode von Johann Bernhard Fischer von Erlach vollendet.

---

45 Das Dokument befindet sich im Staatsarchiv Timiş, *Memorandum Protocol Satchinez*, I, fo. 36.

46 I. D. Suciu, *Monografia Mitropoliei Banatului (Monography of the Banat Archbishop)*, (Timişoara, 1977), p. 131.

47 Einzelheiten bieten Teodor Octavian Gheorghiu und Radu Radoslav, 'Modele baroce coloniste bănăţene ale secolului XVIII-lea: Comparaţie cu vechile implanturi coloniste din Transilvania' ('Colonist Baroque Banatian Models of the Eighteenth Century: Comparison with the Old Colonist Implants of Transylvania'), in *Studies and Dissertations* (Arad, 1994), p. 65.

48 Eberhard Hempel, *Baroque Art and Architecture in Central Europe* (London, 1965), p. 104.

Auch in Timişoara gab es ein solches Großdenkmal. Entworfen hat den 1741 errichteten Obelisken Jean Deschan von Montcassel (Lothringen), der auch den Titel eines Hofrates trug. Zu erkennen ist die exponierte Bedeutung des Denkmals an den kaiserlichen Insignien in Form eines Heraldikelements. Die kaiserliche Krone ist in einer aufsteigenden Wolkenansammlung platziert, ein Symbol für den besonderen Status des Banats als unmittelbare Provinz der Habsburger Krone. Die bereits erwähnten Pest-Heiligen finden wir auf der Basis des Obelisken: den Heiligen Johann Nepomuk, die Heilige Barbara und den Propheten David. An der Spitze der Säule finden wir die Jungfrau Maria als Fürsprecherin für die Bedrückten. Ganz ähnliche Denkmale finden wir in Linz (Österreich) sowie in Pécs, Vác und Kesckemét (Ungarn). Darstellungen der Heiligen Dreieinigkeit in einem stärker provinziellen Stil und mit einer vereinfachten Ikonografie wurden überall im Banat des achtzehnten und neunzehnten Jahrhunderts errichtet, zum Beispiel in: Teremia Mare, Vinga, Arad, Neudorf, Maşloc und Tisa Nouă.

Ein anderes abstraktes Konzept barocker Kunst ist die Idee der „unbefleckten Empfängnis Mariä", die über dem Mond schwebt und über die Schlange der Ketzerei hinweg schreitet. Im Banat finden wir dieses Thema auf dem Denkmal für den Heiligen Johannes Nepomuk wieder. Die Lilie und der sternenbesetzte Heiligenschein sind weitverbreitete mariologische Symbole und kennzeichnen die Unbeflecktheit der Jungfrau. Die Darstellung zeugt vom Triumph der christlichen Kirche über die Ungläubigen, wobei der Islam als Schlange dargestellt wird. Die Forschung hat die Wiener Bildhauer E. Wasserburger und F. Blim als die entscheidenden Künstler identifiziert. Errichtet wurde das Denkmal 1756. Es ist Ausdruck einer provinziellen Religiosität, die im ikonografischen Repertoire Johannes Nepomuks zur Darstellung gebracht wird.[49] Gefeiert wird er als Patron der Provinz (seit 1726), und mit ihm zusammen wird an andere Heilige erinnert, die für ihren Glauben zu Märtyrern wurden: an den Heiligen Sebastian, den heilige Rochus und an Karl Borromäus. An der Spitze steht Maria, die Unbefleckte. Der Darstellung fehlt das Kompositionspathos ähnlicher Monumente im Kaiserreich, vor allem jener, die in der Hauptstadt errichtet wurden. Aber durch die Eloquenz der Gesten und Symbole stand auch das Temeswarer Denkmal für die Kraft des Glaubens in einer Zeit voller Unbeständigkeit.

Die meisten Skulpturen im Banat waren dem Heiligen Johannes Nepomuk gewidmet. Nach dessen Heiligsprechung (1729) durch Papst Bonifatius XIII. (1724–1730) verbreitete sich der Kult um den Bischof aus Prag in ganz Mittel- und Südosteuropa. Zahlreiche Darstellungen von ihm gibt es. Die allermeisten zeigen ihn als Geistlichen mit einem Chorhemd, das Kreuz in der Hand. Begleitet wird er von Putten, die seine Zeichen tragen (die Votivtafeln) oder die das Geheimnis des Glaubens verdeutlichen, indem sie den Finger auf die Lippen legen. Entsprechende Darstellungen finden wir

---

49 1721 errichteten die bosnischen Franziskaner eine Ordensgemeinschaft, die den Vorbildern in der Slowakei und in Böhmen glich. Zu Einzelheiten s. Mihaela Vlăsceanu, *Sculptura barocă în Banat* (*Baroque Sculpture in the Banat*) (Timişoara, 2005).

vom achtzehnten bis ins neunzehnte Jahrhundert hinein. Im Banat beeindrucken vor allem die Skulpturen in Sânnicolau Mare (1757), Arad (1731), Tudor Vladimirescu, Periam, Pecica (1773), Fântânele, Neudorf, Bocșa Montană, Darova, Dudeștii Vechi, Lipova, Kiszombor, Magyarcsernye und Biserica Albă.[50] Die Bildsprache der Provinz folgte dabei mitteleuropäischen Mustern und hatte eines der ältesten Porträts des Heiligen als Vorbild, die Darstellung des Heiligen Nepomuk auf der Karlsbrücke in Prag. Die bildnerischen Grundlagen für die Skulptur legten noch Mathias Rauchmiller und Ferdinand Brokoff. Sie wiederum nahmen die Gravuren von Johann Andreas Pfeffel zum Vorbild, der J. Balbins Buch über das Leben des Heiligen Nepomuk illustriert hatte.[51]

Die Schutzheiligen und Wundertätigen der barocken Skulpturen stehen für Krisenerfahrung, für das Konzept des *Sic transit Gloria Mundi*, für die Vergänglichkeit der Welt, freilich auch für das *Gloria Dei*, für den Ruhm Gottes. Beide Weltwahrnehmungen waren typisch für die Zivilisation des Barocks. Die barocke Kunst des Banats zeugte auch hierin von der Synchronität mit dem Westen. Um den Gläubigen näher zu kommen, verzichtete sie allerdings auf klare Regeln der bildlichen Repräsentation. Was konstant blieb und in offiziellen Kommentaren festgehalten wurde, war die dogmatische Rigorosität und das Betonen genauer Regeln, wie das Denkmal komponiert sein sollte. Dies galt sogar im Fall der spätbarocken Kunstwerke des beginnenden 19. Jahrhunderts.

Die Nepomuk-Kirche in Timișoara (1733–1736) bot eine für den Stil typische Raumanordnung und eine Innenraumgestaltung, die durch ihre visuelle Ausformung den barocken Anforderungen entsprach. Das römisch-katholische Bistum von Timișoara hat Altarteile aus anderen Kirchen des 18. Jahrhunderts gesammelt und katalogisiert, freilich ohne Herkunftsangaben. Aber immerhin, manches lässt sich zuordnen, etwa Altarbestandteile der Kirche in Vinga, die durch Feuer zerstört wurde und später im neogotischen Stil wiederaufgebaut wurde.

Ein ähnliches Schicksal erlitt 1911 die Johannes-Nepomuk-Kirche. Zum Glück hatte zuvor Karol Baitz, ein Absolvent der piaristischen Schule, detaillierte Fotos vom Innern angefertigt.[52] Die Bilder ermöglichen es heute, die Gestaltung der Altäre, die dekorativen Ausschmückungen und die Heiligenfiguren zu rekonstruieren. So gelang es auch, Altarteile in der Sammlung des römisch-katholischen Bistums von Timișoara wiederzuentdecken, ebenso Fragmente des Gesimses und Statuen des Hauptaltars (St. Teresa von Avila und St. Klara von Assisi, beide heute in der *Kirche der Barmherzigen Brüder* an der *Piața 700* zu finden; rumänisch: *Biserica Mizericordienilor din Piața 700*). Sogar die beiden Grabsteine von David von Hübner und Johannes de Soro[53] gibt es noch.

---

50 Die Heiligenskulpturen habe ich thematisiert in. M. Vlăsceanu, 'The Iconography of Saints as Represented in Baroque Monumental Sculpture in the Banat', *Transylvanian Review*, vol. 21, suppl. Nr. 1 (2012), pp. 227–233.

51 Nicolae Sabău, *Sculptura barocă în România* (*Baroque Sculpture in Romania*) (Bukarest, 1992), p. 147.

52 Ich bedanke mich bei Herrn András Koltai, Direktor der Piaristischen Archive Budapest, für den Zugang zu den Aufnahmen.

53 Zu Einzelheiten der Grabesinschrift s. Vlăsceanu, *Sculptura*, pp. 38–39.

(Heute in der Wand des Calea-Lipovei-Friedhofs verankert.) Alle zusammen bilden sie ein Testament des barocken Stils der Architektur von Timişoara.

Die bildhauerische Gestaltung des Hauptaltars im römisch-katholischen Dom von Timişoara ist wirklich ausdrucksstark. Als imperiales Vorzeigeobjekt achtete die Verwaltung darauf, den Dom mit Kunstwerken zu schmücken, die entweder von bekannten Künstlern der akademischen Szene stammten oder aus bekannten mitteleuropäischen Werkstätten hervorgingen (Johann Joseph Resler).

Neben einer gewissen politischen Instabilität waren es vor allem wirtschaftliche Gründe, die dazu führten, dass die Innenausrichtung des Doms in zwei Phasen vollzogen wurde: Die erste dauerte von 1736 bis 1754, danach konnten, wie die Quellen berichten, erste Gottesdienste im Dom gefeiert werden. Die zweite dauerte zwanzig Jahre, von 1755 bis 1774, als der Bau und seine inneren Ausschmückungen endlich abgeschlossen wurden. Während der ersten Phase prägten Künstler aus Wien den Innenausbau. Sie waren an der Wiener Akademie der Künste ausgebildet worden und brachten eine entsprechende Expertise mit. An der zweiten Phase beteiligten sich auch Künstler aus Timişoara, die 30 Jahre nach der Habsburger Eroberung ihr Handwerk offensichtlich gelernt hatten. Über die einzelnen Gewerke sind wir gut unterrichtet, weil die in der Stadt ansässige Verwaltung mit den Spezialisten Verträge abschloss, die teilweise sogar Skizzen enthielten. Johann Joseph Resler[54] (1700–1772) war beispielsweise für den Altar verantwortlich, aber auch für große Statuen. Eine solche Statuengruppe, rechts und links des Altars, spielte auf den geistigen Austausch zwischen Karl VI. und Maria Theresia an. Repräsentiert wurden sie durch: (1) den Heiligen Karl Borromäus und (2) die Heilige Teresa von Avila. Sie war u. a. Gründerin des Unbeschuhten Karmeliterordens, und wurde in einer Büßerhaltung dargestellt. Ihre Arme hielten das brennende Herz vor der Brust, ein Symbol der Wohltätigkeit.[55] Resler als Absolvent der *Wiener Akademie der Künste* hatte schon viele Altäre für mitteleuropäische Kirchen konzipiert und vollendet.[56] Als Schüler von Georg Raphael Donner und beeinflusst von Lorenzo Mattielli beherrschte er sein Handwerk. Ilse Schultz,[57] die Resler eine Studie gewidmet hat, hat hervorgehoben, dass der Erzengel, der den Tabernakel einrahmt, „das fragilste

---

54 Anton Peter Petri, *Biographisches Lexikon des Banater Deutschtums* (Marquatstein, 1992), p. 1591.
55 *Ibid.*, p. 100.
56 *Baroque Art in Central Europe: Crossroads* (Budapest, 1993), p. 420 bietet eine kurze Biografie des Künstlers und präsentiert sein Werk: 'Active in the Viennese sphere of influence during Maria Theresa's reign, J. J. Resler, educated in the Vienese academicist environnment, between 1735 and 1772 created more works, such as the statues on the altar and decoration of the Jesuit church in Győr (1743–1745); the main altar of the Trinitarian church in Poszony (Bratislava) between 1745 and 1750; in 1754 the statues of the main altar in the cathedral of Timişoara the altar of the Holy Cross and the main altar of Trinitarian church in Vienna (1761); it is mentioned that, after the seventh decade of the eighteenth century, he adopted the rococo style, mainly for decorations, etc.'
57 Ilse Schulz, 'Leben und Werk Johann Joseph Reslers (1702–1772)', *Ein Beitrag zur Geschichte der Barockplastik in Österreich, Jahrbuch für Landeskunde von Niederösterreich* (1988/89), p. 30.

von all seinen Werken zu diesem Thema" sei. Ähnliche Darstellungen finden sich auch in der Pilgerkirche in Wien, in der Kirche von Jaszo (Böhmen) und der früheren Jesuitenkirche in Győr.[58]

Der Hauptaltar entspricht der gängigen Altargestaltung und wirkt durch den üppigen oberen Aufbau ausgesprochen großzügig. Hier steht die *Heilige Dreieinigkeit* im Zentrum: Gottvater mit einem großen Umhang, Jesus als bärtiger junger Mann, der mit seiner rechten Hand eine Geste tiefer Devotion vollzieht, schließlich der Heilige Geist als Taube. Gottvater und Gottes Sohn sind auf dem Sims des Altars platziert und schaffen so einen dynamischen Effekt, verstärkt durch die Putten. Die barocke Szenerie wird durch die Köpfe der Erzengel komplettiert. Auf seiner linken Seite wird Jesus von einem Engel begleitete, zwei Erzengel knien in den Ecken, einer in Gottesanbetung und der andere in Gebetsposition, während im Hintergrund der Heilige Geist von Lichtstrahlen umgeben ist. Das Gefieder der Flügel ist für den Erzengel auf dem Frontispiz nur angedeutet, aber für den am Tabernakel positionierten Erzengel detaillierter.[59] Bei der Darstellung dieser Komposition benutzte Johann Joseph Resler ähnliche Muster wie sein Lehrer Georg Raphael Donner.[60] Der mittlere Teil des Hauptaltars wird von architektonischen Elementen bestimmt: Säulen und Pfeiler, verziert durch korinthische Kapitele. Das Altarbild selbst, „St. Georg tötet den Drachen", stammt von Michael Angelo Unterberger, dem Direktor der Wiener Akademie der Künste und Schüler von Piazzetta.

In der zweiten Hälfte des achtzehnten Jahrhunderts erreichte der Barock seine besonders aufwendige Phase, das *Rokoko* oder den *theresianischen Barock*. Dennoch erhielt sich bei der Altargestaltung weitgehend der spätbarocke Stil, der auch Elemente des Klassizismus aufweisen konnte. Ihm folgte Ende des 18. Jahrhunderts der eher nüchterne josephinische Stil. Die plastische Kunst Temeswars entstand aus einem zeitgenössischen kulturellen Transfer, der an Personen gebunden war. Künstler und Materialien kamen aus der kaiserlichen Hauptstadt. Sie ließen sich in der Provinz nieder, wurden Bürger von Temeswar, weil sie interessante Aufträge und attraktive Verträge erhielten. Sie kamen in das Banat, obwohl es als Grenzregion eher instabil wirken mochte. Aber letztlich überwog die Reputation, für den Kaiser zu arbeiten und Kunstwerke auf hohem Niveau zu erstellen.

Die Kanzel des Temeswarer Doms gestaltete 1766 Georg Wittmann.[61] Zum hängenden, schalenartigen Hauptkörper der Kanzel führt ein Geländer, das durch zwei Statuen

---

58 Voit, *Der Barock in Ungarn*, p. 113.

59 Rodica Vârtaciu, *Lucrări de sculptorul J. J. Reslers, 1700–1772* (*Works by the Sculptor J. J. Reslers, 1700–1772*), *Analele Banatului*, Serie Nouă, vol. 2 (1997), pp. 133–143.

60 Günter Brucher, *Die Kunst des Barock in Österreich* (Salzburg, 1994), p. 162. Brucher behandelt u. a. den Heilig-Kreuz-Altar des Domes in Gurk (Kärnten), der als Modell für die Skulpturen in Temeswar diente.

61 Diplich, *Die Domkirche*, pp. 260–261. Der Verfasser verweist u. a. auf einen Vertrag zwischen Georg Wittman und der Verwaltung der Kathedrale, dessen Summe auf 1.200 Gulden gelautet habe.

von Propheten hervorgehoben wurde: Links sehen wir Moses mit der Gesetzestafel und rechts Aaron, dessen Sprecher. An den Seiten des Hauptteils befinden sich drei Paneelen in Form von Flachreliefs. Thematisiert werden an dieser Stelle: *Der gute Samariter* (frontal), *St. Johann Baptist* (links) und *Die Versuchung* (rechts). Ausgeschmückt wird dies alles noch einmal mit Rocailles (spezifischen Ornamentgebilden des 18. Jahrhunderts). Auf der Rückenlehne der Kanzel ist die Szene „Jesus predigt in der Wüste" dargestellt. Der Baldachin der Kanzel hat ein profiliertes Sims, dekoriert mit einer Art „Wellenberg"-Motiv und Rocailles und wird gekrönt von Putten, die in ihren Händen das Kreuz und den Anker halten. Die Ausgestaltung der Altäre des Temeswarer Domes wurde im späten achtzehnten Jahrhundert für viele Kirchen des Banats Vorbild. Zahlreiche Elemente übernahmen sie oder passten sie an.

Der vielleicht bedeutendste römisch-katholische Wallfahrtsort des Banats bis heute ist Maria Radna (Kreis Arad). Die Innendekoration des Franziskanerklosters in Radna-Lipova erinnert an das Rokoko, während die drei Altäre aus dem achtzehnten Jahrhundert für den klassischen Spätbarock stehen. Der Hauptaltar stammt von Pater Joachim Eisenhut. Die Unterlagen im Klosterarchiv bezeichnen ihn als „Faber arcularius" (Schmuckkästchen herstellenden Architekten). Gebaut wurde der Altar zwischen 1758 und 1767.[62] Der Altar folgt den barocken Vorgaben. Tatsächlich gelingt dem Franziskanermönchen eine stimmige Komposition. Eingebettet ist der Altar in ein Halbrund, das er bis unter die Kuppel ausfüllt. Säulen geben dem Altar Tiefe, auch weil sie sich erweitern. Darüber findet sich ein Oberteil mit stark profiliertem Sims und einem Frontispiz aus Schrägen, auf denen Putten in demütiger Haltung dargestellt werden. Dieser obere Altarteil umrahmt das Fenster, das mit einem Kreis von Strahlen umkränzt wird. Auch finden wir das Ohrmuschel-Motiv wieder. Flankiert wird der so inszenierte Lichteinfall von Statuen, die Gottvater mit dem Globus darstellen, und von Jesus, der das Kreuz trägt. Joachim Eisenhut hat den Altar signiert: „Ef[faktuator] F[rater] M[uratorium] M[a]g[ister] Radnam 1763."[63] Etwa zu dieser Zeit kam auch Juniper Stilp (oder Stelpp), Bildhauer und Franziskanermönch, nach Radna und half, die Seitenaltäre zu vollenden. Sein Werk wird im Zusammenhang mit der Schilderung der Nachbarkirchen analysiert werden.[64]

Die Seitenaltäre wurden gemäß Eisenhuts Plänen konstruiert, aber aufgrund von Haushaltseinschränkungen wurden sie erst Ende des achtzehnten Jahrhunderts fertig, als Matthäus von Salbeck (ein Salzkaufmann aus Arad)[65] die notwendigen Gelder spendete. Die beiden Altäre sind identisch geformt, unterscheiden sich nur in der Votivma-

---

62 Das Klosterarchiv verfügt über 16 Altarpläne, von denen 6 dem Hauptaltar gelten. Vgl. M. Roos, *Maria-Radna: Ein Wallfahrtsort im Südosten Europas*, vol. i (Regensburg, 1998), p. 305, n, 50.
63 *Ibid.*, p. 100.
64 *Ibid.*
65 Die einschlägigen Dokumente zu den Seitenaltären (Dokumente 5, 6, 9 und 26 im Klosterarchiv) datieren den Arbeitsbeginn auf 1723. Die Votivmalereien, die Antonius von Padua zeigen, wurden von Ferdinand Schiessl erstellt, der auch die Fresken an der Decke malte.

lerei. Thema des zweiten Seitenaltars ist die *Verlobung der Jungfrau Maria mit Josef von Nazareth*, ein Bild, das 1781 von Franz Wagenschön realisiert wurde.[66]

Während der Regentschaft Karls VI. entstanden zahlreiche Kirchen im Süden des Banats, in solchen Orten, die Bergarbeiterwohnstätten geworden waren: Bocșa Montană (1723),[67] Oravița (1722–1727),[68] Ciclova Montană (die Kapelle erhielt die Bezeichnung „Maria am Fels", 1727)[69] und Dognecea (1740).[70]

In der zweiten Hälfte des achtzehnten Jahrhunderts, während der Regierungszeit Maria Theresias (1740–1780), begann im Banat der Bau von *Rokoko*-Kirchen. Der sogenannte *theresianische Barock* Südosteuropas zeichnet sich durch dekorative Elemente aus, die die Architektur der Altäre noch einmal besonders unterstrich. Die Altäre selbst blieben noch ganz dem Barock verhaftet. Das Rokokohafte verlagert sich in die Innenraumgestaltung der Kirchen, in die Ausschmückungen, um ein Gefühl des Triumphes (über den Tod) zu vermitteln. Bergleute aus der Steiermark, aus Tirol, der Krain, Ungarn oder der Walachei siedelten in Sasca Montană an, ein Dorf, das zwischen 1730 und 1740 entstand.[71] Johann Georg Dorfmeister gestaltete die Altäre der dort neu erbauten katholischen Kirche ganz im barocken Stil. Der Hauptaltar hatte formal einen dreigliedrigen Aufbau – unten Mauerwerk als Basis für den mittleren Teil, schließlich ein einfaches Frontispiz (Giebeldreieck) in der Breite der Apsis. Das Altarbild (eine Darstellung der Kreuzigung) umrahmten Statuen der Heiligen Teresa von Ávila und des Heiligen Franz von Assisi. Auffällig ist die feine Ausgestaltung der Figur des Franz von Assisi. Die Oberfläche wirkt sorgfältig ausgearbeitet; die Arme sind lang und ausdrucksstark; die Harmonie der Proportionen fällt auf, auch die künstlerische Ausdrucksform im Übergang vom Barock zur Neoklassik. All dies lässt den Schluss zu, dass der Künstler der Wiener Johann Georg Dorfmeister gewesen sein dürfte. Zusätzlich erhärtet wird die Annahme durch die erhaltene Sterbeurkunde 1786 im Gemeinderegister von Sasca Montană (Judez Caraș-Severin). Schließlich gibt es noch zahlreiche stilistische und formale Analogien zu seinen Werken in Mittel- und Südosteuropa. Erwähnt seien: die Altarskulptur in der Mariahilfkirche in Wien, 1770–1771, die religiösen Denkmale in der Gemeindekirche in Gumpendorf, 1770–1782, die Altarskulpturen für die Pilgerkirche in Sonntagberg, 1767, und Maria Taferl, 1777–1781. Alle genannten Kirchen liegen im südlichen Teil Österreichs. Sie bestechen durch ihre Barockgestaltung. Demgegenüber zeigt das

---

66 Information von Dr. Johann Kronbichler, Direktor des Diözesanmuseums in Salzburg. Vgl. Roos, *Maria-Radna*, p. 107.
67 N. Stoicescu, *Bibliografia localităților și monumentelor medievale din Banat* (*Bibliography of the Banatian Medieval Settlements and Monuments*) (Timișoara, 1973), p. 22, erwähnt nur eine im 18. Jahrhundert gebaute hölzerne Kirche.
68 *Ibid.*, p. 113.
69 *Ibid.*, p. 48.
70 *Ibid.*, p. 60.
71 Nationalarchiv, Caransebeș, Sammlung St EG, Nr. 19–1860, Ortgeschichte von Szaska, Saszka Kohldorf und Mariaschnee, p. 1.

Grabdenkmal für Graf Grassalkovich in Besynö bei Gödöllö in Ungarn, 1781, bereits neoklassische Einflüsse.

Kurz, aus vielen Gründen kann der Altar in Sasca Montană Johann Georg Dorfmeister[72] zugeschrieben werden. Am Ende seines Lebens kam er aus noch unbekannten Gründen ins Banat und wurde hier, in Sasca Montană, beerdigt.[73] Neben den geschichtswissenschaftlichen Quellenfunden ist es vor allem die Stilanalyse, die die Zuordnung zu Dorfmeister bestärkt: der zurückgenommene pathetische Ausdruck der Figuren, während gleichzeitig die Hauptaussage erhalten bleibt, die feinsinnige Oberflächengestaltung und die Hinwendung zum Klassizismus. Gleichzeitig bleibt die Lebendigkeit des europäischen Barocks erhalten.

Die im Banat des achtzehnten Jahrhunderts entstandenen Altäre bildeten zusammen mit den Innenmalereien der katholischen Kirchen ein architektonisches Ensemble. Die Hauptaltäre waren in der Regel in die Apsis hineingebaut, nutzten deren Breite aus und hatten eine leicht konkave Form. Nach oben hin bestanden sie aus drei Elementen, dem Altartisch, dem zentralen Votivbild mit Heiligenstatuen an der Seite und dem Frontispiz, das vielfältige architektonische Ausdrucksformen entwickeln konnte und Elemente figurativer und dekorativer Kunst umfasste. Aufschlussreich in dieser Hinsicht sind die Kirchenaltäre in Iecea Mare, Grabaţ, Lenauheim, Sânandrei, Neudorf, Bocşa Montană, Gudurica und Vršac aus der zweiten Hälfte des achtzehnten Jahrhunderts. Barocke Altäre finden wir aber auch in jenen Fällen, in denen die alten Altäre zerstört worden waren und dann Anfang des 19. Jahrhunderts ersetzt wurden, so etwa in: Giarmata, Carani, Oraviţa, Ciclova und Moldova Nouă.

Der Barock in der Malerei des Banats

Abgesehen von der Architektur und der Bildhauerei fand der Barock seinen Ausdruck auch in der Malerei des Banats. Als Kunst einer nach wie vor hierarchisch imaginierten, gleichwohl „individualisierten" Gesellschaft repräsentierte der Barock legitime Herrschaft im Porträt. Als religiöse Kunst stellte er dagegen die Transzendenz heraus und benutzte dazu Ausdrucksformen, die Künstler in Mitteleuropa entwickelt hatten und die von dort stammenden Siedler verstanden. Auch die Malerei drückte also den Wunsch aus, die westlichen Kulturwerte zu übernehmen. An der barocken Malerei fällt vor allem ihr dynamischer Stil auf, die Offenheit der Komposition, die den Eindruck von Raum und Lichteinfall aus vielfältigen Quellen vermittelte, und somit das Auge täuschte. Die barocke Malerei brachte auch neue Themen zum Vorschein. Das Porträt

---

72 Zu Johann Georg Dorfmeisters künstlerischer Biografie s. *Thieme-Becker*: M. Poch-Kalous, *Wiener Plastik im 19. Jahrhundert, Geschichte der bildenden Kunst in Wien*, in *Plastik in Wien* (Wien, 1970), p. 171.
73 Dies lässt auch das Sterberegister der Pfarrei Sasca vermuten. Es findet sich heute im Archiv des römisch-katholischen Bistums von Timişoara, *Protocollum Defunctorum Parochiae Saska*, vol. i, p. 94.

wurde zum prägnanten Mittel der Darstellung. Es individualisierte und ermöglichte doch durch Hervorhebung einzelner Merkmale soziale Zuordnung. In der Sammlung des römisch-katholischen Bistums finden wir zahlreiche Porträts von herausgehobenen Persönlichkeiten, die die Provinz geprägt haben (Bilder von Maria Theresia, Joseph II. und anderen, wobei die meisten Darstellungen in Wiener Ateliers gemalt wurden). Selbst Bilder von Hofräten finden sich, wie im Fall von Jean Deschan, der das Heilige-Dreieinigkeits-Denkmal in Timişoara gespendet hatte. Auch die Bischöfe sind porträtiert worden: Ladislau Nádasdy, Adalbert von Falkenstein, ebenso Nicolaus Stanislavici.

Die große Zahl von Künstlern, die sich im Banat engagierten, war das Ergebnis einer außerordentlich großen Kunstnachfrage – und zwar von privater und öffentlicher Seite. Überall wurde gebaut, überall ging es darum, den neuen Zeitgeist zu pflegen. Überall sollte die Zugehörigkeit zu Mitteleuropa zum Ausdruck gebracht werden. Wie die kaiserlichen Auftraggeber vorgingen, die über die Altar-Malerei im Temeswarer Dom und in anderen katholischen Kirchen der Stadt zu befinden hatten, sind wir dank entsprechender Quellen informiert. Bedeutende Künstler wurden eingeladen, ihren Beitrag zu leisten: Einer davon war Michael Angelo Unterberger, der Rektor der *k. k. Academie der Mahlerey, Bildhauerey und Baukunst* und berühmte Schüler von Piazetta. Er schuf das Bild mit dem Titel „St. Georg tötet den Drachen" am Hauptaltar des Doms, war aber auch verantwortlich für die Darstellung des Heiligen Nepomuk in der gleichnamigen Franziskanerkirche, die 1788 von den Piaristen übernommen wurde. Autor des Seitenaltars im Dom war Johann Nepomuk Schöpf, der sechs Gemälde in einem sehr dynamischen und dramatisch-pittoresken Stil schuf, darunter „Das letzte Abendmahl", „St. Josephs Tod", „Der Heilige Johann Nepomuk" und „Marias Visite bei Elisabeth" (1772). Ferdinand Schiessl, der die Altäre in der St.-Katharinen-Kirche malte, war 1753 als Siedler nach Timişoara gekommen und gründete 1786 eine Malschule.[74] Der erste säkulare Maler aus dem Banat, ebenfalls aus der Gruppe der Neusiedler stammend, war Anselm Wagner. Er verzichtete auf religiöse Themen und wurde ein bedeutender Exponent des Malens an der Staffelei: Zumeist malte er Porträts (zum Beispiel das von Elisabeth Kessler-Koppauer, der Ehefrau des Bürgermeisters von Timişoara) und nutzte auch neue Techniken. Außer Ölgemälde schuf er auch Aquarelle, Gemälde in Gouache-Technik und Darstellungen mithilfe von Farbstiften.

Die „Barockisierung" der Kunst innerhalb des orthodoxen Glaubensbereichs begann in den 1750er Jahren.[75] Die Erneuerung der bildenden Kunst im Banat kann an der Formensprache und den bildlichen Themenfeldern beobachtet werden.[76] In der

---

74 Buzilă und Vârtaciu, *Barocul în Banat*, p. 20.

75 Pârvulescu, *Iconostasul tradiţional în Banat (Traditional Iconostasis in the Banat)* (Timişoara, 2001), p. 5.

76 Id., *Pictura bisericilor ortodoxe din Banat între secolul al XVIII-lea şi deceniul trei al secolului al XIX-lea (Painting in Banatian Orthodox Churches between the Eighteenth Century and the Third Decade of the Nineteenth Century)* (Timişoara, 2003).

Bildsprache trafen die beiden Stränge religiöser Kunst zusammen. Francisco Griselini[77] bemerkte dazu, dass „die Rumänen sich in der bildenden Kunst malend" einbrächten, „indem sie auf byzantinische Weise das Motiv entwickeln, in Holz schnitzen und in Stein meißeln". Die Gewölbedecke, wie man sie in orthodoxen Kirchen findet, bot der Malerei viel Raum. Die Möglichkeiten des neuen europäischen Stils konnten in der thematischen Aufteilung zwischen den verschiedenen Gewölbeelementen realisiert werden, wobei der traditionell narrative orthodoxe Stil aufgegeben wurde, die byzantinische Ikonografie aber erhalten blieb, manchmal angepasst an die neuen westlichen ikonografischen Formen. Die asymmetrischen Kompositionen sind horizontal miteinander verbunden. Die räumliche Tiefe wird durch die Landschafts- und Architekturkomposition verstärkt. Und das Prinzip des flächengleichen Raumes kommt durch diese bildliche Kunst klar zum Ausdruck. Die Malerei ist mit didaktischen und moralischen Lehraussagen angereichert, die für die Aufklärung typisch waren. Bevorzugtes Thema war die triumphale Göttlichkeit Jesu, das Wunder der Eucharistie usw. Erhalten haben sich die Malereien in den Klöstern von Bezdin, Şemlac (Săraca), Vojlovica und Mesic.[78] Allerdings, ihre mit Ikonen geschmückten Trennwände (Ikonostasen) wurden zu Beginn des neunzehnten Jahrhunderts durch neue ersetzt.[79]

Insgesamt erhielt die Ikonostase ihre Funktion bei. Der westliche Innovationsgeist fehlte dennoch nicht. Neue Themen kamen hinzu. Auch die Dimensionierung der Ikonenwände änderte sich. Zusammen mit der Wandmalerei und der liturgischen Innenausstattung entstand so eine Atmosphäre, die dem Barock entsprach.[80] Im neunzehnten Jahrzehnt wandelte sich die Formensprache der Ikonostase. Sie erhielt einen stärker lokalen Charakter. Für das Banat meinte dies, auf den vielsprachigen und multikulturellen Charakter der orthodoxen Gläubigen einzugehen, aber auch ein Kenntlichmachen der eigenen alten Traditionen und neuen Einflüsse. Bildhauerische Elemente spielten für die Ikonostase eine eher geringe Rolle. Im Mittelpunkt stand die Malerei. Pavel Florenski hat das einleuchtend erklärt. Denn die Ikonenwand repräsentiere „die Grenze zwischen der sichtbaren und der unsichtbaren Welt".[81]

Ganz ähnlich thematisierte der Barock die Gleichzeitigkeit von Diesseits und Jenseits. Und so konnten sich westliches Denken und byzantinische Tradition in den letzten Jahrzehnten des achtzehnten Jahrhunderts ohne Brüche gegenseitig befruchten. Die kirchlichen Ikonenwände der orthodoxen Kirchen, die im achtzehnten Jahrhundert errichtet wurden, lassen sich nach mindestens drei Varianten unterscheiden.

---

77 Fr. Griselini, *Încercare de istorie politica şi naturala a Banatului Timişoarei*, Editura Facla, 1984, pp. 181–182.

78 Pârvulescu, *Iconostasul tradiţional în Banat*, p. 4.

79 *Ibid.*, p. 5.

80 *Ibid.*: „Die traditionale Ikonostase war horizontal strukturiert, die neue Ikonostase hatte eine vertikale Gliederung, unterteilt in drei Register, die durch bauliche Elemente voneinander getrennt waren. Die Säulen mit ionischen oder korinthischen Kapitellen verliehen dem Ganzen etwas Monumentales."

81 Pavel Florenski, *Iconostasul (Iconostasis)* (Bukarest, 1994), p. 156.

1. Die Ikonostasen im Brâncoveanu-Stil (Renaissance-Stil der Walachei). 2. Die Ikonostasen, die mit verschiedenen Kultureinflüssen spielten (St.-Johannes-Kirche in Caransebeş (1787), Kirche der Heiligen Apostel Peter und Paul, in Goruia (1818)).[82] Schließlich gab es Ikonostasen (3) mit stark westlichen Elementen, insbesondere in Hinblick auf das architektonische und dekorative Programm der Bildwände. Die Einwirkung des südkarpatischen Brâncoveanu-Stils, um das noch anzufügen, verwundert nicht in einem Gebiet mit einer weit zurückreichenden klösterlichen Tradition und in dem die ersten, aus Holz gebauten orthodoxen Kirchen aus dem zwölften Jahrhundert stammen.[83]

In dem Maße, wie qualifizierte Arbeitskräfte aus der Walachei und aus Siebenbürgen in das Banat umsiedelten, verbreiteten sich auch die Ideen des Brâncoveanu-Stils. Ganze Malerfamilien siedelten seit Mitte des 18. Jahrhunderts in die aufblühende städtische Landschaft des Banats um. Bestens bekannt ist etwa der Fall des Malers Vasile Diaconu, der aus der Region um Tismana (Kreis Gorj) in das Banat kam, zusammen mit 50 anderen Familien.[84] Er war der erste Künstler, der eine Schule für Kirchenmalerei eröffnete und sie im Dorf Srediştea (Südbanat, heute Vojvodina) errichtete.[85] Das Schmuckrepertoire der Ikonenwände erweiterte sich unter westlichem Einfluss. Pflanzen- und Blumenmotive treffen wir am häufigsten an: Kürbisblüten, Akantusblätter, Weinblätter und Trauben, wie man sie in der Himmelfahrtskirche in Oraviţa antrifft. (Der Bau wurde 1784 abgeschlossen.) Die Kirche von Oraviţa wird allgemein als ein typisch „barockes Denkmal" angesehen, das mit seinen vereinfachten Elementen die provinzielle Umgebung widerspiegele.[86] Der Turm, der in aufeinander aufbauenden „Flachzwiebeln" endet, gehört ebenso dem Barock zu wie die Malerei und Bildhauerei im Innern. Die Ikonostase der orthodoxen Himmelfahrtskirche in Ciacova (Bezirk Timiş) mit ihrem gemischt-ornamentalen Repertoire wurde 1771 von Dimitrie Popovici (1738–1796) gemalt.[87]

---

82 *Ibid.*, p. 10.

83 Das älteste Zeugnis für eine Holzkirche im Banat ist die *Capella in honoreun Beatae Mariae Virginis,* erwähnt in Ferdinand Knauz, *Monumenta Ecclesiae Strigoniensis,* vol. 1 (Strigonii, 1874), pp. 582–583. Zu finden war sie in der Nähe des Dorfes Şemlac.

84 Ioachim Miloia, *Din activitatea artistică a ierodiaconului Vasile (The Artistic Life of Deacon Vasile),* (Oktober–Dezember, 1930), p. 90.

85 Nicolae Tincu Velea, *Istoria bisericească politico-naţională a românilor de peste totu (The Political-National Church History of Romanians Everywhere)* (Sibiu, 1865), p. 202.

86 Vasile Drăguţ, *Dicţionar enciclopedic de artă medievală românească (Encyclopedic Dictionary of Romanian Medieval Art)* (Bukarest, 2000), p. 86. Zum Gemäldeensemble s. Pârvulescu, *Iconostasul* tradiţional, p. 59.

87 Zur Ikonenwandmalerei s. D. Medaković, *Srpska umetnost u XVIII veka (Serbian Art in the XVIIIth Century)* (Belgrade, 1980), p. 41; M. Jovanović, *Slikarstvo Temisvarske Eparhije* (Novi Sad, 1996), pp. 523–530; Pârvulescu, *Iconostasul* tradiţional, pp. 33–34.

Fazit

Unter den vielen Ausprägungen des Barocks stellt der Banater Barock eine räumlich entfernte Variante dar. Doch auch sie setzte auf einen Wandel der Mentalitäten. Um Erneuerung ging es, um eine Ära gesellschaftlicher Neufundierung des Banats. Die Kunst des achtzehnten Jahrhunderts fasste all dies zusammen, übernahm die mitteleuropäischen Neuerungen, übersetzte sie in die spezifisch lokale Vielfalt des Barocks. Auch wenn der Barock als Votivkunst in der ersten Hälfte des achtzehnten Jahrhunderts begann, so drang er doch in immer mehr Bereiche vor, umfasste bald alle Felder der Kunst und überschritt auch die Grenzen hin zur religiösen Kunst der Orthodoxie. Das Eindringen des Barocks begann mit dem staatlich unterstützten Bau von Kirchen in den Städten. Dort, wo das Land katholisch geprägt war, wurde die neue Formensprache aus dem Westen schnell aufgegriffen. Dasselbe gilt für den orthodoxen Bereich, nur, dass hier die rumänischen Provinzen das Vorbild abgaben. Im Banat, das haben wir eingangs gesehen, trafen west-östliche Kultureinflüsse aufeinander.

Bei der Bildhauerei sind verschiedene Phasen zu unterscheiden. Die erste, durch Kulturimport geprägte Phase, lässt sich an einigen herausragenden Denkmalen beobachten: dem Denkmal für den Heiligen Johannes Nepomuk (1722) in Timișoara, dem Heiligen-Dreieinigkeits-Denkmal (1740) und an der Pestsäule (1756). Die Verehrung des Heiligen Johannes Nepomuk hatte ihre Ursache in der Herkunft vieler Siedler aus Böhmen. Der Kult fand immer mehr Anhänger, versprach er doch Schutz gegen die Pest, die damals als gefährlichste Krankheit galt. Er stand gleichzeitig für die Bewahrung des Beichtgeheimnisses. (Die Verehrung des Heiligen Nepomuk steht in Zusammenhang mit einer neuen, expressiven Frömmigkeit, der Ausstattung der Kirchen mit Beichtstühlen, der Hinwendung zu den gewöhnlichen Menschen, der Einbeziehung des Individuums in das Werk der religiösen Errettung, schließlich der Bewunderung des starken Charakters des Heiligen).

Die barocke Kunst zu Beginn des achtzehnten Jahrhunderts hatte zweifelsohne offiziellen Charakter. Das lässt sich festmachen an der Vorbildfunktion der Kunstwerke in der Hauptstadt des Habsburger Kaiserreichs, an der Ikonografie ganz bestimmter Heiligen und der Beauftragung von Ateliers, die sich auf entsprechende Aufträge spezialisiert hatten. Vielfach nahm man Entwürfe berühmter Künstler zur Grundlage. Das gilt auch für das Johannes-Nepomuk-Denkmal in Timișoara, für das Mathias Rauchmiller die Grundlagen gelegt hatte. Das gemeinsame Anliegen der Christen richtete sich auf die beiden zentralen Seinszustände des Menschen – Leben und Tod – und auf die Macht und die Herrlichkeit Gottes. Darüber hinaus resultierte die Hinwendung zu religiösen Themen aus einer Weltwahrnehmung, wonach „der Himmel auf der Erde antizipiert" werde, „weil im Himmel jeder Raum ein Raum des Feierns" sei.[88]

---

88 Assunto, *Universul ca spectacol*, p. 54.

Die Faszination für die Persönlichkeit der Heiligen setzte die barocke Bildhauerei um durch Betonung von Gesten oder Heraushebung bestimmter Persönlichkeitsmerkmale. Der Heilige des Barocks war ein Zeuge des Glaubens, den er öffentlich kundtat: durch das Wort, durch das Märtyrertum oder durch die religiöse Ekstase.[89] Zur Mode der Zeit gehörten auch das Feiern militärischer Triumphe, die Glorifizierung des Eroberers und seine Einordnung in den göttlichen Plan. All dies finden wir auch im Banat, das damit dem Modell seiner Nachbarregion Siebenbürgen folgte, aber doch in einem sehr vereinfachten Stil. Der Barock Siebenbürgens und der Barock des Banats unterschieden sich deutlich voneinander, auch weil die Auftraggeber der Kunstwerke unterschiedlichen sozialen Gruppen zugehörten. In der ersten Phase erfolgte im Banat die Bestellung der religiösen Kunst, also der Skulpturen und Malereien, durch religiöse Ordensgemeinschaften.[90] In der zweiten Phase bestimmten Neusiedler den Markt, die zu Reichtum gekommen waren. Sie bestellten aus ihren eigenen Mitteln die Kunstwerke, die in den mitteleuropäischen Zentren hergestellt wurden oder vor Ort die westliche Kunstsprache aufgriffen.

Der Barock ist vielleicht der am wenigsten homogene Kunststil Europas. Er zeigt lokale Eigenheiten, verändert sich im Verlaufe der Zeit.[91] Für den Barock gilt, was Lorenz Dittmann in seiner Aachener Habilitationsschrift herausgearbeitet hat:[92] Wir können von der Bildung eines Stils sprechen, wenn eine eigenständige Sprache entsteht, wenn nicht mehr minutiös ein Modell imitiert wird. Ein Stil entsteht durch individuelle Aneignung und konzeptionelle Verarbeitung. Stil, das meint: treue Nachahmung dem Geiste nach.

Im Banat wurde der Barock durch die Totalität seiner Ausprägungen ein höchst effizientes Instrument der Kulturvermittlung und der Verbreitung mitteleuropäischer Zivilisationswerte. Er gründete auf theologisch-philosophische Annahmen, die wir in allen Ländern des Habsburger Reiches wiederfinden. Das barocke Denken wurde von der Staatsmacht nicht mit Gewalt aufgezwungen, sondern entstand aus dem Wunsch der vielen Siedler, ihr Modell von gesellschaftlichem Zusammenleben nachzubilden, ein Modell, das sie von ihren Herkunftsländern her kannten. Die Banater Version des Barocks fällt auf durch die Multiplikation der Formen und die Qualität ihrer Darstellungen, durch das Beharren auf greifbare Werte. Und gerade dadurch fügt sie sich ein in die mitteleuropäische Ausprägung des Barocks. Sie folgte im Zeitverlauf den verschiedenen Stadien des barocken Stils, entwickelte dabei aber eine andere Zeitdynamik.

---

89 Germain Bazin, *Clasic, baroc, rococo* (*Classic, Baroque, Rococo*) (Bukarest, 1983), p. 16.

90 Wie in Wien und Prag entstanden auch in Timişoara religiöse Kongregationen, zum Beispiel die des Heiligen Johann Nepomuk oder der Heiligen Jungfrau. Zu Einzelheiten s. Preyer, *Monografia*, p. 191.

91 Viorica Guy Marica, 'Argintari transilväneni în Europa barocului' ('Transylvanian Silversmiths in Baroque Europe'), *Studii şi comunicări de istoria artei* (Arad Museum of Art) (1994), p. 7.

92 Lorenz Dittmann, *Stil, simbol, structură* (*Style, Symbol, Structure*) (Bukarest, 1988), p. 22.

Adrian Negru

Die Arbeitsweise und Bedeutung der Malerwerkstätten für die (religiöse) Kunst des Banats

Im 18. Jahrhundert hat die rasche wirtschaftliche Entwicklung im Banat das gesellschaftliche Leben grundsätzlich verändert und damit auch die Mentalität der Bevölkerung beeinflusst. Die Reformpolitik der Wiener Verwaltung brachte durch ihre Modernität und Offenheit eine auffallende Dynamik in das lokale Kulturleben. Plastische Kunst etwa beobachten wir im Banat in dieser Form erstmals. Während der Zeit der Aufklärung gelang es im Banat, die traditionell verhaftete Kunst hinter sich zu lassen und sich den innovativen künstlerischen Strömungen zuzuwenden, wie wir sie in europäischen Zentren wie Venedig, Wien, Graz und Pressburg (Bratislava) finden.

Die wechselseitigen Einflüsse zwischen den christlich-orthodoxen Kirchen des südosteuropäischen Raums waren aus zwei Gründen für die religiöse Malerei und Architektur wichtig: (1) Aus ästhetisch-künstlerischer Perspektive zeugten sie von einer intensiven kulturellen Verflechtung, vom Austausch der Ideen, waren sie Zeichen jenes Multikulturalismus, der das Banat innerhalb der Habsburger Monarchie heraushob. Zugleich war (2) der rumänisch-serbische Dialog über das religiöse Kunstschaffen Kennzeichen einer gemeinsamen Identität, die auf dem orthodoxen Glauben beruhte und nicht auf einer bestimmten sprachlichen oder ethnischen Gemeinschaft. Insofern irrt ein Großteil der national-gebundenen Geschichtsschreibung, wenn sie den ethnischen Aspekt heraushebt.

Das Banat des achtzehnten und neunzehnten Jahrhunderts hatte ein reiches kulturelles Leben und eine entsprechend beeindruckende künstlerischer Produktion. Als geistige und kulturelle Zentren des Raumes strahlten die orthodoxen Patriarchien und die metropolitanen Bischofssitze in Sremski Karlovci (Karlowitz) und Novi Sad (Neusatz) in die Region aus. Hier arbeiteten die bekanntesten Künstler der Zeit. Doch auch in anderen Orten beobachten wir ein fruchtbares Zusammenwirken von Geistlichkeit, Politikern, Schriftstellern, Architekten und Malern, etwa in: Arad, Becicherecul Mare, Kikinda, Panciova, Vârşeţ, Lugoj, Caransebeş, Oraviţa, Biserica Albă und Timişoara. Die bildenden Künstler des Banats verbanden im Schaffen dieser Periode westliche Elemente der Kunst mit solchen aus Russland, der Ukraine, der Walachei, der Moldau. Als Inspirationsquellen sind weiterhin zu nennen: Siebenbürgen, der Balkan, auch die vielen Inseln des Ionischen Meeres.[1]

Künstler wie Dimitrie Popovici, Mihailo Bukurovici und Nikola Popovici standen erkennbar für regionale Versionen barocker Selbstvergewisserung. Dimitrie Popovici

---

1 M. Jovanoviš, *Ikonografija slikarstva u banatskim crkvama XVIII i XIX veka*, Radovi simpozijuma o srpsko/jugoslovensko-rumunskim odnosima (Vršac, 1971), pp. 165–171.

war Schüler von Dimitrie Bacevici und galt bald als herausragender Vertreter der barocken serbisch-orthodoxen Kunst.[2] In den 1770er-Jahren malte er die Ikonenwände von Ciacova, Orlovat, Srpski Itegei und Megia (serbisches Banat).

Als ehemaliger Student der Wiener Kunstakademie stand Arsenie Teodorovici mehr für die klassizistische Ästhetik des späten achtzehnten Jahrhunderts. Seine Werke (annähernd 20 Ikonenwände) sind über ein großes Gebiet des Habsburger Kaiserreichs verbreitet, von Karlovci im Westen bis zu Buda (Ofen) im Norden und Zemun (Semlin, Stadtbezirk von Belgrad) im Süden. Er malte auch die Ikonenwände in Vârşeţ (Vršac), 1806; Sânnicolau Mare, 1811, sowie in Saravale, Beiuş, Becicherecul Mare und Comloşul Mare, alle im frühen neunzehnten Jahrhundert angefertigt. Seine Ikonenwände sind groß. Die Ikonostase von Sânnicolau Mare umfasst 70 Ikonen. Die Themen sind freilich eher traditionell, und auch die ikonografische Gestaltung weist wenig Neuerungen auf. Die unteren Szenen wie zum Beispiel „Kirchenfeste" oder der Zyklus „Die Leiden des Erretters Jesus Christus" sind für die religiöse Kunst des achtzehnten Jahrhunderts typisch. Allerdings hat Teodorovici auch eine gewisse Zahl von Themen gemalt, die zuvor kaum behandelt worden waren. Sie stammten sowohl aus dem Alten Testament als auch aus dem Neuen Testament und brachten die theologischen Anliegen der orthodoxen Kirchenvertreter seiner Zeit zum Ausdruck.

Pavel Giurkovici ist als weiterer wichtiger Maler des frühen neunzehnten Jahrhunderts zu nennen.[3] Obwohl er dem malerischen Rationalismus der josephinischen Renaissance angehörte und obwohl er über eine Vielfalt von Ausdrucksmöglichkeiten verfügte, beharrte er als Ikonenmaler darauf, dass die formbezogenen Aspekte niemals die farbliche Ausstrahlung übertrumpften. Obwohl sein Studienort unbekannt ist, fühlte er sich der akademischen Malerei verpflichtet, und zwar sowohl hinsichtlich der Kunst des Zeichnens als auch der Formenwahl. Die Werke von Arsenie Teodorovici und Pavel Giurkovici haben die Malerei des Banats während des ganzen neunzehnten Jahrhunderts beeinflusst. Jene Arbeiten, die aus dieser Zeit des vollendeten Biedermeiers stammen, haben noch einen gewissen archaischen Charakter. Ein anderes Beispiel hierfür ist Danilo Ciolakovicis Innenmalerei in der Kirche von Tolvedia, 1863. Auch die Brüder Popovici aus Oraviţa, die bis Mitte des neunzehnten Jahrhunderts wirkten, blieben der bildlichen Ausdrucksweise des frühen Jahrhunderts treu. Die Ikonen in Lescoviţa, die Mihail Popovici zwischen 1842 und 1850 anfertige, sind später immer wieder nachgeahmt worden. Die Wandmalereien Dimitrie Popovicis in der serbischen Kirche St. Nicholas von Sviniţa wurden leider während des Baus des Wasserkraftwerks am „Eisernen Tor" zerstört.

Auch der Name des Banater Malers Moise Jivoinovici ist erwähnenswert. Geboren in Ferdin (Ilancea, im heutigen serbischen Banat), wurde er allein durch das Bild der

---

2 М. Јовановић, Л. Шелмић, Н. Кусовац, *Уметничко благо Србау Румунији …*, p. 40.

3 Д. Давидов, *Споменици Будимске епархије*, (Београд, 1990), pp. 312–313.

„Unterrichtung Moses"[4] bekannt, das den Thron der Jungfrau Maria in der serbischen Kirche von Tolvadia (Livezile) schmückt. Auch Marcu Acim, eigentlich bekannt für seine Darstellung der „Kreuzigung Christi" in der Friedhofskapelle von Kikinda, wirkte noch andernorts und war u. a. verantwortlich für die Malereien, die zur Ikonenwand von Satu Mare gehören.

In der zweiten Hälfte des neunzehnten Jahrhunderts hatten die gesellschaftlichen und politischen Veränderungen in der österreichisch-ungarischen Monarchie unmittelbare Konsequenzen für das Banat. Das Jahr 1848 bewirkte nicht nur eine Spaltung der Monarchie, sondern auch ein Auseinanderstreben der Bevölkerungsgruppen auf der Grundlage konfessioneller und ethnischer Kriterien. Die serbischen Künstler optierten überwiegend für Bukarest, Budapest oder Belgrad und distanzierten sich von Wien. Die (wenigen) Ikonen, die Novak Radonaci, Pavel Simici oder Aksentie Marodici malten, sind in dieser Hinsicht aufschlussreich. Es gab kaum ungarische Künstler, die Gemälde für den Banater Raum erstellten. Dagegen gelang es den rumänischen Künstlern, sich zu emanzipieren und die überlieferten Standards der lokalen Werkstätten zu übertrumpfen. So begannen Timișoara und Arad zu wichtigen künstlerischen Zentren zu werden.[5]

Die Werkstätten der Maler Nedelcu und Șerban Popovici

Nachdem ein Teil der Mitarbeiter von Andrei Andreovici das bischöfliche Kunstzentrum in Karlowitz (Sremski Karlovci) verlassen hatte, entschieden sich die Maler Nedelcu und Șerban Popovici[6] im Banat zu bleiben und dort als Vertreter des Brâncoveanu-Stils (Walachei-Stils) weiterzuarbeiten. Mit ihnen zusammen wirkten Gheorghe Ranite, dessen Bruder sowie der Sohn des Meisters Ranite/Hranite/Aranit. 1732 dekorierten die Ranite-Brüder das Kirchenschiff und den Altar des Klosters Tismana, wobei sie die gesamten alten Gemälde von 1564 neu gestalteten. 1738 malten sie zusammen mit „Mihai" und „Ioan" die St.-Nicholas-Kapelle in Brașov (Kronstadt) aus. Als „Ioan" seine Arbeit in Brașov abgeschlossen hatte, zog er ins Banat und übernahm die Dekoration in der Mariä Himmelfahrtskirche von Lipova. Hierbei halfen ihm „Nedelcu" und „Șerban Popovici", die in der Fachliteratur allerdings als ein und dieselbe Person erachtet werden.[7]

Es gibt mehrere Argumente, die für die These sprechen, dass Nedelcu Popovici sein Kunsthandwerk mit dem Bemalen des Klosters von Săraca begonnen hat. Der Einfluss

---

4 М. Јовановић, *Српско сликарство у доба романтизма* (Нови Сад, 1976), pp. 120–123.

5 I. Frunzetti, *Pictorii bănățeni din secolul al XIX-lea* (*Banatian Painters in the Nineteenth Century*), ESILA, 1952, pp. 35–77.

6 Popovici stammte wohl aus der Walachei, s. V. V. Muntean, *Exegeze istorice și teologice* (*Historical and Theological Exegeses*) (2005), p. 130.

7 H. Medeleanu, *Noi precizări în legătură cu Nedelcu Popovici și pictura murală de la Lipova* (*New Explanations Regarding Nedelcu Popovici and the Mural Painting from Lipova*) (Timișoara, 1980), pp. 359–364.

des Brâncoveanu-Stils ist offensichtlich, leicht erkennbar an der Art der Präsentation der Stifter, die die Erneuerung und die Ausgestaltung des Klosters finanziert hatten. Die Kirchen bis Mitte des 18. Jahrhunderts waren Werke von Künstlerkollektiven. Insofern ist es heute schwierig, genau zu bestimmen, wer für die anspruchsvolle Ausmalung verantwortlich war. Im Fall von Săraca ist allerdings klar, dass Andrei Andreovici federführend tätig wurde, während Iovan und Chiriac zuarbeiteten und dabei mehr als nur technische Unterstützung leisteten. Gut möglich ist, dass Iovan und Chiriac auch an der Malerei in der Kirche von Bălceşti (1732) beteiligt waren. Die in der Forschung vorgetragene Gleichsetzung des „Chiriac" von Bălceşti mit dem von Săraca, also mit Nedelcu Popovici, könnte durchaus stimmen, denn Nedelcu Popovici war der bekannteste Künstler im Malerkollektiv, das in Vracevşniţa und Lipova künstlerisch tätig war. Diese Annahme wird weiterhin dadurch bestärkt, dass die meisten von Nedelcu Popovicis Ikonen im Brâncoveanu-Stil gehalten sind.[8]

Wir wissen, dass Nedelcu und Şerban Popovici, zusammen mit Gheorghe Ranite, für lange Zeit im gleichen Malerkollektiv tätig gewesen sind. Einige Dokumente zeigen auch, dass sie zusammen an der Ausgestaltung des Klosters Vracievşniţa (1737) beteiligt waren, und zwar als Mitglieder der Temeswarer Gilde. Gleichzeitig lassen sich Brüche in der stilistischen Ausgestaltung des Klosters beobachten, ein Sachverhalt, der die Vermutung bestätigen würde, wonach mehrere Künstler an der Großaufgabe der Klostermalerei beteiligt waren.[9] Nedelcu Popovici malte übrigens Zeit seines Lebens in derselben Art und Weise. Nur einmal ist das Bemühen erkennbar, aus den erprobten Schemata herauszutreten, bei den Kirchenikonen von Ciacova. Hier versuchte der damals schon alte Meister mithilfe von Vorlagen aus der Ukraine (Stefan Tenețchi) sich dem Barockstil anzunähern. Erfolgreich war er nicht. Ihm fehlte die entsprechende malerische Ausbildung. Und so überstiegen die Ambitionen seine Möglichkeiten.

Die Forschung hat widerstreitende Hypothesen zur Herkunft von Şerban Popovici entwickelt. Letztlich erscheinen sie alle denkbar, weil es keine eindeutigen Beweise gibt. Manche Forscher glauben, Şerban stamme aus dem Osten, wo er den Beruf des Kunstmalers erlernt habe. Später sei er nach Serbien gezogen, wo er Mitglied von Andrei Andreovicis Team für die Innendekoration des Klosters Vracevşniţa wurde. Schließlich sei er ins Banat gezogen und habe sich hier niedergelassen. Eine andere These sieht ihn als einen Künstler arumänischer (mazedo-rumänischer) Herkunft. Weil er später im serbisch-orthodoxen Umfeld erfolgreich war, habe er sich zunehmend angepasst. Eine dritte Deutung sieht ihn als einen serbisch-rumänischen Maler.[10] Immerhin, das wissen wir, sein erstes Großprojekt war die Ausgestaltung der Kirche von Ecica (Serbien), das

---

8 *Ibid.*, p. 365.

9 D. Davidov, *Ikone zografa Temišvarske i Aradske eparhije* (Novi Sad, 1981), pp. 124–125.

10 R. Staniš, *Manastir Vraćevšnica* (Kraljevo, 1980). See L. Šelmiš, *Srpsko zidno slikarstvo u XVIII veku*, p. 17; id., *Slikarstvo epohe Brankoveanu i srpski živopis u XVIII veku*, p. 3.

er 1744 vollendete. Von 1752 bis 1755 war er zusammen mit Nedelcu Popovici und der Gruppe von Gheorghe Diaconovici für die Innenraumgestaltung der Modoş-Kirche in Jaşa Tomici (Serbien) tätig.[11]

Gheorghe Ranite, vermutlich Rumäne aus dem Kloster Tismana, war zu Beginn seiner Laufbahn ständiger Partner Nedelcu Popovicis und wurde später Mitglied der Malergilde von Timişoara. Zusammen mit den Mitgliedern der Diaconovici-Familie steht er für die spezifisch rumänische Maltradition. Sein Name wird in der Fachliteratur erstmals in Zusammenhang mit der Ausmalung des Kirchenschiffes und der Gestaltung des Altars in Tismana erwähnt. Wir finden den Hinweis auf ihn in einem Brief, der von der Temeswarer Gilde versandt wurde und der bestätigt, dass er der Verantwortliche für die Ikonenwand in Szentendre ist. Weitere Erwähnungen fehlen leider – und ebenso Hinweise auf spätere ikonografische Werke Gheorghe Ranites.[12]

Mitte des achtzehnten Jahrhunderts kamen weitere Künstler-Handwerker in das Banat. Ihre Ausbildung hatten sie in Malerwerkstätten oder als Mitglieder von Malergruppen erhalten. Sie übernahmen Aufgaben, die ihre Fähigkeiten vielfach überschritten und agierten in illoyaler Konkurrenz zu den etablierten Künstlern. Aus diesem Grunde wurde 1750 die Temeswarer Künstlergilde gegründet. Sie wandte sich gegen die ungebundenen, herumreisenden Maler. Sie hätten keine gründliche künstlerische Ausbildung vorzuweisen, lautete der berechtigte Vorwurf.

Gleichwohl, der permanente Austausch mit der Walachei begünstigte und förderte die traditionelle Malerei. Die zahlreichen Kunsthandwerker waren entweder in ganzen Familiengruppen organisiert, oder die gemeinsame regionale Herkunft schweißte sie zusammen. Schließlich fanden viele Kunsthandwerker auch durch die Dauer ihrer künstlerischen Projekte zueinander.[13] Als sich der ästhetische Geschmack der Gläubigen änderte, als der slawische Barock immer mehr Einfluss gewann, da verloren Nedelcu und Şerban Popovici das für sie erforderliche Umfeld.[14]

Unmittelbar zu erkennen ist, wie authentisch Şerban Popovici sich in den Anfangsjahren auszudrücken wusste. Aber indem er versuchte, den stilistischen Veränderungen seiner Zeit entgegenzukommen, verlor er seine malerische Präzision und vermochte

---

11 M. Kašanin und V. Petroviš, *Srpska umetnost u Vojvodini* (Novi Sad, 1927), p. 192.
12 V. Ţigu, *Zugravul Nedelcu Popovici* (*The Painter Nedelcu Popovici*), 'Historical Monuments Bulletin', Nr. 2, Bukarest, 1971, pp. 67–72.
13 D. Davidov, *Ikone zografa Temišvarske i Aradske eparhije*, pp. 124–126. Der Historiker D. Davidov klassifizierte Nedelcu und Serban Popovici als Szentendre-Maler und ordnete deren Herkunft falsch zu. Später korrigierte er die Angaben in id. *Ikone zografa Temišvarske i Aradske eparhije*, p. 128, n. 26.
14 L. Mirkoviš, *Crkvene starine u srpskim crkvama Banata, Rumunije i Mađarske*, Beograd, 'Spomenik' SAN, XCIX, 1, 1950, vgl. D. Davidov, *Ikone zografa temišvarske i Aradske eparhije*, 129; M. Jovanoviš, L. Šelmiš, N. Kusovac, *Umetničko blago Srba u Rumuniji*, Beograd-Novi Sad, 1990, p. 30; M. Jovanoviš, *Slikarstvo Temišvarske eparhije – Topografski pregled slikarstva u crkvama Temišvarske eparhije*, p. 416; vgl. S. Bugarski, *Srpsko pravoslavlje u Rumuniji*, (Temišvar-Beograd-Novi Sad, 1995), pp. 129–130; V. Popoviš, *Srpski spomenici u Rumuniji - (Ovsenica)*, (Subotica, 1996), p. 219.

auch keinen neuen überzeugenden Stil zu entwickeln. Șerban Popovici und Nedelcu Popovici gehörten einer Zeit zu, in der sich die Vorstellungen von Kunst rasch änderten. In der ersten Hälfte des achtzehnten Jahrhunderts mussten noch andere Ikonenmaler erfahren, was es hieß, mit viel besser ausgebildeten Intellektuellen und Künstlern in Konkurrenz zu treten.

Die Malschule von Srediștea

Einer der Zeitgenossen Nedelcu Popovicis war Vasile Alexievici (Vasile Diaconu), der mit 50 anderen Familien aus der Kleinen Walachei 1736 in der Umgebung von Vrsac (Vârșeț) eintraf und sich dort in der Nähe, in Srediștea Mare (Veliko Središte – serbisches Banat), ansiedelte.[15] Vor seiner Ankunft im Banat war er Diakon des Klosters in Tismana gewesen. In Srediștea Mare baute er eine Malschule auf und richtete eine Künstlerwerkstatt ein, die unter anderem von seinen Söhnen besucht wurde: Eustahie wurde Priester, Gheorghe, Dimitrie und Petru setzten das Kunsthandwerk ihres Vaters fort und arbeiteten sich, der Zeit entsprechend, in die religiöse Malerei ein.[16] Gheorghe Diaconovici, der 1736 in Srediștea Mare geborene Sohn, wurde eine wichtige Figur für die religiöse Kunst des Banats im achtzehnten Jahrhundert, weil er – im Unterschied zu anderen, eher kurzlebigen lokalen Kunstinitiativen[17] – es erreichte, sich dem Stil der barocken Kunst anzunähern. Die aus der Walachei mitgebrachte künstlerische Atmosphäre bestimmte gleichwohl auch in der Folgezeit die handwerkliche Herangehensweise. Der Malstil blieb eher traditionell. Zugleich arbeiteten die Künstler in familiären Gruppen oder lokalen Zusammenschlüssen miteinander.[18] In solchen Vereinigungen wurde das Handwerk zumeist vom Vater auf den Sohn übertragen. So war es auch im Fall von Diakon Vasile (Alexievici/Diaconu), der das Innere der Clopodia-Kirche in der Diözese Timișoara ausmalte. Beweise dafür sind die beiden Thron-Ikonen von 1762.

---

15 O. M. Radosavljeviš, *Manastir Središte (prilog njegovoj istoriji)*, Pravoslavni Bogoslovni fakultet u Beogradu, XXXI, (Beograd, 1987), p. 234. See M. Grujiš, *Prilošci istoriji srpskih banatskih manastira u drugoj polovini XVIII-og veka*, Bogoslovni glasnik, Sremski Karlovci, knj. IX, sv. 2, 1906, p. 98; J. Sentklarai, *Istorijski spomenici srpskih manastira u južnoj Ugarskoj (Ukinuti manastiri – Središte)*, (Novi Sad, Zastava, 1908); see B. M. Drobnjakoviš, F. Mileker, *Letopisi opština Podunavske oblasti*, (Panțevo, 1929), p. 157.
16 I. C. Panait, *Pârvu Mutu – zurgavul (Pârvu Mutu – the Painter)*, in 'Church's Voice', XXIV, 1965, br. 7–8, p. 697.
17 Anlässlich von Studien zur Topografie kultureller Denkmäler im Banat, 1980, fand ich eine Ikone mit dem Titel *Porvul zugrav*. S. dazu *Popis slikarskih i vajarskih dela u privatnoj svojini i društvenom posedu na teritoriji Banata*, knjiga V, Novi Sad, 1981. S. auch A. Negru, *O icoană necunoscută a zugravului Pârvu Mutu (An Unknown Icon by Painter Pârvu Mutu)*, in 'The Light', 4–5, (Panciova, 1989).
18 V. Brătulescu, *Izvoarele picturii în Banat (The Roots of Banatian Painting)*, (Timișoara, 1961), pp. 5–6, 28.

Sie werden gleichzeitig dem Vater und seinem Sohn Gheorghe Diaconovici[19] zuge-schrieben. Andere Mitglieder der Gruppe, wie Stancu Raicu aus Vršac oder die Maler Ioan Popovici und Radu Lazarevici aus Caransebeş,[20] trugen ebenso zur Ausgestaltung der Clopodia-Kirche bei.

Gheorghe Diaconovici gestaltete mit seinem Vater die Ikonostase der Clopodia-Kirche. Ein Jahr danach schuf er auch die Altartüren innerhalb der Ikonenwand. 1762 malte er die Pelzhändlerflagge von Caransebeş, zusammen mit Radu Lazarevici, der in Diaconovicis Werkstatt in Srediştea Mare ausgebildet worden war. Ein als „Gheorghe" bezeichneter Maler, heißt es in der Fachliteratur, sei verantwortlich für die Abbildun-gen der „Feste der Kirche" auf der Ikonostase der Mariä-Himmelfahrtskirche in Lugoj (1777). Eine stilistische Analyse macht eine präzisere Bestimmung möglich und ver-weist auf Gheorghe Diaconovici als deren Urheber.[21] Eine Inschrift auf der hölzernen Kirche in Povârgina informiert uns, dass Gheorghe Diaconovici sich 1756 in Bocşa nie-dergelassen und dort zusammen mit seinem Vater und seinem Bruder Dimitrie eine Künstlerwerkstatt aufgebaut habe.

Während der zweiten Hälfte des achtzehnten Jahrhunderts schufen Gheorghe Diaconovici und Dimitrie Diaconovici repräsentative Werke für die St. Georg-Kirche in Caransebeş. Auch betätigten beide sich in den hölzernen Kirchen von Băteşti und Povârgina, Region Făget. In Băteşti half ihnen Vasile Ştefan Popovici aus Vasiova. In Povârgina arbeiteten sie zusammen mit einem „Petru", der aus dem Ort Fabric, Timişoara, stammte. Angenommen wird, dass es derselbe Petru Diaconovici war, der in der Familienchronik als dritter Sohn des Diakons Vasile Diaconovici erwähnt wird.

Petru war vielleicht der bedeutendste Maler in der Familie Diaconovici. Seine Gemälde in der Holzkirche Povârgina verdienen auf jeden Fall Aufmerksamkeit. U. a. porträtierte er Ioan Medescu, den bäuerlichen Stifter der Kirche, an der Westwand des Narthex (Vorhalle). Der Wert des Porträts, das Petru Diaconovici 1785 anfertigte, resul-tiert u. a. aus der genauen Reproduktion der Kleidung des Stifters. Diese Darstellung ermöglichte der Forschung später die Rekonstruktion der Festkleidung von Banater Rumänen Ende des 18. Jahrhunderts. Für die Malerwerkstatt in Srediştea Mare war vor allem Nedelcu Popovici prägend. Mit seinem umfassenden künstlerischen Wissen vermochte er, zusammen mit „Andrei", die Innengestaltung der Kirche in Vracevşniţa künstlerisch aufzuwerten. Ebenso durch Nedelcu Popovici inspiriert und angeleitet,

---

19 I. B. Mureşianu, *Colecţia de artă religioasă veche a Arhiepiscopiei Timişoarei şi Caransebeşului* (*The Religious Art Collection of Timişoara and Caransebeş Archiepiscopate*), (Timişoara, 1973), p. 76.
20 Die Bestandsliste des Klosters Srediște (10. Juni 1775) gehört zur Sammlung des Stadtmuseums Vršac. Radu Lazăr wurde in Lugoj geboren und war Priester in Caransebeş. Unser Dank geht an Prof. Vasile V. Muntean, der half, einige fehlerhafte Angaben zu korrigieren.
21 I. Stratan, V. Muntean, *Monumente istorice şi bisericeşti din Lugoj* (*Historical and Religious Monu-ments from Lugoj*), (Timişoara, 1981), p. 23.

gestalteten Vasile Diaconovici und Gheorghe Ranite (er stammte ursprünglich aus Craiova) auch das Kircheninnere von Modoş.[22]

Vasile Diaconovici bildete einige der lokalen Kirchenkünstler in Srediştea Mare aus, unter anderem Stancu Raicu aus Vršac sowie Ioan Popovici und Radu Lazarevici.[23] Beide stammten aus Caransebeş. Ein anderer Schüler der Werkstatt war „Iovan", ein nicht näher bezeichneter reisender Maler. Er wurde von den Temeswarer Religionsbehörden ermahnt, weil er Kirchen ohne Genehmigung ausgestaltet hatte. Aus den Unterlagen geht hervor, dass er vier Jahre lang von Vasile Diaconovici geschult wurde und später, als reisender Maler, mit dem Kirchenmaler Toma zusammenarbeitete.[24]

Fragen wir nach den gestalterischen Grundlagen der Arbeiten von Gheorghe Diaconovici und seiner Malerschule in Srediştea Mare, so fällt eine gewisse konservative Konstanz auf. Für die Maler des Banats diente das Werk von Nikola Neşkovici jahrzehntelang als Modell, einem der berühmtesten Künstler seiner Zeit.

Die Malerwerkstätten von Bocşa

Die Gemeinde Bocşa entstand aus drei nahe beinanderliegenden Nachbardörfern (Vasiova, Bocşa Română und Bocşa Montană). Im 18. Jahrhundert erlebte der Ort einen starken wirtschaftlichen Aufschwung, dank des erfolgreichen Bergbaus und der damit verbundenen Einwanderung zahlreicher Neubewohner. Welche Chancen der wirtschaftliche Aufstieg barg, welcher Bedarf auch dadurch an religiöser Kunst entstand, das war dem Priester und den Malern der Familie Diaconovici rasch deutlich. So entschlossen sie sich, von Srediştea Mare nach Bocşa umzuziehen. Dort arbeiteten schon Nikola Neşkovici, Pavel Giurkovici und Arsa Teodorovici.[25]

Es gibt keine genauen Informationen über die Gründung der von Vasile Diaconovici initiierten ersten Künstlerwerkstatt in Bocşa. Wir wissen allerdings, dass dessen Sohn Gheorghe Diaconovici ein Mädchen aus dem Dorf geheiratet hat und noch mehrere Generationen seiner Nachkommen in Bocşa geboren wurden, so unter anderem Constantin Diaconovici Loga. Die eher kurzlebige Wirkungsdauer der Werkstatt, beginnend mit der Ankunft des Diakons Vasile Diaconovici und fortgesetzt durch seinen Sohn Gheorghe,

---

22 O. Mikiš - L. Šelmiš, *Majstori prelaznog perioda*, (Novi Sad, 1981), p. 38.

23 C. Pascu, *Preotul şi zugravul Radu Lazarevici (Radu Lazarevici, Priest and Painter)*, in 'Foaia diecezană', LVI, 1941, p. 5.

24 E. Costescu, *Contribuţii la cunoaşterea activităţii unor meşteri români care au lucrat în Banatul românesc şi sârbesc în secolul al XVIII-lea (Contributions to the knowledge of some Romanian Masters' activity, who worked in Romanian and Serbian Banat in the eighteenth Century)*, Serbian-Yugoslavian-Romanian Relations Symposium, (Panciova, 1971), p. 71.

25 N. Stoicescu, *Bibliografia localităţilor şi monumentelor medievale din Banat (The Bibliography of Banatian Medieval Monuments)* (Timişoara, 1972), pp. 23, 184, 223, 335. Vgl. 'Foaia diecezană', 1897, Nr. 47, year XII, 5–6; C. Diaconovici, *Enciclopedia Română (Romanian Encyclopedia)*, (Sibiu, 1900), vol. II, p. 149.

verhinderte ein höheres Ausbildungsniveau. Gheorghe Diaconovici musste auf der Suche nach Arbeit seinen Wohnsitz häufiger wechseln. Aus diesem Grund ging man im späten achtzehnten und frühen neunzehnten Jahrhundert bei der Ausbildung dazu über, Muster und Modellbücher lokaler Maler zu verwenden.[26]

In Bocşa und Umgebung zeichneten Vasile Diaconovici, der Vater, und Gheorghe Diaconovici, dessen Sohn, für die Innenraumgestaltung zahlreicher Kirchen verantwortlich. Ihnen halfen noch andere Maler, Auszubildende oder sonstige Partner. Dimitrie, ein Maler, von dem wir wenig wissen, wird als Lehrling erwähnt, aber seine Gemälde lassen sich nicht genau identifizieren. Möglicherweise hieß er tatsächlich Dimitrie Mihailovici, geboren in Bocşa, und wurde später beauftragt, das Innere der St. Georg-Kirche in Caransebeş auf traditionelle Weise auszugestalten. Noch später wird Mihailovici als Mitarbeiter von Mihail Velceleanu erwähnt, wobei Letzterer als einer der ersten akademischen Maler des Banats gilt.[27]

Höchstwahrscheinlich kam Mihail Velceleanu 1824 in das Banat, als er die Kirche in Cuptoarele Secu ausgestaltete. Ebenso ist zu vermuten, dass er zu jener Gruppe von Malern gehörte, die unter Leitung von Gheorghe Diaconovici die Innenausgestaltung in der Kirche von Bocşa durchführten. Velceleanu dürfte die Grenzen des künstlerischen Ausdrucksvermögens von Diaconovicis Werkstatt erkannt haben. So beschloss er, nach München zu gehen, und damit in eines der wichtigsten kulturellen Zentren Europas. Dass Velceleanu seine Ausbildung in München fortsetzte, geht aus einer Erhebung hervor, welche die Banater Kirchen durchführten, um einen Überblick über die künstlerische Topografie der Region zu erhalten. Dort wird die Tatsache erwähnt, dass Velceleanu mit einem deutschen Freund nach München gezogen sei.

Obwohl Velceleanu damit Zugang zu vielfältigen Malstilen hatte, blieb er der Tradition verhaftet. Aufschlussreich in dieser Hinsicht ist die Innenraumgestaltung der Kirche in Cornea, die als einzige in ihrer ursprünglichen Gestalt erhalten ist. Für die künstlerisch innovative Seite Velceleanus steht ein Selbstporträt, das er als allererstes Werk dieser Art im Umfeld der Malerwerkstätten von Bocşa-Lugoj-Caransebeş-Oraviţa angefertigt hat.[28] Velceleanu war aber nicht nur ein auffallender bildender Künstler,

---

26 V. Brătulescu, *Izvoarele picturii în Banat* (*The Roots of Banatian Painting*), 'Banat Metropolitan Church', 1961, p. 36.

27 In ihrer Monografie *Centrele de pictură românească din Banat – secolul al XIX-lea* (*The Banatian Centres of Romanian Painting – the Nineteenth Century*) führt Rodica Vârtaciu aus, dass Velceleanu bei Veighel in München studiert habe. Dabei beruft sie sich auf Dokumente aus dem Bistumsarchiv, Fundus der Ramna-Dorfkirche Nr. 307/1928. Das Argument überzeugt nicht vollkommen, denn Miloia und Frunzetti haben dasselbe Dokument ausgewertet, ohne entsprechende Schlussfolgerungen. Vgl. V. Ţigu, *Studii şi cercetări de istoria artei* (*Studies and Research of Art History*), Plastic Art Series, vol. 27, (Bukarest, 1980), pp. 165–175.

28 I. Miloia, *Din activitatea artistică a ierodiaconului Vasile* (*From the Artistic Activity of Deacon Vasile*), 'Banat Annals', T, III, (Timişoara, 1930), pp. 89–93; V. Cărăbiş, *Pictorii zugravi din judeţul Gorj în secolele XVII–XVIII* (*Painters from Gorj County in the eighteenth and nineteenth centuries*), 'Revue of Museums

vielmehr wirkte er auch als Meister und Lehrer in der Malschule von Bocşa. Gerade hierdurch trug er in den ersten drei Jahrzehnten des neunzehnten Jahrhunderts entscheidend zur Entwicklung der Kunst im Banat bei. In Velceleanus Malatelier erhielt u. a. auch Nicolae Popescu seine Ausbildung, der in der zweiten Hälfte des 19. Jahrhunderts als bekanntester rumänischer Maler galt. Zu seinen Schülern zählten ebenso Matei Popovici und Filip Matei. Letzterer gestaltete mehr als 60 Ikonenwände und gründete selbst eine Kunstwerkstatt.[29]

Filip Matei war Kind einer armen Bauernfamilie und ging zunächst nach Oraviţa, wo er seine Ausbildung in der Werkstatt der Familie Popovici begann. In Bocşa heiratete er die Tochter Gheorghe Diaconovicis und errichtete selbst eine Malwerkstatt, um hier Lehrlinge anzuleiten. Er gilt als einer der Mitgestalter bei den Innenmalereien und den Wandkompositionen der Kirche von Seleuş (heute ein Dorf im serbischen Banatgebiet). Beteiligt waren ebenso Matei Popovici sowie Nicolae Popescu.

Welcher Geist in dieser Zeit herrschte, macht die Tatsache deutlich, dass sich im Haus von Filip Matei viele Banater Priester, Maler und Intellektuelle trafen.[30] Gleichwohl blieb sein Werk den traditionellen Errungenschaften religiöser Kunst verpflichtet, ähnlich, wie wir es bei den Werken von Matei Popovici und anderen Zeitgenossen beobachten, mit denen er über Jahre zusammenarbeitete. Immer noch ging es um eine Kopie der von den Vorgängern überlieferten Muster.[31]

Ende des achtzehnten Jahrhunderts, zu Beginn des neunzehnten Jahrhunderts sind weitere Malernamen für die Kunstwerkstatt in Bocşa überliefert, so etwa Dimitrie Mihailovici, Nicolae Saiman und Ioan Ionescu. Vielleicht haben noch andere Maler die Werkstatt in ihrer Ausbildung durchlaufen, darunter Nicolae Mărişescu, ein eher anspruchsloser Künstler, und Ioan Ionescu, verantwortlich für die Ikonostase der Kirche in Bărbosu.[32]

and Monuments', Nr. 2, (Bukarest, 1975), p. 76; Vgl. O. Milanoviš-Joviš, *Autori dela likovnih i primenjenih umetnosti evidentiranih u Banatu*, 'GraŤa za prouţavanje spomenika kulture Vojvodine', VIII–IX, (Novi Sad, 1978), p. 322.

29 A. Cozma, *Pictorul de bisericii Filip Matei, 1853–1940* (*The Religious Painter Filip Matei, 1853–1940*), Banat Metropolitan Church Archive, Timişoara, Nr. archive 3; Banat Metropolitan Church Archive, Caransebeş fund, III, 328/1892.

30 A. Negru, *Contribuţie la biografia pictorului Filip Matei* (*Contribution to the Biography of Painter Filip Matei*), 'Lumina', br. 1–2, (Panciova, 1988), pp. 64–69.

31 V. Ţigu, *Studii şi cercetări de istoria artei* (*Studies and Research of Art History*), Plastic Art Series, tome 27, (Bukarest, 1980), pp. 165–175.

32 I. Miloia, *Începuturile artei româneşti în Banat* (*The Beginnings of Romanian Art in Banat*), in 'Banat Workshops', Januar–März 1930, p. 6.

Die Werkstätten von Lugoj

Zweifellos profitierte Lugoj vom administrativen Neuaufbau durch die Habsburger. Es entstanden Verwaltungsgebäude, Örtlichkeiten für gesellschaftliches Zusammentreffen, aber auch Kirchen. Dabei spiegelten die Neubauten den für die Zeit so typischen Stil. Wohlstand und wirtschaftliche Entwicklung beruhten auf erfolgreichen Handelsaktivitäten und ließen den Ort zu einer prosperierenden Stadt werden. In dieser Zeit also entstand am früheren Standort des Klosters St. Nicholas die orthodoxe Kirche Mariä Himmelfahrt. Sie folgt einem ähnlichen Grundriss wie das Kloster von Săraca und wurde im barocken Stil erbaut.[33] Zu den Künstlern, die in Lugoj in der ersten Hälfte des neunzehnten Jahrhunderts tätig waren, gehörten: Moalar Nicolae aus Lugoj selbst (1808), Igna, „der Maler", (1824), Ioan Lazăr (1832–1844) und Ioan Ştefanovici (1833).[34] In der Fachliteratur sind die Werke dieser Maler bisher nicht ausreichend gewürdigt worden, denn man betrachtete sie lediglich als Repräsentanten der dörflichen Malschulen.[35]

Mehr Informationen besitzen wir über den Maler Atanasie, dessen Wirken in Lugoj für das Ende des achtzehnten Jahrhunderts belegt ist. Die Innenmalereien der Kirche in Zolt demonstrieren seinen künstlerischen Stil. Seine besondere Maltechnik fällt sofort auf. Zusätzlich hat der Künstler sein Werk signiert, dort, wo das Kirchenschiff sich von der Vorhalle abtrennt und noch Teile der alten Kirchenmalerei erhalten sind. Den Forderungen der Stifter und Spender entsprechend, fertigte Atanasie auch ein Porträt des örtlichen Bürgermeisters Obada an. Das Werk gilt als eines der ersten künstlerischen Porträts im Banat. Die Stifter und Spender hatten nur begrenzte finanzielle Möglichkeiten. Und doch wollten sie an den Kirchenwänden verewigt werden, manche mit ihren Familien. Unter den wenigen sonstigen Porträts, die wir in den Kirchen der Region Lugoj finden können, ist vor allem das Porträt des Bauern Medescu in der Kirche von Povârgina erwähnenswert. Hier hat Gheorghe Diaconovici seine in der Werkstatt von Vršac erlernten Fähigkeiten demonstriert, ebenso wie Nikola Nescović.

Zahlreiche Werke Lugoscher Maler, welche Ende des achtzehnten Jahrhunderts entstanden, unterstreichen den Einfluss von Ştefan Tenecki als einem dem Barock verpflichteten Künstler.[36] Seine Schüler und Mitarbeiter wirkten an der Ausgestaltung der Kirchen von Dubeşti und Groşi mit. Sie stehen für eine andere Richtung der Malerei im Banat als jene, die wir für das Ende 18. Jahrhunderts bisher kennengelernt haben.

---

33 I. Stratan-V. Muntean, *Monumente istorice şi bisericeşti din Lugoj (Historical Monuments and Churches from Lugoj)*, Timişoara, Banat Metropolitan Church, 1981, p. 20.

34 I. Frunzetti, *Pictorii bănăţeni din secolul al XIX-lea (Banatian Painters of the nineteenth Century)*, (Bukarest, 1957), p. 39.

35 I. B. Mureşianu, *Colecţia de artă veche a Arhiepiscopiei Timişoarei şi Caransebeşului (The Old Religious Art Collection of Timişoara and Caransebeş Archiepiscopate)* (Timişoara, 1973), p. 83.

36 In *Monografia eparhiei Caransebeş (Caransebeş Diocese Monography)*, erwähnt N. Corneanu Ştefan den Maler Ponerchiu (Stefan Tenecki), Autor der ersten Ikonenwand der Kirche aus dem Zeitraum 1759 bis 1766.

Klar erkennbar sind westliche Kultureinflüsse, viel weiter fortgeschritten als die lokale, traditionelle Kunst. Diese war doch recht konservativ und folgte nach wie vor dem Brâncoveanu-Stil. Obwohl die lokalen Meister manche neuen Elemente übernahmen, blieben sie in ihren künstlerischen Ansätzen doch eher traditionell, und dies sogar das gesamte neunzehnte Jahrhundert hindurch.

Petru Nicolici, der in Gheorghe Diaconovicis Werkstatt ausgebildet worden war, gewann für die religiöse Malerei des Süd-Banater Raumes später eine maßgebende Rolle. Seine Werke finden wir in vielen Kirchen, so in: Srediştea Mare, Bocşa, Lugoj und Caransebeş.[37] Dass Petru Nicolici 1801 auch in Lugoj tätig war, zeigen schriftliche Quellen. Seine bekanntesten Werke sind die Innenmalereien der Kirchen von Curtea, gemalt zwischen 1804 und 1806, Poienie (1811) und zumindest teilweise einzelne Gemälde in der Kirche in Topla.[38]

Zu den Künstlern, die die Innendekoration der Mariä-Himmelfahrtskirche in Lugoj gestalteten (vollendet 1764), zählte Ştefan Tenecki, von dem schon die Rede war. Von seinen Werken, die bis heute erhalten sind, seien erwähnt: „Das Porträt des Stifters Gavrilă Gurean", „Das Porträt des Bischofs von Vršac und Caransebeş, Iovan Gheorghevici" und „Das Porträt des Klostervorstehers von Gavrilă". Unter den Stiftern, die den Wiederaufbau und die Restauration der Kirche möglich gemacht hatten, ist vor allem Bürgermeister Gavrilă Guran zu erwähnen. Sein Porträt findet sich an der Wand gegenüber dem Chor.[39]

Anfang des 19. Jahrhunderts beschlossen die Verantwortlichen in Lugoj, die alte Ikonenwand der Kirche zu ersetzen. Den Auftrag erhielt Pavel Giurkovici, der damals vielleicht wichtigste und gefragteste Künstler seiner Zeit. Er war auch verantwortlich für die bildlichen Darstellungen in Vršac, Biserica Albă und Oradea. Viele andere Banater Maler hat Pavel Giurkovici beeinflusst. Sie nahmen sich seine Gemälde zum Vorbild.[40] Die Zusammenarbeit von Lazar Gerdanovici und dessen Sohn George mit Pavel Giurkovici hat die Malerschule in Lugoj maßgeblich geprägt.[41] Ursprünglich aus

---

37 I. Cristache Panait, *Contribuţie la cunoaşterea picturii bănăţene din bisericile de lemn de la sfârşitul secolului al XVIII-lea şi începutul secolului al XIX-lea* (*Contributions to the Knowledge of Banatian Painting from the Wooden Churches during the Late Eighteenth and Early Nineteenth Centuries*), SCIA, Seria Arta plastică, I, Bukarest 1972, pp. 124–125.

38 R. Vârtaciu (1992), *Centre de pictură românească în Banat în secolul al XIX-lea* (*Romanian Painting Centers in nineteenth Century Banat*), Timişoara, Banat Museum, p. 84.

39 C. Feneşan, *Cnezi şi Obercnezi în Banatul Imperial, 1717–1778* (*Princes of Imperial Banat, 1717–1778*), Romanian Academy Publishing House, Bukarest, 1996, pp. 70–78.

40 A. Buzilă, *Biserica Adormirii Maicii Domnului din Lugoj, ctitorie a cnezilor români din Banatul secolului al XVIII-lea* (*The Assumption Church of Lugoj, Founded by the Romanian Princes of Eighteenth Century Banat*) in 'Acta Musei Napocensis', XVIII, Timişoara, 1981, p. 643.

41 Ion Frunzetti und Ion B. Mureşianu haben den Sachverhalt leider nur ungenügend eruiert. In seiner Studie *Pictorii bănăţeni din secolul al XIX-lea* (*Nineteenth-Century Banatian Painters*) ordnet Frunzetti Gerdanovici als Dorfmaler ein, während Mureşianu sich hinsichtlich des Entstehungszeitpunkts einiger Werke irrt. Ion D. Suciu hat 1971 in seiner Untersuchung *Monografia Mitropoliei Banatului* (*Banat*

Vršac stammend, wirkten die beiden Gerdanovicis im frühen achtzehnten Jahrhundert als Assistenten von Giurkovici bei der Gestaltung der Ikonenwand in Lugoj mit. Der 1818 geschlossenen Vertrag mit Pavel Giurkovici sah explizit die Beteiligung von Lazar Gerdanovici an den Arbeiten vor, mit der zusätzlichen Verfügung, dass alle Inschriften in rumänischer Sprache verfasst sein müssten.[42] Tatsächlich reifte George Gerdanovici unter dem Einfluss von Pavel Giurkovici zu einem anerkannten Künstler heran. Als sein Hauptwerk zählt sicherlich die Ikonenwand in der orthodoxen Kirche von Denta (Kreis Timiş).[43]

Nach der Neubemalung und der Restauration der Ikonenwand blieben von Giurkovicis Originalwerken nur die Malereien am Chor und der Kanzel übrig. Die Technik der Ikonenmalerei hielten die Künstler genau ein und passten sie zugleich den liturgischen Bedürfnissen an. An der Nordwand befanden sich als Themen: „Der ungläubige Thomas" und die Aufforderung „Lasset die Kindlein zu mir kommen". Des Weiteren finden wir die an dieser Stelle erforderliche Ikone des Heiligen Johannes des Damaszeners. Gegenüber dem Chor waren vier thematische Kompositionen zu finden: „Die Heilung des Blinden", „Die Parabel vom Pharisäer" sowie „Steuereintreiber" und „Der Heilige Anatolius".[44] Die heute noch sichtbaren Ikonen Giurkovicis in der Mariä Himmelfahrtskirche zeugen von thematischem und ikonografischem Traditionalismus in der religiösen Kunst des Banats des achtzehnten Jahrhunderts. Noch waren die mitteleuropäischen Einflüsse gering.

Lazar Gerdanovicis künstlerische Tätigkeit in Lugoj ist für 1793 bezeugt.[45] Wie andere Maler auch hatte er seine Fertigkeiten außerhalb der Malwerkstatt von Lugoj erworben. U. a. wirkte er mit bei den Arbeiten an der orthodoxen St. Johannes-Kirche in Caransebeş. Hier malte er auf einem ovalen Blechrahmen die Jungfrau Maria. Die feine, in Ockerfarben gehaltene Modellierung des Porträts der Gottesmutter ähnelt in ihrer Interpretation anderen Ikonen zu diesem Motiv, insbesondere jenen, die durch ihre gekonnte Verbindung von lokalen Traditionen und westlichen Einflüssen überzeugen. Die blauen Kleidungsstücke sind mit auffälligen goldenen Rändern abgesetzt. Darin zeigt sich eine der Banater Spezifika um 1800.

Auf Wunsch einiger reicher Kaufleute aus Caransebeş fertigte Lazar Gerdanovici die Gildenflagge in der Kirche St. Johann an. Hier finden wir auch seine Signatur: „Moloval Lazar Gerdanovic". Obwohl er über die entsprechenden malerischen Kompe-

Metropolitan Church Monography), Timişoara, 1971, die genannten Studien als Grundlage herangezogen, um das künstlerischen Leben im Banat zu würdigen. Das erklärt den einen oder anderen Fehler. Angemessen beurteilt wird das Werk von Gerdanovici durch Miodrag Iovanovici *Slikarstvo Temišvarske eparhije – Prilog topografiji banatskih slikara* (*Potcenjeni Georgije Đerdanović*), pp. 174–178.

42 M. Jovanoviš, *Slikarstvo Temišvarske eparhije – Prilog topografiji banatskih slikara* (*Pavel Đurković u Lugošu*), pp. 166–174.

43 A. P. Hehn, *Banater Malerei*, Bukarest, Kriterion, 1984, p. 12.

44 Hans-Georg Beck, *Kirche und theologische Literatur im Byzatinitischen Reich* (München, 1959), p. 472.

45 M. Jovanoviš, L. Šelmiš, N. Kusovac, *Umetničko blago Srba u Rumuniji*, p. 24.

tenzen verfügt hätte, misslang Gerdanovici der Versuch, ein überzeugendes, klassisch wirkendes Porträt einer Zivilperson anzufertigen. Ein Beispiel für den geschilderten Sachverhalt ist das Porträt der Dame Ilka. Das Gesicht ist flach gehalten und zeigt einen Mangel an ausreichenden anatomischen Kenntnissen, ein Problem, das fast aller Künstler in seiner Gruppe hatten. Seine Defizite versuchte er zu kompensieren, indem er reiche Dekorationen hinzufügte und die Blumenmotive bis ins kleinste Detail ausarbeitete, so, wie es für das Kircheninnere üblich war. Um den Hals trägt die porträtierte Dame eine Kette aus goldenen Münzen, ein Symbol ihres Wohlstandes.[46] Zunehmend drangen Ideen westlicher Kunst in den Banater Raum vor, auch dort, wo nach wie vor religiöse Aussagen im Vordergrund standen. Der Stilmix zeigte sich vor allem bei Illustrationen und Gravuren in Kalendern, die religiöse Szenen im Barockstil darstellten.

Für die Malerei im Umbruch zum 19. Jahrhundert steht Ioan Capeţianu, der wiederum selbst stark von Lazar Gerdanovici beeinflusst war. Das „Porträt Ion Nicas" aus dem Jahr 1868 ähnelt in seiner Ausdrucksweise den Werken Gerdanovicis. In der Kirche der *Herabkunft des Heiligen Geistes* in Lugoj finden wir ein weiteres Werk, das von Ion Capeţianu stammt, denn es trägt dessen Signatur.

Im neunzehnten Jahrhundert wurde Lugoj zu einem wichtigen städtischen Zentrum mit einer vielfältigen Kultur und einem reichen künstlerischen Leben. Nach mehreren Romreisen ließ sich Nicolae Popescu 1876 in Lugoj nieder. Im selben Jahr malte er die Türen der Ikonenwand in der Himmelfahrtskirche und das Porträt des griechisch-katholischen Bischofs Victor Mihali Apsa.

In den letzten Jahrzehnten des neunzehnten Jahrhunderts stagnierte die religiöse „Dorfkunst" des Banats. Auf der einen Seite finden wir den raffinierten Geschmack der städtischen Kunden, auf der anderen Seite stand die wenig privilegierte ländliche Bevölkerung. Sie bewahrte einen gewissen künstlerischen Traditionalismus und bevorzugte die viel billigeren Werke jener Maler, die in den lokalen Werkstätten ausgebildet worden waren. Unter diesen Bedingungen schwand das Interesse an einer Erneuerung der Maltechnik oder an einer Veränderung des thematischen Repertoires. Jene Maler, die die Dorfkirchen ausgestalteten, blieben resistent gegenüber ikonografischen Neuerungen und verharrten stattdessen bei ihrem traditionellen Kunsthandwerk.

---

46 I. Frunzetti, *Pictorii bănăţeni din secolul al XIX-lea* (*Nineteenth-Century Banatian Painters*), Bukarest, Publishing House for Literature and Art, 1957, p. 39. Der Autor würdigt die ländlichen Malwerkstätten nur am Rande – das passt zum Publikationszeitraum. Das Urteil beruht im Wesentlichen auf den unabgeschlossenen Forschungen von Ioachim Miloias. I. B. Mureşianu, *Colecţia de artă religioasă veche a Arhiepiscopiei Timişoarei şi Caransebeşului* (*The Old Religious Art Collection of Timişoara and Caransebeş Archiepiscopate*) (Timişoara, 1973), p. 80.

Die Werkstatt der Familie Popovici in Oravița

Die Anfänge der Malerwerkstatt in Oravița sind eng verknüpft mit der Persönlichkeit Ioan Popovicis.[47] Dort wirkten unter anderem auch Ștefan Popovici, Dimitrie Popovici, Mihai Popovici und Dimitrie Turcu. Sie ließen sich ein auf die künstlerischen Anforderungen der Dorfkirchen[48] und standen unter dem starken Einfluss des Stils von Gheorghe Diaconovici in Srediștea Mare.[49]

Der erste Maler aus dem Atelier in Oravița, für den wir genauere Informationen besitzen, ist Ioan Popovici. Sein Wirken lässt sich für die Zeit von 1762 bis 1789 gut nachvollziehen. Er gründete die örtliche Malerwerkstatt und arbeitete 1762 mit Gheorghe Diaconovici[50] an der Innendekoration der Kirche von Clopodia zusammen.[51] Gemeinsam mit Radu Lazarevici und Stancu Raicu[52] agierte er als Assistent Diaconovicis. Später debütierte er als Künstler in den Werkstätten von Srediștea Mare und Bocșa,[53] die der Familie Diaconovici gehörten.

Ștefan Popovici malte sehr viele Ikonen für eher wenig begüterte Auftraggeber. 1823 nahm er an den Innenmalereien der Kirchen in Eftimie Murgu (bis 1970: Rudăria, deutsch: Roderia, ungarisch: Ógerlistye), Iablanița (deutsch Jablanitza, ungarisch Bélajablánc) und Crușovăț (ungarisch: Körtvélypata) teil.[54] Das Thema Landschaft führte er als erster in die Kunst des Banats ein. Die Maler der Werkstatt aus Oravița, die noch unter Ștefan Popovici begonnen hatten, hielten an den Ideen ihres Meisters fest. Nur gelegentlich und verspätet akzeptierten sie westliche Einflüsse, die ihnen durch Künstler zugetragen wurden, die in den europäischen Kunstzentren geschult worden waren.

---

47 N. Stoicescu, *Bibliografia monumentelor și localităților medievale din Banat* (*The Bibliography of Monuments and Historic Medieval Settlements from Banat*), Timișoara, 1973, p. 17.

48 A. Negru, *Popovići iz Oravice*, în 'Zbornik', XX, LUMS, Novi Sad, 1984, pp. 271–275.

49 I. B. Mureșianu, *Colecția de artă religioasă veche a arhiepiscopiei Timișoarei și Caransebeșului* (*The Old Religious Art Collection of Timișoara and Caransebeș Archiepiscopate*), Timișoara, Banat Metropolitan Church, 1973, p. 77.

50 Es ist durchaus einleuchtend, wenn die These vertreten wird, barocke Stilelemente hätten die Werkstätten des südlichen Banats über die Kunst Nikola Neškovićs erreicht. Gründe für diese These sind Gheorghe Diaconovicis Erstkontakte mit barocker Kunst in der Malerwerkstatt von Vršac. Auch die Ikonenwand in der Kapelle des Bischofspalasts und die Ikonen im Kloster Mesić deuten darauf hin, denn hier hat Diaconovoci Nikola Neškovics Werke ganz offensichtlich kopiert. Da Diaconovicis Arbeiten im Banat weite Verbreitung fanden, waren barocke Elemente bald bei vielen Künstlern sichtbar. (Bocșa, Lugoj, Oravița, auch Caransebeș).

51 S. Moldovan, *Județul Caraș și orașul Oravița* (*Caraș County and Oravița City*) (Oravița, 1933), p. 46.

52 M. Jovanoviš, *Slikarstvo Temišvarske eparhije*, p. 14.

53 A. Cosma, *Pictura românească în Banat de la origini până azi* (*The Romanian Painting in Banat from Origins to Present*) (Timișoara, 1940), p. 22.

54 D. Puia, *Biserici vechi de lemn din Valea Carașului* (*Old Wooden Churches from Caraș Valley*), 'Banat Metropolitan Church', 1958, nr. 4–6, p. 93.

Bis Ende des 19. Jahrhunderts hat sich die Malertradition in der Familie Popovici erhalten. In der dritten Generation stachen vor allem Dimitrie Popovici und Mihai Popovici hervor.[55] Während Letzterer durch Widersprüche der künstlerischen Gestaltung auffällt, zeigen sich bei Dimitrie Popovici Qualitätsdefizite eher bei der Darstellung des menschlichen Körpers. Trotzdem unterscheiden sich seine Werke positiv von denen mancher Zeitgenossen wie Nicolae Hașca, Matei Popovici oder Iosif Matei. Vermutlich hat Dimitrie Popovici mit einer Werkstatt zusammengearbeitet, die weit fortgeschrittenere Techniken verwandte, als sie in Oravița selbst üblich waren.[56] Dimitrie Popovicis großmaßstäbliche Wandkompositionen findet man in den Kirchen von Domașnea und Sălciţa (im heutigen serbischen Banat). Sie zeugen von einer guten Beherrschung der Freskentechnik. Auch hat er, zusammen mit seinem Mentor Ştefan Popovici, die Wandmalereien angefertigt und gemeinsam mit Dimitrie Turcu die Malereien auf der Ikonostase ausgeführt.

Die Malerwerkstätten der Familie Popovici in Oravița wurden während des 19. Jahrhunderts zu einem Zentrum der Maltechnik im Banat. Obwohl ihre Ausbildung der religiösen Malerei galt, hatten die in Oravița arbeitenden Künstler ein Interesse an der Verbesserung ihrer Fähigkeiten, sodass sie ihr Themenspektrum durch die Darstellung historischer Sachverhalte erweiterten.

Die Werkstätten von Caransebeş, Biserica Albă und Becicherecul Mare

Der rasche ökonomische Aufstieg von Caransebeş in der zweiten Hälfte des 18. Jahrhunderts zeigte sich gleichermaßen in der Architektur wie in der religiösen Malerei.[57] Die ersten Anfragen, Gemälde[58] anzufertigen, kamen 1762 von der Pelzhändlergilde. Gheorghe Diaconovici und Radu Lazarevici gestalteten die Gildeflagge. Beide gehörten der Malschule von Srediştea Mare an. Fünf Jahrzehnte später, 1807, malte Lazar Derdanović, Gründer der Werkstatt von Lugoj, die Handwerkerflagge der Stadt. Die Familie Stancović aus Caransebeş finanzierte die Erneuerung von Malereien in der Kirche St. Johann sowie die Wandmalereien in der Kirche St. Georg.[59]

---

55 A. Negru, *Pictorul Nicolae Popescu* (*Painter Nicolae Popescu*), in 'Libertatea', (Panciova, 1998), pp. 35–40, vgl. I. Frunzetti, *op. cit.*, pp. 106–110.

56 Leider enthält der Ausstellungskatalog von Ioan B. Mureşianu Ungenauigkeiten, sodass Angaben zur Ausbildung von Dimitrie, aber auch zur Geschichte der Familie Popovici zu überprüfen sind.

57 P. Drăgălină, *Din istoria Banatului de Severin* (*From the History of Severin's Banat*), vol. I, Caransebeş, 1902, p. 15; A. Ghidiu, I. Bălan, *Caransebeş Monography*, p. 22.

58 *Ibid.*, p. 23.

59 M. Jovanoviš, *Slikarstvo Temišvarske eparhije – Prilog topografiji dela banatskih slikara – Crkve u Karansebešu*, pp. 153–158.

Die günstige wirtschaftliche Lage von Caransebeş veranlasste Nicolae Popescu,[60] einen der bekanntesten Maler des Banats, die Gründung einer *Akademie der Schönen Künste* vorzuschlagen. Zeitlich fiel die Idee übrigens mit der 1865 erfolgten Einrichtung des rumänisch-orthodoxen Bistums von Caransebeş zusammen.[61] Welch ein den Künsten günstiges Klima in der Stadt vorherrschte, wird dadurch deutlich, dass am 30. Juni 1867 der italienisch-französische Schriftsteller und Kunstkritiker Carlo d'Ormeville das Talent von Nicolae Popescu in der Kunst- und Musikzeitschrift „Eptacordo" rühmte.

Was das Kunstverständnis des Süd-Ost-Banats auszeichnete, war dessen Verhaften an der traditionellen Kunst und die enge Verbindung mit den Klöstern der Walachei in Hurezi und Tismana. Von dort kamen reisende Malergruppen. Sie gestalteten die Klöster im Raum Caransebeş. Die Zusammenarbeit wurde auch noch in der zweiten Hälfte des neunzehnten Jahrhunderts fortgesetzt, als die Banater Künstler Zaharie Achimescu und Nicolae Popescu die Kirche von Târgu Jiu ausmalten.

Im 19. Jahrhundert sehen wir das Wirken von Künstlern aus Mitteleuropa, welche die Häuser wohlhabender Familien schmückten. 1866 erhielt der Wiener Maler Karl Gutsch, ein Freund Jovan Popovićs noch aus seinen Studienzeiten an der Wiener Kunstakademie, die Einladung, er möge das Innere der St. Georg-Kirche vollenden und dabei den Wunsch der Stifter erfüllen, eine neue Art und Weise des Malens einzubringen. Dass Karl Gutsch den Auftrag übernahm, zeigt dessen Inschrift auf der Jesus-Ikone an den südlichen Türen. An den Wandmalereien war auch Dimitrie Turcu beteiligt, der das Gemälde „Jesus tritt in die Kirche ein"[62] anfertigte. Die aus dem Westen stammenden und in Caransebeş und Umgebung wirkenden Maler begünstigten zweifelsohne die Übernahme weltlicher Kunstelemente und Maltechniken in die religiöse Kunstproduktion des Banats.[63]

In der ersten Hälfte des 19. Jahrhunderts lässt sich die Anwesenheit so wichtiger Maler wie Vasile Teodorovici, Gheorghe Zugravul und Trifon Achimescu für Caransebeş bezeugen. Letzterer gründete jene Malwerkstatt, in der Zaharia Achimescu ausgebildet wurde. Trifon Achimescus Anwesenheit in Caransebeş, 1833–1861, lässt sich sowohl

---

60 Nicolae Popescu kehrte 1867 zeitweise in sein Land zurück, um Malaufträgen in Banater Dörfern nachzugehen. Die italienische Presse lobte Nicolae Popescus Kunstwerke ebenso wie die viele seiner Zeitgenossen. Im Sommer 1867 beschickte Popescu die Ausstellung *Belle Arti di Roma* mit 5 seiner Werke. Die Zeitschrift 'Familia' äußerte sich sehr positiv, Oradea, 16. Juni 1867, pp. 350–351. S. Virgil Feier, *Un pictor bănăţean afirmat pe plan european* (*A Banatian Painter Aprreciated in Europe*), in 'Orizont', Timişoara, 29. Dezember 1977, p. 2. Der erwähnte Artikel nutzt erstmals die zeitgenössische Presse als Quelle. Virgil Feier, *Dincolo de arhive* (*Beyond Archives*), in 'Orizont', Timişoara, 2002, p. 6.

61 A. Negru, *Nicolae Popescu, 1835–1877* (*Nicolae Popescu, 1835–1877*), Panciova, Libertatea Publishing House, 2004, pp. 39–40.

62 Hinsichtlich der zeitlichen Einordnung der Malpraxis folge ich I. B. Mureşianus *Catalogul de artă veche şi religioasă ...* (*The Old Religious Art Catalogue ...*), mit erneuter Prüfung einiger Angaben.

63 I. D. Suciu, *Monografia Mitropoliei Banatului* (*Banat Metropolitan Church Monography*), p. 130; s. auch H. Medeleanu, *Pictorul Stefan Teneţchi, Viaţa şi opera* (*Painter Stefan Teneţchi, His Life and Work*), 'Ziridava', XV–XVI, (Arad, 1987), pp. 373–378; L. Šelmiš, *Srpsko zidno slikarstvo XVIII veka*, p. 18.

durch seine überlieferten Werke bezeugen als auch durch einschlägiges Archivmaterial. Der Künstler gestaltete das Kircheninnere in Obreja (1834), Valea Bolvașniței (1834), Goleț (1842) und Plugova (1861). Die südlichen Seitentüren und die Ikone der St. Barbara[64] in der St. Johann-Kirche von Caransebeș sind bis heute erhalten geblieben.

Zaharia Achimescu malte zusammen mit dem italienischen Künstler Bartolomeu Dellomini die Flagge der Handelsgilde von Lugoj. Insgesamt bleibt festzuhalten, dass durch die Erneuerungsversuche der Künstler im Raum Caransebeș, durch ihre Modernisierung der Methoden und Techniken der Bilderstellung das Malzentrum von Caransebeș als ein wichtiger Vorläufer der zeitgenössischen Banater Kunst angesehen werden kann.

Der Name des Gründers der Kunstwerkstatt in Biserica Albă, Simeon Iakșici, wird erstmals 1796 erwähnt. Damals gestaltete er die gemauerte Ikonenwand der orthodoxen Kirche in Râtișor (serbisches Banat).[65] Iakșicis Werk steht für ein vergleichsweise niedriges malerisch-handwerkliches Niveau, vor allem in Hinblick auf die Proportionen und Physiognomien der dargestellten Personen. Aus der stilistischen Analyse seiner Wandkompositionen können wir entnehmen, dass sie zunächst gezeichnet wurden und der Schwerpunkt auf den Konturen lag. Danach wurden sie ausgeformt, mit Halbtönen und Kontrasten von Licht und Schatten in Szene gesetzt. An der beschädigten Wandmalerei können wir die anfängliche Farbgebung erkennen. Rosa, ocker und grün dominieren, wie sie in allen Landschaftsdarstellungen vorkamen.[66] Zwischen 1801 und 1802 gestaltete Simeon Iakșici das Innere der Kirche von Sasca, eine Arbeit, die aus unbekannten Gründen von seinem Sohn Arsenije Iakșici fortgesetzt und vollendet wurde.[67]

In vielen Kirchen des Banats scheint der Name von Axentie Mărișescu auf. Im Zeitraum von 1850 bis 1884 war er überwiegend im südlichen Banat und im Bereich des Donaudurchbruches tätig. Er gestaltete die Kirchen in Măcești, Radimna und Moldava Nouă sowie die Ikonenwände in Divici (1877) und Zlatița (1884).[68] Die Analyse seiner Werke zeigt eine ausgefeilte Maltechnik. Das ist auch der Grund, warum seine Ikonen so leicht zu identifizieren sind. In Biserica Albă[69] fertigte er Porträts von „Aca und

---

64 Die Ikone *Sankt Barbara* befindet sich in der Sammlung des Dekanats Reșița, inv. Nr. 546. Als einzige ist sie von Trifon Achimescus gezeichnet. Über Achimescu, der die Ikonenwand 1840 erstellte, sagte der lokale Priester, er habe eine präzise Hand. Vermutlich nutzte Achimescu Vorlagen aus Illustrierten, die im Banat gedruckt wurden.
65 O. Milanoviš – Joviš, *Iz slikarstva i primenjene umetnosti Vojvodine*, 'Grada za prouțavanje spomenika kulture Vojvodine', I, 1957, pp. 49–51, 80–81. In dem Anleitungsbuch von 1796 wird bestätigt, dass Simeon Jakšiš, Maler aus Biserica Albă, 175 Forint für die Ikonenwand erhielt. Auf der Wand oberhalb der königlichen Türen, für die Gheorghe Diaconovici verantwortlich zeichnete, findet sich die genannte Inschrift, in schwarzen Lettern auf schwarzblauem Grund, Rumänisch mit kyrillischen Buchstaben. Die Originalinschrift wurde zerstört, die Transkription ist stilisiert.
66 P. Vasiš, 'Bela Crkva – centar srpskog slikarstva u XIX veku', *Politika*, 26. August 1962.
67 I. B. Mureșianu, *Colecția de artă religioasă ... (The Religious Art Collection ...)*, p. 54.
68 *Popis slikarskih i vajarskid dela u društvenom posedu i privatnoj svojini u Banatu, 2.*
69 Grebenaț, eine Siedlung im heutigen serbischen Banat.

dessen Ehefrau Maca Nedeljkovič" an.[70] Zu erwähnen sind weiterhin die Gemälde „Mateja Davidov", „Der Priester Kosta Vujic", „Das Mädchen in grüner Kleidung" und „Rumänische Dorfbewohner aus Grebenaț im traditionellen Kostüm".

Ein anderer wichtiger Künstler, der in den Malerwerkstätten von Biserica Albă tätig war, ist Gioca Putnic. Zusammen mit seinem Sohn Iovan malte er gerahmte Bilder für zahlreiche Kirchen im gesamten Banater Raum. Hinzu kamen Ikonen und Seitentüren in der *Kirche der Erzengel Gabriel und Michael* in Izbişte.[71] Gioca Putnic verantwortete ebenso die großflächige Innenbemalung der Kirche. Auch die Familie Iakşici war beteiligt. So wurde die Kirche ein kunsthistorisches Kleinod der Malerei im Banat. Was da unter dem Einfluss der Schule von Pavel Giurović entstand, zusammen mit den Kunstwerken der Familien Marişescu und Putnic, steht zweifellos für ein wichtiges Kapitel der religiösen Kunst im Banat.[72]

Zusammenfassend lässt sich feststellen, dass die Werkstätten von Biserica Albă kein geschlossenes malerisches Programm vorlegten, kein explizites künstlerisches und ikonografisches Konzept verfolgten, sondern unterschiedlichen Malerwerkstätten den ihnen notwendigen Raum ließen und sich dadurch der jeweiligen Zeit anpassten.[73]

Die Malschule von Becherecul Mare gründete Dimitrie Popović oder auch Popov, wie er seine eigenen Ikonen signierte. Das Werk „Jungfrau Maria" in der Kirche von Orlovat, 1756, ist das erste von ihm überlieferte Gemälde.[74] Seine künstlerische Hochzeit hatte er in den Jahren zwischen 1770 und 1779, als er die Ikonostasen und die Wandmalereien der Kirchen in Titel, Orlovat, Meda und Srpski Itebei (heute serbisches Banat) sowie Ciacova anfertigte.[75] 1774 malte Popović die Ikonostase in Srpski Itebei und ließ sich dabei offensichtlich von der westlich-barocken Bildgestaltung anregen. Dimitrie Popovicis Gemälde aus der Reihe „Die Leiden Christi" stellten für diese Zeit etwas Neues in der religiösen Malerei des Banats dar.

Ähnlich wie die Malereien der Familie Iakşici aus Biserica Albă gehören auch Dimitrie Popovićs Werke zu einer Kunst des Übergangs im Banat. Die in dieser Zeit erstellten Bilder haben einen ganz speziellen Stil, der traditionelle Elemente mit Elementen des ukrainischen Barocks und der mitteleuropäischen Kunst verband. Popovićs

---

70 N. Mamuziš, *Rad na umetničkom katastru*, radni nalog 222, Narodni muzej Vršac.

71 Eine Siedlung bei Biserica Albă, wie auch Ulmu.

72 P. Vasiš, *Umetnsot u istočnoj Srbiji*, 'Braniţevo', sv. 4–5, Juli–Oktober 1963, p. 55; vgl. P. Vasiš, *Slikarska porodica Jakšić iz Bele crkve*, p. 270; M. Jovanoviš, *Slikarstvo Temišvarske eparhije – Ljupkova*, pp. 391–393; S. Bugarski, *Srpsko pravoslavlje u Rumuniji – Ljupkova*, p. 119; V. Popoviš, *Srpski spomenici u Rumuniji – Ljupkova*.

73 V. Popoviš, *Velikobečkerečki slikarski ateljeji*, Zrenjanin, 1969; id., *Veliki Bečkerek, slikarsko središte u Banatu – prva slikarska radionica*, ZLUMS,13, (Novi Sad, 1977), p. 117.

74 Pavle Vasiš, *Dimitrije Bačević ikonopisac karlovački*, 'Glasnik', Službeni list Srpske pravoslavne crkve, nr. 9, (Belgrad, 1969), p. 4.

75 See D. Medakoviš, *Hristove parabole na ikonostasu Nikolajevske crkve u Zemunu*, 'Zbornik Narodnog muzeja', IV, 1964.

Öffnung gegenüber der slawischen Ausprägung des Barocks, welche ihm Vermittler nähergebracht hatten, wird in seinem Werk offensichtlich. U. a. zeigt die Ikonostase in Ciacova, die noch erhalten ist, einen gewissen russischen Einfluss auf Popović, etwa durch ihre realistischen Anklänge. Ebenso lassen sich Elemente von Dimitrije Bačević wiedererkennen, einem der bekannten serbischen Ikonen- und Wandmaler des Barocks. Doch ganz so weit wie sein Meister hat es Popović nicht geschafft.

In den 1830er-Jahren erhielt Constantin Daniel an der Wiener Akademie der Künste seine Ausbildung. Geboren wurde er in Lugoj, begann aber seine Laufbahn in der Temeswarer Werkstatt von Arsa Teodorović, 1812–1815.[76] Constantin Daniel und seinen Schülern schreibt die Forschung die Ikonostase in der Himmelfahrtskirche von Panciova zu, 1833–1836.[77] Dasselbe gilt für die Ikonenwand in der rumänisch-orthodoxen Kirche von Uzdin (im heutigen serbischen Banat), 1833–1836, für die serbische Kirche in Timişoara, 1838–1843,[78] sowie die orthodoxen Kirchen in Dobriţa und Jarkovac (Јарковац – serbisches Banat), 1858–1861.[79]

Die Malzentren von Temeswar und Arad

Einen wahren Schatz enthält die Kunstsammlung des Klosters Arad-Gai. Hier fanden Kunsthistoriker Werke mancher bekannter Banater Künstler. Im traditionellen Malstil erhalten sind zum Beispiel die Arbeiten des Priesters Simion: Ikonen des Heiligen Nikolaus, des Heiligen Johannes, des Täufers, schließlich Darstellungen Jesu Christi als göttlichem Richter. Mihai Popas rustikale Malereien werden durch die Ikonen des Heiligen Nikolaus und der Jungfrau Maria mit Jesuskind sichtbar, 1763. Der Maler Iovan, ein Zeitgenosse von Nedelcu Popovici, erstellte Gemälde mit denselben Themen (Heiliger Nikolaus, Jungfrau Maria mit dem Jesuskind, Jesus als göttlicher Richter), während Constantin Daniel 1783 die Ikonostasetüren gestaltete.[80]

Nachweislich schätzten die Bischöfe Isaia Antonovici, Sinesie Jivanovici und Pahomie Knejevici die Arbeiten des bereits erwähnten Ştefan Teneţchi in besonderer Weise. Sie gelten als Beispiele für die lokale Adaption des Barocks, der immer mehr Einfluss auf den orthodoxen Bereich gewann.[81] Dank seines privilegierten Status erhielt

---

76 A. Negru, *Constantin Daniel*, in 'Libertatea', Panciova, 1998, pp. 24–35.

77 A. Negru, *Ugovor Konstantina Danila i crkvene opštine u Pančevu*, 'Sveske za kulturnu istoriju Matice srpske', I, Novi Sad, 1988, pp. 112–115.

78 D. Medakoviš, *Srpska umetnost u XIX veku*, Srpska knjiiževna zadruga, Beograd 1981, p. 99. M. Jovanoviš-N. Kusovac, *Škola Konstantina Danila*, Exhibition catalogue, Narodni muzej Zrenjanin, 1967, p. 25.

79 V. Popoviš, *Velikobečkerečki slikarski ateljeji*, Zrenjanin, 1969, bez paginacije; Ista, *Veliki Bečkerek, slikarsko središte u Banatu – prva slikarska radionica*, ZLUMS,13, Novi Sad, 1977, p. 117.

80 M. Jovanoš, *op. cit.*

81 R. Vârtaciu, *Centre de pictură românească în Banat în secolul al XIX-lea ... (Centers of Romanian Painting in nineteenth Century Banat ...)*, p. 11.

Ştefan Teneţchi zahlreiche Aufträge aus Arad und Umgebung. 1767 malte er die Ikonostase der Kirche im Arader Gai-Viertel (im heutigen Kloster Simeon des Einsiedlers).[82] Zu dieser Zeit war das Kloster auch Residenz des Bischofs Sinesie Jivanovici. Auch die Innengestaltung der griechisch-katholischen Kirche in Blaj (Blasendorf) verantwortete Ştefan Teneţchi. Hier zeigt sich seine solide theologische Ausbildung, die es ihm ermöglichte, auch ungewöhnliche religiöse Themen zu veranschaulichen.[83]

Ein anderer wichtiger Maler aus Arad war Nikola Aleksici. Nachdem er seine Studien an der Wiener Akademie abgeschlossen hatte, kehrte er nach Arad zurück und gestaltete die Ikonenwände und Wandmalereien in Sânnicolau Mare, Cuvin, Sânpetru Mare und Arad.[84] Die serbische Petrus-und-Paulus-Kirche in Arad ist übrigens später auch unter dem Namen eines der Großspender bekannt geworden: Tekelija-Kirche.

In den Jahren 1830 bis 1840 geriet die Kunst des Banats stärker als zuvor unter den Einfluss neuerer bildlicher Programme und ästhetischer Konzepte. Die meisten von ihnen hatten ihren Ursprung in Wien, das zum Vorbild für den südosteuropäischen Teil des Habsburger Reiches wurde. Eine ganze Generation von Malern und Bildhauern stand in diesen Jahren unter dem Eindruck des Biedermeiers. Selbst auf die religiöse Malerei wirkte sich die neue Kunstrichtung aus und veränderte die Themen der kirchlichen Wandmalerei. Im Mittelpunkt standen moralisierende Szenen und Ereignisse der mittelalterlichen Geschichte. Zu den Banater Künstlern, die sich den neuen künstlerischen Ideen zuwandten, zählten Dimitrie Avromici, Pavle Simici und Nikola Aleksici.

Ein für das ausgehende 19. Jahrhundert wichtiger Banater Künstler wurde der in Arad geborene Stevan Aleksici (Стеван Алексић, 1876–1923). Er war der Enkel von Nikola Aleksici. Seine akademische Ausbildung erhielt er in München, arbeitete dann aber im ganzen Banater Raum, bevor er sich endgültig in der Gemeinde Modoş (Modosch, Jaša Tomić) niederließ. U. a. verantwortete er religiöse Wandgestaltungen, so etwa in Lugovet (heute: Câmpia). An der Kirche von Ciacova versuchte er, das barocke Bild der Ikonostase mit seiner eigenen realistischen Darstellung zu verschmelzen. Die großmaßstäblichen Wandkompositionen in Ciacova behandeln typische Themen der religiösen Malerei im Banat. An den Seitenwänden des Kirchenschiffs malte Stefan Aleksici die „Kreuzigung" und „Der Abstieg vom Kreuz". Beide Darstellungen fallen durch eine betonte Dramatik auf; und tatsächlich erweist der Künstler sich hier als begabter Historienmaler.[85]

---

82 In der Museumskollektion des Klosters Sankt Simeon Stâlpnicul werden Teneckis wohl schönsten Werke aufbewahrt: *Die Krönung der Jungfrau Maria*, *Johann der Evangelist in Patmos* (1790) und *Johann der Täufer*. Die Ikonen stammen aus Arads alter Bischofskirche. (Die Ikonenwand wurde in die Comlâuş-Kirche überführt).

83 M. Jovanovic, *Slikarstvo temisvarske eparhije* ..., p. 229.

84 H. Medeleanu, *Documente referitoare la pictorul bănăţean Stefan Teneţchi* (*Documents Referring to Banatian Painter Stefan Teneţchi*), in 'Studies and Research of Art History', 30, Bucarest, 1973, pp. 72–81.

85 М. Јовановић, *Иконостас манастира Бездина*, Зборник за ликовне уметнсти Матице српске 6 (Нови Сад, 1970), pp. 119–132.

Die erste Temeswarer Malergilde entstand, wie bereits angesprochen, um 1750. Damit wollten sich die etablierten Maler gegen reisende, anonyme Künstler schützen.[86] In dieser Zeit waren die Malerateliers von Nedelcu und Şerban Popovici tonangebend.[87] Hier arbeiteten auch Češljar, Nikola Nešković und Arsenije Teodorović.[88] Constantin Daniel begann seine Malaktivitäten in der Werkstatt Nesentalers,[89] der auch in Timişoara beheimatet war.

In der ersten Hälfte des 19. Jahrhunderts prägte Arsenije Teodorović die Temeswarer Schule der Malerei. Er kann geradezu als Meister des serbischen Klassizismus angesprochen werden. Nikola Aleksić (später bekannt als der „Maler NIca aus Arad") hat in seiner Biografie zu Teodorović das Lehrer-Schüler-Verhältnis anschaulich beschrieben. Zu seinen Nachfolgern gehörten so bekannte Persönlichkeiten wie der bereits genannte Nikola Aleksić, Constantin Pantelić und Sava Petrović. Sein Malstil lässt sich auch erkennen bei Dimitrije Dimšić, Lazar Milić, Gheoroghe Boieru und Petar Čortanović.

Arsenije Teodorovics Einfluss auf Sava Petrović wird deutlich beim Betrachten der Ikone „Krönung der Jungfrau Maria" in der serbischen Kirche des Fabric-Viertels in Timişoara. Ebenso aufschlussreich ist ein Blick auf die Darstellung „Agara zeigt auf die lebensspendende Quelle",[90] die auf ein Medaillon gemalt wurde. Die „Krönung der Jungfrau Maria" stammt ebenfalls von Sava Petrović. Diese Werke brachten ihm breite Anerkennung, sodass er 1819 beauftragt wurde, die Malereien in der Kirche von Mehala anzufertigen, einem heutigen Stadtteil von Timişoara. Die Inschrift auf dem oberen Teil der Ikonostase bezeugt Petrović als verantwortlichen Maler zusammen mit dem Goldschmied Emanuil Antonović, der die Goldarbeiten für die Ikonenwand angefertigt hat. Beide Künstler setzten später ihre Zusammenarbeit fort, so etwa bei der Restaurierung der Ikonenwand von Parţa, südlich von Temeswar. Sava Petrović war aber nicht nur als Kirchenmaler tätig. Wie sehr die Kirchenoffiziellen ihn ganz allgemein schätzten, beweist u. a. das Porträt des Bischofs Iosif Putnic.

Die künstlerische Tätigkeit Pavel Pavela Petrovićs, des Sohns von Sava Petrović, begann mit dessen Grundbildung in der Werkstatt seines Vaters in Timişoara. Das entsprach der Tradition vieler Familien des Banats. Später erhielt Pavel auch eine akademische Ausbildung an der Wiener Akademie und besuchte die Klasse von Professor Kupelvizer.[91] Nach Abschluss seines Studiums zog der Maler in das Banater Dorf Modoş, wo er vier Ikonen für die örtliche Kirche anfertigte.[92] Deren Analyse zeigt ihn als einen

---

86 D. Davidov, *Ikone zografa Temišvarske i Aradske eparhije*, ZLUMS 17, Novi Sad, 1981, p. 119.

87 *Idem.*, *Ikone sprpskih zografa XVIII veka*, Belgrad, 1977, pp. 33–34.

88 L. Šelmiš-O. Mikiš, *Delo Arsenija Teodorovića*, Novi Sad, 1978.

89 P. Vasiš, D. Medakoviš, *Konstantin Danil*, Katalog izložbe, Zrenjanin, 1961.

90 *Klasicizam kod Srba*, knj. VII, Beograd, 1967, p. 146.

91 K. Ambroziš, V. Ristiš, *Prilog biografijama srpskih umetnika XVIII i XIX veka (Iz Arhive Akademiji likovnih umetnosti u Beču)*, 'Zbornik radova Narodnog muzeja', II, (Beograd, 1959), p. 418.

92 O. Milanoviš-Joviš, *Iz slikarstva i primenjene umetnosti Vojvodine*, 'Graĩa za prouţavanje spomenika kulture Vojvodine', I, Novi Sad, 1957, pp. 73–76.

Künstler, der bewusst an das Kompositionsmodell von Constantin Daniel in der Kirche von Uzdin anknüpfte.[93] Tatsächlich war Pavel Petrovićs Nachfolger im künstlerischen Leben des frühen neunzehnten Jahrhunderts eben dieser Constantin Daniel.[94] 1843 malte er die Ikonenwand der Kathedrale von Timișoara, eines der am meisten gepriesenen Kunstwerke im Banat des neunzehnten Jahrhunderts.[95]

Die Brüder Imre und Béla Vizkelety, ursprünglich aus Arad stammend, arbeiteten einige Jahre in Timișoara. Das war zugleich die Zeit, als auch Dőme Szikora, D. Jägermann, Endre Makó, Adalbert Schäffer, Isidor Neugas, Laios Csigalli und Janos Kővary in Temeswar tätig waren.[96] Mit dem Geld, das sie durch Porträts reicher Kunden in Timișoara verdient hatten, finanzierten Imre und Béla Vizkelety ihr Studium an der Wiener Akademie. Béla Vizkelety kehrte ins Banat zurück, ließ sich im Dorf Baziaș nieder. Hier malte er u. a. 1856 zwei Porträts, die Zsigmond Ormos (der Gründer der Temeswarer Kunstmuseen) für seine Privatsammlung erwarb.[97]

Zu den Banater Malern, die auf jeden Fall erwähnt werden sollten, zählen sicherlich Anton Bissingen und Ludwig von Bersuder. Anton Bissingen förderte die talentierten Schüler in seiner Werkstatt und wirkte als ein echter Mäzen für seine jungen Talente. Einer der Künstler, die von Bissingens Unterstützung profitierten, war Gheorghe Baba, der Vater des Malers Corneliu Baba. Leider sind nur wenige Werke Bissingens erhalten, darunter das im Kunstmuseum von Temeswar einsehbare Aquarell „Die Siegesszene", die ganz im Stil der Romantik gehalten ist.

Ludwig von Bersuder wurde einer der wichtigsten Förderer künstlerischen Schaffens in Timișoara.[98] Er studierte Bildhauerei an der Wiener Akademie der Künste, zu einer Zeit, als Waldmülers Malstil die Hauptstadt der österreichisch-ungarischen Monarchie prägte. Nach dem Abschluss seiner Studien eröffnete Bersuder in Temeswar eine Werkstatt, in der viele zukünftige Maler ihre Ausbildung erwarben. Zu den bekannteren Schülern Bersuders gehören: Gheorghe Baba, Ferdinand Gallas, Stefan Szőnyi und Julius Podlipny. Weithin bekannt ist Bersuders Gemälde: „Die Parade von Temeswar".

Als ein weiterer wichtiger Temeswarer Künstler des neunzehnten Jahrhunderts ist Franz Komlossy zu nennen.[99] Als Schüler von Ferdinand Waldmüler malte er idyllische Landschaften und Stillleben, insbesondere Blumen. Sein romantischer Malstil wird deutlich im „Porträt eines Soldaten", übrigens ein wiederkehrendes Motiv der Malerei im Banat des neunzehnten Jahrhunderts.

---

93 P. Vasiš, *Konstantin Danil i njegov krug*, în M. Jovanoviš, N. Kusovac, *Škola Konstantina Danila*, Zrenjanin, 1967, pp. 17–18.

94 M. Jovanoviš, *Srpsko slikarstvo u doba romantizma*, p. 65.

95 P. Vasiš – D. Medakoviš, *Konstantin Danil*, Zrenjanin, 1967, pp. 28–39.

96 A. P. Hehn, *Banater Malerei im Wandel der Zeiten*, in 'Die Wahrheit', 1964, 12/IX, Temeswar.

97 *Ibid.*, p. 18

98 In *Banater Malerei*, Seite 19, finden sich einige kleinere Fehler: Ludvig von Bersuders Vater war 1835 von Köln nach Timișoara gezogen. Der Maler selbst war 1825 in Timișoara geboren.

99 I. Frunzetti, *Pictorii bănățeni din secolul al XIX-lea (nineteenth Century Banatian Painters)*, p. 116.

In unserer Aufzählung Banater Künstler des 19. Jahrhunderts dürfen Adolf Humborg und Johann Wälder nicht fehlen. Ersterer fiel durch seine Kinderporträts auf, ebenso durch Alltagsszenen. Ein häufig von ihm gewähltes Sujet war das Leben der Mönche. Als Beispiel hierfür sei sein Gemälde „Mönche im Gespräch" angeführt. Johann Wälder wirkte als Zeichenlehrer prägend auf den Nachwuchs und förderte die künstlerische Entwicklung seiner Schüler, indem er ihre Liebe zum Porträt weckte, seinem bevorzugten künstlerischen Thema.[100]

Zur Banater Künstlergalerie des 19. Jahrhunderts gehörte schließlich auch Josef Ferenczy (1866–1925). Nachdem er die Budapester Akademie erfolgreich abgeschlossen hatte, eröffnete er in Timişoara eine Malerschule.[101] Zusätzlich zum praktischen Unterricht gab er seinen Schülern ein mehr analytisches Werk an die Hand, „Theoretische Studie über die Malerei". Das kleine Lehrbuch diente den Studierenden als theoretisches Rüstzeug für ihre künstlerischen Studien. In zahlreichen Zeichnungen und Gemälden nutzte er Techniken des Impressionismus, um hierdurch den Farbreichtum traditioneller ungarischer Kostüme hervorzuheben. „Mädchen in traditionellem Kostüm" und „Ungarischer Volkstanz" sind nur zwei von Ferenczys bekannteren Gemälden aus seiner Zeit im Banat und in Siebenbürgen. Er war ein getreuer Beobachter traditioneller Kostüme und ein genauer Porträtist seiner Zeitgenossen. Dass er auch vor gesellschaftlich relevanten Themen nicht zurückschreckte, zeigt sein Bild von der Gießerei in Reşiţa, ein Werk, das fast schon expressionistisch anmutet.

Viele weitere Künstler, die später in Vergessenheit gerieten, waren in Timişoara noch tätig. Unter ihnen zu erwähnen ist Petru Diaconovici aus dem Stadtviertel Fabric. Auf ihn hingewiesen werden wir in der Kirche von Povârgina. Vielleicht gehört er zur bekannten Temeswarer Intellektuellenfamilie Diaconovici. Auf der Ikone „St. Johann, der Täufer", die in der orthodoxen Bischofskirche von Caransebeş zu finden ist, hat sich der Maler Jancović verewigt, ein Künstler, der ebenfalls aus Temeswar-Fabric stammt. Caius Giorgevici, ein in den Werkstätten von Massi Tonelli und Alberto Franchetti ausgebildeter Wandmaler, gestaltete 1826 das Innere der St.-Elijah-Kirche in Fabric, wobei zu seinen Mitarbeitern ein gewisser Ion Negrea aus Sibiu zählte. Ion Chioreanu, dessen Mitwirkung bei der Ausgestaltung der Kirche von Sculia in einem Vertrag erwähnt ist, kam ebenfalls aus dem Fabric-Viertel. Zum Schluss: Pavel Murgu aus Izvin finden wir Mitte des 19. Jahrhunderts als Maler mehrerer Kirchen in der Umgebung von Timişoara wieder, so etwa in: Chişoda, Recaş und Budinţi.

---

100 A. P. Hehn, *Präzise Kunst, Johann Wälder, ein Banater Maler*, in 'Neue Banater Zeitung' (Temeswar, 1970), pp. 1–25.

101 A. P. Hehn, *Kleine Banater Galerie*, in 'Neue Banater Zeitung', Ausgaben vom 27.01.1973, bis zum 14.02.1974.

Fazit

Fassen wir zusammen: Ein Gutteil der Banater Kunstgeschichte im achtzehnten und neunzehnten Jahrhundert ist die Geschichte ambulanter Kunsthandwerker und familiärer Malerwerkstätten. Gerade Letztere machten Geschichte. Ausgerichtet waren sie auf die Anforderungen religiöser Kunst. Dem Initiator und Leiter der Werkstatt oblag die angemessene Ausbildung seiner Schüler. Es gab mehr oder weniger qualifizierte Lehrer. Sie gründeten ihre eigenen Werkstätten, richteten provisorische Schulen von unbekannter Dauer ein, die oftmals eine recht lockere Struktur besaßen. Die künstlerische Ausbildung ist in einschlägigen Werken beschrieben worden. Die Schulung besaß quasi familiären Charakter. Die um den Meister versammelten Schüler waren häufig seine engeren Verwandten, sodass sich ganze Malerdynastien herausbildeten.

Zu Ende des achtzehnten Jahrhunderts und dann vor allem im neunzehnten Jahrhundert ließen sich die Künstler des Banats in den wichtigsten Zentren der Region nieder. In den neuen Werkstätten konnte eine größere Anzahl von Schülern ausgebildet werden, und sie studierten ihr Handwerk für einen längeren Zeitraum. Die künstlerische Ausbildung, die durch diese Werkstätten gefördert wurde, setzte die Tradition fort, die auf eine Angleichung an das Wissen und Können der herausragenden Künstler beruhte. Als Ausbildungsgrundlage dienten die Arbeitsbücher der Maler, die von einer Generation zur nächste weitergegeben wurden. Manchmal wurden sie durch Zeichnungen anderer Maler vervollständigt. In moderner Zeit dienten Kunstdrucke als Vorbild und ermöglichten so die Einbindung westlicher Themen in das Repertoire der Banater Künstler. Die Malvorlagen differenzierten sich auf diesem Wege aus oder verbanden sich mit neuen Elementen der Kunst. Mitte und Ende des achtzehnten Jahrhunderts wurden barocke Einflüsse immer stärker. Auch die Ausgestaltung der Figuren und der Kleidung verfeinerte sich, Landschaften kamen häufiger vor und wurden genauer gezeichnet. De traditionelle orthodoxe Ikonografie integrierte so immer mehr vom Geist der westlichen Kunst.

Anfang des 18. Jahrhunderts standen die traditionellen Malergruppen noch für die byzantinische Kunsttradition. Bevor der Barock als dominante Kunstrichtung akzeptiert war – Ende des achtzehnten Jahrhunderts – begann die Wiedergeburt der religiösen Kunst im Banat durch Maler, die aus der Walachei kamen. Die reisenden Kunsthandwerker brachten den Brâncoveanu-Stil mit, aber auch einen Geist der Erneuerung, wie er in der Walachei zu spüren war. Häufig von Bewohnern des Banats um Hilfe und Unterstützung gebeten, mit unternehmerischem Geist ausgestattet, prägten die Maler der weiter östlich gelegenen Orthodoxie (bis hin zum Kiewer Raum) die erste Phase der Banater Kirchenkunst.

Die Forschungen über die Künstler-Werkstätten des Banats zeigen, dass diese einen realen gesellschaftlichen Bedarf befriedigten. Sie erhielten ihre Aufträge entsprechend dem wirtschaftlichen Wohlstand und dem künstlerischen Geschmack der Bewohner. Häufig waren die Künstler talentiert, und häufig waren sie offen für Innovationen und Neuheiten. Aber zwischen 1718 und 1918 waren sie doch vor allem von ihren

Auftraggebern finanziell abhängig. Und so mussten sie bei den künstlerischen Ausdrucksformen verbleiben, die ihnen die Geldgeber auferlegten. Die dem Westen vergleichbare Emanzipation vom beauftragten Kunsthandwerker zum eigenwilligen, selbstständigen Künstler-Intellektuellen deutete sich erst Ende des 19. Jahrhunderts an.

Victor Neumann

Die deutsch-sprachige Presse als Spiegel der politischen Kultur Temeswars

Nachdem Wien Anfang des 18. Jahrhunderts die Herrschaft im Banat übernommen hatte, änderten sich die Rahmenbedingungen für die Region schlagartig. Temeswar wurde Zentrum einer römisch-katholischen Diözese. Deutsch-sprechende Siedler trafen im Banat ein (die Banater Schwaben) und stellten ein wichtiges Element der Bevölkerung. Neuartige Verwaltungs- und Wirtschaftsinstitutionen werteten das Grenzgebiet auf. Es waren zunächst die Katholiken, die das religiöse Leben der Region auf neue Grundlage stellten und eine enge Verbindung zum österreichischen Kaiserreich sicherten. Deutsch galt als Amtssprache für Timișoara und dessen Umgebung. Aber das Deutsche drang auch in den Alltag ein. In deutscher Sprache kamen die Informationen und Nachrichten in Temeswar an. Und dementsprechend war es die deutsch-sprachige Presse, die den öffentlichen Diskurs prägte. Sowohl im achtzehnten als auch im neunzehnten Jahrhundert spiegelte sie, wie aus imperialer Sicht Wiens die Welt beurteilt werden sollte, was wichtig war. Die beiden deutsch-sprachigen Veröffentlichungen, die *Temeswarer Nachrichten* und die *Temeswarer Zeitung*, klärten auf über das österreichische Reformdenken und sahen sich als Förderer der Modernität im südosteuropäischen Raum.

Eine erste Regionalzeitung: die *Temeswarer Nachrichten*

1768 befanden Maria Theresia und Joseph II., dass die Banater Region einer deutsch-sprachigen Presse bedürfe, übrigens neben einer solchen in Rumänisch und Serbisch. Mathäus Joseph Heimerl übernahm die Initiative und brachte die *Temeswarer Nachrichten* heraus, als erste Zeitung ihrer Art im Banat. Dank der Unterstützung durch Karl Ignaz Graf von Clary und Altringen, Präsident der Stadtverwaltung von Timișoara und Gouverneur des Banats, erschien die erste Ausgabe der Tageszeitung am 18. April 1771. Als Vorbild dienten die Zeitungen, wie sie in Wien, Bratislava und Pest gedruckt wurden.[1] Durch ihre regelmäßige Nachrichtenübermittlung und die Inhalte manch weiterer Artikel schuf die Zeitung ein lebendiges intellektuelles Klima.

---

[1] 13 Ausgaben der *Temeswarer Nachrichten* befinden sich im Hofkammerarchiv in Wien. Vgl. Österreichisches Staatsarchiv: Finanz und Hofkammerarchiv, Wien, 1, Banater Akten, Rote Nr. 73, Fasz. 1 (1770–1778), fols. 652–684 – Die *Temeswarer Nachrichten* gelten als die älteste Zeitung Südosteuropas. Vgl. auch Dr. Joseph Wüst, *Die Anfänge des Buchdruckes und des Pressewesens im Banat* (Wien, 1954), p. 47, und Franz Liebhard, *Banater Mosaik: Beiträge zur Kulturgeschicht*e (Bukarest, 1976), p. 208.

In ihrer ersten Ausgabe verbreiteten die *Temeswarer Nachrichten* Informationen über das Leben am Wiener Hof[2] und reproduzierten Passagen aus dem *Wienerischen Diarium*,[3] der bekanntesten Zeitung Österreichs. So gewannen die Leser einen Eindruck vom Regierungshandeln Maria Theresias, den gewährten Audienzen, aber auch den allerhöchsten Befehlen zu Währungsfragen. Sie erfuhren von Trauerfeierlichkeiten anlässlich des Todes politischer Persönlichkeiten oder von Mitgliedern der kaiserlichen Familie. Ergänzend berichtete der Herausgeber, Mathäus Joseph Heimerl, über die neuen Verordnungen des Grafen von Clary und Altringen, welche die regionale Wirtschaft und den regionalen Handel betrafen. Weitere Anordnungen galten den Regelungen für den Transport und dem Austausch von Gütern. Die kaiserliche Verwaltung hatte das zentralistische französische Modell übernommen und entsprechend wichtig war die rechtzeitige Kommunikation neuer Sachverhalte in die Provinzen.

In der dritten Ausgabe der Zeitung vom 2. Mai 1771 publizierte Mathäus Joseph Heimerl einen Artikel zur außenpolitischen Lage in Europa. Eingangs ging er auf die österreichisch-preußischen Beziehungen ein und wandte sich dann der politischen Situation in Hinblick auf die beiden rumänischen Fürstentümer, Moldau und Walachei, zu. Im Mittelpunkt stand jedoch das russisch-polnische Verhältnis kurz vor der 1772 vollendeten ersten Teilung Polen-Litauens: Zu lesen ist, dass die Russen hofften, Moldau und die Walachei in ihrem Herrschaftsbereich behalten zu können. Sie wünschten gleichzeitig, das Kameralwesen in guter Verfassung zu halten. Deshalb auch habe Feldmarschall Ruminatsev den Baron Gartenberg aus Warschau nach Petersburg gerufen. [...] Eine Flotte aus Asov werde auf See versuchen, die Vereinigung der russischen Marine im Archipel zu erreichen. Von Frieden sei gleichwohl noch die Rede. [...] Die Polen litten am meisten. Wenn der Krieg weitergehe, werde das Land viele Menschen und viel Vieh verlieren.[4]

Die Funktion des Druckwesens für Kultur und Bildung Temeswars

Während der letzten Jahrzehnte des achtzehnten Jahrhunderts war das Banat nicht nur eine Region, in der Handwerk und Handel prosperierten, zugleich war es ein Raum, in dem Teile der Bevölkerung sich für Bildung interessierten und eine intellektuelle Gleichrangigkeit mit dem Westen anstrebten. Einige Temeswarer Intellektuelle unterhielten enge Kontakte zu Gleichgesinnten in Mittel- und Südosteuropa. Die kaiserliche Administration gründete Schulen und veröffentlichte Lehrbücher. In einem an Maria Theresia 1779 übermittelten Bericht unterstrich der Anwalt Daniel Lazarini aus

---

2 *Temeswarer Nachrichten*, Nr. 1 (18. April 1771), fols. 652–653.
3 Ausgabe 26 (23. März 1771).
4 *Temeswarer Nachrichten*, Nr. 3 (2. Mai 1771), fol. 657.

Caransebeş die dringende Notwendigkeit, eine angemessene Anzahl von Lehrbüchern in rumänischer Sprache zur Verfügung zu stellen. Lazarinis Urteil hatte Gewicht, denn er war beauftragt zu prüfen, welche Möglichkeiten es gab, das rumänisch-sprachige Bildungssystem im Banat zu verbessern.[5] Mathäus Joseph Heimerl seinerseits veröffentlichte Lehrbücher und Kinderbücher in deutscher Sprache mit eindeutigem Bildungsanspruch: Rechtschreibbuch, ABC und Multiplikationstabellen, Lektionen für Kinder mit Multiplikationstabellen,[6] Anregungen für Kinder zur richtigen Schulung von Verstand und Herz, Zusammenstellung von Lektionen für junge Leute, insbesondere junge Frauen, Handbuch für junge Leute, arme Leute[7] usw. Im Fall der Lehrbücher handelte es sich um Neudrucke von Wiener Ausgaben, sodass sie in Schulen unmittelbar verwendet werden konnten.

Zahlreiche Werke aus Literatur und Geschichte wurden durch die *Temeswarer Nachrichten* im Banat bekannt gemacht: Diderots Theaterstücke; Friedrich Hagedorns „Gesammelte Werke"; Friedrich Gottlieb Klopstocks „Schriften" (einschließlich der Gedichte Messias, Solomon und Adams Tod); die angeblichen Gedichte von „Ossian" (de facto James Macpherson); Samuel von Pufendorfs *Einleitung zu der Historie der vornehmsten Reiche und Staaten, so itziger Zeit in Europa sich befinden*; Ludwig Muratoris, *Cristianesimo felice nelle missioni de' padri della Compagnia di Gesù nel Paraguay*; acht verschiedene Werke von Louis-Antoine Caraccioli stellte Heimerl vor. Schließlich ist noch Friedrich Lauterbachs *Historische Nachricht von den Leben und Thaten aller Herzöge und Könige in Pohlen*[8] zu erwähnen. Mathäus Joseph Heimerl hatte zweifellos ein Gespür für die Bedeutung einzelner Werke, die von den literarischen Größen und den bekannten Historikern seiner Zeit stammten. Deshalb bemühte er sich um deren ausführliche Vorstellung und Edition. Seine dann doch vergleichsweise wenigen Publikationen konnten die Nachfrage der Bevölkerung genauso wenig befriedigen wie deren umfassendes kulturelles Interesse. Zahlreiche Bücher, die in Wien, Paris oder Berlin verlegt worden waren, fanden den Weg in das Banat. Die Quellen berichten, dass Diderots dramatisches Werk in Timişoara 1770–1780 wohlbekannt gewesen sei. Unter den Lehrern, Ärzten, Beamten, Händlern und Offizieren habe es viele Persönlichkeiten mit einem erstaunlichen kulturellen Wissen gegeben. Einige bemühten sich sogar, die gälische Poesie von „Ossian" zu verstehen. Gottfried von Brettschneider, einer der großen Gelehrten seiner Zeit, urteilte, dass Timişoara ein wirkliches kulturelles Zentrum sei, in dem die Anhänger Goethes sich mit jenen Wielands intellektuell duellierten.[9] Die Arbeit noch vieler anderer Intellektueller zeigt, dass es in Temeswar ein breites, den geistigen Debatten der Zeit zugewandtes Milieu gab. In diesem Kontext namentlich erwähnt

---

5 Wüst, *Die Anfänge*; Liebhard, *Banater Mosaik*.
6 *Anhang zu den Temeswarer Nachrichten*, Nr. 2 (25. April 1771), fol. 655.
7 *Temeswarer Nachrichten*, Nr. 1 (18. April 1771), fol. 653.
8 *Temeswarer Nachrichten*, Nr. 3 (2. Mai 1771), fol. 658; s. auch Nr. 9 (13. Juni 1771), fols. 673–674.
9 Liebhard, *Banater Mosaik*, p. 223.

seien: Wolfgang von Kempelen, der Berater der kaiserlichen Verwaltung; Clemens von Rossi, erster Domherr und Vikar der römisch-katholischen Kathedrale sowie früher Priester der Banater Siedler aus Italien, die in Ortişoara eine neue Wohnstatt gefunden hatten, Aber auch Johann Jakob Ehrler, leitender Beamter der kaiserlichen Administration, muss angeführt werden.

Geografie und Geschichte des Banats von Temeswar in der Perspektive der Aufklärung

Die *Temeswarer Nachrichten* bewiesen ihren intellektuellen Anspruch bereits früh durch eine gut dokumentierte Studie über die Geschichte des Banats. Denn auch die kaiserlichen Behörden in Wien zeigten ein Interesse an der Geschichte der Region, und so konnte sich die Zeitung sicher sein, die Neugier vieler Leser zu befriedigen. Im Anhang zur zweiten Ausgabe vom 25. April 1771 kündigte Mathäus Joseph Heimerl an, er werde eine *Historische Beschreibung des Banats Temeswar* vorlegen. Die Studie richtete sich an Leser aus Timişoara selbst und aus den Nachbargebieten. Aber auch ausländische Vorbesteller (auswärtige Pränumeranten) sollten angesprochen werden.[10] Die *Historische Beschreibung* des Temeswarer Banats startete mit der dritten Ausgabe und wurde in Teilkapiteln ohne Signatur veröffentlicht. Die Informationen waren sorgfältig ausgewählt, denn der Verfasser berücksichtigte nur wichtige Fakten. Auf eine geografische Beschreibung des Banats folgte ein kurzer geschichtlicher Überblick von der Antike bis ins achtzehnte Jahrhundert, danach eine Darstellung der Bevölkerungsentwicklung und der sozioökonomischen Situation. Die Beschreibungen und ihre Interpretationen hatten ihre Grenzen nur im zeitgenössischen Wissen.

In der Einleitung der *Historischen Beschreibung* wurden die Grenzen Dakiens in der Zeit des Königreichs von Decebal beschrieben. Das sei der Raum zwischen Donau, Theiß, Karpatengebirge, Dnjestr und Pruth gewesen. Das Banat von Timişoara galt dem Autor als Teil des alten Dakiens. Im selben Abschnitt wird festgestellt, dass Dakien von Kaiser Ulpius Traianus erobert worden sei und in eine römische Provinz umgewandelt wurde, während Sarmizegetusa, die alte Hauptstadt, zu einer römischen *Colonia* umgewandelt wurde.[11] Als Beweis dafür werden die Texte von zwei römischen Inschriften wiedergegeben, die in der ersten Hälfte des achtzehnten Jahrhunderts entdeckt wurden und heute im Verwaltungsbüro in Caransebeş reproduziert wiederzufinden sind.[12]

---

10 Das Herausgeberteam der *Temeswarer Nachrichten* versuchte, möglichst viele Informationen über eine Provinz des Habsburger Reichs zu geben, die in der europäischen Welt wenig bekannt war. Vgl. *Anhang zu den Temeswarer Nachrichten*, Nr. 2 (25. April 1771), fol. 655.

11 S. Anhang zu den Temeswarer Nachrichten, Nr. 3 (2. Mai 1771), fol. 658.

12 Möglicherweise stammte die Inschrift vom römischen Zentrum Tibiscum (Jupa, bei Caransebeş), wobei die 5 Fragmente der Inschrift heute im Temeswarer Banat-Museum liegen. Vgl. auch I. Russu, M. Dušanić, N. Gudea und V. Wollmann, *Inscripţiile Daciei Romane* (The Inscriptions of Roman Dacia),

In Bezug auf die einheimische Bevölkerung, die „Daker", betont die Studie deren militärische Stärke und ist überzeugt von deren Wunsch, autonom zu bleiben und das angestammte Territorium für sich zu behalten.

Eine solche Darstellung entstand aus der Überschneidung von antiken und modernen Sichtweisen und muss als durchaus typisch für die historische Literatur in der Zeitenwende von der Aufklärung zur Romantik angesehen werden. Der Verweis auf die Herkunft, die Betonung der Kontinuität des Lebensraums sowie der Hinweis auf die eigene Sprachgemeinschaft stehen für den Beginn der nationalen Idee. Das war in Deutschland nicht anders. Auch hier diente die Idee der Kulturnation sowie der Verweis auf die gemeinsame Geschichte und Sprache der Kompensation des Fehlens einer einheitlichen Staatlichkeit sowie eines ungebrochenen Verwaltungs- und Rechtssystems.[13] Beeinflusst von den intellektuellen Schlagworten seiner Zeit, thematisierte der Autor das Problem der Identität in einem ethnonationalen Kontext. Dabei verband die sozialen Gruppen jener Zeit (in den 1770er- und 1780er-Jahren) eigentlich ganz andere Wertorientierungen. Sie sahen sich durch Religion und Kirche geprägt. Wichtigster Identitätsanker war im achtzehnten Jahrhundert die konfessionelle Nation. Der hier diskutierte Artikel gehört also in den Kontext des intellektuellen und politischen Nebeneinanders verschiedener Diskursstränge des späten achtzehnten Jahrhunderts.

Die angeführten Fakten machen deutlich, dass der Autor des Artikels sich darum bemüht hat, der rumänischen und serbischen Bevölkerung in der Region gerecht zu werden. So informiert er den Leser, die Rumänisch sprechende Bevölkerung stelle den größten Bevölkerungsanteil im Banat. Die Mitglieder der Volksgruppe würden sich „Rumänen" nennen und betrachteten sich als Nachfolger jener Siedler, die Kaiser Ulpius Traianus in die Region gebracht habe. Der Autor unterstrich auch, dass die rumänische Sprache tief im Lateinischen verwurzelt sei und dass die römischen Ursprünge der „Rumänen" an ihrer Kleidung, ihren Traditionen und ihrer Nahrung erkennbar seien.[14] Zu den Beziehungen zwischen den verschiedenen Sprachgemeinschaften[15] merkte der Autor an, dass alle Menschen des Banats – zu denen neben den „Rumänen" auch „Deutsche", „Serben", „Ungarn", „Bulgaren" und „Juden" gehörten – gut zusammenlebten. Oft wohnten sie in gemischten Nachbarschaften und arbeiteten miteinander, während

---

vol. iii/1 (Bukarest, 1977), Nr. 157, pp. 182–185 und Nr. 131, pp. 149–151. Der Autor der Studie in den *Temeswarer Nachrichten* hat das Verdienst einer ersten Übersetzung, trotz einiger Translatationsfehler. Zudem fanden die Inschriften so Eingang in die wissenschaftliche Diskussion.

13 Vgl. Victor Neumann, '*Volk* (People) and *Sprache* (Language) in Herder's Thought: The Speculative Theory of Ethno nation', in id., *Neam, Popor sau Naţiune? Despre identităţile politice europene* (*Group, People or Nation? Concerning European Political Identities*) (Bukarest, 2005), pp. 47–84.

14 Vgl. Temeswarer Nachrichten, Nr. 4 (9. Mai 1771), fol. 660.

15 Zu dieser Zeit gab es keine ethnonationalen Gruppen im heutigen Sinne, nur sprachliche und kulturelle. Zu den Konzepten, welche die kollektive und politische Identität im modernen Europa bestimmten s. Neumann, *Neam, Popor sau Naţiune?*

sie gleichzeitig ihre eigene Sprache und Religion beibehielten.[16] Zu den „Rumänen" und „Serben", beide orthodoxen Glaubens, heißt es, dass sie „schlank, groß, stark und gut aussehend" seien. Während das gewöhnliche Essen der „rumänischen" Bevölkerung aus einer Art Polenta bestand, zubereitet wie Brot aus „türkischem Weizen" (Mais), war bei den „Serben" gebackenes Brot das übliche Nahrungsmittel. Beide Sozialgruppen aßen gerne rohen Schinken, rauchten im Freien, und ihr liebstes alkoholisches Getränk war Rachia (eine destillierte Flüssigkeit aus Pflaumen und Kirschpflaumen). Der Wunsch, mit den Nachbarn gut auszukommen – so der Autor des Artikels – basiere auf dem erzieherischen Einfluss der Älteren im Dorf. Mithin war das Habsburger Sozial-experiment für die Bevölkerung des Banats keine neue Herausforderung. Die Förde-rung friedlichen Zusammenlebens lässt sich als eine Konstante der regionalen Kultur beschreiben, und so vermischten sich die Anforderungen der kaiserlichen Verwaltung mit den traditionellen Einstellungen der Menschen.

Damit die Leser mit der Geschichte der Region vertraut wurden, erzählte der Kolumnist der *Temeswarer Nachrichten* in chronologischer Abfolge von den militäri-schen Eroberungen des Raumes seit dem Mittelalter. U. a. erwähnte er: die Okkupation durch die Ungarn, das Eindringen der Osmanen, den Sieg des Habsburger Reiches.[17] Im selben Zusammenhang ging er auf den rechtlichen Status des Banats ein und verwies hierzu auch auf offizielle Dokumente. Das Banat, so die Argumentation, sei eine Neu-eroberung Wiens. Und daher könnten auch keine Ansprüche aus der Zeit vor 1716 angemeldet werden. Die Region unterstehe der direkten Autorität Wiens (der Hof-kammer, der sogenannten Kommission für neue Erwerbungen und dem Hofkriegsrat) und sei keinesfalls Ungarn zugeordnet. Das Banat sei eine unmittelbare Domäne von Krone und Kammer, werde verwaltet von der Landesadministration, die ein Militär-gouverneur leite.[18] Diese Aussagen nahmen vorweg, was später die historischen Studien herausarbeiten sollten. Das Banat des achtzehnten Jahrhunderts unterschied

---

16 Es ist wichtig, sich zu vergegenwärtigen, dass die Landbevölkerung im Banat keine Probleme hatte, „ausländische" Werte zu akzeptieren und zu integrieren. Die Bauern in rumänisch-deutschen, serbisch-deutschen, rumänisch-serbischen und deutsch-ungarischen Dörfern nutzten wie selbstverständlich zwei oder mehr Sprachen nebeneinander. Die enge Kommunikation untereinander war ein Grund für das Entstehen gemischter Familien. Parallel dazu führte die gesellschaftliche Emanzipation des 19. Jahr-hunderts zu einer Assimilation von Werten und zivilen Normen. Die Verbreitung der Idee der Kultur-nation begann erst im Umfeld der Revolution von 1848. Später gewann der Ethnonationalismus immer mehr Einfluss, vor allem dank der Unterstützung durch das intellektuelle Milieu, das auch politisch an Bedeutung gewann. Freilich, zur Theorie ethnonationaler Identität gab es auch ein Gegenkonzept, nicht zuletzt, weil dieses dem Interesse des Kaiserreiches entsprach. Aus dieser Sicht ging es um Assimilation und staatsbürgerliche Offenheit, die in einer Gesellschaft mit gemischter Identität – wie dem Banat bis zum Zweiten Weltkrieg – höchst sinnvoll waren.

17 *Temeswarer Nachrichten*, Nr. 4 (9. Mai 1771), fol. 660.

18 *Ibid.* S. auch J. J. Ehrler, *Banatul de la origini până în prezent* (The Banat from Its Origins to the Present Day) (1774), hg. v. Costin Feneșan (Timișoara, 1982). Das Manuskript von Ehrlers Buch liegt in der Universitätsbibliothek von Budapest, (Manuscript Cabinet), G 189.

sich deutlich von Siebenbürgen: Die osmanische Herrschaft zerstörte im Banat die Kontinuität religiöser Institutionen, die Macht der Zünfte, ja der gesamten Hierarchie, einschließlich der Dominanz des Adels. Die traditionell hochrangigen Eliten wurden ihrer Macht beraubt, und die Bewohner des Landes sahen sich weitgehend allein gestellt. Das Zusammenleben mit den türkischen Militärs, Verwaltungsfachleuten und Händlern hinterließ demnach deutliche soziale Spuren, stärkte aber zugleich den ländlich-lokalen Durchhaltewillen. Anders als in Siebenbürgen stieß die Eroberung des Banats durch die Habsburger daher auf keinerlei gesellschaftliche oder politische Opposition. Es gab kein altes Recht, auf das hätte Rücksicht genommen werden müssen. Was die Osmanen zuvor geschaffen hatten, wurde von ihnen aufgegeben oder zerstört. So geriet das Banat zu einem Raum gesellschaftlichen Neuaufbaus durch das Haus Habsburg.

Wir wissen heute, dass die *Historische Beschreibung des Banats Temeswar* von Johann Jakob Ehrler verfasst wurde. Durchaus beachtliches Wissen bot Ehrler seinen Lesern an.[19] Dabei gingen seine Analysen jenen von Francesco Griselini voraus, der erst zwei Jahre später, im Jahr 1773, seine umfangreiche Bilanz der Vergangenheit des Banats veröffentlicht hat. Griselinis Bericht erschien im *Giornale d'Italia* als schlüssige Zusammenfassung der wirtschaftlichen und gesellschaftlich Entwicklung der Region, vom Tag der Eroberung durch das Habsburger Reich bis 1773.[20]

Wer war Johann Jakob Ehrler? Und was war der Grund für seine intensive Beschäftigung mit der Vergangenheit der Region? Als leitender Beamter innerhalb der kaiserlichen Verwaltung des Banats hatte er Erfahrungen gesammelt, wie man Informationen einholte und zu stimmigen Ergebnissen zusammenfasste, eine wichtige Voraussetzung, um die von den Habsburgern angestrebten Verwaltungsreformen durchzusetzen. Die Aufgabe hatte ihm Graf von Clary und Altringen übertragen, der regionale Militärgouverneur. Dass seine Untersuchung in den *Temeswarer Nachrichten* ohne Autorennamen veröffentlicht wurde, war vermutlich einer Vorsichtsmaßnahme geschuldet, um gegen mögliche Kritik seitens seiner Kollegen oder seitens der Autoritäten in Wien geschützt

---

19 Die historiografische Bedeutung dieses Artikels brachte mich dazu, nach dem anonymen Autor zu suchen. Eine Auflösung wäre für mich einfacher gewesen, wenn der Verfasser ein Pseudonym benutzt hätte. Aber das war nicht der Fall. Eine erste Recherche unternahm 1953 Joseph Wüst, als er auf die Überlieferung der *Temeswarer Nachrichten* im Österreichischen Staatsarchiv hinwies. In den 1980er Jahren fasste Franz Liebhardt (*Banater Mosaik*, p. 212) die Diskussion um den Artikel zusammen. Dabei wurde mir klar, dass der Name des ersten Chronisten des Banats wichtig sein könnte. Die Ergebnisse von Costin Feneşan stimmten mit meinen Untersuchungen überein. Er entdeckte das Manuskript von Johann Jakob Ehrlers Werk *Das Banat vom Ursprung bis jetzt, 1774*, in der Oetvös Loránd Budapest Universitätsbibliothek. Beim Vergleich des Texts der *Temeswarer Nachrichten* mit dem von Constantin Feneşan wurde klar, dass es derselbe Autor sein musste: Johann Jakob Ehrler. (Vgl. parallel dazu *Temeswarer Nachrichten*, Nr. 3–4 und *Banatul de la origini pâna în prezent*.)

20 Alexander Krischan, 'Franz Griselini – erster Historiograph des Banats', in *Deutsche Forschungen in Ungarn* (Budapest, 1980), pp. 127–186. Vgl. Francesco Griselini, *Versuch einer politischen und natürlichen Geschichte des temeswarer Banats …* (Wien, 1780).

zu sein. Möglicherweise hätte man ihm vorwerfen können, dass seine Veröffentlichung den Pflichten eines Beamten widerspräche.

Johann Jakob Ehrlers Texte unterscheiden sich von anderen Schriften der Zeit durch die Vielfalt der von ihm genutzten Quellen und die Breite seiner Kenntnisse, die er auf seinen Reisen durch das Banat gewonnen hatte. Verglichen mit dem früheren Beitrag in den *Temeswarer Nachrichten* von 1771 wies seine Schrift von 1774 („Das Banat von seinen Ursprüngen bis zum heutigen Tag") mehr Details auf und berichtete in vielen Einzelheiten über das materielle und geistige Leben der Bewohner des Banats. Der Wiederaufbau der Wohn- und Arbeitsstätten sowie die Ausweitung der Lebensgrundlagen der Bevölkerung waren ihm wichtige Themen, ebenso: die Einkommensverhältnisse und Aufgaben der kaiserlichen Beamten. Ihn interessierten menschliche Kuriositäten. Der Leser fand in der Darstellung nützliche Statistiken: über die Ländereien des Banats, über dessen Menschen und über den Viehbestand, um nur einige Beispiele anzuführen. Damit machte Ehrler den Versuch, die noch zahlreichen Wissenslücken in Bezug auf Geografie und Geschichte des Banats zu schließen. Klar ist, dass der Artikel die intellektuelle Neugier seiner Zeitgenossen weckte. Wir können fest davon ausgehen, dass die Darlegungen Ehrlers im Reisetagebuch des venezianischen Historikers Francesco Griselini Aufnahme fanden.

Die Temeswarer Nachrichten als Instrument der Popularisierung

Die *Temeswarer Nachrichten* klärten ihre Leser über den damaligen Wissensstand auf. So finden sich zahlreiche Berichte über Medizin, Wirtschaft und Verwaltung. Alles zielte ab auf eine breite Aufklärung der Bevölkerung im Sinn der modernen Zivilisation. Im Anhang 3 der Temeswarer Nachrichten vom 2. Mai 1774 finden sich zum Beispiel Kommentare zu einem Medizinratgeber mit dem Titel „Dispensatorium", das Rezepte für die Heilung von Krankheiten und eine Liste gängiger Medikamente enthielt. Der Herausgeber unterstrich die Nützlichkeit des Buches für alle Bürger und bemerkte, dass der Preis von 3 Gulden und 6 Kreuzern für jeden erschwinglich sei, der es kaufen wolle. In derselben Ausgabe der Zeitung wurde einem wichtigen medizinischen Werk große Aufmerksamkeit gewidmet, Plattners „Chirurgie".[21] Für die Landwirte gab es Informationen zur Tierzucht und Berichte über den Anbau von Cerealien und Industriepflanzen. Außerdem wurden Werke, die jüngst in Wien veröffentlicht worden waren und zahlreiche weitere Themen behandelten, ausführlich referiert. So erhielten die Leser neueste Kenntnisse zum Tabakanbau, zu den Techniken des Landbaus in Abhängigkeit von der geografischen Lage (Flachland oder Hügelgebiet). Die Schafzucht

---

21 Johann Zacharia Platner, *Gründliche Einleitung in die Chirurgie oder kurze Anweisung alle Krankheiten, so denen Chirurgis vorkommen, theils mit innerlichen und äusserlichen Medikamenten, theils durch Operationen zu curiren*, 2 Teile in einem Band. (Leipzig, 1748).

war ein wichtiges Thema, vor allem aber die Preise von tierischen und pflanzlichen Produkten. Das Wiener Kanzleramt hatte sich ein Bildungsprogramm für die Bauern ausgedacht. Die *Temeswarer Nachrichten* dienten als Verbreitungsmedium. Freilich setzte dies eine umfassende Alphabetisierung voraus. Und tatsächlich begann Mitte des achtzehnten Jahrhunderts im Banat die Schulausbildung wichtiger zu werden, sei es in kirchlichen oder in säkularen Schulen. Dort wurden die Schüler parallel in den Sprachen Deutsch, Rumänisch, Serbisch oder Ungarisch unterrichtet.

Besondere Aufmerksamkeit galt in den *Temeswarer Nachrichten* allen Fragen der Verwaltung, denn die *Nachrichten* dienten auch als öffentliches Verlautbarungsorgan. Da Timișoara zu dieser Zeit (selbstverständlich später auch noch) Menschen verschiedener Herkunft anzog, galt es, die Zureisenden ausreichend zu unterrichten. Tatsächlich lag Temeswar ja am Schnittpunkt von Verbindungen zu Wien, Konstantinopel, Hamburg, Triest, Thessaloniki, Buda, Belgrad, Moskau, Ragusa (Dubrovnik), Lemberg, Pressburg (Bratislava) – auch Arad. Mathäus Joseph Heimerl informierte die Öffentlichkeit über die einschlägigen Melderegelungen. Auf Anordnung des Polizeichefs druckte sein Verlag „Nachweistabellen", die die Bürger für 4 Kreuzer kaufen und genau ausfüllen mussten: Vor- und Nachnamen des Hauseigentümers, Vor- und Nachnamen der Mieter und deren Angestellten, Alter, Religion, Geburtsort und Beschäftigung.[22] Verglichen mit den Regelungen vor 1771 ging der Staat jetzt von weitgehend konsolidierten Verhältnissen aus, und entsprechend restriktiv waren die Vorgaben. Die Verwaltung setzte voraus, dass die Bewerber die Fähigkeit hatten, ein Haus zu bauen, die jährlichen Pflichtsteuern zu zahlen, und in einem Beruf oder als Unternehmer tätig waren, sodass sie für die lokale Gemeinschaft nützlich wurden. Ein Teil der Einwohner innerhalb der Stadtmauern besaß keine Stadtbürgerrechte; sie galten als tolerierte Mitbewohner (zum Beispiel Juden, Mazedo-Rumänen, Armenier und Griechen). Die Soldaten und Beamten der Banater Landesadministration hatten wieder eine andere Rechtsstellung. Deutsche Siedler, die sich in Temeswar niederlassen wollten, erhielten Land für den Hausbau nur außerhalb der Stadtmauern, im Elisabetin-Viertel etwa. Ebenso wohnten die serbischen, rumänischen und jüdischen Anwohner in den Nachbarorten Fabric, Josefin und Mehala.[23]

Wer in der Stadt selbst aufgenommen werden wollte, musste eine lange und schwierige Überprüfung akzeptieren. Gelang das Vorhaben, so war dennoch häufig eine sogenannte Toleranzsteuer zu leisten. Fragen wir nach den Gründen für die Regelung, so ging es darum, den inneren Stadtkern vor nur schwer kontrollierbaren Herausforderungen durch Fremdes zu schützen. Die Angst vor der Pest, die Timișoara in den Jahren 1738 und 1740 erfasst hatte, verpflichtete die kaiserlichen Beamten, alle notwendigen Maßnahmen zur Verhütung einer neuerlichen Tragödie zu treffen. Die *Temeswarer Nachrichten* lieferten hierzu jene Informationen, welche geeignet schienen, einen

---

22 *Temeswarer Nachrichten*, Nr. 9 (13. Juni 1771).
23 Tivadar Orthmayer und Jenő Szentkláray, *Történelmi adattár* (Budapest, 1871). Vgl. Rumänisches Staatsarchiv Timișoara, Fundus Timișoara Rathaus, Dossier 2/1740.

neuerlichen Pestausbruch zu verhindern. Insbesondere die Verbreitung wissenschaftlicher Erkenntnisse schien geeignet.

Unbestreitbar ist, dass die *Temeswarer Nachrichten* im achtzehnten Jahrhundert ein wichtiges Element zur Hebung des kulturellen Klimas in der Region waren, ja, zur Modernisierung der Kulturlandschaft beitrugen. Allein ihre Existenz zeugt von einer intellektuell interessierten lokalen Öffentlichkeit. Diese informierte und formte die Zeitung mit und bereitete damit das kulturelle Fundament vor, auf dem sich das zukünftige Stadtbürgertum entwickeln konnte, auch wenn es sich erst während des neunzehnten Jahrhunderts herausbildete. Die *Temeswarer Nachrichten* belegen, wie wichtig kulturelle Foren des Nachdenkens und Austausches waren und sind. Sie halfen mit bei der Ausprägung jenes multiplen kulturellen Codes, der das Banat kennzeichnete. Die heutigen Forschungen zur Interkulturalität des Banats im 18. Jahrhundert, insbesondere zur interkulturellen Bildung, finden in den zeitgenössischen Druckwerken eine wichtige Quelle. Denn auch die Presse war, wie erwähnt, mehrsprachig. Was an den *Temeswarer Nachrichten* vorgeführt wurde, lässt sich ähnlich auf Veröffentlichung in den anderen Sprachen der Region übertragen, sei es Ungarisch, Rumänisch oder Serbisch.

Die in der zweiten Hälfte des achtzehnten Jahrhunderts herausgegebenen Zeitungen spiegelten alle die Ideen des aufgeklärten habsburgischen Absolutismus wider. Um intellektuelle und gesellschaftliche Emanzipation ging es, darum, dass das Kaisertum seine Macht nur durch gebildete und emanzipierte Staatsbürger sicherstellen konnte. Insofern gab es keinen Widerspruch zwischen kaiserlichem Reformanspruch, Verwaltungshandeln und bürgerlicher Emanzipation. Zentralismus und Zensur dienten als Zwangsinstrumente der Aufklärung und schränkten insofern doch die Bewegungsfreiheit der Anhänger der Aufklärung in den Regionen und Städten Mitteleuropas ein. Dem Fortschritt bei der Herausbildung einer intellektuellen Klasse, welche die *Temeswarer Nachrichten* repräsentierte, setzten die Habsburger demnach zugleich Schranken. Erst unter Berücksichtigung dieses doppelten Hintergrundes wird die Entwicklung der *Temeswarer Nachrichten* verständlich. Die in der Zeitung enthaltenen Berichte sind Zeitdokumente. Sie liefern innerhalb des beschriebenen Rahmens nützliche Informationen über die damalige Entdeckung von Geografie und Geschichte. Der Beginn des Pressewesens in Timișoara 1771 wird so zum Zeugnis für die Anfänge der Moderne in der Region.

Die *Temeswarer Zeitung* und die Vorstellung von einer spezifisch mitteleuropäischen Verbindlichkeit

Wenn wir die Geschichte der mittel- und osteuropäischen Städte darstellen wollen, dann werden wir ihr nur gerecht, wenn wir die jeweils spezifischen regionalen, gesellschaftlichen und politischen Eigenheiten berücksichtigen und die konfessionellen, sprachlichen und kulturellen Unterschiede hervorheben, die sich in der ehemaligen österreichisch-ungarischen Monarchie im Zeitverlauf herausgebildet haben. In der Zeit vor dem Ersten Weltkrieg entwickelte sich ein eigenständiger städtischer Kulturraum.

Er spiegelte den kosmopolitischen Charakter der Stadtgesellschaften, wie er sich während der Aufklärung herausgebildet hatte.

Mit dem Jahre 1718 gewann Timișoara Aufmerksamkeit als eine strategisch wichtige Stadt innerhalb des Habsburger Reiches. Im neunzehnten Jahrhundert änderten sich die Schwerpunkte. Jetzt beruhte der Einfluss Temeswars auf Wirtschaft und Handel. Während beider Phasen definierte sich Timișoara als multikonfessionell, als mehrsprachig, als dezidiert bürgerlich und kosmopolitisch. Temeswar sah sich als eine bedeutende Stadt mit grenzüberschreitenden Verbindungen und als Modell für eine moderne Bürgergemeinde. Dank des frühen Wirkens der Wiener Verwaltung, aber auch der Kreativität und Klugheit der Temeswarer selbst gewann die Stadt eine eigenständige Persönlichkeit. Zu ihren Vorzügen zählten: (1) die geografische Lage im Becken der Flüsse Cerna, Timiș und Bega, der mäßigende Einfluss des Mittelmeerklimas, schließlich das Aufeinandertreffen so vieler verschiedener Kulturen. (2) Zahlreiche Siedler – „Deutsche", „Ungarn", „Slowaken", „Tschechen" und „Kroaten", um nur einige zu nennen – kamen aus allen Winkeln Europas in Temeswar zusammen und ließen sich im größeren Stadtraum nieder; (3) „Juden", die noch anfangs Toleranzsteuer bezahlen mussten, lebten in der Stadt und erwiesen sich als gute Handwerker und Händler, Ärzte, Lehrer, Künstler und Journalisten. (4) Die friedliche Nachbarschaft der rumänisch-sprechenden Anhänger der Orthodoxie, der slawisch-orthodoxen Gläubigen und der türkischen Muslime bewies die Fähigkeit zum Miteinander. (5) Gleichzeitig besaß die römisch-katholische Kirche unbestritten einen gewissen politischen Vorrang. So wurde die Stadt zu einem Sozialraum, der vielen Sprachen, Kulturen und Konfessionen Entfaltungsmöglichkeit bot, ohne der einen oder anderen Sprache, Kultur oder Konfession klaren Vorrang zu geben. Obwohl das neunzehnte Jahrhundert generell als eine Zeit der Herausbildung moderner Nationen und des modernen Nationalismus gilt, kann Timișoara in dieser Zeit kaum angemessen analysiert werden, wenn ein ethnisches Raster angelegt wird. Wie Cernăuți (Czernowitz, Чернівці) stand auch Timișoara für ein erfolgreiches, innovatives Sozialexperiment, und zwar auf vielen Ebenen gleichzeitig: gesellschaftlich, kulturell, ökonomisch und politisch.

Die Kontinuität multi- und interkultureller Traditionen

Die *Temeswarer Zeitung* (*Temesvarer Zeitung*, 1852 ursprünglich als Amtsblatt der Woiwodschaft *Serbien und Temeser Banat* gegründet) griff bewusst die multi- und interkulturelle Tradition des achtzehnten Jahrhunderts auf und entwickelte sie fort. So förderte sie das gesellschaftliche Selbstbewusstwerden, die kulturelle Vielfalt und einen Lebensstil, der den Bewohnern Timișoaras und des Banats entsprach. Die deutsche Presse blieb auch dann eine lebendige Kraft, als die Budapester Regierung in den letzten Jahrzehnten des neunzehnten Jahrhunderts es darauf anlegte, die Bevölkerung im Osten der Monarchie zu ungarisieren. Zu lebendig war die Tradition der Vielsprachigkeit als zentrales kulturelles Kernelement des Banats! Die Wiener Verwaltung hatte im

18. Jahrhundert insofern Maßstäbe gesetzt. Was die Einwohner von Timișoara wirklich interessierte, war nicht die nationale Frage, sondern die gesellschaftliche Emanzipation, die berufliche Bildung und die Fähigkeit, im wirtschaftlichen Wettbewerb zu bestehen. Die Verwendung des Ungarischen als offizielle Sprache bereitete den Bewohnern Temeswars und des Banats kein wirkliches Problem. Das Streben nach gegenseitigem Verständnis und stadtbürgerlichem Zusammenhalt war vielleicht der wichtigste Grund dafür, dass ethnonationale Gegensätze ausblieben.

Die *Temeswarer Zeitung* vertrat dezidiert liberale Positionen und verstand dies als Ausdruck eines Postulats der Humanität. Toleranz war ihr wichtig und eine Anerkennung individueller Lebensentwürfe. Die Entwicklung von Handel, Finanzen und Transportwesen stärkte das bürgerliche Bewusstsein in Timișoara und seinen Nachbargebieten und wurde geradezu zur Grundlage einer Temeswarer Einstellung zum Leben. Das Bemühen um bürgerliches Miteinander war ebenso stark wie das Interesse der Teilhabe an der modernen Welt und der Zugehörigkeit zu Europa. Ähnliche kulturelle Schwingungen finden wir in vielen anderen Städten Mitteleuropas, Ausdruck eines spezifisch städtischen Verhaltensmusters und eines entsprechenden Lebensgefühls. Bürgerlichkeit im Auftreten brachte liberales Denken ebenso zum Ausdruck, wie sie die liberale Grundordnung schützte. Ein Beispiel für diese Grundhaltung war der ungarische Politiker Franz Deák (1803–1876). Bewusst beharrte er auf der Emanzipation der verschiedenen soziokulturellen und religiösen Gruppen innerhalb der österreichisch-ungarischen Monarchie. Eine solche Einstellung führte ihn u. a. zur Anerkennung und Integration der Juden in Transleithanien (dem Osten der Habsburger Monarchie), und zwar sowohl in Hinblick auf das gesellschaftliche als auch in Hinblick auf das politische Leben. Die allermeisten Juden schlossen sich der gesellschaftlichen Aufbruchsbewegung an, förderten eine vielsprachige Kultur und definierten ihre Identität transnational, was der politischen Ausrichtung des Kaiserhauses entsprach. In diesem Sinne repräsentierten die Juden eine „moderne Variante" der alten imperialen Staatsaristokratie. Wo sie öffentlich, als Journalisten und Schriftsteller, Stellung nahmen, setzten sie sich für individuelle und bürgerliche Rechte ein.[24]

Alexander Krischan, der die Geschichte der *Temeswarer Zeitung* ausführlich untersucht hat, kommt zu dem Schluss, dass die jüdischen Journalisten in Österreich-Ungarn entscheidend zur Qualität der deutsch-sprachigen Presse beigetragen hätten.[25] Zum einen wirkten sie als Vermittler des österreichischen Kulturerbes; zum anderen standen

---

24 Victor Neumann, 'Les Juifs de Banat entre l'Autriche-Hongrie et la Roumanie au debut du XXe siècle', in Carol Iancu (Hrsg.), *Permanences et ruptures dans l'histoire des Juifs de Roumanie (XIXe–XXe siècles)* (Montpellier, 2004), pp. 127–139. Zur jüdischen Emanzipation und zur Beteiligung der Juden am städtischen Leben s. Victor Neumann, *Evreii Banatului: O mărturie a multi- și interculturalității Europei Este-Centrale* (*The Jews of the Banat: A Testimony of East-Central Europe Multi- and Interculturality*) (2. Aufl., Timișoara, 2016), pp. 85–163.

25 Dr. Alexander Krischan, *Die 'Temeswarer Zeitung' als Banater Geschichtsquelle (1852–1949)* (München, 1969), p. 32.

sie für eine gelebte Zweisprachigkeit aus Deutsch und Ungarisch, also den beiden Amts-sprachen der Monarchie. So trugen sie zur Bewahrung eines mitteleuropäischen kultu-rellen Codes jenseits nationaler Verengung bei. Es waren ihre Kenntnisse der deutschen Kultur, ihr Studium an den Universitäten in Wien und Prag, die ihnen den Weg in den Journalismus ebneten.[26] Timișoara profitierte unmittelbar von den vielfachen Kompe-tenzen seiner jüdischen Intellektuellen, denn sie bereicherten so nicht nur die Presse, sondern ebenso die Wissenschaft, die Technik, das Ausbildungswesen.[27]

Im letzten Jahrzehnt des neunzehnten Jahrhunderts, als Budapest ernsthafte Anstrengungen zur Alphabetisierung unternahm, um vor allem auch die unteren Sozial-schichten für die moderne Bildung zu gewinnen, da akzeptierte die ungarische Politik das multi- und interkulturelle Profil Timișoaras. Beweis hierfür sind die zahlreichen deutsch-sprachigen Veröffentlichungen in jener Zeit. Gerade die *Temeswarer Zeitung* erlebte ein goldenes Zeitalter. Zwei Jahrzehnte lang wirkte Armin Barát als Chefredakteur. Er schärfte das Profil der Zeitung, sodass sie von einem Provinzblatt zu einem Organ mit gesamt-habsburgischer Ausstrahlung aufstieg. Viele junge Journalisten aus dem Banat und aus anderen Regionen stellte Barát ein, sorgte sich um deren angemessene Ausbildung und honorierte deren journalistische Leistungen. Zusammen mit seinen Kollegen aus Arad, Györ und Szeged gründete er den *Journalistenverband der östlichen Monarchie*. Nicht wenige der von ihm ausgebildeten Journalisten machten später in Wien oder Budapest Karriere. Sein vielsprachiges Wissen spiegelte das kulturelle Leben Temeswars. Er schrieb in drei Sprachen: Deutsch, Ungarisch und Französisch. Auch übersetzte er literarische Werke vom Deutschen ins Ungarische und umgekehrt. Er spielte eine entscheidende Rolle bei der Gründung der Arany-János-Gesellschaft (gegründet in Andenken an den ungarischen Dichter Arany János). Bei zahlreichen kulturellen und gesellschaftlichen Aktivitäten wirkte er mit und trug so auch zur Herausbildung des bürgerlichen Selbstbewusstseins in Timișoara bei.[28]

Eine Zivilkultur mitteleuropäischer Prägung

Wie kann man den Erfolg von Baráts *Temeswarer Zeitung* erklären, einer deutsch-spra-chigen Zeitung in einer dem ungarischen Teilreich zugeordneten Stadt? Wie bereits dar-gelegt: Die Identität der Doppelmonarchie gründete nicht auf der Idee einer einzigen Sprache und einer einzigen Kultur. In den ersten Jahren zwischen 1867–1890 meinte Nation etwas ganz anderes als eine völkisch bestimmte Nation. Die Deutschen gehörten

---

26 *Ibid.*
27 Vgl. Victor Neumann, *The End of a History: Jews of Banat from the Beginning to Nowadays* (Bukarest, 2006), pp. 93–125.
28 Vgl. Alexander Krischan, 'Ära Barat: Übernahme des „Südungarischen Lloyd" (1887–1912)', in *Die 'Temeswarer Zeitung*, pp. 41–48.

ebenso zum östlichen Teil Österreich-Ungarns wie die Rumänen auch, die Serben oder die Slowaken. Ein Begriff, der zu dieser Zeit für die Definition „sprachlicher Zugehörigkeit" benutzt wurde, war „Nationalität". Budapests Politik sicherte eine gründliche schulische Ausbildung in den regional unterschiedlichen Sprachen der Monarchie. Genauso tolerierte Budapest die verschiedenen Glaubensgemeinschaften, kulturellen Verbände und Stiftungen, die unterschiedliche Nationalitäten repräsentierten. Mit der Anerkennung dieser Pluralität und den Nationalitätenrechten ging einher, dass jede Nationalität das Recht besaß, Vertreter ins Parlament zu senden. Erst als die Idee der „völkischen", ethno-linguistisch definierten Gemeinschaft und deren Vorrang die Idee der Nationalität verdrängte, kam es im Vorfeld des Ersten Weltkrieges zu immer schärferen Konflikten.[29]

Die deutsch-sprachige Presse der zweiten Hälfte des neunzehnten Jahrhunderts sah sich keinesfalls in Opposition zum ungarischen Staat. Als Direktor der Temeswarer Zeitung war Armin Barát eine anerkannte Persönlichkeit, auch innerhalb der ungarischen Politik und Kultur. Dasselbe galt für die Preßburger Zeitung, die deutsch-sprachige Zeitung aus Pozsony (Preßburg, Bratislava). Die Mehrheit strebte ein friedliches Zusammenleben an. Sie wollte eine geistige Atmosphäre erhalten, die frei war von ethno-nationalistischen Deutungsansätzen. Obwohl einige Artikel offen ungarische Positionen einnahmen, setzten Armin Barát, und damit die Temeswarer Zeitung, darauf, alle Bürger Temeswars gleichermaßen anzusprechen, ohne nach Herkunft, Muttersprache oder religiöser Zugehörigkeit zu unterscheiden. Jegliche Segregationstendenzen lehnte die Temeswarer Zeitung ab. In den Jahren zwischen 1890 und 1900 war die Temeswarer Zeitung ein deutsch-sprachiges Presseorgan, das sich in das multikulturelle Profil Mitteleuropas einbrachte und von Kaiser Franz Joseph unterstützt wurde.[30] Leider ist diese zivilisatorische Leistung der Temeswarer Zeitung durch die spätere Nationalgeschichtsschreibung in Vergessenheit geraten.

Die Temeswarer Zeitung war insgesamt ein modernes Tagesblatt, das aufklären wollte und Bildung zu vermitteln suchte, ganz im Sinne einer Zeitung mit einem mitteleuropäischen Stadtpublikum. Liberale Ideen leiteten sie, aber keine nationalistischen. Dass „wir die deutsche Nation respektieren und lieben" stellte sie heraus und ergänzte sogleich, „aber wir gehören ihr nicht an".[31] In diesen Worten fasste die Temeswarer Zeitung die Idee von Mitteleuropa zusammen: Identität als ein offener kultureller Code, der weder im Konzept der Kulturnation noch des Volksgeistes zusammengefasst

---

29 Victor Neumann, ʻRelațiile româno-maghiare într-un moment de răscruce / Válaszút elött a român-magyar kapcsalatok / Romanian-Hungarian Relations at a Turning Point', in Levente Salat und Smaranda Enache (Hg.), Relațiile româno-maghiare și modelul de reconcilere franco-german (Romanian-Hungarian Relations and the French-German Model of Reconciliation) (Cluj, 2004), pp. 301–325.
30 Krischan, Die ʻTemeswarer Zeitung', p. 45. Einige Historiker verstanden eine solche Manifestation als Signal der Loyalität gegenüber dem ungarischen Staat. Sie übersahen dabei die plurale Identität mitteleuropäischer Städte.
31 Temeswarer Zeitung, Nr. 47 (1901), p. 1.

werden konnte und eben anderes meinte, als manche der populären zeitgenössischen Ideologen glaubten.[32] Sicherlich, Konzessionen an den Zeitgeist waren erforderlich. Aber jenseits dessen verfolgte Temeswar seinen eigenen Weg, vielsprachig, multikulturell, all dies, um sicherzustellen, dass Timişoara auch weiterhin eine offene Stadt blieb.

Armin Barát, der Chefredakteur der *Temeswarer Zeitung*, äußerte sich zu vielen Themen: zur Wasserversorgung, zur Kanalisation, zum Flussmanagement der Bega, zum Eisenbahnbau, dem Erhalt und dem Ausbau des Straßennetzes. Immer ging es darum, der Stadt ein modernes Gesicht zu geben. Besonders engagiert äußerte er sich zum Theater, zur Tätigkeit wissenschaftlicher Organisationen, zu Kunst und Literatur und zur Pädagogik. Aus Sicht der *Temeswarer Zeitung* nahm die Popularität des Theaters von 1890 bis 1900 deutlich zu, was der gesamten Stadt nützte. Ein Treffen des Vereins zur Unterstützung des Temeswarer Theaters kam zu dem Schluss, dass die Zuschauerzahlen zwischen 1890 und 1900 um 50 Prozent gestiegen seien; ein Teil der Bevölkerung fühle sich inzwischen allerdings auch von der ungarischen Sprache und Kultur angezogen.[33] Im selben Zeitraum stieg die Zahl derjenigen, die Ungarisch als Muttersprache nannten, genauer: um 4,9 Prozentpunkte. Die *Temeswarer Zeitung* ergänzte den Hinweis dahin, dass die Zahl derjenigen, die Deutsch als Erstsprache nannten, im selben Zeitraum um 1,7 Prozentpunkte gesunken sei, sowie derjenigen, die Rumänisch und Serbisch als Muttersprache angaben, um 1,4 Prozentpunkte.[34] Für 1890 war noch folgende Verteilung gültig gewesen: 55,91 Prozent „Deutsche", 26,72 Prozent „Ungarn", 3,87 Prozent „Serben" und 9,6 Prozent „Rumänen".[35]

---

32 Von intellektuellen Kreisen des Deutschen Reiches gefördert und bereitwillig aufgegriffen von einzelnen Gruppen in Mittel- und Südosteuropa, kollidierte die Ideologie des Volksgeistes mit dem zivilgesellschaftlichen Fundament multikultureller Großstädte in der österreichisch-ungarischen Monarchie. Allerdings, Teile der ungarischen Elite nahmen den Duktus auf und verengten ihn immer weiter.

33 'Das Temesvarer Theaterwesen', *Temeswarer Zeitung*, Nr. 75 (1896), pp. 1–2.

34 Josef Geml, 'Kulturelle Verhältnisse Temesvars', *Temeswarer Zeitung*, Nr. 35 (1900), pp. 6–7.

35 *Ibid.* Um 1900 hatten sich die Zahlen bereits geändert: 51 % Deutsche, 32 % Ungarn, 11 % Rumänen. Vgl. V. Oren-di-Hommenau, *Gestern und Heute* (Temeswar, 1929), p. 6. Vgl. A. Barat, *Die königliche Freistadt Temeswar: Eine monographische Skizze*, (Temeswar, 1902), p. 139. Die Fläche der Stadt umfasste 36 km²; 1890 betrug die Bevölkerungsdichte 1.206 Einwohner/km², 1900 1.473 Einwohner/km². Als Muttersprache nannten die Stadtbürger und Soldaten 1900: 55,9 % Deutsch, 26,7 % Ungarisch, 9,1 % Rumänisch und 3,9 % Serbisch. Ungarisch wurde auch von 15.135 Einwohnern gesprochen, deren Muttersprache nicht Ungarisch war. Nur 16.625 Einwohner Timişoaras sprachen nicht Ungarisch. In Bezug auf das gesamte Banat stellte sich die demografische Situation wie folgt dar: Der Bezirk Timiş hatte eine Gesamtbevölkerung von 400.910 Einwohnern, davon waren 120.683 Deutsche, 160.585 Rumänen, 57.821 Serben, 47.518 Ungarn, 2.612 Slowaken usw. Der Bezirk Torontal hatte insgesamt 594.343 Einwohner: 158.312 Deutsche, 191.036 Serben, 125.040 Ungarn, 86.168 Rumänen, 15.899 Slowaken. Der Bezirk Caraş-Severin hatte insgesamt 466.147 Einwohner: 336.147 Rumänen, 55.883 Deutsche, 33.787 Ungarn, 14.674 Serben, 2.908 Slowaken. Die Schwaben waren in Torontal und Timiş am stärksten vertreten. Hier stellten sie die relative Mehrheit. In Caraş-Severin waren sie weniger ansässig. Dort stellten die Rumänen drei Viertel der Bevölkerung.

Folgen wir den Statistiken, so gehörten die deutsch- und ungarisch-sprechenden Bewohner Temeswars der römisch-katholischen Kirche an. Einige der rumänisch-sprechenden Bewohner nannten als Religion griechisch-katholisch, doch die Mehrheit war orthodox, ebenso wie jene, die Serbisch als Muttersprache angaben. Bei den Juden variierte die Zuordnung zur Muttersprache zwischen Deutsch und Ungarisch. Und dementsprechend zählen manche Statistiken sie als Ungarn bzw. Deutsche mit jüdischer Religion. Wieder andere Statistiken führen sie dezidiert als Juden an.[36] Was bei diesen missverständlichen Zuordnungsversuchen immer fehlte, war der Versuch, die Wirklichkeit angemessen zu erfassen. Es gab gemischte Familien. Der gegenseitige Austausch der Temeswarer untereinander war wichtig. Es gab einen verbreiteten Sinn für das moderne städtische Leben, in dem das Miteinanderauskommen selbst zum Hauptbezugspunkt wurde und die ethnische Zugehörigkeit oder die religiöse Einstellung kaum zählten. So war es übrigens auch in vielen anderen mitteleuropäischen Städten.

Schulsystem und Regionalverwaltung im Zeitalter forcierter Magyarisierung. Die Sicht der *Temeswarer Zeitung*

Überraschenderweise vermochte die Budapester Assimilierungspolitik mit ihren Gesetzen zur Ungarisierung der Grundschulen (1879), zur Magyarisierung der Mittelschulen (1883) sowie dem Gesetz zur Änderung der Ortsnamen (1898) die weltläufige Gestalt Timișoaras nicht zu verändern. Trotz des Drucks der ungarischen Behörden blieben viele lokale Besonderheiten bestehen. Die deutsche Sprache beispielsweise wurde in den meisten Gemeindeverwaltungen des Banats weiterhin verwendet, sodass Zweisprachigkeit oder sogar Mehrsprachigkeit in den so verschiedenen gesellschaftlichen Kontexten von Stadt und Region lebendig blieben.[37]

1897 unterstrich die *Temeswarer Zeitung*, wie wichtig die Gründung und Förderung von Vereinen sei, die sich der Verbreitung von Sprachkompetenz und Kultur annahmen, nicht zuletzt, um den Analphabetismus in Teilen der Bevölkerung zurückzudrängen.[38] Für die städtische und regionale Administration ging es darum, durch gezielte Schulung die Wirtschaftskraft des Raumes zu stärken. Wenn es in Temeswar ein Gefühl bürgerlicher Zugehörigkeit gab, dann nicht zuletzt als Folge einer durch

---

36 Vgl. Neumann, *Istoria evreilor din Banat*, p. 109. S. auch George Barany, 'Magyar Jew or Jewish Magyar (To the Question of the Jewish Assimilation in Hungary)', *Canadian-American Slavic Studies*, vol. 8, Nr. 1 (1974), pp. 1–144; Hildrun Glass, *Zerbrochene Nachbarschaft: Das deutsch-jüdische Verhältnis in Rumänien (1918–1938)* (München, 1996), p. 36.

37 Die Zahl der Sprecher war nicht wichtig, vor allem in den Städten der alten Monarchie nicht. Vielmehr zählte der jeweils akzeptierte kulturelle Code. Insofern führt jede Statistik, die nicht auf die soziale Praxis abhebt, in die Irre. Individuen sahen sich als Mitglied dieser oder jener Gemeinschaft, gemäß ihren eigenen Interessen, Ideologien oder intellektuellen Ansprüche.

38 Prof. F. R., 'Südungarischer Kulturverein', *Temeswarer Zeitung*, Nr. 49 (1897), p. 1.

das Schulsystem geförderten kulturellen Emanzipation. 1896 gab es laut *Temeswarer Zeitung* 33 Bildungsinstitutionen in Timișoara, von denen vier staatlich waren, acht gemeindlich, elf römisch-katholisch, drei römisch-griechisch-orthodox, drei serbisch-griechisch-orthodox. Dazu kamen vier Privatschulen. Darüber hinaus bestanden 19 Grundschulen, drei Berufsschulen, eine untere Handelsschule, eine spezialisierte Handelsschule, zwei Bürgerschulen – eine für Jungen und eine für Mädchen –, eine mittlere Wirtschaftsschule und zwei Lehrerbildungsanstalten. Die Gesamtzahl der Lehrer und Gymnasialprofessoren betrug 144.[39] Die Zahl der Grund- und Mittelschulen nahm beständig zu. Neben Cluj und Oradea besaß Timișoara 1896 die meisten Bildungseinrichtungen: nämlich 58.[40] Die Ausbildung des Nachwuchses wurde für wichtig erachtet und erfolgte in Abstimmung mit jener Politik, die die Administration der Doppelmonarchie einforderte.

Im Februar 1899 besuchte Schulinspektor Karl Sebeßtka mehrere kommunale Schulen und konzentrierte sich dabei auf die Ausbildungsleistung der Berufsschulen für Mädchen zwischen 12 und 15 Jahren, die eine Volksschule abgeschlossen hatten und keine höhere Bildung anstrebten. Im Viertel Cetate von Timișoara gab es eine Klasse mit 73 Mädchen; in Fabric eine mit 94 Mädchen. Die Schüler besuchten die Klassen an Mittwochnachmittagen, von 14 bis 17 Uhr. Die Inspektion für Temeswar insgesamt ergab, dass 5.182 Schüler zumindest einzelne Kurse in einer Schule besuchten. Der bei Weitem größte Teil, 4.819, besuchte Tagesschulen. Von Letzteren lebten 549 im Viertel Cetate, 1.836 in Fabric, 1.818 in Josefin und 616 in Elisabetin. Die Zeitung berichtete auch, dass die Schulen in den Vierteln Josefin und Fabric vor Kurzem renoviert worden seien.[41]

Doch nicht nur die Ausbildung von manuell geschultem Personal erschien wichtig, wenn Temeswar weiterhin wirtschaftlich expandieren wollte. Verwaltung und lokales Bürgertum betonten die zusätzliche Notwendigkeit von kaufmännischem und unternehmerischem Wissen. Die *Temeswarer Zeitung* unterstrich in einem Artikel aus dem Jahr 1897, dass auch kulturelle Kenntnisse für Kaufleute vonnöten seien und gerade für das Banat als Brückenraum das Beherrschen von osteuropäischen und Balkan-Sprachen gefördert werden müsse. Nur so gelänge es, die Verbindungen mit den Nachbarstaaten auszuweiten und den Güterexport von Timișoara aus zu entwickeln. Schließlich wurden tatsächlich eine Höhere Handelsschule und eine Wirtschaftsakademie eingerichtet, mit dem Ziel, den Handel in Richtung Südosten voranzutreiben.[42]

Zwischen 1890 und 1900 hatte sich das Stadtbürgertum als moderne tragende Schicht in Temeswar endgültig durchgesetzt. Stolz trug es die Wappen des neuen

39 Anton Gokler, 'Zur Geschichte der Volksschulen', *Temeswarer Zeitung*, Nr. 33 (1896), pp. 1–2.
40 Josef Geml, 'Kulturelle Verhältnisse Temesvars', *Temeswarer Zeitung*, Nr. 35 (1900), pp. 6–7.
41 'Temesvarer Volksschulwesen', *Temeswarer Zeitung*, Nr. 59 (1899), pp. 1–2.
42 'Eine orientalische Akademie in Temesvar', *Temeswarer Zeitung*, Nr. 66 (1897), p. 4.

Adels, wie er sich in Budapest und Wien zuerst gezeigt hatte.[43] In Siebenbürgen war die Sachlage anders, weil der regierenden Klasse in der Zeit der Jahrhundertwende oft auch Juden angehörten. Die stärker traditionell geprägten Gruppen der Sachsen und Rumänen wollten und konnten den Wandel nicht akzeptieren, sodass die Juden ihren sozialen Aufstieg allein als „Ungarn" erlebten.[44] Die *Temeswarer Zeitung* stellte angesichts der forcierten Magyarisierung fest, dass die Bevölkerung Temeswars sich den Regeln des politischen Spiels angepasst habe, sofern diese nicht zu absurd seien. Doch im Allgemeinen verhinderten enge zwischenmenschliche Beziehungen und der Respekt gegenüber dem multikulturellen Selbstverständnis der Stadt, dass die Bevölkerung sich extremen Ideologien zuwandte.[45]

Die europäische Selbstorganisation der Stadt

Dass sich um 1900 in Temeswar eine ganze Reihe unterschiedlicher Vereine und Förderverbände herausgebildet hatten, zeugt vom breiten Interesse an technischen, wissenschaftlichen und kulturellen Fragen, aber auch an sportlichem Engagement. Vergleichsweise wenig Rückhalt fand dagegen das vergängliche politische Geschäft. 1891 gab es in Timișoara 1.469 Kulturinstitutionen bzw. Kulturvereine. Traditionell unterstützten Vertreter der freien Berufe, Anwälte und Ärzte das Kulturleben. Im Jahr 1900 gab es in Temeswar 60 Anwälte und 41 Ärzte, von denen die meisten an den Universitäten Budapest, Wien und Graz studiert hatten. 41 wissenschaftliche, kulturelle und sportbezogene Vereine zählten 4.183 Mitglieder. Dazu kamen 31 Vereinigungen im Bereich von Handel, Dienstleistungen usw. mit 6.806 Mitgliedern, während die Zusammenschlüsse von Handwerkern und Landwirtschaft 5.286 Mitglieder zählten. Manche der kulturellen

---

43 Victor Neumann, 'From the Austro-Hungarian Empire to the Romanian State: On the Jewish Question in a Disputed Territory', in id., *The End of a History*, pp. 93–125. Ähnliche urbane Kulturmodelle schildert für Mitteleuropa Angelo Ara, 'Juden und jüdisches Bürgertum im Triest der Jahrhundertwende', in Andrei Corbea-Hoișie und Jacques Le Rider (Hg.), *Metropole und Provinzen in Altösterreich (1880–1918)* (Polirom-Böhlau, 1996), pp. 264–274.
44 Zoltán Szász, 'Maghiari, români, sași: Transilvania 1867–1918' ('Hungarians, Romanians and Saxons: Transylvania 1867–1918'), in *Transilvania văzută în publicistica istorică maghiară* (*Transylvania as Seen in the Hungarian Historical Press*) (Miercurea-Ciuc, 1999,) p. 253.
45 Ethnonationalismus finden wir in der Region vor allem bei den ärmeren Schichten, die von der Emanzipation und der Modernisierung zu wenig und zu spät profitierten. Zudem lässt sich eine Art von Ethnonationalismus bei jenen Intellektuellen im Banat beobachten, die erst kürzlich Kontakt mit dem städtischen Milieu aufgenommen hatten. Vgl. in diesem Sinne Victor Neumann, 'Federalism and Nationalism in Austro-Hungarian Monarchy: Aurel C. Popovici's Theory', *East European Politics and Societies*, Bd. 16, Nr. 3 (2002), pp. 864–898. Vgl. id., 'Ecoul pogromului de la Iași în presa din Banat' ('The Echo of the Pogrom of Iași in the Banatian Press'), in George Voicu (Hg.), *Pogromul de la Iași 28–30 iunie 1941: Prologul Holocaustului din România* (*The Pogrom of Iași 28–30 June 1941: The Prologue of the Romanian Holocaust*) (Iași, 2006), pp. 205–213.

Stiftungen hatten ein Budget von einer viertel Million Gulden und mehr. Andere Förderinstitutionen unterstützten die Schauspielkunst. Der Förderverein des Museums für Geschichte und Archäologie wurde 1885 gegründet, indem sich zwei Vereine zusammenschlossen. Er zählte 172 Mitglieder, unter ihnen fünf Ehrenmitglieder und 67 Gründungsmitglieder.[46] Eine besonders wichtige Rolle spielte im Förderverein Ormós Zsigmond. Er war sicherlich eine führende Persönlichkeit der Stadt und wirkte als Präfekt des Bezirks Timiş. Unter anderem legte er die Basis zur Gründung des Banater Nationalmuseums (seit 1948 Piaţa Huniade Nr. 1), das in der Folgezeit archäologische, historische sowie regional und allgemein wichtige künstlerische Objekte sammelte.

Als Beispiel für einen Zusammenschluss, der bürgerliches Engagement mit wissenschaftlichem Interesse verband, sei die südungarische Vereinigung für Naturwissenschaften genannt. Geleitet wurde sie von Professor Franz Rieß. Anlässlich deren 25-jährigen Bestehens veröffentlichte die *Temeswarer Zeitung* ein aufschlussreiches Porträt. Gegründet wurde die Vereinigung am 25. März 1874. Die Idee dazu entstand am staatlichen Gymnasium. Zu den Gründungsmitgliedern zählten so bekannte Persönlichkeiten wie: Julius Szalkay, Ludwig Buko, Michael Kriesch und Eduard Themak. Die Aktivitäten der Vereinigung bestanden aus meteorologischen Beobachtungen, Untersuchungen der Pflanzenentwicklung, Analysen des Temeswarer Trinkwassers sowie des Brunnenwassers am Einheits-Platz, der Analyse der Bodenqualität im Raum Timiş. Hinzu kamen die Erforschung von unbekannten Höhlen im Banat, mineralogische Studien und die Katalogisierung der Greifvögel. Im engeren Sinne nicht naturwissenschaftlich ausgerichtet waren ethnografische Studien, insbesondere zu den Banater Schwaben und zur bulgarischen Sprachgruppe, aber auch sie gab es. Weiterhin zu erwähnen sind geografische Untersuchungen, die vor allem den Banater Gebirgszügen galten. Die *Naturwissenschaftliche Vereinigung* verfügte über ein eigenes naturwissenschaftliches Museum, eine Bibliothek mit 1.506 Fachbüchern, davon 643 über Medizin, 170 über Physik, 152 über Chemie, 140 über Naturwissenschaften und 85 über Mathematik. Auch eine Zeitschrift veröffentlichte die Assoziation. 248 registrierte Mitglieder gehörten der südungarischen naturwissenschaftlichen Vereinigung an, darunter 93 Mediziner, 41 Pharmazeuten, 27 Professoren und Lehrer, 18 Anwälte und Richter, 17 Beamte, 16 Handwerker und Händler.[47]

Zwischen 1860 und 1900 war Temeswar geradezu begierig auf technische Experimente und Neuerungen. Die Würdenträger von Stadt und Land zeigten sich aufgeschlossen und luden westliche Spezialisten und lokale Experten ein, die neuesten technischen Errungenschaften in die Praxis umzusetzen. Zu den Innovationen, die Timişoara als erste Stadt Europas oder zumindest vergleichsweise früh realisierte, gehörten:

---

46 Josef Geml, 'Kulturelle Verhältnisse Temesvars', *Temeswarer Zeitung* Nr. 35 (1900), pp. 6–7.
47 'Die 25-jährige Tätigkeit der „Südungarischen Naturwissenschaftlichen Gesellschaft 1874 bis 1899"', *Temeswarer Zeitung* Nr. 68 (1899), pp. 2–3.

das Gaslicht, die elektrische Straßenbeleuchtung, ein städtisches Telefonnetz, schließlich die elektrische Straßenbahn.[48]

Die Kleinindustrie und das Handwerk befriedigten nur lokale Bedürfnisse. Die Landwirtschaft war wenig fortschrittlich und hatte erhebliche Probleme bei der Technologisierung ihrer Produktion. Es fehlte Kapital, und die allgemeine Situation war nicht gerade ermutigend. Ein Weg, um die Lage zu verbessern, bestand darin, die Nachkommen der Bauern gezielt auszubilden, sie auf eine Tätigkeit in der Industrie vorzubereiten, um damit den industriellen Arbeitskräftebedarf für die Stadt zu sichern und zugleich den Abzug vom Land zu fördern und somit die Überbesetzung der Landwirtschaft zu verringern.[49] Am Ende des neunzehnten Jahrhunderts verschärfte sich die Krise des Handwerks. Manche Handwerksberufe verschwanden ganz. Der Versuch, durch kooperative Arbeitsformen einiges zu retten, scheiterte ebenfalls, weil die Industrie sich als zu stark erwies.

Die wirtschaftlichen Veränderungen bewirkten einen deutlichen sozialen Wandel. Anlässlich der Tausendjahrfeier zur Gründung des ungarischen Königreichs 896 organisierte Timișoara (Temesvár) eine große internationale Messe. (Dies allein zeigt die Faszination der Stadt für die industrielle Welt.) Unter den Teilnehmern fanden sich zahlreiche Werkstätten und Kleinunternehmen aus Timișoara, ja, der gesamten österreichisch-ungarischen Monarchie, so etwa: die Klavierwerkstätten von Anton Petrof, mit verschiedenen Arten von Pianos und dementsprechend unterschiedlichen mechanischen Lösungen; Schreinerwerkstätten und Möbelfabriken; Armin Krauß' Polstermöbelwerkstatt; Kolarits Textilunternehmen; Ulrich Hinterfeers Handschuhfabrik; Ignaz Spizers Hutfabrik; die Maschinenfabrik von Johann Tedeschi & Co.; Stefan Farkas' und Michael Ludwigs Eisenschmiede. Für Timișoara bedeutete die Ausstellung Zeugnis einer nie zuvor beobachteten wirtschaftlichen Entwicklung. Die *Temeswarer Zeitung* berichtete hierüber wie über vergleichbare Ereignisse ausführlich, ebenso wie über die Teilnahme der Stadtbewohner an den Fortschrittsbekundungen.[50] Auch in anderer Hinsicht vermittelte die Lektüre der Zeitung den Eindruck eines bemerkenswerten Wandels. Die Einwohnerzahl Temeswars stieg stetig, vor allem in den Randbezirken. Bestes Beispiel war das Mehala-Viertel, das immer mehr Menschen aufnahm und 1910 als Bezirk Nr. V nach Temeswar eingegliedert wurde. So stieg die Einwohnerzahl Timișoaras durch Zuzug, inneres Wachstum und Eingemeindungen deutlich an. Vor dem Ersten Weltkrieg galt Timișoara als fünftgrößte Stadt im östlichen Teil der Doppelmonarchie.

---

48 Zoltán Szász, 'Manchester-ul ungar: Dezvoltarea Timișoarei moderne' ('The Hungarian Manchester: The Development of Modern Timișoara'), in *Transilvania văzută în publicistica istorică maghiară* (*Transylvania seen by the Hungarian Historical Press*) (Miercurea-Ciuc, 1999), pp. 244–245.

49 'Das Kleingewerbe Südungarns', *Temeswarer Zeitung* Nr. 20 (1899), p. 6.

50 *Temesvarer Zeitung*, Jahrgang 61, Nr. 31 (9. Februar 1912), p. 1.

Fazit

Zu welchen Schlussfolgerungen führen die bisherigen Ausführungen? Die intensive Lektüre der *Temeswarer Zeitung* vermittelt für die Jahre 1890 bis 1900 den Eindruck einer höchst lebendigen Stadt: Temeswar als ein Zentrum mit Initiativgeist, mit zahlreichen neuen Institutionen, geprägt durch eine moderne, aufgeschlossene Gesellschaft, die neues Wissen aufsaugte, vielsprachig war, multikonfessionell lebte und sich als so anpassungsfähig erwies, dass sie den Geist des modernen Kapitalismus bereitwillig akzeptierte. Letztlich bestätigte die *Temeswarer Zeitung*, was Jenö Lendvai, der damalige langjährige Sekretär der Temeswarer Industrie- und Handelskammer, feststellte: dass die Stadt mit der europäischen Wirtschaft eng verknüpft sei und sie Güter produziere, die auf dem deutschen, englischen, französischen und russischen Markt ebenso gefragt sei wie auf den Märkten des Balkans.[51] Die Berichte der *Temeswarer Zeitung* über die bürgerlichen und wissenschaftlichen Vereinigungen der Stadt, über das Stadtbürgertum und dessen Streben in den Jahren 1890 bis 1900, über Bildung und Kultur, beweisen, dass das städtische Zusammenleben die wichtigste Komponente für den politisch-administrativen und wirtschaftlichen Erfolg der Stadt war. Die rasche Integration der Einwohner in die Industriewirtschaft verdankte sie der Initiative einer bestens geschulten, beruflich erfolgreichen, fortschrittlichen Elite, die auf eine Kooperation mit der Gesellschaft setzte, offen war für den Bürgerdialog und für wirtschaftliche Konkurrenz. Dass Temeswar fest in den europäischen Kontinent eingebunden war, Eisenbahnzüge zwischen Wien und Bukarest fuhren, jedoch auch London und Konstantinopel erreichten, das war auch dieser Elite zu verdanken. Je mehr sich die Bürger Temeswars und des Banats emanzipierten, umso mehr entwickelte sich auch eine dezidiert zivilbürgerliche Mentalität.

Obwohl Temeswar im 19. Jahrhundert oft als eine deutsche Stadt betrachtet wurde, verstand der Ort sich selbst als ein kosmopolitisches Gebilde in der Tradition der Aufklärung, wie sie Wien und Österreich im 18. Jahrhundert vorgelebt hatten. Die Bewohner Timişoaras lehnten für sich sowohl die Idee einer deutschen Identität bzw. eines deutschen Volksgeistes ab als auch die Vorstellung einer spezifisch magyarischen Identität, im Sinne der Zugehörigkeit zum *magyar nép* (ungarischen Volk). Ebenso widersetzte sich die Stadt später, nach dem Ersten Weltkrieg, den serbischen und rumänischen Vereinnahmungswünschen. Formalrechtlich – das ist richtig – änderte sich die Zugehörigkeit Timişoaras im Zeitverlauf immer wieder, einmal gehörte es zu Wien, dann zu Budapest, schließlich zu Bukarest. Aber das änderte nichts am Selbstverständnis der Bewohner, die sich einer selbstbewussten, freiheitlich denkenden Stadt zugehörig fühlten. Für lange Zeit prägte Timişoara somit eine gesellschaftliche Kultur, deren zentrale Werte auf die Stadt selbst bezogen blieben: friedliches Zusammenleben, enge Kommunikation untereinander, Verständnis füreinander und Reziprozität des

---

51 Szász, 'Manchester-ul ungar', p. 247.

Miteinanders. Eine solche Geisteshaltung bot ein festes Fundament für Wettbewerb, Kreativität und Innovation.

Im späten neunzehnten Jahrhundert gab die *Temeswarer Zeitung* lebendiges Zeugnis von der pluralen Kultur der Region, der konfessionellen Vielfalt der Provinz und der gesellschaftlichen, auf Offenheit angelegten Mentalität ihrer Einwohner. Obwohl Timişoara und das Banat vom 18. Jahrhundert bis zum Beginn des 20. Jahrhunderts von einer offiziellen Sprache (Deutsch) zur anderen (Ungarisch) wechselte, obwohl auch die politische Zugehörigkeit mehrmals neu bestimmt wurde, bewahrte es doch seinen offenen urbanen Charakter, eingebunden in eine Region, die sich nach außen keinesfalls abschotten wollte und konnte.

Grozdanka Gojkov

Das Banater Bildungssystem in der Zeit von Habsburger Verwaltung und Doppelmonarchie

Das Zeitalter der Spätaufklärung begann für das Banat mit der Versammlung von Timişoara (Kongress der illyrischen Gemeinden) und endete mit der „national-unga-rischen Revolution" (1791–1848). Für alle österreichischen Provinzen brachte der Zeit-raum wichtige Veränderungen. So erkennen wir den Niedergang feudaler Strukturen, die Herausbildung von Gruppen junger Intellektueller und insgesamt einen Fortschritt hin zur Moderne. Bildung wurde zu einem zentralen Bestandteil moderner Staats-konzeption. Ziel war dabei die Herausbildung loyaler Staatsbürger und produktiver Arbeitskräfte.

Den ersten serbisch-sprachigen Schulen im Banat begegnen wir im achtzehnten Jahrhundert, in Mesici, südliches Banat, in Petrovo Selo (heute Vladimirovac) und in Stara Palanka (an der Donau).[1] Die Quellen verweisen auch auf eine deutsche Schule in Vršac, die 1727 gegründet worden sei und in der Nähe der katholischen Kirche lag. Tatsächlich lässt sich ein Zusammenhang mit der Gründung einer katholischen Kirchengemeinde am Ort herstellen. Erster Schulleiter war Josif Mihajlo Servati, ab 1735 unterrichtete Christoff Redl.[2]

Bereits 1769 debattierte die Versammlung von Karlovci (Karlowitz) über die Lage der serbisch-sprachigen Schulen. Im Mittelpunkt standen die sogenannten „Trivial-schulen" (Elementarschulen), u. a. in Vršac. Offenbar war diese Schule zwei Jahrzehnte zuvor gegründet worden. Anfangs unterrichteten die Kleriker selbst als Lehrkräfte, und zwar sowohl in der deutsch-sprachigen Trivialschule als auch in der serbisch-sprachi-gen. Das Gebäude der serbisch-sprachigen Schule stand hinter der St.-Nicholas-Kirche (der orthodoxen Kathedrale), in der Zmaj-Jovina-Straße[3].

Später beschränkten sich die Fachleute der Kirche und Schulräte auf die Koordi-nation des Schullebens. Sie ernannten die Lehrer, legten ihre Gehälter fest und führten auch die Supervision durch. Zu Beginn nutzten die Lehrenden das Leselernbuch von Teophan Prokopovitsch (aufgeklärter russischer Theologe und Berater Peters des Großen), das ein Lehrer namens Suvurov 1726 aus Russland in den Banater Raum mitgebracht hatte. Hinzu kamen ein Psalmenbuch und andere religiöse Lehrbücher. Schreiben, Rechnen, selbst das Erlernen der Kirchenlieder galten nicht als Pflichtfächer und wurden nur unterrichtet, sofern es entsprechend gut ausgebildete Lehrer gab. So konnten weder die Lehrer noch die Schüler von irgendwelchen klaren Prinzipien oder

---

1 B. Bengin, *Obrazovanje učitelja u Vršcu (Teacher Training at Vršac)* (Vršac, 1996).
2 F. Mileker, *Povesnica slobodne kraljevske varoši Vršca (The History of the Free Royal City of Vršac)* (Pančevo, 1886), pp. 27–29.
3 Bengin, *Obrazovanje učitelja*, p. 19.

verbindlichen Lehrplänen profitieren. Schule, vor allem Trivialschule, das meinte vor allem das zu lernen, was die Lehrer anbieten konnten.

Im frühen 18. Jahrhundert blieb das Schulsystem den Kirchen verhaftet, die viele Elemente mittelalterlicher Tradition fortsetzten. Das blieb so bis in die zweite Hälfte des achtzehnten Jahrhunderts. Der Klerus sorgte dafür, dass die jungen Leute das Beten erlernten und die kirchlichen Vorschriften kannten. Dazu verwendeten sie klassische katechetische Methoden. Besonders ausgeprägt war dieser Ansatz bei den Jesuiten und Piaristen bis zur Aufhebung des Ordens 1773. Piaristische Gymnasien gab es in allen Regionen des Habsburger Reiches. Und sie hatten hohes Ansehen. Auch in Temeswar wurde eine solche Schule gegründet. Sie besuchten vor allem die Kinder wohlhabender Familien, und zwar ganz verschiedener Religion und ethnischer Herkunft. Unterrichtet wurde überwiegend in Deutsch, zum Teil auch auf Serbisch. Dimitrie Tirol, ein enger Freund und Mitarbeiter des bekannten Gelehrten Vuk Karadžić,[4] unterrichtete am Piaristen-Gymnasium. Die während der Zeit Maria Theresias initiierten Schulreformen fanden auch in der deutsch-sprachigen Gemeinschaft Vršacs positive Aufnahme. Mit großem Eifer machte sich Vršac an die Umsetzung der von Johann Ignaz von Felbiger angestoßenen Schulreformen.

Die österreichische Verwaltung erwartete vom Bildungssystem, die politische und gesellschaftliche Stabilität zu sichern und die Loyalität zum kaiserlichen Hof zu stärken. Maria Theresia beschloss daher, dass der Einfluss des Klerus zurückgedrängt werde und die kaiserliche Verwaltung das Schulsystem selbst steuere. Abgesehen von den politischen Interessen gab es auch wirtschaftliche Argumente für die Reform. Die von der Kaiserin und Joseph II., ihrem Sohn, geförderte wirtschaftliche Entwicklung machte nämlich immer mehr und besser qualifizierte Arbeitskräfte notwendig.

Unter anderem entschieden die kaiserlichen Behörden im Sinne der Rationalisierung und Vereinheitlichung, dass die weltlichen Schulbücher das lateinische Alphabet nutzen sollten. Auch untersagten sie bestimmte serbische Feiertage. Als Angriff auf die überlieferten Standards orthodoxer Schulbildung verurteilten serbische Kräfte die Regelung. Und obwohl Bischof Vićentije Jovanović (1730–1780) sich einschaltete und zu vermitteln suchte, blieben seine Bemühungen vergebens. Letztlich sah man sich im serbischen Bereich gezwungen, die Reformen zu akzeptieren. Gleichwohl sollte nach Ansicht der Kirche der orthodoxe Geist in den Schulen erhalten bleiben. Und so blieb die Lage bis Mitte des neunzehnten Jahrhunderts, als der Absolutismus endgültig zurückgedrängt wurde und liberale Ideen sich politisch und gesellschaftlich durchsetzten.

Trotz der Einschränkung des kirchlichen Einflusses erhielten Maria Theresia und Joseph II. auch in der Folgezeit Unterstützung durch die orthodoxe Kirche, nicht zuletzt, weil beide Seiten den Dialog fortsetzten. So konsultierte die kaiserliche Verwaltung die Kirche in Hinblick auf die Publikation von Schulbüchern, die Entwicklung von

---

4 N. Gavrilović, *Srpske škole u Habzburškoj monarhiji u periodu pozne posvećenosti (1790–1848)* (*Serbian Schools under Habsburg Monarchy in the late Enlightenment (1790–1848)*) (Belgrade, 1999), pp. 21–28.

Curricula bzw. Lehrplänen sowie bei der Auswahl der Lehrer. Immer hatten die Bischöfe und ihre Vertreter Mitsprachemöglichkeiten. Die serbisch-sprachigen Schulen und die rumänisch-sprachigen unterstanden nach wie vor derselben kirchlichen Oberaufsicht. Kein Wunder, dass Bildungsfragen die kirchlichen Versammlungen immer wieder beschäftigten. Innerhalb von zwei Jahrzehnten stellte die Habsburger Verwaltung das Schulsystem durch Gesetze, Dekrete und Richtlinien auf eine neue Grundlage. Genannt seien: das *Illyrische Gesetz* (1770), das *Normal-Patent* (1771), die *Regulae directivae*, die *Allgemeine Schulordnung* (1774), die *Bildungsverfassung* (1776), die *Ratio declaratorium educationis publicae* (1777) und das *Rescriptum declaratorium* (1779). Sie alle hatten die Regulierung des rumänisch- und serbisch-sprachigen Schulwesens zum Gegenstand. Eine der grundlegenden Anordnungen sah vor, dass in jeder Siedlung mit einer ortho-doxen Kirche und einem Gemeindepriester eine Schule für beiderlei Geschlechter auf-zubauen sei. Zu den Pflichtfächern zählten: Religion, Beten, Psalmen, religiöse Lieder, Lesen, Schreiben und Rechnen.[5]

Bau und Unterhaltung der Schulen oblag den jeweiligen Ortsgemeinden. Der Kantor arbeitete auch ganz allgemein als Lehrer und wurde mit Geld und Gütern bezahlt. In vielen Fällen stellte ihm die Gemeinde eine Wohnung zur Verfügung. Auch zahlte sie die lokalen Schafhirten, um die Kinder von der Aufgabe des Schafehütens zu befreien.[6]

Mitte des achtzehnten Jahrhunderts stieg die Bevölkerungszahl im Banat vor allem durch Zuzug stark an – darunter gab es viele Deutschsprachige, aber auch „Ungarn", „Rumänen", „Aromunen", „Griechen", „Juden" und „Roma". Aufgrund des Einflusses „deutscher" Protestanten kam es in einigen Städten zu einer ethnischen Polarisierung. Vršac zum Beispiel spaltete sich in zwei Teilgemeinden auf, jede mit einem eigenen Bürgermeister und besonderen Verwaltungsstrukturen. Die serbisch-sprechenden Gruppen wurden in die Vororte verdrängt, welche eigene Namen nach bekannteren Familien erhielten, die dort lebten.

Bis in die 1780er-Jahre gab es im Banat 218 serbische Schulen und fast ebensoviele Lehrer, die alle die Lehrerbildungskurse von Teodor Jankovic Mirijevski in Timişoara besucht hatten. In Vršac selbst hatte die serbische Schule 150 Schüler, aufgeteilt in drei Klassen, so wie das in Ungarn üblich war. Aus dem Examensprotokoll des Lehrers Gri-gorije Zosimović von 1794 entnehmen wir, dass die Schule eine Vielzahl von Abteilun-gen hatte: eine Anfängersektion, eine Sektion für Schüler mit elementaren Grundkennt-nissen, eine Sektion für Fortgeschrittene, eine Sektion für das Erlernen von Psalmen, schließlich eine Sektion mit dem Schwerpunkt auf der Rechtschreibung. Von der ersten bis zur dritten Klasse lernten die Schüler das Lesen und die Schulregeln; zudem erhiel-ten sie eine Einführung in das Christentum, die biblische Geschichte und die Evange-lien. Auch Rechnen und Deutsch standen auf dem Schulplan. Als Lehrkräfte für den Zeitraum um 1780/1790 sind in den Quellen erwähnt: Grigorije Zosimović für die Schule

---

5 *Ibid.*, pp. 26–32.
6 *Ibid.*

hinter der Bischofskirche, Sava Stefanovic, Lehrer der zweiten Klasse, Jovan Teodoro-vici, Lehrer der dritten Klasse, und Gregorije Botak, 1789 Lehrer der ersten Klasse.[7]

Das Gymnasium in Vršac (1790–1819)

Am Ende des achtzehnten und zu Beginn des neunzehnten Jahrhunderts galt Vršac als wichtiges Bildungszentrum im südöstlichen Teil der Doppelmonarchie. Hier war der Bistumssitz, zu dem sechs Dekanate gehörten (Vršac, Biserica Albă, Mehadia, Lugoj, Caransebeş und Vărădia). Vršac zählte 1.125 Haushalte. Die orthodoxe Gemeinde umfasste 8.121 Gläubige. Hinzu kam noch einmal eine gleiche Zahl von Katho-liken, deren Muttersprache Deutsch war. Es gab vier Schulen, die in Rumänisch und Serbisch unterrichteten, zwei rein serbische Schulen, eine Mittelschule und ein Latein-gymnasium. Die Klassen für Schüler aus armen Familien wurden auf dem bischöflichen Anwesen unterrichtet.[8] Vršac erhielt seinen Rang als Bildungszentrum innerhalb des Bistums Karlowitz insbesondere aufgrund des Lateingymnasiums, das 1790 von der Stadtverwaltung Vršac selbst gegründet wurde – auf Anregung des Bischofs Josif Jovanović Šakabenta.

1799 institutionalisierten die Verantwortlichen ein „Alumni"-Projekt (von alere = ernähren).[9] Das sah vor, dass aus jedem Bezirk zwei herausragende Schüler mit exzel-lentem Verhalten ausgewählt und finanziell unterstützt werden sollten. Hinzu kamen noch einmal zwölf Schüler aus anderen Diözesen. Sie bereiteten sich auf weitere

---

7 S. Brankov, *Osnovna škola 'Vuk Karadžić' (The 'Vuk Karadžić' Middle School)* (Vršac, 1995), p. 16.
8 Arhiv Srpske akademije nauka i umetnosti, Sremski Karlovci (ASANUK), documents 99–1806.
9 In diesem Kapitel wird der Begriff „Alumni" im ursprünglichen Sinn männlicher Schüler oder Studenten an einer bestimmten Schule oder einem bestimmten Lernort verwendet, nicht für Absolventen der Schule. Die Daten für Alumni des Gymnasiums entstammen den Berichten der serbisch-orthodoxen Kirche Vršac. Die ersten Alumni wurden am 24. Juni 1799 aufgenommen. Einer der Redner war Bischof Šakabenta. Er teilte mit, dass der Monarch selbst den Aufbau der Schulen in der Provinz und im Grenzgebiet empfohlen habe – als Lösung für eine Reihe akuter Probleme. Schon in den ersten Jahren des Bistums Vršac hatte der Bischof ein theologisches Seminar für Priester gegründet. Šakabenta signalisierte, dass künftige Lehrer in Methodik geschult werden müssten und forderte mehr Lehrer und Klassen in Vršac. Die Bildung sollte für alle jungen Leute im Banat zugänglich sein, nicht nur für die aus dem Gebiet Vršac, mit dem Ziel, bessere Lehrer und Priester auszubilden. Professor Samoilo Martini bot anlässlich der Eröffnung der Schule eine Darstellung des Schulwesens in Deutschland, den Niederlanden und Ungarn und erwähnte, dass in diesen Ländern die Schüler von den Wohlhabenden der Gemeinschaft finanziell gefördert würden. Damit bezog er sich auf Georgije Popovics Stiftung und sein 200-Forint-Stipendium, während das Kloster Mesić jährliche Unterstützungsbeiträge in Aussicht stellte. Šakabenta selbst unterstützte zusammen mit seinen Priestern die Alumni, sodass die Gründung der Schule 1799 möglich wurde. Die wichtigsten Spenden erfolgten in Form von Sachübereignungen. Für die Kirchen von Mehadia, Caransebeş und Lugoj waren die Erwartungen an Finanzleistungen freilich noch höher, denn sie waren reicher und die Mehrheit der Nutznießer kam aus der Diözese Timişoara. (Stadtarchiv Vršac, Rathaus Vršac, Biserica Albă).

Studien in Karlowitz vor. Zwei Lehrer sollten den Erfolg der Schüler sicherstellen, einer für jede Sektion. Das Gymnasium in Vršac sowie das Gymnasium in Karlowitz (gegründet 1791) waren übrigens zu dieser Zeit die einzigen Sekundarschulen in Ungarn, die auf Serbisch unterrichteten.

Das Gymnasium in Vršac unterschied sich von anderen Gymnasien, einschließlich des in Karlowitz, dass es vier statt sechs thematische Kurse pro Jahr anbot. In der ersten Progressionsstufe (Grammatik) standen die folgenden Fächer auf dem Programm: Syntax, literarische Klassiker, ungarische Geschichte, Geografie, Mineralogie und Religion. Für die zweite Progressionsstufe (Humanistische Grundbildung) galten die folgenden Fächer als verbindlich: Stiltheorie, literarische Klassiker, Experimentalphysik, antike Geschichte und allgemeine Geografie. Die Schüler nannte man *Humanisten*. Die Kurse wurden weitgehend auf Lateinisch unterrichtet, aber es gab auch Kurse auf Rumänisch und Serbisch[10]. 1805 umfasste das Gymnasium in Vršac 80 Schüler und zwei Lehrer.[11]

Nach dem Abschluss des Gymnasiums konnten die jungen Leute ihre Studien fortsetzen und Priester oder Lehrer werden. Jene mit exzellenten Ergebnissen hatten die Chance auf ein Alumni-Stipendium für Karlowitz, mit einer Unterstützung von 20 Gulden jährlich, sodass sie die Fächer der höheren Lehranstalt absolvieren konnten: Syntax, Poesie und Rhetorik. Als Professoren sind in den Quellen erwähnt: bis 1794 Sobek, Loyen und Krestić; danach Samoilo Martini, zwischen 1796 und 1797 offenbar finanziell unterstützt von den Studierenden: Konstantin Jovanović und Aleksije Djaković. Des Weiteren werden erwähnt: Jovan Radovanović, Uros Volić und Jovan Balaicki. Die Rumänisch-Kurse hielt zwischen 1802 und 1808 Paul Iorgovici. Er war der Verfasser einer bekannten Grammatik und gehörte der Siebenbürgischen Schule an (Şcoala Ardeleană).[12] Viele berühmte Persönlichkeiten aus Vršac studierten an der Schule, darunter Jovan Sterija Popović, serbischer Dichter, Schriftsteller und Theaterautor (1806–1856), der bis 1819 in Vršac die Schule besuchte und seine Studien in Karlowitz und Timişoara fortsetzte. Nach dem Examen kehrte er nach Vršac zurück, um hier für fünf Jahre Latein zu unterrichten. 1819 wurde das Gymnasium aufgrund einer Entscheidung in Buda geschlossen, weil ausreichende lokale Finanzgrundlagen fehlten.[13]

---

10 *Geschichte des Banater Schulwesens unter Maria Theresia*, vol. 35 (Vršac 1882), pp. 31–32.
11 Dokumente aus dem Stadtarchiv, Magistrat Vršački, Bela Crkva.
12 D. Mladenović, 'Pred 50-godišnjicu otvaranja Velike realke grada Vršca', *Vojvodina*, Nr. 2 (20. Februar 1937).
13 Mileker, *Povesnica slobodne.*

Die zu einer geistlichen Tätigkeit vorbereitenden rumänisch- und serbisch-sprachigen Schulen innerhalb des Österreichischen Kaiserreichs

Ein kaiserliches Dekret vom 12. Februar 1810 bat den metropolitanen Bischof Stratimirović um seinen Rat hinsichtlich eines theologischen Seminars, das, vom Staat finanziell gefördert, den Bedarf der orthodoxen Bevölkerung abdecken sollte. Im selben Dekret wies der Kaiser den Bischof an, zur Erstinformation Schulinspektor Uros Nestorović zu konsultieren, um alle notwendigen Informationen zur Ausbildung der orthodoxen Bevölkerung innerhalb der Doppelmonarchie zu erhalten. Der Bischof erwiderte nach einiger Zeit, die religiöse Erziehung sollte in den Sekundarschulen einsetzen. Nach seiner Ansicht entwickelten sich die persönlichen und moralischen Eigenschaften der jungen Leute in diesem Alter. Auch empfahl er den Aufbau zusätzlicher Gymnasien, in denen künftige Kleriker das erforderliche Wissen erhalten würden. Danach erst sollten die Studierenden ihr theologisches Wissen an Seminaren vertiefen.

Die ungarischen Behörden stimmten der Gründung eines Theologischen Seminars 1785 zu, in der Amtszeit von Bischof Mojsije Putnik. Geplant war, das Seminar in Timişoara anzusiedeln, und es erfolgten auch schon erste Entscheidungen über den Bau, das Curriculum und die Finanzierung der Lehranstalt. Etwa 120 Stipendiaten sollten an den Kursen teilnehmen. Aber nachdem Putnik nach Karlowitz versetzt worden war, bat er darum, das Seminar dort zu bauen. Die begrenzten Finanzmittel und die kleine Zahl an höheren Schulen, welche die Studenten auf das Seminar vorbereiten konnten, begünstigten eigentlich die Idee, ein zentrales Seminar zu schaffen, doch es gab auch andere Stimmen. Mojsije Putnik und sein Nachfolger Stefan Stratimirović sprachen sich gegen eine Zentralisierung aus – ein Seminar für die Serben in Karlowitz und ein anderes für die Rumänen in Timişoara. Vielmehr solle jede Diözese in der Region ein eigenes Seminar erhalten. Dieser Vorschlag wurde 1790 von einer Versammlung in Timişoara angenommen, und so wurden in den Diözesen Pakrac, Arad, Timişoara, Vršac, Backa und Budim eigenständige Seminare eingerichtet. Die kleineren Diözesen einigten sich auf ein gemeinsames Seminar in Novi Sad.[14]

Den ältesten schriftlichen Nachweis über die Existenz eines theologischen Lehrbetriebs in Vršac verdanken wir dem Erzpriester von Mehadia, Nicolae Stoica von Haţeg. In der 1773er Ausgabe der Banater Chronik berichtet er über religiösen Gesangsunterricht und bibelkundliche Einführungen für junge Priester, durchgeführt vom Bischof von Vršac selbst an seinem Amtssitz. Über den genauen Studienplan gibt es keine Aufzeichnungen. Aber wir wissen, dass Josif Jovanović Šakabenta unmittelbar nach seiner Ernennung zum Bischof 1786 mit der Ausbildung des Priesternachwuchses begann. Manche Informationen lieferte Šakabent selbst, als er dem kaiserlichen Hof in Reaktion auf den Erlass vom 30. Dezember 1791 antwortete. Freilich, es ist durchaus möglich,

---

14 Gavrilović, *Srpske škole*, p. 80.

dass seine eigenen Kurse weniger für Studierende gedacht waren denn als Unterstützung für die alltägliche religiöse Praxis.

Gemäß dem von Bischof Stratimirović ausgearbeiteten Plan einigte man sich mit den Habsburger Behörden auf folgende Lehrgegenstände: religiöse Lieder, Lektüre religiöser Werke, Katechetik, Schreiben und Rechnen. Die ersten beiden Fächer wurden von Dekan Teodor Ilić unterrichtet, die anderen von Konsistorienrat Vasilije Mihailović. Die Ausbildung umfasste zwei Semester (das erste vom 1. November bis zum 31. Dezember und das zweite vom 1. März bis zum 30. April). Aufgrund einer Nachfrage seitens der illyrischen Kanzlei am 26. März 1791 gab Bischof Šakabent am 18. Mai 1791 einen Bericht über den Stand der Bildung in der Diözese Vršac ab, einschließlich seiner eigenen private Priesterschule. Um die Aussagen im Bericht zu verifizieren, schickte die Kanzlei eine Kommission nach Vršac, die Stefan Marcović leitete. Marcovics Bericht wurde in der Kanzleisitzung vom 15. Dezember diskutiert, sodass wir auch den Abschluss der Visitation kennen. Der war für Vršac erfreulich, denn die Kanzlei hielt fest, dass der Kaiser zufrieden sei und die Verfahren zur Ernennung der Lehrer akzeptiere. Sie seien durchgängig kompetent und widmeten sich in angemessener Weise der Anleitung der Schüler.[15]

Bischof Petar Jovanović Vidak (1768–1818) gründete zum zweiten Mal eine Schule für Geistliche in Vršac. Wie unter Šakabent erhielten die Klassen ihren Unterricht seit 1806 im bischöflichen Palast, direkt nach Šakabents Übernahme des Bischofsamtes. Die Schule hatte zwei Lehrer, den Protodiakon Arsenije Jovanović Šakabent und den Geistlichen Sofronie Ivačković. Sie erhielten kein festes Gehalt, sondern wurden von Zeit zu Zeit vom Bischof entlohnt. Die Schule arbeitete nach dem Muster des Seminars von Karlowitz. Weil die meisten Schüler Rumänen waren, die nicht Serbisch sprachen, wurden die Klassen auf Rumänisch unterrichtet. Zu den Fächern gehörten die Grammatik nach Molnar, sowie einige Schriften, etwa Platons dogmatische und allgemeine Theologie und Rajic Katechetik. Um den Aberglauben der Schüler zu bekämpfen, verlangte der Bischof, dass die Lehrer bei der Behandlung der Schöpfung auf neuere wissenschaftliche Erkenntnisse der Naturwissenschaften hingewiesen würden (Existenz von Himmelskörpern, Wolkenbildung, Gewitter, Regen, Wind usw.). Zu den weiteren Disziplinen gehörten Geografie, Avram Mrazović Arithmetik, religiöse Lieder und Kirchenrecht. An Sonn- und Feiertagen sollten die jeweiligen Abschnitte aus der Bibel besprochen werden. Im zweiten Jahr erfolgte eine Einführung in die Theologie und serbische Katechetik auf der Basis von Platon, ergänzt um die Kirchengeschichte in der Übersetzung von Vujanovski. Unterrichtet wurde vom 1. November bis zum 30. April. Danach sollten die Schüler nach Hause gehen, um in der Landwirtschaft zu helfen. 1814 besuchten die Lehranstalt 30 Schüler.[16]

Wer einen Abschluss erreichte, wurde gewöhnlich Lehrer oder Kantor am Heimatort oder erhielt eine Lehranstellung an einem anderen Ort. Die Besten wurden

---

15 *Ibid.*
16 *Ibid.*

Mitarbeiter an einer der europäischen Kanzleien. Selbst nach der Ordination (Priesterweihe) arbeiteten viele noch als Lehrer weiter. Später beschlossen die Behörden, dass niemand ohne Examen an einem „Lehrerausbildungskolleg" unterrichten dürfe. Das hatte zur Folge, dass manche Dekane ihre Funktion als Dozenten nicht fortsetzen konnten. Bischof Vidak überzeugte den Generalinspekteur Uroš Nestorović, Dekane, die keine anderen finanziellen Mittel hatten, nicht zu entlassen. Zwei Jahre lang blieb die Situation deshalb unverändert (1815–1816). Danach wurden die Kurse eingestellt. Nach dem Tod des Bischofs übernahm Erzpriester Sinesije Radivojević vom Kloster Mesić stellvertretend die Verwaltung der Diözese. Aber da er nicht wusste, wie lange er das Bistum leiten würde, ergriff er hinsichtlich der Bischofsschule keinerlei Maßnahmen und überließ die Aufgabe seinem Nachfolger.

Bischof Stevan Stratomirović ging das Vorhaben tatsächlich gleich an. Von 1822 bis 1867 gab es eine auf den Priesterberuf vorbereitende Diözesanschule. Sie unterrichtete Priesterkandidaten für die beiden Bistümer Vršac und Timişoara und damit für das gesamte Banat. Von Beginn an hatte die Schule zwei Abteilungen, eine serbisch-sprachig und die andere rumänisch-sprachig. Anfangs dauerte die Ausbildung zwei Jahre, ab 1827 drei Jahre, die noch einmal in jährlich zwei Semester unterteilt waren.

Die schulische Ausbildung vermittelte Wissen und Fähigkeiten, die man brauchte, um Priester zu werden. Unterrichtet wurden Slawisch bzw. Rumänisch, mit den entsprechenden grammatikalischen Grundlagen und Übungen, Dogmatik, Predigtkunde, Rhetorik, Moral- und Pastoraltheologie, Katechetik, Kirchengeschichte, Bibelkunde, religiöse Lieder, Pädagogik, Unterrichtsmethodik, religiöser Stil und Schreiben. Zu den Lehrunterlagen gehörten russische und rumänische Religionsbücher, aber auch von den Lehrern selbst konzipiertes Material. Von 1822 bis 1865 besuchten 1.216 rumänische Studierende die Kurse und von 1867 bis zum Zweiten Weltkrieg 737 serbische Studenten.[17]

Vor dem Besuch des bischöflichen Studienseminars in Vršac erwarb die Mehrheit der Interessenten, insbesondere der rumänisch-sprechenden Kandidaten, ihr Grundwissen an serbisch-, rumänisch-, deutsch- oder ungarisch-sprachigen Normalschulen (Volksschulen, die als Musterschulen zugleich der Lehrerbildung dienten). Einige hatten zuvor die Gymnasien in Becicherecul Mare, Lugoj oder Oravița absolviert, andere kamen vom piaristischen Gymnasium in Timişoara. Eine kleinere Anzahl der Schüler hatte die Gymnasien in Oradea oder Szeged abgeschlossen. Die Studenten aus Vršac selbst kamen überwiegend vom dortigen Gymnasium oder von der Normalschule.

---

17 *Ibid.*

Die deutsch-sprachige Unterrealschule und ihre Umwandlung in eine ungarische Realschule (1852–1918)

Die deutsch-sprachige Unterrealschule, der Vorläufer der städtischen Realschule, verdankte ihre Entstehung der Stadtverwaltung von Vršac. Aus einem Bericht über die Schulgründung, den die Stadt am 23. Dezember 1852 an das Wiener Ministerium für Kultur und öffentliche Bildung sandte, geht hervor, dass das Ministerium seine Zustimmung zur Gründung bereits am 9. Juli 1852 gegeben hatte und die Schule ihre Pforten am 3. November 1852 öffnet. Da die Schule noch kein eigenes Gebäude hatte, stellte das Rathaus das Concordia-Gebäude zur Verfügung, unmittelbar hinter der Normalschule gelegen. (Das Gebäude war erst 1847 als Hotelanlage fertiggestellt worden, trug den Namen der römischen Göttin der Eintracht und gehörte seit 1852 der Stadt.)

Eine Kommission aus Pancevo übernahm die Aufgabe der konkreten Gründung, evaluierte Funktionsweise und das Lehrprogramm der neuen Schule und war für das Einstellungsverfahren der neuen Lehrkräfte verantwortlich. Da nicht alle Stellen besetzt werden konnten, ernannten die Provinzbehörden selbst Vertretungslehrer. Diese waren: Jovan Neisidler (Naturwissenschaften), Ludwig Vodecki (technische Fächer) und Paul Hudi (Grammatik). Aufgrund einer Doppelempfehlung des Bistums und der Stadtverwaltung ernannten die Provinzbehörden Jovan Stenzer, Lehrer für Religion und Ungarisch, zum Direktor der Schule. Mit Ausnahme des Serbisch-Lehrers, der erst im November eingesetzt wurde, konnten damit alle Mitglieder des Lehrerkollegs am 29. September den lokalen Behörden benannt werden.[18] Ihre Aufgabe war es, die Schule nach den Prinzipien des österreichischen Lehrsystems mit Leben zu füllen, das stand zugleich für starke deutsche Einflüsse, allerdings ergänzt um eine gewisse Eigenständigkeit. Ziel der Schule war es, den jungen Leuten Grundkompetenzen zu vermitteln und sie an Handwerk und Handel heranzuführen. So formulierte es Schulinspektor Bondac Landov ausdrücklich während der Eröffnungszeremonie am 15. Oktober 1852.[19]

Die Analyse der Einrichtung der Schule (der mineralogischen Sammlung, des Insektariums, der geografischen Karten usw.), zusammen mit der Qualifikation der Lehrenden und der finanziellen Unterstützung für die Schule, lässt vermuten, dass sie auf wirklich guter Grundlage stand. Außer Ungarisch wurde auch Serbisch in der Schule unterrichtet. Die deutsch-sprachigen Schüler konnten sich für eine der beiden Regionalsprachen entscheiden. Von den insgesamt 18 Interessenten aus Österreich, Böhmen und anderen Regionen erhielten zwei eine Anstellung als Lehrer. Im Gründungsjahr besuchten die deutsch-sprachige Realschule bereits 66 Schüler. Von ihnen war ein Drittel serbisch-sprachig, die anderen stammten aus rumänisch- und deutschsprechenden Familien. Die Schule genügte allen staatlichen Anforderungen, sodass die

---

18 Gemäß dem Bericht des Treffens des Lokalen Rats, Archiv Biserica Albă/ Bela Crkva.
19 *Ibid.*

Behörden sie als eine Einrichtung öffentliche Bildung anerkannten und sie fest in das staatliche Bildungssystem einbanden. Im Schuljahr 1858/1859 zählte die deutsch-sprachige Realschule 155 Schüler (davon nach der „Nationalität" 84 „Deutsche", 42 „Serben", 12 „Ungarn", 8 „Rumänen", 2 „Bulgaren" und 7 „Juden").[20]

Eine ganz ähnliche Konstellation finden wir an der Normalschule von Vršac, die nur zwei Jahre später, also 1854, ihren Unterricht aufnahm. Obwohl sie formal unabhängig blieb, gab es bis 1871 eine starke Verbindung mit der Werschetzer Realschule. Danach endete die Kooperation, weil die Normalschule, die ja zugleich Lehrerbildung anbot, nach Szeged umzog. Anfangs unterrichteten die Lehrer an beiden Schulen, und die Stadt bezahlte sie dafür. Nur der Direktor des Lehrerbildungskollegs erhielt von den Provinzbehörden zusätzlich 500 Gulden – als Aufwandsentschädigung für den Ungarisch-Unterricht.

Viel Aufmerksamkeit wandte die Doppelmonarchie zwischen 1867 und 1918 den Sekundarschulen zu (Realschulen, Gymnasien). Ein 1868 von József Eötvös eingebrachtes Gesetz (1813–1871) sicherte ganz generell den Ausbau des Schulunterrichts. Für die Sekundarschulen, die sich an die städtischen Mittelschichten richteten, galt ursprünglich eine Stufenfolge von sechs Klassen. Der Unterricht erfolgte in der Muttersprache. Um die staatliche Schulaufsicht zu stärken, wurde die Supervision ausgebaut. So erhielt auch die Vojvodina einen Schulinspektor.

Seit 1861 gab es Ideen, die Realschule zu schließen und stattdessen ein unteres Realgymnasium einzurichten. Am 1. Dezember 1868 akzeptierte das Bildungsministerium den Vorschlag.[21] Das Realgymnasium folgte dem Curriculum, wie es auch an anderen ungarischen Realgymnasien bestand. 1868 eröffnete die erste Klasse und im folgenden Jahr die zweite. Doch das bedeutete schon das Ende der Einrichtung. Denn die Bewohner Vršacs waren mit den erfolgten Veränderungen nicht einverstanden. Stattdessen beschlossen die lokalen Behörden während einer Sitzung vom 5. September 1870, wieder eine Gemeindeschule zu etablieren.[22] Im Schuljahr 1871/1872 erhielt die neue Schule ihre vierte Klasse, wie bei allen anderen Klassen erfolgte der Unterricht in Deutsch. Am 17. April 1873 kam Bildungsminister August Trefor zur Visitation nach Vršac. Der Delegation gehörten unter anderem auch der Gemeindepfarrer und der Schulinspektor an. Die Gruppe zeigte sich zufrieden über das Funktionieren der Schule, ebenso über die bestehenden Einrichtungen und die verwendeten Lehrbücher.[23]

Auch eine höhere Realschule wünschte die Stadt für Vršac. Aber der Antrag wurde vom Bildungsministerium mehrere Male abgelehnt. Eine erste Eingabe des Schulausschusses erfolgte zum 12. Oktober 1878. Budapest reagierte mit dem dringenden Wunsch, die Schule solle Ungarisch als Hauptsprache anbieten. Die Stadt Werschetz

---

20 Gemäß dem Bericht der Sekundarschule 1858–1859.
21 Gemäß dem Bericht der Sekundarschule 1868–1869.
22 *Werschetz Geburgsbote* (1870), Nr. 37.
23 *Ibid.*

(Vršac) zog darauf ihren Antrag zurück. Bis 1882 kam keine Verständigung zustande. Präsident des Schulrats war zu dieser Zeit Jovan Semeier. Er war zugleich Bürgermeister der Stadt. Als zentrales Anliegen nannte er die Vergrößerung des Concordia-Schulgebäudes, um eine große Sekundarschule einrichten zu können. Doch die Zeiten wandelten sich schnell. Immer mehr junge Leute aus wohlhabenden Familien lernten Ungarisch, übernahmen Sprache und Kultur, sodass die Eröffnung einer deutsch-sprachigen Schule immer weniger Unterstützung fand. Die deutsch-sprachige Prägung der vorhandenen Gemeinderealschule blieb bis zu ihrer Umwandlung in eine Oberrealschule 1888 allerdings erhalten.

Viele Mitglieder des Lehrerkollegiums wünschten, auch in Zukunft an Deutsch als Unterrichtssprache festzuhalten, selbst wenn die Schule zur Oberrealschule ausgebaut würde. Diesem Wunsch folgte das Ministerium indes nur zum Teil: in den unteren Klassen seien Handbücher in der Muttersprache erlaubt, hieß es anfangs – doch bereits wenig später wurde das Zugeständnis aufgehoben.[24] Die höheren Klassen der Oberrealschule von Vršac erhielten ihren Unterricht eingangs auf Deutsch und Ungarisch, später nur noch auf Ungarisch, wobei Serbisch und Rumänisch optionale Sprachen blieben.

Den katholischen Religionsunterricht leitete Herzog Ferenc vom Bistum Cenad, der Geistliche Milutin Trbic unterrichtete die orthodoxen Schüler auf Serbisch und Rabbi Isidor Adolf die jüdischen Schüler. Ein hoch qualifiziertes Lehrerteam war da in Vršac tätig, unterstützt vom ungarischen Bildungsministerium. Viele der Lehrer waren promoviert, andere hatten als Forscher gearbeitet.[25] Die sehr gut ausgestattete Schulbibliothek umfasste mehr als 10.000 Bücher, untergebracht in vier großen Hallen. Die Bücher aus dem sechzehnten Jahrhundert, gedruckt in Latein und Griechisch und publiziert an ganz verschiedenen europäischen Orten, stellten Raritäten dar und waren hochinteressant. Die Arbeit der Lehrerteams wurde von Schulinspektor Ferenć Petrović in Oradea überwacht. Zwischen 1892 und 1897 war Nalafalussy Koruc für Vršac zuständig, wobei ein Geistlicher in Oradea, entsprechend der Tradition, die religiöse Inspektion der Zivilschulen übernahm.

In den Jahren 1892–1903 wurde die Schule in Vršac schrittweise zu einer staatlichen Schule umgestaltet, mit definierten Verpflichtungen seitens Staat und Ortsgemeinde. Das Genauere regelte ein Vertrag zwischen Iosef Klamarik, Ministerialrat, und Janos Sender, Präfekt der Stadt und Vertreter der lokalen Verwaltung.[26] Demnach war die örtliche Administration zuständig für die Bereitstellung eines angemessenen Gebäudes, entsprechend der vom Ministerium vorgegebenen Fläche, ebenso für Ausstattung und Wartung. Weiterhin übernahm die Stadt die Verpflichtung, jedes Jahr 6.000 Gulden an

---

24 Gemäß dem Bericht der Sekundarschule 1888.

25 *Ibid.*

26 Zum 1892 unterzeichneten Vertrag s. G. Gojkov, *Vršačka gimnazija između dva rata* (*The High School of Vršac in the Interwar Period*) (Belgrade, 1979).

den ungarischen Staat abzuführen. Der zahlte im Gegenzug die Gehälter und Pensionen für die Lehrkräfte.

Tatsächlich gelang der Stadt, ausreichende Mittel für eine angemessene Ausstattung der Schule bereitzustellen. Viele Kurse wurden in speziellen Räumen durchgeführt, die besondere Unterrichtsmittel voraussetzten: Das Physiklabor verfügte über 397 Geräte, das Chemielabor über 592, das naturwissenschaftliche Labor besaß 492 Bücher und 798 Mineralienstücke, das Geografielabor 157, das Zeichenlabor konnte auf 1.380 Abbildungen zurückgreifen, ebenso auf 70 Skulpturen und 30 weitere notwendige Hilfsmittel. Die Sporthalle war mit 204 Sportgeräten ausgestattet, die Janos Oboroli, ein Handwerker aus Budapest zur Verfügung stellte.[27]

Als Zeichen der Verbundenheit mit der Schule und um die weitere Ausbildung zu fördern, erklärten sich viele Absolventen zu einer finanziellen Unterstützung der Institution bereit. Die größte Summe spendeten Kavalleriemajor Karlo Trenbolski und seiner Frau: insgesamt 4.000 Gulden. Pro Jahr erhielten zwei Studenten (ein katholischer und ein orthodoxer) ein Stipendium.[28] Später unterstützte die Stadtkämmerei unterprivilegierte Studierende mit insgesamt 25.000 bis 30.000 Gulden. Die rumänische Bischofskirche legte einen Stipendienfonds auf, um zukünftige rumänische Priester und Lehrer zu unterstützen.

In den folgenden Jahren nahm die Schülerzahl stetig zu, verdoppelte sich sogar. Am Schluss betrug sie zusammengenommen etwa 7.000. Die meisten von ihnen waren deutsch-sprachig, gefolgt von den Schülern ungarischer, serbischer und rumänischer Nationalität. Viele kamen aus dem Gebiet um Vršac herum, aber es gab auch Schüler aus der Region Timișoara, ja, außerhalb der Vojvodina (Ungarn, Serbien, Kroatien). Glauben wir den überlieferten Berichten, so schlossen 310 Schüler die Oberrealschule mit dem Abitur ab. Die meisten Lehrer waren Ungarn, einige Deutsche und nur wenige Serben. Mit Beginn des Ersten Weltkrieges wurde die Schule geschlossen und danach wegen der veränderten politische Lage nicht wieder geöffnet.

Die Präparandenanstalten von Caransebeș und Biserica Albă

Zu Beginn des neunzehnten Jahrhunderts gab es im Habsburger Reich noch keine speziellen Institutionen zur Ausbildung von Lehrern. Der Schule nachgelagerte Qualifikationskurse sollten dem Mangel abhelfen. 1805 bestimmte die Schulgesetzgebung, dass in den wichtigsten Schulen der Region Dreimonatskurse für die Lehrerausbildung stattfinden sollten. Danach mussten die Studierenden ein Examen in Anwesenheit des Bezirksschuldirektors ablegen. Wer erfolgreich war, erhielt ein mit Sigel versehenes Zertifikat – dreifach unterzeichnet: vom Bezirksdirektor, dem Direktor der Schule und

---

27 Gemäß dem Bericht der Sekundarschule 1888.
28 *Werschez Geburgsbote* (1890), Nr. 12.

dem jeweiligen Klassenlehrer. Das Zertifikat erlaubte, als Vertretungslehrer tätig zu werden.[29] Kandidaten, die nicht bestanden hatten, wurden erneut geprüft oder mussten die Schule verlassen.[30] Folgende Fächer gehörten zum Lehrkanon: Unterrichtsprinzipien, Religion, deutsche Sprache, Rechnen, Lesemethodik, Lesen, Schönschrift, Grammatik, Schreiben nach Diktat.[31]

Um sich für die Lehrerbildungskurse anzumelden, mussten die Kandidaten mindestens drei Jahre einer Sekundarschule absolviert und hervorragendes Verhalten gezeigt haben. Nach dem Examen konnten die Kandidaten für ein Jahr als Vertretungslehrer arbeiten, und ab einem Alter von 20 Jahren konnten sie das Examen für eine Dauerstelle ablegen. Festangestellte Lehrer waren vom Militärdienst befreit, Vertretungslehrer nur eine gewisse Zeit lang. Jene, die von einer der bedeutenderen Schulen in der Region kamen, hatten ein umfangreicheres Curriculum zu absolvieren, dessen Dauer auf sechs Monate angelegt war und an den Normalschulen durchgeführt wurde.

Nach 1812, als Uroš Nestorović zum Inspektor aller serbischen, rumänischen und griechischen Schulen der Doppelmonarchie ernannt worden war, entstanden zwei Präparandenanstalten. Die serbische hatte ihr Zentrum in Szentendre und zog später nach Sombor um, während die rumänische Lehrstätte in Arad angesiedelt war. Beide Präparandenanstalten richteten sich vor allem an die jungen Leute aus den wohlhabenden Familien der Grenzpolizei. Schon deshalb mussten die Lehrangebote in den Sekundarschulen des Grenzraums durchgeführt werden, wie es dann auch die Schulverfassung von 1805 festlegte.[32]

Im Territorium des illyrisch-walachischen Grenzregiments erhielt Ioan Tomic, der Erzpriester von Caransebeş, die auf drei Jahre befristete Zustimmung der Behörden, in Caransebeş einmal jährlich Dreimonatskurse abzuhalten. Die Aufgabe des Kurses bestand darin, Vertretungslehrer für die Trivialschulen (Grundschulen) in der Grenzregion auszubilden. Ein spezieller Fonds finanzierte die Gehälter der Lehrer, und Stipendien unterstützten die Studenten aus weniger privilegierten Familien. Die Kurse folgten den Konzepten der Präparandenanstalten in Sombor und Arad (einschließlich der Supervision durch eine gesonderte Kommission).[33] Der erste Kurs begann im Sommer 1820 und wurde vom Direktor der Nationalschulen des Regiments geleitet. Weiterhin als Dozenten wirkten Ioan Tomić und George Andrejević. 1824 entfiel die Position eines Direktors der Regiments-Nationalschulen aus finanziellen Gründen. Seither übernahm die metropolitane Kirche von Sremski Karlovci (Karlowitz) die Durchführung

---

29 N. Gavrilović, *Vršačka učiteljska škola u doba Srpskog vojvodstva i tamiškog Banata (1849–1860)* (*The Vršac Teacher-Training College during the Serbian Voivodeship and the Banat of Temes, 1849–1860*) (Vršac, 2006), pp. 27–36.
30 *Ibid.*
31 *Ibid.*
32 *Ibid.*
33 *Ibid.*

der Kurse. In Caransebeş leitete sie Dekan Arsenije Jovanovic Šakabent. 1830 wurde der Direktorenposten wieder eingeführt, und daher übernahm Constantin Diaconovici Loga die Leitung. Er war zugleich Dozent an der Präparandenanstalt in Arad. Auf Anweisung der Behörden wurde die Zentrale Schuldirektion nach Biserica Albă verlegt, und so fanden hier auch die Kurse zur Lehrerausbildung statt. Constantin Diaconovici Loga setzte seine Vorlesungen bis 1852 fort, weil die sonstigen bestehenden Lehrerbildungseinrichtungen die Nachfrage nicht befriedigen konnten.[34]

Die Schulen Vršacs in der Zeit der serbischen Woiwodschaft und des Temeser Banats

Als Resultat der Revolution von 1848 (formell allerdings erst durch eine entsprechende Verordnung vom November 1849) erhielten die serbische Woiwodschaft und das Temeser Banat einen eigenen Rechtsstatus. Seither war die Region erneut gegenüber Ungarn unabhängig und unterstand direkt Wien. Als Hauptstadt der Region fungierte Timişoara. Die formelle Verwaltungsneugliederung erfolgte 1851. Vršac gehörte von nun an administrativ zu Timişoara, und als Amtssprache galt für eine kurze Zeit Serbisch, danach Deutsch.

Die deutsch-sprachige Normalschule (die ja auch die Lehrerbildung vorantrieb) eröffnete ihre Pforten in Vršac im November 1854. Ihre Funktionsweise bestimmten die Behörden in Timişoara. Hinzu kam als weiterer Weg zur Lehrerausbildung der Besuch einer unteren Realschule, ergänzt um den Besuch einer Präparandenanstalt. Insgesamt dauerte die Ausbildung für Lehrer vier bis fünf Jahre. Die Absolventen der Präparandenanstalt durften an den dreiklassigen Stadtschulen unterrichten. Pflichtfächer waren Religion und biblische Geschichte, Grundbegriffe der Pädagogik, Linguistik, Rechnen, Schönschreiben, Zeichnen, Gesang und Orgel. Die Präparandenanstalt in Vršac hatte ihren Sitz in der Realschule, mit der sie ein Ganzes bildete. Für die erste Klasse meldeten sich 39 Studenten an, darunter ein jüdischer Student, der gleichzeitig Religion und Hebräisch an der jüdischen Schule belegte. Der Schuldirektor, Iosef Stenzer, unterrichtete Religion, während Johann Paul Hudi als Deutschlehrer agierte.[35] Das Schuljahr begann am 1. Oktober und endete am 15. August. Die Verpflichtung zur Wartung und Pflege der Schule oblag normalerweise den örtlichen Behörden.[36]

---

34 Loga war der einzige Lehrer, der dieselben Fächer auf Rumänisch und Serbisch lehrte. Vorgesehen waren sie im Curriculum für die Lehrerausbildungskollegs in Sombor und Arad, nachdem die Klassen nach Caransebeş verlegt worden waren. Vgl. *ibid.*, p. 21.

35 Weitere Einzelheiten zur rumänischen und serbischen Ausbildung bieten Bengin, *Obrazovanje učitelja* und G. Popi, *Školovanje učitelja i vaspitača na rumunskom nastavnom jeziku u Vršcu* (*The Training of Teachers in the Romanian Language in Vršac*) (Vršac, 2006).

36 Mehr zum Thema findet sich in Gavrilović, *Vršačka učiteljska škola*, passim.

Viele der Lehrer, die in der serbischen Woiwodschaft und im Temeser Banat tätig waren, besaßen nur eine ungenügende Qualifikation und hatten kein staatliches Examen. Das galt sowohl für die festangestellten Lehrer wie für die Vertretungslehrer. So beschloss das Bildungsministerium in Wien, ein verpflichtendes staatliches Lehrerexamen einzuführen, und zwar schon beginnend mit dem 2. November 1854. Demgemäß waren die Lehrer nun verpflichtet, fünf- oder sechsmonatige Sommerkurse an der Präparandenanstalt in Vršac (1855) zu absolvieren. Nach dem Examen erhielten sie ein Zertifikat. Die Kandidaten mussten ein tadelloses Benehmen vorweisen. Johann Benis war der Kurskoordinator, und zu den unterrichteten Fächern gehörten deutsche Sprache und ihre Methodologie, Schönschrift, Grammatik und Stilistik, Rechnen und allgemeine pädagogische Praxis.

Nach der Umwandlung des Habsburger Reiches zur Doppelmonarchie 1867 änderten sich auch die Prioritäten der Kirche gegenüber. Die vorherrschende Tendenz zielte, wie in ganz Europa, auf die Minderung des Einflusses der Kirchen auf die Schule. Die ungarischen Behörden beschlossen in diesem Zusammenhang, die deutsch-sprachige Präparandenanstalt von Vršac nach Szeged zu verlegen. Dort verschmolz sie mit der Normalschule. Für Vršac bedeutete dies sowohl das Ende der eigenen Normalschule als auch der Präparandenanstalt.[37]

An dieser Stelle müssen wir noch auf das Schulsystem für die Kinder und Familien der russischen Flüchtlinge nach der Oktoberrevolution eingehen. Die russisch-sprachige Ausbildung reichte von der Grundstufe bis in den Bereich der Sekundarausbildung. Die Organisation folgte insgesamt dem russischen Modell, mit Kadettenschulen, Mädcheninstituten, Gymnasien und Universitäten. In Serbien gab es fünf Bildungszentren für russisch-sprachige Schüler – in Vršac, Bela Crkva, Kikinda, Novi Sad und Belgrad. Weitere Einrichtungen gab es in vielen anderen serbischen, kroatischen und slowenischen Städten. Aufrechterhalten wurde das russische Schulsystem von Emigranten, Offizieren, Professoren, Ärzten, Künstlern und Kirchenvertretern, die gezwungen waren, vor der bolschewistischen Revolution zu fliehen. Unmittelbar nach dem Ersten Weltkrieges lebten annähernd 75.000 Emigranten im Königreich der Serben, Kroaten und Slowenen.

1921 tagte in Sremski Karlovci (Karlowitz) die erste Synode der russisch-orthodoxen Exil-Kirche. Ein Exil-Bischof wurde ernannt, und so wurde die Stadt ein wichtiges Zentrum für alle Russen, die außerhalb ihres Heimatlandes leben mussten. In den vereinten serbisch-kroatisch-slowenischen Territorien richtete die Exilkirche acht Pfarreien ein, die unter der Rechtsaufsicht der Synode von Karlovci standen. Eines der großen russischen Zentren befand sich in der eher kleinen Stadt Biserica Albă (Bela Crkva, Weißkichen), wo etwa 1.000 Russen heimisch wurden.[38] Das gesamte Kadettenkorps der Krim wurde nach Biserica Albă überführt. 1923 betrug die Gesamtzahl der

---

37 *Ibid.*

38 R. Gava, *Apostol ljubavi* (*The Apostle of Love*), vol. ii. *1931–2002* (Bela Crkva, 2002).

Kadetten 579, verteilt auf 20 Klassen und fünf Züge. In den von den Behörden zur Verfügung gestellten Gebäuden erhielten die jungen Russen klassischen allgemeinbildenden Unterricht und wurden in einem dezidiert christlich-patriotischen Geist erzogen. Die russische, stark militärisch geprägte Kadettenanstalt gewann bald Modellcharakter, und ihre Absolventen gehörten zu den besten im ganzen Land. Ähnlich entwickelte sich die Mädchenausbildung. Lehrer und Schüler des Marineinstituts für Mädchen sowie des Harkov-Mädcheninstituts, die 1920 die Stadt Novorosijk verließen, ließen sich ebenfalls in Biserica Albă nieder, allerdings nahmen nur noch 74 Schülerinnen am Unterricht teil. Hinzu kamen sieben Lehrer des ehemaligen Marine-Instituts. Der neue Name für die wiedergegründete Mädchenschule *Russisches Mädcheninstitut „Kaiserin Maria Fyodorovna"* trug den Namen der ursprünglichen Stifterin. So entstand in Biserica Albă ein russisches Mädchengymnasium, das die Schülerinnen über acht Klassen besuchten. Die Absolventinnen verfügten am Schluss über ein Abiturzeugnis. Zu den Schülerinnen zählten Mädchen russischer und serbischer Nationalität. Je länger die Revolution in Russland anhielt, umso mehr Flüchtlinge kamen auch ins Banat. Sie siedelten sich vor allem im Süden an und bildeten dort russische Kolonien. Letztlich lebten sie mit den Einheimischen zusammen und ließen Spuren in deren Kultur zurück.

Fazit

Im Verlauf des neunzehnten Jahrhunderts vollzog das Bildungssystem des Banats, wie in vielen anderen Regionen des Habsburger Reiches auch, den Wandel von einem religiös fundierten System (1790–1810) zu einem stärker säkularen (1810–1848). Entscheidenden Anteil an dieser Entwicklung hatten die politischen, ökonomischen und administrativen Eliten, später die Stadtbürger selbst. Sie stellten einen Gutteil der Intellektuellen, deren Einfluss ständig zunahm. Die Entwicklung des Bildungssystems im Banat erleichterte den kulturellen Austausch nach außen wie nach innen. Besondere Aufmerksamkeit galt der Lehrerbildung. Lehrer galten als zentrale Promotoren der angestrebten Alphabetisierung und der erhofften Wissenserweiterung. Ihnen traute man zu, die Schriftfähigkeit und die Bildung der ganzen Bevölkerung anzuheben. Die Funktion der Präparandenanstalt in Sombor für die serbische Bevölkerung wurde schon erwähnt. In den südlichen, von Serben bewohnten Gebieten entstanden weitere Bildungseinrichtungen. Dank des Insistierens des deutsch-sprachigen Bevölkerungsteils erhielt die Region sogar eine Normalschule. Der Fortschritt war insgesamt erstaunlich, denn anders als in den weiter südlich, jenseits der Donau gelegenen Gebieten brachte das 19. Jahrhundert für das Banat eine Zeit bemerkenswerter Kultur- und Bildungsentwicklung.

Miodrag Milin

Die revolutionären Auseinandersetzungen
der Jahre 1848/1849

Die serbisch-sprechenden Banater in der Zeit vor der Revolution von 1848

Schon vor 1848 thematisierten die serbisch-sprechenden Eliten des Banats Fragen nationaler Identität. Sie brachten damit die Erfahrung sozialer, sprachlicher und religiöser Unterschiedlichkeit zum Ausdruck, wie sie überall in Osteuropa thematisiert wurden. Insofern stellten die serbisch-sprachigen Eliten keine Ausnahme dar. Allerdings, ihr Disput zielte darauf, die Unterschiede zwischen den Serben und Südslawen[1] kenntlich zu machen, was erst viele Jahrzehnte später als *Načertanije*-Projekt in die Geschichte einging. Als Autor gilt heute der Belgrader Politiker Ilija Garašanin (1844). Das *Načertanije*-Programm steht dabei für die politischen Optionen der achtundvierziger Generation.[2] Die Idee nationalen Erwachens durchzog die gesamte südslawische Welt und machte die Abgrenzung der slawischen Bevölkerung voneinander zu einer fast unlösbaren Aufgabe. Wie sollten z. B., angesichts der langen Koexistenz von Serben und Kroaten, beide Gruppen voneinander als differierend beschrieben werden? Als das *Načertanije*-Projekt in der Ministerialkanzlei von Ilija Garašanin konzipiert wurde, hatten die Kroaten bereits ihr eigenes Konzept vorgelegt und suchten hierfür nach kulturellen und politischen Unterstützern unter den anderen Slawen, vor allem bei den Serben. Dies war das Hauptziel der sogenannten illyrischen Bewegung in den 1840er Jahren.

Von kroatischer Seite stand auch der Aufbau eines gemeinsamen serbokroatischen Staates zur Debatte. Einer der Berater Garašanins, der Tscheche František Zach,

---

1 Miodrag Milin, '*Între unitarism şi federalizare: Dileme sârbeşti din veacul al XIX-lea*' ('Between Unitarianism and Federalisation: Serbian Dilemmas in the Nineteenth Century', in Teodor Pavel (Hg.), *Opţiuni politice la popoarele central-est europene în secolul al XIX-lea* (*Political Options of the Central and Eastern European Countries in the Nineteenth Century*) (Cluj-Napoca, 2006), pp. 159–166.
2 David Mackenzie, *Ilija Garašanin: Balkan Bismark* (New York, 1985); Vladimir Stojančević (Hg.), *Ilija Garašanin 1812–1874: Medjunarodni naucni skup 9. i 10. Decembar 1987* (*Ilija Garašanin 1812–1874: The International Scientific Sessions, 9–10 December 1987*) (Belgrade, 1991); eine rumänische Übersetzung bietet M. Milin, '*Sârbii şi croaţii (Ilija Garašanin, Nacertanije-Plan: Programul politicii naţionale şi al celei externe a Serbiei la finele anului 1844)*' ('*Serbs and Croats (Ilija Garašanin, The Nacertanije Plan: The Serbian National and Foreign Policy Programme at the End of 1844)*'), in Teodor Pavel (Hg.), *Gândire politică şi imaginar social la popoarele central-est europene: Secolul al XIX-lea. Antologie de texte* (*Political Thought and Social Imagination in the Central-East European People: 19th Century. Anthology of Texts*) (Cluj-Napoca, 2005), pp. 345–359.

entwarf das Konzept eines gemeinsamen südslawischen Staates, nachdem er den Initiator der illyrischen Bewegung, Ljudevit Gaj,[3] und dessen engste Mitarbeiter getroffen hatte.[4] Sie hatten ähnliche Vorstellungen, und so finden sie sie sich auch in Garašanins Projekt wider. In dem von Zach entwickelten politischen Programm erschienen zwar die Begriffe „Serbe", „serbisch" und „Serbien" anstelle der Wörter „jugoslawisch" und „Jugoslawien", aber Zach vertrat sehr wohl die Idee einer breiten jugoslawischen Politik und wollte alle Südslawen in einen gemeinsamen Staat vereinen. Er sah vermutlich, dass Serbien alleine keinen unabhängigen und einflussreichen Staat bilden konnte, ohne auf die Mitarbeit der anderen slawischen Gemeinschaften auf dem Balkan zählen zu können.

In den theologischen und akademischen Zirkeln der in Pest, Novi Sad, Arad, Vršac und Timişoara lebenden Serben war die sogenannte orthodox-slawische Perspektive dominant. Die Reformen von Sprache und Schrift, wie sie Vuk Karadžić vorschlug (Anpassung des Kirchenslawischen an die serbische Volkssprache), lehnten sie ab. Als zu eingrenzend empfanden sie den Vorschlag, auch als zu radikal. Und das galt auch für die illyrischen Ideen, die als Instrument römisch-katholischer Einflussnahme wahrgenommen wurden. So musste Vuk Karadžić selbst seinen expansiven Sprachnationalismus zurücknehmen und definierte die Unterschiede zwischen den Serben und den Südslawen wie folgt: „Wer dem griechischen oder östlichen Kulturkreis zugehört, wird niemals die Bezeichnung serbisch ablehnen, wo immer er lebt; während jene, die sich dem römischen Kulturkreis zugehörig fühlen, sich als Kroaten bezeichnen werden".[5] In Garašanins *Načertanije*-Projekt gibt es keine Vorschläge zu einer unmittelbaren Einheit mit Kroatien. Stattdessen richtet sich der Fokus auf die Slawen im Raum Srem (Syrmien), dem Banat und der Batschka bzw. Vojvodina.

Načertanije stand für ein zeitlich gestaffeltes Programm zur Vollendung des serbischen Nationalstaates. Da war erstens die Option zur Vereinigung aller Serben unter der Autorität des Osmanischen Reiches. In einer zweiten Phase erhoffte das Projekt, die Einheit mit den Serben im Österreichischen Kaiserreich herzustellen. Die dritte Phase enthielt die Vorstellung einer Integration der Kroaten, eventuell auch der Bulgaren, in ein und demselben Nationalstaat.

---

3 Rados Ljusić, *Knjiga o Nacertaniju: Nacionalnii drzavni program Knezevine Srbije, 1844* (*The Book about Nacertanije: The National State Programme of Serbian Principality, 1844*) (Belgrade, 1993).
4 Josip Juraj Strossmayer und Franjo Racki, *Politicki spisi* (*Political Records*), hg. v. Vladimir Koščak (Zagreb, 1971).
5 Vaša Cubrilović, *Istorija politicke misli u Srbiji XIX. Veka* (*The History of Political Thought in 19th-Century Serbia*) (Belgrade, 1982), p. 147.

Die Spannungen innerhalb des österreichischen Kaiserreichs: das Verhältnis von Ungarn und Serben

Die revolutionären Ereignisse in Wien am 13. März 1848 fanden europaweit starken Widerhall. Metternich, der langjährige Staatskanzler, trat zurück und floh nach England. Der Kaiser versprach die Abschaffung der Zensur und eine Staatsverfassung. Gegen die Plünderungen und Brandstiftungen bildete sich eine bürgerliche Nationalgarde. Die französische Februarrevolution setzte damit ganz Europa in Aufruhr. Auch am ungarischen Verwaltungssitz Pest war der Wiener Donner zu hören. Das ungarische Revolutionsprogramm umfasste zwölf Punkte und forderte Bürgerrechte und rechtliche Gleichheit, allgemeine Besteuerung und die Beseitigung feudaler Unfreiheiten. Der ungarische Landtag verabschiedete die sogenannten „Märzgesetze"[6], und am 17. März 1848 erkannte der kaiserliche Hof die unabhängige ungarische Regierung mit Graf Lajos Batthyány (1807–1849) als Ministerpräsidenten und Lajos Kossuth (1802–1894) als Finanzminister an.

Obwohl unmittelbar aus der Revolution hervorgegangen, zeigte das ungarische Kabinett eine gewisse Bereitschaft zu Kompromissen. Der Staat sollte geschützt, die Privilegien des Adels nicht vollkommen aufgehoben werden. Der Vorrang der alten Gentry stand außer Frage, was die sozialen Bewegungen und die Vertreter der nicht-magyarischen Gruppen der Revolution entfremdete. Lajos Kossuth war der Auffassung, dass der überlieferte Vorrang des gebildeten Adels und das Fortwirken der Administration die Basis für die neue staatliche Ordnung sicherstellen könne. Gleichzeitig änderte er die Vorstellung von der ungarischen Autonomie. Denn in seiner Sicht war Ungarn nun ein selbstständiger Staat: „einheitlich und untrennbar".[7]

Seit den frühen Tagen der Revolution hatten sich die Serben den Ungarn angeschlossen. Sie hofften, ihren Platz innerhalb der neuen Staatlichkeit zu finden, wie sie von den Revolutionären aus Pest angestrebt wurde. Einer der Förderer dieser Richtung war der Rechtsanwalt Pavle Radovanović. Beeinflusst von den revolutionären Ideen, gab er die Zeitung *Sojedinimo se* heraus, die auch auf Ungarisch erschien (*Egyesülünk*) und sogar eine deutsch-sprachige Ausgabe erhielt (*Vereinigen wir uns*).[8]

Auch die in Pest lebenden serbischen Schüler und Studenten der *„Tekelianum"*-Alumni-Stiftung erfasste das Revolutionsfieber. Dasselbe gilt für die Mitglieder der *Matica Srspka*, der akademischen Gesellschaft, die seit 1826 in der ungarischen Haupt-

---

6 A. J. P. Taylor, *The Habsburg Monarchy 1809–1918: A History of the Austrian Empire and Austria-Hungary* (1948; Harmondsworth, 1990), pp. 66–69.

7 Tamás Katona, ‘Conflicte naţionale în 1848–1849’ (‘National Conflicts in 1848–1849’), in Bárdi Nándor (Hg.), *Transilvania văzută în publicistica istorică maghiare* (*Transylvania as seen in Hungarian Historical Journalism*) (Miercurea-Ciuc, 1999), pp. 183–185. Vgl. Vladimir Stojančević (Hg.), *Istorija srpskog naroda* (*The History of the Serbian People*), vol. v/2 (Belgrade, 1981), pp. 45–47.

8 Vasilije Krestić, *Istorija srpske stampe u Ugarskoj: 1791–1914* (*The History of the Serbian Press in Hungary: 1791–1914*) (Novi Sad, 1980), pp. 61–63.

stadt tätig war. Die Aktionen der serbischen Studenten begannen mit einer Demonstration gegen den serbischen Schulinspektor, einen gewissen Giurcović. Die Dinge eskalierten rasch, und jene, die zusammen demonstriert hatten, erklärten sich zwischen dem 17. und 19. März zur *Nationalversammlung*. Dort verabschiedeten sie auch das erste serbische Revolutionsprogramm. Es hatte 17 Punkte und wurde von dem Budapester Schriftsteller Jakob Ignjatović entworfen. Darin erkannte die serbische Seite die neue ungarische Autorität an, aber gleichzeitig verlangte sie kollektive Rechte für die Serben, die Möglichkeit, ihre Muttersprache als Amtssprache zu verwenden, Meinungs- und Religionsfreiheit, eigene Schulen, eine angemessene Vertretung im Landtag und die Regulierung der Militärgrenze „gemäß den Prinzipien von Freiheit und Nationalität".[9]

Die serbischen Forderungen, die auch ins Ungarische übersetzt wurden, verlangten noch keine Autonomie für die Vojvodina. Aber das Thema wurde bald zur Ursache eines heftigen Disputes. In Novi Sad, einem bedeutenden Zentrum der serbischsprechenden Bevölkerung und zugleich ein multikultureller Ort, machte sich Euphorie breit, und es entstand eine serbische Bewegung. Der städtische Magistrat selbst übte sich in politischer Militanz. Doch die Würdenträger der Stadt realisierten schon bald den Einstellungswandel in ihrem Umfeld, da Wien die Idee einer staatlichen Selbstständigkeit für die habsburgischen Südslawen ablehnte. So kamen sie zu dem Schluss, dass „die Opposition nicht übertrieben werden" dürfe. Es sei „notwendig, sich zu arrangieren und, so weit wie möglich, sogar Verständnis für die neue Regierung herzustellen".[10] Nach einer Abstimmung untereinander beschlossen die Beteiligten, eine Delegation ihrer Stadt zum Landtag in Bratislava zu entsenden, mit einer Petition zu den nationalen Rechten der „Serben". Zu der Delegation gehörte der junge Leutnant Djordje Stratitimirović, ein Neffe des Metropoliten,[11] Senator Alexandar Kostić, der als Sprecher der Delegation fungierte, und Jovan Polit.[12] Die Rede des Senators Kostić fand im Landtag großen Rückhalt. Anschließend wurden die Abgesandten den Ministern Batthyány und Kossuth empfohlen. Während des Treffens entzweiten sich der junge Stratimirović und Kossuth, was die serbisch-ungarischen Beziehungen in der Folgezeit belasten sollte.[13]

---

9 Stojančević (Hg.), *Istorija srpskog naroda*, vol. v/2, p. 46.
10 Mihailo Polit-Desancić, *Kako je to bilo u nas Srba u Buni godine 1848 (How Was the Revolution of 1848 for Us Serbians?)*, hg. v. Dr Slavko Gavrilović (Novi Sad, 1996), pp. 63–64.
11 Die herausragende kulturelle Funktion des Metropoliten Stefan Stratimirović hat Victor Neumann herausgearbeitet 'Principii luministe și diferențialism etnocultural: Opera cărturarului Ștefan Stratimirovici – mitropolit al ortodocșilor din Imperiul Habsburgic' ('Enlightenment Principles and Ethnocultural Differentialism: The Work of Scholar Ștefan Stratimirovici – Metropolitan of the Orthodox Church in the Habsburg Empire'), in Neumann (Hg.), *Identitate și cultură: Studii privind istoria Banatului (Identity and Culture: Studies upon the History of the Banat)* (Bukarest, 2009), pp. 38–47.
12 Polit-Desancić, *Kako je to bilo u nas Srba u Buni godine 1848*, pp. 64–65.
13 *Ibid.*, p. 65.

Aber nicht nur mit den Vertretern Ungarns gab es Differenzen. Am 23. März 1848 sprachen sich die in Pest lebenden jungen „Rumänen" gegen das Programm der „Serben" aus und legten einen eigenen Forderungskatalog für die rumänische Sprachgruppe und orthodoxe Glaubensgemeinschaft des Banats vor. Er enthielt sieben Punkte:

1. Administrative Abtrennung des Banats zu einer eigenen Verwaltungseinheit (mit den Bezirken Caraş, Timiş und Torontal sowie den Grenzbezirken).
2. Verselbstständigung der drei Diözesen (Arad, Timişoara und Vršac) gegenüber der serbischen metropolitanen Kirche und Vereinigung der Banater Bistümer mit den siebenbürgischen unter der Autorität eines rumänischen Bischofs.
3. Wahl der hohen rumänischen Geistlichkeit durch Priester und Laienvertreter.
4. Einrichtung eines Fonds zur Finanzierung der Ausbildung rumänischer Geistlicher.
5. Verwendung der rumänischen Sprache in jenen Schulen, die der rumänischen Gemeinschaft zugehörten.
6. Eine jährliche Kirchensynode.
7. Wahl der Bischöfe aus der Reihe der gesalbten Priester.[14]

Obgleich die revolutioonär gesonnene serbische Bevölkerung bei ihrem Kampf gegen Ungarn eine Zusammenarbeit mit rumänischen Kräften anstrebte, beließ es die rumänische Seite bei Forderungen nach einer eigenständigen kirchlich-kulturellen Struktur.[15]

Das Serbien Garašanins: politische Offensive Zugunsten der Vojvodina und des serbischen Patriarchats

Schon in den ersten Tagen der Revolution streckte die Regierung in Belgrad ihre Fühler in Richtung Vojvodina aus. Die in Ungarn ansässigen Serben erhielten die Empfehlung, sich mit den Kroaten zu verbünden und gegenüber den Magyaren eine unnachgiebige Haltung einzunehmen. Den Konzepten der *Načertanije* entsprechend, strebten die Anhänger des Prinzen Alexandar Karađorđević und seines Ministerpräsidenten Garašanin eine Kontrolle über den bewaffneten serbischen Widerstand in Ungarn an. Ziel war es, eine Konsolidierung der neuen ungarischen Herrschaft in den Grenzgebieten zu verhindern, ohne dabei die Beziehungen mit Russland und dem Osmanischen Reich zu gefährden.[16]

---

14 I. D. Suciu, *Revoluţia de la 1848–1849 în Banat (The Revolution of 1848–1849 in the Banat)* (Bukarest, 1968), pp. 54–55.
15 *Transylvanian Gazette*, Nr. 26 (29. März 1848), p. 109 ('The Romanians and Serbs of Hungary'); Suciu, *Revoluţia de la 1848–1849 în Banat*, p. 55.
16 Slavko Gavrilović, 'Ilija Garašanin i madjari revolucionarne 1848–1849 godine' ('Ilija Garašanin and Hungarians during the Revolutionary Years 1848–1849'), in Stojančević (Hg.), *Ilija Garašanin (1812–1874)*, pp. 209–224. Gavrilović charakterisiert Garašanins Herangehensweise mit dem Slogan 'Hodi mudro, ne pogini ludo!' ('Walk wisely, don't get mad!').

Noch bevor die bewaffnete Konfrontation zwischen Serbien und Ungarn begann, riet der bewusst von Kroatien nach Serbien umgesiedelte panslawistische Schriftsteller Matija Ban (1818–1903) dem Militärberater des Ministerpräsidenten, Oberst Kničanin, alles vorzubereiten, um zugunsten der „Serben" jenseits von Donau und Save eingreifen zu können. Auch sei es wichtig, ihnen ein angemessenes politisches Programm zu unterbreiten. Was er wollte, formulierte Matija Ban recht eindeutig: „Jetzt ist die Zeit für die Serben gekommen, ihre Autonomie zurückzugewinnen [...], mit dem Woiwoden und dem Patriarchen an vorderster Front". Als Abgesandter der serbischen Regierung besuchte Matija Ban die Städte Zemun, Karlowitz und Novi Sad. Unter anderem traf er den Metropoliten Josif Rajačić und überzeugte ihn, mit den Kroaten ein Abkommen zu schließen, falls Serbien deren Forderungen entsprechen würde. In Zagreb informierte Rajačić den gerade zum Ban (Markgrafen) ernannten Joseph Graf Jelačić von Buzim (1801–1859) und Ljudevit Gaj (1809–1872, Begründer der kroatischen Schriftsprache und Hauptvertreter des Illyrismus), dass Serbien die Vereinigung aller kroatischen Gebiete und ein Bündnis mit den Serben in Ungarn anstrebe. Belgrad sei auch zur militärischen Unterstützung der Initiative bereit. Wie die Stimmung wirklich war, bewies Ministerpräsident Garašanin. Während einer Fahrt nach Zemun meinte er bewusst sarkastisch: Mit den Paraden, dem Hissen von Flaggen und dem Zeigen von Abzeichen (Kokarden) sei es nicht getan. Die Serben müssten ihre Gewehre laden. Nur dann könnten sie ihre Nationalität verteidigen, „über die sie so viel Lärm" machten.[17]

Der Widerhall der ungarischen Revolution in Temeswar

Nach den revolutionären Ereignissen von Pest begann schon am 18. März 1848 eine entsprechende Bewegung in Timişoara. Auch hier fanden die Vorstellungen einer liberalen Ordnung großen Anklang. Das lokale Bürgertum bestand neben den ungarischen Beamten überwiegend aus Deutschen, Juden, Rumänen (Mazedorumänen eingeschlossen) und Serben. Das Stadtbürgertum sprach Deutsch,[18] während Rumänisch in den Vororten und Serbisch in kirchlichen Kreisen dominierten. Als Vertreter einer selbstbewussten multiethnischen Stadt und Region identifizierten sich die Befürworter der Revolution nur in Teilen mit den Hoffnungen der ungarischen Revolutionäre und deren Banater Sympathisanten. Petar Čarnojević (Peter Csernovics) und Sava

---

17 Stojančević (Hg.), *Istorija srpskog naroda*, vol. v/2, pp. 55–57; D. J. Popović, *Srbi u Vojvodini* (*The Serbs of Voivodina*), vol. iii (Novi Sad, 1963), pp. 216–217; D. Pavlović, *Srbija i srpski pokret u Juznoj Ugarskoj 1848.i 1849* (*Serbia and the Serbian Movement in Southern Hungary 1848–1849*) (Belgrade, 1904), pp. 11–13.
18 Victor Neumann, 'Temeswarer Zeitung şi propagarea civismului Kakaniei' ('*Temeswarer Zeitung and the Propagation of Civicism in the Dual Monarchy*'), in id. (Hg.), *Identitate şi cultură*, pp. 77–88.

Vuković (Sebö Vucovics) waren serbischstämmig, Ignácz Kulterer war Schwabe und István Gorove Armenier.

Auf Initiative der Verwaltung des Bezirks Timiş hin wurde das revolutionäre 12-Punkte-Programm von Pest vervielfältigt und verteilt.[19] István Gorove hielt eine emotionale Rede und riet der Bevölkerung, das Pester Programm ungeschmälert zu übernehmen. Schließlich beschloss die Versammlung, einige Probleme sofort zu lösen: Pressefreiheit, Einrichtung eines neunköpfigen Wohlfahrtsausschusses, Aufstellung einer durch den Ausschuss kontrollierten Nationalgarde. Ihre Aufgabe bestand in der Aufrechterhaltung der öffentlichen Ordnung. Weiterhin verlangte die Versammlung, dass das Militär der Stadt sich nicht in das öffentliche Leben einmischen solle. Man sammelte Unterschriften für eine Petition an den Landtag in Pest. Aber auch Einschreibelisten für die Beteiligung an der Nationalgarde kursierten. Das öffentliche Verlesen einer Stellungnahme des neuen ungarischen Ministerpräsidenten Batthány über die Inkraftsetzung neuer demokratischer Gesetze bestätigte die Versammlung in ihren Erwartungen. Am folgenden Tag, dem 19. März, richtete sich Sava Vuković an die herbeigeströmte Menge. Diese hatte sich spontan vor dem Rathaus versammelt und unterstützte lauthals das revolutionäre Programm. Man beschloss, den *Paradeplatz* vor dem Rathaus in *Freiheitsplatz*[20] umzubenennen, um dadurch die Ereignisse vom Frühjahr 1848 zu ehren. Symbolisch nahm die Stadt den Platz dadurch in Besitz, drängte das Militär aus dem öffentlichen Raum hinaus.

Nach einigen Tagen kam die Nachricht, dass die Revolutionsregierung offiziell anerkannt worden sei. Daraufhin wurden vier Altäre vor dem Rathaus, am Sitz der Nationalgarde und der Militärkommandantur aufgebaut. Gottesdienste sagten Dank und versprachen, die neue Regierung zu unterstützen. Im Mittelpunkt stand die Idee der Freiheit. Denn diese Forderung vereinte alle Bewohner Temeswars. An den Revolutionskundgebungen nahmen sowohl Katholiken als auch Protestanten, Orthodoxe und Juden teil. Somit festigte sich der Eindruck eines engen stadtbürgerlichen Zusammenhalts, unabhängig von der konfessionellen Bindung. Freilich, zwischen Christen und Juden waren erste Spannungen zu spüren.[21]

---

19 Johann N. Preyer, *Monografia oraşului liber crăiesc Timişoara* (*Monograph on the Royal Free City of Timişoara*), übers. v. Adam Mager und Eleonora Pascu (Timişoara, 1995), pp. 213–215; Nicolae Ilieşiu, *Timişoara: Monografie istorică* (*Timişoara: Historic Monograph*), hg. v. Petru Ilieşu (Timişoara, 2003), pp. 96–99.

20 Samu Borovszky, *Temes varmegye* (Budapest, 1911), pp. 275–276; Preyer, *Monografia*, pp. 213–215.

21 Preyer, *Monografia*, p. 214.

Unruhen und die Einberufung der serbischen Nationalversammlung

Am 19. April 1848 gab Aleksander Kostić als Leiter der serbischen Gesandtschaft in Bratislava einen ausführlichen Bericht über die Diskussionen im Landtag und das Treffen mit Kossuth. Die jungen, national gesonnen Aufständischen in Novi Sad verstanden, dass die ungarische Regierung sich gegen die Einberufung einer serbischen Nationalversammlung stellte. Ja, es sei von einer Verdrängung des Serbischen die Rede. Angestrebt würde eine umfassende Magyarisierung bis hin zur Kirchenverwaltung. Die Menge brach nach diesen Gerüchten in die Bischofskirche ein und setzte dort die ungarisch-sprachigen Verzeichnisse in Brand. Anschließend versammelte sich die Menge vor dem Rathaus, hielt die Nationalflaggen hoch und trug Kokarden als Ausdruck der Einheit der Serben. Schließlich machte sich eine Gruppe von Revolutionären auf den etwas mehr als 10 km langen Weg nach Karlowitz und verlangte vom dortigen Metropoliten, dass er eine repräsentative Versammlung der serbisch-sprechenden Gemeinschaft einberufe (eine Skupština).

Der Metropolit betrachtete die rebellischen Kundgebungen in Novi Sad durchaus mit Sorge. Als eine Persönlichkeit mit öffentlicher Verantwortung versuchte er, den Lauf der Dinge zu „beruhigen", indem er das Vorgefallene als Werk „verirrter Söhne" bezeichnete. Doch als die Menge nicht nachgab, willigte er ein und schlug eine vorbereitende Konferenz für die Versammlung vor. Doch wieder unterbrach ihn die Menge mit der lauten Forderung nach einer Skupština. Schließlich berief er die große Nationalversammlung zum 13. Mai in Karlowitz ein.[22]

Die Karlowitzer Mai-Versammlung (Majska Skupština) zwischen Glauben und nationaler Gemeinsamkeit

Die ungarische Regierung beauftragte Graf Čarnojević, die Versammlung vom 15. Mai 1848 zu leiten. Allerdings war sie nicht als Nationalversammlung[23] konzipiert, sondern als Synode der griechisch-orthodoxen Gläubigen, ähnlich jenen, die für Bischofswahlen oder andere wichtige Vorgänge im Kirchenleben einberufen wurden. In Novi Sad traf Čarnojević sowohl Jovan Hadžić-Svetić , der damals serbischerseits als Autorität in der Stadt galt,[24] als auch den Metropoliten Josif Rajačić. Es entwickelte sich eine hitzige

22 Stojančević (Hg.), *Istorija srpskog naroda*, vol. v/2, pp. 57–59.

23 Polit-Desančić, *Kako je to bilo u nas Srba u Buni godine 1848*, p. 68.

24 Jovan Hadžic-Svetić war der Hauptexponent der „orthodoxen" Strömung, die das Schicksal serbischer Kultur und die Entwicklung der serbischen Sprache an die slawische Tradition band, in starkem Gegensatz zu der von Vuk Karadžić vorgeschlagenen Sprachmodernisierung. Er war auch Gründungsmitglied der akademischen Gesellschaft Matika Srspka, zusammen mit Sava Tekelija aus Arad und anderen serbischen Pionieren aus Ungarn. Vgl. Živan Milisavac, *Istorija Matice srpske* (*History of the Serbian Matrix*), vol. i. *1826–1864* (Novi Sad, 1985).

Debatte, in deren Verlauf die Delegierten zu ihrer eigenen Überraschung herausfanden, dass der Kommandeur der Festung Petrovaradin, Josef Hrabowski, den sie auf ihrer Seite geglaubt hatten, eine promonarchistische Einstellung offenbarte. Er argumentierte: „Ihr wollt als eigenes Volk anerkannt werden. Doch zeigt mir – hier auf der Karte – wo in unserer Monarchie sich ein Gebiet befindet, das die Grundlage für die Anerkennung der Serben als eigenständiges politisches Volk bilden könnte".[25]

Am 13. Mai eröffnete der serbische Metropolit die Skupština mit einer politischen Rede, in der er forderte, dass „die Serben alle jene natürlichen, politischen und juristischen Rechte zurückbekommen" müssten, „die sie verloren" hätten oder „die man ihnen genommen" habe.[26] Die Skupština feierte Rajačić als serbischen Patriarchen und bekannte sich zu Oberst Stevan Šupljikac als Voivoden.

Zwei Tage später, am 15. Mai, verabschiedete die Skupština folgende 7-Punkte-Resolution:

1. Das serbische Volk erklärt sich für „politisch frei und unabhängig unter der Autorität des Hauses Österreich und der Krone von Ungarn".
2. Die *Serbische Vojvodina* sei als neue territoriale Einheit zu betrachten. Dazu gehörten Srem (Sirmiu) einschließlich des Grenzgebiets, Baranja, die Batschka mit dem Bezirk Bečej und dem Flussbataillon sowie das Banat einschließlich Grenzdistrikte und dem Bezirk Kikinda.
3. Die *Serbische Vojvodina* erstrebe eine gleichberechtigte Assoziation mit dem Vereinigten Königreich von Kroatien, Slawonien und Dalmatien „auf der Basis von Freiheit und voller Gleichheit".
4. Die Skupština von Karlowitz ernenne einen *Permanenten Nationalrat* als deren Exekutivorgan. Dessen Mitglieder seien unmittelbar festzulegen.
5. Das Recht auf nationale Selbstbestimmung seitens der Walachen (Rumänen) wurde anerkannt.
6. Eine Delegation solle die Entscheidungen der Skupština dem Monarchen und der kroatischen Synode überbringen.
7. Eine weitere Vertretung möge am panslawischen Kongress in Prag teilnehmen.[27]

---

25 Die Widersprüchlichkeit nationaler Identitätskonstruktion machte sich erst in Ansätzen bemerkbar. Politischer Wortschatz, der Aufbau neuer Institutionen, das politische Handeln lassen erkennen, dass es 1848 noch nicht um ethnonationalistische Debatten ging, sondern um die Hoffnung einiger Führer, ihre Rolle innerhalb der großen kaiserlichen Hierarchie zu finden. Noch standen kulturell-sprachliche Gemeinschaft bzw. religiöse Zusammengehörigkeit im Mittelpunkt identitärer Selbstbeschreibung. Vgl. Victor Neumann, *Neam, popor sau națiune: Despre identitățile politice europene (Community, People or Nation: About European Political Identities)* (2. Aufl., Bukarest, 2005), pp. 87–101, 127–145, 147–180; id., *Conceptul de națiune la români și unguri (The Concept of Nation to Hungarians and Romanians)* (Iași, 2013), pp. 16–24, 25–43, 44–54.

26 Stojančević (Hg.), *Istorija srpskog naroda*, vol. v/2, pp. 60–61.

27 *Ibid.*; Polit-Desančić, *Kako je to bilo u nas Srba u Buni godine 1848*, p. 98.

Nach der Begeisterung der ersten Tage änderte sich die Stimmung, und es waren erste Vorbehalte, ja, kritische Stimmen zu den Entscheidungen der Skupština zu hören. Jakov Ignjatović, romantischer Autor und Revolutionär, der das Programm der in Pest lebenden Serben verfasst hatte, glaubte, dass viel entschiedenere Schritte notwendig seien: Man solle die Idee der *Serbischen Vojvodina* aufgeben und sich unmittelbar für die Einheit mit Serbien einsetzen, nach dem Vorbild des mittelalterlichen Fürsten Stefan Dušan. Eine vollkommen andere, viel vorsichtigere Meinung äußerte der konservative Jovan Hadžić (Pseudonym: Miloš Svetić, 1799–1869, Schriftsteller und Jurist), der als Gegner der Trennung von Ungarn sein Mandat als Delegierter niederlegte.

Im kroatischen Zagreb waren die Meinungen gespalten, obwohl eine Mehrheit der Demokraten ein Abkommen mit den Serben begrüßte. Kaiser Ferdinand erklärte sich bereit, in Innsbruck eine serbische Delegation zu empfangen, angeleitet von Patriarch Josif Rajačić. Allerdings bestand er darauf, dass es sich lediglich um eine private Audienz handele und dass Prinz Esterhazy als Vertreter der legitimen ungarischen Regierung teilnehme. Zudem unterstrich der Herrscher, dass er nur Beschlüsse des ungarischen Landtags oder der ungarischen Regierung anerkennen könne. Bei dieser Gelegenheit trug Erzherzogin Sofia, die Mutter des zukünftigen Kaisers Franz Joseph, Bänder in den serbischen Farben, während der Erzherzog die Serben ermunterte: „Wir müssen anerkennen, dass sowohl Wir, der Hof, unglücklich sind als auch Ihr. Wir müssen uns gegenseitig helfen. Geht auf eurem eingeschlagenen Weg weiter, denn er führt zu Unserer und Eurer Rettung".[28] Das war sicherlich vor allem eine Geste, um die Gemüter zu beruhigen. Später, in der zweiten Hälfte des neunzehnten Jahrhunderts, geriet der Widerstreit zwischen der nationalen Idee und dem Konzept alt-imperialer Herrschaft zu einem Kernkonflikt der Doppelmonarchie.

Das Gesuch um religiöse Eigenständigkeit der rumänisch-sprachigen Intellektuellen: die Versammlung in Pest

Die Banater Rumänen distanzierten sich deutlich von dem Radikalismus der serbischen Bewegung und versuchten, ihre Anliegen so zu formulieren, dass sie keinen Gegensatz zur ungarischen Regierungspolitik bedeuteten. Auf Anregung von Emanoil Gojdu (1802–1860, geboren in Oradea, Rechtsanwalt und rumänisch-orthodoxer Politiker) versammelten sich in der ungarischen Hauptstadt zwischen dem 15. und 21. Mai 1848 neununddreißig rumänische Deputierte aus Pest, dem Banat (den Bezirken Caraș, Timiș und Torontal) sowie aus dem Partium (Arad, Bihor, Bichiș).

---

28 S. Kaper und S. Zdravković, *Srpski pokret u juznoj Ugarskoj 1848* (*The Serbian Movement in Southern Hungary in 1848*), vol. i (Belgrade, 1870), p. 93; Jovan Radonic, *Slike iz istorije i knjizevnosti* (*Images from History and Literature*) (Belgrade, 1938), p. 333.

Diese Versammlung von Pest, besser, das Treffen von Führern der rumänisch-sprachigen Bevölkerung in Ungarn, verfolgte zwei Ziele. Das erste Ziel richtete sich auf die Definition eigenständiger Forderungen der rumänisch-sprachigen Bewohner Ungarns in deutlicher Abgrenzung zu den Forderungen der „Serben" in Karlowitz. Dabei waren sich die Delegierten bewusst, dass der orthodoxe Glaube beide Gruppen eigentlich einte. Das zweite Ziel bestand darin, eine größere nationale Zusammenkunft zu ermöglichen, allerdings auf Basis einer von der Regierung anzuerkennenden Kirchensynode. In Hinblick auf die Zusammenarbeit mit den Ungarn urteilte Petru Cremena[29] (1807–1882) – er stammte aus dem Temeswarer Vorort Fabric und gehörte als Polizeiverantwortlicher dem städtischen Revolutionsausschuss an –, dass die Rumänen aufgrund ihres sich bildenden Nationalbewusstseins sehr wohl in der Lage seien, ihre Eigenheiten auch in einem ungarischen Staat zu bewahren.

Das Hauptinteresse der Debatte galt allerdings den Entscheidungen von Karlowitz, weil manche davon die Rumänen selbst betrafen: so etwa die Ermutigung zur nationalen „Selbstbestimmung" innerhalb des Königreichs Ungarn. Von Beginn an richtete sich der Fokus der rumänischen Delegation auf das Verhältnis zur Karlowitzer Metropolie. Hier lehnte man eine enge Zusammenarbeit in der Zukunft mehrheitlich ab. Der Historiker und Banat-Spezialist Ioan Dimitrie Suciu (1917–1982) ist der Auffassung, dass der eher moderate Positionen vertretende Emanoil Gojdu – er hatte das Treffen in Pest einberufen –, keine vollständige Trennung von Karlowitz wünschte, aber sehr wohl eine klare Abgrenzung der Organisationsstrukturen anstrebte. Den Willen zur vollkommenen Unabhängigkeit von den Serben äußerten dagegen die Delegierten aus Lugoj.

Für die rumänischen Intellektuellen, die sich in Pest trafen, standen das Gefühl sprachlicher Gemeinsamkeit und die Erwartung politischer Mitsprache an erster Stelle. Erst danach folgte die religiöse Zugehörigkeit zur orthodoxen Kirche. Konsequenterweise protestierten die Delegierten gegen die Ernennung von Josif Rajačić zum orthodoxen Patriarchen. Dabei griffen sie die Argumente der ungarischen Regierung auf: Der Wahlakt sei illegal, hieß es, und zwar gleichermaßen in staatsrechtlicher Hinsicht wie nach kanonischem Recht. Offen bekundeten die Deputierten ihre enge Verbundenheit mit dem Kaiser. Ihn sahen sie als Symbol des Habsburger Reiches. „Die Petition des rumänischen Volkes in Ungarn und im Banat" richtete sich an die ungarische Regierung, weil ihr das Banat damals unterstellt war. Sie forderte ein Ende der Zugehörigkeit zur serbisch dominierten orthodoxen Kirche in Karlowitz sowie die Gründung eigener, rumänisch-sprachiger schulischer und religiöser Einrichtungen.

Die in Pest versammelten Delegierten beriefen sich auf Veröffentlichungen und Dekrete des Religionsministers, Jozsef Eötvös, und baten ihn, einen neuen Kirchenkongress unter Kontrolle der Regierung einzuberufen. Tagungsort sollte Timişoara sein und der Kongress am 25. Juni stattfinden. Ziel der Petition war, „sich untereinander

---

29 Zu finden in 'Epistola unui timişorean către altul îndepărtat' ('Letter of a Man from Timişoara to a Distant Other'), zitiert in Suciu, *Revoluţia de la 1848–1849 în Banat*, pp. 64–65.

zu beraten" und so das „gemeinsame Wohl" sicherzustellen.[30] Die Forderungen der Vertreter der rumänisch-sprachigen Bevölkerung in Ungarn umfassten, wie Ioan Dimitrie Suciu dargelegt hat, Anliegen, die gleichermaßen „von religiösem, politischem und nationalem Interesse" geleitet waren.[31] Dazu gehörten: Der Wunsch nach einem rumänischen Metropoliten (bisher lediglich ein metropolitaner Vikar), Einrichtung einer gemischt serbisch-rumänischen Kommission, welche die Trennung der rumänischen von der serbischen Kirche durchführen sollte; freier Gebrauch der rumänischen Sprache in Kirche und Schule sowie „in allen Feldern, welche die Nation" betrafen; Ungarisch wurde als Amtssprache akzeptiert. Schließlich ging es ganz generell um die Verbesserung der Stellung der Rumänen in Verwaltung, Justiz und Militär.

Temeswar und die serbischen Unabhängigkeitsbestrebungen

Am 12. April 1848 fanden Komitatswahlen im Raum Timişoara statt. Der Großgrundbesitzer Petar Čarnojević stand seither an der Spitze der Verwaltung, assistiert von Sava Vuković und Ignacz Kulterer. Einige Wochen später, am 25. Mai 1848, veröffentlichte die Versammlung des Bezirks Timiş eine Proklamation, welche die Bürger über die neuesten Reformen und Ereignisse informierte. Damit jede Störung der öffentlichen Ordnung vermieden werde, rief die Versammlung die Bürger von Timiş auf, nur auf die Regierung in Pest zu hören. Die Bürger wurden außerdem angeregt, Gegenstände wie kostbare Metalle oder Kleidung der Freiwilligenarmee (der Armee der Vaterlandsverteidiger, Honveds) zur Verfügung zu stellen. Auch Reittiere waren gefragt und natürlich junge Leute selbst, die sich der Armee anschließen wollten.[32] Am 23. Mai informierte Innenminister Szemere den jüngst ernannten königlichen Kommissar Čarnojević, dass die Regierung die Entscheidungen in Karlowitz außer Kraft gesetzt habe und dass die Ausrufung des autonomen Gebiets Vojvodina „der Verfassung" widerspreche und letztlich „die Einheit des Landes" zerstöre. Der Minister ersuchte den königlichen Kommissar, die Grenzen strikt zu bewachen, um das Eindringen von Munition und Druckmaterialien aus Serbien zu verhindern. Gleichzeitig solle er die Belgrader Regierung auffordern, ihre Bürger in Zaum zu halten. Weil die Aufgabe so wichtig war, wurde Sava Vuković ebenfalls zum königlichen Kommissar ernannt.[33] Andererseits: Die Erfüllung der Pester Forderungen nach kultureller und religiöser Eigenständigkeit der Banater Rumänen kam nicht recht voran. So machte sich Misstrauen gegenüber den ungarischen Verantwortlichen breit und fanden

---

30 *Ibid.*; Stojančević (Hg.), *Istorija srpskog naroda*, vol. v/2, p. 65.
31 Suciu, *Revoluţia de la 1848–1849 în Banat*, p. 66.
32 *Ibid.*, pp. 83–85.
33 Stojančević (Hg.), *Istorija srpskog naroda*, vol. v/2, p. 65.

radikale Kräfte während einer Versammlung rumänisch-sprachiger Banater, die in Lugoj stattfand, immer mehr Aufmerksamkeit.[34]

Der serbisch-ungarische Gewaltkonflikt

Ungarische Nationalgarden patrouillierten durch die ungarisch-sprachigen Dörfer des Banats und der Batschka. Hier sahen sich Serben entwaffnet, verhaftet und der Militärjustiz übergeben. In Szeged und an anderen Orten des Banats entstanden Militärlager, die von den Serben aus der Vojvodina als Gefahr wahrgenommen werden mussten. Darauf reagierten die südlich gelegenen, von Serben bewohnten Gebiete. Entsprechend den in Karlowitz getroffenen Entscheidungen übernahm ein *Serbischer Zentralrat* die Macht und suchte Ruhe und Ordnung auch gegenüber den revolutionären Serben sicherzustellen. Der Präsident des *Serbischen Rates*, der junge Offizier Djordje Stratimirović (1822–1908), bemühte sich, die vielfach serbisch-sprachigen Grenzwachen auf seine Seite zu ziehen, denn am 7. Mai 1848 hatte der kaiserliche Hof das Grenzmilitär der ungarischen Regierung unterstellt.

In den ersten Junitagen, als ein ungarischer Angriff auf Karlowitz und Novi Sad drohte, griffen die Grenztruppen tatsächlich zu den Waffen. Am 21. Juni 1848 berichtete Kommissar Čarnojević an das ungarische Innenministerium, dass 16.000 „Aufrührer" mit acht Kanonen Position in Karlowitz und Novi Sad eingenommen hätten. Sie setzten auf eine zusätzliche Unterstützung von Kroaten aus Serbien. Zu diesem Zeitpunkt kam es in Petrovaradin zu einem Zwischenfall. Serbische Offiziere stellten fest, dass ihr Festungskommandant, der stellvertretende Feldmarschall Josef Hrabowski, Sympathien mit dem Kossuth-Regime hegte, während sie selbst für die Serbische Vojvodina eintraten. Als die Delegation der Grenzregimenter nach Karlowitz zurückgekehrt war, richtete sie einen Appell an den Kaiser und verurteilte sie die Position Hrabowskis. Die serbische Seite missbillige die revolutionäre ungarische Politik, weil sie die Entscheidungen der Skupština missachte. Stattdessen seien mobile Wachen aufgestellt worden, die die gesamte Bevölkerung mit ihrer Militärjustiz terrorisierten. Dieselben Delegierten der Grenztruppen forderten die Einsetzung eines anderen Oberbefehlshabers. Außerdem wünschten sie, dass der Metropolit Ban Jelačić und der Voivode Stevan Šupljikac in die Vojvodina geschickt werden mögen, um so den Bürgerkrieg noch zu verhindern. Freilich, der kaiserliche Hof hatte sich bereits gegen die Initiative der serbisch-sprachigen Grenzsoldaten entschieden: In einer Depesche vom 20. Juni 1848 informierte der Kaiser den ungarischen Kriegsminister Lázár Mészáros, dass er ihm den Befehl über die Grenzarmee im Raum Ungarn, Siebenbürgen und „den annektierten Territorien"[35] übertrage. Der Bürgerkrieg begann vier Tage später: Am Morgen des

---

34 Suciu, *Revoluția de la 1848–1849 în Banat*, pp. 69–72.
35 Stojančević (Hg.), *Istorija srpskog naroda*, vol. v/2. pp. 69–70.

24. Juni entsandte der Kommandant von Petrovaradin eine Einheit nach Karlowitz, um die Stadt zu erobern und den *Serbischen Rat* aufzulösen. Stratimirović seinerseits mobilisierte eigene Kräfte und wehrte mithilfe eines Freiwilligentrupps aus Serbien sowie der montenegrinischen Garde Vules den Angriff ab.[36]

Die Versammlung der Rumänen in Lugoj

Anfang Juni verließ Eftimie Murgu (1805–1870, Sohn eines Offiziers der Grenztruppen, Freimaurer, Jurist, überzeugter Republikaner) das revolutionäre Pest und reiste ins Banat. Vor seiner Abfahrt schrieb er ein von Innenminister Bertalan Szemere unterstütztes Manifest, in dem er die ungarischen Revolutionäre hochpries, weil sie mit ihren Forderungen die Befreiung der rumänischen Bauern von feudaler Abhängigkeit ermöglicht hätten. Zudem erhielt Murgu die Zustimmung des Ministers für die Einberufung einer Versammlung der Rumänen in Lugoj, „auf der" freilich nur „Wünsche geäußert werden sollten, ohne Entscheidungen zu treffen". Der Vizekomes von Caraş, Miklos Jakabffy, sah dennoch mehr Gefahren als Chancen im Fall einer Zusammenkunft. Murgu selbst suchte die Unterstützung des Grenzregiments zu gewinnen. Doch der kommandierende General Johann Nepomuk von Appel ließ ihn abweisen und forderte ihn auf, die Stadt zu verlassen.

Gleichwohl fand die vielleicht wichtigste Kundgebung der Banater Rumänen 1848 in Lugoj statt. Am 27. Juni 1848 kam es zu einer großen Volksversammlung auf dem „Freiheitsfeld". Ein Historiker hat die Zahl der Teilnehmer später auf 10.000 geschätzt. Die Versammlung verabschiedete die folgenden Forderungen:

1. Aufbau einer rumänischen Armee durch Ausrüstung des Volkes mit Waffen innerhalb von sechs Tagen.
2. Ernennung von Eftimie Murgu zum obersten Anführer der Armee und Ernennung je eines Kommandierenden für jeden der drei Banater Bezirke (Timiş, Caraş, Torontal).
3. Rumänisch als verbindliche Sprache in der neuen Volksarmee.
4. Anerkennung des Rumänischen als Amtssprache im gesamten Banat.
5. Ungarisch sollte nur noch bei der Korrespondenz mit der ungarischen Regierung verwendet werden.
6. Unabhängigkeit der rumänisch-sprachigen orthodoxen Kirche.

Aus Sicht Sava Vucovićs (Sebő Vukovics), dem ungarisch assimilierten Liberalen und Kommissar für das Banat, stellte Eftimie Murgu ganz ähnliche Forderungen wie die

---

36 Polit-Desančić, *Kako je to bilo u nas Srba u Buni godine 1848*, pp. 114–116; Gavrilović, *Srem pre i u toku Srpskog pokreta*, pp. 150–170.

serbischen Revolutionäre.[37] Er forderte den Aufbau einer rumänischen Armee, an deren Spitze er selbst stehen sollte.[38] Ohne das Ungarische als Amtssprache für die Region anzuerkennen, wünschte er das Rumänische als Offizialsprache für das Banat. Die Forderung verwies auf die demografische Struktur der Region, denn die Rumänen stellten in der Provinz eine relative Mehrheit. Vucovićs Reaktion nahm das ungarische Misstrauen in Hinblick auf die spätere Tätigkeit Murgus vorweg. Insgesamt schien das ungarisch-rumänische Revolutionsbündnis gefährdet. Denn es war unsicher, ob die Gemeinsamkeit der Opposition gegen den kaiserlichen Herrschaftsanspruch langfristig trug.[39]

Die Kriegsereignisse in der Vojvodina und im Banat

Nach dem kurzfristig befohlenen, doch gescheiterten ungarischen Angriff auf das „serbische" Karlowitz, bereiteten sich beide Seiten auf eine umfassende militärische Auseinandersetzung vor. Befestigte Lager entstanden. Munition wurde eingelagert. Auch ergingen diplomatische Depeschen an den Kaiser. Am 28. Juni 1848 reagierte der Hof und forderte eine Rückkehr zu geordneten Verhältnissen: Der Kaiser erwarte Gehorsam und dadurch Frieden. Die von den Rebellen gehaltenen Festungen seien freizugeben, die entwendeten Kanonen und die illegal angeeignete Munition der Armee zurückzugeben. Kommissar Čarnojević schlug mit Bezug auf das kaiserliche Friedensmanifest eine zehntägige Feuerpause vor.

---

37 Suciu, *Revoluția de la 1848–1849 în Banat*, p. 110; s. a. Nicolae Bocşan und Valeriu Leu, *Revoluția de la 1848 din Transilvania în memorialistică* (*The Revolution of 1848 in Transylvania in Memoirs*) (Cluj-Napoca, 2000), p. 19.
38 Die ungarische Rekrutierungskommission startete ihre Arbeit im Banat im Juni. Bis dahin zeigten die Rumänen eine eher reservierte Haltung in Hinblick auf eine Einschreibung in die ungarische Armee. Von den 437 Einschreibungen im Raum Caraş nannten 283 Interessenten Ungarisch und Deutsch als Muttersprache und nur 153 Rumänisch. In Bezug auf die Bevölkerungszusammensetzung war dies freilich disproportional, denn die große Mehrheit war rumänisch (I. Boroş, *Evenimentele revoluției de libertate din anii 1848–1849 desfăşurate în Lugoj* (*Events of the Freedom Revolution of 1848–1849 in Lugoj*) (Lugoj, 1927), pp. 33–34).
39 Suciu, *Revoluția de la 1848–1849 în Banat*, pp. 98–113; Sëbo Vukovics, *Emlékiratai Magyarországon való bujdosása és számüzetésének idejéből, sajtó alá rendezte Bessenyei Ferencz* (*Memoirs from Exile in Hungary under the direction of Bessenyei Ferencz*) (Budapest, 1894); Atanasie Şandor, 'Studiu asupra evenimentelor de peste munți din anii 1848–1849, cu nararea celor întâmplate în părțile Aradului' ('Study on the Events Across the Mountains from 1848 to 1849, with a Narrative of Events in Parts of Arad'), in Bocşan und Leu (Hg.), *Memorialistica Revoluției de la 1848*, pp. 123–137; Partenie Gruescu, 'Evenimentele anului 1848 şi 1849 prin ținutul Făgetului' ('The Events of 1848 and 1849 in Făget County'), in Bocşan und Leu (Hg.), *Memorialistica Revoluției de la 1848*, pp. 138–151; Dimitrie Petrovici Stoicescu, 'Curgerea întâmplărilor subscrisului în timpul revoluției maghiare' ('The Flow of Events during the Hungarian Revolution'), in Bocşan und Leu (Hg.), *Memorialistica Revoluției*, pp. 152–158.

In Novi Sad fanden zu dieser Zeit Wahlen zum ungarischen Landtag statt. Sie endeten in blutigen Angriffen auf serbische Bürger. Nur dank der Intervention des Kommissars konnte ein Massaker an der serbischen Stadtbevölkerung verhindert werden. Am 5. August sendeten der Präsident des Banater Distriktrates sowie der oberste Kommandant der serbischen Truppen, Djordje Stratimirović, an die nichtserbischen Minderheiten einen Aufruf, in dem sie die spezifischen Grenzregelungen für aufgehoben erklärten. Stattdessen sollten jetzt nationale Räte die Macht übernehmen. Die würden wiederum den Bezirksräten in Pancevo unterstehen und letztlich dem Zentralrat in Karlowitz. Die Offiziere des zwölften Deutsch-Banatischen Regiments verweigerten einem solchen Ansinnen den Gehorsam ebenso wie Richter und Staatsanwälte. Letztere wurden verhaftet.

Die serbische Seite definierte jetzt ihre Ziele ganz offen: eine komplette Abtrennung der Vojvodina als Verwaltungseinheit, Gruppenrechte als Serben, eine eigenständige serbisch-orthodoxe Kirche, auch sonst serbisch-sprachige Institutionen. Insofern hatten die Vorstellungen der serbisch-sprachigen Revolutionäre ideologisch und politisch Kontur gewonnen. Innenminister Szemere, der die Ideen des revolutionären Ungarn vertrat, war ähnlich entschieden, und wies seine Kommissare an:

> Wir betrachten die Aufstände der serbischen Grenztruppen als Verrat. Es gibt keinen Raum für Verhandlungen und Frieden. Die Vernichtung dieser Bewegung erfolgt entweder durch Waffen oder durch Kapitulation der Serben. Andernfalls müssten wir den südlichen Teil unseres Heimatlandes aufgeben, und das dürfen und werden Ungarn niemals zulassen.

Solche und ähnlich radikale Sätze fielen auch im ungarischen Landtag. Am 23. Juli bezeichnete Lajos Kossuth die Serben als Aufrührer und Rebellen, weil sie versuchten, eine serbisch bestimmte Region Vojvodina zu etablieren – eine Entscheidung, welche die Versammlung der Serben tatsächlich getroffen hatte. Auch hatten die serbisch-sprachigen Politiker sich geweigert, den Anordnungen der ungarischen Regierungskommissare zu folgen.

Vonseiten der serbischen Aufständischen hoffte man auf eine Unterstützung seitens des Nachbarlandes jenseits von Save und Donau. Tatsächlich gab es eine direkte Verbindung zwischen Stratimirovićs Hauptquartier und Stevan Knićanin, dem engen Berater der serbischen Regierung. Fürst Aleksandar Karađorđević äußerte sich hocherfreut über den „guten Start" der Serben jenseits des Flusses.

Die Kämpfe selbst begannen mit einem Angriff der ungarischen Garde auf die serbischen Positionen von Vlaicovât (Banat). Am Folgetag, dem 23. Juli, verließen 3.000 Serben ihr Lager in Alibunar und zogen Richtung Vršac. Am Stadtrand trafen sie auf Einheiten der kaiserlichen Armee unter Oberst Blomberg, welche von Husaren (leichten Reitern) unter Major Esterhazy verstärkt wurden. Dem konzentrierten Druck konnten die serbischen Einheiten nicht lange standhalten. So gerieten auch ihre beiden Kommandanten Dimitrije Stanimirović und Major Naum Kojić in Gefangenschaft.

Nach dem Sieg vor Vršac entschieden die ungarischen Einheiten, die vorgezogenen Positionen der Serben bei Sentomas (später umbenannt in Srbobran, „die serbische Bastion", Batschka) anzugreifen. Die Verluste auf beiden Seiten waren groß. Selbst die serbische Bevölkerung in den Nachbardörfern wurde in Mitleidenschaft gezogen. Unter diesen Umständen entschied der „serbische" Kriegsrat, Truppen aus Perlas in Richtung Becicherecul Mare vorrücken zu lassen. Den Befehl hatte Oberst Jovan Drakulić inne, ein ehemaliger kaiserlicher Offizier. Ziel war ein Zusammenschluss mit den Grenzeinheiten des Bezirks Kikinda Mare (11 Dörfer plus Kikinda selbst). Drakulics Armee stieß allerdings schon zuvor bei Ecika auf die ungarische Infanterie, das Reiterschwadron und die Kanonen des ungarischen Kommandeurs von Becicherecul, Kiss Ernö. Schließlich zogen sich die ungarischen Einheiten zurück und verschanzten sich in der Stadt selbst.[40]

Wie kompliziert die Lage war, bewiesen die rumänischen Dörfer des Territoriums. Die hatten gegenüber den Karlowitzer Behörden keinesfalls offen opponiert.[41] Dennoch kam es zwischen Serben und Rumänen zu Zwischenfällen. Manchmal spiegelten diese Auseinandersetzungen auch ältere Konflikte, so zum Beispiel in Biserica Albă.[42]

Am 23. September 1848 trat Kroatien in den Krieg ein. Und da sich auch die Beziehungen Österreichs zur ungarischen Regierung verschlechterten, wurde die Position Ungarns schwierig. Pest beschloss unter diesen Umständen, dass es notwendig sei, das serbische Zentrum in der Batschka zu neutralisieren. Das Kommando für den Angriff übernahm der ungarische Kriegsminister Lázár Mészáros selbst. Am 3. Oktober befahl er den Einsatz von 25.000 Husaren der ungarischen Landwehr für den Angriff auf die Festung. Verteidigt wurde diese von 5.000 Grenzschützern und Freiwilligen. Das Kommando lag bei Petar Biga. Trotz der Infanterieangriffe und trotz des Einsatzes der Husaren konnten die Verteidiger sich halten, auch weil 3.000 Soldaten der (serbischen) Grenztruppen die Belagerer von außen angriffen. Schließlich zogen sich die revolutionär-ungarischen Einheiten zurück. Keine Seite konnte ihr Ziel erreichen. Die Serben wehrten den Angriff auf die Batschka ab, während gleichzeitig die Ungarn ihre Stellung im Banat erfolgreich verteidigten. So blieb das relative Gleichgewicht erhalten, bis Wien seine Position gegenüber der Pester Regierung änderte und dem revolutionären Ungarn den Krieg erklärte.[43]

---

40 Kaper und Zdravković, *Srpski pokret u juznoj Ugarskoj 1848*, vol. i, pp. 98–99; S. (Felix) Milleker, *Povesnica Vrsca (The Story of the Royal Free City of Vršac)* (1886), vol. ii, pp. 14–17; V. Krestic, 'Srpski vojni logor kod Perleza u 1848. godini' ('The Serbian Military Camp from Perlas in 1848'), *Zbornik Matice srpske za drustvene nauke*, vol. 29 (1961), pp. 34–36; Stojančević (Hg.), *Istorija srpskog naroda*, vol. v/2, pp. 76–78.

41 Mircea Măran, 'Documente despre românii din Banatul de vest în timpul Revoluției de la 1848–1849' ('Documents concerning Romanians in Western Banat during the 1848–1849 Revolution'), in Valeriu Leu, Carmen Albert und Dumitru Țeicu (Hg.), *Studii bănățene (Banatian Studies)* (Timișoara, 2007), pp. 293–304.

42 Radu Flora, *Relațiile sârbo-române: Noi contribuții (Serbian-Romanian Relations: New Contributions)* (Panciova, 1968), pp. 97–101; Nikola Gavrilović, *Srpsko-rumunsko klirikalno uciliste u Vrscu, 1822–1867 (The Serbian-Romanian Clerical School of Vrasac, 1822–1867)* (Novi Sad, 1983), p. 177.

43 R. Popovic-Petković, 'Dokumenti o srbijanskim dobrovoljcima u Vojvodini 1848–1849' ('Documents Regarding the Serbian Volunteers from Voivodina 1848–1849'), *Istrazivanja*, Nr. 2 (1973), pp. 400–410; M. Tomandl, 'Srpski vojni logor i bitka kod Perleza 2. septembra 1848. godine' ('The Serbian Military

Die Belagerung von Temeswar

Der Beginn offener Feindseligkeiten zwischen den ungarischen Revolutionstruppen und der Armee des Kaisers war Ursache für die Erklärung des Belagerungszustandes in Timişoara am 10. Oktober 1848. Von der ungarischen Regierung kam die Aufforderung an die Kommandeure der Festungen im Lande, innerhalb von sieben Tagen die ungarische Flagge zu hissen und somit ihre Loyalität zu Ungarn kenntlich zu machen. Die Garnison in Timişoara lehnte das Ansinnen ab:

> Die Garnison fühlt sich verpflichtet, die folgende Erklärung abzugeben: Seine Majestät, der Kaiser und verfassungsmäßige König von Schönbrunn hat am 3. des laufenden Monats … Ungarn, Kroatien und Slowenien [im weitesten Sinn die Vojvodina] unter Kriegsrecht gestellt. Deshalb ist die Stadt Timişoara von ihrem Kommandeur in den Belagerungszustand versetzt worden. Dieselbe allerhöchste Anordnung hat dem Militär vorgeschrieben, sich der ungarischen Regierung zu verweigern. Sie wurde aufgelöst. Der frühere Minister Kossuth ist als Volksverhetzer zu betrachten.[44]

Bei den im Sommer durchgeführten Kommunalwahlen hatten die „konservativen" Elemente (die Anhänger der ungarischen Regierung) noch gesiegt. Nun freilich waren die Handlungsmöglichkeiten der zivilen Verwaltung durch die Ausrufung des Belagerungszustandes reduziert. Wörtlich lautete der Militärbefehl über den Belagerungszustand:

> Bezugnehmend auf die Entscheidung Ihrer Majestät vom 3. [15.] Oktober in Schönbrunn, gemäß der das gesamte Königreich Ungarn unter Kriegsrecht steht, gilt auch für die Stadt Timişoara mit allen Vororten ab sofort der Belagerungszustand. Die Stadt unterliegt damit ab heute dem Kriegsrecht. Gemäß Punkt 3 der allerhöchsten königlichen Entscheidung begibt sich die Nationalgarde unter das direkte Kommando des Stadtkommandeurs. Jeder, der zur Revolte anstachelt, sich den Truppen widersetzt oder sich selbst illegal bewaffnet, wird nach Kriegsrecht behandelt. Ansammlungen mit mehr als sechs Personen sind verboten. Solange der Frieden und die Ordnung bewahrt bleiben, hat der Belagerungszustand keine Auswirkungen auf Industrie und den Transport von Passagieren. Alle Waffen in den Händen der Nationalgarde müssen innerhalb von 24 Stunden gegen Bescheinigung beim Artilleriedepot abgegeben werden.
>
> Timişoara, 10. Oktober 1848
>
> Baron Rukavina, Feldmarschallleutnant und Festungskommandeur.[45]

Camp from Perlas and the Battle of 2 September 1848'), *Zbornik Matice srpske za drustvene nauke*, vol. 13 (1956), pp. 135–140; Krestić, 'Srpski vojni logor kod Perleza u 1848. godini', p. 39; Kaper und Zdravković, *Srpski pokret u juznoj Ugarskoj 1848*, vol. ii, pp. 22–29.

44 Preyer, *Monografia*, p. 215.

45 *Ibid.*, p. 214; Rudolf Gräf, *Timişoara sub asediu: Jurnalul feldmareşalului Gerge v. Rukawina (aprilie–august 1849): Contribuţie documentară* (*Timişoara under Siege: Field Marshal Gerge v. Rukawina's Journal, April–August 1849: Documentary Contribution*) (Cluj-Napoca, 2008).

Weiterhin hieß es, dass, solange der Aufruhr im Lande andauere und eine legale Regierung fehle, die Festung niemandem übergeben werde, sie auch von niemandem Befehle annehmen werde. De facto erklärte damit die Garnison der ungarischen Revolutionsregierung den Kriegszustand. Am 24. Oktober erfolgte die Entwaffnung der ungarischen Garden in Timișoara. Die militärischen Autoritäten holten die Kanonen in die Stadt hinein, nahmen die Stadtkasse an sich und konfiszierten alles Geld für die Zwecke der Armee. Die Stadttore wurden geschlossen, und die gesamte Armee hielt sich im Stadtinneren auf. Die Kanonen wurden auf das Rathaus und die Präfektur ausgerichtet. Am 28. Oktober erfolgte die Freilassung aller antiungarischen politischen Häftlinge, die meisten von ihnen loyale Bürger, aber auch frühere Häftlinge aus der serbisch-ungarischen Schlacht um Vršac. Zu Ende der Entwaffnungsaktion besetzten kaiserliche Truppen die Hauptzentren des Banats: Lugoj wurde am 8. November 1848 besetzt, Lipova am 13. November und Bocșa am 5. Januar 1849.[46]

In Temeswar selbst blieben etwa 3.000 Zivilpersonen zurück.[47] Die Kommandantur forderte sie auf, für drei Monate Nahrungsmittel einzulagern. Der Magistrat stellte 250 Rinder zur Verfügung, zusammen mit Heu und Getreide für deren Ernährung. Das Kriegsgeschehen spitzte sich im Frühjahr 1849 zu. Nach der Wiedereroberung Siebenbürgens bewegte sich die von General Iosif Bem geführte ungarische Armee auf das Banat zu. Angesicht der voranrückenden ungarischen Kräfte flohen die Grenztruppen von Caransebeș in die Walachei, sodass das Banat ungeschützt dalag und die Festung Timișoara als letzte Hoffnung eines erfolgreichen kaiserlichen Widerstands galt. Ende April 1849 begannen die ungarischen Truppen mit den Vorbereitungen zur Belagerung der Stadt. Temeswar galt als entscheidendes militärisches und symbolisches Ziel. Am 6. Mai 1849 schloss die Stadt ihre Tore. Die darauffolgende Belagerung dauerte 107 Tage.[48]

Die Ergebnisse des serbisch-ungarischen Krieges

Nach Einsetzung des Woiwoden Stevan Šuplicać zum Truppenkommandanten durch den Wiener Hof fanden im Banat dramatische Ereignisse statt, die als österreichisch-serbisch-ungarischer Krieg beschrieben werden können. Die ungarische Armee strebte im Oktober 1848 eine Kontrolle über das Gebiet um die Stadt Pancevo an, während die

---

46 A. Marchescu, *Grănicerii bănățeni și Comunitatea de avere* (*The Banatian Border Guards*) Caransebeș, 1941, pp. 211–223.

47 Schätzung des damaligen Bürgermeisters Johann N. Prayer. Die Aufzeichnungen im Journal des Oberkommandierenden General Rukavina enthalten folgende Zahlen: 6.000 zivile Einwohner in der Stadt und 12.000–14.000 in den Vororten, vgl. Gräf, *Timișoara sub asediu*, p. 102.

48 H. Geibel, *Feldzug in Ungarn und Siebenburgen im Sommer des Jahres 1849* (Pesth, 1850), pp. 372–385; Preyer, *Monografia*, pp. 214–216; Suciu, *Revoluția de la 1848–1849 în Banat*, pp. 221–231; Gräf, *Timișoara sub asediu*, pp. 99–164.

serbischen Einheiten über Becicherecul Mare und Kikinda eine Vereinigung mit den kaiserlichen Truppen in Timişoara zu erreichen suchten.[49] Am 25. Oktober 1848, nach einer Reihe hart umkämpfter Schlachten, besetzten die serbischen Einheiten Becicherecul und am folgenden Tag Kikinda. Doch zwangen kurze Zeit später neu eintreffende ungarische Einheiten unter den Generälen Peter Antal und Jovan Dmjanić die serbischen Verbände zum Rückzug.

Als bestens ausgebildeter Heerführer wusste Stevan Šuplicać, dass eine Offensive gegen die entschlossen kämpfende und gut ausgerüstete ungarische Armee nur dann erfolgreich sein konnte, wenn seine eigenen Einheiten Disziplin hielten und er Unterstützung durch Kavallerie erhielt. Deshalb verpflichtete er seine Truppen, „der kaiserlichen Flagge treu zu dienen". Den serbischen Nationalräten verordnete er, „für den Kaiser zu arbeiten, für das Volk und das Land". Gleichzeitig bat er um kaiserliche Unterstützung mit Abordnung spezialisierter Offiziere und der Bereitstellung geeigneter Waffen. In der Folge wurden die serbischen Einheiten Schritt für Schritt in die kaiserliche Armee integriert, ein Vorgang, der von General Ferdinand Mayerhofer angeleitet wurde, dem früheren kaiserlichen Konsul in Belgrad.

Um die befestigten Positionen im Südwesten des Banats kam es bald zu dramatischen Auseinandersetzungen. Am 21. November 1848 überwanden die Ungarn den Widerstand in Straja, bei Vršac. Fünf Tage später griff General Damjanić (der die Garnison von Timişoara aus Protest gegen das Festhalten an Wien[50] verlassen hatte) das Lager Tomaševac an, das die Stadt Pancevo verteidigte. Kämpfe gab es auch in Banatski Karlovac und Alibunar. Am Schluss gelang es Mayerhofers serbisch-österreichische Einheiten, unterstützt von Stevan Knicaćins Freiwilligen, die Kavallerie des ungarischen Generals zu vertreiben.[51]

In Wien dankte am 2. Dezember 1848 der österreichische Kaiser Ferdinand I. (der Gütige) zugunsten von Franz Joseph I. ab. Ein Grund dafür war die Position der Generäle Windisch-Grätz und Jelačić. Sie forderten eine härtere Haltung gegenüber Kossuths Ungarn.[52] Gleichzeitig zeigten sie der serbischen Sache gegenüber Verständnis. Mit kaiserlichem Patent vom 27. November 1848 (also noch vor der Ernennung Franz Joseph I.) unterstützte der Hof die Entscheidungen der serbischen Skupština, die alten Rechte nach dem Krieg wieder herzustellen. Freilich, innerhalb der serbischen Führung gab es Spannungen, insbesondere zwischen dem jungen Djordje Stratimirović und dem älteren Josif Rajačić, dem Patriarchen also. Rajačić übernahm die Kontrolle der

---

49 Kaper und Zdravković, *Srpski pokret u juznoj Ugarskoj 1848*, vol. ii, pp. 41–43; Stojančević (Hg.), *Istorija srpskog naroda*, vol. v/2, p. 87.
50 Suciu, *Revoluţia de la 1848–1849 în Banat*, p. 42.
51 S. Gavrilović, *Ilija Garašanin i Madjari*, pp. 216–217; J. Thim, *A magyarországi 1848–49 iki szerb fölkelés története* (*A Hungarian History of the Serbian Revolt of 1848–1849*), vol. ii (Budapest, 1930), pp. 606–609.
52 Jean Berenger, *Istoria Imperiului Habsburgilor, 1273–1918* (*History of the Habsburg Empire, 1723–1918*) (Bukarest, 2000), pp. 414–415; Jean-Paul Bled, *Franz Joseph* (Bukarest, 2002), pp. 97–103.

Lokalregierung in Karlowitz und schickte Stratimirović nach Wien, wo dieser die Zukunft der Region mit dem Hof verhandeln sollte.

Gleichzeitig mit einer Offensive auf Timişoara, um die Stadt zu befreien (9./10. Februar 1849), fand ein Treffen der Nord-Serben statt. Die Mitglieder des Zentralrats übernahmen die politischen Positionen des Patriarchen und richteten ihre Anschuldigungen gegen Stratimirović. In diesem Zusammenhang fand dann eine Neuorganisierung der Bewegung statt. Die Mitglieder des Zentralrats sollten in Zukunft von Josif Rajačić benannt werden. Zugleich wurde er als oberster Verantwortlicher (Upravitelj) für die Vojvodina bestätigt.[53]

Wiederherstellung der ungarischen Herrschaft über das Banat

Durch das Bistra-Tal drang die ungarische Armee unter Bem in das Banat vor. In den Grenzdörfern Voislova und Marga kam es zu ersten Zusammenstößen. Begleitet war der Vormarsch von Brandstiftungen und Beschlagnahmungen. Die Hauptabteilungen der ungarischen Verbände setzten ihren Marsch auf Caransebeş fort. Am 14. April veröffentlichte der Revolutionsgeneral einen Aufruf, mit dem er die Banater Grenzgarden aufforderte, sich ihm anzuschließen: „Wenn ihr Euch gegen uns stellt, erwarten euch Bestrafung, Tod und Zerstörung. Aber wenn ihr mit uns zieht, erwarten Euch Vergebung, Leben und Freiheit." Die Grenzsoldaten lehnten die Aufforderung ab. Stattdessen zogen sie sich Richtung Orşova und Walachei zurück. Am 17. April erreichten die ungarischen Einheiten Caransebeş und einen Tag später Lugoj. Dort vereinigten sie sich mit dem Rest der Armee, der aus Făget gekommen war. Auch alle anderen wichtigen Städte im Banat – Vršac, Biserica Albă, Oraviţa und Orşova – wurden von der ungarischen Armee erobert, ausgenommen Timişoara und das Netz serbischer Festungen im Westen und im Süden. In Lugoj, dem wichtigen Regierungsstützpunkt, wurde General Bem mit seinen Soldaten von der ungarischen Bevölkerung enthusiastisch begrüßt. Dazu heißt es im Journal der Lugojer Minoriten: „Am Abend, um etwa sieben Uhr, traf General Bem in der Stadt ein und wurde von den Führern Lugojs begrüßt ... Man kann die Freude der Menschen, die da versammelt waren, kaum beschreiben. Alle sprachen Ungarisch".[54] Zu dieser Zeit, als die Unabhängigkeit Ungarns ausgerufen wurde,[55] sprach die Presse Lugojs von einer großen Euphorie.

---

53 V. Bogdanov, *Ustanak Srba u Voivodini i Madjarska revolucija* (*The Revolt of Serbs in the Voivodina and the Hungarian Revolution of 1848–1849*) (Subotica, 1929), pp. 161–163; Ljubivoje Cerović, *Srbi u Rumuniji* (Novi Sad, 1997), pp. 200–204.

54 Boroş, *Evenimentele*, p. 45.

55 Am 14./26. April 1849 proklamierte der ungarische Landtag die Unabhängigkeit Ungarns. Kossuth wurde zum Reichsverweser ernannt.

In den wenigen Monaten, in denen das revolutionäre Ungarn den Banater Raum kontrollierte, begann eine Neuordnung des politischen und administrativen Lebens. Lipot Fülöpp wurde zum Regierungskommissar in Caraş ernannt. Zu den höheren Beamten des Komitats gehörten auch rumänische Würdenträger, so etwa: der Vizepräsident von Duleu, Gheorghe Ioanovici. Dazu kamen Bezirksrichter, deren Stellvertreter, Leiter von Ordnungseinheiten und Geschworene. Am 30. Mai bestätigte die amtliche Zeitung *Közlöny* die Ernennung des Erzpriesters Ignaţie Vuia aus Vărădia zum Bistumsverwalter von Vršac. Vicenţiu Babeş erhielt die Ernennung zum Direktor der orthodoxen Schule von Caransebeş. Im Bezirk Timiş musste die ungarische Verwaltung umdisponieren, weil die Eroberung von Timişoara nach wie vor ausstand. Zentrum der ungarischen Administration des Banats wurde Sânnicolau Mare. Der orthodoxe Erzpriester von Lipova, Dimitrie Petrovici-Stoicescu, wurde als Vikar von Timişoara eingesetzt.

Restauratio Austriae

Im Januar–Februar 1849 erreichten Knićanins Freischärler Sombor und näherten sich Szeged. Die Grenzschutzeinheiten unter General Todorović schlossen sich mit den Truppen des Kaisers zusammen, in Reaktion auf das Vordringen Bems aus Siebenbürgen und der Stationierung ungarischer Einheiten im südlichen Banat. Unter dem gemeinsamen Kommando Mayerhofers eroberte das österreichisch-serbische Bündnis schließlich Becicherecul Mare, später auch Vršac und Kikinda, sodass eine Verbindung mit Timişoara hergestellt werden konnte.

Der starke Mann Österreichs, Feldmarschall Alfred Fürst zu Windisch-Grätz, wollte eine strikte Restauration der Staatsstruktur zurück zu den Zeiten vor 1848. Befehle ordneten die Auflösung der serbischen Räte an, ebenso die Wiederherstellung der Militärgrenze. Unter diesen Voraussetzungen kam es zu einem Konflikt zwischen Patriarch Rajačić und General Djuro Rukavina, dem Militärkommandanten des Banats. Letzterer äußerte Vorbehalte gegen die imperial geprägte Staatsstruktur, wie sie vom orthodoxen Patriarchen in Karlowitz vorgeschlagen wurde.[56] Die serbisch-revolutionäre Bewegung im Umfeld des Patriarchen setzte sich für eine pro-habsburgische Region ein, die ihren Sitz in Timişoara haben sollte. In diesem Konzept symbolisierte Temeswar die Festigkeit des österreichischen Kaiserreichs.

Die oktroyierte Verfassung, die sogenannte Stadion-Verfassung, benannt nach Innenminister Graf Franz Seraph von Stadion, erschien am 4. März 1849. An diesem Tag unterschrieb der 18-jährige Kaiser Franz Joseph das Dokument. Sie zerstörte die Erwartungen vieler Menschen des österreichischen Kaiserreiches, vor allem die der Banater

---

56 Jovan Radonić, 'Patrijarh Josif Rajačić i general Djuro Rukavina' ('Patriarch Josif Rajačić and General Djuro Rukavina'), *Glas Srpske akademije nauka*, Nr. 193 (1949), pp. 143–168.

Serben, denn die in Innsbruck gegenüber dem Patriarchen und der serbischen Bevölkerung gemachten Versprechen waren im Text des Gesetzes nicht enthalten. Die Vojvodina wurde von der Militärgrenze abgetrennt und erhielt einen ungewissen Status. Die Annexion durch Kroatien, Ungarn oder Siebenbürgen schien durchaus eine reale Möglichkeit. Später, am 14. April 1849, erhielt Ungarn eine neue Verwaltungsstruktur mit Militärdistrikten. Die Vojvodina unterstand militärischem Kommando. An dessen Spitze stand General Mayerhofer, assistiert vom Patriarchen als „kaiserlichem Kommissar für die Zivilprovinz".[57]

Die Schlacht um Temeswar und der Ausklang der Ereignisse in der Vojvodina

Ende April 1849 erfolgte eine Konzentration aller ungarischen Kräfte im Banat mit Timişoara als Zentrum. General Józef Bems Erfolge hatten sich herumgesprochen, und so war die Festung Temeswar auf eine lange Belagerung vorbereitet. Vier Generälen oblag die Verteidigung der Stadt: Georg van Rukavina, von Gläser, Leiningen und Wernhardt. Das Aufgebot umfasste 8.847 Personen, von denen 4.494 Rekruten aus den Dörfern um Timişoara waren. Die Festungsanlage war in einer guten Verfassung. Zwischen ihr und dem Bega-Kanal betrug die Tiefe etwa 30 Meter und die Breite etwa 100–120 Meter, umgeben von Erdwällen.

Die Belagerung der Stadt begann im Viertel Josefin. Ein Ausbruchsversuch erfolgte am 12. Mai 1849.[58] Die Ungarn wurden bis ins Viertel Freidorf zurückgedrängt, aber dann schlugen die ungarischen Truppen zurück und besetzten zwei Tage danach das Fabric-Viertel. Nachdem die äußere Wasserversorgung der Festung unterbrochen worden war, mussten allein die innerstädtischen Brunnen den Wassernachschub sicherstellen. Ein erstes Bombardement der Stadt erfolgte am 18. Mai. Die Artillerie feuerte aus mehreren Vierteln: aus Josefin, Maiere (später Elisabethin), Fabric (in der Nähe der Bierfabrik). In der Nacht vom 19. auf den 20. Mai überwanden weitere Kanonenkugeln die Festungsmauern, eine schlug unmittelbar neben der „illyrischen" Kirche ein (die serbische Bistumskirche auf dem Großen Platz oder Domplatz, heute Vereinigungsplatz). Am 27. und 28. Mai, während zwei wiederholter Attacken, versuchten die kaiserlichen Kräfte erfolglos, das Fabric-Viertel zurückzugewinnen. Am 31. Mai durften etwa 400 Menschen, deren Nahrungsmittelreserven aufgezehrt waren, die Stadt verlassen.

---

57 Cerović, *Srbi u Rumuniji*, p. 203; J. Savković, 'Nacrt ustava za Vojvodinu Srbiju 1849 godine' ('The Draft Constitution of 1849 for Serbian Voivodina'), *Zbornik Matice srpske za drustvene nauke*, nos. 13–14 (1956), pp. 159–166; id., 'Ferdinand Mayerhofer u srpskom pokretu 1848–1849 godine' ('Ferdinand Mayerhofer during the Serbian Movement of 1848–1849'), *Zbornik*, Nr. 17 (1957), pp. 76–95; Kaper und Zdravković, *Srpski pokret u juznoj Ugarskoj 1848*, vol. ii, pp. 68–71.
58 Gräf, *Timişoara sub asediu, passim*.

Am Morgen des 11. Juni begannen beide Seiten ein Kanonenfeuer, das sechs Tage lang anhielt. Die Schäden in der Stadt waren enorm. Die Schlacht hinterließ an fast jedem Gebäude Spuren. Die Bevölkerung suchte in den Bunkern und Kellern der zerstörten Häuser Zuflucht. In der Nacht vom 13. auf den 14. Juni durchschlug eine Kanonenkugel das Vordach des römisch-katholischen Doms, in den über 100 Menschen geflohen waren. Zwischen dem 4. und dem 9. Juli wurde die Stadt erneut massiv bombardiert. Nach einer weiteren erfolgreichen Attacke am 16. Juli 1849 forderte der ungarische Gesandte die Kapitulation der Stadt. Sie wurde abgelehnt. In der Zwischenzeit hatte die ungarische Armee ihren Umzingelungsring vollendet und bereitete das Ende der Belagerung vor. Die Truppenstärke wurde auf 11.000 Soldaten erhöht. 68 Kanonen sollten die Festungsmauern durchbrechen. In der Nacht vom 18. auf den 19. Juli startete der Angriff. Doch er wurde zurückgeschlagen. Der ungarische Gouverneur nahm selbst am Angriff teil und verlangte, dass Timişoara unter allen Umständen erobert werden müsse.

Am 29. Juni 1849 bot die ungarische Armee eine Evakuierung der städtischen Bevölkerung an. Hierauf gingen die Verteidiger ein. Am 1. Juli 1849 verließen 80 Wagen – einige von Menschen gezogen – die Stadt, mit insgesamt 800 bis 1.000 Personen, darunter der Bürgermeister von Temeswar, Johann Nepomuk Preyer, der Chefrabbi Oppenheimer sowie andere wichtige Bürger. In der Folgezeit verstärkten die ungarischen Truppen ihre Vorbereitungen für einen letzten Angriff, während die kaiserlichen Truppen mit Raubzügen auf die Stellungen der Belagerer reagierten. Die Kämpfe nahmen immer größere Ausmaße an. Fast zwei Wochen dauerte das Artilleriefeuer. Ein Feuer im Minoritenkloster bedrohte die ganze Stadt, insbesondere auch den Pulverturm und das Militärhospital. Obwohl das Schicksal der Stadt schon beschlossen schien, gelang es den Feuerwehrleuten, das Feuer einzugrenzen und zu löschen.[59] Am 20. Juli wurde das Huniadenschloss bei einem Angriff völlig zerstört. Nur vier Tage später starb auch General Gläser.[60]

Der kaiserliche Gegenangriff startete am 4. August 1849. Für die ungarische Seite erkannte Graf Henryk Dembiński, wie verzweifelt die Lage war, ordnete den Rückzug an und übergab das Kommando für die Stadt an Bem. Der Revolutionsgeneral entschied sich zum Kampf gegen die kaiserlichen Truppen und setzte seine Leute auf der Linie Sânandrei-Săcălaz ein. Letztlich mussten die ungarischen Einheiten doch nachgeben und kapitulieren. Oberst Blomberg zog mit sechs Kavallerieschwadronen und zwei Infanteriedivisionen von der Stadt weg. Die ehemaligen Belagerer verschwanden abseits der Straße in Richtung Giarmata und Sânandrei und lösten sich auf. Am 9. August kam General Julius von Haynau, der die Eroberung Ungarns geleitet hatte, als Sieger nach Timişoara. Symbolträchtig durchschritt er das Wiener Tor. Der prominente Verteidiger der Stadt, Feldmarschalleutnant Georg Freiherr von Rukavina, erhielt die höchsten österreichischen und russischen Orden.

---

59 B. Schiff, *Die letzte Belagerung Temesvars* (Timişoara, 1929), *passim*.
60 Gräf, *Timişoara sub asediu*, p. 150.

Zwiespalt der ungarischen Rumänen

Die rumänisch-sprechende Bevölkerung des österreichischen Kaiserreichs war mit einem doppelten Identitätsdilemma konfrontiert. In Siebenbürgen kam es zu einem Schulterschluss mit dem Wiener Kaisertum, nachdem vonseiten Budapests die Einheit Siebenbürgens mit Ungarn verkündet worden war.[61] Die Losung rumänischerseits lautete dagegen: „einheitliches Territorium, unabhängige Nationalitäten". Anfangs hatten die Serben Ähnliches gefordert. Der exklusive ungarische Nationalismus sowie das Einwirken des serbischen Fürstentums hatten in der Folgezeit aber zu einer Radikalisierung der serbischen Forderungen geführt. Für die rumänisch-sprachige Bevölkerung des Kaiserreichs war die Ausgangsposition noch komplizierter. Die Rumänen aus Siebenbürgen hatten keinen vergleichbaren Ankerpunkt jenseits der Grenzen wie die Serben. Im Gegenteil, die beiden rumänischen, transkarpatischen Fürstentümer verfolgten ihre eigenen Ziele: Sie waren offen für die Revolution, aber wachsam gegenüber imperialen Ansprüchen der Nachbarstaaten. Das führte zu einer spezifischen Form der Identitätsbildung, geprägt durch eine Symbiose von Nationalismus und dynastischer Orientierung. In diesem Sinne hatte die revolutionäre Dynamik rumänischerseits klare Grenzen.[62]

Es gab im Banat seitens der Rumänen dennoch eine gewisse Disposition zu einem national-revolutionären Handeln, so wie bei den Ungarn oder den Serben. Die gewünschte Eigenständigkeit der orthodoxen Kirche, die Abtrennung von Karlowitz als serbisch-orthodoxem Zentrum[63], hätte die Ausbildung einer revolutionären Intelligenz[64] befördern können. Aber ein solches Bestreben zeigte sich erst spät, war Reaktion auf die national-revolutionären Positionen der serbischen Grenzsoldaten selbst.[65] Hinzu kam, dass die Forderungen von Pest (23. März 1848), die auf eine klarere organisatorische und kulturelle Trennung der Rumänen von den anderen ethnischen Gruppen im Banat abhoben, wenig Widerhall in Siebenbürgen fanden. Die Siebenbürger stritten vorrangig um die Bewahrung ihrer Autonomie.[66]

Die Abdankung Ferdinands zugunsten seines Neffen Franz Joseph Ende 1848 ließ die Hoffnungen rumänischerseits wieder aufleben. Große Pläne machten die Runde:

61 Der Landtag von Bratislava beschloss am 18. März die Einheit von Transsilvanien und Ungarn. Der siebenbürgische Landtag in Cluj bestätigte die Entscheidung am 30. Mai 1848.
62 Liviu Maior, 'Revoluția de la 1848–1849 în Transilvania' ('The Revolution of 1848–1849 in Transylvania'), in Ioan-Aurel Pop, Thomas Nägler und Magyari András (Hg.), *Istoria Transilvaniei*, vol. iii. *De la 1711 până la 1918* (*The History of Transylvania, vol. iii. 1771–1918*) (Cluj-Napoca, 2008), pp. 369–370.
63 I. D. Suciu, *Monografia Mitropoliei Banatului* (*The Monograph of the Banat Metropolitan Church*) (Timișoara, 1977), pp. 139–166.
64 N. Bocșan, *Contribuții la istoria iluminismului românesc* (*Contributions to the History of the Romanian Enlightenment*) (Timișoara, 1986), pp. 310–361.
65 Katona, 'Conflicte naționale în 1848–1849', p. 186.
66 *Ibid.*, p. 187.

so von einem rumänischen „Herzogtum" innerhalb der österreichischen Grenzen mit einem nationalen Woiwoden und einer nationalen „Kirchenführung". Wie der Historiker Liviu Maior dargelegt hat, war eine entsprechende Petition das Ergebnis der Kooperation siebenbürgischer Führungskräfte (I. Maiorescu, A. Treboniu Laurian, Bischof Andrei Şaguna) mit Politikern des Banats (Ioan und Lucian Mocsonyi, Ioan Dobran) und der Bukowina (Eudoxiu von Hurmuzaki, Mihail Botnar). Am 25. Februar 1849 wurde die Petition in Olmütz dem Kaiser überreicht.[67] Er antwortete freundlich (noch waren die ungarischen Truppen nicht besiegt) und versicherte der rumänischen Delegation, dass er die angeschnittenen Fragen in kürzester Zeit „zu ihrer Zufriedenheit [...] angehen" werde. Doch nur wenige Tage später brachte die Veröffentlichung der oktroyierten *Stadion-Verfassung* eine Klärung der offenen Fragen auf ganz eigene Art.

Woiwodschaft Serbien und Temeser Banat

Im November 1849 reisten Patriarch Rajačić und die Bischöfe der Metropolitankirche von Karlowitz an den kaiserlichen Hof in Wien, um die Realisierung der serbischen Beschlüsse (der Skupština von Karlowitz) im Mai 1848 auf den Weg zu bringen. Das kaiserliche Patent zur Einrichtung der *Woiwodschaft Serbien und des Temeser Banats* erschien am 18. November 1849. Die neu geschaffene Verwaltungseinheit gehörte nicht mehr zu Ungarn, sondern unterstand unmittelbar dem Wiener Innenministerium. Die Einrichtung der Woiwodschaft entsprach dem kaiserlichen Manifest an die Serben vom 15. Dezember 1848. Es versprach zugleich „die Schaffung einer internen nationalen Autorität auf der Grundlage gleicher Rechte für alle".

Artikel 72 der oktroyierten Verfassung von 1849 verfügte: „Der Woiwodschaft Serbien werden solche Einrichtungen zugesichert, welche sich zur Wahrung ihrer Kirchengemeinschaft und Nationalität auf ältere Freiheitsbriefe und kaiserliche Erklärungen der neusten Zeit stützen." Die territoriale Abgrenzung erfolgte durch Einbezug der Komitate: Bodrog, Torontal, Timiş und Caraş sowie der Kreise Ruma und Ilok aus dem Komitat Srem (Vojvodina).[68]

Über die rechtliche Stellung des neuen Territoriums hieß es anderenorts:

---

67 Pop, Nägler und András (Hg.), *Istoria Transilvaniei*, vol. iii, pp. 360–361. Zum Text *Unirea tuturor românilor din statele Austriei într-o singură naţiune, de sine stătătoare* (*For the Unification of all Romanians from the States of Austria into a Single Nation in its Own Right*) s. Cornelia Bodea, *1848 la Români: O istorie în date şi mărturii* (*1848 for Romanians: A History of Data and Testimonies*), vol. ii (Bukarest, 1982), pp. 960–965.

68 Der von der Wiener Krone vergebene neue Name lautet *Bezirk Srem*. Freilich, wir benutzen weiterhin den eingebürgerten Namen Vojvodina.

Die besonderen Verdienste der hier lebenden Völker berücksichtigend, verfügen wir, dass das Territorium in drei Bezirke eingeteilt werden soll, entsprechend den Interessen der drei hier lebenden Hauptgruppen (Serben, Deutsche und Rumänen). Was die rechtliche Stellung der Woiwodschaft Serbien und des Temeser Banats betrifft, so haben wir beschlossen, dass dem Kaisertitel der Titel des Großwoiwoden der Woiwodschaft Serbien und des Temeser Banats hinzugefügt werden soll und der Provinzverantwortliche, den wir regelmäßig benennen werden, den Titel eines Vize-Woiwoden erhalten wird.[69]

Mit der Einrichtung der neuen territorialen Verwaltungseinheit endeten die Aufgaben des serbischen Zentralrats und dessen Präsidenten Josef Rajačić. An die Spitze der neuen Administration mit der Zentrale in Timișoara trat General Ferdinand Mayerhofer als geschäftsführender Leiter (Načelnik). Die Woiwodschaft wurde noch einmal in zwei Verwaltungseinheiten gegliedert – einerseits: Batschka-Torontal, andererseits: Timiș-Caraș. An der Spitze der Verwaltungseinheiten standen Großbezirksvorsteher, sekundiert von kaiserlichen Kommissaren. Das Ungarische galt nicht mehr als Amtssprache. Ebenso wurden die ungarischen Beamten aus ihrer Position entfernt. Zur Bezeichnung öffentlicher Positionen dienten serbische Begriffe, die ins Deutsche übertragen wurden. Die Militärgrenze mit ihrer mehrheitlich serbischen Bevölkerung blieb allerdings exemt und lag außerhalb der neuen Provinz. Stattdessen umfasste die Woiwodschaft die gesamte Provinz Banat, obwohl sie eine rumänische Mehrheit hatte. Die Militärgrenze selbst erhielt auch eine neue Struktur. Das Regiment in Petrovaradin, das Fluss-Bataillon mit Sitz in der Stadt Titel, die Regimenter des Banats selbst (Pancevo, Biserica Albă und Caransebeș) sowie die Einheiten im Distrikt Kikinda Mare als Teil des serbisch-banatischen Militärkommandos wurden neu gruppiert und hatten ihr Hauptquartier jetzt in Timișoara. Zum neuen Kommandanten ernannte Wien Feldmarschallleutnant Johann Coronini. Der Zensus von 1850 ermittelte für die neue Woiwodschaft eine Bevölkerung von 1.525.214 Einwohnern, davon 414.947 Rumänen, 396.156 Deutsche, 309.885 Serben, 256.164 Ungarn, 73.642 Kroaten, 25.982 Slowaken, 23.014 Bulgaren und 12.596 Juden.

1851 erhielt die Verwaltungsorganisation ihre endgültige Gestalt. Die Woiwodschaft gliederte sich demnach in fünf Kreise (Präfekturen): Timișoara, Lugoj, Torontal, Sombor und Novi Sad. Unterteilt waren die Präfekturen wiederum in Sub-Präfekturen und schließlich in Kommunen. Der oberste Gerichtshof hatte seinen Sitz in Timișoara. Die Berufungsgerichte befanden sich an drei Orten: Timișoara, Lugoj und Sombor. Die meisten Beamten waren „Deutsche" oder deutsch-sprachige Slawen (Tschechen). Die Anzahl serbischer Beamter erhöhte sich zwar etwas, blieb aber gering.

Die Germanisierung der Verwaltung wurde mit dem Wunsch erklärt, den Staatsapparat effizienter zu gestalten. Die Einheit des Kaiserreichs erfordere, dass alle Verantwortlichen über Kenntnisse des Deutschen neben ihrer Muttersprache verfügten. In diesem Fall war tatsächlich die Bürokratie der Faktor für die Germanisierung:

---

69 Apud Lj. Cerović, op. cit., p. 206.

Sie beherrschte die Amtssprache des Reichs, aber zugleich „praktizierte sie eine selbstverständliche Zwei- oder Mehrsprachigkeit". Der Dienst für den Staat bot Sicherheit, garantierte Anerkennung und versprach soziales Fortkommen und trug so zu einer engen Bindung an Österreich bei – vereinheitlicht und zentralisiert, wie es jetzt war. Das Industriebürgertum sowie die anderen modernen Wirtschaftskräfte begrüßten die Hinwendung zur Ordnung „und insbesondere den bemerkenswerten Wohlstand", den das neoabsolutistische System schuf, das Graf Alexander von Bach geschaffen hatte.

Erst die Analyse der differierenden Freiheits- und Selbstbestimmungsbegriffe ermöglicht, die unterschiedlichen Erwartungen herauszuarbeiten, die sich in den drei Regionen Siebenbürgen, Banat und Vojvodina herausbildeten. Alle drei Regionen unterstanden ja der imperial-kaiserlichen Ordnung. In Siebenbürgen wollten die „Rumänen" sich von der ungarischen Herrschaft befreien. Im Banat erhofften die „Rumänen" eine Loslösung von der Verwaltung durch die serbische Kirche. Die „Serben" des Banats waren bereits stärker organisiert und wollten eine Loslösung vom ungarischen Staatsrat. Dagegen zielten die „Rumänen" im Banat auf den Aufbau erster eigener Institutionen. Im Mittelpunkt stand die Errichtung einer eigenen Kirchorganisation, vergleichbar jener, die die Serben in der Vojvodina und die Rumänen in Siebenbürgen bereits hatten. Erst auf dieser Basis konnte ein lebendiges soziales Leben entstehen.

Victor Neumann

Die Vielfalt von Nations- und Staatskonzeptionen während der Zeit von Neoabsolutismus, Ausgleich und österreichisch-ungarischer Doppelmonarchie

Ambiguität ungarischer Staatsvorstellung in den Jahre der Revolution von 1848

Das folgende Kapitel beschreibt das Nebeneinander und den Wandel der Staatsvorstellungen im österreichisch(-ungarischen) Kaiserreich während der zweiten Hälfte des neunzehnten Jahrhunderts. Die jeweils dominanten Staatskonzepte hatten unmittelbare Auswirkungen sowohl auf das soziokulturelle Leben der Menschen als auch auf die Politik gegenüber den einzelnen Provinzen. Mithilfe dieser Perspektiverweiterung sollen die Banater Verfassungsgegebenheiten in den Kontext der Zeit gestellt und damit auch die Rahmenbedingungen für die administrative und politische Entwicklung dargestellt werden.

Die politischen Strömungen Ostmitteleuropas, die politischen Ideologien und Handlungsformen dieses Teiles Europas lassen sich nur angemessen deuten, wenn der Forscher bereit ist, den Raum in seiner kulturellen Vielfalt aufzuschlüsseln. Dies gilt insbesondere für die Nations- und Staatskonzepte. So wird in Ostmitteleuropa vielfach behauptet, die moderne Nation sei eine mehr oder weniger exakte Kopie mittelalterlicher Formen der Zusammengehörigkeit. Die Nation entstehe unmittelbar aus der kulturellen Überlieferung, indem sie von einer Ära zur nächsten formgebend wirke. Gerade im Habsburger Raum des 19. Jahrhunderts war die These virulent, dass es von der Antike bis in die Gegenwart eine durchgängige nationale Identität gegeben habe. Die Idee von den „nationalen Besonderheiten", der Prägung durch die ethnischen Gemeinsamkeiten, aber auch die Verwendung des „Volks"-Begriffes haben in Ostmitteleuropa eine lange Karriere. Gleichzeitig geriet die soziale Dimension des Zusammenlebens zunehmend aus dem Augenschein.

Wir beginnen mit einem Blick auf Ungarn, also mit einer Analyse von Staatsvorstellungen und politischen Grundüberzeugungen, wie sie im östlichen Teil der Doppelmonarchie während des 19. Jahrhunderts vorzufinden waren. In Ungarn trat die zentrale Bedeutung der Intelligenz für das politische Geschehen hervor. Darüber hinaus wurde Budapest 1848 zu einem entscheidenden Bezugspunkt für das politische Denken in ganz Mitteleuropa. Seine herausragende Stellung behielt es für den Rest des Jahrhunderts bei. Die ungarische Reichshälfte umfasste seit 1867 (Ausgleich) eine Vielzahl unterschiedlicher Regionen. Vielfältige Traditionen gab es hier, Religionen und Sprachen. Serbisch und Kroatisch, Rumänisch und Deutsch sprachen die Menschen, je nach lokalen Gegebenheiten. Es gab Juden und Bewohner türkischer Herkunft. Fragt man nach den kulturellen und zivilisatorischen Einflüssen, so lassen sich zahlreiche Traditionslinien aufzeigen: österreichische, deutsche, italienische, ungarische, russische, griechische, jüdische und eben auch türkische.

Überraschenderweise wies der Nationalismus in allen betrachteten Ländern Ostmitteleuropas ähnliche, ja, manchmal geradezu identische Züge auf. Darin spiegelte sich das Fehlen gesellschaftlicher Ausdifferenzierung. Zum Zeitpunkt der Revolution von 1848 stellten die Bauern die bei Weitem größte Mehrheit der Einwohner. Deren Alphabetisierung hatte gerade erst begonnen. So waren sie leicht zu manipulieren. Auf der anderen Seite stand die Intelligenz, zumeist feudal-aristokratischer Herkunft oder mit einer Verhaltenskultur, die dem Adel entliehen war. Die Hoffnungen auf Erneuerung seitens dieser Gruppe gingen zusammen mit dem Wunsch nach Macht.

Der amerikanische Historiker Peter Sugar (1919–1999), ein Spezialist für Südosteuropa und die Türkei, selbst ungarischen Ursprungs, hat eine vollkommen andere These vorgeschlagen. Er stellte die lokal unterschiedlichen politischen Erwartungen heraus und sah dementsprechend für Ostmittel- und Südosteuropa eine Vielzahl differierender Nationalismen. Unter anderem führte er aus, dass sich im Ungarn des neunzehnten Jahrhunderts ein aristokratischer Nationalismus herausgebildet habe, der dem in Polen geähnelt habe. Dagegen sei der tschechische Nationalismus bourgeois geprägt gewesen, der serbische und bulgarische eher bäuerlich-populistisch. Den rumänischen und griechischen Nationalismus charakterisierte er als bürokratisch.[1] Aber das, was die Forschung in den letzten Jahrzehnten herausgearbeitet hat, stimmt nicht mit den Thesen Sugars überein.

Während des Zeitalters der Romantik entwickelte sich überall in Osteuropa ein messianischer Nationalismus, der vor allem Begrifflichkeiten aus dem deutsch-preußischen Raum aufgriff. Selbst der tschechische Nationalismus kann deshalb nicht als „bourgeois" charakterisiert werden, sondern war ein „ethnisch fundierter Nationalismus", vergleichbar dem der deutschen Romantik. Die von Sugar entwickelte Typologisierung – seine Werke sind zum Bezugspunkt der Literatur über den Nationalismus in Ostmitteleuropa geworden – verkennt die gesellschaftliche Wirklichkeit des Raumes. Der Nationsbegriff hat für die Gesellschaften Ostmitteleuropas eine andere Bedeutung entwickelt als in Westeuropa (Frankreich, England, Belgien, Schweiz z. B.). Die Sozialgeschichte des Raumes verweist auf eine recht einheitlich geformte Lebenswelt, in der kollektive Identitäten mithilfe weniger Zentralbegriffe hergestellt wurden: Heimatboden, Kultur, Sprache und gemeinsame Herkunft (Rasse). Die Begriffe *Nep, Narod* und *Popor* bezeichnen, ebenso wie der Begriff *Volk*, eine Verbundenheit, die nicht allein auf gemeinsame Herkunft aufbaut, sondern zugleich eine geistige Haltung ausdrückt.[2] Der ungarische Fall unterscheidet sich von den anderen Nationalismen keinesfalls in der

---

1 Peter F. Sugar und Ivo J. Lederer (Hg.), *Nationalism in Eastern Europe* (Seattle, 1969).
2 Victor Neumann, 'Peculiarities of the Translation and Adaptation of the Concept of Nation in East-Central Europe: The Hungarian and Romanian Cases in the Nineteenth Century', *Contributions to the History of Concepts*, vol. 7, Nr. 1 (Summer 2012), pp. 72–102.

Begründung nationaler Eigenart, sondern im Anspruch einer Assimilation der übrigen Ethnien auf dem Gebiet der östlichen Reichshälfte. Weiterhin waren es allein die ungarischen Intellektuellen, die es wagten, die Struktur des Kaiserreichs herauszufordern und gegen den monarchischen Absolutismus und die Wiener Administration vorzugehen.

Eine Zeit lang faszinierten die Revolutionäre von 1848 die Ideen der Pariser Februarrevolution, und so entwickelten sie utopische Projekte mit dem Schwerpunkt auf Freiheit und Gleichheit. Sie schufen eine Nationalversammlung, verordneten Pressefreiheit, beendeten Sklaverei und Leibeigenschaft. In aufsehenerregenden Sitzungen diskutierten sie gemeinschaftliche Interessen und verfolgten demokratische Ideale. Das taten nicht nur die ungarischen Revolutionäre in Budapest, sondern auch die Vertreter gesellschaftlichen Aufbruchs in den anderen Regionen des österreichischen Kaiserreichs: die Rumänen in Siebenbürgen und im Banat, die deutschen Schwaben in der Vojvodina und in Timişoara, die Sachsen in Siebenbürgen und die Tschechen in Prag. Indem die radikalen Kräfte vom Aufruhr der Bevölkerung profitierten, versuchten die jakobinischen Anführer der ungarischen Revolution, sich von den Habsburgern zu lösen und einen unabhängigen Staat zu schaffen: eine freie Republik auf der Basis der Gleichheit. Durch dieses kühne Manöver setzten sie sich an die Spitze der 48er-Bewegung in ganz Ostmitteleuropa. Keine andere ethnische Gruppe äußerte ähnlich den Wunsch, mit der kaiserlichen Administration zu brechen.

Das alles fand vor dem Hintergrund statt, dass die nicht-ungarische Bevölkerung des Habsburger Reiches stark paternalistisch geprägt sei. Alle religiösen Glaubensrichtungen – seien sie katholisch, orthodox, griechisch-katholisch, jüdisch oder protestantisch, riefen zur Ehrfurcht gegenüber dem Kaiser in Wien und dessen kaiserliche Verwaltung auf. Die nicht-ungarischen Notabeln glaubten fest, dass eine Emanzipation ihrer „Nationalitäten" innerhalb der bestehenden Strukturen möglich sei, und zwar mit Hilfe und unter dem Schutz des Hauses Habsburg. Demgegenüber entwickelte sich die Sachlage in Ungarn in eine andere Richtung, zielte das ungarische Bestreben auf die Schaffung eines eigenen Nationalstaates. Doch selbst wenn die ungarische Intelligenz dem alten Paternalismus abschwor, bedeutete dies nicht, dass entsprechende Einstellungsmuster verschwanden.

Die 48er-Generation hatte auf ungarischer Seite nicht nur Frankreich zum Vorbild. Auch die USA dienten als Modell. Alexander Bölöni Farkas (Sándor Bölöni Farkas) war ein Schriftsteller aus Siebenbürgen, ein Szekler. Sein Journal über die *Reise nach Nordamerika* (1835) fand im ungarischen Lesepublikum weithin Aufmerksamkeit. Selbst Graf István Széchenyi (1791–1860)[3], der einflussreiche Nationalreformer, äußerte sich begeistert. Das Buch sollte die von der ungarischen Intelligenz 1848 vorgeschlagenen

---

3 A. Urban, 'Agitáció a magyar köztársasá- gert 1848–1849 ben' ('The Movements for the Proclamation of the Hungarian Republic in 1848–1849', *Századok* (Review of the Hungarian Historical Society), vol. 2 (1999), pp. 221–252. Vgl. auch Alexandru Farkas Bölöni, *Utazás Eszak Amerikában* (*Journey to North America*) (Cluj, 1835).

demokratischen Reformen vorantreiben. Aufschlussreich ist vor allem Bölönis Eintreten für die *Republik*. Deren Begründung fand bei Széchenyi besondere Aufmerksamkeit. Bölöni schilderte Amerika als Land rasanter Entwicklung, gesellschaftlichen Aufstiegs und politischer Freiheiten. Was er an Amerika an erster Stelle bewunderte, war die Herausbildung einer republikanischen Gesellschaft, deren Gesetzgebung allen „weißen Bürgern" gleichen Zugang zur Wahlurne ermöglichte. Die „Reise nach Nordamerika" wurde so zu einem wahren Handbuch der Demokratie für die ungarischen Vertreter der 48er-Revolution.

Auch Sándor Petöfi (1823–1849), der ungarische Dichter und Revolutionär, setzte sich für die Republik ein. In seinem „Journal" spielte er alle Möglichkeiten durch und äußerte sich überzeugt, dass in der nahen Zukunft die Republik zu verwirklichen sei. „Ich bin Republikaner mit Herz und Seele. Das war ich vom ersten Atemzug an und werde es bis zum letzten bleiben". An anderer Stelle äußerte er dieselbe Überzeugung: „Die Monarchie ist in Europa am Ende, und auch der Allmächtige kann sie nicht retten". Und doch schimmert eine Ambivalenz seines Denkens hervor. So heißt es etwa in seinem „Journal": „Die Monarchie ist wie eine Pflanze. Ihre Frucht ist die Republik". Äußerte sich hierin tatsächlich eine intellektuelle Abwägung oder gar einfach Ignoranz gegenüber den Unterschieden der beiden Regierungsformen? Petöfi war sich durchaus bewusst, dass das österreichische Kaiserreich sich nicht im Niedergang befand. So zielte Petöfi darauf ab, Debatten zu provozieren und die Öffentlichkeit an Ideen zu gewöhnen, die nach einer Weile in den Vordergrund rücken würden.

Innerhalb der ungarischen Debattenlandschaft war Lajos Kossuth (1802–1894) sicherlich die interessanteste Stimme. Er sparte nicht mit Kritik an den Habsburger Autoritäten. Dennoch, obgleich er zu den bekanntesten Befürwortern der ungarischen Revolution gehörte, blieb Kossuth immer der Idee der Legalität verbunden. Bewusst folgte er dem französischen Modell. Für ihn und seine radikalen Mitstreiter meinte dies, dass das Ziel der Revolution darin bestehen müsse, sich von Österreich unabhängig zu machen und eine ungarische Republik auszurufen. Das geschah tatsächlich am 15. März 1848, obwohl der Antimonarchismus erst seit September 1847 populärer war. Aufgabe des Landtages in Bratislava war es, den Übergang zu einer Regierungsform auf Basis einer geschriebenen Verfassung sicherzustellen. Nach Kossuths Auffassung musste eine von den Staatsbürgern frei gewählte Nationalversammlung die Regierungsform bestimmen. Lajos Kossuth war überzeugter Antimonarchist, aber das hinderte ihn nicht, die Situation seines Landes in den internationalen Kontext einzuordnen.[4] So weigerte er sich, die Erklärung der Unabhängigkeit mit der Verkündung der Republik zu verknüpfen. Und obwohl er die Symbolfigur einer republikanischen Regierung war, erachtete er den richtigen Moment für eine Konfrontation mit dem Kaiserreich noch

---

4 Lajos Kossuth, 'Nyelvkérdés' ('The Question of Language'), in *Válogatott Munkái* (*Selected Works*), hg. und eingeleitet v. Ferencz Kossuth (Budapest, s. d.), p. 65. S. auch id., Rede v. 14. April 1848, in *Öszes Művei* (*Complete Works*), hg. v. István Barta, vol. xv (Budapest, 1953).

nicht gekommen. Erst später, als er in die USA emigriert war, galt Kossuth als Führer der ersten ungarischen Republik.[5]

In den Reihen der ungarischen Intelligenz waren solch vorsichtige Einstellungen häufiger anzutreffen, schon aufgrund der privilegierten gesellschaftlichen Lage der Bildungseliten. István Széchenyi, ein offener Unterstützer der politischen Reformen, war mit dem politischen Denken Europas ebenso vertraut wie seine Mitstreiter an den Barrikaden. Doch er hielt nicht viel von theoretischen Positionen: Die Alternative zwischen dem Heiligen Stephan, dem Gründer des mittelalterlichen Königreichs Ungarn, und einer Republik bedeutete ihm wenig.[6] Er war sich der Notwendigkeit eines politischen Wandels bewusst, doch zugleich war er fest davon überzeugt, dass der Elan der Revolutionäre gedämpft werden müsste. Deren radikale Äußerungen und Handlungen verursachte in den von ihm frequentierten Kreisen großes Unbehagen. Letztlich spiegelte Széchenyis Einstellung – er gehörte u. a. zu den Gründern der ungarischen Akademie der Wissenschaften – die Einstellung eines Großteils des ungarischen Adels. Nach dessen Ansicht sollte die Aristokratie die politische Macht behalten, gleichgültig, wie die neue Staatsform heißen oder aussehen würde. Eine solche Einstellung war von der Kossuths weit entfernt und reflektierte die Ambivalenz des Politischen in diesem Teil Ostmitteleuropas: Einerseits gab es den quasi jakobinischen Diskurs, der wie Robespierre versuchte, demokratische Normen mit Gewalt durchzusetzen. Andererseits strebten die jungen aristokratischen Reformer danach, sich der Situation anzupassen und die eigene Macht zu behalten. Denn die hatten sie in ihrem Selbstverständnis von den großen mittelalterlichen Familien geerbt.

Beharren auf der ethnischen Grundlage des Staates und das Scheitern eines friedlichen Übergangs vom Absolutismus zum Verfassungsstaat

Was 1848 in Ungarn geschah, richtete sich nicht allein gegen die Habsburger. Die ungarischen Revolutionäre verkannten, dass ihre Emanzipation parallel lief mit den Emanzipationsbestrebungen der anderen Ethnien im Raum. Der rumänische und slowakische Nationalismus hatte dieselben Wurzeln wie der ungarische Nationalismus. Schon deshalb war es schwierig, eine Politik durchzusetzen, die sich gegen Wien wandte, die staatliche Unabhängigkeit forderte und auf den Vorrang einer einzelnen Sprache setzte. Die Unterordnung anderssprachiger Gruppen innerhalb des früheren ungarischen Königreichs hätte einen modernen, verwaltungsstarken Staat zur Voraussetzung gehabt. Doch der existierte nicht. So kam es zu einer hochkomplexen Bürgerkriegslage,

5 András Gergely, 'Kossuth nemzetiségpolitikája 1847–1853' ('Kossuth's Policy on Nationalities: 1847–1853'), *Tiszatáj*, vol. 9 (2002), pp. 78–84.
6 I. Széchenyi, *Napló (Journal)*, hg. v. Ambrus Oltványi (Budapest, 1978).

in der sich Serben und ungarische Intelligenz, Rumänen und ungarische Politik gegenüberstanden. Schon bald ersetzten romantische Vorstellungen und ethnisch-nationale Konzepte die Forderung nach demokratischer Selbstbestimmung. Um einen angeblichen Wiederaufbau des mittelalterlichen Königreichs ging es den ungarischen Akteuren. Das musste bei Rumänen, Kroaten und Slowaken antiungarische, antimagyarische und konterrevolutionäre Reaktionen hervorrufen.

Selbst die besten revolutionären Geister und Schriftsteller konnten die destruktiven Dynamiken des ethnonationalen Denkens nicht abwenden. Die Idee *kollektiver Identität* hatte bereits in den Jahren 1800–1840 immer mehr Anhänger gefunden – in der ganzen Region, nicht nur bei den Ungarn. So kam es zu einem für die Intellektuellen höchst attraktiven Wettbewerb auf der Suche nach den „Ursprüngen" des „eigenen Volkes". Im Ergebnis entzündeten sich die Geister von 1848 immer mehr. Die Pflege der Sprache, die Betonung von kultureller Differenz, die Abgrenzung von den „Fremden" stärkte die Position der Intellektuellen und verengte gleichzeitig das Konzept von der Nation. Insofern folgten die Intellektuellen Ostmitteleuropas 1848 gerade nicht dem Beispiel ihrer revolutionären Genossen im Westen. Ihre Bestrebungen entsprachen weder den Ideen noch den gesellschaftlichen Vorstellungen noch den politischen Zielen der Politiker im Westen. Das romantische Denken, die Suche nach Identität überstrahlte jeden Kosmopolitismus, wie er noch während der Aufklärung vorgeherrscht hatte. Während in den Jahren vor 1848 das französische Revolutionsmodell die gesellschaftliche Emanzipation und die bürgerliche Gleichstellung in den Mittelpunkt gestellt hatte, erwies sich 1848 das deutsche Gegenmodell als erfolgreich: also das Streben nach kollektiver Emanzipation durch ein sogenanntes *Nationalvolk*. Mit der nationalen Propaganda gelangten die kosmopolitischen Zielvorstellungen und Menschenrechtskonzepte in den Hintergrund. Ein irrationaler, kollektivistischer Diskurs trat an die Stelle von Ideen harmonischen Zusammenlebens und gegenseitiger Anerkennung, wie es der österreichischen Staatsidee lange entsprach. Einmal mehr war der gesellschaftliche Fortschritt aufgehalten, weil eine herrschende Minderheit ihren gesellschaftlichen Vorrang auf die Zugehörigkeit zu ein- und demselben ausgewählten Volk zurückführte.

Die Niederlage der ungarischen Revolutionäre stoppte den Vormarsch der radikalen Intelligenz. Übrig blieben Kontroversen um die ungarische Politik und deren Verhältnis zum Kaisertum. Zugleich erhielten sich zentrale Elemente feudaler Sozialordnung, die nach wie vor die gesellschaftlichen, wirtschaftlichen und politischen Sphären beherrschten. 1848 bewies, dass die Strukturen des altimperialen Kaiserreichs nicht so fest und tief verwurzelt waren wie angenommen. Die Wiener Aristokratie sah sich zur Seite gedrängt, während bürgerlich-intellektuelle Gruppen in den Städten an Einfluss gewannen. Gleichzeitig sah sich Wien vom ungarischen und tschechischen Adel herausgefordert. Konsequenterweise konnte das Wiener Machtmonopol nur sichergestellt werden, wenn es der dort herrschenden Klasse gelang, eine strikte administrative Ordnung durchzusetzen. In dieser Situation unterstützten die großen Adelsfamilien des österreichischen Kaiserreichs eine neoabsolutistische, strikt von Wien kontrollierte Herrschaft. Man kann diese Rückwendung in Richtung monarchischer Herrschaft als

Vorsichtsmaßnahme interpretieren. Die Folgen dürfen aber nicht außer Acht gelassen werden. Dazu zählten die Spannungen zwischen Alt und Neu, die vertieften Gräben zwischen den Gesellschaftsschichten und die ideologische Aufladung der Politik. Indem der Neoabsolutismus zugleich Elemente der Forderungen vor 1848 aufgriff, vor allem im Wirtschaftsbereich, stimulierte er das Wirtschaftsgeschehen, modernisierte er die Verwaltung und förderte er die Herausbildung einer modernen Bourgeoisie als gesonderte soziale Gruppe.

Trotz des staatlichen Misstrauens gegenüber allem Neuen – erkennbar an der übertriebenen bürokratischen Kontrolle der Zeit – hat die kaiserliche Administration am Ende eine liberale Entwicklung gefördert. Ziel war die Rückkehr zur Normalität. Deshalb drängte Wien den Ethnonationalismus zurück, denn zweifellos erschwerte er das friedliche Zusammenleben der unterschiedlichen Sprachgruppen. Die Monarchie symbolisierte nach 1848 die einzige Kraft innerhalb des ostmitteleuropäischen Raumes, die in der Lage war, die kollektivistischen, ideologisch aufgeladenen Überhöhungen zurückzudrängen und einen Bürgerkrieg zu verhindern. Diese Beurteilung drängt sich umso mehr auf, wenn wir die lange Dauer der Geschichte ins Auge nehmen (Balkankriege, Erster Weltkrieg, Zweiter Weltkrieg, …).

Der in Ungarn geborene französische Historiker und Politikwissenschaftler François Fejtö vertritt eine ganz andere Ansicht. Ausgehend von Jean-Michel Leclercqs These, wonach der Nationalismus das Scheitern des friedlichen Übergangs vom Absolutismus zum Verfassungsstaat symbolisiere, argumentiert Fejtö, dass das österreichisch-ungarische Kaiserreich des neunzehnten Jahrhunderts in hohem Maße von der beschriebenen Entwicklungsschwäche betroffen war. Als Gegenbeispiel nennt er die Schweiz. In Fejtös pessimistischer Deutung des Untergangs des Habsburger Reiches (*Requiem pour un empire défunt: Histoire de la déconstruction de l'Autriche-Hongrie*[7]) argumentiert Fejtö, dass die absolutistische Herrschaftsordnung und die Unterdrückung der nationalen Emanzipationsbestrebungen eine nationalistische Ideologie freigesetzt hätten, welche die Einzelnen nicht mehr als menschliche Wesen anerkannt habe, sondern sie allein durch die ethnische Herkunft bestimmt sah. Es war, so Fejtö, diese Ausgangslage, die zu einer Reorganisation der Monarchie entlang ethnischer Prinzipien geführt habe anstelle universalistischer Prinzipien.

Freilich unterstellt diese Deutung, dass die Gesellschaften Ostmitteleuropas sich bereits von feudaler Unterdrückung befreit hätten und die Herrschaft des Adels beendet gewesen sei. Doch für die betrachtete Region gilt das alles nicht. Im Vergleich mit Westeuropa war der Alphabetisierungsgrad viel geringer, und das gilt selbst für Ungarn und Tschechien. Adel und revolutionäre Intelligenz hatten eine Vielzahl gemeinsamer Interessen, sodass es zur Kooperation und stillschweigenden Akzeptanz beider

---

7 François Fejtő, *Requiem pour un empire défunt: Histoire de la déstruction de l'Autriche-Hongrie* (Paris, 1992).

privilegierter Gesellschaftsgruppen kam. 1848 formte sich die neue Allianz zur Revolte gegen das Kaiserreich um.

Das politische Denken und die sozialen Strukturen sind ganz generell immer aufeinander bezogen. Jede ausreichend komplexe Analyse muss dies berücksichtigen. Für unsere Region meint dies, dass wir den wirtschaftlichen Rückstand in Betracht zu ziehen haben und die vielfach vormodernen Strukturen. Nur wenn wir all dies berücksichtigen, sind wir in der Lage, die Frage zu beantworten, an wen sich die achtundvierziger Politiker wandten.

Wer immer Interesse an der Revolution von 1848 in Ostmitteleuropa hat, wird rasch feststellen, wie wenig sich die 48er-Revolutionäre für eine moderne politische Kultur einsetzten, vergleichbar jener in England und Frankreich. Allenfalls bei einigen wenigen bevorteilten Söhnen des Adels, welche Gelegenheit erhalten hatten, an westlichen Universitäten zu studieren, lässt sich eine gewisse Aufmerksamkeit gegenüber modernem politischem Denken finden. (Viel typischer war bei den führenden Familien der Region dagegen ein ausgeprägter Elitenkult, eine Verehrung der eigenen Ahnenreihe und ein tief sitzendes Überlegenheitsgefühl gegenüber den Massen.) Fejtös Thesen greifen nur dann, wenn wir herausarbeiten, dass die nationalistischen Losungen das liberale Denken von Beginn an verdrängten. Zahlreiche Dokumente belegen, wie die radikale Intelligenz den Ethnonationalismus anstelle des liberalen Denkens beförderte. Und nach 1848 hat sich all dies noch verstärkt.[8]

Fejtös schematische Interpretation wird dadurch angreifbar, dass er den (Neo-)Absolutismus und den Nationalismus auf dieselbe Ebene stellt. Zweifellos ging es ihm darum, der kaiserlichen Verwaltung ein extrem negatives Image zuzuschreiben. Doch trotz aller bedenklichen Aspekte – darunter der Aufrechterhaltung alter Privilegien und der sozialen Ungleichheit, trotz des Zentralismus und des Fehlens moderner ökonomischer Institutionen – hatte das habsburgische Kaisertum auch positive Seiten, so etwa die Förderung der Alphabetisierung, die Stärkung der interregionalen Kommunikation, die Modernisierung der Städte und die Herausbildung einer zivilen Elite, ohne die eine politische Emanzipation und die Formulierung liberaler Ideen nicht erreichbar gewesen wären. Auch vor dem Hintergrund der Akzeptanz ethnonationalistischer Ideologien am Ende des neunzehnten Jahrhunderts trug die kaiserliche Administration zur Herausbildung moderner Werte bei, etwa durch angemessene lokale Verwaltungsstrukturen oder Bildungsanstrengungen für eine beeindruckende Zahl von Menschen.[9] Der monarchische Absolutismus war damals nicht einzigartig, aber er verzögerte doch

---

8 Vgl. Victor Neumann, 'Intercultural Pedagogy as an Alternative to a Monoculturally Oriented Education: The Case of Romania', in Kenneth Cushner (Hg.), *International Perspectives on Intercultural Education* (Kent, Ohio, 1998).
9 Victor Neumann, 'Die bürgerliche Kultur in Siebenbürgen und im Banat: Die Rolle Temeswars in den politischen Umgestaltungsprozessen von Dezember 1989', *Halbjahresschrift für südosteuropäische Geschichte, Literatur und Politik*, vol. 11, Nr. 1 (1999), pp. 38–51.

in Teilbereichen die notwendige Modernisierung. Als ein Manko innerhalb der gesamten Monarchie kann man das Fehlen einer die verschiedenen Ethnien übergreifenden Kulturpolitik betrachten. Ganz bewusst hätte sie ein kosmopolitisches Paradigma verfolgt können und das Deutsche als alle Ethnien verbindende Zweitsprache zu etablieren vermocht. Sicherlich, Operetten (wie zum Beispiel *Die Fledermaus* des Wiener Komponisten Johann Strauss des Jüngeren), schufen ebenso einen gemeinsamen kulturellen Referenzrahmen wie die Literatur, aber diese Basis blieb doch dünn. Meine Hypothese ist demnach, dass das preußische Modell eines national orientierten „Sonderweges" immer mehr Anhänger in den habsburgischen Provinzen fand und das alt-imperiale, österreichische Modell einer bewussten Vielfalt immer mehr zurückdrängte, ja, schließlich obsiegte. Während in der Phase der Aufklärung die Vertreter der ostmitteleuropäischen Länder nach Wien schauten und von dort ihre Inspirationen erhielten, richteten sich die Blicke seit 1848 zunehmend auf Berlin. Was war der Grund für diese veränderte Rezeption westlichen Denkens? Wir beobachten eine Abkehr von kosmopolitischen Vorstellungen – wie wir sie in Phasen des Selbstbewusstseins und der Entspannung im habsburgischen Kaiserreich beobachten können – hin zu einer entschiedenen Suche nach ethnischer Identität und Eindeutigkeit, ganz im Sinne von Herders und Hegels Spekulationen oder Treitschkes Geschichte.

Viele der publikumswirksamen Werke dieser Zeit, seien sie literarisch, historiografisch oder philosophisch angelegt, nahmen nicht mehr das Individuum in den Blick, sondern richteten ihr Ideal auf das Kollektiv. Dies erklärt nicht nur die ideologisch aufgeladenen Debatten und Gruppenbildungsprozesse, sondern auch die zahlreichen mentalen Verwirrungen seitens des unzureichend gebildeten Publikums. Für den ostmitteleuropäischen Kulturraum gibt es nur zu viele Beispiele einer Instrumentalisierung der Vergangenheit für Propagandazwecke. Daraus entstanden Vorurteile mit schlimmen Konsequenzen für das politische Denken in den letzten 150 Jahren. Männer wie der Historiker František Palacký und der Politiker und Philosoph Tomáš Masaryk haben die Hussitenbewegung als eine erste Manifestation des Nationalismus gefeiert. Dasselbe Interpretationsmuster findet sich in der ungarischen Romantik. Hier deutete man die adligen, antiabsolutistischen Revolten von Emmerich Graf Thököly und Fürst Franz II. Rákóczi als wahre nationalistische Revolutionen. In der rumänischen Geschichtsschreibung haben viele Historiker die Aufstände von Horea und Cloșca als nationale Erhebung beschrieben, während in Wirklichkeit es sich um ein gesellschaftliches Aufbegehren gegen das Feudalsystem handelte.[10]

Angesichts eines ideologischen Hintergrundes, der eine abgewogene, rationale Betrachtung der geschichtlichen Vergangenheit erschwerte, bauten sich im kulturellen Leben Spannungen auf, die das Zusammenleben der Sprachgruppen erschwerten. Diese Spannungen spiegelten sich auch im politischen Denken der Zeit wider. Freilich, neben diesen ethnonationalistischen Positionen finden wir auch ganz andere Denkweisen,

---

10 See D. Prodan, *Răscoala lui Horea* (*The Uprising of Horea*) (Bukarest, 1979), pp. 13–85.

vor allem in der bürgerlichen Kultur der Städte, die offen waren gegenüber modernen Tendenzen. Außerdem beschäftigte viele Intellektuelle die Debatte um ein föderales politisches System. Letztlich ist es diese Überlagerung verschiedener politischer Bestrebungen, welche Ostmitteleuropa von Südosteuropa abgrenzte. Die Werte der westlichen Zivilisation spielten in allen vom Habsburger Reich kontrollierten Regionen eine wichtige Rolle, auch wenn sie nicht überall in derselben Weise angeeignet wurden. Das erklärt, warum ein großer Teil der Intelligenz, selbst nach Vollendung der nationalstaatlichen Absonderung, das Habsburger Reich wertschätzte: etwa in Hinblick auf die Wirtschaftsförderung, auf die Herausbildung regionaler, europäisch geprägter politischer Strukturen oder auch mit Verweis auf die Vervielfachung und Modernisierung der Städte.

Eine vergleichende Rückschau auf die beiden großen Tendenzen, die das österreichische Kaiserreich charakterisiert haben, Aufklärung und Herausbildung der Nationalismen, drängt die Frage auf, ob der Emanzipationsprozess nicht zu spät begann und damit jene Widersprüche in sich aufnahm, die dem romantischen Denken zu eigen waren. Letztlich führen zahlreiche Studien von Geschichtswissenschaftlern, Soziologen und Politologen zu der Überzeugung, dass die Verbindung von Aufklärung und romantischen Prinzipien für viel Verwirrung in der Region sorgte. Die Rezeption der französischen und englischen Neuerungen erfolgte nicht nur verspätet, sondern zugleich über den Umweg durch die deutsche Kultur, damit aber verzerrt und ethnisch-national aufgeladen.[11] Ergänzen müssen wir das Bild einer verspäteten und um Identität ringenden Region mit der Beobachtung zeitlichen Wandels. Denn dem Aufflackern ethnonationalistischer Gefühle folgten auch immer wieder Phasen transnationaler Offenheit. Einerseits sahen sich die Schriftsteller, Bildhauer und Musiker als Vertreter und Propagandisten des aufkommenden „Volksgeistes": Chopins und Liszts Musik können in dieser Hinsicht als Emanation polnischer und ungarischer Volkskultur gedeutet werden? Dasselbe gilt für die Kriegslieder, die während der Rheinkrise von 1840 in Frankreich und Deutschland komponiert wurden. Auch für die Gemälde, welche den napoleonischen Eroberungsgeist feierten![12] Andererseits finden wir bei den Zeitgenossen kosmopolitische Hoffnungen, welche die Möglichkeit gaben, das Fremde wahrzunehmen, anzuerkennen und den engen Horizont einer einzigen Identität zu überschreiten. Die Vielfalt der Sprachen und Sprachgemeinschaften, die Offenheit gegenüber kulturellen Sonderheiten prägten die Gelehrtenrepublik der Aufklärung. Und diese Offenheit blieb auch in der Folgezeit eine Hoffnung, die immer wieder emporstieg und sich in den Vordergrund der intellektuellen und politischen Szene schob.

Die politische Elite Ungarns von 1848 imaginierte das moderne Ungarn als selbstständigen Staat außerhalb des österreichischen Kaiserreichs. Auch nach der Revolution

11 F. O. Salzberger, *Translating the Enlightenment: Scottish Civic Discourse in Eighteenth-Century Germany* (Oxford, 1995).
12 S. Berstein and P. Milza, *Histoire de l'Europe* (Paris, 1992).

blieb das Verhältnis zu Wien im Mittelpunkt der politischen Debatte der ungarischen Intellektuellen. In dieser Zeit stellte Alexander von Bach (1849/1852–1859) das Reich mithilfe der Armee ruhig, baute es in einem konservativ-zentralistischen Sinne um. József Eötvös und Ferenc Deák passten das ungarische Denken den neuen Gegebenheiten an. Der Ausgleich mit Österreich versprach eine Lösung sowohl aus ungarisch-ethnonationaler Sicht als auch aus Sicht einer erwünschten aristokratischen Vorherrschaft: Die 1867, nach der Niederlage gegen Preußen, errichtete Doppelmonarchie erfüllte viele ungarische Wünsche zugleich. Es gab zwei Regierungen, zwei Hauptstädte, zwei Territorialverwaltungen, während Verteidigung und Außenpolitik zusammengeführt wurden. Architekt des österreichisch-ungarischen Ausgleichs war Ferenc Deák. Er wusste um Ungarns Verletzlichkeit, sah, dass die ungarische Nation viel zu klein war, um allein zu überleben. Den Idealen der Achtundvierziger suchte er eine Dosis Realpolitik hinzuzufügen. 1848 hatte bewiesen, dass im Donaubecken viele unterschiedliche Sprach- und Religionsgemeinschaften Selbstbestimmung forderten. Deshalb war eine ungarische Führungsrolle nur durch eine Zusammenarbeit mit Wien erreichbar.

Die Illusion eines Ungarns, das die mittelalterlichen Grenzen umfasste, erwies sich als kontraproduktiv, weil der Versuch, eine unabhängige „ungarische Nation" 1848 zu schaffen, nichts anderes bedeutete als die Konfrontation mit den anderen sich herausbildenden Nationen, mit den Kroaten, den Slowaken, auch den Rumänen.[13] Das Habsburger Reich beruhte auf einer nicht-nationalen Grundlage. Seit Ende des achtzehnten Jahrhunderts hatte es verstanden, dass es nur überleben könne, wenn es eine plurale Entwicklung ethnischer und religiöser Gruppen akzeptierte. Demgegenüber setzte das Denken der ungarischen Elite auf die Idee einer einzigen nationalen Identität, und entsprechend handelten die ungarischen Verantwortlichen. Bemerkbar machte sich diese Herangehensweise etwa in einer Politik der Assimilation, die, ohne offen zu diskriminieren, die ungarische Innenpolitik der Jahre zwischen 1867 und 1914 prägte. Opfer dieser politischen Herangehensweise war Ungarn selbst ebenso wie das Kaiserreich. Denn dies scheint mir offensichtlich, die Assimilationspolitik schwächte im Verlaufe des 19. Jahrhunderts die Grundlagen des monarchischen Systems. 1848 konnte sich das Kaiserreich aufgrund günstiger Umstände noch einmal retten. 1867 war Wien gezwungen, einen Kompromiss mit Budapest einzugehen. Gleichzeitig stieg Preußen zum Repräsentanten der deutschen Staaten und Kultur auf.

Baron József Eötvös (1813–1871), einer der wichtigsten politischen Denker seiner Zeit, ließ sich durch die Achtundvierziger allerdings nicht vereinnahmen. Er kritisierte deren groß angelegte, indes unvollständige Programme ebenso wie deren Provokationen gegenüber den anderen Nationalitäten. Er verließ die Regierung unter Graf Lajos Batthyána schon im April 1848, als er das Gefühl hatte, das Geschehen gerate aus den Fugen und seine Mitstreiter verfolgten eine falsche Richtung. Einige Jahre vor den

---

13 B. Jelavich, *History of the Balkans* (Oxford, 1997). See also István Bibó, *A kelet-europai kisállamok nyomorusága*, zitiert aus der französ. Ausg., *Misère des petits états d'Europe de l'Est* (Paris, 1981).

Ereignissen von 1848 hatte Eötvös eine Schrift über die jüdische Emanzipation angefertigt, die er 1842 in Pest auf Ungarisch und Italienisch drucken ließ. Mit der Reife
seiner Darlegung beeindruckte der Autor die politische Öffentlichkeit in ganz Europa.
Im Münchner Exil in den 1850er Jahren verfasste Eötvös zwei bedeutende Werke: *Über
die Gleichberechtigung der Nationalitäten in Österreich* (1850) sowie *Der Einfluss der
herrschenden Ideen des 19. Jahrhunderts auf den Staat* (1851–1854)[14]. 1860 kam er nach
Ungarn zurück und nahm zusammen mit Ferenc Deák an den Verhandlungen mit Österreich teil. Nach Errichtung der Doppelmonarchie 1867 wurde er zum Bildungsminister
ernannt, eine Position, in der er liberale Reformen auf den Weg brachte. Doch diese
wurden von der reaktionären ungarischen Verwaltung in den anderen Ministerien
systematisch sabotiert und nie umgesetzt.[15] Eötvös suchte Lösungen im Zielkonflikt
von Freiheit und Gleichheit für alle Bürger. Er kämpfte gegen die Diskriminierung religiöser und kultureller Minderheiten und sah sich den Vernunftideen der Aufklärung
verpflichtet. Doch für eine solchermaßen liberale und die Vielfalt der Menschen aner-
kennende Politik war es bereits zu spät. Längst hatten sich die einfachen, scheinbar so
effizienten Losungen seiner gleichaltrigen Politikerkollegen durchgesetzt.

Divergenz und Kompromiss: Föderalisierung als Ausweg?

Im Rahmen einer vergleichenden Analyse der Entwicklung des politischen Denkens
in Ostmitteleuropa zeigte István Bibó, dass die ungarischen Politiker nach 1848 zwei
Schlussfolgerungen aus ihrem Scheitern während der Revolution zogen, und zwar mit
langfristigen Konsequenzen für ganz Europa: Erstens, Ungarn war nach ihrer Ansicht
im Kampf um Unabhängigkeit von Europa alleingelassen worden, ganz anders als Polen
etwa. Zweitens, die nicht-ungarischen Bewohner des Landes würden auch in Zukunft die
demokratischen Freiheiten dazu benutzen, um ihre eigenen politischen Institutionen
und autonomen Territorien einzuklagen. [Wie das die Serben 1848 ja auch gemacht
hatten.] Konsequenz aus dieser Sachlage war die Option für die Doppelmonarchie und
die Entscheidung zur Einschränkung der Entfaltungsmöglichkeiten jener Gruppen,
die ein eigenes historisches und gemeinschaftliches Bewusstsein entwickelt hatten.
Deshalb blieben die von Eötvös vorgeschlagenen Reformen wirkungslos. Gleichzeitig
kam es zu einem Aufstieg nationalistischer Bestrebungen in allen östlichen Regionen
der österreichisch-ungarischen Monarchie. Siebenbürgen verlor seine Autonomie.
Ähnlich gestaltete sich die Situation im Banat und in der Vojvodina. Bis 1860 bildeten

---

14 *A XIX. század uralkodó eszméinek befolyása az álladalomra* (Vienna und Pest, 1851, 1854).
15 See József Eötvös, *Über die Gleichberechtigung der Nationalitäten in Oesterreich (On the Equal Rights
of the Nationalities in Austria)* (Pest, 1850). Vgl. auch das erste Büchlein, von Eötvös über das Nationalitä-
tenthema: 'A zsidók emancipátioja' ('The Emancipation of the Jews'), *Budapesti Szemle*, vol 1, Nr. 2 (1840).
Hierzu s. auch Victor Neumann, Kapitel 15 in diesem Band.

sie noch eine administrative und politische Einheit. Unter dem Namen Woiwodschaft Serbien und Temeser Banat unterstanden sie bis 1860 direkt Wien.

Eigentlich gehört die Idee eines unabhängigen Staates bis ins 19. Jahrhundert hinein nicht zum Ideenvorrat ungarischer Geschichtserzählung. Dasselbe gilt für das Konzept des Nationalismus. Was Modernisierung wirklich bedeutete, diese Frage behandelten große Theoretiker wie István Széchenyi, József Eötvös und Ferenc Deák in ihren Schriften. In Ostmitteleuropa sahen sie als erste die Notwendigkeit zu grundlegenden Veränderungen des institutionellen Systems. Während Széchenyi die Betonung auf das Soziale legte, fokussierte Eötvös sein Denken auf die Funktion des Staates. Beide bekannten sich zu Reformen, beide lehnten autoritäre Eingriffe ab. Ihre Hoffnungen wurden im zwanzigsten Jahrhundert von einigen brillanten Denkern wiederaufgegriffen. Genannt seien: Endre Ady, Oszkár Jászi, József Atilla, Imre Csecsy, István Bibó. Doch viele Zeitgenossen von Széchenyi und Eötvös überforderte deren offenes Denken.

Ferenc Deák selbst vertrat einen politischen Liberalismus, der wichtig gewesen wäre – im politischen Leben, aber nicht zum Tragen kam. Stattdessen setzte sich ein mit den Ideen Herders und Fichtes eng verbundener, selbstbezogener romantischer Nationalismus durch. Im Mittelpunkt stand dabei die Idee einer nationalen Seinhaftigkeit, wie sie Sandor Petöfi und Lajos Kossuth vertraten. Gleichheit, Freiheit und Demokratie verloren in diesem Kontext an Bedeutung. Sicherlich lässt sich argumentieren, dass die auf der Idee des *Volksgeistes* beruhende nationale Propaganda auch einige dynamische Elemente aufwies, die auf Modernisierung zielten. Doch vorrangig finden wir Attribute eines „geschlossenen Nationalismus",[16] wie man sie in der Politik des defensiv angelegten staatlichen Nationalismus in Ungarn während der Regierungszeit von István Tisza (1861–1918) wiederfindet. Die Affäre von Tiszaeszlár 1882–1883 (eine offizielle Ritualmordanklage gegen jüdische Mitbürger) spiegelte trotz des Freispruchs für die Angeklagten den höchst lebendigen Antisemitismus rechter politischer Kreise wider. Während der Jahrtausendfeier von 1896 zeigte sich ein erschreckender kollektiver Narzissmus. Damit sind indes nur zwei Beispiele für ein politisches Denken angeführt, das noch immer stark von feudalen Einflüssen geprägt war.[17]

„Die heilige Sache", der sich Ministerpräsident István Tisza seit seiner Jugend widmete, war tatsächlich nichts anderes als der Nationalismus. Drei Jahrzehnte lang prägte dieser seine politische Karriere. Und es war diese Obsession, die eine angemessene Wahrnehmung der politischen Gegebenheiten und der zu einem bestimmten Zeitpunkt verfügbaren Optionen behinderte. Sein ausgeprägtes Selbstbewusstsein faszinierte viele und veranlasste sie, seinem politischen Denken und Handeln zu folgen.

---

16 M. Winock, *Nationalisme, fascisme, antisémitisme en France* (Paris, 1990).

17 Zu Détails s. Jenő Szűcs, *Nation und Geschichte: Studien* (Köln, 1981); István Zimonyi, 'The Concept of Nation as interpreted by Jenő Szűcs', in *Forms of Identity: Definitions and Changes* (Szeged, 1994), pp. 1–8. Vgl. P. Hanák, *Ungarn in der Donaumonarchie (Hungary in the Dual Monarchy)* (Budapest, 1984); id., *A dualizmus korának történeti problémái (Historical Problems of the Dual Monarchy)* (Budapest, 1971).

Sein leidenschaftlicher Nationalismus ermöglichte zugleich eine Rückbindung an liberale ungarische Traditionen.[18] Gleichwohl überwogen seine Vorbehalte, wenn es um kulturelle oder sprachliche Vielfalt ging. Die Hinwendung zum Konzept des *Volksgeistes*, welche die Budapester Regierung von Tisza auszeichnete und später auch immer wieder zum Vorschein kam, kann als Reaktion auf den internationalen Kontext imperialer Machtausdehnung erklärt werden. Ende des 19. Jahrhunderts wandten sich zahlreiche europäische Staaten gegen die Idee einer nationalen Emanzipation. Doch einmal mehr entzündete diese Politik gerade deshalb den Ethnonationalismus – in unserem Kontext bei den nicht-ungarischen Bewohnern der östlichen Hälfte des Habsburger Reiches. Das von Tisza gepflegte Gefühl einer natürlichen Überlegenheit der Ungarn gegenüber den Nachbarn breitete sich Ende des 19. Jahrhunderts immer stärker in der ungarischen Intelligenz aus. Selbst Endre Ady (1877–1919), ungarischer Schriftsteller, dessen literarisches und journalistisches Werk einen offenen und toleranten Geist spüren lässt, war in seiner Jugend von Tiszas nationalistischen Losungen beeindruckt.

Unter diesen Voraussetzungen wurde es höchst schwierig, den Vertrag von Trianon zu akzeptieren (4. Juni 1920: Anerkennung der veränderten Grenzziehung nach der Niederlage im Ersten Weltkrieg). Aus ungarisch-nationalistischer Perspektive stand Trianon für den Verlust jener Territorien, welche „jahrhundertelang zu Ungarn gehört hatten". Das kollektive Trauma des ungarischen Nationaldiskurses ist später mit dem Begriff des „Trianon-Syndroms" bezeichnet worden. Den Politikern des ungarischen Staates seit 1920 gelang es nicht, die neue geopolitische Lage anzuerkennen und positive Beziehungen zu den Nachbarstaaten aufzubauen. Letztlich verhinderten so die Verantwortlichen selbst ein angemessenes Lernen aus den Fehlern der Nationalitätenpolitik in den Jahren der Doppelmonarchie. Gleichzeitig – das hat István Bibó herausgearbeitet – waren sie dadurch nicht in der Lage, die Situation angemessen zu beschreiben. Dies nämlich hätte notwendig gemacht, zwischen der „selbstbestimmten Herausbildung nichtungarischer Nationalstaaten" und der „problematischen Abtrennung ungarisch-sprachiger Grenzregionen" zu differenzieren.

Sehen wir uns den Sachverhalt im Detail an, um herauszuarbeiten, welche politischen Konzeptionen die ungarische Politik im Umfeld des Ersten Weltkrieges entwickelte. Während die wirtschaftliche und militärische Lage Ende des Krieges immer schwieriger wurde, verharrte Budapest in aufwendigen Diskussionen bei der Frage, wie den Nationalitäten entgegenzukommen sei. Viel Raum nahmen die Debatten in der Budapester Verwaltung und in der Presse ein und stahlen der politischen Klasse Zeit für wichtige politische Entscheidungen. Vor diesem Hintergrund gewann der Föderalismus immer weniger Akzeptanz, während der Ethnonationalismus zusätzlichen Auftrieb erhielt. Während die tschechischen Intellektuellen zu dieser Zeit hofften, einen eigenständigen Staat aufbauen zu können, verzichtete das nationalistische Fieber in

---

18 G. Vermes, *István Tisza: The Liberal Vision and Conservative Statecraft of a Magyar Nationalist* (New York, 1985).

Ungarn auf die Vorstellung von einer ungarischen Unabhängigkeit. Die meisten politischen Gruppen im ungarischen Parlament wollten keinerlei Abkehr von der Doppelmonarchie. Nur so lässt sich verstehen, warum die ungarischen Parlamentarier am 22. Oktober 1918 die Unabhängigkeitserklärung ablehnten, wie sie von Mihály Károly formuliert worden war. Zu dieser Zeit gab es aber in der Tat nur eine einzige Option, um die Massen zu beruhigen: die Einsetzung einer volksnahen Regierung und die Verkündigung der dringend notwendigen Reformen. Die progressiven Elemente der ungarischen Öffentlichkeit unterstützten Károly darin. Und wären die Neuerungen umgesetzt worden, hätte die ungarische Geschichte einen anderen Verlauf genommen. So jedenfalls hat Oskár Jászi argumentiert.[19]

Oskár Jászi war nicht einfach ein politischer Denker, sondern zugleich eine Persönlichkeit, die in die Vorgänge selbst involviert war. Er war anfangs Anhänger des Föderalismus und setzte sich später für einen grundlegenden Wandel im Verhältnis zu den Nationalitäten unter ungarischer Herrschaft ein. Er sah das grundsätzliche Dilemma schon zu Beginn des Jahrhunderts, formulierte seine Warnungen aber vor allem während des Ersten Weltkrieges: Dem Kaiserreich, so seine Analyse, waren die Grundlagen entzogen. Jede Demokratisierung würde die Nationalitäten darin anstacheln, ihre eigenen nationalen Ideen zu verfolgen. Daher erinnerte er nostalgisch an Kossuth und die 1848 entwickelte Konzeption einer Konföderation von Ungarn, Serben und Rumänen. Jászi ging es dabei um die Sicherung einer geopolitischen Konstellation, die zwischen dem deutschen und dem russischen Machtbereich einen Ausgleich schuf.[20] Freilich, die Frustration der unteren und sozial benachteiligten Gesellschaftsschichten machte alle innovativen geopolitischen Überlegungen der Intelligenz zunichte. 1918/1919 dominierte ein revolutionärer Geist in vielen Teilen der Gesellschaft. Die Bevölkerung Budapests beklagte die übermäßigen Menschenverluste und sah die Ungerechtigkeiten des Krieges. In der Konsequenz erwartete sie radikale Reformen.

Der unter dem Einfluss der Oktoberrevolution in Russland stehende bolschewistische Ansturm und die anschließende Errichtung der proletarischen Diktatur in Budapest lässt sich als eine der Konsequenzen des Konflikts von Ideen erklären, der Ungarn handlungsunfähig machte. Das zweite verhängnisvolle Ergebnis der ungarischen Politik vor 1918 war der Ethnizismus. Aus ihm erklären sich die antiliberale Politik, die fehlende Toleranz, die ungarische Überhöhung des Christentums und die Verachtung gegenüber der jüdischen Religion. Die Kultivierung der reinen Ethnizität sollte die kapitalistische Korruption brechen. All diese Tendenzen zeigten sich in den 1920er Jahren und dominierten den politischen Diskurs bis zum Beginn des Zweiten Weltkrieges. Namhafte Historiker und Romanciers, wie zum Beispiel Gyula Szekfü oder Dezsö Szabo, stachelten die ungarische Selbstbezogenheit an. Doch, was war der Grund für diese Hinwendung zum Rassismus? Die in Australien lehrende Historikerin Vera Ránki hat argumentiert,

---

19 See O. Jászi, *Revolution and Counterrevolution in Hungary* (New York, 1969).
20 *Ibid.*

dass es keinen verwurzelten Rassismus in Ungarn gegeben habe, trotz der von den zukünftigen faschistischen Führern Gömbös und Szálasi verwendeten Naziterminologie. Das ungarische Bürgertum sei maßgeblich geprägt gewesen durch die Erziehung in den Jahren der Doppelmonarchie. Diese Jahre waren frei von rassistischen Versuchungen. Und die gesellschaftlichen und ideologischen Probleme seien in anderen Kategorien erfasst worden als der der Rasse.[21] Ich selbst möchte eine zu Ránki alternative Argumentation vorschlagen. Zwar ist richtig, dass die Mittelschichten im 19. Jahrhundert und Anfang des 20. Jahrhunderts die gesellschaftliche Emanzipation mittrugen. Aber sie blieben doch unbedeutend im Vergleich mit der Intelligenz, die aus ländlichen Gebieten stammte und in einem merklichen Aufstieg begriffen war. Angeführt in diesem Zusammenhang seien unter vielen Gyula Szekfü (1883–1955) und Dezső Szabó (1879–1945). Ein Buch wie Szekfüs *Drei Generationen* hatte eine entschieden nationalistische Ausgangsbasis und war damit Ausdruck des ungarischen kulturellen und politischen Lebens während der Zwischenweltkriegszeit. Diese Art von Büchern richtete sich an ein Publikum, das erst kürzlich alphabetisiert worden war (also – an die Mehrheit der bäuerlichen Bevölkerung). Es war eine ganz spezifische politische Kultur, die das Aufkommen extremistischer Ideologien begünstigte. Die völkische Rhetorik und der populistische Nationalismus waren inspiriert vom deutsch-romantischen Denken. Sie schufen die Basis für jene ideologischen Ausrichtungen in Ungarn, die sich dem Nationalsozialismus bereitwillig öffneten.[22] Wenn die politischen Ideen 1919–1939 tatsächlich vom Bürgertum beeinflusst worden wären, wie Vera Ránki darlegt, dann hätte es niemals eine solch extreme Verschiebung nach rechts gegeben. Die Mittelklassen beeinflussten erst nach dem Zweiten Weltkrieg das politische Denken, als eine neue Generation von Intellektuellen die öffentliche Bühne betrat und die alten Marxisten in ein reiferes Stadium ihres politischen Diskurses eintraten.

Nun gab es während der Doppelmonarchie nie nur eine einzige Richtung des politischen Denkens. Wir müssen auch die rivalisierenden Ideen berücksichtigen. Mitte des neunzehnten Jahrhunderts, um damit zu beginnen, beruhte das Wiener Herrschaftskonzept auf der Armee und dem Kaiser als den zentralen Symbolen des Zusammenhalts zwischen den vielsprachigen Regionen. Zwei Jahrzehnte später setzte Wien auf eine dreigliedrige Lösung, um sich schließlich doch für die Doppelmonarchie zu entscheiden. Die Art und Weise, wie im Kaiserreich politische Ideen entstanden, endete immer in Kompromissen – oder umgekehrt in der Vertiefung der Divergenzen. Weil aus Wiener Sicht die Politik des neunzehnten Jahrhunderts kontaminiert war von Ideen ethnonationaler Absonderung, versuchte das imperiale Zentrum zumindest die eigenen Verwaltungsstrukturen auf konvergierende Interessen hin auszurichten. In diesem Kontext verdienen die Föderalisierungsprojekte der Doppelmonarchie mehr Beachtung

---

21 Vera Ranki, *The Politics of Inclusion and Exclusion: Jews and Nationalism in Hungary* (Sydney, 1999).
22 Richard Evans, *Rethinking German History: Nineteenth Century Germany and the Origins of the Third Reich* (London, 1987).

als bisher. Und gerade die Historiker sind in dieser Hinsicht gefordert. Zeitgenössisch meinten die Föderalisierungspläne Chance, die Divergenzen aufzulösen und Formen der Koexistenz auf der Basis wechselseitigen Respekts zu finden. Entsprechende Projekte wurden von tschechischen, rumänischen, österreichischen und ungarischen Intellektuellen formuliert. Der Österreicher Karl Renner entwickelte ebenso Ideen zur Föderalisierung wie der Tscheche Pekar, die Ungarn Károlyi und Jászi und der Rumäne A. C. Popovici. In der Folge fanden ihre Überlegungen Eingang in das politische Denken.

Erzherzog Franz Ferdinand, der als Nachfolger auf dem österreichisch-ungarischen Thron in den Jahren 1896 bis zu seinem Tod 1914 galt, unterstützte föderalistische Ideen durchaus. Zu seinem Beraterkreis gehörten Militärs wie Karl Freiherr von Bardolf und Conrad von Hötzendorf (der Generalstabschef), tschechische Aristokraten wie Graf Ottokar Czernin, Heinrich Clam-Martinitz, Jaroslav Thun, Silva Tarona oder die beiden Prinzen Schwarzenberg), aber auch rumänische Politiker, so etwa die Parlamentsmitglieder Alexandru Vaida-Voevod und Iuliu Maniu sowie der Schriftsteller A. C. Popovici. Selbst Vertreter Ungarns fanden sich in seinem Umfeld, etwa: Bischof Lanyi, József Kristóffy oder Graf János Zichy. Die nationalistischen Einstellungen einiger der Berater Franz Ferdinands, zum Beispiel von Aurel Popovici, waren weithin bekannt. In seinem Zukunftsentwurf *Die Vereinigten Staaten von Großösterreich*[23] brachte Popovici die Missbilligung Franz Ferdinands gegenüber der ungarischen Politik ebenso zum Ausdruck wie die Kritik an der Suprematie des deutsch-sprachigen Reichsteils. Die Beziehungen der rumänisch-, tschechisch- oder serbisch-sprechenden Gruppen zu Wien waren in der Regel ungetrübt. Dies erklärt die Virulenz der föderalistischen Ideen bei den nicht-ungarischen Intellektuellen. Ein großer Teil der Kulturschaffenden kannte Wien seit der Jugend, fühlte sich der österreichischen Hauptstadt als zentralem Kultur- und Universitätsstandort verbunden. Die liberale Stimmung und die gesellschaftlichen und ethischen Ideale des Kaiserreichs bewirkten eine emotionale Bindung.

Und tatsächlich, es war kein Zufall, dass viele Intellektuelle in der Region das Kaiserreich wertschätzten, in guten ebenso wie in schlechten Zeiten. Am Todestag des Kaisers im Jahr 1916 – als die Überlebenschancen der Doppelmonarchie schon deutlich verringert waren – zögerte der tschechische Historiker Joseph Pekař nicht, den nie da gewesenen Fortschritt seiner eigenen Nation unter Franz Josephs Regentschaft zu würdigen: „Der Unterschied zwischen dem, was wir 1848 waren und was wir heute sind, ist bemerkenswert. Die meisten Dinge, auf die wir heute als zivilisiertes Volk stolz sind, wurden in diesem Zeitraum geschaffen, einschließlich des Bewusstseins von unserer großen Vergangenheit und unserer nationalen Idee".[24] Zur selben Zeit hatten seine Zeitgenossen Edvard Beneš und Tomáš Masaryk bereits eine Vereinbarung mit Großbritannien getroffen, welche die Proklamation eines tschechoslowakischen Nationalstaates

---

23 S. Aurel C. Popovici, *Stat și națiune: Statele Unite ale Austriei Mari* (*State and Nation: The United States of Greater Austria*), übers. aus dem Deutschen ins Rumänische von Petre Pandrea (Bukarest, 1939).
24 *Diaries of Josef Pekar 1916–1933* (Prag, 2000).

vorsah. Masaryk selbst erläuterte, dass die tschechoslowakische Unabhängigkeitserklärung dem Versuch einer Föderalisierung des Kaiserreichs entgegenwirken sollte. So geschah es. Wilsons Vierzehn Punkteprogramm vom 8. Januar 1918 sah die Schaffung freier und selbstständiger Donaustaaten vor. Am 18. Oktober 1918 erfolgte die Deklaration der tschechoslowakischen Unabhängigkeit. Verständlich wird der Sachverhalt, wenn man sich vor Augen führt, dass aus der Sicht des 19. Jahrhunderts jede Nation das Recht hatte, ihr eigenes Schicksal selbst zu bestimmen. Masaryk betrachtete die Entwicklung aus dieser Perspektive heraus. Und wie bei so vielen Intellektuellen erweiterte er sie zu einer auf der Idee der demokratischen Nation beruhenden Gesellschaftsanalyse. Freilich, um die Widersprüche klar herauszuarbeiten, Nation, das meinte bei ihm Tschechen und Slowaken gleichermaßen.[25]

Forscher, gerade in Osteuropa, sind häufig versucht, nur die positiven Seiten der Nationalstaatsidee vorzuführen, denn ihre Masternarrativen dienen gleichermaßen der Aufdeckung historischer Fakten als auch der Orientierung angesichts gegenwärtiger Herausforderungen. In der Folge reproduzieren diese Historiker die Reden von Politikern, als seien sie Beleg für vergangene „Realität". Für die Leser bleibt dadurch der Quellencharakter verdeckt, erscheinen die Reden wie Texte der Gegenwart. Als Beispiele für eine solche Vorgehensweise seien der tschechische Historiker Josef Kalvoda und der französische Osteuropa-Historiker Roger Portal angeführt. Sie sind in ihrer Herangehensweise aber keineswegs singulär. Kalvoda schildert die Herausbildung der Tschechoslowakei nach 1918 durch Verweis auf Äußerungen von Tomáš Masaryk. Dabei vernachlässigt er, dass nur wenige Zeitgenossen so dachten wie der Philosoph und nationale Anführer. In Prag hatte sich eine kosmopolitische Kultur herausgebildet, ein Miteinander deutscher, tschechischer und jüdische Traditionen. Viele Stadtbewohner lehnten in den Jahren zwischen 1867 und 1914 jeglichen Überlegenheitseinspruch der einen oder anderen Seite ab. Hieraus entwickelten sich politische Positionen, die sich deutlich von jenen Masaryks unterschieden. Selbst Ethnonationalisten wie Josef Pekar erkannten an, was Österreich für die Entwicklung einer tschechischen Identität geleistet hatte. Auf der anderen Seite standen Schriftsteller wie Jaroslav Vrchlichky, Julius Zeyer oder Franz Kafka. Sie zeichnete eine prowestliche Orientierung aus. Gegenüber der nationalen Folklore empfanden sie Indifferenz. Sie strebten keine Abtrennung vom Kaiserreich an und sie empfanden keinerlei Notwendigkeit, einen unabhängigen tschechoslowakischen Staat zu schaffen. Mit der altimperialen Offenheit der Wiener

---

25 S. T. G. Masaryk's 'New Europe', in Kevin Wilson und Jan van der Dussen (Hg.), *The History of the Idea of Europe* (London und New York, 1995), pp. 92–95. 'For Masaryk, modernisation was essentially a moral and political process towards individual and national self-fulfilment. In the spirit of the poet and philosopher J. G. Herder (1744–1803) he saw the nation as the „natural" unit for the organisation of society, and he wanted the state to be mere servant of the individual and the nation ... the exclusive focus on the notion of national independence compelled him to postpone his supranational schemes for conflict resolution' (p. 95).

Doppelmonarchie identifizierten sie sich. Und ohne Zweifel beeinflusste das kosmopolitische Denken ihr kreatives Schaffen.[26]

Selbst die Idee des tschechischen Nationalismus war nicht eindeutig: Manche seiner Vertreter vermochten die Ideologie des *Volkes* durchaus mit dem Konzept eines habsburgischen Föderalismus in Übereinstimmung zu bringen. Nur eine deterministische Interpretation – wie etwa die von Roger Portal – reduziert die Geschichte von Ideologien auf eine einzige Argumentationslinie. Parallel zu der Ausdifferenzierung der Gesellschaft entwickelten sich auch in Böhmen und Mähren unterschiedliche politische Positionen. Die Vorstellung eines Austro-Slawismus, in dem unter dem Dach des österreichischen Kaiserreiches acht Regionen mit gleichen Rechten vereint sein würden, entwickelte František Palacký 1848 während eines Kongresses in Prag, welcher Vertreter der gesamten slawischen Welt versammelte. Als politisches Konzept wirkte der Austro-Slawismus bis zum Ersten Weltkrieg nach. Vertreten wurde er von einer Reihe tschechischer, slowenischer, kroatischer und serbischer Intellektueller und Politiker. Bald repräsentierte er eines der zentralen Konzepte slawischer Intellektueller im Kaiserreich. Zugleich grenzte der Austro-Slawismus sich ab von der Idee eines Pan-Slawismus, wie er vor allem von zaristischen Theoretikern propagiert wurde.

Die Doktrin des Austro-Slawismus stand für das Bestreben einiger ostmitteleuropäischer Politiker, eine proportionale Vertretung für die slawische Bevölkerung innerhalb des österreichischen Kaiserreichs sicherzustellen (Trippelmonarchie). Über lange Zeit war die slawisch sprechende Bevölkerung, die Aristokratie, die Bourgeoisie und die Bauernschaft vom Kaiser in ihrem Kampf um gesellschaftspolitische Emanzipation unterstützt worden – moralisch und ökonomisch. Der Austro-Slawismus wollte zur slawischen Einheit beitragen, allerdings ohne Separation vom Kaiserreich. Wie bei den Ungarn war allerdings die Aristokratie innerhalb der slawischen Bevölkerungsteile diejenige gesellschaftliche Schicht, die sich der offenen Gesellschaft noch stellen musste. Dies erklärt auch, warum die Bourgeoisie – die vielfach dem Adel entsprang – vorsichtiger war als im Westen. Vom Austro-Slawismus profitierten alle Sozialgruppen, indem die Zivilgesellschaft erfreuliche Formen annahm, die städtische Industrie wuchs und der Handel florierte. Selbst der serbische Nationalismus blieb zurückgedrängt und kam erst 1908 durch die österreichische Annexion Bosnien-Herzegowinas zum Vorschein. Bis dahin hatten die in der Doppelmonarchie lebenden 900.000 Serben, die unter ungarischer Verwaltung lebten, dazu geneigt, sich in die Strukturen des Kaiserreichs einzufügen, vor allem im Bereich des Handels, der Bürokratie und des Militärs.

Die Attraktivität des Föderalismus wird nur dann verständlich – im Übrigen auch der Separatismus als Totengräber der Doppelmonarchie 1914–1918 –, wenn wir die verbreitete Unzufriedenheit der slawisch und rumänisch sprechenden Bevölkerungsteile mit ihrer gesellschaftlichen Ausgrenzung wahrnehmen. Wer nicht muttersprachlich Deutsch sprach, wer nicht muttersprachlich Ungarisch sprach, der fühlte sich durch die

---

26 R. Portal, *Les Slaves: Peuples et nations* (Paris, 1965).

ethnonationalistische Politik Budapests oder bestimmter Gruppen in Wien benachtei-
ligt. Die antiungarischen und antiösterreichischen Einstellungen hatten freilich noch
eine zweite Ursache: Die in Ostmitteleuropa nach 1918 entstandenen Nationalstaaten
reflektierten das Denken von Menschen, die gerade erst durch den Modernisierungsprozess erfasst worden waren. Die Mehrheit lebte auf dem Lande. Die Eliten selbst
schauten erst auf eine sehr kurze Geschichte zurück mit vielfachen Verwurzelungen
in der Agrargesellschaft. Aus dieser Sicht mochte die Hinwendung zum Nationalstaat
nicht mit begrenzender Verfassungsordnung oder offener Demokratie in Verbindung
gebracht werden, sondern mit Führerschaft und hierarchischer Sozialordnung. Bis
zur Mitte des neunzehnten Jahrhunderts, das kam als Drittes hinzu, ermöglichte der
kaiserliche Absolutismus den Erhalt föderalistischer Strukturen auf Kosten der konsti-
tutionellen Ordnung. Nimmt man dies alles zusammen, so wird die Verwirrung der
politischen Sprache im Umfeld des Nationalstaatsdenkens verständlich.

Die Staatlichkeit Ostmitteleuropas nach 1918 unterschied sich deutlich von jener
des Westens. Es fehlten jene kulturellen Grundlagen, die die Herausbildung eines
pragmatischen Rechtssystems möglich gemacht hätten. Vor allem fehlten Traditionen
zivilgesellschaftlicher Solidarität. Stattdessen wurde das Konzept der Nation einfach
kopiert. Im Westen war „die Nation Ausdruck einer Ideologie des Individuums."[27] Im
Osten entstanden hybride Entitäten, die Prinzipien mittelalterlicher Gemeinschafts-
bildung mit denen der modernen Welt verknüpften. Die Auflösung der Doppelmonarchie, um auf Fejtö zurückzukommen, führte nicht in neue pluralistische Demokratien
oder zu einer Modernisierung im wirklichen Sinne des Wortes; stattdessen bewirkte sie
eine Reihe sozialer, kultureller und politischer Erschütterungen und Bewusstseinskri-
sen, die in extremistischen Bewegungen einmündeten. Zwei verschiedene Typen von
Nationalstaaten entstanden in Ostmitteleuropa nach 1918: Für den einen Typus steht
die Tschechoslowakei, für den anderen Rumänien. Die Tschechoslowakei war föderа-
listisch und pluralistisch, verfügte über eine Zivilgesellschaft, die sich stärker regte als
sonst im östlichen Teil der früheren Monarchie. Rumänien dagegen repräsentierte den
Gegenpol, war zentralistisch und autoritär. Das Staatsverständnis Rumäniens beruhte
auf der kollektiven Identität der ethnischen Mehrheit. Hier gab es kein Verständnis für
die ökonomischen, administrativen und zivilgesellschaftlichen Vorteile einer regional-
basierten Politik und eines Lernens aus jenen Erfahrungen, die durch Integration in
die westlich-europäische Kultur gemacht worden waren. Ein Beispiel für das ethnonationale Denken ist die Aufteilung des Banats nach nationalen Kriterien, so wie es nach
dem Ersten Weltkrieg geschah.

Die verspätete Herausbildung zivilgesellschaftlicher Strukturen im östlichen
Bereich des früheren österreichisch-ungarischen Kaiserreichs hatte die Entwicklung
ganz unterschiedlicher gesellschaftlicher Gruppen zur Folge, und zwar sowohl in

---

27 Louis Dumont, *Essay on Individualism: Modern Ideology in Anthropological Perspective.* (Chicago, 1992), p. 130.

Hinblick auf die politischen Hoffnungen als auch mit Blick auf die Lebensbedingungen und Verhaltensweisen. Die Tschechoslowakei bildete eine der wenigen Ausnahmen: Der tschechoslowakische Staat adaptierte die westlichen Werte, die das Kaiserreich geförddert hatte, und er nutzte die ökonomische Aufbauleistung, die von Wien ausgegangen war, um wirtschaftlich voranzuschreiten. Unglücklicherweise stellten sich viele Natiomalstaaten gegen das Erbe der Doppelmonarchie. Dies war teilweise der Fall in Polen und in Jugoslawien, vor allem aber in Rumänien. Aus heutiger Sicht entstanden deshalb keine Staaten, die als rechtsstaatlich fundiert bezeichnet werden könnten. Stattdessen rekurrierten die jeweiligen Staatsvorstellungen auf sprachliche Subkulturen und kulturelle Traditionen. Anstelle des allgemeinen Staatsbürgerstatus entschied die ethnische Zugehörigkeit über politische und gesellschaftliche Teilhabeberechtigung. Hatte das Kaiserreich, wenn auch mit Schwierigkeiten, einen gewissen kulturellen Pluralismus gewahrt, so herrschte nach 1918 ein bewusst gewählter Monokulturalismus. Erst die Verengung des öffentlichen Raumes machte den autoritären Zentralismus der Zwischenweltkriegszeit möglich.

War es eine radikale Variante des preußisch-deutschen politischen Denkens, die das Bewusstsein der Intellektuellen und Politiker Ostmitteleuropass in eine negative Richtung wies, so wie ich argumentiert habe? Jedenfalls erkennen wir nach eineinhalb Jahrhunderten Geschichte, dass in Ostmitteleuropa dem Individuum nur geringe Aufmerksamkeit gezollt wurde. Im Mittelpunkt des politischen Denkens stand die Gemeinschaft. Ihr wurde das Individuum untergeordnet. Die Nation stand für ein „kollektives Individuum" im Wettstreit anderer „kollektiver Individuen". Das „Wir" überstrahlte alle anderen Bezugsmuster, wurde Grundlage kollektiver Exaltation. Heraus kam eine Metaphysik des Nationalen, welche eine tiefgreifende Modernisierung gesellschaftlicher und institutioneller Strukturen auf Basis westlicher Zivilisation erheblich erschwerte.

Victor Neumann

Jüdische Reformbereitschaft und die politische Emanzipation der Juden im Banat

Die religiöse Neuaufstellung und soziale Anpassung der jüdischen Gesellschaft im Banat an ihre Umgebung kann ohne detaillierte Beschreibung und Analyse des Kampfes um rechtliche Gleichberechtigung nicht angemessen beschrieben werden (zuerst im Habsburger Reich, später in der österreich-ungarischen Doppelmonarchie). Am Ende standen enge soziale Kontakte der Juden auch außerhalb der eigenen Religionsgemeinschaft, Führungsrollen in Kultur und Wissenschaft, eine erfolgreiche Beteiligung am Wirtschaftsleben und ein sichtbares Engagement im politischen Bereich. Der Kampf um Gleichberechtigung, um Emanzipation, fand nicht nur in einer einzelnen Provinz statt. Demnach gilt es, das Emanzipationsgeschehen in Ostmitteleuropa insgesamt wahrzunehmen. Die Emanzipation umfasste viele Bereiche zugleich: Veränderungen im Lebensstil, mentale Umschichtungen, religiöse Reformen, auch den Verzicht auf das Hebräische und Jiddische als Alltagssprachen sowie deren schrittweise Ersetzung durch Deutsch und Ungarisch. Das Thema der Emanzipation wurde breit diskutiert, in politischen Zirkeln ebenso wie innerhalb der Intelligenz – der jüdischen genauso wie der nichtjüdischen.

Können die öffentlichen Debatten als Reaktion auf die Positionen von Moses Mendelssohn gedeutet werden? Nun, wir wissen, dass Mendelssohns Bücher in den Bibliotheken der jüdischen Religionsgemeinschaften verboten waren. Aber seine Bücher fanden Abnehmer in katholischen und protestantischen Kreisen. Insbesondere die großen öffentlichen Bibliotheken in Siebenbürgen erwarben Mendelssohns Studien in der Wende um 1800. Dazu zählt etwa auch die Brukenthal-Bibliothek in Sibiu. Von den Schriften Mendelssohns seien genannt: Jerusalem oder über religiöse

Anmerkung: Das vorliegende Kapitel wurde zuerst veröffentlicht in Victor Neumann, *Istoria evreilor din Banat: O mărturie a multi- și interculturalității Europei Central-Orientale* (Bukarest, 1999); vgl. auch die englische Ausgabe *The End of a History: The Jews of Banat from the Beginning to Nowadays* (Bukarest, 2006). Worum geht es im folgenden Abschnitt? Mir liegt daran, die kulturelle, sprachliche und religiöse Vielfalt der Menschen im Banat vorzuführen. Deshalb dieses Kapitel über die Juden. Sie standen in der Frühen Neuzeit für Andersartigkeit, für Fremdheit, und zwar nicht nur im Banat, sondern in Europa insgesamt. Gerade deshalb ist es aufschlussreich, wie die Emanzipation und Integration der Juden im sozialen, wirtschaftlichen und kulturellen Leben Ostmitteleuropas gelang. In dieser Hinsicht erlaubt das Banat eine aufschlussreiche Fallstudie. Selbstverständlich wird dazu auch das Verhältnis von Christentum und Judentum in den Blick zu nehmen sein. Und schließlich geht es um Geistesgeschichte, um die Reaktion von Intellektuellen in Hinblick auf Emanzipation und jüdische Integration. Die Geschichte des Banats, so meine These, wird gerade erst durch Einschluss der Geschichte der Juden im Banat verständlich.

Macht und Judenthum;[1] Morgenstunden oder Vorlesungen über das Daseyn Gottes;[2] Philosophische Schriften;[3] Philosophische Gespräche;[4] An die Freunde Lessings. Ein Anhang zu Herrn Jacobis Briefwechsel über die Lehre des Spinoza;[5] Phaedon oder über die Unsterblichkeit der Seele;[6] Lettres juives du célèbre Mendelssohn.[7] Die Ideen dieses Gelehrten aus der Berliner Aufklärung wirkten auf die ungarischen, sächsischen und schwäbischen Intellektuellen zurück und prägten in gewissem Umfang die Diskussionen über die jüdische Emanzipation. Als István Széchenyi und Jozsef Eötvös um 1840 das Thema aufgriffen, konnten sie auf ein breites Schrifttum zurückgreifen, geprägt gleichermaßen von der deutschen und französischen Aufklärung. Was uns jedoch interessiert, ist die Position der jüdischen Gelehrten selbst, der geistigen und administrativen Führer. Was sagten die Rabbiner, die jüdischen Gelehrten in Ostmitteleuropa – und hier im konkreten die jüdischen Wortführer des Banats – über die notwendigen Reformen. Das ist gerade deshalb spannend, weil sie die Werke Mendelssohns zurückgewiesen hatten und sich weigerten, seine Bücher zu lesen und seine Argumente kennenzulernen. Unsere Aufgabe besteht unter diesen Umständen darin, die zwei Seiten jüdischen Lebens zu Anfang der Moderne zu beschreiben: die religiösen Reformen und die kulturelle, soziale und politische Emanzipation.

Die historische Analyse erlaubt einen Blick auf das Nacheinander der jüdischen Vergangenheit im Banat. Aber was vielleicht noch mehr fasziniert, ist die Vielfalt des Jüdischseins, sind die gewaltigen Mentalitätsunterschiede zwischen den Rabbinern als geistigen Führern und deren Gemeinden. Gleichzeitig lohnt ein Blick auf die Rabbiner selbst. Er zeigt, dass es auch zwischen den Rabbinern eine lange und tiefe Kontroverse gab. Sie stand am Anfang der religiösen Reformen, die in Hamburg begannen und sich nach Prag, Buda, Szeged, Arad und Timişoara ausbreiteten. Es ist diese Linie, für die Áron Chorin steht, der Rabbi von Arad. Ich werde, was sich da in Arad tat, als Reformbewegung beschreiben, ihre Größe und ihre sozialen Verankerungen herausarbeiten,

---

1 Brukenthal-Bibliothek,Signaturen 11.603 und 12.684.
2 Bibliothek des Protestantischen Theologischen Instituts, Cluj, Nr. 4721; Teleki-Bolyai Bibliothek, Târgu-Mureş, BestandTeleki, Signatur 02039 b4.
3 Brukenthal-Bibliothek, Sibiu, Signatur VI, 9719.
4 Zentrale Universitätsbibliothek Cluj, Signatur 28.249.
5 *Ibid.*, Signatur 30.440; Brukenthal-Bibliothek, Signatur VI, 13.579.
6 *Ibid.*, Signatur VI, 12.844.
7 *Ibid.*, Signatur 12.467. Zwar habe ich nur einige von Mendelssohns Werken angeführt (alle in der Princeps-Ausgabe), die in den alten Sammlungen der Bibliotheken Transsilvaniens aufbewahrt werden, aber die intellektuellen Kreise Mittel- und Osteuropas (vor allem Protestanten, freilich auch Katholiken) zeigten konstant großes Interesse an seinem Denken. Ich danke meinem Kollegen Eugen Glück für den Hinweis auf dieses Material. – Im 19. Jahrhundert waren Mendelssohns Schriften in christlich-orthodoxen Kreisen weit verbreitet. Erwähnt sei das berühmte Buch *Jerusalem oder über religiöse Macht und Judentum*, das sich in der Sammlung des Metropoliten Nifon (Walachei) befand. Heute kann der Leser das Werk im Fundus der Rumänischen Akademie-Bibliothek, Bukarest, einsehen.

ebenso wie ihre inhaltlichen Positionen im Vergleich mit der von Moses Mendelssohn vorgeschlagenen jüdischen Erneuerung.

Viele Forscher sind der Ansicht, dass die jüdische Literatur des achtzehnten Jahrhunderts mit Áron Chorins Werk ihren Höhepunkt findet. Eine Geschichte der jüdischen Gemeinde Arads würdigt Chorins Arbeiten als wegweisend für die Geschichte der jüdischen Gemeinden in der ganzen Region. Sein Wirken hatte, so heißt es, Einfluss auf viele jüdische Gläubige und sei einzuordnen in jene aktiven Reformbestrebungen, die zu dieser Zeit große Dispute im Judentum auslösten. Rabbi Chorin galt als prominentester Vertreter der Gemeinde von Arad[8] und als eine Quelle berechtigten Stolzes, weil er Arads Juden über weite Teile Mittel- und Nordeuropas bekannt machte. Durch sein Werk zogen die Juden von Arad die Aufmerksamkeit der gesamten jüdischen Bevölkerung in Mittel-und Nordeuropa auf sich. Löw Lipot, der Szegeder Rabbi, war vermutlich die wichtigste Inspirationsquelle für Áron Chorins Reformideen, aber sicher nicht die einzige. Áron Chorin wollte diesen berühmten Forscher und herausragenden Tora-Interpreten bekannt machen und neu interpretieren, zumindest zu Beginn seiner Laufbahn. Und gewiss inspirierten einige der Ideen Löw Lipots Chorins Denken.

Eine neuere Monografie über die jüdische Vergangenheit in Siebenbürgen bezeichnet den Arader Rabbiner als den wichtigsten Initiator religiöser Reformen im Banat und in Siebenbürgen. Weiterhin wird er als Erneuerer der jüdischen Sprache und Wissenschaft angesehen, als Schüler des berühmten Ezekiel Landau,[9] Rabbiner in Prag. Áron Chorin nahm an den Disputen mit den Rabbinerautoritäten des neunzehnten Jahrhunderts teil, jenen traditionellen Kräften, die sich einer Verbreitung von Reformen widersetzten.[10] Chorin schlug für die damalige Zeit sensationelle Neuerungen vor, etwa: Orgelmusik, Beten ohne Kopfbedeckung, Verkürzung der Trauerwoche, Reisen an Samstagen, Verschmelzen von religiöser und philosophischer Meditation. (Für ihn waren die wichtigsten Gesetze jene, die das Verhalten der Menschen untereinander regelten.) Selbst den Gottesdienst wollte er in seiner Reihenfolge ändern. Zudem erlaubte er das Essen von kleinen Stören (Sterleten, ein Donaufisch), was übrigens biblischen Vorgaben entsprach, denn der Fisch hatte Schuppen und Flossen. (Koscheres Essen bzw. Ernährung hieß nach jüdischen Regeln, dass ein Fisch Flossen und Schuppen haben musste.)[11]

---

8 'Az aradi izr. hitközség a XIX *évszázadban*' ('The Jewish Community of Arad during the Nineteenth Century'), Manuskript von 1902 für den internen Gebrauch der jüdischen Gemeinde. Vgl. Jüdische Gemeinschaftsbibliothek, Arad (ab hier: ACEA), Akte Nr. 67, 1907/1911, fos. 1–10.

9 Moshe Carmilly-Weinberger, *Istoria evreilor din Transilvania (1623–1944)* (*The History of the Jews of Transylvania, 1623–1944*) (Bukarest, 1994), p. 110. S. auch Ladislau Gyémánt, *Evreii din Transilvania în epoca emancipării* (*The Jews of Transylvania in the Age of Emancipation (1790–1867)*) (Bukarest, 2000).

10 S. die Ausführungen zu diesem Disput in Moshe Carmilly-Weinberger, *Censorship and Freedom of Expression in Jewish History* (New York, 1977).

11 Unter den Werken Chorins, die sich mit Fragen der Reform beschäftigten, s. *Shirjon Kaskasim* (Prag, 1799); *Emek Hashaveh* (Prag, 1803); *Igeret Elassaf oder Sendschreiben eines afrikanischen Rabbi an*

Archivalische Quellen[12] belegen, dass 1819, während einer Versammlung der Arader Gemeinde, der Bau einer ersten reformierten Synagoge zur Debatte stand. Die Entscheidung selbst fiel knapp 10 Jahre später, 1828. Der Bau begann nach weiteren drei Jahren Vorbereitung. 1834 war die Synagoge fertiggestellt. Es scheint, dass sich viele Gläubige der Reformbewegung in Arad angeschlossen haben. Das Echo von Áron Chorins erfolgreichen Erneuerungsbemühungen erreichte jedenfalls Pest, die ungarische Hauptstadt. Der dortige Präsident der jüdischen Gemeinde, Gábor Ullmann, stand mit Chorin in engem Schriftkontakt. Auch persönliche Treffen sind bezeugt. Sie schufen die Basis für eine lange persönliche Beziehung und gegenseitige Beeinflussung. Die jüdische Gemeinschaft von Pest war denn auch die erste, welche die neuen religiösen Praktiken übernahm, die der Oberrabbiner von Arad vorgeschlagen hatte. Weitere folgten.

Wie wichtig war Áron Chorins Rolle als politischer Vermittler? Moshe Carmilly-Weinbergers Buch über die Geschichte der Juden von Arad geht davon aus, dass der Rabbi unmittelbare Verbindungen zur kaiserlichen Administration in Wien hatte. Tatsächlich hat Metternich selbst Áron Chorin während seiner Gemeindearbeit als Rabbi Hilfe und Unterstützung angeboten. Das ist wohl eine Erklärung für Chorins enge Bindung an das Kaiserreich und den Kaiser selbst. 1827 war er der erste Rabbi, der in der Synagoge für den Kaiser betete. Später legte er den Grundstein für die neue enzyklopädische Bildung, welche in jüdischen Schulen vermittelt werden sollte (im Sinne einer Anpassung an das kaiserliche Schulsystem). Gleichwohl stand das Erlernen der jüdischen Gelehrsamkeit an oberster Stelle. Seine Vorschläge zur Schaffung einer *Schola Universalis* stammen aus den 1830er Jahren. Die große jüdische Gemeinde seines Rabbinats umfasste zahlreiche Menschen, die in der Lage waren, einen entsprechenden Unterricht sicherzustellen. In den Quellen werden in diesem Zusammenhang als Referenz sein Sohn erwähnt, Henric Chorin, sowie die Lehrer Jacob Steinitzer, Joseph Leopold und Francisc Steinbach.[13]

---

seinen *Collegen in Europa mit einem Vorworte* (Prag, 1826); *Davor Beito* (Wien, 1820); *Jeled Zektmim* (Wien, 1839). In *Jeled Zekunim* reflektiert Chorin die Geschichte seines Lebens und begründet die religiösen Reformen aus seiner Sicht. – Als Beweis für die Verwendung von Orgelmusik in der Synagoge der neologen Gemeinde Arad (wo Chorin praktizierte), s. die Anfrage des Orgelspielers Moricz Klein über dessen Beschäftigung, ACEA, Akte Nr. 5, fo. 74 (1845).

12 ACEA, Akte Nr. 67, 1902/1911, fos. 1–10. In den Archiven der Gemeinde Arad gibt es zahlreiche Unterlagen mit Anfragen an den Königlichen Landesrat in Hinblick auf den Bau einer Synagoge. Gefordert waren die Einhaltung der Organisationsregeln und der Respekt gegenüber der Verfassung (ACEA, Akte Nr. 2, 1800–1829, fos. 28–31, copy). 1822 gab der Rat eine positive Antwort zum Bau einer reformierten Synagoge (*Ibid.*, fos. 38–39). Das Dokument ist sowohl auf Deutsch als auch auf Latein verfasst. Es datiert vom 22. Januar 1822 und ist unterzeichnet von Emericus Gombos, im Auftrag der Bezirksverwaltung. Ein anderes Dokument zeigt, dass 1820–1821 insgesamt 9.512 Gulden von 104 Personen gespendet wurden, um den Bau der neologen Synagoge zu ermöglichen (*Ibid.*, fos. 44–51).

13 *Ibid.*, pp. 43–45 (lateinischsprachig).

Viele der Initiativen Áron Chorins passten sich in die Bestrebungen kaiserlicher Politik ein. Die 1829 konzipierte jüdisch-hebräisch-deutsche Real-Haupt-Schule[14] mit dem Schwerpunkt auf den exakten Wissenschaften stimmte fast vollständig mit den Ideen der Wiener Hofkanzlei überein. Doch das ist nur ein Fall von vielen, in denen wir die kaiserlichen Verordnungen mit den Bestrebungen des Oberrabbiners von Arad vergleichen können. Ganz offensichtlich sind der Wille zur Assimilation und das entschiedene Eintreten für die Richtlinien der Regierung. Ähnliches beobachten wir an anderen Orten jüdischen Gemeinschaftslebens, so etwa in: Lugoj, Timișoara, Reșița, Jimbolia, Vârseț (Vršac) und Buziaș. Zwischen den Gemeinden aus dem Banat und dem Arader Raum gab es enge Verbindungen. Man stand eng miteinander in Kontakt. Die Gemeindestatuten waren fast identisch, ebenso ihre institutionelle Einordnung in das Kaiserreich.[15] Die religiösen Riten wurden von Rabbis zelebriert, die Einfluss besaßen. So kam es, dass diese *Neologen* (Vertreter der ungarisch-jüdischen Reformbewegung) Hauptansprechpartner der Gemeinde sowohl für das religiöse Leben als auch für die Kommunikation mit den Behörden waren. Unter diesen Umständen verwundert nicht, dass die jüdischen Gemeinden Arads, sechs an der Zahl, weitgehend den Ideen Áron Chorins folgten. Sie schalteten sich in das Leben der Stadt ein, nahmen Stellung zu Fragen, mit denen sich die städtische Gesellschaft insgesamt befasste. Vor diesem Hintergrund gab es viele gemeinsame Anliegen mit den nicht-jüdischen Bürgern der Stadt, vor allem hinsichtlich des Aufbaus einer stadtbürgerlichen Gesellschaft, wie sie in anderen mitteleuropäischen Städten der Zeit ebenso angestrebt wurde. Hauptziele der Habsburger Politik waren nach 1800 die Sicherung eines stabilen Verwaltungssystems, die Gewährleistung vielfältiger Formen gesellschaftlichen Austausches und eine Konvergenz des Zusammenlebens der zahlreichen Gruppen mit ihren sprachlichen und religiösen Unterschieden innerhalb des Kaiserreichs. Einem solchen Anliegen entsprachen auch die kleinen jüdischen Vereine in Arad: die *Heilige Brüderschaft*, der

---

14 *Ibid.*, pp. 125–128; Briefregister der jüdischen Gemeinde in Arad, u. a. mit Angaben zu jüdischen Institutionen und Vereinigungen.

15 Viele Quellen in den Archiven von Arad und Timișoara lassen eine Unterordnung unter die lokalen Behörden erahnen. Doch finden wir zugleich zahlreiche Dokumente, welche die Beziehungen zwischen den jüdischen Gemeinden im ganzen Banat und der Ebene von Arad nachweisen. So wurden die Statuten der kleineren Gemeinden gemäß den Überlegungen der *Landesrabbinate* in der Hauptstadt des Banats konzipiert. Regelmäßig trafen sich die Rabbis und tauschten Briefe aus. Es gab gemeinsame Abstimmungen, über die Protokoll geführt wurde. Belegt ist auch, dass jüdische Vertreter aus den Bezirken Arad, Timiș und Caraș-Severin Mitglied des erweiterten Bezirksrates waren, der sich ab 1888 jährlich traf. S. *Jegyzökönyve hitközségeire kiterjedő* (*Report of the Jewish Enlarged Community Council of the Counties*) (Temeswar, 1901). Der erweiterte Bezirksrat wurde damals von Sternthall Salamon geleitet, der zugleich auch die gesamte Region vertrat). Die Erinnerungen einzelner Persönlichkeiten vermitteln ein Bild von gegenseitigem Respekt. Vgl. hierzu das Dokument in ACEA, Dossier 3, fo. 250 (1859). Eine Synthese der Reden von Rabbis aus Szeged, Arad, Lugoj und Theresiopol (Vinga) anlässlich der Beerdigung von Chefrabbi David H. Oppenheimer bietet Dr Moritz Löwy, *Skizzen zur Geschichte der Juden in Temesvár bis zum Jahre 1865* (Szeged, 1890), pp. 82–83.

Humanitätsverein und der *Frauenverein*.[16] Im Lauf der Zeit wurden sie zu wichtigen Mitspielern des städtischen Lebens, das auf der Basis gegenseitige Hilfe und Unterstützung florierte.

Weil sich die jüdischen Gemeinden im Banat relativ frei entwickeln konnten, gab es hier keine klassischen Gettos. Die Juden hatten daher Möglichkeiten und Chancen, die es andernorts für sie nicht gab. Áron Chorins Ideen spiegeln die gesellschaftliche Lage des Banats wider. Und doch waren immer auch Kompromisse notwendig. Ein solcher Kompromiss, den Áron Chorin bereitwillig einging, war die Einführung des Ungarischen als Sprache des Gottesdienstes in der Synagoge. Die Komitatsverwaltung hatte darauf bestanden. In einem Dokument von 1833 hieß es dazu: Man empfehle das Ungarische zusammen mit dem Hebräischen im Gottesdienst zu verwenden, weil „der größte Teil der jüdischen Bevölkerung diese Sprache [das Ungarische] nicht gut" beherrsche.[17] Von Seiten der jüdischen Gemeinde trat vor allem Áron Chorin in mehreren Briefen als Sprecher auf. In einem dieser Korrespondenzen mit der Verwaltungsspitze gab der Rabbi eine eher formale Antwort (zur Rechtfertigung der Situation). Nicht nur das Ungarische sei wenig verwurzelt, sondern auch das Hebräische. Sicher sei, dass die Juden in Arad schnell begännen, das Ungarische zu benutzen. Chorins auf die Verwaltung zugehenden, abwägenden Antworten waren wichtige Schritte zur Emanzipation der jüdischen Gemeinde ebenso wie die Stellungnahmen seines Nachfolgers, Rabbi Jakab Steinhardt.

1844 veröffentlichte der Rabbi von Şimand (Alsósimánd, Schimand),[18] Abraham Friedman, ein Buch in ungarischer Sprache, *Az Izraelita Nemzetnek Vedelmezese (Verteidigung der jüdischen Nation)*. Seit 1845 predigte er auf Ungarisch. Später wurden seine Predigten in Arad gedruckt, unter dem Titel *Egyházi Beszéd (Geistliche Reden)*.[19] 1879 wurde Abraham Friedman Oberrabbi von Siebenbürgen. Das wäre ohne das Erlernen und Praktizieren des Kultes auf Ungarisch nicht möglich gewesen. Die jüdischen Gemeinden waren auf eine Zusammenarbeit zwischen ihren Repräsentanten und den Beamten vor Ort angewiesen. Ohne eine solche Zusammenarbeit wäre die Existenz der

---

16 ACEA, Akte Nr. 2, 1800–1829, fos. 125–128 (1829). Das Dokument bietet auch Einblick in Details der Organisation. So gab es etwa für die Schule und die sozialen Vereinigungen gesonderte Finanzregelungen. Die Schule selbst befand sich in der Nähe der Synagoge. Daher wurden Gelder für die Synagoge z. T. auch für die Schule genutzt. Das Grundkapital verwaltete ein Vertreter der Gemeinde, konkret: Moses Hirschl. Anfänglich standen ihm 2.400 Forint zur Verfügung. In Hinblick auf die gesellschaftlichen Vereinigungen legten die Statuten fest, wer Mitglied sein konnte und welche Rechte und Pflichten (u. a. Beitragszahlungen) ein Mitglied hatte. Ein Präsident, ein Vizepräsident, ein Kassierer und ein Sekretär standen den Vereinigungen jeweils vor.
17 ACEA, File Nr. 3, 1830–1839, fos. 125–126 (1833).
18 Şimand war eine Siedlung, welche 25 km von Arad entfernt lag. Im 19. und in der ersten Hälfte des 20. Jahrhunderts entstand hier eine jüdische Gemeinde. Nach dem Zweiten Weltkrieg löste sich die jüdische Gemeinde wieder auf. Heute gibt es dort keine Juden mehr. Erhalten ist in Şimand aber ein jüdischer Friedhof, sogar in relativ gutem Zustand.
19 Carmilly-Weinberger, *Istoria*, p. 126.

jüdischen Gemeinden, nicht nur ihre religiöse Identität, gefährdet gewesen. Es gab auch ein gewisses Wohlwollen von jüdischer Seite aus, wie die Reformbereitschaft Chorins und seiner Anhänger bezeugt. Im Hintergrund stand – nachdem unter Joseph II. noch die deutsche Sprache in Verwaltung und Bildungssystem führend gewesen war – die Aufwertung des Ungarischen zur Amtssprache und zur Sprache für den Gottesdienst. Lässt sich daraus folgern, dass die Juden ein für alle Mal auf die jiddische und die hebräische Sprache verzichteten und dafür das Deutsche, das die Juden zuvor bestens beherrscht und gesprochen hatten, ganz aufgaben?

In bestimmten Regionen des Habsburger Reiches entstand in der zweiten Hälfte des 19. Jahrhunderts ein ganz neuartiges Phänomen: bewusste Vielsprachigkeit und interkulturelle Offenheit als produktive Antwort auf den Nationsbildungsprozess. Die jüdischen Bewohner des Banats entschieden sich durchgängig für diese Form kulturellen Miteinanders. Gerade das Banat zeichnete sich durch eine solche Geisteshaltung aus. Denn wir finden sie auch bei den anderen Einwohnergruppen, gleichgültig, wie sie sich selbst bezeichneten oder andere sie charakterisierten, als: „deutsch", „schwäbisch", „ungarisch", „rumänisch", „serbisch", „slowakisch" oder „bulgarisch". Der soziale Kontext und damit das Zusammenleben mit unterschiedlichen Sprachgemeinschaften und religiösen Orientierungen begünstigte eine Entwicklung, bei der am Schluss in den jüdischen Familien zwei oder drei Sprachen fließend gesprochen wurden. Hebräisch blieb die Sprache des Gottesdienstes, aber die Rabbiner von Arad, Timişoara oder Lugoj hielten ihre Predigten oft auch in der jeweiligen Regionalsprache. Zwischen 1870 und 1918 wurde Ungarisch zur dominierenden Sprache. Nach 1919 und angesichts der Vereinigung des Banats sowie Siebenbürgens mit dem Königreich Rumänien lernten die Juden auch die rumänische Sprache und beherrschten sie bald wie Deutsch oder Ungarisch.

Ganz unabhängig von allen Reformbestrebungen und den sich daraus ergebenden Widersprüchen hielten die Rabbiner Ostmitteleuropas an den Studien der überlieferten hebräisch-sprachigen Schriften fest. Alle sprachen und schrieben selbstverständlich Hebräisch. Áron Chorin selbst nahm in vielen verschiedenen Sprachen zu religiösen Fragen Stellung, mündlich und schriftlich, darunter auch Hebräisch. Er galt als ein exzellenter Interpret der Tora, was eine umfassende Beherrschung aller Sprachen der religiösen Texte voraussetzte. Es ist insofern unmittelbar einsichtig, dass weder er noch die anderen jüdischen Schriftgelehrten im Umfeld des Banats jemals die Traditionen negierten.

In einem Büchlein mit dem Titel *Igeret Elassaph oder Sendschreiben eines afrikanischen Rabbi an seinen Collegen in Europa*, das 1826 in Prag veröffentlicht wurde, erläuterte Chorin seine Vorstellungen klar und verständlich: Als Befürworter von Reformen wollte er sowohl religiös ausgerichtete Schulen gründen als auch Schulen mit einem stärker weltlichen Bezug, die auf Tätigkeiten im kulturellen und wissenschaftlichen Bereich vorbereiteten. Die Gemeindemitglieder sollten alle Chancen erhalten, sich ins Alltagsleben zu integrieren, sei es in Berufe aus dem Bereich der Leichtindustrie, sei es in der Landwirtschaft. Er ging nie so weit, den traditionellen Schabbat abzulehnen oder vom Samstag auf den Sonntag verlegen zu wollen.[20] Die schärfste Kritik an seinen Vorstellungen kam vom Führer des orthodoxen Judentums, Rabbi Moshe Sofer.[21] Aus dessen Sicht war jede Reformbewegung gefährlich, solange die Juden im Exil lebten. Er argumentierte gegen die Übersetzung der heiligen Schriften aus dem Hebräischen. Und auch die moralische Erziehung schien ihm gefährdet, wenn sie auf der Basis von ins Deutsche übersetzter und kommentierter Bücher erfolgte, wie sie Moses Mendelssohn vorlegte. Doch die Geschichte ließ sich nicht aufhalten. Letztlich ist es die Aufgabe des Historikers, die vergangene Wirklichkeit in ihrer Komplexität vorzuführen und die zurückliegenden kontroversen Debatten darzustellen.

Parallel zu den religiösen Reformen beobachten wir auch eine Modernisierung des sozialen Lebens. Vor allem fällt auf, dass die ungarische Sprache in jüdisch-intellektuellen Kreisen immer wichtiger wurde. Während der Zeit der Aufklärung waren die Gebetsbücher noch ins Deutsche übertragen worden. In den Jahren der österreichisch-ungarischen Doppelmonarchie, also nach 1867, erschienen sie in Ungarisch. Mit anderen Worten, wir beobachten eine Akkulturation. Der weithin bekannte Rabbiner und Historiker Moshe Carmilly-Weinberger hat beobachtet, dass eine große Zahl der späteren jüdischen Geistlichen das Seminar in Budapest besuchte und in der Folge das religiöse Leben der jüdischen Gemeinden im Banat mit ihren ungarisch-sprachigen Kulten und Predigten prägte. Ja, es ist nicht zu viel zu behaupten, dass sie die ungarische Kultur insgesamt bereicherten.[22] Ihr Emanzipationsstreben fand Widerhall bei Literaten, Künstlern und Wissenschaftlern und ebenso im liberalen Bürgertum. Sprache und Kultur zeichneten tatsächlich das jüdische Leben aus, meinten religiöse Eigenständigkeit bei gleichzeitiger Verwurzelung in der bürgerlichen Gesellschaft. Hinsichtlich des religiösen Lebens ging es um Reform, Deutung der eigenen Religion entsprechend den Anforderungen der modernen Welt. Hinsichtlich der zivilgesellschaftlichen Stellung ging es um Gleichrangigkeit der Juden mit allen anderen Staatsbürgern. Emanzipation war doppelgesichtig, meinte gleichermaßen Selbstkritik und Reinterpretation des Eigenen mit Blick auf die moderne Welt als auch Zubilligung sozialer Gleichberechtigung durch die Gesellschaft selbst.

Die Geschichte der jüdischen Emanzipation war im Banat eng verbunden mit der Geschichte der religiösen und zivilen Gleichberechtigung in Ungarn. Sicherlich gab es

---

20 Vgl. in diesem Sinne Peter Ujváry, *Zsidó Lexikon* (Budapest, 1929), pp. 170–171. In den neuesten deutschen Lexika wird Chorin als Anhänger radikaler Reformen beschrieben, s. *Neues Lexikon des Judentums*, hg. v. Julius H. Schoeps (Gütersloh und München, 1992), p. 95.

21 Vgl. Moshe Carmilly-Weinberger, 'Jewish Writers Confronted by Censorship in the Habsburg Empire and Romania in the Eighteenth– Nineteenth Century', in *Judaica*, vol. ii (Cluj, 1993), pp. 30–31.

22 Carmilly-Weinberger, *Istoria*, p. 127; s. auch id., *The Rabbinical Seminary of Budapest 1877–1977* (New York, 1986). Die Rabbiner im Banat – anders als die aus Transsilvanien – boten ihren Gottesdienst in der Zeit der Doppelmonarchie und des beginnenden 20. Jahrhunderts weiterhin in mehreren Sprachen an. Genannt seien die Rabbiner von Arad, Ludovic Vagvölgy (1906–1941), und Timişoara, Dr. Miksa Drechsler (1910–1966).

auch einige Besonderheiten, welche eine ausführlichere Betrachtung verdienten. Doch die großen Debatten und die politischen Lösungsversuche waren doch dieselben. Die ungarische Aristokratie stand (mit wenigen Ausnahmen) der jüdischen Emanzipation feindlich gegenüber, so wie die Aristokratie in ganz Mittel- und Ostmitteleuropa. In Südosteuropa war es ähnlich. Hier formulierten die aus wohlhabenden Familien stammenden Intellektuellen Mitte des neunzehnten Jahrhunderts ihre Theorie nationaler Identität. Und doch gab es unterschiedliche Meinungen. Je nach gesellschaftlicher Herkunft und je nach der Stärke westlich-liberaler Einflüsse finden wir differierende Beiträge zum Emanzipationsdiskurs. Wer die Ideen der Französischen Revolution aufsaugte wie József Eötvös in Ungarn, Gábor Döbrentei, Stephan Ludwig Roth, Anton Kurz und Gheorghe Barițiu in Siebenbürgen, Nicolae Bălcescu und Constantin Daniel Rosenthal in der Walachei sowie Eftimie Murgu im Banat, der unterstützte die Idee einer Emanzipation aller Völker im ostmitteleuropäischen Raum. Die genannten Intellektuellen setzten sich für die Gleichheit aller kulturell, sprachlich und religiös geschiedenen Gruppen ein.

Die Herausbildung des Nationalbewusstseins meinte anfangs keinesfalls, als Jude fernzustehen. In Kultur und Politik der Zeit waren viele Juden engagiert. Sie nahmen an der Revolution von 1848 in Polen teil, ebenso in Ungarn, Siebenbürgen, im Banat und in der Walachei. Zu Konflikten kam es erst, als Schwierigkeiten auf dem Weg zur nationalen und staatlichen Emanzipation auftauchten. Das revolutionäre Programm erwies sich als nicht realisierbar und, kurz nachdem es formuliert worden war, kam es schon zu einem Widerstreit mit dem Nationalismus. Es war vor allem die Intelligenz, vielfach nostalgisch gesonnene Aristokraten, die den Nationalismus in den Vordergrund stellten.[23] Es war dieses intellektuelle Milieu, das nicht nur die Idee der Nation hervorbrachte, sondern zugleich dessen nationalistische Überhöhung, welche letztlich in Fremdenfeindlichkeit und Antisemitismus endete, und zwar gleichermaßen auf ungarischer Seite wie auf rumänischer.[24]

Die Emanzipation der Juden aus dem Banat stand in Zusammenhang mit der erwarteten Ungarisierung. So dachten jedenfalls viele Revolutionäre und zahlreiche radikalisierte Lehrer. Wie wir gesehen haben, akzeptierten Banater Rabbiner wie Aron Chorin und Jakab Steinhardt diesen Wunsch nach einer sprachlichen Anpassung. Die jüdische Gemeinde in Arad schritt voran. Hier gab es keinerlei Widerstände. In Timișoara agierten die Rabbiner vorsichtiger, verlangsamten die Einführung der ungarischen Sprache in der Synagoge, auch wenn es keine explizite Opposition dagegen gab.

---

23 István Bibó, *Misère des petits états d'Europe de l'Est*, übers. aus d. Ungar. von György Kassai (Paris, 1986).

24 Die Gründe für den Antisemitismus in der rumänischen Politik während der zweiten Hälfte des 19. Jahrhunderts habe ich analysiert in Victor Neumann, 'Repere culturale ale antisemitismului din România secolului al XIX-lea' ('Cultural Landmarks of Anti-Semitism in Nineteenth-Century Romania'), *Society and Culture* (Review of the Romanian Academy, Institute of Social Theory), Nr. 3 und 4 (1994); Repr. in *Ideea care ucide: Dimensiunile ideologiei legionare* (*The Idea that Kills: The Dimensions of Legionary Ideology*) (Bukarest, 1994), pp. 35–54.

In einem Artikel von 1844, veröffentlicht im *Pesti Hirlap* (Pester Journal), beschrieb Lajos Kossuth den Standpunkt der nationalgesonnenen ungarischen Erneuer. Von den orthodoxen Juden verlangte er umfassende Reformen und bezeichnete diese als Voraussetzung für die erhoffte politische Emanzipation.[25] Ähnlich argumentierten die ungarischen Liberalen. Auch sie verwiesen auf die Notwendigkeit einer Reform der jüdischen Gemeinden, denn diese verhandelten nicht allein innerjüdische Fragen, sondern definierten auch den religiösen und bürgerlichen Status ihrer Mitglieder.[26] Unter anderem sollten die Juden auf ihre alten Namen verzichten (was eine Forderung darstellte, welche die Habsburger Verwaltung schon Jahrzehnte zuvor formuliert hatte). Allerdings müssten die Namen jetzt dem ungarischen Sprachgebrauch entsprechen statt wie zuvor dem deutschen. Auch erwarteten die Liberalen von den Juden, dass sie auf das Jiddische als nur ihnen vertraute Sprache verzichteten und stattdessen miteinander in Ungarisch kommunizierten. Welche Vorstellungen lagen diesen Forderungen zugrunde? Entsprangen sie dem Augenblick? Spiegelten sie die Meinung von Gelehrten? Oder drückte sich darin ein verbreitetes Denken und Meinen der Bevölkerung aus? Eine angemessene Beurteilung setzt die genaue Analyse der politisch-kulturellen Situation um 1848 voraus. Tatsächlich war die Lage schwierig.

Die xenophoben und antisemitischen Verlautbarungen, die wir Mitte des 19. Jahrhunderts erstmals in ihrer modernen Form in Ostmitteleuropa antreffen, einem Raum mit vielen kleinen, unscharf voneinander abgegrenzten Regionen, erklären sich durch die intellektuelle Unfähigkeit der lokalen Intelligenz, eine nationale Ideologie zu entwickeln, welche die kulturellen und religiösen Differenzen der Menschen anerkannte. Das ist eine der großen Tragödien der Geschichte: Mehr als ein Jahrhundert lang, ja, bis heute, fanden und finden Ausschließlichkeitstheorien immer wieder Nahrung. Extremistische Parteien hatten und haben Erfolg trotz ihrer Doktrinen. Und radikale Losungen fanden und finden gelegentlich auch in breiteren gesellschaftlichen Schichten Rückhalt. Doch bleiben wir bei den historischen Fakten im engeren Sinne: Das ungarische Parlament lehnte eine Emanzipation der Juden auf seinen Sitzungen 1839–1840

---

25 Zitiert in Friedrich Gottas *Ungarn im Zeitalter des Hochliberalismus: Studien zur Tisza-Ära (1875–1890)* (Wien, 1976), p. 164. Zur Emanzipation s. auch Lajos Venetianer, *A magyar zsidóság története (Torture of the Hungarian Jew)* (Budapest, 1922), p. 139.

26 Wichtige Hinweise verdanke ich William Marin (emerit. Professor der Universitatea de Vest, Timişoara) und seinem Vortrag über die '*Emanciparea civică a evreilor bănăţeni şi transilvăneni în secolele XVIII–XIX*' ('The Civic Emancipation of Jews from the Banat and Transylvania during the Eighteenth and Nineteenth Centuries'), Universitatea de Vest, Timişoara, 27.–29. Mai 1983. Herr Marin offerierte mir später Zugang zu vielen wichtigen Quellen. Erwähnen möchte ich auch sein Buch *Unirea Banatului cu România (The Union of the Banat and Romania)* (Timişoara, 1978). Wiederum scheute sich William Marin nicht vor unbequemen Wahrheiten. Vor allem berücksichtigte er in seinem Werk auch die Geschichte der Juden. Es verwundert daher wenig, dass ich William Marin explizit danken möchte für sein Engagement in den Jahren nationalkommunistischer Einseitigkeit. Zudem schlug er mich für ein Stipendium bei der Friedrich-Ebert-Stiftung in Bonn vor, das mir erlaubte, meine Kenntnisse über die Geschichte der Juden im Banat zu vertiefen.

und 1847–1848 ab. Die Stimmung wandelte sich mit Beginn der Revolution. Ein Manifest vom 17. März 1848 zeugte vom Enthusiasmus, gerade auch unter der jüdischen Bevölkerung. Eine vom jüdischen Komitee für Ungarn und Siebenbürgen entworfene Denkschrift bekundete die entschiedene Unterstützung des Komitees für die Anliegen der Revolution. Unterschrieben hatte es auch ein Jude aus dem Banat (Bezirk Torontal): S. D. Adler.[27] Lajos Schnell brachte das Thema einer Emanzipation der Juden in Ungarn, dem Banat und Siebenbürgen kurze Zeit später ins Parlament ein. Es war Lajos Kossuth, der den Antrag zurückwies. Die gegenwärtige politische Lage, so argumentierte er, lasse eine derart einschneidende Maßnahme nicht zu.[28]

Um den Standpunkt der auf Veränderung drängenden, vor allem städtischen Juden öffentlich zu machen, brachte der 23-jährige Ignacz (Ede) Einhorn (während seines Exils nach 1848 einer der einflussreichen europäischen Statistiker und Nationalökonomen) die Wochenzeitschrift *Der ungarische Israelit* heraus. Sie trat entschieden für die Emanzipation ein. In der ersten Ausgabe vom 15. April 1848 erfahren wir, dass es unter den jungen Leuten, welche Eftimie Murgu (den Hauptanführer der rumänischen Revolutionäre im Banat) aus dem *Neugebäude* des Pester Gefängnisses befreiten, auch Juden gab.[29] Dieses Ereignis spiegelt tatsächlich ein ganz bestimmtes Moment der

---

27 Zitiert in Bela Bernstein, *Az 1848/49 – iki magyar szabadságharz és a zsidók* (*The Fight for Freedom of Hungarians and Jews during the Revolution of 1848/49*) (Budapest, 1898), p. 41.

28 *Pesti Hirlap*, 7. April 1848.

29 *Der ungarische Israelit*, 15. April 1848. Auch das *Temesvarer Wochenblatt*, 22. April 1848, p. 136, berichtete darüber, allerdings, ohne die Beteiligung von Juden zu erwähnen und mit einer falschen Transkription des Namens von Eftimie Murgu (Emanuel statt Eftimie). Deutschen Journalistenkreisen, so scheint es, waren weder die jüdischen Revolutionsanstrengungen noch die rumänischen Führungspersönlichkeiten bekannt. Aber vielleicht hatte der Sachverhalt auch noch einen ganz anderen Hintergrund: Die Beamten ignorierten einfach, was ihnen nicht gefiel. – Und doch, der April 1848 bedeutete für das Habsburger Reich einen Wendepunkt. Dazu trug das Erscheinen vieler neuer Zeitschriften bei, die die Verbreitung von Informationen erleichterten und beschleunigten. Für die Juden im Banat wurden *Der Südungar* (Timişoara) und *Der Patriot* (Arad) wichtig. I. D. Suciu hat für die Rumänen im Süden des Banats die Bedeutung des neuen Mediensystems herausgearbeitet: I. D. Suciu (Hg.), Eftimie Murgu, *Scrieri* (*Writings*) (Bukarest, 1969), pp. 12–89. – Murgu wurde 1845 verhört und Anfang des Folgejahrs nach Buda gebracht und im Neugebäude-Gefängnis eingesperrt. Als Gründe für die Verhaftung nannten die Behörden dessen Störung der staatlichen Ordnung, seinen Kampf für gleiche Rechte der rumänischen Bevölkerung und das Propagieren von Ideen, die dem Adel im Landtag von Pest feindlich gegenüberstanden (demselben Landtag, der die jüdische Emanzipation abgelehnt hatte). – Die Historiografie Südosteuropas hat in ihren Darstellungen der Revolution von 1848 vor allem auf das Nationalitätenproblem hingewiesen. Das scheint mir freilich einseitig, ja, in gewisser Weise unhistorisch. Mindestens so wichtig, ja, wichtiger noch waren Ideen sozialer Gerechtigkeit, der Brüderlichkeit und bürgerlicher Teilhabe. Nach meiner Wahrnehmung käme der Geschichtswissenschaft in Südosteuropa eine wichtige Rolle in Hinblick auf die Veränderung von Mentalitäten zu, wenn sie auf nationalistische Spekulation verzichten würde. Die haben in der Vergangenheit nur die Belange autoritärer und totalitärer Regime gefördert. Vgl. Victor Neumann, *Neam, Popor sau Naţiune? Despre identităţile politice europene* (Community, People or Nation? On European Political Identities) (2. Aufl., Bukarest, 2005); id., 'Conceptul de totalitarism în limbajele social-politice româneşti' ('The Concept of Totalitarianism in Romanian Social and Political Idioms'), Timpul (Time), Nr. 1 (2010).

Revolution von 1848 wider, als noch gruppenübergreifend die gesellschaftlichen Zustände und politischen Strukturen des Kaiserreichs infrage gestellt wurden. Die Befreiung Eftimie Murgus aus dem Gefängnis steht insofern für den Höhepunkt der achtundvierziger Revolution: die Befreiung politischer Gefangener durch eine breite gesellschaftliche Koalition. Es ist kein Zufall, dass die Aktion unter den jungen Revolutionären des Kaiserreichs Enthusiasmus verbreitete, und zwar gleichermaßen unter den Ungarn, den Rumänen, den Juden und auch den Italienern. Immer neue Zeitschriften suchten damals die Öffentlichkeit. Einige von ihnen setzten sich für die Sache der Juden ein, brachten immer neue Argumente vor. Zu nennen hierfür ist zum Beispiel *Der Südungar*, der in Timișoara herausgegeben wurde und dessen Herausgeber der jüdische Arzt Davin Wachtel war; oder *Der Patriot*, der in Arad erschien und unter der Leitung des Lehrers Leopold Jeiteles stand. Die Zahl der Artikel und Petitionen, die das Thema einer Emanzipation der Juden aufgriffen, nahm stetig zu. Das Klima im Umfeld der jüdischen Gemeinden von Arad, Timișoara und Lugoj war höchst angespannt. Die staatlichen Offiziellen beharrten freilich auf durchgängig konservativen Positionen. Sie nahmen die Dinge anders wahr als die Juden, wenngleich die intellektuellen Debatten zum Thema eine gewisse Wirkung erzielten. Noch dominierten die mentalen Dispositionen der alten ungarischen Führungsschichten. Bezeichnend in diesem Sinne waren die Aussagen des ersten ungarischen Innenministers, Bertalan Szemere (1812–1869): Er argumentierte, dass Parlament und Regierung nicht genügend Zeit hätten, um ein entsprechendes Gesetz zu entwerfen und anzunehmen. Zudem erklärte er, dass ungarische Politiker in der Vergangenheit zu Recht argumentiert hätten, dass eine Emanzipation den Wandel des rückwärtsgewandten jüdischen Kultes voraussetze. Nur so sei eine Gleichstellung der Juden denkbar und möglich.[30]

Die Diskussionen über die Lage der Juden,[31] speziell der Juden in Ungarn und im Banat,[32] brachte bis 1848 daher keine für alle Seiten vertretbare Lösung, auch nicht auf jüdischer Seite. Wenn herausgehobene jüdische Intellektuelle in Anlehnung an die Thesen der Aufklärung und insbesondere an Moses Mendelssohn bemüht waren, Brücken herzustellen, so sahen die orthodoxen Juden doch vor allem die Gefahren, welche die Assimilation mit sich brachte: einen Verlust religiöser Identität.

In Arad neigten immer mehr Juden dazu, die strengen religiösen Vorgaben infrage zu stellen, nicht zuletzt eine Folge der Reformbemühungen Áron Chorins. Am 24. April 1848 machten sie ihre Auffassung publik.[33] Am 8. Juli desselben Jahres gründete sich in Pest der *Ungarisch-Israelitische Centrale Reformverein*, der auch die religiösen Reformen im Banat unterstützte. Schließlich brachte die letzte Versammlung des Landtags in Szeged, am 28. Juli 1849, einen Durchbruch. (Die Revolution erreichte damals ihre

---

30 Bernstein, *Az 1848–49*, pp. 114–115 und pp. 152–153. Ebenso Marin, 'Emanciparea civică'.

31 Vgl. Daniel Ehrmann, *Betrachtungen über jüdische Verhältnisse* (Pest, 1841).

32 Elias Oesterreicher, *Der Jude in Ungarn* (Pest, 1842).

33 *Pesti Hírlap*, 3. Mai 1848.

dramatische Phase: Immer mehr Gegensätze spalteten die Gesellschaft. Der Konflikt spitzte sich bis zum Bürgerkrieg zu.) Jetzt wurde tatsächlich ein Gesetz über die Emanzipation der Juden verabschiedet, freilich setzte sich Kossuths Flügel durch und bewirkte eine Einschränkung. Demnach war die Emanzipation gebunden an eine „jüdische Religionsreform gemäß den Anforderungen der Zeit".[34]

Den jüdischen Intellektuellen und den reformbereiten Rabbinern kamen die bewusst diplomatische Vorgehensweise und die moderaten Ideen István Széchenyis eher entgegen. Széchenyi, der einige der bedeutendsten Gelehrten der Zeit um sich versammelte, wollte die Unabhängigkeit Ungarns dadurch sicherstellen, dass das Land fest in der modernen europäischen Kultur und Zivilisation verankert war. Wenn Wissenschaftler und Politiker es verstünden, die Besonderheiten von Sprache, Tradition, Religion und Bräuchen eines jeden Volkes des Kaiserreiches zu pflegen und wenn sie gute Beziehungen mit den Nachbarstaaten aufbauten, zudem ähnliche Ideen entwickelten, dann prognostizierte er seinem Land eine durch und durch glückliche Zukunft: „Es ist eine große Kunst", argumentierte Széchenyi, „zu wissen, wie man Herzen gewinnt ... Denn wenn du respektiert werden willst, dann musst du erst die anderen respektieren".[35]

Für den Achtundvierziger-Gelehrten sollte die neue Zeitepoche alle Grenzen überwinden, um hierdurch dem Bild einer ideal vernetzten „Weltgesellschaft" mit einem Streben nach dem Besten zu entsprechen:

> Stellen wir uns eine nationale Familie vor, die aus nicht mehr als einer Million Mitgliedern besteht, in der so viel intellektuelles Vermögen, bürgerliche Ehrhaftigkeit, so viele erfreuliche Gewohnheiten, aber auch guter Geschmack, entwickelte Wissenschaft, Lebensweisheit, praktische Erfahrung, Takt und andere Eigenschaften vorhanden sind, dass sie allen helfen, allen ehrliche Führung und klugen Rat zu geben vermögen ... Kurz gesagt, ausgehend von seiner intellektuellen Überlegenheit, könnten wir es das Volk der Vernunft nennen. Wenn wir den starken Wunsch nach Fortschritt und Perfektion der Menschheit nicht infrage stellen wollen, dann müssten wir anerkennen, dass ein solch ideales Volk sich mit allen anderen Völkern verschmelzen sollte, mit denen es in engerem Kontakt steht.[36]

---

34 Bernstein, *Az 1848–49*, pp. 259–260.

35 Vgl. István Széchenyi, *Közjóra való törekedések (Aspiration Towards the Public Good)*, hg. v. Benkő Samu (Bukarest, 1981), pp. 213–231. Vgl. Széchenyi, 'Discurs ţinut la şedinţa solemnă a Academiei Ungare de Ştiinţe din 27 noiembrie 1842' ('Speech Given at the Solemn Meeting of the Hungarian Academy of Sciences on 27 November 1842'), in Cornelia Bodea (Hg.), *1848 la români: O istorie în date şi mărturii (1848 for Romanians: A History of Data and Testimonies)* (Bukarest, 1982), pp. 199–211.

36 Széchenyi, *Közjóra*. S. hierzu auch Victor Neumann, *Convergenţe spirituale: Studii privind relaţiile culturale şi politice în Europa centrală şi de sud-est între 1750 şi 1850 (Spiritual Convergences: Studies on Cultural and Political Relations in Central and South-Eastern Europe between 1750 and 1850)* (Bukarest, 1986), pp. 84–101. Vgl. id., *Tentaţia lui homo europaeus: Geneza ideilor moderne în Europa Centrală şi de Sud-Est (The Temptation of Homo Europeaus: The Genesis of Modern Ideas in Central and South-Eastern Europe)* (3 Aufl., Iaşi, 2006).

Ich habe diesen Absatz aus der berühmten Rede Széchenyis zitiert, die er 1842 vor der Ungarischen Akademie der Wissenschaften gehalten hat, um das Denken dieses großen Intellektuellen verständlich zu machen. Konzeptionell beruhen István Széchenyis Überlegungen auf der Idee der Rechtsstaatlichkeit und der sozialen Gerechtigkeit. Obwohl er selbst dem Adel entstammte, vertrat er ein zutiefst konziliantes Denken, stand er für Reformen und beeinflusste dadurch die Avantgarde seiner Zeit. Freilich, die Ideale, für die Széchenyi eintrat, verstanden nur wenige seiner Zeitgenossen. Sein Plädoyer für eine allgemeine Gleichstellung der Nationen und Regionen im Kaiserreich nahm nicht spezifisch Bezug auf die Frage der Judenemanzipation. Aber es ist doch bezeichnend, dass der liberale Flügel der Achtundvierziger Széchenyis Überlegungen kaum zur Kenntnis nahm. Sie enthielten denn auch zwei Provokationen: Zum einen setzten sie an die Stelle der geburtsrechtlich oder sprachlich begründeten Überhöhung den Leistungswettbewerb, für den die Masse der Ungarn nur bedingt vorbereitet war, und zum anderen waren die Liberalen in der Frage der Judenemanzipation selbst gespalten.

Während Széchenyi als moderater Förderer moderner Ideen in den Vordergrund trat, stand József Eötvös für einen anderen Ansatz. Sein Name ist verbunden mit den intellektuellen Positionen der kleineren Nationen, die gegen den österreichischen Zentralismus und die reaktionäre Gesetzgebung aufbegehrten. Eötvös stellte sich gegen eine Fortsetzung des rückwärtsgewandten Denkens, das an das Mittelalter anknüpfte. In seinem viel beachteten Buch zum *Nationalitätenproblem in der Habsburger Monarchie* hob der US-amerikanische Jurist und Historiker Robert Kann Eötvös als Intellektuellen heraus und bewertete seine unabhängige Gedankenleistung umso höher, als auch Jószef Eötvös dem Adel entstammte. Eötvös entwickelte eine ganz eigenständige Position in Bezug auf die Frage der jüdischen Emanzipation. Sein Werk mit dem Titel *A zsidók emancipátiója* (*Die Emanzipation* der Juden) wurde auch auf Italienisch publiziert (Dissertazione sulla emancipazione degli Ebrei, Pest 1842).[37] Es reflektierte seine ernsthafte Sorge um die Lage der Juden in Ostmitteleuropa. Wie war der Essay von Eötvös aufgebaut und warum hat er die kulturelle und politische Debatte in den intellektuellen Kreisen Mitte des neunzehnten Jahrhunderts beeinflusst? Welches waren die zentralen Argumente des Autors, als er das Problem der gleichen Rechte für die Juden gegenüber der öffentlichen Meinung Ostmitteleuropas ansprach, wobei er dieselben Rechte für die Juden einforderte, wie es sie in den anderen zivilisierten Ländern der Welt gab?

Eötvös beginnt seine Einleitung mit der folgenden Aussage:

---

37 Vgl. die neue ungarische Ausgabe, hrsgg. v. Gábor Szigeti (Budapest, 1981).

Das Volk, das, anstelle aufzugeben, den Vernichtungskrieg überlebt hat; das Volk, das sein eigenes Land verloren hat und dessen Zentren von anderen zerstört und vollständig vereinnahmt worden sind, wird an dem Ort, an dem es lebt, immer als Feind und Fremder betrachtet werden ... Das Volk, das nichts findet außer der Feindschaft anderer und mehr Leid erfahren hat, als in der Menschheitsgeschichte erzählt werden kann, das ist das Volk Israel.[38]

Zudem deckt er die Vorurteile auf, welche die große Mehrheit der ungarischen Bevölkerung gegenüber den Juden hegte. Mit der Bezeichnung Jude belege man im Ungarischen „den Fremden, der ein starkes Herz habe, sich aber nicht in die Gemeinschaft" einfüge, in der er lebe, es sei denn, „der Jude" verfolge damit seine eigenen Interessen.

Unbegründete Anschuldigungen gegenüber den Juden, die aus einer fehlerhaften Interpretation religiöser Texte resultierten, veranlassen den Autor zu der Frage: „Kann eine Religion heilig sein, wenn sie Degeneration und Grausamkeit unterstützt?" Gott habe die Zerstörung Israels nicht befohlen. Und weiter, ein Verständnis für das Unglück des Volkes Israel setze voraus, dass die Mehrheit der Bevölkerung sich modernem Denken öffne. „Wir haben Grund zur Hoffnung, dass die wahre religiöse Idee auf der Akzeptanz unterschiedlichen Menschseins aufbaut, denn der Gott, den wir am Altar anbeten, ist ein segensreicher Gott. Wir hoffen, dass eine Zeit kommen wird, in der die Menschen bessere Lehren finden als unsere heiligen Bücher, eine Zeit, in der wir Gottes Willen näher sein werden und unser Nichtverstehen ein Ende haben wird, dank gegenseitiger Empathie und Verständnisbereitschaft."[39]

Der Gelehrte verurteilte nicht die christliche Religion selbst. Was ihn erregte, war die offene Judenfeindschaft im Namen eines falsch verstandenen Christentums, waren ungerechtfertigte Anschuldigungen gegen die Juden seit dem Mittelalter, waren auch deren intellektuell unredliche Begründungen. Religion dürfe nicht der Grund dafür sein, dass die selbst ja eher kleinen Sprach- und Religionsgemeinschaften Ostmitteleuropas darauf bestünden, den Juden die Menschenrechte zu verweigern. Eötvös war überzeugt, dass das Problem nur dann gelöst werden könne, wenn man sich zur Vernunft bekenne. Die Politiker müssten Vorurteile und Schmähungen ignorieren. Nur unter dieser Voraussetzung sei es möglich, ein Gesetz zur Emanzipation der Juden vorzulegen. Seine Auffassung legitimierte er mit dem innigen Wunsch, seine jüdischen Mitmenschen als Bürger gleichen Rechtes zu sehen. Um die Anerkennung des anderen ging es ihm, um die Akzeptanz von sozialer Pluralität in einer Gesellschaft, die darauf angewiesen war, miteinander zu interagieren. Außerdem betonte er die Idee des Wettbewerbs als Kern liberalen Denkens. Erkennbar wird die Aneignung eines

---

38 Giuseppe di Eötvös, *Dissertazione sulla emancipazione degli Ebrei* (Pest, 1842), p. 3. Ich stütze meine Interpretation auf diese italienische Ausgabe. Freundlicherweise wurde sie mir von meinem Kollegen und Freund Alin Mihai Gherman von der Rumänischen Akademie-Bibliothek, Zweigstelle Cluj, zugänglich gemacht. Die Übersetzung ins Italienische zeigt, dass der Autor seine Ideen über jüdische Emanzipation außerhalb ungarischer Intellektuellenkreise verbreiten wollte.
39 *Ibid.*, p. 6.

neuen Sprachregisters, das den Kosmopolitismus der Aufklärung in die Gegenwart überführte.

Warum eigentlich, geben wir den Juden kein Land, fragte Eötvös? Warum entlohnen wir sie nicht für ihre Arbeit? Warum sollen sie nicht Mitglied der Handwerkerinnungen und Künstlerverbände werden können, was dem Wettbewerb zugutekäme?[40] Die provokanten Fragen hatten zahlreiche ideologisch aufgeladene Debatten zur Folge, und diese wiederum verzögerten die Verabschiedung von Gesetzen. Doch Eötvös brachte auch weniger kontroverse Argumente vor. Selbst wenn die Juden sich nur im Handel betätigten, so Eötvös, sei dies noch lange kein Argument für die Verweigerung von Menschenrechten. Und vorausgesetzt, das Handelsgebaren einzelner Personen verletze die guten Sitten, so sei das kein Grund, überall Gefahren zu wittern und ein ganzes Volk zu verdammen. Richtig sei, dass die Juden vielfach Handel trieben. Aber das sei nur deshalb der Fall, weil man ihnen lange Zeit den Zutritt zu anderen Berufen verweigert habe. Die Fähigkeit, mit Gütern zu handeln, welche manche als Ausbeutung erachteten, finde sich zudem nicht allein bei den Juden. Die religiösen Schriften nähmen bezeichnenderweise dazu keinerlei Stellung. Und wenn der von den Juden praktizierte Handel tatsächlich unmoralisch sei, warum verbessere man dann nicht die Situation durch Ausarbeitung und Verabschiedung eines Gesetzes zur Emanzipation der Juden?[41] Eötvös argumentierte, indem er Fragen stellte und dadurch Vorurteile aufdeckte. Er war fest davon überzeugt, dass die Vernunft siegen werde und die mittelalterlichen Einstellungsmuster und Reflexe überwunden werden könnten. Für ihn bestand die Lösung aller Probleme mit Blick auf die „Judenfrage" in einer allgemeinen Verbesserung des gesellschaftlichen Miteinanders. Die Beispiele der Niederlande, Frankreichs, der USA und Englands zog er heran, um die positive Wirkung der Emanzipationsgesetze zu beschreiben.

Weiterhin argumentierte Eötvös: Wenn wir die moralischen Qualitäten dieses Volkes wie auch immer untersuchen, dann bleibt allein das menschliche Mitgefühl übrig. Eine religiöse Gemeinschaft, die allen Einschüchterungen widerstanden hat, die blutigste Verfolgungen erlitten hat, allein um ihren Glauben zu bewahren, eine solche Glaubensgemeinschaft hat Anspruch auf Respekt. Eötvös griff damit Argumente auf, wie sie im Westen entwickelt worden waren, und fügte sie zu einem historischen, politischen und philosophischen Ganzen zusammen. Das war in dieser Form höchst beachtenswert. Gleichzeitig schuf er ein vertieftes Verständnis für die regionale Kultur und Zivilisation des Judentums in Ostmitteleuropa. Dazu wertete er eine umfangreiche Bibliografie aus, alles mit dem Ziel, die Stichhaltigkeit von Behauptungen anderer Autoren zu überprüfen. Das Verhältnis von Judentum und Christentum, das er aufzeigte, resultierte nicht aus einfacher Spekulation oder allgemeinem Wissen, sondern

---

40 *Ibid.*, p. 9.
41 *Ibid.*, pp. 19–20.

entsprang intensivem Schriftstudium.[42] Wir finden Hinweise auf die Kommentare mittelalterlicher Exegeten ebenso wie auf die Bücher des berühmten jüdischen Schriftgelehrten Moise Maimonide (1138–1204).

Warum hat Eötvös einen für die intellektuellen Kreise in Mittel- und Ostmitteleuropa so provozierenden und so schwierigen Essay angefertigt, an dessen Thesen sich die Zeitgenossen reiben mussten? Warum nahm er die vielen boshaften Kommentare im Parlament, in Büchern und Broschüren auf, die Anfang des neunzehnten Jahrhunderts in Ungarn zirkulierten, und widerlegte sie ausführlich? Eötvös hatte die Ideen der Aufklärung und des Liberalismus aufgesogen und setzte sich deshalb für eine rechtliche Gleichbehandlung aller Menschen ein. Er erwartete eine Verbesserung der Menschheit, wenn es gelang, den großen Ideen Überzeugungskraft zu geben und sie verständlich zu machen.[43] Im Stillen hoffte er, sein Land würde nicht das letzte in Europa sein, das der jüdischen Bevölkerung gleiche Rechte zubilligte. Seine Darlegung ist Zeugnis einer bewundernswerten intellektuellen Begründung für die jüdische Emanzipation. Er führte ein ganz neues Verständnis der „Judenfrage" vor. De facto plädiert er für eine Anerkennung kultureller Vielfalt im Zusammenleben der Ungarn mit den anderen ethnischen Gruppen. Jeder geschichtliche Wandel erfordere auch eine Änderung der kulturellen Paradigmen. In Bezug auf die achtundvierziger Generation schien mit Eötvös die Überwindung der alten Vorurteile möglich – und verbunden damit: die Entwicklung neuer Werte, welche den Ideen des Fortschritts und der Wissenschaft entsprachen, wie sie in der Aufklärung entwickelt worden waren.

Wir haben bereits festgestellt, dass manche ungarischen Politiker Széchenyis Ideen über die Zusammenarbeit zwischen den ethnischen und religiösen Gruppen im neunzehnten Jahrhundert akzeptierten. Die Argumente Eötvös' zur Gewährung der Bürgerrechte für die Juden lehnten die meisten dagegen ab. Als Voraussetzung *sine qua non* für die Judenemanzipation galt den meisten Ungarn die Selbstanpassung der Juden, die enge Einbindung in die ungarische Kultur. Der ostmitteleuropäische und osteuropäische ethnonational hoch aufgeladene Romantizismus verweigerte jede Anerkennung von anderen Gruppen und stellte sich gegen sprachliche, kulturelle und religiöse Vielfalt. Es ist zwar richtig, dass das ungarische Parlament zweieinhalb Jahrzehnte nach der Veröffentlichung des Werkes von Eötvös die Judenemanzipation akzeptierte. Aber eine vergleichbar stringente Analyse erschien erst mehr als hundert Jahre später wieder mit István Bibós Studie *Zur Judenfrage – Am Beispiel Ungarns nach 1944*. Hier charakterisiert Bibó den ethnischen Staat als Substitut des Bürgerstaates, der eine schnellere Entwicklung des politischen Lebens in den Regionen östlich von Wien behindert habe. Unter dem Einfluss der deutschen romantischen Literatur hätten sich Vorstellungen von einem kollektiven Selbst entwickelt, die zur Grundlage der Staatskonstruktion in Mittel- und Osteuropa wurden. Letztlich waren es wiederum diese Ideen einer homoge-

---

42 *Ibid.*, pp. 47–59.
43 *Ibid.*, pp. 70–73.

nisierten Gemeinschaft, welche entscheidend zur Herausbildung der totalitären politischen Systeme des zwanzigsten Jahrhunderts beitrugen.[44]

Unter diesen schwierigen äußeren Bedingungen fanden sich im Banat des neunzehnten Jahrhunderts dennoch ausreichende Ressourcen und intellektuelle Bestrebungen, um ein zivilisiertes Miteinander und friedliches Zusammenleben der ethnischen Gruppen innerhalb der Region sicherzustellen. Auch wenn Eötvös' Ideal sich in Bezug auf die Juden nicht realisieren ließ, sicherten die Verwaltungsstrukturen im Banat doch individuelle Meinungsfreiheit und eine enge Kommunikation der Eliten untereinander, sodass die verschiedenen Säulen der Banater Gesellschaft sich gegenseitig stützten.

Freilich, zunächst einmal verschlechterte sich die Lage der Banater Juden. Nach der Revolution von 1848 beschuldigten die Behörden die Juden der aktiven Teilnahme an der Revolution von 1848. Sie hätten gehofft, unmittelbar zu profitieren, und hätten ihre Forderungen gewaltsam durchsetzen wollen. Man belegte sie mit einer Strafe von insgesamt 500.000 Gulden. Erst zehn Jahre nach der Revolution, 1859, eröffnete Kaiser Franz Joseph I. erneut die Debatte über die Judenemanzipation für Ungarn, das Banat und Siebenbürgen. Für den 2. April 1861 berief er das Parlament ein. Die frühe Auflösung des Gesetzgebungsorgans verzögerte die Entscheidung erneut. 1866 versammelten sich Vertreter der siebenbürgischen Juden in Cluj, um den rechtlichen Status ihrer Gemeinden zu analysieren. Dass es Konflikte um die Frage der religiösen Praktiken mit den Behörden gab, war allzu offensichtlich. Ein Jahr später gründete die *Union zur religiösen Verteidigung* – eine Organisation von Juden, welche eine Emanzipation auf Kosten von Glaubensgrundsätzen für inakzeptabel hielt – die Zeitung *Magyar Zsidó* (*Ungarischer Jude*), um so die jüdischen Interessen vorzubringen.[45] Am 25. November 1867, infolge des *österreichisch-ungarischen Ausgleichs*, nahmen beide Kammern des ungarischen Parlaments in Pest das Gesetz XVII über die Emanzipation der Juden an. Mit 64 Ja- und 4 Nein-Stimmen trat das Gesetz in Kraft, nachdem der Kaiser es unterzeichnet hatte.

Tatsächlich provozierte das Gesetz neue Kontroversen, und zwar diesmal innerhalb der jüdischen Gemeinden. Einige der jüdischen Gemeinden erwiesen sich erfreut, stimmten den Regelungen zu. Das waren die reformerisch orientierten Juden, die als *neolog* bezeichnet wurden. Andere, die stärker an der Tradition festhalten wollten und als orthodox galten, widersetzten sich den Regelungen. Auf einem Kongress ungarischer und siebenbürgischer Gemeindevertreter fiel die Entscheidung über die Anwendung des Emanzipationsgesetzes.[46] Der Sprecher der Pester Neologen, Ignác Hirschler, war

---

44 Neumann, *Neam, Popor sau Națiune*, pp. 47–85, 117–146, 147–177. Vgl. id., 'Conceptul de totalitarism în limbajele social-politice romanești' ('The Concept of Totalitarianism in the Romanian Sociopolitical Language'), *Timpul*, Nr. 1 (2010), pp. 14–16.

45 Martin Philippson, *Neueste Geschichte des jüdischen Volkes*, vol. i (Leipzig, 1907), zitiert in Marin, 'Emanciparea civică', p. 5. S. a. Zsigmond Groszmann, 'Emancipáció a magyar zsidók polgári egyenjogúsítása' ('The Emancipation of Hungarian Jews as Citizens with Equal Right'), in Ujváry, *Zsidó Lexikon*, p. 224.

46 Das Banat war zu dieser Zeit bekannt als *Delmagyarország* (South Hungary).

ein entschiedener Anhänger der Ungarisierung. Auf Rat der Regierung begrenzte er die Diskussion, sodass religiöse Fragen nicht zur Debatte standen. Aus offizieller Sicht waren diese uninteressant und sinnlos. Der Kongress (Dezember 1868 – Februar 1869) entschied sich schließlich für ein Statut, das weitgehend die neologischen Sichtweisen widerspiegelte. Durch königliche Verordnung vom 14. Juni 1869 erhielt das Statut seine offizielle Bestätigung. Es sah pro Stadt nur einen Gemeindetypus vor, der den neologisch-reformierten Anschauungen entsprach.

Wie zu erwarten, widersetzten sich die orthodoxen Juden der Neuordnung, beharrten auf ihrer Selbstständigkeit und erreichten, trotz des über mehrere Jahre aufrechterhaltenen Drucks seitens der Verwaltung, dass sie ihre eigenen Gemeinden einrichten durften. In der Folge finden wir seit 1871 vier verschiedene jüdische Gemeindetypen: (1) neologe Gemeinden, die die Beschlüsse von 1868/1869 anerkannten, bekannt als *status quo*; (2) die orthodoxen Gemeinden, also jene, die auf der Tradition bestanden; (3) jene Gemeinden, welche auf der Organisationsform vor dem Kongress beharrten und als *status quo ante* bezeichnet wurden; schließlich (4) unabhängige Gemeinden, die sich mit keinem der drei anderen Typen identifizieren konnten.

Die Diversität der jüdischen Gruppen im Banat wird erkennbar, wenn wir unseren Blick auf Timișoara und Arad werfen. Für die beiden großen Städte des Banats bezeugen die Quellen das Vorhandensein aller vier Arten von Gemeindetypen.[47] Zudem gab es in Timișoara eine Filiale der *Alliance Israélite Universelle*, geleitet von Rabbiner Dr. Moritz Hirschfeld.[48] Sie setzte sich für den Schutz der Juden und eine moderne Schulbildung ein. Damit gelang den Banater Juden bereits früh die enge Verbindung mit internationalen Institutionen, welche sich für ihre Rechte einsetzten, die materiellen und kulturellen Interessen der jüdischen Gläubigen unterstützten und gegen die antisemitischen Verunglimpfungen vorgingen, die in der österreichisch-ungarischen Monarchie Ende des 19. Jahrhunderts laut wurden.

Grund zur Sorge gab es sehr wohl. Denn das Gesetz selbst änderte in weiten Feldern zunächst wenig. Die Mentalität der Bevölkerung beruhte auf einem Festhalten an älteren Vorurteilen und Verhaltensweisen. In ganz Mittel- und Osteuropa war das so. Die Politik selbst setzte auf eine nationalistische Agenda, in der alte Mythen, Irrationalitäten, traditionelle Sichtweisen und moderne Diskurse sich verbanden. Im fraglichen Zeitraum erlebten antisemitische Bewegungen in der gesamten Doppelmonarchie einen Aufschwung, gestützt von den immer preiswerter werdenden Medien, welche teilweise dieselbe Doktrin vertraten. Repräsentanten des Antisemitismus profitierten von der transnational verflochtenen Eisenbahn, trafen sich auf internationalen Kongressen und verursachten Skandale.

---

47 ACET, Dossier Nr. 5–8, Statuten der orthodoxen Gemeinde, der neologen Gemeinde sowie der status-quo-ante Gemeinde. Die Neologen stellten Ende des 19. Jahrhunderts in Timișoara die größte Gruppe. Ähnlich war es in Arad und Lugoj.
48 *Temesvarer Zeitung*, 25. Januar und 4. Februar 1868.

Zwischen 1882 und 1902 fanden immer wieder Ritualmordprozesse gegen Juden statt. Besondere Aufmerksamkeit erzielte im Banat und in Siebenbürgen der Prozess in Tiszaeszlar, 1882–1883. Tatsächlich bot der Prozess einen tiefen Einblick in das Verhältnis von Juden und Christen nach der formalrechtlichen Emanzipation der Juden.[49] Die staatsanwaltliche Untersuchung zum Verschwinden und mutmaßlichen Tod der 14-jährigen Eszter Solymosi dauerte 14 Monate, genauer, vom April 1882 bis Juni 1883. Das daraufhin erfolgende Strafgerichtsverfahren sah 15 Juden aus dem Nachbardorf Nyiregyhaza auf der Anklagebank. Als Staatsanwalt nahm Eduard von Szeyffert schließlich eine ungewöhnliche Positionsänderung vor, denn er empfahl den Freispruch für die Angeklagten. Am 3. August 1883 verkündeten die Richter ihr Urteil: Die Angeklagten seien unschuldig, schlicht und einfach. Aus Sicht des Historikers Hilel J. Kieval erschütterte der Prozess das soziale und gesellschaftliche Leben der Juden. Politik und Kultur hätten mit einem solchen Aufruhr nicht gerechnet. Es kam zu heftigen Auseinandersetzungen zwischen den Anklägern und den Verteidigern. Die Anschuldigungen seien „Zeugnis von Misstrauen und Verdächtigungen" gewesen, „welche die Prämissen der jüdischen Emanzipation grundsätzlich infrage stellten: die Zugehörigkeit der Juden zur Menschengattung, ihre Identität als Europäer und ihre grundsätzliche Ähnlichkeit mit den Ungarn und den anderen ethnischen Gruppen".[50]

Fassen wir zusammen: „Reform" und „Emanzipation" bestimmten die Geschichte der jüdischen Diaspora Ostmitteleuropas über ein Jahrhundert lang. An beiden Themen entzündeten sich große Kontroversen, sowohl innerhalb als auch außerhalb der jüdischen Gemeinden. Andere Themen kamen nur gelegentlich zum Vorschein. „Reform" und „Emanzipation" weckten Emotionen, bestimmten die Perspektiven historischer Studien und dominierten die religiösen Debatten. Deshalb auch hat das vorliegende Kapitel „Reform" und „Emanzipation" im Kontext miteinander behandelt, ohne dabei die religiöse Erneuerung und die Anpassung des *homo religiosus* an die moderne Zeit zu vernachlässigen. Für diesen Aspekt der Geschichte steht der Name Áron Chorin und sein Rabbinat in Arad. Gleichzeitig habe ich versucht, die jüdische Lebenswelt in den Kontext der Geschichte Mittel- und Ostmitteleuropas zu stellen. Wir haben gesehen, dass die Initiative zur Anpassung des jüdischen Lebens an die Umwelt von den lokalen Rabbinaten ausging, auf die regionale Ebene ausstrahlte und schließlich immer größere Kreise zog. Im Ergebnis entwickelte sich eine Vielfalt jüdischen Gemeindelebens, aber auch ein umfassendes neues Gemeinschaftsstatut. Diese Ausdifferenzierung beeinflusste freilich nicht das Jüdischsein an sich. Weithin zeigt sich, dass die Juden ihr Selbstverständnis bewahrten. Nur wenige assimilierten sich

---

49 Einen ausgewogenen Überblick zur Geschichte Ungarns 1879–1918 bietet Robert A. Kann, *A History of the Habsburg Empire 1526–1918* (Berkeley und Los Angeles, 1974), pp. 452–461. Die Ritualmordprozesse thematisiert Hilel J. Kieval, 'Antisémitisme ou savoir social? Sur la genèse du procès moderne pour meurtre rituel', *Annales*, Nr. 5 (September–Oktober 1994), pp. 1091–1105.
50 Kieval, 'Antisémitisme ou savoir social?', pp. 1092–1093.

vollkommen, sodass sie auch ihre religiöse Basis aufgaben. Vollständige Assimilation war in der Regel keine Option. Die jüdischen Familienstrukturen erhielten sich. Nur ein gewisser Prozentsatz der jüdischen Bevölkerung lebte in gemischten Familien. Das konnte ich am Beispiel von Arad und Timișoara für den Zeitraum von 1895 bis 1940 nachweisen.[51] Jedenfalls berichten die Gemeindearchive in den Heiratsregistern nur über eine kleine Zahl von Fällen. Gleichzeitig stellten die gemischten Heiraten soziale Brücken her – zwischen den Familien und ethnischen Gruppen. Das passte gut zu einer offenen Grenzkultur, in der das zivile Miteinander gepflegt wurde, und zwar in einer Weise, wie es in vielen Regionen Europas nach der Aufklärung nicht mehr möglich war.

Welche Einsichten gewannen wir aus der Betrachtung des jüdischen Emanzipationsstrebens im Banat? Die Juden standen für ein Konzept multipler Identität. Multikulturelles und multikonfessionelles Zusammenleben, in Verbindung mit der gelebten Mehrsprachigkeit ließen eine bürgerliche Gesellschaft entstehen, die sich durch Pluralismus auszeichnete und Vorteile daraus gewann. Zweifellos gehörte das Banat zwischen 1716 und 1850 zu den wenigen erfolgreichen kulturellen und politischen Experimentierräumen des Habsburger Reiches. Konvergenz des Miteinanders, nicht Divergenz ethnischer Vorbehalte zeichnete den Raum aus, Interkulturalität statt ethnischer oder religiöser Einseitigkeit und Unduldsamkeit. „Emanzipation" und „Reform" zeigten unter diesen Voraussetzungen durchgängig ihre positiven Wirkungen, während wir für andere Orte tragische Konsequenzen beobachten mit einer Verhärtung von Mentalitäten.

Diese Beobachtung lässt sich nicht ohne Weiteres auf Siebenbürgen übertragen, obwohl natürlich die Emanzipation auch die transsilvanischen Juden erfasste. Die Juden Siebenbürgens gehörten mehrheitlich der orthodoxen Richtung an. In anderen Regionen machten die sprachlichen Differenzen die Sachlage schwierig. Die multiple Identität in manchen Städten des Kaiserreiches war eher aufgezwungen und nicht langfristig auf natürliche Weise erworben. Unter solchen Umständen kam es vor, dass selbst ernannte ethnokulturelle Führungsgruppen ihre Dominanz mit historischen Rechten begründeten oder ihre erzwungene Überlegenheit der eigenen Zivilisation zuschrieben. Manchmal verwiesen sie auch auf die Bevölkerungsstatistiken, die den eigenen Anspruch belegten. Bei all diesen Disputen wurde den Juden der Platz einer Minderheit zugewiesen, und zwar in jeder Hinsicht. Für die Juden selbst bedeutete dies, sich den jeweiligen Umständen anpassen zu müssen, und nur selten, ihre eigenen Konzepte verfolgen zu können. Nur wenn man dies berücksichtigt, wird die konkrete Form der Judenemanzipation im Banat und in den Nachbarregionen verständlich.

---

51 Ergebnis meiner Studien in den Rathäusern von Arad und Timișoara, Heiratsregister 1895–1940. Die Daten zeigen, dass ein Teil der jüdischen Bevölkerung gemischte Ehen akzeptierte, z. B. mit römisch-katholischen, protestantischen, griechisch-katholischen oder orthodoxen Ehepartnern. Allerdings. die meisten Jüdinnen und Juden hielten an der Tradition religionshomogener Ehen fest.

Gegenseitige Toleranz war im Banat großenteils schon vor 1867 selbstverständlich. Die Existenz eines multi- und interkulturellen, multi- und interreligiösen Schmelztiegels erklärt, warum die Anstöße zur Reform des Judentums von den herausragenden Vertretern der jüdischen Gemeinden in Arad und Timișoara ausgingen. Auch erklärt dies, warum Timișoara die Heimat einer der stärksten zionistischen Bewegungen in der Region wurde. Der Zionismus war primär eine politische Bewegung und die Antwort der Juden auf den Nationalismus in Mittel- und Osteuropa. In einem Klima der allgemeinen Akzeptanz, der Vielsprachigkeit, der kulturellen Offenheit und der grenzüberschreitenden Kultur traf der Zionismus auf wenige Widerstände. Die Geschichte der Juden im Banat zeigt für das neunzehnte Jahrhundert deshalb ein so ungewöhnliches Bild, weil die Geschichte der Juden eng und positiv mit der Modernisierung anderer Volksgruppen in diesem Teil des Kontinents verbunden war. Formulieren wir es noch anders: Ein Blick auf die Geschichte der Juden im Banat eröffnet eine vertiefte Einsicht in die Geschichte der jüdischen Diaspora und, damit verbunden, dem Reichtum ihres Denkens während der Epoche der Moderne.

Aron Kovács

Das Banater Bildungssystem in der Zeit der österreich-ungarischen Doppelmonarchie

Dem Bildungssystem kamen mit den wirtschaftlichen und sozialen Veränderungen in Ungarn seit den 1830er-Jahren immer neue Aufgaben zu. Doch die entscheidenden Veränderungen benötigten Zeit. Es war Jozsef Eötvös als Religions- und Erziehungsminister, der im Dezember 1868 das Gesetz über die staatliche Bildung dem König unterbreitete. Das Gesetz war in Europa einzigartig, u. a., weil es eine Elementarschulpflicht vorsah.[1] Für die ungarische Verwaltung wurde Bildung zu einem entscheidenden Politikfeld, genauso wichtig wie die Reformen des öffentlichen Rechts. Obwohl die Initiativen des Ministers im europäischen Liberalismus starken Rückhalt fanden, trafen sie in Ostmitteleuropa selbst auf wenig Gegenliebe, und zwar gleichermaßen in Ungarn als auch im deutsch-sprachigen Gebiet der österreichisch-ungarischen Doppelmonarchie.[2]

István Fenyö, ein ungarischer Literaturhistoriker (1929–2017), hat Eötvös' politisches Denken in vier Punkten zusammengefasst. Dabei bezog er sich auf das Hauptwerk von Eötvös: *Der Einfluss der herrschenden Ideen des neunzehnten Jahrhunderts auf den Staat:* Es bedürfe (1.) des Fortschritts, aber keiner Revolution; (2.) eines Staates, der stark sei, aber die individuelle Freiheit nicht einschränke; (3.) der Chancengleichheit; und (4.) der Lösung der Minderheitenprobleme in einem geeinten Staat. Eötvös' Konzept beharrte auf der Idee lokaler Autonomie, wodurch er hoffte, nationalistische Bewegungen und revolutionäre Ausbrüche verhindern zu können.[3] Seine Vorstellungen zur Bildungsreform sollten allen diesen Anforderungen genügen. Dazu gehörte auch die Idee eines föderalen Staates, die freilich von den nationalistischen Bewegungen, die in der österreichisch-ungarischen Monarchie immer stärker wurden, zunehmend unterhöhlt wurde.[4] Insofern erlaubt der Blick auf das Bildungssystem zugleich einen umfassenderen Blick auf die gesellschaftlichen Zustände.

---

1 Béla Pukánszky und András Németh, *Neveléstörténet* (*The History of Education*) (Budapest, 1996); Károly Vörös, 'A modern értelmiség kezdetei Magyarországon' ('The Beginnings of Modern Intellectualism in Hungary'), in id., *Hétköznapok a polgári Magyarországon* (*Working Days in Civic Hungary*) (Budapest, 1992), pp. 24–25.
2 István Fenyő, 'Eötvös József politikaelméleti főműve, az uralkodó eszmék' ('József Eötvös's Masterpiece of Political Theory: The Dominant Ideas'), *Századok*, Nr. 6 (2002), pp. 1466–1468.
3 *Ibid.*, p. 1463.
4 Zu Föderalismus und Nationalismus s. Victor Neumann, 'Federalism şi naţionalism: O perspectivă comparativă asupra teoriilor politice din Austro-Ungaria la 1900' ('Federalism and Nationalism: A Comparative Perspective on Political Theories in Austro-Hungary around 1900'), in id., *Ideologie şi fantasmagorie: Perspective comparative asupra istoriei gândirii politice în Europa Est-centrală* (*Ideology and Phantasmagory: Comparative Perspectives on the History and Political Thought of East-Central Europe*) (Iaşi, 2001), pp. 68–102.

Die rumänische Historiografie hat bisher noch kein zusammenfassendes Werk zur Schulpolitik in Südost-Ungarn vorgelegt. Einzelne Studien haben sich auf die Beschreibung bestimmter Schultypen konzentriert oder die Geschichte der Bildung als Teil der rumänischen Nationalbewegung thematisiert. Die sozialen Hintergründe werden vielfach nur schwach ausgeleuchtet. Die hier vorzulegende Studie soll diese Lücke in gewisser Weise schließen und das Bildungssystem im Königreich Ungarn während der Jahre 1867 bis 1914 analysieren und deuten. Der legislative Rahmen wird herauszuarbeiten sein, der das Bildungssystem strukturierte, aber auch die lokalen Besonderheiten interessieren uns. Als Quellen für vorliegende Studie dienen zeitgenössische statistische Aufstellungen sowie zahlreiche, von den Schulen herausgegebene Jahrbücher.[5]

Kindergärten und Kinderheime

Die ersten Kindergärten wurden im Banat 1840 auf private Initiative hin gegründet, als Institutionen der Pfarrgemeinden oder als Einrichtungen sonstiger Vereinigungen. Erst 1891 erfolgte mit dem Gesetz XV eine gesetzliche Regelung. Das Gesetz bestimmte, dass die Kleinkindererziehung in zwei Arten von Einrichtungen erfolgen solle: in einem klassischen Kindergarten mit einer speziellen Lehrkraft oder in einem Kinderheim, das von einer Krankenschwester geleitet werden sollte, die ihre Fähigkeit zur Betreuung von kleinen Kindern in Anwesenheit eines Inspektors nachweisen musste. Nicht nur die Mitarbeiterrekrutierung unterschied beide Einrichtungen. Sie verfolgten auch unterschiedliche Zwecke. Die Kinderheime dienten der angemessenen Unterkunft der Kleinen. Bei den Kindergärten stand die kindliche Erziehung im Mittelpunkt: das Erlernen von Gebeten, die angemessene Konversation, das Singen von Liedern, körperliche Ertüchtigung, aber auch eine erste Einführung in die Handarbeit.

Anders als bei den Grundschulen war der Aufbau von Kindergärten nur in Orten mit Stadtrechten und in Bezirkszentren vorgeschrieben, daneben in solchen Gemeinden, die jährlich mehr als 15.000 Gulden Steuereinnahmen vorwiesen und in denen die entsprechenden Jahrgangsstufen mindestens 40 Kinder umfassten. Siedlungen mit einer Jahressteuer von 10.000 bis 15.000 Gulden waren verpflichtet, Kinderheime einzurichten, wenn die Kinderzahl 40 überschritt. Diejenigen Gemeinden, deren Steuereinnahmen unter 10.000 Gulden lagen, sollten in jedem Fall Sommerheime für mindestens 15 Kinder einrichten. Das war wichtig für die Erntezeit. Zur Deckung der Kosten diente

---

5 Für den deutschsprachigen Leser sei auf die Studien von Joachim v. Puttkamer hingewiesen: Joachim v. Puttkamer, *Schulalltag und nationale Integration in Ungarn, Slowakei, Rumänien und Siebenbürger Sachsen in Auseinandersetzung mit der ungarischen Staatsidee, 1867–1914.* (München, 2003); id., *Mehrsprachigkeit und Sprachenzwang in Oberungarn und Siebenbürgen, 1867–1914. Eine statistische Untersuchung,* in: *Zeitschrift für Siebenbürgische Landeskunde,* 26 (2003), pp. 7–40.

eine Zusatzsteuer von drei Prozent.[6] So wie der Staat selbst hatten auch die Kommunen, Kirchen und sonstigen Einrichtungen, ja, jeder Einzelne das Recht, einen Kindergarten zu errichten.[7]

Alle Kindergärten unterlagen spezifischen Gesundheits- und Brandschutzbestimmungen. Die Höchstzahl von Kindern in einem Raum betrug 80, wobei jedem Kind mindestens 0,8 qm zugestanden wurden. Das Gebäude musste geräumig angelegt sein und den beschriebenen Anforderungen nach gemäß mindestens 64 qm umfassen. Auf ausreichenden Lichteinfall sei zu achten, hieß es, und auf eine angemessene Belüftung. Auch sollte das Gebäude in der Mitte eines größeren Spielplatzes mit Bäumen gelegen sein. Die Kontrolle der Vorschriften war Aufgabe eines Aufsichtskomitees, das aus mindestens fünf Personen bestehen sollte. Hinzu kamen der örtliche Arzt sowie Frauen, die sich mit der Kinderbetreuung auskannten. Dem Aufsichtskomitee oblag die Kontrolle der Verwaltung der Kindergärten. Es hatte aber auch dafür zu sorgen, dass die Eltern ihre Kinder tatsächlich in die Betreuungseinrichtung schickten. Geschah das nicht, konnten sie bestraft werden.[8]

Die systematische Einrichtung von Kindergärten begann im Banat in den 1890er-Jahren. Seit diesem Zeitpunkt entstanden in jedem Bezirk und in jeder Stadt der Region Institutionen zur Kinderbetreuung. In manchen Regionen nahm die Zahl der Einrichtungen rasant zu, vermutlich wegen des dort höheren Verstädterungsgrades.[9] Im Bezirk Arad zum Beispiel stieg die Zahl der Kinderpflegeeinrichtungen von 17 auf 42; in Caraş-Severin von 8 auf 31; in Torontal von 75 auf 151; in Timiş von 39 auf 100. Im Zeitraum von 1895 bis 1914 erhöhte sich die Zahl der Kindergärten und Kinderheime noch weiter. Gleichzeitig richtete sich der Fokus auf eine qualitative Verbesserung der Kindergärten im gesamten Banat. In mehreren Bezirken entstanden normale Kindergärten anstelle von Sommerheimen.[10] Hauptsprache der Kindergärten 1895–1898 war das Ungarische. In zweisprachigen Kindergärten war Ungarisch zumindest als Zweitsprache gefordert. Gesetz XV, Artikel 8, aus dem Jahr 1891, gab in dieser Hinsicht genaue Vorgaben.

---

6 Gesetz XV, 1891, §§ 15, 16, 18.
7 *Ibid.*, § 3.
8 *Ibid.*, § 6, pp. 22–26.
9 Der Bezirk Caraş-Severin wies 2 Städte mit eigenständigen Räten auf, dazu kamen 29 große Kommunen, 31 kleinere Kommunen und 47 Siedlungen mit über 2.000 Einwohnern. Im Bezirk Timiş existierten 202 große Kommunen und 121 kleinere, von denen 70 mehr als 2.000 Einwohner besaßen, während es in Torontal 2 Städte mit lokalen Räten gab, 169 große Gemeinden, 42 Kommunen und 112 Siedlungen mit über 2.000 Einwohnern: *Révai Nagy Lexikona* (*Révai's Great Lexicon*) (Budapest, 1911–1935), vol. xii, p. 266; vol. xviii, pp. 109, 366. Die Daten erschienen in *Magyar Statisztikai Évkönyv* (*Hungarian Annual Statistics*), NS vol. 1 (1893) p. 317; vol. 4 (1896), pp. 422–423; vol. 5 (1897), pp. 354–355; *Ibid.*, vol. 6 (1898), pp. 312–313; vol. 10 (1902), p. 331; vol. 14 (1906), pp. 322, 327; vol. 19 (1911), p. 332; vol. 22 (1914), p. 244.
10 *Ibid.*

Indes, jede Sprachgemeinschaft konnte ihre eigenen Kindergärten unterhalten und in der jeweiligen Muttersprache anbieten.[11]

Grundschulen

Das von Eötvös vorgelegte Gesetz über die verpflichtende Grundschule richtete sich an Kinder im ungarischen Herrschaftsbereich im Alter von 6 bis 15 Jahren. Die Sechs- bis Zwölfjährigen sollten jeden Tag zur Schule gehen, jene im Alter von zwölf bis fünfzehn nur am Wochenende. Während dieser Wochenendveranstaltungen ging es vor allem um Festigung des zuvor erworbenen Wissens (deshalb die Bezeichnung „Wiederholungsschule"). Parallel zu den Grundschulen, die bisher vor allem kirchlicher Obhut unterstanden, entwickelte sich ein staatliches Schulnetz.[12] Freilich, auch jetzt dominierten die kirchengebundenen Volksschulen, weil den Kirchen das Recht zustand, eigene Schulen für die Angehörigen ihrer Glaubensgemeinschaft anzubieten. Wo es keine konfessionellen Schulen gab oder mindestens 30 Kinder nicht durch die Konfessionsschule erreicht werden konnten, da waren die Gemeinden verpflichtet, initiativ zu werden und ein eigenes Angebot einzurichten. In dem Falle, da die Zahl der unversorgten Kinder unter 30 lag, sollten auch sie in die konfessionellen Schulen gehen, allerdings erhielten sie dann einen gesonderten Religionsunterricht. Der Staat selbst gründete nur dort Volksschulen, wo Kirchen und Kommunen nicht einsprangen oder überfordert waren.[13]

Überraschend langsam entwickelte sich das Netz von Volksschulen. Nach den Daten des Statistischen Amtes des Königreichs von Ungarn für das Schuljahr 1869/1870 gab es in Ungarn und Siebenbürgen nur eine Volksschule pro 20 Quadratkilometer.[14] Im Bezirk Caraş-Severin lag die Quote sogar bei einer Schule pro 43 Quadratkilometer. Immerhin, bis zum Schuljahr 1911/1912 konnte die Zahl der Volksschulen verdoppelt werden.

Auch die Schüler-Lehrer-Relation änderte sich zum Positiven, wenngleich sie unsere heutigen Werte sicherlich nicht erreichte. Im Schuljahr 1870/1871 hatte in Ungarn ein Lehrer formal 135 Schüler, die rechtlich verpflichtet waren, an der obligatorischen Schulbildung teilzunehmen. Tatsächlich lag die reale Betreuungsquote bei 70 Schülern pro Lehrer. In Siebenbürgen betrug die entsprechende Quote im selben Zeitraum 104 bzw. 44 Schüler pro Lehrkraft. Offensichtlich entzogen viele Eltern ihre

---

11 József Bellai, *Temesvár szab. kir. város közművelődési intézményei* (*The Educational Institutions of the Royal Free City of Timişoara*) (Timişoara, 1904), pp. 22–23; Samu Borovszky (Hg.), *Magyarország vármegyéi és városai* (*The Counties and Towns of Hungary*) (Budapest, 2004) (CD-ROM). Statistiken zur ethnischen Gliederung der Kindergärten liegen nur für den Zeitraum 1895–1898 vor, vgl. *Magyar Statisztikai*, vol. 4 (1896), pp. 422–423; vol. 5 (1897), pp. 354–355; vol. 6 (1898), pp. 312–313.
12 Gesetz XXXVIII, 1868, §§ 1, 48. Der Begriff „Volksschulen" bezeichnet Schulen, die allen Kindern offenstanden, im Gegensatz zu den privaten Schulen.
13 *Ibid.*, §§ 43, 44, 45.
14 *Magyar Statisztikai Évkönyv* (*Hungarian Annual Statistics*) (1872), pp. 482–483.

Kinder der Pflicht, die Schule zu besuchen. Eine entsprechende Auswertung für die Banater Komitate gibt Tabelle 16.1 wieder.[15]

Tabelle 16.1

Bezirk	Schulpflichtige Kinder pro Lehrkraft	Tatsächliche Schüler pro Lehrkraft
Arad	191,54	64,01
Caraş-Severin	139,23	48,88
Torontal	242,17	113,41
Timiş	105,19	77,37

Quelle: Magyar Statistikai Evkönyv 1872 (Ungarische Jahresstatistik, 1872), pp. 482–483.

Tabelle 16.1 zeigt allerdings auch, dass in allen Komitaten die reale Schülerzahl unterhalb der geforderten 80 Kinder pro Lehrer blieb, wenn auch in Timiş das Maximum fast erreicht wurde. Im Bezirk Arad besuchten nur 33 Prozent der schulpflichtigen Kinder die Volksschule, in Caraş-Severin waren es 35 Prozent und im Bezirk Torontal 46 Prozent. Lediglich in Timiş konnte die Schulpflicht mit 73 Prozent weitgehend durchgesetzt werden. József Eötvös verwies kurz vor seinem Tod (2.2.1871) darauf, dass die Situation in den Städten kaum als günstiger bezeichnet werden könne: In Arad gingen von 7.071 Kindern nur 30 Prozent zur Schule. In Timişoara waren es von 6.099 Kindern etwa 41 Prozent.[16] In der Folgezeit stieg der Schulbesuch, und in den 1890er Jahren erreicht er in fast allen Komitaten über 80 Prozent.[17]

Der Bildungshistoriker Victor Ţârcovnicu hat die geringe Schulbesuchsquote auf die mangelnde Unterstützung formaler Ausbildung durch Eltern und Schüler zurückgeführt. Ein durchgängiger Unterricht während des Schuljahrs war in den Dorfschulen kaum möglich. Die Bauernfamilien setzten auf ihre Kinder als Arbeitskräfte in der Landwirtschaft. Deshalb endete das Schuljahr gewöhnlich vor dem offiziellen Schuljahresende. In der Justiz taten sich die Richter schwer, jene Eltern zu verurteilen, denen die finanziellen und geistigen Mittel fehlten, um ihre Kinder in die Schule zu schicken. Letztlich decken die Zahlen die Realität nur zum Teil ab.[18]

---

15 Daten zu Ungarn und Transsilvanien finden sich in József Eötvös, *Kultúra és nevelés (Culture and Education)* (Budapest, 1976), pp. 432–433.

16 Gesetz XXXVIII, 1868, § 34; Eötvös, *Kultúra és nevelés*, p. 436.

17 Zum Schulbesuch im Jahr 1899/1900 sind folgende Zahlen überliefert: Bezirk Arad: 66,58 %, Stadt Arad: 81,27 %; Bezirk Caraş-Severin: 66,32 %; Bezirk Timiş: 85,61 %, Timişoara: 106,88 %; Vršac: 99,52 %; Bezirk Torontal: 83,81 %; Pančevo: 96,95 % (*Magyar Statisztikai Évkönyv*, NS, vol. 8 (1900), p. 326). Die genauen statistischen Angaben enden leider mit dem Jahr 1903–1904. Danach wurden nur noch Fehlzeiten notiert.

18 Victor Ţârcovnicu, *Contribuţii la istoria învăţământului românesc din Banat 1780–1918 (Contributions to the History of Romanian Education in the Banat, 1780–1918)* (Bukarest, 1970), pp. 170–172.

In seinem Bericht an das Parlament hob Eötvös hervor, dass die verpflichtende Volksschulbildung noch aus einem anderen Grund schwer durchsetzbar war: Es fehlten Lehrkräfte, und auch die Zahl der Schulräume unterschritt das notwendige Minimum bei Weitem. Hätte man die Bestimmungen des Bildungsgesetzes (maximal 80 Schüler pro Lehrer und 64 Schüler in einem Klassenraum) wirklich angewandt, hätten sich erschreckende Zahlen ergeben, wie Tabelle 16.2. ausweist.

Tabelle 16.2

Bezirk	Schüler-zahl	Lehreranzahl				Zahl der Klassenräume			
		Vorh.	Erforderl.	Defizit (absolut)	Defizit (%)	Vorh.	Erforderl.	Defizit (absolut)	Defizit (%)
Arad	53.440	279	668	389	58,23	268	891	623	69,92
Caraş-Severin	42.885	308	546	228	42,54	301	715	414	57,90
Torontal	79.423	328	992	664	66,93	295	1324	1.029	77,71
Timiş	47.128	448	589	141	23,94	429	785	356	45,35
Gesamt	228.885	1.363	2.795	1.422	51,95	1.293	3.715	2.422	65,19

Quelle: Magyar Statistika Évkönyv (Ungarische Jahresstatistik) 1872, pp. 482–483.

Wie aus Tabelle 16.2 ersichtlich, gab es im gesamten Raum Banat nicht einmal die Hälfte der erforderlichen Lehrkräfte. Bei den Klassenräumen sah es ähnlich aus: Deren Anzahl erreichte gerade einmal ein Drittel des Erforderlichen, zudem genügte die Ausstattung häufig nicht den Anforderungen. In den Folgejahren verbesserte sich die Schüler-Lehrer-Relation. Die Zahl der Lehrkräfte stieg im Bezirk Arad von 227 im Schuljahr 1869–1870 auf 627 im Schuljahr 1911–1912; im Bezirk Timiş von 401 auf 861; im Bezirk Caraş-Severin von 303 auf 675 und im Bezirk Torontal von 350 auf 1.105.[19]

Im Schuljahr 1869–1870 waren die meisten Volksschulen Bekenntnisschulen der rumänisch-orthodoxen Kirche. Die Bistümer Arad und Caransebeş verwalteten zusammen 700 Volksschulen mit 717 Lehrern und 30.636 Schülern. An zweiter Stelle lag das römisch-katholische Bistum von Cenad mit 360 Schulen, 680 Lehrkräften und 66.666 Schülern. Die 104 Schulen des griechisch-katholischen Bistums von Lugoj mit ihren 106 Lehrern und 7.759 Schülern müssen ebenso als Teil des rumänischen Schulsystems betrachtet werden. Die Informationen über das serbische Schulnetz sind leider unvollständig.[20]

---

19 *Magyar Statistikai Évkönyv (Hungarian National Statistics)* (1872), pp. 482–483; *Magyar Statisztikai Évkönyv*, NS, vol. 20 (1912), pp. 368–369.
20 *Magyar Statistikai Évkönyv* (1872), pp. 434–435, 438–439.

Um 1890, so hat die Forschung gezeigt, finden wir bereits ein nennenswertes staatliches Schulwesen. Im Bezirk Arad stieg die Zahl staatlicher Schulen von 1892 bis 1914 von 5 auf 91, in Caraş-Severin von 20 auf 84, in Timiş von 26 auf 84 und in Torontal von 19 auf 110. Im selben Zeitraum nahm die Zahl der Schulen ab, die von Kirchen und Kommunen verwaltet wurden.[21] Als Unterrichtssprache gewann das Ungarische größeren Einfluss. Im Bezirk Arad stieg die Zahl ungarisch-sprachiger Schulen von 93 im Jahr 1892 auf 145 im Jahr 1914, in Caraş-Severin von 12 auf 147, in Timiş von 22 auf 145 und in Torontal von 100 auf 214. Ein Grund dafür war, dass ein Teil der Primarschulen, und zwar vor allem der deutsch-sprachigen Schulen, in ungarisch-sprechende Anstalten umgewandelt wurde.[22] Dies war eine Entwicklung, die von Budapest ausging und unter Baron Bánffy als Ministerpräsidenten forciert wurde (1895 bis 1899). Dessen Bildungs- und Religionsminister, Gyula Wlassics, setzte die Assimilationspolitik auch in den Folgeregierungen fort, sodass die Ungarisierung der Bildung bis 1903 offizielle Politik blieb, wenngleich mit der Abdankung von Bánffy nicht mehr in der alten Schärfe.[23]

Im Banat gab es neben dem ungarisch-sprachigen Schulsystem auch Schulen für die deutsch-sprechenden Einwohner, die serbisch-sprechenden und die rumänisch-sprechenden. Die deutsch-sprechende Bevölkerung stellte in mancher Hinsicht einen Sonderfall dar. Viele von ihnen waren Handwerker, Verwaltungsbeamte oder Fabrikarbeiter mit zahlreichen Kontakten zu anderen Gruppen. Sie trugen zum Bevölkerungswachstum in den großen Städten bei und waren bereit, die ungarische Sprache und Kultur zu übernehmen. Auch viele Bauern in deutsch-sprachigen Dörfern zeigten sich offen gegenüber einer ungarischen Ausbildung ihrer Kinder. Später nannte man diesen Teil der Bevölkerung Deutsch-Ungarn.[24] Bis 1910 gab es daher eine große Zahl ursprünglich deutsch-sprachiger Schulen, die in staatliche Autorität übergingen und das Deutsche durch Ungarisch als Amtssprache ersetzten. Achtzehn Schulen übernahm das römisch-katholische Bistum von Cenad, weil damit Deutsch als Unterrichtssprache erhalten bleiben konnte.[25]

Auch die serbisch-sprachigen Schulen verloren an Einfluss, wenn auch in geringerem Ausmaß als die deutschen. Der Grund für den Sachverhalt war einfach: Der Urbanisierungsgrad der Rumänen und Serben war bei Weitem nicht so hoch wie bei

---

21 *Ibid.*

22 *Ibid.*

23 Lóránt Tilkovszky, *Nemzetiségi politika Magyarországon a 20. században* (*Hungarian Politics towards Minorities in the 20th Century*) (Debrecen, 1998); Zsuzsanna Boros und Dániel Szabó, *Parlamentarizmus Magyarországon 1867–1914* (*Parliamentarianism in Hungary 1867–1914*) (Budapest, 1999), p. 35.

24 Patrick Lavrits, 'Şvabii din Banat la 1900' (Swabians of the Banat in 1900'), in Victor Neumann (Hg.), *Identitate şi cultură: Studii privind istoria Banatului* (*Identity and Culture: Studies on the History of the Banat*) (Bukarest, 2009), pp. 89–93.

25 Imre Réty, 'A csanádi egyházmegye a török hódoltság után' ('The Diocese of Csanád after the Turkish Occupation), în *Az erdélyi katolicizmus múltja és jelene* (*The Past and Present of Translyvanian Catholicism*) (Dicsőszentmárton, 1925), p. 452.

den deutsch-sprechenden Banatern. Aber auch die Zahl der Schulen mit Rumänisch als Unterrichtssprache ging im Bezirk Arad von 222 im Jahr 1892 auf 142 im Jahr 1914 zurück. In Caraş-Severin sank die entsprechende Zahl von 314 auf 248, die der serbisch-sprachigen Schulen von 23 auf 8. Im Bezirk Timiş verringerte sich die Zahl der Grundschulen mit Rumänisch als Ausbildungssprache von 160 auf 125, die der serbisch-sprachigen von 55 auf 43. In Torontal sank die Anzahl serbisch-sprachiger Schulen von 89 auf 75, während die Zahl der rumänisch-sprachigen Schulen konstant bei 40 blieb.

Gesetz XXVI von 1893 über das „Einkommen von Lehrern, die in Grundschulen unterrichten, welche Kirchen und Kommunen gehören," legte das Gehalt für die Lehrer auf 300 Gulden fest und auf 200 Gulden für die Assistenzlehrer. In zahlreichen Fällen konnte diese Vergütung nicht ohne Unterstützung durch das Ministerium für Religion und öffentliche Bildung sichergestellt werden. So sicherte sich die Budapester Regierung Interventionsmöglichkeiten auch in den Konfessionsschulen. Vermutlich lag hier auch der Grund für die plötzliche Zunahme bilingualer rumänisch-ungarischer und serbisch-ungarischer Schulen im Banat von 1893 bis 1908. Erst als Graf Albert von Apponyi Minister für Religion und öffentliche Bildung wurde und ein Gesetz von 1907 die Möglichkeit dazu eröffnete, verzichteten die bilingualen Schulen auf die staatliche Unterstützung und kehrten zum Status der Einsprachigkeit zurück.[26] Die Grafiken 16.1, 16.2 und 16.3 geben einen Überblick über die hauptsächlichen Schulsprachen im Banat, 1892 bis 1914.

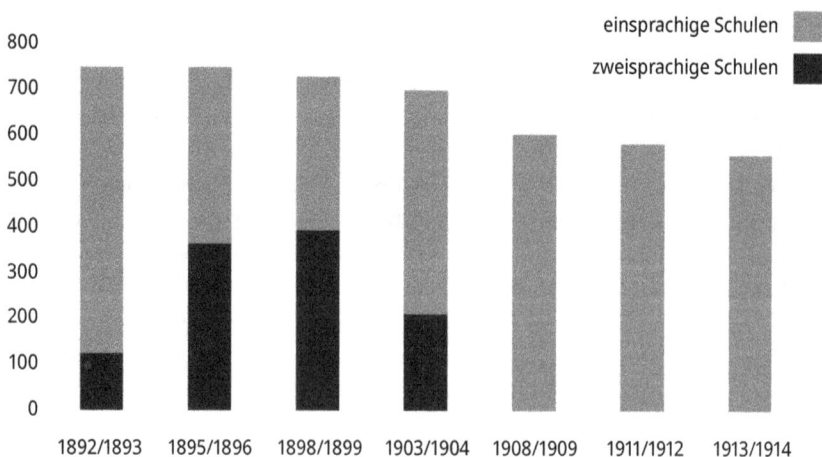

Grafik 16.1: Anzahl einsprachiger (rumänischer) und zweisprachiger (rumänisch-ungarischer) Schulen im Banat von 1892–1893 bis 1913–1914.

---

26 Gesetz XXVI, 1893, §§ 1–7.

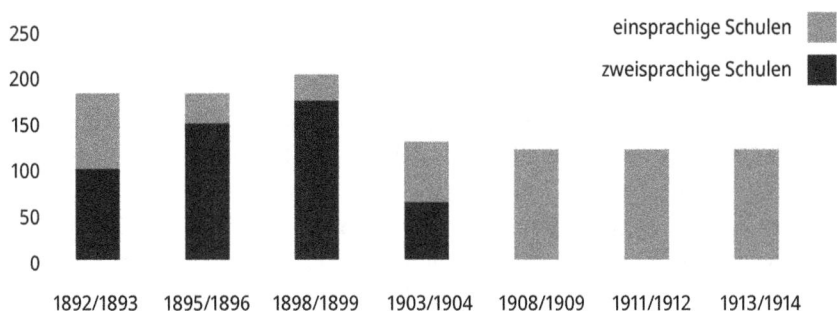

Grafik 16.2: Anzahl einsprachiger (serbischer) und zweisprachiger (serbisch-ungarischer) Schulen im Banat von 1892–1893 bis 1913–1914.

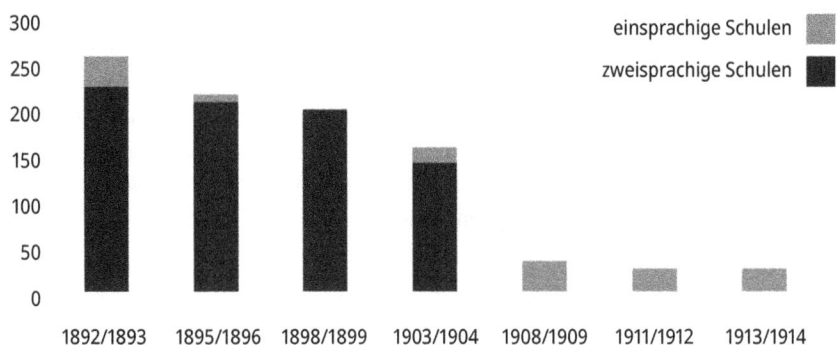

Grafik 16.3: Anzahl einsprachiger (deutsch-sprachiger) und zweisprachiger (deutsch-und-ungarisch-sprachiger) Schulen im Banat von 1892–1893 bis 1913–1914.

Quellen: Magyar Statisztikai Évkönyv. 1893. (Új folyam I). (Hungarian Annual Statistics, 1893, number 1), Magyar Kir. Központi Statisztikai Hivatal (Center for Former Hungarian Kingdom, Statistics), Budapest, 1893. pp. 308–309; Magyar Statisztikai Évkönyv. 1896. (Új folyam IV). Magyar Kir. Központi Statisztikai Hivatal, Budapest, 1897. pp. 412–413; Magyar Statisztikai Évkönyv. 1898. (Új folyam VI). Magyar Kir. Központi Statisz-tikai Hivatal, Budapest, 1899. pp. 298–299; Magyar Statisztikai Évkönyv. 1904. (Új folyam XII). Magyar Kir. Központi Statisztikai Hivatal, Budapest, 1904. pp. 356–357; Magyar Statisztikai Évkönyv. 1909. (Új folyam XVII). Athenaeum, Budapest, 1910. pp. 344–345; Magyar Statisztikai Évkönyv. (Új folyam XX). 1912. Magyar Kir. Központi Statisztikai Hivatal, Budapest, 1914 pp. 368–369; Magyar Statisztikai Évkönyv. (Új folyam XXII). 1914. Magyar Kir. Központi Statisztikai Hivatal, Budapest, 1916 p. 251.

Das von József Eötvös eingebrachte Schulgesetz enthielt, wie wir gesehen haben, klare Vorschriften für den Bau der neuen Schulen: Sie mussten in einer gesunden Umgebung liegen. Das Gebäude sollte trocken und gut belüftet sein. Und die Zahl der Schüler pro Klassenraum war auf etwa 60 beschränkt. Aber das Gesetz thematisierte nicht nur die Architektur neu zu planender Schulgebäude, sondern enthielt auch Vorschriften zur

Modernisierung der bereits bestehenden Klassenräume. In einem Bericht von 1870 an das Parlament schrieb Eötvös: „Aufgrund persönlicher Beobachtung muss ich leider feststellen, dass viele Klassenräume in unserem Land so gebaut sind, dass Kinder, die dort nur einen halben Tag verbringen, Gesundheitsschäden erleiden und ihre geistige Entwicklung mehr Schaden nimmt, als durch das Bildungsangebot ausgeglichen werden kann".[27] Tatsächlich war der Zustand der Volksschulen auch im Banat eher schlecht. Obwohl es manche gut ausgestatteten Schulen in modernen Gebäuden gab (wie zum Beispiel in Timișoara die kommunale Schule im Josefin-Viertel oder die Schulen der Schwestern der Heiligen Maria), stand den Dorfschulen, welche die große Mehrheit der Bildungseinrichtungen darstellten, nur höchst bescheidene Räumlichkeiten zur Verfügung. Die Schulen des Bistums Caransebeș zum Beispiel verfügten mehrheitlich nur über kleine, dunkle und sanitär mangelhaft ausgestattete Gebäude. Ihnen fehlten Bücher für die Schüler und in manchen Fällen sogar eine ausreichende Zahl von Tischen und Stühlen.

Das Grundschulgesetz schrieb 20 bis 25 Wochenstunden pro Klasse vor. Die jährliche Unterrichtsperiode umfasste in den Dörfern acht und in den Städten neun Monate.[28] Die von Eötvös konzipierte Autonomie der Bildungsträger erlaubte es den Kirchen, die Schulstunden selbst zu planen und auch über die Schulbücher und das Lehrprogramm zu entscheiden, wenn sicherlich auch staatliche Grundanforderungen zu berücksichtigen waren.[29] Die von Eötvos entwickelten rechtlichen Vorgaben zur formalen Ausgestaltung der Schulen blieben lange bestehen. Was sich änderte, war der zunehmend schärfere staatliche Zugriff auf die Schulen. Eötvös' Ziel war es gewesen, loyale Staatsbürger heranzuziehen, unabhängig von ethnischen Kriterien. Das änderte sich spätestens mit den Gesetzen des neuen Bildungsministers Albert von Apponyi (1907). Er erachtete das Bildungswesen als entscheidendes Instrument zur endgültigen Assimilierung der nicht-ungarisch-sprachigen Bevölkerung.

Für die Grundschulen galt ursprünglich eine Ausrichtung auf die Muttersprache, sofern es genügend Sprecher in der jeweiligen Gemeinde gab. Ungarisch war keinesfalls verpflichtend. Als Lehrer und Assistenzlehrer wurde eingestellt, wer die jeweilige lokale Sprache ausreichend beherrschte.[30] Einen Einschnitt in diese liberale Regelung brachte das Gesetz XVIII von 1879: Jetzt mussten alle Primarschulen auch Ungarisch unterrichten, denn das sei die offizielle Staatssprache, hieß es. Die Lehrer wurden aufgefordert, sich entsprechende Kompetenzen anzueignen. Hierfür gab das Gesetz vier Jahre Zeit.[31] Die Apponyi Gesetze von 1907 stärkten die Stellung des Ungarischen noch weiter. Sie beließen den Kirchen zwar das Recht, über die Unterrichtssprache zu

---

27 Eötvös, *Kultúra és nevelés*, pp. 438–439; Law XXXVIII, 1868, §§ 27–28.
28 Gesetz XXXVIII, 1868, §§ 52, 54.
29 *Ibid.*, § 11.
30 *Ibid.*, § 58.
31 Gesetz XVIII, 1879, §§ 1–4.

entscheiden. Ergänzende Regelungen zwangen die Bildungsträger jedoch, dem Ungarischen eine Sonderstellung zuzubilligen: Wenn ein Fünftel aller Kinder wünschte, Ungarisch zu lernen, musste die Schule solche Kurse anbieten. Wenn mehr als die Hälfte der Schüler für Ungarisch optierte, dann sollte die Schule zu Ungarisch als der offiziellen Unterrichtssprache wechseln.

Die Bildungspolitik der Regierung zielte auf eine Assimilation der verschiedenen Bevölkerungsgruppen und auf ein Abschwächen des nationalen Eigenbewusstseins der nichtungarischen Bevölkerung. Doch wenn immer mehr Menschen Ungarisch sprachen, dann hatte dies auch noch eine andere Ursache. Die Bewohner des Banats setzten auf Multikulturalität, weil dies ihre Lebenschancen verbesserte. Eine bedeutende Zahl von Kindern besuchte bewusst die unteren Klassen der Grundschule und lernten ihre eigene Sprache. Wenn sie dann zu weiterführenden Schulen wechselten, entschieden sie sich häufig für ungarisch-sprachige Angebote, aus der Überzeugung, dass eine bessere Kenntnis des Ungarischen ihre beruflichen Chancen erhöhte.[32]

Welche Fächer wurden in der Primarschule unterrichtet? Religion und Ethik, Lesen und Schreiben, Arithmetik und Geometrie, Sprechen und Logik, Geografie und Geschichte, Naturwissenschaften, Landwirtschaft und Gärtnerei, Bürgerrechte und Bürgerpflichten, Singen und Körperertüchtigung. In den nationalitätsorientierten Schulen kam noch die Muttersprache hinzu.[33] Das Curriculum einer typischen Grundschule in Trägerschaft der orthodoxen Kirche aus dem Jahr 1874 wird in Tabelle 16.3 dargestellt.

Tabelle 16.3

Fach		Anzahl Wochenstunden			
		Klasse I	Klasse II	Klasse III	
				Gruppe 1	Gruppe 2
Religion		6	7	5	3
Mutter-sprache	Sprache	4	2	–	–
	Lesen & Schreiben	9	7	5	5
	Grammatik	–	3	3	3
Arithmetik		5	3	3	3
Geografie		–	2	2	2

---

32 Gesetz XXVII, 1907, §§ 18–19; Borovszky, *Magyarország vármegyéi és városai*; Antal Kalkbrenner, *A Karánsebesi Magyar Királyi Állami Főgimnázium első évi értesítője az 1907–1908. iskolai évről* (*Information on the School Year 1907–08 of the Royal Hungarian State School of Caransebes*) (Caransebeș, 1908), p. 63.

33 Gesetz XXXVIII, 1868, § 55. Zu Schullehrplänen für rumänischsprachige Schulen s. *Regulament pentru organizarea învăţământului în şcolile populare* (*Rulebook for Organising Education in Popular Schools*) (Sibiu, 1909). Vgl. Ţârcovnicu, *Contribuţii*, p. 163.

Tabelle 16.3 (fortgesetzt)

Fach	Anzahl Wochenstunden			
	Klasse I	Klasse II	Klasse III	
			Gruppe 1	Gruppe 2
Geschichte	–	–	2	2
Naturwissenschaften	–	–	2	2
Physik	–	–	–	2
Bürgerrechte und -pflichten	–	–	–	2
Singen	1,5	1,5	1,5	1,5
Kirchenlieder[a]	1	1	1	1
Nationalhymnen	0,5	0,5	0,5	0,5
Körperertüchtigung (2 Gruppen)	0,5	0,5	0,5	0,5

a Kirchenlieder wurden in zwei Lektionen von jeweils einer halben Stunde pro Woche gelernt.
Quelle: Ţârcovnicu, *Contribuţii*, p. 177.

Es ist nicht sehr wahrscheinlich, dass ein solcher Lehrplan auch in den ländlichen Gebieten gültig war. Der Mangel an didaktischem Material erschwerte das Unterrichten von Physik und Naturwissenschaften, und so blieb es im Wesentlichen bei mündlichen Erläuterungen. Viele Schulen besaßen keinen Garten, der indes notwendig gewesen wäre, um den landwirtschaftlichen Unterricht zu veranschaulichen. Und sofern es einen Garten gab, wurde er zumeist von den führenden Mitgliedern der Kommune für ihre eigenen Zwecke benutzt. Nur selten gab es (Sport-)Plätze, die eine angemessene Körperertüchtigung ermöglicht hätten.[34]

Bis 1873 gab es in den Grenzregionen Grundschulen mit einem besonderen rechtlichen Status. Diese speziellen Einrichtungen, aufgeteilt in zwei Klassen mit einer Schuldauer von vier Jahren, unterschieden sich nicht allzu sehr von normalen Volksschulen, aber sie standen unter der Aufsicht der Grenztruppen. Bei staatlichen Prüfungen war neben dem Schulinspektor und dem Leiter der Kommune oder des Dorfes ein Offizier anwesend, und zwar jenes Regiments, das mit der Schulaufsicht betraut war.[35] Mit den Paragrafen 24–25 des Gesetzes XXVII von 1879 wurde die Grenzregion in die normale Verwaltung eingegliedert, und somit gelangten die Schulen unter die Aufsicht des Ministeriums für Religion und öffentliche Bildung. Sie wurden damit Teil des staatlichen

---

34 Ţârcovnicu, *Contribuţii*, pp. 177–180.
35 Mihai Pârvulescu, *Şcoală şi societate: Contribuţie la cunoaşterea formării elitelor romaneşti din Banat în secolul al XIX-lea* (*School and Society: Contribution to the Knowledge of the Training of the Romanian Elite in the Banat during the Nineteenth Century*) (Timişoara, 2003), p. 68.

Schulwesens. Und seither konnten die Schulen nur noch solche Lehrkräfte einstellen, die Ungarisch unterrichten konnten.[36]

Sekundarbildung

In den Jahren der Doppelmonarchie, 1867 bis 1918, meinte Teilnahme an der Sekundarbildung weniger praktische Ausbildung als intellektuelle Schulung. Nehmen wir die gesetzlichen Grundlagen zum Maßstab, so lassen sich zwei unterschiedliche Perioden voneinander abgrenzen: (1) Zwischen 1867 und 1883 beruhte das Sekundarbildungssystem auf den Grundlagen des entsprechenden Curriculums für die österreichischen Gymnasien bzw. Realschulen. (2) Von 1883 bis 1913 regelte das Gesetz XXX „über Sekundarschulen und die Ausbildung der Sekundarschullehrer" die Lehrorganisation. Verantwortlich für die neue Rechtsgrundlage war Ágoston Trefort, Minister für Religion und öffentliche Bildung.

Im Grunde beruhte die Gesetzgebung von 1867 auf dem *Entwurf der Organisation der Gymnasien und Realschulen in Österreich*, den Kaiser Franz Joseph I. am 15. September 1849 gegengezeichnet hatte. Verantwortlich war der damalige Minister für Religion und öffentliche Bildung, Graf Leo von Thun-Hohenstein. Er wiederum bezog sich auf einen Entwurf von Franz Exner, Professor für Philosophie an der Universität Prag, und Hermann Bonitz, Professor für Latein und Griechisch an der Universität Wien.[37]

Das Gesetz von 1849 beschränkte die Sekundarbildung nicht auf den passiven Wissenserwerb. Vielmehr sollten auch praktische Fähigkeiten erworben werden. Aus der Sicht der Historiker Béla Pukánszky und András Német spiegeln sich in dieser Vorgabe ebenso neuhumanistische Einflüsse wie die Ideen Johann Friedrich Herbarts (1776–1841). Unterrichtet wurden neben Literatur und Geschichte als etablierte Fächer auch Mathematik und Naturwissenschaften, die deutlich aufgewertet wurden.

Dem österreichischen Beispiel folgend, wurden auch in Ungarn zwei Arten von Sekundarschulen eingeführt: das Gymnasium und die Realschule. Der Unterschied zwischen beiden bestand in ihren Zielvorgaben. Das Gymnasium sicherte den Zugang zu allen Formen höherer Bildung, die Realschule eröffnete den Weg ausschließlich in den Bereich der Technik. Die Gymnasien selbst wurden noch einmal in zwei Abteilungen gegliedert: die untere Stufe des Gymnasiums umfasste die Klassen I bis IV, die obere die Klassen V bis VIII. Die Ausbildung an den Realschulen war etwas kürzer angelegt und umfasste zwei Mal 3 Jahre, ebenfalls untergliedert in eine Unter- und Oberstufe.

---

36 An dieser Stelle ist zu erwähnen, dass nach Meinung von Victor Țârcovnicu das Gesetz XVIII, 1879, in seiner Bedeutung für das Ungarischlernen in der Grenzregion schwer einzuschätzen ist.
37 Pukánszky und Németh, *Neveléstörténet*.

Eine neue Idee im *Entwurf der Organisation der Gymnasien und Realschulen in Öster-reich* war die Ausrichtung auf die späteren Sekundarschullehrer. Sie sollten, so hieß es, angemessen auf ihre spätere Aufgabe vorbereitet werden. Auch bestimmte das Gesetz, dass die Unterrichtssprache den jeweiligen Gegebenheiten entsprechen sollte. Um das Erlernen der Naturwissenschaften zu erleichtern, verlangte das Gesetz die Einrich-tung von Laboratorien.[38] Die Stundentafel der oberen Gymnasialstufe im Königreich Ungarn nach den Veränderungen vom September 1871 wird in folgender Tabelle 16.4 ersichtlich.

Tabelle 16.4

Fach	Anzahl Wochenstunden (pro Klasse)							
	I	II	III	IV	V	VI	VII	VIII
Religion	2	22	2	2	2	2	2	2
Ungarisch	3	3	3	3	3	3	3	3
Latein	6	6	5	6	6	5	5	5
Griechisch	–	–	–	–	5	5	4	4
Deutsch	–	–	2	2	2	2	2	2
Geografie	2	2	2	–	–	–	–	–
Geschichte	–	–	2	2	3	3	3	4
Mathematik, ange-wandte Geometrie	–	–	–	–	–	–	–	2
Naturgeschichte	2	2	–	–	3	2	–	–
Physik	–	–	3	4	–	–	4	3
Chemie	–	–	–	0/4[a]	–	2	–	–
Zeichnen	4	4	4	4	–	–	–	–
Philosophie	–	–	–	–	–	–	2	2
Körperertüchtigung	2	2	2	2	2	2	2	2
Kalligrafie	1	1	–	–	–	–	–	–

a Vier Stunden im zweiten Semester des Jahres.
Quelle: Endre Zibolen, „*Az Organisationsentwurf és a nyolcosztályosmagyar gimnázium"* (*Der Organisations-entwurf und das achtjährige Gymnasium*), in: Quellen der Bildungstheorie 12. Der Organisationsplan österreichischer Gymnasien und Realschulen, Hrsg. Nandor Horanszky (Budapest, 1990), p. 19.

Gesetz XXX von 1883 behielt die Unterscheidung zweier Sekundarschultypen bei. Das Gymnasium sollte weiterhin die humanistischen Fächer und die klassischen Sprachen in den Mittelpunkt stellen, während sich die Realschulen auf die modernen Sprachen

---

38 *Ibid.*

und Naturwissenschaften konzentrierten.[39] Allerdings betrug die Dauer der Realschulausbildung von nun an acht Jahre statt wie früher sechs und wurde damit den Gymnasien gleichgestellt.

Das Curriculum aller staatlichen und kommunalen Schulen bestimmte das Ministerium zentral. Es konnte aber auf Rückfrage der Lehrerschaft verändert und den lokalen Erfordernissen angepasst werden. Das oberste Ziel der konfessionellen Schulen war das Erlernen des Ungarischen und der für das Abitur wichtigen Fächer.[40]

Ein Schuljahr umfasste zehn Monate, sowohl im Gymnasium als auch in der Realschule. Das Gesetz bestimmte für die Wochenstundenzahl ein Maximum von 26 Stunden für die unteren Klassen und von 28 Stunden für die vier oberen Klassen. Darüber hinaus gab es vier sogenannte außergewöhnliche Stunden. So verbrachten die Schüler 30 bis 32 Stunden pro Woche in der Schule.[41] Aufgenommen ins Gymnasium oder in die Realschule wurden Kinder, welche die Grundschule mit der Gesamtnote „gut" oder besser abgeschlossen und die Aufnahmeprüfung bestanden hatten.[42]

Gymnasien

Von 1867 bis 1914 gab es im Banat acht Gymnasien. Timişoara als wichtigstes Bildungszentrum stellte zwei Oberstufengymnasien. Die älteste humanistische Schule war das piaristische Gymnasium, das schon in den 1750er-Jahren von Jakab Bibics gegründet worden war. Ursprünglich hatte es seinen Sitz in Deva, im Bezirk Arad. 1788 zog das Gymnasium nach Timişoara um. 1806 war es sechszügig, im Schuljahr 1850–1851 umfasste es sieben Klassenzüge und seit 1851–1852 acht.[43] Das piaristische Gymnasium spielte im kulturellen Leben Timişoaras und des Banats eine wichtige Rolle. Zu seinen Lehrern zählten: der Historiker Jenő Szentkláray, Mitglied der Ungarischen Wissenschaftsakademie; Albin Körösi, ein Spezialist für spanische Literatur und Mitglied der Spanischen Akademie in Madrid; der Historiker György Számek; auch Antal Pfeiffer, Professor für Fremdsprachen und Naturwissenschaften. Von den Absolventen seien erwähnt: der Komponist György Kurtág und der Schriftsteller

---

39 Zibolen, 'Az Organisationsentwurf és a nyolcosztályos magyar gimnázium', pp. 18–19. Law XXX of 1883, § 1.

40 Gesetz XXX, 1883, §§ 2, 6–8.

41 *Ibid.*, §§ 6, 20.

42 *Ibid.*, § 10.

43 Károly Telbisz, *25 évi polgármesteri működése alatt elmondott beszédei (Telbisz's Speeches Presented during his 25 Years as Mayor)*, hg. v. József Bellai (Timişoara, 1910), pp. 113–114; Antal Pfeiffeer, *A Kegyes Tanítórendiek Temesvári Társházának és a Főgymnásiumnak története (The History of the Communal School House and the Major Gymnasium of Timişoara)* (Timişoara, 1896), p. 84; *Erdélyi Lexikon (Transylvanian Lexicon)*, hg. v. Osvtáh Kálmán (Nagyvárad, 1928), p. 288.

Ioan Slavici.[44] Ab Mitte des neunzehnten Jahrhunderts litt das piaristische Gymnasium unter Raummangel. Seit seinem Umzug nach Timişoara hatte sich die Frage der Errichtung eines Neubaues und eines zugeordneten Pfarrhauses gestellt, aber das Vorhaben wurde erst 1867–1870 realisiert, als Eötvös Kultusminister war. Doch selbst mit dem neuen Gebäude blieb das Raumproblem bestehen, und die Schule zog erneut um, wobei sie ihre Gebäude mit der Handwerkerschule teilte.[45]

Staatsminister Ágost Pulszky kam zu dem Schluss, das Raumproblem ließe sich nur durch den Bau eines zweiten, staatlichen Gymnasiums lösen. Und in der Tat entspannte sich nach Sicherstellung des zusätzlichen Angebotes die Situation für das konfessionelle Gymnasium etwas. Die Schülerzahl der Piaristen fiel von 550 im Schuljahr 1896–1897 auf 426 1908–1909. Doch eine endgültige Lösung brachte erst ein weiterer Neubau auf Basis der Pläne László Székelys. Im September 1909 öffnete das Gebäude seine Pforten. Errichtet auf dem ehemaligen Gelände der städtischen Festung, kostete der Neubau eine Million Kronen. Er umfasste ein Internat, ein Kloster und eine Kirche. Die Stadt trug 600.000 Kronen bei und erhielt als Gegenleistung das alte Gebäude der Piaristen mit den dazugehörigen Flächen.[46]

Nachdem die neuen Unterrichtsräume bezogen worden waren, stieg die Schülerzahl im Gymnasium der Piaristen von 426 im Jahr 1909 auf 625 im Jahr 1914.[47] Ganz neue Möglichkeiten eröffnete das Anwesen. Es gab Zeichenräume, eine Sporthalle mit Umkleideräumen und Duschen, ein Theater, einen Festsaal für mehrere Hundert Personen, ein philologisch-geologisches Museum sowie Laboratorien für Physik und Naturwissenschaften. 14 Wohnungen für Lehrkräfte waren ebenso eingeplant wie die Klosterbibliothek, die Musikhalle, ein Gemeinschaftsraum, die Mensa sowie Räume für die Servicekräfte.[48] Die Schulstiftung trug zum Kauf von Unterrichtsmaterialien bei, und die Schüler wirkten selbst mit, indem sie Spenden sammelten.

Obgleich Ungarisch als Unterrichtssprache diente und die Schule der katholischen Kirche unterstand, kamen die Schüler aus unterschiedlichen Sprach- und Religionsgruppen. Tabelle 16.5 zeigt die Daten für das Schuljahr 1871–1872.

---

44 Anton Pfeiffer, *Magyar Katolikus Lexikon* (*Hungarian Catholic Lexicon*), hg. v. Viczián János (Budapest, 1993–2010); Számek: József Szinnyei, *Magyar írók élete és munkái* (*The Life and Work of Hungarian Writers*), vols. i–xiv (Budapest, 1891–1914), vol. xiii, pp. 357–358; Szentkláray: *Pallas Nagy Lexikona* (Budapest, 1893–1900), vol. xv, pp. 597–598; Imre Lukinich, 'Szentkláray Jenő', *Századok* (1925), p. 439; Körösi: Károly Erdélyi, 'A spanyol Heine' ('Heine in Spanish'), *Erdélyi Múzeum* (1902), p. 206; Slavici, *Világirodalmi Lexikon* (*Lexicon of Universal Literature*), hg. v. Király István (Budapest, 1970–1996), p. 246.

45 Pfeiffer, *Magyar Katolikus Lexikon*, pp. 86–87.

46 Telbisz, *25 évi polgármesteri működése alatt elmondott beszédei*, p. 386. *Magyar Statisztikai Évkönyv*, NS, vol. 5 (1897), p. 325; *Ibid.*, vol. 17 (1909), p. 373.

47 *Magyar Statisztikai Évkönyv*, NS, vol. 17 (1909), p. 373; *Ibid.*, vol. 22 (1914), p. 268.

48 János Szekernyés, 'A hit és a tudás várnál erősebb őrhelye' ('Faith and Science: Stronger Bastions than Any Fortress'), in 'ÚMSZ Kisebbségben', 15. Juni 2010, pp. 6–7.

Tabelle 16.5

Nationalität	Anzahl	Prozent	Religion	Anzahl	Prozent
Ungarisch	259	58,70	Römisch-katholisch	250	56,50
Deutsch	37	8,29	Griechisch-katholisch	4	0,89
Rumänisch	87	19,50	Orthodox	138	30,94
Slowakisch	2	0,44	Lutherisch	11	2,45
Kroatisch	4	0,89	Calvinistisch	5	1,12
Serbisch	57	12,78	Jüdisch	38	8,52
Gesamt	446	100	Gesamt	446	100

Quelle: Center for Annual Statistics of the former Hungarian Kingdom 1872, pp. 594–595.

Imre Rety hat in seiner Darstellung der Diözesangeschichte Cenads (Tschenad, Csanád) herausgestellt, dass die katholischen Schulen des Bistums der Muttersprache besondere Aufmerksamkeit zuwandten. Das hat sicherlich zur Popularität unter den nicht-ungarischen Schülern beigetragen. Seit 1850 stellte das Gymnasium auch orthodox-gläubige Lehrer ein, und zwar sowohl für die rumänisch-sprachigen als auch für die serbisch-sprachigen Schüler. So konnten die Schüler das Fach Religion in ihrer Muttersprache lernen. Die nicht-ungarischen Schüler hatten dieselben Vorteile wie die ungarischen. Es gab die Möglichkeit, sich von den Schulgebühren befreien zu lassen. Selbst eine kostenlose Verpflegung durch die katholische Pfarrei war selbstverständlich, so, wie bei den katholischen Mitschülern auch.[49] Neben dem piaristischen Gymnasium in Timişoara gab es noch das katholische Obergymnasium von Arad. Gegründet wurde es schon 1745 durch den Minoritenorden. Von Beginn an erfolgte der wesentliche Teil des Unterrichts in Ungarisch als Hauptunterrichtssprache, mit Deutsch und Rumänisch als Zweitsprachen.[50]

1870 äußerte die Arader Stadtverwaltung den Wunsch, ein staatliches Gymnasium für die Bevölkerung einzurichten. Eröffnet wurde es 1873, indem es mit der Minoritenschule fusionierte.[51] Ein neues Gebäude umfasste schließlich sowohl das Obergymnasium als auch die Oberrealschule und das Lehrerbildungskolleg. Da das Obergymnasium und die Oberrealschule zwei unterschiedliche Direktoren hatten, kam es immer

---

49 Pfeiffer, *Magyar Katolikus Lexikon*, p. 84; Réty, 'A csanádi egyházmegye a török hódoltság után', pp. 450–458.
50 Béla Himpfner, *Az Aradi Királyi Főgymnasium története* (*The History of the Royal Major Gymnasium of Arad*) (Arad, 1896), pp. 10–39.
51 *Ibid.*, pp. 39–44.

wieder zu Konflikten.[52] Wie am Obergymnasium stammten auch die Schüler der Oberrealschule aus verschiedenen ethnischen Gruppen und Konfessionen. Die Situation änderte sich in den Jahren nach 1910, weil die meisten Schüler jetzt Ungarisch als Muttersprache angaben.[53]

Kulturellen Rückhalt fanden die höheren Sekundarschulen Arads in der Orczy-Vásárhelyi-Bibliothek. Im Schuljahr 1894–1895 umfasste sie 22.483 Bände und neun Inkunabeln (Wiegendrucke aus der Frühzeit des Buchdruckes), einschließlich der Bibel, die 1475 von György Rákóci herausgegeben worden war und einem Exemplar der Chronik von János Thuróczy.[54] Dem Lehrerkolleg des Gymnasiums von Arad gehörten eine Reihe wichtiger Forscher an. Genannt seien: Benedek Jancsó, Lajos Mangold und Sándor Márki sowie der Linguist Ioan Goldiş.[55] Neben den beiden Obergymnasien gab es im Banat auch Pro- oder Untergymnasien, so etwa in Lugoj, Kikinda, Pancevo, Zrenjanin und für kurze Zeit auch in Vršac.[56]

Das Lugojer Untergymnasium entstand 1823 als deutsch-ungarische Staatsschule. Später ging es in die Obhut der Komitatsverwaltung über und wurde zu einem Obergymnasium erweitert.[57] Selbst als Untergymnasium sollte seine Bedeutung für das Südbanat nicht unterschätzt werden, denn bis ins Schuljahr 1907–1908 war es die einzige Sekundarschule im ganzen Komitat Caraş-Severin. Wie bei den meisten anderen Schulen im Banat war die Struktur der Schülerschaft ethnisch und konfessionell heterogen. Im Schuljahr 1893–1894 nannten als Muttersprache 58 Schüler Ungarisch, 70 Deutsch, 87 Rumänisch und ein Schüler Serbisch. Neben Deutsch und Ungarisch wurde auch Rumänisch unterrichtet. In den ersten vier Jahren lag dabei der Schwerpunkt auf der Grammatik, ab dem fünften Jahr stand die Literaturgeschichte im Mittelpunkt.[58] Die Schüler kamen aus einem breiten geografischen Umfeld: Von 131 Schülern stammten 57 aus Lugoj, 46 aus dem Bezirk Caraş-Severin und 28 aus anderen Bezirken. Die Eltern der Schüler waren Intellektuelle, Handwerker und Grundbesitzer.[59]

---

52 *Ibid.*, pp. 50–51.

53 Himpfner, *Az Aradi Királyi Főgymnasium története*, p. 160; *Magyar Statisztikai Évkönyv*, NS, vol. 17 (1909), p. 373; *Ibid.*, vol. 22,(1914), p. 268.

54 Himpfner, *Az Aradi Királyi Főgymnasium története*, pp. 102–105.

55 *Ibid.*, pp. 92–100.

56 *Magyar Statisztikai Évkönyv* (1872), pp. 466–467; Borovszky, *Magyarország vármegyéi és városai*.

57 *Magyar Statisztikai Évkönyv* (1872), pp. 466–467; *Magyar Statisztikai Évkönyv*, NS, vol. 17 (1909), p. 373; Miklós Putnoky, *A lugosi M. Kir. Állami Főgymnasium Értesítője az 1893–1894. Iskolai évről* (The 1893–1894 School-Year Report of the Lugoj State Major Gymnasium of the Kingdom of Hungary) (Lugoj, 1894), pp. 19–22.

58 Kalkbrenner, *A Karánsebesi Magyar Királyi Állami Főgimnázium 1907–1908*, p. 22; Putnoky, *A lugosi M. Kir. Állami Főgymnasium Értesítője az 1893–1894*, pp. 47, 81.

59 Putnoky, *A lugosi M. Kir. Állami Főgymnasium Értesítője az 1893–1894*, pp. 81–82.

Ein weiteres Untergymnasium in den Jahren der Doppelmonarchie gab es in Zrenjanin (Großbetschkerek, Becicherecul Mare), nahe Lugoj. Gegründet wurde es als piaristische Lehranstalt 1846 mit Deutsch und Ungarisch als Unterrichtssprachen.[60] Das staatliche Obergymnasium von Kikinda entstand 1869 durch Umwandlung der dreiklassigen Unterrealschule. Weil damit der Unterrealschule die rechtlichen Grundlagen entzogen worden waren, setzte sie ihre Arbeit mit befristeter Lizenz als Privatschule fort. Erst 1877 genehmigte Kultusminister Ágoston Trefort die Eröffnung der ersten Klasse des Gymnasiums als Unterrealschule.

Das Obergymnasium von Pancevo (Pantschowa, Pancsova) entstand ebenfalls aus der Umwandlung der dortigen kaiserlich-königlichen Unterrealschule. Hier war die Hauptunterrichtssprache Deutsch, dazu kam Serbisch. Bis zu dem Zeitpunkt, da die Grenzdistrikte ziviler Verwaltung unterstellt wurden, unterlag die Schule der Autorität des kaiserlich-königlichen Kriegsministeriums. Auf eigenes Verlangen hin wurde die Schule 1863 zum Gymnasium mit sechs Klassen erweitert. 1871 umfasste sie sieben Klassenstufen. Das ungarische Ministerium für Religion und öffentliche Bildung ordnete nach 1860 eine Mindestpflichtstundenzahl für Ungarisch in Höhe von drei Wochenstunden an, und zwar für alle sieben Klassenstufen. Im Schuljahr 1888–1889 erhielt die Schule ihre endgültige Gestalt und fungierte seither als achtjähriges Obergymnasium. Damit verbunden war der Übergang zum Ungarischen als Hauptunterrichtssprache und das Zurückdrängen des Deutschen.[61]

In Hinblick auf die Herkunft der Schüler war das Gymnasium Pancevo das interessanteste im Banat. Die Statistik zeigt, dass es im Schuljahr 1884–1885 26 Ungarn, 25 Deutsche, 47 Serben, 9 Rumänen und 2 Kroaten als Schüler gab. Aber eigentlich beherrschten sie doch viel mehr Sprachen, und zwar auf muttersprachlichem Niveau: Einer sprach tatsächlich nur Ungarisch, 5 Deutsch, 28 Deutsch und Ungarisch, 8 Deutsch und Serbisch, 40 Ungarisch, Deutsch und Serbisch, 6 Ungarisch, Deutsch und Rumänisch und 11 Ungarisch, Deutsch, Serbisch und Rumänisch.[62]

Am 30. Mai 1895 vereinbarten die Regierung Bánffy und die Verwaltung von Timişoara die Gründung eines staatlichen Obergymnasiums in der Stadt. Die Gemeinde selbst verpflichtete sich, Flächen zur Verfügung zu stellen, einen Teil der Baukosten zu übernehmen und einen jährlichen Zuschuss von 50.000 Gulden für den Schulbetrieb zu leisten.[63] Am 1. September 1897 wurde die erste Klasse in einem Übergangsgebäude eröffnet.

---

60 *Magyar Statistikai Évkönyv* (1872), pp. 466–467.
61 MVV Torontál; János Javorik: *A pancsovai m. királyi állami főgimnázium értesítője. 1914–1915. Isk. év* (*The 1914–1915 School-Year Report of the Pančevo State Major Realschule of the Kingdom of Hungary*) (Pančevo, 1915), p. 2.
62 György Tordai, *A pancsovai Magyar Királyi Állami Reál-Gymnasium Értesítője az 1884–5 tanévről* (*The 1884–1885 School-Year Report of the Pančevo State Major Realschule of the Kingdom of Hungary*) (Pančevo, 1885), p. 71.
63 Telbisz, *25 évi polgármesteri működése alatt elmondott beszédei*, pp. 117–118.

Die jüngste Sekundarschule des Banats vor dem Ersten Weltkrieg war das staatliche Obergymnasium in Caransebeş, 1907. Bereits 1881 hatte der rumänisch-sprachige General Traian Doda von der Grenzwache die Gründung eines rumänisch-sprachigen Gymnasiums angeregt und die offene Unterstützung der orthodoxen Kirche dafür erhalten. Das Anliegen trat zurück, als eine sechszügige Privatschule ihren Unterricht aufnahm.[64] Es war dann Constantin Burdia als Parlamentsmitglied, der erneut auf die Einrichtung eines Obergymnasiums drängte. Es gelang ihm, das Ministerium von der Notwendigkeit der Schule zu überzeugen. Sie begann ihre Unterrichtstätigkeit im Gebäude des Jungeninternats, das in das alte Gebäude der Wohlstandsverwaltung umzog.[65] Die Übergabe des Neubaus für das Gymnasium war ursprünglich für 1909 geplant, aber die Fertigstellung dauerte dann doch bis ins Schuljahr 1914–1915.[66]

Realschulen

Die Realschulen setzten einen anderen Schwerpunkt als die Gymnasien. Der „Entwurf der Organisation der Gymnasien und Realschulen in Österreich" nannte als ihr Ziel, die Schüler auf das Wirtschaftsleben vorzubereiten. Die Lernenden an den Unterre-alschulen sollten so weit praktisch ausgebildet werden, dass sie nach Abschluss der Schule direkt von Unternehmen eingestellt werden konnten. Oberrealschulen bildeten dagegen Spezialisten für höhere technische Anstalten aus.

Es gab Unterrealschulen mit vier, drei oder zwei Jahren Schuldauer, wovon das letzte Jahr jeweils der praktischen Ausbildung diente. Nach der vierjährigen Unterre-alschule konnte man die Schulausbildung auf einer Oberrealschule fortsetzen. Wenn die Unterrealschulen auch klassische Sprachen anboten, erfüllten sie eine Doppel-funktion zwischen Unterrealschule und Untergymnasium, mit der Möglichkeit, die Bildung an einem Obergymnasium fortzusetzen. Vor dem sogenannten Trefort-Gesetz von 1883 sah der Stundenplan an den Unterrealschulen wie in Tabelle 16.6 dargestellt aus.

---

64 Antal Kalkbrenner, *A Karánsebesi Magyar Királyi Állami Főgimnázium 1907–1908*, pp. 22–25.
65 *Ibid.*, pp. 31, 79–81.
66 *Ibid.*, p. 43; Kalkbrenner, *A Karánsebesi Magyar Királyi Állami Főgimnázium VII. évi értesítője az 1913–1914. iskolai évről (Information on the First School Year 1913–1914 of the Royal Hungarian State School of Caransebeş)* (Caransebeş,1914), pp. 86–87.

Tabelle 16.6

Fach	Zahl der Wochenstunden (pro Klasse)			
	I	II	III	IV (praktisch)
Religion	2	2	2	2
Hauptsprache	4	4	4	5
Zweite Sprache	4	4	3	3
Geografie/Geschichte	3	3	4	–
Mathematik	4	4	4	–
Angewandte Mathematik	–	–	–	3
Naturwissenschaften	3	3	3	–
Technik	–	–	–	5
Kaufmänn. Wissen	–	–	–	2 im zweiten Durchgang
Zeichnen	6	6	6	6 (6 im ersten Durchgang, 8 im zweiten)
Kalligrafie	2	2	2	2

Quelle: Die Quellen der Theorie der Schullehrpläne, p. 189.

Der Stundenplan der Oberrealschule glich in den ersten drei Jahren dem der Unterrealschule:

Tabelle 16.7

Fach	Zahl der Wochenstunden (pro Klasse)		
	IV	V	VI
Religion	2	2	2
Hauptsprache	5	5	5
Zweite Sprache	5	5	5
Geografie und Geschichte	3	3	3
Mathematik	5	4	4
Naturwissenschaften	4	2	–
Physik	–	4	5
Zeichnen	6	6	6
Kalligrafie	2	2	2

Quelle: Die Quellen der Theorie der Schullehrpläne, p. 201.

Im Banat gab es drei Unterrealschulen: die jüdische Realschule mit Ungarisch und Deutsch als Unterrichtssprachen (1832 von János Rotter gegründet), die 1848 entstandene Realschule mit Ungarisch als Unterrichtssprache (beide in Arad) sowie die private Unterrealschule Weiszner von 1863, mit Deutsch als Unterrichtssprache (in Timişoara).[67]

In Bezug auf Ethnizität und Konfession waren alle drei Schulen heterogen. Zu den Schülern der jüdischen Schule in Arad zählten auch Katholiken, während an der Unterrealschule in Timişoara fast die Hälfte der Schüler jüdischen und orthodoxen Glaubens war. Im Schuljahr 1870–1871 hatten 20 Schüler Ungarisch als Muttersprache, 38 Deutsch, 10 Rumänisch und 19 Serbisch.[68] Weiszners Unterrealschule in Timişoara wurde aufgespalten in eine Privatschule, die vierklassig angelegt war, und daneben eine dreiklassige Wirtschafts-Sekundarschule. Nach Gründung der staatlichen Realschule in Arad wurde die jüdische Realschule in eine vierklassige Schule für Mädchen und eine fünfklassige Schule für Jungen überführt.[69] Zwischen 1867 und 1914 erhielt das Banat zudem drei staatliche Oberrealschulen, und zwar in Arad, Timişoara und Vršac.

Die größte der drei Einrichtungen befand sich in Timişoara und wurde 1870 zu einer sechsklassigen und 1876 zu einer achtklassigen Schule ausgebaut. Während ihrer ersten neun Jahre war die Schule in einem Flügel des Zentralkrankenhauses untergebracht, was mit erheblichen Problemen verbunden war. Während einer Pockenepidemie im Januar 1874 musste die Schule vorübergehend geschlossen werden, weil die Pockenpatienten in direkter Nähe zu den Klassenräumen untergebracht waren. Verwaltungsberichte zeigen, dass die Klassenräume nur als höchst mangelhaft bezeichnet werden können: Sie waren dunkel. Trinkwasser gab es nur im Nachbargebäude. Zudem gab es nur wenige Toiletten.[70] Die Lage war so schlecht, dass die Regierung gezwungen war zu handeln. 1879 stand ein neues Gebäude zur Verfügung,[71] mit 11 Klassenräumen, 9 spezialisierten Unterrichtsräumen für die Berufsbildung, dazu Bibliotheken, Laboratorien, Lehrerzimmer und einer Festhalle.[72]

---

67 *Magyar Statistikai Évkönyv* (1872), pp. 478–479; *Ibid.* (1874), pp. 604–605; Victor Neumann, *Istoria evreilor din Banat* (*The History of Jews from the Banat*) (Bukarest, 1999), pp. 52–53; *Zsidó Lexikon* (*Jewish Lexicon*), hg. v. Péter Ujvári (Budapest, 1924), p. 58.

68 *Magyar Statistikai Évkönyv* (1872), pp. 478–479; *Ibid.* (1874), pp. 604–605; *Ibid.* (1876), pp. 730–731.

69 *Zsidó lexikon*, p. 58; Borovszky, *Magyarország vármegyéi és városai*; Bellai, *Temesvár szab. kir. város közművelődési intézményei*, p. 35.

70 Bellai, *Temesvár szab. kir. város közművelődési intézményei*, pp. 47–48; István Berkeszi, *A temesvári Magyar Királyi Állami Főreáliskola története* (*The History of the Timişoara State Major Realschule of the Kingdom of Hungary*) (Temesvár, 1896), pp. 75, 81.

71 Berkeszi, *A temesvári Magyar Királyi Állami Főreáliskola története*, p. 81; Bellai, *Temesvár szab. kir. város közművelődési intézményei*, pp. 47–48.

72 Berkeszi, *A temesvári Magyar Királyi Állami Főreáliskola története*, pp. 95–96.

Die Festlegung des Lehrplans und der Stundentafel für die Oberrealschule erfolgte auf Basis der Organisationsschemata der Schule in Buda. Im ersten Schuljahr 1892–1893 waren die folgenden Unterrichtsstunden vorgesehen:

Tabelle 16.8

Fach	Wochenstunden (nach Klassen)					
	I	II	III	IV	V	VI
Religion	2	2	2	2	2	2
Ungarisch	6	4	4	4	4	4
Deutsch	6	2	3	3	3	3
Geografie	3	3	3	–	–	-
Geschichte	–	–	–	4	4	4
Mathematik	4	4	3	7	4	3
Bauwesen	–	–	4	-	-	-
Naturwissenschaften	–	3	–	–	4	4
Physik	3	–	–	2	2	2
Chemie	–	–	5	2	2	2
Angewandte Geometrie	6	6	–	4	–	–
Deskriptive Geometrie	–	–	–	–	4	5
Freies Zeichnen	–	4	4	4	4	4
Kalligrafie	2	2	2	–	–	–
Körperertüchtigung	2	2	2	2	2	2

Quelle: Berkeszi, *A temesvári Magayr Királyi Állami Föreáliskola története* (*Geschichte der staatlichen höheren Realschule in Temeswar*), p. 144.

Die Schulverwaltung setzte auf das Erlernen von Ungarisch und Deutsch, und zwar insbesondere für jene Schüler, die ihre Bildung auf höheren Einrichtungen fortsetzen wollten.[73] Wegen des Einsatzes der Lehrkräfte und der fortschrittlichen Unterrichtsmethoden galt die Schule in Temeswar als eine der besten im Land.[74] István Berkeszi hat eine Liste mit den Berufen der Schulabsolventen erstellt. Viele von ihnen wurden Ingenieure, höhere Beamte, Architekten oder Armeeoffiziere.[75]

Die Geschichte der Oberrealschule in Arad ist mit der Geschichte des dortigen Obergymnasiums verknüpft. Als das Gebäude 1875 fertiggestellt war, begann die Oberrealschule schon zwei Jahre später ihren Unterricht mit den Klassen I bis IV, parallel zum Obergymnasium.[76] 1891, also nach etwas mehr als zehn Jahren, wurden beide

---

73 *Ibid.*, p. 144.
74 *Ibid.*, p. 154.
75 *Ibid.*, pp. 271–281.
76 Himpfner, *Az Aradi Királyi Főgymnasium története*, pp. 43–44.

Schulen getrennt, sodass die Realschule selbstständig agierte, mit acht Klassenräumen, zwei Zeichenräumen und einem Chemiesaal, während die Räume für Physik, Naturwissenschaften und Körperertüchtigung weiterhin zusammen mit dem Obergymnasium genutzt wurden.[77]

Die Realschule in Vršac übernahm die Funktion der früheren staatlichen Unterrealschule von 1851. Durch Verordnung des Ministers für Religion und öffentliche Bildung durchlief sie bis in die frühen 1890er Jahre mehrere Veränderungen.[78] Später wurde sie von der Stadtverwaltung übernommen; die versprach, ihr ein neues Schulgebäude zu erstellen und ihre Arbeit jährlich mit 6.000 Gulden zu unterstützen.[79] Im zwanzigsten Jahrhundert überholte die Oberrealschule in Vršac größenmäßig die in Arad und hatte fast so viele Schüler wie jene in Timișoara. Mehr als 60 Prozent der Schüler hatten eine andere Muttersprache als Ungarisch.[80]

Die hier präsentierten Daten verweisen auf das Fehlen eines Sekundarschulnetzes in den Sprachen der Minderheiten. Dies lag unserer Meinung nach nicht an der restriktiven Gesetzgebung, sondern daran, dass das Lernen einer anderen Sprache als Ungarisch die berufliche Karriere der Absolventen erschwert hätte. Außerdem war ein hohes Sprachniveau in Ungarisch eine der Bedingungen für den Zugang zu den besten Weiterbildungsinstitutionen. In allen Sekundarschulen des Banats war die Quote nicht-ungarischer Schüler hoch, und es wurde kein Beispiel für eine Diskriminierung nach ethnischen oder religiösen Merkmalen gefunden. Die Auswahl der Sekundarschule durch Schüler und Eltern war eine rein persönliche Entscheidung. Die Schüler meldeten sich bei den ungarisch-sprachigen Schulen an, trotz z. T. höherer finanzieller Aufwendungen und obwohl sie im Einzelfall auch eine Schule in der Muttersprache hätten besuchen können. Die hohe Quote von Schülern mit nicht-magyarischer Herkunft kann daher nicht als Beweis für eine erzwungene Assimilierung herangezogen werden. Sie zeigt aber den Wunsch vieler junger Leute und ihrer Eltern, die notwendigen Fähigkeiten für eine schnelle Integration in die Gesellschaft zu erwerben.[81]

---

77 *Ibid.*, pp. 149–151.
78 József Buday, *A verseczi m. kir. áll. Főreáliskola története* (*The History of the Vršac State Realschule of the Kingdom of Hungary*) (Vršac, 1896), pp. 47–119.
79 *Ibid.*, pp. 119–133.
80 *Magyar Statisztikai Évkönyv*, NS, vol. 17 (1909), p. 375. *Ibid.*, vol. 22 (1914), p. 270.
81 Im Schuljahr 1913–1914 gab es folgende zweisprachige und nichtungarische Schulen im Land: Blaj (Rumänisch), Beiuș (Rumänisch u. Ungarisch), Năsăud (Rumänisch), Bistrița (Rumänisch), Brașov (Rumänisch), Novi Sad (Serbisch), Reghin (Deutsch), Brad (Rumänisch), Sibiu (Deutsch), Brașov (Deutsch). *Magyar Statisztikai Évkönyv*, NS, vol. 22 (1914), pp. 268–270; Sándor Komlósi (Hg.), *Neveléstörténeti olvasókönyv* (*Educational History*) (Budapest, 1978), pp. 443–444.

Mädchenschulen

Mit Gründung der Doppelmonarchie änderte sich auch das Schulsystem für Mädchen und Frauen. Zwischen 1848 und 1867 wandelte sich das Bild der Frau in Familie und Gesellschaft rasch. Natürlich, die Mutterrolle blieb wichtig. Aber in den weniger wohlhabenden Mittelschichten gab es doch ein breites Empfinden dafür, dass auch Mädchen eine berufliche Qualifikation benötigten, vor allem, wenn sie keine große Mitgift einbringen konnten. Viele Mädchen fanden keinen geeigneten Ehepartner, und die Kirchen schienen immer weniger einen Ausweg zu bieten, waren auch aufgrund des Bevölkerungswachstums überfordert. Die Frauenbewegung machte von sich hören. Deren Presse propagierte neue Rollenmodelle, so etwa die wöchentlich erscheinende Literaturzeitschrift Családi Kör (Der Familienkreis), welche von Emilia Kánya herausgegeben wurde.[82]

In den Jahren vor 1867 waren die wichtigsten weiblichen Bildungsinstitutionen die von Nonnen geleiteten Privatschulen gewesen, die junge Mädchen auf Mutterschaft und Hauswirtschaft vorbereiteten. Erst Eötvös' Gesetz über die Volksschulen ermöglichte, zivile Mädchenschulen einzurichten. Sie sollten ein vierjähriges Lehrprogramm anbieten.[83]

Indes, die von Eötvös begründeten Mädchenschulen blieben hinter den Erwartungen der Mittelschichten an eine angemessene Mädchenbildung zurück. So wurde ein neuer Schultypus geschaffen, der ein höheres Bildungsniveau sicherstellte, mit vier oder sechs Klassen. Diese Lehranstalten boten dasselbe Qualifikationsniveau wie die Sekundarschulen für Jungen, freilich war ihr Lehrplan „an die Bildungsbedürfnisse von Frauen" angepasst. 1910 fasste Rozina Mársits, Leiterin des staatlichen Mädchengymnasiums in Timișoara, die Bildungsziele ihrer Einrichtung zusammen: „Unsere Höheren Mädchenschulen verfolgen das Ziel, dass die aus den Mittelschichten stammenden Schülerinnen eine breite Allgemeinbildung erhalten," erläuterte sie.[84] Mit ihrem Zeugnis konnten die Mädchen ihren eingeschlagenen Bildungsweg fortsetzen, z. B. Erzieherinnen werden, Lehrerinnen oder Ausbilderinnen an Handelsschulen.[85] Wie sah der Lehrplan für Mädchengymnasien im Königreich Ungarn aus? Die älteste Schule dieser Art gab es in Timișoara. Für sie galt die in Tabelle 16.9 dargestellte Stundenverteilung.

82 Lajos Orosz, 'Nőnevelési reformtörekvések Magyarországon: Az intézményes nőnevelés, munkaiskolák 1777–1867') ('Trends in Women's Educational Reform in Hungary: Women's Institutionalised Education, Craft Schools 1777–1867'), *Pedagógiai Szemle* (1970), pp. 534–535.
83 *Ibid.*, pp. 534–535; Gesetz XXXVIII, 1868, §§ 68, 77–78.
84 Rozina Mársits, *A temesvári háztartási tanfolyammal és bentlakással egybekapcsolt Magyar Királyi Állami Felsőbb Leányiskola Értesítője az 1909–1910. tanévről* (*Information upon the School Year 1909–1910 of the Timișoara High School for Girls of the Kingdom of Hungary*) (Temesvár, 1910), p. 3.
85 Zur Erzieher- und Lehrerausbildung vgl. das Kapitel über die Lehrerbildung.

Tabelle 16.9

Fach	Wochenstunden (pro Klasse)					
	I	II	III	IV	V	VI
Psychologie				X		
Hauswirtschaft				X		
Geschichte		X	X	X	X	X
Geografie	X	X	X			
Astronomie				X		
Ungarisch	X	X	X	X	X	X
Handarbeit	X	X	X		X	X
Kalligrafie	X					
Französisch		X	X	X	X	X
Zeichnen		X	X			
Arithmetik	X	X	X	X	X	X
Naturwissenschaften	X	X			X	X
Körperertüchtigung	X		X	X	X	X
Chemie				X		
Klavier					X	X
Deutsch	X	X	X	X	X	X
Physik					X	X
Wirtschaft			X	X		
Singen	X	X	X	X	X	X

Die Quelle zeigt nicht die Wochenstundenzahl, sondern nur den Unterricht generell pro Klasse.

Quelle: Marsits, *A temesvári háztartási tanfolyammal és bentlakással egybekapcsolt Magyar Királyi Állami Felsöbb Leányskola Értesitöje az 1909–10, tanévröl, (Mitteilungsblatt der Königlichen Ungarischen Staatlichen Oberen Mädchenschule ... für das Schuljahr 1909/10)*, pp. 16–18.

Solange es keine eigenständigen Mädchengymnasien gab, mussten die Mädchen ihre Prüfungen an den Jungengymnasien ablegen. Die Idee, gesonderte Mädchengymnasien zu gründen, entstand erst um 1890. Fünf Jahre später, nachdem Frauen das Recht erhalten hatten, sich in die philologischen, medizinischen und pharmazeutischen Fakultäten der Universitäten einzuschreiben, gründete der Nationalverband für Frauenbildung das erste Mädchengymnasium in Budapest.[86] Die Bildung der Frauen im Banat selbst folgte der allgemeinen Entwicklung in Ungarn. Erste Mädchenschulen entstanden 1870, erste Gymnasien in den 1880er-Jahren. Bis 1912 gab es im Banat 12 Mädchenschulen und drei

---

86 Ildikó Müller, *Nők iskolája: Az első magyar leánygimnázium oktatói és diákjai 1896–1917*, (*Women's School: Teachers and Pupils of the First Girls'Gymnasium*) (Budapest, 2000), pp. 202–206.

Mädchengymnasien.[87] Private Mädchenschulen finden wir in dieser Zeit in Bela Crkva, Caransebeș und Pancevo. In Arad und Timișoara handelte es sich um kommunale Schulen. In Lugoj und Timișoara gab es zusätzlich Schulen, die von der römisch-katholischen Kirche unterhalten wurden (in den Vierteln Zentrum, Fabric und Josefin). In Arad sprang die rumänisch-orthodoxe Kirche ein. In Pancevo war es die serbisch-orthodoxe Kirche. Schließlich gab es noch eine weitere Privatschule für Mädchen in Lugoj.[88]

Diese Einrichtungen unterrichteten jährlich 100 bis 200 Schülerinnen, in Arad allerdings deutlich mehr. In der Regel hatten die Schülerinnen einen ethnisch gemischten Hintergrund. Ausnahme machten nur Arad und Pancevo. Hier überwog der Anteil ungarisch-sprachiger Mädchen, weil es in diesen Städten gleichzeitig auch orthodox-konfessionsgebundene Schulen für junge Frauen gab. Die römisch-katholischen Mädchenschulen der *Armen Schwestern der Mutter Gottes* in Lugoj und Timișoara sprachen dagegen vor allem nicht-ungarisch-sprechende Schülerinnen an.[89] Muttersprache und Konfession der Mädchen am staatlichen Gymnasium in Timișoara im Schuljahr 1909–1910 waren wie folgt verteilt:

Tabelle 16.10

Muttersprache	%	Konfession	%
Ungarisch	85,6	Jüdisch	60,6
Deutsch	10,2	Römisch-katholisch	25,6
Rumänisch	2,8	Evangelisch	4,4
Serbisch	1,4	Reformiert	3,4
		Rumänisch-orthodox	3
		Serbisch-orthodox	1,5
		Griechisch-orthodox	1
		Unitarisch	0,5

Quelle: Marsits, *A temesvári háztartási tanfolyammal és bentlakással egybekapcsolt Magyar Királyi Állami Felsöbb Leányskola Értesitöje az 1909–10, tanévröl*, p. 52.

Obige Aufstellung bestätigt die Beobachtung des ungarisch-französischen Soziologen und Demografen Victor Karády, wonach in der österreichisch-ungarischen Doppelmonarchie der Prozentsatz jüdischer Schüler und Schülerinnen am höheren Schulsystem in den Städten sehr hoch war.[90]

---

87 *Magyar Statisztikai Évkönyv*, NS, vol. 20 (1912), pp. 382–400.
88 *Ibid.*, pp. 382–384.
89 *Ibid.*
90 Péter Tibor Nagy, 'A középfokú nőoktatás huszadik századi történetéhez' ('The Seconday Education of Women in the Twentieth Century'), *Iskolakultúra*, Nr. 3 (2003), p. 3.

Die meisten Schülerinnen finden wir übrigens in Timișoara. Ansonsten verteilten sich die Schülerinnen auf die Bezirke Arad, Caraș-Severin, Timiș und Torontal.[91] In jedem Jahr gehörten vier bis acht Mädchen aus dem Banat zu den Studierenden des Nationalverbandes für Frauenbildung in Budapest.[92]

Berufsausbildung

Das Industriegesetz von 1872 schaffte die Zünfte ab und damit auch das traditionelle System der Berufsausbildung.[93] Das Volksschulgesetz von Eötvös' macht den ersten Schritt zu einer gesetzlichen Regelung systematischer Berufsqualifikation. Das Gesetz VII von 1872 bot allen Jungen über 12 Jahren die Möglichkeit, sich als Lehrlinge zu bewerben. Der Ausbilder, ein Meister, sollte ihm Lesen, Schreiben und Rechnen lehren und die Möglichkeit eröffnen, regelmäßig die Teilzeitschule zu besuchen. Das erste Berufsschulgesetz, und damit eines der frühesten in Europa, enthielt schon 1877 Elemente einer dualen Ausbildung. Es sah Vorbereitungskurse vor und eine Schulzeit von zwei oder drei Jahren mit wöchentlich 11 Stunden, von denen drei dem Zeichnen gewidmet sein sollten.[94]

Die nächste Gesetzesänderung erfolgte bereits 1884 im Zusammenhang mit dem Industriegesetz von 1884. Es verpflichtete alle Gemeinden, in denen mehr als 50 Auszubildende lebten, eine spezielle Schule für Lehrlinge einzurichten. Die „Berufsschulen" hatten das Recht, ihren Unterricht in den Gebäuden der Elementarschulen anzubieten. Auch das Lehrpersonal rekrutierte sich aus dem Elementarschulwesen.[95] Diese Verfügung sorgte für ein schnelles Wachstum der Zahl der „Berufsschulen". 1884 gab es 49 Lehrlingsausbildungsstätten, im Jahr 1889 schon 215 und 1893 waren es 535.[96]

Die Entwicklung im Banat folgte den Zahlen in anderen Teilen Ungarns. Zu Beginn des zwanzigsten Jahrhunderts hatte jeder Bezirk und jede Vollgemeinde eigene Berufs-

91 Mársits, *Magyar Királyi Állami Felsőbb Leányiskola Értesítője az 1909–1910. tanévről*, pp. 49–51.
92 *Az Országos Nőképző-Egylet Tanintézetének értesítője az 1888–1889-iki tanévről* (*Information upon the School of the National Association for Training Women in Budapest in the School Year 1888–1889*) (Budapest, 1889), p. 54; *Az Országos Nőképző-Egylet Tanintézetének értesítője az 1889–1890-iki tanévről* (*Information upon the School of the National Association of Women Training in Budapest in the School Year 1889–1890*) (Budapest, 1890), p. 54; *Az Országos Nőképző-Egylet Leánygimnáziumának értesítője az 1896–1897 tanévről* (*Information upon the School the National Association of Women Training in Budapest in the School Year 1896–1897*) (Budapest, 1897), p. 67.
93 Gesetz VIII, 1872, § 83.
94 *Pedagógiai lexicon* (*Pedagogical Lexicon*), vol. 4, p. 267
95 Gesetz XVII, 1884, §§ 80–82.
96 *Pedagógiai lexicon* (*Pedagogical Lexicon*), vol. 4, p. 268.

schulen. 1914 gab es im Banat insgesamt 95 Berufsschulen, 12 mit dem Schwerpunkt Handel und Wirtschaft, 83 mit dem Schwerpunkt auf der Handwerkerausbildung.[97]

Von 1884 bis 1892 unterhielt Temeswar vier verschiedene Berufsschulen. 1894 wurden sie zusammengeführt. Damals befand sich die berufliche Handelsschule noch im Gebäude der zivilen Handelsschule,[98] die sonntags von 8 Uhr morgens bis 12 Uhr mittags und zweimal an Werktagen, von 6 bis 8 Uhr morgens, ihren Unterricht anbot. Unterrichtet wurden die Fächer Lesen, Sachkunde, Wirtschaftsterminologie, praktische Mathematik, Buchhaltung, Zeichnen und Religion.[99]

Industrieschulen

Die Berufsschulbildung, wie sie sich seit 1872 herausbildete, zeitigte einige Probleme. Nicht die geringste Schwierigkeit bestand darin, dass viele Schüler kaum lesen und schreiben konnten. Da musste erst einmal Grundwissen vermittelt werden, und die Ausbildung verzögerte sich entsprechend. In den Abendstunden waren die Schüler oft müde und schliefen ein. Das Ziel einer gründlichen Ausbildung war so nicht zu erreichen.[100] Um der schlimmen Not ein wenig entgegenzutreten, entstand Ende 19. Jahrhunderts ein neuer Typus der Lehrlingsbetreuung. Er richtete sich an Waisenkinder und Obdachlose, die in Heimen Unterbringung fanden und Unterricht erhielten. Im Banat entstanden zwischen 1867 und 1914 drei solcher Lehrlingsunterkünfte.[101]

Die erste vorwiegend schulisch strukturierte Ausbildung finden wir seit 1879 in Timișoara. Sie verband klassischen Unterricht mit Praxisausbildung in der Werkstatt. Schüler, die sich auf einen technischen Beruf vorbereiteten, begannen im zweiten Jahr mit der praktischen Ausbildung. Wer höhere technische Qualifikationen anstrebte, beschränkte die Werkstatterfahrung auf das dritte Jahr und erhielt dafür mehr naturwissenschaftlichen Grundlagenunterricht. Die Schule nutzte anfänglich das Gebäude der staatlichen Oberrealschule. 1895–1896 war die Schule als Zwischenlösung im Gebäude der kommunalen Grundschule in der Stadtmitte untergebracht.[102] Erst 1897 stand ein eigenes Gebäude mit der königlich-ungarischen Industrieschule für Holz und

---

97 *Magyar Statisztikai Évkönyv*, NS, vol. 22 (1914), p. 244. Für das Schuljahr 1904–1905 sind für die Banater Berufsschulen die folgenden Zahlen überliefert: Bezirk Arad: 770 Schüler; Arad: 984; Bezirk Caraș-Severin: 1.064; Timiș: 1.289; Timișoara: 1.005; Vršac: 444; Bezirk Torontal: 1.482; Pančevo: 317 [*Magyar Statisztikai Évkönyv*, NS, vol. 13 (1905)].
98 Bellai, *Temesvár szab. kir. város közművelődési intézményei*, pp. 34–35.
99 *Pedagógiai lexicon* (*Pedagogical Lexicon*), vol. 4, p. 268; Sándor Győriványi, 'A magyar szakképzés ezeréves múltjából II' ('A Thousand History of Hungarian Vocational Training II'), Új Pedagógiai szemle vol. 1 (1996), pp. 79–80; Borovszky, *Magyarország vármegyéi és városai*.
100 Győriványi, 'A magyar szakképzés ezeréves múltjából II', pp. 80–81.
101 *Ibid.*
102 Bellai, *Temesvár szab. kir. város közművelődési intézményei*, pp. 38–39.

Metall zur Verfügung.[103] Nach einer Übereinkunft zwischen Stadt und Zentralregierung kamen weitere Flächen des Militärfiskus hinzu und konnte der Bau im Jahr 1900 abgeschlossen werden.[104]

In Arad entstand eine spezielle Industrieschule für Holz- und Metallverarbeitung, während in Reşiţa – anlässlich der Herausbildung einer Arbeitervereinigung – die lokalen Bergarbeiter die Gründung einer Industrieschule für Bergbau und Metallurgie einforderten.[105]

Ein anderer Schwerpunkt beruflicher Bildung zielte auf die Qualifikation für Tätigkeiten in Handel und sonstigen Dienstleistungen. Das Ausgangsniveau entsprach dabei dem der Handwerkerschulen. Im Banat gab es Handelsschulen in Lugoj und Caransebeş sowie zwei weitere in Timişoara, davon bereitete eine auf den Restaurantbetrieb vor. Eine Profilschärfung bei der wirtschaftsorientierten Berufsbildung begann auf nationaler Ebene 1879, als die Umwandlung höherer Klassen der Bürgerschulen in sogenannte höhere Wirtschaftsschulen erfolgte. Eine solche Einrichtung gab es beispielsweise in Arad.[106]

Während es im Banat eine Reihe von Berufsschulen und Technischen Instituten gab, fehlte eine entsprechende schulische Ausbildung für den Bereich der Landwirtschaft. Nur eine einzige Landwirtschaftsschule gab es: die in Sânnicolau Mare. Gegründet wurde sie 1799 durch Graf Kristóf Nákó. Die Schule bot 12 Jungen aus dem lokalen Raum eine angemessene Ausbildung an. Schulung und Schulungsmaterialien blieben kostenfrei, und für den Unterricht standen 24 Morgen Land zur Verfügung. Die erfolgreichen Absolventen erhielten 42 Gulden als Starthilfe für ihren eigenen Betrieb. Und wer seine Studien fortsetzen wollte, bekam bis zum Alter von 24 Jahren ein jährliches Stipendium von 126 Gulden. 1887 ging diese Institution in Staatseigentum über. Gleichzeitig erhöhte sich die Anbaufläche auf 100 Morgen. Anlässlich ihrer Hundertjahrfeier erhielt die Schule den Namen „Kristof-Institut – Landwirtschaftliche Schule des Königreichs Ungarn". Ihr Aufgabe war, das Personal für kleine und mittlere Höfe heranzubilden. Der Lehrkörper bestand, abgesehen vom Direktor, aus drei Vollzeitlehrkräften und zwei Honorarlehrern. Die Zahl der Auszubildenden variierte zwischen 45 und 50 Schülern.[107]

---

103 Telbisz, *25 évi polgármesteri működése alatt elmondott beszédei*, pp. 161–167.

104 Ede Stumpfoll, *A temesvári M. Kir. Állami F- és Fémipari Szakiskola Értesítője az 1900–1901-es tanévről* (*Information on the School Year 1900–1901 of the State Industrial School of Wood and Metal of the Kingdom of Hungary*) (Temesvár, 1901), p. 6.

105 János Szilágyi, *Munkásmozgalom és kultúra 1867–1945* (*Workers' Movement and and Culture 1867–1945*) (Budapest, 1979), pp. 52–53.

106 Győriványi, 'A magyar szakképzés ezeréves múltjából II', p. 79.

107 *Magyarország Vármegyéi és Városai, Torontál Vármegye*. (*The Counties and Cities of Hungary. Torontál County*) (Budapest, 1911) p. 264.

Sonderschulen

Neben den berufsorientierten Lehranstalten gab es auch einen besonderen Schulzweig für Blinde, Taubstumme und geistig Benachteiligte. Im Ungarn des neunzehnten Jahrhunderts ging die Initiative hierfür von privater Seite aus.[108] Denn, obwohl das Gesetz XXVIII von 1868 eine allgemeine Schulpflicht dekretierte, schloss es Kinder mit physischen oder geistigen Beeinträchtigungen von dieser Pflicht aus. Letztlich überließ der Staat die Bildung benachteiligter Kinder der Initiative Einzelner.[109]

Die Unterrichtung von Taubstummen war das Anliegen von Károly Schäffer, einem Schuldirektor des Josefin-Viertels in Timișoara. Er organisierte 1885 für drei taubstumme Schüler eine staatliche Abschlussprüfung. Deren Ergebnisse waren so ermutigend, dass die Stadt im Folgejahr eine eigene Taubstummenschule einrichtete. Sie begann ihren Unterricht mit 12 Kindern. Allein im Komitat Timiș gab es 366 Taubstumme. Da verwundert es, dass es im ganzen Königreich Ungarn nur eine einzige geeignete Ausbildungsstätte gab, in der Stadt Vác (Komitat Pest).[110] Anlässlich der Einweihung der kommunalen Taubstummenschule erklärte Bürgermeister Károly Telbisz, dass „gebildete und geschulte Taubstumme zu höchst nützlichen Mitgliedern der Gesellschaft heranwüchsen". So gab es nicht nur acht Normalklassen, sondern zugleich spezielle berufsvorbereitende Angebote.[111]

1885 initiierte József Roboz ein Taubstummeninstitut in Arad. Nach einer langen Rundreise durch Europa kehrte er nach Arad zurück, um das erste Institut für Logopädie im Königreich Ungarn einzurichten. Er leitete die Ausbildungsstätte bis 1894.[112]

Einen sonderpädagogischen Ansatz verfolgte auch die 1894 gegründete Temeswarer Blindenschule. Die Gemeindeverwaltung investierte das Erbe von Antal Saller, um ein Gebäude für den Unterricht und ein Internat zu kaufen. Aufgenommen wurden Schüler bis zum Alter von 36 Jahren.[113] Die Auszubildenden lernten, wie man Körbe, Stühle und

---

108 Die erste Taubstummeneinrichtung im Königreich Ungarn wurde 1802 in Vac errichtet, auf Initiative von András Cházár. Der erste spezielle Bildenunterricht ist für 1827 in Pest bezeugt, hier dank der Initiative von Rafael Beitl. Szabó Anna Gordosné, *Gyógypedagógia-történet, vol. ii. Magyar Gyógypedagógia-történet a XX. Századig (The History of Special Pedagogy, vol. ii. The History of Hungarian Special Pedagogy up to the Twentieth Century)* (Budapest, 1983), p. 343; Ferenc Szőllősi, 'A vakok iskolájának múzeuma' ('The School for the Blind Museum') www.opkm.hu/konyvesneveles/2004/3/20szollosif.html (12. August 2010).

109 Gesetz XXXVIII, 1868, §§ 2–3.

110 Telbisz, *25 évi polgármesteri működése alatt elmondott beszédei*, pp. 27–28; Borovszky, *Magyarország vármegyéi és városai*.

111 Telbisz, *25 évi polgármesteri működése alatt elmondott beszédei*, p. 27; Bellai, *Temesvár szab. kir. város közművelődési intézményei*, p. 41.

112 Nach seiner Tätigkeit im Banat von 1894 bis 1898 arbeitete József Roboz am Blindeninstitut und organisierte parallel dazu Therapiekurse für jene, die unter Lispeln und Stottern litten. Den Höhepunkt seiner Karriere erreichte er 1898, als er Spezialinspektor am Nationalen Institut für Heilpädagogik wurde (*Pedagógiai Lexikon (Pedagogical Lexicon)*, hg. v. Báthory Zoltán und Falus Iván (Budapest, 1997), p. 272).

113 Borovszky, *Magyarország vármegyéi és városai*.

Matten herstellte. Dazu kam Maschinenschreiben. Die Institution war eng mit dem kulturellen Leben verknüpft und unterhielt ein achtköpfiges Streichorchester und einen Chor. Vorgesehen war auch die Einrichtung einer Bibliothek mit Werken in Blindenschrift.[114]

Lehrerausbildung

Als 1868 Eötvös sich aufmachte, das Schulsystem auf eine neue Grundlage zu stellen, bestand eine der Schwierigkeiten im Lehrermangel. Und wenn es Lehrer gab, waren sie vielfach schlecht ausgebildet. Um die Situation zu verbessern, plante Eötvös den Aufbau von 20 Lehrerbildungsinstituten.[115] In seinem Bericht an das Parlament erläuterte Eötvös, dass es zwar gut ausgebildete Lehrer im Lande gäbe, dass aber auch zahlreiche Lehrkräfte zu finden seien ohne ausreichende pädagogische und didaktische Vorkenntnisse und ohne Fähigkeit, sich selbst weiterzubilden. In vielen Fällen unterrichteten die Lehrer ohne Fachkenntnis. Häufig würden Lehrkräfte eingestellt trotz mangelnder Qualifikation. Und manche Konfessionsschulen achteten mehr auf ausreichende Religionskenntnisse denn auf pädagogische Fähigkeiten. Darüber hinaus sei das Gehalt vielfach zu gering.

Das Gesetz XXVIII von 1868 schrieb vor, wie Lehrerbildungsanstalten strukturiert sein sollten. Ein Direktor, der auch Unterricht anbot, sollte die Anstalt leiten. Hinzu kamen zwei Professoren und ein Assistenzprofessor. Zudem sollte ein Lehrer Schulpraxis in der Ausbildung ansprechen. Während der dreijährigen Schulung erhielten die angehenden Lehrer Unterricht in den folgenden Fächern: Religion, Ethik, Pädagogik, Didaktik, Schulorganisation, Geografie, ungarische und allgemeine Geschichte, Stilistik, ungarische Grammatik, Verfassungsrecht, Erziehungswissenschaften, Naturwissenschaften, Mathematik, Physik, Chemie, Deutsch, praktische Gartenarbeit, handwerkliches Arbeiten, Körperertüchtigung. Zur Ausbildung gehörten auch Praxisteile. Nach Abschluss der Ausbildung hatten die angehenden Lehrer in jedem Fach ein Examen abzulegen, das spätestens zwei Jahre nach ihrer Ausbildung bestanden sein musste.[116] Zu Beginn ihrer Qualifikation mussten die Schüler mindestens 15 Jahre alt sein und physisch gesund. Besuchen konnten sie das Lehrerkolleg, wenn sie vier Jahre ein Gymnasium, eine Realschule oder eine Bürgerschule erfolgreich besucht hatten. Die Ausbildung der Lehrerinnen war übrigens von jener der Lehrer getrennt und hatte andere Ziele. Die männlichen Lehrkräfte wurden vor allem für den Volksschulunterricht ausgebildet, während die Lehrerinnen in den Primarschulklassen der Mädchengymnasien sowie in Mädchenschulen unterrichten sollten. Mädchen, die älter als 14 alt waren, erhielten die Zulassung zum Lehramtsstudium, wenn sie das dreijährige Gymnasium absolviert hatten.

---

114 *Ibid.*

115 Eötvös, *Kultúra és nevelés*, pp. 440–441; Gesetz XXXVIII, 1868, § 81.

116 Gesetz XXVIII, 1868, §§ 84, 87–89, 102–104.

Sie lernten Religion, Ethik, Zeichnen, Kalligrafie, Muttersprache, Grammatik, Ungarisch, Deutsch, Geografie, Geschichte, Pädagogik, Arithmetik, Naturwissenschaften, Physik, Gartenarbeit, Essenszubereitung, Singen, Hauswirtschaft und Frauenarbeit und nahmen an der pädagogischen Praxis teil. Es gab interne Examina und ein Abschlussexamen.[117] Im Unterschied zu den Jungen zahlten die Mädchen keine Ausbildungsgebühren, ja, die finanziell benachteiligten Mädchen erhielten Stipendien und freie Kost.[118]

Im Banat entstanden nach 1868 vier Lehrerbildungsanstalten für Männer und eine für Frauen. Das erste Kolleg, das auf Grundlage des Eötvös-Gesetzes gegründet wurde, war das Kolleg in Arad. Kultusminister Ágoston Trefort erließ eine entsprechende Verordnung am 21. Juni 1873. Untergebracht war die Lehrerbildungsanstalt im Gebäude des Arader Gymnasiums.[119] Das Ausbildungsprogramm entsprach weitgehend den gesetzlichen Vorgaben.[120] Die meisten Schüler stammten aus bescheidenen Familien der Bezirke Arad, Bács, Békés, Brașov, Caraș-Severin, Timiș und Torontal.[121] Nationalität und Konfession der Studenten im Schuljahr 1873–1874 zeigt Tabelle 16.11.

Tabelle 16.11

Nationalität	Anzahl	%	Konfession	Anzahl	%
Ungarisch	630	46,18	Römisch-katholisch	1.058	77,62
Deutsch	588	43,11	Griechisch-katholisch	11	0,80
Rumänisch	103	7,55	Orthodox	133	9,75
Serbisch	20	2,20	Lutherisch	38	2,79
Bulgarisch	5	0,37	Calvinistisch	61	4,47
Slowakisch	8	0,58	Jüdisch	63	4,62

Quelle: Szabo, *Az Aradi All*, p. 13.

Eine zweite Lehrerbildungseinrichtung entstand in Timișoara. Gegründet wurde sie von Inspektor Marton Mártonffy. Ihren Unterricht begann sie 1893. Zwei Jahre später, 1895, konnte sie schon in das neue Schulgebäude einziehen. Sechs Schulklassen gab es hier sowie Räume für das Internat.[122]

---

117 *Ibid.*, §§ 106–111, 114.
118 *Ibid.*, § 113.
119 József Szabó, *Az Aradi Áll. Tanítóképző Intézet rövid története. 1873–1894/5. tanév végéig* (*The History of Arad State Institution for Training Teachers, from 1873 until the End of the School Year 1894–1895*) (Arad, 1896), pp. 3–4.
120 *Ibid.*, pp. 24–50.
121 *Ibid.*, pp. 14–15, 61.
122 Telbisz, *25 évi polgármesteri működése alatt elmondott beszédei*, pp. 66–69, 85–86; Bellai, *Temesvár szab. kir. város közművelődési intézményei*, pp. 42–43.

Parallel zur staatlichen Lehrerbildung unterhielten die orthodoxen Bistümer von Arad und Caransebeş eigene rumänisch-sprachige Lehrerbildungsanstalten. Traditionell fiel die Ausbildung rumänisch-sprachiger Lehrer im Banat der Kirche zu. Maßgeblichen Anteil an dieser Entwicklung hatte Uroş Nestorovi. Er war 1810 zum Inspektor für die orthodoxen Schulen in Ungarn ernannt worden. Und schon 1811 entstanden die ersten drei orthodoxen Institute für Lehrerbildung. Hierzu gehörte auch jene für die rumänisch-sprachigen Lehrer in Arad.[123] Tabelle 16.12 gibt den Lehrplan für das Studienjahr 1903–1904 wieder.

Tabelle 16.12

Fach	Wochenstunden (pro Klasse)			
	I	II	III	IV
Religion	2	2	2	2
Pädagogik	2	3	4	4
Pädagogische Praxis	–	–	2	6
Rumänische Sprache und Literatur	2	3	2	2
Ungarische Sprache und Literatur	3	3	3	3
Deutsche Sprache	1	1	1	1
Mathematik, Algebra	3	3	3	1
Geografie	2	2	2	–
Geschichte	3	3	2	–
Bauwesen	–	–	–	2
Naturwissenschaften, Chemie	2	2	2	–
Physik	–	–	2	2
Hygiene	1	2	–	–
Religiöse Lieder, Singen und Instrumentalmusik	3	3	3	3
Kalligrafie	1	1	–	–
Zeichnen	2	2	2	–
Körperertüchtigung	2	2	2	2
Gesamt	34	36	36	32

Quelle: Pârvulescu, *Şcoală şi societate*, p. 98–99; Teodor Botiş, *Istoria şcolii normale (Preparandiei) şi a Institutului Teologic Ortodox-Român din Arad* (Geschichte der Lehrerbildung und des Rumänisch-Orthodoxen Theologischen Instituts) (Arad, 1922), p. 101.

---

123 Pârvulescu, Şcoală şi societate, pp. 94–95; Pârvulescu gab Sânandrei als Stiftung an, obwohl es in Szentendre war, nahe Buda (Vgl. Endre Arató, Kelet-Európa története a 19. század első felében (The History of Eastern Europe in the First Half of the Nineteenth Century) (Budapest, 1971), p. 217.

Aufgrund des Lehrermangels an orthodoxen Schulen gewährte das Bistum Oradea den örtlichen Studierenden freie Verpflegung, unter der Bedingung, dass sie nach Abschluss ihres Examens im Diözesanbereich verblieben.

Eine weitere orthodoxe Lehrerbildungsanstalt gab es in Caransebeș. Sie öffnete ihre Pforten im September 1876. Vier Jahre zuvor bereits begannen die Planungen. Der Bischof von Caransebeș entschied, zwei Studierende – die später Professoren am Institut wurden – mit Stipendien der Gojdu-Stiftung ins Ausland zu schicken.[124] Einer von ihnen studierte in Wien Philosophie, Mathematik und Physik, der andere besuchte Geschichtsveranstaltungen. Später gingen beide nach Gotha, um Pädagogik zu studieren. Schließlich wurde im September 1876 das Institut eröffnet. Vier Lehrer unterrichteten 12 Jungen, 3 Mädchen sowie 3 Zuhörer ohne weitere Verpflichtungen.[125]

Das Lehrangebot im Orthodoxen Institut von Caransebeș setzte auf eine Ausbildungsdauer von drei Jahren. Tabelle 16.13 gibt Auskunft über den dortigen Studienplan.

Tabelle 16.13

Fächer	Wochenstundenzahl (pro Klasse)		
	I	II	III
Religion	2	2	2
Rumänisch	3	3	3
Ungarisch	4	4	4
Deutsch	1	1	1
Arithmetik	2	2	2
Geometrie	2	2	2
Geografie	2	2	2
Geschichte	2	2	2
Pädagogik und Methodenlehre	3	3	3
Bauwesen	-	-	2
Zeichnen und Kalligrafie	2	2	1
Hygiene	1	1	1
Singen	2	2	2
Geige und Klavier	2	2	2
Religiöse Lieder	2	2	2
Messe	2	2	2
Landwirtschaft	2	2	2
Physik	2	2	2
Naturwissenschaften	2	2	2
Körperertüchtigung	-	-	3
Gesamt	38	38	43

Quelle: Pârvulescu, *Școală și societate*, p. 102.

---

124 Pârvulescu, *Școală și societate*, p. 101.
125 *Ibid.*, p. 102.

Bis zu 43 Stunden belegten die Studenten und Studentinnen in der Woche. Später kamen noch Buchhaltung, Pädagogik und Chemie als weitere Fächer hinzu. Schaut man sich die Wochenstundenpläne an, so unterschied sich die Ausbildung an den orthodoxen Lehrerbildungsanstalten in Arad und Caransebeş kaum von den staatlichen Lehrerseminaren, mit Ausnahme der religiösen Bildung.

Die Fachausbildung katholischer Lehrerinnen erfolgte seit 1881–1882 in Timişoara. Für Kindergärtnerinnen gab es seit dem Gesetz von 1891 einen gesonderten Ausbildungsweg. Mädchen, die ein Interesse an einer Schulung zur Kindergärtnerin hatten, mussten über 14 Jahre sein, die Jungen älter als 16. Physische Stabilität wurde erwartet, eine gewisse Musikalität, außerdem ein mindestens vierjähriger Sekundarschulabschluss vorausgesetzt, bzw. eine entsprechende Qualifikation seitens einer Bürgerschule oder eines Mädchengymnasiums.[126] Die Ausbildung dauerte zwei Jahre und umfasste Religion, Ethik, ungarische Sprache und Literatur, Hygiene, ungarische Geschichte, Verfassungsrecht, Geografie, Naturwissenschaften, Geometrie, Zeichnen, Singen, Geige, Handarbeit,[127] Handwerk und Körperertüchtigung. Das Erlernen des Ungarischen war obligatorisch. In jedem Fall war ein Abschlussexamen erforderlich, auch für diejenigen, die ihre Ausbildung bereits vor Inkraftsetzen des Gesetzes abgeschlossen hatten.[128]

Die Schlussprüfung wurde vom Schulinspektor abgenommen bzw. seinem Stellvertreter, der entsprechend qualifiziert sein musste. Bis zum achtzehnten Lebensjahr unterstanden die Kindergärtnerinnen (die Jungen bis zum zwanzigsten Lebensjahr) der Supervision einer erfahrenen Fachkraft. Erst danach erhielten sie das Abschlusszeugnis.[129] Die einzige Erzieherinnenausbildungsstätte im Banat befand sich in Timişoara. Hier unterrichteten fünf bzw. sechs Lehrkräfte bis 1904 etwa 40 Studierende. Ihre Anzahl ging seit dem Schuljahr 1910–1911 auf 13 zurück.[130]

Die Priesterausbildung

Im Banat finden wir vor 1914 drei verschiedene Ausbildungsstätten für Priester: zwei römisch-katholische Seminare, eins in Timişoara, gegründet 1806, ein weiteres in Arad, gegründet 1822, und das rumänisch-orthodoxe Institut in Caransebeş. Es gab allerdings keine zentral geregelten Vorschriften für die Priesterbildung. Die römisch-katholische Kirche verwendete die Richtlinien, die 1855 im Konkordat zwischen dem Papst und dem österreichisch-ungarischen Kaiserreich vereinbart worden waren, mit einer Gesamtdauer der theologischen Ausbildung von vier Jahren und mit vier bis sechs Lehrkräften.

---

126 Gesetz XV von 1891, § 31.
127 Handarbeit für Jungen war im Lehrplan nicht enthalten.
128 *Ibid.*, §§ 34, 41.
129 *Ibid.*, § 39.
130 Bellai, *Temesvár szab. kir. város közművelődési intézményei*, pp. 44–45.

Verpflichtende Fächer waren Religion, Dogmatik, Moral, Rhetorik, Kirchengeschichte, Kirchenrecht, Wissen über das Alte und das Neue Testament, Hebräisch, und falls die Umstände es erlaubten, Patristik als Zusatzfach. Im März 1858 machte Leo von Thun als Minister für Religion und öffentliche Bildung das Gesetz für das gesamte Kaiserreich verbindlich. Gleichzeitig entwarf Bischof Sandor Csajághy 1855 die Organisationsregeln für das Priesterseminar in Cenad.[131] 1867 zog sich die Kirche von der Bevormundung durch den Staat zurück. Zweck der Reformversuche war es, die theologische Ausbildung umfassender, moderner und praxisnäher zu gestalten. In Timişoara gehörten zur Ausbildung 1878 Philosophie, Patristik, Predigtlehre, Pädagogik sowie religiöse Kunst. Tabelle 16.14 zeigt den Wochenstundenplan.

Tabelle 16.14

Jahr	Fach	Wochenstunden
I	Bibel: Altes Testament	5
	Biblische Exegese: Altes Testament	4
	Kirchengeschichte	4
	Predigtlehre	3
	Patristik	2
	Philosophie	5
II	Bibel: Neues Testament	4
	Biblische Exegese: Neues Testament	4
	Kirchengeschichte	4
	Philosophie	5
	Patristik	2
	Religiöse Bildung	3
III	Fundamentaltheologie	8
	Moraltheologie	5
	Pastoraltheologie	3
	Kirchenrecht	5
	Religiöse Stilistik	2
IV	Spezielle Dogmatik	8
	Moraltheologie	5
	Pastoraltheologie	3
	Kirchenrecht	5
	Christliche Kunst	2

Quelle: Kovats, *A csanádi papnevelde története. 1806–1906 (Die Geschichte des Cenader Priestertums, 1806–1906)*, pp. 443–444.

---

131 Sándor Kováts, *A csanádi papnevelde története 1806–1906 (The History of Cenad Theology 1806–1906)* (Temesvár, 1908), pp. 430–431. A Csajághy-féle szabályzatot közli: *Ibid.*, pp. 433–443.

Die ersten zwei Studienjahre am theologischen Seminar waren die Jahre des sogenannten kleinen Seminars. Die letzten Jahre firmierten unter der Bezeichnung großes
Seminar. Die Kurse fanden an Werktagen statt, von 8 Uhr bis 13 Uhr. Die Donnerstage
waren den Zeremonien gewidmet, religiösen Liedern und der Chorpraxis. Die meisten
Lehrbücher waren in Latein verfasst, einige in ungarischer Sprache.[132]

1869 wurde auch die Struktur der Ausbildung im orthodoxen Bereich geregelt. Die
Grundlage hierfür schuf das Organisationshandbuch der Kirche. Die Dauer des Theolo-
giestudiums wurde auf drei Jahre festgelegt. Der Lehrkörper bestand aus zwei Professoren und einem Kantor, die alle auch Kirchenfunktionen innehaben mussten.[133]

Das römisch-katholische Seminar entstand bereits 1822 und ging der orthodoxen Ausbildungsstätte in Arad voran.[134] Die Versammlung der Pfarrvertreter 1870
entschied sich dazu, ein zentrales Seminar einzurichten, mit dem Ziel, die zukünftigen Geistlichen angemessen auszubilden, die moralischen Standards zu erhöhen und
die Qualifikation im Bereich der Theologie anzuheben. Zu diesem Zweck führte man
neue Fächer ein und achtete auf ein hoch qualifiziertes Professorenteam. Um den
Anspruch deutlich zu machen und die Studienbedingungen zu verbessern, erhielt das
orthodoxe Seminar zudem ein neues Gebäude.[135] Der Lehrplan blieb von 1834–1835
bis 1875–1876 unverändert. Tabelle 16.15 zeigt das neue Ausbildungsschema ab dem
Schuljahr 1875–1876.

Tabelle 16.15

Zeit	Erstes Jahr	Zweites Jahr	Drittes Jahr
8–9 Uhr	Rumänische Grammatik	Dogmatik	Pastoraltheologie
9–10 Uhr	Praktische Grammatik	Rhetorik	Kirchenrecht
10–11 Uhr	Pädagogik		
15–16 Uhr	Hermeneutik	Kirchengeschichte	Moraltheologie
16–17 Uhr	Singen und Zeremonien	Singen und Zeremonien	Singen und Zeremonien

Quelle: Botis, *Istoria școlii normale,* pp. 577–578.

Nach den Erfahrungen mit den Examina am Ende des Schuljahrs 1886–1887 setzten
sich Constantin Gurban und Ioan Damsa als Vertreter der Pfarrgemeinden für eine
weitgehende Änderung der Ausbildung ein.[136] Demnach sollten die Studierenden auch
in normalen, weltlichen Fächern qualifiziert sein, damit die zukünftigen Priester sich

---

132 *Ibid.,* pp. 443–444.
133 Botiş, *Istoria şcoalii normale,* p. 535.
134 *Ibid.,* pp. 523–535.
135 *Ibid.,* p. 537.
136 Botiş, *Istoria şcoalii normale,* p. 579.

im Alltag beweisen konnten.[137] Der Änderungsvorschlag wurde akzeptiert und seit 1888 in die Praxis umgesetzt.

In der zweiten Hälfte des 19. Jahrhunderts erhielt auch Caransebeş ein rumänisch-sprachiges orthodoxes theologisches Institut. Gegründet wurde es im November 1865 von Bischof Ioan Poasu, als er die rumänisch-sprachigen Kurse von Vršac nach Caransebeş verlegte.[138] Von 1893 bis 1927 umfasste der Lehrplan die in Tabelle 16.16 aufgelisteten Fächer.

Tabelle 16.16

Jahr	Fächer
I	Archäologie, Logik, Hermeneutik, Kirchengeschichte, Isagogik, Rumänisch, Biblische Exegese, Kirchenlieder, Zeremonien, Instrumentalmusik
II	Dogmatik, Moraltheologie, Kirchenrecht, Pädagogik, Architektur, Hygiene, Kirchenlieder, Zeremonien, Instrumentalmusik
III	Liturgie, Religiöse Bildung, Biblische Exegese, Kirchenrecht, Rumänische Grammatik, Rhetorik, Landwirtschaft, Kirchenlieder, Zeremonien, Instrumentalmusik

Quelle: Petrica, *Institutul Teologic Diecezan Ortodox Român Caransebeş (1865–1927)*, pp. 48–52.

Universitäten

Anfang des zwanzigsten Jahrhunderts beschloss die ungarische Regierung, dass eine weitere, eine dritte Universität geschaffen werden solle. Bis dahin gab es die Pèter-Pázmány-Universität in Budapest und die Ferenc-Jozsef-Universität in Kolozsvár (Cluj, Klausenburg). Es schien nur zu natürlich, dass das Banat als besonders fortschrittliche Provinz Sitz der dritten Universität werden müsse. Am 6. März 1907 sandte der Stadtrat von Timişoara an Ministerpräsident Sándor Wekerle und Kultusminister Apponyi einen entsprechenden Brief. Trotz ihrer Funktion als regionales Zentrum, hieß es darin, verfüge die Stadt über keine höhere Bildungsanstalt. Dies indes sei wichtig, um loyale Bürger in der Region zu halten. Doch Apponyi votierte für Bratislava. Allerdings versprach er der Stadt, sie werde Sitz der folgenden Universitätsgründung werden.[139] Im Januar 1910, während einer allgemeinen Versammlung Temeswarer Bauingenieure, unterstrich der Vereinsvorsitzende, Mihály Kajlinger, es sei absolut notwendig, dass

---

137 *Ibid.*, pp. 581–582.

138 Mircea Păcurariu, *Istoria Bisericii Ortodoxe Române* (*History of the Romanian Orthodox Church*), vol. iii (Bukarest, 1981), p. 205; Vasile Petrica, *Institutului Teologic Diecezan Ortodox Român Caransebeş, 1865–1927* (*The Romanian Orthodox Diocesan Theological Institute of Caransebeş, 1865–1927*) (Caransebeş, 2005), pp. 20–27.

139 Telbisz, *25 évi polgármesteri működése alatt elmondott beszédei*, pp. 281–283.

Temeswar eine Universität erhalte. Hier gäbe es eine reiche industrielle Aktivität und einen hohen Bedarf an gut geschulten Spezialisten.[140]

Die Schulaufsicht

Gleichzeitig mit der der Gründung einer Vielzahl neuer Grundschulen unter Eötvös bestimmte das Gesetz von 1868 die Einrichtung staatlicher Schulaufsichten.[141] Die untere Ebene bildeten die sogenannten Schulausschüsse, deren Mitglieder für drei Jahre gewählt wurden und mindestens neun Schulen vertraten. Ein Platz in diesem Ausschuss war für den örtlichen Priester reserviert und ein anderer für den Lehrer der Volksschule oder (falls es mehrere Lehrer gab) für einen vom Lehrerteam gewählten Vertreter.[142] Zu den Pflichten des Ausschusses gehörte die Ernennung der Lehrer, die Überwachung der Schulen in einem wöchentlichen Rhythmus, schließlich die Beobachtung von Fehlzeiten der Schüler, gegebenenfalls auch die Verhängung von Sanktionen. Der Schulausschuss vermittelte bei Streitigkeiten zwischen Eltern und Lehrern und reagierte bei Disziplinproblemen. Ein bis zwei Finanzexperten wurden vom Ausschuss ernannt, um die Finanzen der Schulen zu administrieren.[143]

Die nächsthöhere Ebene der Schulaufsicht bildeten die sogenannten regionalen Bildungsausschüsse. Sie waren zuständig für ein Komitat oder für eine königlich-freie Stadt (mit Ausnahme von Pest und Buda). Die Schulräte, die dem regionalen Bildungsausschuss vorstanden, ernannte der Minister für Religion und öffentliche Bildung selbst. Ansonsten saßen im Bildungsausschuss gewählte Mitglieder oder deren Delegierte. Als vom Minister bestellte Beamte erhielten die Schulräte ein jährliches Gehalt und waren verpflichtet, jährlich mindestens einmal die Schulen in der Region zu inspizieren. Auch oblag ihnen sicherzustellen, dass die Gesetze im Schulalltag ankamen. Die regionalen Bildungsausschüsse überwachten die kommunalen Schulausschüsse. Wenn es ernsthafte Konflikte oder Disziplinprobleme gab, kam ihnen die Rolle eines Gerichtshofes zweiten Grades zu.[144]

Das von Eötvös geschaffene liberale Schulaufsichtssystem erhielt sich nur kurze Zeit. Mit Gesetz XXVIII von 1876 endete die Autonomie der Ausschüsse. Seither unterstanden die Volksschulen der direkten Kontrolle durch das Ministerium für Religion und öffentliche Bildung. Auch der Regionalausschuss wurde aufgelöst. Alle Macht lag jetzt bei den Schulräten, die unmittelbar der Komitatsverwaltung zugehörten. Wollte

---

140 *Ibid.*, pp. 334–337.
141 Eötvös, *Kultúra és nevelés*, p. 454.
142 Gesetz XXXVIII, 1868, §§ 116–118.
143 *Ibid.*, §§ 121–122.
144 *Ibid.*, §§ 128–130.

die Komitatsverwaltung in Bildungsfragen entscheiden, konnte sie das nur in Anwesenheit des Schulrates.[145]

Fazit

Zwischen 1867 und 1914, das hat unsere Studie gezeigt, entstand im Banat ein ausdifferenziertes Schulsystem. Dessen Grundlagen bildeten die staatlichen und kommunalen Schulen, ergänzt durch eine Vielzahl von Einrichtungen, die ihren Unterricht in Serbisch oder Rumänisch anboten, während das Deutsche an Einfluss verlor. Die nichtungarischen Schulen blieben weitgehend unterhalb des Niveaus von Sekundarschulen. Und es wurden auch keinerlei Versuche gemacht, nicht-ungarische Sekundarschulen zu begründen. Man könnte vermuten, es fehlten die Finanzmittel. Aber dies war nicht der Fall. Zu Beginn unseres Zeitraums kontrollierten die Bistümer von Caransebeş und Arad das größte Netzwerk von Grundschulen in der Region, und das blieb auch so bis 1914. Eine plausiblere Erklärung besteht darin, dass von 1867 bis 1914 rumänisch-, serbisch und deutsch-sprechende Schüler bzw. Eltern sich jene Sekundarschulen aussuchten, die ihnen die besten beruflichen und intellektuellen Chancen für die Zukunft boten. Deshalb bevorzugten sie die ungarischen Schulen. Ungarisch war die Sprache der beiden Universitäten in der Osthälfte der Doppelmonarchie. Darüber hinaus erforderte jede berufliche Position im Verwaltungsbereich die Beherrschung der ungarischen Sprache. Und schließlich kam auch noch ein gewisser Druck der Regierung hinzu, sich sprachlich und kulturell einzubringen.

Ganz Europa erlebte seit 1860 einen bildungspolitischen Aufschwung. Da konnte Ungarn nicht fernstehen. Die Wirtschaft hatte einen immer größeren Bedarf an Spezialisten. Und auch im Handwerk genügte die rein praktische Ausbildung nicht mehr. Gegen Ende der betrachteten Periode entsprach das Bildungssystem allen regionalen Anforderungen, von der Elementarbildung für die Bauernkinder über die Ausbildung von Handwerkern bis zu den gehobenen Ansprüchen der Intellektuellen. Nur der Wunsch eines Universitätsstudiums machte einen Ortswechsel erforderlich. Die Analyse der Lehrpläne hat zudem gezeigt, dass die Ausbildung allen zeitgenössischen Ansprüchen genügte, sodass die Absolventen nicht nur die Anforderungen ihres Berufs zu erfüllen vermochten, sondern auch allen gesellschaftlichen Erwartungen gerecht werden konnten.

---

145 *Gesetz 1876/XXVIII*, §§ 1–3.

Vasile Dudaş
Weltkriegsende 1918/1919: das Banat im Widerstreit der Erwartungen

Herbst 1918. Die militärischen Niederlagen der Mittelmächte und der sich abzeichnende Zusammenbruch Österreich-Ungarns blieben im Banat nicht unbemerkt. Immer lauter wurden die Stimmen, die ein Ende des Krieges forderten. In dieser Situation musste die Lokalverwaltung reagieren. Der Präfekt des Komitats Timiş trat eine Inspektionsreise in den südlichen Teil seines Bezirks an und gab beruhigende Stellungnahmen ab.[1] Wirkung zeigte dies kaum. Am 6. und noch einmal am 20. Oktober 1918 fanden in Timişoara große Demonstrationen statt. Am 27. Oktober organisierte die lokale Gruppe der Sozialdemokratischen Partei einen großen Umzug im Stadtzentrum, bei dem das Ende des Krieges gefordert wurde sowie die Einsetzung einer neuen Regierung mit Vertretern der Arbeiterschaft und der verschiedenen Nationalitäten. Unter dem Druck der Straße traf sich am 28. Oktober der Stadtrat unter Vorsitz des Präfekten György Kórossy und verlangte ein Ende des Krieges, einen dauerhaften Frieden, die Demobilisierung der Soldaten, die Abschaffung der Doppelmonarchie, die Erhaltung der territorialen Einheit Ungarns, eine Gesetzgebung auf der Basis allgemeiner und geheimer Wahlen, schließlich, die Abschaffung der Zensur und ein allgemeines Organisations- und Versammlungsrecht, kurz: Die politisch Verantwortlichen in Temeswar forderten eine grundlegende Demokratisierung und die Ablösung der ungarischen Hälfte des Habsburger Reiches von Wien.[2]

Die nach vier Jahren weitverbreitete Antikriegsstimmung erfasste die gesamte Bevölkerung von Timişoara. Die sozialdemokratischen Führer Otto Roth und Leopold Somló hielten vor zahlreichen Zuhörern wichtige Reden, ebenso Jakobi Kalman, der örtliche Vertreter der Radikalen Partei. Sie forderten die Bevölkerung des Banats auf, ihre Geschicke selbst in die Hand zu nehmen und direkt mit den Mächten der Entente zu verhandeln. Die Idee, die Region in ein autonomes Gebiet umzuwandeln, nahm Formen an.[3] Am 30. Oktober fanden mehrere Treffen der Sozialdemokratischen Partei des Banats statt. Dr. Otto Roth und Dr. Jákobi Koloman informierten den Präfekten György Kórossy nachmittags über die Entwicklung; abends trafen sie Oberstleutnant Albert Bartha, den Stabschef der lokalen Militärkommandantur. Alle vier waren besorgt, dass mit Kriegsende das Banat Ort kriegerischer Auseinandersetzungen werde. Um eine solche Entwicklung zu verhindern, dachten sie an eine Autonomie der Region innerhalb des

---

1 *Drapelul*, vol. 18, Nr. 108 (11. Oktober 1918).
2 *Temesvari Hirlap*, vol. 16, Nr. 243 (29. Oktober 1918); József Geml, *Emlékiratok polgármesteri működésem idejéből* (*Memoirs from My Activity as a Lawyer*) (Timişoara, 1924), p. 89.
3 William Marin, *Unirea din 1918 şi poziţia şvabilor bănăţeni* (*The Union of 1918 and the Position of Swabians from the Banat*) (Timişoara, 1978), pp. 58–59.

ungarischen Staates. Am nächsten Tag kam es erneut zu Demonstrationen gegen den Krieg. In diesem Kontext wurde die Idee einer regionalen Autonomie öffentlich gemacht.[4]

Den 31. Oktober 1918 erlebte Timişoara als einen besonders unruhigen Tag. Der Präfekt György Kórossy erhielt aus Budapest ein Telegramm, wonach in Budapest ein Nationalrat die Macht übernommen habe. Die lokalen Autoritäten seien aufgefordert, sich der neuen Macht zu unterstellen und ein ähnliches Forum auf Bezirksebene einzurichten. György Kórossy rief daraufhin die politischen Führer in Timişoara zusammen. Die im Büro des Bürgermeisters Josef Geml vereinte Gruppe beschloss, dem Ansinnen aus Budapest zu folgen und einen Ungarischen Nationalrat für den Bezirk Timiş einzurichten. Ihm sollten 20 Mitglieder als Vertreter der bedeutendsten politischen Gruppen der Stadt angehören.[5]

Die Banater Republik

Zwischenzeitlich erhielt Baron Hordt, der Kommandant der Temeswarer Garnison war, eine Nachricht aus Wien. Sie instruierte ihn seitens des kaiserlichen Generalstabs, mehrere nach Nationalität geschiedene Militärräte einzurichten. (Um die Ordnung aufrechtzuerhalten und unnötige Konflikte zu vermeiden, hatte der Kaiser tatsächlich beschlossen, die Militärräte nach Nationalitäten zu untergliedern.) Oberstleutnant Albert Bartha versammelte unter diesen Umständen die Offiziere im großen Saal des Militärkasinos. Die Führer der Sozialdemokratischen Partei, Otto Roth, Alfred Pinker und Leopold Somló, waren auch eingeladen. Vor einigen Hundert Teilnehmern las Baron Hordt das Telegramm vor, das allen Soldaten die Freiheit gab, sich in nationalen Militärvertretungen zusammenzuschließen. Dass die Nachricht die Teilnehmer überraschte, ist noch zu wenig gesagt. Otto Roth zog deshalb die Initiative an sich, trat auf das Podium und berichtete von Nachrichten aus Budapest, wonach Kaiser Karl I. abgedankt habe und dass überall die Revolution obsiege. Weiterhin fügte er an, dass das lokale Militär Oberstleutnant Bartha als neuem Kommandanten unterstehe. Dringend notwendig sei die Einrichtung eines Rates des Volkes, dem Vertreter aller Nationalitäten in der Region angehören sollten. Seine Rede beendete er mit dem Ausruf: „Lange lebe die Republik Banat!" und damit forderte er auch die Selbstständigkeit der Provinz. Die meisten Offiziere applaudierten. Viele rissen sich das Abzeichen mit der Inschrift des Monarchen von ihrem Barett.[6]

Auch einige rumänische Offiziere hörten die Rede Otto Roths im Temeswarer Militärkasino, darunter Dr. Aurel Cosma, der als Hauptmann in die ungarische Armee einberufen worden war. Er sprang aufs Podium und gab seine Sicht der Dinge kund:

---

4 *Ibid.*
5 Geml, *Emlékiratok*, p. 94.
6 *Ibid.*, pp. 92–93; *Drapelul*, vol. 18, Nr. 112 (20. Oktober 1918).

Die rumänischen Soldaten der Garnison würden dem Wiener Befehl unmittelbar genüge leisten und einen eigenen rumänischen Militärrat bilden. Später schilderte Otto Roth in einem Interview mit der Temeswarer Zeitung die Motive Cosmas: „Aurel Cosma hat das Ideal jedes rumänischen Politikers in dieser Zeit formuliert. Ihm ging es darum, Großrumänien Wirklichkeit werden zu lassen. Und er tat dies zu einem Zeitpunkt und an einem Ort, als es sehr riskant war. Was mich selbst betrifft, auch ich spielte mit meinem Leben, als ich auf der Offizierskonferenz am 31. Oktober 1918 die Republik ausrief. Erst später begriff ich, dass von den 700 anwesenden Offizieren sicherlich kein einziger sein Schwert für die Habsburger oder für den Grafen Tisza (den ungarischen Ministerpräsidenten) gezogen hätte. Und doch hätten sie alle Cosma in Stücke zerreißen können. Denn er war der Einzige, der im Militärkasino auf die Bühne sprang und herausschrie: „Rumänen, folgt mir! Lang lebe der Rumänische Nationalrat!"[7]

Die kleine Gruppe rumänisch-sprachiger Offiziere zog sich daraufhin in den kleinen Saal des nahe gelegenen Restaurants „Kronprinz" zurück und gründete einen Nationalen Militärrat. Zeitgenössische Berichte erwähnen in diesem Zusammenhang u. a. die Namen von Oberst Jivan aus Caransebeș, Oberstleutnant Iosif Mustețiu, Hauptmann Dr. Aurel Cosma, Hauptmann Dr. Lucian Georgevici und Leutnant Dr. Iustin Nemeth. Die Offiziere wussten, dass der Rat ohne eine gute militärische Organisation und ohne die Unterstützung durch die Rumänen aus den Dörfern der Region nichts erreichen konnte. Unter diesen Umständen vertrauten sie Oberstleutnant Miron Șerb das militärische Kommando an. Șerb hatte bereits einige wichtige Posten in den lokalen Einheiten der österreichisch-ungarischen Armee innegehabt. Das kam ihm zugute. Hauptmann Lucian Georgevici wurde beauftragt, die Aufstellung regionaler Militäreinheiten zu koordinieren. Georgevici war Rechtsanwalt in Recaș gewesen und kannte viele Menschen aus den Dörfern der Umgebung. Das sprach für ihn. Dr. Aurel Cosma, den Initiator, ernannte die Gruppe zum Präsidenten des Nationalrates. Die übrigen nationalen Militär- und Arbeiterräte, die gerade im Entstehen waren, erhielten seitens der rumänischen Gruppe folgende Informationen:

1. Die rumänischen Soldaten und Offiziere auf dem Territorium des militärischen Kommandos der Garnison Timișoara haben sich zu einem Nationalrat rumänischer Soldaten zusammengeschlossen.
2. Sie stimmen vollständig mit „dem Großrumänischen Nationalrat und dessen Resolution" überein, der sie mit Freude zustimmen.
3. Die rumänischen Militärs unterstrichen des Weiteren, „jederzeit und vollständig zur Aufrechterhaltung der inneren Ordnung und Ruhe" beitragen zu wollen.[8]

---

7 *Nădejdea*, vol. 9, Nr. 683 (26. September 1927). S. Otto Roths Interview in *Temesvarer Zeitung*, vol. 76, Nr. 216 (25. September 1927).

8 *Nădejdea*, vol. 9, Nr. 683 (26. September 1927); Ion Clopoțel, *Misiunea istorică a gărzilor naționale în luptele de dezrobire din 1918* (*The Historical Mission of the National Guards during the Fights of Emancipation in 1918*) (Bukarest, 1943), pp. 15–16.

Alle Anwesenden unterzeichneten das Dokument und unterrichteten danach die Öffentlichkeit. Den rumänisch-sprachigen Offizieren war bewusst, dass ihr Erfolg abhing von der Durchdringung des Raumes und der Aktivität anderer von der rumänischen Bevölkerung unterstützter rumänischer Militärräte in Siebenbürgen und im Banat. Zudem konnte alles nur Erfolg haben, wenn die Aktivitäten koordiniert wurden. Am Abend sandten die Anwesenden dem Sprecher der rumänischen Parlamentarier (in Budapest), Teodor Mihali, ein Telegramm und informierten ihn, dass die „rumänischen Offiziere und Soldaten der Garnison Timişoara sich dem Rumänischen Nationalrat als dem vom rumänischen Volk" gewählten Organ unterstellten.[9]

Nach dieser Zusammenkunft organisierten die Sozialdemokraten ihrerseits ein Treffen und entschieden, dass angesichts der bevorstehenden Demonstrationen sich eine gute Gelegenheit ergebe, das Banat zur Republik zu erklären. Mehrere Tausend Menschen versammelten sich in Timişoara am Freiheitsplatz. Im Festsaal des Rathauses stimmten die politisch Verantwortlichen, beeindruckt von den Rufen der Straße, dem Vorschlag des Sozialdemokraten Franz Geistlinger zu, einen Rat der Volksbeauftragten für das Banat zu bilden. Er sollte keine Unterschiede zwischen den Nationalitäten, Sprachen und Religionen mehr machen und die Exekutive für die Region darstellen. An der Spitze des Rates standen Otto Roth als ziviler Vorsitzender und Albert Bartha als militärisch Verantwortlicher. Beide wandten sich vom Balkon des Rathauses aus an die Menge und verkündeten die Entscheidung der Delegierten. Otto Roth mahnte die Menge zu Ruhe und Ordnung: „Die Revolution war erfolgreich! Jetzt ist sie abgeschlossen! Wir haben der Welt und unseren Nachkommen gezeigt, dass die Menschen im Banat und in Timişoara wissen, wie man für die Republik und wie man für eine bessere Zukunft kämpft, ohne Blut zu vergießen".[10]

Eine Rede Albert Barthas schloss sich an, ebenso wie eine allgemeine Gemeindeversammlung. Der Volksrat mit Otto Roth und Albert Bartha sah sich bald mit den Forderungen des Ungarischen Nationalrats konfrontiert, der am 25. Oktober in Budapest errichtet worden war und am 31. Oktober die Macht übernahm. Ein Treffen zwischen Albert Bartha und Aurel Cosma führte zu dem Ergebnis, das die beiden Räte (der Rat der Volksbeauftragten und der Rumänische Nationale Militärrat) nur in Fragen der öffentlichen Ordnung zusammenarbeiten könnten.[11]

Das war schon dadurch erkennbar, dass unter der Führung des Rumänischen Nationalrats weiterhin große Demonstrationen stattfanden, mit Aufmärschen von Militärverbänden, welche die spätere Nationalhymne „Wachet auf, Rumänen!" sangen und sich für ein „Großrumänien" stark machten.[12]

---

9 *Drapelul*, vol. 18, Nr. 112 (20. Oktober 1918).

10 Marin, *Unirea din 1918*, p. 63.

11 Radu Păiuşan, *Mişcarea naţională din Banat şi Marea Unire* (*The National Movement of the Banat and the Great Union*) (Timişoara, 1993), pp. 114–115.

12 *Nădejdea*, vol. 9, Nr. 683 (26. September 1927); Păiuşan, *Mişcarea naţională*, pp. 113–114.

Wie die rumänisch-sprachigen Militärs schlossen sich auch die anderen ethnischen Gruppen zusammen. Die ungarischen Soldaten gründeten den sogenannten National-ungarischen Militärrat. An dessen Spitze stand Albert Bartha.[13] Die deutsch-sprachigen Banater, Offiziere und Soldaten, wählten Oberstleutnant Bela Fuchs zum Sprecher ihres Militärrates.[14] Seine Aufgabe bestand nach Auffassung der Versammlung darin, die Banater Schwaben nach außen zu repräsentieren und die Arbeit der kommunalen Räte anzuleiten und zu koordinieren. Der Vorschlag fand allgemeine Zustimmung. Die Versammlung verfasste schließlich einen „Appell" an alle Banater Schwaben, sich selbst zu organisieren.[15] Und tatsächlich wurden in den meisten deutsch-sprachigen Ortschaften Räte eingerichtet.

Am 31. Oktober 1918 gründeten die serbischen Soldaten ihren Nationalen Militärrat. Bischof Gheorghe Letić wählten die Versammelten zum Ehrenpräsidenten.[16] In seiner Ansprache unterstrich Letić, dass, angesichts der gegenwärtigen Bedingungen, die Banater Serben allein ihre eigenen Interessen verfolgen könnten.[17] Wie die anderen nationalen Militärräte bestand auch der Serbische Nationalrat darauf, einen Rat der Volksbeauftragten einzurichten, und benannte dessen Vertreter. Ihre Forderungen, so der Beschluss einer Folgeversammlung, wollten sie den Ententemächten unterbreiten. Es war dann einer der führenden serbischen Politiker, Mladan Polić, der am 10. November 1918 es wagte, die Situation auf eine einfache Losung zu reduzieren: Die Banater Serben, so führt er aus, wollten zukünftig im jugoslawischen Staat leben. Weiter erklärte er, dass die serbischen Soldaten, die bereits die Donau überquert hätten und auf Timişoara zumarschierten, nicht nur von ihren eigenen Landsleuten erwartet würden, sondern auch von den Banater Rumänen, welche die serbischen Truppen als Verbündete herzlich begrüßten.[18]

Tatsächlich zeigte der Aufruf des österreichisch-ungarischen Monarchen, Nationalräte zu gründen, in den gemischtsprachigen Regionen eine konfliktverschärfende Wirkung. Die in Lugoj erscheinende rumänisch-sprachige Tageszeitung „Drapelul" (Die Flagge) beschrieb den ganzen Wirrwarr, der inzwischen die Szene beherrschte:

---

13 *Drapelul*, vol. 18, Nr. 112 (20. Oktober 1918). Zsigmond Braun, Ödön Kovács, Jenő Szenes, Károlyi Baumann, Peter Roosz und Lajos Homas wurden in das Kommando des Ungarisch-Nationalen Militärrats gewählt, zusammen mit Albert Bartha.

14 Dr Nicolae Ilieşiu, *Timişoara: Monografie istorică* (*Timişoara: Historical Monograph*) (Timişoara, 1943), pp. 108–109; s. auch die zweite Auflage. Vorworte v. Petru Ilieşu und Victor Neumann (Timişoara, 2003).

15 *Temesvári hirlap*, vol. 16, Nr. 248 (3. November 1918); vol. 16, Nr. 249 (5. November 1918); s. a. *Temesvarer Zeitung*, vol. 67, Nr. 248 (5. Nov. 1918).

16 Außer den schon Erwähnten wurden als Mitglieder ernannt: Giaconović Eta, Stoiaković Svetislav, Bogdanov Vasa, Stoicić Gheorghe und Mihailović Svetislv; *Temesvári hirlap*, vol. 16, Nr. 246 (1. November 1918).

17 Ljubivoje Cerović, 'Srbi u Temišvarskom Banatu na istorijskom raskršću 1918–1919: Godine' ('The Serbians from the Banat of Timişoara at the Crossroads of History'), in *Prisajedinjenje Vojvodine kraljevini Srbiji 1918* (*Voivodina's Reunification with Serbia*) (Novi Sad, 1993), p. 116.

18 *Ibid.*, p. 117.

„Einige [Räte]," schilderte sie die Situation „feiern schon die Republik, andere neigen zur Konsolidierung Südungarns als einer selbstständigen Provinz. Sie wollen so schnell wie möglich Frieden. Und sie hoffen, dadurch zu verhindern, dass das Territorium, auf dem schon das Rattern der Gewehre zu hören ist, zur Kulisse furchtbarer Zerstörungen mit dem Kriegsende wird".[19] Das sozialdemokratische Organ der „Volkswille" (Timişoara) beobachtete, wie sogenannte National- oder Volksräte nichts anderes als Unabhängigkeit verlangten.[20] Die Sprecher der Ungarn, der Deutschen, der Rumänen, auch der Serben waren zu diesem Zeitpunkt allein auf ihre eigene Sprachgruppe konzentriert und erwarteten von der Welt, dass sie ihre Forderungen erfüllte.

Freilich, eine konfliktfreie Lösung war unter nationalstaatlichen Gesichtspunkten kaum möglich, ja, sie entsprach nicht einmal den sozialen Realitäten der Menschen im Banat, hatten sie doch vielfach unterschiedliche Wurzeln. Identität war im Banat etwas Fließendes. In vielen Städten und Dörfern sprachen die Menschen zwei oder mehr Sprachen gleichzeitig. Zwischen 1848 und 1918 tendierten immer mehr deutsche Muttersprachler dazu, sich selbst vornehmlich als Bürger einer Stadt oder der Doppelmonarchie zu definieren, weniger – falls überhaupt – als Menschen deutscher Nationalität.[21] Die Juden hatten gesellschaftliche und politische Emanzipation eingefordert und erhielten sie 1868. Sie integrierten sich in den weltoffenen österreichisch-ungarischen Staat und in die ungarische bzw. deutsche Kultur. Die Trennung von Religion und Staat war lange eine akzeptierte Realität der jüdischen Diaspora.[22] Die Bulgarisch sprechenden Banater waren katholisch, und ihre Modernisierung hing direkt mit der Verwendung der deutschen und der ungarischen Sprache zusammen. Die rumänischen und serbischen Einwohner des Banats leben selten in abgeschlossenen Gruppen. In den meisten Dörfern der Temeswarer Ebene gehörten das Zusammenleben und die Interaktion von Menschen und Familien unterschiedlicher Kultur zur gelebten Wirklichkeit, und zwar seit den systematischen Ansiedlungen durch die Habsburger im achtzehnten Jahrhundert.[23] Es stimmt, dass für viele Rumänen die Zugehörigkeit zur orthodoxen Kirche und die Idee kultureller Autonomie seit 1848 wichtige Themen waren. Ja, in der zweiten Hälfte des neunzehnten Jahrhunderts hatten diese Ideen noch an Einfluss gewonnen.[24] Und doch, das Banat als Schmelztiegel mit fließenden Identitäten funktionierte immer noch. Allerdings, angesichts der Attraktivität „völkischen" Denkens wurden die Zeiten schwieriger, komplizierter. Das von Preußen und seiner lautstarken Intelligenz ausgehende Verständnis von Gesellschaft als national homogene Einheit

---

19 *Drapelul*, vol. 16, Nr. 112 (20. Oktober 1918).
20 *Volkswille* (30. November 1918).
21 Vgl. Victor Neumanns Darstellung in Kapitel 11 in diesem Band.
22 Zitiert in Victor Neumann, *The End of a History: The Jews of Banat from the Beginning to Nowadays* (Bukarest, 2006), pp. 93–124.
23 Vgl. Victor Neumann, *Timişoara under the Sign of Prince Eugene of Savoy: Three Hundred Years of Europeanism* (Timişoara, 2016), pp. 55–62; id., *Die Interkulturalität des Banats* (Berlin, 2015), pp. 31–43.
24 Vgl. Kapitel 13 von Miodrag Milin in diesem Band.

fand in Mittel- und Osteuropa zahlreiche Anhänger.[25] Die ethnonationalistische Ideologie und die Konflikte des Ersten Weltkrieges erklären die zentrifugalen Kräfte der Zeit um 1918. Darauf werden wir noch eingehen. Das Banat erlebte mit Kriegsende die zerstörerische Kraft nationaler Gegensätze, sah die Spaltung seines Territoriums, erlebte das gewaltsame Gegeneinander seiner Einwohner, welche die Region über zweihundert Jahre miteinander bewohnt hatten. Sie hatten zusammen die Modernisierung des Raumes ermöglicht und dessen fruchtbares Land ertragreich bearbeitet. Doch diese gemeinsame Basis genügte nicht mehr.

Am 1. November 1918 erfolgte im Festsaal des Temeswarer Rathauses die Gründung des Banater Volksrates. Zu dessen Mitgliedern zählten ganz verschiedene Abgeordnete, so etwa die Mitglieder des Gemeinderates, die Vertreter des nationalen Militärrates, aber auch Abgeordnete der Arbeiterräte und der Parteien. Ein Exekutivkomitee aus 20 Gewählten wurde beauftragt, sich täglich um 16.00 Uhr zu treffen.[26] Der Präfekt des Komitats Timiş betrachtete den Banater Volksrat als eine politische Körperschaft, die dem Ungarischen Nationalrat untergeordnet war. Für den Sozialdemokraten Otto Roth ging es dagegen um möglichst große Autonomie. Freilich, angesichts der Schwierigkeiten, das Banater Gebiet zu kontrollieren, sah Roth die Notwendigkeit, Budapests Führungsanspruch zu akzeptieren. Eine Reise in die ungarische Hauptstadt, am 8. November 1918, stärkte die Stellung der Banater Politiker. Albert Bartha erhielt die Ernennung zum Kriegsminister in der Regierung von Mihály Károly. Die Position des Banater Regierungspräsidenten fiel an Otto Roth selbst (21. November 1918).

Nationale Gegensätze

Trotz aller Anstrengungen zur Beruhigung der Lage geriet die Situation im Banat außer Kontrolle. Das Temeswarer Elektrizitätswerk wurde Opfer von Anschlägen, der marodierende Mopp plünderte Restaurants, drang in das Postamt ein und bemächtigte sich des Eigentums öffentlicher Einrichtungen. Damit die Ordnung wiederhergestellt werde, griffen junge Offiziere ein, stellten eigene Einheiten mit Kadetten der Militärakademie zusammen und gingen gegen die Diebesbanden vor.[27] Ein Zeitzeuge beschrieb die Atmosphäre so:

> Auf den Straßen von Timişoara wird der Fußgänger von einem ungewöhnlichen Anblick überrascht. Armeeoffiziere tragen nicht länger das Abzeichen mit dem Symbol der Monarchie, sondern verschiedene dreifarbige Kokarden in Anlehnung an die Symbole der Nationalräte. Die rumäni-

---

25 Vgl. Victor Neumann, 'Neam (Romanian for Kin) und Popor (Romanian for People): The Notions of Etnocentrism', in Victor Neumann und Armin Heinen (Hg.), Key Concepts of Romanian History (Budapest, 2013), pp. 377–403.

26 Ilieşiu, Timişoara: Monografie istorică, pp. 110–111; Geml, Emlékiratok, p. 94.

27 Temesvári hirlap, vol. 247 (2. November 1918); Ilieşiu, Timişoara: Monografie istorică, p. 111.

schen, ungarischen, serbischen und deutschen Nationalräte streben nach Dominanz. Zurzeit sind sie im Zustand der Antizipation, denn in den Städten brechen Revolten aus, die beendet werden müssen. Etliche Ausbrecher aus den Gefängnissen und Obdachlose greifen die Geschäfte neben dem Bahnhof an. Angehörige der nahe gelegenen Offiziersschule bekämpfen den Mopp, und es fallen Schüsse. Die Stadt befindet sich im Ausnahmezustand. Den Fußgängern fliegen die Kugeln um die Ohren. Bürger werden auf der Straße angehalten, in die Kasernen verschleppt, wo sie bewaffnet werden, damit sie gegen die Banditen vorgehen. Es gibt hitzige Zusammenstöße auf den Straßen, Offiziere brüllen herum. Mit gezogenem Schwert zeigen sie sich zu allem entschlossen, ja, so heißt es, sie seien bereit, selbst Pistolen einzusetzen. Zu Hunderten werden mit Stricken gefesselte Menschen vorbeigeschleppt. Mitten auf der Straße werden Offiziere ihrer Kommandogewalt enthoben.[28]

Die Revolten erfassten bald die gesamte Region. Nach dem Untergang der österreichisch-ungarischen Militäreinheiten kehrten Zehntausende Soldaten und Offiziere nach Hause zurück. Viele davon behielten ihre Waffen, trotz gegenteiliger ministerieller Anweisungen.[29] Die Führer der ethnischen Gruppen im Banat drängten die Bevölkerung dahin, das Eigentum wechselseitig zu respektieren, Ruhe und Ordnung zu bewahren — allerdings mit begrenztem Erfolg.

Die Rumänen als bevölkerungsreichste Gruppe erfuhren von einem Treffen des Zentralen Rumänischen Nationalrates, der klare Forderungen an das Kabinett von Mihály Károlyi gestellt habe. Vasile Goldiş überreichte der Budapester Regierung eine Note. Demnach verlangte der Nationalrat, dass die Regierungsverantwortung für die von Rumänen bewohnten Gebiete dem Nationalrat übertragen werde. Zu den insgesamt 23 Komitaten, die Goldiş für die Rumänen reklamierte, gehörten auch die drei Banater Verwaltungseinheiten. Im Fall eines positiven Bescheids versprach der rumänische Nationalrat, die öffentliche Ordnung wiederherzustellen und die Sicherheit von Leben und Eigentum der Einzelnen zu garantieren. Im anderen Falle trage allein Budapest die Verantwortung. Das Verfahren zur Übergabe der Macht sollte von einer gemeinsamen Kommission konzipiert werden. Hauptstadt der Regierung für die von Rumänen bewohnten Gebiete der alten österreichisch-ungarischen Monarchie sollte Sibiu werden.

Budapest bat um zeitlichen Aufschub. Schließlich fuhr eine Delegation unter Leitung des Soziologen Oszkár Jászi, der zu dieser Zeit Nationalitätenminister war, nach Arad. Die Delegierten für Timişoara waren: Regierungspräsident Dr. Otto Roth, Oberstleutnant Dr. Sebastian Brânduşa, die Anwälte Dr. Aurel Cosma und Dr. József Gabriel, schließlich Prof. Jószef Striegl und Dr. Franz Neff, der die schwäbische Bevölkerung

---

28 William Marin, Ioan Munteanu und Gheorghe Radulovici, *Unirea Banatului cu România* (*The Union of Banat with Romania*) (Timişoara, 1968), p. 274.
29 Constantin Enea, 'Aspecte ale descompunerii armatei austro-ungare: Dezertări şi răscoale ale soldaţilor din Transilvania (1914–1918)' ('Aspects of the Disintegration of the Austro-Hungarian Army: Desertions and Revolts in Transylvania, 1914–1918'), in *Acta Musei Napocensis* (Cluj-Napoca, 1968), pp. 285–286.

vertrat. Die Temeswarer Zeitung berichtete später, dass die drei Vertreter der Banater Schwaben den Budapester Delegationsleiter Jászi bereits vor den gemeinsamen Gesprächen trafen und ihn baten, die spezifischen Interessen der Schwaben bei der Abgrenzung der Verwaltungsbezirke zu berücksichtigen.[30]

Der Dialog erfolgte von Beginn an in gespannter Atmosphäre. Ștefan Cicio Pop für die rumänische Seite zog sofort das Wort an sich und unterrichtete die Anwesenden über Informationen seitens des Zentralen Rumänischen Nationalrats. Demnach sei es in den Dörfern Siebenbürgens und des Banats zu Misshandlungen und Mordtaten an der rumänischen Bevölkerung gekommen. Jászi versprach für die ungarische Regierung, dass die Behörden alle Vergehen genau untersuchten und die Schuldigen den Gerichten überstellen würden.

Nach Eröffnung der eigentlichen Sitzung, der Festlegung der Tagesordnung und der Darlegung ihrer Forderungen durch die rumänische Delegation, schlug Jászi vor, bis zur Pariser Friedenskonferenz nationale Gebietseinheiten einzurichten, die jeweils durch eigene Regierungen verwaltet würden. Allerdings sollten sie innerhalb der Grenzen des ungarischen Staates agieren. Auf diesem Wege, so argumentierte er, sei es möglich, der kommunistischen Gefahr zu begegnen. Die rumänischen Delegierten baten um Bedenkzeit bis zum Folgetag. Als es so weit war, nahm auch Iuliu Maniu an den Debatten teil, zusammen mit Vertretern der Banater Schwaben. Die rumänische Delegation erklärte, dass sie den Vorschlag Jászis ablehnen müsse. So setzte sich die gespannte Atmosphäre fort. Unter diesen Umständen unterbreitet Jászi einen neuen Vorschlag: Die Rumänen sollten überall dort in den Städten und Komitaten die Verwaltung übernehmen, in denen sie die Mehrheit besaßen. Allerdings sollten die bestehenden Gesetze zunächst weiterhin Gültigkeit besitzen und die Beamten mit Ausnahme der Präfekten und Regierungskommissare ihre Position behalten. Auch diesen Vorschlag lehnte die rumänische Delegation ab und forderte stattdessen die absolute Souveränität über die mehrheitlich von Rumänen bewohnten Territorien. Eine Pressekonferenz machte das Scheitern der Gespräche öffentlich.

Parallel zu den Gesprächen in Arad führte die ungarische Regierung in Belgrad Verhandlungen mit Vertretern der Entente. Das Waffenstillstandsabkommen vom 3. November sah vor, dass die Alliierten das Recht besaßen, jeden als wichtig empfundenen strategischen Posten der österreichisch-ungarischen Monarchie zu besetzen. Die ungarische Regierung unter Károly verwies auf die Loslösung von Österreich und suchte damit, die Integrität des eigenen Staates zu verteidigen. Anfang November fuhr eine ungarische Delegation zu Gesprächen mit General Louis Franchet d'Espèrey nach Belgrad. Der dort vereinbarte Text sorgte allerdings kaum für Klarheit. Aus Sicht des französischen Militärs hatte das Dokument rein militärischen Charakter. Für die ungarische Regierung handelte es sich um ein politisches Statement, quasi um ein spezielles

---

30 *Temesvarer Zeitung*, vol. 67, Nr. 256 (14. November 1918).

Waffenstillstandsabkommen mit Ungarn und um einen Beleg für die internationale Anerkennung des neuen ungarischen Staates.

Die politischen Führer der Serben hatten bereits zu Beginn des Krieges gegen Serbien erklärt, dass es ihr Ziel sei, alle Serben, Kroaten und Slowenen, die derzeit noch unter ausländischer Herrschaft standen, in einem einzigen Staat zu vereinen.[31] Nach dem Rückzug der Bulgaren aus dem Krieg zogen serbische Einheiten, unterstützt von französischen Truppenteilen, nach Norden und eroberten Montenegro und die vormals von bulgarischen Truppen besetzten Teile Serbiens. Am 1. November 1918 erreichten sie Belgrad und setzten ihren Feldzug Richtung Donau fort. Am 5. November 1918 beschloss das serbische Hauptquartier, die Operation über die Donau hin zu erweitern, mit dem Ziel einer Besetzung des Banats. Der Vormarsch begann am 6. November 1918. Nach der Eroberung einiger Dörfer am linken Ufer der Donau zogen die serbischen Truppen weiter über Kusici, Biserica Albă, Lugoj bis nach Timişoara.[32] „Die zivile Verwaltung" sollte freilich „in den Händen der gegenwärtigen Regierung verbleiben".[33]

Bei ihrem Vormarsch profitierte die serbische Armee von den in Belgrad unterzeichneten Vereinbarungen zwischen den Vertretern Ungarns und der Entente. In kurzer Zeit drangen die serbischen Truppen in das Banater Gebiet ein und übernahmen die Kontrolle für die gesamte Region.[34] Die ersten Einheiten erreichten Timişoara am 17. November 1918. Bürgermeister Josef Geml ersuchte die Offiziere, sich gegenüber den Bürgern der Stadt großzügig zu verhalten. Aurel Cosma seinerseits bat um Schutz für seine rumänischen Mitbürger. Oberst Colović versicherte, die Einwohner des Banats hätten nichts zu fürchten.

Die serbischen Zivilgarden lösten sich auf, und die Verantwortung für den Erhalt der öffentlichen Ordnung übernahm die Polizei, unterstützt von den Soldaten der serbischen Armee. Francisc Bee, der Polizeichef von Timişoara, verkündete, in Absprache mit der serbischen Kommandantur, dass jeder Bürger kenntlich machen möge, welcher Nationalität er zugehöre. Ein Rundschreiben der serbischen Armee legte fest, dass jeder, der einen serbischen Soldaten beleidigte oder schlug, mit dem Tode bestraft werden würde. Von serbischer Seite aus sollte es eine strikte Trennung zwischen Besatzungsrecht und ziviler Verwaltung geben. Demnach übte die serbische Armee die militärische

---

31 Am 7. Dezember 1914 unterstrich die serbische Nationalversammlung in Nis ihre Unterstützung für die serbischen Belange: „Die Regierung hat in diesem Augenblick erklärt, dass ihre wichtigste Aufgabe der Sieg in diesem großen Krieg sei, der vom ersten Moment an ein Kampf für die Freiheit und die Einheit aller nicht befreiten Brüder ist, Serben, Kroaten und Slowenen." Die serbische Regierung wiederholte mehrfach die Idee, dass die von Slawen bewohnten Gebiete in Österreich-Ungarn in den südslawischen Staat integriert werden müssten, und zwar unter Leitung Belgrads.

32 Cerović, 'Srbi u Temišvarskom Banatu', p. 118.

33 G. Iancu und G. Cipăianu, *La Consolidation de l'union de la Transylvanie et de la Roumanie 1918–1919: Témoignages français* (Bukarest, 1990), pp. 21–26. K. Bogdan, 'The Belgrade Armistice of 13 November 1918', *Slavonic and East European Review*, vol. 48, Nr. 40 (1970), pp. 67–68.

34 *Temesvári hirlap*, vol. 16, Nr. 259 (16. November 1918).

Kontrolle aus, während dem Volksrat die zivile Autorität zufiel. Nach entsprechender Unterrichtung stimmte die ungarische Regierung zu. Otto Roth wurde zum Gouverneur des Banats ernannt und Emerik Tökes zum Präfekten des Bezirks Timiş. Höchst widersprüchlich war also die Lage des Banats zu diesem Zeitpunkt: Einerseits finden wir eine Anerkennung der Region als selbstständige, multinationale Einheit. Dies war auch die Position vieler Temeswarer Politiker. Auf der anderen Seite beobachten wir ein Aufeinandertreffen integral-nationalistischer Forderungen, die nicht zuletzt vonseiten der benachbarten Staaten vorgebracht wurden: Rumänien, Serbien, Ungarn. Sie alle wollten das Banat in ihr Territorium einbinden.

In der Zwischenzeit entschieden die lokalen serbischen Nationalräte, sich dem Zentralen Nationalrat der Serben in Novi Sad zu unterstellen. Dieser nahm seine Tätigkeit am 3. November 1918 auf. Bald organisierte er eine große Volksversammlung der slawisch-sprechenden Bewohner des Banats, der Batschka und der Baranja. Alle serbisch-sprachigen Frauen und Männer ab 20 Jahren waren aufgefordert, ihre Delegierten in den Rathäusern zu wählen, wobei jede gewählte Person 1.000 Wähler repräsentieren sollte. Sechsunddreißig Orte des Banats sendeten 72 Delegierte in die *Serbische Nationalversammlung*, die am 25. November 1918 zusammentrat. Allerdings, die tschechisch- und slowakisch-sprechenden Bevölkerungsgruppen verweigerten ebenso eine Teilnahme wie die Kraschowaner (eine kleine slawisch-sprechende Volksgemeinschaft im Kreis Caraş-Severin). Die 757 Delegierten aus 211 Orten im Banat entschieden sich, ihre Territorien von Ungarn abzutrennen und sie mit dem serbischen Königreich zu vereinen. Am 1. Dezember 1918 erfolgte in Belgrad die Proklamation des neuen Königreichs der Serben, Kroaten und Slowenen. Die Versammlung in Novi Sad wählte einen sogenannten *Großen Nationalrat*, dem die Gesetzgebungskompetenz zufallen sollte, und ein exekutives Organ mit der Bezeichnung *Volksverwaltung*.[35]

Am 30. Dezember 1918 gab es keinen Zweifel darüber, wie schwierig die Lage war. Otto Roth, der Regierungspräsident, sandte an den Kommandanten der französischen Truppen einen Brief, in dem er diesen informierte, dass die serbischen Besatzungstruppen ihn wiederholt zum Rücktritt aufgefordert hätten. Letztlich sollten er und der Bürgermeister von Timişoara durch vom Serbischen Nationalrat in Novi Sad ernannte Beamte ersetzt werden. Für den Fall einer Ablehnung drohte der *Serbische Rat* mit Gewalt. Dennoch verweigerten die beiden Führungspolitiker Timişoaras ein Eingehen auf die Forderungen. Der französische General möge bei den serbischen Autoritäten intervenieren, sodass die Bestimmungen des Belgrader Waffenstillstands eingehalten würden. Zugleich versprachen beide, alles nur Mögliche zu unternehmen, um die öffentliche Ordnung aufrechtzuerhalten und die Versorgung von Besatzungsarmee und Bevölkerung sicherzustellen.[36]

---

35 Cerović, 'Srbi u Temišvarskom Banatu', p. 22.
36 Archives historiques militaires Vincennes, Ministère de la Guerre, État-major de l'Armée, 250/1918.

Um seine Position zu festigen, entwarf Otto Roth einen Plan zur Neuorganisation der politischen Ordnung im Banat. Der Rat des Volkes sollte, so sein Vorschlag, in ein reguläres Parlament umgewandelt werden. Es sollte aus 150 Abgeordneten bestehen, jeweils ein Abgeordneter auf 10.000 Bürger. Die Exekutive wiederum umfasste nach seiner Vorstellung 15 Regierungsverantwortliche.[37] Doch die Reform blieb auf dem Papier. Am 20. Februar 1919 griffen serbische Kräfte ein. Rechtsanwalt Marin Filipon aus Alibunari wurde zum Präfekten ernannt, Ingenieur Reinhold Heegen aus Vršac zum Bürgermeister von Temeswar, und Oberst Mihai Jivanovici übte die Funktion als Polizeichef aus. Alle Nationalräte erhielten die Anordnung zur Auflösung. Das Vorgehen widersprach eindeutig den Belgrader Vereinbarungen. Am Morgen des 21. Februars reagierten große Teile der Bevölkerung mit einem Generalstreik. Kein Zug fuhr mehr. So sahen sich die serbischen Verantwortlichen veranlasst, Verhandlungen aufzunehmen und beruhigend einzuwirken. Die Verhandlungen endeten mit einem Protokoll, das die Beachtung wichtiger Bürgerrechte und Freiheiten zusicherte.

Dank der Hilfe französischer Offiziere floh Otto Roth nach Arad. Hier verfasste er ein Memorandum, in dem er die französische Regierung um Unterstützung für die Selbstständigkeit der Region bat. Nur dadurch seien interethnische Konflikte zu vermeiden und eine Aufteilung des historisch zusammenhängenden Gebietes zu verhindern. Allerdings fand der Vorschlag auf französischer Seite keine Gegenliebe. Unter den gegebenen Umständen sei er nicht zu verwirklichen, hieß es.

Von serbischer Seite hoffte man, die eigenen Ziele durch eine geschickte Politik des *divide et impera* zu verwirklichen. Konkret meinte dies: (1) systematisches Werben um die deutschen Einwohner; (2) offene Einschüchterung der rumänischen Bewohner und ihrer Vertreter; (3) eine bewusst tolerante Haltung gegenüber den Ungarn. Zu dieser Analyse kam jedenfalls das Zweite Büro beim Stab der elften französischen Kolonialdivision. Die Serbische Nationalpartei beauftragte Ingenieur Pilić als Propagandachef, den erwünschten Meinungswandel zugunsten Serbiens zu bewirken.[38]

Victor Neumann hat in seinen zahlreichen Studien argumentiert, dass viele der Vorschläge zur Neuordnung der Region um 1900 nicht nur aus dem Untergang der Doppelmonarchie heraus zu erklären sind, sondern Zugleich Ausdruck einer Ideologisierung des Politischen waren, welche die soziale Realität des Banats ignorierte. Zahlreiche Bürger Timișoaras und seiner Nachbargebiete reagierten irritiert, als sie von den Verlautbarungen aus Wien und Budapest, Belgrad und Bukarest hörten. Sprache, Nationalität und Religion trennten die Menschen in Timișoara nicht voneinander. Ein großer Teil der Einwohner des Banats betrachtete die Region als einen europäischen Schmelztiegel. Identität, das meinte Zugehörigkeit zu einer offenen Grenzregion. In dieser Definition bedeutete, im Banat zu leben, Vielsprachigkeit und Interkulturalität, bewusste Staatsbürgerschaft, keinesfalls verengende nationale

---

37 *Temesvarer Volksblatt* (10. Dezember 1918).
38 Archives historiques militaires Vincennes, Ministère de la Guerre, État-major de l'Armée, 120/1919.

Zugehörigkeit. Es war ja kein Zufall, dass im politischen Leben des Banats die Vorstellungen der Sozialdemokraten breiten Anklang fanden. Sie stritten für ein friedliches Zusammenleben, für eine Integration aller Einwohner und für ein rasches Kriegsende. Was Ende 1918 an Ideologien in das Banat eindrang, war durch die Entscheidungen der verantwortlichen Mächte maßgeblich beeinflusst, hatte kaum etwas mit der gelebten Realität vor Ort zu tun. Und doch, die nationalistischen Dogmen, die überall mit Ende der Doppelmonarchie aufflammten, bewegten auch Timişoara und das Banat. Stadt und Region wurden zum Opfer von Auseinandersetzungen zwischen drei Staaten: Rumänien, Serbien/Jugoslawien und Ungarn. Am Ende stand die Teilung des Raumes, wobei das nationalistische Dogma hier nicht ganz so viel Chaos schuf wie in anderen Regionen.

Das Banat in den Debatten der Pariser Friedenskonferenz

Die Besetzung des größten Teils des Banats durch die serbische Armee veranlasste die Bukarester Regierung, öffentlich gegen den früheren Verbündeten vorzugehen. Bukarest beschuldigte Serbien, die Rumänen im Banat zu terrorisieren und die Arbeit der Delegierten zu behindern, die an der *Großen Nationalversammlung* in Alba Iulia teilgenommen hatten. Der rumänische Ministerpräsident I. C. Brătianu verlangte eine Erklärung der Belgrader Regierung für ihr Verhalten.[39] Die Antwort fiel nüchtern aus: Serbien sei an den Verhandlungen um den rumänischen Kriegseintritt 1916 nicht beteiligt gewesen. Außerdem hätten die eigenen Truppen das Banat auf Wunsch des französischen Generalstabs besetzt. Angesichts dieser angespannten Situation, die allzuleicht ausarten konnte, baten die örtlichen Vertreter der Entente ihre Regierungen, Truppen zu entsenden, um einen Waffengang zwischen Serbien und Rumänien zu verhindern und die lokalen Spannungen zwischen den ethnischen Gruppen einzudämmen. Schon im Dezember 1918 trafen die ersten französischen Armeeteile ein. Angeführt wurden sie von General Jouinot-Gambetty, der seine Kommandozentrale im Lloyd-Palast im Zentrum Timişoaras einrichtete. Später wurde auch noch die elfte Kolonialdivision mobilisiert, unter dem Befehl von General Leon Farret. Ende Januar 1919 erhielten die französischen Militärs den Befehl, auch die serbischen Truppen im Osten der Region zu ergänzen.

Mit Kriegsende war die Lage im Banat demnach äußerst angespannt. Über die Ursachen haben wir bereits manches berichtet. Ein weiterer Grund kam hinzu: Alle Nachbarstaaten verwiesen auf die ihnen zustehenden Rechte. Die rumänische Regierung

---

39 Am 27. Februar 1919 erwähnte Pavle Marinović, der serbische Gesandte in Bukarest, in einem Gespräch mit Alexandru Marghiloman, dass er erstaunt sei, weil Brătianu nicht versucht habe, eine Vereinbarung mit Serbien zu erreichen. So entstünde die Gefahr von zukünftigen Gegensätzen. Vgl. Anastasie Iordache, *Ion. I. C. Brătianu* (Bukarest, 1994), p. 420.

hatte im August 1916 bei Kriegseintritt mit den Ententemächten einen Vertrag unterzeichnet, der vorsah, dass die Region in das Königreich Rumänien integriert werde. Das
Königreich Serbien seinerseits konnte darauf verweisen, dass die Entente den Krieg
begonnen hatte, um das Land vor österreich-ungarischer Aggression zu schützen. Mit
einigem Recht konnte es also Ansprüche auf das Banat erheben. Eine dritte Option war
von den deutsch-sprachigen Bewohnern des Banats vorgebracht worden: das Banat als
autonome Provinz innerhalb des ungarischen Staatsverbandes.[40]

Die rumänische Delegation unter Leitung von I. C. Brătianu machte bei ihrer
Reise nach Paris einen kurzen Aufenthalt in Belgrad. Damit wollte Brătianu seinen
guten Willen vorführen und einen Ausgleich bereits vor den Pariser Verhandlungen
erreichen. Konkret schlug er einen Bevölkerungsaustausch vor (250.000 Serben gegen
300.000 Rumänen); dazu eine den serbischen Vorstellungen entgegenkommende Grenzziehung entlang der Donau. Er traf aber auf keine Gegenliebe.

In Paris lud der „Rat der Vier" angesichts des rumänisch-serbischen Konflikts die
Vertreter beider Delegationen dazu ein, ihre Forderungen zu begründen. Am 3. Februar
1919 wurden acht Experten ernannt, die die territorialen Fragen in Bezug auf Rumä-
nien analysieren sollten: Sir Eyre Crowe und Allen W. A. Leeper aus Großbritannien,
André Tardieu und Jules Laroche aus Frankreich, Giacomo de Martino und Graf
Vanutelli-Rey aus Italien, Clive Day und Charles Seymour aus den Vereinigten Staaten.

Nach Beratungen informierte der Präsident des Territorialausschusses, André
Tardieu, beide Delegationen über die Beschlüsse der Kommission. Demnach fiel
der westliche Teil des Banats, in dem mehrheitlich serbisch-sprachigen Bewohner
wohnten, an das „Königreich der Serben, Kroaten und Slowenen". Der östliche Teil
des Banats, in dem die Bevölkerung mehrheitlich rumänisch-sprachig war, fiel an das
Königreich Rumänien. Aus rumänischer Sicht widersprach der Beschluss den vorab
getroffenen Vereinbarungen. Bukarest legte daraufhin ein weiteres Memorandum
vor, in dem es auf die lange Kontinuität rumänischer Besiedlung des Raumes verwies.
Zudem sei das Banat eine geografisch und politisch geschlossene Einheit, die nicht
zerstört werden dürfe.

Der „Rat der Vier" zeigte sich gegenüber den Einwänden entgegenkommend und
schlug vor, eine Delegation möge vor Ort Informationen einholen und dem Terri-
torialausschuss eine für beide Staaten geeignete Grenzziehung vorschlagen. Am
19. Februar trafen die beiden amerikanischen Experten Goedwin und Davison in
Timişoara ein und trafen sich mit dem französischen General Farret, dem serbischen
General Gruić sowie Bischof Letić. Zudem diskutierten sie mit den Vertretern aller im
Banat ansässigen Nationalitäten. Der nach dem Aufenthalt im Banat verfasste Bericht
schilderte ausführlich die angespannte Situation, verursacht durch die serbische
Besatzung des Landes.

---

40 Michael Kausch, *Schicksalswende im Leben des Banater deutschen Volkes* (Timişoara, 1939), pp. 30–32.

Aufschlussreich ist ein Telegramm, das die amerikanischen Experten an die amerikanische Delegation der Friedenskonferenz sandten:

> Der Serbische Nationalrat von Novi Sad hat seine Kontrolle über den Bezirk Torontal und Teile des Bezirks Timiş verstärkt und strebt eine Ausdehnung seiner Autorität über die gesamte Region an [...]. Die serbischen Militärpatrouillen haben mehrere Verbrechen gegen Einwohner begangen und sie beraubt, ohne dass die Militärverantwortlichen eingeschritten und die Soldaten zur Rechenschaft gezogen hätten. In der Folge gibt es eine allgemeine Unzufriedenheit in Timişoara ... Das erklärt auch die Handlungen von Otto Roth, der das Banat zu einer unabhängigen Republik machen möchte.[41]

Die gesellschaftliche und wirtschaftliche Unzufriedenheit hing freilich nur zum Teil mit der serbischen Armee zusammen. Für Otto Roth ging es um soziale Verantwortung, darum, das Banat als Verwaltungseinheit zu bewahren, das multi- und interkulturelle Leben der Banater Region zu schützen. Dafür hatte er die Unterstützung einer Mehrheit der Bürger Timişoaras sowie eines Teils der Banater Bevölkerung.[42]

Nach mehreren Verhandlungsrunden erhielt der Rat der Außenminister am 23. Mai 1919 den Bericht des Territorialausschusses mit einem Vorschlag zur Grenzziehung zwischen Rumänien und Serbien. In dieser Situation erklärte der Leiter der rumänischen Delegation, I. C. Brătianu, Rumänien sei zu einer Gesamtlösung der Grenzfrage bereit. Bulgarien solle die „Süd-Dobruscha" zurückerhalten. Im Gegenzug falle der westliche Teil des Banats an Rumänien. Serbien wiederum solle mit Widin im Nordwesten Bulgariens kompensiert werden.[43] Brătianus Vorschlag lief ins Leere. Doch die rumänische Öffentlichkeit blieb angespannt, hegte hohe Erwartungen und verfolgte die Debatten auf der Pariser Friedenskonferenz mit größter Aufmerksamkeit. Die Entscheidung des *Obersten Rats* vom 21. Juni 1919 in Bezug auf die Teilung des Banats wurde in Rumänien mit Entrüstung aufgenommen, und in vielen Städten kam es zu Protesten. Eine der größten Protestaktionen fand auf dem Freiheitsfeld in Lugoj statt, mit 70.000 Teilnehmern aus dem Banat. Zu einer vergleichbaren Protestaktion kam es in Timişoara, Anfang August 1919.[44] Die Vertreter der Banater Schwaben traten ebenfalls zu einer Kundgebung zusammen. Unter anderem wurde dort eine von Michael Kausch verfasste Resolution verlesen. Die Zeitung „Banatul" fasste sie wie folgt zusammen:

---

[41] Ioan Munteanu, *Mişcarea naţională din Banat 1881–1918* (*The National Movement of the Banat 1881–1918*) (Timişoara, 1994), p. 260.

[42] Zur demografischen Konstellation in Timişoara und den österreichisch-ungarischen Statistiken von 1910 s. Victor Neumann, *Die Interkulturalität des Banats* (Berlin, 2015), pp. 45–47.

[43] Gheorghe I. Demian, *Pentru Banatul robit: Istoricul tratativelor duse pentru obţinerea Banatului sârbesc (1914–1923)* (*For the Enslaved Banat: The History of the Peace Negotiations for the Serbian Banat 1914–1918*) (Timişoara, 1933), p. 14.

[44] George Popoviciu, *Memorii cu privire la integritatea Banatului* (*Memoirs on the Integrity of the Banat*) (Caransebeş, 1929), pp. 77–79; *Temesvarer Zeitung*, vol. 68, Nr. 180 (12. August 1919).

Im Namen aller Banater Schwaben erklären wir, dass nur in einem ungeteilten Banat die Hoffnung besteht, dass es jeder Nation gut geht. Denn ein Banat, das durch unnatürliche Grenzen gespalten wird, brächte allen Menschen, die hier leben, den wirtschaftlichen Ruin und wäre gewiss Grund für anhaltende Streitigkeiten und Unzufriedenheiten sowie Störung des erwünschten Friedens. Wir plädieren deshalb für die Unteilbarkeit des Banats.[45]

Am 15. August 1919 traf eine Delegation von Banater Schwaben in Sibiu ein und präsentierte ihre Resolution dem *Consiliul Dirigent*, der provisorischen Regierung für Siebenbürgen und das Banat, welche die Geschicke der von Rumänen bewohnten ehemals ungarischen Gebiete in die Hand nahm.

In den letzten Tagen des Juli 1919 zogen sich die serbischen Truppen aus dem Osten des Banats zurück, und das Gebiet kam unter rumänische Verwaltung. Ursache hierfür waren die internationalen Ereignisse der letzten Wochen, vor allem aber die Pariser Entscheidungen. Freilich, die Grenzen waren noch nicht endgültig festgelegt, und die Beziehungen zwischen beiden Ländern blieben angespannt. Nach der Unterzeichnung des Vertrages von Sèvres am 10. August 1920 und nach Anerkennung der dortigen Bestimmungen durch die rumänische Regierung unter General Alexandru Averescu und Außenminister Take Ionescu galt es, die genaue Demarkationslinie zwischen Serbien und Rumänien zu bestimmen. Hierfür verantwortlich war eine gemischte Kommission, die aus sieben Mitgliedern bestand (fünf ausländischen und zwei Vertretern der beiden beteiligten Staaten). Immer wieder waren neue Anläufe und gegenseitige vertrauensbildende Maßnahmen erforderlich, bis 1924 die endgültige Grenzziehung feststand.

Fazit

Versuchen wir zusammenzufassen: Das Kriegsende 1918/1919 brachte eine Neugestaltung der Karte Europas durch die Siegermächte. Als Grundlage diente die Idee nationaler Selbstbestimmung, so wie sie der amerikanische Präsident Woodrow Wilson in seinen 14 Punkten formuliert hatte. Weit entfernt von der komplexen europäischen Realität, bewirkte dies eine Aufteilung der österreichisch-ungarischen Monarchie in „Nationalstaaten". Das Prinzip der Teilung folgte dem Kriterium ethnisch-linguistischer Differenz, obwohl es Regionen gab, in denen die Menschen ein mehrsprachiges Zusammenleben pflegten. Hinzu kam, dass die Abgrenzung nach dem Kriterium der von der Mehrheit gesprochenen Sprache erfolgte. Bevölkerungen mit doppelter oder multipler Identität gab es in dieser Definition nicht. Für Mitteleuropa bedeutete dies, dass gewachsene Strukturen aufgelöst wurden und eine Vielzahl von ethnischen Gruppen ihren Weg in einem neuen staatlichen Kontext finden mussten.

---

45 *Temesvarer Zeitung*, vol. 68, Nr. 180 (12. August 1919); vgl. *Banatul*, vol. 1, Nr. 29 (17. August 1919).

Die Neustrukturierung der Grenzen in Europa betraf auch das Banat. Während der Pariser Friedensverhandlungen setzte sich die Ansicht durch, die Provinz nach sprachlichen, geografischen und militärischen Gesichtspunkten aufzuteilen. Als kaiserliche Provinz war das Banat noch nach historischen, wirtschaftsgeografischen und militärstrategischen Kriterien abgegrenzt worden, nämlich durch die Flüsse Marosch, Theiß und Donau sowie durch das Karpatengebirge im Südosten. Dadurch war eine zusammenhängende Verwaltungseinheit entstanden, mit eigener Kultur und eigener Identität. Sicherlich, es gab Forderungen zur Erhaltung der Provinz mit ihren traditionellen Grenzen, als selbstbewusstes, autonomes Gebiet. Doch andere Politiker setzten auf das Nationalitätenprinzip und eine Integration einzelner Teilgebiete in die jeweiligen „Heimatstaaten". Die 1918 vorherrschende ethnonationalistische Ideologie setzte sich endgültig mit Wilsons Vierzehn Punkten durch. In der Folge kam es im Banat zu Konflikten zwischen Deutschen, Ungarn, Rumänen und Serben, und dies, obwohl sie jahrhundertelang friedlich zusammengelebt hatten. Immerhin, die Präsenz der französischen Truppen in der Region half, zwischen Rumänen und Serben zu vermitteln. Letztlich erwies sich die französische Präsenz auch als wichtig, als es um die Beendigung der militärischen Besatzung und der daraus entstehenden zivilen Konflikte ging.

Die Aufteilung des Banats, die Überantwortung einzelner Teile an die Nachbarländer Ungarn, Serbien und Rumänien zerstörte die regionalen Besonderheiten des Raumes, die geglückte Synthese unterschiedlich-sprachlicher Gruppen, Kulturen, Religionen und Traditionen. Dieser Schmelztiegel hatte sich im Verlauf der österreichischen Herrschaft herausgebildet und wirkte noch unter der ungarischen Regierung fort.[46] Obwohl nach 1919 Bukarest mit seinem ausgeprägten Zentralismus lokale Sonderheiten zu nivellieren suchte, behielt der rumänische Teil des Banats seine lokale Identität bei und hielt damit an den multi- und interkulturellen Traditionen fest.

Verständlich wird die Entwicklung der Jahre 1914–1919 nur, wenn wir den Mentalitätswandel zu Ende des 19. Jahrhunderts zur Kenntnis nehmen. Wir müssen uns immer klarmachen, dass wir über eine historische Zeit und über einen geografischen Raum sprechen, in dem politische Probleme als ethnische Fragen gedeutet wurden und die kulturelle Identität des Mehrheitsvolkes in der Sicht vieler die Basis sowohl für eine gelungene Demokratie als auch für ein produktives kulturelles Schaffen darstellte. Rückwirkend sehen wir, wie durch eine solche Perspektivierung die Chancen einer offenen Gesellschaft ungenutzt blieben, ja, die Hoffnungen der Einzelnen zerstört und die Freiheit zahlreicher Menschen eingeschränkt wurden.[47] In aller Schärfe beobachten wir die Konsequenzen nivellierender Homogenisierung in den Jahren des Faschismus und des realen Sozialismus.

---

46 Neumann, *Die Interkulturalität des Banats* (Berlin, 2015), pp. 45–47.
47 Vgl. id., '*Neam* (Romanian for Kin) and *Popor* (Romanian for People): The Notions of Romanian Ethno-Centrism', in id. und Armin Heinen (Hg.), *Key Concepts of Romanian History: Alternative Approaches to Socio-Political Languages* (Budapest und New York, 2013), pp. 377–403.

Slobodan Bjelica

Die Teilung des Banats 1918–1919 aus der Perspektive der serbischen Historiografie

Zwischen 1914 und 1920, also während der Jahre des Ersten Weltkriegs und der Pariser Friedenskonferenz, meldeten drei Staaten einen Anspruch auf das Banat an: Ungarn, Rumänien und Serbien. Jeder einzelne Staat brachte dafür nationale Argumente vor, welche die Forderungen der anderen Staaten negierten. Im Banat selbst lebten zahlreiche Ethnien miteinander: Serben, Rumänen, Ungarn, Deutschsprachige, Juden, Slowaken, um nur einige zu nennen.[1] Als der Erste Weltkrieg begann, gehörte das Banat zu Transleithanien, also zum ungarischen Teil der österreichisch-ungarischen Monarchie. Männer aus allen Bevölkerungsgruppen wurden zur österreichisch-ungarischen Armee eingezogen und an der Front eingesetzt. Aber es war für die österreichisch-ungarischen Behörden bald offensichtlich, dass der Krieg gegen Serbien unpopulär war. Die Verantwortlichen misstrauten den aus dem Banat kommenden Serben. Viele von ihnen wurden daher unmittelbar nach Ausbruch des Konflikts verhaftet und interniert.

Während des ersten Kriegsjahres kam es im österreichisch-ungarischen Raum zu weiteren Repressalien, welche auch Opfer unter der Zivilbevölkerung des Banats verursachten. In diesem Zusammenhang sei auf die Schlacht bei Cer (Церска битка/Cerska bitka, Serbien) verwiesen: Im August 1914, also ganz zu Kriegsbeginn, da der Ansturm der österreichisch-ungarischen Truppen auf serbisches Territorium zurückgeschlagen worden war, ging die serbische Armee zur sogenannten Srem-Offensive über. Eine Militäreinheit zog Richtung des Banats. Im Dorf Borcea bei Pancevo begrüßte die serbische Bevölkerung die „Befreier" enthusiastisch. Als sich wenig später die serbischen Soldaten wieder zurückzogen und die österreichisch-ungarischen Einheiten erneut die Kontrolle übernahmen, griffen diese zu Vergeltungsmaßnahmen: Zehn serbische Dorfbewohner wurden erschossen und 19 verhaftet.[2]

Der Sieg bei Cer und die Erfolge in Kolubara gegen die österreichisch-ungarische Armee im Herbst 1914, stärkten den Kampfgeist der serbischen Truppen. In ihrer Wahrnehmung hatten sie einem mächtigen Feind Widerstand geleistet, obwohl die Gegenseite viel besser ausgerüstet und zahlenmäßig überlegen war. Schließlich motivierte der Kriegsverlauf die serbische Regierung, ihre Kriegsziele in der sogenannten

---

1 Gemäß Zensus lebten 1910 etwa 1,5 Millionen Menschen in den Banater Bezirken Torontal, Timiş und Caraş-Severin, davon 29,7 % Deutsche, 22,9 % Serben und 18,7 % Ungarn. Vgl. Toma Milenković, 'Banatska republika i mađarski komesarijat u Banatu (31.10.1918–20.02.1919)' ('The Banatian Republic and the Hungarian Commissariat in the Banat (31.10.1918–20.02.1919)'), *Matice Srpske* (*Journal of History*), vol. 32 (1985), p. 99.
2 Toša Iskruljev, *Raspeće srpskog naroda u Sremu 1914 i Mađari* (*The Crucifixion of the Serbian Population from 1914 and the Hungarians*) (Novi Sad, 1936), p. 200.

Niš-Deklaration vom Dezember 1914 festzuhalten: Demnach sollten alle „Serben, Kroaten und Slowenen unter fremder Herrschaft" „befreit" werden und sie in einem einzigen Staat leben – eine Art Piemont für die Südslawen (Jugoslawen). Dieser neue Staat sollte das Banat einschließen, wie Dokumente festhielten, die serbische Offizielle den Vertretern der Entente überreichten. Schon im Dezember 1914 wies Ministerpräsident Nikola Pašić die serbischen Diplomaten in den verbündeten Hauptstädten an, die Ansprüche Serbiens auf Timişoara und das Banat herauszustellen. Der Geschichtswissenschaftler Stanoje Stanojević lieferte in seiner Schrift unter dem Titel „Was will Serbien?" die für eine Angliederung des Banats an Serbien nötigen Argumente.

Der Geograf Jovan Cvijić, sicherlich einer der bedeutendsten serbischen Gelehrten der ersten Hälfte des zwanzigsten Jahrhunderts, fertigte Karten mit Einzelheiten über den zukünftigen jugoslawischen Staat an und legte sie dem russischen Vertreter in Serbien vor. In Bezug auf das Banat zog Cvijić die Grenze zu Rumänien entlang dem Fluss Theiß bis zum Zusammenfluss mit dem Marosch, schließlich entlang dem Marosch bis nach Lipova. Von Lipova aus sollte die Grenze entweder in Richtung Karpatengebirge bis nach Orşova an der Donau gehen (maximaler Anspruch) oder östlich zum „Banater Montenegro", bis Reşiţa und Oraviţa, in Richtung Liupcova an der Donau (minimaler Anspruch). (Das Banater Montenegro umfasst nach serbischen Vorstellungen eine Reihe von serbisch geprägten Dörfern um Recaş – Cralovac, Petrovo Selo (Петрово Село), Stanciova (Stančevo, Станчево) und Lucareţ (Lukarevac).) Im Mai 1915 übergab Cvijić die Karte mit den serbischen Ansprüchen auf das Banat den Verbündeten in London. In einer Stellungnahme der serbischen Regierung an die alliierten Mächte wurden die serbischen Ansprüche mit ethnischen, historischen und ökonomischen Argumenten unterfüttert. Weiterhin argumentierte die serbische Regierung, dass das Banat zu einer grünen Region Serbiens werden solle, bestens geeignet für eine Kolonisation durch Bevölkerungsgruppen aus anderen Teilen des Landes.[3]

Wenn Serbien eine umfangreiche Kampagne in Hinblick auf das Banat startete, dann hatte das seinen Grund in vergleichbaren rumänischen Anstrengungen. Im August 1914 hatte sich Rumänien für neutral erklärt, obwohl König Carol I. mit den Mittelmächten eng verbunden war und entsprechende Geheimvereinbarungen vorlagen. Je länger der Krieg andauerte, umso mehr wuchs die Bedeutung Rumäniens für die Mittelmächte ebenso wie für die Entente. Dessen war sich Bukarest bewusst. Der Nachfolger Carols I., König Ferdinand I., wandte sich im Folgenden der Dreier-Entente zu, und das galt noch mehr für zahlreiche Politiker, vor allem aber für den Ministerpräsidenten Ionel Brătianu.

Im Ringen um eine Allianz mit Rumänien hatten die kriegsführenden Mächte unterschiedlich gute Voraussetzungen: Die Mittelmächte (Deutschland, Österreich-Ungarn) boten Rumänien Bessarabien an (das zu dieser Zeit zum russischen Reich gehörte), zudem die Region Timok in Serbien. Siebenbürgen stand aus dieser Sicht

---

3 Milorad Ekmečić, *Ratni ciljevi Srbije 1914* (*Serbia's War Objectives*) (Belgrade, 1990), p. 443.

natürlich nicht zur Verfügung. Dagegen konnte die Entente alle rumänisch bewohnten Territorien anbieten, die zu Österreich-Ungarn gehörten. Diese waren aus rumänischer Sicht viel wichtiger als die Regionen im Osten, darüber ließ die öffentliche Meinung keinen Zweifel. Schon 1914 hatte Professor Vasile T. Nicolescu eine Karte Großrumäniens auf eine Postkarte gedruckt, mit einer Grenze, die bis zur Donau und zur Theiß reichte.[4]

Eine solche Grenze ließ sich allerdings nicht allein durch rumänische Besiedlung begründen, sondern entsprach den Notwendigkeiten eines zukünftigen großrumänischen Staates als potenzieller Großmacht auf dem Balkan. Im Mittelpunkt standen strategische Überlegungen mit der Verfügbarkeit natürlicher Grenzen. Während Serbien seine eigenen Ansprüche auf das Banat öffentlich machte, erläuterte Constantin Diamandi im Mai 1915 während eines Aufenthaltes in Petersburg dem russischen Außenminister Sozonov die rumänischen Vorstellungen. Auch fügte er eine Karte hinzu, welche die Bukowina, Siebenbürgen und das gesamte Banat mit einschloss. Sozonov reagierte reserviert, vor allem mit Blick auf die rumänischen Ansprüche auf das Banat. Im Gegensatz dazu waren die westlichen Alliierten, vor allem die französischen und italienischen Verhandlungspartner, bereit, alle rumänischen Forderungen zu berücksichtigen und übten in dieser Hinsicht Druck auf Petersburg aus.[5]

Schließlich unterzeichnete Bukarest mit der Entente im August 1916 eine geheime Militärvereinbarung, welche Rumänien die zukünftige Grenze von der Theiß bis zur Donau zusicherte. Zugleich verpflichtete sich Bukarest, keine militärischen Operationen in der Nähe von Belgrad durchzuführen. Der Krieg gegen Österreich-Ungarn fand in der rumänischen Öffentlichkeit eine breite Unterstützung. Obwohl die Einzelheiten des Vertrages geheim blieben, diskutierte die rumänische Öffentlichkeit offen ihre Kriegsziele. Dazu zählten Siebenbürgen, das Banat und die Bukowina. Zeitungen berichteten darüber, ja, selbst Mitglieder der Rumänischen Akademie griffen in die Debatte ein. Die serbische Regierung wusste um die rumänischen Ansprüche auf das Banat, hatte aber zunächst wenig Eingriffsmöglichkeiten, weil sie sich nach der Besetzung des Landes durch die Truppen der Entente im Herbst 1915 mit ihrer Armee nach Thessaloniki zurückgezogen hatte. Den Einstieg Rumäniens in den Krieg 1916 betrachtete die serbische Regierung entsprechend mit großer Sorge. Dagegen hoffte die Entente, dass die Kriegsbeteiligung Rumäniens zu einer raschen Überlegenheit der eigenen Truppen führen würde.

Freilich, die rumänischen Einheiten erwiesen sich offensiv als wenig leistungsfähig. Nach einem erfolgreichen militärischen Zwischenspiel in Siebenbürgen musste sich die rumänische Armee im Oktober 1916 auf die Karpatenlinie zurückziehen. In der Folge kam es im siebenbürgischen Raum zu Vergeltungsmaßnahmen gegen rumänische Zivilisten, welche die rumänische Armee begeistert begrüßt hatten, vergleichbar

---

4 Ekmečić, *Ratni ciljevi Srbije 1914*, p. 274.
5 Ştefan Pascu, *The Making of the Romanian Unitary National State 1918* (Bukarest, 1989), p. 137.

dem Geschehen den Serben gegenüber in Borcea. Rumänen wurden verhaftet, eingesperrt, getötet, darunter waren auch Bewohner des Banats.[6] Angesichts der über zwei Fronten erfolgenden Offensive der deutschen, österreichisch-ungarischen und bulgarischen Truppen musste die rumänische Armee die Hauptstadt und einen großen Teil des Landes aufgeben und sich auf die Moldau zurückziehen. An der Dobrudscha-Front kämpfte eine Division serbischer Freiwilliger, vielfach ehemalige Serben Österreich-Ungarns,[7] zusammen mit rumänischen und russischen Einheiten. Die schwierige Lage Ende 1916 verhinderte keinesfalls hektische diplomatische Aktivitäten in Bezug auf das Banat. Unterhandlungen fanden sowohl in Iaşi statt (als der provisorischen rumänischen Hauptstadt) als auch auf der Insel Korfu, wohin sich die serbische Regierung zurückgezogen hatte.

Obgleich beide Länder bzw. deren Regierungen sich in einer äußerst schwierigen Lage befanden, gaben sie ihre Kriegsziele nicht auf. Pašić lehnte Brătianus Einladung ab, miteinander über das Banat zu diskutieren, weil er eine indirekte Anerkennung des Bukarester Geheimvertrags vermeiden wollte. Zudem versuchte die serbische Regierung im Frühling 1917, die russischen Militärvertreter von einer Nichtanerkennung des Geheimvertrages zu überzeugen. Im Gegenzug bot Belgrad an, die Operationen an der rumänischen Front mit eigenen Truppen zu unterstützen. Auf Pasićs Befehl hin unterbreiteten die serbischen Gesandten in Iaşi (Pavle Marinković) und Petersburg (Miroslav Spalajković) gegenüber ihren russischen Gesprächspartnern entsprechende Vorstellungen. Auch die Militärattachés beider diplomatischen Vertretungen schalteten sich ein. Brătianu selbst suchte bei einem Aufenthalt in Petersburg die Diskussion mit dem serbischen Gesandten und drohte ihm mit rumänischen Ansprüchen auf das Timok-Tal, falls Serbien seine Forderungen in Hinblick auf das Banat nicht aufgeben würde.[8]

Kurz nachdem Rumänien 1918 einen Separatfrieden mit den Mittelmächten unterzeichnet hatte, änderte sich die Kriegslage – zunächst an der Westfront, im Herbst 1918 auch an der Südostfront. Die serbische Armee hatte entscheidenden Anteil an der Eroberung Mazedoniens. Und nachdem Bulgarien und die Türkei aus dem Verbund mit den Mittelmächten ausgeschieden waren, starteten die serbischen und französischen Einheiten ihre Offensive gegen Norden, die am 1. November 1918 mit der vollständigen Rückeroberung Serbiens endete. Erst jetzt, nachdem sich die deutsche Niederlage abzeichnete, trat Rumänien wieder in den Krieg an der Seite der Entente ein. Schon am 3. November 1918 unterzeichnete Österreich-Ungarn einen Waffenstillstand mit der

---

6 Ştefan Pascu, *Making of the Romanian National State*, p. 153.

7 M. Milin, 'Voluntari sârbi pe frontul românesc din toamna anului 1916' ('Serbian Volunteers of the Romanian Front in the Autumn of 1916'), *The Banat Annals*, NS, archaeology-history, vol. 21 (2013), pp. 439–453.

8 Andrej Mitrović, *Razgraničenje Jugoslavije sa Madjarskom I Rumunijom 1919–1920* (*The Yugoslav Border Demarcations with Hungary and Romania 1919–1920*) (Novi Sad, 1975), pp. 55–59.

Entente. Am 11. November folgte Deutschland. Damit war der Erste Weltkrieg beendet. Für die von uns betrachtete Region deutete sich eine andere Gefahr an: eine Konfrontation zwischen den ehemaligen Verbündeten Serbien und Rumänien.

Nach Abschluss des Waffenstillstandes mit Österreich-Ungarn erließ Pašić eine Anweisung an die serbische Armee, ins Banat vorzurücken. Daher befahl das Oberkommando der serbischen Armee, die Linie Biserica Albă-Vršac-Timişoara sowie ein Territorium 10 Kilometer östlich dieser Linie zu besetzen. Dies entsprach zudem der Empfehlung des französischen Generals Louis Franchet d'Espèrey. Die serbische Armee überquerte die Donau am 5. November bei Biserica Albă und einen Tag später bei Veliko Gradište. Den Donaudurchbruch erreichten die serbischen Truppen am 7. November, Biserica Albă am 8., Pancevo am 9., Vršac am 10., Becicherecul Mare und Timişoara am 17., Kikinda am 18. und Aradul Nou am 21. November. Ohne auf irgendeinen Widerstand zu treffen, übernahm die serbische Armee ihre neuen Positionen. Die österreichisch-ungarische Armee befand sich zu dieser Zeit in Auflösung, und die deutschen Einheiten waren einfach nicht mehr kampffähig.

Während die serbische Armee ins Banat und in andere österreichisch-ungarische Gebiete vordrang, fuhr der neue ungarische Regierungschef, Mihály Károly, zu einem Treffen mit General Franchet d'Espèrey nach Belgrad. Aus seiner Sicht ging es um einen separaten Waffenstillstand zwischen Ungarn und der Entente. Nach einigen Verzögerungen und merklich erschüttert darüber, dass die Alliierten Ungarn als besiegte Kriegspartei ansahen, unterzeichnete Károly am 13. November den Belgrader *Waffenstillstand*. Dieser legte eine Demarkationslinie zwischen der ungarischen Armee und den Truppen der Entente fest, und zwar entlang des Flussverlaufes des Marosch. Das von den serbischen Truppen zu besetzende Gebiet war definiert durch die Linie Orşova-Lugoj-Arad, während das östlich gelegene Gebiet der rumänischen Armee übergeben wurde. Am Tage der Unterzeichnung des Vertrags besetzten die serbischen Truppen die Linie Anina-Reşiţa-Moraviţa. Eine Woche später nahmen sie das ganze ihnen zugewiesene Gebiet unter militärische Kontrolle.

Bald erreichten französische Kolonialtruppen die Grenzlinie zwischen den serbischen und rumänischen Einheiten. Ihre Aufgabe war es, jeden rumänisch-serbischen Konflikt zu verhindern. Eine militärische Auseinandersetzung hätte die Situation in diesem Teil Europas auf unvorhersehbare Weise noch viel schwieriger gemacht. Die Situation war tatsächlich angespannt. Die serbische Armee sah sich konfrontiert mit rumänischen Drohungen anlässlich der Besetzung des Banats. Zudem war ihr die rumänische Bevölkerung offen feindlich gesonnen. Vehement protestierten viele rumänisch-sprechenden Banater gegen die Verhaftung mehrerer Hundert ihrer Landsleute und machten dafür die serbischen Militärbehörden als Schuldige aus. Die Unzufriedenheit der rumänischen Bevölkerung hatte noch weitere Gründe: Da waren das Verbot öffentlicher Versammlungen und der fühlbare Druck, Loyalitätserklärungen zugunsten Serbiens abgeben zu sollen.

Um einen bewaffneten Konflikt zu verhindern, verlangten die Franzosen im Dezember 1918 den Rückzug der serbischen Truppen aus dem Banat. Doch Belgrad lehnte die

Forderung ab, obwohl es wusste, dass die rumänische Armee dies als Fehdehandschuh aufnehmen mochte. Die Franzosen blieben jedoch standfest und bestanden darauf, dass die eigenen Soldaten eine Pufferzone einrichteten, verbunden mit einem Rückzug der serbischen Einheiten. Als Trennlinie sollte jetzt die westliche Seite der Eisenbahnstrecke Timişoara-Vršac dienen. Zugleich hoben die französischen Verantwortlichen hervor, dass ihre Operationen keinen Einfluss auf die endgültige Grenzziehung haben werde. Das serbische Oberkommando akzeptierte die Präsenz französischer Truppen in dem beschriebenen Gebiet, verweigerte aber den Abzug der eigenen Einheiten. Immerhin, im März 1919 zogen sich die serbischen Besatzungseinheiten von der Linie Orşova-Lugoj-Lipova zurück und standen danach 10 Kilometer östlich von Timişoara. Die neue Einteilung der Besatzungszonen ermöglichte es den Rumänen, den Donaudurchbruch, das Land um Caraşova und das Banater Montenegro in ihre Militärverwaltung zu übernehmen. Diese Regelung blieb bis Juli 1919 in Kraft.[9]

Die Androhung eines Angriffs durch Rumänien war nicht das einzige Problem, mit dem die serbische Armee sich während ihrer Besetzung des Banats konfrontiert sah. Im Herbst 1918 befand sich die Region in einem Zustand der Anarchie. In den Städten hatte sich die Verwaltung aufgelöst und war die politische Macht stattdessen an einzelne ethnisch-nationale Führungsgruppen übergegangen, die den eigenen militärischen Formationen vertrauten. Sie griffen nicht offen in das Geschehen ein, sondern versuchten, jegliches revolutionäres Aufbegehren im Keim zu ersticken. Zahlreiche Deserteure der österreichisch-ungarischen Armee, die sogenannten „grünen Kader", liefen umher und fühlten sich keiner Autorität verantwortlich. Während dieses Auflösungsprozesses staatlicher Strukturen kam es zu Plünderungen, Brandstiftungen, Morden und zahlreichen anderen Verbrechen. Im Oktober brachten Arbeiterdemonstrationen ein einziges Chaos, so etwa in Timişoara, Lugoj und Arad. Die Unzufriedenen verlangten „Brot" und „Frieden".[10] Auch jene, die aus russischer Gefangenschaft zurückkehrten, trugen zur Destabilisierung bei, weil sie die dortigen revolutionären Losungen mitbrachten. In Cusici und Zlatiţa verkündeten die (serbischen) Dorfbewohner ihre eigene „Sowjetrepublik", wenn auch ohne tatsächliche Schritte zur Absonderung.[11] Es ist daher nachvollziehbar, dass der Einmarsch von Truppen der Entente in breiten Schichten der Bevölkerung begrüßt wurde. Nur so gelang es, die sozialen Unruhen einzudämmen und die Ordnung wiederherzustellen.

Es war nicht allein das Banat, das bis zum Einmarsch der Entente-Truppen Tage der Anarchie durchlebte. Ähnliches beobachten wir im Herbst 1918 in der gesamten österreichisch-ungarischen Region. Polen, einschließlich Westgaliziens, erklärte seine Unabhängigkeit. Am 28. Oktober folgte Prag für die Tschechoslowakei. Am 29. Oktober

---

9 Ljubivoje Cerović, *Srbi u Rumuniji* (*Serbians in Romania*) (Novi Sad, 1997), p. 400.

10 Pascu, *Making of the Romanian National State*, p. 19.

11 Die „Republikaner" aus Zlatiţa wurden später von Gendarmen festgenommen und nach Biserica Albă gebracht. Dort erhielten sie eine Strafe von 25 Rutenschlägen. Dabei blieb es.

sah Zagreb die Ausrufung des *Staates der Serben, Slowenen und Kroaten.* (Daraus entstand am 1. Dezember das *Königreich der Serben, Kroaten und Slowenen*). In Budapest ergriff am 31. Oktober 1918 der Ungarische Nationalrat die Macht. Ihm stand für die Sozialdemokraten Graf Mihály Károlyi vor. Nur 15 Tage später erfolgte die Ausrufung der Ungarischen Volksrepublik.

Das Datum des 31. Oktobers 1918 ist auch für die Geschichte des Banats wichtig: Die rumänisch-sprechende Bevölkerung installierte ihren Nationalen Zentralrat mit Sitz in Arad. Er erklärte wenig später die Ablösung des Banats von Ungarn. Auch die Serben, in diesem Fall die Serben in Timişoara, schufen ihren eigenen Nationalrat (angeführt von Bischof Gheorghe Letić und General Svetozar Davidov), unterstützt von einer serbischen Nationalgarde und einer eigenen Zeitung. Im gesamten Banat bildeten sich Räte auf der Basis ethnischer Kriterien. Sie sollten das Machtvakuum ausfüllen, das nach der Selbstauflösung der österreichisch-ungarischen Armee entstanden war. Dort, wo sich Bevölkerungsgruppen der Kontrolle verweigerten, intervenierte die serbische Armee bzw. die rumänische, wenn rumänische Nationalräte sie riefen. Die Deutschen, die Ungarn und die anderen slawischen Gruppen der Region suchten ganz ähnlich Hilfe bei ihnen nahestehenden militärischen Verbänden.

Während in Temeswar Serben und Rumänen sogenannten Nationalräten die Macht übertrugen, setzte der Sozialdemokrat Otto Roth auf einen *Volksrat* und erklärte das Banat zur unabhängigen Republik. Als dessen ziviler Präsident wirkte Otto Roth selbst, Albert Bartha übernahm die Funktion des Militärverantwortlichen. Obwohl alle ethnischen Gruppen eingeladen waren, im *Volksrat* mitzuwirken, bestand er doch überwiegend aus Deutschen und Ungarn. Später wurde eine Bürgermiliz gegründet, welche die öffentliche Ordnung herstellen sollte. Allerdings bestand die Banater Republik nur eine Woche, nämlich bis zum 7. November 1918.

Trotz des Versprechens nationaler Gleichheit, sozialer Gerechtigkeit und des allgemeinen Wahlrechts vermochte Otto Roth die serbisch- und rumänisch-sprechenden Gruppen nicht zu gewinnen. Zu dieser Zeit war, wie erwähnt, in Arad der *Zentrale Rumänische Nationalrat* gebildet worden und ebenso in Temeswar der *Zentrale Serbische Nationalrat*. Obwohl dieser ursprünglich zugesagt hatte, Mitglieder in den *Banater Volksrat* zu entsenden, um Frieden und Ordnung sicherzustellen, lehnte er letztlich jede Kooperation ab, die eine Zusammenarbeit mit dem ungarischen Staat bedeutet hätte. Gleichzeitig intensivierte der *Zentrale Serbische Nationalrat* die Zusammenarbeit mit anderen serbischen Nationalräten, die sich auf dem Territorium Österreich-Ungarns gebildet hatten. Hier war der Neusatzer Rat (Novi Sad) sicherlich der wichtigste. Geleitet wurde er von dem radikalen Banater Politiker und serbischen gewaltbereiten Nationalisten: Jasa Tomić.[12]

Dem Rat in Novi Sad als dem zentralen politischen Organ für das südungarische Territorium fiel die Aufgabe zu, das Selbstbestimmungsrecht der Serben zu verwirklichen.

---

12 Cerović, *Srbi u Rumuniji*, pp. 386–391.

Nachdem Wahlen abgehalten worden waren, an denen Frauen erstmals teilnehmen konnten, kam am 25. November 1918 in Novi Sad die sogenannte Große Volksversammlung der Serben, Bunjewatzen und Slawen aus den Regionen Banat, Batschka und Baranja zusammen. Von den 757 Delegierten waren 393 Banater Serben (einschließlich 73 aus 35 Ortschaften im heutigen Rumänien).[13] Der Rat beschloss die Abtrennung von Ungarn und den Zusammenschluss mit Serbien. Zugleich schuf er neue politische Institutionen: den *Großen Nationalrat* als Legislativorgan, die sogenannte *Volksadministration* als zugeordnete Exekutive.

Großrumänien entstand auf vergleichbare Weise wie „Großserbien". Der Zentrale Nationalrat von Arad organisierte Wahlen zur *Großen Versammlung* in Alba Iulia, 1. Dezember 1918. An diesem Tag traten 1.228 Delegierte aus ganz Siebenbürgen und dem Banat zusammen. Die Versammlung beschloss die Vereinigung ihrer Regionen mit Rumänien. Ein Legislativorgan entstand und eine Exekutive (*Consiliul dirigent*), der Iuliu Maniu vorstand. Der Versammlung wohnten 321 Banater bei, darunter 52 aus 20 Ortschaften, die später dem jugoslawischen Teil des Banats zugehören sollten. Die im Banat stationierten serbischen Truppen konnten die Wahl von Abgeordneten für die Versammlung in Alba Iulia nicht verhindern. Freilich gab es zahlreiche Beschwerden, dass einer relevanten Anzahl von Delegierten die Reise nach Alba Iulia untersagt worden sei.

Was in Novi Sad und Alba Iulia geschah, widersprach eigentlich den Belgrader Waffenstillstandsregelungen. Denn die zivile Verwaltung sollte ursprünglich unter ungarischer Kontrolle verbleiben. Die tatsächliche Übernahme der Macht durch die Serben im Westbanat hatte allerdings schon vor Unterzeichnung des Waffenstillstandes begonnen und war nur durch den Vormarsch der serbischen Divisionen beschleunigt worden. Erste serbische Räte entstanden auf lokaler Ebene. Seit Dezember 1918 war es die *Volksverwaltung für das Banat, die Batschka und die Baranja*, die Kandidaten für die örtliche Verwaltung ernannte. Die ungarische Regierung protestierte gegen diesen Verstoß gegenüber den Waffenstillstandsbestimmungen, doch vergebens. Die lokalen ungarischen Nationalräte ihrerseits versuchten, die stärker werdende serbischen Machtpositionen zu unterminieren (etwa durch Entwendung der kommunalen Kasseneinlagen).[14]

Im Zentralbanat mit der Stadt Timișoara im Brennpunkt war die Situation völlig anders.[15] Denn obwohl die serbische Armee die Stadt besetzt hatte und es auch einen

---

13 Drago Njegovan, *Prisajedinjenje Srema, Bačke I Baranje Srbiji 1918 (Unification of Srem, Bačka and Banat Regions with Serbia in 1918)* (Novi Sad, 2001), pp. 90–106.

14 Milenković, *Banatska republika*, pp. 125–127.

15 Zur Banater Republik s. Miodrag Milin, *Sârbii din România în secolul XX (Serbs from Romania in the Twentieth Century)* (Cluj-Napoca, 2012), pp. 15–16; s. auch Drago Njegovan und Miodrag Milin, 'Voivodina în octombrie–noiembrie 1918 (Banatul, Bacica, Barania și Sremul – unificarea cu Serbia)' ('Voivodina in October – November 1918 (The Banat, Bačka, Baranja und Srem: The Unification with Serbia)'), *Annals of Banat*, NS, vol. 22 (2014), n. 45.

serbischen Nationalrat gab, lag die Verwaltung beim Banater Volksrat unter Otto Roth. Schon kurz nach dem Einmarsch der serbischen Einheiten suchte Roth die serbischen Verantwortlichen auf, erklärte sich zur Zusammenarbeit bereit, ja, schlug sogar vor, die serbischen Truppen sollten bis zu den Kohlegruben im Gebirgsbereich vorrücken. Roth erklärte, er wolle die Einheit des Banats erhalten, selbst wenn es Serbien angegliedert werde. Der Kommandeur der serbischen Truppen, General Djordje Djordjević, begrüßte den Vorschlag Otto Roths und des Banater Volksrats einer Zusammenarbeit und hoffte, so für die serbische Sache Unterstützung aus ungarischen, deutschen und jüdischen Kreisen zu gewinnen. Der General wusste, dass das Banat zwischen Rumänien und dem neuen *Königreich der Serben, Kroaten und Slowenen* umstritten war und dass Ungarn kaum Chancen hatte, selbst Ansprüche zu stellen. Daher wollte er den guten Willen der Serben gegenüber Ungarn, Deutschen und Juden beweisen. Das schien ihm vor allem dann wichtig, wenn es zu einem Plebiszit kommen würde. Eine solche Politik hatte die Unterstützung der Belgrader Regierung, nicht jedoch der *Volksverwaltung* in Novi Sad, die ja für das Banat, die Batschka und die Baranja zuständig war.

Im Dezember 1918 versuchte die Neusatzer Exekutive, ihren Einfluss über das westliche Banat hinaus bis ins Zentralbanat auszudehnen. Daher ernannte sie Marin Filipon aus Uljma zum Regenten der Bezirke Caraș und Timiș sowie gleichzeitig zum Bürgermeister von Timișoara. Indes, General Djordjević widersetzte sich der Ernennung. Er wandte ein, dass eine einzelne Person nicht so viele Ämter bekleiden dürfe. Gleichzeitig erachtete er es für unklug, die Ungarn und die Deutschen von der Macht auszuschließen und verwies in diesem Zusammenhang auf die bevorstehende Friedenskonferenz und die zu erwartenden Entscheidungen über das Banat. Hinzu kam die Besorgnis des französischen Oberkommandos, denn es befürchtete einen Aufruhr, weil die Ernennung den Belgrader Waffenstillstand verletzte.

Die Neusatzer Volksverwaltung zeigte sich ihrerseits höchst irritiert, weil die ungarische Regierung Mihály Károlyis eine umfassende Propaganda entwickelte, sozial und national, unter anderem eine Agrarreform versprach, die Umwandlung zur Republik und vieles andere mehr. In dem so ausgetragenen Konflikt zwischen General Djordjević und der Neusatzer *Volksverwaltung* stärkte die Belgrader Regierung anfangs die Stellung ihres Militärkommandanten und hielt Novi Sad vor, eine zutiefst nationalistische und kontraproduktive Politik zu treiben.

Die Spannungen zwischen Djordjević und der Volksverwaltung erreichten Ende Dezember ihren Höhepunkt, als der General Neuwahlen zum Banater Volksrat zuließ. Eigentlich erwarteten die Mitglieder der Volksverwaltung von „ihrem" Militär, dass er dem Banater Volksrat ein Ende setzen würde und man sich über dessen Existenz keine Gedanken mehr machen müsse. Geradezu naive Vorwürfe richteten sich gegen Djordjević. Er sei von Otto Roth überlistet worden, hieß es, den man als „Ungarn" bezeichnete. Schließlich traf es beide. Nach vielen spannungsgeladenen Vorkommnissen erklärte Otto Roth seinen Rücktritt. Im selben Zeitraum, Februar 1919, wurde auch Djordjević von seinen Aufgaben entbunden. Als Grund galten die Missachtung des Belgrader Waffenstillstandes sowie die Toleranz gegenüber der ungarischen Administration.[16]

Nach dieser Episode konnte die Neusatzer *Volksverwaltung* ihre Position tatsächlich durchsetzen: Am 20. Februar ernannte der neue serbische Oberkommandierende Marin Filipon zum Präfekten (Obergespan) für das Banat.[17] Die Funktion eines Bürgermeisters für Timişoara erhielt der deutsch-sprachige Reinhold Heegn. Alle Volksräte wurden aufgelöst, einschließlich des Banater Volksrates. Beschwerden gegenüber den französischen Militärbehörden waren das Ergebnis. Als sie erfolglos zurückgewiesen wurden, rief die Sozialdemokratische Partei Ungarns den Generalstreik aus, der am 21. Januar in Timişoara, Pécs, Subotica und Somber die Räder still stehen ließ. Vonseiten der serbischen Armee galt der Streik als politisch motiviert, Grund genug, um ihn mit Gewalt niederzuschlagen. Somit scheiterte der Versuch, die ungarische Verwaltung in Timişoara zu bewahren, und Otto Roth floh Richtung Budapest. Die lokale Macht fiel von jetzt an den Banater Serben zu. Sie glaubten, ein starkes Argument bei der anstehenden Friedenskonferenz in Händen zu halten.[18]

Bereits einige Wochen bevor die Pariser Friedenskonferenz im Januar 1919 zusammentrat, kam es zu ersten Treffen zwischen Vertretern der rumänischen und serbischen Regierung. Thema war das zukünftige Schicksal des Banats. So traf der serbische Ministerpräsident Nikola Pašić im November 1918 den rumänischen Exil-Politiker Take Ionescu während seiner Reise nach London. Beide einigten sich auf einen Kompromiss, wobei der äußerste westliche Teil des Banats an die Serben und der östliche Teil an Rumänen gehen sollte, während die Alliierten die Zukunft Timişoaras bestimmen sollten. Gleichzeitig verwies die rumänische Regierung in Bukarest auf die Regelungen des Beitrittsvertrags zur Entente. Pašić sandte seinerseits Pavle Marković nach Paris, um die rumänischen Forderungen abzuwehren. Am Abend des Beginns der Friedenskonferenz erreichte die serbische Botschaft in Bukarest ein rumänisches Memorandum. Dieses ersuchte Serbien, auf das Banat zu verzichten, im Tausch gegen Garantien für eine enge politische Zusammenarbeit zwischen beiden Ländern. Sollte Serbien den Vorschlag allerdings ablehnen, so konnte man den Text lesen, sei die rumänische Regierung auch bereit, ihre Interessen gewaltsam zu verteidigen. Brătianu gestand ein, dass Serbien gemäß der Logik des Nationalitätenprinzips ein Anrecht auf einen Teil des Banats habe. Aber auf derselben Logik basierend, habe Rumänien Anspruch auf die Territorien zwischen Timok und Morava, weil der Raum von Walachen bewohnt werde. Auf seinem Weg nach Paris im Januar 1919 machte Brătianu in Belgrad Zwischenstation,

---

16 Ilija Petrović, *Vojvodina srpska 1918* (*The Serbian Voivodina in 1918*) (Novi Sad, 1996), pp. 280–283.

17 Dr. Martin Filipon war auch Mitglied des Großen Nationalrats der Voivodina, gewählt am 25. November 1918 und bestätigt am 27. Februar 1919 (Drago Njegovan, *Sremul, Banatul, Bacica şi Barania la 1918 – Unificarea cu Serbia* (*Srem, Banat, Bacica and Barania at 1918 – The Unification with Serbia*) (2. Aufl., Novi Sad, 2001), pp. 125–127.

18 Milenković, *Banatska republika*, pp. 133–138.

um sich mit dem neuen Ministerpräsidenten Stojan Protić sowie König Alexander zu treffen. Zur Diskussion stand die Möglichkeit, dass Rumänien einen kleinen Teil des Banats im Hinterland Belgrads aufgeben würde, sodass die Hauptstadt militärisch geschützt werden konnte.[19] Allerdings war das neue *Königreich der Serben, Kroaten und Slowenen* nicht daran interessiert, Absprachen vor der Friedenskonferenz zu treffen. (Da das *Königreich der Serben, Kroaten und Slowenen* erst im Juni 1919 von den Alliierten offiziell anerkannt wurde, galt die Delegation auf der Friedenskonferenz offiziell noch als serbische Delegation, obgleich ihr auch Kroaten und Slowenen zugehörten.) Die südslawische Delegation argumentierte, dass allein schon die militärische Leistung Serbiens während des Krieges den Anspruch auf einen größeren Teil des Banats rechtfertige. Zudem verwies sie auf die Präsenz der serbischen Armee in jenem Teil des Banats, das Rumänien einfordere.[20] Letztlich brachte die serbische Delegation jene Positionen vor, welche die serbische Regierung bereits im Krieg selbst mit Bezug auf das Banat entwickelt hatte. Wie der genaue Grenzverlauf zwischen „Großrumänien" und „Großserbien" aus Belgrader Sicht aussehen sollte, beschrieb General Petar Pešić, der Leiter der serbischen Militärdelegation. Demnach sollte die Grenze etwa 25 Kilometer östlich von Biserica Albă, 30 Kilometer östlich von Vršac, 10 Kilometer westlich von Reşiţa und 28 Kilometer östlich von Timişoara gezogen werden, einschließlich Lipova bis zum Fluss Marosch, anschließend den Marosch flussabwärts bis zur Theiß. General Pešić verwies nicht auf ethnische Gegebenheiten als Grund für die vorgeschlagene Grenzziehung, sondern machte vor allem strategische Gesichtspunkte für die serbischen Forderungen verantwortlich. Es gehe um militärische Sicherheit für Belgrad, hieß es, ein starkes Argument, nachdem ein österreichisches Artilleriebombardement den Ersten Weltkrieg eingeleitet hatte. Zugleich präsentierten die Rumänen den Vertretern der Siegermächte ihre eigenen Ansprüche. Dazu gehörte u. a. das komplette Banat, das, wie die rumänische Delegation behauptete, eine einzige geografische und ökonomische Einheit darstelle. Die serbische Seite ließ die Aussage freilich nicht stehen und verwies auf erkennbare Grenzverläufe im Banat selbst, so etwa auf die geografischen und kulturellen Unterschiede zwischen der Bergregion und der Banater Ebene. Die Großmächte selbst und deren Vertreter hegten Sympathien für die eine oder andere Seite, aber alle hielten sowohl die rumänischen als auch die serbischen Ansprüche für überzogen.[21]

Zur serbischen Delegation gehörten zahlreiche Gelehrte, so etwa: Jovan Cvijić, Aleksander Belić, Jovan Radonić und Stanoje Stanojević. Sie unterstützten die „südslawischen" Positionen mit zahlreichen Argumenten. Dank der Anregung von Pašić selbst fand auch noch Mihailo Pupin Aufnahme in der Delegation. Pupin war ein durchaus bekannter nordamerikanischer Wissenschaftler und stammte aus dem Banat. Dank

19 Mitrović, *Razgraničenje Jugoslavije*, p. 57.
20 Cedomir Popov, *Od Versaja do Danciga (From Versailles to Danzig)* (Belgrade, 1976), p. 179.
21 Mitrović, *Razgraničenje Jugoslavije*, pp. 6–7.

seines Prestiges hoffte Pašić, die amerikanischen Delegierten beeindrucken zu können. Der Historiker Jovan Radonić hatte sich schon längere Zeit mit Problemen des Banats beschäftigt. 1915 legte er einen auf Französisch verfassten Text zur Region vor. Während der Friedenskonferenz erarbeitete er weitere Memoranden, mit dem Ziel, die Ansprüche des neuen südslawischen Staates zu begründen. Ein Argument lautete, dass die ethnische Grundlage des Banats gewiss vielfältig sei, aber die historische Linie auf die Südslawen verwies, denn die Rumänen seien erst später eingewandert. Sie sähen sich selbst als Nachkommen Roms. Und doch, Radonić brachte nicht nur ethno-historische Gründe vor, verwies nicht nur auf geografische Gegebenheiten, sondern unterstrich vor allem auch wirtschaftliche Aspekte und Fragen der verkehrstechnischen Anbindung. Ein weiteres Argument galt dem Kriegsverlauf selbst. Da sei sicherlich Serbien viel mehr Gewicht zuzumessen als Rumänien, das erst spät und mit wenig Durchschlagskraft dem Krieg beigetreten sei. Hinsichtlich des Grenzverlaufs stimmten die Ideen Radonićs vollkommen mit den Vorschlägen General Pešićs überein.[22]

Nikola Pašić, der frühere serbische Ministerpräsident, gehörte ebenfalls zur Delegation des *Königreichs der Serben, Kroaten und Slowenen*. Seiner Meinung nach sollte der östliche, bergige Teil des Banats an Rumänien fallen, während das *Königreich der Serben, Kroaten und Slowenen* den westlichen Teil erhalten sollte. Pašić argumentierte, dass die Teilung nicht allein nach ethnischen Kriterien erfolgen könne, sondern auch die historische Entwicklung des Gebietes zu berücksichtigen habe, ebenso wie strategische Notwendigkeiten. Daher bestand er darauf, dass die serbisch-rumänische Grenze nicht entlang der Banater Ebene verlaufen dürfe, sondern die Gebirgslinie östlich des Banats umfassen müsse. Pašić schrieb dazu in seinen Erinnerungen: „Unsere Abgrenzung von Rumänien im Banat muss auf einer so soliden Basis aufgebaut sein, dass sie für immer unveränderlich bleibt. Wir kennen uns schon sehr lange und noch nie gab es Krieg zwischen den benachbarten Ländern. In diesem Augenblick der Teilung wünschen wir uns, dass die gute Nachbarschaft erhalten und für immer bestehen bleibt. Deshalb müssen wir, bevor wir über die Grenze zwischen den beiden Völkern entscheiden, die gegenwärtigen und zukünftigen Interessen beider Parteien berücksichtigen".[23]

Das umfangreichste Grenzprojekt aufseiten der südslawischen Delegation legte der slowenische Ethnologe Niko Županić vor. Er zog die Linie von Orșova über das Banater Montenegro und die Region Carașova, teilte dann zwischen Lugoj und Timișoara und endete am Fluss Marosch. Kurz, sein Grenzverlauf hätte für den südslawischen Staat auch die bergigen Teile des Banats eingeschlossen. Grgur Jakšić, ein serbischer Historiker, der zwar – wie der einzige Banater in der südslawischen Delegation, der Historiker Vasa Stajić – nur der Presseabteilung zugehörte, legte ebenfalls ein Projekt auf.

---

22 *Ibid.*, pp. 11–13.
23 *Ibid.*, p. 23.

Angeregt dazu wurde er von Jovan Civić,[24] der Jakšićs Schriften kannte. Insbesondere hatte ihn die 1915 in Paris erschienene Broschüre „Das Banat" beeindruckt. Die von Jakšić konzipierte Grenzziehung nahm auf die Bukarester Wünsche am stärksten Rücksicht und beließ Timișoara auf rumänischer Seite.[25]

Zunächst also musste man sich innerhalb der südslawischen Delegation selbst einigen. Die kroatischen Mitglieder der Delegation bestanden auf der Priorität des Nationalitätenprinzips gegenüber strategischen Interessen. So meinte Josip Smodlaka, dass die Ansprüche auf das Banat übertrieben seien und weit über den ethnisch serbischen Raum hinausgingen. Nikola Pašić war jedoch nicht bereit, seine Meinung zu ändern. Als Begründung führte er an, dass der umkämpfte Bereich der Region weder homogen rumänisch noch homogen serbisch sei. Was deutsche und ungarische Interessen angehe, so seien sie durch die Kriegsniederlage zu vernachlässigen. Für Pašić schien eine gerechte Aufteilung gegeben, wenn die Banater Ebene an das *Königreich der Serben, Kroaten und Slowenen* fiel, die bergigen Regionen aber an Rumänien. Ende Januar 1919 einigte sich die jugoslawische Delegation ohne größeren Dissens auf Pašićs Standpunkt.

Der jugoslawisch-rumänische Streit über das Banat war sicherlich nur ein Aspekt von vielen territorialen Abgrenzungsproblemen, die auf der Friedenskonferenz zu entscheiden waren. Seine Besonderheit erhielt er, weil er zwei verbündete Länder gegeneinander führte und diese zur Waffengewalt gegeneinander bereit schienen. So beschloss der *Oberste Rat* der Friedenskonferenz, die beiden Delegationen zu einem Gespräch einzuladen, auf dem sie ihre Standpunkte darlegen sollten. Am 31. Januar 1919 trafen Pašić und Brătianu mit ihren jeweiligen Delegationen aufeinander. Anwesend waren: der amerikanische Präsident Woodrow Wilson, der britische Premierminister Lloyd George, der französische Premierminister Clemenceau sowie der italienische Ministerpräsident Vittorio Emanuele Orlando, schließlich noch Vertreter Japans. Beide Parteien erhielten Gelegenheit, ihre Argumente vorzutragen, und mussten dann wieder gehen. Zunächst präsentierte Brătianu die rumänischen Begründungen. Das Memorandum des Bukarester Ministerpräsidenten verwies auf die mit Kriegseintritt geschlossene Vereinbarung mit den Ententemächten und fügte ethnografische und geografische Argumente hinzu. Weiterhin argumentierte er, das Banat stelle eine Einheit dar und solle nicht geteilt werden. Obgleich er also das gesamte Territorium zwischen Donau, Marosch und Theiß für Rumänien einforderte, zeigte er sich offen gegenüber der Idee eines Sicherheitsraumes vor Belgrad.

Die jugoslawischen Delegierten legten anschließend ihre Überlegungen vor. Sie präsentierten kein vorbereitetes Memorandum. Stattdessen sprachen Pašić, Trumbić und Milenko Vesnić (der serbische Gesandte in Paris) in freier Rede. Im Unterschied zu

---

24 Cvijićs Studie *La Péninsule balkanique: Géographie humaine* (Paris, 1918) beeindruckte die Delegierten der Friedenskonferenz sehr.
25 Mitrović, *Razgraničenje Jugoslavije*, pp. 27–28.

den Rumänen, so machten sie deutlich, hätten sie kein Geheimabkommen zum Banat abgeschlossen, sondern setzten auf das Prinzip der nationalen Selbstbestimmung, was den amerikanischen Delegierten entgegenkam. Anschließend verwiesen sie auf die engen historischen Verbindungen zwischen dem Banat und Serbien (wobei sie als Vergleich das Verhältnis der Île-de-France zu Paris oder der Toskana zu Italien heranzogen). Auch strategische Gesichtspunkte sprachen sie kurz an, etwa die Bedeutung des Banats für die Sicherheit des Moravatals. Einige Tage später fasste die südslawische Delegation ihre Argumente in einem Memorandum zusammen. Es betonte vor allem das Nationalitätenprinzip und unterstrich die militärstrategischen Gesichtspunkte. Die Argumentation verdichtete sich in der Bemerkung, dass nach rein ethnischen Gesichtspunkten das südslawische Königreich auch das östliche Banat einfordern könne, indes darauf verzichte. Die vorgeschlagene Grenzlinie verlief von der Donau östlich Moldova Veches in Richtung Marosch, endete südlich von Arad und schloss Biserica Albă, Vršac, Groß-Kikinda und Timişoara ein.

Was den Ententevertretern von beiden Seiten vorgetragen wurde, waren tatsächlich vollkommen gegensätzliche Positionen. Nur in einem Punkt stimmten die beiden Delegationen überein: Sowohl die Delegation der Südslawen als auch jene der Rumänen erachteten Ungarn als besiegte Nation, der im Fall des Banats keinerlei Rechte auf Anhörung zustanden. (Da die deutsch-sprechenden Banater räumlich weit entfernt von ihrem „Referenzland" lebten, erwartete man von dieser Seite keine Eingaben. Indes, im Frühjahr 1920 traf in Paris ein Vorschlag ein, das Banat und die Batschka als selbstständige Republik mit insgesamt 2,35 Millionen Einwohnern zu erhalten. Erfolg hatte die Idee nicht.[26])

Am Folgetag hatte die rumänische Delegation Gelegenheit, ihre Vorstellungen zur Dobrudscha, Siebenbürgen, der Bukowina und Bessarabien vorzutragen. Brătianu hoffte, die Gelegenheit auszunutzen, um den Abzug der serbischen Truppen aus dem Banat zu bewirken. In diesem Zusammenhang beschuldigte er die serbische Armee mehrerer Kriegsverbrechen. Beeindrucken konnte er mit seiner Anschuldigung nicht, denn Lloyd George lehnte eine Diskussion über das Banat ohne Beteiligung der serbischen Delegation strikt ab. Stattdessen wurde das Thema an eine spezielle Kommission verwiesen, die alle mit der Grenzziehung Rumäniens zusammenhängenden Probleme studieren sollte. Im Februar erhielten die rumänischen und serbischen Vertreter Gelegenheiten, der Kommission ihre Argumente vorzutragen. Die serbische Delegation schlug für das Mittel-Banat (einschließlich Temeswar) ein Plebiszit vor, sodass die Bevölkerung selbst entscheide. Der rumänische Hinweis auf das Bukarester Geheimabkommen mit der Entente sollte dadurch entkräftet werden, dass die Vereinbarungen durch die rumänische Kapitulation gegenüber den Mittelmächten (1918) aufgehoben worden seien. Schließlich gelte für die rumänisch-sprechende Bevölkerung Serbiens

---

26 Mitrović, *Razgraničenje Jugoslavije*, p. 49.

(Timoc-Tal), dass sie nicht Teil der rumänischen Nation werden, sondern bei Serbien verbleiben wolle.[27]

In Reaktion auf alarmierende Nachrichten, wonach Rumänien nicht nur Timişoara, sondern auch Vršac, Kikinda und Biserica Albă erhalten werde, intensivierten im März 1919 die Vertreter der südslawischen Delegation ihre Anstrengungen. Ihre ausländischen Kollegen, Diplomaten und Militärs, sollten davon überzeugt werden, die befürchtete Grenzziehung abzulehnen. Unter anderem verwiesen die südslawischen Vertreter auf die große Zahl von Freiwilligen aus dem Banater Raum, die sich während des Krieges in die serbische Armee eingeschrieben hätten.[28] Auch der *Große Volksrat für das Banat, die Batschka und die Baranja* nahm Stellung. Auf seiner zweiten Sitzung am 27. Februar 1919 übermittelte er seine Forderungen an die Pariser Friedenskonferenz: Gewünscht sei die Einheit der vom *Großen Volksrat* vertretenen Gebietsteile mit Serbien. Das Schicksal Timişoaras solle durch eine Volksabstimmung ermittelt werden, die für den 2. April anzusetzen sei.

Die Territorialkommission der Friedenskonferenz entschied am 6. April 1919, dass das Banat aufgeteilt werde: Biserica Albă, Vršac und Kikinda fielen Serbien zu, Timişoara und das westliche Banat Rumänien, Szeged und seine Umgebung sollten bei Ungarn verbleiben. Die serbische Delegation zeigte sich mit der Lösung zufrieden, schon deshalb, weil man eine ungünstigere Grenzziehung befürchtet hatte. Das Plebiszit in Timişoara fand nicht statt. Der südslawische Staat, der angesichts der möglichen „Ordnungsmission" Rumäniens gegen Bela Kuns Revolutionsregierung in Ungarn eine noch größere Rücksichtnahme auf die Interessen Bukarests befürchtet hatte,[29] war ebenfalls zufrieden.

Dennoch wurde die „serbische" Delegation am 18. Mai 1919 nochmals bei Clemenceau als dem Präsidenten der Friedenskonferenz in Sachen der Banater Grenzziehung vorstellig. Ebenso wandte sie sich an die Territorialkommission und forderte eine Korrektur der Grenzlinie, um den Fortbestand der Bahnlinie Biserica Albă-Vršac-Groß-Kikinda sicherzustellen. Selbst große Veränderungen standen mit einem Male auf der Tagesordnung. Demnach sollte es zu einem großen Kompensationsgeschäft kommen, bei dem den Rumänen weitere Zugeständnisse im Banat gemacht wurden, im Gegenzug die Dobrudscha an Bulgarien fallen sollte, und Bulgarien schließlich dem neuen südslawischen Staat Widin überlassen werde. Ein Außenministertreffen der Großmächte machte dem Spuk ein Ende. Am 23. Mai 1919 bestätigten die großen Vier die Grenzziehung gemäß den ursprünglichen Vorschlägen der Territorialkommission.[30]

Die serbische Presse, die rumänische, ja auch die Zeitungen der Ententemächte entfachten in dieser Zeit wegen des Banats einen wahren „Propagandakrieg". In Rumänien

---

27 *Ibid.*, p. 99.
28 Milin, *Voluntari sârbi*, pp. 439–453.
29 Mitrović, *Razgraničenje Jugoslavije*, p. 117.
30 *Ibid.*, p. 144.

kam es im Mai 1919 zu großen öffentlichen Kundgebungen mit Kriegsdrohungen, falls die serbische Armee nicht sofort den Rückzug aus dem Banat antrete. Die rumänische Regierung übergab der serbischen Botschaft in Bukarest eine offizielle Protestnote, veranlasst durch angebliche Gewehrschüsse von der serbischen Seite der Donau aus auf rumänische Grenzwachen. Das *Königreich der Serben, Kroaten und Slowenen* erwartete in dieser aufgeregten Zeit tatsächlich einen Angriff auf das eigene Land oder zumindest eine bewusste Provokation seitens der rumänischen Armee. Man war jedoch bereit, darauf entsprechend zu antworten. In Ententekreisen kursierten Gerüchte, wonach Brătianu sich bereits zum Krieg entschlossen habe. Gleichzeitig hieß es, die Siegermächte wollten unter allen Umständen den Konflikt verhindern.

Die angespannte Lage blieb nicht ohne Auswirkungen auf das Banat selbst. Immer wieder kam es zu Zwischenfällen. Am 19. Juni 1919 unterbrachen die rumänischen Behörden die Wasserzufuhr des Kanals Richtung Timișoara, mit der Folge einer Störung der Stromversorgung und des Wasserzuflusses zur Bega. Zu dieser Zeit stand Timișoara noch unter serbischer Kontrolle.[31] Die südslawische Delegation in Paris reagierte entschlossen und verlangte am 1. Juli, dass die zeitweilige Autorität über Lugoj von der rumänischen Armee auf die französischen Truppen übertragen werde – um in Zukunft ähnliche Vorfälle zu verhindern. Eine potenzielle Beteiligung der serbischen Armee an der bewaffneten Intervention in Ungarn wurde ebenfalls diskutiert. Vor diesem Hintergrund forderte die erweiterte serbische Delegation erneut, dass die Grenze im Banat korrigiert werden möge. Im Juli 1919 kam es zu Gefechten zwischen rumänischen und ungarischen Militäreinheiten. Im August besetzten rumänische Truppen Budapest.

Zur selben Zeit unternahm die serbische Seite weitere Schritte, um die Grenzziehung noch zu verändern. Zahlreiche Petitionen erreichten die Friedenskonferenz aus jenen Ortschaften, die gemäß der Entscheidung der Friedenskonferenz slawischsprachige Bewohner hatten, aber entsprechend der Entscheidung der Territorialkommission dem südslawischen Staat nicht zugehören sollten. Eine Delegation von Banater Serben reiste nach Paris und präsentierte der Friedenskonferenz die Resolutionen verschiedener „Volksversammlungen". Sie forderten für das neue *Königreich der Serben, Kroaten und Slowenen* eine veränderte Gebietseinteilung, u. a. das „Banater Montenegro", den Donaudurchbruch sowie die Stadt Timișoara. Unter den Petitionen, die 1919 in Paris eintrafen, waren auch solche von Slowaken und anderen Banater Slawen. Die südslawische Delegation zählte darauf, dass die Dokumente Eindruck machten. Auch war sie überzeugt, dass die Deutschen, Ungarn und sogar ein Teil der Rumänen aus Timișoara sich für das *Königreich der Serben, Kroaten und Slowenen* entscheiden würden. Deshalb forderte man am 11. Juli neuerlich, dass in Timișoara eine Volksabstimmung durchgeführt werde und nannte als Begründung das Prinzip der nationalen

---

31 Rumänische Quellen präsentieren diesen Zwischenfall als ein Manöver der sich zurückziehenden serbischen Armee, um die Frachtschifffahrt auf der Bega zu stoppen.

Selbstbestimmung. Eine internationale Kommission solle die Einstellung der lokalen Bevölkerung ermitteln.[32]

Auch Rumänien blieb nicht still. Im Sommer 1919 wandte sich eine Gruppe Slowaken mit einem Telegramm an Edvard Beneš, der als Außenminister die Tschechoslowakei vertrat und zu den Teilnehmern der Friedenskonferenz zählte. Die Forderung lautete kurz, man möge die Entscheidungen der rumänischen Nationalversammlung in Alba Iulia anerkennen. Eine Versammlung Banater Deutscher am 10. August 1919 in Timișoara brachte deren Wunsch zum Ausdruck, zukünftig in Rumänien leben zu wollen. Der Beschluss richtete sich nicht zuletzt an die Friedenskonferenz.[33] Freilich, an den Versammlungen der serbisch-sprachigen Bevölkerung hatten auch deutschsprachige Repräsentanten teilgenommen. Ebenso unterbreiten die Vertreter der ungarisch-sprechenden Bevölkerung ihre Resolutionen. Sie forderten ein Plebiszit, in dem die Bevölkerung des Banats frei zwischen den beteiligten Nachbarstaaten entscheide könne. Dieser „Petitionskrieg" setzte sich lange Zeit fort. Allerdings gehörte dies zum Alltagsgeschäft der Konferenz, denn nicht nur das Banat war umstritten.

Trotz aller Bemühungen der serbischen Delegation in Paris befahl General Franchet d'Espèrey Mitte Juli der serbischen Armee, sich aus dem Banat bis zu der von der Friedenskonferenz beschlossenen Linie zurückzuziehen. Von serbischer Seite reagierte man nur zögerlich und unter Protest, weil man wusste, dass der Rückzug der Armee jede Chance auf eine neuerliche Grenzveränderung zunichtemachte. Am Abend des Rückzugs beharrte die serbische Armee auf Kriegsbeute, nahm Maschinen, Vieh und andere Güter mit. D'Espèrey persönlich beobachtete den Sachverhalt, als er Timișoara aufsuchte. Die Alliierten reagierten indigniert, die Menschen in Timișoara teilweise mit Zorn. Es gab aber auch Gerüchte über Aufstandspläne lokaler Serben und serbischer Militärs, die sich dem Rückzugsbefehl widersetzen wollten. In Modoș verabschiedeten Serben und Kroaten einen Appell, der zum Widerstand gegen die Rumänen aufrief und die serbische Armee zur Aktion trieb. Am Ende kam es nicht dazu. Die serbischen Einheiten zogen sich am 28. Juli aus der Gegend von Timișoara zurück. Anfangs übernahmen französische Truppen die Militärverwaltung, dann rumänische Einheiten.[34]

Am 1. August 1919 gab der Oberste Rat der Friedenskonferenz die definitive Entscheidung über den Grenzverlauf im Banat bekannt. Die Vorlage der Territorialkommission vom 25. Juli ignorierte die serbischen Wünsche. Nur für einige Gebietsflecken im äußersten Norden griff die Kommission die serbischen Vorbehalte auf und sagte zu, später zu entscheiden. Von serbischer Seite warf man in diesem Fall den ungarischen Behörden vor, die dort lebenden Serben systematisch zu schikanieren und zu bedrohen.

---

32 Mitrović, *Razgraničenje Jugoslavij*, p. 280.
33 Pascu, *Making of the Romanian National State*, p. 261.
34 *Ibid.*

Mit der Annahme der von der Territorialkommission unterbreiteten Vorschläge durch den Obersten Rat war die Mission der Vertreter des südslawischen Staates in der Banatfrage beendet. In der Folgezeit verzichtete Belgrad darauf, von rumänischer Seite irgendwelche territorialen Korrekturen zu verlangen. Grund dafür war, dass Belgrad befürchtete, nach der erfolgreichen Intervention der rumänischen Armee im revolutionären Ungarn könnte diese auch im Banat eingreifen. Die rumänische Seite wäre tatsächlich bereit gewesen, die Banatfrage militärisch zu lösen, so jedenfalls Take Ionescu gegenüber dem serbischen Gesandten in Bukarest. Das *Königreich der Serben, Kroaten und Slowenen* befürchtete einen gemeinsamen rumänisch-bulgarischen Angriff und schloss selbst eine Beteiligung der Tschechoslowakei und Griechenlands nicht aus. Daher wurde die serbische Seite bei der Friedenskonferenz vorstellig, verwies auf die rumänische Propaganda und die Kriegsdrohungen in Hinblick auf das Banat. Den französischen Vermittlern war die Schwierigkeit der Situation sehr wohl bewusst. Sie versicherten Belgrad jedoch, dass ein rumänischer Angriff als Aufstand gegen die Friedenskonferenz gewertet würde. Im September kam es noch einmal zu bewaffneten Zwischenfällen an der Demarkationslinie. Von Misshandlungen der serbischen Bevölkerung auf rumänischer Seite war die Rede. Auf beiden Seiten kam es zu Truppenkonzentrationen. Die Kriegsgefahr wegen der Banatfrage endete, als Brătianu als Ministerpräsident abtrat (12. September 1919).[35]

Die neue Regierung unter Alexandru Vaida Voevod verfolgte gegenüber der serbischen Regierung eine Politik des Ausgleichs. Zugleich war die serbische Delegation nach all den Reden und Androhungen von bewaffneter Gewalt mit der tatsächlichen Aufteilung recht zufrieden. Die serbischen Dörfer Sirig, Sankt Ivan der Neue und Deska im nördlichen Teil des Banats trat Serbien an Ungarn ab. Am 4. Juli 1920 erfolgte die Unterzeichnung des Vertrages von Trianon, der für Ungarn das Kriegsende bedeutete. Damit war das Kapitel Banat geschlossen, wobei alle drei Parteien ihre Maximalwünsche aufgeben mussten. Das *Königreich der Serben, Kroaten und Slowenen* erhielt eine Fläche von 9.000 Quadratkilometern, Rumänien 18.000 Quadratkilometer und Ungarn einen kleineren Zipfel in der Gegend von Szeged. Abgesehen von einigen Korrekturen in der ersten Hälfte der 1920er Jahre blieb der 1919 beschlossene Grenzverlauf für das Banat bis heute gültig.

Fazit

Die Jahre 1914–1920 bestimmten das Schicksal des modernen Banats in vielerlei Hinsicht. Militäroperationen, Geheimdiplomatie und schwierige Verhandlungen während der Pariser Friedenskonferenz veränderten die Zukunft der multinationalen Region. Die Geschichtsschreibung – ob serbisch, rumänisch oder ungarisch – hat

---

35 Mitrović, *Razgraničenje Jugoslavije*, pp. 191–194.

das Geschehen dieser Zeit bisher fast ausschließlich an nationalen Kriterien bemessen. Es ist daher Aufgabe einer zukünftigen Historikergeneration, die Grenzen des nationalhistorischen Ansatzes zu überwinden und ein umfassendes Bild des Vergangenen für die Gegenwart zu zeichnen. Erschwert wird der Sachverhalt durch das offensichtliche Nebeneinander der drei Nationalhistoriografien. Die geringe Zahl von Übersetzungen wichtiger Werke, die in den Nachbarländern erschienen sind, ist in dieser Hinsicht aufschlussreich. Der Verfasser ist insofern überzeugt, dass erst Studien wie die vorliegende zu einem verbesserten Verständnis der Geschichte des Banats beitragen können. Es bedarf dringend eines Dialogs zwischen den Historiografien der geschichtlich so eng verflochtenen und geografisch unmittelbar benachbarten Staaten.

Victor Neumann

Temeswar in der Zwischenweltkriegszeit – Multi- und interkulturelles Zentrum in einer europäischen Region

Um die Identität Timişoaras in der Zwischenweltkriegszeit geht es in diesem Kapitel, um eine Stadt, die historisch an der Schnittstelle zwischen unterschiedlichen Kulturen gelegen war und im Verlaufe der Geschichte sowohl Einflüsse von Mitteleuropa als auch von Südosteuropa aufgenommen hatte. Wie, so werden wir fragen, entwickelte sich die Identität Temeswars und der Region Banat – deren Hauptstadt Timişoara war – zu einer Zeit, da die historische Einheit des Gebietes aufgelöst und der Raum zwischen Rumänien, Serbien und Ungarn aufgeteilt worden war? Wie, so fragten auch die Zeitgenossen, ließ sich das vielfältige Erbe des österreichisch-ungarischen Kaiserreichs und der Doppelmonarchie in der neuen Zeit bewahren? Zahlreiche Stimmen rieten 1919 dazu, das Banat als ungeteilte Region zu erhalten. Sie brachten hierfür geografische, administrative und ökonomische Argumente vor. Eines dieser Dokumente, das auf der Pariser Friedenskonferenz präsentiert wurde, schilderte das Problem wie folgt:

> Eine Teilung des Banats würde den wirtschaftlichen, industriellen und kommerziellen Ruin für die Provinz bedeuten und ihre Einwohner verarmen lassen. Wir kennen die strategischen und ethnischen Gründe nur andeutungsweise, welche die Idee einer Teilung des Banats veranlasst haben. Aber wir sind fest überzeugt, dass jede Teilung die Provinz in eine ökonomische Katastrophe führt. Ihre geografische und wirtschaftliche Einheit war immer eine Realität, sodass diese Provinz in ihrem geschichtlichen Verlauf nur einem einzelnen Staat zugehörte. ... Das Banat hat eine rechteckige Form. Es wird begrenzt von drei großen Flüssen und einem Gebirge: dem Marosch, der Theiß, der Donau und den Karpaten. Innerhalb dieses Rechtecks gibt es ein System von Wasserwegen, Bahnlinien und Straßen, das die Provinz mit der Theiß und der Donau verbindet.[1]

Angesichts der vorherrschenden Idee nationalen Selbstbestimmungsrechtes sprachen Dokumente wie dieses wichtige Aspekte allerdings gar nicht an: Die Pluralität der Region und das vielfältige soziokulturelle und religiöse Erbe blieben als Gesichtspunkte ausgespart. Unerwähnt blieben etwa: die Kooperation von orthodoxer und katholischer Kirche; die enge Zusammenarbeit zwischen den „Deutschen", „Österreichern", „Rumänen" und „Serben"; das Miteinander der Jiddisch sprechenden deutschsprachigen Juden mit den aus Spanien stammenden, Ladino sprechenden Juden.

---

1 Memorandum präsentiert auf der Pariser Friedenskonferenz seitens einer Delegation der Banater Schwaben; später veröffentlicht in *Revista Institutului Social Banat-Crişana* (*Banat-Crişana Social Institute Review*), vol. 12 (November–Dezember 1943), p. 421.

Auffällig war auch die Emanzipation der Juden, die sowohl Elemente der deutschen als auch der ungarischen Kultur aufgriffen und im Verlaufe der Zeit internalisierten. All dies stand für die Geschichte der Region, welche die Einwohner von Timișoara als ihre eigene anerkannten und die sie ohne Brüche fortsetzen wollten. Die beschriebenen Interferenzen waren die natürliche Folge einer Geschichte an der Grenze zwischen den Kulturen. Schon die vielen Namen für Temeswar in zahlreichen Sprachen verdeutlichen den Sachverhalt: Timișoara (rumänisch), Temeswar und Temeschburg (deutsch), Temesvar (ungarisch) und Temisvaru (serbisch). In Temeswar gab es eine vielsprachige Presse, die auf Deutsch, Ungarisch und Rumänisch publizierte. Zur Kultur der Stadt gehörte ein nichtdiskriminierendes Sozialverhalten, wirtschaftliches und soziales Engagement und die Bereitschaft, mit der Verwaltung eng zusammenzuarbeiten.

Die Teilung der Region, wie sie im Vertrag von Trianon vereinbart wurde, bewirkte nicht nur Spannungen zwischen den benachbarten Ländern – Rumänien, Serbien und Ungarn –, sie hatte auch berechtigte Ängste der Einwohner der Region zur Folge. Ihre Furcht galt der zentralistischen Politik und der ethnonationalistischen Ideologie aller drei Hauptstädte. Als Nationalstaaten, die nach dem Ersten Weltkrieg entstanden waren und ethnografische Kriterien widerspiegeln sollten, stellte sich die Frage, wie sie mit Regionen umgingen, die ein ganz anderes, vielfältiges Erbe widerspiegelten. Die Politiker der Altreiche standen vor Herausforderungen, die sie bisher nicht gekannt hatten: Multi- und Interkulturalität, Vielfalt der Religionen, Anerkennung unterschiedlicher historischer Narrative. Das alles passte nicht zu einer als homogen imaginierten nationalen Gemeinschaft.

Die rumänischen Regierungen und politischen Parteien der Zwischenweltkriegszeit – sogar die tolerantesten – hatten Probleme damit anzuerkennen, dass die Temeswarer Stadtgesellschaft Ergebnis einer Vielzahl von Sprachen und Kulturen war, dass es hier nicht nur eine einzige Konfession gab und dass die Stadt keinerlei Anzeichen für ethnonationale Besonderheiten aufwies. Das plurale Miteinander und die Vielfalt historischer Einflüsse passten nicht zu den auf Vereinfachung angelegten Narrativen der neu geschaffenen Nationalstaaten.

Kaiserliche Volkszählungen und nationale Erhebungen dienten den politischen Entscheidungsträgern und Zentralverwaltungen, die Karten Europas im neunzehnten und zwanzigsten Jahrhundert neu zu zeichnen. Die Administration in Budapest stellte 1910 statistische Erhebungen zur Einwohnerschaft Timișoaras zusammen, fragte nach der Muttersprache (Tabelle 19.1) und nach der Religion (Tabelle 19.2), wobei das folgende Ergebnis herauskam:

Tabelle 19.1: Muttersprache nach Selbsteinschätzung der Einwohner Temeswars 1910

Muttersprache nach eigener Aussage	Anzahl der Sprecher
Deutsch	32.963
Ungarisch	28.645
Rumänisch	7.593
Serbisch	3.490
Slowakisch	341
Kroatisch	149
Ruthenisch	4
Sonstige	818
Insgesamt	74.003

Quelle: Rotariu, Semeniuc, und Mezei, *Recensământul din 1910: Transilvania* (*Die Volkszählung von 1910: Siebenbürgen*), pp. 548–550.

Tabelle 19.2: Religionszugehörigkeit der Einwohner Temeswars 1910

Religion oder Konfession nach eigener Aussage	Anzahl der Personen
Römisch-katholisch	49.981
Orthodox	11.257
Jüdisch	6.729
Reformiert-calvinistisch	3.554
Evangelisch-lutherisch	1.609
Griechisch-katholisch	754
Unitarisch	80
Sonstige	39
Insgesamt	74.003

Quelle: Rotariu, Semeniuc, und Mezei, *Recensământul din 1910: Transilvania* (*Die Volkszählung von 1910: Siebenbürgen*), pp. 548–550.

Welche Schlüsse können wir aus den Zahlen der beiden Volkszählungstabellen ziehen? Erstens sehen wir, dass viele Bewohner, ja die meisten, Deutsch als Muttersprache angaben, insgesamt 32.963 Einwohner oder 44,5 Prozent der Bevölkerung. Das muss erläutert werden: Seit der Regentschaft Josephs II. diente das Deutsche als Mittel der (Verwaltungs-)Kommunikation mit und innerhalb der Bevölkerung, ohne dass Deutsch verpflichtend war. Tatsächlich beruhte der Bevölkerungszuwachs in Timişoara während des 18. Jahrhunderts auf der Ansiedlung von Kolonisten deutscher Herkunft (Schwaben) – und die meisten von ihnen sprachen tatsächlich noch keine andere Sprache als Deutsch. Zweitens, die italienischen, spanischen und französischen Siedler passten sich der deutschen Siedlermehrheit an, sodass sie ebenfalls Deutsch als Kommunikationssprache verwendeten. Drittens diente Deutsch während vieler Jahrzehnte seit dem ausgehenden 18. Jahrhundert der Herausbildung imperialer Eliten in den peripheren

Regionen des Habsburgerreiches. Große Teile des Buchs-, Zeitungs- und Zeitschriftenwesens des österreichisch-ungarischen Kaiserreichs beruhten auf der Kenntnis der deutschen Sprache. Benedict Andersons Beobachtung, dass die deutsche Sprache „zunehmend einen doppelten Status annahm: ‚universal-imperial' und ‚partikular national'"[2] – trifft in diesem Fall absolut zu. Ende des neunzehnten und Beginn des zwanzigsten Jahrhunderts diente die deutsche Sprache als Referenz nicht nur für den zivilen und kulturellen Code der Bevölkerung, sondern auch für zahlreiche Ideologien, ja selbst ethnonationalistische Bewegungen.

Die Zahl der Ungarisch sprechenden Muttersprachler in Temeswar nahm in der zweiten Hälfte des neunzehnten Jahrhunderts deutlich zu, und zwar auf 28.645 Personen und damit 38,7 Prozent der Bevölkerung. Ursache hierfür waren die politischen Veränderungen nach der Revolution 1848, als die ungarische Sprache das Latein bzw. Deutsch in der öffentlichen Verwaltung ersetzte. Verantwortlich hier war der ungarische Adel, der seine politische Kommunikation mit den Bauern als Unterstützer intensivierte.

Die auf Sprache und Religion basierende Klassifikation, wie ich sie in Tabelle 19.1 und 19.2 wiedergegeben habe, entsprach nicht wirklich den gesellschaftlichen und intellektuellen Orientierungen der Temeswarer Bevölkerung, jedenfalls in der Mehrheit. Im ersten Jahrzehnt des 20. Jahrhunderts lebte die Stadt weiterhin in ihrem eigenen Koordinatensystem, das auf der Zusammenarbeit zwischen ihren Bürgern und der Orientierung am Gemeinwohl aufbaute. Die Budapester Verwaltung zeigt sich überrascht, als sie feststellte, dass Timișoara sich der vorherrschenden ideologischen Orientierung widersetzte, insbesondere dem auf der Sprache abhebenden Nationalismus. Dass das Deutsche weiterhin einen beträchtlichen Anteil an der zwischenmenschlichen Kommunikation hatte, als Verkehrssprache diente, Bildung, Kultur und Presse mit der Beherrschung des Deutschen in Verbindung stand, war in das nationalstaatliche Orientierungsschema Budapests nur schwer einzuordnen. Als wichtigstes lokales Presseorgan galt zum Beispiel die deutsch-sprachige *Temeswarer Zeitung*.[3] Trotz einer bewussten Politik der Förderung des Ungarischen, ja, der Magyarisierung, hielten 44,5 Prozent der Gesamtbevölkerung an Deutsch als Muttersprache fest.[4] Rumänisch nannten 10,2 Prozent der Bevölkerung als ihre Muttersprache, Serbisch 4,7 Prozent. So war auch jetzt noch die Vielfalt der Sprachen das Normale in Temeswar.

---

2 Benedict Anderson, *Imagined Communities: Reflections on the Origins and Spread of Nationalism* (London und New York, 1991).

3 Vgl. auch das von mir verfasste Kapitel 11 in diesem Band.

4 Traian Rotariu, Maria Semeniuc und Elemér Mezei, *Recensământul din 1910: Transilvania* (*The Census of 1910: Transylvania*) (Bukarest, 1999), p. 548.

Ähnliches gilt für die Religionszugehörigkeit. So bezeichnete sich eine Mehrheit von 49.081 Personen als katholisch.[5] Doch das meinte nicht, dass das Glaubensbekenntnis anderer eingeschränkt wurde. Viele Einwohner bezeichneten sich als orthodox, jüdisch, reformiert calvinistisch, evangelisch-lutherisch oder griechisch-katholisch. Kirchen gab es in allen Temeswarer Stadtvierteln, ebenso Synagogen unterschiedlicher Glaubensrichtungen.

Diese kulturelle und religiöse Vielfalt förderte die Selbstorganisation der Bevölkerung. Es gab eine Vielfalt von professionellen, technischen und wissenschaftlichen Vereinen. Die Bourgeoisie zeigte Initiative, und sie wurde unterstütz von der lokalen Verwaltung. Gleichzeitig tendierte eine Mehrheit der Bewohner zu sozialdemokratischen Wertorientierungen.

Ein veränderter staatlicher Bezugsrahmen und die Neudefinition der städtischen Identität

In der Zwischenkriegszeit war es die rumänische Verwaltung, die sich mithilfe von Volkszählungen über die Identitätskonstruktionen der Bewohner klar werden wollte. Der in den Jahren vor 1930 erhobene Ist-Zustand zeugte bereits von einer gewissen Transformation. Gleichzeitig fiel die starke Kontinuität zur Vorkriegszeit auf.[6] Ganz offen fragte die Volkszählung seit 1930 nach „Nationalität" und ethnokultureller Selbstzuschreibung. Tabelle 19.3 zeigt das Ergebnis.

Tabelle 19.3: Die Nationalität der Bevölkerung von Temeswar 1930

Nationalität nach eigener Aussage der Befragten	Personen
Deutsch	27.807
Ungarisch	27.652
Rumänisch	24.217
Jüdisch	7.171
Serbisch, Kroatisch oder Slowenisch	2.156
Russisch	700
Tschechisch oder Slowakisch	597
„Zigeuner"/Durchreisende/Roma	337
Bulgarisch	257

5 *Ibid.*, p. 550.
6 Aufschlussreich sind die stark aufgeladenen Begriffe, wie sie Sabin Manuilă benutzt hat. S. *Recensământul general al populaţiei României din 29 decembrie 1930* (*General Census of Romania's Population of 29 December 1930*), vols. i–x, Central Institute of Statistics (Bukarest, 1938–1940).

Tabelle 19.3: Die Nationalität der Bevölkerung von Temeswar 1930 (fortgesetzt)

Nationalität nach eigener Aussage der Befragten	Personen
Polnisch	101
Türkisch	67
Ruthenisch oder Ukrainisch	53
Albanisch	10
Armenisch	10
Hutsan[a]	7
Griechisch	8
Tatarisch	2
Sonstige	179
Nicht deklariert	249
Insgesamt	91.580

a Eine kleine orthodoxe Gemeinschaft mit Ursprüngen in Galizien. Von Zeit zu Zeit zogen Teile dieser Bevölkerung von Galizien weg und ließen sich in der Bukowina, im Maramureş-Gebiet, in Siebenbürgen und im Banat nieder.

Quelle: Sabin Manuilă, *Recensamântul, Band II, Neam, limbă maternă, religie (Verwandtschaft, Muttersprache, Religion)*, Zentralinstitut für Statistik (Bukarest, 1938), pp. 468–469.

Während die Ungarisierung auf die sprachliche und bürgerliche Assimilierung der Einwohner des ungarischen Teils der Doppelmonarchie abzielte, stand die Rumänisierung seit 1918 für eine bewusste Politik des Nebeneinanders der Ethnien und des Vorranges für die Rumänen. Für die rumänische Statistik meinte „Nationalität" so viel wie Stammesverwandtschaft („neam" steht im Rumänischen für Stamm oder Rasse).[7] Aus der Sicht der Statistik sorgte die Frage nach der Nationalität für Klarheit, Unzweideutigkeit, scharfe Abgrenzung.[8] Sprache und Religion dienten nach wie vor als Unterscheidungsmerkmal, aber sie erhielten im Kontext mit der Frage nach der Nationalität eine neue Bedeutung.

Die Statistik über die Einwohnerschaft Temeswars lässt erkennen, wie sehr der rumänische Staat von der Idee der Nation und der Zugehörigkeit zu einer Nation geprägt war. Nun war dies nichts Besonderes. Wir finden ähnliche Wahrnehmungs- und Sprachmuster überall in den neu entstandenen Staaten nach dem Ersten Weltkrieg. Das Problem bestand darin, dass die Regional- und Stadtgesellschaften des südosteuropäischen Raumes sich nicht auf die Zugehörigkeit zu *einer* Nation reduzieren ließen.

7 *Ibid.*, vol. ii. *Neam, limbă maternă, religie.*
8 Vgl. Anderson, *Imagined Communities.*

Mehrheiten und Minderheiten lebten mit- und nebeneinander. Ganz verschiedene Kulturen, Religionen und historische Entwicklungen hatten Formen der Koexistenz entwickelt, die eine Vielzahl von Existenzweisen ermöglichten, für den Einzelnen wie für die sozialen Gruppen. Zu dieser Zeit gehörten etwa 30 Prozent der rumänischen Bevölkerung zu einer anderen kulturellen Gruppe oder „Nationalität" als der rumänischen. Mit der Herausbildung Großrumäniens war das Land demnach vielfältiger geworden. Politisch und damit auch sprachlich gelang der Übergang zum Staatsbürgerdenken jedoch nicht. Die sozialwissenschaftliche Literatur der Zeit, auch die rumänische Presse verwendeten den Begriff „Ausländer" (străinul) sowohl für Personen, die aus einem anderen Land stammten, als auch für Mitbürger, die zu einer der Minderheitengruppen innerhalb der rumänischen Staatsgrenzen gehörten.

Wir finden solche Kategorisierungen auch bei manchen Intellektuellen Timişoaras. Als Beispiel hierfür sei das „Journal des Sozialwissenschaftlichen Instituts Banat-Crişana: Geschichtswissenschaftliche Abteilung" genannt. Die Zeitschrift erschien zwischen 1933–1946. Geleitet wurden das Institut und die Zeitschrift von Cornel Grofşorean, der in den 1930er Jahren auch Bürgermeister von Temeswar wurde und für sein Institut das Modell des Bukarester Rumänischen Sozialinstituts unter Dimitrie Gusti übernahm. Das Temeswarer Institut funktionierte streng zentralistisch und war tief durchdrungen von der Ideologie des Ethnonationalismus. Sichtbar wurde dies in den Artikeln zahlreicher Autoren der Zeitschrift. Genannt seien: Cornel Grofşorean, Aurel Ciupe, Gh. Cotoşman, Anton Golopenţia, Romulus Ladea oder Ioachim Miloia.[9] Es lag in der Natur der Sache, dass ein solcher Ansatz den Blick auf die Komplexität der regionalen Wirklichkeit kaum zuließ und die Zeitschrift insofern den Interessen zahlreicher Bewohnergruppen nicht zu entsprechen wusste.

Im Kontext unserer Diskussion des Lebens in Temeswar 1920–1939 ist es bezeichnend, dass unmittelbar mit der Eingliederung großer Teile des Banats zu Rumänien die politisch Verantwortlichen eine blühende nationale Zukunft voraussagten. Der neue Bürgermeister Temeswars, Stan Vidrighin, definierte die Identität Temeswars anlässlich der Gründung des Polytechnikums 1920 wie folgt:

> Eine höhere Schule wie das Polytechnikum ... hat die Funktion, die Stärke und Überlegenheit der rumänischen Intelligenz zu beweisen. Sie wird in bemerkenswertem Umfang zur Konsolidierung der rumänischen Bevölkerung in Timişoara und dem Banat beitragen, mit der Folge einer

---

9 Eine Lektüre der entsprechenden Schriften ist höchst aufschlussreich. S. z. B. Ioan Lotreanu, *Monografia Banatului*, vol. i. *Situaţia geografică, Locuitorii, Comunele* (*Monograph of Banat*, vol. i. *Geographical Situation, Inhabitants, Villages*) (Timişoara, 1935); Cornel Grofşorean, *Banatul de altădată şi de totdeauna: Sinteza problemelor istorice şi social-politice* (*The Banat of the Past and Forever: Synthesis of the Historical and Sociopolitical Questions*) (Timişoara, 1946). Auskunft über die Homogenisierungspolitik geben die Tabellen in Victor Vîlcovici (Hg.), *Şcoala Politecnică din Timişoara: Zece ani de existenţă (octombrie 1920–octombrie 1930)* (*The Polytechnic of Timişoara: Ten Years of Existence – October 1920–October 1930*) (Timişoara, 1930), pp. 97–99.

Nationalisierung aller Institutionen, die heute noch „ausländisch" geprägt sind. Das rumänische Element, das im Banat die große Mehrheit stellt, wird durch die neue Institution so weit an intellektueller Kraft gewinnen, dass die meisten Ungarn und Schwaben, die heute noch besser aufgestellt sind, dem rumänischen Genius werden weichen müssen. Wenn wir derzeit in Timișoara noch unterlegen sind, infolge der vergleichsweise geringen Zahl der Rumänen, die in dieser Stadt leben, so wird sich dies mit Sicherheit zu einem Mehrheitsverhältnis umwandeln.[10]

Onisifor Ghibu, damals Direktor im provisorischen Ministerium für Religion und öffentliche Bildung (Consiliul Dirigent) der vormals ungarischen Gebiete,[11] äußerte sich ganz ähnlich. Seiner Ansicht nach hatten die neu einzurichtenden höheren Bildungsinstitute in Temeswar die Aufgabe, die Position des Rumänentums zu festigen und „die Nationalisierung der Grenzstadt"[12] sicherzustellen.

Wenn man den Begriff „Nationalität" so auffasst, wie ihn der Zensus von 1930 einführte, dann kann man davon ausgehen, dass Temeswar für die Statistiker der Zeit eine Herausforderung darstellte, und zwar aus mehreren Gründen:

1. In der Stadt lebten viele Menschen, die zwei oder mehr Sprachen beherrschten und vollkommen selbstverständlich nutzten;
2. Nationalität und Muttersprache stimmten nicht notwendigerweise überein;
3. die Identität mancher Stadtbewohner – zum Beispiel der Juden – bestimmte sich nicht durch die Muttersprache, sondern durch die Religion (der Zensus führte daher den Begriff der „jüdischen Nationalität" ein);
4. Timișoaras Funktion als Schmelztiegel machte die Identifizierung seiner Bürger durch Verweis auf eine einzige Nationalität oft unmöglich. Es gab zahlreiche gemischte Ehen, etwa zwischen Katholiken und Protestanten, oder zwischen Orthodox-Gläubigen und Unierten, oder auch zwischen Christen und Juden;
5. „Nationalität" oder „Ethnonation" waren Begriffe, die auf eine Region mit einer ausgeprägten kulturellen Vielfalt kaum angemessen anzuwenden waren.

Schon die Gegenüberstellung von „Muttersprache" und „Religion" durch den Zensus von 1930 ist für Temeswar höchst aufschlussreich (Tabellen 19.4 bzw. 19.5.).

---

10 'Adresa Primăriei orașului Timișoara către Ministerul Instrucțiunii și al Cultelor în chestiunea înființării unei Politecnice în Timișoara' ('Memorandum of the Timișoara Mayor's Office to the Ministry of Religion and Public Instruction Regarding the Establishment of a Polytechnic School in Timișoara'), in Vîlcovici (Hg.), *Școala Politecnică din Timișoara*, pp. 7–12, hier p. 10.

11 In den Jahren 1918–1920 kam dem „Rat der Direktoren" die Politikgestaltung in den neu integrierten Gebieten Rumäniens zu.

12 Onisifor Ghibu, 'Motivarea bugetului Politecnicei din Timișoara' ('Motivation for the Budget of the Timișoara Polytechnic'), in Vîlcovici (Hg.), *Școala Politecnică din Timișoara*, pp. 14–15, zitiert auf p. 15.

Tabelle 19.4: Die Bevölkerung Temeswars 1930, differenziert nach der Muttersprache

Muttersprache (eigene Aussage)	Personen
Deutsch	30.670
Ungarisch	32.513
Rumänisch	24.088
Serbisch, Kroatisch oder Slowenisch	1.820
Russisch	688
Jiddisch	442
Tschechisch oder Slowakisch	375
Zigeuner/Durchreisende/Roma	167
Bulgarisch	234
Polnisch	44
Türkisch oder Tatarisch	53
Ruthenisch oder Ukrainisch	30
Albanisch	26
Armenisch	3
Griechisch	7
Sonstige	151
Nicht deklariert	269
Insgesamt	91.580

Quelle: Manuilă, *Recensământul general al populației României din 29 decembrie 1930*, Band ii. Neam, limbă maternă, religie, pp. 468–469.

Tabelle 19.5: Die Bevölkerung Temeswars nach Religion (1930)

Religion oder Konfession (eigene Aussage)	Zahl der Gläubigen
Römisch-katholisch	48.136
Orthodox	24.307
Jüdisch	9.368
Reformiert-Calvinistisch	4.690
Evangelisch-Lutherisch	2.279
Griechisch-Katholisch	2.056
Baptistisch	193
Muslimisch	84
Unitarisch	66
Adventistisch	42
Armenisch-Gregorianisch	26
Lipovanisch	8
Sonstige	14
Freidenker	41
Nicht deklariert	270
Insgesamt	91.580

Quelle: Manuilă, *Recensământul general al populației României din 29 decembrie 1930*, Band II. Neam, limbă, maternă, religie, pp. 755.

Wie man den Tabellen 19.4 und 19.5 entnehmen kann, sprachen die Bewohner Timişoaras verschiedene Sprachen. Ungarisch und Deutsch standen bei der Nennung der Muttersprache an erster Stelle, direkt gefolgt von Rumänisch. Prozentual verteilten sich die Selbstzuschreibungen wie folgt: Ungarisch 35,5 Prozent, Deutsch 33,4 Prozent, Rumänisch 26,6 Prozent.

Was die Religionszugehörigkeit angeht, so ist das Bemühen der Statistiker offensichtlich, Eindeutigkeit herzustellen und Zweifelsfälle zu vermeiden. Die Zahl der „Freidenker" wird mit 0,04 Prozent angegeben und ist damit erstaunlich gering. Tatsächlich taten die Statistiker alles, um Mehrfachzuordnungen auszuschließen. Wir erfahren nichts über zwei- oder dreisprachig aufgewachsene Bewohner. Nur eine einzige ethnische Zugehörigkeit ging in die Statistik ein. Allen Einwohnern wiesen die Behörden eine unzweifelhafte Identität zu – dabei war diese in Hinblick auf die vorgegebenen Kategorien doch vielfach mehrdeutig, fluide, hybrid.

Obgleich die staatliche Politik versuchte, die Bevölkerung Temeswars in das vorgegebene Schema völkischer Differenz einzuordnen und die Bürger entsprechend eindeutig zu klassifizieren, lebte das alte, vielsprachige und multikonfessionelle Timişoara noch fort. Durch seine industrielle Stärke und dank seiner zahlreichen Handelskontakte trug es zum Wohlstand Rumäniens bei. Die große Zahl der im Kulturbereich engagierten Gruppen, die Sportvereine, auch das bürgerschaftliche Engagement beeindruckten nach wie vor. Wir werden gleich einige Beispiele dafür anführen, wie der Gegensatz zwischen den von außen herangetragenen politischen Erwartungen und den wahren Hoffnungen der lokalen Bevölkerung immer wieder sichtbar wurde.

1. Als erster professioneller Fußballclub Rumäniens trat seit 1930 *Ripensia Timişoara* auf die öffentliche Bühne. (Der Name spielte an auf die römische Provinz *Dacia repensis*.) Der Erfolg des Vereins war das Ergebnis einer bewundernswerten Aufbauarbeit und in dieser Form allein möglich durch das Miteinander von Spielern ganz unterschiedlicher Herkunft. Zur Mannschaft gehörten Deutsche, Rumänen, Ungarn, Juden und Serben – was der sozialen Wirklichkeit der Stadt entsprach. Zu den weithin bekannten Spielern zählten: Alexandru Schwartz, Gheorghe Ciolac, Nicolae Simatoc, Rudolf Burger, Rudolf Kotormany oder auch Silviu Bindea, um nur einige der bekannten Profis zu nennen. Mehrfach gewann Ripensia die nationale Fußballmeisterschaft (1932/1933, 1934/1935, 1935/1936, 1937/1938), und auch im Wettbewerb mit den Fußballvereinen Europas präsentierte sich der Verein höchst erfolgreich. Kein Wunder, dass er zu einer Legende im rumänischen Fußball wurde. Damit war er zugleich städtischer Botschafter für die gelebte Vielfalt Timişoaras. Die Namen der Spieler standen sowohl für sportliches Talent als auch für die Anziehungskraft der multi- und interkulturellen Städte Ostmitteleuropas, deren Offenheit sich über Jahrzehnte herausgebildet und bestätigt hatte.[13]

---

13 Vgl. Alexiu Cristofor, *Ripensia* (Timişoara, 1992).

2. Einen weiteren Beweis für den offenen Geist der Stadt bot die eindrucksvolle Vielfalt der Zeitschriften und Zeitungen,[14] die sowohl einsprachig als auch mehrsprachig in Temeswar erschienen. Dazu kamen ein- und mehrsprachige Bücher sowie Postkarten.[15] In dieser Hinsicht übertraf Temeswar viele andere Städte in Europa. Einige der wichtigen Zeitungen und Zeitschriften erschienen sowohl in Rumänisch als auch in Ungarisch und in Deutsch. 1922 gab es vier solcher dreisprachigen Veröffentlichungen, 1925 waren es bereits sieben und auf diesem Niveau blieben die Zahlen auch in der Folgezeit: 1926 vier, 1930 drei, 1932 vier, 1933 sechs und im Jahr 1934 wieder sieben.[16]

3. Eine Bestandsaufnahme der Postkarten, die Thomas Mochnacs gesammelt hat, bestätigt, dass Temeswar stolz auf seine Mehrsprachigkeit war. Von insgesamt 480 Postkarten verfügten 106 über Erläuterungen, die in Rumänisch und Ungarisch verfasst waren, 50 in den Sprachen Rumänisch, Ungarisch und Deutsch, 15 in Rumänisch und Deutsch, 15 in Ungarisch und Deutsch, eine in Deutsch und Hebräisch sowie eine andere in Esperanto.[17] Die Texte selbst zeugten von einem starken Bewusstsein Temeswars von sich selbst und den vielen Besonderheiten der Stadt.

4. Nicht wenige Intellektuelle brachten den spezifischen Geist der Stadt auch in ihrem kulturellen Schaffen zum Ausdruck. Viele der Schriftsteller verstanden sich als kosmopolitisch. Sie nutzten ihre Fähigkeiten, um Lyrik und Prosa[18] von einer Sprache in die andere zu übersetzen. Gleichzeitig erprobten sie neue literarische Genres. Darunter waren etwa Ion Stoia-Udrea, Nicolae Ivan und Mircea Şerbănescu.[19]

---

14 Eine erste Klassifizierung von Zeitungen und Zeitschrifen der Zwischenkriegszeit findet sich in Nicolae Iliesius *Timişoara: Monografie istorică* (*Timişoara: Historical Monograph*) (Timişoara, 1943). Einen neuen Ansatz bietet Thomas Mochnács, 'Cultura în Timişoara interbelică' ('Culture in Interwar Timişoara'), PhD thesis (West University of Timişoara, 2012), pp. 101–164.

15 Mochnács, 'Cultura', pp. 50–100.

16 *Ibid.*, pp. 159–160.

17 *Ibid.*, pp. 75–76.

18 Vgl. Ion Luca Caragiale, *Az elveszett levél* (*A Lost Letter*) (Timişoara, 1926), übers. v. Kádár Imre, Vorw. von Bánffy Miklós (Budapest, 1926); Áron Cotruş, *Holnap* (*Tomorrow*), übers. v. Pál Bodó (Timişoara, 1929); Viktor Orendi-Hommenau, *Literatur und Volkskunst der Rumänen* (Timişoara 1928); Mihai Eminescu, *Ausgewählte Gedichte*, übers. v. Viktor Orendi-Hommenau (Timişoara, 1932); Zoltán Franyó, *A kárpáti harcokról* (*About the Fights in the Carpathians*) (Budapest, 1915); deutsche Übers. Zoltán Franyó als *Bruder Feind* (Wien, 1916); id. (Hg.), *Eine Herbstsymphonie rumänischer Lyrik* (Arad, 1926); id. (Hg.), *Rumänische Dichter: Eine Anthologie zeitgenössischer Lyrik* (*Romanian Poets: An Anthology of Contemporary Lyrics*). (Timişoara, 1932); Ernst Toller, *Fecskekönyv* (*The Book of the Swallow*), übers. v. Zoltán Franyó (Timişoara, 1935); Mihai Eminescu, *Der Abendstern* (*The Evening Star*), übers. v. Zoltán Franyó (Timişoara, 1943).

19 Erläuterungen zu mehrsprachigen Autoren in Timişoara bieten Adriana Babeți und Cécile Kovacshazy (Hg.), *Le Banat: Un Eldorado aux confins* (Paris, 2007), pp. 214–217, 199–204, 205–209.

5. Einen ähnlich neugierigen Geist finden wir in den Kreisen der Bildendenden Künstler Timișoaras, so etwa bei den Malern Franz Ferch, Ioan Isac, Albert Krausz, Cornelia Liuba und Ioan Eminet sowie bei den Bildhauern Andrei Gál, Ferdinand Gallas, Romul Ladea, Sebastian Rotschingk und Géza Rubletzky.[20]

6. Mit besonderem Nachdruck verbanden Musiker lokale Musiktraditionen mit solchen der internationalen Kunst. Insbesondere das Temeswarer Konservatorium macht sich um die Analyse und Wahrnehmung der reichhaltigen folkloristischen Traditionen des Banats verdient. Zu jenen, die dem Wirken des Konservatoriums Substanz verliehen, gehörten der Cellist Nicolae Papazoglu, die Violinisten Maximilian Costin, Bela Tomm und Josef Brandeis,[21] schließlich die Komponisten Guido von Pogatschnigg, Sabin Drăgoi, Tiberiu Brediceanu, Filaret Barbu, Alma Cornea-Ionescu, Zeno Vancea, Hermann Klee und Richard Carol Oschanitzky.[22]

All diese Beobachtungen festigen die Wahrnehmung von Timișoara als eine Stadt gelebten multikulturellen Miteinanders, auch in den 1930er-Jahren. Man agierte zusammen, lebte trotz unterschiedlicher sprachlicher Schwerpunkte nicht nebeneinander. Insofern haben sowohl die nationalistische Geschichtsschreibung als auch die nationalkommunistische den Charakter der Stadt falsch gezeichnet, ihn auch nicht verstehen wollen.[23] Ein unproblematisches Miteinander bestimmte das Leben in der Stadt viel stärker als die Konflikte zwischen den ethnischen Gruppen, die es gelegentlich natürlich auch gab.

1941 unternahm die Statistik einen weiteren Versuch, die Bevölkerung Temeswars nach dem Kriterium der „Nationalität" zu klassifizieren, wobei jeder Bürger ersucht war, seine Zugehörigkeit selbst zu bestimmen (vgl. Tabelle 19.6).

---

20 Adriana Pantazi, 'Etape în istoria istoriografiei artei românești interbelice: Studiu de caz – Arad și Timișoara' ('Stages in the Historiography of Romanian Art during the Interwar Period: Study Case – Arad and Timișoara'), Zusammenfassung der Diss. (Alba-Iulia, 2012), p. 5.

21 Maria Bodó, *Creația bănățeană pentru pian în perioada interbelică* (*Piano Composition in the Banat during the Interwar Period*) (Timișoara, 2005), pp. 101–118. Vgl. auch Damian Vulpe, 'Învățământul muzical timișorean cu școlile lui' ('Music Instruction and the Schools in Timișoara'), Vorlesung anlässlich des Symposiums zum zehnten Jubiläum der Musikfakultät in Oradea, 13. Dezember 2005, vgl. www.deceniu-muzical-universitar.blogspot.ro/ (letzter Abruf 10. November 2022).

22 Bodó, *Creația bănățeana pentru pian în perioada interbelică*, pp. 119–159.

23 Das gilt auch für viele zeitgenössische Gelehrte: kulturelle Interaktion wird negiert. Vgl. Rodica und Ioan Munteanu, *Timișoara: Monografie* (*Timișoara: Monograph*) (Timișoara, 2002).

Tabelle 19.6: Temeswars Bevölkerung 1941, differenziert nach Nationalität

Nationalität (eigene Aussage)	Personen
Rumänisch	46.466
Deutsch	37.611
Ungarisch	24.891
Sonstige	16.084
Insgesamt	125.052

Quelle: Traian Rotariu, Maria Semeniuc und Elemér Mezei, *Recensământul din 1941 – Transilvania* (*Der Zensus von 1941: Siebenbürgen*) (Cluj-Napoca, 2002), p. 107.

Tabelle 19.6 macht deutlich, wie immer mehr Menschen gezwungen waren, sich dem Konzept ethnischer Zugehörigkeit anzupassen. Denn das Zählen und Klassifizieren nach „Nationalität",[24] Sprache oder Religion fand auch bei jenen Unterstützung, welche die Belange der Minderheitengruppen formulierten. Nicht nur offiziöse Institutionen wie das *Sozialinstitut für das Banat und die Crișana* nutzten das Konzept, sondern auch die Verbandsvertreter der jeweiligen Sprach- und Religionsgruppen. Besondere Aufmerksamkeit widmete man dem Schutz der regionalen Minderheiten. Und als Argument diente die Zahl der jeweiligen Angehörigen. Am wichtigsten wurde das *A Magyar Kisebbség. Nemzetpolitikai Szemle* („Die Ungarische Minderheit: Nationalpolitisches Blatt"). Die zweimal im Monat publizierte Zeitschrift erschien vom Juni 1923 bis Juni 1942, mit insgesamt 480 Ausgaben. Herausgeber waren István Sulyok und Elemér Jakabffy. Aus dem Titel wird deutlich, dass die Ungarn sich nicht als reine Minderheit betrachteten, sondern als Teil einer größeren Nation, die sich von der rumänischen deutlich unterschied. Ab 1926 wurde ein dreisprachiges Beiheft veröffentlicht, mit dem Titel „Die Stimme der Minderheiten". Wichtigste Autoren dieser Veröffentlichung waren Artúr Balogh, Árpád Bitay, Keleman Gál, Elemér Gyárfás, Gyorgy Kristóf, Imre Mikó, Árpád Pal und Jozsef Willer. Der Direktor beider Publikationen war Elemér Jakabffy, der sich als politischer Führer der Ungarn im Banat und Rumänien verstand.

Ein Ergebnis der Volkszählungen interessierte die Verantwortlichen in Bukarest besonders: das Anwachsen der „rumänischen" Bevölkerungsgruppe. Noch 1930 waren für Timișoara 15 Nationalitäten durch den Zensus erfasst worden. 1941 sank die Zahl der für die Regierenden relevanten Volksgruppen auf drei: Rumänen, Deutsche und Ungarn. Alle weiteren „Volkszugehörigkeiten" landeten in einer Restkategorie, überschrieben mit: „Andere Nationalitäten". Die Statistik von 1941 ermöglicht im Ergebnis einen Blick auf die veränderten Selbstzuschreibungen in Timișoara. Eine Mehrheit von 46.466 Personen bezeichnete sich jetzt als „rumänisch". Damit bestimmte das im

---

24 Vgl. die entsprechenden Begriffe in *Recensământul general al populației României din 29 decembrie 1930* (*General Census of Romania's Population of 29 December 1930*), vols. i–x (Bukarest, 1938–1940).

19. Jahrhundert entwickelte Konzept völkischer Identitätskonstruktion endgültig die politische Landschaft.

Im Ergebnis bleibt festzuhalten, dass durch die nationalistisch aufgeladenen Begriffe und Kategorienbildungen alle Anstrengungen der Geschichtswissenschaft erschwert werden, das interkulturelle Miteinander der Menschen angemessen zu analysieren. Stattdessen betonen Begriffe wie „Nationalität" die Unterschiede zwischen den Bewohnern, während die Annäherungsprozesse doch eigentlich das Kennzeichnende waren. Die kollektive Mentalität einer Stadt erwuchs in der Zwischenweltkriegszeit aus dem Spannungsverhältnis zwischen staatlichen Ordnungs- und Kategorisierungsbemühungen einerseits und dem multikulturellen Miteinander andererseits. Erst eine Geschichtswissenschaft, die beides kritisch untersuchte, kann allerdings der „historischen Wirklichkeit" gerecht werden. Was die zeitgenössischen Statistiker an klassifikatorischer Differenzierung anboten, beruhte, so unsere Wahrnehmung, auf Konzepten der rumänischen Sprache wie: „Neam" (Volk im Sinne von Verwandtschaftraum), „Popor" (Volk im Sinne gesellschaftlicher Basis) und Nation (Volk als staatliche Einheit).[25] Damit aber handelte es sich um zutiefst ideologisch aufgeladene Begriffe. Die Verwendung ganz anderer Konzepte, wie etwa Multikulturalität oder Multikonfessionalität, führt, wie wir gezeigt haben, zu viel lebendigeren und treffenderen Beschreibungen der stadtgesellschaftlichen Wirklichkeit. Nur wenn wir aus dem engen ethno-nationalen Denken heraustreten, sind wir in der Lage, Temeswar mit seinen besonderen Charakteristika gerecht zu werden. Nur so vermögen wir, die spezifische Geografie der Stadt herauszuarbeiten, die komplexe Entwicklung der Bevölkerung zu beschreiben und Interesse für die lebendige Kultur zu wecken, die nicht zuletzt Ergebnis der engen Verbindung zu Mitteleuropa war.

Fazit

Temeswar in der Zwischenweltkriegszeit, das war ein wichtiges Zentrum von Industrie und Handel. Hier gab es eine große Zahl von Arbeitern, viele wichtige gesellschaftliche Organisationen, eine starke Gewerkschaftsbewegung und eine liberale Bourgeoisie, die umsichtig agierte und ein entspanntes Verhältnis zu ihren Mitarbeitern pflegte.

Die meisten Bürger waren der Sozialdemokratie zugetan, obwohl die politisch Verantwortlichen der Linken misstrauisch begegneten. Diese galt als antinational. Und

---

25 Die Begriffe *neam, nem, Volk, Völkische Kultur, Kulturnation* habe ich erläutert in Victor Neumann, *Neam, Popor sau Naţiune: Despre identităţile politice europene* (*Kinship, People or Nation: On European Political Identities*) (Bukarest, 2005). Die Überlegungen habe ich weiter vertieft in: Victor Neumann, 'Peculiarities of the Translation and Adaptation of the Concept of Nation in East-Central Europe: The Hungarian and Romanian Cases in the Nineteenth Century', *Contributions to the History of Concepts*, vol. 7, Nr. 1 (Summer 2012), pp. 72–101.

viele rumänische Politiker sahen in ihr eine Bedrohung für die nationale Identität. Auf der anderen Seite des politischen Spektrums richtete das Temeswarer Bürgertum seinen Blick nicht allein darauf, seinen Profit zu maximieren, vielmehr beobachten wir fruchtbare Formen der Zusammenarbeit über soziale Grenzen hinweg. Zahlreiche Zusammenschlüsse gab es, ein lebendiges künstlerisches und sportliches Leben.

In einer Zeit, da sich die Ideologien radikalisierten, Rassismus und Antisemitismus immer stärker die rumänische Politik, ja, die Öffentlichkeit in ganz Europa prägten, bestand Timişoara auf seiner eigenen Tradition der Konfliktvermeidung, setzte es auf den Geist bürgerlichen Selbstbewusstseins und auf die lange Erfahrung fruchtbaren multi- und interkulturellen Miteinanders. Die Mentalität der großen Mehrheit der Temeswarer zeigt, dass es aus sozialgeschichtlicher Sicht keineswegs genügt, Zahlen auszuwerten und sozial-ökonomische Differenzen aufzuzeigen. Sozialgeschichte wird erst dann aussagekräftig, wenn sie zusätzlich einen kulturgeschichtlichen Zugriff verfolgt. Oder noch anders und mit Etienne Balibar: In kulturellen Mischräumen gilt es, die gesellschaftliche Wirklichkeit auch jenseits der Ökonomie in Augenschein zu nehmen, denn sie bestimmt die historische Realität der Individuen.[26]

---

26 Étienne Balibar, Vorwort zu Étienne Balibar und Immanuel Wallerstein, *Race, nation, classe: Les Identités ambiuguës* (Paris, 1990), p. 17. 'Ce sont ces réactions qui confèrent a l'histoire sociale une allure irréductible à la simple „logique" de la reproduction élargie du capital ou même un „jeu stratégique" des acteurs définis par la division du travail et le système des États.'

Victor Neumann

Nationales Ausschließlichkeitsdenken im Rumänien der Zwischenweltkriegszeit – das Pogrom von Iași und die nationale Identitätskrise in Temeswar

> Der Kult kollektiver Wesenhaftigkeit ist zeitgleich mit der Idee des Volksgeistes aufgetaucht. Indem er die biologisch-rassistische Argumentation zurückdrängte und stattdessen das Kulturelle betonte, wurde der Rassismus jedoch nicht verdrängt, sondern kehrte er zu seinem Ausgangspunkt zurück.
>
> (Alain Finkielkraut)

Die rumänischen Intellektuellen und deren Narrative von der rumänischen Einzigartigkeit

Die kulturellen Selbstdeutungen des modernen Rumäniens griffen all das auf, was der Westen an Identitätsangeboten philosophisch zu bieten hatte: von einfachen nationalistisch geprägten Selbstvergewisserungen über den Psychologismus und die Lebensphilosophie bis hin zur Existenzphilosophie. Die intellektuellen Biografien vieler Autoren der Zwischenweltkriegsgeneration zeugen von den Schwierigkeiten, die sie angesichts der Herausforderungen der Moderne hatten. Nicht nur die Schriften Constantin Noicas und Mircea Eliades kreisten um Fragen kultureller Identität. Wir finden ähnliche Herangehensweisen bei vielen Intellektuellen. Doch was die rumänischen Intellektuellen der Zwischenweltkriegszeit auszeichnete, war die Obsession, mit der sie Politik und Geschichte, Ethnie und Nation, Gemeinschaft und Kunst auf den Gesichtspunkt des Identitären verengten. Für ihre Perspektive prägten sie den Ausdruck einer „stilistischen Matrix", welche durch „die Volkskultur" geprägt sei.[1] Der Politik oblag die Aufgabe, die „ethnische Wesenheit" zur Verwirklichung zu bringen und ungeschmälert zu fördern. Für die Minderheiten meinte dies vollkommene Vernachlässigung. Gleichzeitig stellte sich der ethnokratische Staat gegen die Idee der Zivilgesellschaft. Zu den radikalsten Vertretern des Ethno-Nationalismus gehörten: Mihail Manoilescu, Nae Ionescu, Ernest Bernea, Traian Herseni, Nichifor Crainic, Dan Botta, Octav Onicescu und Petre P. Panaitescu.

---

[1] S. Balazs Trencsény, 'Conceptualizarea caracterului național în tradiția intelectuală românească' ('Conceptualising the National Character in the Romanian Intellectual Tradition') in Victor Neumann und Armin Heinen (Hg.), *Istoria României prin concepte. Perspective alternative asupra limbajelor social-politice*, (*Key Concepts of Romanian History: Alternative Approaches to Socio-Political Languages*) (Iași, 2010), pp. 357–358.

Es lohnt, die Argumentationsstruktur nationalistischer Ausschließlichkeit an einem Beispiel genauer anzuschauen. Dabei müssen wir uns bewusst sein, dass der Einzelfall für eine Vielzahl vergleichbarer Äußerungen steht. Breite Resonanz fand etwa der Soziologe Traian Herseni. Er vertrat biologistische Ansätze, wie sie auch durch den Nationalsozialismus propagiert wurden. Dementsprechend forderte er eine „Selektion" nach rassischen Kriterien und verlangte die „Beseitigung" all jener „schädlichen Sachverhalte", welche von „Fremden" in den rumänischen Nationshaushalt hineingetragen worden seien. Herseni verschwieg seine rechtsradikalen Positionen keinesfalls, und das hilft uns heute, seine Ausführungen angemessen zu deuten. „Selektion", das meinte bei ihm nichts anderes als „ethnische Säuberung". Er überbot sich geradezu, die ethnische Einzigartigkeit des „rumänischen Volkes" herauszustellen bis hin zur Idee, dass es Aufgabe der Politik sei, die rumänische Rasse zu fördern und auf dieser Basis der neuen nationalen Elite zum Durchbruch zu verhelfen.[2]

Weil die Begrifflichkeiten eines engen Ethno-Nationalismus die öffentliche Debatte bestimmten, ließen sich die ethnischen Minderheiten nicht in das Konzept der rumänischen „Nation" einbinden. Unter diesen Voraussetzungen verwundert kaum, dass Verschwörungstheorien immer wieder die Werke der rumänischen Geschichtsschreibung der Zeit trübten. Allerdings war dies Kennzeichen vieler Historiografien in den kleinen Staaten Ostmitteleuropas. Die von Nicolae Iorga und seinen Historikerkollegen behauptete kulturelle Differenz zwischen den Volksgruppen finden wir in zahlreichen Texten jener Zeit. Insofern erhielt sich auch die Unterscheidung zwischen „Rumänen" und „Juden", zwischen „Einheimischen" und „Ungarn", vom 19. bis ins 20. Jahrhundert hinein. Letztlich analysierte die rumänische Nationalhistoriografie Gesellschaft als Resultat von „Stammesgeschichte".

Die Identitätsfrage als zentrale Leitperspektive prägte zahlreiche Schriften der Zeit, seien sie literarischer Natur, philosophischer, soziologischer oder historischer. Konkret setzten sie an die Stelle historischer Differenz die Gemeinschaft der Rumänen als zeitinvariante Wesenheit. Kein Wunder, dass es aus solcher Sicht keinen wirklichen Unterschied zwischen traditionaler und moderner Gesellschaft[3] gab. Im Mittelpunkt stand die Suche nach der nationalen Einzigartigkeit der rumänischen Kultur, von der Antike bis in die Moderne. Der Mythos vom nationalen Wesen appellierte an neoromantische Gefühlsaufwallungen, um von hier aus das Werden des Nationalstaates als transzendentale Offenbarung zu feiern. Im Fall der rumänischen Intelligenz meinte die ostentative Zurschaustellung der Zugehörigkeit zu einer privilegierten Eigengruppe die Ablehnung des individuellen Leistungsdenkens, spiegelte zutiefst vormodernes

---

2 Traian Herseni, 'Mitul sîngelui' ('The Myth of Blood') in *Cuvântul* (*The Word*), XVII, N. S., Nr. 41, November 23, 1940; id., 'Rasă şi destin naţional' ('Race and National Destiny'), in *Cuvântul* (*The Word*), XVII, N. S., Nr. 91, 16. Januar 1941.

3 Alexandra Laignel-Lavastine, *Filozofie şi naţionalism. Paradoxul Noica* (*Philosophy and Nationalism: The Noica Paradox*) (Bukarest, 1998).

Denken. Da die rumänischen Intellektuellen sich in den Dienst der politischen Macht stellten, um selbst Macht ausüben zu können, taten sie alles, um die Herausbildung einer wirkmächtigen Opposition zu verhindern. Im Ergebnis hatten sie entscheidenden Anteil an den Missbräuchen autoritärer und totalitärer Staatlichkeit und dem Fehlen zivilbürgerlicher Kultur.

Die Rezeption von Ideen der Französischen Revolution in Rumänien blieb immer unvollständig, auch angesichts der Aufwallungen von 1848. Stattdessen faszinierten romantische Vorstellungen völkischer Kultur, wie sie in der deutschen Literatur zu finden waren. In der zweiten Hälfte des neunzehnten Jahrhunderts distanzierten sich denn auch die Achtundvierziger von ihrem eigenen sozialen Anspruch. Stattdessen setzten sie auf die Idee nationaler Homogenität und förderten damit eine Kultur der Intoleranz, der Verweigerung einer Emanzipation der Juden sowie des Heraustretens der Bauernschaft aus ihrem Untertanenstatus. Für die rumänische Geschichte meinte dies ein geradezu unentschuldbares Verharren im Hergebrachten und eine deutliche Verzögerung des Modernisierungsprozesses. Zwischen 1866 und 1947 verblieben einflussreiche Stränge des rumänischen politischen Diskurses in der Logik eines solchen Stammesdenkens. So ist denn auch die Betonung ethnischer Differenzen zu erklären, die Geringschätzung individueller Persönlichkeitsentwicklung und das Fehlen jeglichen Staatsbürgerdenkens.

In der Zwischenkriegszeit prägte ein antidemokratischer, nationalistischer Diskurs die politische Kultur. Ein Blick auf die Schriften Constantin Noicas zeigt, welche Unruhe das intellektuelle Leben bestimmte und wie die Frage nach der nationalen Identität als ein Mittel gedacht war, um die eigene Verunsicherung zurückzudrängen. Ausgangspunkt war eine radikale Kritik instrumenteller Rationalität und die Suche nach neuen Formen von Gemeinschaft. Noica als Philosoph richtete sein Denken auf die Frage nach der Einzigartigkeit der Nation, deren Geschlossenheit und Vervollkommnung in der Phase der Moderne. Die für uns heute schwer nachvollziehbare Unterscheidung zwischen einem „guten" Kollektivismus bzw. Nationalismus und einem „schlechten" Kollektivismus bzw. Nationalismus macht deutlich, wie Noica das Problem der „richtigen Politik" mit der Frage nach der kollektiven Identität verband. Was Constantin Noica und dessen deutsche Kollegen durchaus verdrängten, ist der Umstand, dass Identität sich immer als hybrid erweist. Kultur ist immer heterogen, und die historisch bedingten Unterschiede führen zu individuellen und regionalen Sonderheiten. Kultur entwickelt sich aus der Spannung zwischen dem Gemeinsamen und den Differenzen. Insofern dürfen beide Aspekte nicht nebeneinander gestellt werden, bewirken sie doch ein produktives Miteinander.[4] Diese Beobachtung des Begriffshistorikers Hans Erich Bödeker muss ernst genommen werden, ermöglicht sie doch erst, Interpretationsfehler frühzeitig zu erkennen und zu vermeiden.

---

[4] Hans Erich Bödeker, 'Cuvînt înainte' ('Foreword') in Victor Neumann, *Kin, People or Nation? On European Political Identities* (London, 2021).

Ich glaube nicht, dass in Noicas Fall all seine Anstrengungen, wie er selbst behauptet hat, „rein philosophischer Natur waren"[5]. Auch seine Hinwendung zur Legion „Erzengel Michael" (einer faschistischen Bewegung in Rumänien) hatte nicht allein zu tun mit Sympathie für das quasi-religiöse Auftreten der Legion und deren Kritik an der modernen Rationalität. Man könnte hinzufügen, dass auch die Vorstellung einer Einbindung der Individuen in ein kollektives Sein Noicas Denken entsprach. Und doch war die Sympathie für die Legion vor allem politisch-ideologisch motiviert. Bester Beweis für meine These sind die zahlreichen politischen Artikel Noicas, die dieser Ende der 1930er Jahre veröffentlichte. In diesen Beiträgen identifizierte er sich offen mit dem Programm der Legion, sah sich als Autor faschistischer Propaganda und spielte mit Ideen der legionären Machteroberung. Kurz, es gibt zahlreiche gute Gründe für die These einer faschistischen Verstrickung des „rumänischen Vorzeige-Intellektuellen". Seine Ausführungen waren keinesfalls philosophischer Natur, sondern hatten eine zutiefst ideologisch geprägte Basis. Später, in der Zeit des Nationalkommunismus, bewies Noica, dass er bereit war, sich auf die Sprachspiele des Regimes einzulassen. Einerseits verfügte er über intellektuelle Finesse, mit der er ein philosophisches Nachdenken vorspielte, auf der anderen Seite verblieb er in der Logik des Nationalismus, thematisierte die Frage nach dem Schicksal nationalen Seins. So verwundert kaum, dass Texte der 1970er bzw. 1980er-Jahre weitgehend seinen Schriften aus der Zwischenkriegszeit ähneln. Der „Philosoph" unterwarf sich freiwillig der Ideologie der Legionärsbewegung. Und er selbst war es, der dies in Zeitschriftenbeiträgen seit 1930 hervorhob, etwa im *Adsum* oder in der *Buna Vestire*. In kommunistischer Zeit störte ihn denn auch nicht die Diktatur, sondern vielmehr setzte er sich nach wie vor mit der Frage auseinander, wie die nationale Gemeinschaft bewahrt werden könne. Mehr noch, offen stellt er sich an die Seite der Protochronisten[6] (einer ideologischen Richtung, welche behauptete, dass wichtige zivilisatorische Fortschritte auf Rumänen zurückgingen und nur die Unterdrückung von außen und die Unterwanderung von innen Rumäniens Aufstieg zur Führungsnation verhindert habe).

Merkwürdig verschroben waren die Äußerungen des rumänischen Parade-„Philosophen", so viel lässt sich sagen. Eine Öffnung gegenüber universalem Denken gelang ihm nur über die Idee kollektiver Wesenheiten, denn diese, so führte er aus, stünden weit über der natürlichen und historischen Ordnung. In den Worten Noicas: „[...] die Gegenwart ist geprägt durch eine Ordnung, die schwer oder gar nicht zu ignorieren ist, die kollektive Ordnung". Das einzig entscheidende Agens ist für ihn die Nation, und diese wiederum deutet er als das Werk der jeweiligen ethnischen Mehrheit. Innerhalb der Gemeinschaft ist das Individuum fest eingebunden und keinesfalls frei, sein Schicksal selbst zu bestimmen. Die terminologische Verwirrung, der wir hier bei

---

5 Andrei Cornea, *Turnirul Khazar. Împotriva relativismului contemporan* (*The Khazar Tournament: Against Contemporary Relativism*) (Bukarest, 1997).
6 Lavastine, *op. cit.*

Noica begegnen, zwingt uns, viel genauer als bisher, die begrifflichen Konzepte inner-halb der politischen Kultur Rumäniens während des 20. Jahrhunderts zu analysieren.

Noch fehlen Untersuchungen, welche die politische Sprache auf lokaler Ebene in historischen Verlauf analysierten. Stattdessen richtet sich der Fokus auf die Debatten und Polemiken der lautstarken hauptstädtischen Intelligenz, welche die Öffentlichkeit zu beeindrucken wusste. Tatsächlich ging von den damaligen Publikationen ein starker ideologischer Druck aus, wie denn die Frage nach der nationalen Identität genau zu behandeln sei. Wer gegen diese Verengung aufstand, galt als unpatriotisch und als treulos gegenüber dem „Schicksal der eigenen Stammesnation". Argumente galten als irrelevant, und zwar schon deshalb, weil sie aus der Tradition des Autochthonen heraus-führten. In einer der jüngsten Analysen zur rumänischen Geistesgeschichte hat Moshe Idel dargelegt, dass der junge Religionsphilosoph Mircea Eliade zutiefst vom Denken Nae Ionescus geprägt war und es von daher kaum verwundert, dass er die Ideologie der Legion Erzengel Michael ungebrochen aufnahm.[7] Die Hinwendung zur Legionärs-bewegung seitens Noica, Eliade und vieler anderer Intellektueller fand ihre Ursache nicht allein im politischen Zynismus „liberaler" Politiker, viel wichtiger noch waren die negativen Traditionen des nationalistischen Denkens in Rumänien: die Betonung der ethnischen Grundlagen des Staates, die Identifikation der Nation mit der Zugehörigkeit zu einer spezifischen Religion, die Öffnung gegenüber „kulturell-rassischen" Vorstel-lungen. Was sich da an Gedankenmustern entwickelte, war nicht spezifisch für Rumä-nien, sondern das Ergebnis einer verstärkten Suche nach Identität in ganz Ost- und Südosteuropa seit Ende des 19. Jahrhunderts. Und der Erste Weltkrieg mit Gründung zahlreicher neuer Nationalstaaten verstärkte diese Tendenz noch.

Die rumänische Identitätskrise als Thema intellektueller Zeitschriften im Temeswar der Zwischenweltkriegszeit und das Pogrom von Iași im Spiegel lokaler Presseerzeugnisse

Gerade weil Rumänien 1919/1920 zu den Kriegsgewinnern gehörte und all jene Terri-torien für den Nationalstaat hatte einbinden können, die aus nationaler Sicht wichtig erschienen, stellte sich die Frage, was Rumänien eigentlich ausmache, worin seine Identität bestehe. Die Frage verlor allerdings dadurch jedes kritische Potenzial, dass die Perspektiven von Beginn an stark eingeengt wurden, keine kritisch-rationale Antwort gesucht wurde und die Staatsdefinition keinerlei Rückgriff nahm auf die Idee des Staats-bürgers. Natürlich, es gab gewisse Ausnahmen: manche weltoffenen Kreise in Literatur, Musik und Kunst der großen Städte des Banats oder der Bukowina; lokale Eliten, die ihr Streben auf die Region selbst richteten und versuchten, das Besondere ihrer regionalen Umgebung zu entdecken und zu kultivieren. (Man denke an den Transilvanismus der

---

7 Moshe Idel, *Mircea Eliade. De la magie la mit* (*Mircea Eliade: From Magic to Myth*) (Iași, 2014), p. 232.

Zwischenkriegszeit.) Solche Ausnahmen, die sich dem Zentralismus und Ethno-Nationalismus der Zwischenweltkriegszeit entgegenstellten, blieben ohne Rückwirkung auf die dominanten Debatten. Diese kannten keine anderen Bezugspunkte als den Ethno-Nationalismus und den Zentralismus. So zeigt sich eine erschreckende Kontinuität des politischen Denkens, welche letztlich den autoritären und totalitären Regimen des 20. Jahrhunderts den Boden bereitete.

In dem Moment, da die soziale Aufgliederung nach ethnischen und religiösen Gesichtspunkten diskutiert wurde, konnten sich auch traditionell kosmopolitisch orientierte Städte in Rumänien dem Druck der neuen Ideologie kaum erwehren. Temeswar war hier kein Einzelfall, vielmehr steht das Banater Zentrum beispielhaft für die Art und Weise, in der sich die radikale Rechte in den neuen Provinzen Rumäniens durchsetzte. Obwohl Temeswar seine multikulturelle und interkulturelle Grundstruktur in die Zwischenweltkriegszeit hinüberretten konnte, waren auch hier ethno-nationalistische, rassistische und antisemitische Töne zu hören. Dabei gab es nach wie vor Zeitungen in mehreren Sprachen, war die Stadt ein industrielles Zentrum Rumäniens mit Handelsverbindungen nach vielen Seiten (Textilien, Chemikalien, Schuhe, Hüte, Pelze, Bier, Lebensmittel). Sie brillierte im Bereich des internationalen Sports, insbesondere im Fußball.[8] Letztlich erklärt dies alles, warum Temeswar sich einerseits gegenüber den neuen Einflüssen kaum abschotten konnte,[9] und warum andererseits die Folgen nationalistischer Ausschließlichkeit sich weniger negativ äußerten als in Bukarest oder Iași. Timișoara mit seiner gemischten Bevölkerung, dem vielfältigen kulturellen Erbe und seinem kosmopolitischen und ökumenischen Geist zeigte sich gegenüber den Extremen vergleichsweise vorsichtig.

---

8 Victor Neumann, 'Inter-War Timișoara', in Victor Neumann (Hg.), *The Banat of Timișoara: A European Melting Pot*, (London, 2020), pp. 369–387; id., 'Timișoara – oraș de referință al Banatului interbelic' ('Timișoara – Reference City of the Inter-War Banat'), in Victor Neumann (Hg.), *Istoria Banatului. Studii privind particularitățile unei regiuni transfrontaliere* (*The History of Banat: Studies Regarding the Peculiarities of a Cross-Border Region*) (2. Aufl., Bukarest, 2016), pp. 617–636; id., *Interculturalitatea Banatului* (*The Interculturalism of Banat*) (2. Aufl., Iași, 2013); id., *Evreii Banatului. O mărturie a multi- și interculturalității Europei Est-Centrale* (*The Jews of Banat: An Account of East-Central European Multi- and Inter-Culturalism*) (2. Aufl., Timișoara, 2016).
9 Als Beispiel für die Art und Weise, wie rumänische Intellektuelle aus dem Banat der Zwischenweltkriegszeit Kunst und Kultur verstanden wissen wollten, s. Adrian Szakacs, 'Arta reflectată' in *Revista Institutului Banat-Crișana* ('The Art Reflected in *The Banat-Crișana Institute Review*' in *Euroregionalia: Magazine of Inter-disciplinary Studies* (Timișoara National Museum of Art & Center of Advanced Historical Studies of the West University of Timișoara), Issue 1, 2014, pp. 203–227. Viele der Mitarbeiter, die in der *Revista Institutului Banat-Crișana* mitwirkten, vertraten die Positionen des Autochthonismus, hingen ethno-archaischen Fantasien an und bekannten sich zum Rassismus. Zwischen der „echten" lokalen Kunst und Kultur und jener der „fremden Elemente" machten sie einen klaren Trennungsstrich. Letztlich bedeutete dies die Ideologisierung des Diskurses über Kultur und die Überführung solcher Diskurse in ein Propagandainstrument der radikalen Rechten. Es ist bezeichnend, dass die Zeitschrift auch Berichte über das soziale Zusammenleben in Banater Dörfern publizierte. Das Institut sah sich darin als eine wissenschaftliche Einrichtung mit Näher zu Gustis soziologischer Schule in Bukarest.

Mehr als 75 Prozent der Bevölkerung Temeswars war mehrsprachig,[10] mit Deutsch, Ungarisch, Rumänisch oder Serbisch als Erst- und Zweitsprache. Doch die Verantwortlichen in Bukarest und die rumänischen Nationalpolitiker kümmerte dies kaum. Das 1920 gegründete Polytechnische Institut setzte dezidiert auf Rumänisch als Unterrichtssprache, ja, seine Aufgabe bestand in der einseitigen Förderung und Herausbildung einer rumänischen Elite, wie der neue Temeswarer Bürgermeister Stan Vidrighin[11] ebenso deutlich machte wie Onisifor Ghibu[12] als Direktor im Ministerium für religiöse Angelegenheiten und öffentliche Unterweisung im *Consiliul Dirigent*[13].

Unter diesen Voraussetzungen verwundert es kaum, dass das Polytechnische Institut in den Dreißigerjahren zu einem Zentrum der Legionärsbewegung wurde. Das Polytechnikum stand für nationale Identitätspolitik. Auskunft über die „Erfolge der Rumänisierung" durch das Technische Institut vermittelt ein Bericht des Rektors Victor Vâlcovici aus dem Jahr 1930, also anlässlich des 10-jährigen Bestehens der Hochschule. Mit umfangreichen Tabellen, gegliedert nach der Nationalität, dem Herkunftsort und der Region für alle Hochschulgruppen sollte die Erfüllung des nationalen Auftrages dokumentiert werden. Tatsächlich kamen die meisten Studierenden aus Bessarabien und dem Alten Königreich. Studenten und Professoren aus Timișoara und dem Banat selbst erhielten eher selten Gelegenheit, die heimische Hochschule zu frequentieren.[14] Vollkommen ohne Chancen blieben Angehörige der nationalen Minderheiten.

Wie bereits erwähnt, war Timișoara zu Anfang des 20. Jahrhunderts von antisemitischen Strömungen verschont geblieben. Manche Juden hatten das tolerante Timișoara bewusst Wien und Budapest als Aufenthaltsort vorgezogen.[15] Der Umbruch kam unmittelbar nach 1920. Ein verändertes politisches Klima war in der Stadt zu spüren, bestimmt durch die neuen staatlichen Institutionen und deren Bediensteten. Obwohl die Juden Temeswars in die städtische Gesellschaft fest eingebunden waren und eine wichtige

---

10 Dr. Sabin Manuilă, *Recensământul general al populației României din 29 decembrie 1930* (*The General Census of Romanian Population on 29 December 1930*), Vol. II, *Neam, limbă maternă, religie* (*Kin, Mother Tongue, Religion*) (Bukarest, 1938), pp. 468–469.

11 Vgl. 'Adresa Primăriei orașului Timișoara către Ministerul Instrucțiunii și al Cultelor în chestiunea înființării unei Politecnice în Timișoara', in Victor Vâlcovici, *Școala Politehnică din Timișoara. Zece ani de existență* (*The Polytechnic School of Timișoara: 10 Years of Existence – October 1920 - October 1930*) (Timișoara, 1930), pp. 7–12, hier p. 10.

12 Zwischen 1918–1920 oblag dem Consiliul Dirigent provisorisch die Verwaltung der ehemals ungarischen Provinzen.

13 Vgl. 'Motivarea bugetului Politehnicei din Timișoara', unterzeichnet v. Onisifor Ghibu, in Victor Vîlcovici, *loc. cit.*, pp. 14–15, vgl. p. 15.

14 Victor Vâlcovici, *op. cit.*, pp. 97–99. Die ethno-nationalististische Ideologie findet sich wieder in Ioan Lotreanu, Monografia Banatului. Vol. I, *Situația geografică. Locuitorii. Comunele* (*Geographic Situation: Inhabitants, Villages*) (Timișoara, 1935); Cornel Grofșorean, *Banatul de altădată și de totdeauna. Sinteza problemelor istorice și social-politice* (*The Former and Forever Banat: The Synthesis of Historical and Socio-Political Issues*) (Timișoara, 1946).

15 S. Victor Neumann, *Evreii Banatului* ... (*The Jews of Banat* ...), p. 139.

Rolle in Wirtschaft und Kultur einnahmen, obwohl sie etwa 10 bis 15 Prozent der Stadt-bevölkerung stellten bei einer Einwohnerschaft von 91.000 Personen, erhielt innerhalb von 10 Jahren (1920–1930) nur ein einziger jüdischer Student die Zulassung zum Besuch des Polytechnikums. Die wissenschaftlichen Publikationen der Hochschule erschienen in Französisch, obwohl doch die Mehrheit der Temeswarer Deutsch oder Ungarisch als ihre Muttersprache angaben. Mit anderen Worten: Das Polytechnikum wurde zum wich-tigsten institutionellen Ort der Rumänisierung nach ethnischen Kriterien. Seine Aufgabe jenseits der Wissensvermittlung bestand in der Auflösung des kosmopolitischen Charak-ters der Stadt, in der Herauslösung Temeswars aus dessen mitteleuropäischem Kontext.

Auch das Sozialinstitut für das Banat und die Crişana verstand sich als politische Einrichtung zur Rumänisierung der Region. Über Gründung und Mitarbeiterschaft war im vorherigen Kapitel bereits die Rede. Daher soll ein Beispiel genügen, um zu zeigen, was die vermeintlichen Sozialforscher unter „Banatisierung" verstanden. Constantin Miu-Lerca, der zu den Mitarbeitern der Zeitschrift des Sozialinstituts für das Banat und die Crişana gehörte, definierte den idealtypischen „Banater" wie folgt: „[...] Banater ist jeder, der sich der Banater Erde eng verbunden fühlt, vorausgesetzt, dass er sich in einer vollkommenen Einheit des Fühlens, Glaubens und Denkens der rumänischen Mehrheit assimiliert hat. Das heißt, die gleiche Sprachen sprechen, die gleichen Lieder singen, die gleichen Spiele spielen, die gleichen Gebete sprechen – um so letztlich auf-zugehen in den geistigen Sphären des Einheimischen." Die Argumente des Verfassers sind quasi „biologischer Natur". „Unsere ethnisch verstandene Kultur und Tradition definiert" allein „den wahren Banater". Mit anderen Worten, der „jüdische" Händler Mauriciu Goldman, der „schwäbische" Arzt Braun, der „serbische" Priester Iagodici und viele andere waren nicht mit dem Begriff „Banater" zu erfassen.[16]

Die neue Sprache in der Logik des Ethno-Nationalismus erfasste rasch auch die Min-derheitengruppen. Für die Banater Schwaben meinte dies anfangs: Herausbildung eines starken Eigenbewusstseins. Spätestens nach 1933 lassen sich eine bewusste Selbstisolie-rung, ja, Anleihen beim Nationalsozialismus beobachten. Der Ethno-Nationalismus der Banater Schwaben verband den ursprünglichen Patriotismus mit der Idee der Überle-genheit der arischen Rasse. Eine neuere Studie auf der Basis von Unterlagen des National-archivs ebenso wie des Archivs des Judez Timiş zeigt, dass sich ein bedeutender Teil der deutsch-sprachigen Bevölkerung des Banats Ende der 30er-Jahre radikalisiert hat, wobei die offizielle Anerkennung der rumäniendeutschen Volksgruppe (20. November 1940) und der Beitritt Rumäniens zur Achse (23. November 1940) einen weiteren Schub brach-ten.[17] Die Berichte der Landgendarmerie von Timiş-Torontal nennen als wesentliche

---

16 Constantin Miu-Lerca, 'Bănăţenism şi creaţie' ('Banatianism and Creation) in *Revista Institutului Banat-Crişana* (*Review of Banat-Crişana Social Institute*), VI, Nr. 22–23, 1938, p. 22. Vgl. auch Adrian Szakacs, 'Art reflected in the Revue of Banat-Crişana Social Institute', pp. 203–227.

17 David Borchin, 'Îndoctrinarea nazistă a şvabilor bănăţeni din mediul rural din Timiş-Torontal' ('Nazi Indoctrination of the Banatian Shwabians from the Rural Areas of Timiş-Torontal'), in *Euroregionalia.*

Ursache für das Eindringen der NS-Sprache heftige Kontroversen um die Identität der Banater Schwaben. Ein weites Netzwerk aus Schulen, Wirtschaftsorganisationen, Musikensembles, Handwerkervereinigungen, Frauenverbänden, Handelsunternehmen und Studierendgruppen, die an deutschen Universitäten ihre Ausbildung erhalten hatten, verbreitete das rassistische und antisemitische Gedankengut. Das Temeswarer Banat sah sich so konfrontiert mit einem neuen sozialen Experiment, das vollkommen verschieden war von den Erfahrungen der vorangegangenen Jahrhunderte. Welche Folgen dies zeitige, sollte sich während des Krieges und danach erweisen.

Am 27./28. Juni 1941 begann das Pogrom in Iași. Es dauerte bis zum 6. Juli 1941. Ihm folgte eine scharf antisemitische öffentliche Propaganda, und zwar auf nationaler als auch auf lokaler Ebene. Zeitungen in Timișoara schrieben über die Notwendigkeit einer „ethnobiologischen Therapie", von „Juden" und „Zigeunern" als vollkommen „fremde Elemente", die wie „Parasiten" „den kräftigen Organismus" des Staates aussaugten, von „jüdischem Bolschewismus" war die Rede, von „jüdischer Rasse", von „giftigen Düften", „Pestausbrüchen". Dem gegenüber stand die Notwendigkeit des „heiligen Krieges", geführt vom „große Führer", aber auch, dass „Antonescu", der rumänische Diktator, dem Land vom Himmel gesandt sei.

Entsprechende Äußerungen gab es zahlreiche. Die Banater Ausgabe der pro-nazistischen *Südostdeutschen Tageszeitung* veröffentlichte am 1. Juli 1941 unter Berufung auf Informationen des rumänischen *Monitorul Oficial* einen Aufsatz mit der Überschrift „Jassyer Juden und Bolschewiken eröffneten Feuer auf rumänisches und deutsches Militär". William Totok hat den Grundtenor des Artikels herausgearbeitet. Danach ging es darum, durch Hinweis auf „jüdisch-bolschewistische Terroraktionen" das Pogrom zu legitimieren und die rumänische Verwaltung von jeglicher Schuld frei zu waschen. Die Arader Zeitung stützte sich ihrerseits auf Meldungen der hauptstädtischen Presse, vermischte und verfälschte dabei die Informationen. Beide Zeitungen gaben die Pressemitteilung des Ministerpräsidiums wieder, in der es hieß, dass 500 jüdische Kommunisten hingerichtet worden seien, weil sie auf deutsche und rumänische Soldaten geschossen hätten. Nicht eine Zeitung berichtete über die 13.266 Opfer jener Verbrechen, die im Umfeld des Pogroms in Iași begangen wurden. Stattdessen erschienen zahlreiche antisemitische Artikel, welche Hitler und Antonescu heraushoben. Hinzu kam die Vorführung antijüdischer Propagandafilme wie „Jud Süss", „Die Rothschilds", „Das Glück kommt über Nacht" oder die rumänische Produktion „Jurnal de război nr. 1".[18]

Nicht nur die deutsche, sondern auch die rumänische Presse Temeswars unterstützte 1941 offen die Politik Hitlers und Antonescus. Rassismus und Antisemitismus

---

Revistă de Studii Interdicsiplinare (Euroregionalia: Magazine for Interdisciplinary Studies), Nr. 5, 2018, pp. 109–124.
18 William Totok, '80 de ani de la Pogromul din Iași' ('80 Years Since the Iași Pogrom'): https://antoneseiliviu.wordpress.com/2021/07/03/william-totok-80-de-ani-de-la-pogromul-din-iasi/ (letzter Abruf 10. November 2022).

führten die Feder. Einer der Redakteure der Zeitung *Voința Banatului* (Der Wille des Banats) betrachtete das Pogrom von Iași als Antwort an die Adresse der Judo-Bolschewiken, die die Existenz der rumänischen Nation bedroht hätten. Hier ein Auszug aus dem Artikel mit dem Titel „Blut", der in dieser Zeitung veröffentlicht wurde:

> Blut kann nur durch Blut gesühnt werden. Die natürliche Antwort auf das Blutopfer eines Volkes ist das gegnerische Menschenopfer. Die Antwort auf den Tod ist der Tod. Die angemessene Antwort auf das jüdisch-marxistische Massaker in Iași war die Repression der dafür Verantwortlichen. Die Jassyer Agitatoren, jüdische Agenten des Bolschewismus, haben ihre wohlverdiente Vergeltung erhalten und wurden ausgelöscht [...]. Ein paar Verbrecher sind mit Blut an die Macht gekommen, und jetzt winden sie ihre Überreste in Blut ... Wo ist denn ihr Himmel? Wo ist die von den Judo-Marxisten gepredigte Erlösung des armen Volkes? Sie haben eine gerechte Strafe erhalten: ihre eigene Blutlache. Wo die Macht nur mit Blut aufrechterhalten werden kann, hat kein Mensch ein Lebensrecht. Wie können diese Leute, die nur Blut kennen, ein Lebensrecht für sich fordern? ... Friedliche Menschen wurden getötet, entwaffnete Soldaten hingerichtet, Gefangene niedergemacht, selbst Frauen und Kinder wurden nicht verschont. Die Kriegsberichte sind in diesem Sinne höchst aufschlussreich. Menschlicher Verstand kann das nicht begreifen [...]. Diese Erzählung vom jüdisch-bolschewistischen Paradies war nichts anderes als ein Albtraum. Die Überlebenden werden mit Schrecken von der Hölle erzählen, während diejenigen, die von außen zusehen mussten, sich nur an [...] Blut erinnern werden. Es ist das Einzige, was uns diese jüdische Welt hinterlassen hat.[19]

Diese Begeisterung für eine alle Tabus verletzende Rhetorik fand sich gleichermaßen in der rumänischen Presse als auch in der deutsch-sprachigen Zeitungslandschaft. Es ist möglich, dass diese Artikel von Beamten des Antonescu-Regimes eingefordert wurden. Doch schon lange vor dem Krieg hatten Temeswarer Intellektuelle dem Ethno-Nationalismus gefrönt. Jene, die sich zu Hetzkampagnen im Rahmen des Iași-Pogroms hinreißen ließen – in Hinblick hierauf ist Gheorghe Atanasiu, der Autor des voranstehenden Artikels „Blut", kein Einzelfall –, lebten ihren Hass gegen die Juden offen aus, verfälschten die Realität und machten sich zu gehorsamen Dienern der Politik Antonescus. Erklärbar ist der Sachverhalt nur, wenn wir uns vor Augen führen, dass manche der Publizisten doch intellektuell wenig geschult waren und ihnen vor allem jede soziale Bildung fehlte. Sie wussten nichts von den Grundlagen des sozialen Zusammenlebens, nichts vom gegenseitigen Angewiesensein des Individuums und der Gemeinschaft.

Die propagierte Segregation nach ethnisch-kulturellen und religiösen Zugehörigkeiten – die Vorstellung des „Wir" und „Ihr" als unversöhnliches Gegenüber, die Idee vom „Rassenfeind" oder die Sprache unvereinbarer kultureller Gegnerschaft – fanden in Rumänien viele Anhänger. Einfluss gewann die Ideologie des Antisemitismus durch Verwendung einfacher Stereotypen: Die Juden galten als „Agenten des Bolschewismus", als „Träger der jüdisch-marxistischen Ideologie" oder ganz einfach als „eine Bande von Kriminellen". Die Sprache der *Voința Banatului* zielte auf eine Ausrottung der Juden: Wörtlich erklärte Atanasiu, dass die Juden „kein Anrecht hätten zu leben". Das Pogrom

---

19 Gheorghe Atanasiu, 'Sânge' ('Blood'), in *Voința Banatului* (*The Will of Banat*), XXI, Nr. 29, 20. Juli 1941.

müsse als eine angemessene Form der Verurteilung angesehen werden, endend in der Blutlache der Verurteilten. Um die blutig-sichtbare Ausrottung von Menschen geht es Atanasiu, um die unmittelbare, physische Vernichtung der Gegenüber, ohne Verwendung perfektionierter Technologien oder Waffen. Die meisten Opfer des Pogroms in Iași wurden erschlagen, mithilfe von Eisenstangen, hölzernen oder metallenen Brechstangen, Keulen. Andere starben in den sogenannten Todeszügen, weil ihnen kein Wasser gereicht wurde, Sauerstoff fehlte oder ihnen die notwendige medizinische Versorgung vorenthalten wurde.

Die Zeitung *Dacia* begründete das Massaker in Iași mit anderen Worten, doch nicht weniger drastisch. Schon der Titel „Das Judenproblem" lässt erahnen, dass es um einen konstruierten Gegensatz zwischen „Juden" und „Rumänen" geht. Der Autor, Grigore Bugărin, erhebt die Juden zu einer globalen Gefahr. Sie seien, so schreibt er, „das egoistischste Volk der Welt", ihre Literatur stifte „zu Ausschweifungen" an und anstelle moralischer Lebensweise richteten sie alles Streben auf „geistige Anarchie". Und seine Schlussfolgerung lautet: Die in Iași, Bessarabien und der Bukowina ergriffenen Maßnahmen seien für ein Wiederaufleben des Landes entscheidend. „Sie befreien die Nation von Parasiten und sind Voraussetzung für die Genesung von einer der schwersten sozialen Krankheiten: dem Auseinanderfallen der nationalen Gemeinschaft [...]. Erst durch Wiederherstellung der nationalen Grenzen wird es möglich sein, die innere Einheit und die Lebensfähigkeit des rumänischen Volksstammes für die Zukunft sicherzustellen."[20]

Die Zahl der Artikel mit Hasstiraden gegen die Juden im Umfeld des Pogroms in Iași lässt sich beliebig erweitern. Zitiert sei ein weiterer Text aus der *Voința Banatului*. Dessen Autor, Valeriu Dănilă, sah das Pogrom von Iași im Juni 1941 geradezu als zivilisatorische Mission:

> Stalin hat den Zusammenbruch der Sowjetunion und des Kommunismus verhindert, indem er sich selbst zum Herrscher einer proletarisch-jüdischen Diktatur machte. Er war aber nicht fähig, diesen Systemwandel mit einer historischen Mission aufzufüllen. So ist der jetzige Krieg nichts anderes als die Weigerung Europas, sich den Unterwerfungsabsichten der Sowjetunion zu unterstellen. Stalin hat alle Nationalitäten innerhalb seines Staates unterdrückt. Auch die Rumänen mussten ihre Erfahrungen mit dem Kommunismus machen. Jetzt ist es an der Zeit, dass die Juden die gleiche Erfahrung machen. In diesem Sinne können wir unseren Lesern versichern, dass die Aktionen, die in Iași stattfanden, absolut gerechtfertigt waren. Denn jetzt waren es die Juden, die einer kommunistischen Erfahrung ausgesetzt waren. Erst so konnte politisches Recht hergestellt werden.[21]

Die *Dacia* veröffentlichte am 4. Juli 1941 einen Artikel zum Kriegsbeginn, verfasst von Professor Nicolae Ilieșiu, Theologe, Rechtswissenschaftlicher und Historiker, der früher als Repräsentant der Nationalen Bauernpartei im Banat galt. Überschrieben ist der Beitrag mit dem bezeichnenden Titel: „Ein neuer Kreuzzug". Deutlich wird die

20 Grigore Bugărin, 'Problema evreilor' ('The Jewish Problem'), *Dacia*, III, Nr. 95, 9. August 1941.
21 Valeriu Dănilă, 'Boshevism', in *Voința Banatului* (*The Will of Banat*), XXI, Nr. 28, 13. Juli 1941.

Faszination des Autors für die Politik Hitlers und Antonescus. Das Pogrom von Iași erscheint in dieser Sicht als allererster Schritt einer systematischen Ausrottung der Juden:

> In den letzten 24 Jahren hat die Kloake jüdischer Kultur ihre giftigen Dämpfe über die europäische Kultur ausgebreitet. Es ist Zeit, den Sumpf trocken zu legen. Tatsächlich beobachten wir den Beginn eines Kreuzzuges, der mit Zustimmung und Beteiligung des gesamten zivilisierten Europas gegen die rassische jüdische Infektion aufsteht. Ein erster Schritt zur Desinfektion und ein erster Sieg über die Seuche ist in Iași gemacht worden. An der Spitze des Kreuzzuges steht, wie seit Jahrhunderten, das deutsche Volk unter Anleitung von dessen großem Führer, hinzu kommt das rumänische Volk mit Ion Antonescu als dem von Gott gesandten General. Die rumänisch-deutsche Waffenbrüderschaft rettet Europa vor der Gefahr der Anarchie. Durch die Vernichtung des jüdischen Bolschewismus wird jener Infektionsherd verschwinden, der allein Anarchie und Unordnung verbreitet hat. Gerade deshalb nehmen alle europäischen Völker an dem heiligen Kreuzzug teil: Spanien bereitet ein Falangistenkorps von Freiwilligen vor. Schweden rekrutiert junge Leute, die bereit sind, gegen die Judobolschewiken zu kämpfen. Die slowakische Armee überquert die Grenze, um an der Seite der Wehrmacht zu kämpfen. Die baltischen Staaten, die sich von der russischen Tyrannei befreit haben, schicken ihre Söhne in den heiligen Kreuzzug. Die russischen Emigranten organisieren Gruppen von Freiwilligen. Italien, das im Kampf gegen den Bolschewismus geblutet und in den spanischen Schlachten Ruhmesseiten geschrieben hat, um die freimaurerische Hydra zu zermalmen, wird sich aktiv am Kampf gegen den jüdisch-bolschewistischen Terror beteiligen. Es ist ein heiliger Krieg, ein Kreuzzug, an dem alle christlichen Völker Europas beteiligt sind. Wir sind stolz darauf, dass die rumänische Armee und das rumänische Volk, so wie in der Vergangenheit, eine Hauptrolle bei der Verteidigung der europäischen Kultur spielen wird gegen die Zerstörer von Volk, Glauben und Familie.[22]

Das tragische Ereignis in Jassy beschreibt der Verfasser des Artikels in ähnlichen Worten wie die Urheber und Täter des Massenverbrechens. Die Sprache bedient sich der Stereotypen und Anschuldigen, wie sie die radikale Rechte seit Langem formuliert hat: Von „minderwertiger jüdischer Rasse" ist die Rede, von „jüdischem Bolschewismus" ebenso von einem „rassischen Infektionsherd". Die Sprache des Faschismus stellte für Rumänien nichts wirklich Neues dar. Sie findet sich in den intellektuellen Kreisen der Zwischenweltkriegszeit immer wieder. Die Begriffe waren nicht neu, der Ton nicht und auch die rassistischen und antisemitischen Aufladungen nicht. Vergleichbar jenen Texten, die in den Jahren zuvor von einigen Soziologen des Rumänischen Sozialinstituts in Bukarest veröffentlicht worden waren – zum Beispiel den Texten von Traian Herseni –, ist auch der von Ilieșiu eindeutig als rassistisch zu kennzeichnen, fordert er doch nichts weniger als die Elimination der rumänischen Juden. Die Idee der Nation beruht auf der Idee von Blutsverwandtschaft und Stammeszugehörigkeit. Und sie hat ihre Wurzeln im intellektuellen Denken Rumäniens des 19. Jahrhunderts. Das wiederum griff bewusst auf Elemente der deutschen Romantik zurück.[23]

22 Nicolae Ilieșiu, 'O nouă cruciadă' ('A New Crusade'), in *Dacia*, III, Nr. 66, 4. Juli 1941.
23 S. Victor Neumann, *Neam, Popor sau Națiune? Despre identitățile politice europene (Kin, People or*

Abschließende Ideen

Das Pogrom in Iași war so nur möglich, weil auch die lokale Bevölkerung mitmachte. Wir dürfen deshalb nicht nur von diktatorischer, faschistischer oder militärischer Gewalt sprechen, sondern müssen auch die kollektive Gewalt der breiten Bevölkerung ins Auge nehmen. Noch stehen die Studien über den rumänischen Holocaust am Anfang. Neben der Beschreibung der Fakten und Ereignisabläufe bedürfen wir angemessener sozialwissenschaftlicher Deutungsansätze.[24] Mein eigener Ansatz, den ich hier vorgeführt habe, rekurriert auf Theorien kollektiver Identitätsbildung und krisenhafter Identitätsverunsicherung.

Die Presse hat wesentlich zur Verbreitung von Vorurteilen gegenüber den Juden beigetragen. Sie übernahm die Rolle eines Sprachrohrs für den vom Antonescu-Regime gewählten NS-Duktus. Die Theorie kollektiver Blutrache, welche die Presse von Timișoara in den Tagen des Iași-Massakers verbreitete, zeigt, wie da auch in Westrumänien die Intellektuellen die Sprache des Antisemitismus aufgriffen. Selbst die lokalen Zeitungen bekannten sich ganz offen hierzu. Zahlreiche Intellektuelle Rumäniens versuchten, ihre eigene Identitätskrise dadurch zu lösen, indem sie die Modelle des romantischen Gemeinschaftsdenkens und der romantischen Lebensideale aufgriffen. Die Bestimmung der eigenen Identität durch Verweis auf ethnische oder religiöse Unterschiede wurde geradezu zu einer Obsession und verdrängte jedes rationale Denken. Zu Unrecht bezeichneten sie ihr Herangehen als sozialwissenschaftlich fundiert, als sei das, was sie behaupteten, mehr denn geistige Abirrungen und gefährliche Hirngespinste. An die Stelle empirischer Forschung traten menschenverachtende Sprachbilder. Indem die Presse die Begriffe aufgriff, verließ sie den Weg angemessener Weltbeschreibung, wurde mitschuldig an der Gewalt gegen Menschen. Wie die von mir zitierten Texte deutlich gemacht haben, ging es keineswegs um Begriffe wie Kultur oder Bildung in einem wissenschaftlichen Sinne, sondern um die Verunklarung von Sachverhalten und eine Sprache, die es großen Teilen der rumänischen Intelligenz erlaubte, ihre Wut und ihre eigene Unsicherheit der Gesellschaft gegenüber anderen anzulasten.

Das Fehlen jeglichen historischen Ansatzes, die Ontologisierung der Geschichte trug zur Verwirrung im Denken bei. Constantin Noica und seine Mitstreiter fanden nie zu einem kritischen Staatsverständnis, das die Vorstellung vom Staat als Emanation einer ethnischen Gemeinschaft aufgebrochen hätte. Die intellektuelle Diskussion über Staat und moderne westliche Zivilisation war immer verbunden mit Ängsten eines Verlustes von Zusammenhalt und nationaler Souveränität. Unter diesen Bedingungen

---

Nation? On European Political identities) (3. Aufl., Bukarest, 2015).

24 Armin Heinen, 'Locul Pogromului de la Iași în cadrul Holocaustului românesc' ('The Place of the Iași Pogrom within the Romanian Holocaust'), in vol. *Pogromul de la Iași 28–30 iunie 1941. Prologul Holocaustului din România (The Iași Pogrom of 1941: The Prologue of Romanian Holocaust)*, hg. v. George Voicu (Iași, 2006), p. 129.

richteten sich die Vorbehalte gegen die „inneren Fremden", vor allem aber gegen die Juden. Der Antisemitismus wurde zu einer Zwangsvorstellung. Das Pogrom von Jassy spiegelte neben den konkreten Verunsicherungen des Kriegsbeginns und dem Gewaltwillen überzeugter Antisemiten alle Folgen eines verzerrten Weltbildes, an dem die rumänischen Intellektuellen und die Presse mitgestrickt hatten. Der offene Antisemitismus der Intellektuellen zeitigte seine Wirkung, indem er auf Politiker und Militärs ausstrahlte. Er hatte damit einen wichtigen Anteil an den Massenverbrechen in den Jahren des rumänischen Holocaust.

Die umfassenden Quellenforschungen des rumänisch-israelischen Historikers Jean Ancel haben das Geschehen um das Pogrom in Iași minutiös dokumentiert. Das Jassyer Massaker steht für den Beginn des rumänischen Holocaust – und damit für die Vertreibung der Juden aus Ostrumänien, für Seuche und Hunger, für die teils spontane, teils systematische Tötung so vieler. Und schuldig machten sich die rumänische Verwaltung, die Armee, aber auch Teile der rumänischen Bevölkerung. Inzwischen liegen eine Reihe von Studien und Büchern über das Iași-Pogrom vor. Sie präsentieren Entscheidungsverläufe, zeigen die Chronologie der Ereignisse auf, analysieren die Mordtaten selbst. Was bislang noch fehlt, ist eine Untersuchung des Anteils der Intellektuellen an der antisemitischen Aufwiegelung, eine Analyse der Pressereaktionen. Das Holocaustkapitel der rumänischen Geschichte ist noch nicht überall in das Gedächtnis eingedrungen. Es gehört noch nicht zum festen Lehrinhalt an Universitäten und Mittelschulen. Auch heute noch ist eine gegen die Juden gerichtete Hetze möglich – fast wie in der ersten Hälfte des zwanzigsten Jahrhunderts. Da macht sich das Fehlen einer grundsätzlichen Reform des Geschichtsunterrichts nach 1989, das Ausbleiben einer klaren Abgrenzung von der nationalkommunistischen Geschichtsschreibung bemerkbar.

Die rumänische Öffentlichkeit hat sich bis heute kaum mit der Kultur, Zivilisation und Geschichte der Juden auf rumänischem Territorium beschäftigt. An den Universitäten fehlen häufig entsprechende Unterrichtsangebote. Gesellschaft und staatliche Institutionen zeigen sich allzu „nachsichtig", wenn wieder einmal Hass gegen Minderheiten geschürt wird. Wie wichtig es ist, sprachliche Entgleisungen als solche zu benennen, sollte mein Beitrag aufzeigen. Timișoara hatte um 1940 mehr als andere Städte in Rumänien seine kosmopolitische Tradition bewahrt. Und dennoch lässt sich auch hier zeigen, wie ein verändertes politisches Klima und eine Unterstützung für den Ethnonationalismus eine offen antisemitische und gewaltverherrlichende Sprache möglich gemacht hat. Warum dies so war, warum Intellektuelle aus Temeswar in die Gewaltsprache einfielen, warum sie den Antisemitismus propagierten und auf welche Weise sie die Verfolgung der Juden in Iași rechtfertigten, das sollte nach meinen Ausführungen deutlich geworden sein.

Victor Neumann

Das Schicksal der Banater und südsiebenbürgischen Juden während des Zweiten Weltkrieges

Der Kontext

Im Juni/Juli 1940 verlor Rumänien Bessarabien und die Nordbukowina an die Sowjetunion, das sich den Zugriff auf die Gebiete im geheimen Zusatzprotokoll zum deutsch-
sowjetischen Nichtangriffspakt vom August 1939 hatte zusichern lassen. Ebenso verlangten Ungarn und Bulgarien Gebietsänderungen zu ihren Gunsten. Der sogenannte
Wiener Schiedsspruch, im Wesentlichen das Werk Hitlers, erzwang am 30. August 1940
eine Abtrennung Nordsiebenbürgens an Ungarn. Südsiebenbürgen und das Banat verblieben dagegen Bestandteil des rumänischen Staates. Obwohl Hitler für die Gebiets-
verluste Rumäniens 1940 mitverantwortlich zeichnete (Bessarabien, Nordbukowina,
Nordsiebenbürgen, Süddobrudscha), entschied sich Rumänien für eine Allianz mit
Deutschland. Das Bündnis mit den Achsenmächten besiegelte der deutsch-rumänische
Vertrag vom November 1940.

Ein Grund für das deutsche Interesse an Kernrumänien, obwohl „Großrumänien"
lange als „Verbündeter" von London und Paris gegolten hatte, waren die Ölreserven
und Raffinerien im Prahova-Tal. Die Kriegsmaschinerie des Reiches setzte für einen
möglichen Krieg gegen die UdSSR auf diese Energiereserven. Deutschland sicherte im
Gegenzug den territorialen Bestand Restrumäniens zu und entsandte eine Militärmis-
sion. Freilich, das Ausgreifen Deutschlands auf Rumänien verschlechterte sofort die
Lage der jüdischen Bevölkerung im Land und damit auch im Banat und in Südsiebenbürgen. Die Regierung Antonescu ordnete zudem 1941 die Zusammenziehung aller
Juden in den großen Städten an, mit dem Ziel, sie dort besser zu kontrollieren. Dementsprechend wurden immer mehr Juden in die Stadt Temeswar zwangsevakuiert.

Alle wichtigen politischen Entscheidungen fielen in Bukarest. Das Recht auf Lokal-
wahlen und eine autonome Stadtpolitik war schon vorher eingeschränkt worden. Im
Kern entsprach dies der zentralistischen Tendenz, die bereits mit der Verfassung von
1923 (Unteilbarkeit) und mit der Unterstellung aller Präfekturen unter die Zentrale in
Bukarest (1925) eingesetzt hatte.

Vorurteile und Misstrauen vieler Staatsbediensteten gegenüber den Juden im Banat und in Südsiebenbürgen

Bereits in den 1930er Jahren kippte die politische Stimmung in Rumänien, und der Antisemitismus wurde zu einer Angelegenheit breiter Massen. Für politische Furore sorgte
damals die *Legionärsbewegung* (auch *Eiserne Garde*), eine faschistische Gruppierung,

die immer mehr Aufmerksamkeit auf sich zog. Sie unterschied sich von anderen faschistischen Bewegungen in Europa dadurch, dass sie die Nation als eine heilige Gemeinschaft betrachtete, welche nicht dem Staat zugeordnet war, sondern der Kirche. Für die Legionäre meinte Rumänisch-Sein, orthodoxen Glaubens zu sein. Während die Kirche zwischen Gott und dem Individuum vermittelte, sahen die Legionäre sich als Vermittler zwischen Gott und der Nation.[1] Nach 1935 erfasste die Legionärsbewegung ganz Rumänien. Hinzu kam ein Auftrieb für andere antisemitische Gruppierungen. Juden wurden auf der Straße geschlagen, ihre Söhne und Töchter aus Schulen und Universitäten vertrieben und die Erwachsenen aus den Berufsverbänden ausgeschlossen.

Der Antisemitismus war für die politische Kultur Siebenbürgens durchaus nichts Neues. Zu finden war er bei allen ethnischen Gruppen, bei den Rumänen, den Ungarn, den Deutschen. Die Beamten frönten ihre antisemitischen Vorurteile ebenso wie Armee, Polizei und Gendarmerie (die militärisch organisierte Landpolizei). Selbst nach dem Zweiten Weltkrieg existierte der Antisemitismus fort, als die Kommunisten die Politik der Diskriminierung von Minderheiten fortsetzen und ihre jüdischen und deutschsprachigen Staatsbürger an Israel bzw. Deutschland „verkauften".

1938 ging die Regierung Goga/Cuza zu einer offen antisemitischen Politik über. Nun war nicht mehr von „Fremden" die Rede, sondern galten ganz konkret die „Juden" als Staatsfeinde. Eine geheime Verfügung besagte: „Den jüdischen Gemeinden ist mitzuteilen, dass jegliche Hilfe für Flüchtlinge [aus den durch den Nationalsozialismus oder den Kommunismus bedrohten Staaten] verboten ist und schwer bestraft werden wird. Den Gemeinden ist zudem dringend anzuraten, alle Flüchtlinge, die vorstellig werden oder von denen Gemeindemitglieder Kenntnis erhalten, der Polizei zu übergeben."[2]

1940 lebten in Nordsiebenbürgen, also im ungarischen Bereich des Teilungsgebiets, 2,5 Millionen Menschen, darunter 160.000 Juden. Weil zu diesem Zeitpunkt Rumänien eine offen antijüdische Gesetzespolitik trieb, floh ein Teil der Juden aus dem Banat und Südsiebenbürgen Richtung Norden. Dort stieg hierdurch die Zahl der Juden 1940–1944 um etwa 5.000 Personen an.[3]

Zu Beginn des Kriegs (22. Juni 1941) schien die Lage für die Juden in Timişoara noch relativ günstig. Als Präsident der jüdischen Gemeinschaft agierte Rechtsanwalt

1 Vgl. Roland Clark, *Holy Legionary Youth: Fascist Activism in Interwar Romania* (Ithaca, NY, 2015); s. auch Victor Neumann, 'Neam (Romanian for Kin) and Popor (Romanian for People): The Notion of Romanian Ethno-Centrism', in Victor Neumann und Armin Heinen (Hg.), *Key Concepts of Romanian History. Alternative Approaches to Socio-Political Languages* (Budapest, 2013), pp. 377–403.
2 Vgl. Arnold David Finkelstein, *Fénysugár a borzalmak éjszakájában* (*Ray of Light in the Night of Terror*) (Tel-Aviv, 1958), p. 49, zitiert in Zoltán Tibori Szabó, *Frontiera dintre viaţa şi moarte: Refugiul şi salvarea evreilor la graniţa româno-maghiară (1940–1944)* (*The Frontier between Life and Death: Refuge and Rescue on the Romanian-Hungarian Border, 1940–1944*), übers. v. Florica Perian (Bukarest, 2005), p. 96.
3 Zitiert in Federaţia Comunităţilor Evreieşti din România (Hg.) *Martiriul evreilor din România 1940–1944: Documente şi mărturii* (*The Martyrdom of Romanian Jews 1940–1944: Documents and Testimonies*) (Bukarest, 1991), p. 264.

Dr. Samuel Ligeti. Er war in breiten Teilen der Stadt bekannt. Es gab Gottesdienste, reformierte und neologe.[4] Bis 1939 prägte Rabbiner Iacob Singer das jüdische Geistesleben. Im Folgejahrzehnt übernahm Rabbiner Dr. Maximilian Drechsler die Aufgabe. Die jüdische Gemeinschaftsschule in Timișoara konnte auch während des Krieges ihren Unterricht fortsetzen, freilich ohne jegliche finanzielle Unterstützung oder Anerkennung durch den Staat. Besucht wurde sie von den Kindern der Juden aus dem Banat und aus Südsiebenbürgen. Das alte Schulgebäude musste aufgegeben werden, und der Unterricht fand in provisorischen Räumlichkeiten statt. Trotz der staatlichen Repression konnten in Timișoara zwei jüdische Grundschulen ihre Bildungsanstrengungen fortsetzen. Eine Schule lag im Stadtviertel Fabric, die andere im Josefin-Viertel. Hinzu kamen ein Jungen- und ein Mädchengymnasium, ein Wirtschaftsgymnasium und ein Internat. Ähnliche Anstrengungen, das jüdische Schulsystem zu bewahren, finden sich in anderen Städten der Region. Der Lehrer Alfred Goldenblum hat berichtet, dass sein Vater, David Goldenblum, den Unterricht in Schäßburg (Sighișoara) sichergestellt habe. Es gab Grundschulklassen, solche für das Gymnasium, schließlich auch individuelle Angebote für Schüler der höheren Klassen. Die Schule Goldenblums bot ihren Unterricht zwischen 1942 und 1944 an, und deren Abschlussdiplome wurden später von den Schulen und Lyzeen in Schäßburg ebenso anerkannt wie in anderen Städten. Überall, wo solche improvisierten Lehranstalten den Unterrichtsausfall offizieller Bildungseinrichtungen ausglichen, waren die Lehrer bemüht, den klassischen Unterrichtsanforderungen zu entsprechen. Ihre Verantwortung war in der Tat groß. Und trotz allen Schwierigkeiten, die ihnen gemacht wurden, erreichten sie ihr Ziel.

Seit 1938 verschlechterte sich die Lage der Juden in Rumänien zusehends. Alles begann mit der Gesetzgebung der Regierung Goga/Cuza. Die Königsdiktatur knüpfte hieran an. Es folgte die Zeit des Nationallegionären Staates, schließlich die offene Unterdrückung durch das Regime Antonescus. Im Banat wurde die Unsicherheit 1942 immer größer, als Bukarest eine statistische Erfassung aller Juden verlangte. Die Berichte von Präfektur und Polizei des Bezirks Timiș sollten die Bevölkerungsbewegung ganz genau nachzeichnen. Aber warum zeigte die rumänische Verwaltung für das Banat ein solches Misstrauen gegenüber den Juden? Aufschluss hierüber geben Dokumente des Nationalarchivs Bukarest, wo die Unterlagen zum Judez Timiș aufbewahrt werden: Offenbar verunsicherten die internationalen Kontakte der vielen jüdischen Händler des Banats die nationalgesonnenen Beamten. Außerdem sprachen die Juden Deutsch bzw. Ungarisch. Kam hinzu, dass der Umgang mit Informationen, das Sammeln und Verbreiten

---

4 Im 19. Jahrhundert initiierte – wie wir gesehen haben – der berühmte Banater Rabbiner Chorin Aron wichtige Reformen, führte z. B. die Orgelmusik ein, ermöglichte Beten ohne Kopfbedeckung und erlaubte die Verkürzung der Trauerwoche. Chorin plädierte für eine umfassende Bildung, ganz im Sinne des österreichischen Kaisertums, sodass die jüdischen Schulen sich der *schola universalis* des Kaiserreichs annäherten (vgl. Victor Neumann, *The End of History: The Jews of Banat from the Beginning to Nowadays* (Bukarest, 2006), pp. 67–68).

von Nachrichten, allgemeines Misstrauen säten, obwohl es doch eigentlich nur dem intellektuellen Anspruch und dem beruflichen Alltag der Juden entsprach.

Wer als Historikerin oder Historiker die Berichte der Spionageabwehr auswertet, stellt rasch fest, dass die Juden aus dem Banat und aus Siebenbürgen als unberechenbar und gefährlich galten, und zwar gerade weil sie Ungarisch sprachen. Siebenbürgen war, wie erwähnt, Gegenstand eines lange andauernden Territorialstreites zwischen Ungarn und Rumänien. Daher betrachteten die rumänischen Verantwortlichen die Juden Westrumäniens als potenzielle Verräter. In einer Stellungnahme des rumänischen Geheimdienstes hieß es dazu: „Einige der Juden sympathisieren stark mit dem ungarischen Volk und sind sogar Mitglied der Ungarische Partei geworden. Dies beweist ihre pro-ungarischen Gefühle und ihre enge emotionale Anbindung an Ungarn. Andere Juden dagegen zeigen eine eher vorsichtige Haltung und warten die Entwicklung ab. [Auch wenn die ungarische Gesetzgebung nach 1938] ihre Entfernung aus Staatspositionen vorsieht sowie aus sonstigen Institutionen bzw. Unternehmen, kann nicht mit Sicherheit angenommen werden, dass [die Banater Juden] sich gegenüber dem rumänischen Staat als loyal erweisen."[5]

In anderen Dokumenten aus dem Bestand der Spionageabwehr werden die Juden als „Propagandisten" oder „Spione" bezeichnet, auch als „Bedrohung" für die internationale Ordnung. Ein Vergleich des rumänischen und ungarischen politischen Diskurses der Zeit zeigt – jenseits aller politischen Differenzen –, dass Bukarest und Budapest eine ähnliche Wahrnehmung von den Juden im Banat und in Siebenbürgen entwickelten. Mit der Wirklichkeit hatte dies alles nichts zu tun, denn die Juden sprachen zwar Ungarisch, verstanden sich aber keinesfalls als ungarische Staatsbürger, sondern als ungarisch-sprechende Juden. In Ungarn selbst schränkte seit dem 2. August 1941 das Dritte Rassengesetz die Rechte der Juden zusätzlich ein. Dabei folgte das Gesetz nationalsozialistischem Vorbild. Ehen zwischen Juden und Nichtjuden wurden verboten, ebenso wie jeglicher Geschlechtsverkehr zwischen Juden und Nichtjuden außerhalb der Ehe untersagt war. Als Juden galten all jene, die zwei jüdische Großeltern hatten. Nur geborene Christen waren ausgenommen, sofern sie nicht mehr als zwei jüdische Großeltern hatten. Die ungarischen Kirchen protestierten gegen dieses Gesetz, sodass dem Justizministerium das Recht zugebilligt wurde, die Diskriminierung weiterer als Christen geborener Juden im Einzelfall zurückzunehmen.[6]

Auch die rumänische Administration zeigte sich angesichts der Komplexität des Banats nach 1918 als vollkommen unvorbereitet. Sie unterschied in dieser Situation nach rein ethnisch-nationalen Kriterien. Das traf die Juden, zielte aber auch auf viele andere Gruppen. Weil alle gesellschaftlichen Verwerfungen seitens der Verwaltung auf ethnische Gegensätze zurückgeführt wurden, erwies sich die rumänische Politik als vollkommen unfähig, die gesellschaftlichen Probleme zu lösen. Schon in den Anfangsjahren

---

5 Rumänisches Nationalarchiv, Abteilung Timiş, Präfektur Timiş-Torontal, Dossier 107, fols. 46 und 231.
6 Szabó, *Frontiera dintre viață și moarte*, p. 54.

des großrumänischen Staates, 1919/1920, verweigerte Bukarest jegliche Anerkennung der regionalen Unterschiede und Besonderheiten, die es im Lande durch die Erweiterung um ehemals bulgarische, österreichische, ungarische und natürlich auch russische Gebiete gab. Die Minderheiten galten weit mehr als Last denn als Bereicherung. Strikt zentralistisch wurde der Staat verwaltet. Später profitierten die Königsdiktatur, der Nationallegionäre Staat und die Diktatur Antonescus von der großen Machtkonzentration an einem einzigen Ort. Von Bukarest aus verbreiteten sich radikale Gedanken wie der Rassismus und der Antisemitismus. Hier entstand jene Gesetzgebung, welche die Juden systematisch benachteiligte. Hier auch traf die menschenverachtende Politik auf keinerlei organisierte Opposition.

Als der Krieg gegen die Sowjetunion begann, als die Nordbukowina und Bessarabien zurückerobert wurden, da wuchs der Eifer der Banater Behörden, um Bukarest in jeder Hinsicht zu unterstützen. Das Innenministerium erließ eine Anordnung, wonach die jüdische Bevölkerung streng zu überwachen sei. Den jüdischen Zusammenschlüssen wurde untersagt, Geld zu sammeln (das stattdessen dem rumänischen Staat zugutekommen sollte). Bis zum Januar 1941 bestimmte die Legionärsbewegung die Politik gegenüber den Juden. Was das genau bedeutete, lässt sich kaum zusammenfassen, weil die Legionäre ein einziges Chaos erzeugten. Antonescu hielt indes auch nach Januar 1941 den Druck auf die Juden aufrecht, nur dass diesmal staatliche Institutionen, insbesondere das Innenministerium, die Armee und die Gendarmerie, den Kampf gegen die Juden führten.

Eine sich an der Sprache der Nationalsozialisten orientierende Identitätspolitik und deren Folgen: die Unterdrückung der Jüdischen Bevölkerung in Südsiebenbürgen und im Banat

Seit Herbst 1941 galt für die männliche jüdische Bevölkerung eine Verpflichtung zu öffentlichen Arbeiten. Alle Betroffenen aus dem Raum Banat wurden im Electrica-Stadion, nahe der Bahnstation Timişoara Ost, zusammengezogen. Von dort ging es weiter zu den Arbeitsdiensteinsätzen. Einige wurden nach Chizătău-Şanoviţa, Ghioroc und Pâncota verbracht, andere nach Filiaşi und Piatra Olt. Die Juden von Lugoj, so scheint es, wurden mehrheitlich in das Făgăraş-Gebiet und nach Predeal verschickt. Hauptzweck des Ganzen war es, die Juden ihrer menschlichen Würde zu berauben. Nachvollziehbare wirtschaftliche Gründe gab es für die Aktion nicht.[7] Die im Archiv der jüdischen Gemeinde Temeswar überlieferten Dokumente zeigen, wie der Arbeitsdienst in menschenunwürdige Sklavenarbeit ausartete. Es waren Offiziere der rumänischen Armee, die aus einem tief verankerten Rassismus heraus ganz bewusst Gesundheit und Leben der ihnen anvertrauten Menschen gefährdeten. Unbeschreiblich waren die

---

7 Ergebnis einer Diskussion mit Dr. Ernest Neumann, Chefrabbi von Timişoara. 15. März 2002.

Arbeitsbedingungen im Lager Ghioroc. Es gab immer wieder Schläge auf die nackte Haut (25- bis 70-mal), Haftstrafen ohne jegliche Begründung. Täglich wurden die jüdischen Arbeitssklaven verhöhnt und beleidigt. In Ghioroc erprobten die Verantwortlichen auch die entmenschlichende „Effektivität" sogenannter Inquisitionsräume.[8] Die in Arbeitskolonnen eingeteilten Juden arbeiteten in Steinbrüchen, auf dem Bau, im Transportwesen. Sie reparierten Straßen und Bahnstrecken, hoben Gräben aus und dienten als Lastenträger auf Bahnhöfen. Alles das hatte nur ein Ziel: die Marginalisierung der jüdischen Bevölkerung und ihre sichtbare Aussonderung aus der nationalen Gemeinschaft.

Die antisemitischen Gesetzesakte und Praktiken der Regierung unter Antonescu verfolgten ganz eindeutig das Ziel, die Juden aus dem sozialen und wirtschaftlichen Leben des Landes auszuschließen. Zugleich diente die Judenpolitik der Verständigung mit Deutschland. Antonescu wusste um die Deportationspläne für Juden Richtung Osten, sobald der Krieg gegen die Sowjetunion begann. Die größte Gefahr für die Insassen der Zwangsarbeitslager bestand seit Herbst 1941 in der Deportation nach Transnistrien, jener Abschieberegion, in der die Juden Ostrumäniens konzentriert und ihrem Schicksal überlassen wurden. Alle Juden im Altreich wussten, was dies bedeutete, nämlich: in Viehwaggons nach Osten abgeschoben zu werden. Sie wussten auch, welches Leid damit verbunden war und dass es nur geringe Chancen gab, von dort lebend zurückzukehren. Schon während der Abschiebungen aus Dorohoi, Bessarabien und der Bukowina, aus Ostrumänien also, war es zu Misshandlungen und Massenexekutionen gekommen. In Transnistrien rafften Hunger und Seuchen die Menschen dahin. Andere starben durch einen „seuchenpolizeilich" motivierten Vernichtungswillen.

Der rumänische Holocaust kannte keine Gaskammern wie in Auschwitz, auch wenn es zu großflächigen, systematischen Tötungen kam. Die 102 nur provisorisch eingerichteten Gettos und Lager, die von der rumänischen Verwaltung in der Region Transnistrien den Juden zugewiesen wurden – gedacht als Zwischenaufenthalte, bis die endgültige Deportation nach Osten möglich wurde – beweisen, dass auch die rumänische Regierung Hitlers Idee eines judenfreien Europas verfolgte. Letztlich gibt es keinen Zweifel, dass das Regime Antonescu für den Tod von Hunderttausenden rumänischen und transnistrischen Juden Verantwortung trug. Im Holocaust-Gedenkmuseum von Washington erscheint Transnistrien als eine Region mit Vernichtungsorten, die in einer Reihe mit Babi Yar stehen. Zufall ist das nicht. Die vom rumänischen Regime propagierte „Bluts"-Identität knüpfte an rumänische Traditionen an und nahm zugleich die Sprache des NS auf. Ein quasi rassistisch aufgeladener Antisemitismus leitete seit Beginn des Krieges die politischen und militärischen Entscheidungen des Regimes. Aufschlussreich in dieser Hinsicht ist eine Äußerung im Ministerrat zu Kriegsbeginn:

---

8 Archiv der Jüdischen Gemeinde Timişoara (ACET), Dossier 102 sowie weitere Dokumente 1943–1944. Vgl. auch Victor Neumann, *Istoria evreilor din Banat: O mărturie a multi şi interculturalităţii Europei est-centrale* (*The History of Jews in the Banat: A Testimony of Multi- and Interculturality in East-Central Europe*) (Bukarest, 1999), pp. 154–155, Fußnoten 50–51.

„Wenn wir die gegenwärtige Situation, national und auf europäischer Ebene, nicht nutzen, um das rumänische Volk zu reinigen, verpassen wir die letzte Möglichkeit, welche die Geschichte uns bietet … Ich kann Bessarabien zurückholen und auch Siebenbürgen, aber wenn wir das rumänische Volk nicht zuvor säubern, werden wir gar nichts erreicht haben, denn es sind nicht die Grenzen, die die Stärke eines Volkes ausmachen, sondern die innere Homogenität und die Reinheit seiner Rasse. Letzteres ist mein zentrales Anliegen."[9]

Die Rassenlehre steht für die Vorstellung, dass das „Blut" über die Zukunft eines Individuums oder einer Gruppe bestimmt. Der rumänische Diktator griff diese wirklichkeitsfremde Sprache auf und übernahm damit den NS-Duktus in seinen Sprachhaushalt auf.[10] Seine Reden und seine Interventionen im Ministerrat zeigen, wie sehr ein gewaltbereiter Antisemitismus seine Politik leitete, ebenso seine Minister. Für Antonescu ging es nicht um die konkrete Rückgewinnung von Nord-Siebenbürgen oder Bessarabien, sondern ganz vorrangig um die „Reinigung des Volkes", um nationale Größe und Stärke durch ethnische Säuberung. Antonescu dachte, so wie viele seiner Zeitgenossen die Welt wahrnahmen, in den Kategorien völkischen Stammesdenkens. Stamm das meinte Volk, und Volk wiederum stand für Nation.

Auch wenn die vom rumänischen Diktator zu verantwortenden Gewaltpraktiken sich von jenen der Nazis unterschieden, so finden wir doch auch hier rassistisch motivierte Massenmorde. Hierfür steht Transnistrien, hierfür steht Odessa, hierfür stehen indes auch Domanewka oder Bogdanowka. Die in den Ministerratsprotokollen überlieferten Stellungnahmen der Bukarester Entscheidungsträger beweisen für die Jahre 1940 bis 1944 einen tief verankerten Ethnonationalismus und Rassismus, der das Regierungshandeln charakterisierte.

Auch wenn die Lage im Banat nicht mit der Situation im Osten des Landes zu vergleichen war, gab es auch hier Deportationen nach Transnistrien. Etwa einhundert, sich als Zionisten verstehende Juden wurden von Timişoara nach Transnistrien übergesiedelt und kehrten nie wieder in ihre Heimat zurück. Einer der Zwangsarbeiter, Dr. Paul Grünberger, sah auf dem Bahnhof von Chizătău (wo er Arbeitsdienst zu leisten hatte), wie ein Güterzug mit zwei Waggons vorbeifuhr. Die Türen der Waggons waren geöffnet, sodass Grünberger einige der Deportierten erkennen konnte. Eigentlich besaßen die Deportierten Transitvisa durch die UdSSR, um nach Amerika ausreisen zu können.[11]

---

9 Rumänisches Nationalarchiv, Ministerpräsidium, 484/1941, zitiert in Lya Benjamin, 'Definiţia rasială a calităţii de evreu în legislaţia din România 1938–1944' ('The Racial Definition of the Jewish Condition in Romanian Legislation 1938–1944'), *Cluj-Napoca History Institute Yearbook*, vol. 34 (1995), p. 133.
10 Vgl. Lya Benjamin (Hg.), *Evreii din România între anii 1940–1944* (*The Jews of Romania 1940–1944*), vol. ii. *Problema evreiască în stenogramele Consiliului de Miniştri* (*The Jewish Issue in the Shorthand Report of the Council of Ministers*) (Bukarest, 1996).
11 Dr. Paul Grünberger, Mündliche Aussage über die Situation der Juden des Banats und Transsilvaniens im Zweiten Weltkrieg (auf Band aufgezeichnet durch Vasile Grunea, Cluj). Ich danke Herrn Vasile Grunea, einem engen Bekannten der Familie Grünberger, dass er mir das Tonband zum Abhören überließ.

Tatsächlich wurden sie in einem Lager jenseits des Dnjestr getötet. Einige weitere Hundert Juden aus Städten des Banats und Siebenbürgens erlitten das gleiche Schicksal.[12] Solche Deportationen erklären möglicherweise, warum sich die jüdische Bevölkerung in Timișoara zwischen 1941 und 1942 um fast 2.300 Personen reduzierte (von 13.610 auf 11.340).[13]

Rassismus und Antisemitismus waren Ursache zahlreicher Angriffe auf Juden in den Jahren vor und während des Zweiten Weltkriegs. Tatsächlich wurden ihnen fundamentale Grundrechte verweigert: Sie durften keine Radios besitzen. Als Ärzte durften sie nur jüdische Patienten behandeln. Von Gerichtsprozessen waren sie ausgeschlossen. Es gab eine Zwangsabgabe für Kleidungsstücke, die an die Armee oder an die Allgemeinheit verteilt wurden. Als konkreter Fall sei ein Bericht des regionalen Polizeiinspektorats Timișoara genannt. Dieser bezieht sich auf das im Oktober 1941 erlassene Gesetz Nr. 2909. Demnach mussten alle erwachsenen Juden aus dem Banat Kleidungsstücke spenden, um dadurch dem Interesse der Allgemeinheit zu dienen.

Ganz allgemein wurde das Eigentum der jüdischen Religionsgemeinschaften beschlagnahmt. Dasselbe passierte mit dem Privateigentum von Juden: Geschäfte, Fabriken, Häuser, Grundstücke, Wälder, Bauernhöfe gingen in Staatsbesitz über. Es bestand eine eindeutige Kontinuitätslinie von den willkürlichen Enteignungen durch die Legionäre zu dem besser organisierten Raub unter Marschall Antonescu. Im Banat selbst begannen die Beschlagnahmungen durch die Legionäre im Dezember 1940. Nach einem Bericht des regionalen Polizeiinspektorats Timișoara beschlagnahmten die Legionäre willkürlich Industrie- und Handelsunternehmen von Juden. Nach der Niederschlagung des legionären Aufstandes im Januar 1941 erhielten die Juden diese illegal enteigneten Unternehmungen wieder zurück.

Tatsächlich war die legionäre Rebellion für die Juden eine ernsthafte Warnung. Sie begannen, ihr Hab und Gut zu verkaufen. Für die rumänischen Behörden war es eine unangenehme Überraschung, als sie feststellten, dass vor allem Banater Schwaben Interesse zeigten und auch andere Minderheiten profitierten.[14]

Die Erinnerungen Grünbergers stellen ein wichtiges Zeugnis dar. Ich hatte Gelegenheit, einige der Aussagen anhand anderer Dokumente zu verifizieren, und insgesamt bestätigte sich der Realitätsgehalt der Erinnerungen. Sie gaben mir Gelegenheit, Unklarheiten auszuräumen und meine Schilderungen in einem früheren Buch zur Geschichte der Juden durch Zeitzeugenaussagen anzureichern. Paul Grünberger wurde in Sibiu geboren, studierte Medizin, wurde Arzt und lebte in seiner Heimatstadt, bis er zum Umzug nach Timișoara gezwungen war. 1962 siedelte seine Familie nach Israel um.

12 United States Holocaust Memorial Museum Archive (USHMMA).

13 Jean Ancel, *Documents concerning the Fate of the Romanian Jewry during the Holocaust*, vol. vii (New York, 1986), Kapitel: 'The Activity of the Mosaic Cult of the Whole Country from 1918 to 1943'. Vgl. auch ACET, Akte 73/1943. Eine ausführliche Schilderung der Deportationen bietet Jean Ancel, *Transnistria*, vols. i–iii (Bukarest, 1999).

14 USHMMA, RG-2000.224, Reel 9, Trials of the Romanian Zionists, Report of the Regional Police Inspectorate of Timișoara (undatiert, vermutlich von 1942), p. 14. Vgl. Details und weitere Quellen in V. Neumann, *Istoria evreilor din Banat*, pp. 142–143.

Es sind solche Dokumente, die zeigen, wie die NS-Ideologie das Verhältnis zwischen den ethnischen Minderheiten im Banat veränderte. In Timişoara und Sibiu handelten Mitglieder der lokalen deutschen Gemeinschaft auf eigene Faust, wenn es darum ging, den Juden Eigentum abzukaufen. Freilich, Verallgemeinerungen verbieten sich.

Professor Oskar Schwartz hat sich nach dem Ende des Zweiten Weltkrieges daran erinnert, dass die jüdische Bevölkerung vor allem von Legionären verfolgt wurde, von Studierenden des Temeswarer Polytechnikums insbesondere. Die Diskriminierung der Juden war in den Jahren 1941–1944 omnipräsent. Der rumänische Inlandsgeheimdienst warnte vor „okkulten Verbindungen des internationalen Judentums." Die Juden würden ihre Losungen auf vielen Wegen verbreiten, über Kulturvereinigungen, Freimaurerlogen, aber auch über Sportvereine. Von der jüdischen Kulturliga, die in verschiedenen Orten Siebenbürgens tätig war, hieß es, dass sie „neben ihrem strikt religiösen Auftreten in engem Kontakt stünde mit ungarischen irredentistischen Bestrebungen und Spionageorganisationen." Es sei leicht zu verstehen, warum die Juden der rumänischen Verwaltung mit großem Misstrauen begegneten, schließlich sei die „siebenbürgische Judenschaft" vollkommen ungarisiert.[15]

Wir haben an anderer Stelle die Verantwortung der Intellektuellen für die Verbreitung des Antisemitismus bereits thematisiert und auch gezeigt, wie die Mitarbeiter des Staatsapparates die intellektuellen Losungen aufgriffen. Gleichwohl: nicht alle Rumänen folgten Antonescu in den Antisemitismus. Es gab Rumänen und Deutsche, die sich demonstrativ verweigerten, dem Rassismus widersetzten und die Juden schützten. Dr. Paul Grünberger hat berichtet, dass die örtliche Bevölkerung jenen Juden, die zur Zwangsarbeit deportiert wurden, rasch Lebensmittel zusteckten. Die als vergleichsweise begütert geltenden rumänischen und deutschen Dörfer des Banats beteiligten sich auffälligerweise nicht an der antijüdischen Hetze. Auch gab es Intellektuelle, die brieflich aufbegehrten. Gelehrte aus Temeswar wandten sich in einem Schreiben an Marschall Antonescu und mahnten eine menschengerechte Politik an: „Wie auch immer unsere Wahrnehmung der Juden sein mag, wir sind Christen und wir sind Menschen. [...] Uns erschüttert die Vorstellung, dass Bürger eines Staates all ihrer Besitztümer beraubt werden, ohne dass sie ein Verbrechen begangen hätten, und dass sie aus dem Land verbannt werden sollen, in dem sie geboren sind, in dem die Gebeine ihrer Eltern, Großeltern und Urgroßeltern seit Jahrhunderten liegen".[16]

Zahlreiche Bürger Timişoaras zeigten sich, wie wir heute wissen, solidarisch mit ihren jüdischen Mitbürgern, luden sie heimlich zum Radiohören ein, obwohl es ihnen verboten war. „Obgleich Krieg war und das Risiko erheblich, gab es in Timişoara viele

---

15 USHMMA, RG-25.004M, Film 10, Romanian Information Service Records, 1936–1966, Report of the Romanian Secret Service mit dem Titel *The International Jewish Occult Organizations: Their Actions in Romania by Cultural Leagues, Masonic Lodges and Sport Clubs*, p. 20.

16 Brief an das Büro von Antonescus, unterzeichnet von Intellektuellen aus Timişoara. ACET, Akte 75/1941, fol. 105.

gute Menschen, die uns in ihrem Zuhause begrüßt haben", berichtete später Ernest Neumann, der Temeswarer Oberrabiner.

Die Unzufriedenheit mit der Politik Antonescus nahm auch außerhalb des Banats zu. Im Süden Rumäniens, in Oltenien und Muntenien, reagierte die Bevölkerung aufgebracht, gar widerständig, weil ihre Männer und Söhne Schlimmes über ihre Fronterfahrung berichteten. Die Familien der Bahnarbeiter und Bauern vor allem mussten mit ansehen, wie ihre Familienangehörigen in den Tod geschickt wurden, und das aus Gründen, die mit rumänischen Territorialinteressen gar nichts zu tun hatten. Zahlreiche Dokumente im Washingtoner Holocaust-Museum, die ich einsehen konnte, zeugen davon, wie wenig Rückhalt das Regime Antonescus mit seinem Kriegskurs in manchen Regionen hatte.[17]

Der Plan zur Deportation und Vernichtung der Juden aus dem Banat und Südsiebenbürgen

Im Zuge der deutschen „Endlösung" sollten die Juden des Banats und Südsiebenbürgens nach Polen verbracht werden. Offiziell war von Arbeitseinsatz die Rede. Tatsächlich meinte die Verschickung den sicheren Tod im polnischen Vernichtungsraum (Lublin). Die rumänische Regierung hatte hierzu ihre Zustimmung gegeben, wobei unklar ist, wieweit sie über die Mordabsichten informiert war. Glücklicherweise erschienen im Sommer 1942 Zeitungsberichte zur beabsichtigten Deportation. Die Pläne wurden so den jüdischen Gemeinden in Timişoara, Arad und Turda bekannt. Die Verantwortlichen der Synagogengemeinden und die Rabbiner zogen von Synagoge zu Synagoge, um die Moral der Gläubigen zu stärken. „Ich hatte Angst vor meinem eigenen Schatten", berichtete später einer der Überlebenden, „doch der Moment verlangte eine derartige Haltung". Die Zusammenarbeit untereinander stärkte gewiss das Selbstvertrauen der jüdischen Bevölkerung in Temeswar, und doch gab es gute Gründe für eine verbreitete Panik. Die von Bukarest aus veröffentlichten Bestimmungen ließen Schlimmes befürchten und deuteten auf ein klares Abkommen zwischen den rumänischen Verantwortlichen und den nationalsozialistischen Führern in Berlin hin. In den drei Grenzstädten, Timişoara, Arad und Turda, schien seitens des Regimes alles vorbereitet.

Die lokalen Vertreter der von Bukarest eingesetzten Judenzentrale ahnten, was kommen würde. Sie erhielten Anweisung, namentliche Tabellen anzufertigen, welche Aufschluss gäben über die jüdische Bevölkerung, gegliedert nach Geschlecht, Alter und

---

17 USHMMA, RG-25.010M, Reel 13, General Inspectorate of the Romanian Gendarmerie, Informationsbericht Nr. 1766, 28. Februar 1942, Craiova. Stimmung innerhalb der rumänischen Armee, Korruption, Unzufriedenheit sowie Kritik der Bevölkerung. Vgl. auch Ibid., Informationsbericht Nr. 1664, 4. Februar 1942, Gendarmerielgion Olt.

Beschäftigung.[18] Ion Antonescu, der Staatsführer, und Mihai Antonescu, sein Minister-präsident, hatten, wie wir heute wissen, tatsächlich ein Abkommen unterzeichnet, das die Deportation der Juden aus dem Banat und Südsiebenbürgen vorsah. Im Zeitraum zwischen Juli und Oktober 1942 liefen zwei Aktionen parallel. Bukarest knüpfe unmittelbar an seine frühere Judenpolitik vom Sommer/Herbst 1941 an. Die Pläne sahen eine Deportation von Juden nach Transnistrien vor. Gleichzeitig starteten die Vorbereitungen für eine Deportation von Banater und südsiebenbürgischen Juden nach Polen. Koordiniert wurden die Planungen für Westrumänien von deutscher Seite aus durch SS-Hauptsturmführer Gustav Richter, dem Judenberater der deutschen Botschaft in Bukarest.[19] In dieser Situation war es wichtig, dass die Temeswarer Juden die umlaufenden Gerüchte ernst nahmen. Am Ende gelang, was eigentlich unmöglich war, die Deportation nach Polen zu verhindern.

Am 10. Juli 1942 wandte sich Oberst Radu Davidescu (Chef des Kriegskabinetts) an das Innenministerium und forderte von dort einen ausführlichen Bericht sowie eine tabellarische Aufstellung über die im Banat und im südlichen Siebenbürgen ansässigen Juden an. Zur Begründung hieß es, dass Rumänien Platz für die Flüchtlinge aus Nordsiebenbürgen benötige, welche nach dem Wiener Diktat in ihr Heimatland flöhen. De facto sollten die Behörden die geplante Deportation aller Juden vorbereiten, mit Ausnahme von Intellektuellen und Industriellen, welche für den erfolgreichen Betrieb bestimmter Wirtschaftsunternehmen gebraucht würden. Was die Anweisung konkret bedeutete, zeigen die Erinnerungen von Dr. Paul Grünberger. Er berichtet u. a., dass die Juden aus Hermannstadt ihre Häuser hätten verlassen müssen, um so Platz für vierzig rumänische Professoren zu machen, die aus der Universität Cluj (Nordsiebenbürgen) ausgeschieden waren. Sogar sein eigener Vater erlitt eine solche Enteignung.

Im August 1942 sandte die rumänische Regierung Radu Lecca, den „Judenkommissar", nach Berlin, um die Einzelheiten für die Deportation der Juden aus dem Banat und dem südlichen Siebenbürgen nach Polen zu regeln. Aus der Verbalnotiz der deutschen Gesandtschaft in Bukarest, die an rumänische Offizielle geschickt wurde, geht hervor, dass die Deutschen nach den Diskussionen mit Radu Lecca „eine kurze Antwort" erwarteten, in der „die Haltung der rumänischen Regierung zu allen wichtigen Fragen" zusammengefasst sei, „um sie an die Reichsregierung weiterzuleiten".[20]

Am 18. September 1942 fasste Radu Lecca den verzögerten Stand der Verhandlungen zusammen: „Die Ausweisung der Juden aus Siebenbürgen wird derzeit untersucht. Beginnen wird sie erst, wenn der geeignete Moment gekommen ist. Bis dahin werden

---

18 Raul Hilberg, *The Destruction of the European Jews* (Chicago, 1967), pp. 257–266.
19 Benjamin (Hg.), *Evreii din România între anii 1940–1944*, vol. ii, p. 452.
20 *Ibid.*, p. 453.

alle Details durch das Innenministerium bis in die kleinsten Einzelheiten geregelt, und zwar auf Basis der von Herrn Marschall Antonescu verfügten Richtlinien".[21]

Dass etwas Schlimmes anstand und sich die Lage dramatisch zuspitzte, ahnten die Führer der jüdischen Gemeinden. Aus Timişoara und Hermannstadt fuhren Abordnungen nach Bukarest, um Wege aufzutun, die Deportation noch zu verhindern. Und tatsächlich, die Abschiebungspläne für die nordwestrumänischen Juden versandeten im Nichts, blieben ohne Folgewirkungen für die jüdischen Gläubigen im Banat und Südsiebenbürgen. Was waren die Gründe für diesen Sachverhalt?

1942 schwankte die Stimmung Marschall Antonescus. Er war sich nicht mehr sicher, ob die Truppen Hitlers tatsächlich siegen würden. Dass die Frontlinien im Osten feststeckten, erwies sich insofern für die Juden des Banats und Siebenbürgens als großes Glück. Die eigentliche Entscheidung fiel nach gemeinsamen Bemühungen des Metropoliten von Siebenbürgen, Nicolae Bălan, des ehemaligen Präsidenten der Nationalen Bauernpartei, Iuliu Maniu, und des Besitzers der Arader Textilfabrik, Franz von Neuman. Zu ihnen gesellten sich die äußerst geschickt agierenden Vertreter der jüdischen Gemeinden in Bukarest und Timişoara: Alexandru Şafran, Großrabbiner von Rumänien, Dr. Wilhelm Filderman, Präsident der *Föderation Jüdischer Gemeinden* in Rumänien, Avram Leiba Zissu, unbestrittener Repräsentant der rumänischen Zionisten, Samuel Ligeti, Präsident der jüdischen Gemeinde in Timişoara, und Iosif Grünberger, Händler aus Sibiu.

Franz von Neumann, so berichtet Raul Hilberg, bot der rumänischen Armee eine Unterstützung in Höhe von 400 Millionen Lei an, wenn auf die Deportation verzichtet werde.[22] Schriftliche Dokumente zu diesem Vorgang gibt es nicht, aber entsprechende Zeitzeugenaussagen von Überlebenden. Neumann genoss eine breite Sympathie bei der lokalen Bevölkerung, förderte beliebte Sportarten und hatte großen Einfluss auf rumänische Offizielle, weil seine Textilfabrik Ausrüstung für die Truppen herstellte.[23]

In einem „Stimmungs- und Lagebericht über die Aussiedlung der Juden aus Rumänien" vom 5. Oktober 1942, der von SS-Hauptsturmführer Richter angefertigt worden war und den der deutsche Gesandte v. Killinger an das Auswärtige Amt übermittelte, heißt es:

> Sehr aktiv war und ist noch in dieser Beziehung der getaufte Jude Baron Neumann, Hauptaktionär der Textilfabrik ‚Textile Aradana' in Arad. Es ist ihm gelungen, den Führer der Nationalzaranisten, Juliu Maniu, mit dem er sehr gut befreundet ist, für die jüdischen Interessen einzuspannen. Juliu Maniu erklärte, er sei als Siebenbürger Rumäne entschieden dagegen, daß man die Siebenbürger Juden anders behandele als die Juden im Altreich, und versprach, sich mit allen Mitteln dafür einzusetzen, daß Evakuierung nicht vorgenommen werde. – Von dem Sekretär des Juden Neumann, dem Juden Beilis, wurde in Erfahrung gebracht, daß Neumann auch den Metropoliten der

---

21 *Ibid.*
22 Hilberg, *Destruction of the European Jews*, pp. 257–266.
23 Neumann, *Istoria evreilor din Banat*, pp. 148–159.

orthodoxen Kirche in Siebenbürgen dazu bewogen hat, nach Bukarest zu fahren, um dort gegen die geplante Aussiedlung der Juden aus Rumänien bei maßgebenden Politikern und Mitgliedern der rumänischen Regierung zu intervenieren. – Inwieweit dabei der Jude Neumann den Erfolg seiner Interventionen sich etwas kosten ließ, ist im einzelnen nicht bekannt, es wird aber von gut unterrichteten Juden behauptet, daß er einen Aufschub erwirkt hätte, für den er 100 bis 400 Millionen Lei bezahlt habe.[24]

Nun, nicht allein die Anstrengungen jüdischer Persönlichkeiten erwiesen sich für den Verzicht auf die Deportationen als ausschlaggebend. Dr. Paul Grünberger, während der Kriegsjahre ein Schüler des jüdischen Gymnasiums in Timişoara, gelangte im Laufe der Zeit zu zahlreichen Informationen, die es ermöglichen, den politischen Kontext des Entscheidungsverlaufs herauszuarbeiten. Für ihn war es ein stabiles Netzwerk zwischenmenschlicher Beziehungen, das half, das Überleben der Juden im Banat und Südsiebenbürgen sicherzustellen. Sein Vater, Iosif Grünberger, war damals ein erfolgreicher Händler. Er musste aus Sibiu fliehen und siedelte mit seiner Familie in Timişoara an. Hier gehörte er zu den selbstbewussten jüdischen Widerständlern, die die *Donauzeitung* lasen, also jene Tageszeitung, die unter Leitung des deutschen Militärs den Balkanraum abdeckte und in Belgrad erschien. Jeden Nachmittag kam die *Donauzeitung* nach Timişoara. Am 8. August 1942 brachte die Zeitung einen Bericht mit der Überschrift „Judenaussiedlung in Rumänien". Von einer Deportation der Juden aus dem Banat und Südsiebenbürgen in den Osten war dort die Rede und von einem gemeinsamen Vorgehen rumänischer und deutscher Stellen. Iosif Grünberger wusste, was dies alles bedeutete.

Zahlreiche Interventionen von Politikern und Geistlichen und das Außerkraftsetzen des Deportationsplans

In kurzer Zeit gelang es Grünberger, die Nachricht weiterzuleiten und prominente Persönlichkeiten anzusprechen, die in der Lage schienen, die vorgesehene Aktion zu verhindern. Die Nachricht über anstehende Deportationsbestrebungen erwiesen sich rasch als zutreffend. Iosif Grünberger kontaktierte Carol Reitter, den letzten Präsidenten der zionistischen Bewegung im Banat und in Siebenbürgen, einer Organisation, die zu dieser Zeit schon in die Illegalität gedrängt worden war. Reitter war Eigentümer einer Fabrik für grafisches Zeichenpapier in Cărăvan. Auch an die Brüder Auscher wandte sich Grünberger. Gemeinsam diskutierten sie, was zu tun sei, und beschlossen, nach Bukarest und Sibiu aufzubrechen. Victor Auscher, Textilfabrikant in Timişoara, besaß eine Reiseerlaubnis. So fuhr er nach Bukarest, um mit Dr. Wilhelm Filderman

---

24 S. Ottmar Traşcă, Dennis Deletant (Hg.), *Al Treilea Reich şi Holocaustul din România: Documente din arhivele germane (The Third Reich and the Romanian Holocaust: Documents from the German Archives)* (Bukarest, 2007), document 114, pp. 532–540.

und A. L. Zissu Kontakt aufzunehmen, während Iosif Grünberger in seine Heimatstadt Sibiu reiste, um dort den Metropoliten Nicolae Bălan zu treffen. Alle Temeswarer Juden waren darüber informiert, was unternommen werden sollte, um die Abschiebeaktion zu verhindern.

Die Kontakte zu Bălan – dem Metropoliten von Siebenbürgen – waren entscheidend, denn er besaß großen Einfluss auf Antonescu. Dabei fiel Ludwig Ferenc, dem Präsidenten der sephardischen Gemeinde in Sibiu, eine wichtige Aufgabe zu. Er hatte als Schneider den Bischof mit Kleidung ausgestattet und stellte so den Kontakt her. Iosif Grünberger traf daraufhin Bălan, berichtete ihm über den Sachverhalt. Und tatsächlich erklärte sich der Bischof bereit, nach Bukarest zu fahren und mit dem Staatschef zu sprechen.[25] Nach seinem Treffen mit Antonescu bestätigte der Metropolit, dass es eine Vereinbarung zwischen der rumänischen Regierung und den deutschen Stellen über die Deportation von Juden aus dem Banat und dem südlichen Siebenbürgen gäbe. Auf Ersuchen des hohen Würdenträgers habe der Marschall allerdings zugesagt, das Vorhaben abzusagen.

Iosif Grünberger wandte sich zudem an Iuliu Maniu. Maniu war vielleicht der bekannteste und wichtigste rumänische Politiker Siebenbürgens und eine der großen demokratischen Persönlichkeiten im Rumänien der Zwischenweltkriegszeit. Auch er nahm Kontakt mit Antonescu auf und stellte ihm die Frage: Wenn die Deutschen den Krieg verlieren würden und bei Friedensvertragsverhandlungen der Status von Siebenbürgen zu entscheiden sei, wie könne Rumänien sich dann rechtfertigen, wenn es seine jüdische Bevölkerung deportiert habe, die Ungarn das jedoch nicht gemacht hätten? (Zu diesem Zeitpunkt (1942) lebten die Juden in Ungarn noch unter vergleichsweise sicheren Umständen.)

Beide Interventionen – die des Metropoliten Nicolae Bălan und die Iuliu Manius – waren letztlich für die Rettung der Juden entscheidend.[26] In dem bereits zitierten Bericht der Deutschen Gesandtschaft heißt es dazu: „Selbstverständlich setzte von Seiten der Juden aus Siebenbürgen und dem Banat gegen die Aussiedlung eine Reaktion in der Weise ein, daß sie mit den verschiedensten Interventionen begannen. Sie bedienten sich dabei ehemals führender demokratischer und liberaler Politiker, die ihrerseits wieder bei hohen und höchsten rumänischen Regierungsstellen im Interesse der Juden vorsprachen."[27]

Es ist kaum anzunehmen, dass der Diktator aus eigenem Antrieb die Deportationen annulliert hat. Tatsächlich befand er sich in einem Zwiespalt: Einerseits wollte er das Land von den Juden „säubern" und sein Versprechen gegenüber Hitler einhalten, andererseits war ein Sieg Hitlers keinesfalls sicher und galt es daher, auf anderem Wege Siebenbürgen zurückzugewinnen. Die Juden aus dem Banat und Siebenbürgen betrachtete

---

25 *Ibid.*
26 *Ibid.*
27 *Ibid.*

Antonescu als Verhandlungsmasse. So überlebten die Juden Westrumäniens trotz höchster Gefahren und einer beinahe schon sicheren Deportation und Vernichtung.

Von dem, was mit den Juden aus dem Buchenland, Bessarabien und Transnistrien geschah (Vertreibung, Aushungern, systematische Tötung), blieben die Juden der anderen rumänischen Landesteile weitgehend verschont. Die Juden des Banats und Südsiebenbürgens wurden nicht deportiert – trotz gegenteiliger Versicherungen an die deutsche Seite. Sie überlebten. Das ist ein unbestreitbares Faktum. Und dieser Sachverhalt muss erklärt werden. Kein Zweifel besteht daran, dass das Regime Antonescu die Juden ihrer Rechte beraubte, sie einsperrte, sie tötete – nach eigenem Gutdünken. Gleichzeitig jedoch beruhte die Kriegsstrategie auf einer gewissen Rationalität. Die Lage Rumäniens zwischen dem nationalsozialistischen Deutschland und der stalinistischen Sowjetunion erklärt die Notwendigkeit, während des Krieges für eine Seite zu optieren. Das deutsche Desaster in Stalingrad stärkte jene Kräfte in Bukarest, die alle Anstrengungen darauf setzten, das eigene Land zu schützen und eine Wiedervereinigung mit den verlorenen Landesteilen, vor allem mit dem Banat und Siebenbürgen, möglich zu machen. Aus dem sich hieraus ergebenden Interessenkonflikt resultierten widersprüchliche politische Entscheidungen. Und bereits vor dem Fall von Stalingrad veränderte daher Rumänien seine Politik auch gegenüber der jüdischen Bevölkerung.

Zusammenfassend. Die Juden des Banats und Südsiebenbürgens verdanken ihr Überleben letztlich dem Kriegsglück. Antonescu fürchtete, eine offene Beteiligung an der Judenverfolgung auch nach dem Sommer 1942 werde das Schicksal Rumäniens endgültig besiegeln. Eine Rückgewinnung der verlorenen Territorien werde dann unmöglich sein. Und doch, richtig ist auch, dass ohne die Intervention jüdischer und rumänischer Führungspersönlichkeiten die Juden des Banats und Südsiebenbürgens niemals gerettet worden wären.[28]

---

28 Vgl. Victor Neumann, 'Between Hungary and Romania: The Case of the Southern Transylvania's Jews during the Holocaust', *East European Studies*, Woodrow Wilson International Center for Scholars (September, 2001).

Victor Neumann

Die Herausbildung und Grenzen zivilgesellschaftlicher Widerständigkeit in den Jahren des Nationalkommunismus, 1956–1989

Die Tradition des Pluralismus und die Hoffnung auf Freiheit

Trotz des Bevölkerungswandels nach den beiden Weltkriegen (wobei der 2. Weltkrieg sicherlich den stärkeren Einbruch brachte), trotz des Misstrauens seitens der politisch Verantwortlichen gegenüber den ethnischen und religiösen Minderheiten des Banats hielten viele Bewohner des Temeswarer Raumes an jenen menschlichen Werten fest, die aus der Zeit der österreichisch-ungarischen Monarchie stammten. Insofern unterschied sich Temeswar von vielen anderen rumänischen Städten ohne ausgeprägtes Geschichtsbewusstsein und mit einer deutlich schwächeren Lokaltradition. Auch während der Jahre des Nationalkommunismus war Temeswar bekannt für die multi- und interkulturelle Selbstverständlichkeit seiner Stadtbürger.[1] Damit ist keine bewusste Toleranz der Mehrheit gegenüber den Minderheiten gemeint, sondern ein selbstverständliches, friedliches Zusammenleben mit einer stadtbürgerlichen Identität, die als wichtiger wahrgenommen wurde als die Zugehörigkeit zu einer spezifischen sprachlichen oder religiösen Gruppe.

Der Bevölkerung Temeswars wünschte in ihrer großen Mehrheit, frei zu leben, zu wirtschaften, ohne Beschränkungen im Inland reisen und ins Ausland fahren zu können und einen freien Zugang zu Informationen zu haben. Es gehörte zur Tradition der Stadt, dass sie materielles Wohl hoch einschätzte. Und so hielt die Stadt auch während der Endjahre Ceaușescus an ihren zentralen Anliegen fest, dem wirtschaftlichen Erfolg, der Ausrichtung an finanzieller Solidität. Selbst während der Ernährungskrise in Rumänien, Folge der Austeritätspolitik unter Ceaușescu (beginnend Ende der 1970er-Jahre), gab es in Timișoara noch Sozialgruppen, die einen akzeptablen Lebensstandard halten konnten. Die Grenzstadt Timișoara profitierte in dieser Zeit von ihrer Grenzlage. Auf sogenannten „Flohmärkten" (Trödelmärkten) kamen Güter aus den Nachbarländern zum Verkauf, aus Jugoslawien, Ungarn, sogar aus Österreich. Die Warenwelt stärkte das Bewusstsein, zu Mitteleuropa zu gehören. Außerdem dienten die Märkte als Kommunikationsorte für Nachrichten und Meinungen. Kein Wunder, dass die kommunistischen Behörden versuchten, diesen selbstständigen Handel zu unterbinden. In Temeswar und

---

[1] Victor Neumann, 'Multicultural Identities in a Europe of Regions: The Case of Banat County', *European Journal of Intercultural Studies*, 8/1 (1997), pp. 19–35. Franz Liebhardt, *Banater Mosaik: Beiträge zur Kulturgeschichte* (Bukarest, 1976).

im Banat gehörte es zu einer weitverbreiteten Praxis, Fernsehantennen in Richtung der Nachbarländer aufzustellen, um die dortigen Fernsehkanäle zu empfangen. Viele Bürger Timişoaras sahen regelmäßig Fernsehsendungen aus Belgrad, Novi Sad oder Budapest, während das rumänische Fernsehen nur wenige Stunden sendete und kaum Interessantes bot.

Um der Situation Herr zu werden, sandte Bukarest mit Eugen Florescu einen engen Vertrauten nach Temeswar, der ganz auf der Linie des rumänischen Ethnonationalismus und des kommunistischen Propagandadenkens lag. Eine erste Maßnahme, die er anstrebte, zielte auf das Verbot von weitreichenden Fernsehantennen auf den Dächern der Häuser. Schließlich widersprachen viele Aussagen des journalistisch vergleichsweise zuverlässigen ungarischen oder serbischen Fernsehens der rumänischen Propagandawelt.

Die Intellektuellen des Banats verblieben dem Geist des alten Timişoara verhaftet, knüpften bewusst an die Tradition des kosmopolitischen Banats an und suchten damit einen Weg des Denkens und des Handelns aufrechtzuerhalten, der europäischen Normen entsprach. Sie gerierten sich keineswegs als Idole der Massen, versuchten auch nicht, sich oder ihre Konzepte aufzudrängen. Ihr Habitus setzte auf Normalität, die sie in die stadtbürgerliche Gemeinschaft einband und sich von den Auftritten so mancher Intellektueller in anderen Teilen Rumäniens abhob. Mit ihrem Verhalten standen sie für eine Intelligenz, welche noch in dem Geiste Mitteleuropas[2] aufgewachsen war. Doch in Bukarest stießen sie damit auf Unverständnis, ja, auf Ablehnung. Dies zeigte sich vor allem bei den großen Kundgebungen gegen den Kommunismus und gegen Ceauşescu 1989. Geradezu panisch reagierten die Verantwortlichen in der rumänischen Hauptstadt. Die Ängste galten einer Denkweise, die sich fundamental von der Denkweise des nationalkommunistischen Regimes abhob. Das Banat war die westlichste Region des Landes, schwer zu kontrollieren, und was dort passierte, schien den inneren Zusammenhalt des rumänischen Staates grundlegend zu gefährden. Die Unsicherheit der rumänischen Behörden gegenüber Timişoara steigerte sich noch, weil große Teile der Bevölkerung nicht allein Rumänisch sprachen, sondern in der Lage waren, unmittelbar mit anderen Teilen Europas zu kommunizieren.[3]

Der rumänische Nationalkommunismus vertrat exakt die gegenteiligen Wertpositionen, war antiliberal, nationalistisch, konzentrierte sich auf die Bewahrung der als ethnisch bestimmten nationalen Identität. Gemeinschaftliche Emotionalität statt gesellschaftliche Aushandlung von Interessen diente als Leitbild. Die Kommunistische Partei stand dadurch für eine zutiefst rückwärtsgewandte, antimoderne Ideologie, die, wie schon unter Stalin, sich offen gegenüber Fremdenhass und Antisemitismus zeigte. Der staatliche Menschenhandel, mit dem „Verkauf" von Juden und den in Rumänien

---

2 Liebhardt, *Banater Mosaik*.
3 Victor Neumann, 'Ebrei dopo diluvio: Gli orfani della Mitteleuropa', *Lettera internazionale*, 54 (1997), pp. 62–64.

lebenden Deutschen, war da nur konsequent. Das Streben nach Homogenisierung kennzeichnete alle autoritären und totalitären Regime Rumäniens des zwanzigsten Jahrhunderts. Doch selbst unter diesen schwierigen Bedingungen hielt eine Mehrheit der Menschen in Timișoara an ihren stadtbürgerlichen Verhaltensweisen fest und ermöglichte so ein etwas milderes politisches Klima während der Jahre der Diktatur. Es gab ganz normale zwischenmenschliche Beziehungen, und auch im Berufsleben fanden die Menschen zusammen. Wie die vormals österreichischen Städte Lemberg oder Cernăuți blieb auch Timișoara eine multi- und interkulturelle Großstadt par excellence, und zwar bis hin zu den Ereignissen von 1989.

Wie gelang es, diese stadtbürgerliche Kultur zu bewahren, und wie trug diese Zivilkultur 1989 zur politischen Transformation bei? Um diese Fragen zu beantworten, müssen wir auf das Kulturleben der Stadt eingehen, auf die kulturelle Avantgarde, welche die westliche Metropole Rumäniens heraushob. In Temeswar gab es einen weitverbreiteten Nonkonformismus, der das Regime in einer Weise herausforderte, die es nicht gewöhnt war. Erwähnt seien: die Künstlergruppe *Sigma*, die deutsch-sprachigen Autoren der *Aktionsgruppe Banat*, der sogenannte *bionische Kreis* um Professor Eduard Pamfil, die bewusst mehrsprachigen Zirkel im Umfeld des Schriftstellerverbandes, doch auch interreligiöse Zusammenschlüsse sowie die Treffen und Veranstaltungen von Filmbegeisterten. Schließlich müssen wir auch die berühmte Rockband *Phoenix* betrachten. All diese Zusammenschlüsse von Kulturschaffenden brachten die Unzufriedenheit des breiten Volkes zum Ausdruck, standen für einen Geist intellektueller Neugier, verweigerten sich der hölzernen Sprache des Regimes ebenso wie dessen totalitärer Ideologie.

Die Gruppe Sigma – Neugier auf westeuropäische Kunst und der Versuch, einen eigenen Weg zu gehen

Roman Cotoșman, Druckgrafiker und angesehener Maler abstrakter Kunstwerke, hat im Dezember 1990 die Gründung der *Gruppe 111* (1966) in Erinnerung gerufen, jenes Künstlerzirkels, der sich später Sigma nannte, weil der Begriff mathematisch die Summe vieler einzelner Elemente ausdrückte. Der formellen Gründung gingen intensive Diskussionen zwischen Ștefan Bertalan, Roman Cotoșman und Constantin Flondor voraus. Sie endeten im Beschluss, eine Gruppe von Temeswarer Künstlern aufzubauen, die sich der plastischen Kunst verschrieben hatten, Experimente wagten und die Prinzipien des Konstruktivismus aufgriffen. Vollkommen neue Räume der Kommunikation sollten geschaffen werden, in denen die Kunst integriert sein würde. Insofern war es nur konsequent, wenn die Initiatoren eine enge Zusammenarbeit mit Ingenieuren, Architekten und Wissenschaftlern anstrebten, welche sich gegenüber diesem interdisziplinären Ansatz öffneten. Was sie vorhatten, war für die 1960er/70er Jahre ausgesprochen innovativ und sicherlich auch provokativ für einen Staat, in dem die Bürger ihre Meinung nur begrenzt frei äußern durften.

Eine Nierenerkrankung, die eine Operation außerhalb Rumäniens erforderlich machte, bot Roman Cotoşman die Möglichkeit zu einer Reise in die französische Hauptstadt. Zu dieser Zeit war „die Pariser kybernetische Kunst in voller Entwicklung. Tatsächlich", so schreibt er „war ich von Nicolas Schöffers Leuchttürmen zutiefst beeindruckt. Ich versuchte, mir hastig die Sprache des Strukturalismus und des Neuen Romans anzueignen. Im Theater besuchte ich Stücke von Ionesco und Beckett. Eine Liste mit Büchertiteln von Livius Ciocârlie [einem Schriftsteller, Essayisten und Literaturwissenschaftler aus Temeswar] hatte ich bei mir. Glücklicherweise konnte ich die Werke [die er mir genannt hatte] kaufen und ohne Überprüfung durch den Zoll nach Hause mitbringen. Zu Hause beschloss ich, meine Arbeitsmethoden und Herangehensweisen radikal zu verändern. Dadurch entdeckte ich die Leere der alten, der offiziellen Welt mit ihrem Konformitätsgehabe und ihrer Angst vor der Vergiftung durch die Dekadenz des Westens. Zwei oder drei Jahre vergingen, da begann eine kurze Zeit kultureller Liberalisierung. Ich traf mich oft mit Livius Ciocârlie – unsere Freundschaft reichte bis in die Tage des klassischen Gymnasiums zurück. In unseren Diskussionen und bei unseren Arbeitsprojekten suchten wir nach neuen Sprachen, jeder auf seinem Gebiet. Wir genossen zusammen das Abenteuer der Kreativität. Uns schien das Aussterben der traditionellen Kunst absolut sicher".[4]

Tatsächlich wurde Cotoşman während seines Parisaufenthaltes ein anderer Künstler. Er brachte neue Erfahrungen mit, profitierte von seinen Lektüreerlebnissen, sammelte in den berühmten Museen und Kunstgalerien neue Eindrücke, entdeckte die Werke der Pioniere des Konstruktivismus, der kybernetischen Kunst, auch der lyrischen Abstraktion. „Man ging jeden Tag, vom Tagesanbruch bis in die Nacht, von einer Galerie zur nächsten, aß nur alle drei Tage etwas und kaufte Bücher, Kleidung, Schallplatten sowie ein Transistorradio. Man ging ins Theater, um der Aufführung der „Kahlen Sängerin" beizuwohnen. Eugène Ionescu blieb für uns allerdings ein Autor voller Rätsel. Wir wagten nicht, ihn uns genau vorzustellen (Ciocârlie)".[5] Inhaltlich thematisierte die „kahle Sängerin" ein soziales System, das sich jedem Wandel widersetzte und die Kreativität und das Leben kreativer Menschen kontrollierte. Das war vergleichbar mit der Situation in Rumänien. Vor dem Hintergrund einer gewissen Liberalisierung, Ende der 1960er Jahre, wurde Timişoara schließlich ein Ort mit aufgeklärten Geistern, mit Hoffnungen auf einen intellektuellen Aufbruch. Tatsächlich ermunterte die Stadt manche zu kulturellen Experimenten. Das von Livius Ciocârlie verfasste Porträt Roman Cotoşmans beschreibt das kulturelle Milieu, in dem sich Cotoşman bewegte:

---

4 Vgl. Roman Cotoşman, 'Evocation', in Ileana Pintilie, Ştefan Bertalan, Constantin Flondor und Doru Tulcan (Hg.), *Creaţie şi sincronism european: Mişcarea artistică timişoreană a anilor 60–70* (*European Creation and Synchronicity: The Artistic Movement of Timişoara in the 1960s and 1970s*) (Timişoara, 1990), pp. 39–42.

5 Livius Ciocârlie, 'Evocation', in Pintilie et al. (Hg.), *Creaţie şi sincronism european*, p. 45.

Er liebte Bach und Jazz. Er starrte dich erstaunt an, wenn du Louis Armstrongs Trompete mit leichter Musik gleichsetztest. Ihm lag sehr an einer angemessenen Kleidung. Deshalb hatte er seinen eigenen Schneider, den auch seine Freunde aufsuchten. Jeder Anzug und jeder Mantel war für ihn ein Problem der Kreativität. Er übernahm die neueste Mode und versuchte, sich auch wieder von ihr zu lösen, denn sein natürlicher Reflex leitete ihn dazu, jenseits der vordersten Front zu kämpfen.[6]

Obwohl das realsozialistische Umfeld experimentellen Neuerungen wenig Raum ließ, wirkte die kosmopolitische Tradition in Timișoara während der 1960er und 1970er Jahre nach. Noch immer lebten hier hervorragende Künstler und gaben ihr Können an den Nachwuchs weiter. Der Maler Julius Podlipny wirkte auch als Professor und gab Zeichenunterricht. Zu seinen Schülern gehörten: Dietrich Sayler, Paul Neagu, Roman Cotoşman und Ștefan Câlția. Manchen seiner Schüler gingen die Ansprüche des Meisters zu weit und sie beendeten deshalb die Zusammenarbeit. Roman Cotoşman war in dieser Hinsicht nicht der einzige. Für den „interessanten Expressionisten" Podlipny zählte nur das Zeichnen. „Für ihn waren Maler mit ihren farbigen Differenzierungen einfach schlampig, unfähig, eine Linie zu ziehen".[7] Er gehörte trotzdem zu denen, welche die Herausbildung der bildenden Kunst in Timișoara anregten, indem er zur systematischen Arbeit anleitete und vielfältige Arbeitstechniken einforderte. Er stand für ein breites kulturelles Erbe und besaß jene umfassende Bildung, die für Mitteleuropa typisch war. Politisch stand er links. Zeitweise schloss er sich der extremen Linken an. Seine Leidenschaft für die Kunst, sein pädagogischer Eifer prägten das Kulturleben Temeswars. „Sein Rumänisch blieb brüchig, und trotz allem, da er eine starke Persönlichkeit war, erwies sich jeder Satz, den er äußerte, als erinnernswert. Er hatte einen Spitzbart, er war verkrüppelt, nervös, unnachgiebig und sarkastisch".[8] Und doch, Podlipny stach durch seine Persönlichkeit heraus. Seiner Schule entstammen einige der wichtigsten Gegenwartskünstler Rumäniens.

Die *Gruppe 111* bildete sich 1966, in zeitlicher Koinzidenz zum Tod von Gheorghe Gheorghiu Dej, dem freudlosen, langjährigen (national-)stalinistischen Diktator des Landes. Die Gruppe entwickelte eine Dynamik, allein erklärbar durch den Geist der mit ihr verbundenen Persönlichkeiten, der auf die Stadt ausstrahlte. Nicht nur die bildenden Künstler der Stadt entwickelten in diesem Umfeld Hoffnungen, sondern die Intellektuellen Temeswars insgesamt. Der *Gruppe 111* gelang es rasch, einen interdisziplinären Dialog zu initiieren. So konnte sie sich immer wieder der sich verändernden Welt anpassen. Nachdem Roman Cotoşman 1969 in die Vereinigten Staaten geflohen war, gab sich die *Gruppe 111* einen neuen Namen: Gruppe *Sigma*. De facto revolutionierte sie die rumänische Gegenwartskunst. Sie erreichte dies, indem sie von einem neuen Menschenbild ausging, eine neue Grammatik der Formen erprobte, sich an der

---

6 *Ibid.*
7 *Ibid.*
8 *Ibid.*, p. 44.

industriellen Ausdrucksweise und Werbeästhetik orientierte, industriegeometrische Formen einsetzte, neuartige Farbschemata verwandte, sich dem Design öffnete und Phänomene der Natur auf das Kunsthandwerk und die Technik (Bionik) übertrug. Die fünf Mitglieder der *Sigma*-Gruppe – zu denen ein Mathematiker hinzustieß (er war es, der das Symbol Sigma einbrachte) – vertraten „ein künstlerisches Programm, das auf der Korrelation zwischen Form, Materie und Funktion als leitendes Prinzip aufsetzte".[9]

Permanent kreiste die Gruppe in ihren Diskussionen um Fragen der Naturgestalt, des Verhältnisses von Natur und Zahl, der Herausbildung funktionaler Formen; sie interessierte Erkenntnisse der Anthropologie. Iosif Király – ein ehemaliger Student an der *Schule für Bildende Künste*, Timișoara, wo die Mitglieder der *Sigma*-Gruppe als Professoren tätig waren – hat daran erinnert, dass man sich in diesen intellektuellen Kreisen bewusst als Mensch des zwanzigsten Jahrhunderts verstand und keinerlei Interesse an Sachverhalten entwickelte, die vor 1900 die Welt prägten: „Wir hatten keine Zeit für die Vergangenheit: Die Gegenwart war so reichhaltig, wir lebten den Augenblick so intensiv, dass für etwas anderes kein Raum war. Kunst, Kultur entstand direkt vor meinen eigenen Augen".[10] Die Studenten lasen Sartre, Kafka, Joyce, Ionesco, Hesse, zudem manche Werke der Avantgarde-Literatur aus dem Bereich der Sozialwissenschaften: Marshal McLuhan, Alvin Toffler und Nicolas Schöffer. Sie hörten die Musik von Schostakowitsch, Schönberg, Bartok und Strawinsky.

Stimulierend empfanden die Studierenden die Arbeit mit ihren Professoren. Sie sahen in ihren Schülern Partner, gaben diesen das Gefühl, mit ihnen eine Reise unbekannten Ziels zu unternehmen. Kunstfilme, Bücher und Zeitschriften wurden von Westeuropa hineingebracht. Die Kurse in Kunstgeschichte und das Studium der verschiedenen visuellen Sprachformen ermöglichten den Studierenden einen unmittelbaren Einblick in die Gedankenwelt und das Wirken der *Sigma*-Gruppe. Iosif Király hat sich später daran erinnert, dass der Einfluss ihrer Mentoren so groß war, dass die Studierenden selbst Künstlergruppen bildeten, mit dem Ziel, die Welt in ihrer Komplexität zu erfassen. Eine Ausstellung 1976 mit Werken der Temeswarer Studierenden in der Kalinder-Galerie, Bukarest, machte auf die Existenz einer hochinteressanten Kunstschule in Timișoara aufmerksam. Zu dieser Zeit gab es in ganz Rumänien nichts Vergleichbares. Ein damaliger Kunstkritiker bewertete die Ausstellung als „ein lebendiges, offenes Ensemble, aufgenommen in einer Phase des Vorwärtsgehens, des Werdens." Die Ausstellung vermittele eine „Atmosphäre des Respekts für Tradition, gekoppelt mit nüchternen und doch mutigen Experimenten, ohne irgendwelche Vorurteile, aber auch ohne jeglichen Snobismus".[11] Nicht ohne Entrüstung beklagte der Kritiker die fehlende Aufmerksamkeit für die Ausstellung. Sie könne geradezu vorbildgebend wirken.

---

9 Constantin Flondor, 'Evocation', in Pintilie et al. (Hg.), *Creație și sincronism european*, p. 34.

10 Iosif Király, 'Evocation', in Pintilie et al. (Hg.), in *Creație și sincronism european*, p. 28.

11 Andrei Pleșu, 'Un liceu de artă plastică și câteva întrebări' ('A College of Plastic Art and Some Questions'), in Pintilie et al. (Hg.), *Creație și sincronism european*, p. 27.

Tatsächlich war die Temeswarer *Schule für Bildende Kunst* auf dem Feld der Kunsterziehung in Rumänien ganz einzigartig, sodass sich die Frage stellte: Welche Kunstfakultät ihre Absolventen aufnehmen würde?

Ştefan Bertalan und Constantin Flondor bildeten den Kern der Gruppe *Sigma*. Weiterhin zählten zu ihr: Doru Tulcan, Molnár Zoltan und Dietrich Sayler. Vorbildgebend wirkten sie nicht nur in der Bildhauerei und Malerei, vielmehr trugen die Genannten entscheidend zur Erneuerung der künstlerischen Sprache bei. Hinzu kamen anregende geistige Debatten. Allen Mitgliedern zu eigen war der Wunsch nach Veränderung. Sie standen für alternative Formen des Denkens und des miteinander Kommunizierens. Dabei entzogen sie sich der ideologischen Kontrolle durch das nationalkommunistische Regime.[12] Ihr Bekenntnis zur Multi- und Interdisziplinarität, ihre neuartige Kunstpädagogik, ihre Offenheit, ihre experimentelle Herangehensweise bereicherten und stimulierten das kulturelle Leben Temeswars. Die Gruppe *Sigma* stand für Dynamik, für eine Kunst, die ihr Publikum durch einen intensiven Dialog am Kunstgeschehen teilhaben ließ. Diese Herangehensweise endete in einer Radikalisierung der individuellen Ansätze, wie sich bei allen Mitgliedern der Gruppe *Sigma* beobachten lässt. Ştefan Bertalans naturwissenschaftlich inspirierte Experimente waren für die rumänische Bildende Kunst ganz einzigartig.[13] Dass es in Rumänien einen Konstruktivismus „avant-la-lettre" gab, beeindruckte denn auch nicht nur die Fachleute, welche die Nürnberger Bienale 1969 besuchten, sondern auch die große Zahl der sonstigen Zuschauer. Erwähnenswert ist insofern nicht nur die öffentliche Aufmerksamkeit für die Künstler aus Timişoara anlässlich einer hochbewerteten internationalen Kunstausstellung, sondern die tatsächliche Synchronität der Temeswarer Akteure mit dem europäischen Kunstgeschehen. Die wissenschaftliche Welt wurde auf sie aufmerksam, und es gab zahlreiche positive Kritiken, nicht allein von den angesehensten rumänischen Kunstkritikern, sondern insbesondere auch von den führenden Kritikern in Europa. *Sigma* stand nicht nur für Authentizität des Kulturschaffens, sondern zugleich für eine ganze Schule des Denkens und der künstlerischen Produktion. Ein solches Auftreten musste unter rumänischen Bedingungen zu Friktionen führen. Und sie ließen nicht lange auf sich warten. Nur, eine Kritik an *Sigma* war nicht leicht. Denn die „künstlerische Bewegung aus Timişoara" blieb selbst in den Momenten ihres „maximalen Konstruktivismus" oder ihrer Pädagogik „funktionaler Ästhetik" immer auch der „Natur und der Idee universaler Harmonie"[14] verbunden. Als „eine sprudelnde Galaxie" lässt sich Sigma beschreiben, mit „ihren Stars Flondor und Cotoşman, Tulcan und Bertalan".[15] Der „Informationsturm", „eine Skulptur multifunktionaler Zeichen" kann vielleicht als das wichtigste

---

12 Ileana Pintilie, 'Cardinal Points of Timişoara's Artistic Movement 1960–1996', in *Experiment în arta românească după 1960* (*Experiment in Romanian Art after 1960*) (Bukarest, 1997), pp. 1–3.
13 Ileana Pintilie, 'Evocation', in Pintilie et al. (Hg.), *Creaţie şi sincronism european*, p. 2.
14 Flondor, 'Evocation', p. 34.
15 Ştefan Bertalan, 'Evocation', in Pintilie et al. (Hg.), *Creaţie şi sincronism european*, p. 36.

Werk der Sigma-Gruppe bezeichnet werden. Er ist schlüssiger Beweis für den Versuch, das Ästhetische und das Soziale miteinander zu verbinden. In dem Bemühen, den kulturellen und den gesellschaftlichen Diskurs zusammenzuführen, im Versuch, das urbane Umfeld zu reflektieren, erwies sich die bemerkenswerte Reife der Künstler.

Eduard Pamfil: Die progressive Rekonstruktion bürgerlicher Gesellschaft

Professor Eduard Pamfil, Begründer der rumänischen Schule der Psychiatrie, Autor zahlreicher Lehrbücher und vorbildlicher Dozent vieler Ärztegenerationen, kann als der große Idealist des Temeswarer Kulturlebens bezeichnet werden. Während der Jahre 1960 bis 1990 wirkte er als ein westlicher Pol für die Stadt. Er war ein origineller Geist, ein ernsthafter Forscher, ein intellektueller Gegenspieler zu Constantin Noica, dem Philosophen des Seienden. Pamfil entzog sich den Zwängen des Regimes und entwickelte Modelle intellektuellen und bürgerlichen Überlebens. Er war der Initiator und Leiter des sogenannten *Bionischen Kreises*, zu dem Intellektuelle aus ganz unterschiedlichen Fachkontexten gehörten: bildende Künstler, Musiker, Historiker, Mathematiker, aber auch Philosophen. Der Kreis beruhte auf festen Regeln der Diskussion, die originelle Ideen, produktiven Dialog und neuartige theoretische Zugänge sicherstellen sollten.

Wenn hier Ştefan Bertalan – der Gründer und Inspirator der *Sigma*-Gruppe – und Eduard Pamfil zusammentrafen, dann stärkte dies das kreative Leben Temeswars. Der Autor Ion Nicolae Anghel hat den Sachverhalt als Resultat des Zusammentreffens von Gefühl und Vernunft charakterisiert: „Bertalan", so beschrieb Pamfil einst den Gründer der Sigma-Gruppe und charakterisierte sich damit auch selbst, ist „ein Ritter des Nonkonformismus. Alles, was er tut, zielt auf etwas Neues, ist Resultat jener Spannungen, die sich aus einer permanenten Unzufriedenheit mit sich selbst speist".[16]

Pamfils faszinierende geistige Kraft war das Ergebnis einer aufgeschlossenen bürgerlichen Erziehung durch seine Familie und Folge der intensiven Universitätsstudien im Paris der Nachkriegsjahre. (Der Vater war Dekan der Fakultät für Pharmazie in Klausenburg, die Mutter hatte französische Wurzeln.) Sicherlich gehörte Pamfil zu den beliebtesten Intellektuellen der Zeit nach 1965. Während seiner Lehrveranstaltungen und Vorträge erweckte er in einer ganzen Generation von jungen Leuten die Werte universaler Kultur. Tief beeinflusst war Eduard Pamfil von den politischen Ideen der ungarischen, tschechischen und polnischen Dissidenten. Dabei gelang es ihm nie, eine ähnliche Berühmtheit zu erlangen. Tatsächlich formulierte er seine Kritik gegen das totalitäre Regime so, dass seine Zuhörer angeregt wurden, sich vom Dogmatismus des Neostalinismus frei zu machen. Ihn leitete dieselbe Absicht einer zivilbürgerlichen Neuordnung der Gesellschaft wie die Dissidenten in der Tschechoslowakei, in Polen

---

16 Ion Nicolae Anghel, *Cartea cu Pamfil* (*The Book with Pamfil*) (Timişoara, 1996).

oder Ungarn. Immer wieder verwies er auf sie. Aber er initiierte bewusst keine Widerstandsbewegung im engeren Sinne.

Der differenzierte Diskurs und die scharfe Gesellschaftsanalyse, die Pamfil auf zahlreichen Konferenzen vorstellte, zeugten von einem verantwortungsbewussten und zugleich tiefen Verständnis der Probleme Temeswars, des Banats, aber auch Rumäniens insgesamt. Pamfil entwickelte bewusst eine proeuropäische Perspektive, stellte sich gegen den Autochthonismus und gegen den Traditionalismus, beides Bestrebungen, die das Regime den Menschen vermittels der Medien und des Bildungssystems aufoktroyierte. Die Musik und die Dichtung besaßen bei ihm einen Eigenwert und sie gaben ihm Anlass zu philosophische Reflexionen. Er gehörte nicht zu den Vertretern des Essentialismus, wie er für das zwanzigste Jahrhundert so typisch war. Stattdessen liebte er den Pluralismus. Am meisten interessierten ihn die Vielfalt der sozialen Beziehungen und deren komplexe symbolische Codierungen. Er dekonstruierte jene Theorien, welche von einer einzigen Wahrheit ausgingen und die versuchten, das Leben der Menschen einseitig vorzuschreiben, und zwar sowohl im privaten Bereich wie im öffentlichen. Eduard Pamfil vertrat eine zutiefst liberale Kultur, kritisierte die Idee einer homogenen sozialistischen Nation sowie die ethnonationalistischen Vorstellungen der rumänischen Kommunisten. Sein Denken war inspiriert vom französischen Schrifttum seiner Zeit. Und sicherlich gehörte er zu den bestinformierten Intellektuellen Timișoaras im Bereich der Kultur- und politischen Philosophie.

Sein Vokabular, seine Sprache – nicht zuletzt geprägt durch seine umfassenden Erfahrungen als Psychiater – vermittelten Hoffnung, antizipierten die politischen Wandlungen, die sich 1989 in ganz Osteuropa ereigneten. Als Suchender im Sinne der humanistischen Renaissanceideale und aufgeklärter Denker empfand Eduard Pamfil eine große Verantwortung hinsichtlich der Hoffnung der Menschen auf Freiheit. Er war charmant und glaubwürdig in allem, was er sagte. Relativ wenig ist von ihm schriftlich überliefert. Die äußeren Bedingungen zwangen ihn, dem gesprochenen Wort den Vorzug zu geben. Und doch sind viele seiner Darlegungen in zahlreichen Manuskripten unter dem vielsagenden Titel „Idear" (Ideensammlung) erhalten. Seine Absicht, die umlaufenden Mythen zu entlarven, war verbunden mit der Entwicklung einer eigenen Sprache. Seine Meditationen erweisen sich als eine Kombination aus spekulativen und pragmatischen Elementen. Pamfil setzte auf „herrschaftsfreie Kommunikation", um die Sachverhalte aufzudecken. Seine Fragen zielten darauf, die Probleme der Zeit mit Argumenten der Sozialwissenschaften zu beantworten. Seine Poesiebücher „Arioso dolente" und „Idear" zeigen, dass er besser als andere osteuropäische Denker verstand, was Richard Rorty beschreiben wollte, wenn er von den Weissagern menschlicher Humanität behauptete, dass sie „immer Dichter" seien, „auch wenn sie sich in reinen Versen oder Parabeln äußerten". Rorys Reflexion schildert sehr genau die Vorgehensweise des Temeswarer Humanisten. Er war ein Buchgelehrter, der zwischen Medizin, Poesie und Philosophie vermittelte und gerade dadurch ein Verständnis für das produktive Spannungsverhältnis zwischen Universalem und Individuellem entwickelte.

Mehr als irgendein anderer Intellektueller war Pamfil im Stadtleben verankert, besuchte literarische Zirkel, nahm an Ausstellungen teil und suchte Tagungen auf. Ihm gelang, ganz unterschiedliche kulturelle Gruppen zusammenzubringen, und immer regten seine Interventionen an, etwas Eigenes zu entwickeln. Er war ein Professor, der nicht zurückschreckte vor grundlegenden Debatten. Immer wieder kam er hinzu, wenn im studentischen Kulturhaus Veranstaltungen stattfanden oder der Schriftstellerverband einlud. Er rezitierte Gedichte, spielte klassische Gitarre, regte spannende Tagungen an und moderierte sie, etwa zur Kulturphilosophie, zur Geschichtsphilosophie oder Anthropologie. Als Psychiater bot er allen Menschen Hilfe an, die dem Druck des nationalkommunistischen Regimes nicht standzuhalten glaubten. Die Psychiatrische Klinik in Timișoara und das Psychiatrische Krankenhaus in Gătaia wurden zu einem Refugium für all jene Unzufriedenen oder Unangepassten, die den Mut aufbrachten, aufzubegehren, sich gegen das Regime Ceaușescus zu stellen.

Eduard Pamfil stand für moralische Integrität, die niemand infrage stellen konnte, auch nicht seine Gegner. Gerade deshalb fanden jene, die ihm zuneigten, einen eigenständigen Weg, die Welt zu reflektieren. Durch ihn überlebte in Temeswar bzw. im Banat eine ganze Generation von Intellektuellen, die im Westen studiert hatten, an den Ideen des Humanismus festhielten und dem Konformismus abschworen. Seine Ideen und seine Verhaltensweisen beeinflussten zahlreiche Intellektuelle, die ihrerseits ganz bewusst am bürgerlichen Geist und an der Idee der Freiheit festhielten.

Aktionsgruppe Banat: offene Opposition gegen das totalitäre System

Ganz unabhängig von den bereits erwähnten intellektuellen Bestrebungen bildete sich 1972 im studentischen Kulturhaus ein Kreis von Diskutanten unter dem bezeichnenden Namen *Universitas*. Später wurde die Gruppe auch als *Aktionsgruppe Banat* bekannt. Indem sie gesellschaftliche und politische Fragen in den Mittelpunkt stellte, wandelte sie sich in kurzer Zeit zu einer intellektuellen Opposition gegen die national-kommunistische Ideologie. Zu der Gruppe gehörten vor allem deutsch-sprachige Autoren – so zum Beispiel Gerhardt Ortinau, William Totok, Richard Wagner, Ernest Wichner, Anton Sterbling, Rolf Bossert, Anton Bohn, Werner Kremm und Johann Lippet. In ihrer kurzen Zeit des Bestehens entfaltete die Gruppe eine intensive Aktivität. Die von ihren Mitgliedern verfassten Texte wurden in vielen deutsch- und rumänisch-sprachigen Veröffentlichungen in Timișoara, Brașov, Sibiu, Cluj und Bukarest abgedruckt. Ihre Schriften sorgten für entschiedene Aufmerksamkeit oder strikte Ablehnung. Und auf jeden Fall zogen sie das Interesse der *Securitate* auf sich, der rumänischen Geheimpolizei. Seit 1973 wurde die *Aktionsgruppe Banat* intensiv überwacht, wie die Dokumente heute beweisen. Der Verdacht lautete auf „Komplott gegen das kommunistische Regime". Die jungen deutsch-sprachigen Schriftsteller trugen in der Öffentlichkeit Gedichte und Essays vor, publizierten sie auch. Im Mittelpunkt stand eine umfassende Kritik am totalitären Gebaren des Systems in Rumänien. Mit der zeitgenössischen Weltliteratur waren sie bestens vertraut und ebenso mit den politischen Debatten in Deutschland und Österreich. Sie vertraten den Pazifismus der Beatgeneration. Sie waren theoretisch beschlagen. Und so analysierten und kritisierten sie die rumänische Gesetzgebung oder die Reden von Nicolae Ceaușescu aus marxistischer Sicht. Viele der Gedichte William Totoks, die er im *Universitas*-Literaturklub vorlas, hatten vielsagende Titel, so etwa: „Entscheidungsfragen bei einem Macht-Prozess", „Mit Chile im Herzen" oder „Allerhand aus einem Modejournal, das ziemlich teuer und kulturausgerichtet ist". Ihr Autor gehörte bald zu den am schärfsten verfolgten Mitgliedern der *Aktionsgruppe Banat*. Schließlich wurde er verhaftet.[17]

Die Debatten des literarischen Zirkels weiteten sich zu einem umfassenden Protest gegen die totalitären Ansprüche des Regimes aus. Die Schriftsteller beklagten den populistischen Duktus und den Rekurs auf reine Propaganda, welche die Realitäten Rumäniens vollkommen verzerrte. Gleichzeitig kritisierten sie die Passivität der Bevölkerung angesichts eines Regimes, das seine Bürger verspottete.[18] Die intellektuelle Redlichkeit der Gruppe war bemerkenswert, die Reife des politischen Denkens nicht weniger. In dieser Hinsicht gab es in den intellektuellen Kreisen des Landes wenig Vergleichbares. Konformität und Opportunismus galten als verachtenswert. Wie Peter Motzan, Literaturkritiker und Übersetzer, herausgearbeitet hat, nutzte die Gruppe die Mittel der Polemik und machte damit ihre Texte zu Aufrufen aktiver Weltgestaltung. Richard Wagner und Rolf Bossert gaben der Gruppe Autorität, William Totok fügte Elemente reflexiver Unterhaltung hinzu. Johann Lippet beschrieb die Geschichte seiner Familie und stellte Fragen an die Vergangenheit. Damit lenkte die Gruppe die Aufmerksamkeit auf die gesellschaftspolitische Realität und rief auf zu Reformen.[19] Mit ihrer Sprache,

---

17 William Totok, *Aprecieri neretușate: Eseuri, articole și alte interviuri 1987–1994* (*Uncensored Reflections. Essays, Articles and other Interviews 1987–1994*) (Iași, 1997). Die Sicherheitskräfte des totalitären Regimes hatten alle Macht, die Tatsachen zu verdrehen und den Schriften Intellektueller eine ganz eigene Interpretation zu geben. So führten die Untersuchungsakten des Bezirksinspektorats an, dass Totok wegen Förderung einer bürgerlichen Ideologie in seinen Gedichten verfolgt werde. Er habe Misstrauen in die Gesetze und in die Führung Rumäniens verbreiten wollen. Laut Kriminalakte Nr. 2899 von 1975, für die das Bezirksinspektorat verantwortlich war, wurde er wegen „Propaganda gegen das sozialistische Establishment" verhaftet.

18 Drei Faktoren erklären die herausragende Rolle deutschsprachiger Intellektueller für den Widerstand gegen das Ceaușescu-Regime. Erstens erzeugten die Erinnerungen an die Nachkriegsdeportationen eine Distanz gegenüber der national-stalinistischen Willkür. Zweitens sahen sich die deutschsprachigen Bewohner Rumäniens immer wieder an ihre Stellung als ethnische Minderheit erinnert. Drittens hatten die jungen Intellektuellen einen viel leichteren Zugang zur westlichen Kultur mit entsprechenden Informationsquellen als ihre rumänischen Kommilitonen. Kurz, deutschsprachige Intellektuelle hatten wenig Anlass, sich seitens der national-kommunistischen Ideologie des Regimes angesprochen zu fühlen.

19 Vgl. Peter Motzan, *Vânt potrivit până la tare: Zece tineri poeți germani din România* (*Moderate to Strong Wind: Ten Young German Writers from Romania*) (Bukarest, 1982).

die sie der 1968er-Jugend in Westdeutschland entlehnte, den Anklängen postmoderner Dekonstruktion und der begriffsschöpferischen Verweigerung jeglicher Anklänge an den Regimeduktus stellte sich die *Aktionsgruppe Banat* in einen erkennbaren Kontrast zur oberflächlichen, exaltierten Sprache der rumänischen Politik.

Obwohl die Schriftstellergruppe bewusst allgemeine Menschheitsthemen ansprach und jeden Rekurs auf den eigenen Minderheitsstatus vermied, deutete die Kommunistische Partei das Aufbegehren als Aufstand eines Teils der deutsch-sprachigen Minderheit gegen den rumänischen Staat. Damit isolierte sie die Gruppe und charakterisierte sie zugleich als unrumänisch. Auch bot die erzwungene Emigration scheinbar eine Möglichkeit, dem Spuk ein Ende zu setzen. Der Konflikt erhielt seine sarkastische Schärfe dadurch, dass einige der Mitglieder der *Aktionsgruppe Banat* sich als aufrechte Marxisten empfanden, während der PCR, die Kommunistische Partei Rumäniens, eher national-stalinistisch denn philosophisch-marxistisch geprägt war. In den Medien der Bundesrepublik erschienen Berichte über Timișoara und die dortigen Dissidenten. Von marxistischen Intellektuellen war die Rede, und dass sie im realsozialistischen Rumänien verfolgt würden. Dieter Schlesak, der schon 1969 in die Bundesrepublik geflohen war, schilderte 1976 die paradoxe Situation der Autoren, die vom sozialistischen Staat verfolgt würden, weil sie das philosophische und politische Denken von Karl Marx ernst nähmen.[20]

Obwohl die Gruppe sich schon wenige Jahre nach ihrer Gründung auflöste, war ihre Wirkung dauerhaft. Sie zeigte, wie man nicht nur die eigene Würde verteidigte, sondern die einer ganzen Stadt. Dagegen kannte das Regime keine andere Reaktion als die harsche Verfolgung all jener, die die traditionellen Verbindungen mit Menschen und Gruppen anderer Länder aufrechterhalten wollten und an ihren kosmopolitischen Ideen festhielten. Die *Aktionsgruppe Banat* war von 1972 bis 1975 Teil des lokalen und regionalen Lebens. Ihre Opposition hatte keine massiven Proteste der Bevölkerung zur Folge. Stattdessen wiesen die deutsch-sprachigen Schriftsteller einen Weg, wie lustvolle Opposition gegen das Regime aussehen konnte. Damit wirkten sie vorbildgebend für manch andere Künstler. Einige Jahre später griff der vorzügliche rumänische Dichter Petru Ilieșu Elemente dessen auf, was die deutsch-sprachigen Temeswarer Kollegen entwickelt hatten.

Ilieșu profitierte dabei von seinen Kontakten zu den deutschen Autoren. Gemeinsam diskutierten sie über die Beatgeneration, lasen westliche Literatur und dachten über innen- und außenpolitische Probleme nach. Auch seine Einstellung – wie die seiner ganzen Generation – war geprägt vom bewussten Kontakt mit dem musikalischen Aufbruch im Westen. Während seiner Studienzeit arbeitete er im studentischen Kulturhaus und wirkte als Vermittler westlicher Rockmusik. Folge davon war, dass er 1982 eine neue Form des Protests gegen das Regime entwickelte. Zu den Slogans seiner

---

20 Dieter Schlesak, 'Kulturpolitik mit Polizeieinsatz: Marxistische Rumäniendeutsche stören die revolutionäre Ruhe ihres „sozialistischen" Staates', *Frankfurter Rundschau*, 10. Juli 1976.

damals verfassten Manifeste gehörten Losungen wie: „Nieder mit dem Verbrecher Ceaușescu!" oder „Nieder mit der Kommunistischen Partei!". Alexandru Gavriliu, ein weiterer Temeswarer Dichter, sorgte für die Verbreitung seine Flugschriften. Kaum hatte er sich zu einer offenen Opposition gegen das Regime bekannt, wurde Petru Ilieșu verhaftet und erst aufgrund der Intervention des früheren Herausgebers der deutschsprachigen Zeitung, Nikolaus Berwanger, wieder freigelassen.[21] Mit seinem offenen Protest gab Ilieșu der Bevölkerung ein Vorbild für Formen offener Widerständigkeit als Gegenbild zur passiven Unterwerfung unter die Diktatur.

Dasselbe studentische Kulturhaus, in dem sich die *Aktionsgruppe Banat* traf, bot noch vielen anderen Gruppen von jungen Leuten die Möglichkeit, ihr künstlerisches und literarisches Talent vorzuführen. Zu nennen sind hier beispielsweise der Buchklub *Pavel Dan* oder das *Forum Studențesc*, eine Zeitschrift, die in Rumänisch, Ungarisch und Deutsch erschien. Am Ende der 1970er Jahre gab es daher so manche Studierende, die wussten, wie wichtig ein Gedicht, ein Essay oder eine Reportage sein konnten, als Ausdruck einer ernsthaften Auseinandersetzung mit der Wirklichkeit. Die Schriftsteller, die sich im Rahmen des Bücherklubs *Pavel Dan* versammelten, standen für eine Generation, die die englische und französische Literatur kannten und sie zum Vorbild nahmen. Viele lasen jene Bücher, welche allgemein Fragen von Freiheit und Unfreiheit thematisierten, und deshalb vom kommunistischen Regime in Rumänien verboten waren: George Orwell, Milan Kundera, Alexander Solschenizyn und andere. Alexandra Indrieș (Gloria Barna), Șerban Foarță, Livius Ciocârlie, Andreas Lillin und Franyó Zoltán wurden zu Vorbildern für die jüngere Generation Temeswars. Diese Intellektuellen hatten die Gabe, weniger bekannte Werke der Weltliteratur und Philosophie einer breiteren Öffentlichkeit verständlich zu machen. Unter ihrer Anleitung gab es in Temeswar Debatten über berühmte Werke, etwa von Raymond Aron, Michel Foucault oder Jacques Derrida. Wenn man so will, waren das Debatten über jene französischen Philosophen und Soziologen, die für den Beginn eines dekonstruierenden, diskursanalytischen, postmodernen Freiheitsdenkens stehen. Auf diesem Wege gelang es, ein selbstbestimmtes intellektuelles Leben zu führen jenseits der ideologischen Vorgaben durch die Kommunistische Partei.

---

21 Nikolaus Berwanger, deutschsprachiger Journalist und Dichter, saß als Minderheitenvertreter im Zentralkomitee der Kommunistischen Partei. Trotz seiner Zusammenarbeit mit dem System setzte er sich für Menschen ein, die von der Geheimpolizei überwacht wurden. Petru Ilieșu hob später dessen Verdienste als Verantwortlicher der *Neuen Banater Zeitung* hervor. Für viele Jahre war sie das liberalste Blatt Timișoaras, trotz der Einschränkungen durch das Ceaușescu-Regime. Ilieșu selbst profitierte von Berwangers Intervention, als er vom Regime verfolgt wurde. Während andere Blätter aus Timișoara, so etwa die Zeitschrift *Orizont*, Tabuthemen vermieden und Artikel über die Banater Juden ablehnten, übernahm Berwanger bereitwillig die Verantwortung und veröffentliche 1984 hierzu einen aufsehenerregenden Text. Es wundert nicht, dass er sich dadurch die Kritik Eugen Florescus eintrug, der zu dieser Zeit im Zentralkomitee der Kommunistischen Partei Temeswars für Propagandafragen zuständig war.

Die Rockband *Phoenix* als Sprecherin der Protestbewegung

Zu den kulturellen Phänomenen, die viele Menschen faszinierte, vor allem indes die jungen Leute, und zwar nicht nur in Temeswar, sondern in ganz Rumänien, zählte gewiss die Rockband *Phoenix*. *Phoenix* wurde zum Symbol einer ganzen Generation, welche die Stadt zu einem lebendigen kulturellen Ort machte. Die Musiker von *Phoenix* spiegelten die Heterogenität der rumänischen Gesellschaft wider, hatten rumänische Wurzeln, aber auch deutsche, ungarische, serbische und jüdische. In ihren Stücken thematisierten sie gesellschaftliche und politische Wahrnehmungen. Ihre Texte wurden so zu Manifestationen der jungen Generation um 1970. Geschickt formulierten die Lieder Protest gegen Indoktrination und Mittelmäßigkeit. Die Band entwickelte ihren ganz eigenen Stil und verband dabei regionale Traditionen mit den Elementen europäischer Jugendkultur. Schon rein äußerlich wiesen Musik und Abbildungen Anklänge an die westliche Hippiebewegung auf. Ein Vergleich mit *Jethro Tull* ist immer wieder gezogen worden, und wie für *Jethro Tull* lässt sich auch *Phoenix* nur sehr grob zwischen Progressive Rock, Hard Rock, Blues- und Folk-Rock einordnen. Später erinnerte sich einer der Gründungsmitglieder: „Uns faszinierten die Bohème-Mentalität und die farbenfrohe Weltzugewandtheit der neuen, friedlichen Rebellion der Flower-Power-Bewegung. Wir waren sicher, dass die westliche Jugendkultur den richtigen Weg wies, dem jeder junge Mensch folgen musste, sofern er sich von der falschen Moral und den von den Herrschenden auferlegten Zwängen befreien wollte. Uns schien es einfach nur dekadent, wenn das Hören von Radiosendern verboten war, die Verbreitung von Musik- und Kunstzeitschriften aus dem Westen untersagt wurde. Die Zensur diente unserer Ansicht nach allein dem Ziel einer Unterdrückung des Kulturlebens und des sozialen Selbstbewusstseins, dem Zurückdrängen eines energetischen Stroms in Richtung Wandel. Aber wer nur den kleinsten Zipfel Freiheit gekostet hatte, fand einen Weg, Hindernisse zu überwinden und sich selbst zu informieren. Jede Ausgabe der „Bravo", des „Musical Express" oder des „Rolling Stone" wurde mit Begeisterung gelesen, von den jungen Leuten geradezu verschlungen, da sie versuchten, sich mit ihren Idolen zu identifizieren".[22]

Die 1960er-Jahre stehen insgesamt für das Ende klassischer Milieustrukturen, für die Suche nach individueller Identität und der Herausbildung neuer Formen selbst gewählter Vergemeinschaftung. Jene Lieder, die weltweit Erfolg hatten, drückten die Sehnsüchte, Gedanken und Gefühle einer Nachkriegsgeneration aus, deren Fokus nicht mehr auf der Befriedigung materieller Fundamentalbedürfnisse lag, sondern auf der Herausbildung einer neuen friedlichen Welt, frei von äußeren Zwängen und platten Stereotypen. Die Gruppe *Phoenix* als expressiv aufspielende Rockband bewies, dass es in Timişoara eine nennenswerte Strömung unter den jungen Leuten gab, die sagten, was sie dachten und sich nicht an Formalitäten hielten. Die Musik und die Lyrik der Band vermittelten politische Botschaften, die poetisch-subtil kaschiert waren, doch das

---

22 Nicolae Covaci, *Phoenix însă eu …* (*Phoenix, But Me …*) (Bukarest, 1994).

Publikum verstand sie. Die Lyra-Halle, in der die Band probte, aber auch öffentliche Konzerte gab, war üppig mit den seltsamsten Dingen dekoriert: Ketten, Fahrradräder, Motorradzylinder, Bilderrahmen. An diesen wild-verzauberten Ort lud Phoenix seine Anhänger ein. Einige mutige Verwaltungsbeamte machten dies möglich, schützten den Ort poetisch-freier Meinungsäußerung. Hier spielte die Gruppe ihre berühmten Songs, veranstaltete dreimal in der Woche Konzerte, obwohl die offiziellen Stellen es eigentlich verboten hatten.

Nicht zuletzt dank der musikalischen und literarischen Performanz von *Phoenix* wurde die westeuropäische und amerikanische Rockmusik zu einer konkreten Erfahrung für die Jugend Rumäniens, und zwar unmittelbar vor Ort, erlebbar gerade auch in ihrer konkreten Subversivität. Was *Phoenix* klanglich hervorhob und lyrisch verkleidete, entsprach den Erwartungen des jungen Publikums, bot einen deutlichen Kontrast zur ideologischen Indoktrination durch das Regime. Die Gruppe ermöglichte, sich zu seinen eigenen Emotionen zu bekennen, und verwies auf eine Welt jenseits des Eisernen Vorhanges. Der visionäre Geist der Band „machte sein Publikum sehend, während die Massen und sogar die politischen Analytiker sich vom Schein geistiger und materieller Freiheit täuschen ließen und nicht erkannten, dass gerade diese scheinbare Freiheit als Farce entlarvt wurde. Die gezielte Thematisierung der Realität unterschied die Band von vielen anderen Gruppen. Die aggressive Lyrik, welche jegliche Form von Mittelmäßigkeit, Indoktrination und willkürlicher Machtausübung verurteilte, wurde zur Wahrnehmungslogik einer jungen, kritischen Generation. *Vremuri* (Zeiten), *Canarul* (Der Kanarienvogel) und *Totuși sunt ca voi* (Und doch bin ich wie Du) sagen mehr über die verlorene Generation als soziologische Wälzer".[23]

Der Band gehörten einige ausgesprochen begabte Musiker an. Genannt seien: Nicolae Covaci, Florin Bordeianu, Josef Kappl, Günter Reininger, Bela Kamocsa und Mircea Baniciu. *Phoenix* wurde so zu einem Repräsentanten der „verlorenen" Generation, deren Hoffnung auf Freiheit seit Mitte der 70er-Jahre zunichtegemacht wurde. Für die Überwachung der Konzerte waren alle Kräfte des Bezirks Timiș und Temeswars verantwortlich, die nur irgendetwas mit Propaganda zu tun hatten. Tatsächlich widersprach alles, was sie beobachteten, den Vorgaben des Regimes: ein ungehemmtes Verhalten, auffällige Kleidung, enge, öffentlich bekundete zwischenmenschliche Beziehungen. Die Songtexte stammten von einigen der besten Schriftsteller Temeswars aus dem universitären Umfeld: Victor Cârcu, Șerban Foarță und Andrei Ujică. Zwischen den Schriftstellern, Musikern und der Öffentlichkeit gab es einen geteilten Code, der die Revolte gegen die Autoritäten, gegen die Marginalisierung junger Menschen und gegen die Beschränkung von Meinungs- und Handlungsfreiheit zum Ausdruck brachte. *Phoenix* wurde so zu einem Symbol der Unbeugsamkeit, der Widerständigkeit und des Aufweises von Veränderbarkeit durch individuelles Vorbild gegen ein totalitäres System, das sich selbst zum Höhepunkt und Ende geschichtlichen Wandels erklärte.

---

23 C. Postolache, Foreword to Covaci, *Phoenix însă eu …*

Nicolae Covaci – einer der Führungsfiguren der Band – hat sich daran erinnert, dass in jenen Jahren nur wenige junge Leute an die Parolen der kommunistischen Partei glaubten. „Nur um ihr Eigenwohl bedachte Zyniker, die wir instinktiv verachteten, verschwendeten Worte auf den Versuch, die Welt von Aussagen zu überzeugen, an die sie selbst nicht glaubten". Der visionäre Gehalt der Phoenix-Songs lässt erkennen, wie die Gruppe das Bewusstsein der Menschen wachhielt und damit falsche Werte aufdeckte. Kam hinzu, dass die Gruppe sich mit dem Erreichten nicht zufriedengab, permanent an ihrer musikalischen Qualität arbeitete, das Repertoire immer wieder veränderte, neue Musikinstrumente ausprobierte. So erreichte sie immer mehr Zuhörer, wurden ihre Konzerte immer anspruchsvoller. In dieser Hinsicht ist vor allem auf Günter Reininger hinzuweisen.

Leider hat die Gruppe nie die Chancen genutzt, das multi- und interkulturelle Erbe des Banats für ihr eigenes musikalisches Werk zur Grundlage zu machen. In diesem Sinne blieb sie tatsächlich eine rumänische Band. Auch daher stellte das Regime der Gruppe erfolgreich eine Falle. Indem *Phoenix* sich zu einem bestimmten Zeitpunkt der rumänischen Folklore verschrieb – Nicolae Covaci sowie einige Musikkritiker betrachten dies als einen wichtigen Wendepunkt in der Geschichte der Band – geriet sie in die Fänge des Protochronismus und damit der Ideologie des Nationalkommunismus. Zweifelsohne gehört der Protochronismus zu den erfolgreichsten Wendungen des Regimes, mit langfristigen Folgen für die rumänische Gegenwart.

Doch unabhängig von dieser Wende gelang Phoenix etwas ausgesprochen Kreatives, nämlich die Ausbildung einer genuin rumänischen, authentischen und zugleich sozialkritischen Rockmusik. *Cantafabule*, die 1975 herausgebrachte Langspielplatte der Gruppe, bleibt bis heute ein Referenzpunkt für die kulturelle Stimmung in Temeswar in den 1960er und 1970er Jahren. Für einen begrenzten Zeitraum gelang es den Musikern der Gruppe, sich in Opposition zum kommunistischen Regime zu stellen. Ihre Sprache und ihr Gestus des Protests vermittelten mehreren Generationen in Temeswar ein Gefühl von Freiheit. Als *Phoenix* in den Westen floh, die Musiker Timișoara und Rumänien verließen, da verloren die Bürger der Stadt nicht nur ihre musikalische Identität, in der sie sich zu Hause fühlten, sondern auch Ausdrucksformen des anti-totalitären Protests. Die Emigration von *Phoenix* bewirkte denn auch bald den Exodus vieler weiterer Gruppen aus Timișoara.

Der Aufstand in Ungarn 1956 und sein Echo in Temeswar

Das so breite kulturelle Engagement stärkte das bürgerliche Selbstbewusstsein der Temeswarer Stadtbewohner. Kultur bot Schutz gegenüber der Willkür kommunistischer Agenten, denen jegliche Kultur fehlte. Doch es gab auch Zeiten, in denen die Stadt sich ganz bewusst politisch verhielt und gegen das totalitäre Regime Rumäniens Stellung nahm, ebenso wie gegen die sowjetische Fremdherrschaft über die Staaten Mittel- und Südosteuropas. Die Kritik an den selbstinthronisierten „linken" Machthabern hatte viele Gründe: Hunger, niedrige Löhne, zahlreiche Lügen, eine absurde Kontrolle der Wirtschaft, Missmanagement, wohin man blickte. Das alles bedrohte das Leben der Bürger in Timişoara und im Banat, wo die Menschen früher immer einen höheren Lebensstandard hatten als die Bewohner anderer Regionen Rumäniens. 1956, anlässlich des sowjetischen Einmarsches in Ungarn, protestierten die Bürger von Timişoara, Lugoj, Arad und Reşiţa gegen die Niederschlagung der demokratischen Hoffnungen im Nachbarstaat. Arbeiter, Beamte, Studierende gingen auf die Straße gegen die sowjetische Invasion. Die Solidarität mit den demokratisch-revolutionären Kräften in Ungarn war so groß und die Empörung so ausgeprägt, dass ab einem bestimmten Zeitpunkt der Eindruck entstand (Ende Oktober, Anfang November 1956), die politische Führung würde die Kontrolle über die Protestierenden im Westen des Landes verlieren und auch in Rumänien breite sich ein Aufstand aus.

Die Losungen der Aufständischen waren eindeutig: „Wir lehnen die Politik der UdSSR ab!", „Wir wollen nicht Russisch lernen!", „Nieder mit Gheorghiu-Dej und seiner Clique!", „Lasst uns für ein besseres Leben kämpfen und die Freiheit erobern!", „Studenten, steht auf gegen die Intervention der Kreml-Truppen in Ungarn!", „Die Ungarn haben genau richtig gehandelt!", „In Ungarn ist die Freiheit inzwischen eingetroffen und sie wird uns bald auch erreichen!"[24] Der Aufstand der Studenten an der medizinischen Fakultät Temeswars bereits 1948, die zivilbürgerlichen Kundgebungen der Studenten des Polytechnischen Instituts 1956 bewiesen, wie lebendig in diesen frühen Jahren totalitärer Herrschaft der staatsbürgerliche Geist in Temeswar noch war.

Die Nachrichten über den Aufstand in Ungarn 1956 wirkten geradezu elektrisierend auf das studentische Milieu in Temeswar. Viele der Stadtbewohner beherrschten Ungarisch und verbreiteten zeitnah alle Einzelheiten über das, was in Budapest geschah. In dieser Situation reagierten die kommunistischen Behörden vor Ort, doch auch die in Bukarest, geradezu panisch. Die damaligen Anführer der Temeswarer Studentenbewegung – Teodor Stanca, Aurel Baghiu, Friedrich Barth, Ladislau Nagy, Aurelian Păuna, Nicolae Balaci, Gheorghe Pop und Caius Muţiu – gewannen ihren Einfluss dadurch, dass sie die gesellschaftliche Problemlage in den Ländern Mitteleuropas und insbesondere in Rumänien höchst treffend analysierten. Tatsächlich gaben sie einer verbreiteten Unzufriedenheit über die gesellschaftlichen Zustände vehement Ausdruck.[25] Sie initiierten Demonstrationen, die sich bewusst an die Ereignisse in Ungarn anlehnten. Sie brachten Flugschriften heraus, die sie als Sozialdemokraten

---

24 M. Sitariu, *Rezistenţa anticomunistă: Timişoara 1956 (Anti-Communist Resistance: Timişoara, 1956)* (Bukarest, 1998).

25 Vgl. Caius Muţiu, Teodor Stanca, und Aurel Baghiu, '*Mişcările studenţeşti anticomuniste din octombrie 1956 din Timişoara, văzute şi prezentate de iniţiatorii şi principalii organizatori'* ('The Anti-Communist Student Movements of October 1956 in Timişoara as seen by their Initiators and Main Organisers'), in *Analele Sighet, Nr. 8. Anii 1954–1960: Fluxurile şi refluxurile stalinismului (1954–1960: The Fluxes and Refluxes of Stalinism)* (Bukarest, 2000), p. 669.

zu erkennen gaben. Sie suchten Genaueres über das zivilbürgerliche Aufbegehren in Ungarn und Polen zu ermitteln und damit die transnationale Basis für den Widerstand herauszustellen. Kurz, sie handelten dezidiert politisch und selbstbewusst. Die Kritik galt der sowjetischen Gewaltherrschaft und der militärischen Invasion der UdSSR in Ungarn. Während einer Debatte in der Aula des Polytechnikums drangen die Anwesenden bis zu einer Art politischem Programm vor: Es richtete sich zuallererst gegen die Unterdrückung der mitteleuropäischen Staaten durch die Sowjetunion. Das war in dieser Deutlichkeit zum ersten Mal der Fall. Weiterhin erörterten die Temeswarer Studierenden die grundlegenden Mängel des kommunistischen Systems in Rumänien selbst. Schließlich verurteilten sie die vielen Falschmeldungen und Falschurteile, welche die zentral gesteuerten rumänischen Medien über die Revolution in Ungarn verbreiteten. Als Maßstab ihres Urteils bekannten sie sich zu sozialdemokratischen Leitbildern.

Als glaubwürdige Informationsquelle galt in Temeswar das Budapester *Radio Kossuth*, das über die revolutionären Vorgänge in der ungarischen Hauptstadt ausführlich berichtete. Die stark ausgeprägte Schriftkultur der Studierenden hat zur Folge, dass wir heute in ihren Tagebüchern nachvollziehen können, was sie vom kommunistischen System hielten: Sie forderten ein Ende des Personenkults; sie traten ein für eine rationale Wirtschaftsordnung; sie forderten Handelsabkommen mit allen Ländern, die es wollten, also auch mit den kapitalistischen Staaten; sie verlangten einen Rückzug der sowjetischen Truppen von rumänischem Boden; ganz allgemein müsse der Staatsapparat den wirtschaftlichen Interessen aller Bürger dienen; insbesondere müsse er für angemessene Lebensumstände seiner Schüler und Studierenden sorgen. Was all dies für das Regime Gheorghe Gheorghiu-Dejs bedeutete, zeigte sich in der Folgezeit.

Das Regime erkannte bereits früh die Gefahren, die von den Demonstrationen in Timișoara, Oktober und November 1956, ausgingen, und reagierte entsprechend hart. Mit den studentischen Anführern machte man vor dem Militärtribunal kurzen Prozess. Die Anklage verwies auf eine Gefährdung der nationalen Sicherheit. Das Urteil sah Gefängnisstrafen zwischen vier und acht Jahren vor.[26] Wie willkürlich der Staat vorging, zeigte sich darin, dass die Studentengruppen in ganz unterschiedlicher Weise an den Protesten teilgenommen hatten. Freie Zusammenschlüsse waren in der Folgezeit verboten. Und doch konnte das staatliche Vorgehen die Herausbildung unterschiedlicher Künstlerzirkel und Schriftstellerkreise nicht verhindern, ebenso wenig die Gründung von Clubs, Musikgruppen oder Kulturvereinigungen, die unter Vorwänden dem Geist ziviler Selbstbestimmung freien Raum boten. Freilich, die Überwachung der Bevölkerung nahm nach 1956 ganz neue Ausmaße an. Doch selbst unter diesen tyrannischen Bedingungen versuchten die Bürger Temeswars ihre Verbindungen Richtung Westen aufrechtzuerhalten.

---

26 *Ibid.*

Die Temeswarer Protestbewegung von 1956 steht für die stärkste politische Aufwallung Rumäniens in der Zeit der Diktatur Gheorghe Gheorghiu-Dejs. Sie bewies, dass die Stadt und die Region Zivilcourage besaßen, eine Kultur der Solidarität dem Einzelnen Rückhalt gab und der Wille zur Gedankenfreiheit selbst unter der Bedingung totalitärer Unterdrückung gelegentlich nach vorne drang.

Trotz des zivilgesellschaftlichen Engagements und trotz der kulturellen und künstlerischen Kreativität, die Timişoara auszeichnete und die Stadt von vielen anderen rumänischen und osteuropäischen Zentren unterschied, gelang es nach 1956 nicht mehr, ein alternatives politisches Projekt auszuarbeiten, das dem politischen Wandel im Dezember 1989 Struktur hätte geben können. Daraus leiten sich zwei Fragen ab: Fehlte den Akteuren der notwendige Pragmatismus? Oder mangelte es ihnen am erforderlichen Mut, das kritische Denken bis in alle Einzelheiten auszudifferenzieren? Richtig sind wohl beide Argumente. Doch entscheidend war das Fehlen einer den Verhältnissen Rumäniens angemessenen politischen Transformationstheorie, für deren Herausbildung freilich das Regime jeden Freiraum zunichtemachte. Die Zivilkultur, welche Timişoara in kommunistischer und nationalkommunistischer Zeit herausbildete, war zwar nach wie vor erkennbar, doch es gab keinerlei organisierte demokratische Opposition, vergleichbar der Charta 77 in der Tschechoslowakei oder der Gewerkschaft Solidarnocz in Polen. Auch gab es keine eng vernetzte intellektuelle Dissidenz wie in Ungarn. Ohne ein entsprechendes, organisatorisch gefestigtes Fundament entwickelte sich der Umsturz von 1989 zur menschlichen Tragödie und endete in der Unfähigkeit, den politisch-administrativen und legislativen Wandel zum Postkommunismus strukturiert sicherzustellen. Zudem muss festgehalten werden, dass sich die Intelligenz in den letzten Jahren der Regierungszeit Ceauşescus von politischen Debatten ferngehalten hatte. Temeswar, als zweitgrößte Stadt Rumäniens, besaß keinerlei lokale Autonomie mehr, damit aber auch keine selbstbewusste Verwaltung. Und doch, Temeswar propagierte 1989 als erste Stadt Rumäniens ein Ende der Ceauşescu-Diktatur sowie des kommunistischen Regimes. Darin spiegelte sich die alte Zivilkultur der Stadt wider. Sie befeuerte die großen anti-ceauşistischen und antikommunistischen Demonstrationen von 1989. Jede anspruchsvollere Geschichte Rumäniens und des kommunistischen Europas wird diesen Sachverhalt auch zukünftig berücksichtigen müssen.

Victor Neumann

1989: Der Beginn der rumänischen Revolution in Temeswar – ein Erfolg für den politischen Veränderungswillen – oder – Resultat verfehlter administrativer Entscheidungen?

In einer der bedeutendsten zeitgenössischen Enzyklopädien, genauer den *Geschichtlichen Grundbegriffen*, hat Reinhart Koselleck den Revolutionsbegriff in seiner konzeptionellen Entwicklung dargestellt. Tatsächlich hat der Begriff viele Bedeutungen: Er steht für die Einzigartigkeit des Geschehenen und für eine Vielzahl radikaler Umbrüche. Er verweist auf die Diachronie im Geschichtsverlauf und doch zugleich auf die Synchronie der Ereignisse. Revolution, das meint nach Koselleck einen politischen Umbruch, erfordert die Berücksichtigung des sozialen Kontextes, steht für eine plötzliche Veränderung, aber gleichzeitig für einen Wandlungsprozess, der nur durch Untersuchung der langen Dauer zu erfassen ist. Revolution setzt sachkundige politische Führer voraus, aber ebenso Propagandisten der Tat.[1] Als Rebell beschrieben zu werden, so Koselleck, habe immer einen negativen Beigeschmack gehabt. Die Bezeichnung als Revolutionär stehe dagegen für Positives. Der Begriff „Revolution" weitete sich „im 18. Jahrhundert geschichtsphilosophisch aus. Er meinte Wandel schlechthin, aber einen Wandel, der alle Lebensbereiche erfassend progressiv in eine bessere Zukunft führen sollte. ... Mit dem modernen Revolutionsbegriff rückte das Heil in die Perspektive politisch herstellbarer und geschichtlich erreichbarer Zukunft."[2] Die Bedeutung des Begriffs „Revolution" ändert sich de facto von der einen zur anderen Sprache, von der einen Kultur zur anderen. Tatsächlich reflektiert der Bedeutungsgehalt jeweils ein konkretes historisches Erbe, einen eindeutigen kulturgeografischen Kontext, ein Bündel von Inhalts-

---

1 Reinhart Koselleck, „*Revolution, Rebellion, Aufruhr, Bürgerkrieg*" in: Otto Brunner, Werner Conze, Reinhart Koselleck (Hg.), Geschichtliche Grundbegriffe. Lexikon zur politisch-sozialen Sprache in Deutschland, vol. 5, Klett-Cotta, Stuttgart, 2004, pp. 653–788.

2 Koselleck, op. cit., pp. 655–656: „*'Revolution' wurde zur Legitimation für Veränderungen, die zuvor tabuisiert oder noch gar nicht in den Bereich der Erfahrung getreten waren. ... Zugleich erschloß 'Revolution' neue, bis dahin nicht gehegte Erwartungen. ... Mit dem modernen Revolutionsbegriff rückte das Heil in die Perspektive politisch herstellbarer und geschichtlich erreichbarer Zukunft. ... Das gilt für den liberalen, den demokratischen, den sozialistischen und den kommunistischen Revolutionsbegriff, so unterschiedlich er sich phasenverschoben artikuliert. Gegenläufig zu dieser Dominante transportiert der neuzeitliche Revolutionsbegriff aber auch die überkommenen Erfahrungen, die unter 'Aufruhr' und 'Bürgerkrieg' begriffen wurden und die auch zur modernen Revolutionserfahrung gehören. 'Revolution' enthält, seinem anfänglichen Wortsinn einer Wiederkehr gemäß, immer auch die Bedeutung möglicher Analogien, struktureller Ähnlichkeiten im Vollzug eines politischen Verfassungswandels. – Wegen dieser seiner, schon im Begriff enthaltenen Mehrschichtigkeit mit gegenläufig interpretierbaren Bedeutungen ist 'Revolution' seit 1789 so ideologieanfällig wie offen für Ideologiekritik.*"

zuweisungen, das historische Erfahrungen und kulturelle Mentalitäten einer spezifischen Gemeinschaft zusammenbindet. Wie bei den vergleichbaren Phänomenen in der Zeit der Moderne, gilt es auch bei der Analyse der Revolution von 1989 die Vorstellungswelten, Konzepte und Sprachverwendungen herauszuarbeiten, um von hieraus ein Verständnis für das Phänomen zu entwickeln.

Spontaner Protest gegen die Diktatur

Der Funke, der zu den großen Temeswarer Demonstrationen im Dezember 1989 Anlass gab, entzündete sich vor dem Hintergrund der multikulturellen und multikonfessionellen Struktur der Stadt. Bereits zuvor hatte die Zerstörung siebenbürgischer Dörfer für Aufsehen gesorgt. Unter dem Vorwand unwirtschaftlicher Streusiedlung (und einer dadurch notwendigen „Systematisierung") wurden die Bewohner kleiner Dörfer in agro-industrielle Zentren umgesiedelt. Viele internationale Medien berichteten über den Vorgang. In Timișoara trafen die Nachrichten auf ein Umfeld, das höchst sensibel reagierte und aufnahmebereit war.

Pastor László Tőkés, ein Geistlicher der reformierten Kirche und aufgrund seines Amtes in der Stadt durchaus einflussreich, protestierte gegen die Zerstörung der siebenbürgischen Gemeinden. Er stammte selbst aus einer ungarischen Familie und war zuvor als Seelsorger in der siebenbürgischen Stadt Dej tätig gewesen. Sein Wirken fand einen durchaus positiven Rückhalt bei den Gläubigen und bei der Kirche. In den betroffenen siebenbürgischen Dörfern lebten viele Deutsche und Ungarn, und deshalb äußerten sich sowohl westdeutsche Stellen als auch ungarische besorgt um das Wohlergehen der Dorfbewohner. So fand der Protest von Tőkés vielerorts Aufmerksamkeit, sowohl in der internationalen Presse, der ungarischen und der deutschen[3], als auch seitens der lokalen Bevölkerung.[4] Die offene Dissidenz des Pastors begann 1981/1982, als er eine Samisdat-Schrift mit dem Titel „Gegenpunkte" veröffentlichte. Aber er hielt sich auch bei seinen Predigten nicht zurück, die er zwangsweise vor verschiedenen Gemeinden hielt, weil er immer wieder versetzt wurde. Ende der 1980er-Jahre konnte er sich der Unterstützung weiter Kreise der Gläubigen sicher sein, ebenso der Unterstützung durch die ungarisch-sprechende Intelligenz.[5] Die Verwaltung reagierte auf die

---

3 Dennis Deletant, *România sub regimul comunist* (*Romania under Communist Rule*) (Bukarest, 1997).
4 Miodrag Milin, *Timișoara 15–21 decembrie 1989* (*Timișoara: 15–21 December 1989*) (Timișoara, Selbstverlag, 1990), pp. 11–35. Vgl. Milin, 'Azi în Timișoara, mîine-n toată țara (*Crîmpeie din revoluția trăită*)' ('Today in Timișoara, Tommorow in the Whole Country') (*Pieces of Experienced Revolution*)', in *Timișoara: 16–22 decembrie 1989* (eine Textsammlung über die Ereignisse vom Dezember 1989 in Timișoara) (Timișoara, 1990), pp. 45–78.
5 Mandics György, 'La vest de Doja' ('West from Doja'), in *Timișoara: 16–22 decembrie 1989*, pp. 79–84. Zur beeindruckenden Solidarität von Timișoaras Bürgern vgl. auch die Erinnerungen Tőkés' in Titus Suciu, Reportaj cu sufletul la gură (Breathless Chronicle) (Timișoara, 1990), pp. 10–17.

Herausforderung wie immer: Sie verhängte für die Zeit vom 1. bis zum 15. Dezember 1989 Hausarrest. Danach war eine Abschiebung aus Temeswar vorgesehen. Als am 16. Dezember die Deportation anstand, solidarisierten sich viele Gemeindemitglieder mit ihrem Pfarrer, veranstalteten eine Kundgebung vor dessen Wohnung, an der auch viele andere Bürger Temeswars teilnahmen. So begann die Revolte gegen das Regime Nicolae Ceaușescus. Bald erhoben sich am 16. Dezember Stimmen mit Losungen wie „Nieder mit Ceaușescu!" oder „Nieder mit dem Tyrannen!".

Alle Berichte über den Aufstand zeigen, dass die Temeswarer Bürger sich demonstrativ mit Tőkés solidarisierten. Anfänglich sprachen noch viele der Teilnehmer des Protests Ungarisch. Doch nach kurzer Zeit änderte sich die Zusammensetzung der Kundgebung vor dem Haus des Pastors. Es dauerte nicht lange, und die Zahl der Protestierenden wuchs auf mehrere Tausend an. Als Streiter für die Rechte der ungarischen Minderheit zeigte sich Tőkés beeindruckt, weil so viele Bürger aus unterschiedlichen sozialen und konfessionellen Kontexten seine Sache unterstützten. Die Securitate hoffte ursprünglich, die Unzufriedenheit auf bewährte Weise ablenken zu können: indem sie den Konflikt als Folge eines unvermeidlichen Gegensatzes zwischen rumänischen und ungarischen Interessen deklarierte. Doch die Demonstranten spielten einfach nicht mehr mit, trugen Abzeichen, welche die Bürgergesellschaft hochhielten: „Societas civilis". Sie motivierte die Idee einer Befreiung vom Kommunismus, von der Diktatur. Der Verweis auf historisch angelegte nationale Gegensätze zog nicht mehr.

Am 17. Dezember 1989 meldete Radio Budapest, dass die Miliz die Aufmärsche zugunsten von László Tőkés aufgelöst habe.[6] Doch habe sich der Protest dadurch nur in eine anti-ceaușistische Kundgebung gewandelt. Die Berliner *Welt* informierte am 18. Dezember 1989 ihre Leser über eine Versammlung von 4.000 Demonstranten an der reformatorisch-calvinistischen Kirche in Temeswar. Die Menge habe dadurch eine Abschiebung des Pastors László Tőkés von seinem Dienstort verhindern wollen. In der Folge sei es zu gewaltsamen Auseinandersetzungen zwischen Bevölkerung und Miliz gekommen. Anfangs hätten vorwiegend Ungarn die Versammlung geprägt, später sei sie in eine offen anti-ceaușistische Demonstration umgeschlagen.[7] Zu diesem Zeitpunkt hätten sich Bürger aller Ethnien der Kundgebung angeschlossen. In dieser Situation verurteilten die USA die brutale Unterdrückung der freien Meinungsäußerung in Temeswar und kündigten an, sich mit den NATO-Partnern über eine gemeinsame Haltung angesichts der offensichtlichen Gewalt gegen die so friedliche Bevölkerung

---

6 Vgl. Miodrag Milin (Hg.), *Timișoara în Arhivele Europei Libere: 17–20 decembrie 1989 (Timișoara in the Archives of Radio Free Europe: 17–20 December 1989)* (Bukarest, 1999), pp. 55–56. Telegramm Reuters aus Budapest.

7 'Human Chain Protecting Clergyman Turns into Mass Protest', in Milin (Hg.), *Timișoara în Arhivele Europei libere (Timișoara in the Archives of Radio Free Europe)*, pp. 60–61.

Temeswars abstimmen zu wollen.[8] Vorausgegangen waren die Umstürze in Budapest, Prag und Ostberlin.

In Brüssel verurteilten die Außenminister der Europäischen Gemeinschaft die gewaltsame Niederschlagung der Temeswarer Demonstrationen aufs Energischste. Die europäische und amerikanische Presse berichteten über die Revolte in umfangreichen Artikeln. Im Mittelpunkt stand die unnachgiebige Haltung Laszlo Tökés', sein Eintreten für die Rechte der ungarischen Bevölkerung in Rumänien und das repressive Vorgehen gegen ihn durch das nationalkommunistische Regime. Die westlichen Medien verwiesen auf die gemeinsame Reaktion aller Stadtbürger und ergänzten, dass László Tökés den Anlass zu den antikommunistischen Kundgebungen gegeben habe. Westliche Diplomaten, vor allem die Vertreter Englands und der USA, waren über die schwierige Lage der Minderheiten in Rumänien äußerst besorgt. Dies erklärt ihr Interesse am Schicksal von Tökés. Es verwundert nicht, dass sie sogar Inspektionsreisen nach Timișoara unternahmen.[9] Da Nicolae Ceaușescu seine Herrschaft auf einem radikalen Ethnonationalismus aufgebaut hatte, war die Gefahr groß, dass er mithilfe nationalistischer Losungen versuchte, an der Macht zu bleiben. Allerdings hatte der Aufstand in Timișoara gerade keinen ethnischen Charakter. Die *Frankfurter Allgemeine Zeitung* hob am 19. Dezember hervor, dass die Diktatur Ceaușescus alle Staatsbürger gegen ihn aufgebracht habe, nicht nur die ethnischen Minderheiten.[10]

Warum gewann László Tökés mit seiner widerständigen Haltung so großen Einfluss? (1) Er rief die Gläubigen auf, an der Idee der Gewissensfreiheit festzuhalten. (2) Offen verwies er auf die zahlreichen Motive der Unzufriedenheit seitens der ungarisch-sprechenden Minderheit in Rumänien. (3) In Briefen an die Medien und an die internationale Presse begründete er – immer nachvollziehbar – die Forderungen seiner Gemeindemitglieder. (4) Schließlich lenkte er die Aufmerksamkeit auf Timișoara und damit auf eine Stadt, deren Bevölkerung entschlossen schien, das diktatorische Regime abzuschütteln und die kommunistische Ideologie als menschenverachtend zu entlarven.

Bis dahin hatte der rumänische Geheimdienst erfolgreich Zwietracht zwischen Rumänien und Ungarn sowie den anderen Nachbarstaaten gesät und damit eine Zusammenarbeit der Oppositionsgruppen verhindert. An dieser Politik hielt Bukarest fest. Die Nachrichtenagenturen meldeten, dass die rumänisch-ungarische Grenze geschlossen worden sei, ebenso die Grenzen zu Jugoslawien und zur UdSSR. Dies allein beweist, dass die Revolte in Timișoara spontan erfolgte und die Autoritäten das dynamische

---

8 *Ibid.*, pp. 151–152, Intro (News from Romania), pp. 154–155, „*White House Condemns Romanian Use of Force*".

9 *Ibid.*, pp. 151–152.

10 „*Flammen in Temeschburg*", in Frankfurter Allgemeine Zeitung, 19. Dezember 1989. S. auch den Artikel von George Paul Hefty „*Unruhe in einem drangsalierten Land – Das Ceausescu-Regime hat den Rumänen viele Opfer auferlegt*", in Frankfurter Allgemeine Zeitung, 19. Dezember 1989.

Geschehen nicht zu kontrollieren vermochten. Es waren gewiss keine nach Temeswar entsandten ungarischen oder russischen Agitatoren, welche den Aufstand anstachelten. Aber das war die Version der Geheimdienstkreise, die auf diesem Wege versuchten, das Aufbegehren zu desavouieren.

Von den Behauptungen offiziöser Stellen ließen sich die Bürger Timişoaras keineswegs irritieren. Sie verstanden zu gut, warum Tökés Widerstand leistete, und nutzten die Gelegenheit für ihr anti-totalitäres Aufbegehren. Die Revolte erfolgte zudem nicht irgendwo in Rumänien und nicht auf irgendeine Weise. Weder der Ort des Aufstandes war zufällig, noch die ursprünglich religiöse Motivation, noch der Beginn des Protests in Kreisen der ungarischen Minderheit. (Seit Sommer 1989 hatte Ungarn seine Grenzen zu Österreich geöffnet.) Dort, vor der reformierten Kirche, brach sich die Unzufriedenheit Bahn und weitete sich zu einer spontanen, breiten Opposition gegen das politische Regime aus, wurde zur Revolution der Temeswarer Bürger.[11]

Am Anfang konzentrierte sich der Protest um die Person von László Tökés. Er war es, der die Aufmerksamkeit auf sich zog, seitens der Bewohner Temeswars, aber auch seitens der internationalen Öffentlichkeit. Die Art und Weise, in der der Protest seit dem 15. Dezember sich entwickelte, die Anzahl der Teilnehmer, die Solidarität untereinander, der lokale Bürgersinn spiegelten unmittelbar den Geist der Stadt wider, das Erbe von religiöser Vielfalt, von Mehrsprachigkeit und Multikulturalität einer Stadt, die an der Grenze lag. Im friedlichen Protest vor der reformierten Kirche gegen die erzwungene Versetzung von László Tökés spielten die Territorialkonflikte zwischen Rumänien und Ungarn keinerlei Rolle. Was am 15. Dezember 1989 vor der Wohnung des Pastors begann, sollte sich in den Folgetagen zu einer beeindruckenden Revolte, ja, Revolution gegen den Ceauşismus und den Kommunismus ausweiten.

---

11 Einige Temeswarer Intellektuelle haben später argumentiert – Vasile Popovici ist in dieser Hinsicht nicht der einzige –, dass *„es nicht unbedingt um Tökés und die Verteidigung seines Hauses ging. ... Der Protest hätte schließlich überall ausbrechen können".* Vgl. Miodrag Milin, Timişoara în revoluţie şi după, p. 51. Aus historischer Sicht scheint die Aussage wenig fundiert. Vermutlich erklärt sie sich aus mangelnder Kenntnis des städtischen Bürgergeistes in Temeswar und der traditionellen interkulturellen und interkonfessionellen Offenheit. Die Argumentation weist starke Verbindungslinien zum Ethnonationalismus und Segregationismus der Zwischenweltkriegszeit auf. Beide Argumentationslinien finden sich auch in der Propaganda des Regimes von Ceauşescu wieder. Es kultivierte Vorurteile und legitimierte damit die Benachteiligung der ungarischen Minderheit. In Temeswar selbst kam noch ein weiterer Sachverhalt hinzu, sorgte für eine gewisse Gleichgültigkeit, ja, ein Unverständnis intellektueller Kreise gegenüber dem Beginn der Revolution: In Temeswar gab es eine Universität erst nach dem Zweiten Weltkrieg. Ganze Generationen erhielten hier ihre Ausbildung. Doch es gab keinen Lehrstuhl, es gab keine Fakultät, in der die Geschichte Temeswars oder des Banats unterrichtet worden wären. Soweit rumänische Geschichte Berücksichtigung fand, stand immer die Ideologie im Vordergrund. Zusammengefasst, die Universität Temeswar vor 1989 brillierte weder durch Forschungen noch durch angemessene Unterrichtsanstrengungen in den Fächern Geschichte, Philosophie, Soziologie oder Politikwissenschaft. Insofern fehlte Temeswar ein wichtiger intellektueller Resonanzboden.

Der Versuch, Unfrieden zwischen den ethnischen Gruppen – den Rumänen, Deutschen, Ungarn, Serben und Juden – zu säen, um damit die eigene Herrschaft zu stabilisieren, war unsäglich, ja, menschenverachtend. Aber diese Herangehensweise entsprach einem gebräuchlichen Herrschaftsmuster in Rumänien, das zur Stabilisierung autoritärer und diktatorialer Regime herangezogen wurde. Und obgleich diese Politik gelegentlich immer noch Rückhalt fand, blieb sie doch unter den konkreten lokalen Bedingungen Temeswars ohne Erfolg. Hier gab es eine starke Zivilgesellschaft, die das mitteleuropäische Modell des Miteinanders zum Wertmaßstab nahm.

Die Intellektuellen und die breite Bevölkerung während der Revolution von 1989. Das Fehlen einer politischen Führung

Einer der führenden Persönlichkeiten 1989 und Gründer des Demokratischen Forums, Ioan Lorin Fortuna, hat in zahlreichen Interviews herausgestellt, dass die Aufstandsbewegung sich höchst spontan entwickelt habe und niemand darauf vorbereitet war, die Führung der Protestbewegung zu übernehmen. „Ich fühlte mich nicht in der Lage – und ich glaube andere auch nicht – die ganze Last der Führung einer Revolte zu übernehmen, von der wir hofften, dass sie in einer Revolution endete".[12] Infolgedessen versammelten sich die protestierenden Bewohner Temeswars vor Ort, scharten sich zwischen dem 17. und 20. Dezember um provisorische Kundgebungsleiter. Entscheidend war, dass die Mehrheit der Stadtbevölkerung ein Gefühl für die Notwendigkeit eines politischen Regimewandels antrieb. Während der Kundgebungen wandten sich viele Persönlichkeiten an die aufgebrachten Menschen: Lorin Fortuna, Claudiu Iordache, Nicolae Bădilescu, Ioan Savu, Ştefan Ivan, Sorin Oprea, Luminiţa Milutin, Ioan Chiş, Mihaela Munteanu, Ioan Marcu, Maria Trăistaru und andere. Für mehrere Tage waren sie die Organisatoren und Antreiber der Ereignisse. Sie stellten sich an die Spitze der Demonstrationsmärsche, entwickelten Strategien, stellten sich gegen die Waffen der Polizei und berichteten ohne Unterlass vom Balkon der Oper aus zu den Demonstrierenden. Die Erinnerungen Lorin Fortunas stellen die Niederschlagung der Diktatur als wichtigstes Ziel heraus, ohne dass freilich ein klares Programm vorbereitet gewesen wäre.

> Ich dachte daran, dass alles, was geleistet werden könne, die Beseitigung der Diktatur sei, gefolgt von einer provisorischen Regierung, auf die wir Druck ausüben müssten, um den Weg zur Demokratie zu vollenden. Wir beabsichtigten nicht, wagten es gar nicht zu hoffen, den Kommunismus vollkommen zurückzudrängen. ... Am Ende einer Schweigeminute, als ich noch auf der Suche nach einer Lösung war (in Hinblick auf die zukünftige politische Organisation – V.N.), habe ich meinen

---

12 Ioan Lorin Fortuna, einer der politischen Führer in der Übergangszeit, Präsident des Demokratischen Rumänischen Forums, das am 20. Dezember 1989 gegründet wurde. Miodrag Milin, Timişoara în revoluţie şi după, pp. 110, 115.

Blick aufgerichtet und sofort den Balkon an der Oper gesehen. Schon beim Aufstehen kam mir deshalb die Idee: Ich muss meine unmittelbare Umgebung mobilisieren. So habe ich im engeren Kreis argumentiert, dass wir in die Oper eindringen müssen, um vom Balkon aus zur Menge zu sprechen und diese zu organisieren. Nur so könnten wir Erfolg haben.[13]

Auf diese Weise begann die Beeinflussung und politische Organisation der Menge. Ein Komitee bildete sich heraus. Es ergriff die Initiative, mobilisierte die großen Industrieunternehmen der Stadt, rief die Menschen auf den Opernplatz. Bald gab es einen zweiten Treffpunkt für die revolutionären Kräfte, nämlich vor dem Judezhaus (Haus der Gebietskörperschaft). Hier konnte man die Vertreter der Staatsmacht selbst zur Rede stellen und eine Diskussion in Gang bringen, so etwa mit Radu Bălan, dem Generalsekretär der Kommunistischen Partei Timiș, Petru Moț, dem Bürgermeister von Temeswar, oder Cornel Pacoste, dem stellvertretenden Ministerpräsidenten. Tatsächlich wollte man seitens der Revolutionäre verhandeln. Ein Beispiel dafür war etwa das Treffen zwischen Ioan Savu und dem Ministerpräsidenten Constantin Dăscălescu im Judezgebäude. Ioan Savu als der Vertreter der Aufständischen hat sich später an das Zusammentreffen bitter erinnert. Vor allem hob er hervor, wie wenig die Revoltierenden auf die Situation vorbereitet waren:

„Erst jetzt, in direktem Kontakt zu ihnen (Ministerpräsident Dăscălescu und seinen Begleitern) gaben wir uns Rechenschaft, dass wir nicht darauf vorbereitet waren, mit ihnen zu diskutieren. Wir hatten uns in diesem Komitee zusammengefunden, oder wie man es nennen soll, … rein zufällig. Wir trafen nun auf diejenigen, die uns ins Gesicht geschlagen hatten. Und jetzt bemerkten wir, dass wir keine klaren Vorstellungen besaßen, dass wir nicht wussten, was zu tun war, auch nicht wussten, was notwendig war. Wir waren einfach unfähig, das zum Ausdruck zu bringen, was uns zu wirklichen Vertretern der Massen draußen gemacht hätte."[14]

Tatsächlich gab es keine klare Rollenverteilung, gab es kein vorbereitetes Ablaufschema für den Machtwechsel. Die Intellektuellen mussten genauso spontan reagieren wie die Massen. Die sich infolgedessen ergebenden Unklarheiten und Konfusionen prägten den Übergang zur Demokratie und erklären den langen und holprigen Weg der Transition. In diesem Moment des Gleichgewichts der Kräfte, Dezember 1989, bestimmte allein die Masse den weiteren Verlauf des Geschehens. Sie schritt voran, beseelt von einem Geist der demonstrativen Solidarität und der erkennbaren Opferbereitschaft. Die Temeswarer Bürger waren überzeugt, dass eine Befreiung von der kommunistischen Diktatur möglich sei (so wie im übrigen Osteuropa). Aus der Masse heraus entwickelte sich die Losung von der ersten befreiten Stadt Rumäniens. Fernand Braudel, der berühmte französische Sozialhistoriker, hat einmal ausgeführt, dass unter bestimmten

---

13 *Ibid.*, pp. 106, 109.
14 Titus Suciu, Reportaj cu sufletul la gură (Breathless Chronicle), (Timișoara, 1990), p. 216. Zum politischen Zusammenhang s. auch Silviu Brucan, De la capitalism la socialism … (From Capitalism to Socialism …).

Bedingungen die Masse Geschichte schreiben könne. Das Aufbegehren in Temeswar war ein solcher Fall. Wie schon Anfang des 20. Jahrhunderts gab es in Temeswar keine Trennung zwischen aufständischen Arbeitern und Bürgern. Tatsächlich bildete 1989 die Arbeiterschaft – im Selbstverständnis des kommunistischen Regimes eigentlich die loyale Basis der eigenen Herrschaft – jenen Teil des Protests, dessen Emotionen am stärksten aufgewühlt waren.

Im Unterschied zu den Aufständen in Städten wie Prag, Budapest oder Warschau hatte sich in Timișoara kein politisches Projekt herausgebildet, das geeignet gewesen wäre, den Weg aus der kommunistischen Diktatur aufzuzeigen. Wie in anderen rumänischen Städten auch, hatte es in Timișoara keinerlei politische Debatten gegeben, während andernorts die antitotalitäre Opposition eine lange Tradition hatte. Es gab keine literarischen Zirkel von Dissidenten. Es gab keine Samisdat-Literatur. Niemand stach heraus, keine große Persönlichkeit, welche die Zivilgesellschaft um sich hätte vereinen können oder sie hätte unterrichten und anleiten können. Wenn es in Temeswar auch einige Intellektuelle gab, die ein wenig mutiger waren als in anderen Städten Rumäniens, so finden wir doch keinerlei Ansätze eines politischen Programms von Politik und Gesellschaft, weder im Umfeld der Kulturinstitutionen noch im Bereich der Universitäten. Letztere wurden vom Parteiapparat ebenso überwacht wie von den Repressionsorganen. Die Stellenbesetzungen erfolgten streng selektiv und setzten strikte Loyalität zur Kommunistischen Partei voraus. Die Professoren der Geisteswissenschaften – welche zu einem Einstellungswandel bei ihren Studierenden in besonderem Maße hätten beitragen können – lebten jenseits der Realitäten Rumäniens und europäischer Wissenschaftsmaßstäbe. Mit einigen wenigen Ausnahmen standen sie für einen bestimmten Zweig des Propagandaapparates der Kommunistischen Partei. Die Professoren für Philosophie, Geschichte und Soziologie waren am Temeswarer Polytechnischen Institut in der *Abteilung für Wissenschaftlichen Sozialismus* zusammengefasst. Das sagt alles.

Die nach dem Zweiten Weltkrieg gegründete Universität von Timișoara hatte zu jener Zeit noch keine Fakultäten für Soziologie, Philosophie, Psychologie oder politische Wissenschaft. Die kleine Fakultät für Geschichte und Geografie war in den 1980er Jahren aufgelöst worden. Obwohl es in den Bereichen Medizin, Philologie und Kunst durchaus Persönlichkeiten gab mit bewundernswerten Kenntnissen und Leistungen in ihrem Fach, war die große Mehrheit doch fern von jeglichem politischen Denken. Den Professoren fehlte häufig eine gewisse Empathie den anderen gegenüber und auf jeden Fall waren sie privilegiert: Sie erhielten ordentliche Gehälter; vielfach überließ man ihnen kostenlos Häuser oder große Wohnungen; sie erhielten Stipendien für Auslandsstudien, zudem konnten sie in der Ferienzeit auch ins Ausland reisen; für sie gab es eine hervorragende medizinische Versorgung und gute Pensionen. Ihre Verhaltensweise spiegelte noch die Herkunft aus dem intellektuellen Milieu der stärker ländlich und ärmlich geprägten Regionen Rumäniens. Eine Zusammengehen von Intellektuellen und Arbeitern, wie wir es während der ungarischen Revolution 1956 oder während der Solidarnocz-Aufstände im Polen der 1980er Jahre beobachten können, hatte in Rumänien keinerlei soziale Basis. Und das gilt für ganz Rumänien. Andrei Pleşu, Kunsthistoriker mit frühen Kontakten zu Westdeutschland, Philosoph und nach 1989 auch mehrfach Minister, hat diese Distanz der rumänischen Intellektuellen zu erklären versucht:

> Viele der Schwierigkeiten der rumänischen Transition – die ohne einen reichen Bruder im Westen auf den Weg gebracht werden musste – sind das Ergebnis der Unfähigkeit unserer Intelligenz, während der Diktatur den Wandel zu antizipieren und vorzubereiten. Hinzu kamen: ein Übermaß an Anpassungsbereitschaft, eine vage, senile Form der Weisheit und die selbstzufriedene Rhetorik vom ‚Widerstand durch Kultur‘ (Noica). So erlebten die Intellektuellen 1989 den Wandel mit leeren Händen. Wir lebten unter einem lächerlichen Entscheidungsdruck. Jetzt müssen wir daraus die Konsequenzen ziehen.[15]

Das ist ein in jeder Hinsicht nachvollziehbarer Standpunkt. Und doch müssen wir, unabhängig von der „Zahl der Brüder im Westen", unseren Blick vor allem auf die Debatten und intellektuellen Richtungen in Rumänien selbst lenken. Ivan Evseev, Semiotiker, Slavist und Ethnologe, sicherlich einer der weithin geschätzten Professoren an der Universität Timişoara, hat sich erinnert, dass ihn der Wandel vom Dezember 1989 schockiert habe. Es war schwer für ihn, die Ereignisse zu erfassen und nachzuvollziehen. Als Zeuge beobachtete er den Widerstand der Menge gegen Panzer und Wasserwerfer. Er erlebte unmittelbar die offene Konfrontation mit den bewaffneten Kräften an einem der zentralen Plätze von Timişoara. Seine Erinnerungen sind typisch für die gesellschaftliche Schicht, der er angehörte:

> Beginnend mit dem Abend des 16. Dezembers bis hin zum 22. Dezember 1989 hatte ich zum ersten und letzten Mal das Gefühl, das Leben in einer anderen Zeit zu erfahren, in einer anderen Realität, jenseits des profanen Raumes, den ich gewohnt war, und Ausgangspunkt für eine rationale Gestaltung der Welt.[16]

Der Temeswarer Gelehrte hat versucht, den Bruch seiner eigenen Wahrnehmung der Welt mit der Metapher einer „tiefen Kluft zwischen der Zeit vor und nach den Ereignissen" zu erklären. Was ihm nicht auffiel, war das Fehlen der Intellektuellen im Verlauf der Ereignisse. An den Protesten von 1989 hatten die kulturellen Eliten nur einen geringen Anteil.[17] Die sozialen Quellen des Aufstandes lagen ganz woanders, in den Tiefen

---

15 Andrei Pleşu, Vorwort zu Wolf Lepenies, *Ascesa e declino degli intellettuali in Europa* (*The Ascent and Decline of Intellectuals in Europe*) (Rome, 1992), p. 10.

16 Ivan Evseev, 'Revoluţia din Timişoara ca depăşire a sineluï' ('The Revolution of Timişoara as Overcoming Self'), in *Timişoara: 16–22 decembrie 1989*, pp. 26–44.

17 Dies ist eine der möglichen Erklärungen für die Tatsache, dass Regierung und Verwaltung nach 1989 weitgehend von der zweiten Reihe der national-kommunistischen Administration übernommen wurden. In der verwirrenden oder <verworrenen> (wie Nestor Rateş es nannte) Übergangsphase in Bukarest, die auf den spontanen und echten Aufstand in Timişoara folgte, schienen die Reformkommunisten die einzigen politischen Kräfte zu sein, die den Staat regieren konnten. – Zum politischen Kontext der Zeit und zu den Interpretationen der verschiedenen Revolten von 1989 s. Silviu Brucan, De la capitalism

der Temeswarer Gesellschaft: Die Arbeiter stellten die breite Masse und sie erlitten die größten Verluste.

Natürlich, der psychologische Druck auf die Einzelnen war enorm, die Überwachung immer sicht- und fühlbar, und doch hatten die Schriftsteller, Künstler, Journalisten, Priester und Professoren aus allen Bereichen zu dieser Zeit eine gewisse Bequemlichkeit erfasst, herrschte eine gewisse Feigheit – mit der Folge mangelnder intellektueller Klarheit. Mit anderen Worten, die Intelligenz, welche die antikommunistische Revolte in Rumänien hätte anführen und den friedlichen Übergang zur Demokratie hätte vorbereiten können und müssen, sie fiel als Handlungsträger aus. Es gab keine Bereitschaft bei den nationalen Geistesgrößen, Opfer auf sich zu nehmen. Was sich in den 1960er und 1980er Jahren in Timișoara herausgebildet hatte, ein gewisser Widerstandsgeist gegen das Regime, verlor sich in den 1980er Jahren. Es gab kein Zentrum antikommunistischer Dissidenz, keine Nachfolge für *Eduard Pamfil*, keinen Ersatz für die deutschsprachigen marxistischen Schriftsteller der *Aktionsgruppe Banat*, keine neue Rockband wie *Phoenix*, keine Zeitschrift mehr wie das *„Studentische Forum"*, nicht einmal mehr individuelle Gesten wie jene des Dichters Petru Ilieșu.[18] Die intellektuellen Akteure waren nicht in der Lage, eine politische Alternative vorzuschlagen. Es gab nichts Vergleichbares zum Echo auf die ungarische Revolution von 1956, zu dem Aufstand gegen Gheorghe Gheorghiu-Dej. Die alten Erfahrungen politischer Opposition waren wie ausgelöscht, blieben ohne Einfluss auf die neue Generation der Temeswarer. Tatsächlich hatten sich die sozialen Strukturen der Stadt inzwischen entscheidend gewandelt und damit auch die Voraussetzungen für die antikommunistischen Aufstände. 1956 und 1989 lassen sich in dieser Hinsicht nicht vergleichen. Die forcierte Industrialisierung machte sich bemerkbar, der demografische Wandel nach 1960. Zu den wenigen, die verstanden, wie wichtig kluge Führung und Beratung der Massen waren, gehörte George Șerban. Er war Absolvent der Philosophischen Fakultät an der Universität Alexandru Ioan Cuza in Iași. Nicht nur, dass er die Notwendigkeit erkannte, die Menge am Opernplatz zu organisieren, vielmehr war ihm bewusst, wie wichtig es war, die politischen Ideen zu formulieren, mit denen der Übergang zur Demokratie sichergestellt werden sollte. Bestens ausgebildet in zahlreichen Teilgebieten der Geistes- und Sozialwissenschaften,

---

la socialism și retur: O biografie între două revoluții (*From Capitalism to Socialism and Back: A Biography between Two Revolutions*) (Bukarest, 1998). Der frühere Herausgeber der wichtigsten kommunistischen Tageszeitung Scînteia (The Spark) und rumänische Botschafter des sozialistischen Rumäniens in den USA, Silviu Brucan (1916–2006), wurde nach eigenen Aussagen seit 1965 zu einem der linken Kritiker Ceaușescus und war direkt am Sturz des Regimes beteiligt. Er gehörte zu den Mitgliedern jener reformorientierten kommunistischen Gruppe, die die Macht übernahm. Nach 1990 wurde er zu einem der bekannteren politischen Analytiker der rumänischen Szene und moderierte wöchentlich eine politische Sendung im Fernsehkanal Pro TV.

18 Victor Neumann, '*Die bürgerliche Kultur in Siebenbürgen und im Banat: Die Rolle Temeswars in den politischen Umgestaltungsprozessen vom Dezember 1989*', Halbjahresschrift für südosteuropäische Geschichte, Literatur und Politik, Nr. 1 (1999), pp. 38–51.

standen ihm schon im Dezember 1989 Konturen einer pragmatischen Erneuerung vor Augen. Der Erfolg der Revolution in Temeswar hatte demnach eine andere Grundlage als andernorts, wo Silviu Brucan oder Ion Iliescu das Geschehen bestimmten. Damals, im Dezember 1989, wurde George Şerban daran gehindert, auf den Balkon der Oper zu treten. Dies veranlasste ihn, nur umso genauer die Ereignisse zu beobachten und die Ziele und Schritte zu durchdenken, die notwendig waren, um Timişoara und Rumänien von den Fesseln des totalitären Systems zu befreien.

Die jahrzehntelange Lähmung der Bildungseinrichtungen forderte ihren Tribut. Unabhängig von den zahlreichen Beweisen zivilbürgerlichen Mutes in Timişoara während der kommunistischen Zeit – ist aus heutiger Sicht offensichtlich, dass das Revolutionsgeschehen 1989 die demokratische Opposition überraschte. Tatsächlich fehlte jegliche Organisation. Nichts gab es, was mit der Charta 77 in der Tschechoslowakei vergleichbar gewesen wäre, an die Gewerkschaft Solidarnosc in Polen erinnerte oder an die Dissidentennetzwerke in Ungarn. Infolgedessen gab es keine langfristig vorbedachten politischen Strategien. Stattdessen sah der Dezember 1989 eine spontane Revolte durch Temeswarer Bürger, welche sich kurzfristig zu einer Revolution gegen das totalitäre Regime ausweitete. Der Aufstand blieb ohne Anleitung durch ausgewiesene und anerkannte Führer, die in der Lage gewesen wären, dem Umbruch Struktur zu geben. Erst in den späteren Erinnerungen der Schriftsteller zur Revolution vom Dezember 1989 finden wir einige Hinweise auf die Stimmung der Menschen in den Straßen, auf die Kämpfe der Demonstranten gegen die Armee, auf die militärische Besetzung der Stadt; das emotionalisierte Gefühlsklima wird deutlich, ebenso wie die Ängste und die enorme Wut plastisch hervortreten. Politische Ideen indes – kommen nicht vor.[19] Ohne klares Programm, ohne ein vorab definiertes politisches Ideal stand die Masse der Temeswarer Bürger dem totalitären Regime Nicolae Ceauşescus mit leeren Händen gegenüber. Trotz all dieser Unzulänglichkeiten hat der große Protest vom Dezember 1989 in Timişoara die Stadt zum wichtigsten Symbol des revolutionären Wandels in Rumänien gemacht.

Temeswar in den Jahrzehnten der Transition. Vorschläge zur Neuordnung und deren Scheitern

Die Proklamation von Timişoara vom 11. März 1990 kann als Leitbild und Maßstab für den Transitionsprozess in Rumänien gewertet werden. Verantwortlich für den Text waren George Şerban und seine Mitstreiterin Alexandra Indrieş (Gloria Barna, Gloria Lillin). Der Text gab eine soziologisch-politische Erklärung für den Regimewechsel. Er nahm die Argumente der Revolutionäre von 1989 auf und forderte in einem quasi-revolutionären Ton Demokratie und Rechtsstaatlichkeit. In diesem fundamentalen

---

19 Vgl. Miodrag Milin (Hg.), *Timişoara în revoluţie şi după*, pp. 52–53 und pp. 56–57.

Dokument spiegelten sich die intellektuellen Weiterentwicklungen der Zeit nach dem Dezember 1989. Mithilfe der Proklamation – so der Hauptautor des Textes, George Şerban, – suchte Timişoara der Opposition Struktur zu geben. Es galt, eine Antwort zu finden auf die neuen Machtverhältnisse in Bukarest und auf die populistische Instrumentalisierung weniger aufgeklärter Arbeitergruppen. Beispielhaft hierfür steht die erste *Mineriade*, also der Aufruhr von Bergarbeitern aus dem Schil-Tal im Januar/ Februar 1990. Sie hatten auf Weisung des neuen Präsidenten Ion Iliescu dessen Gegner tätlich angegriffen, weil diese weitergehende Reformen und demokratische Erneuerung forderten. Selbst wenn wir die vielen Kontroversen um den Umbruch 1990 beiseitelassen, ist unbestreitbar, dass ehemalige kommunistische Führer, die auf der reformerischen Linie der Perestroika Mihail Gorbatschows lagen, die Geschicke Rumäniens zu dieser Zeit leiteten. Dies ist der Hintergrund, vor dem George Şerban die Proklamation ausarbeitete, um dadurch der Temeswarer Revolution Struktur und inhaltliche Füllung zu geben. Mit dem Dokument zog Temeswar erneut die Aufmerksamkeit von Teilen der rumänischen Nation auf sich. Für eine gewisse Zeit stellte die städtische Bevölkerung Rumäniens die Frage, wie der Wandel in die Nach-Ceauşescu-Zeit gelingen könne. Insofern hatte die tatsächlich gewichtige Proklamation großen Einfluss auf das Geschehen in Rumänien. Allerdings kam ihr Erscheinen zu spät. Den Grund dafür kennen wir: das Fehlen einer intellektuellen Dissidenz in Temeswar während der Zeit des national-kommunistischen Regimes, das Fehlen von Konzepten für den Übergang zu demokratischen Strukturen.

In einem bemerkenswerten Gespräch mit dem Historiker Miodrag Milin über die Ereignisse von 1989 und die politische Bewegung, die die Proklamation von Temeswar ausgelöst hat, zeigt George Şerban, dass ein Teil der rumänischen Intelligenz zweifelsohne einen radikalen Regimewechsel erhoffte, ein Sachverhalt, den man in keinem Fall außer Acht lassen sollte. Diese Intellektuellen hatten zweifelsohne eine gewisse Rolle im Prozess der Demokratisierung und der späteren Europäisierung Rumäniens. George Şerban selbst nahm an den Verhandlungen mit der provisorischen Macht teil, und seine Auffassungen vom richtigen Weg des Wandels trug er den neuen Machthabern vor. Er verfügte über das notwendige Vokabular eines geistes- und sozialwissenschaftlich bestens geschulten Intellektuellen. So machte er klar, dass die Transition zu neuer Staatlichkeit keinesfalls mit Personen gelingen könne, die im Zeitverlauf in das totalitäre Vorgängerregime eingebunden gewesen waren. Es war insbesondere Punkt 8 der Proklamation von Temeswar (zeitlich befristetes Verbot politischer Betätigung für ehemalige Führungskräfte des alten Regimes), der für Konflikte sorgte und im März-Mai 1990 die politischen Debatten bestimmte. Die Unterstützer der Proklamation und die Repräsentanten der Nationalen Rettungsfront Ion Iliescus vertraten dabei ganz unterschiedliche Auffassungen. Im Folgenden gebe ich einen Ausschnitt aus dem Interview mit Miodrag Milin wieder, in dem die Ursachen für die Konflikte zwischen den revolutionären Kräften deutlich werden.

In Bukarest, ja im ganzen Land wurde die Krise (im März-Mai 1990) immer größer. Kaum noch waren die Spannungen auszuhalten. Immer mehr Anhänger kamen auf den Universitätsplatz (wo sich die Gegner Ion Iliescus versammelt hatten). Eugen Ionescu, Emil Cioran schickten Unterstützungsbriefe, gerade auch in Hinblick auf Punkt 8, gerichtet gegen Iliescu. 126 große Persönlichkeiten aus Kultur und Wissenschaft meldeten sich, wirkliche Schwergewichte, darunter Eugen Ionescu, Monica Lovinescu, Akademiemitglieder. Man hat das Schreiben vorgelesen, es wurde in der Presse publiziert, mit all den 126 Namen. Damals dachte man in Zahlen. Ein Mann wie Claudiu Iordache, der stellvertretende Vorsitzende der Nationalen Errettungsfront (FSN), hatte zum ersten Mal Zweifel an Iliescu und befürchtete um die Aussichten für Rumänien. Er blieb uns freundschaftlich verbunden. Gegenüber Iliescu schaffte er es nicht, sich persönlich im Sinne der Wahrheit auszusprechen. Er empfand ihm gegenüber eine starke Bindung und Zuneigung. Iordaches Lösung bestand darin, Iliescu von der Unvereinbarkeitsklausel des Punktes 8 auszunehmen, was leider auch Vasile Popovici und Viorel Oancea, der damalige Polizeichef, befürworteten und so Druck auf mich ausübten. Wenn wir einen Zusatz zu Punkt 8 anfügten, mit dem allein Ion Iliescu ausgenommen würde, wäre das eine Lösung. Die ganze Nomenklatura würde ausgeschlossen, nur eben nicht Ion Iliescu. Ich habe all diesen Pressionen widerstanden, auch bis zu den Wahlen vom 20. Mai. Denn wenn ich nachgegeben hätte, dann wäre Punkt 8 insgesamt gefallen und damit die ganze Proklamation null und nichtig geworden. An dieser Stelle musste das Prinzip gelten, durfte nicht der Augenblick dominieren. Was Claudiu Iordache betrifft, kam er wohl am 26. April, um uns zu einem nochmaligen Gespräch mit Iliescu einzuladen. Iliescu wolle nicht mit dem Universitätsplatz reden. Iordache war verwirrt, entmutigt wegen des Protestschreibens der Schriftsteller, jener, die zum Besten der rumänischen Kultur gehörten. Er gab sich Rechenschaft darüber, dass Rumänien mit Iliescu nichts erreichen würde. Es war ihm bewusst, dass wenn all diese Köpfe Iliescu nicht wollten, dass Iliescu seinen Weg ohne die rumänische Intelligenz gehen müsste. Das machte ihn betroffen. Daher versuchte er, uns zu überzeugen, und am Schluss gelang es ihm, mit Iliescu zu sprechen, um einen Dialog mit ihm auf den Weg zu bringen, einen Dialog mit dem Universitätsplatz. Vielleicht gelänge eine Versöhnung, vielleicht könnten wir ihn überzeugen, freiwillig zurückzutreten. Zwei oder drei Tage später bildete sich ein sogenanntes Vertretungskomitee. Vasile Popovici und ich fuhren nach Bukarest und baten um ein Gespräch mit Iliescu, wir als Vertreter für die Gruppe. Hier ist dann etwas passiert. Wir haben um ein Treffen zwischen dem Repräsentativkomitee der Nationalen Allianz für die Proklamation von Timișoara und Iliescu gebeten, nicht zwischen der Temeswarer Gruppe und Iliescu. Wir wollten das Komitee in Szene setzen, das viel mehr repräsentierte als die engere Temeswarer Vereinigung. Und Iliescu akzeptierte.[20]

Es ist gut, sich des klaren politischen Denkens von George Șerban zu erinnern. – Die wenigen grundlegenden Reformen in Verwaltung, Justiz und Bildung der letzten Jahrzehnte haben ihm recht gegeben. Erst auf dieser Grundlage können wir beurteilen, wer von den politischen Führern der Transition die Hoffnungen des Volkes umgesetzt und wer nur seine persönliche Agenda verfolgt hat. Was Claudiu Iordache in der Zeit des Wandels analysiert und richtig beschrieben hat, hat George Șerban aufgenommen und umgesetzt. Die oben zitierten Erinnerungen zeugen von Ehrlichkeit, der Suche nach

---

20 George Șerban, *„Despre alianța națională pentru Proclamația de la Timișoara"* in Miodrag Milin (Hg.), Timișoara în Revoluție și după, pp. 187–191, vgl. auch pp. 190–191. Ergänzend: Fußnote 20 auf pp. 210–213. Dort auch Quellenbelege. Die von Miodrag Milin sorgsam zusammengestellten und durch zusätzliche Dokumente aufgewerteten Erinnerungen helfen bei der Rekonstruktion der Ereignisse von 1989–1990.

Wahrheit, gesundem Menschverstand im Umgang mit anderen und einer wohlverstandenen Selbstverpflichtung gegenüber dem Gemeinwohl. In dieser Gemeinwohlorientierung erkennen wir denn auch den junggebliebenen Mitstreiter wieder, der im Dezember 1989 außerordentlichen Mut bewiesen hat, indem er sich mit blanker Brust dem bewaffneten Militär entgegengestellt. Des Weiteren zeigen die Erinnerungen des Verfassers der *Proklamation von Temeswar*, dass auch Claudiu Iordache, trotz seiner alten Bindungen an Ion Iliescu und seinen Sympathien für ihn, verstanden hatte, was für Rumänien erforderlich war, damit die Freiheitsideale der Temeswarer Bürger Realität werden konnten. Auf der anderen Seite macht das zitierte Zeugnis jene Kompromisse deutlich, die mit den neuen Machthabern eingegangen werden mussten. Oder noch anders, es wird deutlich, wie einige der Teilnehmer am Dialog mit Ion Iliescu die revolutionären Projekte durcheinanderwarfen und damit verwässerten. Ist an dieser Stelle von Naivität zu sprechen, von einem vollkommen ungenügenden Verständnis der Situation, oder von einem Verrat an den revolutionären Hoffnungen der Temeswarer? Tatsächlich kam ein höchst doppelzüngiges Spiel in Gang; die byzantinisch-balkanische Welt zeigte ihre ganze Kraft, klare Konzepte aufzuweichen. Das von George Șerban beschriebene Verhandlungsergebnis steht für den typischen Zickzackkurs. Für Temeswar bedeutete es, seinen mitteleuropäischen Geist aufzugeben, aus dem heraus der unbändige Freiheitsdrang im Dezember 1989 erwachsen war.

Obwohl also Intellektuelle zum Umsturz des totalitären Regimes beitrugen, erwies sich das Fehlen ausgewiesener und kenntnisreicher Führer als entscheidender Nachteil. Nur so ist auch zu erklären, dass der Stadt Temeswar und der Region Banat ihre Verdienste beim Systemwandel durch die neuen Regierenden nie anerkannt wurden. Und nur so wird die Tatsache verständlich, dass jene Personen, die im Dezember 1989 das Feuer auf die Bevölkerung Temeswars eröffneten, mit der Folge zahlreicher Opfer, niemals ermittelt wurden und unbestraft blieben. Die Revolution von Temeswar, die einmal im Jahr anlässlich der Gedenkfeiern im Dezember kurz thematisiert und öffentlich diskutiert wird, hat sich vor allem im Gedächtnis derer eingeprägt, die an ihr unmittelbar beteiligt waren. Die öffentliche Erinnerung an die jüngste Geschichte der Stadt, der Region und Rumäniens ist dagegen zwiespältig. Im Mittelpunkt stehen einerseits die Ereignisse in Temeswar, andererseits jene in Bukarest. Es ist die Nicht-Synchronität des Geschehens, das sich in jeweils anderen Kontexten in Timișoara, Bukarest und anderen Orten Rumäniens ereignete, das zu den unterschiedlichen Perspektiven auf 1989 führt. Die vielfach spekulativen und bewusst provokativen Mediendarstellungen, aber auch einige Bücher über die Ereignisse von 1989 (mehr als 600 Titel in den letzten 30 Jahren) tragen kaum dazu bei, dass die Krise des Bewusstseins seitens der rumänischen Bevölkerung überwunden werden kann.

Die alle Bereiche von oben nach unten durchdringende politische Korruption war und ist auch heute noch ein Sachverhalt, der die Bewohner Temeswars tief erschüttert. Die sich hieraus ergebende Nervosität erhält zusätzliche Nahrung, weil es nicht gelungen ist, eine schlagkräftige lokale politische Klasse und Verwaltung herauszubilden. Die Frustration der Bevölkerung, aber auch der Bürgermeister und anderer regionaler Repräsentanten bricht sich immer wieder an den gegenläufigen Interessen der von Bukarest entsandten Politiker. Jene staatlichen Institutionen, die den Umbruch überlebt haben, verweigern sich grundlegenden Reformen. Die gegenwärtig sich zuspitzenden sozialen Probleme machen deutlich, dass es nicht gelungen ist, die zwei Kulturen, welche das Land prägen, zusammenzuführen: die Kultur der Hauptstadt und die Kultur der großen Regionalstädte. Notwendig gewesen wäre eine kohärente, die Annäherung zwischen den Teilen des Landes fördernde Politik. Stattdessen sind die sozialen und materiellen Differenzen an allen Orten Rumäniens spürbar, mit der Folge einer Kommunikationsbarriere zwischen den Menschen und den staatsbürgerlichen Vereinigungen. Die jeweils eigenen Logiken folgenden revolutionären Ereignisse in Temeswar und in Bukarest (in der Hauptstadt begann die Revolution erst am 21. Dezember 1989, in Temeswar am 15. Dezember), die Art und Weise, wie der Regimewechsel erfolgte, haben zu Unterschieden im Verständnis der Revolution von 1989 geführt, aber auch zu unterschiedlichen Bewertungen der jeweiligen politischen Entscheidungen. Die Temeswarer Hauptverantwortlichen kann man nicht mit den Verantwortlichen in Bukarest gleichsetzen. So hat George Şerban hervorgehoben, dass die Hoffnungen in Temeswar einer wirklichen Revolution gegolten hätten, mit dem Ziel einer vollkommenen Ablösung der alten national-kommunistischen Administration. In den anderen Teilen Rumäniens war dies durchaus anders, weil die Bevölkerung jahrzehntelang in Isolation und ohne die geringste politische Erziehung gelebt hatte. Für viele Bewohner Temeswars war es in der Folge nur schwer zu akzeptieren, dass die Motive ihres Aufstandes in den anderen Städten und Regionen Rumäniens kaum verstanden wurden. Die neu installierte Staatsmacht reagierte ebenfalls nur mit Ablehnung und Unverständnis. Niemals ging sie auf die Temeswarer Forderungen ein. So entwickelte sich ein gegenseitiges Misstrauen, vielleicht sogar eine Feindschaft, verursacht durch beiderseitiges Unverständnis, Verdächtigungen, Beschimpfungen und politischen Übereifer.

Zahlreiche Meinungsdifferenzen erzeugten ein Klima der Radikalisierung, das sich nicht nur auf nationaler Ebene zeigte, sondern auch im lokalen Raum widerspiegelte. Selbst dreißig Jahre nach dem Regimewechsel von 1989 gibt es zwischen den politischen Führern Temeswars keine Einigung darüber, wie die großen Probleme zu lösen seien, im Bereich der Wirtschaft, der Umwelt, der Infrastruktur, der Wiederherstellung des architektonischen Erbes, der Reformen des Bildungswesens, nicht einmal über die Einrichtung von Institutionen, die für die Verwaltung des Projekts „Europäische Kulturhauptstadt" erforderlich sind. Weder existiert eine mittelfristig angelegte Strategie noch eine langfristig konzipierte Zukunftsplanung. Die lokale politische Klasse hat die Wähler enttäuscht, da sie sich administrativ als wenig schlagkräftig erwiesen hat. Zudem werden Stadt und Region nach außen nicht gut vertreten. Zivilbürgerliche Netzwerke, die hineinreichen müssten in die zentralen Schaltstellen der Macht oder in andere wichtige Staatsinstitutionen, fehlen.

Wie auch andere Städte und Regionen Rumäniens haben auch Temeswar und das Banat Schwierigkeiten, sich der Marktwirtschaft anzupassen und die Herausforderungen und Chancen einer pluralistischen Demokratie anzunehmen. Es wäre eigentlich nur zu normal gewesen, wenn drei Jahrzehnte nach den beschriebenen Ereignissen die Stadt ein noch viel größeres Gewicht für die rumänische Wirtschaft gewonnen hätte. Man könnte sich Temeswar als zweites großes Zentrum im Vergleich mit Bukarest vorstellen, das entsprechend international wahrgenommen würde. Warum hat sich die Geschichte anders entwickelt? Der erste und wichtigste Grund ist sicherlich das Festhalten am Verwaltungszentralismus. Man hat einfach nicht gesehen, welche Rolle Temeswar und das Banat im Westen Rumäniens hätte spielen können, indem es als Vermittlungsraum zu den benachbarten Staaten und Europa insgesamt gewirkt hätte. Weil Strukturreformen ausblieben, weil den Mittelschichten kaum Aufmerksamkeit geschenkt wurde, sammelte sich immer mehr Unzufriedenheit bei der Bevölkerung der Stadt an, eine Unzufriedenheit, die sich gegen die eigenen Führer richtet, aber auch gegen die Politiker auf nationaler Ebene. Was in Bukarest seitens der Regierung nicht verstanden wurde, ist der Umstand, dass jegliche Modernisierung zunächst von fortgeschrittenen Polen und peripheren Rändern ausgeht. Die Stärkung der Euregios als solche Pole setzt voraus, dass die ausgearbeiteten Modelle einer grenzüberschreitenden Ökonomie auch realisiert werden. Ebenso bedarf es einer Gesetzgebung, die ganz generell Handel und Dienstleistungen fördert.

Stattdessen greifen die Parteien auf Politikmodelle zurück, wie sie vor einhundert Jahren im alten Königreich üblich waren. Es geht um Kontrolle durch Entsandte aus der Hauptstadt, mit allen negativen Folgewirkungen. Die fortgesetzte Revolte der Temeswarer Stadtbürger und der Bewohner des Banats hat ihren Grund in der Verzögerung von administrativen Reformen, dem Ausbleiben einer klugen Dezentralisierung und einer bewusst proeuropäischen Einstellung. Das breite Unbehagen drückt sich in vielen Formen aus und richtet sich gegen ehemalige Kommunisten ebenso wie gegen die von diesen kontrollierten Institutionen.

Timişoara sucht heute nach einer neuen sozialen und kulturellen Identität. Viele der alten Familien, denen Temeswar einst seine einzigartige Identität verdankte, sind emigriert. Zu ihnen gehörten Ingenieure, Bauarbeiter, Mechaniker, Handwerker, auch ein Teil der intellektuellen Elite. Die meisten deutsch-sprechenden Bewohner Temeswars, die, wie gesehen, ganz unterschiedlichen sozialen Schichten zugehörten, sind aus Rumänien weggezogen. Die soziale Struktur der Stadt hat sich geändert, weil neben den Deutschen auch ungarisch-sprechende Kulturschaffende die Stadt verlassen haben und die jüdische Gemeinschaft sich zu größeren Teilen aufgelöst hat. Folge dieses Wandels ist ein plötzlicher Bruch des kulturellen Zusammenlebens und des Sozialverhaltens.

Bis 1989 schätzten die Bewohner Temeswars mehrheitlich ihr Gemeinwesen wegen dessen städtischer Toleranz und des multikulturellen Erbes ihrer Stadt und des Banats. Danach erfolgte jedoch ein Einbruch. Ursächlich war u. a. die Massenemigration. Sie hatte gewiss nicht allein wirtschaftliche Gründe, sondern auch politische. So kamen, trotz einiger Neuerungen, die Gesetze zur Unterstützung privater Initiativen und zur Rückgabe des privaten Eigentums lange nicht voran. In das Vakuum, das die Massenemigration zahlreicher, vielfach hochgebildeter und kulturell engagierter Einwohner hinterließ, stießen Einwanderer aus der Moldau, aus Oltenien und aus dem Raum Maramureș. In der Folge verringerte sich das kreative Potenzial der Stadt, das sich aus der multi- und interkulturellen Struktur der Temeswarer Bürgergesellschaft gespeist hatte. Soziologische Studien haben nachgewiesen, dass Timișoara nach 1989 nicht die erforderlichen Ressourcen besaß, nicht genügend Zeit erhielt, um die Neuankömmlinge angemessen einzubinden und den städtischen Geist zu übertragen. Dies unterscheidet die heutige Situation von der Zwischenweltkriegszeit oder den unmittelbaren Nachkriegsjahrzehnten. Die von der breiten Bevölkerung getragenen Werte, welche lange der Stadt und der Region ihr Gepräge gaben sowie den sozialen Zusammenhalt sicherten, sind unter dem Druck des demografischen Wandels verloren gegangen. Anfänglich beruhte die Anziehungskraft Temeswars nach 1989 noch darauf, dass hier erste Schritte zur Beseitigung der Diktatur gemacht wurden. Hinzu kam aber die Überzeugung von einem hohen Lebensstandard im Vergleich zum Rest Rumäniens. Das machte die Stadt für Zuzüge von außen attraktiv. Zudem übte die Politik Druck aus, die soziale Struktur Temeswars zu ändern.

Die Bevölkerung des heutigen Timișoara unterscheidet sich infolgedessen von jener, welche die Aufstände von 1989 initiiert hat. Die veränderte demografische Struktur hat zwar keine größeren kulturellen Konflikte verursacht. Doch zeigen sich immer wieder aggressive Verhaltensweisen gegenüber dem Gemeinwohl. Viele der Neuankömmlinge interessieren sich nicht für die Geschichte, Architektur und das Zusammenleben in der Stadt. Sie entwickeln kein Verständnis für die kulturelle Vielfalt der Stadt, wie es die Alteinwohner von einer Generation zu anderen weitergegeben haben. Die mentalen Umbrüche im Vergleich zu den Jahrzehnten zuvor spiegeln sich in der Missachtung von eingeübten Regeln des Zusammenlebens, in einer gewöhnlichen Sprache der Vororte,[21] gelegentlich auch in chauvinistischen, rassistischen und antisemitischen Parolen. Mit Einführung einer sozial wenig gemilderten Marktwirtschaft steht Konkurrenz häufig für harte wirtschaftliche und finanzielle Gegensätze. Immerhin profitiert die Stadt von der Einwanderung neuer Eliten aus dem Banater Raum, dem Partium, oder aus Siebenbürgen, weil die dortige Mentalität jener der Temeswarer von einst ähnelt. Für manche

---

21 An dieser Stelle beziehe ich mich auf die Sprachakte eines bestimmten Teils der intellektuellen Öffentlichkeit. Erwähnt seien etwa die wenig diplomatischen Einlassungen von Vasile Popovici. Unter anderem hat er den Metropoliten des Banats, Ioan Sălăjean, scharf angegriffen; er hat den ehemaligen Bürgermeister von Timișoara, Nicolae Robu, verhöhnt; er hat den ehemaligen rumänischen Außenminister, Teodor Meleșcanu, beleidigt und seine Entlassung gefordert. Zwischen 2018 und 2021 hat er nichts unversucht gelassen, um das wichtigste Vorhaben Temeswars der Gegenwart zu torpedieren: den Erfolg von *„Timișoara – Kulturhauptstadt Europas"*. Dabei hat das Projekt vor einer internationalen Jury im harten Wettbewerb mit 13 anderen rumänischen Städten obsiegt. Unentschuldbar sind seine Drohungen gegen die Geschäftsführerin des Organisationskomitees *„Europäische Kulturhauptstadt"*, Simona Neumann. Er hat nicht nur deren Demission verlangt, sondern deren *„Elimination"*. Ein solcher Ton erinnert an den Sprachduktus der Zwischenweltkriegszeit. Leider! – Zu Temeswar in der Zwischenweltkriegszeit s. die Beiträge von Victor Neumann in diesem Band.

Beobachter ergibt sich daraus die Hoffnung, dass sich nichts Wesentliches geändert habe, dass die Grundelemente der Stadt bewahrt blieben und dass nur der Zentralismus für die gesellschaftlichen Konflikte, die Ineffizienz der Institutionen, das organisatorische Chaos und das Fehlen von entschlossenen Maßnahmen zur Wiederverankerung der Stadt auf der Landkarte Europas verantwortlich sei.

Und tatsächlich, trotz aller aufgezeigten Unzulänglichkeiten, es bleiben ja die geografische Lage, die Verfügbarkeit der natürlichen Ressourcen, auch einige der Traditionen des Multi- und Interkulturalismus, ebenso des Multikonfessionalismus, welche den Banater Raum so stark geprägt haben. Zahllose Initiativen von privater Seite zahlen sich aus. Auslandsinvestitionen (aus Deutschland, Frankreich, Österreich, Italien) haben die Wirtschaftskraft der Stadt gestärkt, stehen für eine gelebte europäische Integration und fördern den Dialog zu diesem Thema. Soll Timişoara wieder ein Modell für eine erfolgreiche europäische Verflechtung werden – wie es die Stadt in der Zwischenweltkriegszeit war – muss es gelingen, jeden rechtsradikalen Diskus zurückzudrängen. Die Chance besteht, wenn es gelingt, das politische Denken auf der Basis von Wissen über die Vergangenheit zu erweitern und rational geführte, fruchtbare Debatten zu initiieren. Die Chance von Timişoara und dem Banat, sich als Kultur- und Verwaltungszentrum neben Bukarest, Szeged oder Novi-Sad zu behaupten, könnte darin bestehen, eine politische Idee zu formulieren, welche die verschiedenen Segmente der Gesellschaft gleichermaßen als attraktiv empfinden, die sozialen Eliten ebenso wie die breite Gesellschaft. Ein alleiniges Anknüpfen an das kulturelle Erbe des Banats und Temeswars, so haben meine Ausführungen deutlich gemacht, wird dafür nicht ausreichen. Mit der Revolution von 1989 als ihrem letzten Ausläufer haben das multikulturelle Banat und das multikonfessionelle Temeswar ihr Ende gefunden.[22]

Schlussüberlegungen

Es ist richtig, dass Kulturabkommen die Zusammenarbeit in der Europäischen Union stärken. Aber die Union darf nicht allein auf Kulturaustausch setzen.[23] Vielmehr bedarf es der Bereitschaft, die historische Entwicklung der zahlreichen Regionen Europas aufzuarbeiten und zu verstehen. Dabei sollte der Schwerpunkt nicht auf der Herausarbeitung sozialer und wirtschaftlicher Eigenheiten und Differenzen liegen, sondern auf der Bestimmung gemeinsamer europäischer Werte. Ein derartiges Verständnis geschichts-

---

22 S. auch Victor Neumann, 'Timişoara în memoria colectivă contemporană. Perspective fragmentare' ('Timişoara in the Contemporary Collective Memory: Fragmented Perspectives'), in *Revoluţia Română din decembrie 1989. Istorie şi Memorie*, hg. v. Bogdan Murgescu, (Iaşi, 2007), pp. 21–44.
23 Vgl. Carolina Brossat, '*Kulturpolitischer Kompetenzkonflikt. Europarat und Europäische Union*', Dokumente, Zeitschrift für den deutsch-französischen Dialog, vol. 4 (1995), pp. 306–313.

wissenschaftlichen Arbeitens kann zu einer gemeinsamen Zukunftsstrategie beitragen. Das Banat von Timişoara ist hierfür ein gutes Beispiel, weil es zwingt, die multi- und interkulturellen Dimensionen europäischer Geschichte wahrzunehmen. Bei der Neuerzählung der Geschichte einer europäischen Region wie der des Banats geht es um weit mehr als um das Kennenlernen der Fakten: Ziel ist die Ersetzung einer eng politisch motivierten Meistererzählung durch eine liberale, offene Erzählweise, die lernfähig ist, sowohl in Hinblick auf die Vergangenheit wie auf die Zukunftsgestaltung. Es geht um die Entwicklung eines Modells des Lebens und Denkens, das die Traditionen der Vergangenheit aufnimmt, gerade weil der Blick auf die Geschichte deutlich macht, dass gegenseitige Anerkennung und bewusste Toleranz gegenüber gesellschaftlicher Vielfalt ein tragfähiges gesellschaftliches Fundament darstellen.

Die narrative Nutzbarmachung jener sozial-kulturellen Interferenzen, die das Banat im 18. und 19. Jahrhundert auszeichneten und zum Teil auch noch in der ersten Hälfte des 20. Jahrhunderts prägten, könnte beitragen zur Bewusstseinsbildung der Bevölkerung und zur Aneignung von Werten der Moderne. Die gesellschaftsformenden Experimente der Habsburger im 18. und 19. Jahrhundert, die demografische Neuordnung Mitteleuropas hatten ihre Wurzeln in der merkantilistischen Politik Wiens. Damals öffnete sich die Bevölkerung Temeswars und des Banats dem Anliegen eines kosmopolitisch geprägten, rational begründeten, aufgeklärten und zugleich wertorientierten Sozialraumes.[24] Die Wiederentdeckung und die Entwicklung eines umfassenden Verständnisses für die Vergangenheit hat einen nicht zu bezweifelnden politischen Wert. Unmittelbar nach der Revolution von 1989 ist ein solches Anliegen eine unhintergehbare Voraussetzung aller Zukunftsprojekte. In diesem Sinne kann die Vergangenheit das gegenwärtige intellektuelle und zivilbürgerliche Leben tatsächlich befruchten.[25] Reinhart Koselleck, der deutsche Begriffshistoriker, den ich eingangs zitiert habe, hat den Sachverhalt wie folgt auf den Punkt gebracht: Mithilfe der Geschichte lassen sich politische Anliegen angemessen interpretieren. Umgekehrt trägt das Ergebnis politischen Handelns zur Rückgewinnung der Geschichte bei.

Temeswar hat vor einiger Zeit ein großartiges Projekt ausgearbeitet und wurde gerade deshalb zur europäischen Kulturhauptstadt 2023 bestimmt. Selbst 30 Jahre nach der Revolution von 1989 sollte dies die Bewohner Temeswars – indes auch der benachbar-

---

24 Vgl. Virgil Nemoianu, 'Cazul etosului central-european' ('The Case of the Central European Ethos'), in *Europa centrală: Nevroze, Dileme, Utopii* (*Central Europe: Neurosis, Dilemmas, Utopias*), hg. v. Adriana Babeţi und Cornel Ungureanu (Iaşi, 1997), pp. 168–194; Victor Neumann, *Istoria evreilor din Banat: O mărturie a multi- şi interculturalităţii Europei Central-Orientale* (*The History of the Jews of the Banat: A Testimony of Central-East European Multi- and Interculturality*) (Timişoara, 1997), pp. 97–131.
25 Victor Neumann (Hg.), *Istoria Banatului. Studii privind particularităţile unei regiuni transfrontaliere* (*The History of Banat: Studies Regarding the Peculiarities of a Cross-Border Region*), (2. Aufl., Bukarest, 2016). S. auch die englischsprachige Ausgabe, Victor Neumann (Hg.), *The Banat of Timişoara. A European Melting Pot*, Scala Arts and Heritage Publishers, (London, 2019).

ten Gebiete – motivieren, an die Traditionen der Stadt und des Raumes während der ersten Phase der Moderne anzuknüpfen. Es gilt, sich neu zu erfinden, und zwar auf der Basis einer Verschränkung lokaler, regionaler und europäischer Werte, so wie das schon in der Vergangenheit der Fall war.

Victor Neumann

Fazit – Methodische Grundlagen und der inhaltliche Ertrag des vorliegenden Bandes

Eine verbreitete These besagt, dass die Sprache die kulturelle und soziopolitische Identität eines Menschen bestimme. Doch die Aussage greift zu kurz, weil Identität ein viel komplizierteres, mehrdimensionales Phänomen ist. Die Selbstwahrnehmung von Individuen, Bürgern, ja, sogar Gemeinschaften ergibt sich aus dem Zusammenspiel von materiellen Interessen sowie der unbewussten und bewussten Übernahme von Sprachen und Kulturen. Identität ist keinesfalls statisch zu denken, sondern das Ergebnis von Aneignungsprozessen und emotionalen Reaktionen auf positive und negative Zuschreibungen. Wie jene Veränderungen, die das 20. Jahrhundert einleiteten und die moderne Welt entstehen ließen, müssen auch die heutigen Wandlungsprozesse als Ergebnis von materiellen Gegebenheiten, kulturellen Identifikationen und Abwehrhaltungen verstanden werden. Insofern bedarf jede geschichtliche Analyse eines mehrschichtigen Zugriffes, der lokale, regionale, nationale, europäische und globale Aspekte einbezieht.

„Das Temeswarer Banat. Eine europäische Regionalgeschichte" handelt vom Leben in einer Grenzregion, betrachtet die Vergangenheit und besichtigt die Gegenwart. Wie wichtig ein unverstellter, offener, europäischer Blick ist, wird dadurch deutlich, dass wir mit unserem Ansatz in der Lage sind, das Miteinander der Menschen und Gruppen zu schildern, aber auch die Ursachen für ein zeitweises Auseinanderleben benennen können.

Bei der Konzeption des Bandes ging es darum, einen Dialog zwischen Okzident und Orient zu führen, um dadurch eine Perspektiverweiterung zu erreichen. Serbische, ungarische und rumänische Wissenschaftlerinnen und Wissenschaftler haben an dem Band mitgewirkt. Ein breites Spektrum von Sachverhalten haben wir betrachtet: Ereignisse, Strukturen, soziale und kulturelle Gegebenheiten. Letztlich ging es uns um das, was der deutsche Philosoph Hans-Georg Gadamer als „Horizontverschmelzung" bezeichnet hat, um Fremdverstehen im dialogischen Prozess zwischen den Kulturen.

Es gibt viele verschiedene Wege der Modernisierung mit entsprechend unterschiedlichen Ausprägungen. Nicht allein, was in Zahlen gefasst werden kann, bestimmt die gesellschaftliche Wirklichkeit. Zur Modernisierung gehört ebenso die Reflexion über den Modernisierungsprozess. Die Selbstreflexivität und die sich hieraus ergebenden unterschiedlichen Bewertungen prägen den Prozess der Modernisierung jenseits aller harten Fakten. Deshalb ist es erforderlich, neben den Zahlen auch die Ideen und sprachlichen Codierungen zu berücksichtigen, mit denen Gleichheit und Ungleichheit, kulturelle Aneignungsprozesse und Abwehrstreben gegenüber dem Fremden legitimiert werden. Die Anhänger sozialer Segregation verwenden in ihren Analysen die Sprachcodes des „kommunitarischen Geistes", betonen die Gemeinschaft des „Wir" und unterstreichen die gesellschaftliche Fremdartigkeit der „Anderen". Sie überhöhen die eigene Geschichte und den eigenen Glauben und verachten die Geschichte und den Glauben der anderen. Was im Unterschied hierzu nottut, ist ein Blick auf die Vielfalt der Lebensformen, auf die intensive Vermischung der kulturellen Codes. Auf der ganzen Welt finden wir Familien, in denen Menschen unterschiedlicher Herkunft zusammengefunden haben. Sie sind Zeugnisse gelebter Interkulturalität. Im Temeswarer Banat finden wir häufiger Familien, deren Mitglieder mehreren Religionsgemeinschaften angehören. Es gab und gibt Familien, in denen zwei oder drei Sprachen gleichzeitig gesprochen wurden und werden. Es ist diese Offenheit und Vielfalt, die ihre kulturelle Identität prägen. Und dasselbe gilt auch für den sozioökonomischen Bereich. All dies sind Zeichen einer lebendigen, offenen Gesellschaft, die das Banat auszeichnete. Richtig ist, dass die Bildende Kunst im engeren Sinne zutiefst bürgerliche Kunst blieb, sozial beschränkt. Erst die Postmoderne reflektierte die Ambivalenzen individuellen, bürgerlichen Daseins und kollektiver Einbettung.

Die historischen Verläufe, Kulturen und politischen Gegebenheiten Mittel- und Osteuropas werden erst dann verständlich, wenn man sie einbettet in größere Zusammenhänge. Erst die Abkehr von den Narrativen scheinbarer religiöse Einzigartigkeit, linguistischer Sonderheit oder nationaler Singularität ermöglicht, das Gemeinsame zu entdecken und die größeren Zusammenhänge zu erkennen. Es gibt im modernen Europa Staaten, deren komplexe Identität sich infolge kontinuierlicher Einwanderung herausgebildet hat. Zu nennen sind hier etwa: Großbritannien, die Niederlande, Frankreich, Österreich und – in jüngster Zeit – Deutschland, Italien und Spanien. Der Beginn dieser demografischen Neuordnung Europas lässt sich für die zweite Hälfte der Frühen Neuzeit sehr gut identifizieren. Er hängt zusammen mit dem Aufstieg des Habsburger Kaiserreiches im Südosten Europas, dem Experimentieren mit neuen Gesellschaftskonstellationen, dem Bekenntnis zur Moderne und einer systematischen Kolonisierungspolitik, gerade auch im Temeswarer Banat. Vielleicht profitierte das Banat ganz besonders, weil hier Bevölkerungen aus ganz verschiedenen Teilen Europas Aufnahme fanden. Wir beobachten ein Zusammenleben ganz unterschiedlicher ethnischer und kultureller Gruppen. Sie machten gegenseitige sprachliche Anleihen, sie beeinflussten sich hinsichtlich der religiösen Ideen und Glaubensrichtungen und entwickelten so einen Satz von kulturellen und zivilisatorischen Werten (Moritz Csáky), der nicht eindeutig ist, sondern viele Sichtweisen und Perspektiven einschließt. Erst indem wir diese Mehrdeutigkeiten zulassen und die Hybridität menschlichen Daseins anerkennen, sind wir in der Lage, die fluktuierenden Identitäten der Menschen, aber auch der ethnischen und konfessionellen Gruppen sowie die Identifikation mit spezifischen Nationen angemessen zu analysieren. Letztlich führt diese Herangehensweise zu einer deutlichen Distanz gegenüber den klassischen, zumeist mit romantischem Denken verbundenen Meistererzählungen. Dem Phänomen der Identität, der individuellen und kollektiven Identität, werden wir nur gerecht werden können, wenn wir sie in historischer Momentaufnahme betrachten, nicht als geschichtslose Bestimmtheit deuten, sie im Plural denken, nicht im Singular, wenn das Heterogene herausgearbeitet wird, nicht das

Spezifische. Auch das scheinbare Spannungsverhältnis von Lokalem und Universellem mahnt uns, misstrauisch zu sein gegenüber allen Ideologien, welche die Wahrnehmung eingrenzen und damit die Sicht auf die Welt im Namen einer Mehrheit einengen bzw. im Interesse einer Minderheit Komplexität bewusst reduzieren.

Marc Bloch, der große französische Historiker und Humanist, hat die Fruchtbarkeit des engen Interagierens von Menschen herausgehoben und damit das soziale Dasein der Menschen als dessen Stärke hervorgehoben. Der Blick in die Geschichte, so Marc Bloch, erweitere die Möglichkeit der Begegnung mit Menschen, multipliziere deren Erfahrungshintergrund.[1] Das Leben selbst, auch die Wissenschaft, würde von engen, brüderlichen Formen des Miteinander-Arbeitens und Diskutierens nur profitieren. Geschichte neu zu schreiben, so können wir folgern, meint nicht, eine neue gültige, verbindliche Interpretation an die Hand zu geben, sondern neue Perspektiven aufzudecken, die Pluralität der „Sehepunkte" (Chladenius) herauszustellen. Moritz Csáky, der österreichische Kulturhistoriker, hat in Hinblick auf die Heterogenität der Kulturen Mitteleuropas geraten, gerade die widersprüchlichen Daten, Tatsachen, Ereignisse und Ideen in den Blick zu nehmen oder sich dem Zufall zuzuwenden. Insbesondere in Hinblick auf die Fragen „kollektive Identität" ist die Historikerin oder der Historiker verpflichtet, die Komplexität des sozialen, politischen und kulturellen Lebens herauszuarbeiten. Jedes angemessene Konzept von Vergangenheit muss auch jene Elemente berücksichtigen, die eine rein politikbasierte oder nationalorientierte Fragestellung beiseitelassen würde. Geschichtswissenschaft ist nicht der Gemeinschaft verpflichtet, nicht der „reinen Nation",[2] sondern ist Wissenschaft vom Menschen. Sie ist dem menschlichen Zusammenleben in seiner Vielfalt verpflichtet.

Aus einer solchen Perspektive heraus thematisiert das vorliegende Werk das „Temeswarer Banat". Der Fokus liegt auf dem Banater Raum als Element europäischer Regionalgeschichte. Von hier aus erklärt sich der Schwerpunkt auf der multi- und interkulturellen Struktur der Region, auf den mäandernden Höhen der Geschichte und auf den schmerzhaften Tiefen der Vergangenheit, auf der Lage des Banats an der Schnittstelle von Osmanischem Reich und Habsburger Imperium, auf dem Zusammentreffen von muslimischer und christlicher Welt, von orthodoxem Byzanz und römisch-katholischer Kirche. Obwohl es immer wieder auch zu Konflikten kam, steht das Temeswarer Banat während eines Großteils seiner Geschichte für ein friedliches Zusammenleben. Dies machte lange Zeit seine Identität aus, kennzeichnete über mehrere Jahrhunderte seine Selbstbeschreibung. Wie ist der Sachverhalt zu erklären?

Nicht zufällig haben wir unsere Geschichte begonnen mit der Herrschaftsübernahme durch den kaiserlichen Hof in Wien. Sie wurde möglich durch das militärische Zurückdrängen des Osmanischen Reiches. Danach fehlten klare gesellschaftliche

---

1 Marc Bloch, *Combats pour l'histoire* (Paris, 1965).
2 Moritz Csáky, *Ideologie der Operette und Wiener Moderne: Ein kulturhistorischer Essay* (Wien, 1998). Victor Neumann, *Die Interkulturalität des Banats* (Berlin, 2015).

Strukturen – beinahe überall. Und es war die Wiener Administration, die dem Raum, den Städten, den Dörfern, der Wirtschaft der Region ihren Stempel aufprägte. Sie baute neue Festungsstädte, engagierte sich für Timișoara als zukünftiger königlicher Freistadt, sie entsandte Kartografen, Ingenieure, Militärs, um Dörfer und Gemeinden neu zu entwerfen oder die vorhandenen nach modernen Prinzipien zu reorganisieren. Auch lud sie zahllose Familien aus ganz Europa ein, sich im Banat niederzulassen: Handwerker, Landwirte, Händler. Auf die religiösen Institutionen wirkte sie so ein, dass alle Kirchen und jeder Priester die religiösen Ideen im Sinne ökumenischen Zusammenlebens vertraten. Wien stand im 18. Jahrhundert im Banat für eine Politik, die sich deutlich von jener der Gegenreformation unterschied. Im Zentrum stand die Idee der Toleranz zwischen den Menschen und den gesellschaftlichen Gruppen. Die durch den Frieden von Passarowitz 1718 erworbene Region wurde zum Experimentierfeld gesellschaftlicher Neuansätze. Der lokale Adel hatte die Region in der Zeit der osmanischen Herrschaft verlassen. Dies erklärt das Fehlen einer konservativen Opposition gegen das Regierungshandeln und erleichterte den Erfolg für die im 18. Jahrhundert von oben initiierten Neuerungen. Ihre Spuren, die sie Gesellschaft und Kultur aufdrückte, in Wissenschaft und Technik, Industrie, Landwirtschaft und Handel hinterließ, waren auch noch in den folgenden Jahrhunderten zu beobachten.

Für den Leser enthält der vorliegende Band sicherlich einige neue Informationen, vor allem jedoch überraschende Analyseansätze und kritische Interpretationen. Gerade weil wir die Vielfalt der Perspektiven betonen, erlangt hoffentlich der Leser den Eindruck, ernst genommen zu werden, eingeladen zu sein, sich selbst ein Bild zu machen. Wir berichten über die Modernisierung eines Raumes, der in vieler Hinsicht den gängigen Bildern von der Moderne widerspricht: eine Region, in der die Bewohner multiple Identitäten ausbildeten, die Verwaltungen und politischen Regime die Einbindung nach Europa förderten, es eine vielsprachige Presse und ein mehrsprachiges Bildungssystem gab. Viele der Kapitel stellen das Banat als einen europäischen Raum vor, in dem die Bewohner Vielsprachigkeit lebten und gerade deshalb einen gemeinsamen Wertekanon vertraten, der sich gegen intolerante Ideologien und gegen einseitige Dogmen wandte.

Um ein Verständnis für die Geschichte des Banats als einem europäischen Schmelztiegel zu wecken, war es wichtig, nicht nur das politische Geschehen zu betrachten, sondern auch die lokale Kunst und Architektur vorzustellen und diese in einen regionalen und europäischen Kontext zu stellen. Wir haben zudem nach den Wohnverhältnissen gefragt, den städtischen und ländlichen Lebensverhältnissen. Gefragt haben wir weiterhin, wie sich Ideen der Kulturnation herausgebildet haben, und zwar auch im Banat. Dass sie nicht dominant waren, jedenfalls längere Zeit nicht, trotz aller Einwirkungen der Nationalisten im 19. und 20. Jahrhundert, haben wir ebenfalls gesehen. Besondere Aufmerksamkeit galt der Darstellung des Ersten Weltkrieges und seinen Folgen. Für das Banat brachte das Kriegsende eine Aufteilung des Raumes zwischen Rumänien, Serbien und Ungarn. Das vormalige, eng miteinander verwobene Banat ist seither dreigeteilt. Dass eine solche Aufteilung immer auch Friktionen zur Folge hat, immer auch suboptimale Lösungen hervorbringt, das dürfte deutlich geworden sein. Mithilfe des Vergleichs wurde schließlich sichtbar, warum an der einen Stelle die örtlichen Sozialgruppen harmonierten und warum andernorts zunehmend nationale Vorbehalte aufeinandertrafen.

Die abschließenden Kapitel des vorliegenden Werkes richteten den Fokus der Analyse auf jenen Teil der Region, der infolge des Vertrags von Trianon dem rumänischen Staatsgebiet zufiel. Das war der bei Weitem größte, stark multikulturell geprägte Gebietsteil. Gerade hierdurch bot sich die Chance, das Alte zu bewahren. Es waren die Einwohner der Region, welche nach 1920 danach strebten, ihr kulturelles Erbe zu erhalten. Insbesondere haben wir unseren Blick auf Temeswar gerichtet als der größten und bedeutendsten Stadt des Banats. Hier gelang es, die multi- und interkulturelle Lebensform zu erhalten. Die Industrie und der Handel stellten sich der europäischen Konkurrenz. Die Presse blieb mehrsprachig. Literatur und Kunst öffneten sich der Avantgarde. Der Sport demonstrierte den offenen Geist der Stadt. Allerdings haben wir auch von Brüchen berichtet. So haben wir auf den raschen demografischen Wandel der Stadt hingewiesen, auf den Aufstieg des rumänischen Ethnonationalismus und auf das erschreckende Echo der lokalen Presse und Medien auf das Iași-Pogrom. Das Banat durchlebte die Jahre des europäischen Faschismus wie viele andere Regionen auch, war mit Antisemitismus und Rassismus konfrontiert, doch es gelang, dank der bestehenden sozialen Netzwerke, das Überleben der Juden in Temeswar und im Banat sicherzustellen. Aus heutiger Sicht war der die Abwehr des Vernichtungsversuches vielleicht nicht vollkommen einzigartig (man denke an Dänemark), in Europa sticht das Geschehen dennoch hervor und beweist rückwirkend, wie ein wichtiger Teil der Temeswarer Gesellschaft sich erfolgreich der extremen Rechten widersetzt hat.

In Hinblick auf das, was Temeswar nach dem Zweiten Weltkrieg auszeichnete, haben wir auf die Traditionen des Zivilgeistes verwiesen, auf das intellektuelle, künstlerische und studentische Milieu der Stadt, auf die Nähe zum Westen, welche insgesamt die Stadt charakterisierten und sie immer wieder in Gegensatz zu dem nationalkommunistischen Regime brachten. Das Schlusskapitel behandelte die Revolution von 1989. Hier spielte Temeswar eine besondere, eine ganz eigenständige Rolle. In großen Demonstrationen standen namhafte Teile der städtischen Bevölkerung auf gegen das totalitäre System. Timișoara war die einzige Stadt in Rumänien, die der gewaltsamen Repression eine ganze Woche standhalten musste und sich trotz allem erfolgreich widersetzte. Es waren die Demonstrationen in Temeswar, die im Dezember 1989 den Umsturz des Regimes initiierten und ganz Rumänien den Weg wiesen. Neuerlich machten das multi- und interkulturelle Erbe der Stadt, der kosmopolitische Blick nach außen und das konfessionsübergreifende Verständnis vom Menschen ein gemeinsames stadtbürgerliches Handeln möglich. All das erklärt, warum gerade Temeswar als Ort demokratischer Revolution herausstach, regional, national und auch innerhalb Südosteuropas.

Die konzeptionellen Anfänge für den Band „Das Temeswarer Banat. Eine europäische Regionalgeschichte" reichen bis in die 1980er, 1990er Jahre hinein. Die eigentliche

Herausgebertätigkeit, die Forschungen selbst, die redaktionelle Arbeit datieren auf die Jahre 2005 bis 2015. Zunächst galt es, das Konzept genauer auszuarbeiten, Mitstreiter zu finden und jene Kapitel selbst zu verfassen, die für die Verständigung der Mitautoren wichtig waren. Der Band bietet eine europäische Perspektive auf die Lokalgeschichte, und damit zielt er auf den Ausbruch aus den allzu engen Narrativen der Vergangenheit. Um ein breiteres Verständnis der Regionalgeschichte geht es, ja, um ein umfassenderes Verständnis für die Geschichte Mittel- und Südosteuropas insgesamt. Die kulturübergreifenden und grenztranszendierenden Lebensformen haben aus der Region einen Ort gemacht, der Experimente wagte, der sich der Konkurrenz stellte und der Kreativität einen Eigenwert zumaß.

Vor uns liegt ein höchst interdisziplinäres Werk, verfasst von Historikerinnen und Historikern, Philologen, Soziologen, Architekten, Kunsthistorikerinnen und Religionshistorikern. Zudem haben erstmals Forscher aus dem gesamten früheren Banat eine gemeinsame Geschichte des Raumes vorgelegt, Wissenschaftlerinnen und Wirtschaftler aus Rumänien, Serbien und Ungarn. Der Fokus aller Studien liegt auf der gesellschaftlichen und kulturellen Physiognomie des Raumes, auf der Identität als multi-identitärer Raum des Zusammenlebens. Doch jeder Anspruch auf eine neue gemeinschaftliche Exklusivität, und sei sie durch Multi- und Interkulturalismus definiert, widerspräche dem Konzept des vorliegenden Bandes.

Warum ist ein historischer Rückblick, wie wir ihn vorgelegt haben, nützlich, vielleicht sogar notwendig? Weil Regionen, wie jene des Banats, eine eigenständige Rolle in der Geschichte Europas gespielt haben. Wir finden solche multi- und interkulturellen Räume gerade in Mittel- und Südosteuropa. Sie machen deutlich, warum gerade der südosteuropäische Raum für europäische Vielfalt steht und warum gerade hier das Verhältnis von Kultur und Nation so ausgesprochen kompliziert ist. Mit anderen Worten, das Banat von Temeswar hat eine komplexe dialogische Kultur ausgebildet, steht für Integration statt Exklusion, zeichnet sich aus durch die Anerkennung von Alterität. Die Zugehörigkeit des Banats zu Europa ist ebenso unumstritten wie die Nähe zum ehemaligen Osmanischen Reich. Hier findet sich ein *sensus communis*, ein Bewusstsein von der zivilbürgerlichen Fundierung der europäischen Gesellschaft. Wenn Temeswar in einem höchst transparenten Wettbewerb mit anderen 13 rumänischen Städten das Projekt einer Europäischen Kulturhauptstadt 2023 zugesprochen wurde, dann zeigt sich auch darin das Potenzial Temeswars und seiner Umgebung.

Die Autoren des vorliegenden Bandes haben Archive und Bibliotheken in zahlreichen Ländern zurate gezogen, in Rumänien, Serbien, Ungarn, Österreich, Frankreich und Deutschland, ganz abgesehen davon, dass auch italienisch-sprachige Quellen und Kulturzeugnisse herangezogen werden mussten. Auch hierin zeigt sich die europäische Verankerung der Region. Das Konzept des Bandes ließ sich denn auch nur verwirklichen, indem sich die Blicke auf die geografische Zwischenlage des Banats richteten, indem die kulturellen Interferenzen ernst genommen wurden und die Vielzahl der zivilisatorischen Schichten Eingang in die Erzählung fanden. Was wir erreichen wollten, war eine Geschichte kultureller Gemeinsamkeiten als Ergebnis fruchtbarer Anerkennung des Anderen, bewusster Aneignung des Fremden, aber auch des unaufgeregten Selbstverständnisses des Eigenen. Sicherlich, manche Themen hätten in einem klassischen Handbuch vertieft oder zusätzlich angesprochen werden müssen. Aber uns ging es vor allem um eine die bisherigen Darstellungen ergänzende Beschreibung, darum, anhand ausgewählter Themenfelder und sich ergänzender Perspektiven die Kultur des Raumes über einen längeren Zeitraum vorzustellen, Konstanten herauszuarbeiten, indes auch die Veränderungen darzulegen.

„Das Temeswarer Banat. Eine europäische Regionalgeschichte" blickt auf die gesellschaftlichen Erfahrungen zurück, auf die vielfältigen Eindrücke, welche die Menschen im Kontakt mit ihren Zeitgenossen jeweils gewannen. Nicht die Kartierung von Sprach- oder Religionsgemeinschaften des Banats interessierte uns, sondern das Dazwischenliegende, die Interaktion, die Ereignisse, welche alle verbanden, die administrativen Regelungen, die für alle gültig waren, das ökonomische Interagieren, die Herausbildung individuellen Selbstbewusstseins als Resultat des Erlebens sozialer, kultureller und konfessioneller Vielfältigkeit. Indem wir immer wieder die intellektuellen und politischen Ideen einer Zeit betrachtet haben, haben wir versucht, die Weltwahrnehmungen und den Gestaltungswillen zeitbezogen herauszuarbeiten.

Wenn wir nun alles zusammenfassen, dann haben wir versucht, die außergewöhnliche Geschichte des Banats dem Leser oder der Leserin nahezubringen – dabei durchaus bewusst, dass jede europäische Regionalgeschichte ihren Eigenwert hat. Gleichzeitig hilft eine solche lebensweltliche, zukunftsorientierte, europäisch ausgerichtete Analyse des Vergangenen, die Richtung zu bestimmen, in der Temeswar sich zu entwickeln vermag. Insofern bedeuten die Erhebung Temeswars zur europäischen Kulturhauptstadt und der dadurch erforderliche Blick auf die Historizität und Identität der Stadt eine große Chance. Diese gilt es wahrzunehmen, um Temeswars Zukunft miteinander zu gestalten.

Autorenverzeichnis

Slobodan Bjelica

Professor für Neuere Geschichte an der Universität Novi Sad (Serbien). Schwerpunkte: Neuere Geschichte Serbiens und der Vojvodina. Publikationen: *Kosovo-Albanian's Resistance to Changes in the Constitutional Status of Kosovo within Yugoslavia* in *Making, Using and Resisting the Law in European History* (Pisa, 2008), pp. 209–220; *A kommunista hatalom és a nemzetiségi kérdés a vajdaságban a második világháború utáni első években* (*Die kommunistische Macht und die Frage der Nationalität in der Vojvodina in den Jahren nach dem Zweiten Weltkrieg*) in *Imperium váltás a vajdaságban* (Szeged-Zenta, 2010); *Transformacije ideje o autonomiji Vojvodine* (*Wandel der Autonomievorstellungen für die Vojvodina*), in *Zbornik Matice Srpske za društvene nauke* (Novi Sad, 137), nr. 4, 2011; *Ослобођење Новог Сада 1918. године - Сведочанства и полемике* (*Die Befreiung von Novi Sad 1918 – Zeugnisse und Kontroversen*) (Нови ä(Novi-Sad), 2018); *Disputes over the Autonomy of Vojvodina from the Creation to the Breakup of Yugoslavia*, in *Istorija 20. Veka* (*Die Geschichte des 20. Jahrhunderts*) (Belgrad, 2020), pp. 147–162.

Vasile Dudaş

Historiker, Museograph und Professor. Verantwortlich für die Sektion Geschichte des Muzeul Banatului Temeswar. Publikationen u. a.: *Din cronologia judeţutlui Timiş* (*Chronologie des Judezes Timiş*), zusammen mit Ioan Haţegan und Sorin Berghian (Timişoara, 2010); *Banatul în anii primei mari conflagraţii mondiale* (*Das Banat in den Jahren Ersten Weltkrieges*) (Timişoara, 2014).

Teodor Octavian Gheorghiu

Architekt, Professor an der Technischen Universität Temeswar. U. a. Koordinator der dortigen Doktoranden-schule im Bereich Architektur, verantwortliches Mitglied der rumänischen „Architektenkammer"; Berater des Kulturministeriums. Publikationen: *Cetăţile oraşelor/Fortified Towns* (Bukarest, 2010); *Aşezări umane* (*Menschliche Siedlungen*), 3 Bde. (Timişoara, 2009–2010); *Mici oraşe, mari sate din sud-vestul României* (*Kleine Städte, große Dörfer im Südwesten Rumäniens*) (Bukarest, 2017); *Continuities and Destructions in the Romanian City Centers. Moldavia and Wallachia- 18th-21st Centuries* (Beau Bassin, 2017); *Buzău, monografie urbanistică* (*Buzău, eine städtebauliche Monografie*), (Bukarest, 2019).

Grozdanka Gojkov

Professorin, ehemalige Rektorin der Fachhochschule für Vorschulerziehung in Vršac (Werschetz), Serbien. Publikationen: *Didaktika darovitih* (*Hochbegabtendidaktik*) (Vršac, 2008); *Dokimologija* (*Leistungsbeurteilung*) (Vršac, 2009); *Cognitive Style as a Factor of Didactic Procedures in Developing Creativity in the Gifted – Challenges and Perspectives*, in J. Herzog (Hg.), *Contemporary Aspects of Giftedness* (Hamburg, 2020).

Armin Heinen

Professor für Neuere und Neueste Geschichte, i. R., RWTH Aachen. Ausgewählte Publikationen: *Die Legion „Erzengel Michael" in Rumänien. Soziale Bewegung und politische Organisation* (München, 1986); *Saarjahre. Politik und Wirtschaft im Saarland 1945–1955* (Stuttgart, 1996); *Rumänien, der Holocaust und die Logik der Gewalt* (München, 2007); *Wege in den Ersten Weltkrieg* (München, 2016); zusammen mit Victor Neumann (Hg.), *Modernity in Central and Southeastern Europe. Ideas, Concepts, Discourses* (Bukarest, 2018).

Áron Kovács

Historiker und Bibliothekar am Reformierten Kirchenkolleg in Sárospatak, Ungarn. Studium an der Universität Szeged; Promotionsstudium zur Begriffsgeschichte im Rahmen des internationalen Doktorandenkollegs <Reinhart Koselleck> (Universitatea de Vest Timişoara, RWTH Aachen). Dissertation zum Konzept des Wandels im rumänischen und ungarischen politischen Denken Siebenbürgens, 1830–1848 (Timişoara, 2014). Publikationen: *The nation lives through its language. The role of a topos in the Transylvanian Romanian political thinking of the 1840's. / Nyelvében élő nemzet. Egy toposz szerepe az 1840-es évek erdélyi román politikai gondolkodásában* in *Sárospataki Füzetek*, nr. 19, 2015, pp. 95–105; *Continuities and Discontinuities: Political Thought in the Habsburg Empire in the Long Nineteenth Century*, in *The Hungarian Historical Review* (*Hungarian Academy of Sciences*), Vol. 5, No. 1, 2016, pp. 46–72; *Málenkij robotra hurcolás a Tiszáninneni Református Egyházkerület területéről* (*Die Deportation von Zivilisten nach Malenkij Robot aus dem Gebiet der reformierten Diözese Tiszánin*) in *Szovjet fogságba hurcolt reformátusok a Kárpát-medencében. Tanulmánykötet*, hg. v. Kristóf Erdős, Réka Kiss, Gábor Zila (Debrecen, 2017), pp. 33–51.

László Marjanucz

Professor für Neuere Geschichte an der Universität Szeged (Ungarn), u. a. Stipendiat der Humboldt-Stiftung, Berlin. Publikationen: *Statul feudal timpuriu. A rendi állam kora*, in Pál Csaba Szabó (Hg.); *A magyar állam története 1711–2006* (*Geschichte des ungarischen Staates, 1711–2006*) (Szeged, 2010) pp. 17–67; *Magyarcsanád. Száz magyar falu könyvesháza* (*Einhundert Jahre Dorfbibliotheken in Ungarn*) (Budapest, 2001); *Beiträge zur Siedlungs- und Sozialgeschichte der ungarischen Juden vom 18. Jahrhundert bis 1920*, in *Hungarian-Jahrbuch-Zeitschrift für Interdisziplinäre Hungarologie*, Nr. 28, 2005–2007, pp. 69–90; *Magyarkanizsa 1867 és 1895 között* (*Ungarisch Kanizsa zwischen 1867 und 1895*) in Sándor Fejős (Hg.), Magyarkanizsa monográfiája (Kanjiža, 2018), pp. 67–126; *Temesvár ortodox társadalma*, in Péter Miklós (Hg.), *Nemzetiségek, vallások, kultúrák a Dél-Alföldön*, (*Nationalitäten, Religionen, Kulturen im südlichen Ungarn*) (Szeged, 2019), pp. 56–74; *Szeged hosszú 18. Százada* (*Szeged im langen 18. Jahrhundert*) in Anita Hegedűs, Konstantin Medgyesi (Hg.), *A szegediség változásai* (*Die Geschichte der Einwohner Szegeds*) (Szeged, 2020), pp. 96–112.

Miodrag Milin

Historiker, Professor an der Universität „Aurel Vlaicu", Arad, und zugleich Forscher der Rumänischen Akademie, Filiale Temeswar; Mitglied der Serbischen Akademie für Erziehung; Stipendiat der Fulbright Universität, Illinois, USA; Träger der Nicolae Bălcescu-Auszeichnung der Rumänischen Akademie. Publikationen: *Relații politice româno-sîrbe în epoca modernă* (*Die politischen Beziehungen zwischen Rumänien und Serbien in der Epoche der Moderne*) (Bukarest, 1992); *Timişoara în Arhivele „Europei libere. 17–20 decembrie 1989"* (*Temeswar in den Archiven von Radio Free Europe. 17.–20. Dezember 1989*) (Bukarest, 1999); *Rezistența anticomunistă din munții Banatului în documente* (*Dokumente zum antikommunistischen Widerstand in den Banater Bergen*) (Bukarest, 2000); *Relații româno – americane (1859–1901)* (*Die amerikanisch-rumänischen Beziehungen (1859–1901)*), in Zusammenarbeit mit Keith Hitchins (Bukarest, 2001); *Deportiert in den Bărăgan*, in Zusammenarbeit mit Liubomir Stepanov (München, 2001); *Sîrbii din România şi relațiile româno-iugoslave (1944–1949)* (*Die serbischsprechenden Bewohner Rumäniens und die rumänisch-jugoslawischen Beziehungen (1944–1949)*) in Zusammenarbeit mit Andrei Milin (Timişoara, 2004); *Sârbii din România. Repere identitare de istorie recentă* (*Die ethnischen Serben in Rumänien. Bezugspunkte eigener Identität in der jüngeren Geschichte*) (Timişoara, 2020); *'89: Despre căile risipite ale revoluției timişorenilor* (*Über die verstreuten Pfade der Temeswarer Revolution*), Vorwort von Victor Neumann, Vol. I–II, (Târgovişte, 2021).

Adrian Negru

Kunsthistoriker, Professor in Vârşeţ, Serbien. Mitglied der Internationalen Vereinigung von Kunstkritikern, Paris. Publikationen: *Constantin Daniel. Studiu monografic* (*Constantin Daniel. Eine monographische Erkundung*), (1999); *Impulsurile timpului. Studii de arte plastice* (*Die Impulse der Zeit. Studien zur Bildhauerei*), (Vršac, 2002); *Atelierele de pictură din Banat în secolele al XVIII-lea al XIX-lea* (*Malwerkstätten im Banat des 18. und 19. Jahrhunderts*) (Vršac, 2002); *Nicolae Popescu. Studiu monografic* (*Nicolae Popescu. Eine monografische Erkundung*) (Vršac, 2004).

Victor Neumann

Professor für Neuere Geschichte an der Universitatea de Vest, Timişoara; begründete zusammen mit Armin Heinen (RWTH Aachen) das Reinhart-Koselleck-Graduiertenkolleg zur rumänischen Begriffsgeschichte; Mitglied der Academia Europaea. Zahlreiche Stipendiate (Fulbright, Washington, D. C.; Friedrich Ebert Stiftung, Bonn; Wissenschaftskolleg, Berlin; Maison des Sciences de l'Homme, Paris); Gastprofessuren: Sorbonne, Paris; Université Angers; Universität Wien; CEU Budapest. Auszeichnungen u. a.: Premiul <A. D. Xenopol> der Rumänischen Akademie; Ordinul Naţional Serviciul Credincios în grad de Cavaler, verliehen durch den Präsidenten Rumäniens. Publikationen: *Between Words and Reality: Studies on the Politics of Recognition and Changes of Regime in Romania*, Council for Research of Values and Philosophy, Washington D. C., 2001; *The End of a History. The Jews of Banat from the Beginning to Nowadays* (Bukarest, 2006); *Essays on Romanian Intellectual History* (Timişoara, 2008; Iaşi, 2013); *Key Concepts of Romanian History: Alternative Approaches to Socio-Political Languages* (hg. v. Victor Neumann und Armin Heinen), Übersetzung von Dana Mihăilescu (Budapest-New York, 2013); *Die Interkulturalität des Banats* (Berlin, 2015); *Modernity in Central and Southeastern Europe. Ideas, Concepts, Discourses* (hg. v. Victor Neumann und Armin Heinen) (Bukarest, 2018); *The Banat of Timişoara. A European Melting Pot* (hg. v. Victor Neumann) (London, 2019); *The Temptation of Homo Europaeus. An Intellectual History of Central and Southeastern Europe*, übersetzt v. Dana Miu und Neil Titman, 2. Aufl. (London, 2020); *Kin, People or Nation. On European Political Identities* (London, 2021).

Gabriel Székely

Architekt und Historiker, Dozent an der Universitatea de Ştiinţe Agricole şi Medicină Veterinară a Banatului „Regele Mihai I al României", Timişoara. Schwerpunkt: Stadt- und Landschaftsplanung. Publikationen: *Cultura central europeană reflectată în evoluţia gândirii arhitecturale şi urbanistice 1700–1945* (*Mitteleuropäische Kultur im Spiegel der Entwicklung des Denkens in Architektur und Stadtbauplanung*) (Timişoara, 2011); *Peisaj şi ecologie în păşunile alpine din Munţii Carpaţi* (*Landschaft und Ökologie auf den Almen der Karpaten*), in *Rezilienţă în artă, arhitectură şi urbanism* (Bukarest, 2015); *Arhitectura Art Deco la Timişoara* (*Die Architektur des Art Deco in Temeswar*), in *Euroregionalia – Revistă de studii interdisciplinare* (Timişoara, V, nr. 5, 2018); *Cultural Dialogue in the Squares of Timişoara, An Architectural Study* in *Euroregionalia*, VII, nr. 6/2, 2020; *Dicţionarul arhitecţilor din Banat* (*The dictionary of architects from Banat*) (Timişoara 2020); *The Social Role of Green Spaces in Timişoara* in *Journal of Horticulture, Forestry and Biotechnology*, vol 25(1), 2021 (online).

Răzvan Theodorescu

Historiker, Kultur- und Kunstwissenschaftler, Fachmann für die ältere rumänische Kunst sowie die mittelalterliche Kunstgeschichte Südosteuropas; Professor ebenso an der Universität Bukarest wie an der Bukarester Kunstakademie; reguläres Mitglied der Rumänischen Akademie, Mitglied der „Academia Oamenilor de Ştiinţă din România"; Herder-Preis (1993); ausgezeichnet mit dem nationalen Verdienstorden im Rang eines „Comandor" durch den rumänischen Staatspräsidenten; ehemaliger Direktor des Instituts für Kunstgeschichte, Bukarest; Inhaber des ersten UNESCO-Lehrstuhls in Rumänien; zeitweise Leiter des öffentlichen Rundfunks und Fernsehens; Kultur- und Kultusminister; Mitglied des „Colegiul Naţional al Institutului Revoluţiei Române din Decembrie" 1989; Vizepräsident der Rumänischen Akademie. Publikationen: *Bizanţul, Balcanii şi Occidentul la începuturile culturii medievale româneşti (Secolele X–XIV)* (*Byzanz, der Balkan und der Westen zu Beginn mittelalterlicher rumänischer Kultur*) (Bukarest, 1974); *Un mileniu de artă la gurile Dunării (400–1400)* (*Ein Jahrtausend Kunst an der Donaumündung (400–1400)*) (Bukarest, 1976); *Itinerarii medievale* (*Mittelalterliche Reiserouten*) (Bukarest, 1979); *Civilizaţia românilor între medieval şi modern. Orizontul imaginii (1550–1800)* (*Rumänische Zivilisation zwischen Mittelalter und Moderne. Bildanalysen (1550–1800)*) - 2 vol. (Bukarest, 1992); *Românii şi Balcanicii în Civilizaţia sud-est europeană* (*Die Rumänen und die Bewohner des Balkanraums in der südosteuropäischen Zivilisation*) (Bukarest, 1999); *Cele două Europe* (*Die beiden Europa*) (Bukarest, 2013).

Mihaela Vlăsceanu

Kunsthistorikerin, Dozentin an der Universitatea de Vest, Timişoara. Publikationen: *Sculptura barocă în Banat* (*Die Bildhauerei des Barocks im Banat*) (Timişoara, 2005); *Catedrala episcopală Sfîntul Gheorghe din Caransebeş* (*Die Bischofskirche Sfîntul Gheorghe in Caransebeş*) (Timişoara, 2007) (zusammen mit Petru Bona); *Biserica Sfîntul Ioan Botezătorul din Caransebeş* (*Die Kirche des Heiligen Johannes des Täufers in Caransebeş*) (Timişoara, 2008) (zusammen mit Bischof Lucian Mic und Petru Bona); *Imperial Identity Seen through Art. The Case of Maria Theresia-Considerations* in *Gender Studies*, 20(1)/ 2021; Mitarbeiterin in *Arta din România. Din preistorie în contemporaneitate*, hg. v. Marius Porumb und Răzvan Theodorescu (Bukarest, 2018), pp. 10–80; 81–124; 93–100; 315–375; 375–390; 420–500; *Stylistical Considerations on a Baroque Monument from Timişoara. The Church of St. Nepomuk"* in *Brukenthalia. Acta Musei* (Sibiu, 2017), pp. 801–811; *Prezenţe europene în peisajul artistic baroc al capitalei Banatului imperial: Michael Angelo Unterberger; Johann Nepomuk Schop şi Johann Joseph Retsler* (*Europäische Elemente in der barocken Kunstlandschaft der Banater Hauptstadt: Michael Angelo Unterberger; Johann Nepomuk Schop und Johann Joseph Retsler*) in *Questionnes Romanicae*, VII (Szeged, 2019), pp. 575–583; *Ioan Isac. Împlinirea unei vocaţii. Micromonografie* (*Ioan Isac. Die Erfüllung einer Berufung. Eine Mikromonografie*) (Cluj, 2020); *Arta practicată de ordinele catolice din Banat. Studiu de caz: Biserica Mănăstirii Franciscane Maria Radna din Lipova* (*Die von katholischen Orden im Banat praktizierte Kunst. Eine Fallstudie zum Franziskanerkloster Maria Radna in Lipova*) in *Questionnes Romanicae*, VIII (Szeged, 2020), pp. 283–292.

Abbildungen

Abb. 1: Prinz Eugen von Savoyen (1663–1736), gezeichnet als Eroberer auf seinem Pferd.

Abb. 2: Erinnerungsmünzen an die Siege des Habsburger Reiches bei Slankamen (1691) und Zenta (1697), Georg Hautsch u.a.

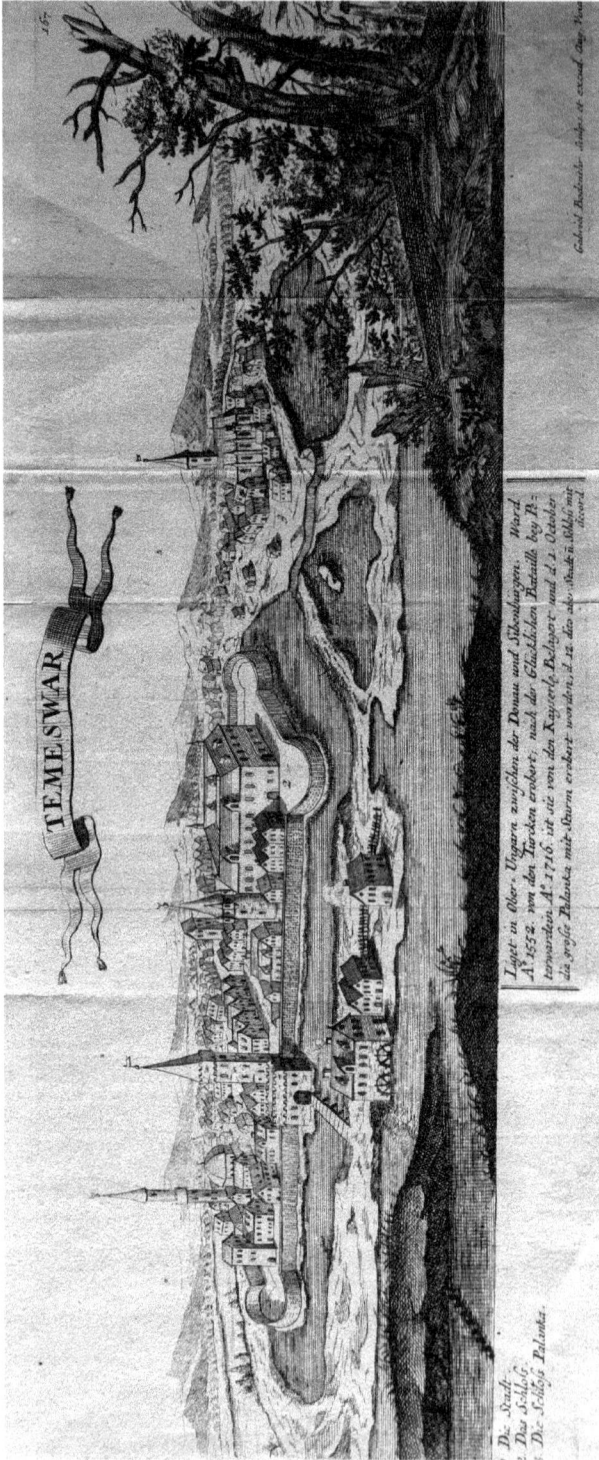

Abb. 3: Temeswar (Timișoara), Stich von 1721.

Abb. 4: Karte des Temeswarer Banats und seiner Distrikte. Zeichnung im Auftrag von Prinz Eugen von Savoyen und Graf Florimond de Mercy, 1723–1725.

Abb. 5: Prinz Eugen von Savoyen, dargestellt nach der Schlacht von Belgrad. Öl auf Leinwand, 1718, Jacob van Schuppen (1670–1751).

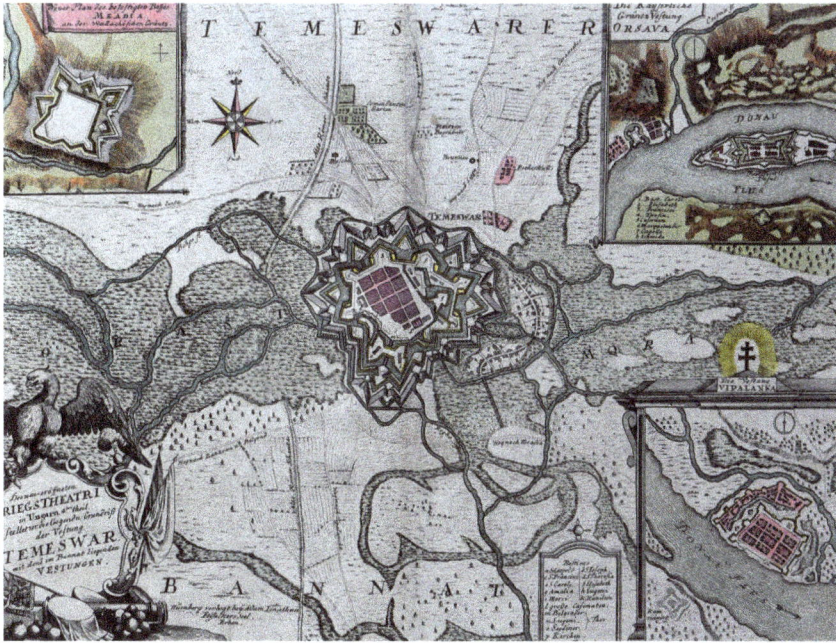

Abb. 6: Temeswarer Banat, veröffentlicht von Adam Jonathan Felsecker Erben, um 1729.

Abb. 7: Neuester Plan zum Angriff auf Temeswar, 1718.

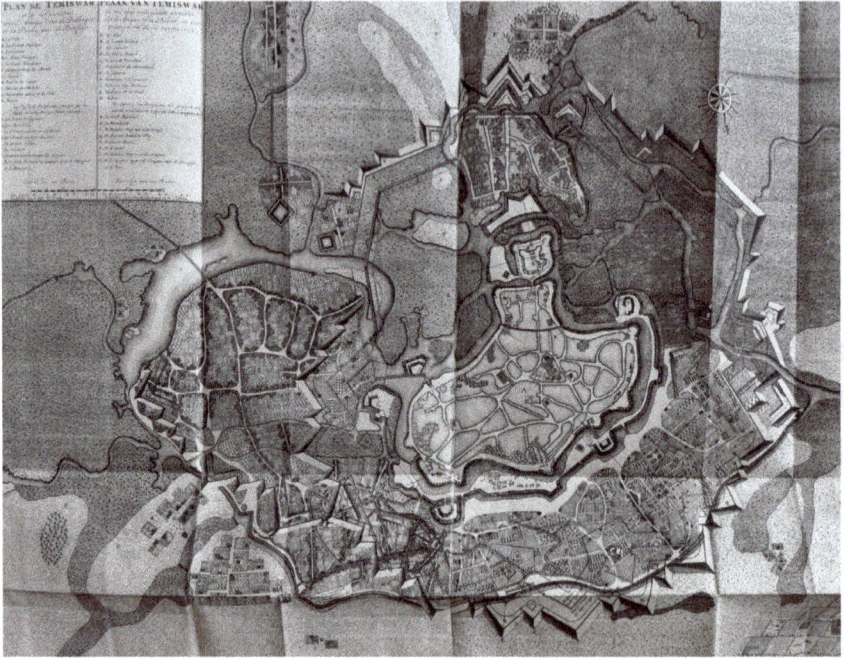

Abb. 8: Stadtplan für Temeswar, 1729.

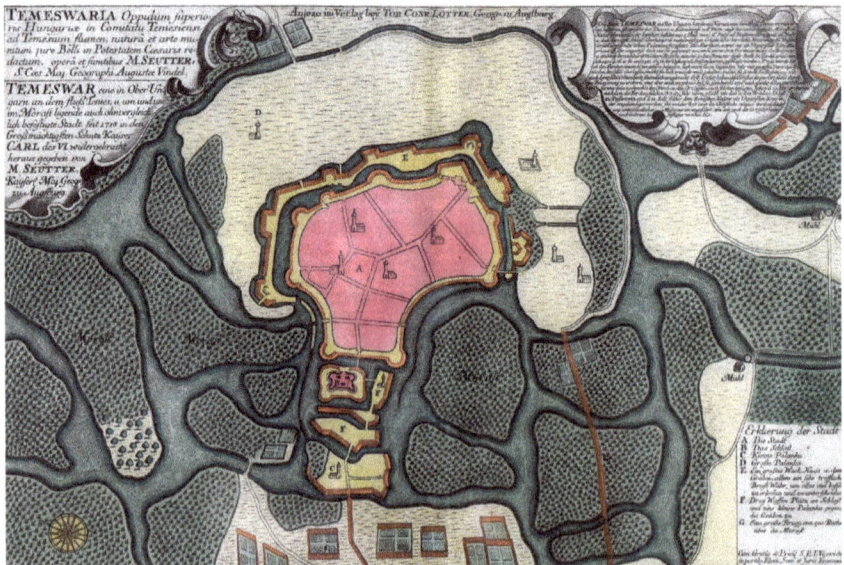

Abb. 9: Aufsicht auf den Stadtplan von Temeswar, 1729.

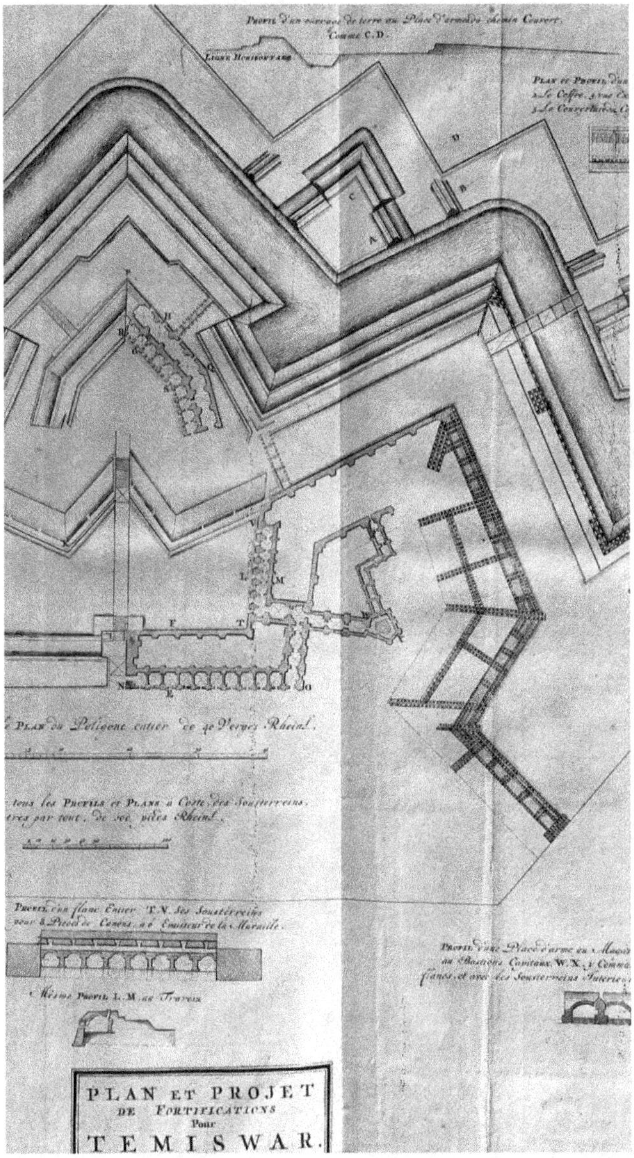

Abb. 10: Stich der geplanten Festungsanlagen für Temeswar, 1729.

Abb. 11: Porträt der Kaiserin Maria Theresia (1717–1780). Öl auf Leinwand, unbekannter Künstler.

Abb. 12: Porträt Kaiser Josephs II. (1741–1790). Öl auf Leinwand, unbekannter Künstler.

Abb. 13: Porträt von Bischof Vikentije Jovanović Vidak (1730–1780). Öl auf Leinwand, Teodor Ilić Češljar.

Abb. 14: Porträt des Bischofs Eusebius Adalbert von Falkenstein (1671–1739). Öl auf Leinwand, unbekannter Künstler.

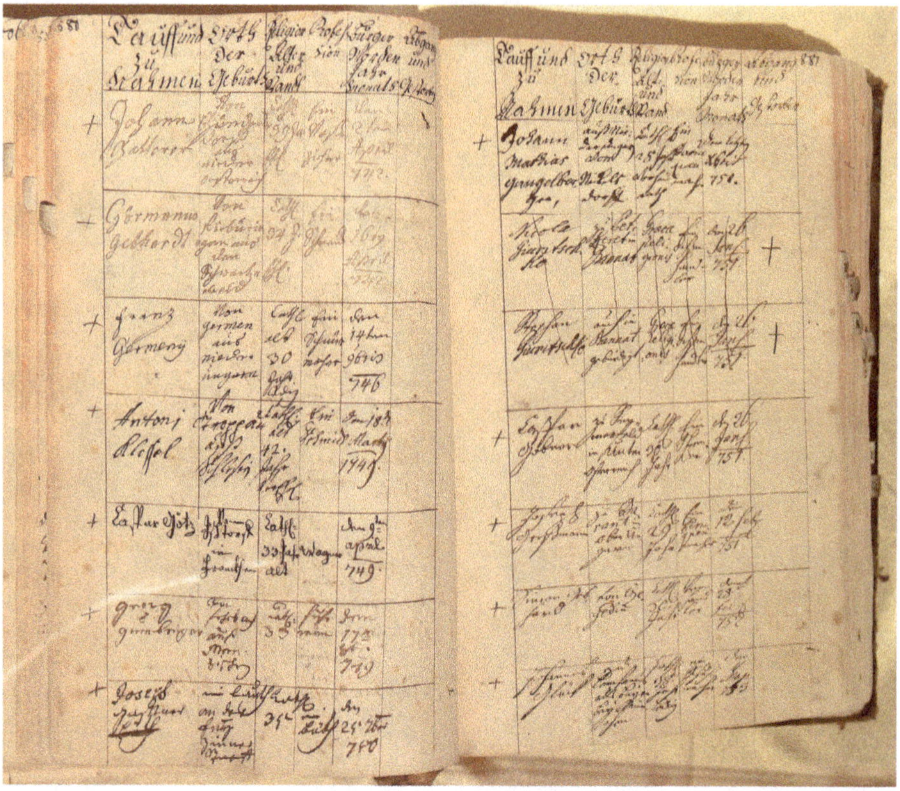

Abb. 15: Catastrum Civium (Zivilkataster). Auszug aus dem Einwohnerregister für Temeswar, 18. Jahrhundert.

Abb. 16: Die Schlacht von Petrovaradin (heute Novi Sad), 5. August 1716, Stich von C. Benoist.

Abb. 17: Prinz Eugen von Savoyen (1663–1736), Stich, unbekannter Künstler.

Abb. 18: Ikonostase in der orthodoxen Kirche „Mariä Himmelfahrt", erbaut 1759–1766 durch Prinz Gavril Gureanu im österreichischen Barockstil. Die Gemälde auf den Türen, 1819–1821, stammen von Pavel Giurcovici; für die Ölgemälde zeichnete Aurel Ciupe (1900–1985) verantwortlich; die Himmelfahrtsikone stammt von Anastase Demian (1899–1977).

Abb. 19: Gemälde des Pantokrators (Weltherrschers) in der neoklassischen griechisch-katholischen Kirche von Lugoj, 1868, Moritz Breyer. (1929–1934 restauriert durch Virgil Simionescu).

Abb. 20: Abbild eines Freskos in der griechisch-katholischen Kathedrale von Lugoj. Thema: Der Leidensweg Christi, Virgil Simionescu (1881–1941).

Abb. 21: Blick auf den zentralen Platz von Lugoj.

Abb. 22: Porträt von Sigismund (Zsigismond) Ormós (1813–1894), Gründer des Temeswarer Museums für Geschichte, Kunst und Archäologie. Öl auf Leinwand, George (György) Vastagh (1834–1922).

Abb. 23: Porträt Kaiser Franz Josephs. Öl auf Leinwand, Friedrich Horschelt (1824–1881).

Abb. 24: Fotografie des Banater Politikers Alexandru Mocsonyi (1841–1909), Abgeordneter im ungarischen Parlament und einer der Begründer und zeitweiligen Vorsitzenden der Rumänischen Nationalpartei (Banat/Crișana).

Abb. 25: Fotografie von Vincențiu Babeș (1821–1907), Banater Rechtsanwalt, Professor und Journalist. Einer der Gründer der Rumänischen Wissenschaftlichen Akademie.

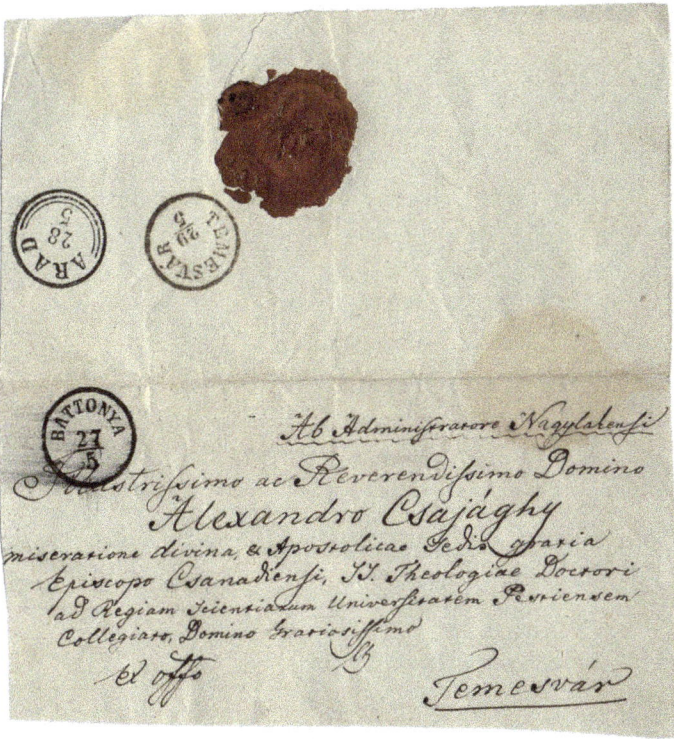

Abb. 26: Anschreiben an Alexandru Csajághy, römisch-katholischer Bischof von Temeswar-Cernad (1851–1860).

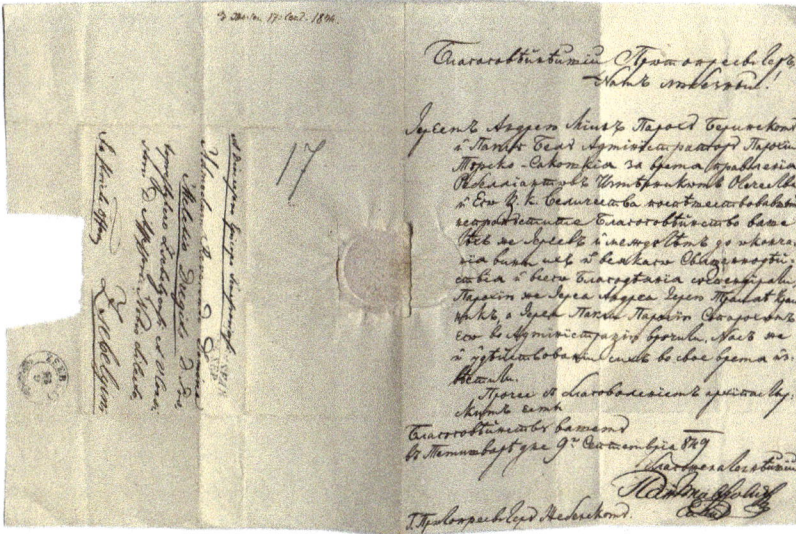

Abb. 27: 1849, Schreiben des orthodoxen Bischofs in Temeswar an den orthodoxen Dekan von Jebel, Meletie Drăghici, einem Banater Schriftsteller und Politiker.

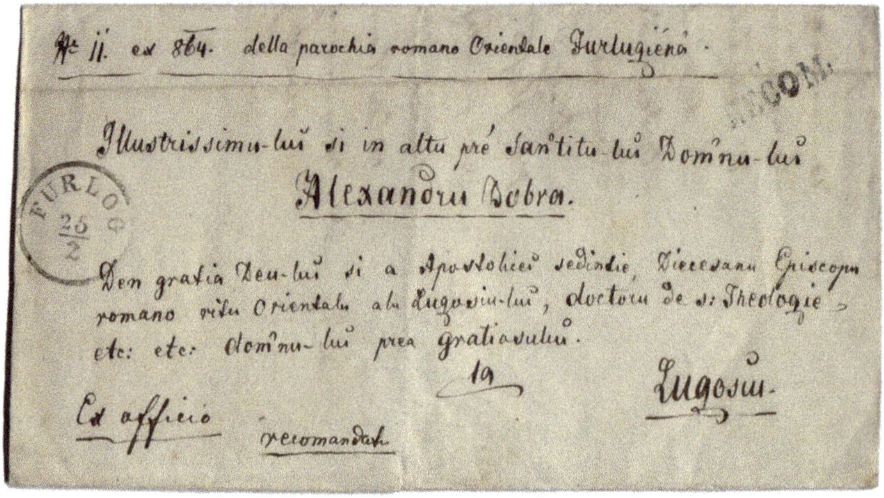

Nr. 11. ex 864. della parochia romano Orientale Furluginiana

Illustrissimu-lui si in altu pré Santitu-lui Domnu-lui
Alexandru Dobra.

Den gratia Deu-lui si a Apostolicei sedintie, Diecesanu Episcopu romano ritu Orientalu alu Lugosiu-lui, doctoru de s: Theologie etc: etc: domnu-lui prea gratiosului.

la Lugosiu.

Ex officio

recomandata

Abb. 28: Um 1864, Schreiben der griechisch-katholischen Gemeinde von Fârliug an den griechisch-katholischen Bischof von Lugoj, Alexandru Dobra (1854–1870).

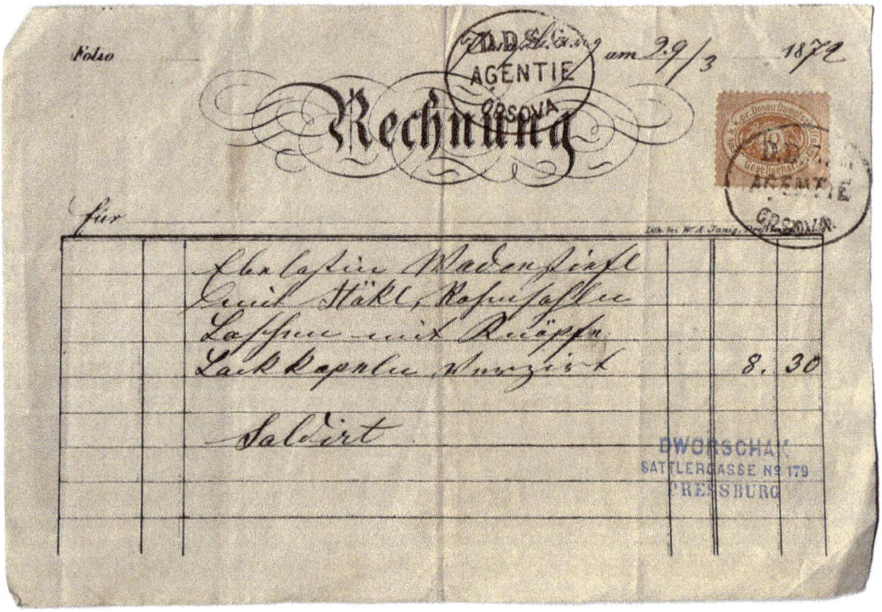

Folio am 29/3 1872

Rechnung

für

8. 30

Saldirt

Abb. 29: 1872, eine Rechnung, die das Funktionieren der ersten österreichisch-ungarischen Donauschifffahrtsgesellschaft bezeugt.

Abb. 30: Eine Banknote in Höhe von zehn Gulden, herausgegeben am 1. Mai 1849 seitens österreichischer Stellen während der Belagerung Temeswars durch ungarische Revolutionstruppen. Zu den Zeichnern gehört J.N. Preyer, der Bürgermeister von Temeswar.

Abb. 31: Aktienzertifikat über 200 Kronen, ausgestellt von der Allgemeinen Sparkasse von Arad, 20. Juni 1911.

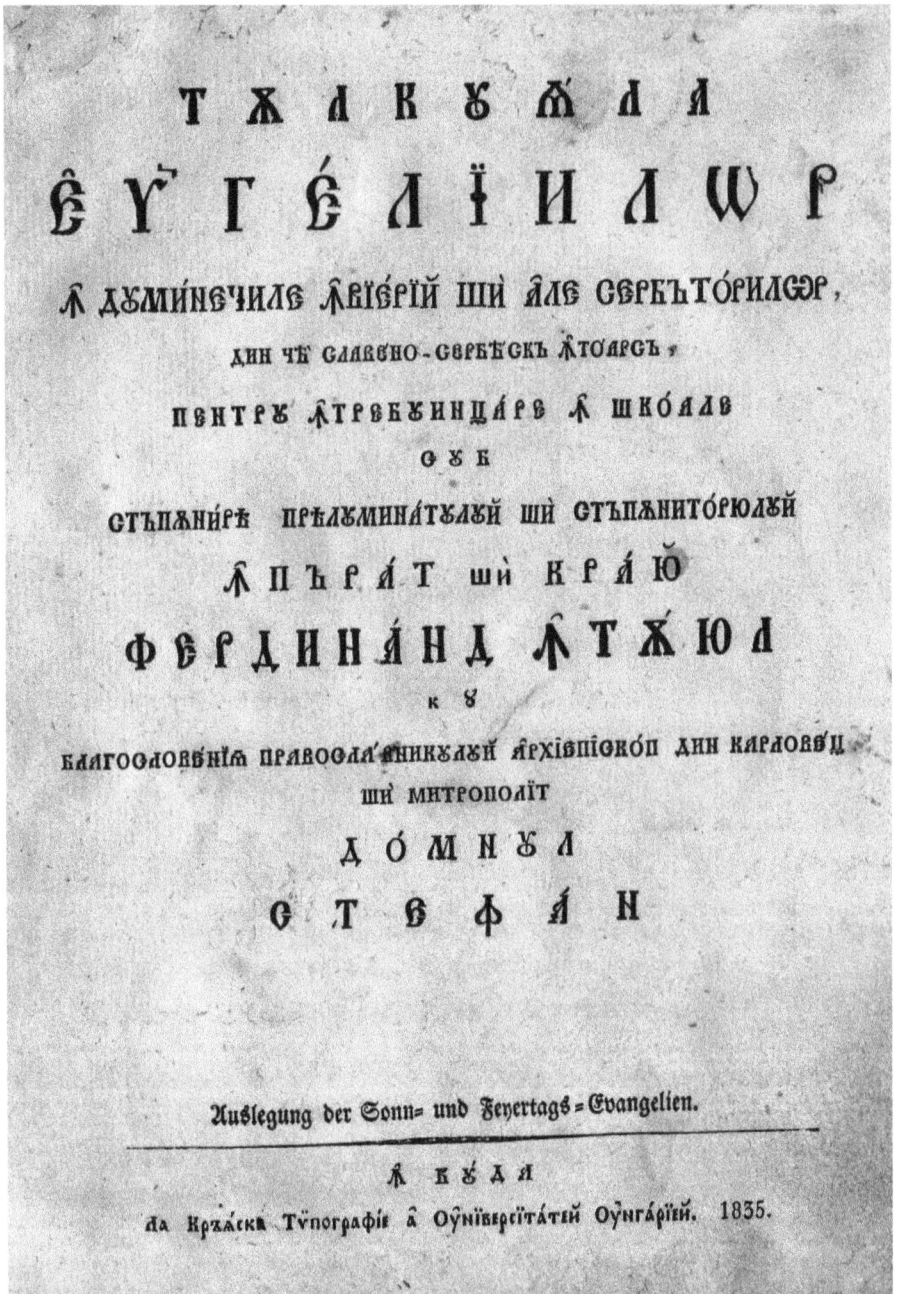

Abb. 32: Tâlcuiala Evangheliilor în Duminicile Învierii și ale serbătorilor (altkirchenslawische Schrift) – Die Auslegung der Evangelien an den Sonntagen der Auferstehung und der Festtage. Universitatis Hungaricae Budae, 1835. Eine Schrift für den Schulunterricht, herausgegeben von Bischof Ştefan Stratimirovici (Karlowitz) und übersetzt vom Serbischen ins Rumänische durch C. Diaconovici-Loga.

99

Landes-Regierungsblatt

für

die serbische Wojwodschaft und das Temeser Banat.

IX. Stück.

Ausgegeben und versendet am 30. Mai 1859.

Erste Abtheilung.

73.

Kaiserliches Patent vom 24. April 1859,

wirksam für den ganzen Umfang des Reiches, mit Ausnahme des lombardisch-venetianischen Königreiches, Dalmatiens und des Militär-Gränzlandes,

womit ein neues Gemeindegesetz erlassen wird.

(R. G. B. XIV. Stück, Nr. 58, ausgegeben am 27. April 1859.)

Wir Franz Joseph der Erste,

von Gottes Gnaden Kaiser von Oesterreich;

König von Hungarn und Böhmen, König der Lombardei und Venedigs, von Dalmatien, Croatien, Slavonien, Galizien, Lodomerien und Illyrien, König von Jerusalem ꝛc.; Erzherzog von Oesterreich; Großherzog von Toscana und Krakau; Herzog von Lothringen, von Salzburg, Steyer, Kärnthen, Krain und der Bukowina; Großfürst von Siebenbürgen; Markgraf von Mähren; Herzog von Ober- und Nieder-Schlesien, von Modena, Parma, Piacenza und Guastalla, von Auschwitz und Zator, von Teschen, Friaul, Ragusa und Zara; gefürsteter Graf von Habsburg und Tirol, von Kyburg, Görz und Gradiska; Fürst von Trient und Brixen; Markgraf von Ober- und Nieder-Lausitz und in Istrien; Graf von Hohenembs, Feldkirch, Bregenz, Sonnenberg ꝛc.; Herr von Triest, von Cattaro und auf der windischen Mark; Großwojwod der Wojwodschaft Serbien ꝛc. ꝛc.

haben Uns in Durchführung der mit Unserem Patente vom 31. December 1851 vorgezeichneten Grundsätze über die Einrichtung des Gemeindewesens bestimmt gefunden, nach Vernehmung

IX. Stück. Jahrgang 1859. I. Abth.   17

Abb. 33: Landes-Regierungsblatt für die serbische Woiwodschaft und das Temeser Banat, 30. Mai 1859. Einleitend finden sich die verschiedenen Titel Franz Josephs I., darunter die Erwähnung „Großwojwode der Wojwodschaft Serbien …".

Abb. 34: Postkarte (um 1900) mit einem Foto des Barockpalastes auf dem Domplatz (heute: Piața Unirii). Im 18. Jahrhundert war der Palast Sitz des Zivil-Gouverneurs. Heute beheimatet er das Kunstmuseum von Temeswar.

Abb. 35: „Franz Joseph"-Theater, Temeswar (1903), heute Sitz zahlreicher künstlerischer Ensembles: Nationaltheater, Nationale Oper, „Csiky Gergely" – ungarisches Staatstheater, Deutsches Theater.

Abb. 36: Postkarte: Anker Palast (1903), der in einem Teil seiner Räumlichkeiten zeitweise die Temeswarer Hafenbehörde beheimatete.

Abb. 37: Diese Postkarte zeigt das Gebäude der Höheren Mädchenschule unter Leitung der „Schwestern von Notre Dame", 1900.

Abb. 38: Postkarte um 1900: Hauptstraße, orthodoxe Kirche und rumänische Trachtentanzgruppe.

Abb. 39: Postkarte der Déak Straße in Lugoj (heute: Strada Unirii) (1910), eine der Haupthandelsstraßen. Im Hintergrund sieht man die eiserne Brücke, die über den Temesch (Timiş) führt.

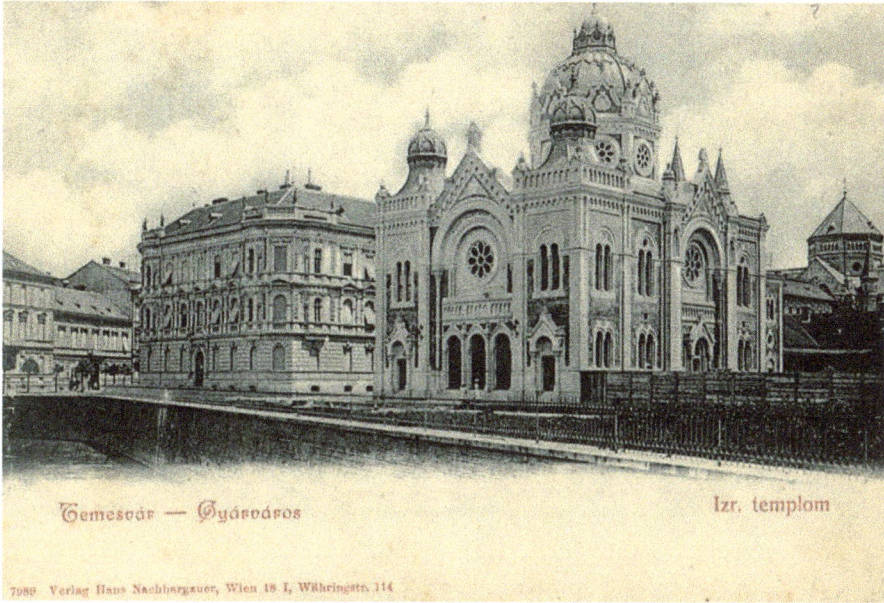

Abb. 40: Postkarte der neologen Synagoge im Stadtviertel Fabric, Temeswar (1900).

Abb. 41: Postkarte der Ada-Kaleh Moschee, die auf einer Insel in der Donau gelegen war (Südbanat; bis 1923 Exklave des Osmanischen Reiches). Im Zuge des Kraftwerkbaus „Eisernes Tor 1" erfolgte in den 1970er Jahren die systematische Überflutung der Insel.

KARÁNSEBES.

Cs. és kir. 43.-ik gyalogezred laktanyája
Casarma a regimentului de infanterie 43lea caes. si reg.

Abb. 42: Postkarte mit Abbildung des Garnisonsgebäudes, 43. österreichisch-ungarisches Infanterie-regiment, Caransebeș, 1910.

Versec   Püspöki rezidenczia — Bischofspalais — Владичански двор

Abb. 43: Postkarte vom Palast des orthodoxen Bischofs von Vršac (1911).

Abb. 44: Diese Postkarte zeigt den Franz Joseph Platz in Pančevo (1911).

Abb. 45: Orthodoxe Mariä Himmelfahrt-Kirche in Lugoj.

Abb. 46: Erinnerungen an den Fluss Temesch (1977–1978), Ștefan Bertalan (1930–2014), Kohle, Gouache und Pastell auf Karton.

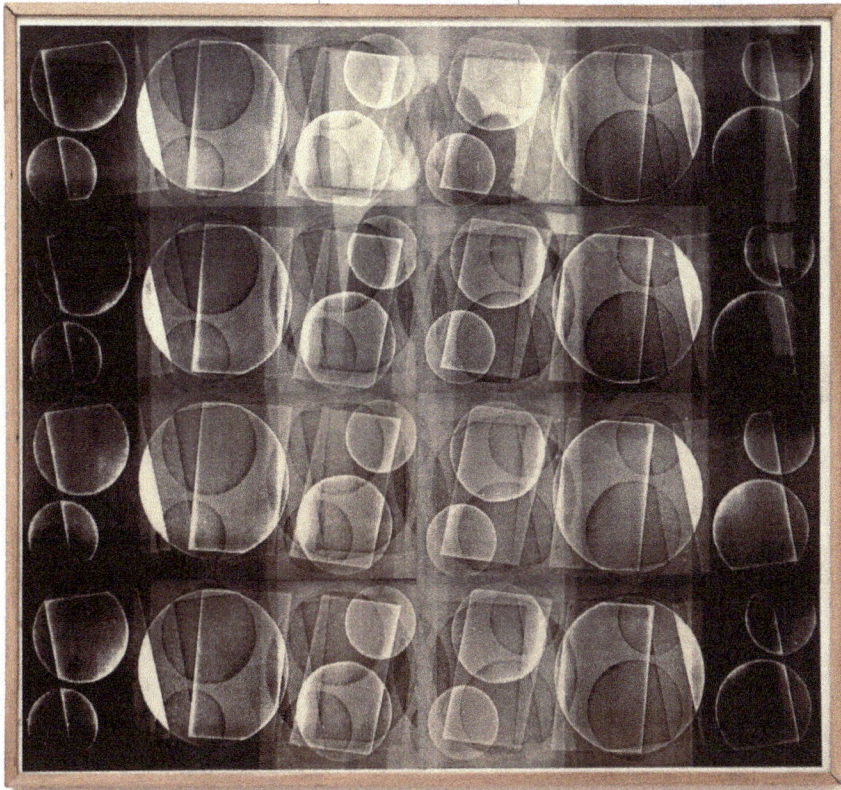

Abb. 47: *Visual Sequences*, Collage aus dem Zyklus Kinetic Art Projects (1965), Roman Cotoşman (1935–2006).

Abb. 48: Selbstporträt, Kohle auf Papier, Julius Podlipny (1898–1991).

Abb. 49: Foto der Demonstration vom 20. Dezember 1989 auf dem Temeswarer Opernplatz.
100.000 Menschen bejubelten die Ausrufung Temeswars zur ersten freien rumänischen Stadt und die
Abkehr von der Diktatur Nicolae Ceauşescus.

Abb. 50: Symbole der antikommunistischen Revolution in Temeswar 1989: rechts, Revolutionsflagge; links, Balkon der Nationaloper. Der Balkon diente während des Aufstandes der An- und Rücksprache mit den auf dem Platz versammelten Bürgern. Diese demonstrierten Tag und Nacht gegen das kommunistische Regime.

Abb. 51: Bronzeskulptur, „Erzengel", 2013, Béla Szakáts (geb. 1938).

Abbildungsnachweise

Abb. 2, 15 und 16: Sammlung des Historischen Museums von Banat.

Abb. 4: Original im Hofkammerarchiv, Wien (Kopie im römisch-katholischen Diözesanmuseum in Temeswar).

Abb. 5: Dauerleihgabe vom Rijksmuseum, Amsterdam an das Belvedere Museum, Wien.

Abb. 1, 6, 7, 8, 9, 10 und 17: aus der Privatsammlung von Andrei Herczeg.

Abb. 11 und 13: Sammlung der serbisch-orthodoxen Eparchie von Temeswar.

Abb. 12, 22, 23 und 48: Sammlung des Kunstmuseums Temeswar.

Abb. 14: Römisch-katholischer Bischofspalast, Temeswar.

Abb. 46: Schenkung des Künstlers Ştefan Bertalan an das Kunstmuseum Temeswar.

Abb. 49 und 50: © Constantin Duma, aus dem Fotoarchiv vom 16.–22. Dezember 1989, Timişoara's Association for Memorial of Revolution, mit Dank an Dr. Traian Orban, Präsident der Vereinigung.

Abb. 51: © Béla Szakáts, aus dem Fotoarchiv des Künstlers.

Abb. 47: Privatsammlung von Lucian Cotoşman.

Abb. 18, 19, 20, 21 und 45: © Dieter Penteliuc-Cotoşman, privates Fotoarchiv.

Abb. 24: Fotografie von Borsos József (um 1865–1867), © FSZEK (Fővárosi Szabó Ervin Könyvtár, Budapest Gyűjtemény), aus dem Fotoarchiv der Metropolitan Ervin Szabo Library, die Sammlung „Budapest", Budapest-Ungarn, mit Dank an Herrn Tibor Sandor, Direktor der FSZEK Library, *Bildquelle:* https://dspace.oszk.hu/handle/123456789/692678 (letzter Abruf 10.11.2022).

Abb. 25: PFotografie von Borsos József (um 1865–1867), © FSZEK (Fővárosi Szabó Ervin Könyvtár, Budapest Gyűjtemény), us dem Fotoarchiv der Metropolitan Ervin Szabo Library, die Sammlung „Budapest", Budapest-Ungarn, mit Dank an Herrn Tibor Sandor, Direktor der FSZEK Library, *Bildquelle:* https://dspace.oszk.hu/handle/123456789/692532 (letzter Abruf 10.11.2022).

Abb. 26, 27, 28, 29, 30, 31, 32, 33, 34, 35, 36, 37, 38, 39, 40, 41, 42, 43 und 44: aus der Privatsammlung von Thomas Mohnac.